U0930005

2021

中国饲料工业年鉴

农业农村部畜牧兽医局
全　国　畜　牧　总　站　编
中国饲料工业协会

中国农业出版社
北　京

图书在版编目（CIP）数据

中国饲料工业年鉴. 2021/农业农村部畜牧兽医局，全国畜牧总站，中国饲料工业协会编. —北京：中国农业出版社，2022.1

ISBN 978-7-109-28970-3

Ⅰ.①中… Ⅱ.①农…②全…③中… Ⅲ.①饲料工业-中国-2021-年鉴 Ⅳ.①S326.3-54

中国版本图书馆CIP数据核字（2021）第255742号

中国农业出版社出版
地址：北京市朝阳区麦子店街18号楼
邮编：100125
责任编辑：程　燕
版式设计：王　晨　　责任校对：吴丽婷
印刷：北京通州皇家印刷厂
版次：2022年1月第1版
印次：2022年1月北京第1次印刷
发行：新华书店北京发行所
开本：787mm × 1092mm　1/16
印张：41.75　　插页：18
字数：1100千字
定价：300.00元

《中国饲料工业年鉴》（2021）
编辑委员会

主　　编：

杨振海　王宗礼

编辑部主任：

黄庆生

编辑部副主任：

李大鹏　胡翊坤

编辑部工作人员：

陆泳霖　齐海龙　陈亚楠　刘芊麟　王翠竹

特邀编辑（按姓氏笔画排序）：

丁　健　王　安　王　荃　王　恬　王　鹏　王红英
王芬露　王秋娟　王桂英　文　虹　卢丽枝　叶东东
冯　琳　冯三令　边中生　毕颖慧　任　冰　刘冬霞
齐广海　汤学敏　孙海洲　严　华　芦　雪　杜雪燕
李　阳　李　祥　李　巍　李光玉　李军国　李志宇
李建军　李竞前　李智红　杨　林　杨红卫　吴子林
吴强亮　汪　霞　张　帅　张　松　张　菇　张　辉
张雅惠　陈训银　陈亚楠　陈旭东　陈旭高　陈舒宁
邵莅宇　武书庚　罗玉洁　金　鹿　金怀红　周　健
周春生　单丽燕　郎小兵　赵之阳　赵洪山　柯　岩
段文龙　徐　倩　高　波　高雅羡　唐茂妍　黄云青
梁先明　彭志东　董爱华　韩　铁　韩业东　粟胜兰
曾晓瑜　雷学锋　鲍　坤　廉惠丽　樊　霞　潘　川

2020年1月8日，农业农村部新闻办公室就12月生猪生产形势举行例行新闻发布会并回答记者提问。农业农村部副部长于康震介绍有关情况。

2020年3月5日，国务院联防联控机制召开新闻发布会，介绍不失时机抓好春季农业生产工作情况。农业农村部畜牧兽医局局长杨振海介绍有关情况，并回答记者问。

2020年11月30日，为准确研判2020年度饲料生产形势和未来走势，受农业农村部畜牧兽医局委托，中国饲料工业协会在广东珠海召开2020全国饲料生产形势分析会。全国畜牧总站站长、中国饲料工业协会常务副会长兼秘书长王宗礼作讲话。

2020年4月19日，国务院联防联控机制召开新闻发布会，介绍抓好春季农业生产和农产品保供工作情况，农业农村部畜牧兽医局副局长魏宏阳回答媒体提问。

2020年11月3日，四川省委书记彭清华（左2）到四川润格生物科技有限公司调研。

2020年3月17日，陕西省委书记胡和平（左2）到陕西华秦农牧科技有限公司调研指导复工复产工作。

2020年8月26日，福建省副省长崔永辉（右2）率队莅临傲农集团嘉烨兴基地考察项目推进情况。

2020年2月7日，江西省副省长胡强（前排左3）莅临江西赣达牧业有限公司调研饲料企业开工复产和疫情防控情况。省政府副秘书长宋雷鸣（前排右2）、省农业农村厅党委书记江枝英（前排左1）等陪同调研。

2020年2月19日，海南省委副书记李军（左3）由澄迈县委书记吉兆民（左4）陪同到海南翔泰渔业股份（海南远生渔业）有限公司调研检查企业新冠肺炎疫情防控和复工复产工作。

2020年2月26日，海南省政府副省长王路（右2）到文昌市歌颂畜禽发展有限公司进行调研检查新冠肺炎疫情防控和复工复产工作。

2020年1月9日，云南省饲料工业协会第七届三次理事会暨企业交流会在昆明召开。协会理事、监事及专家咨询工作委员会部分同志等80多人出席了会议。

2020年1月27日，福建省农业农村厅党组成员、总畜牧兽医师梁全顺（前排左2）到福建天马科技集团股份有限公司检查饲料质量和安全生产工作。

2020年1月27—29日，在湖北省抗击新冠肺炎疫情的关键时期，湖北省农业农村厅党组成员、副厅长张桂华（前排左2）同志亲自带队，深入武汉市黄陂区、蔡甸区、汉南区的部分饲料场、屠宰场、养殖场（户），检查督导“肉禽蛋奶”稳产保供情况，为全省抗击新冠肺炎疫情提供了重要的物质基础。

2020年2月12日，正大集团捐赠10万元物资支援息烽县抗击新冠肺炎疫情。

2020年3月5日，海南省农业农村厅副厅长莫正群（左3）到海南澄迈新希望农牧有限公司调研检查指导新冠肺炎疫情防控及复工复产工作。

2020年6月30日，由宁夏饲料工作站、宁夏饲料工业协会联合举办的“全区饲料企业专业技术人员能力提升培训班”在银川市顺利开班。来自全区各市县的饲料行业管理干部、全区饲料企业技术品管人员等100余人参加此次培训。

2020年7月6—20日，为加强饲料及饲料添加剂质量安全监管，确保动物产品安全，湖南省饲料工业办公室组织有关人员到衡阳市、岳阳市、常德市、益阳市、张家界市、郴州市、永州市7市开展饲料质量安全监督抽查工作。

2020年7月24日，山东省首次跨部门“双随机一公开”饲料生产企业执法检查到潍坊市山东瑞力生药业有限公司开展督导检查。

2020年8月6—8日，贵州省农业农村厅、贵州省饲料工业协会在贵阳市举办全省饲料监管监测暨饲料工业统计培训班，共计140余人参加。会上就饲料有关政策文件解读、饲料生产许可申报及饲料工业统计中存在的问题、饲料抽样技术操作规范等内容开展培训，并组织企业交流发言。

2020年8月7日，内蒙古自治区农牧厅饲料饲草处与中国农业科学院草原研究所在呼和浩特市共同举办了“全区优质饲草种植示范现场观摩会”。全区相关盟市农牧局和饲草种植重点旗县农牧局近100名业务管理人员参加了会议。

2020年8月18日，四川省饲料工业协会饲料禁抗与对策培训会在成都召开。四川省饲料企业的总经理、生产技术和质量管理负责人共计150余人参加了培训。

2020年8月21日，为深入分析近期饲料产品涨价原因，研判未来饲料原料市场变化情况，中国饲料工业协会邀请总部在北京的6家大型饲料集团企业代表进行了座谈，讨论了相关情况。全国畜牧总站站长、中国饲料工业协会常务副会长兼秘书长王宗礼，农业农村部畜牧兽医局饲料饲草处处长黄庆生，全国畜牧总站首席专家刘海良及6位企业代表、中国饲料工业协会相关工作人员参加。与会代表就近期饲料产品涨价的原因以及影响因素，后期价格走势和应对措施等进行了深入讨论，并提出了应对办法和政策建议。

2020年8月28日，全国饲料质量安全监督抽查工作部署会在京召开。农业农村部畜牧兽医局副局长魏宏阳在会议上做了动员讲话，并对做好饲料质量安全监督管理工作提出详细要求。全国畜牧总站杨劲松副站长、中国农业科学院农业质量标准与检测技术研究所钱永忠所长、农业农村部畜牧兽医局饲料饲草处黄庆生处长、中国农业科学院饲料研究所杨培龙副所长以及各省饲料管理部门和质检机构，10家检测机构及参与饲料生产企业现场检查工作人员等，共计180余人参加了此次会议。

2020年8月28日，农业农村部畜牧兽医局在京召开全国饲料质量安全监督抽查工作部署会，启动2020年度全国饲料质量安全监督抽查工作，组织各省级饲料管理部门和质检机构有关人员进行座谈交流，并对参与此次监督抽查的监管专家和承接监督抽查样品检测任务的承检机构业务人员进行了业务培训。

2020年8月28日，2020中国饲用微生物应用技术高峰论坛在山西芮城启幕。论坛以饲料禁抗、养殖减抗、食品无抗和新原料、新产品、新工艺等领域应用技术创新为主要内容，围绕替抗方案、应用技术、企业管理、转型发展等议题共话新形势下农牧行业的变革突围之道。中国饲料工业协会会长李德发院士、生物饲料开发国家工程研究中心主任蔡辉益博士、四川农业大学副校长陈代文博士等行业知名专家，山西、河北、山东、四川、河南、湖南六省饲料工业协会负责人及全国各地的700余名企业家和行业精英参加会议。

2020年9月2日，山东省畜牧兽医局党组集体到山东和美华农牧科技股份有限公司调研指导饲料产业发展工作。

2020年9月8—12日，农业农村部专家组对湖北省饲料质量“双随机”检查在武汉、荆州、潜江3市展开，共检查企业30家，抽样43份，产品合格率100%。

2020年9月8日，2020全国绿色养殖发展大会在山西芮城隆重举行。来自全国各地的近3 000位养殖企业家欢聚一堂。大会围绕“生物技术与畜牧业安全体系”主题，探讨畜牧生物技术的最新发展态势，推动畜牧生物技术的生产力转化，引领畜牧业绿色、健康、可持续发展。

2020年9月10日，由大连商品交易所主办的2020中国玉米产业大会在大连举办。

2020年9月23日，江苏省农业农村厅召开全省饲料管理工作会议，总结分析了全省饲料工业发展成绩和面临形势，并且部署了下一阶段饲料管理工作。

2020年9月24日，中国饲料工业协会在山西太原市举办了2020畜牧业综合信息平台饲料子系统培训班。培训班旨在分析畜牧饲料行业生产形势，研究分析统计工作存在的问题，安排部署今后的工作；解读饲料统计调查制度及统计系统操作培训。全国畜牧总站站长、中国饲料工业协会常务副会长兼秘书长王宗礼，农业农村部畜牧兽医局副局长魏宏阳，山西省农业农村厅副厅长茹栋梅，农业农村部畜牧兽医局监测信息处处长邓兴照，国家粮油信息中心副主任王晓辉，全国畜牧总站首席专家刘海良，山西省农业农村厅畜牧兽医局局长谢卓出席了开幕式。来自各省级饲料主管部门负责人、统计人员及部分集团企业代表等近90人参加培训。

2020年9月25—26日，2020宁蒙甘陕青毗邻省区饲料产业发展高峰论坛在银川召开，来自宁夏、内蒙古、陕西、甘肃、青海五省的生物饲料知名专家以及200余名企业代表参加了此次会议。与会嘉宾围绕饲料原料、添加剂、加工、管理等多方面内容展开深度报告与讨论，互学互鉴。会上还共同签署了饲料禁抗联合倡议书，助力饲料产业向绿色、安全、环保升级。

2020年10月，全国饲料评审委员会办公室举办饲料原料和饲料添加剂品种审定终审会，对经过咨询的饲料原料和饲料添加剂产品进行终审。

2020年10月12日，由内蒙古自治区农牧厅和呼和浩特市人民政府共同举办的第八届内蒙古绿色农畜产品博览会暨优良品种推广会在内蒙古国际会展中心召开。展会专设饲草种业展区，共展出草种质资源近2 700种，饲草品种199种，18家饲草种子生产企业的饲草种子产品145个。

2020年10月13日，内蒙古自治区饲草种业与饲草产业发展论坛成功在呼和浩特市举办。论坛邀请7家企业和科研院所的高管、专家学者在会上发言，驻区相关高校、科研院所，相关协会、企业，盟市农牧局及参展相关企业，自治区农牧厅有关处室及厅属二级单位等140多人参加了会议。

2020年10月15日，以“安全、规范、创新、自律”为主题的北京市饲料工业协会宠物食品与健康分会成立大会暨2020北京国际宠物食品发展论坛成功举办。有来自职能部门领导、协会领导、行业专家、企业家、行业媒体等200余人参加了论坛，共探宠物食品行业现状，共商宠物食品未来趋势。

2020年10月16日，由北京市饲料工业协会主办、津冀辽蒙饲料工业协会联合主办的“新形势 新动能 新机遇——畜牧饲料行业热点及趋势展望”论坛在京召开。来自全国各地约320家企业近500名嘉宾共襄盛会。此次论坛从政策解析、技术分享、产业变革、企业驱动几大方面，对未来进行科学预判，为构建行业未来发展新格局增添动力。

2020年10月24—25日，由河北省饲料工业协会主办的河北省饲料工业发展峰会在石家庄市隆重召开。行业领导、专家及河北省各地市饲料办领导和各地企业代表及媒体代表等，近千人参加了本次峰会。

2020年10月26—27日，由中国饲料工业协会和中国畜牧业协会主办，江苏天成科技集团有限公司承办的农牧全产业链高质量发展峰会在江苏南通海安市举办。峰会聚焦农牧业全产业链高质量发展的行业热点以及未来发展趋势，通过聚合政、产、学、研、媒等多方力量，全面剖析挑战，深度把握机遇，论道行业变革，为农牧业高质量发展献策献力。

2020年10月26日，陕西省饲料行业前三季度生产形势分析暨经验交流会在西安市召开。会议通报全省前三季度的饲料生产形势，并安排了第四季度的重点工作。

2020年10月31日，陕西省饲料协会成立，并在西安市召开了第一次会员大会。

2020年11月2日，中国饲料工业协会召开了饲料产品价格视频座谈会，邀请部分省不同规模的17家饲料生产企业代表进行了专题研讨。全国畜牧总站站长、中国饲料工业协会常务副会长兼秘书长王宗礼，农业农村部畜牧兽医局副局长魏宏阳，全国畜牧总站副站长、中国饲料工业协会副秘书长杨劲松，农业农村部畜牧兽医局饲料饲草处处长黄庆生参加会议，座谈会由全国畜牧总站首席专家刘海良主持。会上，17位企业代表就近期饲料产品涨价的原因以及影响因素进行了分析，对原料供需形势和后期价格走势做了交流，并提出了相关应对措施和政策建议。

2020年11月2—7日，宁夏回族自治区饲料工作站在广州举办全区饲料质量安全监管暨政策法规培训班。全区各市、县（区）农业农村局饲料工作分管负责人、监管人员及厅相关处局站所共55人参加培训班。

2020年11月4—6日，2020南宁·第四届东东论坛暨2020年广西动物营养与饲料学术年会在南宁召开，来自全国的知名专家、学者、兄弟省市饲料行业协会代表、企业管理者与科技人员，近600人参加了会议。

2020年11月10日，辽宁省畜禽养殖减抗实用技术暨饲料生产企业禁抗技术培训班在丹东市举办。各市农业农村局、农业发展服务中心主管人员以及饲料生产企业技术负责人、丹东地区养殖企业负责人，共计130余人参加培训。

2020年11月12—13日，2020年四川省饲料行业年会在成都举行。会议主题为“无抗、创新、内循环”。会上，四川省饲料工业协会17家会员企业共同发起倡议：饲料无抗、产业健康、环境友好、消费安全，与全国同行一道，践诺重行，攻坚克难，勇往直前，不断推进饲料工业绿色高质量发展；并现场宣读了《无抗饲料　绿色畜牧　四川省饲料工业协会无抗宣言》。

2020年11月13日，云南省饲料工业协会在昆明市组织召开饲料行业企业标准编写培训暨2020年云南省饲料领域企业标准“领跑者”发布会。

2020年11月18日，内蒙古自治区饲料工业协会第五届会员代表大会在呼和浩特市举行。会上选举产生了第五届内蒙古自治区饲料工业协会会长、协会秘书长以及8家常务副会长单位、15家副会长单位、20家常务理事单位、113家理事单位。

2020年11月19日，江西省宜春市经济开发区工业园区嘉吉饲料有限公司正式投产运行。新工厂拥有年产12万吨的预混料生产线及年产6万吨的全价浓缩料生产线，是嘉吉在中国的预混料及教保料旗舰工厂。

2020年11月20日，内蒙古自治区农牧厅在呼和浩特市举办《饲料和饲料添加剂管理条例》行政法律知识讲座和全国草牧业统计监测分析信息系统操作培训。自治区、盟市、旗县饲料饲草管理部门负责人和统计员，共计150余人参加培训。

2020年11月20日，四川省农业农村厅在成都召开了2020年饲料兽药警示企业座谈会。被列入警示备案的16家饲料兽药生产企业主要负责人及企业所在的市级农业农村局分管领导、监管科长参加了座谈会。四川省农业农村厅总畜牧师赵勇出席并讲话。

2020年11月24日，陕西省饲料生产企业非洲猪瘟防控技术现场观摩培训会在永寿县举办。培训会邀请有关专家做饲料生产企业非洲猪瘟防控技术培训，观摩学习永寿温氏畜牧有限公司非洲猪瘟防控操作现场及流程，安排下一阶段饲料生产企业非洲猪瘟防控示范企业创建工作。

2020年11月25—28日，陕西省饲料工作总站组织各市区饲料工业服务支撑部门以及部分饲料生产企业负责人赴四川省就饲料工业发展情况开展考察交流活动。

2020年11月30日，中国饲料工业协会在广东珠海召开2020全国饲料生产形势分析会，饲料监测统计业务培训班同期召开。会议全面分析了2020年我国饲料生产形势，总结了饲料行业发展的新特点、新变化和面临的机遇、挑战，研判未来发展趋势，并对下一步工作进行部署。全国畜牧总站站长、中国饲料工业协会常务副会长兼秘书长王宗礼，广东省农业农村厅二级巡视员林琳，农业农村部畜牧兽医局饲料饲草处处长黄庆生，全国畜牧总站首席专家刘海良，以及各省级饲料主管部门负责人和32家集团企业代表等80余人出席会议。

2020年12月1—3日，受农业农村部畜牧兽医局委托，全国畜牧总站在广州举办全国饲料行政执法培训班暨饲料许可与规范技术审核培训班。来自全国各地饲料管理部门、监督执法部门、技术支撑单位以及科研院所大专院校的领导、业务骨干和专家老师270余人参加培训。培训班从饲料产业形势、饲料安全监管总体情况、饲料生产许可与规范、饲料添加剂生产工艺、饲料许可与监督管理信息系统使用等方面开展了系统培训。

2020年12月3—4日，为深刻认识和准确把握饲料行业所面临的新形势、新任务、新要求，全面提升饲料评审评价工作能力水平，全国饲料评审委员会办公室在广州举办了2020年饲料法规与评审技术培训班。

2020年12月8日，湖北省饲料工业协会第六届第二次会员代表大会在武汉召开。湖北省级、各市州、直管市、神农架林区行业主管部门负责人等300余人参加了会议。

2020年12月8日，青岛市饲料行业协会第一次会员大会暨成立大会在青岛市召开。会员包括青岛市饲料生产企业、驻青高校、科研机构等19家理事单位、72家成员单位。同日，协会与青岛市农产品质量安全中心举行了“青岛市无抗饲料技术创新与推广技术联盟”签约仪式。

2020年12月10日，《福建省饲料生产企业安全风险分级管控和隐患排查治理规范实施细则》培训会在福州举办。

2020年12月12—14日，由中国畜牧饲料科技与经济高层论坛组委会、北京生物饲料产业技术创新战略联盟主办的第十七届畜牧饲料科技与经济高层论坛在深圳成功召开。来自政、产、学、研600余位代表参加了主题为“危机育新机 变局开新局”的高层论坛。大会同期评选出2020畜牧饲料行业的“十大数字化领跑企业”“十大生态型赋能平台企业”“十大生物饲料领军企业”“十大饲料禁抗替抗技术创新企业”。

2020年12月16日，贵州大学与贵州富之源集团签订校企战略合作协议，合作成立了“贵州大学教学科研实践基地”。双方将积极探索产学研结合的新路子，积极探讨人才培养的新方法，实现优势互补、互利共赢。

2020年12月17—25日，湖北省省级饲料“双随机一公开”检查工作在武汉、荆州、黄冈、天门等地展开，现场共检查企业12家，发现问题25个，全部责令现场改正。

2020年12月17日，新疆生产建设兵团农业农村局组织专家对新疆博润农牧有限公司续展进行现场审核。

2020年12月21日，赣州综保区“一带一路”首单进境粮谷入区暨美优生物进境粮谷加工项目正式投产，这也是江西省首次依托综合保税区实现进口粮谷保税加工业务。

前言

2020年，受生猪生产持续恢复、家禽存栏高位、牛羊产品产销两旺等因素拉动，全国工业饲料产量实现较快增长，高质量发展取得新成效。

全国工业饲料总产量25 276.1万t，同比增长10.4%。其中，配合饲料产量23 070.5万t，同比增长9.8%；浓缩饲料产量1 514.8万t，同比增长22.0%；添加剂预混合饲料产量594.5万t，同比增长9.6%。2020年，全国饲料产量超千万吨省份10个，比2019年增加1个，分别为山东、广东、辽宁、广西、江苏、河北、河南、四川、湖北、湖南。全国有26个省份和新疆生产建设兵团产量同比增长，其中山西、内蒙古、辽宁、吉林、黑龙江、河南、云南、陕西、甘肃、青海、宁夏、新疆等12个省份和新疆生产建设兵团增幅超过20%。

全国饲料工业总产值9 463.3亿元，同比增长17.0%；总营业收入9 072.8亿元，同比增长16.6%。其中，饲料产品产值8 445.9亿元，营业收入8 135.1亿元，同比分别增长17.3%、16.9%；饲料添加剂产品总产值932.9亿元，营业收入857.7亿元，同比分别增长11.2%、12.4%；饲料机械产品产值84.5亿元，营业收入80.0亿元，同比分别增长76.8%、32.2%。

《中国饲料工业年鉴（2021）》（以下简称《年鉴》）比较翔实地记录了2020年我国饲料工业及其相关行业的发展情况。

《年鉴》全文主要包括六个部分，即综合篇、专题篇、地方篇、企业篇、统计资料、大事记。另外，在正文之前以图文并茂的形式介绍了领导视察、行业发展、企业风采、政务联络等内容。综合篇包括2020年发布实施的政策法规等；专题篇包括2020年饲料加工工业概况、主要饲料产品及原料工业情况、饲料添加剂工业、饲料机械制造工业、饲料安全管理、饲料质量监督与监测、科技与推广、饲料工业标准化、饲料行业质量认证；地方篇包括除香港、澳门、台湾以外的全国所有省份饲料工业概况；企业篇包括重点企业经验介绍和企业简介；统计资料包括全国饲料工业统计资料；大事记主要包括农业农村部畜牧兽医局饲料饲草处、中国饲料工业协会以及各地饲料工作办公室、饲料工业协会在2020年的主要工作与取得的成绩。

《年鉴》图片部分从不同侧面反映了行业的发展，文字内容丰富，覆盖面广，史料性强，是饲料行业行政事业单位、检测机构、科研机构等单位所必备的工具书。《年鉴》的专题篇和地方篇撰稿人主要是各饲料行业主管部门和行业相关专家学者。

《年鉴》反映的各省份和有关企业等文字材料及图片部分，只要涉及排序，均按时间排列；农业农村部畜牧兽医局饲料饲草处、中国饲料工业协会和各省份提供的大事记，除按全国省份的行政区划排序外，均按时间排序。

《中国饲料工业年鉴》编辑部

2021 年 5 月 20 日

目　录

企　业　篇

统　计　资　料

大　事　记

综合篇

2020 年全国饲料工业发展概况

2020 年，受生猪生产持续恢复、家禽存栏高位、牛羊产品产销两旺等因素拉动，全国工业饲料产量实现较快增长，高质量发展取得新成效。

一、饲料工业总产值

全国饲料工业总产值 9 463.3 亿元，同比增长 17.0%；总营业收入 9 072.8 亿元，同比增长 16.6%。其中，饲料产品产值 8 445.9 亿元、营业收入 8 135.1 亿元，同比分别增长 17.3%、16.9%；饲料添加剂产品总产值 932.9 亿元、营业收入 857.7 亿元，同比分别增长 11.2%、12.4%；饲料机械产品产值 84.5 亿元、营业收入 80.0 亿元，同比分别增长 76.8%、32.2%。

二、工业饲料总产量

全国工业饲料总产量 25 276.1 万 t，同比增长 10.4%。其中，配合饲料产量 23 070.5 万 t，同比增长 9.8%；浓缩饲料产量 1 514.8 万 t，同比增长 22.0%；添加剂预混合饲料产量 594.5 万 t，同比增长 9.6%。分品种看，猪饲料产量 8 922.5 万 t，同比增长 16.4%，达到 2018 年历史最高产量的 86%；蛋禽饲料产量 3 351.9 万 t，同比增长 7.5%；肉禽饲料产量 9 175.8 万 t，同比增长 8.4%；反刍动物饲料产量 1 318.8 万 t，同比增长 18.9%，均创历史新高；水产饲料产量 2 123.6 万 t，同比下降 3.6%；宠物饲料产量 96.3 万 t，同比增长 10.6%；其他饲料产量 287.2 万 t，同比增长 18.7%。从销售方式看，散装饲料总量 5 897.6 万 t，同比增长 33.6%，占配合饲料总产量的 25.6%，比 2019 年提高 4.6 个百分点。

三、饲料添加剂产量

全国饲料添加剂总产量 1 390.8 万 t，同比增长 16.0%。其中，直接制备饲料添加剂产量 1 296.4 万 t，同比增长 14.7%；生产混合型饲料添加剂产量 94.4 万 t，同比增长 36.8%。氨基酸、维生素和矿物元素产量分别为 369.7 万 t、160.3 万 t、692.6 万 t，同比分别增长 12.0%、26.0%、17.3%。酶制剂和微生物制剂等新型饲料添加剂产量保持较快增长，同比增幅分别为 15.1%、22.7%。

四、集约化经营情况

全国 10 万 t 以上规模饲料生产厂 749 家，比 2019 年增加 128 家；饲料产量 13 352 万 t，同比增长 19.8%，占全国饲料总产量的 52.8%，较 2019 年增长 6.2 个百分点。全国有 9 家生产厂年产量超过 50 万 t，比 2019 年增加 2 家，单厂最大产量 122.6 万 t。年产百万吨以上规模饲料企业集团 33 家，占全国饲料总产量的 54.6%，其中有 3 家企业集团年产量超过 1 000 万 t。

五、区域布局变化情况

全国饲料产量超千万吨省份 10 个，比 2019 年增加 1 个，分别为山东、广东、辽宁、广西、江苏、河北、河南、四川、湖北、湖南。其中，山东省产量达 4 335.8 万 t，同比增长 14.7%；广东省产量 3 010.2 万 t，同比增长 3.0%；山东和广东两省饲料产品总产值继续保持在千亿元以上，分别为 1 369 亿元和 1 106 亿元。全国有 26 个省份和新疆生产建设兵团产量同比增长，其中山西、内蒙古、辽宁、吉林、黑龙江、河南、云南、陕西、甘肃、青海、宁夏、新疆等 12 个省份和新疆生产建设兵团增幅超过 20%。

（黄庆生）

政 策 法 规

中华人民共和国农业农村部公告

第 257 号

根据《饲料和饲料添加剂管理条例》，经我部组织全国饲料评审委员会对山东龙昌动物保健品有限公司申报的扩大胆汁酸适用范围事项进行评审，决定将胆汁酸的适用范围扩大至断奶仔猪和淡水鱼。在断奶仔猪配合饲料中的推荐添加量为 80～100mg/kg，最高限量为 100mg/kg（以干物质含量为 88%的配合饲料为基础）；在淡水鱼配合饲料中的推荐添加量为 20～60mg/kg，最高限量为 60mg/kg（以干物质含量为 88%的配合饲料为基础）。

上述修订意见自本公告发布之日起执行。各级饲料管理部门在办理有关胆汁酸的行政审批、监督执法事项时，以本公告为准。

农业农村部

2020 年 1 月 13 日

中华人民共和国农业农村部公告

第 258 号

根据《饲料和饲料添加剂管理条例》《新饲料和新饲料添加剂管理办法》，批准福建省顺昌碳娃娃生物科技有限公司、福建省百草霜生物科技有限公司联合申请的植物炭黑为新饲料添加剂，并准许在中华人民共和国境内生产、经营和使用（新产品目录见附件 1），核发饲料和饲料添加剂新产品证书，同时发布产品标准（含说明书和标签）（见附件 2）。产品标准、说明书和标签自发布之日起执行。

特此公告。

附件：1. 饲料和饲料添加剂新产品目录（2020－01）

2. 植物炭黑产品标准

农业农村部

2020 年 1 月 14 日

附件 1

饲料和饲料添加剂新产品目录（2020－01）

<table>
<tr><td>证书编号</td><td colspan="3">新饲证字（2020）01 号</td></tr>
<tr><td>申请单位</td><td colspan="3">福建省顺昌碳娃娃生物科技有限公司、福建省百草霜生物科技有限公司</td></tr>
<tr><td>通用名称</td><td colspan="3">植物炭黑</td></tr>
<tr><td>英文名称</td><td colspan="3">Plant carbon</td></tr>
<tr><td>主要成分</td><td colspan="3">植物炭黑</td></tr>
<tr><td>产品类别</td><td colspan="3">其他</td></tr>
<tr><td>产品来源</td><td colspan="3">以原木材加工中产生的杉木屑、松木屑或竹屑为原料，经炭化、活化等工艺制得</td></tr>
<tr><td>适用动物</td><td colspan="3">仔猪</td></tr>
<tr><td>在配合饲料中的推荐添加量</td><td colspan="3">500～1 000mg/kg</td></tr>
<tr><td rowspan="13">质量要求</td><td colspan="2">外观与性状</td><td>黑色粉末，无臭、无味</td></tr>
<tr><td rowspan="2">粒度/%</td><td>125μm 试验筛通过率</td><td>≥98</td></tr>
<tr><td>90μm 试验筛通过率</td><td>≥85</td></tr>
<tr><td colspan="2">干燥减量/%</td><td>≤12.0</td></tr>
<tr><td colspan="2">碳含量（以干基计）/%</td><td>≥90.0</td></tr>
<tr><td colspan="2">灰分/%</td><td>≤8.0</td></tr>
<tr><td colspan="2">高级芳香烃</td><td>通过试验</td></tr>
<tr><td colspan="2">玉米赤霉烯酮吸附率［缓冲溶液 pH＝6.0，玉米赤霉烯酮浓度 500ng/mL，植物炭黑添加量 0.1%（w/v）］/%</td><td>≥95.0</td></tr>
<tr><td colspan="2">总砷（As）/（mg/kg）</td><td>≤4.0</td></tr>
<tr><td colspan="2">铅（Pb）/（mg/kg）</td><td>≤10</td></tr>
<tr><td colspan="2">汞（Hg）/（mg/kg）</td><td>≤0.1</td></tr>
<tr><td colspan="2">镉（Cd）/（mg/kg）</td><td>≤1.0</td></tr>
</table>

附件 2

NYSL

新饲料和新饲料添加剂产品标准

NYSL—1001—2020

饲料添加剂　植物炭黑

Feed additive—Plant carbon

2020－01－14 发布　　　　2020－01－14 实施

中华人民共和国农业农村部　发布

前　　言

本标准按照 GB/T 1.1—2009 给出的规则起草。

本标准由农业农村部畜牧兽医局提出，由全国饲料评审委员会归口。

本标准由福建省顺昌碳娃娃生物科技有限公司起草，由国家饲料质量监督检验中心（北京）复核。

本标准主要起草人：廖建玲、李忠荣、廖婉璐、柯林富。

饲料添加剂植物炭黑

1 范围

本标准规定了饲料添加剂植物炭黑的技术要求、取样、试验方法、检验规则、标签、包装、运输、贮存和保质期。

本标准适用于以原木材加工中产生的杉木屑、松木屑或竹屑为原料，经炭化、活化等工艺制得的饲料添加剂植物炭黑。

2 规范性引用文件

下列文件对于本文件的应用是必不可少的。凡是注日期的引用文件，仅所注日期的版本适用于本文件。凡是不注日期的引用文件，其最新版本（包括所有的修改单）适用于本文件。

GB/T 603 化学试剂　试验方法中所用制剂及制品的制备

GB/T 5917.1 饲料粉碎粒度测定　两层筛筛分法

GB/T 6682 分析实验室用水规格和试验方法

GB/T 8170 数值修约规则与极限数值的表示和判定

GB 10648 饲料标签

GB/T 13079 饲料中总砷的测定

GB/T 13080 饲料中铅的测定　原子吸收光谱法

GB/T 13081 饲料中汞的测定

GB/T 13082 饲料中镉的测定方法

GB/T 14699.1 饲料　采样

GB 28308—2012 食品安全国家标准　食品添加剂　植物炭黑

3 化学名称、分子式、相对分子质量

化学名称：碳

分子式：C

相对分子质量：12.01（按 2014 年国际相对原子质量）

4 技术要求

4.1 外观与性状

黑色粉末，无臭、无味。

4.2 技术指标

技术指标应符合表 1 的规定。

表 1　技术指标

项　目			指　标
粒度/%	125μm 试验筛通过率	≥	98
	90μm 试验筛通过率	≥	85
干燥减量/%		≤	12.0
碳含量（以干基计）/%		≥	90.0
灰分/%		≤	8.0

（续）

项　　目	指　标
高级芳香烃	通过试验
玉米赤霉烯酮吸附率［缓冲溶液 pH＝6.0，玉米赤霉烯酮浓度 500ng/mL，植物炭黑添加量 0.1%（w/v）］/%　≥	95.0
总砷（As）/（mg/kg）　≤	4.0
铅（Pb）/（mg/kg）　≤	10
汞（Hg）/（mg/kg）　≤	0.1
镉（Cd）/（mg/kg）　≤	1.0

5　取样

按 GB/T 14699.1 规定执行。

6　试验方法

除非另有规定，本标准中所用试剂均指分析纯试剂，色谱分析中所用水应符合 GB/T 6682 中规定的一级水，其他分析用水应符合 GB/T 6682 中规定的三级水。试验中所用制剂及制品，在没有注明其他要求时，均按 GB/T 603 的规定制备。

6.1　感官检验

取适量试样放置于清洁、干燥的白瓷盘内，于自然光线下用眼观其色泽和状态，嗅其气味。

6.2　粒度

按 GB/T 5917.1 规定执行。

6.3　干燥减量

按 GB 28308—2012 附录 A 中 A.3 规定执行。

6.4　碳含量

按 GB 28308—2012 附录 A 中 A.4 规定执行。

6.5　灰分

按 GB 28308—2012 附录 A 中 A.5 规定执行。

6.6　高级芳香烃

6.6.1　试剂和材料

6.6.1.1　环己烷。

6.6.1.2　硫酸奎宁［$(C_{20}H_{24}N_2O_2)_2 \cdot H_2SO_4 \cdot 2H_2O$］。

6.6.1.3　硫酸溶液：浓硫酸＋水＝3＋1 000，将 3mL 浓硫酸加入到 1 000mL 水中。

6.6.1.4　硫酸奎宁—硫酸参比溶液Ⅰ：准确称取 1.048g 硫酸奎宁（6.6.1.2），用硫酸溶液（6.6.1.3）溶解后定容至 1 000mL，摇匀。1mL 该溶液含硫酸奎宁［$(C_{20}H_{24}N_2O_2)_2 \cdot H_2SO_4$］1mg。

6.6.1.5　硫酸奎宁—硫酸参比溶液Ⅱ：用移液管准确移取 1.0mL 硫酸奎宁—硫酸参比溶液Ⅰ（6.6.1.4），置于 100mL 容量瓶中，用硫酸溶液（6.6.1.3）定容至刻度，摇匀。1mL 该溶液含硫酸奎宁［$(C_{20}H_{24}N_2O_2)_2 \cdot H_2SO_4$］0.01mg。

6.6.1.6　硫酸奎宁—硫酸参比溶液Ⅲ：用移液管准确移取 1.0mL 硫酸奎宁—硫酸参比溶

液Ⅱ（6.6.1.5），置于100mL容量瓶中，用硫酸溶液（6.6.1.3）定容至刻度，摇匀。1mL该溶液含硫酸奎宁［$(C_{20}H_{24}N_2O_2)_2 \cdot H_2SO_4$］0.1μg，该溶液现用现配。

6.6.2 仪器和设备

6.6.2.1 索氏提取器：装置图见图1。

6.6.2.2 比色管：10mL。

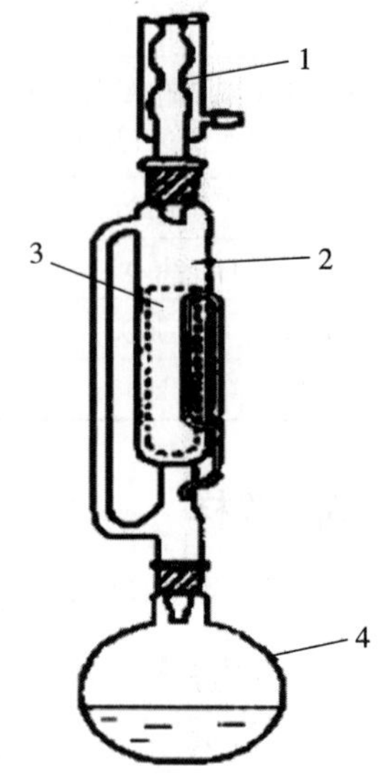

图1 索氏提取器装置图

说明：

1——冷凝管；

2——索氏提取器；

3——滤纸包；

4——烧瓶（50mL）。

6.6.3 分析步骤

称取按GB 28308—2012附录A中A.3干燥的试样1.00g±0.01g，用干净的滤纸包裹严密，置于索氏提取器（6.6.2.1）中。在烧瓶中加入12.0mL环己烷（6.6.1.1），按图1连接好装置，在索氏提取器（6.6.2.1）的提取管中加入环己烷（6.6.1.1），使环己烷充满索氏提取器的虹吸管，将烧瓶置于90～95℃水浴中连续提取2h，提取液应无色。将提取液冷却后转移至比色管中。

在紫外灯（365nm）下观察，样品溶液显示的颜色或荧光不超过硫酸奎宁—硫酸参比溶液Ⅲ（6.6.1.6）为通过试验。

6.7 玉米赤霉烯酮吸附率

按附录A规定执行。

6.8 总砷

按GB/T 13079规定执行。

6.9 铅

按GB/T 13080规定执行。

6.10 汞

按GB/T 13081规定执行。

6.11 镉

按GB/T 13082规定执行。

7 检验规则

7.1 批次

以相同原料、相同生产工艺、粉碎机一次粉碎所获得的产品为一批。

7.2 出厂检验

出厂检验项目为外观与性状、粒度、干燥减量、碳含量、灰分、高级芳香烃和玉米赤霉烯酮吸附率。产品出厂前应逐批检验，检验合格并且附具合格证和使用说明书（见附录B）方可出厂。

7.3 型式检验

型式检验项目为本标准第4章规定的所有项目。在正常生产情况下，每半年至少进行1次型式检验。有下列情况之一时，亦应进行型式检验：

a）产品定型投产时；

b）生产工艺、配方或主要原料来源有较大改变，可能影响产品质量时；

c）停产 3 个月以上，重新恢复生产时；

d）出厂检验结果与上次型式检验结果有较大差异时；

e）饲料行政管理部门提出检验要求时。

7.4 判定规则

7.4.1 所验项目全部合格，判定为该批次产品合格。

7.4.2 检验结果中有任何指标不符合本标准规定时，可自同批产品中重新加倍取样进行复检。若复检结果仍不符合本标准规定，则判定该批产品不合格。

7.4.3 各项目指标的极限数值判定按 GB/T 8170 中修约值比较法执行。

8 标签

按 GB 10648 规定执行，见附录 C。

9 包装、运输、贮存和保质期

9.1 包装

采用铝箔袋包装，规格为 500g/袋。

9.2 运输

运输时应小心轻放，防止包装破损、日晒、雨淋，禁止与有毒有害物质共运。

9.3 贮存

贮存于通风、干燥处，防止日晒、雨淋，远离火源，禁止与有毒有害物质混储。

9.4 保质期

未开启包装的产品，在规定的运输、贮存条件下，原包装自生产之日起保质期为 360d。

附录 A
（规范性附录）
玉米赤霉烯酮吸附率的测定

A.1　原理

在特定 pH 和玉米赤霉烯酮浓度的缓冲溶液中加入定量的植物炭黑试样，进行摇培吸附，溶液经离心、免疫亲和柱净化后用高效液相色谱进行测定，计算玉米赤霉烯酮吸附率。

A.2　试剂和溶液

A.2.1　磷酸二氢钾：纯度≥98%。

A.2.2　磷酸氢二钾：纯度≥98%。

A.2.3　0.1mol/L 磷酸溶液。

A.2.4　磷酸盐缓冲溶液（pH 6.0）：准确称取磷酸二氢钾（A.2.1）8.340g 与磷酸氢二钾（A.2.2）0.870g，加水约 800mL，用 0.1mol/L 磷酸溶液（A.2.3）调 pH 至 6.0，用水定容至 1 000mL，即得。

A.2.5　玉米赤霉烯酮标准品（Zearalenone，CAS 登记号：17924 - 92 - 4）：纯度≥98.0%。

A.2.6　乙腈，色谱纯。

A.2.7　甲醇，色谱纯。

A.2.8　流动相：乙腈＋甲醇＋水＝46＋8＋46，将 46mL 乙腈（A.2.6）与 8mL 甲醇（A.2.7）加入 46mL 水中。

A.3　仪器和设备

A.3.1　高效液相色谱仪，配有荧光检测器。

A.3.2　摇床：可控温至 37℃，转速≥150r/min。

A.3.3　高速离心机：转速≥4 000r/min。

A.3.4　分析天平：感量分别为 0.000 1g 和 0.000 01g。

A.3.5　玉米赤霉烯酮免疫亲和柱：柱规格为 1mL 或 3mL，柱容量≥1 500ng，或性能相当者。

A.3.6　氮吹仪：带加热装置，温度可控制在 55℃±2℃。

A.4　试验步骤

A.4.1　玉米赤霉烯酮标准溶液配制

A.4.1.1　玉米赤霉烯酮标准储备溶液：准确称取玉米赤霉烯酮标准品（A.2.5）5mg（精确至 0.01mg）置于 50mL 容量瓶中，用乙腈（A.2.6）溶解并定容，摇匀。该标准储备溶液浓度为 100μg/mL，−18℃以下避光保存，有效期为 3 个月。

A.4.1.2　玉米赤霉烯酮标准工作溶液：准确移取 250.0μL 玉米赤霉烯酮标准储备溶液（A.4.1.1）于 50mL 容量瓶中，用流动相（A.2.8）稀释并定容，摇匀。该标准工作溶液浓度为 500ng/mL，4℃避光保存，现用现配。

A.4.2　玉米赤霉烯酮缓冲溶液配制

准确移取 500.0μL 玉米赤霉烯酮标准储备溶液（A.4.1.1）置于 100mL 容量瓶中，用磷酸盐缓冲溶液（pH 6.0）（A.2.4）稀释并定容。该缓冲溶液中玉米赤霉烯酮浓度为 500ng/mL。

A.4.3　吸附

准确移取 10.0mL 玉米赤霉烯酮缓冲溶液（A.4.2）置于离心管中，准确称取 10mg（精确至 0.01mg）植物炭黑试样加入离心管，将离心管置于 37℃摇床中以 150r/min 转速振荡 1h，以 4 000r/min 转速离心 5min，得上清液。按上述步骤同时做空白对照，除玉米赤霉烯酮缓冲溶液中不加入植物炭黑试样进行吸附外，其余操作均相同，得空白对照上清液。

A.4.4　净化

将玉米赤霉烯酮免疫亲和柱连接至玻璃注射器下，准确移取上清液（A.4.3）5.0mL，注入玻璃注射器中，将空气压力泵与玻璃注射器连接，调节压力使溶液以 1～2 滴/s 的流速缓慢通过免疫亲和柱，直至有部分空气进入亲和柱中；依次用 10mL 磷酸盐缓冲溶液（pH 6.0）（A.2.4）和 10mL 水淋洗免疫亲和柱，流速为 1～2 滴/s，直至有部分空气进入亲和柱中，弃去全部流出液。准确加入 1mL 甲醇（A.2.7）洗脱，流速为 1～2 滴/s，收集洗脱液于干净玻璃试管中；于 55℃以下用氮吹仪（A.3.6）吹干，用 1.0mL 流动相（A.2.8）溶解残渣，涡旋混匀后过 0.22μm 微孔滤膜，得待测液。空白对照上清液按相同方法处理。

A.4.5　液相色谱参考条件

色谱柱：C_{18}柱，长 250mm，内径 4.6mm，粒径 5μm，或者性能相当者。

流动相：乙腈＋甲醇＋水＝46＋8＋46（A.2.8）。

流速：1.0mL/min。

温度：室温。

进样体积：20μL。

检测波长：荧光激发波长 274nm，发射波长 440nm。

A.4.6　测定

将玉米赤霉烯酮标准工作溶液（A.4.1.2）和待测液（A.4.4）注入高效液相色谱仪，按色谱条件（A.4.5）进行分析，记录色谱图（色谱参考图参见图 A.1）；以保留时间定性，待测液（A.4.4）和标准工作溶液（A.4.1.2）中玉米赤霉烯酮保留时间的相对偏差不大于 2%；根据玉米赤霉烯酮峰面积，计算吸附率。

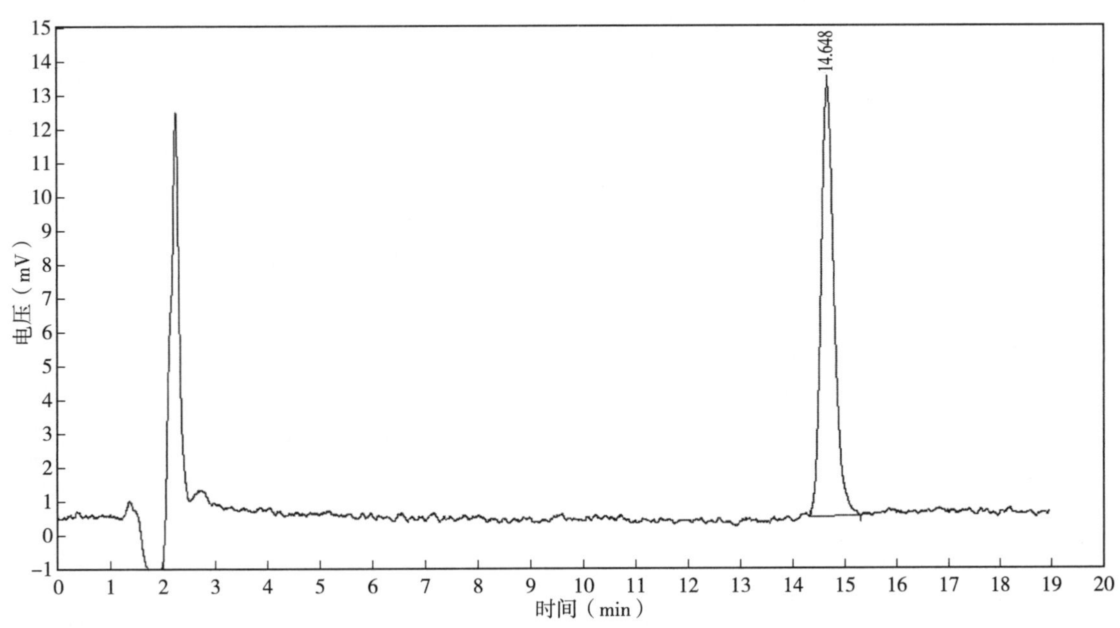

图 A.1　玉米赤霉烯酮标准工作溶液液相色谱参考图

A.5　试验数据处理

试样玉米赤霉烯酮吸附率 ω，以质量分数（%）表示，按式（1）计算：

$$\omega=\frac{A_0-A_1}{A_0}\times 100\% \quad (1)$$

式中：

A_0——未经植物炭黑吸附的空白对照待测液中玉米赤霉烯酮峰面积；

A_1——经植物炭黑试样吸附的待测液中玉米赤霉烯酮峰面积。

测定结果用平行测定的算术平均值表示，计算结果保留至小数点后一位。

A.6　重复性

在重复条件下，两次独立测试结果与其算术平均值的相对差值不大于该算术平均值的5.0%。

附录 B

（规范性附录）

产品使用说明书

【新产品证书号】　　　　　　　　　　　　【生产许可证号】

【产品批准文号】　　　　　　　　　　　　【执行标准】

饲料添加剂植物炭黑
使用说明书

【产品名称】植物炭黑。

【英文名称】Plant carbon。

【有效成分】植物炭黑。

【性状】黑色粉末，无臭、无味。

【产品成分分析保证值】

项　　目			指　标
粒度/%	125μm 试验筛通过率	≥	98
	90μm 试验筛通过率	≥	85
干燥减量/%		≤	12.0
碳含量（以干基计）/%		≥	90.0
灰分/%		≤	8.0
高级芳香烃			通过试验
玉米赤霉烯酮吸附率［缓冲溶液 pH=6.0，玉米赤霉烯酮浓度 500ng/mL，植物炭黑添加量 0.1%（w/v）］/%		≥	95.0
总砷（As）/（mg/kg）		≤	4.0
铅（Pb）/（mg/kg）		≤	10
汞（Hg）/（mg/kg）		≤	0.1
镉（Cd）/（mg/kg）		≤	1.0

【作用功效】吸附饲料中玉米赤霉烯酮。

【适用范围】仔猪。

【用法与用量】在仔猪配合饲料中的推荐添加量为 500～1 000mg/kg。

【净含量】500g/袋。

【保质期】360d。

【贮运】产品应贮存于通风、干燥处，防止日晒、雨淋，远离火源，禁止与有毒有害物质混储；运输时应小心轻放，防止包装破损、日晒、雨淋，禁止与有毒有害物质共运。

【生产企业】

地址　　　　　　　　　　　　邮编

电话　　　　　　　　　　　　传真

网址　　　　　　　　　　　　邮箱

附录 C

（规范性附录）

产品标签

【新产品证书号】　　　　　　　　　　　　　　　　【生产许可证号】

【执行标准】　　　　　　　　　　　　　　　　　　【产品批准文号】

饲料添加剂
植物炭黑
Plant carbon

【产品名称】植物炭黑。

【产品成分分析保证值】

项　目			指　标
粒度/%	125μm 试验筛通过率	≥	98
	90μm 试验筛通过率	≥	85
干燥减量/%		≤	12.0
碳含量（以干基计）/%		≥	90.0
灰分/%		≤	8.0
高级芳香烃			通过试验
玉米赤霉烯酮吸附率［缓冲溶液 pH=6.0，玉米赤霉烯酮浓度 500ng/mL，植物炭黑添加量 0.1%（w/v）］/%		≥	95.0
总砷（As）/（mg/kg）		≤	4.0
铅（Pb）/（mg/kg）		≤	10
汞（Hg）/（mg/kg）		≤	0.1
镉（Cd）/（mg/kg）		≤	1.0

【有效成分】植物炭黑。

【作用功效】吸附饲料中玉米赤霉烯酮。

【适用范围】仔猪。

【用法与用量】在仔猪配合饲料中的推荐添加量为 500～1 000mg/kg。

【保质期】360d。

【贮运】产品应贮存于通风、干燥处，防止日晒、雨淋，远离火源，禁止与有毒有害物质混储；运输时应小心轻放，防止包装破损、日晒、雨淋，禁止与有毒有害物质共运。

【净含量】500g/袋。

【生产企业】

　　地址　　　　　　　　　　　　　　　邮编

　　电话　　　　　　　　　　　　　　　传真

【生产日期】

【生产批号】

农业农村部关于印发 2020 年饲料兽药生鲜乳质量安全监测计划的通知

农牧发〔2020〕8 号

各省、自治区、直辖市农业农村（农牧、畜牧兽医）厅（局、委），新疆生产建设兵团农业农村局：

为提升养殖业产品质量安全水平，加快推进畜牧业绿色发展，根据《农产品质量安全法》《饲料和饲料添加剂管理条例》《兽药管理条例》《乳品质量安全监督管理条例》等法律法规规定，我部制定了《2020 年全国饲料质量安全监督抽查计划》《2020 年动物及动物产品兽药残留监控计划》《2020 年动物源细菌耐药性监测计划》《2020 年生鲜乳质量安全监测计划》。现印发给你们，请遵照执行。

附件：1. 2020 年全国饲料质量安全监督抽查计划

2. 2020 年动物及动物产品兽药残留监控计划

3. 2020 年动物源细菌耐药性监测计划

4. 2020 年生鲜乳质量安全监测计划

农业农村部

2020 年 2 月 11 日

附件 1

2020 年全国饲料质量安全监督抽查计划

为切实强化饲料质量安全监管，我部畜牧兽医局按照“双随机、一公开”的要求，采取“互联网+饲料监管”的方式，组织开展 2020 年全国饲料质量安全监督抽查工作。现制定监督抽查计划如下。

一、工作计划

（一）全国饲料质量安全监督抽查

全国饲料质量安全监督抽查工作分上半年和下半年 2 次进行，分别于 2020 年 7 月 10 日和 11 月 10 日前完成。

1. 生产企业监督抽查。在全国饲料生产企业名录库中随机选取 1 000 家以上饲料生产企业，抽检样品 3 000 批次以上。

2. 生产企业现场检查。在被监督抽查企业中确定 300 家开展《饲料质量安全管理规范》执行情况检查。

3. 风险预警监测。在生产、经营和使用环节开展饲料中非法添加物预警监测，重点产品包括混合型饲料添加剂、植物提取物、植物性饲料原料、微生物制剂、酶制剂和宠物饲料等。开展微生物发酵类产品及其生产菌株的合规性调查和安全性风险分析。

（二）省级饲料质量安全监督抽查

各省级饲料管理部门负责辖区内饲料质量安全监督抽查工作。监督抽查饲料生产企业数量不低于辖区内企业总数的 30%，各省份监督抽查批次数见附件 1-1。随机对辖区内饲料经营门店开展监督抽查。

二、工作内容

（一）确定被监督抽查企业。我部畜牧兽医局按照“双随机”原则，通过全国饲料质量安全监测信息系统确定全国被监督抽查企业名单，每个省份数量不低于该省企业总数的 15%，2019 年在我部监督抽查中发现产品不合格的企业必检。

（二）采样与检测。国家饲料质量监督检验中心（北京）负责从全国饲料质量安全监管专家库中随机选取 100 名人员，组成工作组赴被监督抽查企业采集样品，并负责向承检机构派发检测样品。对于监督抽查样品检测结果为不合格的，各承检机构要在出具检验检测报告后 48 小时内（以寄出邮戳时间为准），将《不合格结果通知单》（见附件 1-2）和检验检测报告通过邮政特快专递寄给被监督抽查企业和国家饲料质量监督检验中心（北京），《不合格结果通知单》同时传真至我部畜牧兽医局。样品采集、检验检测记录、检测结果及相关信息要及时录入全国饲料质量安全监测信息系统，具体要求按照我部《饲料质量安全监督抽查检测工作要求》（农牧发〔2019〕22 号）执行。

（三）复核检测和仲裁检验。被监督抽查企业对检验结果有异议的，可自收到检验结果之日起 5 日内向我部畜牧兽医局书面申请复核检测（格式见附件 1-3）。国家饲料质量监督检验中心（北京）负责派发复检样品，有关省级饲料质检机构负责检测，复检程序按照我部《饲料质量安全监督抽查检测工作要求》执行，复检结果由国家饲料质量监督检验中心（北京）告知申请复检企业。复检费用由提出复检申请的被监督抽查企业承担。

三、工作要求

（一）加强协同配合。各省级饲料管理部门和质检机构要高度重视，认真配合全国饲料质量安全监督抽查工作组在辖区内开展的相关工作。

（二）及时报送省级监测计划。各省级饲料管理部门要在2020年4月20日前，将本省级监督抽查计划报送我部畜牧兽医局，并抄送国家饲料质量监督检验中心（北京）。

（三）派员参加培训。各承检机构要选派人员参加我部畜牧兽医局组织的相关培训。各省级饲料管理部门要支持本省纳入全国饲料质量安全监管专家库的人员参加我部畜牧兽医局组织的相关培训。

（四）保障检测能力。我部畜牧兽医局委托国家饲料质量监督检验中心（北京）对承检机构的部分样品进行检测结果复核，组织开展实验室检测能力比对和检测工作质量现场检查。

（五）依法依规查处。各省农业农村行政主管部门要组织执法机构对不合格产品的生产企业进行调查，依法进行查处，并于2020年12月31日前将全年查处情况报送我部畜牧兽医局。

四、联系方式

农业农村部畜牧兽医局饲料饲草处
联系电话：010－59191800，59192848（传真）
电子邮件：xmjslch@agri.gov.cn
通信地址：北京市朝阳区农展南里11号

国家饲料质量监督检验中心（北京）
联系电话：010－82106583，82106580（传真）
电子邮件：gjzx@caas.cn
通信地址：北京市海淀区中关村南大街12号

附件：1－1. 2020年省级饲料质量安全监督抽查任务
　　　1－2. 不合格结果通知单
　　　1－3. 样品不合格结果复检申请函（格式）
　　　1－4. 风险预警监测工作方案
　　　1－5. 检测方法　判定依据　判定原则

附件 1－1

2020 年省级饲料质量安全监督抽查任务

序号	省份	批次	序号	省份	批次
1	北京市	120	17	湖北省	300
2	天津市	120	18	湖南省	300
3	河北省	400	19	广东省	500
4	山西省	200	20	广西壮族自治区	200
5	内蒙古自治区	200	21	海南省	100
6	辽宁省	300	22	重庆市	200
7	吉林省	200	23	四川省	300
8	黑龙江省	300	24	贵州省	100
9	上海市	100	25	云南省	100
10	江苏省	300	26	陕西省	200
11	浙江省	200	27	甘肃省	100
12	安徽省	200	28	青海省	60
13	福建省	200	29	宁夏回族自治区	100
14	江西省	200	30	新疆维吾尔自治区	200
15	山东省	500	31	新疆生产建设兵团	100
16	河南省	400		合计	6 800

附件 1－2

不合格结果通知单

（被监督抽查企业名称）：

根据农业农村部《2020 年全国饲料质量安全监督抽查计划》要求，我单位作为承检机构对（被监督抽查企业名称）标称为__________的__________产品进行了检验。不合格检验检测报告共__________份，编号为__________。如有异议，可自收到报告之日起 5 日，向农业农村部畜牧兽医局书面提出复核检测申请（须详细注明联系方式）。微生物指标不接受复核检测申请。

承检机构名称：______________________________

地址：______________________________

联系人：______________ 电话（传真）：______________

手机：______________ 电子邮箱：______________

（承检机构公章）

年 月 日

注：本通知单和检验检测报告通过邮政特快专递寄给被监督抽查企业和国家饲料质量监督检验中心（北京）；同时传真（010－59192848）至我部畜牧兽医局，并电话确认（010－59191800）。

附件 1－3

样品不合格结果复检申请函

农业农村部畜牧兽医局：

__________年______月______日，我单位接到(承检机构名称）寄送的《不合格结果通知单》和检验检测报告。现提出复核检测申请。

申请复检理由：____。

申请单位

（公章）

年　　月　　日

联 系 人：______________________________

联系电话：______________________________

通信地址：______________________________

附件 1－4

风险预警监测工作方案

为切实强化饲料质量安全监管，我部畜牧兽医局对全国饲料生产、经营和使用环节的重点饲料产品开展风险预警监测，分析评估重大潜在风险因素，为实施有效监管提供支撑。

一、工作内容

围绕混合型饲料添加剂、植物提取物、植物性饲料原料、微生物制剂、酶制剂和宠物饲料等重点产品，在重点环节有针对性地采集样品，检测筛查未知物质、违规违禁药物、禁用物质等非法添加物，评估质量安全风险。开展微生物发酵类产品及其生产菌株的合规性调查和安全性风险分析。

二、重点任务

（一）饲料中非法添加物筛查与风险预警监测。主要监测指标为未知物质、违规违禁药物和禁用物质等。由国家饲料质量监督检验中心（北京）负责制定工作方案并组织实施，中国农业科学院饲料研究所、辽宁省检验检测认证中心、上海市动物疫病预防控制中心（上海市兽药饲料检测所）、浙江省兽药饲料监察所、山东省饲料质量检验所、河南省兽药饲料监察所、湖北省饲料监测所、中国农业大学工学院等单位参与实施。

（二）混合型饲料添加剂风险预警监测。主要监测指标为主成分含量、未知物质、违规违禁药物和禁用物质等。由中国农业科学院饲料研究所负责制定工作方案并组织实施，国家饲料质量监督检验中心（北京）、上海市动物疫病预防控制中心（上海市兽药饲料检测所）、河南省兽药饲料监察所、四川省饲料工作总站、青岛市农产品质量安全中心等单位参与实施。

（三）植物提取物和植物性饲料原料风险预警监测。主要监测指标为主成分含量、未知物质、违规违禁药物和禁用物质等。由中国农业科学院饲料研究所负责制定工作方案并组织实施，国家饲料质量监督检验中心（北京）、天津市农业生态环境监测与农产品质量检测中心、上海市农业科学院农产品质量标准与检测技术研究所、湖南农业大学、西南民族大学、河南牧业经济学院等单位参与实施。

（四）宠物饲料产品风险预警监测。主要监测指标为宠物饲料标签、主要质量安全指标和非法添加物。由浙江大学饲料科学研究所负责制定工作方案并组织实施，全国畜牧总站、中国饲料工业协会、国家饲料质量监督检验中心（北京）、中国农业科学院饲料研究所、中国农业科学院农产品加工研究所、北京市饲料监察所等单位参与实施。

（五）生物发酵类饲料产品风险预警监测。开展菌种菌株合规性调查评估和菌株致病性、耐药性、产毒性、代谢安全性等潜在风险分析。由中国农业科学院饲料研究所、生物饲料开发国家工程研究中心负责制定工作方案并组织实施，全国畜牧总站、中国饲料工业协会、国家饲料质量监督检验中心（北京）、中国农业科学院北京畜牧兽医研究所、河南省兽药饲料监察所、内蒙古农业大学、江南大学、中国生物饲料产业创新战略联盟会员单位、生物饲料质量安全预警项目监测站等单位参与实施。

（六）饲料中环境污染物风险预警监测。主要监测指标为持久性环境污染物中的多氯代二苯并二噁英和多氯代二苯并呋喃、二噁英类多氯联苯和中短链氯化石蜡等。中国农业科学院农业质量标准与检测技术研究所、国家饲料质量监督检验中心（北京）负责制定工作方案并组织实施。

（七）饲料质量安全风险预警监测技术平台构建。开展饲料及饲料原料中未知物质、违规违禁药物、禁用物质等非法添加物的高通量筛查及综合查询比对方法研究，上海市动物疫病预防控制中心（上海市兽药饲料检测所）、中国农业科学院饲料研究所、国家饲料质量监督检验中心（北京）负责。构建兼容不同仪器筛查库的非法添加物筛查共享谱库，开展饲料及饲料原料中多种环境污染物筛查技术研究和追溯技术研发，国家饲料质量监督检验中心（北京）负责。开展发酵饲料用菌种菌株鉴别评价技术平台的构建和常见植物主要功能性成分检测技术及质量标准化控制研究，中国农业科学院饲料研究所负责。

三、工作要求

（一）风险预警监测样品来源包括饲料生产、经营、使用环节以及网络交易平台采集或购买的样品，全国和各省级饲料质量安全监督抽查工作中采集的样品，也包括群众举报的可疑饲料样品。

（二）风险预警监测样品的检验检测报告不向被抽样单位发送。

（三）各项风险预警监测任务负责单位要及时向我部畜牧兽医局报告工作过程中发现的风险隐患，并组织专家及时研判质量安全风险，锁定问题线索。

（四）各参与实施单位在 2020 年 11 月 1 日前完成抽样和检测任务，并将操作规程、监测结果报送各负责单位，由任务负责单位形成工作总结报告，在 2020 年 11 月 10 日前以纸质文件和电子文档报送中国农业科学院饲料研究所。中国农业科学院饲料研究所在 2020 年 12 月 10 日前，将 2020 年度工作情况总结报告报送我部畜牧兽医局。

四、联系方式

农业农村部畜牧兽医局饲料饲草处
联系电话：010－59191800，59192848（传真）
电子邮件：xmjslch@agri. gov. cn
通信地址：北京市朝阳区农展南里 11 号（100125）

中国农业科学院饲料研究所
联系电话：010－82106058，82106069/6059（传真）
电子邮件：lijun08@caas. cn guxu@caas. cn
通信地址：北京市海淀区中关村南大街 12 号（100081）

附件 1－5

检测方法　判定依据　判定原则

本计划中涉及检测方法、判定依据和判定原则如下。

一、检测方法

GB 5009.227—2016　食品安全国家标准　食品中过氧化值的测定

GB 5009.229—2016　食品安全国家标准　食品中酸价的测定

GB/T 5532—2008　动植物油脂碘值的测定

GB/T 6432—2018　饲料中粗蛋白的测定　凯氏定氮法

GB/T 6435—2014　饲料中水分的测定

GB/T 6436—2018　饲料中钙的测定

GB/T 6437—2018　饲料中总磷的测定　分光光度法

GB/T 8381.7—2009　饲料中喹乙醇的测定　高效液相色谱法（含第 1 号修改单）

GB/T 8381.9—2005　饲料中氯霉素的测定　气相色谱法

GB/T 21108—2007　饲料中氯霉素的测定　高效液相色谱串联质谱法

GB/T 13079—2006　饲料中总砷的测定

GB/T 13080—2018　饲料中铅的测定　原子吸收光谱法

GB/T 13082—1991　饲料中镉的测定方法

GB/T 13088—2006　饲料中铬的测定

GB/T 13091—2018　饲料中沙门氏菌的测定

GB/T 13885—2017　动物饲料中钙、铜、铁、镁、锰、钾、钠和锌含量的测定　原子吸收光谱法

GB/T 14701—2019　饲料中维生素 B_2 的测定

GB/T 14702—2018　添加剂预混合饲料中维生素 B_6 的测定　高效液相色谱法

GB/T 17817—2010　饲料中维生素 A 的测定　高效液相色谱法

GB/T 17812—2008　饲料中维生素 E 的测定　高效液相色谱法

GB/T 17818—2010　饲料中维生素 D_3 的测定　高效液相色谱法

GB/T 18246—2000　饲料中氨基酸的测定（2020 年 7 月 1 日前适用）

GB/T 18246—2019　饲料中氨基酸的测定（2020 年 7 月 1 日后适用）

GB/T 19164—2003　鱼粉（附录 A 鱼粉中砂分的测定方法）

GB/T 19684—2005　饲料中金霉素的测定　高效液相色谱法

GB/T 20190—2006　饲料中牛羊源性成分的定性检测　定性聚合酶链式反应（PCR）法

GB/T 22259—2008　饲料中土霉素的测定　高效液相色谱法

GB/T 23710—2009　饲料中甜菜碱的测定　离子色谱法

GB/T 30956—2014　饲料中脱氧雪腐镰刀菌烯醇的测定　免疫亲和柱净化—高效液相色谱法

GB/T 30957—2014　饲料中赭曲霉毒素 A 的测定　免疫亲和柱净化—高效液相色谱法

农业部 1486 号公告—8—2010　饲料中硝基呋喃类药物的测定　高效液相色谱法

农业部 1629 号公告—1—2011　饲料中 16 种 β—受体激动剂的测定　液相色谱—串联质谱法

农业部 2086 号公告—5—2014　饲料中卡巴氧、乙酰甲喹、喹烯酮和喹乙醇的测定　液相色谱—串联质谱法

农业部 2483 号公告—8—2016　饲料中氯霉素、甲砜霉素和氟苯尼考的测定　液相色谱—串联质谱法

NY/T 1372—2007　饲料中三聚氰胺的测定

NY/T 1946—2010　饲料中牛羊源性成分检测　实时荧光聚合酶链反应法

NY/T 1970—2010　饲料中伏马毒素的测定

NY/T 2071—2011　饲料中黄曲霉毒素、玉米赤霉烯酮和 T—2 毒素的测定　液相色谱—串联质谱法

NY/T 3144—2017　饲料原料血液制品中 18 种 β-受体激动剂的测定　液相色谱—串联质谱法

NY/T 3145—2017　饲料中 22 种 β-受体激动剂的测定　液相色谱—串联质谱法

饲料添加剂主含量的检测方法：采用相应饲料添加剂产品标准中规定或推荐的检测方法。

二、判定依据

（一）卫生指标。 按照《饲料卫生标准》（GB 13078—2017）判定；饲料添加剂产品按照生产企业产品执行标准判定。

（二）质量指标。 按照生产企业产品执行标准、有效合同、明示指标（饲料标签的明示指标、产品说明）进行判定。如生产企业产品执行标准与明示指标、《饲料添加剂安全使用规范》（农业部公告第 2625 号）不一致，以其中较严格指标进行判定。

（三）药物饲料添加剂和非法添加物。《饲料和饲料添加剂管理条例》《兽药管理条例》《禁止在饲料和动物饮水中使用的药物品种目录》（农业部公告第 176 号）、《禁止在饲料和动物饮水中使用的物质》（农业部公告第 1519 号）、《关于停止生产、进口、经营、使用部分药物饲料添加剂的公告》（农业农村部公告第 194 号）、《关于相关兽药产品质量标准修订和批准文号变更的公告》（农业农村部公告第 246 号）、《食品动物中禁止使用的药品及其他化合物清单》（农业农村部公告第 250 号）、《饲料原料和饲料产品中三聚氰胺限量值的规定》（农业部公告第 1218 号）。

（四）保质期。 饲料和饲料添加剂产品标签中分析保证值之外的指标判定不考虑产品的保质期。

三、判定原则

（一）单项指标判定。 饲料产品的各类质量指标及其卫生指标依据《饲料检测结果判定的允许误差》（GB/T 18823—2010）执行。

1. 饲料添加剂的判定。 各类质量指标及其卫生指标不考虑方法误差。

2. 药物饲料添加剂判定。 对于 2020 年 7 月 1 日之前生产的饲料产品，在规定范围内使用的药物饲料添加剂，以折算回收率后的结果进行判定，超出规定添加量的，判定为不合格；对于超范围使用的药物饲料添加剂，以检测方法的定量限或最低检出浓度为判定限，超过判定限即判定为不合格。对于 2020 年 7 月 1 日之后生产的饲料产品中的药物饲料添加剂，确认检测方法有定量限的以定量限为判定限，超过定量限即判定为不合格；没有定量限的，以检测限或检

出限为判定限，超过检测限（检出限）即判定为不合格。

3. 非法添加物的判定。确认检测方法有定量限的以定量限为判定限，超过定量限即判定为不合格；没有定量限的，以检测限或检出限为判定限，超过检测限即判定为不合格。三聚氰胺的判定按照《饲料原料和饲料产品中三聚氰胺限量值的规定》（农业部公告第 1218 号）判定。

4. 牛羊源性成分判定。牛源性成分、羊源性成分有一项为阳性（高于 0.25%的检出限），则判定该样品为不合格。使用实时荧光 PCR 方法时，设置 0.25%的阳性对照样，以实测 Ct 值进行阳性或阴性判定。

（二）产品综合判定。一项指标不合格即判定该批次产品不合格。水分仅作计算使用，不纳入综合判定。

附件 2

2020 年动物及动物产品兽药残留监控计划

为加强兽药残留监控，促进养殖环节科学安全合理用药，保障动物源性食品安全，我部畜牧兽医局制定了《2020 年动物及动物产品兽药残留监控计划》（以下简称《监控计划》）如下。

一、组织实施

我部畜牧兽医局负责全国动物及动物产品兽药残留监控计划的组织实施工作。各省级兽医行政管理部门负责组织开展辖区畜禽产品兽药残留监控工作。在配合完成国家监控计划的同时，应制定并组织实施辖区兽药残留监控计划，监控数量不得低于国家计划的 20%。部属有关事业单位、可承接政府购买服务的部分省级兽药检验机构和第三方检测机构，按照《监控计划》承担相关检测任务。

二、抽检要求

（一）各省级兽医行政管理部门组织做好辖区内畜禽及其产品抽样工作，安排官方取样人员进行采样，并在抽样单上签字。承担检测任务的机构应支付样品购买等相关费用，与官方抽样人员做好样品交接手续，并可根据需要派员赴采样现场协助官方取样人员采样。

（二）抽检活动严格执行《官方取样程序》和《2020 年动物及动物产品兽药残留抽样和检测技术操作要点》（以下简称《操作要点》），并按要求填报抽样信息。

（三）畜禽产品样品原则上应从动物养殖和屠宰环节抽取。牛奶样品从奶牛养殖场（户）、生鲜乳收购站抽取。开展鸡肉、鸡肝以及鸡蛋中违规用药检测的，从养殖场抽取的样品数量应超过抽样总数的 1/3。

（四）科学确定抽样方式。按照两个时段（6 月底前为第一时段，7 月至 10 月底为第二时段），均匀抽样，不得在某一时段集中抽样。除后续跟踪抽样外，不应对同一采样点重复抽样。

（五）兽药残留检测按照《2020 年度动物及动物产品兽药残留检测方法及残留限量》执行，确证方法按照食品安全国家标准、我部发布或指定的方法、参照国际公认的方法执行。各检测机构不得擅自变更检测方法和检测限。确需调整本计划确定的检测限、检测方法的，应事先向全国兽药残留和耐药性控制专家委员会办公室（以下简称残留办）提交申请材料，经核准后再进行检测。

（六）对于已发布过确证方法并以筛选方法或定量方法检测出的阳性样品，应进一步进行确证检测，以确证检测结果作为上报数据。

（七）各检测机构要严格执行检测结果报告制度，按要求填报检测结果汇总表。

（八）各检测机构要严格执行阳性（超标）样品报告制度。在检测出阳性样品后的 10 个工作日内将检测报告送抽样单位（官方取样人员所在单位）、所在地市县及省级畜牧兽医行政管理部门。省级畜牧兽医行政管理部门及时启动后续跟踪抽样、检测程序，抽样比例为 1∶5，即每发现一份阳性样品，对被抽样单位连续跟踪抽样 2 次，每次 5 份样品。后续跟踪抽样检测样品数列入辖区残留监控计划，获得结果后按要求填报表格。

三、结果处理

各地要进一步强化残留超标产品的后续处理，省级兽医行政管理部门要做好跟踪督办，样品来源所在地兽医行政管理部门接到检测机构反馈的残留超标检测报告后，按《中华人民共和国动物及动物源食品中残留物质监控计划》（农牧发〔1999〕8号）启动追溯程序。

（一）根据残留超标样品反馈信息溯源动物养殖场，对养殖场用药情况进行核查，重点检查兽医处方、用药记录和库存兽药产品。

（二）发现养殖用药不规范，未执行休药期等问题要及时提出改正措施，并监督整改。依据《兽药管理条例》有关规定，对使用了禁用药物及其他化合物的动物及其产品要监督养殖场和屠宰企业进行无害化处理。

（三）发现假劣、禁用药物及其他化合物要清缴销毁，及时报告本地省级兽医行政管理部门，同时通报标称兽药生产企业所在地省级兽医行政管理部门，依法严肃查处违法违规行为。对符合农业农村部公告第97号从重处罚的情形，应依法对相关兽药生产企业、经营企业予以从重处罚。

（四）残留超标样品处理结果要及时报省级畜牧兽医行政管理部门，并做好调查处理记录，记录存档2年以上。

四、工作要求

（一）承担抽样和检测任务的单位要密切配合，及时沟通情况，按照《操作要点》完成检测样品的抽样、登记、保存、交接和检测工作。

（二）承担检测任务单位于2020年7月15日和11月15日前将检测结果分析报告和相关表格的纸质材料和电子版分次报残留办。

（三）残留办负责兽药残留检测结果汇总和监控计划执行情况的总结上报工作。阶段性工作总结和全年工作总结分别于2020年7月31日和12月10日前报我部畜牧兽医局。

（四）我部将对畜禽及畜禽产品、蜂产品兽药残留监测情况进行通报，并对及时报送检测结果、对残留超标样品开展并予以处罚的省份通报表扬。

（五）各地要将工作中存在的问题和建议及时反馈我部畜牧兽医局和残留办。

附件：2-1. 2020年动物及动物产品兽药残留监控计划

2-2. 2020年动物及动物产品兽药残留监控计划各省份任务分工表

2-3. 2020年动物及动物产品兽药残留抽样和检测技术操作要点

2-4. 2020年动物及动物产品抽样情况、检测结果和跟踪检测结果汇总表

2-5. 2020年度动物及动物产品兽药残留检测方法及残留限量

附件 2－1

2020 年动物及动物产品兽药残留监控计划

1. 畜禽产品部分

动物/组织	样品来源地	化合物	抽样单位	样品数	检测结果数
鸡/蛋	北京	氟喹诺酮类	北京市农业农村局	50	50
	广东	硝基呋喃类代谢物	广东省农业农村厅	50	50
		氟喹诺酮类	广东省农业农村厅		50
	广西	氯羟吡啶	广西壮族自治区农业农村厅	70	70
	河北	四环素类	河北省农业农村厅	50	50
		氟喹诺酮类	河北省农业农村厅	45	45
	河南	氟喹诺酮类	河南省农业农村厅	50	50
		硝基呋喃类代谢物	河南省农业农村厅		50
		四环素类	河南省农业农村厅	80	80
		金刚烷胺	河南省农业农村厅		80
	黑龙江	氟喹诺酮类	黑龙江省农业农村厅	50	50
	湖北	氟喹诺酮类	湖北省农业农村厅	50	50
	湖南	金刚烷胺	湖南省农业农村厅	50	50
	吉林	氟喹诺酮类	吉林省畜牧业管理局	50	50
	江苏	硝基呋喃类代谢物	江苏省农业农村厅	50	50
		氟喹诺酮类	江苏省农业农村厅		50
	江西	金刚烷胺	江西省农业农村厅	50	50
		氯羟吡啶	江西省农业农村厅	50	50
	辽宁	金刚烷胺	辽宁省农业农村厅	50	50
		四环素类	辽宁省农业农村厅		50
	山东	硝基呋喃类代谢物	山东省畜牧兽医局	50	50
		磺胺喹噁啉	山东省畜牧兽医局		50
		氟喹诺酮类	山东省畜牧兽医局	50	50
		金刚烷胺	山东省畜牧兽医局		50
	山西	磺胺喹噁啉	山西省农业农村厅	50	50
	陕西	氟喹诺酮类	陕西省农业农村厅	50	50
	上海	四环素类	上海市农业农村委员会	50	50
		磺胺喹噁啉	上海市农业农村委员会		50
		氟喹诺酮类	上海市农业农村委员会	50	50
	四川	氯羟吡啶	四川省农业农村厅	50	50
		硝基呋喃类代谢物	四川省农业农村厅	50	50
	天津	四环素类	天津市农业农村委员会	50	50

（续）

动物/组织	样品来源地	化合物	抽样单位	样品数	检测结果数
鸡/蛋	新疆	四环素类	新疆维吾尔自治区畜牧兽医局	50	50
		磺胺喹噁啉	新疆维吾尔自治区畜牧兽医局	50	50
	浙江	氟喹诺酮类	浙江省农业农村厅	50	50
	重庆	金刚烷胺	重庆市农业农村委员会	50	50
	小计			1 445	1 875
鸡/肝	海南	磺胺类	海南省农业农村厅	50	50
	江西	磺胺类	江西省农业农村厅	50	50
	广东	硝基咪唑类	广东省农业农村厅	50	50
	河北	硝基咪唑类	河北省农业农村厅	50	50
	河南	硝基咪唑类	河南省农业农村厅	50	50
	湖北	硝基咪唑类	湖北省农业农村厅	50	50
	江苏	硝基咪唑类	江苏省农业农村厅	50	50
	辽宁	硝基咪唑类	辽宁省农业农村厅	50	50
	山东	硝基咪唑类	山东省畜牧兽医局	50	50
	重庆	硝基咪唑类	重庆市农业农村委员会	50	50
	小计			500	500
鸡/肉	安徽	磺胺类	安徽省农业农村厅	50	50
	北京	金刚烷胺	北京市农业农村局	50	50
	北京	大环内酯类和林可胺类	北京市农业农村局		50
	福建	大环内酯类和林可胺类	福建省农业农村厅	50	50
	福建	氟苯尼考及其代谢物	福建省农业农村厅		50
	广西	尼卡巴嗪残留标示物	广西壮族自治区农业农村厅	50	50
	广西	氟喹诺酮类	广西壮族自治区农业农村厅		50
	贵州	尼卡巴嗪残留标示物	贵州省农业农村厅	60	60
	贵州	氯霉素	贵州省农业农村厅	100	100
	河北	磺胺类	河北省农业农村厅	50	50
	河南	硝基呋喃类代谢物	河南省农业农村厅	70	70
	黑龙江	四环素类	黑龙江省农业农村厅	50	50
	湖北	尼卡巴嗪残留标示物	湖北省农业农村厅	50	50
	湖南	地克珠利	湖南省农业农村厅	50	50
	湖南	氟喹诺酮类	湖南省农业农村厅		50
	吉林	磺胺类	吉林省畜牧业管理局	50	40
	吉林	金刚烷胺	吉林省畜牧业管理局		30
	江苏	金刚烷胺	江苏省农业农村厅	50	50
	江苏	地克珠利	江苏省农业农村厅		50
	江苏	氟苯尼考及其代谢物	江苏省农业农村厅	50	50
	江西	氟苯尼考及其代谢物	江西省农业农村厅	50	50

（续）

动物/组织	样品来源地	化合物	抽样单位	样品数	检测结果数
鸡/肉	辽宁	硝基呋喃类代谢物	辽宁省农业农村厅	50	50
	山东	金刚烷胺	山东省畜牧兽医局	50	50
	山西	硝基呋喃类代谢物	山西省农业农村厅	50	50
	山西	磺胺类	山西省农业农村厅		50
	陕西	氯霉素	陕西省农业农村厅	50	50
	陕西	大环内酯类和林可胺类	陕西省农业农村厅		50
	四川	尼卡巴嗪残留标示物	四川省农业农村厅	50	50
	四川	大环内酯类和林可胺类	四川省农业农村厅		50
	天津	氟喹诺酮类	天津市农业农村委员会	50	50
	天津	氟苯尼考及其代谢物	天津市农业农村委员会		50
	云南	尼卡巴嗪残留标示物	云南省农业农村厅	50	50
	浙江	氟苯尼考及其代谢物	浙江省农业农村厅	50	50
	浙江	四环素类	浙江省农业农村厅		50
	重庆	氟苯尼考及其代谢物	重庆市农业农村委员会	50	50
	小计			1 280	1 800
牛/奶	黑龙江	β-内酰胺类	黑龙江省农业农村厅	50	50
		四环素类	黑龙江省农业农村厅		50
	内蒙古	β-内酰胺类	内蒙古自治区农牧厅	50	50
		阿维菌素类	内蒙古自治区农牧厅	50	50
		四环素类	内蒙古自治区农牧厅	50	50
	宁夏	磺胺类	宁夏回族自治区农业农村厅	50	50
	陕西	氟喹诺酮类	陕西省农业农村厅	50	50
	天津	β-内酰胺类	天津市农业农村委员会	50	50
	新疆	β-内酰胺类	新疆维吾尔自治区畜牧兽医局	50	50
		阿维菌素类	新疆维吾尔自治区畜牧兽医局	50	50
		磺胺类	新疆维吾尔自治区畜牧兽医局	50	50
	小计			500	550
牛/肉	北京	同化激素	北京市农业农村局	50	50
	甘肃	头孢噻呋	甘肃省畜牧兽医局	50	50
	辽宁	克仑特罗	辽宁省农业农村厅	50	50
	内蒙古	克仑特罗	内蒙古自治区农牧厅	50	50
		阿苯达唑及其主要代谢物	内蒙古自治区农牧厅	50	50
		阿维菌素类	内蒙古自治区农牧厅	50	50
	宁夏	阿维菌素类	宁夏回族自治区农业农村厅	50	50
		头孢噻呋	宁夏回族自治区农业农村厅		50
	青海	阿维菌素类	青海省农业农村厅	50	50

（续）

动物/组织	样品来源地	化合物	抽样单位	样品数	检测结果数
牛/肉	新疆	克仑特罗	新疆维吾尔自治区畜牧兽医局	50	50
		阿维菌素类	新疆维吾尔自治区畜牧兽医局	50	50
		阿苯达唑及其主要代谢物	新疆维吾尔自治区畜牧兽医局	50	50
	浙江	同化激素	浙江省农业农村厅	50	50
	小计			600	650
羊/肉	甘肃	磺胺类	甘肃省畜牧兽医局	50	50
	甘肃	克仑特罗	甘肃省畜牧兽医局	50	50
	辽宁	克仑特罗	辽宁省农业农村厅	50	50
	内蒙古	磺胺类	内蒙古自治区农牧厅	50	50
	内蒙古	克仑特罗	内蒙古自治区农牧厅	50	50
	宁夏	克仑特罗	宁夏回族自治区农业农村厅	50	50
	青海	磺胺类	青海省农业农村厅	50	50
	新疆	克仑特罗	新疆维吾尔自治区畜牧兽医局	50	50
	新疆	磺胺类	新疆维吾尔自治区畜牧兽医局	50	50
	小计			450	450
猪/肝	广东	卡巴氧和喹乙醇残留标示物	广东省农业农村厅	50	50
	河南	卡巴氧和喹乙醇残留标示物	河南省农业农村厅	50	50
	江苏	卡巴氧和喹乙醇残留标示物	江苏省农业农村厅	50	50
	辽宁	卡巴氧和喹乙醇残留标示物	辽宁省农业农村厅	50	50
	山东	卡巴氧和喹乙醇残留标示物	山东省畜牧兽医局	50	50
	山西	卡巴氧和喹乙醇残留标示物	山西省农业农村厅	50	50
	四川	卡巴氧和喹乙醇残留标示物	四川省农业农村厅	50	50
	小计			350	350
猪/尿	广东	赛庚啶和可乐定	广东省农业农村厅	50	50
	河南	赛庚啶和可乐定	河南省农业农村厅	50	50
	江苏	赛庚啶和可乐定	江苏省农业农村厅	50	50
	辽宁	赛庚啶和可乐定	辽宁省农业农村厅	50	50
	山东	赛庚啶和可乐定	山东省畜牧兽医局	50	50
	四川	赛庚啶和可乐定	四川省农业农村厅	50	50
	小计			300	300
猪/肉	安徽	大环内酯类和林可胺类	安徽省农业农村厅	50	50
		硝基咪唑类	安徽省农业农村厅		50
	北京	四环素类+磺胺类+氟喹诺酮类	北京市农业农村局	50	50
		硝基咪唑类	北京市农业农村局		50
	福建	四环素类	福建省农业农村厅	50	50
	广东	氟苯尼考及其代谢物	广东省农业农村厅	50	50
		四环素类+磺胺类+氟喹诺酮类	广东省农业农村厅		50

（续）

动物/组织	样品来源地	化合物	抽样单位	样品数	检测结果数
猪/肉	广西	氟苯尼考及其代谢物	广西壮族自治区农业农村厅	50	50
		氟喹诺酮类	广西壮族自治区农业农村厅		50
	海南	四环素类	海南省农业农村厅	50	50
	河北	四环素类＋磺胺类＋氟喹诺酮类	河北省农业农村厅	50	50
		氟苯尼考及其代谢物	河北省农业农村厅		50
	河南	四环素类＋磺胺类＋氟喹诺酮类	河南省农业农村厅	50	50
		大环内酯类和林可胺类	河南省农业农村厅		50
	黑龙江	硝基咪唑类	黑龙江省农业农村厅	50	50
	湖北	头孢噻呋	湖北省农业农村厅	50	50
		四环素类	湖北省农业农村厅		50
	湖南	硝基咪唑类	湖南省农业农村厅	50	50
		氟苯尼考及其代谢物	湖南省农业农村厅		50
	吉林	头孢噻呋	吉林省畜牧业管理局	50	50
		四环素类＋磺胺类＋氟喹诺酮类	吉林省畜牧业管理局		50
	江苏	四环素类＋磺胺类＋氟喹诺酮类	江苏省农业农村厅	50	50
	江西	头孢噻呋	江西省农业农村厅	50	50
		硝基咪唑类	江西省农业农村厅		50
	辽宁	大环内酯类和林可胺类	辽宁省农业农村厅	50	50
		氟苯尼考及其代谢物	辽宁省农业农村厅		50
	山东	地塞米松	山东省畜牧兽医局	50	50
		氟苯尼考及其代谢物	山东省畜牧兽医局		50
		四环素类＋磺胺类＋氟喹诺酮类	山东省畜牧兽医局	50	50
	山西	四环素类	山西省农业农村厅	50	50
		金刚烷胺	山西省农业农村厅		50
	陕西	氟喹诺酮类	陕西省农业农村厅	50	50
		大环内酯类和林可胺类	陕西省农业农村厅		50
	上海	四环素类＋磺胺类＋氟喹诺酮类	上海市农业农村委员会	50	50
		地塞米松	上海市农业农村委员会	50	50
		大环内酯类和林可胺类	上海市农业农村委员会		50
	四川	硝基咪唑类	四川省农业农村厅	50	50
		四环素类＋磺胺类＋氟喹诺酮类	四川省农业农村厅		50
	天津	头孢噻呋	天津市农业农村委员会	50	50
		氟喹诺酮类	天津市农业农村委员会		50
	云南	氟喹诺酮类	云南省农业农村厅	50	50
	浙江	四环素类＋磺胺类＋氟喹诺酮类	浙江省农业农村厅	50	50
	重庆	氟喹诺酮类	重庆市农业农村委员会	50	50
		大环内酯类和林可胺类	重庆市农业农村委员会		50
	小计			1 300	2 200
合计				6 675	8 675

2. 蜂产品部分

动物/组织	化合物	样品来源	检测单位	检样数
蜜蜂/蜂蜜	氯霉素 Chloramphenicol	浙江、四川、湖北、河南、山东等5省，每省每类各10份	农业农村部蜂产品质量监督检验测试中心(北京)	50
	氨基糖苷类 Aminoglycosides（链霉素 Streptomycin、双氰链霉素 Dihydrostreptomycin、卡那霉素 Kanamycin）、硝基咪唑类 Nitroimidazoles（甲硝唑 Metronidazole、洛硝哒唑 Ronidazole、二甲硝唑（Dimetridazole）			50
	硝基呋喃类代谢物 Nitrofuran Metabolites（呋喃它酮 Furaltadon、呋喃西林 nitrofurazone、呋喃妥因 nitrofurantoin、呋喃唑酮 furazolidone）			50
	氟喹诺酮类 Fluoroquinolones（依诺沙星 Enoxacin、诺氟沙星 Norfloxacin、麻保沙星 Marbofloxacin、氟罗沙星）			50
	氟罗沙星 Fleroxacin、环丙沙星 Ciprofloxacin、氧氟沙星 Ofloxacin、单诺沙星 Danofloxacin、恩诺沙星 Enrofloxacin、奥比沙星 Orbifloxacin、沙拉沙星 Sarafloxacin、斯帕沙星 Sparfloxacin、双氟沙星 Difloxacin、噁喹酸 Oxolinic acid、氟罗沙星 Fleroxacin、氟甲喹 Flumequin、培氟沙星 Pefloxacin、洛美沙星 Lomefloxacin			50
	磺胺类 Sulfonamides（磺胺醋酰 Sulfacetamide、磺胺嘧啶 Sulfadiazine、磺胺甲基嘧啶 Sulfamerazine、磺胺甲氧哒嗪 Sulfamethoxypyridazine、磺胺-6-甲氧嘧啶 sulfamonomethoxine、磺胺氯哒嗪 Sulfachloropyridazine、磺胺甲基异噁唑 Sulfamethoxazole、磺胺吡啶 Sulfapyridine、磺胺噻唑 Sulfathiazole、磺胺二甲异噁唑 Sulfisoxazole、磺胺邻二甲氧嘧啶 Sulfamethoxine、磺胺甲氧嘧啶 Sulfamethoxydiazine、磺胺甲噻二唑 Sulfamethizole、磺胺二甲嘧啶 Sulfadimidine、磺胺苯吡唑 Sulfaphenazolum、磺胺间二甲氧嘧啶 Sulfadimethoxine）			50
	四环素类 Tetracycline（四环素 tetracycline、土霉素 Oxytetracycline、金霉素 Chlortetracycline、多西环素 Doxycycline）			50
	大环内酯类 Macrolides（林可霉素 Lincomycin、红霉素 Erythromycin、螺旋霉素 Spiramycin、替米考星 Tilmicosin、泰乐菌素 Tylosin、交沙霉素 Josamycin、吉他霉素 Kitasamycin、竹桃霉素 Oleandomycin）			50
	甲脒类 Formamidines（双甲脒 Amitraz、2，4-二甲基苯胺 2，4-Dimethyl aniline）			50
	拟除虫菊酯类 Pyrethroids（溴螨酯 Bromopropylate、4，4′-二溴二苯甲酮 4，4′-dibromobenzophenone）			50
	拟除虫菊酯类 Pyrethroids（氟胺氰菊酯 Fluvalinate）			50
	有机磷 Oranophosphorus（蝇毒磷 Coumaphos）			50
合计				600

附件 2－2

2020 年动物及动物产品兽药残留监控计划各省份任务分工表

抽样单位	样品来源地	动物/组织	化合物	样品数	检测结果数
安徽省 农业农村厅	安徽	鸡/肉	磺胺类	50	50
	安徽	猪/肉	大环内酯类和林可胺类	50	50
	安徽	猪/肉	硝基咪唑类		50
	小计			100	150
北京市 农业农村局	北京	鸡/蛋	氟喹诺酮类	50	50
	北京	鸡/肉	金刚烷胺	50	50
	北京	鸡/肉	大环内酯类和林可胺类		50
	北京	牛/肉	同化激素	50	50
	北京	猪/肉	四环素类＋磺胺类＋氟喹诺酮类	50	50
	北京	猪/肉	硝基咪唑类		50
	小计			200	300
福建省 农业农村厅	福建	鸡/肉	氟苯尼考及其代谢物	50	50
	福建	鸡/肉	大环内酯类和林可胺类		50
	福建	猪/肉	四环素类	50	50
	小计			100	150
甘肃省 畜牧兽医局	甘肃	牛/肉	头孢噻呋	50	50
	甘肃	羊/肉	磺胺类	50	50
	甘肃	羊/肉	克仑特罗		50
	小计			100	150
广东省 农业农村厅	广东	鸡/蛋	氟喹诺酮类	50	50
	广东	鸡/蛋	硝基呋喃类代谢物		50
	广东	猪/肝	卡巴氧和喹乙醇残留标示物	50	50
	广东	鸡/肝	硝基咪唑类	50	50
	广东	猪/尿	赛庚啶和可乐定	50	50
	广东	猪/肉	氟苯尼考及其代谢物	50	50
	广东	猪/肉	四环素类＋磺胺类＋氟喹诺酮类		50
	小计			250	350
广西壮族自治区 农业农村厅	广西	鸡/蛋	氯羟吡啶	70	70
	广西	鸡/肉	尼卡巴嗪残留标示物	50	50
	广西	鸡/肉	氟喹诺酮类		50
	广西	猪/肉	氟苯尼考及其代谢物	50	50
	广西	猪/肉	氟喹诺酮类		50
	小计			170	270

（续）

抽样单位	样品来源地	动物/组织	化合物	样品数	检测结果数
贵州省农业农村厅	贵州	鸡/肉	尼卡巴嗪残留标示物	60	60
	贵州	鸡/肉	氯霉素	100	100
	小计			160	160
海南省农业农村厅	海南	鸡/肝	磺胺类	50	50
	海南	猪/肉	四环素类	50	50
	小计			100	100
河北省农业农村厅	河北	鸡/蛋	四环素类	50	50
	河北	鸡/蛋	氟喹诺酮类	45	45
	河北	鸡/肝	硝基咪唑类	50	50
	河北	鸡/肉	磺胺类	50	50
	河北	猪/肉	四环素类+磺胺类+氟喹诺酮类	50	50
	河北	猪/肉	氟苯尼考及其代谢物		50
	小计			245	295
河南省农业农村厅	河南	鸡/蛋	氟喹诺酮类	50	50
	河南	鸡/蛋	硝基呋喃类代谢物		50
	河南	鸡/蛋	四环素类	80	80
	河南	鸡/蛋	金刚烷胺		80
	河南	鸡/肝	硝基咪唑类	50	50
	河南	鸡/肉	硝基呋喃类代谢物	70	70
	河南	猪/肉	四环素类+磺胺类+氟喹诺酮类	50	50
	河南	猪/肉	大环内酯类和林可胺类		50
	河南	猪/肝	卡巴氧和喹乙醇残留标示物	50	50
	河南	猪/尿	赛庚啶和可乐定	50	50
	小计			400	580
黑龙江省农业农村厅	黑龙江	鸡/蛋	氟喹诺酮类	50	50
	黑龙江	鸡/肉	四环素类	50	50
	黑龙江	猪/肉	硝基咪唑类	50	50
	黑龙江	牛/奶	β-内酰胺类	50	50
	黑龙江	牛/奶	四环素类		50
	小计			200	250
湖北省农业农村厅	湖北	鸡/蛋	氟喹诺酮类	50	50
	湖北	鸡/肝	硝基咪唑类	50	50
	湖北	鸡/肉	尼卡巴嗪残留标示物	50	50
	湖北	猪/肉	头孢噻呋	50	50
	湖北	猪/肉	四环素类		50
	小计			200	250

（续）

抽样单位	样品来源地	动物/组织	化合物	样品数	检测结果数
湖南省农业农村厅	湖南	鸡/蛋	金刚烷胺	50	50
	湖南	鸡/肉	地克珠利	50	50
	湖南	鸡/肉	氟喹诺酮类		50
	湖南	猪/肉	硝基咪唑类	50	50
	湖南	猪/肉	氟苯尼考及其代谢物		50
	小计			150	250
吉林省畜牧业管理局	吉林	猪/肉	四环素类＋磺胺类＋氟喹诺酮类	50	50
	吉林	猪/肉	头孢噻呋		50
	吉林	鸡/肉	磺胺类	50	40
	吉林	鸡/肉	金刚烷胺		30
	吉林	鸡/蛋	氟喹诺酮类	50	50
	小计			150	220
江苏省农业农村厅	江苏	鸡/蛋	氟喹诺酮类	50	50
	江苏	鸡/蛋	硝基呋喃类代谢物		50
	江苏	鸡/肝	硝基咪唑类	50	50
	江苏	鸡/肉	金刚烷胺	50	50
	江苏	鸡/肉	地克珠利		50
	江苏	鸡/肉	氟苯尼考及其代谢物	50	50
	江苏	猪/肝	卡巴氧和喹乙醇残留标示物	50	50
	江苏	猪/肉	四环素类＋磺胺类＋氟喹诺酮类	50	50
	江苏	猪/尿	赛庚啶和可乐定	50	50
	小计			350	450
江西省农业农村厅	江西	鸡/蛋	氯羟吡啶	50	50
	江西	鸡/蛋	金刚烷胺	50	50
	江西	鸡/肝	磺胺类	50	50
	江西	鸡/肉	氟苯尼考及其代谢物	50	50
	江西	猪/肉	头孢噻呋	50	50
	江西	猪/肉	硝基咪唑类		50
	小计			250	300
辽宁省农业农村厅	辽宁	鸡/肉	硝基呋喃类代谢物	50	50
	辽宁	鸡/肝	硝基咪唑类	50	50
	辽宁	猪/肝	卡巴氧和喹乙醇残留标示物	50	50
	辽宁	牛/肉	克仑特罗	50	50
	辽宁	羊/肉	克仑特罗	50	50
	辽宁	猪/肉	大环内酯类和林可胺类	50	50
	辽宁	猪/肉	氟苯尼考及其代谢物		50
	辽宁	鸡/蛋	金刚烷胺	50	50
	辽宁	鸡/蛋	四环素类		50
	辽宁	猪/尿	赛庚啶和可乐定	50	50
	小计			400	500

（续）

抽样单位	样品来源地	动物/组织	化合物	样品数	检测结果数
内蒙古自治区农牧厅	内蒙古	牛/奶	β-内酰胺类	50	50
	内蒙古	牛/奶	阿维菌素类	50	50
	内蒙古	牛/奶	四环素类	50	50
	内蒙古	牛/肉	克仑特罗	50	50
	内蒙古	牛/肉	阿苯达唑及其主要代谢物	50	50
	内蒙古	牛/肉	阿维菌素类	50	50
	内蒙古	羊/肉	磺胺类	50	50
	内蒙古	羊/肉	克仑特罗	50	50
	小计			400	400
宁夏回族自治区农业农村厅	宁夏	羊/肉	克仑特罗	50	50
	宁夏	牛/肉	阿维菌素类	50	50
	宁夏	牛/肉	头孢噻呋		50
	宁夏	牛/奶	磺胺类	50	50
	小计			150	200
青海省农业农村厅	青海	羊/肉	磺胺类	50	50
	青海	牛/肉	阿维菌素类	50	50
	小计			100	100
山东省畜牧兽医局	山东	鸡/蛋	磺胺喹噁啉	50	50
	山东	鸡/蛋	硝基呋喃类代谢物		50
	山东	鸡/蛋	氟喹诺酮类	50	50
	山东	鸡/蛋	金刚烷胺		50
	山东	鸡/肝	硝基咪唑类	50	50
	山东	鸡/肉	金刚烷胺	50	50
	山东	猪/肝	卡巴氧和喹乙醇残留标示物	50	50
	山东	猪/肉	氟苯尼考及其代谢物	50	50
	山东	猪/肉	地塞米松		50
	山东	猪/肉	四环素类+磺胺类+氟喹诺酮类	50	50
	山东	猪/尿	赛庚啶和可乐定	50	50
	小计			400	550
山西省农业农村厅	山西	鸡/肉	硝基呋喃类代谢物	50	50
	山西	鸡/肉	磺胺类		50
	山西	猪/肉	四环素类	50	50
	山西	猪/肉	金刚烷胺		50
	山西	猪/肝	卡巴氧和喹乙醇残留标示物	50	50
	山西	鸡/蛋	磺胺喹噁啉	50	50
	小计			200	300

（续）

抽样单位	样品来源地	动物/组织	化合物	样品数	检测结果数
陕西省农业农村厅	陕西	鸡/蛋	氟喹诺酮类	50	50
	陕西	鸡/肉	氯霉素	50	50
	陕西	鸡/肉	大环内酯类和林可胺类		50
	陕西	猪/肉	氟喹诺酮类	50	50
	陕西	猪/肉	大环内酯类和林可胺类		50
	陕西	牛/奶	氟喹诺酮类	50	50
	小计			200	300
上海市农业农村委员会	上海	鸡/蛋	氟喹诺酮类	50	50
	上海	鸡/蛋	四环素类	50	50
	上海	鸡/蛋	磺胺喹噁啉		50
	上海	猪/肉	四环素类＋磺胺类＋氟喹诺酮类	50	50
	上海	猪/肉	地塞米松	50	50
	上海	猪/肉	大环内酯类和林可胺类		50
	小计			200	300
四川省农业农村厅	四川	鸡/蛋	硝基呋喃类代谢物	50	50
	四川	鸡/蛋	氯羟吡啶	50	50
	四川	鸡/肉	大环内酯类和林可胺类	50	50
	四川	鸡/肉	尼卡巴嗪残留标示物		50
	四川	猪/肝	卡巴氧和喹乙醇残留标示物	50	50
	四川	猪/肉	硝基咪唑类	50	50
	四川	猪/肉	四环素类＋磺胺类＋氟喹诺酮类		50
	四川	猪/尿	赛庚啶和可乐定	50	50
	小计			300	400
天津市农业农村委员会	天津	牛/奶	β-内酰胺类	50	50
	天津	鸡/蛋	四环素类	50	50
	天津	猪/肉	头孢噻呋	50	50
	天津	猪/肉	氟喹诺酮类		50
	天津	鸡/肉	氟苯尼考及其代谢物	50	50
	天津	鸡/肉	氟喹诺酮类		50
	小计			200	300
新疆维吾尔自治区畜牧兽医局	新疆	鸡/蛋	磺胺喹噁啉	50	50
	新疆	鸡/蛋	四环素类	50	50
	新疆	牛/奶	β-内酰胺类	50	50
	新疆	牛/奶	阿维菌素类	50	50
	新疆	牛/奶	磺胺类	50	50
	新疆	牛/肉	克仑特罗	50	50
	新疆	牛/肉	阿维菌素类	50	50

（续）

抽样单位	样品来源地	动物/组织	化合物	样品数	检测结果数
新疆维吾尔自治区畜牧兽医局	新疆	牛/肉	阿苯达唑及其主要代谢物	50	50
	新疆	羊/肉	克仑特罗	50	50
	新疆	羊/肉	磺胺类	50	50
	小计			500	500
云南省农业农村厅	云南	猪/肉	氟喹诺酮类	50	50
	云南	鸡/肉	尼卡巴嗪残留标示物	50	50
	小计			100	100
浙江省农业农村厅	浙江	牛/肉	同化激素	50	50
	浙江	鸡/蛋	氟喹诺酮类	50	50
	浙江	鸡/肉	氟苯尼考及其代谢物	50	50
	浙江	鸡/肉	四环素类		50
	浙江	猪/肉	四环素类＋磺胺类＋氟喹诺酮类	50	50
	小计			200	250
重庆市农业农村委员会	重庆	鸡/蛋	金刚烷胺	50	50
	重庆	鸡/肝	硝基咪唑类	50	50
	重庆	鸡/肉	氟苯尼考及其代谢物	50	50
	重庆	猪/肉	氟喹诺酮类	50	50
	重庆	猪/肉	大环内酯类和林可胺类		50
	小计			200	250

备注：本表任务内容、任务数量同附件 1，仅将任务内容、任务数量按省份进行汇总，便于各省掌握本省份监测任务情况。

附件 2－3

2020 年动物及动物产品兽药残留抽样和检测技术操作要点

1 2020 年残留监控计划分为 2 个时段执行，6 月底前为第一时段，7 月至 10 月底为第二时段。要严格执行本时段抽样、本时段检测的总体要求，不得采取全年监控计划集中在一个时段完成或一次抽样、集中或分时段检测的做法。

2 监控计划抽样数量、检测品种必须按照下达的计划执行。

3 抽样办法

3.1 畜禽产品抽样

3.1.1 养殖场抽样（尿样、蛋、奶）

3.1.1.1 根据动物饲养基数计算抽样数量，进行鸡、鸡蛋、尿液中化合物检测的，必须至少有 1/3 的样品来源于养殖场。

猪尿样

动物数量（样本数）	抽样数（个）
≤500	3
501～1 000	7
1 001～5 000	10
5 001～10 000	12
＞10 000	15

牛奶

动物数量（样本数）	抽样数（个）
≤50	5
51～100	8
101～500	12
＞500	15

家禽（蛋）

动物数量（样本数，只）	抽样数（个）
≤1 000	1
1 001～5 000	3
5 001～10 000	5
＞10 000	8

3.1.1.2 一个样品的组成及取样量尿样

收集清晨饲喂前的尿液 100～200mL。

初级产品

蛋：从产蛋架上抽取，取样量不少于 10 枚；

奶：从全场混合奶中取，取样量不少于 1 000mL。

3.1.2 屠宰厂抽样（动物组织）

3.1.2.1 根据屠宰动物数计算抽样个数方法

家畜（猪、羊、牛）

屠宰量（样本数，头）	抽样数（个）
≤100	5
101～500	8
501～2 000	10
>2 000	15

家禽（鸡）

屠宰量（样本数，只）	抽样数（个）
≤1 000	1
1 001～5 000	3
5 001～10 000	5
>10 000	8

3.1.2.2　一个组织样品的组成（见下表）

单位：g

动物品种	肌肉	肝
牛	300～500	400～500（取整叶）
羊	300～500	400～500（取整叶）
猪	300～500	400～500（取整叶）
鸡	300～500	200～500（取 6 只鸡全肝）

3.1.3　取样：取样时不得对待取样品和已取样品进行任何洗涤处理，取样时用不锈钢手术剪或手术刀割取样品，戴一次性塑料手套操作。

3.1.4　样品分割：抽样后要求由官方兽医人员或官方兽医人员协助检验机构采样人员，现场将样品分成两份，一份送检，一份由被抽样单位留存。

3.1.5　样品包装：用清洁干燥的塑料袋包装，外附标签，放入塑料盒内后用胶带密封，在盒外贴上抽样封条，再用塑料袋密封（标签和抽样封条应按规定内容填写，并加盖抽样单位公章）。样品包装，标签和封条要统一。

3.1.6　样品保存：取样过程中应采取低温保存措施，取样后应立即将样品放在－20℃以下保存。

3.1.7　送样：将样品盒放入干净容器（如硬纸板箱、塑料泡沫箱）中密封装运，并采取保温措施（温度控制在 0～5℃），填写送样单一并送检。

3.2　蜂蜜抽样：蜂产品抽样由检测单位承担。70%样品从蜂蜜加工厂抽取，30%样品从蜂场抽取，每个样品量为 1 000g。抽样时间由承担检测任务单位根据蜂蜜生产情况确定，样品流转程序参照本办法执行。

4　抽样单填写说明

样品编号：格式为［动物品种代码］/［样品种类代码］/［抽样日期］。

代码如下：

动物品种	牛	羊	猪	鸡	鱼	蜂蜜
代 码	B	O	P	C	F	Be
样品种类	肌肉	肝	尿液	蛋	奶	蜂蜜
代 码	M	L	U	E	Mi	Hb

例：2018 年 7 月 10 日抽取的鸡肉样品第一份，其编号为 C/M/180710－1。

样品名称：所取样品的种类及部位。例：全肝、背脊肉等。

动物品种：所取样品动物的名称。

年龄：牛、羊按年计，猪按月计，鸡按日计。

抽样基数：抽样当天的出栏率（养殖场）、屠宰量（屠宰厂）、存货量（冷库）。

样本数量：所取样品的重量或体积。

批号：样品所在批的批号，若无，则填“无”。

保存情况：运输前所采取的保存方式、保存温度及持续时间。封装情况：样品在运输过程中所采用的大容器封装。

运输情况：所采用的样品运输方式和运输过程中的温度及持续时间。

5　送样单填写说明

送样单编号：由检测机构根据本单位当年残留监控抽样任务来编号，一个样品一份送样单，编号格式为［邮政编码前 4 位］年月日序号，如北京 2018 年 8 月 10 日送出的第 6 份样，则送样单编号为［1000］2018/08/10/06。

样品编号：同抽样单中的编号。样品名称：同抽样单中的内容。

样品数量：所取样品的重量或体积。

包封情况：指包装单个样品用的容器（盒、塑料袋）。

保存情况：同抽样单中的内容。

运输情况：同抽样单中的内容。

检验项目：指要检测残留的药物品种。

6　样品流转程序

6.1　取样人员抽取样品并将所取样品分成 2 份，1 份样品留被抽样单位保存，1 份样品送检，并填写抽样单一式三份，官方取样人员在抽样单上签字后，分别由检测机构、被抽样单位（随留样保存）和官方取样人员所在单位保存。

6.2　附有抽样单的样品由检测机构采样人员带回检测机构。

6.3　检验机构业务管理部门收样后填写样品入库单并保存样品，再将样品重新编号送检验室检验（随抽样单），检测室收样后由室负责人安排检测，检验员应在接样后 15 天内完成检测，并填写检验记录。检测采用双盲法，即检验员不得知道样品的来源地和样品编号。

6.4　检验室出具原始报告到检验机构业务管理部门，由检验机构业务管理部门最后出具检验结果汇总表，报残留办。

7　检验标准：执行食品安全国家标准。无国家标准的，执行我部发布、指定的方法或国际公认的方法。

8　检测技术参数的考核：在检测样品之前一定要进行技术参数考核试验。外标法要进行标准曲线（一般要求 5～6 个浓度，并且要覆盖 1/2MRL、MRL、2MRL），回收率试验（设立 1/2MRL、MRL、2MRL 3 个浓度）和变异系数测定（一般要重复 3～5 次回收率试验），得到在本试验室操作条件下的各项参数，以后检样时只设 1 个阳性添加进行考察即可。对有残留限量的药物在计算检测结果时，要按平均回收率折算（本检测实验室获得的平均回收率），对于禁用药物则不必折算。内标法也要进行回收率和变异系数考察。检测时必须设立阴性和阳性添加对照组。

9　检测报告制度

9.1　检验员向检验机构业务管理部门出具每一份样品的检验报告，并应附残留量计算方法。

9.2　检验机构应负责残留检测结果分析报告和检验结果汇总表编制工作。其中检测结果分析报告应包括国家兽药残留监控计划和辖区计划执行情况、残留超标样品来源分析、存在问题和建议等。检验结果汇总表“检测结果”一栏应有两种填写方式：未检出的（低于检测限），以 ND 表示；检出残留物质的，需填写具体检测数据。检测结果汇总一律采用 A4 纸横排打印。

9.3　检测阳性结果必须在 10 个工作日内报送被抽样单位所在省畜牧兽医行政管理部门和残留办，由被抽样单位所在省畜牧兽医行政管理部门组织跟踪调查处理，书面调查处理意见需报残留办备案。

9.4　检测分析报告和检测结果汇总表纸质材料和电子件分两次报残留办。

附件 2－4

2020 年动物及动物产品抽样情况、检测结果和跟踪检测结果汇总表

表 1　兽药残留监控计划抽样情况汇总表（2020 年度第×时段）

序号	样品名称	被抽样单位名称	样品产地（检疫证号）	样品编号	抽样单位	抽样人	抽样时间	送样人	备注

注：同一检测项目应集中排序。

表 2　兽药残留监控计划检测结果汇总表（2020 年度第×时段）

序号①	样品名称	送样单位	样品编号	检测样品编号	被检药物	残留限量 MRL（μg/kg）	检测方法	检测限（μg/kg）	检测结果（μg/kg）	检验结论②			备注
										未检出	检出<MR	超标>MRL	

注：①同一检测项目应集中排序；②在相应的检验结论栏目中填写阿拉伯数字“1”。

表 3　兽药残留监控计划阳性样品追踪检测结果汇总表（2020 年度第×时段）

序号①	样品名称	送样单位	样品编号	检测样品编号	被检药物	残留限量 MRL（μg/kg）	检测方法	检测限（μg/kg）	检测结果（μg/kg）	检验结论②			备注
										未检出	检出<MR	超标>MRL	

注：①同一检测项目应集中排序；②在相应的检验结论栏目中填写阿拉伯数字“1”。

附件 2－5

2020 年度动物及动物产品兽药残留检测方法及残留限量

1. 畜禽产品部分

化合物	动物/组织	推荐检测方法	检测限（或定量限）（μg/kg 或 μg/L）	残留限量 MRL（μg/kg）
氟喹诺酮类 Fluoroquinolones	鸡/蛋	液相色谱质谱法 LC－MS－MS（GB/T 21312—2007） 高效液相色谱法 HPLC（781 号公告—6—2006）	环丙沙星 Ciprofloxacin 10	10*
			恩诺沙星 Enrofloxacin 10	
			达氟沙星 Danofloxacin 2	
			洛美沙星 Lomefloxacin 0.5	
			氧氟沙星 Ofloxacin 0.5	
			诺氟沙星 Norfloxacin 1.0	
			培氟沙星 Pefloxacin 1.0	
			噁喹酸 Oxolinic acid 0.5	
磺胺喹噁啉 Sulfaquinoxaline	鸡/蛋	高效液相色谱法 HPLC（1025 号公告—15—2008）	磺胺喹噁啉 Sulfaquinoxaline 20	10*
金刚烷胺 Amantadine	鸡/蛋	液相色谱质谱法 LC－MS（GB 31660.5—2019）	金刚烷胺 Amantadine 1	不得检出 ND
四环素类 Tetracyclines	鸡/蛋	动物性食品中四环素类药物残留量的液相色谱法（见附录 1）	四环素 tetracycline 20	400
			土霉素 Oxytetracycline 20	
			金霉素 Chlortetracycline 20	
			多西环素 Doxycycline 20	10*
氯羟吡啶 Clopidol	鸡/蛋	高效液相色谱法 HPLC（GB/T 20362—2006）	氯羟吡啶 Clopidol 20	10*
硝基呋喃类代谢物 NitrofuranMetabolites（AOZ、AMOZ、AHDSEM）	鸡/蛋	液相色谱质谱法 LC－MS－MS（GB/T 21311—2007）	氨基唑烷酮 AOZ 0.5	不得检出 ND
			甲基吗啉氨基唑烷酮 AMOZ 0.5	
			氨基乙内酰脲 AHD 0.5	
			氨基脲 SEM 0.5	

（续）

化合物	动物/组织	推荐检测方法	检测限（或定量限）（μg/kg 或 μg/L）	残留限量 MRL（μg/kg）
磺胺类 Sulphonamides	鸡/肝	高效液相色谱法 HPLC（农牧发〔2001〕38 号） 高效液相色谱法 HPLC（GB 29694—2013） 液相色谱质谱法 LC-MS-MS（1025 号公告—23—2008）	磺胺二甲基嘧啶 Sulfamethazine 0.5～20	100
			磺胺间二甲氧嘧啶 Sulfadimethoxine 0.5～20	
			磺胺嘧啶 Sulfadiazine 0.5～20	
			磺胺喹噁啉 Sulfaquinoxaline 0.5～20	
			磺胺间甲氧嘧啶 Sulfamonomethoxine 0.5～20	
			磺胺甲氧嗪 Sulfamethoxypyridazine 0.5～20	
			磺胺甲噁唑 Sulfamethoxazole 0.5～20	
			磺胺醋酰 Sulfacetamide 0.5～12	
			磺胺吡啶 Sulfapyridine 0.5～12	
			磺胺甲基嘧啶 Sulfamerazine 0.5～12	
			磺胺噁唑 Sulfamoxol 0.5～12	
			磺胺异噁唑 Sulfisoxazole 0.5～12	
			苯甲酰磺胺 Sulfabenzamide 0.5～12	
			磺胺氯哒嗪 Sulfachloropyridazine 0.5～12	
			磺胺苯吡唑 Sulfaphenazole 0.5～12	
			磺胺甲噻二唑 Sulfamethizole 0.5	
			磺胺邻二甲氧嘧啶 Sulfadoxine 0.5	
			磺胺噻唑 sulfathiazole 0.5	
硝基咪唑类 Nitiomidazoles	鸡/肝	动物源食品中甲硝唑、地美硝唑及其代谢物残留检测液相色谱—串联质谱法（见附录 2）	甲硝唑 Metronidazole 0.5	不得检出 ND
			羟基甲硝唑 Metronidazole-OH 0.5	
			地美硝唑 Dimetridazole 0.5	
			羟基地美硝唑 Dimetridazole-OH 0.5	
地克珠利 Diclazuril	鸡/肉	高效液相色谱法 HPLC（GB 29701—2013）	地克珠利 Diclazuril 50	500

（续）

化合物	动物/组织	推荐检测方法	检测限（或定量限）（μg/kg 或 μg/L）	残留限量 MRL（μg/kg）
氟苯尼考及其代谢物 Florfenicol and its Metabolites	鸡/肉	动物性食品中氟苯尼考及其代谢物多残留的测定液相色谱—串联质谱法（见附录 3）	氟苯尼考＋氟苯尼考胺 Florfenicol＋florfenicol－amine 3	100
氟喹诺酮类 Fluoroquinolones	鸡/肉	高效液相色谱法 HPLC（1025 号公告—14—2008）液相色谱质谱法 LC－MS－MS（SN/T 1751. 2—2007）	达氟沙星 Danofloxacin 20	200
			恩诺沙星 Enrofloxacin 20	100
			环丙沙星 Ciprofloxacin 2010	
			洛美沙星 Lomefloxacin	10*
			氧氟沙星 Ofloxacin 10	
			诺氟沙星 Norfloxacin 10	
			培氟沙星 Pefloxacin 10	
			氟甲喹 Flumequine 10	500
磺胺类 Sulphonamides	鸡/肉	高效液相色谱法 HPLC（农牧发〔2001〕38 号） 高效液相色谱法 HPLC（GB 29694—2013） 液相色谱质谱法 LC－MS－MS（1025 号公告—23—2008）	磺胺二甲基嘧啶 Sulfamethazine 0. 5～20	100
			磺胺间二甲氧嘧啶 Sulfadimethoxine 0. 5～20	
			磺胺嘧啶 Sulfadiazine 0. 5～20	
			磺胺喹噁啉 Sulfaquinoxaline 0. 5～20	
			磺胺间甲氧嘧啶 Sulfamonomethoxine 0. 5～20	
			磺胺甲氧嗪 Sulfamethoxypyridazine 0. 5～20	
			磺胺甲噁唑 Sulfamethoxazole 0. 5～20	
			磺胺醋酰 Sulfacetamide 0. 5～5	
			磺胺吡啶 Sulfapyridine 0. 5～5	
			磺胺甲基嘧啶 Sulfamerazine 0. 5～5	
			磺胺噁唑 Sulfamoxol 0. 5～5	
			磺胺异噁唑 Sulfisoxazole 0. 5～5	
			苯甲酰磺胺 Sulfabenzamide 0. 5～5	
			磺胺氯哒嗪 Sulfachloropyridazine 0. 5～5	
			磺胺苯吡唑 Sulfaphenazole 0. 5～5	
			磺胺甲噻二唑 Sulfamethizole 0. 5	
			磺胺邻二甲氧嘧啶 Sulfadoxine 0. 5	
			磺胺噻唑 Sulfathiazole 0. 5	

（续）

化合物	动物/组织	推荐检测方法	检测限（或定量限）（μg/kg 或 μg/L）	残留限量 MRL（μg/kg）
金刚烷胺 Amantadine	鸡/肉	液相色谱质谱法 LC-MS（GB 31660.5—2019）	金刚烷胺 Amantadine 1	不得检出 ND
氯霉素 Chloramphenicol	鸡/肉	液相色谱质谱法 HPLC-MS-MS（781 号公告—2—2006） 液相色谱质谱法 LC-MS（GB/T 20756—2006） 液相色谱质谱法 HPLC-MS-MS（GB/T 22338—2008）	氯霉素 Chloramphenicol 0.1	不得检出 ND
尼卡巴嗪残留标示物 Marker Residues of Nicarbazin	鸡/肉	高效液相色谱法 HPLC（GB 29691—2013） 液相色谱质谱法 HPLC-MS-MS（GB 29690—2013）	二硝基苯脲 DNC 20	200
四环素类 Tetracyclines	鸡/肉	液相色谱质谱法 LC-MS-MS（1025 号公告—12—2008）	四环素 tetracycline 5	200
			土霉素 Oxytetracycline 5	
			金霉素 Chlortetracycline 5	
大环内酯类和林可胺类 Macrolides and lincosamides	鸡/肉	液相色谱质谱法 LC-MS（GB/T 20762—2006）	红霉素 Erythromycin 1	100
			螺旋霉素 Spiramycin 1	200
			吉他霉素 Kitasamycin 1	200
			泰乐菌素 Tylosin 1	100
			替米考星 Tilmicosin 1	150
			林可霉素 Lincomycin 1	200
硝基呋喃类代谢物 NitrofuranMetabolites（AOZ、AMOZ、AHD、SEM）	鸡/肉	液相色谱质谱法 LC-MS-MS（781 号公告—4—2006） 液相色谱质谱法 LC-MS-MS（GB/T 21311—2007）	氨基唑烷酮 AOZ 0.5	得检出 ND
			甲基吗啉氨基唑烷酮 AMOZ 0.5	
			氨基乙内酰脲 AHD 0.5	
			氨基脲 SEM 0.5	
β-内酰胺类 β-lactams	牛/奶	动物性食品中 β-内酰胺类药物多残留检测 超高效液相色谱—串联质谱法	青霉素 G Benzylpenicillin：1	4
			阿莫西林 Amoxicillin：1	4
			氨苄西林 Ampicillin：1	4
			苯唑西林 Oxacillin：1	30
			氯唑西林 Cloxacillin：1	30
			头孢喹肟 Cefquinome：1	29
			头孢氨苄 Cefalexin：1	100

（续）

化合物	动物/组织	推荐检测方法	检测限（或定量限）（μg/kg 或 μg/L）	残留限量 MRL（μg/kg）
阿维菌素类 Avermectins	牛/奶	高效液相色谱法 HPLC（GB 29696—2013）	阿维菌素 Abamectin：1	10*
			多拉菌素 Doramectin：1	15
			伊维菌素 Ivermectin：1	10
氟喹诺酮类 Fluoroquinolones	牛/奶	液相色谱质谱法 LC-MS-MS（GB/T 21312—2007） 高效液相色谱法 HPLC（GB 29692—2013）	恩诺沙星 Enrofloxacin：25	100
			环丙沙星 Ciprofloxacin：25	
			达氟沙星 Danofloxacin：7.5	30
			氟甲喹 Flumequine：12.5	50
			洛美沙星 Lomefloxacin 0.5	10*
			氧氟沙星 Ofloxacin 0.5	
			诺氟沙星 Norfloxacin 1.0	
			培氟沙星 Pefloxacin 1.0	
磺胺类 Sulphonamides	牛/奶	液相色谱质谱法 LC-MS-MS（781 号公告—12—2006）	磺胺二甲嘧啶 Sulfadimidine 0.2	100
			磺胺嘧啶 Sulfadiazine 2.0	
			磺胺吡啶 Sulfapyridine 2.0	
			磺胺甲基嘧啶 Sulfamerazine 2.0	
			磺胺二甲异嘧啶 Sulfisomidine 1.0	
			磺胺甲氧嘧啶 Sulfameter 3.0	
			磺胺甲基异噁唑 Sulfamethoxazole 4.0	
			磺胺异噁唑 Sulfisoxazole 5.0	
			磺胺二甲氧基嘧啶 Sulfadimethoxine 2.0	
四环素类 Tetracyclines	牛/奶	牛奶中四环素类药物残留检测　超高效液相色谱—串联质谱法	四环素 tetracycline 5	100
			土霉素 Oxytetracycline 5	
			金霉素 Chlortetracycline 5	
			多西环素 Doxycycline 5	10*

（续）

化合物	动物/组织	推荐检测方法	检测限（或定量限）（μg/kg 或 μg/L）	残留限量 MRL（μg/kg）
阿苯达唑及其主要代谢物 Albendazole and its main Metabolites	牛/肉	高效液相色谱法 HPLC（958 号公告—9—2007）	阿苯达唑 Albendazole 5	100
			阿苯达唑砜 Albendazole sulfone 5	
			阿苯达唑亚砜 Albendazole sulfoxide 5	
阿维菌素类 Avermectins	牛/肉	液相色谱法 HPLC（1025 号公告—5—2008） 液相色谱质谱法 LC-MS（GB/T 21320—2007）	多拉菌素 Doramectin：1.5	10
			伊维菌素 Ivermectin：1.5	30
克仑特罗 Clenbuterol	牛/肉	气相色谱质谱法 GC-MS（958 号公告—8—2007）	克仑特罗 Clenbuterol 0.5	不得检出 ND
同化激素 Anabolic Sex Hormones	牛/肉	液相色谱质谱法 LC-MS-MS（1031 号公告—1—2008）	司坦唑醇 Stanozolol 0.3	不得检出 ND
			甲基睾酮 Methyltestosterone 0.3	
			群勃龙 Trenbolone 0.4	
			丙酸睾酮 Testosterone propinate 0.4	
			苯丙酸诺龙 Nadrolone Phenylpropionate 0.4	
头孢噻呋 Ceftiofur	牛/肉	液相色谱法 HPLC（1025 号公告—13—2008） 液相色谱质谱法 LC-MS-MS（GB/T 21314—2007）	头孢噻呋 Ceftiofur 50	1 000
磺胺类 Sulphonamides	羊/肉	液相色谱质谱法 HPLC-MS-MS（GB/T 20759—2006）	磺胺醋酰 Sulfacetamide 5.0	100
			磺胺甲噻二唑 Sulfamethizole 2.5	
			磺胺二甲异噁唑 Sulfisoxazole 5.0	
			磺胺氯哒嗪 Sulfachloropyridazine 5.0	
			磺胺嘧啶 Sulfadiazine 5.0	
			磺胺甲基异噁唑 Sulfamethoxazole 5.0	
			磺胺噻唑 Sulfathiazole 10	
			磺胺-6-甲氧嘧啶 Sulfamonomethoxine 5.0	
			磺胺甲基嘧啶 Sulfamerazine 5.0	
			磺胺邻二甲氧嘧啶 Sulfadoxine 5.0	
			磺胺吡啶 Sulfapyridine 5.0	

（续）

化合物	动物/组织	推荐检测方法	检测限（或定量限）（μg/kg 或 μg/L）	残留限量 MRL（μg/kg）
磺胺类 Sulphonamides	羊/肉	液相色谱质谱法 HPLC－MS－MS（GB/T 20759—2006）	磺胺对甲氧嘧啶 Sulfameter 20	
			磺胺甲氧哒嗪 Sulfamethoxypyridazine 10	
			磺胺二甲基嘧啶 Sulfamethazine 20	
			磺胺苯吡唑 Sulfaphenazole 40	
			磺胺间二甲氧嘧啶 Sulfadimethoxine 10	
克仑特罗 Clenbuterol	羊/肉	气相色谱质谱法 GC－MS；高效液相色谱法 HPLC（GB/T 5009.192—2003）	克仑特罗 Clenbuterol 0.5	不得检出 ND
赛庚啶和可乐定 Cyproheptadine and clonidine	猪/尿	液相色谱质谱法 LC－MS（GB 31660.7—2019）	赛庚啶 Cyproheptadine 0.5	不得检出 ND
			可乐定 Clonidine 0.5	不得检出 ND
卡巴氧和喹乙醇残留标示物 Marker Residues of Carbadox and Olaquindox	猪/肝	高效液相色谱法 HPLC（781 号公告—3—2006） 液相色谱质谱法 HPLC－MS－MS（GB－T 20746—2006）	喹噁啉－2－羧酸 QCA 10（定量限）	不得检出 ND
			3－甲基喹噁啉－2－羧酸 MQCA 10（定量限）	50
硝基咪唑类 Nitiomidazoles	猪/肉	动物源食品中甲硝唑、地美硝唑及其代谢物残留检测液相色谱—串联质谱法	甲硝唑 Metronidazole 0.5	不得检出 ND
			羟基甲硝唑 Metronidazole－OH 0.5	
			地美硝唑 Dimetridazole 0.5	
			羟基地美硝唑 Dimetridazole－OH 0.5	
地塞米松 Dexamethasone	猪/肉	液相色谱质谱法 LC－MS－MS（1031 号公告—2—2008） 液相色谱质谱法 LC－MS－MS（GB－T 21981—2008）	地塞米松 Dexamethasone 0.5（定量限）	1.0
氟苯尼考及其代谢物 Florfenicol and its Metabolites	猪/肉	动物性食品中氟苯尼考及其代谢物多残留测定液相色谱—串联质谱法	氟苯尼考＋氟苯尼考胺 Florfenicol＋florfenicol－amine 3	300
氟喹诺酮类 Fluoroquinolones	猪/肉	液相色谱质谱法 LC－MS－MS（GB/T 21312—2007） 高效液相色谱法 HPLC（1025 号公告—14—2008）	达氟沙星 Danofloxacin 20	100
			恩诺沙星 Enrofloxacin 20	100
			环丙沙星 Ciprofloxacin 20	
			洛美沙星 Lomefloxacin 1.0	10*
			氧氟沙星 Ofloxacin 1.0	

（续）

化合物	动物/组织	推荐检测方法	检测限（或定量限）（μg/kg 或 μg/L）	残留限量 MRL（μg/kg）
氟喹诺酮类 Fluoroquinolones	猪/肉	液相色谱质谱法 LC－MS－MS（GB/T 21312—2007） 高效液相色谱法 HPLC（1025 号公告—14—2008）	诺氟沙星 Norfloxacin 2.0	10*
			培氟沙星 Pefloxacin 2.0	
			噁喹酸 Oxolinic acid 1.0	100
			氟甲喹 Flumequine 1.0	500
金刚烷胺 Amantadine	猪/肉	液相色谱质谱法 LC－MS（GB 31660.5—2019）	金刚烷胺 Amantadine 1	不得检出 ND
四环素类 Tetracyclines	猪/肉	液相色谱质谱法 LC－MS－MS（1025 号公告—12—2008）	四环素 tetracycline 5	200
			土霉素 Oxytetracycline 5	
			金霉素 Chlortetracycline 5	
四环素类、磺胺类和氟喹诺酮类 Tetracyclines，Sulphonamides and Fluoroquinolones	猪/肉	动物性食品中四环素类、磺胺类和氟喹诺酮类药物多残留的测定 液相色谱—串联质谱法	四环素 tetracycline 2	200
			土霉素 Oxytetracycline 2	
			金霉素 Chlortetracycline2	
			多西环素 Doxycycline 2	100
			乙酰磺胺 Sulfacetamide 2	100
			磺胺吡啶 Sulfapyridine 2	
			磺胺嘧啶 Sulfadiazine 2	
			磺胺甲噁唑 Sulfamethoxazole 2	
			磺胺噻唑 Sulfathiazole 2	
			磺胺甲嘧啶 Sulfamerazine 2	
			磺胺甲基异噁唑 Sulfamethoxazole	
			磺胺甲二唑 Sulfamethizole 2	
			苯甲酰磺胺 Sulfabenzamide 2	
			磺胺二甲基异嘧啶 Sulfisomidine 2	
			磺胺二甲嘧啶 Sulfadimidine 2	
			磺胺间甲氧嘧啶 Sulfamonomethoxine 2	

（续）

化合物	动物/组织	推荐检测方法	检测限（或定量限）（μg/kg 或 μg/L）	残留限量 MRL（μg/kg）
四环素类、磺胺类和氟喹诺酮类 Tetracyclines，Sulphonamides and Fluoroquinolones	猪/肉	动物性食品中四环素类、磺胺类和氟喹诺酮类药物多残留的测定 液相色谱—串联质谱法（见附录 6）	磺胺甲氧哒嗪 Sulfamethoxypyridazine 2	100
			磺胺对甲氧嘧啶 Sulfameter 2	
			磺胺氯哒嗪 Sulfachloropyridazine 2	
			磺胺邻二甲氧嘧啶 Sulfadoxine 2	
			磺胺间二甲氧嘧啶 Sulfadimethoxine 2	
			磺胺苯吡唑 Sulfaphenazole 2	
			酞磺胺噻唑 Phthalylsulphathiazole 2	
			达氟沙星 Danofloxacin 2	100
			二氟沙星 Difloxacin 2	400
			恩诺沙星 Enrofloxacin 2	100
			环丙沙星 Ciprofloxacin 2	
			氟甲喹 Flumequine 2	500
			噁喹酸 Oxolinic acid 2	100
			洛美沙星 Lomefloxacin 2	10*
			氧氟沙星 Ofloxacin 2	
			诺氟沙星 Norfloxacin 2	
			培氟沙星 Pefloxacin 2	
大环内酯类和林可胺类 Macrolides and lincosamides	猪/肉	液相色谱质谱法 LC-MS（GB/T 20762—2006）	红霉素 Erythromycin 1	200
			螺旋霉素 Spiramycin 1	200
			吉他霉素 Kitasamycin 1	200
			泰乐菌素 Tylosin 1	100
			替米考星 Tilmicosin 1	100
			林可霉素 Lincomycin 1	200
头孢噻呋 Ceftiofur	猪/肉	液相色谱法 HPLC（1025 号公告—13—2008） 液相色谱质谱法 LC-MS-MS（GB/T 21314—2007）	头孢噻呋 Ceftiofur 50	1 000

注：检测方法附录 1～8 具体内容见农业农村部官网。

2. 蜂产品部分

（续）

化合物	动物/组织	推荐检测方法	检测限（或定量限）（μg/kg 或 μg/L）	残留限量 MRL（μg/kg）
氯霉素	蜜蜂/蜂蜜	GB/T 18932.19—2003	0.1	不得检出 ND
硝基呋喃类：呋喃它酮、呋喃唑酮、呋喃西林、呋喃妥因		GB/T 18932.24—2005	AOZ、AMOZ 0.2；SEM、AHD 0.5	不得检出 ND
硝基咪唑类：洛硝达唑		GB/T 20744—2006	0.2	不得检出 ND
硝基咪唑类：地美硝唑（二甲硝基唑，代谢物 HMMNI）、甲硝唑		GB/T 20744—2006	甲硝唑 0.1 、二甲硝唑 0.2	不得检出 ND
双甲脒（代谢物 2，4-二甲基苯胺）		农业部 781 号公告—8—2006	20.0	200.0
溴螨酯（代谢物 4，4′-二溴二苯甲酮）		GB/T 18932.10—2002	溴螨酯 12.0、4，4′-=澳二苯甲酮 40.0	100.0
氟胺氰菊酯		农业部 781 号公告—9—2006	5.0	50.0
蝇毒磷		GB 23200.94—2016	10.0	100.0
氟喹诺酮类：洛美沙星、培氟沙星、氧氟沙星、诺氟沙星、依诺沙星、恩诺沙星、环丙沙星、沙拉沙星、达氟沙星、诺氟沙星、麻保沙星、单诺沙星、奥比沙星、双氟沙星、噁喹酸、氟甲喹、氟罗沙星、斯帕沙星		GB/T 23412—2009	1.0	10*
四环素类：四环素、土霉素、金霉素、强力霉素		GB/T 18932.23—2003	土霉素、四环素 1.0；金霉素、强力霉素 2.0	5
磺胺类：磺胺醋酰、磺胺嘧啶磺胺、甲基嘧啶磺胺、甲氧哒嗪磺胺、对甲氧嘧磺胺、氯哒嗪磺胺、甲基异噁唑磺胺、吡啶磺胺、噻唑磺胺、二甲异噁唑磺胺、邻二甲氧嘧啶磺胺、邻甲氧嘧啶磺胺、甲噻二唑磺胺、二甲嘧啶磺胺、苯吡唑磺胺二甲氧嘧啶		GB/T 18932.17—2003	磺胺甲噻二唑 1.0、磺胺醋酰、磺胺嘧啶、磺胺吡啶、磺胺二甲异噁唑、磺胺甲基嘧啶、磺胺氧哒嗪、磺胺-6-甲氧嘧啶、磺胺邻二甲氧嘧啶、磺胺甲基异噁唑 2.0、磺胺噻唑、磺胺甲氧哒嗪、磺胺间二甲氧嘧啶 4.0、磺胺甲氧嘧啶、磺胺二甲嘧啶 8.0、磺胺苯吡唑 12.0	
大环内酯类：林可霉素、红霉素、螺旋霉素、替米考星、泰乐菌素、交沙霉素、吉他霉素、竹桃霉素		GB/T 22941—2008	2.0	2.0
氨基糖苷类：链霉素、双氰链霉素、卡那霉素		GB/T 22995—2008	5.0	5.0

* 为临时限量规定，适用于本年度兽药残留监控计划的执行。

附件 3

2020 年动物源细菌耐药性监测计划

根据《遏制细菌耐药国家行动计划（2016—2020 年）》《全国遏制动物源细菌耐药行动计划（2017—2020 年）》部署和要求，为做好 2020 年动物源细菌耐药性监测工作，充分发挥监测工作的支撑作用，促进养殖环节科学合理用药，制定本计划。

一、任务分工

（一）农业农村部畜牧兽医局负责组织开展全国动物源细菌耐药性监测工作，制定发布监测计划，分析和应用监测结果。

（二）中国兽医药品监察所（以下简称中监所）负责全国动物源细菌耐药性监测工作的技术指导、数据库建设与维护工作、药敏试验板的设计与质量控制、监测结果的汇总和分析。

（三）省级兽医行政管理部门负责配合完成全国动物源细菌耐药性监测工作相关任务，协助任务承担单位做好动物屠宰场和养殖场的采样任务。有条件的省份应积极安排检测经费，制定并组织实施本辖区动物源细菌耐药性监测计划。

（四）监测任务承担单位按要求完成全国动物源细菌耐药性监测工作计划任务。监测数量见附件 3－1。

（五）各菌株保藏与鉴定单位中，中监所负责对各地耐药性监测任务承担单位分离的人畜共患病原菌（沙门氏菌和金黄色葡萄球菌）菌种的保存，并指导各任务承担单位进行沙门氏菌血清分型，沙门氏菌罕见耐药表型菌株的确认、收集和保存以及耐药机制的鉴定；中国农业大学负责肠球菌、弯曲杆菌罕见耐药表型菌株的确认、收集和保存以及耐药机制的鉴定；华南农业大学负责大肠杆菌罕见耐药表型菌株的确认、收集和保存以及耐药机制的鉴定；华中农业大学负责副猪嗜血杆菌和魏氏梭菌罕见耐药表型菌株的确认、收集和保存以及耐药机制的鉴定；西北农林科技大学负责伪结核棒状杆菌罕见耐药表型菌株的确认、收集和保存以及耐药机制的鉴定。

二、检测范围与原则

动物源细菌耐药性监测区域覆盖除西藏外的 30 个省（区、市），实行定点监测和随机监测相结合。2020 年增加了 2019 年全国兽用抗菌药使用减量化行动试点养殖场（目录见附件 3－2）作为定点监测场，并要求继续跟踪监测 2018 年全国兽用抗菌药使用减量化行动试点养殖场和监测网中长期定点监测的养殖场，还需随机监测责任区域内的至少 3 个地市，每市至少 3 个养殖场或屠宰场。

（一）监测大肠杆菌、沙门氏菌和副猪嗜血杆菌等 3 种革兰氏阴性菌对氨苄西林、阿莫西林/克拉维酸、庆大霉素、大观霉素、四环素、氟苯尼考、磺胺异噁唑、甲氧苄啶/磺胺甲噁唑、头孢噻呋、头孢他啶、恩诺沙星、氧氟沙星、美罗培南、安普霉素、黏菌素、乙酰甲喹 16 种抗菌药的耐药性。

（二）监测肠球菌、金黄色葡萄球菌、魏氏梭菌和伪结核棒状杆菌等 4 种革兰氏阳性菌对青霉素、阿莫西林/克拉维酸、红霉素、克林霉素、恩诺沙星、氧氟沙星、头孢噻呋、头孢西丁、磺胺异噁唑、甲氧苄啶/磺胺甲噁唑、万古霉素、多西环素、氟苯尼考、苯唑西林、庆大霉素、泰妙菌素、替米考星、利奈唑胺 18 种抗菌药的耐药性。

（三）监测弯曲杆菌对阿奇霉素、环丙沙星、红霉素、庆大霉素、四环素、氟苯尼考、萘啶酸、泰利霉素、克林霉素 9 种抗菌药的耐药性。

（四）监测肠球菌和魏氏梭菌对四环素、吉他霉素、黄霉素、恩拉霉素、喹烯酮、那西肽、阿维拉霉素、维吉尼亚霉素、杆菌肽 9 种抗菌药的耐药性。

三、监测要求

（一）各监测任务承担单位要按照《动物源细菌耐药性监测采样和检测技术要点》（见附件 3－3）开展采样、细菌分离和鉴定、耐药性检测和结果上报等工作。对于判定为万古霉素、美罗培南耐药的监测结果，相应承担单位上报监测数据之前，需对相应菌株耐药性检测结果进行复核。

（二）样品应从养殖场（包括养鸡场、养鸭场、养猪场、养羊场、奶牛场）或屠宰厂抽取。从养殖场抽样的，规模场和规模以下场各占约 50%。

（三）采样的同时，应做好养殖场用药情况和饲料来源调查，认真填写《采样记录表》（见附件 3－4）。对同一养殖场用药情况不同的动物群，应分开填写采样表。

（四）细菌的分离和鉴定按照《动物源细菌分离和鉴定方法》（附件 3－5）或参照相关国际标准执行。

（五）各任务承担单位进行药敏试验时应使用经过质量认证的检测板。2020 年继续监测肠球菌和魏氏梭菌对促生长用抗菌药物的耐药性。药敏试验检测试剂盒使用（MIC 测定）操作方法见附件 3－6。

四、结果报送

（一）登录中国兽药信息网（www.ivdc.org.cn），在中国兽药数据库下选择“兽药耐药性监测数据库系统”，输入本单位用户名和密码，将经实验室相关负责人审核通过的耐药性检测数据上传到数据库，然后进行总结分析。

（二）按照任务分工，各监测任务承担单位的电子版总结在 2020 年 10 月 31 日之前报中监所。2021 年 1 月 31 日前，由中监所完成汇总分析后报我部畜牧兽医局。

附件：3－1. 2020 年动物源细菌耐药性监测计划
3－2. 全国定点跟踪监测养殖场名录
3－3. 动物源细菌耐药性监测采样和检测技术要点
3－4. 采样记录表
3－5. 动物源细菌分离和鉴定方法
3－6. 药敏试验检测试剂盒使用（MIC 测定）操作方法

附件 3－1

2020 年动物源细菌耐药性监测计划

采样地区	采样要求	样品来源	细菌种类与数量要求
北京	养殖场或屠宰厂不少于 10 个，奶牛场不少于 3 个，屠宰厂为鸡、猪源样品	肛门/泄殖腔/鼻腔拭子、盲肠内容物、新鲜牛奶	大肠杆菌、肠球菌各 50 株，沙门氏菌、金黄色葡萄球菌各 15 株，弯曲杆菌 30 株
天津	养殖场或屠宰厂不少于 10 个，奶牛场不少于 2 个，屠宰厂为鸡、猪源样品	肛门/泄殖腔/鼻腔拭子、盲肠内容物、新鲜牛奶	大肠杆菌、肠球菌各 50 株，沙门氏菌、金黄色葡萄球菌各 15 株，弯曲杆菌 30 株
河北	养殖场或屠宰厂不少于 20 个，奶牛场不少于 3 个，屠宰厂为鸡、猪源样品	肛门/泄殖腔/鼻腔拭子、盲肠内容物、新鲜牛奶	大肠杆菌、肠球菌各 100 株，沙门氏菌、金黄色葡萄球菌、弯曲杆菌、魏氏梭菌各 30 株
内蒙古	养殖场或屠宰厂不少于 20 个，奶牛场 3～5 个，屠宰厂为鸡、猪源样品	肛门/泄殖腔/鼻腔拭子、盲肠内容物、新鲜牛奶	大肠杆菌、肠球菌、金黄色葡萄球菌各 50 株
山西	养殖场或屠宰厂不少于 10 个，奶牛场不少于 3 个，屠宰厂为鸡、猪源样品	肛门/泄殖腔/鼻腔拭子、盲肠内容物、新鲜牛奶	大肠杆菌、肠球菌各 50 株，沙门氏菌、金黄色葡萄球菌、弯曲杆菌、魏氏梭菌各 20 株
山东	养殖场或屠宰厂不少于 20 个，奶牛场不少于 3 个，屠宰厂为鸡、猪源样品	肛门/泄殖腔/鼻腔拭子、盲肠内容物、新鲜牛奶	大肠杆菌、肠球菌各 100 株，沙门氏菌、金黄色葡萄球菌、魏氏梭菌各 30 株，弯曲杆菌 50 株
河南	养殖场或屠宰厂不少于 20 个，奶牛场不少于 3 个，屠宰厂为鸡、猪源样品	肛门/泄殖腔/鼻腔拭子、盲肠内容物、新鲜牛奶	大肠杆菌、肠球菌各 100 株，沙门氏菌、金黄色葡萄球菌、魏氏梭菌各 30 株，弯曲杆菌 50 株，副猪嗜血杆菌 15 株
广东	养殖场或屠宰厂不少于 20 个，奶牛场不少于 3 个，屠宰厂为鸡、猪源样品	肛门/泄殖腔/鼻腔拭子、盲肠内容物、新鲜牛奶	大肠杆菌、肠球菌各 100 株，沙门氏菌、金黄色葡萄球菌、弯曲杆菌各 30 株，魏氏梭菌 30 株
广西	养殖场或屠宰厂不少于 20 个，奶牛场不少于 3 个，屠宰厂为鸡、猪源样品	肛门/泄殖腔/鼻腔拭子、盲肠内容物、新鲜牛奶	大肠杆菌、肠球菌各 100 株，沙门氏菌、金黄色葡萄球菌、弯曲杆菌各 20 株，魏氏梭菌 30 株
海南	养殖场或屠宰厂不少于 10 个，奶牛场不少于 2 个，屠宰厂为鸡、猪源样品	肛门/泄殖腔/鼻腔拭子、盲肠内容物、新鲜牛奶	大肠杆菌、肠球菌各 50 株，沙门氏菌、金黄色葡萄球菌、弯曲杆菌各 20 株，魏氏梭菌 20 株
福建	养殖场或屠宰厂不少于 10 个，奶牛场不少于 2 个，屠宰厂为鸡、猪源样品	肛门/泄殖腔/鼻腔拭子、盲肠内容物、新鲜牛奶	大肠杆菌、肠球菌各 50 株，沙门氏菌、金黄色葡萄球菌、弯曲杆菌各 20 株，魏氏梭菌 20 株
上海	养殖场或屠宰厂不少于 10 个，奶牛场不少于 3 个，屠宰厂为鸡、猪源样品	肛门/泄殖腔/鼻腔拭子、盲肠内容物、新鲜牛奶	大肠杆菌、肠球菌各 50 株，金黄色葡萄球菌 20 株，沙门氏菌、弯曲杆菌各 15 株
浙江	养殖场或屠宰厂不少于 10 个，奶牛场不少于 3 个，屠宰厂为鸡、猪源样品	肛门/泄殖腔/鼻腔拭子、盲肠内容物、新鲜牛奶	大肠杆菌、肠球菌各 50 株，沙门氏菌、金黄色葡萄球菌各 30 株，弯曲杆菌 50 株
江苏	养殖场或屠宰厂不少于 20 个，奶牛场不少于 3 个，屠宰厂为鸡、猪源样品	肛门/泄殖腔/鼻腔拭子、盲肠内容物、新鲜牛奶	大肠杆菌、肠球菌各 100 株，沙门氏菌、金黄色葡萄球菌、弯曲杆菌各 30 株
安徽	养殖场或屠宰厂不少于 20 个，奶牛场不少于 3 个，屠宰厂为鸡、猪源样品	肛门/泄殖腔/鼻腔拭子、盲肠内容物、新鲜牛奶	大肠杆菌、肠球菌各 100 株，沙门氏菌、金黄色葡萄球菌、弯曲杆菌各 20 株
江西	养殖场或屠宰厂不少于 20 个，奶牛场不少于 3 个，屠宰厂为鸡、猪源样品	肛门/泄殖腔/鼻腔拭子、盲肠内容物、新鲜牛奶	大肠杆菌、肠球菌各 50 株，沙门氏菌、金黄色葡萄球菌、弯曲杆菌各 15 株，魏氏梭菌 20 株，副猪嗜血杆菌 15 株

（续）

采样地区	采样要求	样品来源	细菌种类与数量要求
湖南	养殖场或屠宰厂不少于 20 个，奶牛场不少于 3 个，屠宰厂为鸡、猪源样品	肛门/泄殖腔/鼻腔拭子、盲肠内容物、新鲜牛奶	大肠杆菌、肠球菌各 50 株，沙门氏菌、金黄色葡萄球菌、弯曲杆菌、魏氏梭菌各 30 株，副猪嗜血杆菌 15 株
湖北	养殖场或屠宰厂不少于 20 个，奶牛场不少于 3 个，屠宰厂为鸡、猪源样品	肛门/泄殖腔/鼻腔拭子、盲肠内容物、新鲜牛奶	大肠杆菌、肠球菌各 100 株，沙门氏菌、金黄色葡萄球菌、弯曲杆菌、魏氏梭菌各 30 株，副猪嗜血杆菌 15 株
辽宁	养殖场或屠宰厂不少于 20 个，奶牛场不少于 3 个，屠宰厂为鸡、猪源样品	肛门/泄殖腔/鼻腔拭子、盲肠内容物、新鲜牛奶	大肠杆菌、肠球菌各 100 株，沙门氏菌、金黄色葡萄球菌、弯曲杆菌各 30 株
黑龙江	养殖场或屠宰厂不少于 10 个，奶牛场不少于 3 个，屠宰厂为鸡、猪源样品	肛门/泄殖腔/鼻腔拭子、盲肠内容物、新鲜牛奶	大肠杆菌、肠球菌各 50 株，沙门氏菌 20 株，金黄色葡萄球菌 50 株、弯曲杆菌 20 株
吉林	养殖场或屠宰厂不少于 10 个，屠宰厂为鸡、猪源样品	肛门/泄殖腔/鼻腔拭子、盲肠内容物、新鲜牛奶	大肠杆菌、肠球菌各 50 株，沙门氏菌、弯曲杆菌各 30 株
四川	养殖场或屠宰厂不少于 20 个，奶牛场不少于 3 个，屠宰厂为鸡、猪源样品	肛门/泄殖腔/鼻腔拭子、盲肠内容物、新鲜牛奶	大肠杆菌、肠球菌各 100 株，沙门氏菌、金黄色葡萄球菌、弯曲杆菌各 30 株，副猪嗜血杆菌 15 株
重庆	养殖场或屠宰厂不少于 10 个，奶牛场不少于 3 个，屠宰厂为鸡、猪源样品	肛门/泄殖腔/鼻腔拭子、盲肠内容物、新鲜牛奶	大肠杆菌、肠球菌各 50 株，沙门氏菌、金黄色葡萄球菌、弯曲杆菌各 15 株
贵州	养殖场或屠宰厂不少于 20 个，屠宰厂为鸡、猪源样品	肛门/泄殖腔/鼻腔拭子、盲肠内容物、新鲜牛奶	大肠杆菌、肠球菌各 50 株，沙门氏菌、弯曲杆菌各 30 株
云南	养殖场或屠宰厂不少于 10 个，屠宰厂为鸡、猪源样品	肛门/泄殖腔/鼻腔拭子、盲肠内容物、新鲜牛奶	大肠杆菌、肠球菌各 50 株，沙门氏菌、弯曲杆菌各 30 株
陕西	养殖场或屠宰厂不少于 20 个，奶牛场不少于 3 个，屠宰厂为鸡、猪源样品	肛门/泄殖腔/鼻腔拭子、盲肠内容物、新鲜牛奶	大肠杆菌、肠球菌各 100 株，沙门氏菌、金黄色葡萄球菌、弯曲杆菌各 20 株，伪结核棒状杆菌、魏氏梭菌各 30 株
甘肃	养殖场或屠宰厂不少于 20 个，屠宰厂为鸡、猪源样品	肛门/泄殖腔/鼻腔拭子、盲肠内容物、新鲜牛奶	大肠杆菌、肠球菌各 100 株，沙门氏菌、金黄色葡萄球菌、弯曲杆菌各 30 株，魏氏梭菌 30 株
宁夏	养殖场或屠宰厂不少于 20 个，屠宰厂为鸡、猪源样品	肛门/泄殖腔/鼻腔拭子、盲肠内容物、新鲜牛奶	大肠杆菌、肠球菌各 100 株，沙门氏菌、金黄色葡萄球菌、弯曲杆菌、魏氏梭菌各 30 株
新疆	养殖场或屠宰厂不少于 20 个，屠宰厂为鸡、猪源样品	肛门/泄殖腔/鼻腔拭子、盲肠内容物、新鲜牛奶	大肠杆菌、肠球菌各 100 株，沙门氏菌、金黄色葡萄球菌、弯曲杆菌、魏氏梭菌各 30 株
青海	养殖场或屠宰厂不少于 20 个，奶牛场 1～2 个，屠宰厂为鸡、猪源样品	肛门/泄殖腔/鼻腔拭子、盲肠内容物、新鲜牛奶	大肠杆菌、肠球菌各 50 株，沙门氏菌、金黄色葡萄球菌、弯曲杆菌、魏氏梭菌各 30 株

采样要求说明：

1. 养殖场采样主要来自出栏前动物；对于大肠杆菌、肠球菌、金黄色葡萄球菌、弯曲杆菌，不同养殖阶段或相同阶段不同圈舍采集的样品分离得到的菌株，可视为不同菌株；相同阶段相同圈舍采集的菌株视为同一菌株。对于沙门氏菌，同一养殖场不超过 5 株（最好来自不同圈舍或不同养殖阶段）。

2. 样本来源涉及的养殖场规模要求大、中小型养殖场各半。

3. 根据不同采样地区和动物种类，菌株数量尽量均衡分配，覆盖农业农村部发布的 2018 年、2019 年全国兽用抗菌药使用减量化行动试点养殖场。

4. 屠宰场采样中，来自同一养殖场分离的菌株不超过 3 株。

附件 3-2

全国定点跟踪监测养殖场名录
（2019 年全国兽用抗菌药使用减量化行动试点养殖场名单）

序号	省份（数量）	参加试点养殖场	地址	畜禽种类
1	北京市（2）	北京首农畜牧发展有限公司金银岛牧场	北京市大兴区旧宫镇德茂庄德裕街 5 号	奶牛
2		北京德青源农业科技股份有限公司	北京市海淀区丰秀中路 3 号	蛋鸡
3	天津市（2）	天津市锦河畜禽养殖有限公司	天津市北辰区双口镇安光村	蛋鸡
4		天津市今日健康乳业有限公司	北辰区双口镇立新园林场院内	奶牛
5	河北省（5）	唐山汉沽兴业奶牛养殖有限公司	唐山汉沽管理区十队中心路东侧	奶牛
6		河北美客多食品集团股份有限公司	河北省遵化市工业园（黄庄子村邦宽路南）	肉鸡
7		北粮农业股份有限公司	唐山市芦台经济开发区二社区	蛋鸡
8		大成食品（河北）有限公司大高台自养场	沧州市孟村县高寨镇大高台	肉鸡
9		三河鑫隆奶牛养殖有限公司	河北省廊坊市三河鑫隆奶牛养殖有限公司	奶牛
10	山西省（4）	山西省晋龙养殖股份有限公司	山西省稷山县峪镇吴嘱村东	蛋鸡
11		临汾市九里香养殖有限公司	临汾市尧都县底镇许村	蛋鸡
12		山西如亮饲料有限责任公司	山西省原平市闫庄镇西常村	蛋鸡
13		山西凯永养殖有限公司	山西凯永养殖有限公司	生猪
14	内蒙古自治区（6）	内蒙古富源牧业（兴安盟）有限责任公司	内蒙古兴安盟科尔沁右翼前旗额尔格图镇白音浩特嘎查南 2km	奶牛
15		扎赉特旗杜美牧业养殖场	内蒙古兴安盟扎赉特旗巴彦高勒镇八一牧场所在地	肉羊
16		内蒙古开鲁牧原有限公司	开鲁县开鲁镇体育场街	生猪
17		乌兰浩特市鸿辉蛋鸡养殖专业合作社	乌兰浩特市乌兰哈达东白音	蛋鸡
18		通辽洪泰农业发展有限公司	通辽市开鲁县义和塔拉镇	肉牛
19		赤峰安泰清洁肉鸭养殖有限公司	赤峰市宁城县汐子镇柏林村	肉鸭
20	辽宁省（3）	大连洪家畜牧有限公司	大连市旅顺口区三涧堡街道洪家村	蛋鸡
21		盘锦兴牧养殖有限公司一分公司	盘锦市盘山县古城子镇	肉鸡
22		阜新和康畜牧发展有限公司	阜新市阜蒙县扎兰营子镇	肉鸡
23	吉林省（3）	长春永旭牧业有限公司同太养殖场	吉林省德惠市同太乡刁家村	蛋鸡
24		吉林阔源牧业有限公司	吉林省德惠市夏家店镇 2814 渔厂	生猪
25		开心农业长春有限公司	吉林省长春市九台区上河湾镇干沟村	肉鸭
26	黑龙江省（3）	黑龙江中农兴和生物科技股份有限公司	黑龙江省大庆市肇州县经济开发区	蛋鸡
27		巴彦县大东北牧业集团有限公司	巴彦县黑山镇明山村姜保店屯	生猪
28		肇东市长青畜牧有限公司	黑龙江省绥化市肇东市海城乡海城村	奶牛
29	上海市（2）	上海恒健农牧科技有限公司	上海市嘉定区南翔东开发区静唐路 188 号	生猪
30		上海沁侬牧业科技有限公司种猪一场	上海市崇明区东平镇东瑞路 575 号	生猪

（续）

序号	省份（数量）	参加试点养殖场	地址	畜禽种类
31	江苏省（5）	南通新康德禽业有限公司	海安市高新区隆政村 30 组	蛋鸡
32		江苏徐鸿飞生态农业有限公司	如东县大豫镇九龙村 21 组	蛋鸡
33		江苏申牛牧业有限公司申丰牧场	盐城市大丰区海丰农场五大队民丰路	奶牛
34		华夏畜牧兴化有限公司	兴化市千垛镇黄花村	奶牛
35		正大食品（宿迁）有限公司皂河二场	宿迁市湖滨新区皂河镇闫南村	肉鸡
36	浙江省（4）	湖州怡辉生态农业有限公司（肉羊）	湖州市吴兴区塘红村谭家湾	肉羊
37		桐乡崇福玉香家庭农场	桐乡市崇福镇上市村陆家木桥	蛋鸡
38		浙江绿园禽业有限公司	丽水市天宁工业区天宁街 881 号	肉鸡
39		泰顺县一鸣生态农业有限公司	浙江省温州市泰顺县墩头村高场坪	奶牛
40	安徽省（4）	安徽圣迪乐村生态食品有限公司	安徽省铜陵市义安区农业循环经济试验区	蛋鸡
41		安徽隐山畜牧业开发有限公司	安徽省池州市东至县泥溪镇	蛋鸡
42		安徽牧翔禽业有限公司	安徽省六安市霍邱县石店	肉鸡
43		安徽省东江禽业有限责任公司	安徽省望江县高士镇武昌村	蛋鸡
44	福建省（4）	福建省大丰山禽业发展有限公司	福建省三明市清流县赖坊镇寨下村	蛋鸡
45		福建阳光生态农业集团有限公司	福建平潭综合实验区城关镇翠园小区 40 号	生猪
46		南平市南山生态园有限公司	南平市延平区南山镇村尾村	奶牛
47		长泰明德蛋鸡养殖有限公司	福建省漳州市长泰县陈巷镇古农村西山	蛋鸡
48	江西省（4）	抚州市临川龙鑫生态养殖有限公司	江西省抚州市临川区嵩湖乡江下村	肉鸡
49		高安市裕丰农牧有限公司	江西省高安市村前镇江头村	肉牛
50		丰城圣迪乐村生态食品有限公司	丰城市梅林镇低山村	蛋鸡
51		江西省清河畜牧科技实业有限公司	萍乡市芦溪县银河镇何家圳村	生猪
52	山东省（5）	山东正邦生态农业发展有限公司孙集分公司	山东省济南市商河县孙集镇政府往北 2km	生猪
53		青岛田瑞生态科技有限公司	青岛市即墨区金口镇青威路 456 号	蛋鸡
54		高密南洋养殖有限公司第十二养殖场	山东省潍坊市高密市平日路东侧（夏庄镇王家官庄西侧）	肉鸡
55		泰安金兰奶牛养殖有限公司	泰安市岱岳区满庄镇泥沟村	奶牛
56		日照金鑫生态农业科技有限公司	莒县陵阳镇东汪头村	蛋鸡
57	河南省（6）	叶县双汇牧业有限公司 15 万头商品猪场	河南省平顶山市叶县保安镇杨令庄村	生猪
58		西华牧原农牧有限公司	西华县西夏镇东	生猪
59		河南华英农业发展股份有限公司出口二场	河南省潢川魏岗乡毛围子村	肉鸭
60		商丘爱格禽业有限公司	商丘市睢阳区包公庙郑庄村	蛋鸡
61		河南益生源农牧发展有限公司	河南省博爱县孝敬镇孝敬村北	蛋鸡
62		河南丰源和普农牧有限公司	西平县京港澳高速西平站西 500m	生猪
63	湖北省（4）	宜昌市昌伟农贸股份有限公司	湖北省宜昌市夷陵区鸦鹊岭镇梅林村（青品工业园）	蛋鸡
64		湖北荷香水美生态农业有限公司	湖北省浠水县清泉镇月山村十三组	蛋鸡
65		湖北金林原种畜牧有限公司	湖北省武汉市江夏区乌龙泉街杨湖村特 1 号	生猪
66		湖北金旭农业发展股份有限公司	湖北省武汉市东湖新技术开发区关山一路 1 号光谷软件园 5 栋 6 层 506	生猪

（续）

序号	省份（数量）	参加试点养殖场	地址	畜禽种类
67	湖南省（5）	湘潭立华牧业有限公司	湘潭县中路铺镇凤形村创业园	肉鸡
68		浏阳市生旺种养专业合作社	湖南省浏阳市大瑶镇端里村建新组128号	蛋鸡
69		长沙县隆广生态农业科技有限公司	长沙县黄兴镇万龙村团山坡组	蛋鸡
70		湖南芭颉生态农牧有限公司	怀化市鹤城区黄金坳镇尽远	蛋鸡
71		湘村高科农业股份有限公司	娄底市娄星区新星南路1542号	生猪
72	广东省（5）	广东三天鲜畜牧有限公司	广州市从化区鳌头镇务丰村北闸山地	蛋鸡
73		广州华美牛奶有限公司	广州市从化区鳌头镇横江村	奶牛
74		中山市白石鸡场有限公司	中山市三乡镇白石村白石鸡场有限公司	肉鸡
75		广东阳江广三保畜牧有限公司	广东省阳江市江城区双捷镇白鹤朗垌	生猪
76		阳江市阳东区宝骏畜禽养殖有限公司	广东省阳江市阳东区北惯镇三宝垌村木蛟龙	生猪
77	广西壮族自治区（3）	广西农垦永新畜牧集团新兴有限公司	广西柳州市柳江区柳石路15km处	生猪
78		广西农贝贝农牧科技有限公司	广西玉林市西聚路16号	蛋鸡
79		广西参皇养殖集团有限公司	广西玉林市城西塘步岭工业区	肉鸡
80	海南省（1）	海南传味番鸭养殖有限公司养鸭场	海南省琼海市塔洋镇群良村委会边新坡	肉鸭
81	重庆市（4）	重庆大正畜牧科技有限公司云门山种猪场	重庆市合川区云门山大正公司	生猪
82		桂林大发养殖有限公司重庆分公司	璧山区碧泉街道双狮社区	肉鸡
83		重庆美健达农业开发有限公司	重庆市忠县拔山镇新花路542号	生猪
84		重庆市武隆区琪丽玉农业开发有限公司	重庆市武隆区港口镇芙蓉西路16号	生猪
85	四川省（3）	成都心连心农业有限公司	崇州市白头镇三洞村12组8号	蛋鸡
86		四川省鱼凫部落生态农业开发有限公司	成都市彭州市桂花镇三圣村三组	蛋鸡
87		四川柠刚牧业有限公司	资阳市安岳县通贤镇金刚村七组	奶牛
88	贵州省（2）	贵阳富之源农业科技有限公司	贵州省贵阳市修文县谷堡乡谷堡村	生猪
89		贵州奇垦农业开发有限公司	贵州省赤水市延安路1号	肉鸡
90	云南省（4）	昆明东辉农牧有限公司	云南省昆明市石林县鹿阜街道办事处乃古石林岔口	肉鸡
91		石林温氏畜牧有限公司	云南省昆明市石林县鹿阜街道办事处生态工业集中区	肉鸡
92		云南云岭广大峪口禽业有限公司	云南省红河州开远市乐百道办事处乍黑甸村	蛋鸡
93		云南牛牛牧业股份有限公司	云南省红河州泸西县白水镇大无浪村	奶牛
94	陕西省（3）	西安鑫龙门农林科技有限公司奶山羊良种场	陕西省西安市蓝田县三官庙镇龙门村	奶山羊
95		大荔牧原农牧有限公司	陕西省渭南市大荔县官池镇工业园区晨光路	生猪
96		现代牧业（宝鸡）有限公司	陕西省宝鸡市眉县横渠镇曹梁村	奶牛
97	甘肃省（2）	甘肃三洋金源农牧股份有限公司	永昌县水源镇西大滩金武公路以东	肉羊
98		甘肃顶乐农牧有限公司	甘肃省武威市古浪县黄花滩镇绿洲移民区	肉牛
99	青海省（2）	大通录明养殖专业合作社	大通录明养殖专业合作社	蛋鸡
100		湟源金润养鸡场	湟源金润养鸡场	蛋鸡

（续）

序号	省份（数量）	参加试点养殖场	地址	畜禽种类
101	宁夏回族自治区（2）	银川湖城万头养殖有限公司	银川市兴庆区新世纪冷链 15－4	生猪
102		盐池县冯记沟乡新村滩羊养殖专业合作社	盐池县冯记沟乡冯记沟村王冲庄自然村	肉羊
103	新疆维吾尔自治区（1）	新疆天莱养殖有限责任公司	新疆博州博乐市阿热勒托海牧场牧业三队	肉羊
104	新疆生产建设兵团（1）	石河子市泉旺牧业有限责任公司	新疆石河子总场朱家庄二小区 85 栋一号	奶牛

附件 3－3

动物源细菌耐药性监测采样和检测技术要点

一、采样安排

（一）采样地点选择

各监测任务承担单位按照《监测计划》进行选场、采样和分离细菌。同时，负责对本省内设立的全国定点监测场（见附件 3－4）长期跟踪监测大肠杆菌和肠球菌耐药性变化趋势。

（二）采样类型

病死动物采集临床病料分离动物病原菌；健康动物采集泄殖腔或盲肠拭子分离大肠杆菌、肠球菌、沙门氏菌和弯曲杆菌；采集新鲜牛奶分离金黄色葡萄球菌。根据养殖场规模，每个场采样 30～50 份。

（三）监测的细菌种类

包括大肠杆菌、肠球菌（分为屎肠球菌和粪肠球菌）、沙门氏菌、金黄色葡萄球菌、弯曲杆菌（分为空肠弯曲杆菌和结肠弯曲杆菌）、魏氏梭菌、伪结核棒状杆菌、副猪嗜血杆菌等。沙门氏菌和金黄色葡萄球菌可根据各地分离情况进行监测。

二、调查和记录

各监测任务承担单位要认真做好饲料和饲料药物添加剂来源与种类调查、采样前动物使用抗菌药物情况调查（预防用药和治疗用药）和采集样品的统计，据实填写采样记录表。

三、细菌分离与鉴定

采用选择性培养基，定向做大肠杆菌、肠球菌、沙门氏菌、金黄色葡萄球菌和弯曲杆菌分离，用生化试验、PCR 技术或血清学方法对分离物进行鉴定。本年度分离监测的细菌种类与数量要求见《监测计划》。分离到的菌株在－20℃以下加甘油保护剂冷冻保存或用其他合适方法自行保存，沙门氏菌和弯曲杆菌送中国兽医药品监察所进行血清型鉴定后保存。

四、药物敏感性测定

用经中国兽医药品监察所质量认定的药敏试验板进行药物敏感性检测。目前已进行质量认定的药敏板生产企业有天津市金章科技发展有限公司和上海星百生物技术有限公司。检测用质控菌株由中国兽医药品监察所统一供应。

附件 3-4

采样记录表

采 样 地：________________ 养 殖 场：________________

采样时间：________________ 联系人姓名、电话：________________

<table>
<tr><td>样品来源：</td><td>样品数量：</td></tr>
<tr><td>□ 猪 日龄____
□ 鸡 日龄____
□ 牛 日龄____
其他________ 日龄____</td><td>□ 消化道 □ 呼吸道 □ 泌尿生殖道
□ 肝胆 □ 脑 □ 淋巴结
□ 关节 □ 奶样 □ 皮肤
□ 粪便 其他________</td></tr>
<tr><td>采样动物健康状况</td><td>养殖量________</td></tr>
<tr><td colspan="2">□ 健康 □ 发病及症状：________________</td></tr>
<tr><td colspan="2">采样养殖场使用抗菌药情况</td></tr>
<tr><td>饲料来源、添加抗菌药种类</td><td>治疗用抗菌药种类与使用方式</td></tr>
<tr><td>生产厂名称
饲料添加的药物名称
剂量
使用时间</td><td>药物名称
使用方式
剂量 单个动物剂量
饮水添加剂量
饲料添加剂量
用药天数</td></tr>
<tr><td colspan="2">样品分离菌株</td></tr>
<tr><td>□ 大肠杆菌
□ 金黄色葡萄球菌
□ 肠球菌
□ 沙门氏菌
□ 空肠弯曲杆菌
其他________</td><td>菌株编号：
注：菌株编号按照“菌种、来源—采样地、采样年月—菌株编号”的格式进行。如 EB-L0701—0001，其中：E（大肠杆菌）B（牛）L（鲁）07（年）01（月）-0001（菌株编号）。
菌种简写建议为：E（大肠杆菌）、S（沙门氏菌）、SA（金黄色葡萄球菌）、ECi（肠球菌）、CJ（空肠弯曲杆菌）、CC（结肠弯曲杆菌）
动物简写建议为：B（牛）、P（猪）、C（鸡）、D（鸭）</td></tr>
</table>

附件 3－5

动物源细菌分离和鉴定方法

一、动物源大肠杆菌的分离与鉴定方法

1 范围

本方法规定了用于动物源大肠杆菌分离与鉴定的方法。

本方法适用于各种动物中大肠杆菌的分离与鉴定。

2 设备和材料

除微生物实验室常规灭菌及培养设备外，其他设备和材料如下：

2.1 冰箱：2～4℃和－20℃。

2.2 恒温培养箱：36℃±1℃。

2.3 电子天平：感量 0.1g。

2.4 显微镜：10×～100×。

2.5 生物安全柜。

2.6 生化鉴定卡或商品化试纸条。

2.7 采样管或商品化采样棉拭子。

2.8 微量加样器：1～1 000μL。

2.9 吸头（与微量加样器匹配）。

3 培养基和试剂

3.1 运送培养基。

3.2 麦康凯琼脂。

3.3 大肠杆菌阳性血清。

4 大肠杆菌分离与鉴定程序

大肠杆菌分离与鉴定程序见图 1。

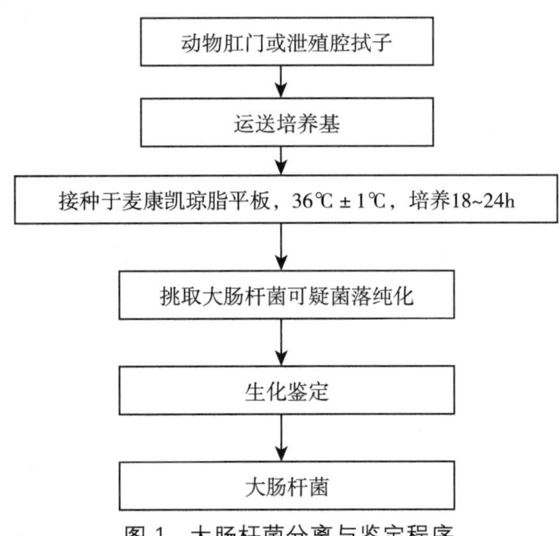

图 1 大肠杆菌分离与鉴定程序

5 操作步骤

5.1 采样

选择养殖场或屠宰场，灭菌棉拭子采集动物肛门或泄殖腔样品，置入运送培养基中，保存时间不超过 48h。

5.2 大肠杆菌的分离

5.2.1 拭子接种于麦康凯琼脂平板，36℃±1℃培养 18～24h。

5.2.2 挑取粉红色、边缘光滑的可疑菌落，麦康凯琼脂纯化一代。

5.2.3 纯化后可疑菌落接种营养琼脂平板纯化，36℃±1℃培养 16～18h，待进一步细菌鉴定。

5.3 大肠杆菌的鉴定

对于已纯化的菌落，可使用微生物生化鉴定系统或者生化试条进行生化鉴定。

必要时，采用大肠杆菌标准血清进行血清型鉴定。

二、动物源沙门氏菌的分离与鉴定方法

1 范围

本方法规定了用于动物源沙门氏菌分离与鉴定的方法。

本方法适用于各种动物中沙门氏菌的分离与鉴定。

2 设备和材料

除微生物实验室常规灭菌及培养设备外，其他设备和材料如下：

2.1 冰箱：2～4℃和－20℃。

2.2 恒温培养箱：36℃±1℃和 42℃±1℃。

2.3 电子天平：感量 0.1g。

2.4 显微镜：10×～100×。

2.5 生物安全柜。

2.6 恒温水浴锅：37～100℃。

2.7 PCR 仪。

2.8 电泳仪。

2.9 电泳凝胶成像分析系统（或紫外透射仪）。

2.10 冷冻离心机。

2.11 采样管或商品化采样拭子。

2.12 小型离心管。

2.13 微量加样器：1～1 000μL。

2.14 吸头（与微量加样器匹配）。

2.15 漩涡仪。

2.16 微波炉。

3 培养基和试剂

3.1 标准菌株：沙门氏菌 CVCC 541

3.2 DNA Maker

3.3 Taq DNA 聚合酶

3.4 dNTP

3.5 琼脂糖

3.6 5×TBE 缓冲液

三羟甲基氨基甲烷（Tris）	54.0g
硼酸	27.5g
0.5M EDTA（pH 8.0）	20mL
加纯净水至	1 000mL

3.7 50×TAE buffer

三羟甲基氨基甲烷（Tris）	242g
NA2EDTA. $2H_2O$	37.2g
醋酸	57.1mL
加纯净水至	1 000mL

3.8 invA 基因引物

上游为 5′- GTG AAA TTA TCG CCA CGT TCG GGC AA - 3′

下游为 5′- TCA TCG CAC CGT CAA AGG AAC C - 3′

3.9 运送培养基。

3.10 沙门氏菌显色琼脂。

3.11 沙门氏菌阳性血清。

3.12 亚硒酸盐胱氨酸增菌液（SC）。

3.13 四硫磺酸盐增菌液（TTB）。

3.14 核酸染料。

3.15 氯化钠。

4 沙门氏菌分离与鉴定程序

沙门氏菌分离与鉴定程序见图 2。

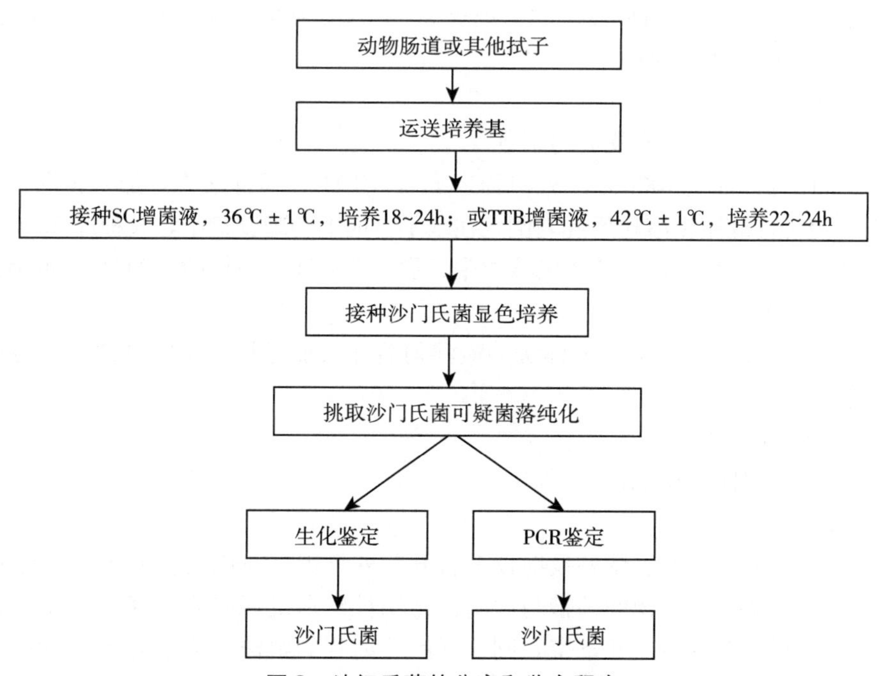

图 2 沙门氏菌的分离和鉴定程序

5 操作步骤

5.1 采样

选择养殖场或屠宰场，用灭菌棉拭子采集动物肠道或泄殖腔（肛门）样品，置入运送培养基中，保存时间不超过 48h。

5.2 沙门氏菌的分离

5.2.1 将拭子置于 SC 增菌液，36℃±1℃培养 18～24h 或 TTB 增菌液，42℃±1℃培养 22～24h。

5.2.2 将菌液混匀，接种沙门氏菌显色培养基，36℃±1℃培养 22～24h。

5.2.3 挑取沙门氏菌显色培养基上紫色可疑菌落，接种营养琼脂平板，36℃±1℃培养 16～24h，待进一步细菌鉴定。

5.3 沙门氏菌的鉴定

5.3.1 生化鉴定

对于已纯化的菌落，可使用微生物生化鉴定系统或者生化拭条进行生化鉴定，或者通过 5.3.2 的方法进行分子生物学（PCR）鉴定。

必要时，用沙门氏菌标准血清进行血清型鉴定。

5.3.2 PCR 法鉴定

5.3.2.1 PCR 模板的制备

用接种环从营养琼脂上挑选 16～24h 的纯培养物，置于 0.5mL 灭菌生理盐水中，12 000r/min 离心 2min，弃上清。再加 0.5mL 灭菌水，悬浮并涡旋混匀，100℃沸水中煮沸 10min 后，移至冰上，冷却后以 12 000r/min 离心 2min，取上清液为 PCR 模板。

5.3.2.2 PCR 反应体系的配制

根据不同厂家 PCR 试剂用量，配制 PCR 反应体系，扩增片段长度约 284bp。

5.3.2.3 PCR 反应条件

95℃预变性 5min，94℃变性 30s，64℃退火 30s，72℃延伸 30s，30 个循环，最后 72℃延伸 10min，同时设立阴性和阳性对照。

5.3.2.4 电泳

5.3.2.4.1 1.2%琼脂糖凝胶板的制备

称取 1.2g 琼脂糖，加入 100mL 0.5×TBE（或 1×TAE）缓冲液中，加入核酸染料，依据样品数选用适宜的梳子，琼脂糖溶化后混匀倒入在水平台面上的凝胶盘中，胶板厚 5mm 左右。待凝胶冷却凝固后拔出梳子，取出胶块放入电泳槽中，加 0.5×TBE（或 1×TAE）缓冲液淹没胶面。

5.3.2.4.2 加样

取 10μL PCR 扩增产物和 3μL 上样缓冲液混匀后加入加样孔，每次电泳时，各做一个阳性对照和阴性对照。

5.3.2.4.3 电泳条件

电压 110V，电泳时间 30min。

5.3.2.5 结果判定

电泳结束后，取出胶块置于紫外投射仪上打开紫外灯观察或用凝胶成像仪进行成像分析。

如果某一待检样品扩增产物的条带与沙门氏菌阳性对照的条带在一条直线上，即条带与加样孔的距离相同，而阴性对照无此条带，则该样品分离到的菌株可初步判定为沙门氏菌，必要时可通过测序来进一步确证。

三、动物源金黄色葡萄球菌的分离与鉴定方法

1 范围

本标准规定了用于耐药性测定的动物源金黄色葡萄球菌的分离和鉴定方法。

本标准适用于牛奶、动物组织和上呼吸道中金黄色葡萄球菌的分离和鉴定。

2 设备和材料

除微生物实验室常规灭菌及培养设备外，其他设备和材料如下：

2.1 冰箱：0～4℃和－20℃。

2.2 恒温培养箱：36℃±1℃和42℃。

2.3 显微镜：10×～100×。

2.4 商品化或自制采样管。

2.5 无菌离心管

2.6 离心机。

2.7 商品化试条或微生物鉴定仪。

3 培养基和试剂

3.1 标准菌株：金黄色葡萄球菌 ATCC29213

3.2 显色培养基

3.3 7.5%氯化钠肉汤、10%氯化钠胰酪胨大豆肉汤

3.4 营养肉汤或 BHI 肉汤

3.5 营养琼脂

3.6 新鲜兔血浆或商品用凝固酶试验兔血浆

3.7 0.3%过氧化氢液

3.8 0.85%无菌生理盐水

4 金黄色葡萄球菌分离和鉴定程序

金黄色葡萄球菌分离和鉴定程序见图3。

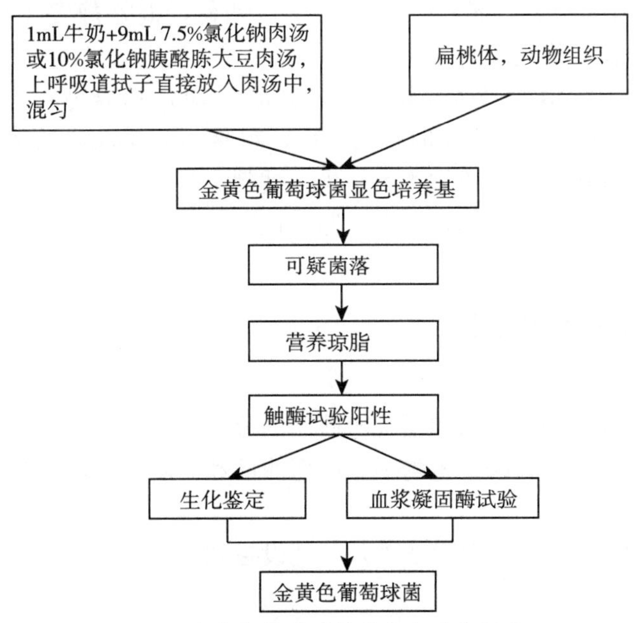

图3 金黄色葡萄球菌分离和鉴定程序

5 操作步骤

5.1 采样

5.1.1 牛奶样品

到已选定的奶牛养殖场，现场采牛奶置入灭菌试管中，0～4℃保存，不超过48h。

5.1.2 扁桃体、发病动物组织和上呼吸道拭子

无菌操作取发病动物组织和上呼吸道拭子，上呼吸道拭子置入灭菌试管中，0～4℃保存不超过48h。

5.1.3 吸取1mL牛奶样品或将上呼吸道拭子至盛有10mL 7.5%氯化钠肉汤或10%氯化钠胰酪胨大豆肉汤中，振荡混匀。

5.2 增菌和分离培养

5.2.1 将上述样品匀液于36℃±1℃培养18～24h。金黄色葡萄球菌在7.5%氯化钠肉汤中呈混浊生长。

5.2.2 将上述培养物，分别划线接种到显色培养基平板上，无菌操作将发病动物组织直接划线，36℃±1℃培养24～48h。

5.2.3 挑取可疑菌落。用营养琼脂纯化一代，待进一步细菌鉴定。

5.3 金黄色葡萄球菌的鉴定

5.3.1 生化鉴定

将在营养琼脂上培养24h以内的待鉴定细菌，首先进行触酶试验，应为阳性。

将新鲜纯化、经触酶试验阳性待检细菌单个菌落，悬浮于5mL灭菌生理盐水，按照生化鉴定试条使用说明书操作，37℃培养18～24h后判读结果。

5.3.2 血浆凝固酶试验法

挑取显色平板上可疑菌落1个或以上，分别接种到5mL BHI和营养琼脂平板，36℃±1℃培养18～24h。将在营养琼脂上培养24h以内的待鉴定细菌，首先进行触酶试验，应为阳性。

新鲜兔血浆制备：称取柠檬酸钠3.8g，加蒸馏水100mL，溶解后过滤，装瓶，121℃高压灭菌15min。取3.8%柠檬酸钠溶液一份，加兔全血四份，混好静置（或以3 000r/min离心30min)，使血液细胞下降，即可得血浆。

取新鲜配制兔血浆0.5mL，放入小试管中，再加入BHI培养物0.2～0.3mL，振荡摇匀，置36℃±1℃温箱或水浴箱内，每半小时观察一次，观察6h，如呈现凝固（即将试管倾斜或倒置时，呈现凝块）或凝固体积大于原体积的一半，被判定为阳性结果。同时以血浆凝固酶试验阳性和阴性葡萄球菌菌株的肉汤培养物作为对照。也可用商品化的试剂，按说明书操作，进行血浆凝固酶试验。

四、动物源弯曲杆菌的分离与鉴定方法

1 范围

本标准规定了动物源空肠弯曲菌和结肠弯曲菌的分离鉴定方法。

本标准适用于粪便拭子和盲肠内容物中空肠弯曲菌和结肠弯曲菌的分离与鉴定。

2 设备和材料

除微生物实验室常规灭菌与培养设备外，其他设备和材料如下：

2.1 采样管

2.2 采样棉拭子

2.3 生物安全柜

2.4 恒温培养箱：25℃±1℃，36℃±1℃，42℃±1℃。

2.5 恒温水浴锅：37～100℃。

2.6 微需氧条件：5%氧气+10%二氧化碳+85%氮气，或商品化微需氧包。

2.7 显微镜：10×～100×。

2.8 微生物生化鉴定系统或者生化鉴定拭条

2.9 高速冷冻离心机：≥12 000r/min。

2.10 小型离心管：1.5mL。

2.11 微量加样器：1～1 000μL。

2.12 吸头（与微量加样器相匹配）

2.13 PCR 仪

2.14 微波炉

2.15 电泳仪

2.16 电泳凝胶成像分析系统（或紫外透射仪）

3 培养基和试剂

3.1 质控菌株：空肠弯曲杆菌标准菌株（ATCC 33560）

3.2 DNA Marker

3.3 引物及扩增片段长度

3.3.1 引物

空肠弯曲菌：上游 5' CAT CTT CCC TAG TCA AGC CT 3'，下游 5' AAG ATA TGG CAC TAG CAA GAC 3'，扩增片段长度为 773bp。

结肠弯曲杆菌：上游：AGG CAA GGG AGC CTT TAA TC，下游：TAT CCC TAT CTA CAA ATT CGCTAT CCC TAT CTA CAA ATT CGC，扩增片段长度为 364bp。

3.4 运送培养基

3.5 弯曲菌选择性（CCD）培养基

3.6 哥伦比亚血琼脂培养基

3.7 生理盐水

3.8 10×PCR 缓冲溶液Ⅱ

3.9 氯化镁溶液（25mM）

3.10 Taq 聚合酶（0.5U/μL）

3.11 dNTPs（2mM）

3.12 琼脂糖

3.13 50×TAE 缓冲液：将 242gTris 碱，57.1mL 冰乙酸，100mL 0.5M EDTA（pH 8.0），加纯水至 1 000mL。

1×TAE 缓冲液：临用时将 50×TAE 缓冲液 1 份加蒸馏水 49 份，混匀即可。

3.14 上样缓冲液

3.15 溴化乙锭溶液（10mg/mL）

称取 1g 溴化乙锭溶于 100mL 水中，用磁力搅拌器搅拌数小时直至完全溶解，避光冷藏（4℃）保存。

3.16 矿物油

4　空肠弯曲杆菌和结肠弯曲杆菌的分离与鉴定程序

空肠弯曲杆菌和结肠弯曲杆菌的分离与鉴定程序见图 4。

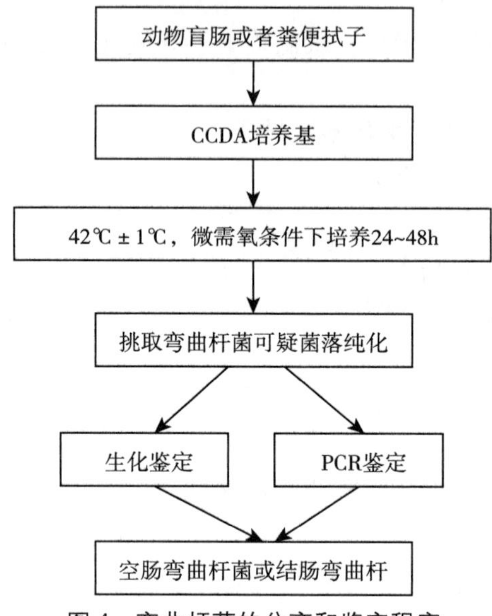

图 4　弯曲杆菌的分离和鉴定程序

5　操作步骤

5.1　分离与纯化

5.1.1　分离

将新鲜或者运送培养基中的粪便拭子或盲肠内容物在 CCD 培养基上涂抹，用经火焰灭菌并冷却的接种环于涂抹处垂直划线。

5.1.2　培养

将上述接种后的平板置于 42℃±1℃恒温培养箱中，在微需氧条件下培养 24～48h。

5.1.3　纯化

观察 24h 培养与 48h 培养的琼脂平板上的菌落形态。挑取灰色、湿润、凸起、光滑圆润、边缘整齐的可疑单菌落，按 3.2 的培养条件培养纯化。

5.2　鉴定

5.2.1　生化鉴定

对于已纯化的菌落，可使用微生物生化鉴定系统或者生化拭条进行生化鉴定，并进行结果判定。或者通过 5.1～5.4 的试验进行分子生物学（PCR）鉴定。

5.2.2　分子生物学鉴定

用接种环从哥伦比亚血琼脂培养基上挑取适量的纯培养物置于盛有 0.5mL 生理盐水的小型离心管中，12 000r/min 离心 2min，弃上清液。再加 0.5mL 灭菌水，悬浮并涡旋混匀，100℃沸水中煮沸 10min 后，取出置于冰浴中冷却 5min 后，12 000r/min（4℃）离心 2min，取上清作为 PCR 模板。

5.2.2.1　PCR 反应体系

根据不同厂家 PCR 试剂用量，配制 PCR 反应体系。同时设立阴性和阳性对照。

5.2.2.2　PCR 反应条件

采用的 PCR 反应条件见下表。

PCR 反应程序表

5min，94℃
1min，94℃，1min，64℃，1min，72℃，2
1min，94℃，1min，62℃，1min，72℃，2
1min，94℃，1min，60℃，1min，72℃，2
1min，94℃，1min，58℃，1min，72℃，2
1min，94℃，1min，56℃，1min，72℃，2
1min，94℃，1min，54℃，1min，72℃，30
10min，72℃

5.2.2.3　电泳

5.2.2.3.1　1.0%琼脂糖凝胶板的制备

称取 1.0g 琼脂糖，加入 100mL 0.5×TBE 缓冲液（或 1×TAE 缓冲液）中。加热融化后加 5μL（10mg/mL）溴化乙锭，混匀后倒入放置在水平台面上的凝胶盘中，胶板厚 5mm 左右。依据样品数选用适宜的梳子。待凝胶冷却凝固后拔出梳子（胶中形成加样孔），放入电泳槽中，加 0.5×TBE 缓冲液（或 1×TAE 缓冲液）淹没胶面。

5.2.2.3.2　加样

取 10μL PCR 扩增产物和 3μL 上样缓冲液混匀后加入一个加样孔。每次电泳加阳性对照和阴性对照的扩增产物各 1 孔作为对照。

5.2.2.3.3　电泳条件

电压 110V，电泳时间 40min。

5.2.2.4　结果判定

电泳结束后，取出凝胶板置于紫外投射仪上打开紫外灯观察或用凝胶成像仪进行成像分析。

如果某一待检样品扩增产物的条带与空肠弯曲菌阳性对照的条带在一条直线上，即它们与加样孔的距离相同，则该样品分离到的菌株可判定为空肠弯曲杆菌；如果与结肠弯曲菌阳性对照的条带在一条直线上，即它们与加样孔的距离相同，则该样品分离到的菌株可判定为结肠弯曲杆菌。

必要时，可以通过测序来进一步确证。

五、动物源屎肠球菌和粪肠球菌的分离与鉴定方法

1　范围

本方法规定了用于动物源屎肠球菌和粪肠球菌分离与鉴定的方法。

本方法适用于各种动物中屎肠球菌和粪肠球菌的分离与鉴定。

2　设备和材料

除微生物实验室常规灭菌及培养设备外，其他设备和材料如下：

2.1　冰箱：2～4℃和－20℃。

2.2　恒温培养箱：36℃±1℃。

2.3　电子天平：感量 0.1g。

2.4　显微镜：10×～100×。

2.5　生物安全柜。

2.6　生化鉴定卡或商品化试条。

2.7 采样管或商品化采样棉拭子。

2.8 微量加样器：1～1 000μL。

2.9 吸头（与微量加样器匹配）。

3 培养基和试剂

3.1 运送培养基。

3.2 肠球菌显色培养基。

4 屎肠球菌和粪肠球菌的分离与鉴定程序

屎肠球菌和粪肠球菌的分离与鉴定程序见图5。

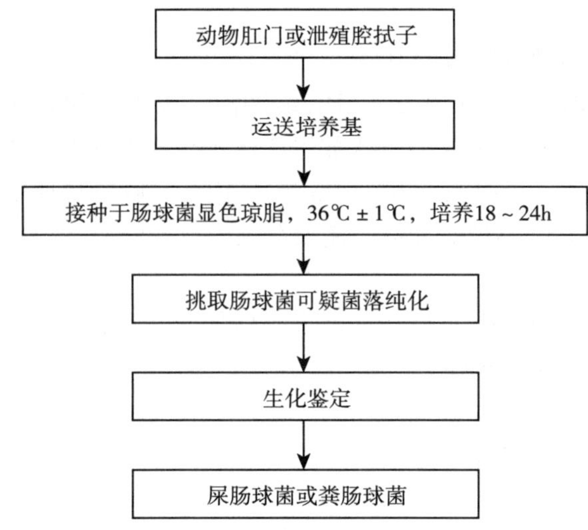

图5 屎肠球菌和粪肠球菌分离与鉴定程序

5 操作步骤

5.1 采样

选择养殖场或屠宰场，灭菌棉拭子采集动物肛门或泄殖腔样品，置入运送培养基中，保存时间不超过48h。

5.2 屎肠球菌和粪肠球菌的分离

5.2.1 拭子接种于肠球菌显色琼脂平板，36℃±1℃培养18～24h；

5.2.2 挑取红色至紫红色的可疑菌落，显色琼脂上纯化一代，

5.2.3 纯化后可疑菌落接种营养琼脂平板纯化，36℃±1℃培养16～18h，待进一步细菌鉴定。

5.3 屎肠球菌和粪肠球菌的鉴定

对于已纯化的菌落，可使用微生物生化鉴定系统或者生化试条进行生化鉴定、判定结果。

必要时，采用肠球菌标准血清进行血清型鉴定。

六、动物源魏氏梭菌的分离与鉴定方法

1 范围

本方法规定了畜禽源魏氏梭菌（*Clostridium perfringens*）的分离与鉴定。

本方法适用于畜禽源魏氏梭菌的分离与鉴定。

2 设备和材料

需要的主要设备和材料如下：

2.1 商品化采样管或采样棉签。

2.2 普通冰箱：2～4℃和－20℃。

2.3 超低温冰箱：－80℃。

2.4 恒温培养箱：37℃。

2.5 恒温水浴锅：37～100℃。

2.6 生物安全柜。

2.7 天平：感量0.1g。

2.8 显微镜：10×～100×。

2.9 微量加样器及吸头：1～1 000μL。

2.10 接种环或接种针。

2.11 离心管：2mL、5mL。

2.12 试管：18mm×180mm。

2.13 培养皿：直径60 mm，直径90 mm。

2.14 厌氧气罐：用于厌氧工作站。气体成分：88% N_2，7% H_2，5% CO_2。

2.15 密封培养罐。

2.16 厌氧产气袋：用于密封罐，可吸收罐中的全部 O_2，同时产生约21%的 CO_2。

2.17 厌氧工作站。

2.18 PCR仪。

2.19 微波炉。

2.20 电泳仪。

2.21 电泳凝胶成像分析系统。

3 培养基和试剂

3.1 运送培养基

3.2 液体硫乙醇酸盐培养基（FTG）

3.3 胰胨-亚硫酸盐-环丝氨酸（TSC）琼脂

3.4 脑心浸液（BHI）琼脂

3.5 绵羊血琼脂平板

3.6 P-15B D-环丝氨酸

3.7 灭菌液体石蜡

3.8 无菌生理盐水

3.9 缓冲动力-硝酸盐培养基

3.10 硝酸盐还原试剂

3.11 乳糖-明胶培养基

3.12 含铁牛乳培养基

3.13 革兰氏染色液

3.14 硝酸盐还原试剂

试剂甲：对氨基苯磺酸溶液。试剂乙：α-萘酚乙酸溶液。

3.15 商品化细菌DNA提取试剂盒

3.16 质控菌株：粪肠球菌ATCC29212，金黄色葡萄球菌ATCC29213

3.17 DNA Marker（2 000bp）

3.18 Taq DNA 聚合酶

3.19 dNTPs

3.20 琼脂糖

3.21 50×TAE 缓冲液

242g 三羟甲基氨基甲烷（Tris）碱，57.1mL 冰乙酸，100mL 0.5M EDTA（pH 8.0），加纯水至 1 000mL。

3.22 1×TAE 缓冲液

临时用是将 50×TAE 缓冲液 1 份加蒸馏水 49 份，混匀即可。

3.23 核酸染料

3.24 16S rDNA 通用引物（预期扩增子大小为 1 500bp）

上游为 27F：AGAGTTTGATCCTGGCTCA。

下游为 1492R：GGTTACCTTGTTACGACTT。

4 魏氏梭菌的分离与鉴定程序

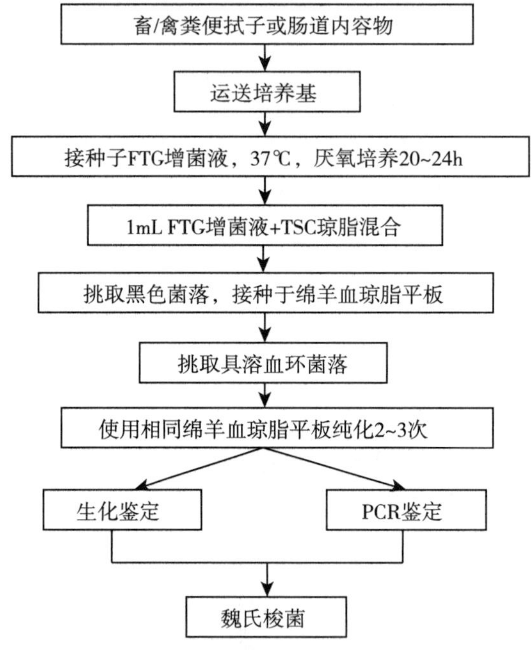

图 6 魏氏梭菌分离与鉴定程序

5 操作步骤

5.1 采样

5.1.1 肛拭子或泄殖腔拭子

做好采样准备后赴养殖场或屠宰厂，针对拟采样的健康畜/禽或发病畜/禽个体，用无菌棉签插入其肛门或泄殖腔采集粪便，采集的健康畜/禽与发病畜/禽的样品比例为 1∶1，置于运送培养基。

5.1.2 粪便样品

做好采样准备后赴养殖场或屠宰厂，针对拟采样的健康畜/禽或发病畜/禽，用无菌棉签蘸取其排泄的新鲜粪便（用灭菌镊子扒开粪便表皮，蘸取内部粪便），置于运送培养基。

5.1.3 肠道内容物

做好采样准备后赴养殖场或屠宰厂，针对拟采样的屠宰或剖检畜/禽，无菌剪取其正常/异常肠段（盲肠或结肠段），结扎后置于无菌自封袋。

5.1.4　将上述采集的样品，做好标注后立即置于带有冰袋的保温设备中，转运至试验室（转运时间不超过 48h）。

5.2　增菌和分离纯化

5.2.1　增菌培养

（1）棉拭子和粪便样品。从盛有样品的运送培养基中吸取液体 200μL，放入含 2mL FTG 的 5mL 离心管中，加入灭菌液体石蜡封住液面，放入厌氧工作站或密封培养罐中，37℃厌氧培养 20～24h 进行增菌。

（2）肠道内容物。无菌剪开肠段，用接种环刮取内容物，放入含 2mL FTG 的 5mL 离心管中混匀，用石蜡封住液面，放入厌氧工作站或密封培养罐中，37℃厌氧培养 20～24h 进行增菌。

5.2.2　分离纯化

吸取增菌液 1mL 放入 90mm 无菌平皿内，每个平皿倾注冷却至 50℃的 TSC 15mL，混匀。琼脂凝固后，再加 10mL 冷却至 50℃的 TSC 均匀覆盖于表层。待琼脂再次凝固后，放入厌氧工作站或密封培养罐中，37℃厌氧培养 20～24h。挑取黑色且有乳白色晕圈的单菌落接种于绵羊血琼脂平板上，放入厌氧工作站或密封培养罐中，37℃厌氧培养 20～24h，挑取有溶血环的菌落。用相同绵羊血琼脂平板纯化 2～3 次。

5.3　魏氏梭菌鉴定

5.3.1　菌株培养

从绵羊血琼脂平板上任选 5 个（小于 5 个全选）有溶血环的菌落，分别接种到 FTG 培养基，放入厌氧工作站或密封培养罐中，37℃厌氧培养 20～24h。

5.3.2　形态观察

挑取菌落进行革兰氏染色，镜检观察细菌形态。魏氏梭菌为革兰氏阳性粗短杆菌，呈紫色，有时可见芽孢体。如果形态多样，表明培养液不纯，应划线接种绵羊血琼脂平板，放入厌氧工作站或密封培养罐中，37℃厌氧培养 20～24h，挑取单个典型有溶血环的菌落接种到 FTG 培养基，放入厌氧工作站或密封培养罐中，37℃厌氧培养 20～24h，做进一步纯化。已纯化的菌株可用于后续的生化鉴定或 PCR 鉴定试验。

5.3.3　牛乳汹涌发酵试验

取生长旺盛的 FTG 培养液 1mL 接种于含铁牛乳培养基，在 46℃±0.5℃水浴中培养 2h 后，每小时观察一次有无"暴烈发酵"现象，该现象的特点是乳凝结物破碎后快速形成海绵样物质，通常会上升到培养基表面。5h 内不发酵者为阴性。魏氏梭菌发酵乳糖，凝固酪蛋白并大量产气，呈"暴烈发酵"现象，但培养基不变黑。

5.3.4　生化鉴定

（1）硝酸盐还原-动力试验。用接种环（针）取 FTG 培养液穿刺接种缓冲动力-硝酸盐培养基，放入厌氧工作站或密封培养罐中，37℃厌氧培养 20～24h。在透射光下检查细菌沿穿刺线的生长情况，判定有无动力。有动力的菌株沿穿刺线呈扩散生长，无动力的菌株只沿穿刺线生长。然后滴加 0.5mL 试剂甲和 0.2mL 试剂乙以检查亚硝酸盐的存在。15min 内出现红色者，表明硝酸盐被还原为亚硝酸盐；如果不出现颜色变化，则加少许锌粉，放置 10min，出现红色者，表明该菌株不能还原硝酸盐。魏氏梭菌无动力，能将硝酸盐还原为亚硝酸盐。

（2）乳糖发酵-明胶液化试验。用接种环（针）取 FTG 培养液穿刺接种乳糖-明胶培养基，放入厌氧工作站或密封培养罐中，37℃厌氧培养 20～24h，观察结果。如发现产气和培养基由红变黄，表明乳糖被发酵并产酸。将试管于 5℃左右放置 1h，检查明胶液化情况。如果培养基是固态，再放入厌氧工作站或密封培养罐中，37℃厌氧培养 20～24h，重复检查明胶是否液化。魏氏梭菌能发酵乳糖，使明胶液化。

5.3.5 分子生物学（PCR）鉴定

（1）PCR 模板制备。从 FTG 培养基中取 0.5～1mL 纯培养物，于灭菌的 1.5mL 离心管中，按细菌 DNA 提取试剂盒操作指南提取菌株基因组 DNA，作为 PCR 模板。

（2）PCR 反应体系配制。总体积为 50μL，其中 PCR Taq DNA 聚合酶 25μL，16S rDNA 通用引物上、下游各 1μL，模板 1μL，dd H_2O 22μL，设立阴性与阳性对照。

（3）PCR 反应条件。94℃预变性 5min；94℃ 30s，50℃ 30s，72℃ 1min 30s，共 30 个循环；72℃ 7min。扩增产物长度约为 1 500bp。

（4）电泳。反应结束后，将 PCR 产物以 1.0％琼脂糖凝胶电泳检测，电泳条件为：电压 120V，电泳时间 25min。电泳结束后，用凝胶成像仪进行成像分析。

（5）结果判定。将电泳后显示条带的 PCR 产物送去测序公司进行 16S rRNA 测序，将返回的测序结果用 NCBI 上的 Blast 进行比对分析。

5.4 菌种保存

将鉴定完毕并确认是魏氏梭菌的菌株接种于绵羊血琼脂平板上，放入厌氧工作站或密封培养罐中，37℃厌氧培养 20～24h，将板子上的菌落全部刮下，置于含有 500μL FTG 的 1.5mL 离心管，和 500μL 甘油（60％）充分混匀，放入－80℃超低温冰箱保存。

七、副猪嗜血杆菌的分离与鉴定方法

1 范围

本方法规定了动物源副猪嗜血杆菌的分离与鉴定方法。

本方法适用于副猪嗜血杆菌的分离与鉴定。

2 设备和材料

除微生物实验室常规灭菌及培养设备外，其他设备和材料如下：

2.1 冰箱：2～4℃和－20℃。

2.2 恒温培养箱：37℃±1℃。

2.3 电子天平：感量 0.1g。

2.4 分析天平：感量 0.1mg。

2.5 恒温水浴锅：37～100℃。

2.6 生物安全柜

2.7 显微镜：10×～100×。

2.8 PCR 仪

2.9 电泳仪

2.10 电泳凝胶成像分析系统（或紫外透射仪）

2.11 微量加样器：1～1 000μL。

2.12 吸头（与微量加样器匹配）

2.13 细菌多位点接种仪

2.14 96 孔板

3 培养基和试剂

标准菌株：副猪嗜血杆菌 SH0165

质控菌株：胸膜肺炎放线杆菌 ATCC 27090

3.1 无支原体胎牛血清。

3.2 胰蛋白胨大豆琼脂（TSA）

3.3 胰蛋白胨大豆肉汤（TSB）

3.4 Amies 运送培养基

3.5 辅酶 NAD

3.6 DNA Maker 2000

3.7 Taqmix DNA 聚合酶

3.8 琼脂糖

3.9 50×TAE buffer

三羟甲基氨基甲烷（Tris）	242g
NA2EDTA. $2H_2O$	37.2g
醋酸	57.1mL
加纯净水至	1 000mL

3.10 16sRNA 引物

上游引物 5’-GGCTTCGTCACCCTCTGT-3’

下游引物 5’-GTGATGAGGAAGGGTGGTGT-3’

4 副猪嗜血杆菌的分离与鉴定程序

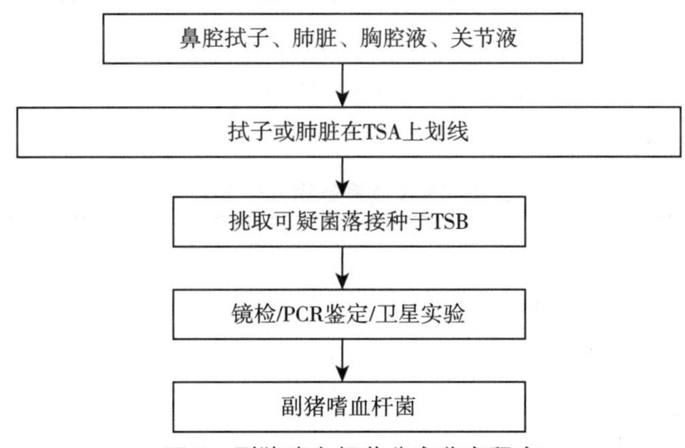

图 7 副猪嗜血杆菌分离鉴定程序

5 操作步骤

5.1 采样

选择养殖场或屠宰场，灭菌棉拭子采集动物鼻腔拭子，或屠宰猪的完整肺脏、心包液、胸腔积液、关节液和脑脊液，置入冰盒中，保存时间不超过 48h。鼻腔拭子置于加有 1%NAD 的 Amies 运送培养基中。

5.2 副猪嗜血杆菌的分离

5.2.1 肺脏

用酒精灯火焰对肺脏表面进行消毒，用消毒的剪刀和镊子剪取一小块病灶，用内切面在加有 5%胎牛血清和 10μg/mL NAD 的 TAS 平板边缘 1/4 涂板，再用无菌的接种环采取三线式划法，对细菌进行划线分离培养，37℃培养 36～48h；取鼻腔拭子于加有 5%胎牛血清和 10μg/mL NAD 的 TAS 平板上三段划线，37℃培养 36～48h。

5.2.2 挑取半透明、边缘光滑的可疑菌落于 2.5mL 加有 5%胎牛血清和 10μg/mL NAD 的无菌 TSB 肉汤，37℃培养 18～24h。

5.2.3 纯化后可疑菌落接种营养琼脂平板纯化，37℃培养 36h，待进一步细菌鉴定。

5.3 副猪嗜血杆菌的鉴定

5.3.1 镜检

挑取纯培养的圆形、光滑、无色透明可疑菌落涂片，革兰染色后，显微镜下观察细菌形态。副猪嗜血杆菌为革兰氏阴性短杆菌，菌体大小不一。

5.3.2 卫星实验

用接种环分别挑取上述可疑菌的单菌落，水平划线于绵羊鲜血琼脂平板上，再挑取金黄色葡萄球菌垂直于水平线划线，37℃ 培养 24～48h，观察是否有"卫星生长"现象。

5.3.3 副猪嗜血杆菌的 PCR 鉴定

在纯化培养后的 TSA 培养基上挑取单菌落，接入加有 1% NAD 与 5%胎牛血清的胰蛋白胨大豆肉汤（TSB）培养基中，37℃，220r/min 摇床振荡培养 18h 左右。取培养后的菌液 1μL 做 PCR 鉴定，阳性对照为副猪嗜血杆菌参考株 SH0165。阴性对照不加模板。根据副猪嗜血杆菌 16S rRNA（M75065）序列设计引物。由金斯瑞生物技术有限公司合成，见表 1。采取 20μL 反应体系，组成成分见表 2。反应条件为：94℃预变性 5min；94℃变性 10s，59℃退火 10s，72℃延伸 1min，30 个循环；最后 72℃延伸 10min。

表 1 副猪嗜血杆菌 PCR 鉴定引物序列

引物	PCR 引物序列	目标条带
上游引物	5'-GGCTTCGTCACCCTCTGT-3'	822bp
下游引物	5'-GTGATGAGGAAGGGTGGTGT-3'	

表 2 PCR 体系各组分一览表

组成成分	用量（μL）
2×EasyTaq Super Mix	10
上游引物	1
下游引物	1
菌液	1
灭菌双蒸水	7

5.3.4 1%琼脂糖凝胶电泳

称取 1g 琼脂糖，加入 100mL 1×TAE 缓冲液中，加入核酸染料，依据样品数选用适宜的梳子，琼脂糖溶化后混匀倒入在水平台面上的凝胶盘中，胶板厚 5mm 左右。待凝胶冷却凝固后拔出梳子，取出胶块放入电泳槽中，加 1×TAE 缓冲液淹没胶面。

取 10μL PCR 扩增产物和 3μL 上样缓冲液混匀后加入加样孔，每次电泳时，各做一个阳性对照和阴性对照。电泳条件：电压 110V，电泳时间 30min。

结果判定：电泳结束后，取出胶块置于紫外投射仪上，打开紫外灯观察或用凝胶成像仪进行成像分析。如果某一待检样品扩增产物的条带与副猪嗜血杆菌阳性对照的条带在一条直线上，即条带与加样孔的距离相同，而阴性对照无此条带，则该样品分离到的菌株可初步判定为副猪嗜血杆菌。

5.4 副猪嗜血杆菌的保存

在纯化后的平板上挑取单菌落与8mL肉汤中，置于37℃摇床中培养18～24h，待菌液生长至对数期，于9 000r/min，离心3min，弃去上清液，加入4mL灭菌的脱脂牛奶，重悬。再分装值灭菌的冻干管，每管1mL。再将分装的菌进行逐级冷冻，先后置于4℃、－20℃、－80℃环境中至少4h以上。最后将菌液置于冻干机冻干1～2d，冻干后置于－80℃冰箱长期保存。

八、动物源伪结核棒状杆菌的分离与鉴定方法

1 范围

本标准规定了动物源伪结核棒状杆菌的分离鉴定方法。

本标准适用于脓汁中伪结核棒状杆菌的分离鉴定。

2 设备和材料

除微生物实验室常规灭菌及培养设备外，其他设备和材料如下：

2.1 生物安全柜

2.2 冰箱：0～4℃ 和 －20℃

2.3 恒温培养箱：36℃±1℃

2.4 显微镜：10×～100×

2.5 EP管：1.5mL

2.6 采样管

2.7 采样棉拭子

2.8 微量加样器

2.9 吸头（与微量加样器相匹配）

2.10 PCR仪

2.11 微波炉

2.12 电泳仪

2.13 电泳凝胶成像分析系统（或紫外透射仪）

3 培养基和试剂

3.1 DNA Marker

3.2 引物及扩增片段长度

PLD基因引物：

上游：CTCAAGGCGTGGATGA

下游：GGTAGCCAGATGGTGAGTAG

3.3 运送培养基

3.4 10%的绵羊脱纤血平板

3.5 2×Taq PCR MasterMix（含染料）

3.6 琼脂糖

3.7 50×TAE缓冲液：将242g Tris碱，57.1mL冰乙酸，100mL 0.5M EDTA（pH 8.0），加纯水至1 000mL。

1×TAE缓冲液：临用时将50×TAE缓冲液1份加蒸馏水49份，混匀即可。

3.8 溴化乙锭溶液（10mg/mL）：称取 1g 溴化乙锭溶于 100mL 水中，用磁力搅拌器搅拌数小时至完全溶解，避光冷藏（4℃）保存。

4 伪结核棒状杆菌分离与鉴定程序

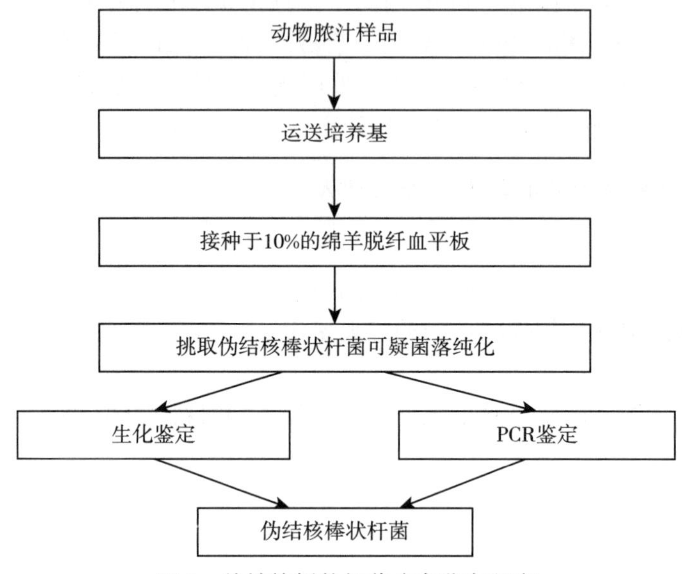

图 8 伪结核板状杆菌分离鉴定程序

5 操作步骤

5.1 采样

无菌采取脓汁样品置于运送培养基中，0～4℃保存。

5.2 分离与纯化

5.2.1 分离

将新鲜的或运送培养基中的脓汁拭子在 10%绵羊脱纤血琼脂平板上涂抹，用经火焰灭菌后冷却的接种环划线。

5.2.2 培养

将上述接种后的平板置于 37℃ 恒温培养箱中培养 24～48h。

5.2.3 纯化

观察 24h 和 48h 的血琼脂平板上的菌落形态，挑取圆形、不透明、干燥、松脆、瓷白色或淡黄色、不溶血或仅有狭窄 α 溶血的小菌落按 5.2.2 培养条件培养纯化。（革兰氏染色呈阳性小球杆菌）

5.3 鉴定

5.3.1 生化鉴定

对于已纯化的菌落，可使用细菌微量生化反应管进行生化鉴定，并对照《伯杰氏细菌鉴定手册》进行结果判定。

5.3.2 PCR 鉴定

5.3.2.1 PCR 模板的制备

用接种环从血平板上挑取适量的纯培养物置于盛有 0.5mL 生理盐水的小型离心管中，12 000r/min 离心 2min，弃上清。再加 0.2mL 灭菌水涡旋混匀，100℃水浴 10min，12 000r/min 离心 2min，取上清作为 PCR 模板。

5.3.2.2 PCR 反应体系

根据不同厂家 PCR 试剂用量，配置 PCR 反应体系。扩增目的片段长度约 758bp。

5.3.2.3 PCR 反应条件

94℃预变性 2min，94℃变性 30s，54℃退火 30s，72℃延伸 50s，30 个循环，最后 72℃终延伸 10min，同时设立阴性和阳性对照。

5.3.2.4 电泳

称取 1.0g 琼脂糖，加入 100mL 1×TAE 缓冲液。加热熔化后倒入水平台面的凝胶盘中，胶板厚约 5mm。依据样品数选择适宜的梳子。凝胶凝固后，放入电泳槽，于加样孔中加样，以 DL2000 为对照，120V，30min 后，在溴化乙锭溶液中浸泡 20min。之后于紫外凝胶成像系统或紫外投射仪中观察结果。

5.3.2.5 结果判定

如果某一待检样品扩增产物的条带与伪结核棒状杆菌阳性对照的条带在一条直线上，即他们与加样孔的距离相同，则该样品可判定为伪结核棒状杆菌。必要时可通过 16S rRNA 测序进行进一步验证。

附件 3－6

药敏试验检测试剂盒使用（MIC 测定）操作方法

1 范围

本方法规定了动物源细菌（大肠杆菌、沙门氏菌、肠球菌、金黄色葡萄球菌、副猪嗜血杆菌、魏氏梭菌和伪结核棒状杆菌）药敏检测试剂盒的操作方法。

2 材料

除微生物实验室常规灭菌设备外，其他设备和材料如下：

2.1 恒温培养箱 35℃±2℃

2.2 生物安全柜

2.3 浊度计或者标准比浊管

2.4 微量加样器 1～1 000μL

2.5 吸头（与微量加样器匹配）

3 操作步骤

3.1 取出试剂盒，打开包装待用。

3.2 菌液制备

将无菌棉签用生理盐水润湿后，直接取过夜培养皿上数个新鲜菌落，与适量无菌生理盐水混匀。然后，用标准比浊管或者浊度计校正菌液浓度至 0.5 麦氏单位（$1\sim2\times10^{8}$CFU/mL）。最后，用试剂盒中的肉汤按照使用说明书要求的倍数稀释，混匀备用。

3.3 菌液接种

除空白对照外，其余的 95 孔加入制备好（用前要混匀）的菌液 100μL。

空白对照孔中加入 100μL 无菌肉汤。盖好板盖并记录菌号。

3.4 孵育

将检测板置于 35℃±2℃很稳培养箱中孵育 16～18h。

3.5 观察结果

在衬有黑底板的光线下，用肉眼观察。

先观察阴性对照孔和阳性对照孔：阴性对照孔应无细菌生长，孔内液体未见浑浊；阳性对照孔内应有细菌生长所形成的圆形或者网状沉淀。

如果阴性和阳性对照结果正常，继续观察其余孔内细菌生长情况，在无细菌生长的孔内所含最低抗菌药物浓度即为最低抑菌浓度（MIC）。

4 结果记录

将 MIC 结果记录在敏感性检测结果统计表中。

敏感性检测结果统计表

(1) G-菌（大肠杆菌、沙门氏菌和副猪嗜血杆菌）MIC。

养殖场：　　　　　　　　　　　　　　　检测员：　　　　　　　　　　　　　　年　　月　　日

菌株编号	氨苄西林	阿莫西林/克拉维酸	头孢他啶	头孢噻呋	庆大霉素	大观霉素	四环素	氟苯尼考	磺胺异噁唑	复方新诺明	恩诺沙星	氧氟沙星	美罗培南	乙酰甲喹	安普霉素	黏菌素
	AM	A/C	CTD	CFT	GM	SPT	TE	FFC	SF	SXT	ENR	OFX	IPM	MEQ	AP	COL

注：直接填写检测的 MIC 数值。

(2) G+菌（肠球菌、金黄色葡萄球菌和伪结核棒状杆菌）MIC。

养殖场：　　　　　　　　　　　　　　　检测员：　　　　　　　　　　　　　　年　　月　　日

菌株编号	青霉素	阿莫西林/克拉维酸	头孢噻呋	头孢西丁	苯唑西林	庆大霉素	多西环素	恩诺沙星	氧氟沙星	磺胺异噁唑	复方新诺明	氟苯尼考	红霉素	克林霉素	替米考星	泰妙菌素	利奈唑胺	万古霉素
	P	A/C	CFT	CX	OXA	GEN	DOX	ENR	OFL	SF	SXT	FFC	ERY	CLI	TIL	TM	LNZ	VA

注：直接填写检测的 MIC 数值。

(3) 弯曲杆菌 MIC。

养殖场：　　　　　　　　　　　　　　　检测员：　　　　　　　　　　　　　　年　　月　　日

菌株编号	庆大霉素	四环素	萘啶酸	环丙沙星	氟苯尼考	红霉素	克林霉素	阿奇霉素	泰利霉素
	GEN	TET	NAL	CIP	FFC	ERY	CLI	AZI	TEL

注：直接填写检测的 MIC 数值。

(4) 肠球菌和魏氏梭菌 MIC（促生长抗菌药物监测）。

养殖场：　　　　　　　　　　　　　　　检测员：　　　　　　　　　　　　　　年　　月　　日

菌株编号	阿维拉霉素	维吉尼亚霉素	四环素	吉他霉素	杆菌肽	那西肽	黄霉素	恩拉霉素	喹烯酮	氟苯尼考	沃尼妙林
	AVL	VGA	TET	FFN	BCT	NOS	FLV	ERA	QCT	FFC	VOL

注：直接填写检测的 MIC 数值。

附件 4

2020 年生鲜乳质量安全监测计划

根据《乳品质量安全监督管理条例》规定，我部畜牧兽医局组织开展 2020 年生鲜乳质量安全监测计划。有关工作内容和要求如下。

一、2020 年生鲜乳质量安全监测计划

（一）全国生鲜乳例行监测

1. 监测区域和内容。覆盖北京、天津等 30 个省（自治区、直辖市）及新疆生产建设兵团。全年共抽样监测 9 300 批次生鲜乳样品，分上半年和下半年 2 次进行（监测计划分配见附表 4-1）。监测对象为生鲜乳收购站和生鲜乳运输车。监测任务覆盖监测地区全部生鲜乳收购站，生鲜乳收购站实地抽样和运输车追溯抽样比例为 1∶1。样品检测项目包括三聚氰胺、碱类物质、硫氰酸钠、β-内酰胺酶、黄曲霉素 M_1、铅、铬、汞和砷。

2. 时间安排。任务承担单位应于 6 月 20 日和 10 月 20 日前将抽检工作总结报送农业农村部奶及奶制品质量监督检验测试中心（北京），并通过“生鲜乳质量安全监测系统”完成网上报送。农业农村部奶及奶制品质量监督检验测试中心（北京）应分别于 7 月 10 日和 11 月 10 日前组织专家完成数据汇总分析，并将汇总分析结果报送我部畜牧兽医局。

（二）婴幼儿配方乳粉奶源质量安全监测

1. 监测区域和内容。覆盖河北、辽宁等 12 个省（自治区）。全年共监测 321 批次生鲜乳样品，在 10 月前进行（监测计划分配见附表 4-2）。监测对象为生鲜乳收购站和生鲜乳运输车。样品检测项目为三聚氰胺、碱类物质、β-内酰胺酶、黄曲霉素 M_1、铅、铬、汞、砷和体细胞。

2. 时间安排。任务承担单位应于 10 月 20 日前将抽检工作总结报送农业农村部奶及奶制品质量监督检验测试中心（北京），并通过“生鲜乳质量安全监测系统”完成网上报送。农业农村部奶及奶制品质量监督检验测试中心（北京）应于 11 月 10 日前组织专家完成数据汇总分析，并将汇总分析结果报送我部畜牧兽医局。

（三）生鲜乳质量安全飞行抽检

1. 监测区域和内容。覆盖浙江、甘肃等 28 个省（自治区、直辖市）及新疆生产建设兵团。全年共抽检 2 130 批次生鲜乳样品，在 5 月、7 月和 10 月份 3 次进行（监测计划分配见附表 4-3）。监测对象为生鲜乳收购站和生鲜乳运输车。生鲜乳收购站实地抽样和运输车追溯抽样比例为 1∶1，其中 5%～10% 的抽检对象由我畜牧兽医局指定。样品检测项目为三聚氰胺、碱类物质、β-内酰胺酶、黄曲霉素 M_1、铅、铬、汞、砷。

2. 时间安排。任务承担单位应于 5 月 20 日、7 月 20 日、10 月 20 日前将抽检工作总结报送农业农村部奶及奶制品质量监督检验测试中心（北京），并通过“生鲜乳质量安全监测系统”完成网上报送。农业农村部奶及奶制品质量监督检验测试中心（北京）应分别于 6 月 10 日、8 月 10 日、11 月 10 日前组织专家完成数据汇总分析，并将汇总分析结果报送我部畜牧兽医局。

（四）监测方式

全国生鲜乳例行监测、婴幼儿配方乳粉奶源质量安全监测、生鲜乳质量安全飞行抽检，均包括现场检查和抽样检测。

1. 现场检查。各任务承担单位按照生鲜乳收购站和生鲜乳运输车标准化管理检查内容和判

定标准进行现场检查，现场检查由任务承担单位和属地县级畜牧兽医主管部门共同完成。

2. 抽样检测。按照《农业农村部生鲜乳质量安全监测工作规范》执行，每批次样品采集4份平行样。其中1份留给受检单位并告知贮存条件，1份用于检测，1份用于异议复检，1份用于结果复核。有关生鲜乳抽样、检测和判定工作，按照《生鲜乳抽样方法、检测方法和判定要求》执行。任务承担单位与属地县级畜牧兽医主管部门共同完成抽样，抽样人员不得接受受检单位留样或受检单位送样。

二、2020年生鲜乳质量安全监督抽查计划

（一）监督抽查区域和内容

抽查辽宁、河南、陕西、甘肃和江苏5省。全年共抽检100批次生鲜乳样品，每省各20批次。样品检测项目为黄曲霉素M_1、铅、铬、汞和砷。

（二）监督抽查方式

监督抽查采取“双随机、一公开”方式。监督抽查对象与全国生鲜乳收购运输管理系统对接，抽查对象由我部畜牧兽医局在系统中随机抽取，名单发送至各相关省级畜牧兽医主管部门。抽查人员由各省级畜牧兽医主管部门按双随机要求选派。生鲜乳监督抽查目的、方式、内容、结果等监督抽查事项信息予以公开。

有关抽样、检测、复检、异议处理等工作的程序与要求，按照《农业部农产品质量安全监督抽查实施细则》《生鲜乳抽样方法、检测方法和判定要求》执行，生鲜乳监督抽查的样品不得采用被抽查单位留样和送样。

（三）执法查处

对于抽查结果确认为不合格的样品，抽查对象所在地县级畜牧兽医主管部门应立即启动执法程序，及时固定证据，查处违法行为。涉嫌犯罪的，应及时移交司法机关进行查处。

（四）时间安排

监督抽查在5—7月进行。各检测承担单位于2020年8月1日前完成检测工作，各省级畜牧兽医主管部门于2020年8月30日前将生鲜乳质量安全监督抽查结果汇总表及生鲜乳质量安全监督抽查不合格产品核查处置情况表，盖章后报送我部畜牧兽医局奶业处。

三、有关要求

（一）落实生鲜乳质量安全监管属地责任

各级畜牧兽医主管部门要严格按照《食品安全法》《乳品质量安全监督管理条例》《地方党政干部食品安全责任制规定》等法律法规和规范性文件的规定，根据县级以上地方人民政府对本行政区域内生鲜乳质量安全负总责，各级畜牧兽医主管部门负监管责任，奶畜养殖者、生鲜乳收购站开办者和运输车经营者负第一责任的要求，认真落实各级责任。各省（自治区、直辖市）畜牧兽医主管部门要因地制宜制定落实本省（自治区、直辖市）生鲜乳监测计划，实行收购站和运输车年度监测全覆盖，不留监管空白。

（二）加强生鲜乳收购运输环节监管

各地要加强对生鲜乳收购站和运输车的监管，确保辖区内颁发证照（备案许可）的生鲜乳收购站、运输车具备法定资质条件，对于不符合条件的收购站和运输车坚决予以取缔，公开相关信息。严厉打击无证收购运输行为。跨省营运运输车，既受发证地行政机关监管，也受营运地行政机关监管。严防不合格乳流向市场。对不合格样品检测结果，承担检测任务单位要在检测结果异议处理后3个工作日内报送有关省级畜牧兽医主管部门。严厉打击各种违法违禁添加

行为，发现一起，查处一起，涉嫌刑事犯罪的，及时移送公安部门，并跟踪查处结果及时报送我部畜牧兽医局奶业处。

（三）提高生鲜乳质量安全监测监管效率

各地要全面运行“生鲜乳收购站运输车监督管理系统”，安排专人负责辖区内生鲜乳收购站和运输车信息核查上报工作，及时更新相关信息，准确掌握辖区内奶站、运输车和婴幼儿配方乳粉奶源基地变化情况。加强监管监测工作软硬件条件建设，全面推进《生鲜乳收购许可证》《生鲜乳准运证明》在线出证，提高管理规范化水平。开展“生鲜乳移动抽样终端”和“生鲜乳收购站运输车现场检查移动终端”应用试点，提高监管监测工作信息化、精准化水平。加快生鲜乳质量安全大数据库建设，推进信息资源整合与共享，为监管工作提供技术支撑。

（四）保障监管监测工作有序开展

本通知下达的生鲜乳监测任务所需经费由我部 2020 年生鲜乳质量安全监管财政专项经费安排。我部委托农业农村部奶及奶制品质量监督检验测试中心（北京）承担监测任务单位的检测能力验证比对考核。各任务承担单位要根据监测工作需要，参加监测技术培训，完善仪器设备配置，提高监测结果的科学性和准确性。各地畜牧兽医主管部门要高度重视生鲜乳质量安全监测工作，切实加强组织领导，保质保量完成监测任务，请于 2020 年 4 月 25 日前将本省 2020 年生鲜乳质量安全监测计划报我部畜牧兽医局奶业处备案。

四、其他事项

有关《农业农村部生鲜乳质量安全监测工作规范》《有关抽样方法、检测方法和判定要求》和农业农村部生鲜乳质量安全监督抽查相关文书、统计表，请通过“生鲜乳质量安全监测系统”下载。具体事项咨询请与农业农村部奶及奶制品质量监督检验测试中心（北京）联系（电话：010－62818802。传真：010－62897587。电子邮件：mrt8802@126. com）

有关《生鲜乳质量安全监测系统》《生鲜乳收购站运输车监督管理系统》和“生鲜乳移动抽样终端”的使用，请联系中国农业科学院北京畜牧兽医研究所（电话：010－62160212。传真：010－62160213。电子邮件：67513193@qq. com）。

五、联系方式

农业农村部畜牧兽医局奶业处
电话：010－59191536/46　传真：010－59191533
电子邮件：nzzd@agri. gov. cn

附表：4－1. 2020 年全国生鲜乳例行监测计划分配表
4－2. 2020 年婴幼儿配方乳粉奶源质量安全监测计划分配表
4－3. 2020 年生鲜乳质量安全飞行抽检计划分配表

附表 4－1

2020 年全国生鲜乳例行监测计划分配表

序号	监测地区	上半年	下半年	合计
1	北京市	40	41	81
2	天津市	100	100	200
3	河北省	839	839	1 678
4	山西省	202	202	404
5	内蒙古自治区	603	602	1 205
6	辽宁省	161	162	323
7	吉林省	30	31	61
8	黑龙江省	425	426	851
9	上海市	89	89	178
10	江苏省	88	89	177
11	浙江省	39	40	79
12	安徽省	37	37	74
13	福建省	18	19	37
14	江西省	8	8	16
15	山东省	488	488	976
16	河南省	213	213	426
17	湖北省	30	31	61
18	湖南省	13	14	27
19	广东省	50	51	101
20	广西壮族自治区	29	30	59
21	海南省	2	3	5
22	重庆市	40	40	80
23	四川省	56	57	113
24	贵州省	8	9	17
25	云南省	152	153	305
26	陕西省	237	236	473
27	甘肃省	139	139	278
28	青海省	11	12	23
29	宁夏回族自治区	328	328	656
30	新疆维吾尔自治区	88	89	177
31	新疆生产建设兵团	79	80	159
合计		4 642	4 658	9 300

注：每次任务仅 50％的样品检测三聚氰胺、硫氰酸钠、铅、铬、汞、砷 6 项指标。

附表 4－2

2020 年婴幼儿配方乳粉奶源质量安全监测计划分配表

序号	省　份	批次
1	河北省	5
2	辽宁省	8
3	吉林省	1
4	黑龙江省	184
5	安徽省	1
6	山东省	1
7	四川省	1
8	云南省	1
9	陕西省	110
10	甘肃省	5
11	宁夏回族自治区	3
12	新疆维吾尔自治区	1
合计		321

附表 4－3

2020 年生鲜乳质量安全飞行抽检计划分配表

第一次飞行抽检（5 月）		第二次飞行抽检（7 月）		第三次飞行抽检（10 月）	
地区	批次	地区	批次	地区	批次
浙江省	35	山西省	100	山东省	200
甘肃省	120	内蒙古自治区	150	辽宁省	90
吉林省	30	黑龙江省	200	北京市	35
四川省	40	上海市	35	湖北省	20
河北省	200	河南省	120	福建省	15
安徽省	20	广东省	25	重庆市	25
湖南省	10	青海省	10	江苏省	40
宁夏回族自治区	120	新疆维吾尔自治区	60	陕西省	180
贵州省	10	新疆生产建设兵团	60	天津市	100
云南省	60			广西壮族自治区	20
合计	645	合计	760	合计	725

抄送：全国畜牧总站、中国饲料工业协会、中国兽医药品监察所、中国农业科学院农业质量标准与监测技术研究所、北京畜牧兽医研究所、饲料研究所、农产品加工研究所，有关大学和地方农业科学院及相关承检机构。

农业农村部办公厅　　2020 年 2 月 12 日印发

中华人民共和国农业农村部公告

第 279 号

为进一步规范新饲料和新饲料添加剂审定工作，落实“放管服”要求，增加行政审批相对人的选择余地，我部委托全国饲料评审委员会对有关评价机构进行了评估，确定了 25 家有能力承担饲料和饲料添加剂有效性和耐受性评价试验机构和 9 家毒理学评价试验机构，现予公布，即日起施行。

附件：1. 饲料和饲料添加剂有效性和耐受性评价试验机构名单

2. 饲料和饲料添加剂毒理学评价试验机构名单

农业农村部

2020 年 3 月 18 日

附件 1

饲料和饲料添加剂有效性和耐受性评价试验机构名单

序号	省市	试验机构名称	试验报告签发机构名称	试验报告签发人	机构类型	动物种类	试验场地名称	试验场地地址	机构联系电话
1	北京市	农业农村部饲料效价与安全监督检验测试中心（北京）	农业农村部饲料效价与安全监督检验测试中心（北京）	张丽英	☑有效性 ☑耐受性	猪、肉鸡	中国农业大学动物科技学院代谢室	北京市海淀区圆明园西路2号	010－62731272
							中国农业大学丰宁试验基地	河北省承德市丰宁满族自治县汤河乡	
2		动物营养学国家重点实验室（中国农业大学）	中国农业大学动物科学技术学院	呙于明	☑有效性 ☑耐受性	肉鸡、蛋鸡	中国农业大学涿州试验基地	河北省涿州市东城坊镇	010－62733900
				周振明		肉牛	中国农业大学肉牛试验示范基地（北京）	北京市房山区窦店镇	010－62731268
				李胜利		奶牛	中国农业大学奶牛营养创新团队试验基地（金银岛基地）	北京市大兴区庞各庄镇	010－62734080
							中国农业大学奶牛营养创新团队试验基地（延庆基地）	北京市延庆区延庆镇	
3	天津市	天津市畜牧兽医研究所	天津市畜牧兽医研究所	王文杰	☑有效性 ☑耐受性	奶牛、肉鸡、生长育肥猪	天津市现代畜牧业科技创新基地	天津市武清区下伍旗镇	022－83726967
4	辽宁省	沈阳农业大学畜牧兽医学院	沈阳农业大学畜牧兽医学院	杨建成	☑有效性 ☑耐受性	肉鸡、蛋鸡	沈阳农业大学科研种鸡场	辽宁省沈阳市沈河区东陵路120号	024－88487156
5	黑龙江省	东北农业大学动物营养研究所	东北农业大学动物营养研究所	单安山	☑有效性 ☑耐受性	猪	东北农业大学动物营养研究所动物试验基地	黑龙江省哈尔滨市阿城区	0451－55191585
6	上海市	上海农业科学院农产品质量标准与检测技术研究所	上海农业科学院农产品质量标准与检测技术研究所	赵志辉	☑有效性 ☑耐受性	肉鸡、蛋鸡	上海农业科学院庄行试验站	上海市奉贤区叶庄路888号	021－62207544

（续）

序号	省市	试验机构名称	试验报告签发机构名称	试验报告签发人	机构类型	动物种类	试验场地名称	试验场地地址	机构联系电话
7	江苏省	南京农业大学动物科技学院	南京农业大学动物科技学院	王恬	☑有效性 ☑耐受性	猪、肉鸡、蛋鸡	南京农业大学白马教学科研基地	江苏省南京市溧水区白马镇	025-84396483
				毛胜勇	☑有效性 ☑耐受性	绵羊	南京农业大学羊业科学研究所科研示范基地（与泰州市海伦羊业有限公司共建）	江苏省泰州市姜堰区大伦镇	025-84395106
8		南京农业大学无锡渔业学院	南京农业大学无锡渔业学院	谢骏	☑有效性 ☑耐受性	淡水鱼类	南京农业大学无锡渔业学院淡水渔业研究中心南泉科研实验基地	江苏省无锡市滨湖区雪浪街道壬港社区薛家里69号	0510-85556566
						淡水虾蟹类	南京农业大学无锡渔业学院淡水渔业研究中心宜兴大浦科研实验基地	江苏省无锡市宜兴市丁蜀镇	
9		扬州大学动物营养与饲料工程技术研究中心	扬州大学动物营养与饲料工程技术研究中心	赵国琦（奶牛、绵羊、山羊）杨海明（鹅）	☑有效性 ☑耐受性	奶牛、绵羊、山羊、鹅	扬州大学实验农牧场	江苏省高邮市卸甲镇八桥片区	0514-87997195
10		扬州大学兽医学院	扬州大学兽医学院	刘宗平	☑耐受性	奶牛、绵羊、山羊、鹅	扬州大学实验农牧场	江苏省高邮市卸甲镇八桥片区	0514-87979275
11		江苏省家禽科学研究所	江苏省家禽科学研究所	施寿荣	☑有效性 ☑耐受性	肉鸡、蛋鸡	江苏省家禽科学研究所仪征试验基地	江苏省仪征市谢集乡	0514-85599075
12	浙江省	浙江大学奶业科学研究所	浙江大学奶业科学研究所	刘建新	☑有效性 ☑耐受性	奶牛	浙江大学奶业科学研究所试验牧场	浙江省杭州市临安区板桥镇	0571-88982097

（续）

序号	省市	试验机构名称	试验报告签发机构名称	试验报告签发人	机构类型	动物种类	试验场地名称	试验场地地址	机构联系电话
13	浙江省	浙江大学饲料科学研究所	浙江大学饲料科学研究所	汪以真	☑有效性 ☑耐受性	淡水水产动物	浙江大学饲料科学研究所实验基地（与绍兴上虞科强水产养殖有限公司共建）	浙江省绍兴市上虞区海涂九六三丘	0571－88982128
				余东游		蛋鸡、肉鸡	浙江大学饲料科学研究所试验基地	浙江省杭州市余杭区瓶窑镇	0571－88982107
14		浙江省农业科学院畜牧兽医研究所	浙江省农业科学院畜牧兽医研究所	徐子伟	☑有效性 ☑耐受性	猪	浙江省农业科学院海宁科技牧场	浙江省海宁市许村镇	0571－86404398
15		中挪海水养殖鱼类营养与饲料联合实验室	浙江省海洋水产研究所	邵庆均	☑有效性 ☑耐受性	海水鱼类、海水虾	浙江海洋水产研究所西轩岛试验场	浙江省舟山市西轩岛	0571－88982200
16	江西省	江西农业大学江西省动物营养重点实验室	江西农业大学江西省动物营养重点实验室	瞿明仁	☑有效性 ☑耐受性	肉牛	江西农业大学高安肉牛试验基地（与高安裕丰农牧有限公司共建）	江西省高安市村前镇	0791－83813503
17	河南省	河南农业大学牧医工程学院	河南农业大学牧医工程学院	王志祥	☑有效性 ☑耐受性	肉鸡、蛋鸡	河南农业大学牧医工程学院试验站	河南省原阳县福宁集镇	0371－56990161
18	湖北省	中国科学院水生生物研究所	中国科学院水生生物研究所	解绶启	☑有效性 ☑耐受性	淡水鱼类、甲壳类、爬行类、两栖类、水产养殖动物亲本	中国科学院水生生物研究所室内养殖系统	湖北省武汉市武昌东湖南路7号	027－68780667
19	湖南省	湖南农业大学动物科技学院	湖南农业大学动物科技学院	方热军	☑有效性 ☑耐受性	猪	湖南农业大学动物科技学院科研教学基地（佳和）猪场	湖南省长沙市长沙县干沙镇	0731－84618176
20		中国科学院亚热带农业生态研究所	中国科学院亚热带农业生态研究所	印遇龙	☑有效性 ☑耐受性	哺乳仔猪、断奶仔猪	中国科学院动物实验楼	湖南省长沙市芙蓉区远大二路644号	0731－84619767
						生长育肥猪、繁殖母猪、泌乳母猪	新五丰永安实验基地	湖南省浏阳市永安镇	

（续）

序号	省市	试验机构名称	试验报告签发机构名称	试验报告签发人	机构类型	动物种类	试验场地名称	试验场地地址	机构联系电话
21	广东省	农业农村部华南动物营养与饲料重点实验室	广东省农业科学院动物科学研究所	蒋宗勇（猪） 蒋守群（肉鸡） 郑春田（蛋鸭）	☑有效性 ☑耐受性	哺乳仔猪、断奶仔猪、生长育肥猪、肉鸡	广东省农业科学院动物科学研究所所内饲养试验场	广东省广州市天河区五山大丰一街1号	020－61368811
						哺乳仔猪、断奶仔猪、生长育肥猪、繁殖母猪、泌乳母猪、肉鸡、蛋鸭	广东省农业科学院动物科学研究所白云试验基地	广东省广州市白云区钟落潭镇广从九路1号	
22	四川省	四川农业大学动物营养研究所	四川农业大学动物营养研究所	余冰（猪） 张克英（肉鸡、蛋鸡） 王之盛（肉牛） 田刚（兔） 周小秋（淡水鱼类）	☑有效性 ☑耐受性	猪、肉鸡、蛋鸡、肉牛、兔、淡水鱼类	四川农业大学动物营养研究所试验基地	四川省雅安市雨城区新康路46号	028－86290922
23		四川省畜牧科学研究院	四川省畜牧科学研究院	邹成义	☑有效性	兔	四川省畜牧科学研究院试验兔场	四川省大邑县韩场镇	028－84519528
24	陕西省	西北农林科技大学动物科技学院	西北农林科技大学动物科技学院	姚军虎（奶牛、肉牛、山羊） 杨小军（肉鸡、蛋鸡）	☑有效性	奶牛、肉牛、山羊、肉鸡、蛋鸡、	西北农林科技大学畜禽生态养殖场	陕西省杨凌示范区杨凌大道35号	029－87092102
						奶牛	现代牧业（宝鸡）有限公司	陕西省宝鸡市眉县横渠镇	
25	甘肃省	兰州大学草地农业科技学院	兰州大学草地农业科技学院	李发弟	☑有效性 ☑耐受性	肉鸡	兰州大学草地农业科技学院民勤试验站	甘肃省武威市民勤县勤锋滩	0931－8914266
						绵羊	兰州大学草地农业科技学院民勤试验站（与民勤县德福农业科技有限公司共建）		

附件 2

饲料和饲料添加剂毒理学评价试验机构名单

序号	省市	报告 签发机构	报告 签发人	可承担的评价项目	机构联系电话
1	北京市	中国农业大学国家兽药安全评价中心	沈建忠	急性毒性试验（包括经口染毒和注射途径染毒的急性毒性试验）	010－62734255
				遗传毒性试验（致突变试验）（包括 Ames 试验、哺乳动物骨髓细胞微核试验、哺乳动物骨髓细胞染色体畸变试验、哺乳细胞染色体畸变试验、哺乳动物精子畸形试验、哺乳动物生殖细胞染色体畸变试验）	
				28d 经口毒性试验	
				亚慢性毒性试验	
				致畸试验	
				繁殖毒性试验	
				慢性毒性试验（包括致癌试验）	
				其他［包括代谢动力学试验、局部刺激试验、残留试验、药（毒）代试验］	
2	北京市	国家食品安全风险评估中心	李宁	急性毒性试验（包括急性经口毒性试验）	010－67776153
				遗传毒性试验（致突变试验）［包括 Ames 试验、哺乳动物红细胞微核试验、小鼠精原细胞或精母细胞染色体畸变试验、体外哺乳类细胞 TK 基因突变试验、体外哺乳类细胞染色体畸变试验、哺乳动物骨髓细胞染色体畸变试验、体外哺乳类细胞 DNA 损伤修复（非程序性 DNA 合成）试验、体外哺乳类细胞 HGPRT 基因突变试验、啮齿类动物显性致死试验］	
				28d 经口毒性试验	
				亚慢性毒性试验	
				致畸试验	
				繁殖毒性试验	
				慢性毒性试验（包括致癌试验）	
				其他（包括急性经皮毒性试验、急性吸入毒性试验、眼刺激试验、皮肤刺激试验、皮肤致敏试验）	

（续）

序号	省市	报告签发机构	报告签发人	可承担的评价项目	机构联系电话
3	黑龙江省	黑龙江省疾病预防控制中心	高珉之	急性毒性试验（包括急性经口毒性试验）	0451－55153652
				遗传毒性试验（致突变试验）（包括 Ames 试验、哺乳动物骨髓细胞微核试验、小鼠精原细胞或精母细胞染色体畸变试验）	
				28d 经口毒性试验	
				亚慢性毒性试验	
				致畸试验	
				其他（包括眼刺激试验、皮肤刺激试验、皮肤致敏试验）	
4	江苏省	扬州大学兽医学院	刘宗平	急性毒性试验（包括急性经口毒性试验）	0514－87979275
				遗传毒性试验（致突变试验）（包括 Ames 试验、哺乳动物骨髓细胞微核试验、哺乳动物骨髓细胞染色体畸变试验）	
				28d 经口毒性试验	
				亚慢性毒性试验	
				致畸试验	
				繁殖毒性试验	
				慢性毒性试验（包括致癌试验）	
				其他（包括代谢动力学试验）	
5	上海市	上海市兽药饲料检测所	黄士新	急性毒性试验（包括急性经口毒性试验）	021－62695763
				28d 经口毒性试验	

（续）

序号	省市	报告签发机构	报告签发人	可承担的评价项目	机构联系电话
6	江苏省	苏州大学卫生与环境技术研究所	李建祥	急性毒性试验（包括急性经口毒性试验）	0512－65882617
				遗传毒性试验（致突变试验）[包括 Ames 试验、哺乳动物骨髓细胞微核试验、哺乳动物骨髓细胞染色体畸变试验、哺乳细胞染色体畸变试验、哺乳动物生殖细胞染色体畸变试验、哺乳细胞基因突变试验]	
				28d 经口毒性试验	
				亚慢性毒性试验	
				致畸试验	
				慢性毒性试验	
				其他（包括眼刺激试验、皮肤刺激试验、皮肤致敏试验）	
7	广东省	国家兽药安全评价（环境评估）实验室	曾振灵	急性毒性试验（包括急性经口毒性试验）	020－85281204
				28d 经口毒性试验	
				亚慢性毒性试验	
				慢性毒性试验（包括致癌试验）	
				其他（包括代谢试验、代谢动力学试验）	
8	陕西省	西安交通大学医学部实验动物中心	刘恩岐	急性毒性试验（包括急性经口毒性试验）	029－82655362
				28d 经口毒性试验	
				亚慢性毒性试验	
				其他（包括眼刺激试验、皮肤刺激试验、皮肤致敏试验）	
9	甘肃省	中国农业科学院兰州畜牧与兽药研究所	严作廷	急性毒性试验（包括急性经口毒性试验）	0931－21155195
				遗传毒性试验（致突变试验）（包括 Ames 试验、哺乳动物骨髓细胞微核试验、哺乳动物骨髓细胞染色体畸变试验、哺乳细胞染色体畸变试验、哺乳细胞基因突变试验、哺乳动物生殖细胞染色体畸变试验）	
				28d 经口毒性试验	
				亚慢性毒性试验	
				致畸试验	
				其他（包括代谢动力学试验、眼刺激试验、皮肤刺激试验）	

中华人民共和国农业农村部公告

第 307 号

为规范养殖者自行配制饲料的行为，保障动物产品质量安全，按照《饲料和饲料添加剂管理条例》有关要求，我部规定如下：

一、养殖者自行配制饲料的，应当利用自有设施设备，供自有养殖动物使用。

二、养殖者自行配制的饲料（以下简称“自配料”）不得对外提供；不得以代加工、租赁设施设备以及其他任何方式对外提供配制服务。

三、养殖者应当遵守我部公布的有关饲料原料和饲料添加剂的限制性使用规定，除当地有传统使用习惯的天然植物原料（不包括药用植物）及农副产品外，不得使用我部公布的《饲料原料目录》《饲料添加剂品种目录》以外的物质自行配制饲料。

四、养殖者应当遵守我部公布的《饲料添加剂安全使用规范》有关规定，不得在自配料中超出适用动物范围和最高限量使用饲料添加剂。严禁在自配料中添加禁用药物、禁用物质及其他有毒有害物质。

五、自配料使用的单一饲料、饲料添加剂、混合型饲料添加剂、添加剂预混合饲料和浓缩饲料应为合法饲料生产企业的合格产品，并按其产品使用说明和注意事项使用。

六、养殖者在日常生产自配料时，不得添加我部允许在商品饲料中使用的抗球虫和中药类药物以外的兽药。因养殖动物发生疾病，需要通过混饲给药方式使用兽药进行治疗的，要严格按照兽药使用规定及法定兽药质量标准、标签和说明书购买使用，兽用处方药必须凭执业兽医处方购买使用。含有兽药的自配料要单独存放并加标识，要建立用药记录制度，严格执行休药期制度，接受县级以上畜牧兽医主管部门监管。

七、自配料原料、半成品、成品等应当与农药、化肥、化工有毒产品以及有可能危害饲料产品安全与养殖动物健康的其他物质分开存放，并采取有效措施避免交叉污染。

八、反刍动物自配料的生产设施设备不得与其他动物自配料生产设施设备共用。反刍动物自配料不得添加乳和乳制品以外的动物源性成分。

九、养殖者违反本规定的，由县级以上饲料主管部门依照《饲料和饲料添加剂管理条例》《兽药管理条例》《国务院关于加强食品等产品安全监督管理的特别规定》等予以处罚。涉嫌犯罪的，移送司法机关依法追究刑事责任。

本规定自 2020 年 8 月 1 日起施行。

农业农村部

2020 年 6 月 12 日

中华人民共和国农业农村部公告

第 312 号

根据《兽药管理条例》《饲料和饲料添加剂管理条例》规定，我部组织制定了《饲料中风险物质的筛查与确认导则　液相色谱—高分辨质谱法（LC-HRMS）》标准，现予发布，自发布之日起实施。

特此公告。

附件：饲料中风险物质的筛查与确认导则　液相色谱—高分辨质谱法（LC-HRMS）

农业农村部

2020 年 7 月 3 日

附件

饲料中风险物质的筛查与确认导则 液相色谱—高分辨质谱法（LC-HRMS）

1 范围

本导则确立了饲料、饲料添加剂和饲料原料中药物等风险物质的筛查与确认程序，规定了用液相色谱-高分辨质谱法筛查确认程序的步骤以及步骤之间的判定条件，描述了筛查确认的方法。

2 筛查准备

2.1 仪器要求

本导则中所使用的高分辨质谱仪在执行目标物筛查确认程序时应符合实际分辨率不小于20 000［质荷比（m/z）等于200，按半峰宽（FWHM）计］、质量准确性相对偏差不大于5mg/kg（m/z等于200）的基本要求；在同时执行非目标物分析程序时应符合实际分辨率不小于70 000（m/z等于200，按FWHM计）、质量准确性相对偏差不大于3mg/kg（m/z等于200）的基本要求。仪器应定期进行校准调谐，确保筛查过程中处于正常工作状态，并达到以上要求。

2.2 目标化合物列表（库）

化合物列表（库）应包含化合物中英文通用名称、分子式、化学文摘社（CAS）号、主要母离子（分子离子、质子化离子/去质子化离子或加成离子）的精确质荷比、2个以上特征碎片离子的精确质荷比。如有参考标准品，应在特定色谱条件下，通过实际进样分析获得列表中化合物的准确信息、保留时间和特征碎片离子的相对丰度比。

3 筛查流程

高分辨质谱筛查与确认饲料中风险物质的流程包含：样品前处理、目标物筛查、目标物确认、非目标物筛查等，具体流程见图1。

3.1 样品前处理程序

一般包含提取、净化、稀释（或富集）等操作，原则上应尽可能涵盖、兼顾多种（类）化合物，前处理方法应与样品基质和目标化合物的性质相匹配。单个化合物的回收率不作严格要求。前处理参考条件见附录。

3.2 LC-HRMS工作条件的确定

3.2.1 色谱条件的确定

色谱条件（色谱柱、流动相和梯度洗脱程序等）的确定原则：

（1）在可接受的单针分析时间内，在进样溶液中获得尽可能多的、各组分能充分分离的且更适合质谱定性检测的总离子流色谱图。

（2）流动相应尽可能有利于被测成分的离子化，以获取足够的信号响应。

（3）目标分析物的可接受的最短保留时间应至少是色谱柱死时间的2倍。

色谱参考条件见附录。

3.2.2 质谱条件的确定

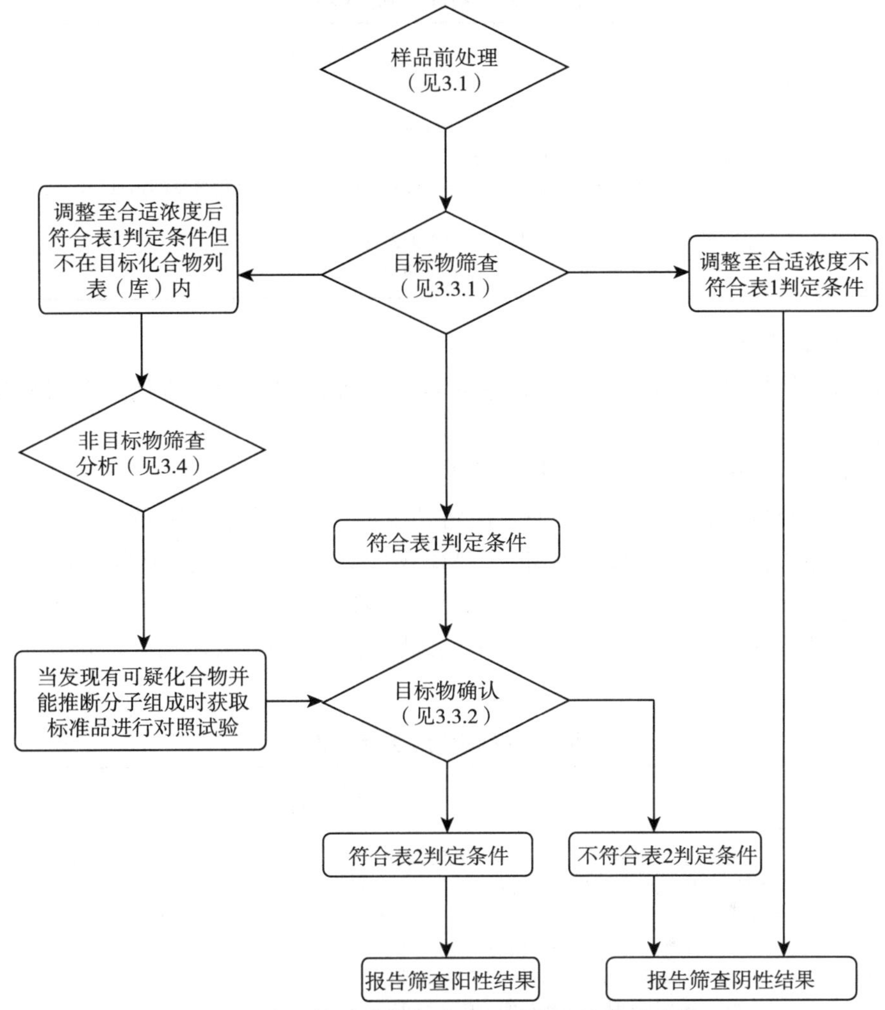

图 1　高分辨质谱筛查确认饲料中风险物质流程

高分辨质谱筛查方法的质谱工作条件设定原则：

(1) 有利于准确获取样品中尽可能多的化合物的精确质量数信息，包括可能分子离子（包括质子化离子、去质子化离子）、加成离子（Adduct）和同位素组成的离子簇和碎片离子。

(2) 有利于获取足够信息的仪器采集频率。

(3) 有利于在检测限水平以上获取足够的信号响应。

(4) 有利于获取足够数量的碎片离子。

质谱参考条件见附录。

3.3　目标物筛查确认程序

3.3.1　目标物筛查

将质量数提取窗口（MEW）调整至一级母离子为 10mg/kg，二级子离子为 20mg/kg，对全扫描所获得的总离子流图进行提取，选择可辨识的色谱（质谱）峰，将其与经验证的目标化合物列表（库）中的化合物信息进行对比。

对比结果符合表 1 中所列条件时，可认为筛查到疑似阳性样品（目标化合物），须进入目标物确认程序，否则应视情况进入非目标物筛查程序或直接判为阴性。

表 1　目标物筛查判定条件

判别项	判定条件
采样点数	单个目标物峰不少于 5 个采样点
信号响应要求	①信噪比（S/N）存在时，应使 S/N⩾3 ②当 S/N 不存在时，以 95%置信度水平上可准确定性该化合物的最低检测浓度作为检测限
质量准确性	①一级母离子 m/z⩾200 时，其相对偏差应⩽10mg/kg ②一级母离子 m/z＜200 时，其绝对偏差应＜1mDa

3.3.2　目标物确认

筛查到疑似阳性样品（目标化合物），进入目标物确认程序后，应使用参考标准品与样品进行对照实验，需要注意：

（1）参考标准品浓度应与样品中目标物浓度接近。

（2）如能获得与样品相似的空白基质，应将其添加在基质中进行实验，如不能获得则可进行样品添加标准品实验。将质量数提取窗口（MEW）调整至一级母离子为 5mg/kg，二级子离子为 10mg/kg，对全扫描所获得的总离子流图进行提取，选择可辨识的色谱（质谱）峰，对照实验结果符合表 2 所列条件、碎片相对离子丰度比同时满足表 3 要求时，应确认为阳性，否则为阴性。

表 2　目标物确认判定条件

判别项	判定条件
保留时间	化合物的保留时间应至少大于死时间的 2 倍。目标物与参考标准品以相同条件测定所获保留时间的绝对偏差应不大于 0.2min
质量准确性	一级母离子的 m/z 相对偏差⩽5mg/kg 二级子离子的 m/z 相对偏差⩽10mg/kg 当 m/z＜200 时，其绝对偏差应＜1mDa
同位素峰	应将确认样品调整至适当的进样浓度确保主要同位素峰可测，同位素峰的 m/z 应符合目标物确认的质量准确性要求
碎片相对离子丰度比	比较二级碎片质谱图，其主要碎片离子有 2 个或 2 个以上符合表中质量准确性要求，且其相对离子丰度比符合表 3 的最大允许偏差要求

表 3　定性确认时相对离子丰度的最大允许偏差

相对离子丰度（%）	⩾50	20～50	10～20	⩽10
允许的最大偏差（%）	±20	±25	±30	±50

3.4　非目标物的筛选与确证

选择可辨识的色谱（质谱）峰进行评估，结合提取离子流色谱（EIC）图提取的色谱（质谱）峰和一级全扫描质谱图，确定该非目标物的精确质荷比以及同位素峰的相对离子丰度比，通过获取的精确质量数信息推断元素组成与分子式，对该分子式进行检索推断可能的化合物，获取相应的参考标准品，按目标物确认要求进行确认。

在非目标物分析程序中，要注意以下几点：

（1）色谱条件应在合理范围内进行优化，以尽可能多地保留和分离化合物。

（2）质量数提取窗口（MEW）的选择应根据所使用的仪器分辨率进行调整，当基质干扰不强又需要防止漏筛时可以将其调整至高于 20mg/kg，而当背景干扰严重为避免一些质荷比接近的杂质干扰时，可将其调整至低于 5mg/kg。

（3）在非目标物分析中可以使用一些软件自带的去卷积算法、条件峰值选取、扣除背景算法等。

（4）如果采用轮廓图（Profile）记录质谱原始数据，则应注意质谱峰形，任何肩峰都意味着有可能存在质荷比接近的杂质干扰，可进一步提高色谱分离或质谱分辨率进行分析。

（5）分子式的推断可以根据不同厂商提供的软件来实现，要符合一定的化合物构成基本原则。

4 结果表述

筛查结果中应注明前处理方法与高分辨质谱仪器条件。对于已得到参考标准品确认的化合物，应补充相应的筛查检测限，其含量值应选择或建立定量方法进行测定，对于有定量需求的目标化合物应另行使用现有标准或经过验证的自建方法进行定量。对于无法得到确认的化合物应给出特征离子的精确质量数，通知其他实验室予以关注，尽可能收集更多信息进一步确认。

附录：参考条件

附录

参 考 条 件

1 前处理参考条件

称取试料 2.00g（精确至 0.01g）于 50mL 离心管中，加入 20mL 乙腈：0.1mol/L 盐酸＝1：1 提取溶液，振荡提取 5min，8 000g 离心 3min，移取上层清液适量，用 0.1％甲酸溶液稀释至适当浓度，14 000g 高速离心 4min，取上清液上机检测。

2 色谱参考条件

色谱柱：ZORBAX SB-C_{18}（100mm×3.0mm，粒径 1.8μm），或效果等同的色谱柱。

柱温：30℃。

进样量：10mL。

流速：0.3mL/min。

流动相：A，含 0.1％甲酸的水溶液；B，含 0.1％甲酸的乙腈溶液，梯度洗脱，见表 4。

表 4 梯度洗脱程序表

时间（min）	A（％）	B（％）
0	95	5
15	5	95
18	5	95
20	95	5
23	95	5

3 质谱参考条件

电离模式：电喷雾电离（ESI＋与 ESI－）。

扫描方式：正、负离子切换扫描或正、负离子分别扫描。

检测方式：全扫描/数据依赖二级扫描（Full MS/ddMS2），或效果相当的其他扫描模式。

脱溶剂气、锥孔气和碰撞气均为纯度高于 98％氮气。

毛细管电压：3.2kV（ESI＋）2.8kV（ESI－）。

离子传输管温度：325℃。

脱溶剂温度：350℃。

鞘气：40arb。

辅助气：10arb。

一级全扫描范围：m/z 100～1 500。分辨率：70 000。

碰撞能量：20、40、60eV。

农业农村部办公厅关于办理饲料和饲料添加剂产品自由销售证明的通知

农办牧〔2020〕36号

各省、自治区、直辖市农业农村（农牧、畜牧兽医）厅（局、委），新疆生产建设兵团农业农村局：

为贯彻落实国务院“放管服”改革要求，进一步优化公共服务，促进饲料和饲料添加剂产品出口贸易，依据《饲料和饲料添加剂管理条例》及其配套规章，我部修订了饲料和饲料添加剂产品自由销售证明办理流程和要求。现将有关事项通知如下：

一、在我国境内（不含港澳台地区）从事饲料和饲料添加剂产品生产的企业（以下简称饲料生产企业），可根据需要向生产所在地省级饲料主管部门申请出具饲料和饲料添加剂产品自由销售证明。如出口目的国（地区）要求出具国家层面的自由销售证明，饲料生产企业可经生产所在地省级饲料主管部门确认后，向农业农村部提出申请。

二、饲料生产企业需填写提交饲料和饲料添加剂产品自由销售证明申请表（附件1），并附上依法公开的该产品执行标准文本复印件。

三、省级饲料主管部门收到饲料生产企业提交的申请表及相关材料后，在10个工作日内完成情况核查并办结。核查属实的，出具自由销售证明（附件2），或者签署确认意见。

四、对于允许在我国生产和使用但依法不需要办理生产许可证的饲料原料等产品，省级饲料主管部门收到申请后，可采取现场核查、补充材料等方式确认其真实性、合法性。

五、农业农村部收到经省级饲料主管部门核查确认的申请材料后，在10个工作日内完成情况核查并办结。

附件：1. 饲料和饲料添加剂产品自由销售证明申请表

2. 饲料和饲料添加剂产品自由销售证明（参考样式）

农业农村部办公厅

2020年7月22日

附件 1

饲料和饲料添加剂产品自由销售证明申请表

□申请省级饲料主管部门出具　□申请农业农村部出具

<table>
<tr><td>产品中、英文名称：</td><td>产品类别：</td></tr>
<tr><td>生产许可证号（□有　□无）：</td><td>产品批准文号（□有　□无）：</td></tr>
<tr><td>产品原料组成（按饲料标签标准要求提供）：</td><td>统一社会信用代码：</td></tr>
<tr><td>出口国家（地区）：</td><td>需自由销售证明的份数：</td></tr>
<tr><td colspan="2">生产厂家中、英文名称：
生产地址中、英文名称：</td></tr>
<tr><td colspan="2">联系人信息
姓名：　　电话：　　传真：
邮寄地址：</td></tr>
<tr><td colspan="2">产品执行标准信息
□国家标准　　□行业标准　　□团体标准　　□企业标准
标准编号和名称：</td></tr>
<tr><td colspan="2">其他需要说明的情况：</td></tr>
<tr><td>生产厂家：
（盖章）
年　月　日</td><td>省级饲料主管部门：
（盖章）
年　月　日</td></tr>
</table>

备注：申请农业农村部出具的，请将申请材料寄送至北京市朝阳区农展馆南里 11 号农业农村部畜牧兽医局饲料饲草处（邮政编码：100125；联系电话：010－59192853）。

附件 2

No. ××××（年份）—×××××（序号）

饲料和饲料添加剂产品自由销售证明

Certificate of Free Sale

（参考样式）

依据中国《饲料和饲料添加剂管理条例》规定，××省（自治区、直辖市）××××厅（局、委、办）负责饲料和饲料添加剂的监督管理工作。兹证明×××××××××（生产厂家名称）（生产地址：×××××××××）已依法取得饲料和饲料添加剂生产许可（或依法不需要办理饲料和饲料添加剂生产许可）。产品生产所用原料在中国相关法律法规允许范围内，允许在中国自由销售并出口到××（目的国）。（如果出口目的地为港澳台地区，可表述为：允许在中国内地自由销售并销往香港/澳门/台湾）。

According to the Regulations on the Administration of Feed and Feed additives of P. R. China，××××××（发证单位英文名称）is responsible for the supervision and management of feed and feed additives. This is to certify that ××××××（生产厂家英文名称）located at ××××××（英文生产地址）has obtained the production license of feed and feed additives in accordance with the law（or is not required to register the production license of feed and feed additives in accordance with the law）. The ingredients of the product（s）comply with the relevant laws and regulations of China. The product（s）is/are permitted to be freely sold in China and sold to ××（目的国）.（如果出口目的地为港澳台地区，可表述为 The product（s）is/are permitted to be freely sold in Chinese mainland and sold to Hong Kong/Macao/Taiwan.）

产品信息表

生产许可证号 Production License Number	产品名称 Name of the Product	产品类别 Product Classification	产品批准文号 Product Approval Document Number

本证明仅确认该产品生产的合法合规性，产品质量由生产企业承担主体责任。

This certificate only confirms the legality and compliance of the production of the product（s）. The manufacturer is responsible for the product（s）quality.

Director：____________（签字）

单位名称：____________

单位英文名称：____________

签署日期：____________（英文格式）

中华人民共和国农业农村部公告

第 325 号

根据《进口饲料和饲料添加剂登记管理办法》有关规定，批准美国金宝动物营养（国际）有限公司等 70 家公司生产的 205 种饲料和饲料添加剂产品在我国登记或续展登记，并发给进口登记证（见附件 1）。批准红鱼粉（三级）等 2 个产品生产厂家名称和申请企业名称变更，雀露幼猫粮营养配方等 3 个产品中文商品名称变更，烟酸生产厂家名称、申请企业名称和生产地址名称变更（见附件 2）。所登记产品的监督检验，按中华人民共和国国家标准和我部发布的质量标准执行。因疫情影响未进行复核检测的产品，申请人应主动向我部畜牧兽医局报告其产品进口到国内的情况，接受监督抽检。

根据农业农村部通告〔2020〕1 号有关要求，对 26 个续展产品有效期延长至 2021 年 3 月（见附件 3）。疫情结束后，申请人应及时补办续展登记手续。

氨基酸锌络合物（氨基酸为 L-赖氨酸和谷氨酸）已经全国饲料评审委员会按程序评审通过，决定增补氨基酸锌络合物（氨基酸为 L-赖氨酸和谷氨酸）饲料添加剂品种进入《饲料添加剂品种目录》，产品信息表见附件 4。准许相关产品进口以及在中华人民共和国境内生产、经营和使用。

特此公告。

附件：1. 进口饲料和饲料添加剂产品登记证目录（2020－06）
2. 换发进口饲料和饲料添加剂产品登记证目录（2020－05）
3. 延期进口饲料和饲料添加剂产品登记证目录（2020－03）
4. 氨基酸锌络合物（氨基酸为 L-赖氨酸和谷氨酸）产品信息表

农业农村部

2020 年 8 月 26 日

附件 1

进口饲料和饲料添加剂产品登记证目录（2020－06）

登记证号	通用名称	商品名称	产品类别	适用范围	生产厂家	有效期限	备注
（2020）外饲准字 779 号	饲料添加剂 氨基酸锌络合物（氨基酸为 L-赖氨酸和谷氨酸） Feed Additive Zinc Amino Acid Complex（amino acid mixed by L-lysine and glutamic acid）	宜多矿—锌 170 Zinpro-Zn 170	饲料添加剂 Feed Additive	肉仔鸡、蛋鸡、断奶仔猪 Broiler，Laying hens，Weaning piglets	美国金宝动物营养（国际）有限公司 Zinpro Animal Nutrition（International）Inc.，USA	2020.08—2025.08	新办评审产品
（2020）外饲准字 780 号	饲料添加剂 亚硫酸氢烟酰胺甲萘醌 Feed Additive Menadione Nicotinamide Bisulphite	维可兹-MNB Microvitam K3 MNB（Menadione nicotinamide bisulphite）	饲料添加剂 Feed Additive	养殖动物 All species or categories of animals	（俄罗斯）诺沃赫罗姆有限责任公司 Novochrom Ltd.，Russia	2020.08—2025.08	新办
（2020）外饲准字 781 号	饲料添加剂 酿酒酵母 Feed Additive *Saccharomyces cerevisiae*	布拉迪® Levucell® SB 20	饲料添加剂 Feed Additive	养殖动物 All species or categories of animals	（美国）拉曼特种益生菌公司 Lallemand Specialties Inc.，USA	2020.08—2025.08	新办
（2020）外饲准字 782 号	混合型饲料添加剂 蛋白酶（源自米曲菌） Feed Additives Mixture Protease（Source：*Aspergillus oryzae*）	六畜旺 Toxi-free	混合型饲料添加剂 Feed Additives Mixture	畜禽 Livestock，Poultry	生百兴业有限公司宜兴厂 Life Rainbow Biotech Co.，Ltd. Yixing Factory	2020.08—2025.08	新办
（2020）外饲准字 783 号	混合型饲料添加剂 天然三萜烯皂角苷（源自可来雅皂角树）天然类固醇萨洒皂角苷（源自丝兰） Feed Additives Mixture Triterpenic Saponins（Quillaja Saponaria Extract）YUCCA（Yucca Schidigera Extract）	唛植肥 Magni-Phi	混合型饲料添加剂 Feed Additives Mixture	畜禽、水产养殖动物 Livestock，Poultry，Aquaculture animals	沙漠王墨西哥公司 Desert King de Mexico，S. de R. L. de C. V.，Mexico	2020.08—2025.08	新办

（续）

登记证号	通用名称	商品名称	产品类别	适用范围	生产厂家	有效期限	备注
（2020）外饲准字 784 号	混合型饲料添加剂 香味物质 硫酸钠 Feed Additives Mixture Flavouring Substances Sodium Sulfate	维尔丹 VERTAN	混合型饲料添加剂 Feed Additives Mixture	奶牛、羊 Cow，Sheep	法国 Société IDENA 公司 Société IDENA，France	2020. 08—2025. 08	新办
（2020）外饲准字 785 号	混合型饲料添加剂 微生物 Feed Additives Mixture Live Microorganisms	柏来先 SUNPRO P	混合型饲料添加剂 Feed Additives Mixture	养殖动物 All species or categories of animals	韩国善柏生物株式会社 SUN BIO CO.，LTD.，Korea	2020. 08—2025. 08	新办
（2020）外饲准字 786 号	混合型饲料添加剂 地衣芽孢杆菌 Feed Additives Mixture *Bacillus licheniformis*	倍康宝 PE ProBe-Bac PE	混合型饲料添加剂 Feed Additives Mixture	家禽 Poultry	韩国 EASY BIO 公司 EASY BIO Inc.，Korea	2020. 08—2025. 08	新办
（2020）外饲准字 787 号	混合型饲料添加剂 枯草芽孢杆菌 Feed Additives Mixture *Bacillus subtilis*	倍康宝 SE ProBe-Bac SE	混合型饲料添加剂 Feed Additives Mixture	猪 Swine	韩国 EASY BIO 公司 EASY BIO Inc.，Korea	2020. 08—2025. 08	新办
（2020）外饲准字 788 号	混合型饲料添加剂 蛋白酶（产自米曲霉） Feed Additives Mixture Protease（Source：*Aspergillus oryzae*）	六福宝 5A Lira-zyme 5A	混合型饲料添加剂 Feed Additives Mixture	畜禽 Livestock，Poultry	生百兴业有限公司宜兴厂 Life Rainbow Biotech Co.，Ltd. Yixing Factory	2020. 08—2025. 08	新办
（2020）外饲准字 789 号	混合型饲料添加剂 包被 DHA Feed Additives Mixture Coated Microalgae DHA	乳优 DHA Vitalg DHA	混合型饲料添加剂 Feed Additives Mixture	养殖动物 All species or categories of animals	意大利阿卡公司 Prodotti Arca S. r. l.，Italy	2020. 08—2025. 08	新办
（2020）外饲准字 790 号	混合型饲料添加剂 甘油脂肪酸酯 Feed Additives Mixture Glycerine Fatty Acid Ester	肠无忧 ProPhorce™ Valerins	混合型饲料添加剂 Feed Additives Mixture	养殖动物 All species or categories of animals	（荷兰）柏斯托（瓦斯皮克）公司 Perstorp Waspik B. V.，the Netherlands	2020. 08—2025. 08	新办

（续）

登记证号	通用名称	商品名称	产品类别	适用范围	生产厂家	有效期限	备注
（2020）外饲准字 791 号	混合型饲料添加剂 淀粉酶（产自米曲霉） Feed Additives Mixture Amylase (Source: *Aspergillus oryzae*)	奥优酶™ AMAIZE™	混合型饲料添加剂 Feed Additives Mixture	反刍动物 Ruminate	美国奥特奇公司 Alltech Inc.，USA	2020. 08—2025. 08	新办
（2020）外饲准字 792 号	混合型饲料添加剂 苯甲酸 香芹酚 Feed Additives Mixture Benzoic Acid Carvacrol	卢米嘉 TCB 250 LUMIGARD TCB 250	混合型饲料添加剂 Feed Additives Mixture	家禽 Poultry	法国 MIXSCIENCE 公司 MIXSCIENCE，France	2020. 08—2025. 08	新办
（2020）外饲准字 793 号	混合型饲料添加剂 聚乙二醇甘油蓖麻酸酯 Feed Additives Mixture Glyceryl Polyethylenglycol Ricinoleate	艾加能 Excential Energy Plus	混合型饲料添加剂 Feed Additives Mixture	养殖动物 All species or categories of animals	比利时 Orffa Additives B. V. 公司 Orffa Additives B. V.，Belgium	2020. 08—2025. 08	新办
（2020）外饲准字 794 号	混合型饲料添加剂 丙二醇 Feed Additives Mixture Propylene Glycol	丙二醇 66S PROPYLENE 66S	混合型饲料添加剂 Feed Additives Mixture	反刍动物 Ruminate	法国 DIFAGRI 公司 DIFAGRI，France	2020. 08—2025. 08	新办
（2020）外饲准字 795 号	混合型饲料添加剂 香味物质 Feed Additives Mixture Flavouring Substances	“金晶精”500 DOSTO® Concentrate 500	混合型饲料添加剂 Feed Additives Mixture	养殖动物 All species or categories of animals	德国德斯特农场有限责任公司 DOSTOFARM GmbH，Germany	2020. 08—2025. 08	新办
（2020）外饲准字 796 号	混合型饲料添加剂 硫酸铵 氯化镁 硫酸钙 Feed Additives Mixture Ammonium Sulfate Magnesium Chloride Calcium Sulfate	奥奶美® Animate® NGM	混合型饲料添加剂 Feed Additives Mixture	反刍动物 Ruminate	美国王子农产品公司 Prince Agri Products Inc.，USA	2020. 08—2025. 08	新办
（2020）外饲准字 797 号	混合型饲料添加剂 微生物 Feed Additives Mixture Live Microorganisms	百猛灵 饲料级 Primalac F/G-Livestock Feed Additive	混合型饲料添加剂 Feed Additives Mixture	养殖动物 All species or categories of animals	明星实验室/美国饲料研究公司 Star-Labs/Forage Research, Inc.，USA	2020. 08—2025. 08	新办

（续）

登记证号	通用名称	商品名称	产品类别	适用范围	生产厂家	有效期限	备注
（2020）外饲准字 798 号	混合型饲料添加剂 丁酸梭菌 Feed Additives Mixture *Clostridium butyricum*	米雅利桑 G miyarisan G	混合型饲料添加剂 Feed Additives Mixture	断奶仔猪、肉仔鸡 Weaning piglets，Broiler	日本米雅利桑制药株式会社 CBM 工厂 Miyarisan Pharmaceutical Co.，Ltd.，CBM Plant，Japan	2020.08—2025.08	新办
（2020）外饲准字 799 号	混合型饲料添加剂 地衣芽孢杆菌 枯草芽孢杆菌 Feed Additives Mixture *Bacillus licheniformis Bacillus subtilis*	宝沃明 Bovacillus™	混合型饲料添加剂 Feed Additives Mixture	犊牛 Calves	科・汉森捷克共和国有限公司 Chr. Hansen Czech Repubilc，s. r. o.，Czech Repubilc	2020.08—2025.08	新办
（2020）外饲准字 800 号	混合型饲料添加剂 香味物质 酸度调节剂 Feed Additives Mixture Flavouring Substances Acidity Regulators	维肠康 A AviPlus® Aqua	混合型饲料添加剂 Feed Additives Mixture	水产养殖动物 Aquaculture animals	意大利 Vetagro S. p. A. 股份公司 Vetagro S. p. A.，Italy	2020.08—2025.08	新办
（2020）外饲准字 801 号	混合型饲料添加剂 香味物质 酸度调节剂 Feed Additives Mixture Flavouring Substances Acidity Regulators	维肠康 R AviPlus® R	混合型饲料添加剂 Feed Additives Mixture	反刍动物 Ruminant	意大利 Vetagro S. p. A. 股份公司 Vetagro S. p. A.，Italy	2020.08—2025.08	新办
（2020）外饲准字 802 号	混合型饲料添加剂 香味物质 Feed Additives Mixture Flavouring Substances	维肠能 D AVIPREMIUM® D	混合型饲料添加剂 Feed Additives Mixture	养殖动物 All species or categories of animals	意大利 Vetagro S. p. A. 股份公司 Vetagro S. p. A.，Italy	2020.08—2025.08	新办
（2020）外饲准字 803 号	混合型饲料添加剂 维生素 氨基酸 矿物元素 Feed Additives Mixture Vitamins Amino Acids Minerals	法维安 MULTIPROV Liquid	混合型饲料添加剂 Feed Additives Mixture	猪、鸡、牛 Swine，Chicken，Cattle	法国 GERMAFERM 公司 GERMAFERM，France	2020.08—2025.08	新办
（2020）外饲准字 804 号	复合预混合饲料 Premix	富润达泡腾粉 FC-REHYDRATANT	添加剂预混合饲料 Feed Additive Premix	犊牛、断奶仔猪、小山羊 Calves，Weaning piglets，Young goats	意大利弗兰肯股份有限公司 FRIULCHEM S. p. A，Italy	2020.08—2025.08	新办

（续）

登记证号	通用名称	商品名称	产品类别	适用范围	生产厂家	有效期限	备注
（2020）外饲准字 805 号	反刍动物用复合预混合饲料 Premix for Ruminant	乳肝 Milkan	添加剂预混合饲料 Feed Additive Premix	反刍动物 Ruminant	日本 BIO SCIENCE CO.，LTD. 公司第二工厂 BIO SCIENCE CO.，LTD.，Second Plant，Japan	2020.08—2025.08	新办
（2020）外饲准字 806 号	畜禽维生素预混合饲料 Vitamin Premix for Livestock and Poultry	法乐欣 MULTIPROV AD3EC	添加剂预混合饲料 Feed Additive Premix	猪、家禽、反刍动物 Swine，Poultry，Ruminant	法国 GERMAFERM 公司 GERMAFERM，France	2020.08—2025.08	新办
（2020）外饲准字 807 号	家禽/猪/反刍动物/马/兔维生素预混合饲料 Vitamin Premix for Poultry，Pigs，Ruminant，Horses and Rabbits	美泰利 S METALIXIR S	添加剂预混合饲料 Feed Additive Premix	猪、家禽、反刍动物、马、兔 Swine，Poultry，Ruminant，Horses，Rabbits	法国 MIXSCIENCE 公司 MIXSCIENCE，France	2020.08—2025.08	新办
（2020）外饲准字 808 号	牛马微量元素预混合饲料 Trace Mineral Premix for Cattle and Horse	特龙标准舔砖 Tromp Standard	添加剂预混合饲料 Feed Additive Premix	马、牛 Horses，Cattle	荷兰特龙有限公司 Tromp B. V.，the Netherlands	2020.08—2025.08	新办
（2020）外饲准字 809 号	鸽子用复合预混合饲料 Pigeon Premix	比尔佳电解液 Belgasol	添加剂预混合饲料 Feed Additive Premix	鸽子 Pigeon	荷兰比尔佳迪威德公司 Belgica De Weerd B. V.，the Netherlands	2020.08—2025.08	新办
（2020）外饲准字 810 号	宠物营养补充剂 Pet Nutritional Supplements	乐宠泌胰 lovemypet pancreas	宠物添加剂预混合饲料 Pet Feed Additive Premix	犬、猫 Dogs，Cats	瑋智国际宠物科技有限公司大富厂 WISDOM International Pet Science Co.，Ltd. Dafu Factory	2020.08—2025.08	新办
（2020）外饲准字 811 号	宠物营养补充剂猫 枯草芽孢杆菌 Pet Feed Additive Premix *Bacillus subtilis*	全乐健—泌尿锭 犬用 ZENLASE-Uz DOG	宠物添加剂预混合饲料 Pet Feed Additive Premix	犬 Dogs	日本翌桧化工研究所股份有限公司总部工厂 Headquarters Plant of Asunaro Institute Chemical Co.，Ltd.，Japan	2020.08—2025.08	新办

（续）

登记证号	通用名称	商品名称	产品类别	适用范围	生产厂家	有效期限	备注
(2020) 外饲准字 812 号	宠物营养补充剂 枯草芽孢杆菌 Pet Feed Additive Premix *Bacillus subtilis*	全乐健—消化锭 新型 ZENLASE-Pz neo	宠物添加剂预混合饲料 Pet Feed Additive Premix	犬、猫 Dogs，Cats	日本翌桧化工研究所股份有限公司总部工厂 Headquarters Plant of Asunaro Institute Chemical Co.，Ltd.，Japan	2020. 08—2025. 08	新办
(2020) 外饲准字 813 号	宠物营养补充剂猫 枯草芽孢杆菌 Pet Feed Additive Premix Bacillus subtilis	全乐健—泌尿锭 猫用 ZENLASE-Uz CAT	宠物添加剂预混合饲料 Pet Feed Additive Premix	猫 Cats	日本翌桧化工研究所股份有限公司总部工厂 Headquarters Plant of Asunaro Institute Chemical Co.，Ltd.，Japan	2020. 08—2025. 08	新办
(2020) 外饲准字 814 号	宠物营养补充剂小型犬/猫氨基酸 Supplementary Food Amino Acid for Small Breed Dogs and Cats	胺肾 300mg AminAvast 300mg	宠物添加剂预混合饲料 Pet Feed Additive Premix	犬、猫 Dogs，Cats	美国亚博特制药公司 Albert Max，Inc.，USA	2020. 08—2025. 08	新办
(2020) 外饲准字 815 号	宠物营养补充剂中/大型犬氨基酸 Supplementary Food Amino Acid for Medium and Large Dogs	胺肾 1 000mg AminAvast 1000mg	宠物添加剂预混合饲料 Pet Feed Additive Premix	犬 Dogs	美国亚博特制药公司 Albert Max，Inc.，USA	2020. 08—2025. 08	新办
(2020) 外饲准字 816 号	兔配合饲料 Compound Feed for Rabbit	梦想天然转换兔粮 Nature Shuttle (for dwarf rabbits)	配合饲料 Compound Feed	兔 Rabbits	德国 Bunny Tierernährung GmbH Bunny Tierernährung GmbH，Germany	2020. 08—2025. 08	新办
(2020) 外饲准字 817 号	兔配合饲料 Compound Feed for Rabbit	梦想幼兔粮 RabbitDream YOUNG	配合饲料 Compound Feed	兔 Rabbits	德国 Bunny Tierernährung GmbH Bunny Tierernährung GmbH，Germany	2020. 08—2025. 08	新办
(2020) 外饲准字 818 号	兔配合饲料 Compound Feed for Rabbit	梦想兔粮草本加强 RabbitDream HERBS	配合饲料 Compound Feed	兔 Rabbits	德国 Bunny Tierernährung GmbH Bunny Tierernährung GmbH，Germany	2020. 08—2025. 08	新办
(2020) 外饲准字 819 号	兔配合饲料 Compound Feed for Rabbit	梦想兔粮口腔版 RabbitDream ORAL	配合饲料 Compound Feed	兔 Rabbits	德国 Bunny Tierernährung GmbH Bunny Tierernährung GmbH，Germany	2020. 08—2025. 08	新办
(2020) 外饲准字 820 号	龙猫配合饲料 Compound Feed for Chinchilla	梦想龙猫粮基础版 ChinchillaDream BASIC	配合饲料 Compound Feed	龙猫 Chinchilla	德国 Bunny Tierernährung GmbH Bunny Tierernährung GmbH，Germany	2020. 08—2025. 08	新办

（续）

登记证号	通用名称	商品名称	产品类别	适用范围	生产厂家	有效期限	备注
(2020) 外饲准字 821 号	豚鼠配合饲料 Compound Feed for Guinea Pig	梦想天然转换豚鼠粮 Nature Shuttle (for guinea pigs)	配合饲料 Compound Feed	豚鼠 Guinea Pig	德国 Bunny Tierernährung GmbH Bunny Tierernährung GmbH, Germany	2020. 08—2025. 08	新办
(2020) 外饲准字 822 号	仓鼠配合饲料 Compound Feed for Hamster	梦想仓鼠粮专家版 HamsterDream EXPERT	配合饲料 Compound Feed	仓鼠 Hamster	德国 Bunny Tierernährung GmbH Bunny Tierernährung GmbH, Germany	2020. 08—2025. 08	新办
(2020) 外饲准字 823 号	仓鼠配合饲料 Compound Feed for Hamster	梦想侏儒仓鼠粮专家版 DwarfHamsterDream EXPERT	配合饲料 Compound Feed	仓鼠 Hamster	德国 Bunny Tierernährung GmbH Bunny Tierernährung GmbH, Germany	2020. 08—2025. 08	新办
(2020) 外饲准字 824 号	豚鼠配合饲料 Compound Feed for Guinea Pig	梦想成体豚鼠粮 GuineaPigDream BASIC	配合饲料 Compound Feed	豚鼠 Guinea Pig	德国 Bunny Tierernährung GmbH Bunny Tierernährung GmbH, Germany	2020. 08—2025. 08	新办
(2020) 外饲准字 825 号	豚鼠配合饲料 Compound Feed for Guinea Pig	梦想幼体豚鼠粮 GuineaPigDream YOUNG	配合饲料 Compound Feed	豚鼠 Guinea Pig	德国 Bunny Tierernährung GmbH Bunny Tierernährung GmbH, Germany	2020. 08—2025. 08	新办
(2020) 外饲准字 826 号	观赏鱼配合饲料 Compound Feed for Ornamental Fish	综合绿藻薄片 Formula 2 Flake	配合饲料 Compound Feed	观赏鱼 Ornamental Fish	（泰国）海洋饲料公司 Marine Nutrition Co., Ltd., Thailand	2020. 08—2025. 08	新办
(2020) 外饲准字 827 号	观赏鱼配合饲料 Compound Feed for Ornamental Fish	荤食颗粒 Formula 1 Marine Pellet	配合饲料 Compound Feed	观赏鱼 Ornamental Fish	（泰国）海洋饲料公司 Marine Nutrition Co., Ltd., Thailand	2020. 08—2025. 08	新办
(2020) 外饲准字 828 号	观赏鱼配合饲料 Compound Feed for Ornamental Fish	珊瑚缸挑嘴鱼薄片 Prime Reef Flake	配合饲料 Compound Feed	观赏鱼 Ornamental Fish	（泰国）海洋饲料公司 Marine Nutrition Co., Ltd., Thailand	2020. 08—2025. 08	新办
(2020) 外饲准字 829 号	观赏鱼配合饲料 Compound Feed for Ornamental Fish	素食颗粒 Formula 2 Marine Pellet	配合饲料 Compound Feed	观赏鱼 Ornamental Fish	（泰国）海洋饲料公司 Marine Nutrition Co., Ltd., Thailand	2020. 08—2025. 08	新办

（续）

登记证号	通用名称	商品名称	产品类别	适用范围	生产厂家	有效期限	备注
(2020) 外饲准字 830 号	观赏鱼配合饲料 Compound Feed for Ornamental Fish	螺旋藻薄片 Spirulina Flake	配合饲料 Compound Feed	观赏鱼 Ornamental Fish	（泰国）海洋饲料公司 Marine Nutrition Co.，Ltd.，Thailand	2020.08—2025.08	新办
(2020) 外饲准字 831 号	观赏鱼配合饲料 Compound Feed for Ornamental Fish	综合海鲜薄片 Formula 1 Flake	配合饲料 Compound Feed	观赏鱼 Ornamental Fish	（泰国）海洋饲料公司 Marine Nutrition Co.，Ltd.，Thailand	2020.08—2025.08	新办
(2020) 外饲准字 832 号	观赏鱼配合饲料 Compound Feed for Ornamental Fish	丰年虾薄片 Brine Shrimp Plus Flake	配合饲料 Compound Feed	观赏鱼 Ornamental Fish	（泰国）海洋饲料公司 Marine Nutrition Co.，Ltd.，Thailand	2020.08—2025.08	新办
(2020) 外饲准字 833 号	鱼配合饲料 Compound Feed for Fish	星元（鱼饲料） Xing Yuan	配合饲料 Compound Feed	鱼 Fish	日本林兼产业株式会社饲料事业部长府工厂 Hayashikane Sangyo Co.，Ltd.，Feed Business Division，Chofu Plant，Japan	2020.08—2025.08	新办
(2020) 外饲准字 834 号	羔羊配合饲料 Compound Feed for Lamb	羊益乳 Novilam W Plus	配合饲料 Compound Feed	羔羊 Lamb	荷兰希尔斯公司 Schils B. V.，the Netherlands	2020.08—2025.08	新办
(2020) 外饲准字 835 号	全价宠物食品小型犬幼年期犬粮 Pet Compound Feed for Puppy Mini Breeds Dog	活性益生菌小型幼犬粮 Probiotic LIVE Puppy Mini Breeds	宠物配合饲料 Pet Compound Feed	犬 Dogs	比利时联合宠物食品公司 United Petfood Producers NV，Belgium	2020.08—2025.08	新办
(2020) 外饲准字 836 号	全价犬粮 Complete Feed Dog Food	欧恩焙无谷物鸡肉配方全犬粮 Oven-Baked Tradition all breeds，all life stages grain free made with fresh deboned chicken dog food	宠物配合饲料 Pet Compound Feed	犬 Dogs	（加拿大）百奥比斯克有限公司 Bio Biscuit Inc，Canada	2020.08—2025.08	新办

（续）

登记证号	通用名称	商品名称	产品类别	适用范围	生产厂家	有效期限	备注
(2020) 外饲准字 837 号	全价小型犬犬粮 Complete Feed Small Breed Dog Food	欧恩焙小型犬无谷物鸡肉配方全犬粮 Oven-Baked Tradition small breed, all life stages grain free made with fresh deboned chicken dog food	宠物配合饲料 Pet Compound Feed	犬 Dogs	(加拿大) 百奥比斯克有限公司 Bio Biscuit Inc, Canada	2020.08—2025.08	新办
(2020) 外饲准字 838 号	全价成年期猫粮 Complete Feed Adult Cat Food	欧恩焙全生活方式鱼肉配方成猫粮 Oven-Baked Tradition all life style made with fresh fish cat food	宠物配合饲料 Pet Compound Feed	猫 Cats	(加拿大) 百奥比斯克有限公司 Bio Biscuit Inc, Canada	2020.08—2025.08	新办
(2020) 外饲准字 839 号	大型犬幼年期全价犬粮 Complete Maxi Puppy Dog Feed	大型犬幼年期全价犬粮 Maxi Puppy	宠物配合饲料 Pet Compound Feed	犬 Dogs	玛氏奥地利有限公司 MARS AUSTRIA OG, Austria	2020.08—2025.08	新办
(2020) 外饲准字 840 号	中型犬成年期全价犬粮 Complete Medium Adult Dog Feed	中型犬成年期全价犬粮 Medium Adult	宠物配合饲料 Pet Compound Feed	犬 Dogs	玛氏奥地利有限公司 MARS AUSTRIA OG, Austria	2020.08—2025.08	新办
(2020) 外饲准字 841 号	小型犬老年期全价犬粮 Complete Mini Mature Dog Feed	小型犬老年期 (12 岁以上) 全价犬粮 Mini Ageing 12+	宠物配合饲料 Pet Compound Feed	犬 Dogs	玛氏奥地利有限公司 MARS AUSTRIA OG, Austria	2020.08—2025.08	新办
(2020) 外饲准字 842 号	大型犬成年期全价犬粮 Complete Maxi Adult Dog Feed	大型犬成年期全价犬粮 Maxi Adult	宠物配合饲料 Pet Compound Feed	犬 Dogs	玛氏奥地利有限公司 MARS AUSTRIA OG, Austria	2020.08—2025.08	新办
(2020) 外饲准字 843 号	宠物配合饲料幼年期狗粮 Pet Compound Feed-Puppy Feed	乐枫幼犬粮 Le Maple dog food for puppy	宠物配合饲料 Pet Compound Feed	犬 Dogs	加拿大斯派特饲料服务有限公司(工厂) Spectrum Feed Services Ltd., Canada	2020.08—2025.08	新办

（续）

登记证号	通用名称	商品名称	产品类别	适用范围	生产厂家	有效期限	备注
(2020) 外饲准字 844 号	宠物配合饲料狗粮 Pet Compound Feed-Dog Feed	乐枫高能狗粮 Le Maple high-energy formula dog food	宠物配合饲料 Pet Compound Feed	犬 Dogs	加拿大斯派特饲料服务有限公司（工厂） Spectrum Feed Services Ltd.，Canada	2020.08—2025.08	新办
(2020) 外饲准字 845 号	全价宠物食品成年期犬粮 Pet Compound Feed for Adult Dog	V-PLANET 犬粮 V-PLANET DOG FOOD	宠物配合饲料 Pet Compound Feed	犬 Dogs	（加拿大）艾尔麦乐宠物产品有限公司 Elmira Pet Products Ltd.，Canada	2020.08—2025.08	新办
(2020) 外饲准字 846 号	宠物配合饲料 幼年期猫粮 Pet Compound Feed for Kitten	Hieture 喜趣乐宠北欧 4 种鱼配方无谷幼猫粮 Hieture Nordic 4 Fish Grain Free Kitten Food	宠物配合饲料 Pet Compound Feed	猫 Cats	（丹麦）维塔宠物食品集团公司（工厂） Vital Petfood Group A/S, Denmark	2020.08—2025.08	新办
(2020) 外饲准字 847 号	宠物配合饲料 成年期猫粮 Pet Compound Feed for Adult Cat	Hieture 喜趣乐宠北欧 4 种鱼配方无谷成猫粮 Hieture Nordic 4 Fish Grain Free Adult Cat Food	宠物配合饲料 Pet Compound Feed	猫 Cats	（丹麦）维塔宠物食品集团公司（工厂） Vital Petfood Group A/S, Denmark	2020.08—2025.08	新办
(2020) 外饲准字 848 号	宠物配合饲料 成年期猫粮 Pet Compound Feed for Adult Cat	普瑞提北欧成猫粮 Petpretty Nordic Cat Food Adult	宠物配合饲料 Pet Compound Feed	猫 Cats	（丹麦）维塔宠物食品集团公司（工厂） Vital Petfood Group A/S, Denmark	2020.08—2025.08	新办
(2020) 外饲准字 849 号	宠物配合饲料 幼年期猫粮 Pet Compound Feed for Kitten	普瑞提北欧幼猫粮 Petpretty Nordic Cat Food Kitten	宠物配合饲料 Pet Compound Feed	猫 Cats	（丹麦）维塔宠物食品集团公司（工厂） Vital Petfood Group A/S, Denmark	2020.08—2025.08	新办
(2020) 外饲准字 850 号	全价宠物食品幼年期犬粮 Pet Compound Feed for Puppy	S2 纽顿幼年期全价犬粮鸡肉 & 全蛋配方 S2 NutramNumber Sound Puppy Food Chicken & Whole Eggs Recipe	宠物配合饲料 Pet Compound Feed	犬 Dogs	比利时联合宠物食品公司 United Petfood Producers NV, Belgium	2020.08—2025.08	新办

（续）

登记证号	通用名称	商品名称	产品类别	适用范围	生产厂家	有效期限	备注
（2020）外饲准字 851 号	全价宠物食品猫粮 Pet Compound Feed for Cat	T24 纽顿全价猫粮鲑 & 鳟配方 T24 NutramNumber Total Cat Food Salmon & Trout Recipe	宠物配合饲料 Pet Compound Feed	猫 Cats	比利时联合宠物食品公司 United Petfood Producers NV, Belgium	2020.08—2025.08	新办
（2020）外饲准字 852 号	全价宠物食品小型犬粮 Pet Compound Feed for Small Breed Dog	T27 纽顿小型 & 玩赏犬全价犬粮鸡肉 & 火鸡肉配方 T27 NutramNumber Total Small & Toy Breed Dog Food Chicken & Turkey Recipe	宠物配合饲料 Pet Compound Feed	犬 Dogs	比利时联合宠物食品公司 United Petfood Producers NV, Belgium	2020.08—2025.08	新办
（2020）外饲准字 853 号	全价宠物食品猫粮 Pet Compound Feed for Cat	哈根纽翠斯无谷猫粮—深海鱼配方 Hagen Nutrience Grain Free Cat-Ocean Fish Formula	宠物配合饲料 Pet Compound Feed	猫 Cats	加拿大斯派特饲料服务有限公司（工厂） Spectrum Feed Services Ltd., Canada	2020.08—2025.08	新办
（2020）外饲准字 854 号	全价宠物食品猫粮 Pet Compound Feed for Cat	哈根纽翠斯无谷室内猫粮—鸡肉火鸡肉鸭肉配方 Hagen Nutrience Grain Free Indoor Cat-Chicken, Turkey and Duck Formula	宠物配合饲料 Pet Compound Feed	猫 Cats	加拿大斯派特饲料服务有限公司（工厂） Spectrum Feed Services Ltd., Canada	2020.08—2025.08	新办
（2020）外饲准字 855 号	宠物配合饲料孕娠期 & 哺乳期犬粮 Pet Compound Feed for Pregnant & Nursing Dogs	狗狗宝贝—妊娠期 & 哺乳期狗粮 Doggy's Pregnant & Nursing dogs	宠物配合饲料 Pet Compound Feed	犬 Dogs	（黎巴嫩）哈瓦鸡肉生产有限公司 Hawa Chicken-Chicken Production & Distribution Co. S. A. L, Lebanon	2020.08—2025.08	新办

（续）

登记证号	通用名称	商品名称	产品类别	适用范围	生产厂家	有效期限	备注
(2020) 外饲准字 856 号	宠物配合饲料幼年期猫粮 Pet Compound Food for Kitties	猫咪宝贝—幼年猫粮 Catty's Kitties	宠物配合饲料 Pet Compound Feed	猫 Cats	(黎巴嫩) 哈瓦鸡肉生产有限公司 Hawa Chicken-Chicken Production & Distribution Co. S. A. L, Lebanon	2020. 08—2025. 08	新办
(2020) 外饲准字 857 号	宠物配合饲料幼年期、妊娠期和哺乳期猫粮 Pet Compound Feed Kittens, Gestating or Lactating Cats Feed	溢享幼猫海鱼配方 ENGAGING Sea Fish Recipe Kitten	宠物配合饲料 Pet Compound Feed	猫 Cats	(丹麦) 维塔宠物食品集团公司 (工厂) Vital Petfood Group A/S, Denmark	2020. 08—2025. 08	新办
(2020) 外饲准字 858 号	宠物配合饲料 幼年期犬粮 Pet Compound Feed for Puppy	溢享幼犬海鱼配方 ENGAGING Sea Fish Recipe Puppy	宠物配合饲料 Pet Compound Feed	犬 Dogs	(丹麦) 维塔宠物食品集团公司 (工厂) Vital Petfood Group A/S, Denmark	2020. 08—2025. 08	新办
(2020) 外饲准字 859 号	全价宠物食品猫粮 Pet Compound Food for Cats	iti 羊肉鹿肉配方猫罐头 iti Lamb & Venison Canned Cat food	宠物配合饲料 Pet Compound Feed	猫 Cats	新西兰 PetfoodNZ 国际有限公司 PetfoodNZ International Limited, New Zealand	2020. 08—2025. 08	新办
(2020) 外饲准字 860 号	全价宠物食品猫粮 Pet Compound Food for Cats	iti 牛肉配方猫罐头 iti Beef Canned Cat food	宠物配合饲料 Pet Compound Feed	猫 Cats	新西兰 PetfoodNZ 国际有限公司 PetfoodNZ International Limited, New Zealand	2020. 08—2025. 08	新办
(2020) 外饲准字 861 号	全价宠物食品猫粮 Pet Compound Food for Cats	iti 鸡肉三文鱼配方猫罐头 iti Chicken & Salmon Canned Cat food	宠物配合饲料 Pet Compound Feed	猫 Cats	新西兰 PetfoodNZ 国际有限公司 PetfoodNZ International Limited, New Zealand	2020. 08—2025. 08	新办
(2020) 外饲准字 862 号	全价宠物食品猫粮 Pet Compound Food for Cats	iti 鸡肉配方猫罐头 iti Chicken Canned Cat food	宠物配合饲料 Pet Compound Feed	猫 Cats	新西兰 PetfoodNZ 国际有限公司 PetfoodNZ International Limited, New Zealand	2020. 08—2025. 08	新办

（续）

登记证号	通用名称	商品名称	产品类别	适用范围	生产厂家	有效期限	备注
(2020) 外饲准字 863 号	宠物配合饲料成年期猫粮 Pet Compound Feed for Adult Cat	低脂无谷成猫粮 Naturelle	宠物配合饲料 Pet Compound Feed	猫 Cats	德国 Josera Erbacher Service 工厂 Josera Erbacher Service GmbH & Co. KG, Germany	2020.08—2025.08	新办
(2020) 外饲准字 864 号	宠物配合饲料小型犬幼年期犬粮 Pet Compound Feed for Growing Dog of Small Breed	小型犬幼犬粮 MiniJunior	宠物配合饲料 Pet Compound Feed	犬 Dogs	德国 Josera Erbacher Service 工厂 Josera Erbacher Service GmbH & Co. KG, Germany	2020.08—2025.08	新办
(2020) 外饲准字 865 号	宠物配合饲料成年期猫粮 Pet Compound Feed for Adult Cat	均衡室内猫粮 FairCat Safe	宠物配合饲料 Pet Compound Feed	猫 Cats	德国 Josera Erbacher Service 工厂 Josera Erbacher Service GmbH & Co. KG, Germany	2020.08—2025.08	新办
(2020) 外饲准字 866 号	宠物配合饲料犬粮 Pet Compound Feed for Dog	田园小颗粒无谷犬粮 FarmDog Mini grainfree	宠物配合饲料 Pet Compound Feed	犬 Dogs	德国 Josera Erbacher Service 工厂 Josera Erbacher Service GmbH & Co. KG, Germany	2020.08—2025.08	新办
(2020) 外饲准字 867 号	宠物配合饲料成年期犬粮 Pet Compound Feed for Adult Dog	土豆鲑鱼配方无谷成犬粮 Salmon & Potato	宠物配合饲料 Pet Compound Feed	犬 Dogs	德国 Josera Erbacher Service 工厂 Josera Erbacher Service GmbH & Co. KG, Germany	2020.08—2025.08	新办
(2020) 外饲准字 868 号	宠物配合饲料幼年期犬粮 Pet Compound Feed for Growing Dog	无谷幼犬粮 YoungStar	宠物配合饲料 Pet Compound Feed	犬 Dogs	德国 Josera Erbacher Service 工厂 Josera Erbacher Service GmbH & Co. KG, Germany	2020.08—2025.08	新办
(2020) 外饲准字 869 号	宠物配合饲料小型犬成年期犬粮 Pet Compound Feed for Adult Dog of Small Breed	小型犬成犬粮 Miniwell	宠物配合饲料 Pet Compound Feed	犬 Dogs	德国 Josera Erbacher Service 工厂 Josera Erbacher Service GmbH & Co. KG, Germany	2020.08—2025.08	新办
(2020) 外饲准字 870 号	宠物配合饲料成年期猫粮 Pet Compound Feed for Adult Cat	无谷猫粮 NatureCat	宠物配合饲料 Pet Compound Feed	猫 Cats	德国 Josera Erbacher Service 工厂 Josera Erbacher Service GmbH & Co. KG, Germany	2020.08—2025.08	新办

（续）

登记证号	通用名称	商品名称	产品类别	适用范围	生产厂家	有效期限	备注
（2020）外饲准字 871 号	宠物配合饲料成年期犬粮 Pet Compound Feed for Adult Dog	欢乐美味成犬粮 Festival	宠物配合饲料 Pet Compound Feed	犬 Dogs	德国 Josera Erbacher Service 工厂 Josera Erbacher Service GmbH & Co. KG	2020.08—2025.08	新办
（2020）外饲准字 872 号	宠物配合饲料成年期犬粮 Pet Compound Feed for Adult Dog	低敏犬粮 InsectDog sensitive	宠物配合饲料 Pet Compound Feed	犬 Dogs	德国 Josera Erbacher Service 工厂 Josera Erbacher Service GmbH & Co. KG，Germany	2020.08—2025.08	新办
（2020）外饲准字 873 号	宠物配合饲料犬粮 Pet Compound Feed for Dog	巴瓦罗活力 28/16 犬粮 Bavaro Force 28/16	宠物配合饲料 Pet Compound Feed	犬 Dogs	德国 Josera Erbacher Service 工厂 Josera Erbacher Service GmbH & Co. KG，Germany	2020.08—2025.08	新办
（2020）外饲准字 874 号	宠物配合饲料成年期犬粮 Pet Compound Feed for Adult Dog	素食本源犬粮 VeggieDog Origin	宠物配合饲料 Pet Compound Feed	犬 Dogs	德国 Josera Erbacher Service 工厂 Josera Erbacher Service GmbH & Co. KG，Germany	2020.08—2025.08	新办
（2020）外饲准字 875 号	宠物配合饲料成年期犬粮 Pet Compound Feed for Adult Dog	素食无谷犬粮 VeggieDog grainfree	宠物配合饲料 Pet Compound Feed	犬 Dogs	德国 Josera Erbacher Service 工厂 Josera Erbacher Service GmbH & Co. KG，Germany	2020.08—2025.08	新办
（2020）外饲准字 876 号	宠物配合饲料成年期犬粮 Pet Compound Feed for Adult Dog	巴瓦罗低脂 23/9 犬粮 Bavaro Task 23/9	宠物配合饲料 Pet Compound Feed	犬 Dogs	德国 Josera Erbacher Service 工厂 Josera Erbacher Service GmbH & Co. KG，Germany	2020.08—2025.08	新办
（2020）外饲准字 877 号	宠物配合饲料成年期犬粮 Pet Compound Feed for Adult Dog	田园乡土犬粮 FarmDog Country	宠物配合饲料 Pet Compound Feed	犬 Dogs	德国 Josera Erbacher Service 工厂 Josera Erbacher Service GmbH & Co. KG，Germany	2020.08—2025.08	新办
（2020）外饲准字 878 号	宠物配合饲料成年期猫粮 Pet Compound Feed for Adult Cat	均衡活力猫粮 FairCat Vital	宠物配合饲料 Pet Compound Feed	猫 Cats	德国 Josera Erbacher Service 工厂 Josera Erbacher Service GmbH & Co. KG，Germany	2020.08—2025.08	新办

（续）

登记证号	通用名称	商品名称	产品类别	适用范围	生产厂家	有效期限	备注
（2020）外饲准字 879 号	宠物配合饲料成年期犬粮 Pet Compound Feed for Adult Dog	田园活力无谷犬粮 FarmDog Active grainfree	宠物配合饲料 Pet Compound Feed	犬 Dogs	德国 Josera Erbacher Service 工厂 Josera Erbacher Service GmbH & Co. KG，Germany	2020.08—2025.08	新办
（2020）外饲准字 880 号	宠物配合饲料成年期猫粮 Pet Compound Feed for Adult Cat	低敏成猫粮 Marinesse	宠物配合饲料 Pet Compound Feed	猫 Cats	德国 Josera Erbacher Service 工厂 Josera Erbacher Service GmbH & Co. KG，Germany	2020.08—2025.08	新办
（2020）外饲准字 881 号	宠物配合饲料成年期犬粮 Pet Compound Feed for Adult Dog	易消化低敏成犬粮 SensiAdult	宠物配合饲料 Pet Compound Feed	犬 Dogs	德国 Josera Erbacher Service 工厂 Josera Erbacher Service GmbH & Co. KG，Germany	2020.08—2025.08	新办
（2020）外饲准字 882 号	宠物配合饲料幼年期犬粮 Pet Compound Feed for Growing Dog	易消化低敏幼犬粮 SensiJunior	宠物配合饲料 Pet Compound Feed	犬 Dogs	德国 Josera Erbacher Service 工厂 Josera Erbacher Service GmbH & Co. KG，Germany	2020.08—2025.08	新办
（2020）外饲准字 883 号	宠物配合饲料成年期犬粮 Pet Compound Feed for Adult Dog	无谷低敏犬粮 InsectDog hypoallergen	宠物配合饲料 Pet Compound Feed	犬 Dogs	德国 Josera Erbacher Service 工厂 Josera Erbacher Service GmbH & Co. KG，Germany	2020.08—2025.08	新办
（2020）外饲准字 884 号	宠物配合饲料成年期犬粮 Pet Compound Feed for Adult Dog	美味鸡肉配方成犬粮 Poultry Menu	宠物配合饲料 Pet Compound Feed	犬 Dogs	德国 Josera Erbacher Service 工厂 Josera Erbacher Service GmbH & Co. KG，Germany	2020.08—2025.08	新办
（2020）外饲准字 885 号	宠物配合饲料成年期猫粮 Pet Compound Feed for Adult Cat	室内成猫粮 DailyCat	宠物配合饲料 Pet Compound Feed	猫 Cats	德国 Josera Erbacher Service 工厂 Josera Erbacher Service GmbH & Co. KG，Germany	2020.08—2025.08	新办
（2020）外饲准字 886 号	宠物配合饲料成年期犬粮 Pet Compound Feed for Adult Dog	低脂成犬粮 Light & Vital	宠物配合饲料 Pet Compound Feed	犬 Dogs	德国 Josera Erbacher Service 工厂 Josera Erbacher Service GmbH & Co. KG，Germany	2020.08—2025.08	新办

（续）

登记证号	通用名称	商品名称	产品类别	适用范围	生产厂家	有效期限	备注
(2020) 外饲准字 887 号	宠物配合饲料中型犬、大型犬幼年期犬粮 Pet Compound Feed for Growing Dog of Medium-large Breeds	幼犬粮 Kids	宠物配合饲料 Pet Compound Feed	犬 Dogs	德国 Josera Erbacher Service 工厂 Josera Erbacher Service GmbH & Co. KG, Germany	2020.08—2025.08	新办
(2020) 外饲准字 888 号	宠物配合饲料小型犬老年期犬粮 Pet Compound Feed for Senior Dog of Small Breed	小型犬老犬粮 MiniVita	宠物配合饲料 Pet Compound Feed	犬 Dogs	德国 Josera Erbacher Service 工厂 Josera Erbacher Service GmbH & Co. KG, Germany	2020.08—2025.08	新办
(2020) 外饲准字 889 号	宠物配合饲料成年期犬粮 Pet Compound Feed for Adult Dog	土豆鸭肉配方无谷成犬粮 Duck & Potato	宠物配合饲料 Pet Compound Feed	犬 Dogs	德国 Josera Erbacher Service 工厂 Josera Erbacher Service GmbH & Co. KG, Germany	2020.08—2025.08	新办
(2020) 外饲准字 890 号	宠物配合饲料成年期猫粮 Pet Compound Feed for Adult Cat	皮瑞斯活力系列成年期猫粮 ProSeries Holistic Adult Cat Food	宠物配合饲料 Pet Compound Feed	猫 Cats	（加拿大）科里营养品有限公司 Corey Nutrition Company Inc.，Canada	2020.08—2025.08	新办
(2020) 外饲准字 891 号	宠物配合饲料幼年期猫粮 Pet Compound Feed for Kitten	皮瑞斯活力系列幼年期猫粮 ProSeries Holistic Kitten Cat Food	宠物配合饲料 Pet Compound Feed	猫 Cats	（加拿大）科里营养品有限公司 Corey Nutrition Company Inc.，Canada	2020.08—2025.08	新办
(2020) 外饲准字 892 号	宠物配合饲料犬粮 Pet Compound Feed for Dog	皮瑞斯维护犬粮 ProSeries Maintenance Dog Food	宠物配合饲料 Pet Compound Feed	犬 Dogs	（加拿大）科里营养品有限公司 Corey Nutrition Company Inc.，Canada	2020.08—2025.08	新办
(2020) 外饲准字 893 号	宠物配合饲料成年期犬粮 Pet Compound Feed for Adult Dog	皮瑞斯控制体重犬粮 ProSeries Weight Management Dog Food	宠物配合饲料 Pet Compound Feed	犬 Dogs	（加拿大）科里营养品有限公司 Corey Nutrition Company Inc.，Canada	2020.08—2025.08	新办

（续）

登记证号	通用名称	商品名称	产品类别	适用范围	生产厂家	有效期限	备注
(2020) 外饲准字 894 号	宠物配合饲料犬粮 Pet Compound Feed for Dog	因纽伊特 32/32 职业犬粮 Inukshuk 32/32 Professional Dog Food	宠物配合饲料 Pet Compound Feed	犬 Dogs	(加拿大) 科里营养品有限公司 Corey Nutrition Company Inc.，Canada	2020.08—2025.08	新办
(2020) 外饲准字 895 号	宠物配合饲料犬粮 Pet Compound Feed for Dog	因纽伊特 30/25 职业犬粮 Inukshuk 30/25 Professional Dog Food	宠物配合饲料 Pet Compound Feed	犬 Dogs	(加拿大) 科里营养品有限公司 Corey Nutrition Company Inc.，Canada	2020.08—2025.08	新办
(2020) 外饲准字 896 号	宠物配合饲料犬粮 Pet Compound Feed for Dog	因纽伊特 26/16 职业犬粮 Inukshuk 26/16 Professional Dog Food	宠物配合饲料 Pet Compound Feed	犬 Dogs	(加拿大) 科里营养品有限公司 Corey Nutrition Company Inc.，Canada	2020.08—2025.08	新办
(2020) 外饲准字 897 号	宠物配合饲料小型犬犬粮 Pet Compound Feed for Small Breed Dog	北爪无谷小颗粒犬粮 North Paw Grain Free Small Bites Dog Food	宠物配合饲料 Pet Compound Feed	犬 Dogs	(加拿大) 科里营养品有限公司 Corey Nutrition Company Inc.，Canada	2020.08—2025.08	新办
(2020) 外饲准字 898 号	宠物配合饲料小型犬犬粮 Pet Compound Feed for Small Breed Dog	皮瑞斯小颗粒犬粮 ProSeries Small Bites Dog Food	宠物配合饲料 Pet Compound Feed	犬 Dogs	(加拿大) 科里营养品有限公司 Corey Nutrition Company Inc.，Canada	2020.08—2025.08	新办
(2020) 外饲准字 899 号	宠物配合饲料幼年期犬粮 Pet Compound Feed for Puppy	皮瑞斯幼年期犬粮 ProSeries Puppy Dog Food	宠物配合饲料 Pet Compound Feed	犬 Dogs	(加拿大) 科里营养品有限公司 Corey Nutrition Company Inc.，Canada	2020.08—2025.08	新办
(2020) 外饲准字 900 号	宠物配合饲料犬粮 Pet Compound Feed for Dog	皮瑞斯高能犬粮 ProSeries Performance Dog Food	宠物配合饲料 Pet Compound Feed	犬 Dogs	(加拿大) 科里营养品有限公司 Corey Nutrition Company Inc.，Canada	2020.08—2025.08	新办
(2020) 外饲准字 901 号	宠物配合饲料成年期猫粮 Pet Compound Feed for Adult Cat	皮瑞斯活力系列控制体重猫粮 ProSeries Holistic Weight Management Cat Food	宠物配合饲料 Pet Compound Feed	猫 Cats	(加拿大) 科里营养品有限公司 Corey Nutrition Company Inc.，Canada	2020.08—2025.08	新办

（续）

登记证号	通用名称	商品名称	产品类别	适用范围	生产厂家	有效期限	备注
(2020) 外饲准字 902 号	宠物配合饲料猫粮 Pet Compound Feed for Cat	北爪无谷全期猫粮 North Paw Grain Free All Life Stages Cat Food	宠物配合饲料 Pet Compound Feed	猫 Cats	(加拿大) 科里营养品有限公司 Corey Nutrition Company Inc.，Canada	2020.08—2025.08	新办
(2020) 外饲准字 903 号	宠物配合饲料老年期猫粮 Pet Compound Feed for Mature Cat	北爪无谷老年期/健康体重猫粮 North Paw Grain Free Mature/Weight Health Cat Food	宠物配合饲料 Pet Compound Feed	猫 Cats	(加拿大) 科里营养品有限公司 Corey Nutrition Company Inc.，Canada	2020.08—2025.08	新办
(2020) 外饲准字 904 号	宠物配合饲料成年期猫粮 Pet Compound Feed for Adult Cat	北爪无谷大西洋鱼和龙虾配方成年期猫粮 North Paw Grain Free Atlantic Seafood with Lobster Adult Cat Food	宠物配合饲料 Pet Compound Feed	猫 Cats	(加拿大) 科里营养品有限公司 Corey Nutrition Company Inc.，Canada	2020.08—2025.08	新办
(2020) 外饲准字 905 号	宠物配合饲料成年期犬粮 Pet Compound Feed for Adult Dog	北爪无谷大西洋鱼和龙虾配方成年期犬粮 North Paw Grain Free Atlantic Seafood with Lobster Adult Dog Food	宠物配合饲料 Pet Compound Feed	犬 Dogs	(加拿大) 科里营养品有限公司 Corey Nutrition Company Inc.，Canada	2020.08—2025.08	新办
(2020) 外饲准字 906 号	宠物配合饲料犬粮 Pet Compound Feed for Dog	皮瑞斯活力系列羊肉糙米配方犬粮 ProSeries Holistic Lamb and Rice Dog Food	宠物配合饲料 Pet Compound Feed	犬 Dogs	(加拿大) 科里营养品有限公司 Corey Nutrition Company Inc.，Canada	2020.08—2025.08	新办
(2020) 外饲准字 907 号	宠物配合饲料成年期犬粮 Pet Compound Feed for Adult Dog	北爪无谷成年期犬粮 North Paw Grain Free Adult Dog Food	宠物配合饲料 Pet Compound Feed	犬 Dogs	(加拿大) 科里营养品有限公司 Corey Nutrition Company Inc.，Canada	2020.08—2025.08	新办

（续）

登记证号	通用名称	商品名称	产品类别	适用范围	生产厂家	有效期限	备注
（2020）外饲准字 908 号	宠物配合饲料幼年期犬粮 Pet Compound Feed for Puppy	北爪无谷幼年期犬粮 North Paw Grain Free Puppy Food	宠物配合饲料 Pet Compound Feed	犬 Dogs	（加拿大）科里营养品有限公司 Corey Nutrition Company Inc.，Canada	2020.08—2025.08	新办
（2020）外饲准字 909 号	宠物配合饲料犬粮 Pet Compound Feed for Dog	皮瑞斯活力系列鱼肉糙米配方犬粮 ProSeries Holistic Fish and Rice Dog Food	宠物配合饲料 Pet Compound Feed	犬 Dogs	（加拿大）科里营养品有限公司 Corey Nutrition Company Inc.，Canada	2020.08—2025.08	新办
（2020）外饲准字 910 号	宠物配合饲料成年期犬粮 Pet Compound Feed for Adult Dog	北爪无谷甘薯羊肉配方成年期犬粮 North Paw Grain Free Lamb and Sweet Potato Dog Food	宠物配合饲料 Pet Compound Feed	犬 Dogs	（加拿大）科里营养品有限公司 Corey Nutrition Company Inc.，Canada	2020.08—2025.08	新办
（2020）外饲准字 911 号	全价宠物食品犬粮 Pet Compound Food for Dogs	K9 Natural 鳕 & 牛肉配方罐 K9 Natural Hoki & Beef Feast Canned	宠物配合饲料 Pet Compound Feed	犬 Dogs	新西兰 PetfoodNZ 国际有限公司 PetfoodNZ International Limited，New Zealand	2020.08—2025.08	新办
（2020）外饲准字 912 号	全价宠物食品猫粮 Pet Compound Food for Cats	Feline Natural 牛肉配方罐 Feline Natural Beef Feast Canned	宠物配合饲料 Pet Compound Feed	猫 Cats	新西兰 PetfoodNZ 国际有限公司 PetfoodNZ International Limited，New Zealand	2020.08—2025.08	新办
（2020）外饲准字 913 号	全价宠物食品猫粮 Pet Compound Food for Cats	Feline Natural 鸡肉配方罐 Feline Natural Chicken Feast Canned	宠物配合饲料 Pet Compound Feed	猫 Cats	新西兰 PetfoodNZ 国际有限公司 PetfoodNZ International Limited，New Zealand	2020.08—2025.08	新办

（续）

登记证号	通用名称	商品名称	产品类别	适用范围	生产厂家	有效期限	备注
(2020) 外饲准字 914 号	全价宠物食品猫粮 Pet Compound Food for Cats	Feline Natural 羊肉配方罐 Feline Natural Lamb Feast Canned	宠物配合饲料 Pet Compound Feed	猫 Cats	新西兰 PetfoodNZ 国际有限公司 PetfoodNZ International Limited，New Zealand	2020. 08—2025. 08	新办
(2020) 外饲准字 915 号	全价宠物食品犬粮 Pet Compound Food for Dogs	K9 Natural 羊肉 & 帝王鲑配方罐 K9 Natural Lamb & King Salmon Feast Canned	宠物配合饲料 Pet Compound Feed	犬 Dogs	新西兰 PetfoodNZ 国际有限公司 PetfoodNZ International Limited，New Zealand	2020. 08—2025. 08	新办
(2020) 外饲准字 916 号	全价宠物食品成年期猫粮 Pet Complete Food for Adult Cats	Omega Plus 新西兰帝王鲑鸡肉配方猫罐头 Omega Plus New Zealand King Salmon with Chick-en Wet Cat Food	宠物配合饲料 Pet Compound Feed	猫 Cats	新西兰 PetfoodNZ 国际有限公司 PetfoodNZ International Limited，New Zealand	2020. 08—2025. 08	新办
(2020) 外饲准字 917 号	全价宠物食品成年期猫粮 Pet Complete Food for Adult Cats	Omega Plus 新西兰帝王鲑配方猫罐头 Omega Plus New Zealand King Salmon Wet Cat Food	宠物配合饲料 Pet Compound Feed	猫 Cats	新西兰 PetfoodNZ 国际有限公司 PetfoodNZ International Limited，New Zealand	2020. 08—2025. 08	新办
(2020) 外饲准字 918 号	全价宠物食品幼年期犬粮 Pet Compound Feed for Puppy	耐吉斯繁育系列幼年期犬粮鸡肉配方 Holistic Recipe Solution Breeder Puppy Food Chicken Recipe	宠物配合饲料 Pet Compound Feed	犬 Dogs	（加拿大）艾尔麦乐宠物产品有限公司 Elmira Pet Products Ltd.，Canada	2020. 08—2025. 08	新办
(2020) 外饲准字 919 号	全价宠物食品幼年期猫粮 Pet Compound Feed for Kitten	耐吉斯繁育系列幼年期猫粮鸡肉配方 Holistic Recipe Solution Breeder Kitten Food Chicken Recipe	宠物配合饲料 Pet Compound Feed	猫 Cats	（加拿大）艾尔麦乐宠物产品有限公司 Elmira Pet Products Ltd.，Canada	2020. 08—2025. 08	新办

（续）

登记证号	通用名称	商品名称	产品类别	适用范围	生产厂家	有效期限	备注
（2020）外饲准字 920 号	全价宠物食品成年期猫粮 Pet Compound Feed for Adult Cat	蓝宝食含三文鱼白鱼配方全价成猫粮 Farmers Market Real Salmon & Whitefish Complete & Balanced Food For Adult Cats	宠物配合饲料 Pet Compound Feed	猫 Cats	澳大利亚宠物食品有限公司（Dubbo 工厂） Australian Pet Brands Pty Ltd（Dubbo），Australia	2020.08—2025.08	新办
（2020）外饲准字 921 号	全价宠物食品犬粮 Pet Compound Feed for Dog	健康犬粮 Healthy food for dog	宠物配合饲料 Pet Compound Feed	犬 Dogs	加拿大斯派特饲料服务有限公司（工厂） Spectrum Feed Services Ltd.，Canada	2020.08—2025.08	新办
（2020）外饲准字 922 号	全价宠物食品犬粮 Pet Compound Feed for Dog	鸡肉配方无谷犬粮 Chicken grain free food for dog	宠物配合饲料 Pet Compound Feed	犬 Dogs	加拿大斯派特饲料服务有限公司（工厂） Spectrum Feed Services Ltd.，Canada	2020.08—2025.08	新办
（2020）外饲准字 923 号	全价宠物食品犬粮 Pet Compound Feed for Dog	羊肉配方均衡营养犬粮 Lamb balanced nutrition food for dog	宠物配合饲料 Pet Compound Feed	犬 Dogs	加拿大斯派特饲料服务有限公司（工厂） Spectrum Feed Services Ltd.，Canada	2020.08—2025.08	新办
（2020）外饲准字 924 号	全价宠物食品幼年期犬粮 Pet Compound Feed for Puppy	鸡肉配方均衡营养幼犬粮 Chicken balanced nutrition food for puppy	宠物配合饲料 Pet Compound Feed	犬 Dogs	加拿大斯派特饲料服务有限公司（工厂） Spectrum Feed Services Ltd.，Canada	2020.08—2025.08	新办
（2020）外饲准字 925 号	全价宠物食品犬粮 Pet Compound Food for Dogs	iti 牛肉配方犬罐头 iti Beef Canned Dog Food	宠物配合饲料 Pet Compound Feed	犬 Dogs	新西兰 PetfoodNZ 国际有限公司 PetfoodNZ International Limited，New Zealand	2020.08—2025.08	新办
（2020）外饲准字 926 号	全价宠物食品犬粮 Pet Compound Food for Dogs	iti 鸡肉配方犬罐头 iti Chicken Canned Dog Food	宠物配合饲料 Pet Compound Feed	犬 Dogs	新西兰 PetfoodNZ 国际有限公司 PetfoodNZ International Limited，New Zealand	2020.08—2025.08	新办

（续）

登记证号	通用名称	商品名称	产品类别	适用范围	生产厂家	有效期限	备注
（2020）外饲准字 927 号	全价宠物食品犬粮 Pet Compound Food for Dogs	iti 鸡肉三文鱼配方犬罐头 iti Chicken & Salmon Canned Dog Food	宠物配合饲料 Pet Compound Feed	犬 Dogs	新西兰 PetfoodNZ 国际有限公司 PetfoodNZ International Limited，New Zealand	2020.08—2025.08	新办
（2020）外饲准字 928 号	全价宠物食品犬粮 Pet Compound Food for Dogs	iti 羊肉鹿肉配方犬罐头 iti Lamb &Venison Canned Dog Food	宠物配合饲料 Pet Compound Feed	犬 Dogs	新西兰 PetfoodNZ 国际有限公司 PetfoodNZ International Limited，New Zealand	2020.08—2025.08	新办
（2020）外饲准字 929 号	全价宠物食品老年期犬粮 Pet Compound Feed for Senior Dog	比利—玛格 含野生海鱼配方超级食品全价老年犬粮 Billy + Margot Wild Oceanfish and Superfood Recipe Complete & Balanced Food for Senior Dogs	宠物配合饲料 Pet Compound Feed	犬 Dogs	澳大利亚宠物食品有限公司（Ingleburn 工厂） Australian Pet Brands Pty Ltd（Ingleburn），Australia	2020.08—2025.08	新办
（2020）外饲准字 930 号	全价宠物食品猫粮 Pet Compound Feed for Cat	Feline Natural 鸡肉 & 鹿肝配方罐 Feline Natural Chicken & Venison Liver Feast Canned	宠物配合饲料 Pet Compound Feed	猫 Cats	新西兰 PetfoodNZ 国际有限公司 PetfoodNZ International Limited，New Zealand	2020.08—2025.08	新办
（2020）外饲准字 931 号	全价宠物食品犬粮 Pet Compound Feed for Dog	K9 Natural 牛肉配方罐 K9 Natural Beef Feast Canned	宠物配合饲料 Pet Compound Feed	犬 Dogs	新西兰 PetfoodNZ 国际有限公司 PetfoodNZ International Limited，New Zealand	2020.08—2025.08	新办
（2020）外饲准字 932 号	全价宠物食品犬粮 Pet Compound Feed for Dog	K9 Natural 鸡肉配方罐 K9 Natural Chicken Feast Canned	宠物配合饲料 Pet Compound Feed	犬 Dogs	新西兰 PetfoodNZ 国际有限公司 PetfoodNZ International Limited，New Zealand	2020.08—2025.08	新办

（续）

登记证号	通用名称	商品名称	产品类别	适用范围	生产厂家	有效期限	备注
（2020）外饲准字 933 号	全价宠物食品犬粮 Pet Compound Feed for Dog	K9 Natural 羊肉配方罐 K9 Natural Lamb Feast Canned	宠物配合饲料 Pet Compound Feed	犬 Dogs	新西兰 PetfoodNZ 国际有限公司 PetfoodNZ International Limited，New Zealand	2020.08—2025.08	新办
（2020）外饲准字 934 号	全价宠物食品猫粮 Pet Compound Feed for Cat	Feline Natural 羊心 & 帝王鲑配方罐 Feline Natural Lamb & King Salmon Feast Canned	宠物配合饲料 Pet Compound Feed	猫 Cats	新西兰 PetfoodNZ 国际有限公司 PetfoodNZ International Limited，New Zealand	2020.08—2025.08	新办
（2020）外饲准字 935 号	啤酒酵母粉 Brewer's Yeast Powder	巴西顺 Brazil Shun	单一饲料 Single Feed	养殖动物 All species or categories of animals	贸晖实业股份有限公司 MORE WSEE ENTERPRISE CO.，LTD	2020.08—2025.08	新办
（2020）外饲准字 936 号	白鱼粉 White Fishmeal	水星伊莱恩白鱼粉（三级） Mercury（Eglaine）White Fishmeal（Grade Ⅲ）	单一饲料 Single Feed	畜禽、水产养殖动物（反刍动物除外） Livestock，Poultry，Aquaculture animals（Not including ruminant）	（俄罗斯）水星有限责任公司（工船加工，工船名称“伊莱恩”，工船号：CH-154） Mercury Co.，LTD（Produced on Board at vessel “Eglaine”，Register No. CH-154），Russia	2020.08—2025.08	新办
（2020）外饲准字 937 号	鱼油 Fish Oil	鱼油 Fish Oil	单一饲料 Single Feed	畜禽、水产养殖动物（反刍动物除外） Livestock，Poultry，Aquaculture animals（Not including ruminant）	几内亚新希望渔业有限公司 Nouvel Espoir de Pêche，Guinea	2020.08—2025.08	新办
（2020）外饲准字 938 号	鱼粉 Fishmeal	鱼粉 Fishmeal	单一饲料 Single Feed	畜禽、水产养殖动物（反刍动物除外） Livestock，Poultry，Aquaculture animals（Not including ruminant）	几内亚新希望渔业有限公司 Nouvel Espoir de Pêche，Guinea	2020.08—2025.08	新办

（续）

登记证号	通用名称	商品名称	产品类别	适用范围	生产厂家	有效期限	备注
(2020) 外饲准字 939 号	豆粕 Soybean Meal	CHABAS MIDPRO 豆粕 SOY BEAN MEAL MIDPRO CHABAS	单一饲料 Single Feed	养殖动物 All species or categories of animals	阿根廷 ACEITERA CHABAS S. A. I. C.（SENASA 登记号：9546/A/E） ACEITERA CHABAS S. A. I. C.（SENASA NO. 9546/A/E），Argentina	2020. 08—2025. 08	新办
(2020) 外饲准字 940 号	豆粕 Soybean Meal	COFCO HIPRO 豆粕 SOYBEAN MEAL HIPRO COFCO	单一饲料 Single Feed	养殖动物 All species or categories of animals	阿根廷 COFCO INTERNATONAL ARGENTINA S. A.（SENASA 登记号：9511/A/E） COFCO INTERNATONAL ARGENTINA S. A.（SENASA No. 9511/A/E），Argentina	2020. 08—2025. 08	新办
(2020) 外饲准字 941 号	豆粕 Soybean Meal	COFCO LOW PRO 豆粕 SOYBEAN MEAL LOW PRO COFCO	单一饲料 Single Feed	养殖动物 All species or categories of animals	阿根廷 COFCO INTERNATONAL ARGENTINA S. A.（SENASA 登记号：9511/A/E） COFCO INTERNATONAL ARGENTINA S. A.（SENASA No. 9511/A/E）	2020. 08—2025. 08	新办
(2020) 外饲准字 942 号	花生粕 Peanut Meal	花生粕 Peanut meal	单一饲料 Single Feed	畜禽、水产养殖动物 Livestock，Poultry，Aquaculture animals	苏丹 GLOBUS 有限公司 GLOBUS CO. LTD.，Sudan	2020. 08—2025. 08	新办
(2020) 外饲准字 943 号	鱼粉 Fishmeal	红鱼粉（三级） Red Fishmeal（Ⅲ）	单一饲料 Single Feed	畜禽、水产养殖动物（反刍动物除外） Livestock，Poultry，Aquaculture animals（Not including ruminant）	越南大成有限责任公司 Dai Thanh Seafoods，Vietnam	2020. 08—2025. 08	新办

（续）

登记证号	通用名称	商品名称	产品类别	适用范围	生产厂家	有效期限	备注
(2020）外饲准字 944 号	淡水鱼粉 Freshwater Fishmeal	鱼粉（三级） Fish Meal (Grade Ⅲ）	单一饲料 Single Feed	畜禽、水产养殖动物（反刍动物除外） Livestock，Poultry，Aquaculture animals （Not including ruminant）	毛里塔尼亚 RIM 鱼粉有限公司 RIM FISH MEAL，Mauritania	2020.08—2025.08	新办
(2020）外饲准字 945 号	豆粕 Soybean Meal	LDC 豆粕 SOYBEANMEAL LDC	单一饲料 Single Feed	养殖动物 All species or categories of animals	阿根廷 LDC ARGENTINA S. A.（SENASA 登记号：9615/A/E） LDC ARGENTINA S. A. （SENASA No. 9615/A/E），Argentina	2020.08—2025.08	新办
(2020）外饲准字 946 号	豆粕 Soybean Meal	LOWPRO 豆粕 SOYBEANMEAL LOW-PRO	单一饲料 Single Feed	养殖动物 All species or categories of animals	阿根廷 LDC ARGENTINA S. A.（SENASA 登记号：9695/A/E） LDC ARGENTINA S. A. （SENASA No. 9695/A/E），Argentina	2020.08—2025.08	新办
(2020）外饲准字 947 号	豆粕 Soybean Meal	LOWPRO 豆粕 SOYBEANMEAL LOW-PRO	单一饲料 Single Feed	养殖动物 All species or categories of animals	阿根廷 LDC ARGENTINA S. A.（SENASA 登记号：9615/A/E） LDC ARGENTINA S. A. （SENASA No. 9615/A/E），Argentina	2020.08—2025.08	新办
(2020）外饲准字 948 号	豆粕 Soybean Meal	LDC 豆粕 SOYBEANMEAL LDC	单一饲料 Single Feed	养殖动物 All species or categories of animals	阿根廷 LDC ARGENTINA S. A.（SENASA 登记号：9695/A/E） LDC ARGENTINA S. A. （SENASA No. 9695/A/E），Argentina	2020.08—2025.08	新办
(2020）外饲准字 949 号	豆粕 Soybean Meal	Bunge Midpro 豆粕 Soybean Meal Midpro Bunge	单一饲料 Single Feed	养殖动物 All species or categories of animals	阿根廷 BUNGE ARGENTINA S. A. (SENASA 登记号：9493/A/E） BUNGE ARGENTINA S. A. （SENASA No. 9493/A/E），Argentina	2020.08—2025.08	新办

（续）

登记证号	通用名称	商品名称	产品类别	适用范围	生产厂家	有效期限	备注
(2020) 外饲准字 950 号	豆粕 Soybean Meal	Bunge Hipro 豆粕 Soybean Meal Hipro Bunge	单一饲料 Single Feed	养殖动物 All species or categories of animals	阿根廷 BUNGE ARGENTINA S. A. (SENASA 登记号：9487/A/E) BUNGE ARGENTINA S. A. (SENASA No. 9487/A/E), Argentina	2020. 08—2025. 08	新办
(2020) 外饲准字 951 号	豆粕 Soybean Meal	Bunge Midpro 豆粕 Soybean Meal Midpro Bunge	单一饲料 Single Feed	养殖动物 All species or categories of animals	阿根廷 BUNGE ARGENTINA S. A. (SENASA 登记号：9487/A/E) BUNGE ARGENTINA S. A. (SENASA No. 9487/A/E), Argentina	2020. 08—2025. 08	新办
(2020) 外饲准字 952 号	豆粕 Soybean Meal	Bunge Hipro 豆粕 Soybean Meal Hipro Bunge	单一饲料 Single Feed	养殖动物 All species or categories of animals	阿根廷 BUNGE ARGENTINA S. A. (SENASA 登记号：9493/A/E) BUNGE ARGENTINA S. A. (SENASA No. 9493/A/E), Argentina	2020. 08—2025. 08	新办
(2020) 外饲准字 953 号	菜籽粕 Rapeseed Meal	菜籽粕 Rapeseed Meal	单一饲料 Single Feed	猪、家禽、牛 Swine, Poultry, Cattle	巴基斯坦 Sind Feed & Allied Products 公司 Sind Feed & Allied Products, Pakistan	2020. 08—2025. 08	新办
(2020) 外饲准字 954 号	菜籽粕 Rapeseed Meal	菜籽粕 Rapeseed Meal	单一饲料 Single Feed	猪、家禽、牛 Swine, Poultry, Cattle	巴基斯坦 Karachi Grains (私人) 有限公司 Karachi Grains (Private) Limited, Pakistan	2020. 08—2025. 08	新办
(2020) 外饲准字 955 号	菜籽粕 Rapeseed Meal	菜籽粕 Rapeseed Meal	单一饲料 Single Feed	猪、家禽、牛 Swine, Poultry, Cattle	巴基斯坦 Shujabad Agro Industries (Pvt) Ltd. Shujabad Agro Industries (Pvt) Ltd., Pakistan	2020. 08—2025. 08	新办
(2020) 外饲准字 956 号	花生粕 Peanut Meal	花生粕 Peanut Meal	单一饲料 Single Feed	畜禽、水产养殖动物 Livestock, Poultry, Aquaculture animals	苏丹 Green Valley factory Green Valley factory, Sudan	2020. 08—2025. 08	新办

（续）

登记证号	通用名称	商品名称	产品类别	适用范围	生产厂家	有效期限	备注
（2020）外饲准字 957 号	鱼油 Fish Oil	鱼油 Fish Oil	单一饲料 Single Feed	畜禽、水产养殖动物（反刍动物除外） Livestock, Poultry, Aquaculture animals (Not including ruminant)	越南雄鱼水产饲料股份公司 HUNG CA AQUAFEED CORPORATION, Vietnam	2020.08—2025.08	新办
（2020）外饲准字 958 号	混合型饲料添加剂 β-1，3-D-葡聚糖（源自酿酒酵母） Feed Additives Mixture β-1，3-D-glucan (Source: *Saccharomyces cerevisiae*)	奕美吉 UP YeaMune-UP	混合型饲料添加剂 Feed Additives Mixture	水产养殖动物 Aquaculture animals	韩国 EASY BIO 公司 EASY BIO Inc., Korea	2020.08—2025.08	新办
（2020）外饲准字 959 号	混合型饲料添加剂 香味物质 Feed Additives Mixture Flavouring Substances	"金晶精"液体 DOSTO® Liquid	混合型饲料添加剂 Feed Additives Mixture	养殖动物 All species or categories of animals	德国德斯特农场有限责任公司 DOSTOFARM GmbH, Germany	2020.08—2025.08	新办
（2020）外饲准字 960 号	全价宠物食品小型犬犬粮 Pet Compound Feed for Small Breed Dogs	NOW FRESH 无谷小型犬全犬粮 NOW FRESH GRAIN FREE SMALL BREED ALL AGES DOG FOOD RECIPE	宠物配合饲料 Pet Compound Feed	犬 Dogs	（加拿大）艾尔麦乐宠物产品有限公司 Elmira Pet Products Ltd., Canada	2020.08—2025.08	续展
（2020）外饲准字 961 号	全价宠物食品幼年期猫粮 Pet Compound Feed for Kitten	NOW FRESH 无谷幼猫粮 NOW FRESH GRAIN FREE KITTEN CAT FOOD RECIPE	宠物配合饲料 Pet Compound Feed	猫 Cats	（加拿大）艾尔麦乐宠物产品有限公司 Elmira Pet Products Ltd., Canada	2020.08—2025.08	续展

（续）

登记证号	通用名称	商品名称	产品类别	适用范围	生产厂家	有效期限	备注
（2020）外饲准字 962 号	全价宠物食品幼年期犬粮 Pet Compound Feed for Puppy	NOW FRESH 无谷幼犬粮 NOW FRESH GRAIN FREE PUPPY DOG FOOD RECIPE	宠物配合饲料 Pet Compound Feed	犬 Dogs	（加拿大）艾尔麦乐宠物产品有限公司 Elmira Pet Products Ltd.，Canada	2020.08—2025.08	续展
（2020）外饲准字 963 号	全价宠物食品成年期犬粮 Pet Compound Feed for Adult Dog	NOW FRESH 无谷成犬粮 NOW FRESH GRAIN FREE ADULT DOG FOOD RECIPE	宠物配合饲料 Pet Compound Feed	犬 Dogs	（加拿大）艾尔麦乐宠物产品有限公司 Elmira Pet Products Ltd.，Canada	2020.08—2025.08	续展
（2020）外饲准字 964 号	全价宠物食品成年期猫粮 Pet Compound Feed for Adult Cat	NOW FRESH 无谷成猫粮 NOW FRESH GRAIN FREE ADULT CAT FOOD RECIPE	宠物配合饲料 Pet Compound Feed	猫 Cats	（加拿大）艾尔麦乐宠物产品有限公司 Elmira Pet Products Ltd.，Canada	2020.08—2025.08	续展
（2020）外饲准字 965 号	全价宠物食品老年期犬粮 Pet Compound Feed for Senior Dog	NOW FRESH 无谷老犬粮 NOW FRESH GRAIN FREE SENIOR DOG FOOD RECIPE	宠物配合饲料 Pet Compound Feed	犬 Dogs	（加拿大）艾尔麦乐宠物产品有限公司 Elmira Pet Products Ltd.，Canada	2020.08—2025.08	续展
（2020）外饲准字 966 号	全价宠物食品成年期犬粮 Pet Compound Food for Adult Dog	佰芙无谷含三文鱼配方全犬种成犬粮 Pet Froh Adult All Breed Salmon Grain Free	宠物配合饲料 Pet Compound Feed	犬 Dogs	比利时联合宠物食品公司 United Petfood Producers NV，Belgium	2020.08—2025.08	续展

（续）

登记证号	通用名称	商品名称	产品类别	适用范围	生产厂家	有效期限	备注
（2020）外饲准字 967 号	全价宠物食品大型犬幼年期犬粮 Pet Compound Food for Large Breed Puppy	佰芙大型犬鸡肉配方幼犬粮 Pet Froh Puppy Large Breed Chicken	宠物配合饲料 Pet Compound Feed	犬 Dogs	比利时联合宠物食品公司 United Petfood Producers NV，Belgium	2020. 08—2025. 08	续展
（2020）外饲准字 968 号	全价宠物食品大型犬成年期犬粮 Pet Compound Food for Large Breed Adult Dog	佰芙大型犬鸡肉配方成犬粮 Pet Froh Adult Large Breed Chicken	宠物配合饲料 Pet Compound Feed	犬 Dogs	比利时联合宠物食品公司 United Petfood Producers NV，Belgium	2020. 08—2025. 08	续展
（2020）外饲准字 969 号	全价宠物食品小型犬成年期犬粮 Pet Compound food for Small Breed Adult Dog	佰芙小型犬鸡肉配方成犬粮 Pet Froh Adult Small Breed Chicken	宠物配合饲料 Pet Compound Feed	犬 Dogs	比利时联合宠物食品公司 United Petfood Producers NV，Belgium	2020. 08—2025. 08	续展
（2020）外饲准字 970 号	全价宠物食品小型犬幼年期犬粮 Pet Compound food for Small Breed Puppy	佰芙小型犬鸡肉配方幼犬粮 Pet Froh Puppy Small Breed Chicken	宠物配合饲料 Pet Compound Feed	犬 Dogs	比利时联合宠物食品公司 United Petfood Producers NV，Belgium	2020. 08—2025. 08	续展
（2020）外饲准字 971 号	观赏鱼配合饲料 Ornamental Fish Compound Feed	海丰世纪红观赏鱼饲料（小粒、中粒） Hai Feng Shi Ji Hong Ornamental Fish Food (small pellet, medium pellet)	配合饲料 Compound Feed	观赏鱼 Ornamental Fish	海丰饲料股份有限公司 Hai Feng Feeds Co.，Ltd.	2020. 08—2025. 08	续展

（续）

登记证号	通用名称	商品名称	产品类别	适用范围	生产厂家	有效期限	备注
（2020）外饲准字 972 号	全价宠物食品老年期猫粮 Pet Compound Feed for Senior Cat	NOW FRESH 无谷老猫粮 NOW FRESH GRAIN FREE SENIOR CAT FOOD RECIPE	宠物配合饲料 Pet Compound Feed	猫 Cats	（加拿大）艾尔麦乐宠物产品有限公司 Elmira Pet Products Ltd.，Canada	2020.08—2025.08	续展
（2020）外饲准字 973 号	混合型饲料添加剂 糖精钠 Feed Additives Mixture Sodium Saccharin	诸味美 SACCHAZEN	混合型饲料添加剂 Feed Additives Mixture	猪 Swine	韩国 Eunjin 国际生物技术株式会社 Eunjin International Biotechnology Co.，Ltd.，Korea	2020.08—2025.08	续展
（2020）外饲准字 974 号	猪禽维生素预混合饲料 Vitamin Premix for Swine and Poultry	Glife 维康 Glife Multi-Vitamin Supplement Powder for Swine and Poultry	添加剂预混合饲料 Feed Additive Premix	家禽、猪 Poultry，Swine	加拿大 Glife 生物技术有限公司 Canada Glife Biotech Ltd.，Canada	2020.08—2025.08	续展
（2020）外饲准字 975 号	鱼粉 Fishmeal	毕尔福红鱼粉（二级） Bilfish Red Fishmeal（Ⅱ）	单一饲料 Single Feed	畜禽、水产养殖动物（反刍动物除外） Livestock，Poultry，Aquaculture animals（Not including ruminant）	巴基斯坦英特玛克国际公司 Intermarket International，Pakistan	2020.08—2025.08	续展
（2020）外饲准字 976 号	鱼粉 Fishmeal	毛里塔尼亚红鱼粉 Mauritanian Red Fishmeal	单一饲料 Single Feed	畜禽、水产养殖动物（反刍动物除外） Livestock，Poultry，Aquaculture animals（Not including ruminant）	毛里塔尼亚祥和顺海洋渔业开发有限公司 Xiangheshun-mauritanie SA，Mauritania	2020.08—2025.08	续展
（2020）外饲准字 977 号	牛肉骨粉 Bovine Meat and Bone Meal	艾菲科 501 牛肉骨粉 501 Protein Meal	单一饲料 Single Feed	猪 Swine	新西兰艾菲科有限公司 AFFCO New Zealand Limited，New Zealand	2020.08—2025.08	续展

（续）

登记证号	通用名称	商品名称	产品类别	适用范围	生产厂家	有效期限	备注
（2020）外饲准字 978 号	猪油渣 Greaves	饲料用热炸猪油渣 Greaves Feed Grade	单一饲料 Single Feed	家禽 Poultry	权丰猪油有限公司 Hong Kong Kun Fung Lard Limited	2020.08—2025.08	续展
（2020）外饲准字 979 号	混合型饲料添加剂 抗氧化剂 Feed Additives Mixture Antioxidants	宠鲜®-OX 液剂 PET-OX™ Liquid	混合型饲料添加剂 Feed Additives Mixture	宠物 Pets	新加坡建明工业（亚洲）私人有限公司 Kemin Industries（Asia）Pte Ltd.，Singapore	2020.08—2025.08	续展
（2020）外饲准字 980 号	混合型饲料添加剂 抗氧化剂 Feed Additives Mixture Antioxidants	宠鲜®液剂 TERMOX® Liquid	混合型饲料添加剂 Feed Additives Mixture	养殖动物 All species or categories of animals	新加坡建明工业（亚洲）私人有限公司 Kemin Industries（Asia）Pte Ltd.，Singapore	2020.08—2025.08	续展
（2020）外饲准字 981 号	混合型饲料添加剂 抗氧化剂 Feed Additives Mixture Antioxidants	宠鲜®粉剂 TERMOX® Dry	混合型饲料添加剂 Feed Additives Mixture	宠物 Pets	新加坡建明工业（亚洲）私人有限公司 Kemin Industries（Asia）Pte Ltd.，Singapore	2020.08—2025.08	续展
（2020）外饲准字 982 号	混合型饲料添加剂 酸度调节剂 Feed Additives Mixture Acidity Regulators	幼畜宝®饮水 Acidal® ML	混合型饲料添加剂 Feed Additives Mixture	养殖动物 All species or categories of animals	比利时英派克斯有限公司 Impextraco N V，Belgium	2020.08—2025.08	续展
（2020）外饲准字 983 号	混合型饲料添加剂 甲酸 乳酸 磷酸 富马酸 Feed Additives Mixture Formic Acid Lactic Acid Ortho-phosphoric Acid Fumaric Acid	幼畜宝®干粉 Acidal® Dry	混合型饲料添加剂 Feed Additives Mixture	养殖动物 All species or categories of animals	比利时英派克斯有限公司 Impextraco N V，Belgium	2020.08—2025.08	续展

附件 2

换发进口饲料和饲料添加剂产品登记证目录（2020－05）

登记证号	商品名称	通用名称	变更内容	原名称	变更名称
（2020）外饲准字 528 号	红鱼粉（三级） Red Fishmeal（Grade Ⅲ）	鱼粉 Fishmeal	申请企业名称	智利 Orizon S. A. 公司 Orizon S. A.， Chile	智利 ORIZON S A ORIZON S A，Chile
			生产厂家名称	智利 Orizon S. A. 公司 Coronel 工厂（注册号：8309） Orizon S. A.， Coronel Plant（Register No.：8309），Chile	智利 ORIZON S A 公司（CORONEL 工厂） ORIZON S A（CORONEL PLANT），Chile
（2016）外饲准字 332 号	红鱼粉（三级） Red Fishmeal（Ⅲ）	鱼粉 Fishmeal	申请企业名称	厄瓜多尔 Herco Cia. Ltda. 公司 Herco Cia. Ltda.， Ecuador	厄瓜多尔 PESQUERA HERCO S. A. 公司 PESQUERA HERCO S. A.， Ecuador
			生产厂家名称	厄瓜多尔 Herco Cia. Ltda. 公司 Herco Cia. Ltda.， Ecuador	厄瓜多尔 PESQUERA HERCO S. A. 公司 PESQUERA HERCO S. A.， Ecuador
（2020）外饲准字 627 号	雀露幼猫粮营养配方 Cheron kitten nutritional formula	全价宠物食品幼年期猫粮 Pet Compound Feed for Kitten	中文商品名称	雀露幼猫粮营养配方	雀露营养幼猫粮
（2020）外饲准字 628 号	雀露成猫粮健康配方 Cheron adult cat healthy formula	全价宠物食品成年期猫粮 Pet Compound Feed for Adult Cat	中文商品名称	雀露成猫粮健康配方	雀露健康成猫粮
（2020）外饲准字 629 号	雀露成猫粮低敏配方 Cheron adult cat hypoallergenic formula	全价宠物食品成年期猫粮 Pet Compound Feed for Adult Cat	中文商品名称	雀露成猫粮低敏配方	雀露低敏成猫粮
（2018）外饲准字 491 号	烟酸 Niacin	饲料添加剂 烟酸 Feed Additive Niacin	申请企业名称	瑞士龙沙有限公司 Lonza Ltd.， Switzerland	瑞士龙沙化学品解决方案有限公司 Lonza Solutions Ltd.， Switzerland
			生产厂家名称	瑞士龙沙有限公司 Lonza Ltd.， Switzerland	瑞士龙沙化学品解决方案有限公司 Lonza Solutions Ltd.， Switzerland
			生产地址名称	Munchensteinerstrasse 38，CH－4002 Basel，Switzerland	Lonzastrasse，CH－3930 Visp，Switzerland

附件 3

延期进口饲料和饲料添加剂产品登记证目录（2020－03）

登记证号	商品名称	生产厂家
(2015) 外饲准字 236 号	鱼油（饲料级） Fish Oil (Feed Grade)	智利 Orizon S. A. 公司 Coronel 工厂（注册号：08309） Orizon S. A., Coronel Plant (Register No. 08309), Chile
(2015) 外饲准字 220 号	白鱼粉（三级至特级） White Fishmeal (Grade Ⅲ to Super Fine)	美国冰川渔业有限公司（工船加工，工船名：Alaska Ocean，工船号 1499） Glacier Fish Company, LLC. (Produced on Board at Vessel: Alaska Ocean, Official No. 1499), USA
(2015) 外饲准字 219 号	红鱼粉（三级至二级） Red Fishmeal (Ⅲ to Ⅱ)	厄瓜多尔 Fortidex S. A. 公司 Data de Posorja 工厂 Fortidex S. A., Data de Posorja Plant, Ecuador
(2015) 外饲准字 243 号	饲料用热炸猪油 Lard Feed Grade	权丰猪油有限公司 Hong Kong Kun Fung Lard Limited
(2015) 外饲准字 283 号	液体赖氨酸 Liquid Lysine	希杰印度尼西亚有限公司 PT CHEIL JEDANG INDONESIA, Indonesia
(2015) 外饲准字 284 号	普乐金 Prosin	希杰印度尼西亚有限公司 PT CHEIL JEDANG INDONESIA, Indonesia
(2015) 外饲准字 353 号	赖氨酸 70 Lysine 70	希杰印度尼西亚有限公司 PT CHEIL JEDANG INDONESIA, Indonesia
(2015) 外饲准字 224 号	生菌剂 1 号 BIO90	韩国浦项发酵饲料公司 POBAL (Pohang Fermentation Feed LP.), Korea
(2015) 外饲准字 359 号	英威 02CS 液体复合酶 AveMix 02CS L	比利时艾威有限公司 Aveve NV, Belgium
(2015) 外饲准字 360 号	英威 XG10 液体复合酶 AveMix XG10 L	比利时艾威有限公司 Aveve NV, Belgium
(2015) 外饲准字 361 号	英威 02CS 复合酶 AveMix 02CS	比利时艾威有限公司 Aveve NV, Belgium
(2015) 外饲准字 362 号	英威 XG10 复合酶 AveMix XG10	比利时艾威有限公司 Aveve NV, Belgium
(2015) 外饲准字 229 号	泌乐多 OCM GLOBAL	美国 PharmTech 国际公司 PharmTech International, USA
(2015) 外饲准字 242 号	红鱼粉（二级） Red Fishmeal (Ⅱ)	巴基斯坦 M/S 俾路支省海产品公司 M/S. Balochistan Marines Products, Pakistan
(2015) 外饲准字 221 号	鱼油（饲料级） Fish Oil (Feed Grade)	厄瓜多尔 Polar 渔业公司 Empresa Pesquera Polar S. A., Ecuador
(2015) 外饲准字 201 号	鱼油（饲料级） Fish Oil (Feed Grade)	墨西哥 Guaymas Protein Company, S. A. de C. V. Guaymas Protein Company, S. A. de C. V., Mexico

（续）

登记证号	商品名称	生产厂家
(2015) 外饲准字 149 号	白虎 White Tiger	思凯汀法国有限公司 Skretting France，France
(2015) 外饲准字 270 号	牛肉骨粉 Bovine Meat and Bone Meal	阿根廷 Marfrig S. A. 有限公司（注册号 1113） Marfrig Argentina S. A. （No. 1113），Argentina
(2016) 外饲准字 008 号	六味酸 Orgacids	马来西亚宏诚生物科技有限公司 Sunzen Biotech Berhad，Malaysia
(2015) 外饲准字 266 号	鱼佳宝 Upro	鸿福生态生技股份有限公司 Gene Agri-Aqua Ecosystem Biotech Co.，Ltd.
(2015) 外饲准字 263 号	诺维宝 NOVICHOL	比利时 INNOV AD NV 公司 INNOV AD NV，Belgium
(2015) 外饲准字 264 号	诺维美 NOVIMET	比利时 INNOV AD NV 公司 INNOV AD NV，Belgium
(2015) 外饲准字 226 号	利多康消食 LIPTOCITRO AP	西班牙利多赛 LIPIDOS TOLEDO，S. A.，Spain
(2015) 外饲准字 280 号	鱼油（饲料级） Fish Oil（Feed Grade）	智利 Blumar S. A. 公司 Talcahuano 工厂 Blumar S. A.，Talcahuano Plant，Chile
(2015) 外饲准字 248 号	农秘-F NongLac-F	韩国农协饲料株式会社 Nonghyup Feed Inc.，Gunsanbio.，Korea
(2015) 外饲准字 249 号	农秘-S NongLac-S	韩国农协饲料株式会社 Nonghyup Feed Inc.，Gunsanbio.，Korea

附件 4

氨基酸锌络合物（氨基酸为 L-赖氨酸和谷氨酸）产品信息表

通用名称	氨基酸锌络合物（氨基酸为 L-赖氨酸和谷氨酸）	
英文名称	Zinc Amino Acid Complex（amino acid mixed by L-lysine and glutamic acid）	
主要成分	氨基酸锌络合物（氨基酸为 L-赖氨酸和谷氨酸）	
产品类别	矿物元素及其络（螯）合物	
产品来源	以硫酸锌（或氧化锌）、L-赖氨酸盐酸盐和谷氨酸钠为原料制备的，谷氨酸和赖氨酸为混合配体的氨基酸锌络合物	
适用动物	断奶仔猪、肉仔鸡和蛋鸡	
在配合饲料中的推荐添加量	断奶仔猪：40～80mg/kg 配合饲料（以锌元素计） 肉仔鸡：40～60mg/kg 配合饲料（以锌元素计） 蛋鸡：60mg/kg 配合饲料（以锌元素计）	
在配合饲料中的最高限量	按照《饲料添加剂安全使用规范》（农业部公告第 2625 号）中锌元素“在配合饲料或全混合日粮中的最高限量”规定执行	
质量要求	外观和性状	类白色颗粒粉末
	螯合率（%）	≥90
	锌（g/kg）	≥170
	谷氨酸（%）	≥16
	赖氨酸（%）	≥16
	粗灰分（%）	≤45
	水分（%）	≤9
	砷（mg/kg）	≤5
	铅（mg/kg）	≤20
	镉（mg/kg）	≤5
	大肠菌群（MPN/100g）	<30
	细菌总数（CFU/g）	≤1.0×10^5
	沙门氏菌（25g 样品中）	不得检出

中华人民共和国农业农村部公告

第 356 号

依据《饲料和饲料添加剂管理条例》，我部组织全国饲料评审委员会对部分企业提出的申请进行了评审，决定对《饲料原料目录》和《饲料添加剂品种目录（2013）》进行增补，并对部分饲料添加剂扩大适用范围。现将有关事项公告如下。

一、增补 3 种饲料原料进入《饲料原料目录》

（一）原料名称：鸡蛋。编号：9.4.5。特征描述：未经过加工或仅用冷藏、涂膜法等保鲜技术处理过的可食用鲜鸡蛋，有壳或去壳。强制性标识要求：粗蛋白质、粗脂肪、粗灰分（适用于有壳鸡蛋）。

（二）原料名称：灵芝。编号：13.3.9。特征描述：多孔菌科真菌赤芝 *Ganoderma lucidum*（Leyss. ex Fr.）Karst. 或紫芝 *Ganoderma sinense* Zhao，Xu et Zhang 的子实体及其干燥产品。强制性标识要求：水分。

（三）原料名称：姬松茸。编号：13.3.10。特征描述：蘑菇科蘑菇属姬松茸（*Agaricus subrufescens*）及其干燥产品。强制性标识要求：水分。

二、增补 3 个饲料添加剂品种进入《饲料添加剂品种目录（2013)》

（一）通用名称：紫胶（英文名称：Shellac)，类别为“黏结剂、抗结块剂、稳定剂和乳化剂”，适用范围为养殖动物，质量标准暂按紫胶食品安全国家标准（GB 1 886.114）执行。

（二）通用名称：蛋氨酸羟基类似物异丙酯（英文名称：Isopropyl Ester of Hydroxy Analogue of Methionine)，类别为“氨基酸、氨基酸盐及其类似物”，蛋氨酸羟基类似物异丙酯含量规格≥95.0%，适用范围为反刍动物。

（三）通用名称：L-抗坏血酸钠，同时增补到“抗氧化剂”中，适用范围为养殖动物。

三、扩大 2 个饲料添加剂品种的适用范围

（一）将蛋氨酸羟基类似物适用范围扩大至鸭。

（二）将羟丙基甲基纤维素适用范围扩大至养殖动物。

上述修订意见自本公告发布之日起执行。各级饲料管理部门在办理有关行政审批、监督执法事项时，凡涉及上述饲料原料和饲料添加剂的，均以本公告为准。

附件：1.《饲料原料目录》修订列表

2.《饲料添加剂品种目录（2013)》修订列表

农业农村部

2020 年 11 月 16 日

附件 1

《饲料原料目录》修订列表

原料编号	原料名称	特征描述	强制性标识要求
9.4	禽蛋及其加工产品		
9.4.5	鸡蛋	未经过加工或仅用冷藏、涂膜法等保鲜技术处理过的可食用鲜鸡蛋，有壳或去壳	粗蛋白质 粗脂肪 粗灰分（适用于有壳鸡蛋）
13.3	食用菌及其加工产品		
13.3.9	灵芝	多孔菌科真菌赤芝 *Ganoderma lucidum* （Leyss. ex Fr.）Karst. 或紫芝 *Ganoderma sinense* Zhao，Xu et Zhang 的子实体及其干燥产品	水分
13.3.10	姬松茸	蘑菇科蘑菇属姬松茸（*Agaricus subrufescens*）及其干燥产品	水分

注：中国传统历史上广泛栽培和食用的“赤芝”拉丁学名应为“*Ganoderma lingzhi*”。

附件 2

《饲料添加剂品种目录（2013）》修订列表

类别	通用名称	英文通用名称 (Common name)	适用范围
氨基酸、氨基酸盐及其类似物	蛋氨酸羟基类似物	Methionine Hydroxy Analogue	适用范围扩大至鸭
	蛋氨酸羟基类似物异丙酯	Isopropyl Ester of Hydroxy Analogue of Methionine	反刍动物
抗氧化剂	L-抗坏血酸钠	Sodium L-ascorbate	养殖动物
黏结剂、抗结块剂、稳定剂和乳化剂	紫胶	Shellac	养殖动物
	羟丙基甲基纤维素	Hydroxypropylmethylcellulose	适用范围扩大至养殖动物

专题篇

2020 年饲料加工工业概况

2020 年，饲料行业经受住了双疫的冲击和考验，展现出强大的韧性，生产形势稳步向好，饲料产值产量再创新高，产品结构持续优化调整，为畜产品稳产保供提供了坚实基础。

一、2020 年饲料加工工业基本情况

2020 年我国饲料工业总产量实现较快增长，连续 6 年产量破 2 亿 t，连续 10 年位居世界第一，约占全球总产量的 1/4。年产千万吨的省份 10 个，总产量 1.76 亿 t，占全国总产量约 70%，33 家年产百万吨以上饲料企业，产量占比 54.6%。

1. 饲料工业总产值稳定增长。全国饲料工业总产值 9 463.3 亿元，同比增长 17.0%；总营业收入 9 072.8 亿元，同比增长 16.6%。其中，饲料产品产值 8 445.9 亿元，营业收入 8 135.1 亿元，同比分别增长 17.3%、16.9%；饲料添加剂产品总产值 932.9 亿元，营业收入 857.7 亿元，同比分别增长 11.2%、12.4%；饲料机械产品产值 84.5 亿元，营业收入 80.0 亿元，同比分别增长 76.8%、32.2%（图 1、图 2）。

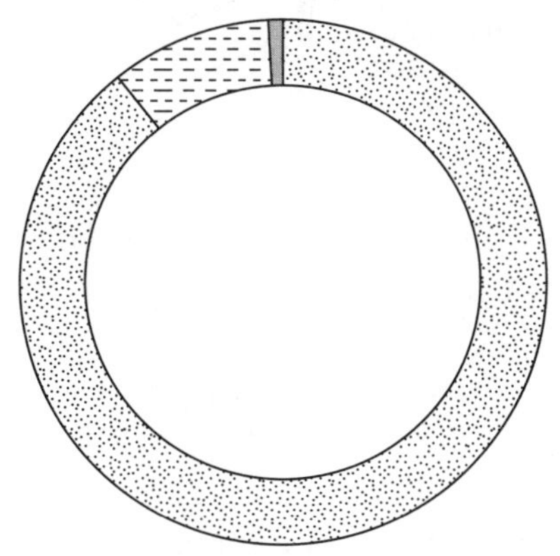

▣饲料产品 ▭饲料添加剂产品 ■饲料机械产品

图 1　2020 年饲料工业总产值结构比重

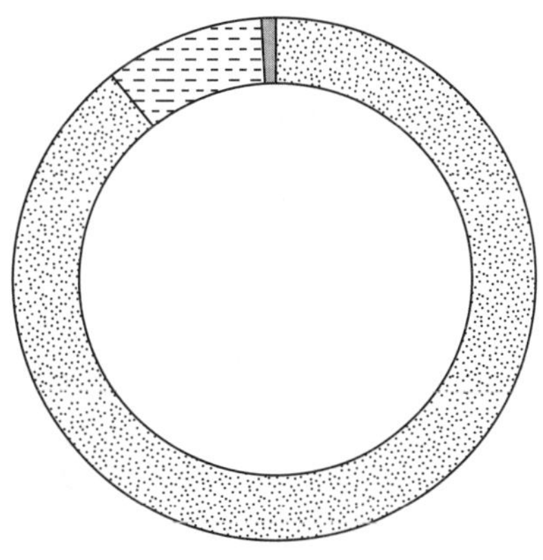

▣饲料产品 ▭饲料添加剂产品 ■饲料机械产品

图 2　2020 年饲料工业总营业收入结构比重

2. 工业饲料总产量大幅增长。全国工业饲料总产量 25 276.1 万 t，同比增长 10.4%。其中，配合饲料产量 23 070.5 万 t，同比增长 9.8%；浓缩饲料产量 1 514.8 万 t，同比增长 22.0%；添加剂预混合饲料产量 594.5 万 t，同比增长 9.6%（图 3）。

从不同品种看，猪饲料产量 8 922.5 万 t，同比增长 16.4%，达到 2018 年历史最高产量的 86%；蛋禽饲料产量 3 351.9 万 t，同比增长 7.5%；肉禽饲料产量 9 175.8 万 t，同比增长 8.4%；反刍动物饲料产量 1 318.8 万 t，同比增长 18.9%；水产饲料产量 2 123.6 万 t，同比下降 3.6%；宠物饲料产量 96.3 万 t，同比增长 10.6%；其他饲料产量 287.2 万 t，同比增长 18.7%（图 4、图 5）。

不同类别饲料产品情况，配合饲料中，猪配合饲料 7 717.7 万 t，同比增长 15.6%；蛋禽配合饲料 3 028.6 万 t，同比增长 8.3%；肉禽配合饲料 9 003.9 万 t，同比增长 8.5%；水产配合饲料 2 084.4 万 t，同比下降 3.7%；精料补充饲料 1 004 万 t，同比增长 17.5%；其他配合饲料 231.8 万 t，同比增长 3.5%（图 6）。

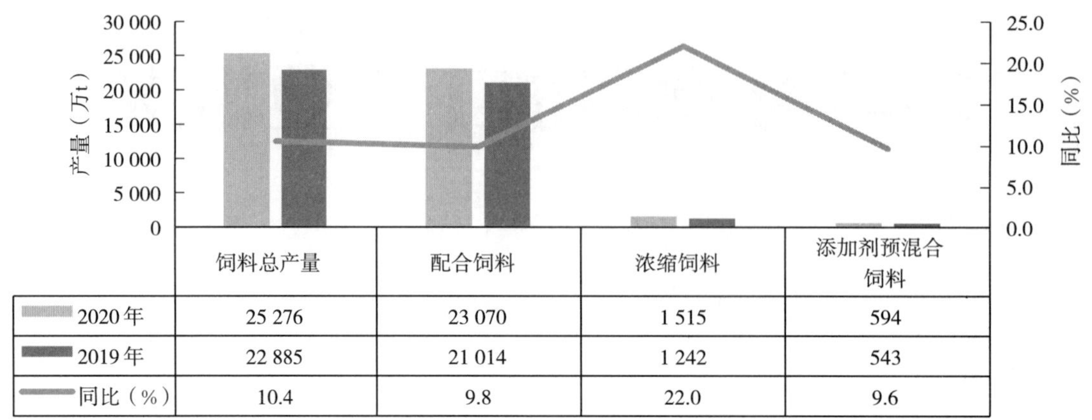

	饲料总产量	配合饲料	浓缩饲料	添加剂预混合饲料
2020 年	25 276	23 070	1 515	594
2019 年	22 885	21 014	1 242	543
同比（%）	10.4	9.8	22.0	9.6

图 3　2019—2020 年饲料总产量类别同比

注：总产量包括宠物饲料。

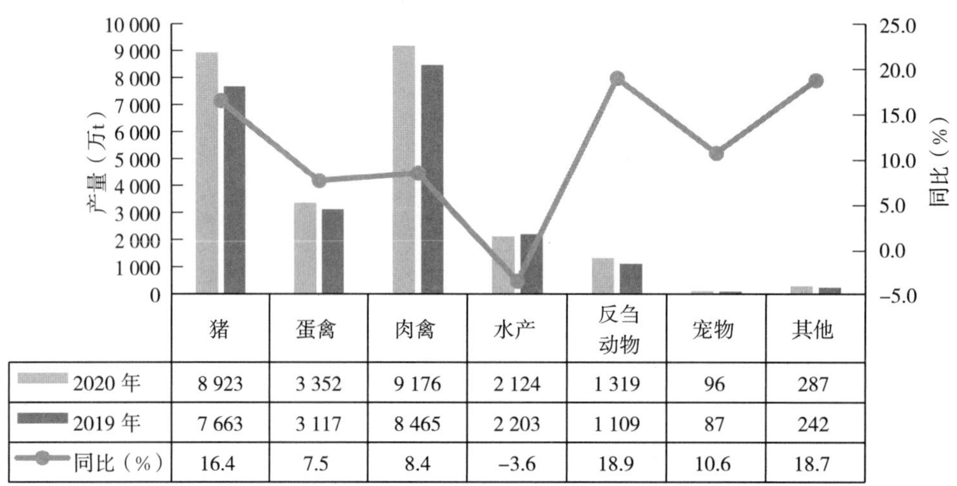

	猪	蛋禽	肉禽	水产	反刍动物	宠物	其他
2020 年	8 923	3 352	9 176	2 124	1 319	96	287
2019 年	7 663	3 117	8 465	2 203	1 109	87	242
同比（%）	16.4	7.5	8.4	-3.6	18.9	10.6	18.7

图 4　2019—2020 年畜禽饲料品种同比

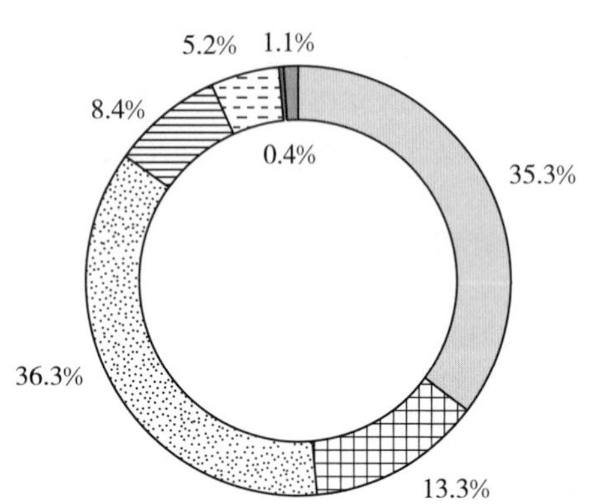

图 5　2020 年各品种饲料占总产量比重

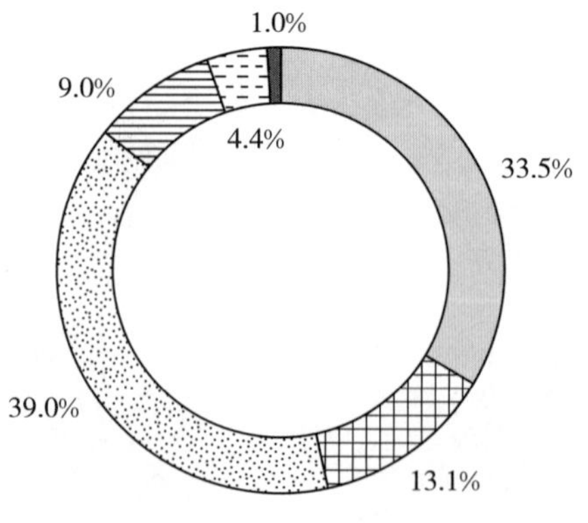

图 6　2020 年配合饲料结构图

浓缩饲料中，猪浓缩饲料 950.7 万 t，同比增长 25.7%；蛋禽浓缩饲料 141.8 万 t，同比下降 6.5%；肉禽浓缩饲料 124.4 万 t，同比增长 5.4%；水产浓缩饲料 5.3 万 t，同比增长 12.0%；反刍动物浓缩饲料 243.4 万 t，同比增长 22.1%；其他浓缩饲料 49.7 万 t，同比增长 304.8%（图 7）。

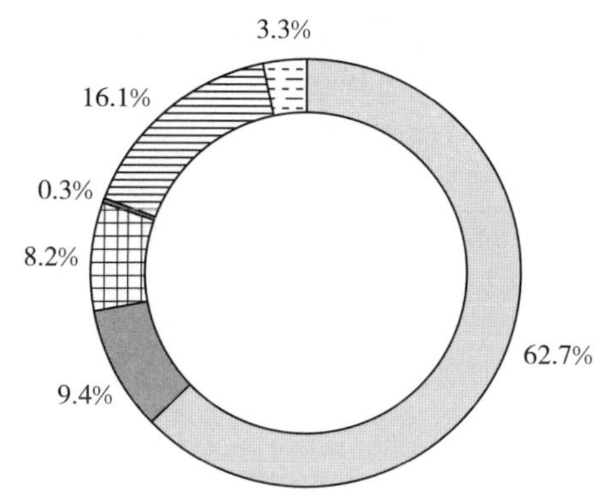

图 7 2020 年浓缩饲料结构图

添加剂预混合饲料中，猪预混合饲料 254.7 万 t，同比增长 9.4%；蛋禽预混合饲料 181.5 万 t，同比增长 7.4%；肉禽预混合饲料 47.5 万 t，同比增长 3.2%；水产预混合饲料 33.9 万 t，同比下降 1.3%；反刍动物预混合饲料 71.3 万 t，同比增长 30.0%；其他预混合饲料 5.6 万 t，同比增长 0.7%（图 8）。

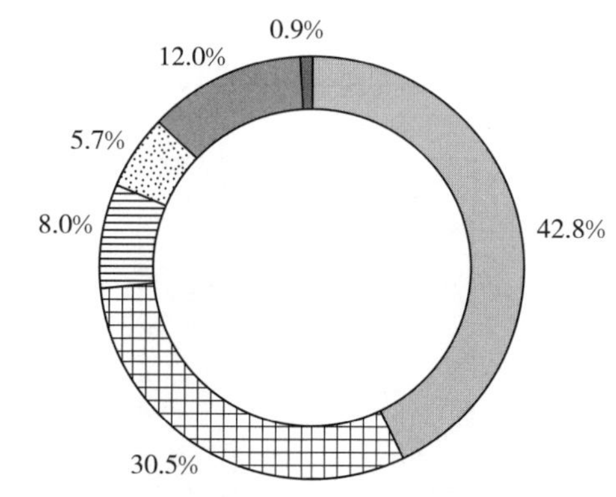

图 8 2020 年添加剂预混合饲料结构图

3. 饲料添加剂产量较快增长。全国饲料添加剂产品总量 1 390.8 万 t，同比增长 16.0%。其中，直接制备饲料添加剂 1 296.4 万 t，同比增长 14.7%；生产混合型饲料添加剂 94.4 万 t，同比增长 36.8%（表 1、表 2）。

4. 产业集中度适应性调整。2020 年，饲料产量超千万吨以上的省份 10 个，比 2019 年增加 1 个。分别为山东、广东、辽宁、广西、江苏、河北、河南、四川、湖北、湖南。10 省（自治区）合计产量占全国比重 69.6%，比 2019 年下降 0.9 个百分点（表 3）。

表 1 2020 年各类饲料添加剂产量

项 目	产量（万 t）	同比（%）
饲料添加剂总产量	1 390.8	16.0
氨基酸、氨基酸盐及其类似物	369.7	12.0
维生素及类维生素	160.3	26.0
矿物元素及其络（螯）合物	692.6	17.3
酶制剂	22.4	15.1
微生物	21.4	22.7
非蛋白氮	5.2	31.4
抗氧化剂	6.5	−3.8
防腐剂、防霉剂和酸度调节剂	64.5	−0.5
着色剂	4.2	−14.1
调味和诱食物质	5.5	62.5
黏结剂、抗结块剂、稳定剂和乳化剂	24.6	20.4
多糖和寡糖	1.0	35.1
其他	12.8	35.8

表 2 2020 年各产品类型饲料添加剂产量

项 目	直接制备饲料添加剂		混合型饲料添加剂	
	产量（万 t）	同比（%）	产量（万 t）	同比（%）
合计	1 296.4	14.7	94.4	36.8
氨基酸、氨基酸盐及其类似物	369.4	12.0	0.4	49.7
维生素及类维生素	143.4	21.7	17.0	80.7
矿物元素及其络（螯）合物	681.4	17.0	11.2	36.5
酶制剂	13.5	10.8	8.9	22.2
微生物	6.7	21.7	14.7	23.2
非蛋白氮	1.5	33.8	3.6	30.5
抗氧化剂	0.8	−57.2	5.7	16.5
防腐剂、防霉剂和酸度调节剂	46.6	−10.3	17.9	39.0
着色剂	2.5	−12.3	1.8	−16.5
调味和诱食物质	0.6	75.4	4.9	61.0
黏结剂、抗结块剂、稳定剂和乳化剂	23.3	17.5	1.3	120.0
多糖和寡糖	0.5	57.4	0.5	18.8
其他	6.3	48.2	6.6	25.8

表 3　2020 年饲料产量过千万吨省份产量及比重

地　区	2020 年饲料产量（万 t）	占全国比重（%）
全国总计	25 276.1	
山　东	4 335.8	17.2
广　东	3 010.2	11.9
辽　宁	1 603.2	6.3
广　西	1 535.1	6.1
江　苏	1 360.7	5.4
河　北	1 360.2	5.4
河　南	1 180.0	4.7
四　川	1 148.0	4.5
湖　北	1 054.0	4.2
湖　南	1 009.6	4.0
小　计	17 596.8	69.6

5. 大宗饲料原料消费量稳步增长。2020 年，饲料企业大宗饲料原料消费总量 19 755.7 万 t，同比增长 15.9%。其中，玉米 9 896.4 万 t，同比增长 9.5%；小麦 571.1 万 t，同比增长 241.3%；糠麸 721.3 万 t，同比增长 9.1%；鱼粉 206.8 万 t，同比增长 12.2%；豆粕 3 883 万 t，同比增长 13.7%；棉籽粕 166.4 万 t，同比下降 9.2%；菜籽粕 295.3 万 t，同比增长 8.1%；其他饼粕 503.6 万 t，同比增长 18.9%；磷酸氢钙 201.1 万 t，同比增长 8.4%；大麦、高粱、干玉米酒糟（DDGS）消费量分别增长 146.4%、1 034.4%、13.4%。

6. 饲料机械设备呈现增长态势。成套机组 1 737 台套，同比增加 988 台套，增长 131.9%；单机 37 879 台，同比增加 4 125 台，增长 12.2%。在成套机组中，时产≥10t 设备 973 台套，同比增加 676 台套，增长 227.6%；时产＜10t 设备 764 台套，同比增加 312 台套，增长 69.0%。

二、2020 年商品饲料变化特点及简析

1. 产品结构调整性增长。配合饲料是增长主体。2016—2020 年，饲料总产量年均复合增长率 4.8%。其中，配合饲料年均复合增长率为 5.8%，浓缩、添加剂预混合饲料年均复合分别下降 4.6%、3.7%。2020 年，受玉米、豆粕等原料价格上涨因素，推动饲料产品价格上涨，部分养殖户直接购买玉米，配合饲料比重略降 0.5%。2020 年配合饲料比重 91.3%，浓缩饲料、添加剂预混合饲料分别为 6.0%、2.4%（表 4、图 9）。

表 4　2016—2020 年饲料总产量情况

单位：万 t

项目	总产量	配合饲料	浓缩饲料	添加剂预混合饲料
2016 年	20 918	18 395	1 832	691
2017 年	22 161	19 619	1 854	689
2018 年	23 763	21 659	1 418	607
2019 年	22 885	21 014	1 242	543
2020 年	25 276	23 070	1 515	594
年均复合增长率	4.8%	5.8%	−4.6%	−3.7%

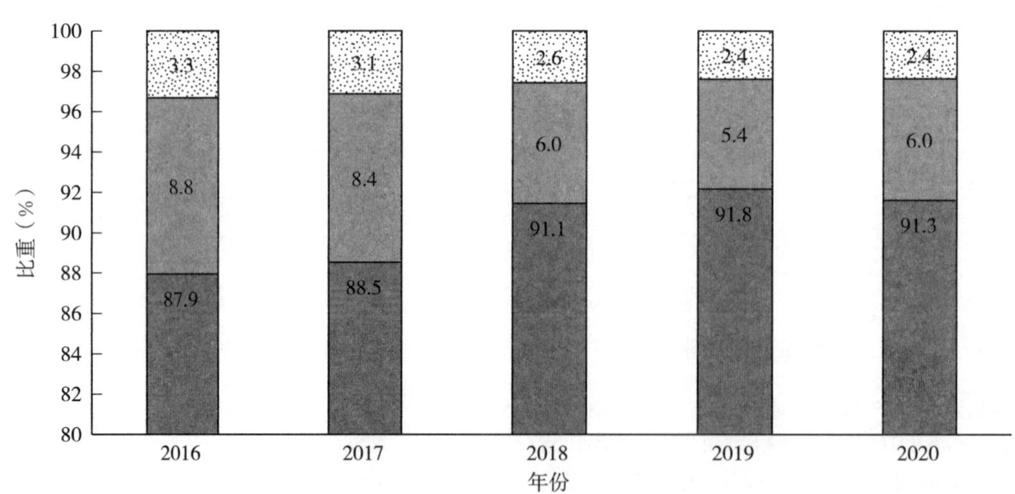

图 9　配合、浓缩、添加剂预混合饲料占比变化趋势

注：2018—2020 年配合、浓缩、预混合饲料占饲料总产量合计比重不是 100%，是因未计入宠物饲料。

2. 各品种皆增，肉禽饲料是主要驱动力。2016—2020年，猪饲料年产量年均复合增长0.6%；蛋禽饲料年均增长87万t，年均复合增长2.8%；肉禽饲料年均增长791万t，年均复合增长11.2%；水产、反刍饲料年均增长率分别为2.4%、10.6%（表5）。

表5 2016—2020年不同品种饲料产量情况

单位：万t

项目	猪饲料	蛋禽饲料	肉禽饲料	水产饲料	反刍动物饲料
2016年	8 726	3 005	6 011	1 930	880
2017年	9 810	2 931	6 014	2 080	923
2018年	10 443	2 845	6 998	2 196	1 017
2019年	7 663	3 117	8 465	2 203	1 109
2020年	8 923	3 352	9 176	2 124	1 319
年均复合增长率	0.6%	2.8%	11.2%	2.4%	10.6%

3. 集约化进程提速。全国万吨规模以上饲料生产厂达3 681家，比2019年增加115家，饲料产量占总产量95.7%，比2019年增加1个百分点；其中，10万t规模以上厂家数量达749家，比2019年增加128家，饲料产量占总产量52.8%，比2019年增加6.2个百分点。年产50万t以上49家，占全国饲料总产量59.5%。其中，年产百万吨以上33家，占全国饲料总产量54.6%，有3家企业集团年产量超过1 000万t（图10）。

4. 饲料加工业带动了相关产业体系的发展。2020年，饲料企业年末职工人数为76.5万人，同比下降3.4%。其中，大学专科及以上学历的职工数为30.7万人，同比增长1.1%，占职工总人数的40.2%，较2019年增长1.8个百分点。其中，博士0.4万人，下降6.7%；硕士1.5万人，下降4.0%；大学本科11.1万人，下降0.2%；大学专科17.8万人，增长2.5%；其他学历45.7万人，下降6.2%。其中，特有工种7.5万人，增长3.2%。检化验员3.9万人，增长2.8%；维修工3.6万人，增长3.7%（表6）。

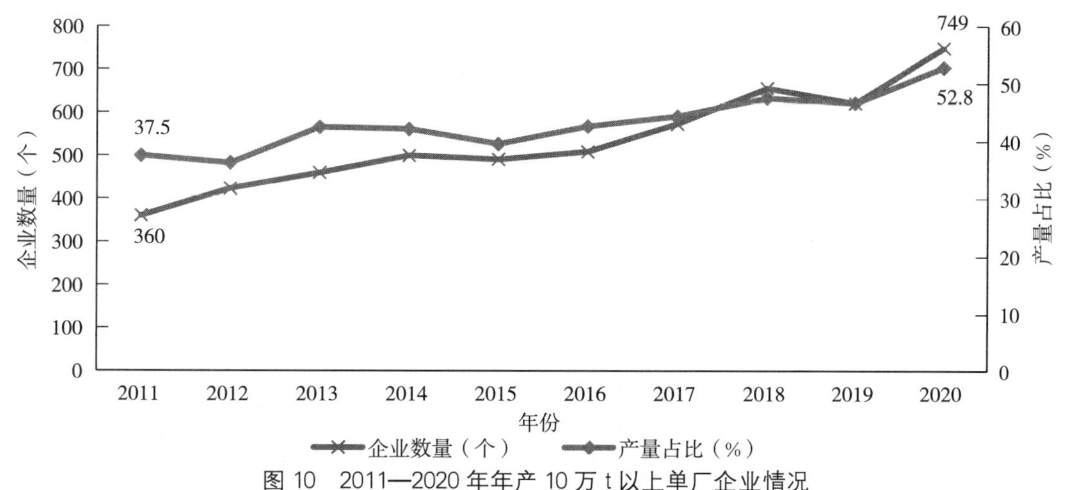

图10 2011—2020年年产10万t以上单厂企业情况

表6 从业人员情况

项目	职工总数	其中					特有工种人员	其中	
		博士	硕士	大本	大专	其他		检化验员	维修工
2020年（人）	76.5	0.4	1.5	11.1	17.8	45.7	7.5	3.9	3.6
同比（%）	−3.4	−6.7	−4.0	−0.2	2.5	−6.2	3.2	2.8	3.7

总出口额300.0亿元，同比下降73.1%。其中，饲料产品出口量6.2万t，同比下降53.0%；出口额4.5亿元，同比下降45.6%。饲料添加剂出口量272.3万t，同比下降5.4%；出口额247.2亿元，同比增长4.0%。单一饲料出口量137.8万t，同比下降24.7%；出口额36.8亿元，同比下降95.7%。饲料机械出口量3 155台套，同比下降3.7%；出口额11.5亿元，同比下降11.4%。

（陆泳霖　陈亚楠）

主要饲料产品概述

家禽饲料

一、家禽养殖

我国2020年人均禽蛋（3 468万t）和禽肉（2 362万t）占有量（人口仍按2019年末的14.000 5亿计算）已经达到24.77kg和16.87kg，禽蛋占有量没有其他国家（2020年欧盟鸡蛋产量约714.4万t，其中，法国94.3万t，德国93.7万t，西班牙89.1万t，意大利80.1万t）能比了。我国人均禽蛋量增速以1996年为分界点，1982—1996年，年均增速13.65%；1996—2020年，年均增速2.42%。照此推算，2025年人均禽蛋占有量27.91kg（图1）。

禽肉占有量（16.87kg）也超过了世界平均（12.99kg，10 082.7万t/77.63亿人），但是仍然低于美国、巴西等国。我国人均禽肉量增速以1996年为分界点，1986—1996年，年均增速15.52%；1996—2020年，年均增速3.04%。照此推算，2025年人均禽肉占有量19.59kg。

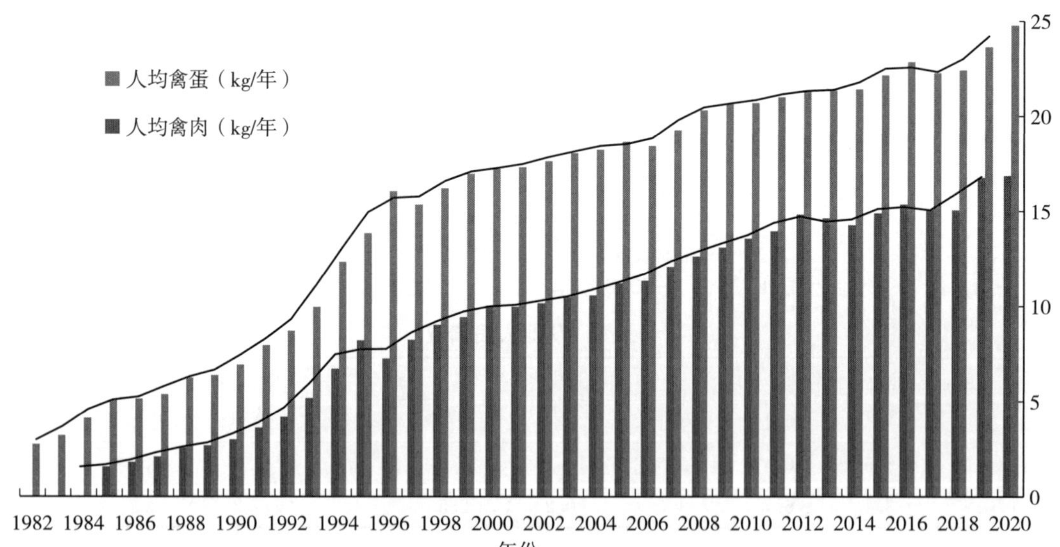

图1　我国人均禽蛋禽肉占有量变化图

1. 蛋禽养殖。禽蛋产量3 468万t，其中集约化养殖场鸡蛋1 895.65万t，鸭蛋约400万t，鹌鹑蛋220万t，鸽子蛋、鹅蛋少量。

中国畜牧业协会监测，2020年新增祖代54.99万套（国产40.16万套，进口罗曼、伊莎、海兰、巴布考克等14.83万套），在产祖代种鸡（平均存栏56.72万套）下降5.48%，仍大于需要量（36万套）。在产父母代种鸡平均存栏（1 587.39万套）同比增长4.72%，使用周龄从71.5减少到69.92，仍大于指导周龄（65）；商品鸡苗3.29元/只，高于成本（2.47），有盈利。2020年集约化商品蛋鸡平均存栏10.7亿只。2020年，世界鹌鹑饲养量约30亿羽，其中中国鹌鹑6亿羽，以产蛋为主；蛋鸭存栏约2亿只。

社会流通不畅，产蛋鸡存栏量大（2018—2019年赚钱，养殖户补栏积极性高），鸡蛋供给过剩，鸡蛋（鸡蛋均价同比下跌22.8%）和淘汰鸡价格（淘汰鸡均价同比下跌15.8%）均大幅低于2019年，且玉米、豆粕等饲料价格大幅上涨，蛋鸡养殖成本（据农业农村部定点监测，2020年全年蛋鸡平均饲料成本和养殖成本同比均增加5.8%）明显增加，2020年蛋鸡养殖全年亏损明显（据农业农村部定点监测，2020年全年累计只鸡亏损1.03元）。迫使淘汰蛋鸡，存栏有限减少，但饲料价格较高，意味着2021年仍是蛋鸡“小年”。

2020年我国蛋鸡产业问题：①新冠疫情防控，需要停止人员、资金等流通，没有了运输、就业和消费，使得饲料原料、鸡苗、鸡蛋滞留原地，产业瘫痪。疫情还有很多不确定性，行业需要做好预案，尽量确保产业顺畅。②养殖盲目性再现。2020年的蛋鸡产能过剩，与2018和2019年的高利润、行业盲目补栏扩产直接相关。③无抗禽蛋更易实现。农业农村部的“饲料停抗、养殖减抗、产品无抗”政策，在蛋鸡落实上主要是养殖减抗和停抗。集约化养殖的环境卫生、生物安全、饲养管理等跟不上，饲料贵、蛋价低，健康养殖可用手段有限，使得疫病发生率仍较高，抗生素治疗较为普遍。效果好、副作用小、性价比高的系统替抗方案是禁抗政策落地的关键，仍有较长的路要走。

2. 肉禽养殖。据中国畜牧业协会数据，2020年我国白羽肉鸡累计更新祖代种鸡100.28万套，强制换羽18.75万套，平均存栏163.3万套（在产105.5、后备57.8万套）；白羽肉鸡集中在5个品种：AA+（37.34%）、科宝艾维因（32.46）、圣泽901（11.37%）、哈伯德（9.82%）和罗斯308（9.22%）。父母代种鸡平均存栏6 074.3万套（在产和后备分别为3 500.0万套和2 574.4万套）。

黄羽肉种鸡祖代平均存栏219.44万套（在产和后备分别153.43万套和66.0万套），父母代种鸡平均存栏7 614.88万套（在产和后备分别为4 302.38万套和3 312.5万套）。产能过剩、新冠疫情、生猪反弹、活禽管制，使得黄羽肉鸡2020年减少，2021年仍可能延续减少。

2020年出栏白羽肉鸡49.20亿只，黄羽肉鸡44.32亿只，817肉鸡16.71亿只，淘汰蛋鸡11.16亿只。鸡肉产量1 485.0万t（不含进口40.5万t，农业农村部统计），仅次于美国（2 026.3万t），高于巴西（1 388.0万t）和欧盟（1 236.0万t）。我国近年来白羽鸡肉占鸡肉总量的50%上下，淘汰蛋鸡肉约占7.5%，黄羽肉鸡有所减少，白羽肉鸡和817小肉杂增加（图2）。在“817雏苗期货”“活珠子”影响下，孵化环节817比较活跃，养殖和屠宰量也连续3年增加，若延长产业链，与调理品相联系，产业还有做大的空间。

我国祖代在产白羽肉鸭平均存栏量约39.5万套，产能过剩，鸭苗销售价格较低（<12元/套），赔钱；父母代种鸭（存栏约2 300万套）的养殖利润高、种雏产量和销量双增；商品代白羽肉雏鸭供应40.2亿只，出栏白羽肉鸭38.20亿只。中国每年出栏肉鹅超过5亿只。随着环保和疫病防控压力增大，离水旱养（网上平养、立体笼养和生物发酵床养殖等），已成为我国肉鸭主要养殖模式。

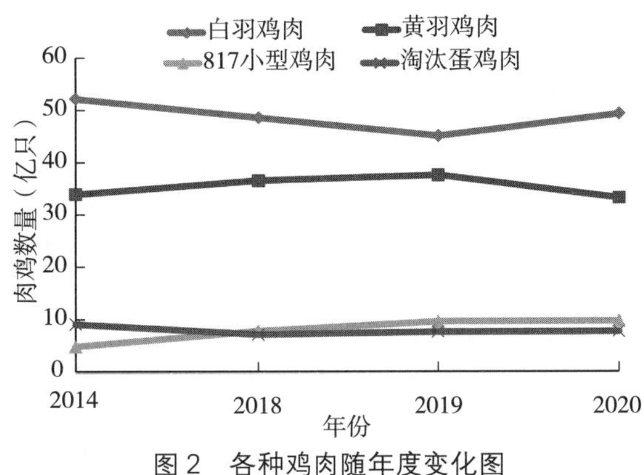

图2 各种鸡肉随年度变化图
（中国畜牧业协会禽业分会）

肉禽产业问题。白羽肉鸡占鸡肉的50%，卡脖子问题突出，素材、技术储备所限，自育品种进展较慢；祖代和父母代产能产能过剩，致使白羽肉鸡出栏多、价格低；黄羽肉鸡出栏收缩、利润略好；禽流感的不确定爆发和确定影响、非瘟和新冠疫情不确定，均影响肉禽产业健康发展；“十四五”是保供给、提实效的年份，肉禽产业高质量发展仍面临效率提升、疫病防控、绿色友好、质量安全等挑战。2020年种鸭养殖规模处于历史高位，产能严重过剩，效益不佳。鹅、肉鸽等供过于求，鹅业困难，肉鸽亏损。

二、家禽饲料

2020年蛋禽饲料3 351.9万t（+7.5%）、肉禽饲料9 175.8万t（+8.4%），分别占全国工业饲料总产量（25 276.1万t）的13.26%和36.30%，二者之和49.56%，就是说我国工业饲料总产量的近一半是家禽饲料，所以消耗的玉米豆粕也最多；家禽饲料的同比增加，表明家禽养殖量大、工业饲料普及率较高。

农业农村部预测，我国可耕地资源有限、养殖量持续增加，玉米大豆等饲料原料在未来较长的时间里均会比较紧张，开发地缘性饲料资源、提高饲料营养素利用效率、同时保持家禽健康，成为家禽饲料工业的趋势。

1. 蛋禽饲料。蛋禽工业饲料产量虽有增加（7.5%），仍低于禽蛋产量（+4.8%），系因该数据中浓缩饲料、添加剂预混合饲料占比较高。蛋禽饲料中，配合、浓缩、预混合饲料产量分别为 3 028.6 万 t、141.8 万 t、181.5 万 t，按配合饲料中添加量 100%、30%和 5%折算，需要消耗配合饲料 7 131 万 t。蛋鸡、蛋鸭饲料产量分别 2 161.2 万 t 和 1 069.9 万 t，其他蛋禽 124.8 万 t。

老母鸡从育雏育成到产蛋，从 1 到 500 日龄，死亡率为零的情况下，约耗料 45kg，产蛋 17.7kg（2020 集约化产蛋鸡存栏 10.7 亿只，产蛋 1 895.65 万 t 计算），则料蛋比 2.54∶1，需要 4 815 万 t 饲料。实际生产中，蛋鸡一般死淘率>10%。鹌鹑均需要饲喂饲料才能产蛋，一般鹌鹑的料蛋比 2.7∶1，220 万 t 鹌鹑蛋，需要 594 万 t 饲料。一般蛋鸭的料蛋比 3∶1，400 万 t 鹌鹑蛋，需要 1 200 万 t 饲料。其他散养鸡蛋、鹅蛋、鸽子蛋、种蛋等 952 万 t，即便有饲草等的供给，也需要 1 000 万 t 饲料，合计 7 110 万 t 饲料，与上述计算（7 131）接近。因此可以说生产 3 468 万 t 禽蛋需要消耗饲料 7 100 万 t 左右。

2. 肉禽饲料。白羽肉鸡、肉鸭几乎均为集约化养殖，采用公司+农户，或者公司独有的模式饲养，比较好统计。肉鸡、肉鸭饲料产量分别为 5 816.3 万 t、3 043.2 万 t。2020 年出栏白羽肉鸡 49.20 亿只，黄羽肉鸡 44.32 亿只，817 肉鸡 16.71 亿只，按每只鸡消耗饲料 5、5、4 kg 计算需要 5 010.2 万 t；白羽肉鸭 38.20 亿只，消耗 2 373.8 万 t 饲料。尚有其他鸡、肉鸭为计算在内，次数据已经 7 384 万 t。

用禽饲料量（9 175.8 万 t）和禽肉产量（2 362 万 t）去比，料肉比为 3.89，甚至更高，因为淘汰蛋鸡的鸡肉记录在禽肉总产量中，这部分消耗的饲料却在蛋禽饲料中收录。按此推算，白羽肉鸡、白羽肉鸭的料重比达到 1.5∶1，与猪肉的料肉比差不多。其原因可能有：①肉禽饲料（肉禽配合、浓缩、预混合饲料产量分别为 9 003.9 万 t、124.4 万 t、47.5 万 t，同比分别增长 8.5%、5.4%、3.2%）一般用颗粒饲料，均为配合饲料（工业饲料普及率较高），浓缩和添加剂预混合饲料占比较低。②鸡爪子、鸡胗子、鸡心、鸡翅、鸭肠子、鸭血等均未计算在禽肉内。

2020 年玉米和豆粕价格上涨拉动家禽配合饲料价格涨幅明显，2020 年末，玉米 2.64 元/kg，豆粕 3.47 元/kg，肉鸡配合饲料 3.44 元/kg。

三、展望与建议

1. 展望 2021。高端禽蛋肉食品将是行业升级的方向，科技化、绿色化是发展的核心。人民群众的“美好生活”“生命健康”是行业必须面对、大力发展的方向。

新冠疫情、禽流感、非瘟疫情存在诸多不确定，影响家禽产业生机复苏；我国因为疫情控制较好，2021 年可能会小幅度缓慢增长（3%）。经历 2020 年的赔钱、去产能，养猪恢复，2021 年蛋鸡养殖回归理性，产业微微盈利还是有可能的。2021 年是商品肉禽（鸡、鸭、鹅）产业进入产能除清，种禽、孵化、养殖、食品工业也均能有盈利。

科技工作者关注家禽健康，实现饲料无抗、养殖减抗和产品无抗；关注环境健康，瞄准饲料消化致敏、养殖环境控制和产品环境友好；关注人民健康，安全养殖健康产品。

经历了前几年的发展，花样翻新（平台、直播、社区）销售模式，使得线上销售俨然成为居家必备，鸡蛋各种冻肉、冻翅等的线上销售也如火如荼地发展。

2. 建议 2021。研判疫情、做好应对。非瘟疫情促进家禽养殖业的发展，随着国家对竹产业的支持，这种替代效应终将过去，需做好应对；新冠疫情影响流通，提醒行业养殖适度规模、存货尽量合理、风险联保共担，以便有力应对突发事件；禽流感疫情不时爆发，提醒行业做好生物安全、抗体滴度监控、及时免疫，给家禽提供好的饲料使其健康。

家禽养殖（尤其是蛋鸡养殖）的盲目性仍然比较大，2018 年和 2019 年的赚钱使得 2020 年赔钱严重，准确及时预警仍然是关键，涉及信息收集、整理加工、传播等；种禽产能持续的高位，成了行业痼疾。

养殖智能化。人工偏贵、偏老，使得养殖智能化、无人化需求增加，不仅仅是饲养，养殖场管理也要智慧化。肉鸡作为畜牧业规模化、标准化的领跑者，还应从全产业链的角度推动产业经营模式创新，促进产业升级。

认真落实有效替抗。2020 年注定成为我国无抗元年，2021 年肉蛋市场、家禽养殖（饲养和生物安全）、饲料、科研和监管等环节均需务实，真正实现养殖无抗才是最终目标，需要各个环节的自律、不过度宣传、科研技术组装、国家监管等齐心合力，合理促进优质安全禽蛋、肉产品的消费。

（武书庚　齐广海）

水产饲料

一、水产饲料行业发展阶段

2020 年，受生猪生产持续恢复、家禽存栏高位、牛羊产品产销两旺等因素拉动，全国工业饲料产量实现较快增长，全国工业饲料总产量 25 276.1 万 t，同比增长 10.4%。其中，水产饲料受疫情影响产量 2 123.6 万 t，同比下降 3.6%，进口和内销均遇到不同程度的影响，也是唯一负增长的饲料品种。

经过 30 多年的发展，中国水产饲料行业取得了巨大的成就，产业规模不断扩大，培育了一批成长迅速、特色鲜明的企业。2020 年，全国水产配合饲料生产企业约有 2 800 家，平均生产规模在 7 500t 左右，相比全国饲料工业企业平均 1.2 万 t 的生产规模，水产配合饲料行业平均规模偏小、行业集中度较低的问题仍旧突出。由于市场行情、原料价格和市场竞争等因素，水产饲料企业洗牌调整速度加速，小规模饲料企业难以生存，集团性公司继续加快扩大规模优势，传统营销模式已很难适应行业未来的发展和变化，饲料企业简单的营销将被战略、资源、产业链等一体的全面战争所替代。

经过多年的增长，水产饲料产能严重过剩，行业整体进入存量调整期，逐渐向集约化、规模化方向发展。国内水产工业饲料普及率较低，根据水产饲料产量、水产品产量与饲料系数进行测算，2020 年水产工业饲料普及率约 28%，相比猪饲料、禽饲料普及率为 75%、90%。从产品分类看，水产饲料可分为颗粒料和膨化料两大类，当前我国多数大宗淡水鱼养殖主要以颗粒料投喂为主，仅部分中高端水产品以投喂膨化饲料为主，2020 年我国水产饲料中颗粒料产占比达 65%（虾蟹类料除外），而高盈利能力的膨化料产量占比仅 35%（包含虾蟹料）。随着养殖产品结构升级、国内水产技术提高和基层养殖户对产品优势认知的提高，从颗粒料到膨化料的转变将是水产行业的长期发展趋势。

水产种苗方面除了南美白对虾和个别冷水性鱼类外，基本能实现自给自足，但水产苗种企业数量较多，行业分散、质量参差不齐，特别是优质种苗供应不足，具有自主知识产品的新品种少，产能小，远不能满足养殖业升级进步的需要，将在较长周期内都面临要取得研发和提高生产供应能力的压力。

水产养殖大致呈现出规模化和标准化程度低、养殖因地制宜、模式灵活多样、养殖品种繁多（全国水产养殖品种接近 300 个），自然条件（水域分布、台风、降水、水质、气温、光照等）对养殖影响程度较高等特征。此外，水产养殖品种不断丰富，新品种、新养殖模式技术知道需求强烈。从生产端角度看，随着养殖技术迭代和革新，在养殖面积大体稳定和塘租等养殖成本长期上涨趋势下，提升单产、从低盈利品种逐步切换到高盈利品种将是未来大趋势。

水产动保市场容量将在目前基础上有较大的持续发展空间，优势企业将迎来重大的市场发展机遇。为满足消费升级，健康、安全、绿色养殖需求迫切，动保投入对养殖疫病风险下降、产品健康安全附加值提高、养殖成本可控、养殖效益提升等具有直接提升作用。但动保产品市场混乱，缺乏有效标准监管，违禁药物和敏感药物使用不规范，未来水产动保产品市场有待进一步规范。

水产品消费仍然有巨大增长空间，相比日韩，我国人均动物蛋白消费水平并不低，但是优质动物蛋白（水产品）消费相对不高，结构均衡性不高。随着野生捕捞资源日益枯竭，水产养殖产品将逐渐替代野生捕捞品成为水产消费主要来源。可预见随着消费升级和养殖技术提升，特种品种将趋于丰富，区域性水产品种趋于多元化。

与此同时，我国的水产品加工业仍欠发达，一方面和现有消费习惯有关，另一方面，和国人对水产品缺乏品牌塑造、水产品消费引导不足等有关。未来电商、冷链物流发展更会带来更多更优质水产品消费和出口，获得更多的价值。

二、水产饲料行业发展状况

1. 国家政策方向。2020 年 2 月 5 日，2020 年 1 号文件宣布，涉及海产的有两个点：第一就是在长江流域重点水域履行常年禁捕，第二就是推动海产绿色健康养殖。2019 年 1 号文件重点两个方面，一是公道断定内陆水域养殖范围及压减过密网箱养殖，二是周全实行长江水生生物维护区禁捕。持续两年的 1 号文件对海产进行了重点的存眷，阐明海产板块也逐渐获得器重了。

农业农村部办公厅关于实施 2020 年水产绿色健康养殖“五大行动”的通知，深入落实 2020 年中央 1 号文件做出的“推进水产绿色健康养殖”重要部署推广先进适用的水产绿色健康养殖技术和模式，加快推进水产养殖业绿色发展。

另外，根据农业农村部第 194 号公告的要求，2020 年 1 月 1 日起将退出除中药外的所有促生长类药物饲料添加剂品种。作为饲料生产企业，须自 2020 年 7 月 1 日起，停止生产含有促生长类药物饲料添加剂（中药类除外）的商品饲料。此前已生产的商品饲料，可继续流通、销售和使用至 2020 年 12 月 31 日。如同 2006 年欧盟全面禁止促生长抗生素在饲料中添加使用后给欧洲各国所带来的行业巨变一样，

2020 年的中国畜牧饲料行业也必将随着第 194 号公告的横空出世，而迎来科技创新、百花争艳、转型升级的新时代。饲料端全面禁抗，是行业的大势所趋，行业范围早已有了心理准备，并未引起大的波澜。

一时间，水产行业的“禁抗”被提上高度，“九毛九”鲈鱼检测到抗生素引起哗然。真正终端养殖能做到无抗的路还有多远，众说纷纭，但是大趋势如此，相信水产品安全，大家都能吃到放心安全的水产品离我们不远。

2. 考验生存的 2020 年。2020 行业低迷，不仅中小企业经营困难，部分大企业也面临增长乏力甚至销量下降、利润减少的困难情况；年初暴发的新冠疫情，令行业内绝大多数企业面临资金短缺、经营性现金流短缺及断裂的巨大压力和风险。且全年中美贸易摩擦、全球原粮管控等，导致国内三大类原材料数次暴涨，饲料企业经营压力巨大，处于亏损边缘。

水产饲料主要原料如淀粉、动物蛋白、植物蛋白和油脂类全线暴涨，玉米为主的原粮类涨幅 1 000 元/t、豆油涨 4 000 元/t、豆粕涨 1 000 余元/t，常规饲料配方理论上成本上涨至少 500 元/t，饲料企业涨价幅度不够，部分厂家还未涨价，甚至有少量厂家降价抢夺市场。导致众多厂家面临亏损压力，小型企业甚至无法继续经营，水产饲料步入生存考验期。

3. 水产品市场行情此起彼伏。预计的猪瘟带来的水产消费需求量增长没有到来，突如其来的一波疫情又大大影响了全国的餐饮消费，年中“三文鱼事件”又对水产品不利，年底的进口水产品被检测到新冠病毒，受新冠肺炎疫情影响，疫情相关舆情信息量大，从早期“华南海鲜市场疑似发源地”到“多地在冷链水产品包装上检测到新冠核酸阳性”，再到“甲肝流行病”舆情与“华南海鲜市场供应商忏悔文”“三文鱼事件”等舆情，均与疫情相关联。内容涉及产业面临问题、政策实施、质量安全等多个方面。尤其是 2020 年受到新冠肺炎疫情的影响，水产行业舆论压力较大，一系列事件，导致水产品又被推到风口浪尖。

常规品种罗非市场低迷，疫情、汇率极大地影响出口总量，塘头价常见在 7.0 元/kg，养殖户在亏本边缘挣扎，可谓一荣俱荣一损俱损。虽然国内加工企业努力多年旨在打通国内市场消费，但是国人对罗非仍兴趣平平。

作为国内养殖量最大的品种，近年来饲料工艺和养殖技术的进步，2020 年草鱼一片大好，年均价 10～11 元/kg，局部地区草鱼甚至出现缺鱼现象。随着各地复工，各地的道路和市场也逐渐解封，草鱼行情迎来全面复苏。

小龙虾市场，2019 年养殖规模俨然突破 2 000 万亩，年初 3 月份小龙虾苗突破 74 元/kg，到 5 月份行情直接腰斩，从养殖户被拖进亏本泥潭中，不少饲料企业也面临营收压力。到了 2020 年，小龙虾行业来说是个洗牌的过程，有来有往，小龙虾在很大程度上需要依赖餐饮业，但是 2020 年春节期间的新冠疫情导致各地的餐饮几乎全部关停，这让小龙虾产业再次承受巨大打击，虽然时有“暴涨暴跌”的行情，但是整体小龙虾红利时代已慢慢远去，养殖户和饲料企业趋近理性。

2020 年大家继续见证了一条鱼的疯狂——加州鲈，上半年水产品价格一片惨淡的时候，加州鲈依然坚挺，年中达到近 20 元的巅峰，一时间全国养殖户都为这条鱼“疯狂”；然而来得快去得也快，庞大的中国消费基数也无法挽回年尾大量上市导致的跌价。欣喜、可惜、迷茫或是这条鱼最好的评价，2021 年这条鱼依旧火爆，还是跌入谷底，扑朔迷离。

特种品种石斑、鳜鱼沉寂许久期盼着转机的到来，石斑鱼年尾终迎来短暂的春天，鳜鱼仍一蹶不振；海鲈略有好转，但养殖户仍不乐观；甲鱼鳗鱼市场消沉。

4. 竞争格局的变化，兼并收购加速进行。水产饲料快速的产业转型升级已经是常态化，企业规模洗牌阶段，为了适应新形势，在激烈的竞争中生存、发展，众多水产饲料企业重点关注优化产业结构，调整战略布局，转变发展方式，从量的扩张向质的提升为主转变，从外延式发展向内涵式发展为主转变，从粗放经营向科学发展转变，从而提高核心竞争力，保持行业发展的协调性、全面性和可持续性。行业将逐渐向规模化和集约化转变，但饲料企业将进一步分化，优势企业多利用行业整合机遇及规模优势，通过兼并和新建扩大产能，或进行产业链的延伸，或发展多元化的业务；中小企业面对资本压力、人才压力、技术压力和服务能力等发展瓶颈，将逐步被优势企业整合并购或退出市场。

与猪饲料和禽饲料不同的是，水产饲料下游养殖行业，一方面受到水域资源制约，另一方面缺少产业规模化的整合者和整合动力，难以走出类似畜禽产业那样的规模化路径，规模化速度较为缓慢，随着上游水产饲料企业集中度逐渐提升，水产饲料头部企业的定价能力趋于增强。原料、终端的行情进一步加速了洗牌调整进程。

从地区分布情况来看，水产饲料的主要生产地区为我国的广东、江苏和湖北，地域分布较为集中，具有明显的集聚效应。2020 年，广东省水产饲料产量约占全国总产量的 30%，江苏省约占 16%，湖北省约占 12%。市场占有率看，海大集团约占 14.3%，通威股份约占10%，新希望、粤海、恒兴约各占5%。综合来看，我国水产饲料行业竞争格局趋于大企业的发展不断加速，部分规模小、技术管理落后的企业则逐渐被淘汰，行业集中度将逐步提升，未来水产饲料企业整合将成为行业发展必然趋势。

相比小企业的艰难生存，集团化公司进一步扩大布局，建立新的生产基地，海大、安佑、纵海、唐人神都陆续建立新的生产基地，期望在快速洗牌的过程中获得更多的市场。

畜牧企业一方面不断拓展产能，全国性规划水产料生产基地、销售公司，进一步完成从零散开拓市场到统筹规划的布局。例如畜禽巨头力源集团快速布局，预计布局6～8个水产饲料生产基地，充分发挥自身的渠道和规模化优势，为畜牧企业快速发展水产树立标杆。另外，冉冉升起的水产新星傲农集团在天津宁河、江苏泗阳和兴化、湖北武汉和荆州、湖南常德、江西南昌、四川德阳、福建厦门和漳州、广东茂名等地大举新建和并购10多个中小水产料企业，逐步把一个个区域优势企业变成了一个个专业型企业，聚沙成塔，傲农水产料品牌与规模优势逐步凸显。

出口受影响，反而激发了国内水产产业链的快速发展，恒兴和重庆陶然居饮食文化（集团）股份有限公司正式签约；湛江国联C端商超和B端餐饮接连斩获订单，获得深化合作，构筑了公司在国内水产行业最大的覆盖全国不同层级市场的全渠道优势，有望带来巨大的营收增量和增长红利，打开中长期发展空间。正如业界贤达所预想的，行业企业产业链的触角，不仅要触及养殖者，还要直接面对消费者，打通产业链终端将成为决胜关键。农产品卖难的本质，其实是生产端和消费端的信息不对称，是生产者无法提前判断整体的生产信息和市场信息。而这样的信息不对称，产业链各个环节都广泛存在。养殖者、经销商、企业之间针对投入品质量和价格的信息不对称，养殖者和消费者对食品安全和消费需求的信息不对称，这些像丛林一样矗立的信息壁垒，在移动互联网打造的扁平世界里，都会被无情地敲碎，我国水产产业链的快速发展指日可待。

5. 产品升级趋势进一步凸显。随着养殖集约化、高密度化，养殖户技术的提升，以及养殖模式的升级，为了解决养殖某阶段易发的或者较为突出的病害问题，他们对饲料的鉴别能力越来越高，观念上把养殖看作一种投资，追求高产，快速出鱼，资金周转快，降低风险，这样传统的产品档次有时候难以适应市场的快速变化，功能性饲料的需求被提到了新的高度。

行业内功能性饲料也在这个阶段万家争鸣，一时间发酵料、保肝护肠功能料等层出不穷，各厂家提出

2020年全国不同地区水产饲料产量统计

单位：万t

地区	水产饲料
全国总计	2 123.6
北　京	2.1
天　津	29.5
河　北	35.7
山　西	
内蒙古	0.7
辽　宁	42.5
吉　林	0.8
黑龙江	9.2
上　海	2.8
江　苏	346.7
浙　江	89.7
安　徽	32.6
福　建	146.6
江　西	57.5
山　东	42.1
河　南	29.7
湖　北	227.4
湖　南	132.7
广　东	680.1
广　西	53.2
海　南	39.7
重　庆	18.6
四　川	60.6
贵　州	0.9
云　南	27.4
陕　西	2.3
甘　肃	0.4
青　海	
宁　夏	3.1
新　疆	8.7
新疆生产建设兵团	0.4

不同的保健功能概念，然而厂家由于存在技术储备和研发实力差异，终端效果表现也参差不齐。未来“常规料功能化，功能料常规化”的方向已然清晰，随着营销的外衣被褪去，功能料未来又该如何回归初心，思考如何深化服务，提升客户盈利水平，而不是一门

心思求炒作概念，也值得饲料企业思考。

6. 营养动保新趋势。当前各大水产饲料企业当前正在努力打造以动保为工具的高效综合服务能力。联鲲集团总裁杨勇博士早些年就提出“未来十年，调水产品会成为决定水产饲料企业发展或者生死的致命武器。未来十年，调水剂会成为左右中国乃至全球水产饲料竞争格局的核心因素”，这一预测现今被不断地验证，养殖户普遍接受，饲料厂推广具备传统动保企业不具备的一些优势，可以更高效地推广技术应用方案。同时借助于动保产品，提高企业的综合服务能力和竞争力水平。

然而动保在推广和使用过程中，却不得不忽视动保精准使用的要求，动保的使用不再是简单的“看水看鱼”，考虑饲料营养、养殖品种、池塘现状，为养殖户提供实际有效、增产提效的综合方案俨然是未来饲料企业推广动保的正确思路。联鲲集团提出的“一鱼一料一动保”的营养动保结合模式，结合了团队自身的饲料营养技术的理解，以及对水产养殖动保现状和未来发展的思考，为行业提供参考意见。

三、水产饲料行业的发展趋势和展望

2020 年是我国“十三五”的收官之年，按照《全国渔业发展第十三个五年规划（2016—2020 年）》，我国 2020 年目标水产品总产量 6 600 万 t；国内捕捞产量实现“负增长”，国内海洋捕捞产量控制在 1 000 万 t 以内。全年水产品产量 6 545 万 t，比 2019 年增长 1.0%。其中，养殖水产品产量 5 215 万 t，增长 3.0%；捕捞水产品产量 1 330 万 t，下降 5.0%，总产量已经完成目标，捕捞总量仍然有控制空间。

2020 年，水产行业承受了太多，多起水产品被检测出新冠病毒，谣言、舆论的冲击让本来就不算茁壮的水产行业备受困扰。但是从长远的趋势来看，水产人一定是有着强烈的信心相信未来水产行业的潜力。

疫情影响确实对水产行业产生了深远印象，但是反过来，随着人们收入水平的提升，健康保健意识的加强，以及冷链物流的发展，我国的水产品消费市场预计将长期保持增长，特别是农村市场。此外，相比野生陆地动物，野生海鲜产品更为健康，在国家逐步发布政策法律禁止野味交易的情况下，野生海鲜产品或实现替代需求导致的增长。但在国家“养殖为主”的方针下，未来养殖水产品的市场规模更为广阔。

随着我国经济发展的转变，农业结构调整也进入了关键时期，水产养殖供给侧结构性改革也在不断深入，“提质减量”成了转型农业的主要话题。供给侧结构性改革对水产养殖的影响，我国水产养殖的发展趋势和行业变革趋势明显，主要体现在品种升级、水产品安全等方面，因此也对产业链的苗种、饲料、动保、养殖和加工流通等各环节提出了更高的要求，也指明了发展的方向。

1. 水产品需求和加工的持续发展。从民众基础层面来讲：国内目前的水产品市场具有巨大的消费潜力，消费份额占比逐渐扩大。一线城市稳步增长，二、三线城市紧跟不断扩张。随着国内居民收入水平的不断提高，中产阶级预计未来将持续扩容，瑞信全球财富报告称，国内中产阶级人数已增长至全球首位，达 1.09 亿人，占全国人口的 11%。以中产阶级为代表的中高收入人群，在饮食消费上有更高诉求，这将带来居民在饮食结构上的持续改善和升级，加工水产品将受益，水产消费量将得到提高。无论是从整体消费频率还是消费人群基数来看，中国的水产品市场都迎来了前所未有的大好机遇。

近年来，中国的水产品加工行业呈现出如下发展趋势：一是水产加工业的整体实力明显提高，产业结构正逐步发生变化，由过去的粗加工向精深加工方向发展，加工技术水平不断上升，质量卫生意识大大增强，品种结构日趋合理，高附加值产品增长明显。二是加工企业走向集中并基本形成了一系列出口加工园区，目前水产加工园区大多集中在沿海地区，并形成了较为完善的水产品加工链条，产业集聚效应明显。三是加工行业的品牌意识逐步增强，随着行业内部竞争的加强，一批有实力的企业逐步走上了品牌战略的轨道，水产加工企业越来越重视品牌和市场形象。

水产品加工业与其上游的海洋捕捞业、水产品养殖业关联性较强。海洋捕捞的品种与数量直接影响海洋水产品加工业的发展，经过 20 世纪八九十年代的过度捕捞，深海鱼种群的数量急剧下降，海洋生态环境遭到破坏。近年，各国为遏制过度捕捞均出台了相关措施，例如，欧盟对各主要渔业国的捕捞配额都进行了严格限制。在部分捕捞品种数量下降的同时，更多的海产品种类逐步取代传统加工鱼种走上百姓餐桌，日渐被消费者接受，越来越多的水产品加工企业开始生产此类品种。单靠自然捕捞远远不能满足市场的需要，因此水产品养殖业近年来保持稳定增长态势。

2. 饲料竞争呈现转折点。2020 年对水产饲料企业综合实力考验达到了严苛的程度，对饲料企业几大核心竞争力提出了严格的要求：①成本控制能力；②技术研发能力；③产业链多元产品基础上，构建具有造血功能和迭代能力的养殖技术服务体系。

饲料行业是低毛利、高周转的行业，成本控制能力是企业竞争力的重要体现之一。企业的成本控制能力至少体现在玉米、豆粕、鱼粉等饲料原料采购中的成本控制力和在研发能力支撑的基础上，通过有效的配方转换，在不影响产品质量的前提下降低产品生产成本。未来更多的企业会深刻地认识到成本控制的重要性，也是发展趋势中的重要特征。

对于水产饲料而言，技术研发能力显得格外突出，主要原因在于：①作为动物投喂性生产资料，产品的安全性和稳定性是企业发展的根基，此外上述提到的通过配方转换成本等，都需要研发能力的支撑；②相对于生猪和肉鸡行业较为成熟的动物营养研究，国内乃至全球对水产动物营养的可提升空间较大，这就意味着研发技术领先的企业可获得行业红利；③水产养殖具有多样性、苗种质量参差不齐，养殖因地制宜，养殖模式灵活多样，标准化程度低，新品种趋于丰富，养殖过程受自然环境影响大等特点，这都需要技术研发的支持。

水产养殖的行业特征决定了饲料产品只是决定水产养殖绩效影响因素之一，优质的苗种、科学的养殖模式和有效的养殖过程管理等均是决定养殖成绩的重要决定性因素。因此，对于饲料企业而言，要销售给养殖户的不应该是单一的饲料，而是通过种苗、饲料、动保产品等载体，为不同区域、不同气候环境中的养殖户提供个性化和系统性的科学养殖方案和养殖服务。优秀的水产饲料企业应该在产业链多元产品的技术上，构建具有造血和迭代能力的养殖技术服务体系，使得“种苗＋饲料＋动保”实现“1＋1＋1＞3”的体系。水产饲料企业应尽可能地全程全产品方案参与养殖户的养殖过程，尽可能排除其他非己因素的干扰和对冲，确保自身产品效果可以在客户处得到充分表达，提高对终端养殖户的掌控力。

这些发展趋势对饲料企业提出很高的要求，2020年原材料高涨和终端行情低迷的背景下，综合核心竞争力突出的企业能极大地发挥出综合实力差异，在极其困难的生存期游刃有余，而中小规模饲料企业甚至无法面对该背景下的竞争，更应该考虑充分发挥自身优势，以贴近终端养殖客户、跟踪差异化需求为目标，依托技术、工艺等专业化生产能力，提供最优性价比产品，建立客户品牌黏性。

（彭志东　吴强亮　张　松）

反刍动物饲料

2020年，饲料行业克服了新冠肺炎疫情、饲料原料价格大幅上涨等不利因素影响，呈生猪产能快速恢复之势，饲料总产量实现了超预期的增长。其中，反刍动物饲料受牛羊产品产销两旺等因素拉动，产量稳中有增，质量稳定向好，利用效率稳步提高，饲料企业综合素质明显提升，市场竞争力明显增强，有力推动了整个生产行业健康有序的发展。

一、反刍动物饲料生产情况

2013—2020年，我国反刍动物饲料产量保持平稳发展态势，持续稳步增长。图1可以看出，“十二五”期间，2013—2015年反刍动物饲料产量增速较为缓慢，仅增产11.19%。从“十二五”向“十三五”跨越期间，反刍动物饲料产量基本持平，从2018年起实现较大幅度增长，比2013年增产26.29%。整个“十三五”期间，反刍动物饲料产量实现五连增，截至2020年底，我国反刍动物饲料总产量高达1 319万t，比2016年增产将近50.0%。预计到“十四五”，我国反刍动物饲料总量有望突破1 500万t。总体来看，“十三五”期间反刍动物饲料产量逐年呈阶梯式上升，增产速度优于“十二五”期间。以上结果表明，我国反刍动物饲料生产表现为长期稳定的增长趋势，全产业链发展仍是反刍动物饲料生产的主流发展方向。

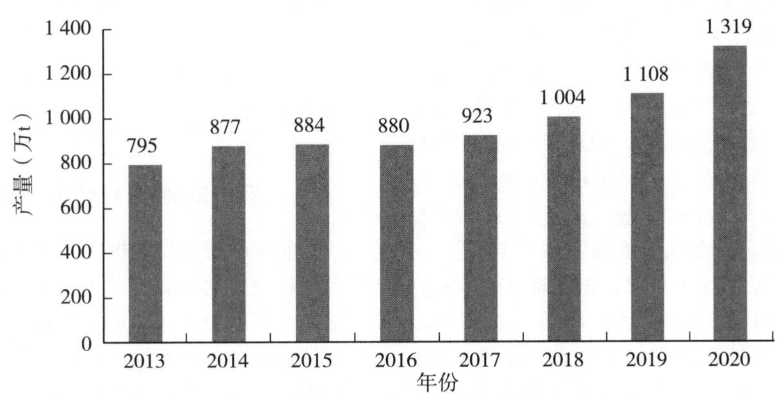

图1　2013—2020年我国反刍动物饲料产量

二、反刍动物饲料生产特点

1. 我国反刍动物饲料产业产区结构分布明显，优势产区产量大、生产区域相对集中，产量将保持稳定增长，结构性调整不断深入。中原和东北是我国主要的反刍动物工业饲料生产基地，其次是中部地区和西北地区，西南和东南地区生产较少。2020 年，内蒙古、河北、黑龙江、辽宁、山东反刍动物饲料总产量 741.5 万 t，占全国总产量的 78.66%。其中，内蒙古仍旧位于反刍动物饲料产量之首，但生产量高达 271.9 万 t，占全国比重 20.62%；陕西、天津、新疆、北京、吉林、宁夏、河南、甘肃、四川、山西、上海、安徽、青海、江苏 14 个省份生产的反刍饲料产量为 538.3 万 t，占全国反刍饲料总产量的 40.82%；贵州、浙江、云南、重庆、江西、湖南、广东、湖北、广西、福建 10 省份产量总计 39.0 万 t，占全国总产量 2.96%。猪肉价格高涨导致牛羊肉产能替代性迅猛增长，反刍动物饲料需求随之增加，拉动了反刍动物饲料生产的快速增长。

2. 反刍动物饲料生产总体平稳，产品结构日趋合理。从产品的类别来看，2020 年反刍动物配合饲料产量为 1 004.0 万 t，同比增长 17.47%；浓缩饲料产量为 243.4 万 t，同比增长 22.07%；添加剂预混合饲料为 71.3 万 t，同比增长 29.87%，三者较上一年度比较，增长幅度均较快，尤其以添加剂预混合饲料较为突出。可见，我国反刍动物配合饲料、浓缩饲料和添加剂预混合饲料均呈稳步上涨态势（表 1），有力支撑了 2020 年我国反刍动物畜产品的稳产供保工作。

3. 反刍动物饲料产品质量安全持续向好，相关法律法规促进行业有序发展。近年来，国家相继出台了相关饲料安全管理条例和规章制度，修订了《饲料和饲料添加剂管理条例》《饲料原料目录》《饲料卫生标准》《饲料添加剂品种目录》。新的饲料法规体系遵循“提高门槛，减少数量；加强监管，保证安全；转变方式，增加效益”的基本原则，进一步界定了政府、管理部门和生产经营者的责任，完善了生产经营使用各环节的质量安全控制制度，明确了饲料生产中允许使用的原料范围，加大了对违法行为的处罚力度。尤其在关于饲料药物添加剂规定的新旧转换过程中，国家的监管力度不断加大。农业农村部 194 号公告明确规定，2020 年 1 月 1 日起，退出除中药外的所有促生长类药物饲料添加剂品种，7 月 1 日开始，停止生产含有促生长类药物饲料添加剂（中药类除外）的商品饲料，12 月 31 日起停止这类商业饲料流通。无抗饲料时代正式到来，饲料行业开启了绿色发展新征程。

表 1　2020 年我国各地区反刍动物饲料产量（t）

地区	配合饲料（精补料）	浓缩饲料	添加剂预混合饲料	反刍动物饲料
北　京	275 272	34 419	102 729	412 420
天　津	323 270	131 196	63 032	517 498
河　北	869 558	292 741	103 440	1 265 739
山　西	81 848	32 332	7 923	122 103
内蒙古	2 148 528	547 981	22 903	2 719 412
辽　宁	1 030 272	431 259	73 181	1 534 713
吉　林	265 189	149 321	44 206	458 717
黑龙江	780 860	286 044	32 898	1 099 802
上　海	140 786	3 957	12 452	157 194
江　苏	433 225	13 537	25 394	472 156
浙　江	106 122		5 245	111 367
安　徽	112 645	9 178	10 394	132 216
福　建	300			300
江　西	139		1 743	1 882
山　东	651 362	41 306	103 066	795 734
河　南	416 593	32 544	12 596	461 732
湖　北	13 318	788	262	14 368
湖　南	191		2 308	2 500
广　东	64 820		172	64 992
广　西	15 473		5	15 479
海　南				
重　庆	12 162	879	640	13 681
四　川	104 918	15 203	17 933	138 053
贵　州	88 942	6 658		95 600
云　南	60 264	9 440	45	69 748
陕　西	188 858	51 811	32 036	272 704
甘　肃	434 669	141 496	11 197	587 362
青　海	112 659	6 218	2 388	121 265
宁　夏	442 239	164 681	16 111	623 031
新　疆	522 305	20 272	4 515	547 092
新疆兵团	343 634	11 129	4 479	359 242
全国总计	10 040 420	2 434 389	713 294	13 188 103

三、反刍动物饲料的发展趋势

当前饲料行业发展机遇与挑战并存。一方面，受国内外环境变化影响，饲料产业发展的不确定性、不稳定性因素增加，特别是新冠肺炎疫情全球蔓延引发的贸易限制等，触发国内饲料原料市场的连锁反应，饲料原料价格上涨的压力持续增加。资源紧缺、环境保护压力加大、产业创新能力不足、动物疫病风险增加、国际竞争力不强等问题也依旧存在。另一方面，反刍动物饲料业进入经济、生态、社会效益并重的高质量绿色发展新阶段。特别是调优产品结构，调精品质结构对饲料科技在节本、高效、智能、绿色等方面提出了更高要求。未来，反刍动物饲料行业必将顺应高质量发展的内在需要，高效利用资源、科技创新、技术创新、以绿色驱动发展、促进产业融合，全面推动畜牧饲料业高质量绿色发展。

2021年中央1号文件提出，要持续加大畜牧业产业扶持力度，实施脱贫地区的特色种养业提升行动；鼓励发展全株青贮玉米等优质饲草饲料种植；加快构建现代养殖体系，积极发展牛羊产业，继续推进实施奶业振兴行动。畜牧养殖产业作为农业农村经济的重要部分，产业前景一定会更加美好，这些政策红利将给反刍动物饲料行业带来巨大的发展空间。未来反刍动物饲料行业发展具有以下几大趋势：①需要聚焦饲料行业热点难点，减少药物添加剂的使用，开发反刍动物全程无抗日粮技术方案，推广绿色营养调控技术，进而从源头上保障畜产品质量安全；②寻求饲料原料本地化和高效化，提升营养物质利用率和饲料加工工艺水平，实现高水平的有效供给，提升饲料转化效率和性价比；③基于饲料营养组分在草食动物机体内代谢及其向畜产品高效转化的生物学机制，建立草食家畜健康养殖的减排关键营养调控技术及标准化精细饲养技术规范；④建立集全株青贮玉米种植、牛羊规模化标准养殖和废弃物循环利用为一体的种养结合配套体系；⑤开展饲料营养素—消化道微生物组—畜产品质量安全交互作用及其动态检测技术研究，构建主要饲料有毒有害物质快速检测技术方法和规程。综上所述，在“十四五”期间由传统畜牧业向现代畜牧业转型的关键时期，主动顺应新形势，以提高发展质量、效益和竞争力为中心，充分发挥饲料工业在畜牧业现代化进程中的引领作用。

（孙海洲　金　鹿）

宠物饲料

我国宠物饲料蓬勃发展。近年来，随着居民生活水平提高，人口城镇化、老龄化加速等，宠物已然成为情感链接的重要一环，宠物行业快速发展，宠物饲料产量产值呈现逐年增长态势。2020年，我国宠物饲料总产量96.3万t，同比增长10.6%；宠物饲料产品产值114.8亿元，营业收入117.5亿元，同比分别增长11.1%、20.5%。

一、宠物饲料生产情况

2020年，我国宠物饲料总产量96.3万t，同比增长10.6%，占饲料总产量比重较2019年持平。

分类别看（表1），其中，宠物配合饲料产量93.1万t，同比增长9.3%；宠物添加剂预混合饲料产量1.7万t，同比增长82.3%；其他宠物饲料产量1.6万t，同比增长61.1%。

分品种看，主粮消费占据主体地位。犬饲料产量58.3万t，同比增长0.5%，占宠物饲料总产量比重60.5%；猫饲料产量35.8万t，同比增长35.9%，占比37.2%；其他宠物饲料产量2.3万t，同比下降17.5%，占比2.4%。

表1　2020年我国宠物饲料产量

类别	合计		宠物配合饲料		宠物添加剂预混合饲料		其他宠物饲料	
	产量（万t）	同比（%）	产量（万t）	同比（%）	产量（万t）	同比（%）	产量（万t）	同比（%）
小计	96.3	10.6	93.1	9.3	1.7	82.3	1.6	61.1
犬饲料	58.3	0.5	57.3	−0.2	1	62.6		
猫饲料	35.8	35.9	35.3	35.1	0.5	125		
其他	2.3	−17.5	0.5	−69.1	0.1	107.9	1.6	61.1

二、宠物饲料产量逐年增长

根据中国饲料工业协会统计监测情况，2018—2020年，我国宠物饲料产量分别达78.6万t、87.1万t、96.3万t，产量连续3年创新高，2019年、2020年同比分别增长10.8%、10.6%。近3年宠物饲料产量年均增幅达10.7%，高于饲料总产量年均3.1%的增速。其中，犬饲料、猫饲料年均增长率分别为3.3%、28.5%（表2）。

注：以上统计数据均来源于全国饲料工业统计信息系统。

表 2　2018—2020 年我国宠物饲料产量

年份	宠物饲料产量	分品种			分类别		
		犬饲料	猫饲料	其他	宠物配合饲料	宠物添加剂预混合饲料	其他宠物饲料
2018（万 t）	78.6	54.6	21.7	2.3	78.1	0.4	0.02
2019（万 t）	87.1	58.0	26.3	2.8	85.2	0.9	1.0
2020（万 t）	96.3	58.3	35.8	2.3	93.1	1.7	1.6
年均增幅（%）	10.7	3.3	28.5	0.0	9.1	93.6	804.5

三、区域分布情况

我国 90%的宠物饲料集中在河北、山东、上海、安徽、浙江、北京等 6 省（直辖市），集中度高。其中，河北是宠物饲料第一生产大省，2020 年河北宠物饲料产量 41.5 万 t，同比下降 2.3%，占全国宠物饲料的 43.1%。其次，山东、上海、安徽、浙江、北京的宠物饲料产量分别为 16.8 万 t、11.2 万 t、8.2 万 t、5.1 万 t、3.7 万 t，分别占全国的 17.5%、11.6%、8.5%、5.2%、3.8%，增幅在 2.5%～44.2%不等（表 3）。

表 3　2020 年我国宠物饲料主要区域情况

地区	宠物饲料产量（万 t）	同比（%）	占全国比重（%）
全国总计	96.3	10.6	
河北	41.5	−2.3	43.1
山东	16.8	41.3	17.5
上海	11.2	9.0	11.6
安徽	8.2	23.0	8.5
浙江	5.1	44.2	5.2
北京	3.7	2.5	3.8
小计	86.4	10.3	90

四、不同规模企业情况

不同规模宠物企业产量呈现不同幅度增长。2020 年，全国万吨以上规模宠物饲料生产企业 23 家，比 2019 年增加 2 家，宠物饲料产量同比增长 12.6%，产量占比 65%，较 2019 年增长 1.3 个百分点。0.5 万～1 万 t 规模宠物饲料生产企业 24 家，比 2019 年增加 2 家，宠物饲料产量同比增长 11.0%，产量占比 17%，较 2019 年减少 1.4 个百分点。0.5 万 t 以下宠物饲料生产企业 272 家，比 2019 年增加 50 家，宠物饲料产量同比增长 8.6%，产量占比 17.9%，较 2019 年持平。

特种动物饲料

随着我国农业产业结构的调整及农业供给侧结构性改革需求的引导，以及受新冠肺炎疫情的影响，2020 年我国毛皮动物饲料和珍禽饲料市场规模比 2019 年度略有下降，茸鹿饲料和兔饲料市场规模与上一年度基本持平，保持相对的稳定。

一、特种动物产业发展概况

2020 年毛皮动物受市场皮张价格低位运行以及新冠肺炎疫情的影响，貂、狐、貉饲养量与 2019 年度相比下降明显，为 3 800 万只左右，水貂养殖量减少比较明显，貉和狐狸养殖量基本不变，饲养量为水貂 1 000 万只，狐 1 600 万只，貉 1 200 万只。随着产业的快速发展及人工成本的增加，毛皮动物养殖集约化、机械化程度越来越高，而且大型养殖场逐渐增加，以前以家庭为单位的小型养殖单元逐渐被大型集约化饲养代替，这就为饲料配制及规模化生产提出了很多技术新课题，如水貂鲜饲料的配制、保鲜、配送、貉颗粒饲料配制及自动化加食技术等，都是毛皮动物饲料产业未来发展的新方向。

兔的主要产品为毛用、肉用或皮肉兼用，为草食性动物，饲养成本低，饲料来源丰富；在我国的饲养主要集中在四川、重庆、山东、江苏、福建、浙江、河南、河北、安徽等地。兔养殖技术较易掌握，繁殖快，适宜于农户养殖，利用农村闲散劳动力及当地饲草资源，市场风险也较低。但随着我国环保要求的提升及严格执法，集约化饲养也逐渐增加，2020 年养殖量在 2.0 亿只左右，与 2019 年基本持平，肉兔活兔价格在 20 元/kg 左右，皮张价格受国际市场走势的影响略有下行，一般质量獭兔皮价格在 30 元左右，特级皮价格保持稳定，在 50 元左右。兔的毛皮属中低档产品，市场需求广泛，受国际经济走势的影响较小。

梅花鹿和马鹿是我国养殖的主要鹿种，2020 年的饲养量约 65 万头，与 2019 年养殖量持平，主要饲养方式为人工圈养，在我国各省份均有饲养，东北三省为主要养殖区，占到全国养殖数量的 80%。梅花鹿、马鹿饲养的主要产品为鹿茸，每年鹿茸产量约 520t，每年直接鹿茸产值达 10 亿元，带动其产品深加工、制药等相关产业产值达 670 多亿元，提供就业岗位 80 万左右，在我国农村区域经济的发展中起到了越来越重要的作用。

2020 年鹿茸价格较 2019 年度基本持平，仔鹿价格略有上涨。2020 年茸鹿饲料成本有所增长，主要是由于年初疫情暴发，饲料运输受影响，玉米及豆粕价格高位运行，由于人工成本的增加，粗饲料价格逐渐上涨，如果粮改饲步伐加快，种草养鹿提供更多优质粗饲料，会进一步提高养鹿的综合效益。当前，部分公鹿饲养多，平均产茸量较高的饲养场有较好的盈利，部分开展鹿茸深加工及制药的企业为了稳定鹿茸原料的供应及保证鹿茸原料质量，开展茸鹿的养殖有很好的综合经济效益。

我国传统饲养的珍禽品种主要有雉鸡、珍珠鸡、贵妃鸡、火鸡、野鸭、孔雀、鸵鸟、大雁等。2020 年最新公布的《国家畜禽遗传资源品种名录》，将孔雀、大雁等品种移除，受其影响，存栏数大幅度下降，饲料需求亦明显下降。目前珍禽市场需求较为旺盛，人们的消费习惯和生活需求对珍禽情有独钟，但由于当前存在着市场流通与调控能力不强，健康养殖理念不到位、养殖规模小而散等特性，生产效率不高，未来开展规模化健康养殖、生态观光养殖，互联网销售模式等，控制产业各个环节，提升品牌价值、提高珍禽养殖附加值是必然之路。野鸭、山鸡等珍禽养殖，在资金、技术、销售信息和渠道上也可以走专业合作社模式，以适应市场需求的新形势，让珍禽养殖产品真正成为人们寻常健康生活的必需品。

二、特种动物饲料生产情况

2020 年毛皮动物貂、狐、貉鲜饲料、干粉及颗粒饲料需求近 350 万 t，毛皮动物饲料企业生产商品狐貉粉料 110 万 t，主要由膨化玉米、豆粕、肉粉、鱼粉、DDGS、麦麸、米糠、豆油、鸡油、预混料等组成，是市场中全价饲料的主体，部分养殖户在使用全价饲料的过程中，会结合当地饲料资源情况，添加部分海杂鱼、鸡架、鸡肠等鲜饲料，一方面可以提高饲料的适口性和采食量，另一方面也可以增加饲料的多样性，补充部分动物性饲料，利用当地屠宰下脚料，降低饲料成本。水貂商品干粉配合饲料年生产 16 万 t 左右，主要由膨化玉米、豆粕、DDGS、米糠粕、添加剂预混合饲料等组成，用来代替水貂饲料中熟化植物性饲料，补充氨基酸、微量元素及维生素等成分，一般配比占水貂饲料的 20%～30%。2020 年水貂全价鲜饲料年需求 39 万 t，主要由海杂鱼、鸡骨泥、鸭骨泥、鸡肠、膨化玉米、豆粕、添加剂预混合饲料等组成，干物质含量约 35%，采取每日配送的形式分派到养殖场，这种集约化的厨房式生产需要在水貂养殖较为集中的区域开展，鲜饲料适口性好、营养全面、动物对营养物质的利用率较高，发展有较大潜力；由于鲜饲料的配送专业化程度高，运费高，市场半径有限，目前在水貂养殖较为集中的威海地区、潍坊地区市场需求较为旺盛。毛皮动物各类颗粒饲料年生产 31 万 t 左右，当前貉颗粒饲料由于饲喂方便，人工管理简捷，在部分把养殖当第二产业的地方有较好的需求，水貂颗粒饲料在部分地方也有一定的市场。毛皮动物添加剂预混合饲料年生产在 2.9 万 t 左右，主要为微量元素、维生素、氨基酸、酶制剂、抗生素等的混合物，多为 1%或 4%的添加产品，部分以预防腹泻、增加毛皮品质等的功能性添加剂预混合饲料产品也有一定的市场。毛皮动物商品饲料占市场需求将近 50%的份额，其中狐貉饲料仅 75%为商品饲料，而水貂饲料仅 30%为商品饲料，其他均为养殖场自配料。整个毛皮动物饲料市场还有很大的潜力，其市场主要分布在山东、河北、辽宁、吉林、黑龙江等地区。

兔的养殖比较分散，以区域性农户为主，2020 年兔专业性精料补充料已形成产业，在西部地区有一定的市场，大型专业化兔饲料公司逐步呈现，目前兔饲料市场约 600 万 t（含自做饲料）。

我国茸鹿的养殖 98%为人工圈养，很少部分的鹿被实施草地放牧或围栏放牧，适当人工补饲，而且梅花鹿占茸鹿养殖的 90%，饲料主要为梅花鹿精料补充饲料，占饲料市场的 80%。因为鹿茸是我国茸鹿养殖的主导产品，所以在养殖生产中，对公鹿生茸期饲料的营养供给考虑得最多，而且精饲料占到日粮干物质总量的 60%，其次是仔鹿生长期精饲料。随着人工成本的增加，粗饲料的收购价格提高，而且粗饲料在饲养过程中管理成本也较高，在仔鹿生长期和公鹿的生茸期，人们逐渐接受使用全混合日粮，即把精饲料和优质的粗饲料混合甚至制成颗粒来饲养鹿，以达到仔鹿健康快速生长和公鹿高产茸的目的。目前我国茸鹿的饲养主要以农户家庭圈养为主，大型集约化的养殖场较少，饲料的配制主要是自配精饲料在动物关键生产时期开展补饲，如仔鹿的生长期、公鹿生茸期、母鹿妊娠期和泌乳期开展补饲，集中饲养的吉林省每年公司化生产的全混合饲料和精料补充饲料的量在 10 万 t 左右，已初步形成了一定的市场规模。随着鹿这一特色珍贵资源深加工及高附加值科技成果的推广应用，鹿茸价格的走高，茸鹿饲料产业也将在养殖集中区逐步形成稳定的产业。

珍禽养殖的区域非常广泛，相对分散，在局部地区形成了特色养殖优势产业，但其饲料产业还未形成自己的特色和规模市场，其饲料的配制多参考家禽的营养需求及饲料配方，有一定的现实意义，但专业性不强，不能很好发挥动物的遗传潜力和生产性能。每年珍禽的饲料市场需求在 150 万 t 左右，除部分自配饲料外，多被家禽饲料企业直接代替，严重地阻碍了产业的健康高效发展。未来相对专业性的雉鸡饲料、野鸭饲料在大型珍禽养殖企业将形成一定规模，区域性特色养殖也将是未来珍禽产业发展的必然之路。

三、特种动物饲料发展特点

1. 受 2019 年度皮张价格较低影响，毛皮动物饲料价格竞争激烈，多元化结构增强。2020 年毛皮动物全价饲料、配合饲料、颗粒饲料、鲜饲料及添加剂预混合饲料等呈现多元化发展趋势，各类饲料市场总额均有不同程度的增长，养殖户自配饲料的比例下降，这表明商品饲料的市场化程度提高，专业化程度增强，更多的养殖户愿意使用商品化饲料开展毛皮动物养殖，从而减少人工成本及提高专业化分工。

受 2020 年皮张价格低位运行的影响，毛皮动物饲养户在饲料的选择上多选择价位低的饲料，在市场选择压力和利润空间的调节下，低价位毛皮动物饲料销售较好，市场竞争激烈。在多元化结构的变化中，毛皮动物颗粒饲料因其饲喂简单、便捷，在一定程度上降低了人工成本，在部分狐貉集中养殖区应用呈现扩大的趋势。随着产业的发展，越来越多的大型狐貉养殖场倾向于部分使用商品化的干粉饲料，减少由于饲料原料的购置、贮藏、加工等的繁杂程序及风险。水貂饲料不同于狐貉饲料，水貂是鼬科动物，是更严格的肉食动物，对食物的选择性强，适口性要求高，干粉饲料适口性相对鲜饲料差，而且在蛋白质的利用率上较低，完全的干粉饲料饲喂水貂，难以获得较好的生产性能，在体重、皮张延展性、毛皮光泽度等方面都略逊一筹。水貂养殖场一般都选择自配鲜饲料，部分饲养场选购一部分水貂配合饲料，其主要组成为膨化玉米、豆粕及部分微量元素和维生素的添加物，减少了养殖场熟化玉米等谷物饲料的麻烦，而且添加了微量元素和维生素及氨基酸、酶制剂等物质，提高了饲料营养的全价性和功能性，这种饲料的市场需求还在上升过程中。水貂鲜饲料在水貂养殖集中区市场份额逐渐增加，因为中小型水貂养殖场在进行鲜饲料配制时，在鲜饲料采购的质量控制、鲜饲料的保存以及加工等方面，面临着很多困难，鲜饲料加工配送公司生产的产品可以直接饲喂，适口性好、新鲜度高、营养的全价性好，这是未来水貂养殖集约化发展的必然趋势。

2. 特种动物疾病综合防控及养殖废弃物利用技术的应用推进了特种动物饲料行业的健康发展。特种动物疾病种类多，危害性大，特别是毛皮动物貂、狐、貉犬瘟热、病毒性肠炎等烈性传染病，各种原因引起的腹泻等，影响着动物饲料的有效利用，同时养殖废弃物对环境及动物自身健康的影响很大，对特种动物疾病开展综合防控，减少环境污染，有利于产业的健康良性发展。当前各类疫苗的应用有效地控制了烈性传染病，但环境污染程度大、动物饲养密集、常规性消毒措施不力、动物福利考虑少等都加大了疾病防控失败的风险，饲料中过度添加抗生素形成了病菌耐药性，降低了动物抵御疾病的能力，同时也降低了饲料的有效利用。饲料氨基酸平衡技术的应用降低了氮磷的环境排放，动物疾病综合防控及养殖废弃物综合利用技术的应用近年越来越受到重视，推进了特种动物饲料行业的健康发展。

3. 全混合日粮、精料浓缩饲料及预混饲料将成为茸鹿及獭兔饲料市场的主要产品。我国茸鹿及獭兔的养殖分布范围广而分散，但饲料的专业性要求高，饲料远程配送成本较高，高密度建厂市场又有限，这一矛盾需要平衡解决才能有益于健康的特种动物饲料市场。对相对集中的养殖区，茸鹿和獭兔饲料全混合日粮比较省事，集中做市场也成为可能，补充以精饲料或浓缩饲料，将会成为市场的主体。对养殖分散的区域，浓缩饲料和预混饲料将成为主体。

（鲍　坤　李光玉）

饲料原料工业概况

单一饲料概况

我国单一饲料产量随着饲料需求量的增长而增长，饲料原料供应为饲料生产提供了坚实的保障。2020 年，我国单一饲料产量创新高，产品产量达 9 752.9 万 t，同比增长 10.8%，较 2016 年增长近 20%。单一饲料产品总产值 3 192 亿元，同比下降 6.9%；营业收入 3 151 亿元，同比增长 1.4%。

一、主要单一饲料产品生产情况

1. 谷物及其加工产品。2020 年总产量 1 520.4 万 t，同比增长 6.5%，占单一饲料总产量的 15.6%。其中，干酒精槽（DDGS）723 万 t，同比增长 12.0%；喷浆玉米皮 479 万 t，同比下降 0.3%；玉米蛋白粉 261 万 t，同比增长 1.4%。

2. 油料籽实及其加工产品。2020 年总产量 7 765.3 万 t，同比增长 11.8%，占单一饲料总产量的 79.6%。其中，豆粕 7 298 万 t，同比增长 13.2%；菜粕（含双低菜粕）200 万 t，同比下降 0.6%；棉籽粕 160 万 t，同比下降 17.4%；花生粕 106 万 t，同比增长 23.1%。

3. 豆料作物籽实及其加工产品。2020 年总产量 9 304t，同比增长 171.0%，占单一饲料总产量的 0.01%。

4. 块茎、块根及其加工产品。2020 年总产量 713t，同比增长 121.9%，占单一饲料总产量的 0.001%。

5. 其他植物、藻类及其加工产品。2020 年总产量 8 744t，同比增长 14.9%，占单一饲料总产量的 0.01%。

6. 陆生动物产品及其副产品。2020 年总产量 198.8 万 t，同比增长 2.1%，占单一饲料总产量的 2.0%。其中，动物油 77 万 t，同比下降 9.6%；动物油渣 10 万 t，同比下降 8.3%；水解羽毛粉 32 万 t，同比增长 2.5%；肉粉 35 万 t，同比增长 45.7%。

7. 鱼、其他水生动物及其副产品。2020 年总产量 86.0 万 t，同比增长 3.2%，占单一饲料总产量的 0.9%。其中，鱼粉 68 万 t，同比增长 3.8%。

8. 天然矿物质。2020 年总产量 3.8 万 t，同比增长 4.2%，占单一饲料总产量的 0.04%。

9. 微生物发酵产品及副产品。2020 年总产量 175.6 万 t，同比增长 17.9%，占单一饲料总产量的 1.8%。其中，谷氨酸渣 34 万 t，同比增长 10.6%。

10. 其他类单一饲料。2020 年总产量 1.2 万 t，同比增长 2.8%，占单一饲料总产量的 0.01%（表 1）。

表 1　2020 年各类单一饲料产量

项　目	产量（万 t）	同比（%）	占比（%）
总计	9 752.9	10.8	
谷物及其加工产品	1 520.4	6.5	15.6
油料籽实及其加工产品	7 765.3	11.8	79.6
豆料作物籽实及其加工产品	0.9	171.0	0.01
块茎、块根及其加工产品	0.1	121.9	0.001
其他植物、藻类及其加工产品	0.9	14.9	0.01
陆生动物产品及其副产品	198.8	2.1	2.0
鱼、其他水生动物及其副产品	86.0	3.2	0.9
天然矿物质	3.8	4.2	0.04
微生物发酵产品及副产品	175.6	17.9	1.8
其他	1.2	2.8	0.01

注：1. 豆粕产量为豆粕（大豆粕）、膨化豆粕、发酵豆粕 3 类合计值。

2. 菜粕产量为菜籽粕（菜粕）、双低菜籽粕（双低菜粕）2 类合计值。

注：以上统计数均来源于中国饲料工业统计信息系统。

二、主要品种以增为主

2020年，我国单一饲料总产量与商品饲料总产量增幅均达10%左右。单一饲料产品总产量9 753万t，同比增长10.8%。全国工业饲料总产量25 276.1万t，同比增长10.4%。单一饲料中，油料籽实及其加工产品产量占据主要地位，占单一饲料总产量的79.6%，近5年年均增速达3.6%。其次是，占总产量的15.6%的谷物及其加工产品产量年均增长13.0%（表2）。

表2 近5年国内单一饲料主要品种产量变化情况

项目	谷物及其加工产品	油料籽实及其加工产品	陆生动物产品及其副产品	鱼、其他水生动物及其副产品	微生物发酵产品及副产品
2016年（万t）	931	6 746	162	81	99
2017年（万t）	1 039	7 186	151	62	109
2018年（万t）	1 236	7 231	196	81	152
2019年（万t）	1 428	6 944	195	83	149
2020年（万t）	1 520	7 765	199	86	176
年均增长率（%）	13.0	3.6	5.3	1.6	15.3

从主要单项产品看，近5年除菜粕年均下降9.0%外，豆粕、棉籽粕、鱼粉、DDGS产量均呈现走高趋势，年均增速分别达4.3%、2.3%、3.8%、1.9%、27.6%（图1）。

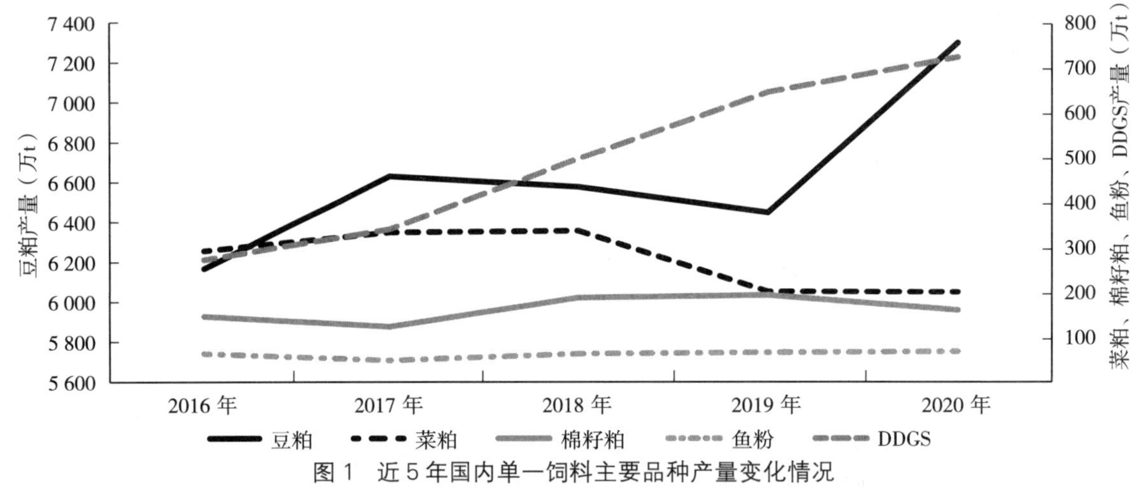

图1 近5年国内单一饲料主要品种产量变化情况

三、区域情况

一是产品集中度提升。2020年96.7%的单一饲料产量集中在山东、江苏、广东等20省份，产量占全国比重较2019年提高了0.4个百分点。

二是产区优势明显。2020年，我国单一饲料产量前5省份分别是山东、江苏、广东、辽宁、广西，合计产量5 591万t，占全国总产量的57.3%。其中，山东、江苏占比最大，分别达17.5%、14.8%。值得一提的是，单一饲料产量前5省份，恰好也是饲料总产量排名前5省份（表3）。单一饲料的产区优势，保障区域饲料供应。

表3 主要单一饲料生产省份生产情况

地区	2020年	同比（%）	占全国比重（%）
全国总计	9 753	10.8	
山东	1 709	8.5	17.5
江苏	1 443	10.4	14.8
广东	924	2.7	9.5
辽宁	807	37.5	8.3
广西	708	5.2	7.3
河北	653	13.3	6.7
天津	506	25.3	5.2

（续）

地区	2020 年	同比（%）	占全国比重（%）
吉林	437	−0.9	4.5
黑龙江	411	13.1	4.2
福建	395	0.1	4.1
浙江	249	35.1	2.6
四川	246	31.6	2.5
河南	230	2.1	2.4
内蒙古	184	7.8	1.9
湖北	161	4.8	1.6
安徽	141	36.9	1.5
陕西	118	5.9	1.2
新疆	106	−14.6	1.1
小计	9 429	11.2	96.7

四、企业规模情况

从单一饲料产量规模情况看，年产 10 万 t 以上单一饲料企业 163 家，合计产量 8 596 万 t，同比增长 14.1%，占全国总产量的 88%。其中，年产百万吨以上企业共 29 家，产量合计 3 717 万 t，同比增长 14.2%，占全国比重 38.1%；年产 50 万～100 万 t 企业共 33 家，产量合计 2 398 万 t，同比增长 13.0%，占全国比重 24.6%；年产 10 万～50 万 t 企业共 101 家，产量合计 2 481 万 t，同比增长 15.1%，占全国比重 25.4%。

主要饲料原料产量分布与概况

供应充足、品种多样的全球饲料原料供应，保障饲料生产稳定，足以满足养殖业需求。据奥特奇全球饲料调查数据，2020 年全球饲料产量近 11.88 亿 t，较 2018 年增长 1%。中国是第一大饲料生产国，其次是美国、巴西、印度、墨西哥、西班牙、俄罗斯、日本、德国、阿根廷，前十国家饲料产量占全球的 63%。分地区看，亚太地区依旧是饲料最大生产区，约占全球产量 36.5%，较 2019 年增长 0.2 个百分点。其次是欧洲饲料产量 2.62 亿 t，同比下降 1%，占全球饲料产量的 22.1%，较 2019 年减少 0.4 个百分点。北美洲、南美洲饲料产量分别为 2.37 亿 t、1.77 亿 t，增长 1%、4%。非洲、中东地区饲料产量均下降 2%，大洋洲饲料产量同比增长 2%。

一、玉米

1. 全球玉米生产情况。据美国农业部数据，2020/2021 年度全球玉米产量 11.34 亿 t，较上年度增加 1 747 万 t，同比增长 1.6%。估计全球玉米消费量 11.58 亿 t，连续 5 年呈现上升态势。玉米产业主要分布在美国、中国、巴西、阿根廷等国家，其中美国是全球第一大玉米产国，2020 年美国玉米产量为 3.5 亿 t，占比 31.0%；中国玉米产量占比 23.4%，位居世界第二。

2. 中国玉米生产情况。据国家统计局数据，我国玉米种植面积 2015 年达到 4 497 万 hm²，处于历史最高位，2016 年以来呈现下降趋势，2020 年玉米种植面积 4126 万 hm²，较 2019 年持平略降 2 万 hm²。得益于玉米种业和现代化种植技术的发展，近年来，我国玉米单位面积产量快速提升，从 2011 年的 5 748kg/hm²，增长到 2020 年单产 6 317kg/hm²，近 10 年增长了近 10%。自 2016 年起我国持续推进农业供给侧结构性改革，玉米去库存化，玉米产量 2016—2018 年连续 3 年回落，2019 年有所增长，达到 26 077 万 t，较 2018 年增加 360 万 t。2020 年我国玉米产量 26 067 万 t，较 2019 年持平略减 10 万 t（图 1）。

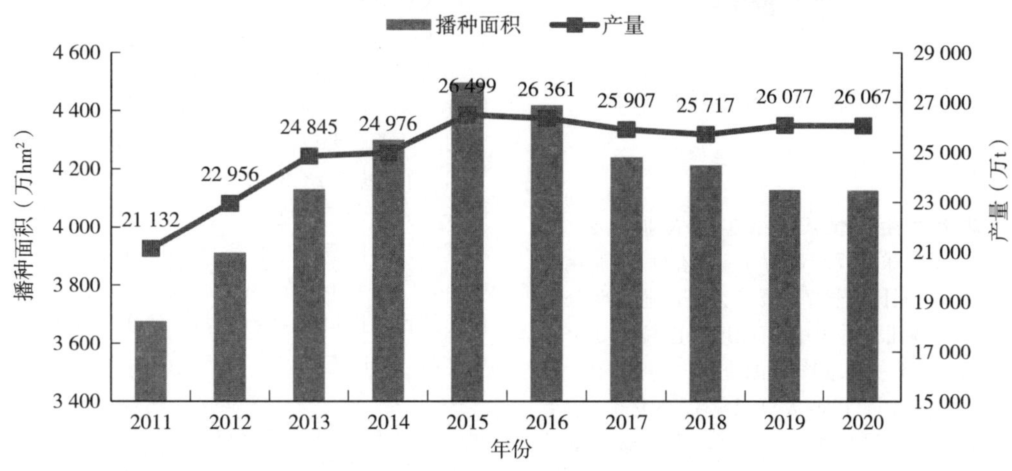

图 1　2011—2020 年我国玉米播种面积和产量

3. 进出口情况。受市场炒作和预期上涨情绪浓厚等多因素叠加推动，2020 年玉米价格大幅上涨，玉米进口量大幅增加，创历史新高。据海关数据，2020 年我国进口玉米 1 129.4 万 t，同比增长 135.8%；进口额 24.9 亿美元，同比增长 135.3%；出口玉米 0.2 万 t，同比下降 93.3%，出口额 38.4 万美元，同比下降 94.3%。净进口量 1 129 万 t，较 2019 年增加 652 万 t，同比增长 137%，净进口量连续 3 年增加。

自 2015 年起，我国玉米的主要进口国为乌克兰。2020 年进口乌克兰玉米 629.8 万 t，较 2019 年增加 216.0 万 t，同比增长 52.2%，占总进口量的 55.7%。其次是美国，进口 434 万 t，较 2019 年增加 402.4 万 t，同比增长 1 266.9%，是总进口量的 38.4%。再次是欧盟、俄罗斯，分别占总进口量的 2.3%、1.2%（图 2 和图 3）。

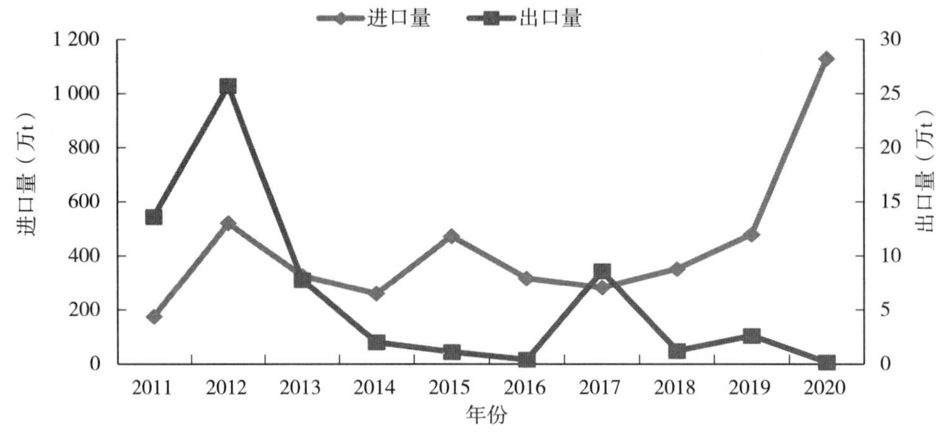

图 2　2011—2020 年中国玉米进出口情况

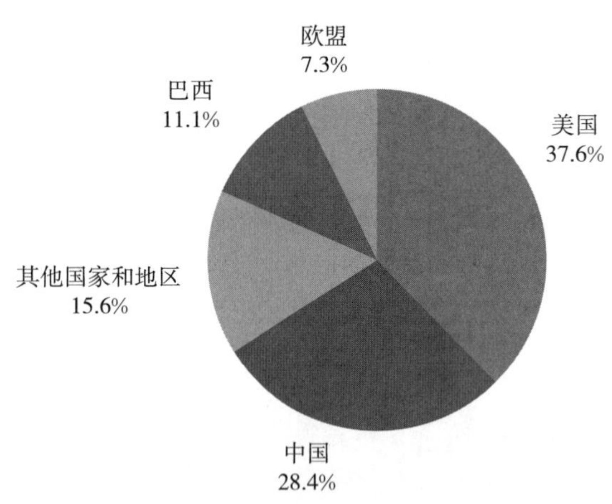

图 3　2020 年中国主要玉米进口国及占比

二、大豆

1. 全球大豆生产情况。据美国农业部数据，2020/2021 年度全球大豆产量为 3.61 亿 t，较上年度增加 2 453 万 t，同比增长 7.3%。大豆产业主要分布在巴西、美国、阿根廷、中国、印度、巴拉圭 6 个国家，合计大豆产量占全球产量的 92.5%。其中，巴西是第一大豆生产国，巴西大豆产量 1.33 亿 t，较上年度增加 700 万 t，同比增长 5.6%，占全球产量的 36.8%。美国大豆产量 1.13 亿 t，较上年度增加 1 588 万 t，同比增长 16.4%，占全球产量的 31.2%。

2. 中国大豆生产情况。受大豆振兴计划政策带动，2020 年大豆总产量、总播种面积、单产均实现了大幅增加。据国家统计局数据，2020 年全国大豆产量 1 960 万 t，比 2019 年增加 150 万 t，同比增长 8.3%；2020 年大豆播种面积 987 万 hm^2，比 2019 年增加 54 万 hm^2，同比增长 5.9%；2020 年大豆单产为 1 986kg/hm^2，每公顷产量比 2019 年增加 46kg，同比增长 2.3%（图 4）。

3. 进出口情况。我国是大豆主要消费国和进口国，大豆对外依存度高。我国大豆进口量连年递增，自 2015 年以来连续 6 年进口量达 8 000 万 t 以上。2020 年我国大豆进口量首次超过 1 亿 t，刷新 2017 年进口 9 554 万 t 的纪录。据海关数据显示，2020 年我国累计进口大豆 10 033 万 t，较 2019 年增加 1 182 万 t，同比增长 13.3%；进口额 395.3 亿美元，同比增长 11.9%。大豆出口量 7.9 万 t，同比下降 30.7%；出口额 0.7 亿美元，同比下降 22.8%。净进口10 025 万 t，同比增长 13.4%。巴西、美国、阿根廷是我国进口大豆的主要来源国。2020 年我国进口巴西、美国大豆分别 6 428 万 t、2 587 万 t，同比分别增长 11.5%、52.7%，分别占总进口量的 64.1%、25.8%；进口阿根廷大豆 746 万 t，同比下降 15.1%，占总进口量的 7.4%（图 5 和图 6）。

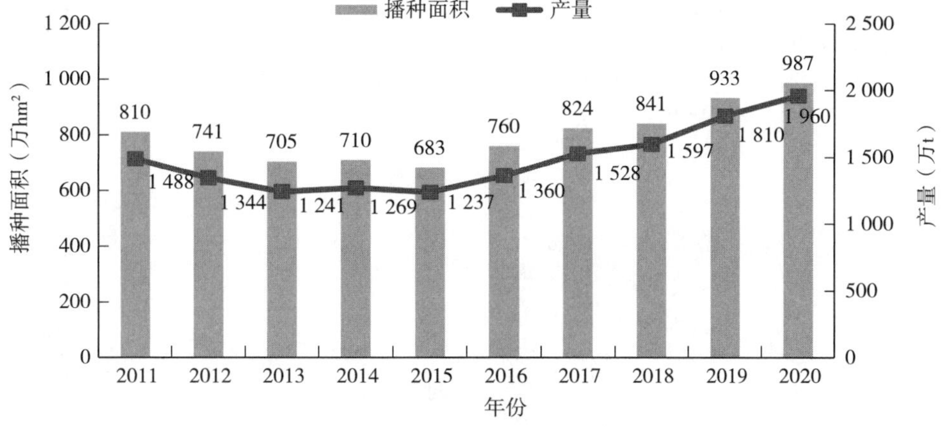

图4　2011—2020年中国大豆播种面积和产量

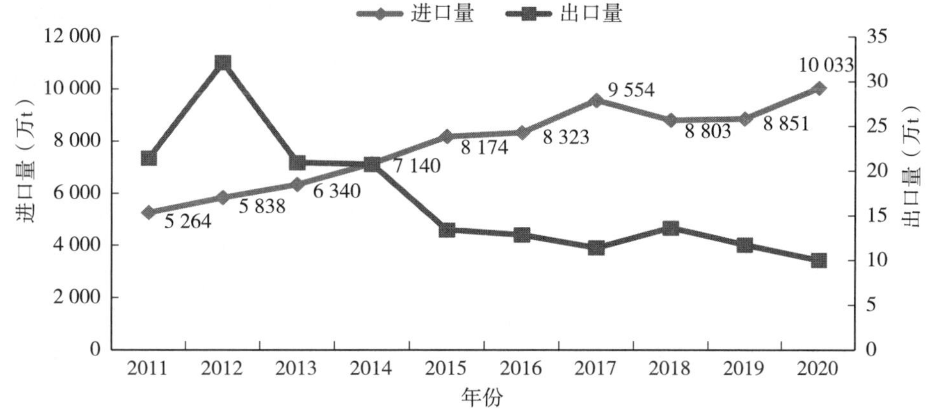

图5　2011—2020年中国大豆进出口情况

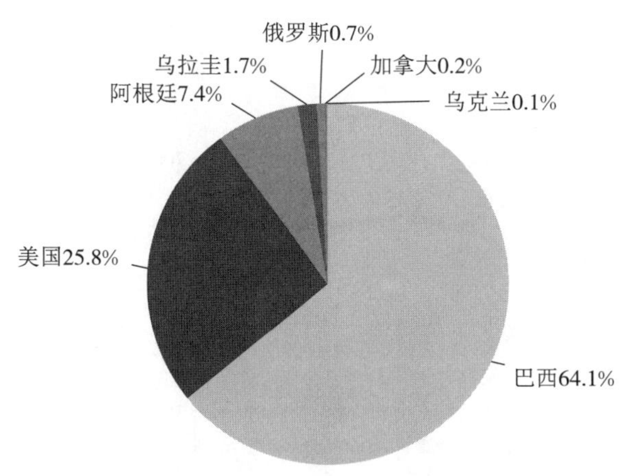

图6　2020年我国主要大豆进口国及进口量占比

三、油菜籽

1. 全球油菜籽生产情况。据美国农业部报告显示，2020/2021年度全球菜籽产量为7 082万t，较上年度减少139万t，同比下降2.0%。预测2020/2021年度全球油菜籽进口量、出口量分别为1 663万t、1 665万t，同比分别增长7.0%、7.2%；压榨量为6 962万t，同比增长1.8%，主要是中国油菜籽需求良好，及印度产量的增加也提高了油菜籽的压榨量。期末库存为581万t，较上一年度下降164万t，降幅22.0%。其中，加拿大受油菜籽价格大幅上涨改善了种植收益，或促进农户种植积极性，预计加拿大油菜籽种植面积增加40万亩*，油菜籽产量达1 990万t，较2019年度增加90万t，同比增长4.7%。受恶劣天气制约播种进度，预计2020/2021年度欧盟和英国的油菜籽播种面积减少2%至550万hm²，处于2006/2007年度以来的最低位。播种面积下滑制约产量增幅，预计2020/2021年度该地区油菜籽产量预计为1 700万t，仅较2019年同比增加20万t。

2. 国内油菜籽生产情况。我国是油菜籽种植大国，2009—2015年连续7年种植面积在700万hm²以

* 亩为非法定计量单位，1亩=1/15hm²。——编者注

上。受 2015 年起取消油菜籽临时收储政策影响，农户种植积极性降低，油菜籽种植面积下降，2016—2020 年连续 5 年种植面积在 680 万 hm^2 左右。据国家粮油信息中心预计，2020/2021 年度国内油菜籽产量为 1 411 万 t，较上年度增长 63 万 t，同比增长 4.6%。我国油菜籽播种面积预计为 679 万 hm^2，较 2019 年增加 20 万 hm^2，同比增长 3.1%。单产预计为 2.1t/hm^2，同比增长 1.5%（图 7）。

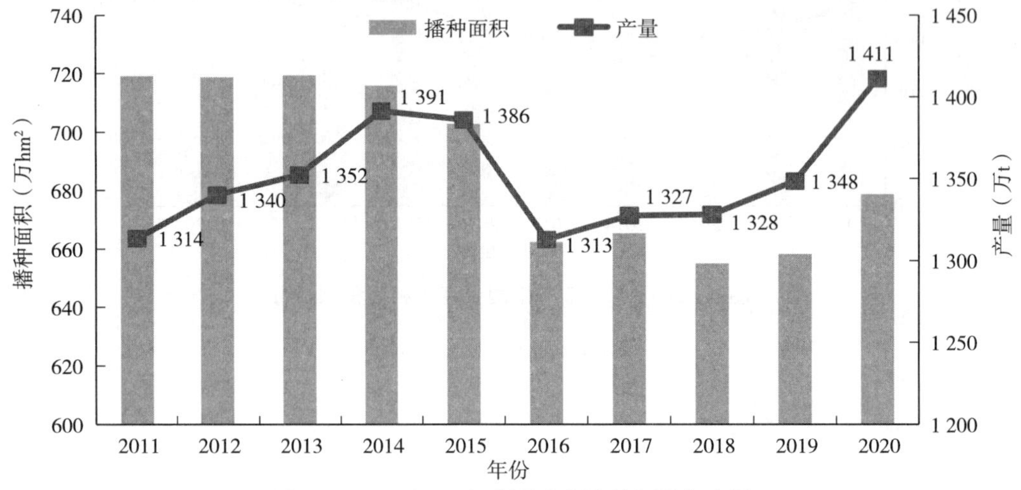

图 7　2011—2020 年我国油菜种植面积与产量

四、棉花

1. 全球棉花生产情况。据美国农业部数据，2020/2021 年度全球棉花产量预计为 2 485.2 万 t，较 2019/2020 年度下降 174 万 t，同比增长 6.5%。全球棉花消费量为 2 551.9 万 t，较 2019 年增加了 317.9 万 t，同比增长 14.2%。

2. 中国棉花生产情况。我国是棉花生产大国。2020 年我国棉花产量稳中有增。据国家统计局公布，2020 年，我国棉花总产量 591.0 万 t，比 2019 年增加 2.1 万 t，同比增长 0.4%。棉花播种面积 316.99 万 hm^2（4 754.8 万亩），比 2019 年减少 16.94 万 hm^2（254.1 万亩），同比下降 5.1%。棉花单产 1 864.5kg/hm^2（124.3kg/亩），比 2019 年增加 100.9kg/hm^2（6.7kg/亩），同比增长 5.7%。受新疆目标价格补贴政策，近三年新疆棉花种植面积整体平稳。2020 年，新疆棉花产量 516.1 万 t，比 2019 年增加 15.9 万 t，同比增长 3.2%，占全国总产量的 87.3%，较 2019 年提高 2.4 个百分点（图 8）。

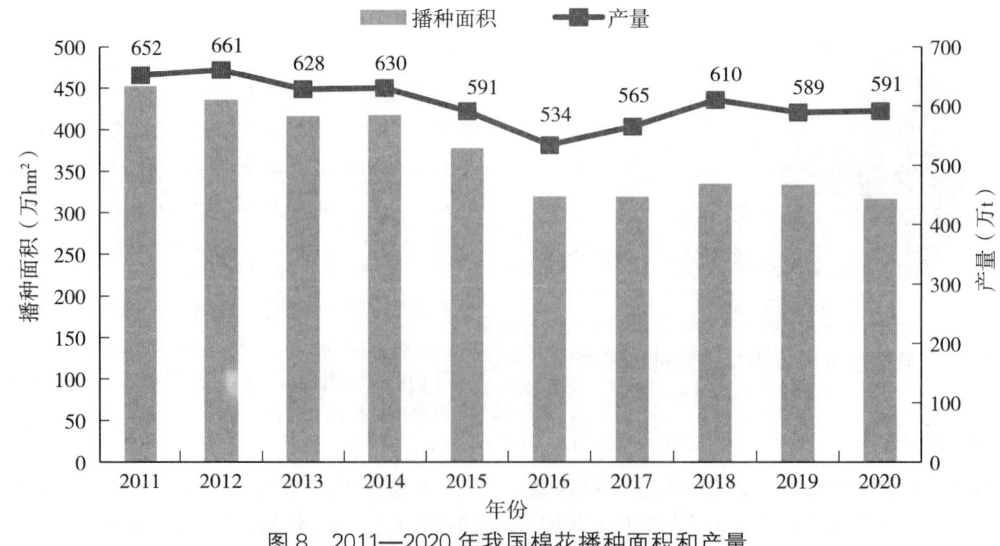

图 8　2011—2020 年我国棉花播种面积和产量

3. 进出口情况。2020 年棉花进口量 216 万 t，同比增长 16.7%，主要来源于美国、巴西、印度。受近年国内棉花产量下降，储备棉库存减少因素等影响，我国棉花进口量呈现逐年增加态势，2016—2020年中国棉花进口量连续5年增加。

五、鱼粉

1. 全球鱼粉生产情况。虽然智利、美国和印度均报告鱼粉年产量出现显著下降，2020年全球鱼粉产量较2019年有所增长。据国际海洋原料组织（IFFO）预测，2020年全球鱼粉产量506万t，较2019年增加5万t，同比增长11%。

2. 中国鱼粉生产情况。2020年国内鱼粉产量约68万t，同比增长3.8%。浙江是我国第一大鱼粉生产地区，2020年鱼粉产量22万t，同比增长1.2%，约占全国的32%。其次是山东、辽宁、广东、广西，产量分别占全国的24%、23%、12%、5%。5省合计产量占国内生产总量的96%，较2019年提高了1.9个百分点（表1）。

表1　2020年国产鱼粉生产情况

项目	浙江	山东	辽宁	广东	广西	其他
产量（万t）	22	16	16	8	4	3
占比（%）	32	24	23	12	5	4

3. 进出口情况。我国是最大的鱼粉进口国。据海关数据显示，2020年我国进口鱼粉143万t，同比增长0.4%；进口额19.7亿美元，同比下降0.5%。其中，进口秘鲁鱼粉65.4万t，同比下降15.1%，占总进口量的45.7%，较2019年减少8.6个百分点。除秘鲁外的原产地进口量为77.6万t，同比增长18%，占总进口量的44.7%，进口额突破10亿美元。进口智利鱼粉为11.0万t，同比增长72.8%，占总进口量的7.8%。2020年我国仅出口鱼粉493t，同比增长64.2%；出口额60.3万美元，同比增长36.6%。

（陆泳霖　陈亚楠）

玉米生产、贸易与市场情况

一、总体情况

2020年，随着我国玉米拍卖结束，玉米市场再次进入市场化运作。国内玉米供需格局发生质的转变，已经从供大于求进入供需偏紧阶段。2020年，我国玉米产量基本与2019年持平，进口玉米创下近5年进口的最高纪录。2020年我国畜禽养殖中，除了水产略有下降，其他畜禽存栏均处于稳步提升，饲用玉米消费总量稳步提升。2020年我国玉米深加工开工率下降，主要来自2020年原料玉米市场价格不断冲高。2020年我国扩大进口量和提高相关替代品使用成为制约玉米价格重要因素。

二、2020年玉米价格回归“2”时代

图1显示，2020年全年玉米均价为2 220元/t，同比提高了16.10%。全年玉米价格表现强势上扬，呈现左肩头上涨走势。虽然2020年，我国生猪市场仍受到非洲猪瘟疫情影响，但生猪饲料需求从下半年开始恢复，加上其他畜禽市场需求强劲，我国玉米市场2019年均呈现震荡走高趋势。市场预期非常明显，没有出现季节性的价格回调行情。这表现出明显的牛市行情。

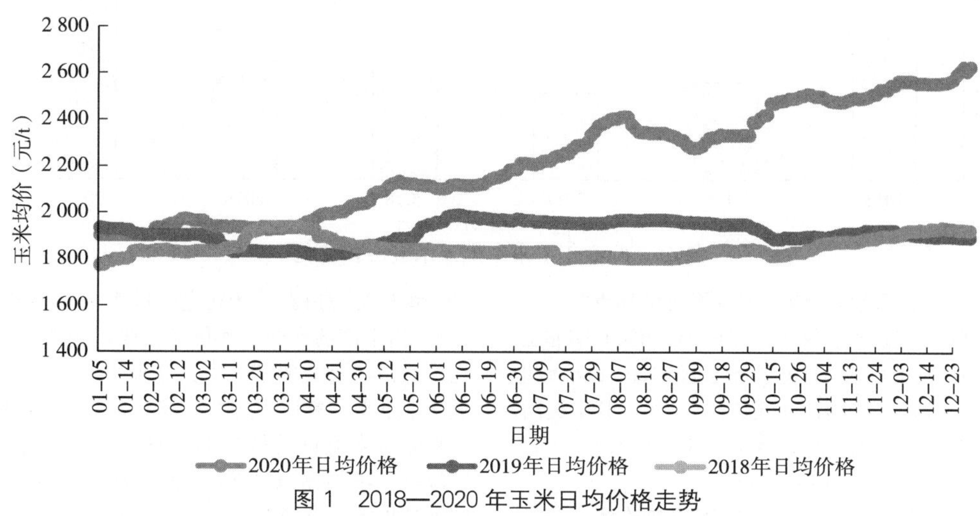

图1　2018—2020年玉米日均价格走势

三、2020 年玉米供需情况

1. 玉米产量和播种面积回调。2020 年玉米种植面积和产量均出现小幅回调。2020 年玉米播种面积为 4 126 万 hm^2，较 2019 年下降 2 万 hm^2，创近年新低。2020 年的玉米总产量 2.61 亿 t，较 2019 年下降 10 万 t，处于相对高位（图 2）。

2020 年国内玉米政策以“稳”字当头，要求稳面积、稳产量，防止非优势区玉米面积大幅反弹，提升优势产区玉米产能，确保全国玉米面积基本稳定。2020 年大豆补贴仍高于玉米，且一季度玉米价格仍处于相对低位，农户种植玉米积极性不高。

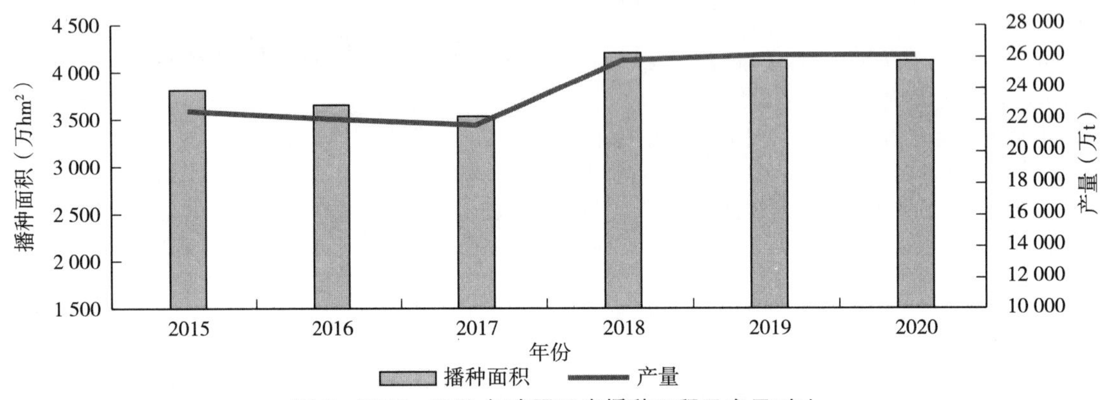

图 2　2015—2020 年我国玉米播种面积及产量对比

2. 2020 年玉米进口再创进口历史记录。2020 年，我国共计进口玉米 1 129.41 万 t，同比增长了 1.35 倍，为进口历史最高位。出口总量维持低位，全年出口 0.25 万 t，同比 2019 年 2.64 万 t，继续下降。由于 2020 年我国进口玉米超过 720 万 t，我国玉米进口实行的是配额制度，关税内玉米配额为 720 万 t，关税为 1%，配额外关税为 65%。2020 年是我国进口玉米市场的一个重要转折年份，对未来我国玉米走势会形成深刻影响（图 3 和图 4）。

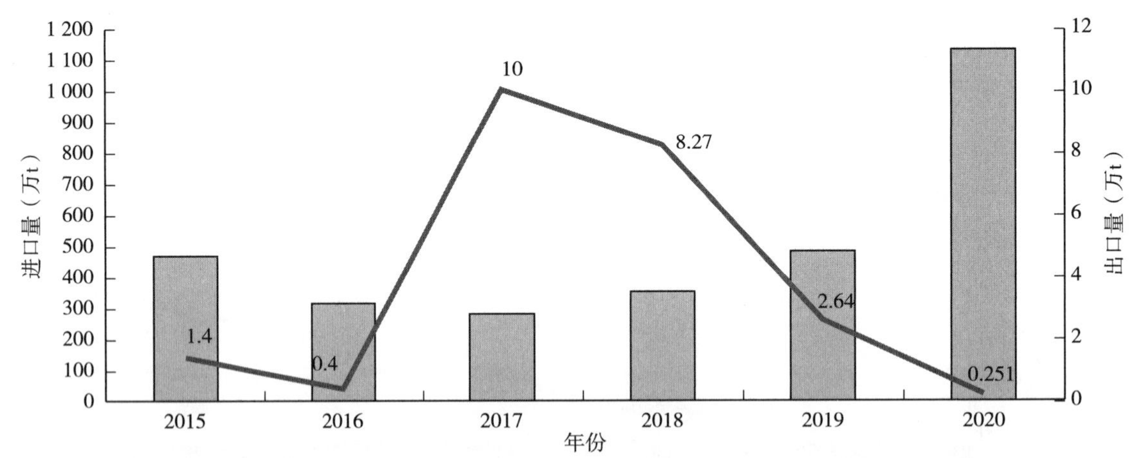

图 3　2015 年以来中国玉米进出口变化

2020 年，我国进口玉米国家主要集中乌克兰、美国、保加利亚、老挝和缅甸。其他东南亚国家和南非也有少量进口。其中乌克兰和美国分别进口 629.76 万 t 和 434.19 万 t，这两个国家占比达到 94.2%，其中美国进口量出现大幅增加，2019 年进口仅为 31.77 万 t，2020 进口量超过 2019 年的 12 倍。

3. 2020 年临储和进口玉米拍卖火热收场。2020 年 5 月 28 日启动临储竞价拍卖，累计举行 15 场临储玉米竞价交易拍卖，计划竞价销售临储玉米 5 995.7 万 t，由于市场预期玉米供应紧张，各主体积极参与竞价销售，成交率基本保持 100%，仅第 14 场拍卖成交率下滑，累计成交临储玉米 5 684.4 万 t，9 月 3 日临储玉米竞价销售结束（表 4）。相比之下，2019 年最后一场临储玉米拍卖是 10 月 17 日，2019 年临储玉米拍卖总成交 2 191 万 t。至此我国临储玉米去库存基本结束。

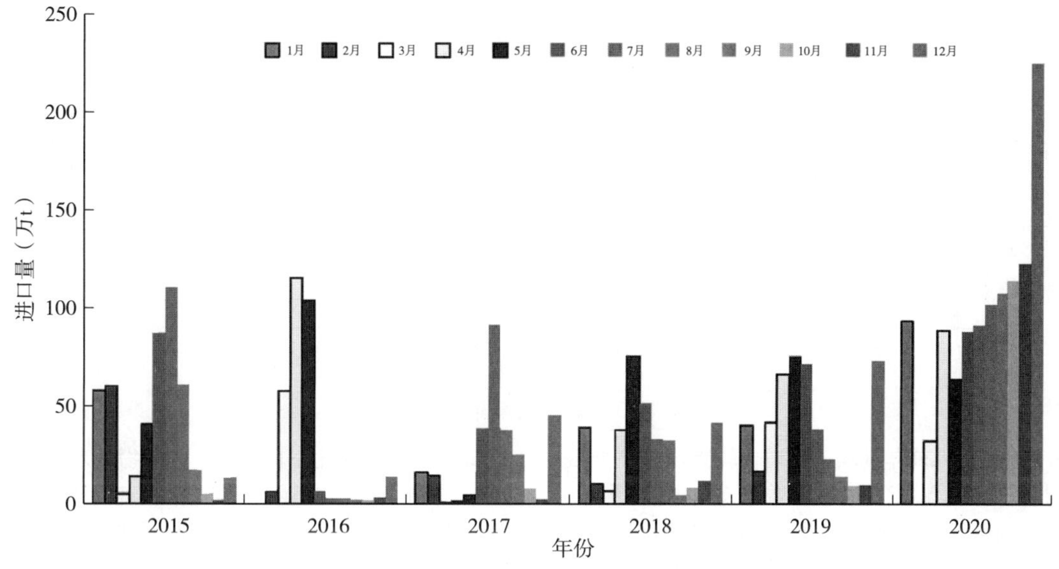

图4　2015 年以来中国玉米进口各月份变化情况

表 4　历年拍卖情况对比

年份	累计拍卖量（万 t）	拍卖成交量（万 t）	成交率（%）
2014	10 394	2 595	24.97
2015	11 953	355	2.97
2016	11 834	2 165	18.29
2017	9 980	5 748	57.60
2018	21 991	10 013	45.53
2019	8 059	2 191	27.19
2020	5 995.7	5 684.4	94.81

2015 年临储玉米收购结束后，临储库存曾高达 2.6 亿 t，经过 5 年去库存，已经全部消化完毕。临储玉米已经彻底退出历史舞台。预计后期玉米市场化程度将不断提高，市场定价、市场调节的能力将不断加强。

临储拍卖作为玉米市场价格的重要风向标和助推器，当临储拍卖的收官年遇上疫情年，市场敏感情绪自然一触即发。在缺口论逻辑的支撑下，临储库存的“清仓”似乎尤其具有象征意味。临储玉米开拍以来，玉米主力合约连续攀升，屡创新高。市场投机情绪高涨，资金炒作源源不断，出现了越拍越涨的现象。彼时粮源被集中掌握在东北大型贸易商手中，货权集中且有第三方资金支持，变现需求不急切，准备长期囤粮。持粮贸易商总体心理预期价位较高，无利润不出货。因此拍卖过程中出现了投机多、出货慢的现象。

4. 2020 年进口玉米及替代总量情况。2020 年我国进口玉米 1 129.41 万 t、DDGS 18.17 万 t、高粱 481.35 万 t、小麦 815.36 万 t、大麦 807.95 万 t、木薯干 330.48 万 t，共计进口谷物 2 774.76 万 t。其中进口 DDGS 仍维持低位水平，近几年，随着我国进口玉米总量不断大幅提升，DDGS 的进口量急剧下降（图 5）。这也是 2019 年我国对原产于美国的进口干玉米酒糟的反倾销和反补贴措施后，进口量没有起色。另外，国内小麦和稻谷及高粱的替代量在 2020 年有所提升，预计全年达到 7 400 万 t。

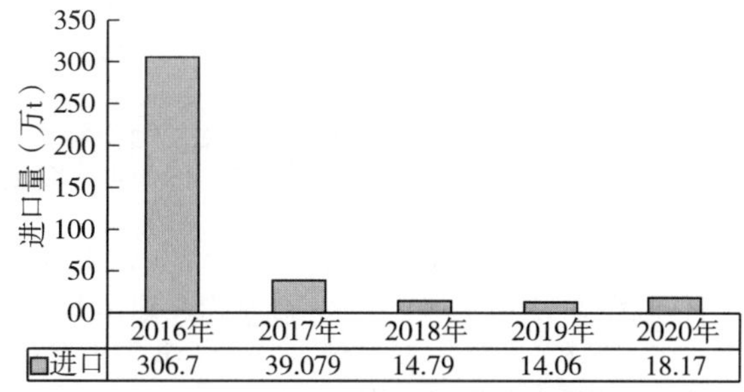

图5　2016 年以来进口 DDGS 总量对比

2020 年进口高粱开始恢复，全年进口量是 2019 年的 5.78 倍，2020 年进口高粱继续放量，基本用于饲料替代。2020 年上半年因疫情影响，进口量受到制约，下半年恢复正常（图 6）。主要来自美国、阿根廷、澳大利亚和缅甸。

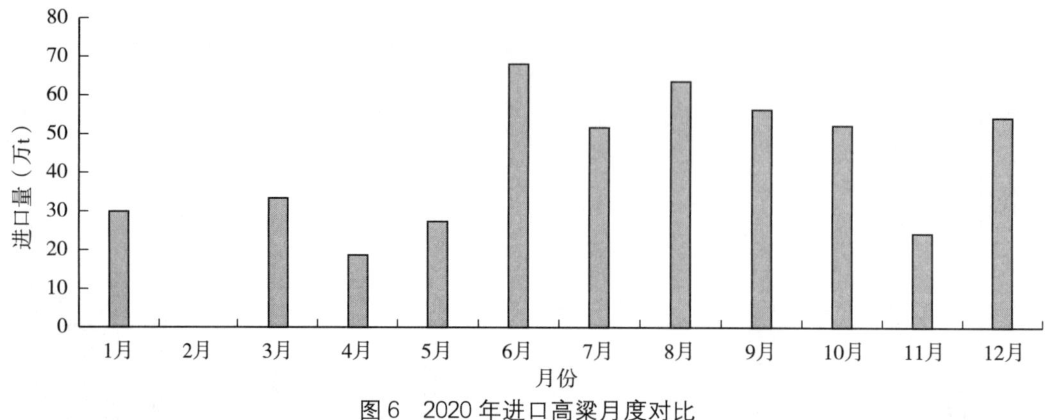

图6　2020年进口高粱月度对比

5. 疫情后2020年饲料产量增幅较大。2020年我国饲料总产量2.53亿t，同比增长10.4%（图7）。其中，猪饲料产量8 922.5万t，同比增长16.4%，达到2018年历史最高产量的86%；蛋禽饲料产量3 351.9万t，同比增长7.5%；肉禽饲料产量9 175.8万t，同比增长8.4%；反刍动物饲料产量1 318.8万t，同比增长18.9%；均创历史新高。水产饲料产量2 123.6万t，同比下降3.6%；宠物饲料产量96.3万t，同比增长10.6%；其他饲料产量287.2万t，同比增长18.7%。数据显示，除了水产饲料产量出现不同幅度下降，其他饲料产量均增长。其中肉禽饲料产量和反刍动物饲料产量均创历史新高。饲料产量增长很大程度上带动玉米市场的需求提升。

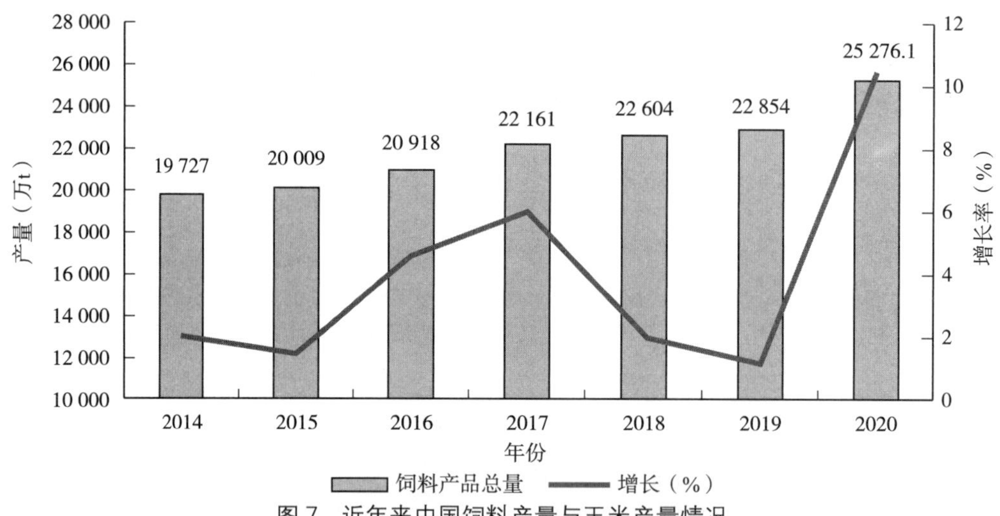

图7　近年来中国饲料产量与玉米产量情况

2020年12月末我国生猪存栏达到4.07亿头，能繁母猪存栏达到4 161万头，分别恢复到2017年末的92.1%和93.1%。这是继2019年，我国生猪存栏跌近谷底后，存栏基本恢复正常（图8）。值得一提的是，2020年，我国生猪出栏中育肥猪的体重明显高于此前几个年份，猪肉价格偏高、养猪利润丰厚、出现二次育肥现象是主要原因。

6. 深加工玉米消费略有下降。2020年，我国玉米深加工消费震荡调整，全年消费总量预计低于2019年的8 200万t，预计仅为8 000万t。这也是临储玉米拍卖以来深加工玉米消费量首次下降。2020年我国淀粉消耗玉米总量小幅下降（图9）。原料成本增加而终端走货不畅，企业微利或者亏损，导致淀粉企业开工率不足。同时，受双疫情影响，我国酒精消耗量提升，玉米生产酒精量略有提升，幅度有限。

7. 全球饲用玉米库存量下降，贸易量提升。据美国农业部（以下简称USDA）12月份的报告显示，预计2019/2020年度全球玉米产量11.16亿t，较2018/2019年度下降716万t，主要因美国产量下调1 830万t，而中国、巴西、欧盟等国家产量上调抵消部分产量下降幅度，全球产量仍处于历史第三高位。2019/2020年度全球玉米消费11.27亿t，较

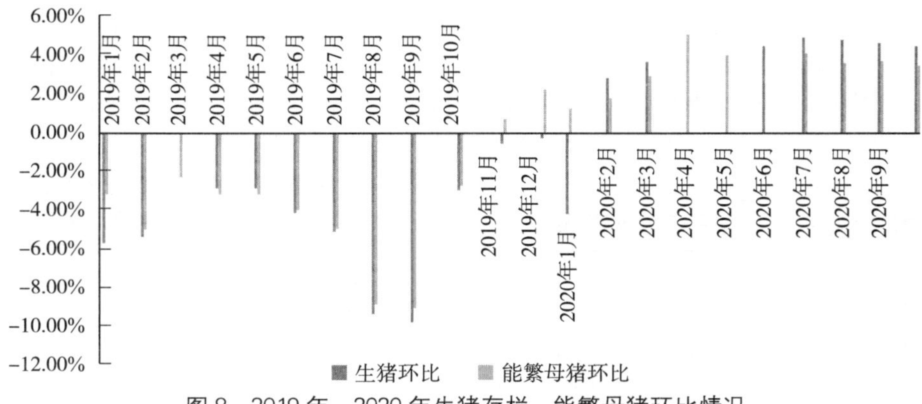

图 8　2019 年、2020 年生猪存栏、能繁母猪环比情况

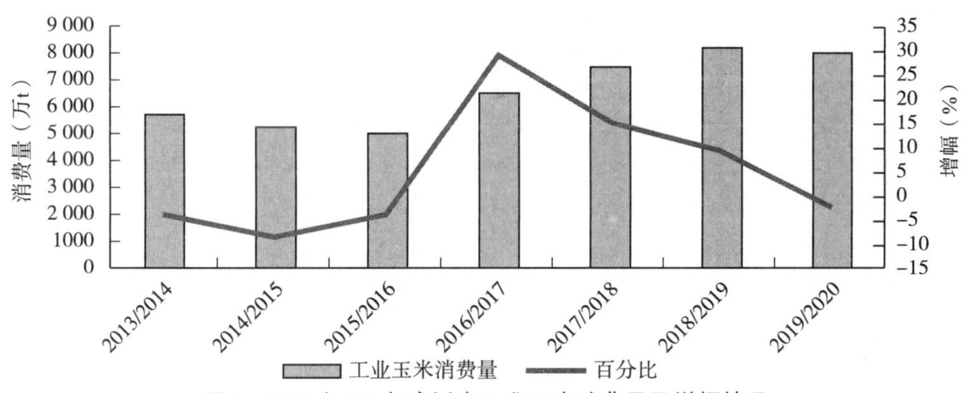

图 9　2013/2020 年度以来工业玉米消费量及增幅情况

2018/2019 年度下降 29 万 t，处于历史第二高位。因 2019/2020 年度中国期末库存下降 964 万 t，美国下降 573 万 t，导致 2019/2020 年度全球期末库存下降 1 643 万～3.03 亿 t，降至 5 年新低。需求弱稳，库存降幅明显，库存消费比下调至 26.93%，同比下降 1.5 个百分点。

USDA 预计 2020/2021 年度全球玉米产量 11.43 亿 t，较 2019/2020 年度增加 2 735 万 t，主要因美国、巴西产量上调。2020/2021 年度全球玉米消费 11.52 亿 t，较 2019/2020 年度增加 2 493 万 t，受中国、巴西、阿根廷需求增加提振。2020/2021 年度全球期末库存再降 1 446 万～2.89 亿 t，玉米消费增、库存降，库存消费比持续下降，反映全球玉米供应由宽松向偏紧转换。

四、2020 年玉米市场影响因素

1. 玉米替代及进口量超预期。2020 年我国玉米产量增幅有限。全年玉米消费量大幅提升，进口玉米总量显著回升，同时，国内相关替代产品如小麦、稻谷的使用量也增加，预计玉米替代量超过 5 000 万 t。进口替代和国内其他谷物替代品的增加，平抑了玉米因市场供需紧平衡的价格上涨趋势。

2. 饲用玉米用量超预期。2019 年下半年后我国生猪存栏中二次育肥猪增加，由于饲养大猪耗粮多［标猪（115kg）饲料转化率为 38.5%，大猪（150kg）饲料转化率为 33.3%］，这种低养殖效益对于蛋白和能量消耗量大幅增加。另外，部分肉禽替代养殖业增加了玉米的消费量提升。

3. 玉米深加工进入调整时期。2020 年，受玉米原料影响我国玉米深加工总体开工率低于 70%，年底消费总量略有回调。截至 2020 年我国玉米深加工行业主要产品中味精、淀粉、柠檬酸开工率较高。其中玉米味精开工率为 77%，玉米淀粉深加工开机率为 70%，柠檬酸开工率为 64%，酒精深加工开机率为 58%，赖氨酸开工率为 50%。

五、总结

2020 年，我国玉米市场供需形势出现转化，玉米市场从需求方转为供应方为主导。2020 年也是临储玉米去库存的收官之年，对此，调整玉米市场的手段将趋向分散。进口玉米市场的崛起，预计会对国内玉米市场形成深远影响。同时也要谨防国内小麦、稻谷和玉米倒挂现象，导致小麦、稻谷等其他谷物流向玉米市场，从而影响整体粮食价格走势。另外，全球货币流动性过剩，对商品市场的影响也不容忽视。加强对玉米市场的宏观调控和预期研判，稳定玉米种植受益，将更为重要。

大豆和豆粕生产、贸易与市场情况

一、总体情况

2020 年我国大豆市场供应量提升，其中我国大豆产量和进口均继续同步提升，进口大豆拍卖供应也相应提升。在食用需求和饲用需求双双增加的综合影响下，国内大豆需求也维持上升趋势，国内大豆供需齐升，总体供需格局相对宽松。2020 年全球的大豆库存下降至五年新低，对刺激大豆市场价格有向上趋势。2020 年国内外大豆市场价格走势联动出现了上半年分化而下半年趋同的情况。从国产黄大豆和进口大豆的价差来看，2020 年两者的价差也创出历史新高，峰值达到 2 000 元/t，年末价差收在 1 400 元/t。

二、大豆市场供需状况

1. 国产大豆生产情况。据统计，2020 年我国大豆播种面积 988 万 hm^2，总产量 1 960 万 t。播种面积较 2019 年增加 55 万 hm^2，增幅 5.9%，产量提高 150 万 t（表 1）。这已经是连续五年增长，主要来自东北地区和华北黄淮地区。我国大豆播种面积折算后相当于 14.8 亿亩，与此前预测的 15 亿亩播种面积仅有一步之遥。近两年玉米价格涨幅过快，对大豆播种面积也形成抑制。

表 1　2012—2019 年国产大豆种植面积及产量同比增幅

年份	2015	2016	2017	2018	2019	2020
种植面积（万 hm^2）	659	715.6	790	840	933	988
产量（万 t）	1 161	1 250	1 440	1 600	1 810	1 960
产量同比增幅（%）	0.96	7.67	15.2	11.3	13.3	8.3

2. 大豆、豆粕进出口情况。海关数据显示，2020 年中国进口大豆总量 10 033 万 t，同比上升 13.3%。其中，从巴西进口 6 427.7 万 t，同比增长 11.45%；阿根廷进口 745.5 万 t，同比下降 16.89%；美国进口大豆 2 588.9 万 t，同比增长 52.82%。2020 年来自美国和阿根廷进口的大豆与 2019 年出现逆转，美国大幅增加而阿根廷下降，新冠疫情导致进口大豆节奏有所加快，同时，中国为履行与美国的第一阶段协议，采购美豆总量提升，而最为重要的是中国饲料养殖需求恢复，对大豆蛋白总量消费有所提速（图 1）。

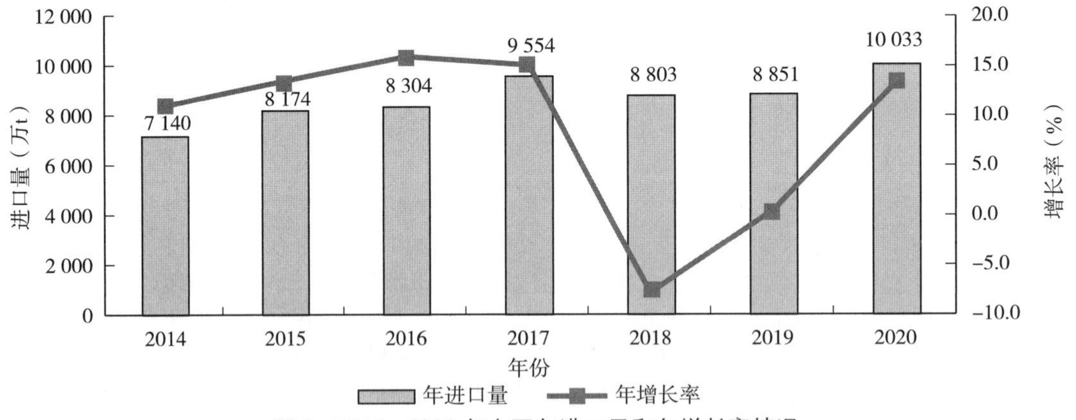

图 1　2014—2020 年大豆年进口量和年增长率情况

从大豆进口国看，巴西为中国进口大豆的最大来源国，巴西和阿根廷进口占比 71.49%，同比下降了 3.59 个百分点，主要是阿根廷进口量大幅回调；美国进口占比 25.80%，同比提高了 6.7 个百分点（图 2）。

从图 3 看，2020 年，我国从 5 月大豆进口启动上涨，到 7 月进口量达到了 1 116 万 t，单月第二次超过千吨，上一次发生在 2017 年 8 月，进口量为 1 008 万 t。下半年进口量随着养猪需求的恢复，进口节奏加快。

（1）大豆出口情况。海关数据显示，2020 年我国大豆出口量 6.21 万 t，同比下降 43.54%，大豆出口金额 5 400 万美元，同比下降 41.47%。主要出口国为韩国、日本、越南、荷兰等。

（2）豆粕进出口情况。海关数据显示，2020 年我国豆粕出口量 90.91 万 t，同比下降了 5.99%，主要出口国为日本、丹麦、韩国和荷兰等，占比总进口量近 88.33%。2020 年我国豆粕进口 5.68 万 t，同比 2019 年的 0.95 万 t 提高了 4.79 倍（图 4）。

3. 国内豆粕供应量和消费量同步提升。图 5 显示，2020 年国内豆粕供应量 7 280 万 t，消费量 6 980 万 t，分别增加了 5.00%和 6.92%。2020 年豆粕供需同比提升，年初新冠疫情导致进口 1—2 月份大豆到货量急剧下降，随着国内疫情明朗，贸易商采购大豆热情高涨，在国内大豆需求开始走强的背景下，采购意愿强烈，刺激国内大豆供应和消费同比提升。

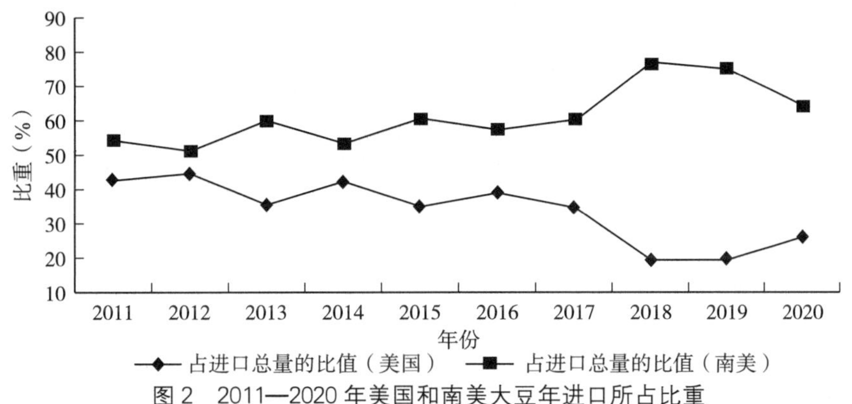

图 2　2011—2020 年美国和南美大豆年进口所占比重

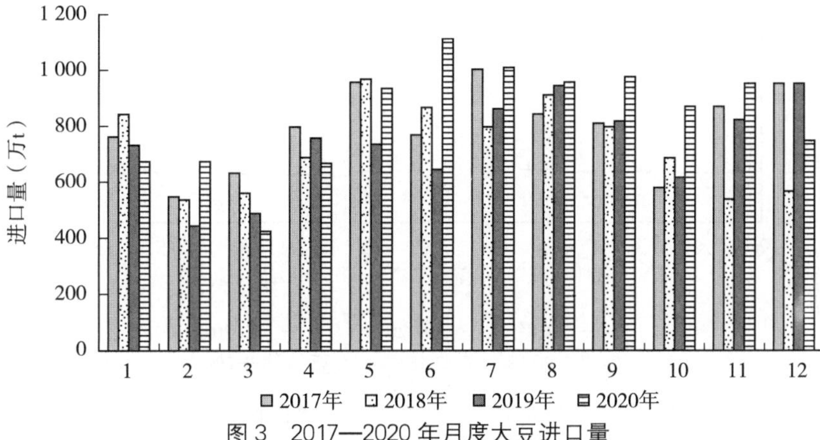

图 3　2017—2020 年月度大豆进口量

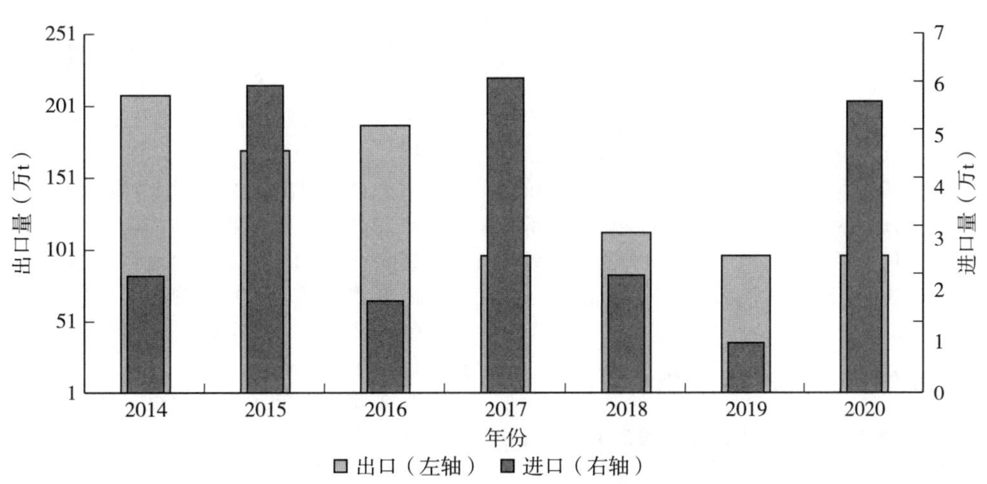

图 4　2014—2020 年豆粕进出口总量

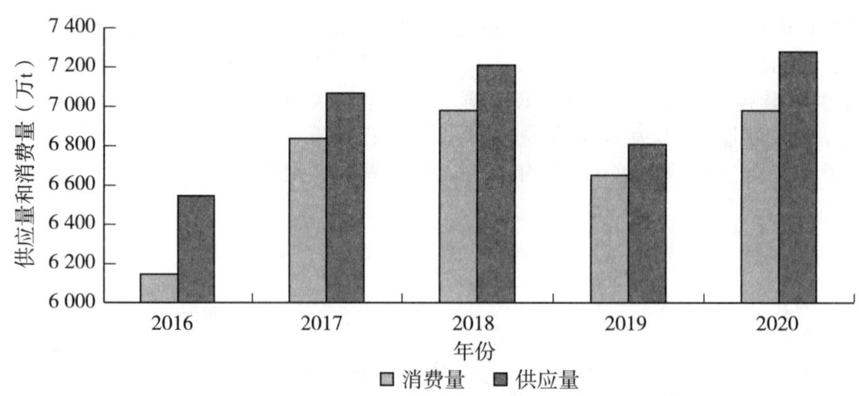

图5　2016—2020年国内豆粕供应和消费总量

三、价格情况

1. 国产大豆价格行情。图6显示，2020年国产大豆价格随着进口大豆价格出现大幅波动。从年初的低价不断震荡走强，最高价格出现在年底的2020年国产大豆收购价格波动幅度呈窄幅震荡，震荡区间在3 405～4 667元/t，价差为1 262元/t，是近几年波动幅度最大的年份。从市场关注来看，2020年国产大豆也受到市场的广泛关注，主要来自进口大豆的过快上涨。

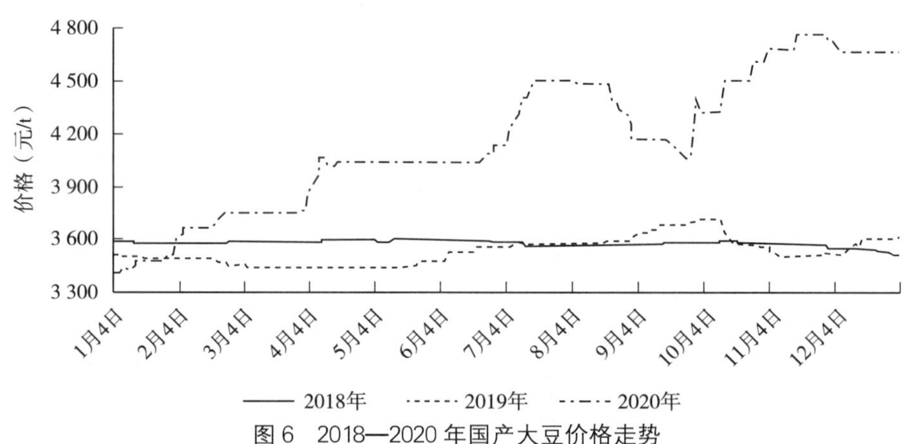

图6　2018—2020年国产大豆价格走势

2. 国内豆粕价格行情。2020年，从年初新冠疫情在国内爆发，我国按下暂停键。国内厂商和贸易商因担忧进口大豆市场出现不确定性，部分贸易商也开始囤货居奇，导致国内豆粕供需市场出现恐慌，价格一路上行，从年初的2 845元/t，一路震荡上涨至4月初的3 203元/t。5—6月，随着国内疫情缓和进口大豆供应充足，豆粕价格相应回调。下半年我国生猪市场恢复，加上其他畜禽需求旺盛，助推国内豆粕价格再次上扬，一方面欧美疫情不断，加上美国农业部报告显示其库存量下降，加速国内豆粕价格上涨，到年底豆粕价格上涨至3 305元/t，同比上涨了17.07%（图7）。

四、2020年大豆市场的主要影响因素分析

1. 国内饲料需求随着非洲猪瘟疫情淡化恢复，支撑豆粕需求。自2018年8月3日我国境内发现首个非洲猪瘟病例，生猪产能下滑对饲料需求形成较强冲击，随着非洲猪瘟疫情得到控制，2019年生猪产能进入恢复周期，据农业农村部数据，2019年10月以来，能繁母猪存栏量环比转正，并在2020年6月首次转为同比增长，农业农村部2020年底的监测数据显示，截至2020年12月，我国生猪存栏连续增长11个月，能繁母猪存栏连续增长15个月。2020年末的数据，生猪存栏已经达到4.07亿头，比2019年增长31%，能繁母猪存栏达到4 161万头，比2019年末增长35%。生猪和母猪存栏均已经恢复到2017年末存量水平的92%以上。生猪存栏的增加带动了饲料总需求的回升，猪料消费在6月同比转正，并在7—9月进入加速增长阶段，饲料需求对豆粕消费的提振作用逐步凸显。

2. 汇率也影响了助推大豆、豆粕上行。2020年巴西货币雷亚尔兑美元持续走低并创出5年新低，巴西大豆汇率竞争优势凸显，即使在2020下半年美元持续走弱的情况下，雷亚尔兑美元汇率也未能走高，

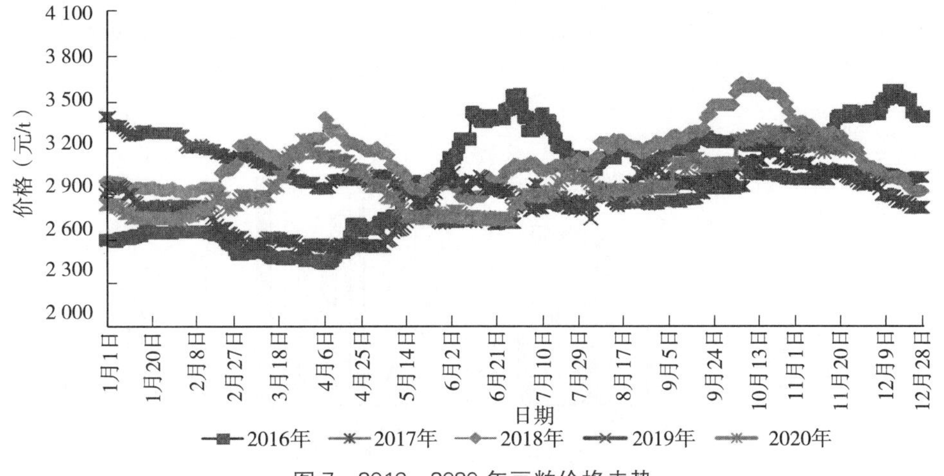

图 7 2016—2020 年豆粕价格走势

预计处于历史低位的雷亚尔汇率将会增加巴西大豆的竞争力，刺激巴西农户销售大豆，提振巴西大豆的销售进度，进而对美豆出口及价格产生冲击。

3. 美豆减产，供应宽松局面不在。国产大豆方面，2019 年临储大豆库存拍卖完毕后，国产豆政策供应缺失，完全市场化背景下资金对豆一品种的做多动力较大，加之 2019—2020 年国产大豆优质率偏低，符合交割标准的数量有限，仓单注册交割量较往年明显下降，期现货市场对市场影响不大。

4. 国产大豆在缓慢恢复，大豆收购量下降。2020 年国家继续实施大豆振兴计划，大豆生产者补贴额度明显高于玉米。而且 2020 年 3 月开始国产大豆价格大幅上涨，农户种植收益增加，玉米改种大豆的现象较为普遍，大豆整体播种面积连续 5 年增加。大豆生长期气候条件较为适宜，病虫害发生较轻，单产达到 1.983t/hm^2，比 2019 年增加 0.04t/hm^2，增长 2.3%。2020 年新豆上市后的市场收购进度偏慢，大豆价格高开高走，农户惜售情绪较重，下游企业采购持谨慎态度。据国家粮食和物资储备局统计，截至 12 月 31 日，黑龙江等 6 个主产区累计收购大豆 177 万 t，同比下降 21.33%。

5. 进口大豆拍卖成交下降。进口大豆拍卖成交 135 万 t。2020 年中央储备进口大豆第一年通过国家粮食交易平台交易，累计成交 135 万 t；政策性大豆及油脂停止拍卖，2019 年同期成交 73.4 万 t。

五、总结

综合看来，2020 年我国大豆产量继续增加，进口量大幅增加，进口大豆拍卖供应也有所增加，国内大豆整体供应明显增加；在食用需求和饲用需求双双增加的综合影响下，国内大豆需求也维持上升趋势，国内大豆供需齐升，总体供需呈相对宽松的格局。中长期看，全球大豆供需形势还存在诸多因素影响。在南北美供应增加和中国需求增加的大供需格局下，全球天气预期有利于大豆生产，2021 年美豆期价有望呈现前高后低的走势，进而带动国内进口大豆价格逐渐走低。

鱼粉生产、贸易与市场情况

2020 年，我国鱼粉市场基本围绕新冠疫情出现的到货延迟，全国生猪存栏基本恢复常态，国内水产养殖受极端天气影响等多种因素，使得 2020 年我国鱼粉整体基本恢复常年水平。鱼粉库存下降，价格开始理性回归。总体来看，2020 年，进口鱼粉继续主导国内市场，国产鱼粉供应维持常年水平不变。

1. 鱼粉进口情况。

（1）2020 年鱼粉进口情况。海关数据显示，2020 年我国进口鱼粉 142.04 万 t，同比提升 0.13%。与 2019 年进口量基本持平略增。2020 年我国进口秘鲁鱼粉 65.40 万 t，连续两年进口量下调，同比下调 11.66 万 t，占进口量 46.04%；进口越南鱼粉 13.39 万 t，同比上调 1.11 万 t，占进口量 9.43%；从俄罗斯进口 7.95 万 t，同比上调 0.66 万 t，占比 5.68%；从美国进口 7.07 万 t，同比上调 0.58 万 t，占比 4.98%；从智利进口 11.04 万 t，同比上调 4.65 万 t，占比 7.77%。2020 年我国除了从秘鲁第一大进口国的进口量下降，从美国、智利、越南、俄罗斯等国的进口量均有不同幅度的上升。2018—2020 年各月鱼粉进口情况见图 1。

（2）2019 年与 2020 年鱼粉进口情况比较。图 2 对比显示，我国进口鱼粉总体仍稳定在以秘鲁为主的国家。其中来自智利、南非、厄瓜多尔、毛利塔利亚、俄罗斯、越南、美国的进口量增加。巴基斯坦和秘鲁及其他国家进口量下降。2020 年，生猪从非洲猪瘟疫情影响下的产能低位，到逐渐恢复阶段，同时，水产饲料受极端天气等影响，产量有所回调。总体来看，我国从多边国家进口的格局已经形成，鱼粉价格受相关替代品如豆粕、氨基酸的走势较为敏感，进口价格仍有一定的波动。

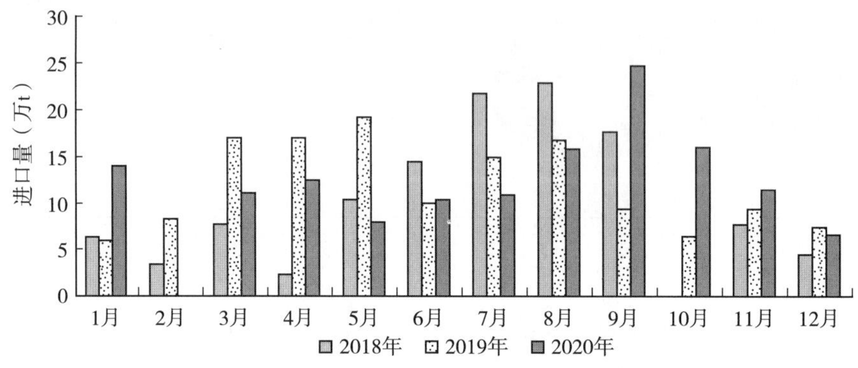

图 1　2018—2020 年各月鱼粉进口情况对比

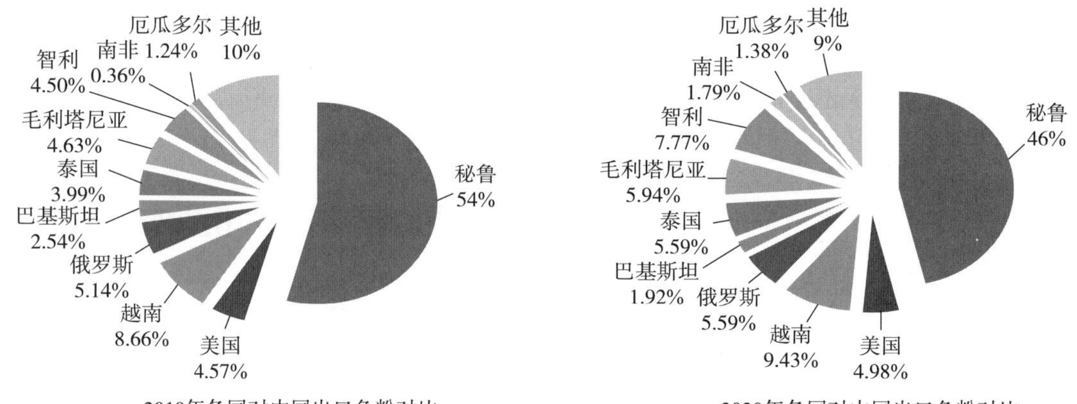

图 2　2019 年与 2020 年各国鱼粉进口量所占比例

2. 2020 年我国鱼粉库存情况。2020 年我国鱼粉库存总量不断回归正常区间。由于疫情和洪灾，导致鱼粉消费不旺，加上上一季捕鱼进度好于预期，企业采用随采随用的策略。全年鱼粉库存从 2020 年初的高库存 16.8 万 t，一路震荡下降到 9 月份 6.8 万 t 的低库存，其他月份港口库存基本在往年的中位区间内。10 月后气温下降明显，水产养殖受到不同程度的影响，鱼粉消费量受到制约导致库存量开始回升，到年底库存回升至 11.26 万 t，但仍低于年初的高库存。全年平均库存为 12.28 万 t，低于近 3 年的平均库存，与 2017 年年均库存相当（图 3）。

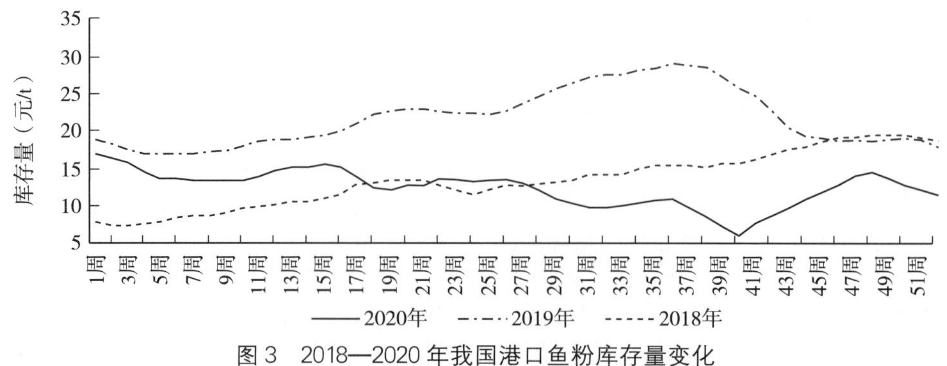

图 3　2018—2020 年我国港口鱼粉库存量变化

3. 2020 年鱼粉价格行情。

（1）秘鲁超级蒸汽鱼粉高位震荡。2020 年新冠疫情在全球大流行问题拖延了捕捞作业时间，但 2020 年捕鱼配额相对偏高，虽然疫情和寒冷的开尔文波及潜在的拉尼娜现象都在影响秘鲁太平洋海岸线，这将给鳀捕捞作业带来负面影响，但全年捕鱼量仍高于近几年的平均值。2020 年，我国进口超级蒸汽级别鱼粉现货报价为 12 662 元/t，同比上升了 18.19%。为近四年最高水平。2020 年由于非洲猪瘟疫情影响退去，9 月生猪存栏为 2017 年平常年份水平的近 9 成，而超大猪、二次育肥猪成为常态，猪肉总体供应恢复正常水平，能繁母猪和仔猪存栏恢复到正常水平，从而导致市场上鱼粉的需求量提升，而生猪价格居高不下，也刺激了鱼粉的消费量。但注意到，新冠疫情导致进口鱼粉出现阶段性的延迟也是导致秘鲁鱼粉价格上涨的主要因素。到 12 月末，鱼粉价格为 11 475 元/t，与年初的 11 400 元/t，略有涨幅。与年中的高价 11 350 元/t，相比上涨了 3.05%。总体来看，2020 年鱼粉价格受中国消费需求拉动，全年价格区间上移（图 4）。

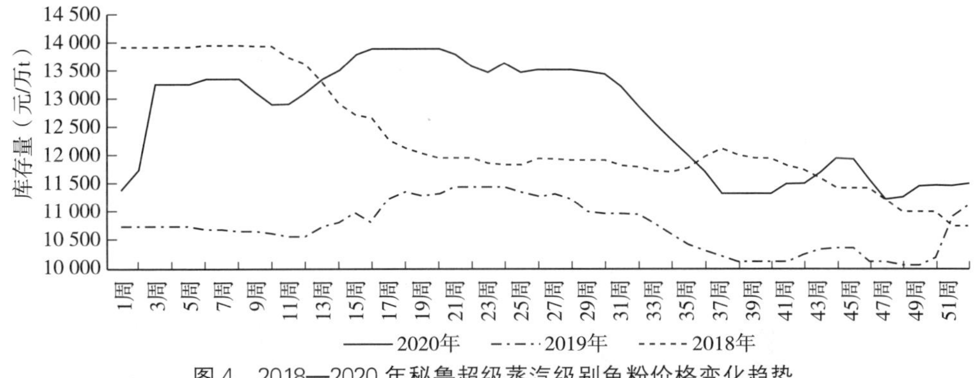

图 4　2018—2020 年秘鲁超级蒸汽级别鱼粉价格变化趋势

（2）国产鱼粉市场高位波动。2020 年我国的国产鱼粉总产量维持在 70 万 t 左右。2020 年由于黄海、渤海及东海开捕后捕捞情况不理想，国产鱼粉总量维持相对稳定。国产鱼粉主要以山东和浙江为主，其他地区如天津、河北、福建、广西等地为辅，国产鱼粉以鳀为主，大约 40 万 t 左右，还有其他鱼排粉等。2020 年，全年国产鱼粉价格 9 713 元/t，与进口鱼粉的价差扩大达到了 2 949 元/t，与 2019 年比提高了 284 元/t，与进口鱼粉价格差距还是比较大（图 5）。2020 全年国产鱼粉的消费量仍有所下降，为 65 万 t，与 2019 年比略有提升。

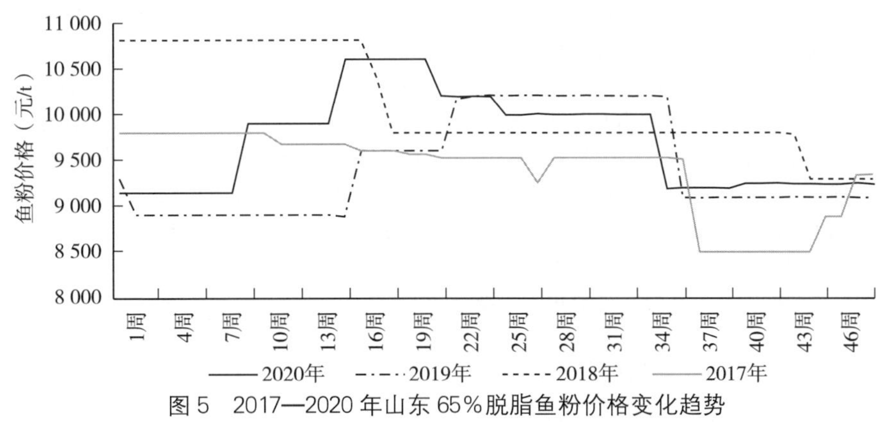

图 5　2017—2020 年山东 65%脱脂鱼粉价格变化趋势

（3）秘鲁全年捕鱼适中，鱼粉市场外在因素影响偏多。11 月 8 日，秘鲁生产部颁布 2020 年第二捕季配额为 278 万 t，11 月 12 日开捕。据秘鲁海洋研究员 IMARPE 通过其第 1118 - 2020 - IMARPE/PE 号正式函件，发送了有关“截至 2020 年 11 月的秘鲁中北部浮游动物鱼群状况和第二季开发前景”的报告，截至 2020 年 9 月 1 日，中北部鳀生物量为 842.3 万 t；幼鱼比例按数量计 34%（2019 年为 67%），按重量计 15%（2019 年为 33%），且 2020 年的鳀主要尺寸在 14cm（2019 年为 9.5cm）。另外，鳀群中 8.0～

9.0cm个体比例较低，预示着下个捕季12cm左右的鳀比例会较低。从空间分布来看，成鱼群和幼鱼群完全隔开，成鱼主要集中在最北端至Huacho之间，而幼鱼群主要集中在从Huacho至中北部的最南端；在Huacho至Pisco的南部的沿海30n mile外，也观察到大量比例的成鱼。

（4）秘鲁中北部捕捞情况。根据秘鲁生产部的公告，2020年11月12日零时秘鲁中北部第二捕季捕鱼正式开始。捕鱼配额为278万t，根据Imarpe统计，2020年11月12—26日秘鲁中北部捕鱼量共计1 744 715t，剩余配额数量为1 035 285t，完成配额比例为62.76%，是近年来捕鱼的偏高水平，和2019年同期相比增长96%，但较此前的高点2018年同期相比下降10%。

2020年秘鲁中北部第一季配额为241.3万t，2020年5月13日零时正式开捕，至2020年7月31日零时结束。虽然因新冠疫情导致秘鲁捕鱼受到一定影响，但整体捕鱼在8月15日结束时，据Imarpe统计，2020年5月13日至8月15日秘鲁中北捕鱼量为232万t，完成配额比例为96.33%。全年秘鲁中北共计捕鱼量为519.3万t。

据了解，2020年下半年秘鲁南部捕季于8月1日开始，至12月31日结束，配额数量为43.5万t，8月1日—12月26日秘鲁南部捕鱼量为零，剩余配额数量为43.5万t（图6）。

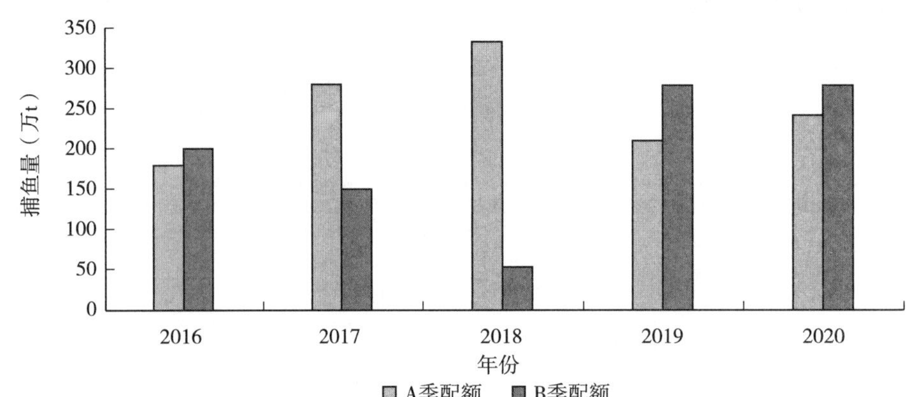

图6　2016—2020年秘鲁捕鱼配额对比

4. 市场因素分析。

（1）国内消费总量回升提振价格。2020年随着能繁母猪存栏、生猪存栏同比回升，对鱼粉市场需求是重要因素。截至12月末，全国能繁母猪存栏已连续14个月增长，生猪存栏已连续10个月增长，恢复成绩好于预期。据了解，自繁自养生猪出栏盈利在2 000元/头，这也刺激了鱼粉整体消费总量提升。

（2）新冠疫情冲击水产养殖。2020年初，我国新冠疫情暴发，前期水产品批发市场关闭，流通受阻，后期防控疫情常态化后，进口冻品频繁暴发疫情，导致冻品销售受到一定影响，但国内鲜活产品消费开始提升，特别是网购消费量提升，也对鱼粉市场形成一定的支持。

（3）汇率变化导致进口鱼粉高位运行。2020年我国进口鱼粉再次恢复常态，虽然进口秘鲁鱼粉仍是主导，但多国家进口的常态化进口将成未来发展趋势。特别是东南亚国家的越南、南美洲的厄瓜多尔及南非等国家的进口量有望逐年递增。

5. 总结。总体来看，在供应上仍关注秘鲁捕鱼的配额和实际捕捞情况，一旦秘鲁鱼粉供应量减少，对全球甚至对国内鱼粉市场价格具有决定性的刺激作用。需求则要看中国水产养殖市场和生猪市场的情况，按照我国生猪市场的恢复情况来看，秘鲁鱼粉的需求则相对稳定，主要来自水产养殖总量出现的波动。

（陆泳霖　陈亚楠）

饲料添加剂工业概况

饲料添加剂概况

我国饲料添加剂产业经过20多年的发展，为饲料工业发展起到了积极的支撑作用。自1999年饲料添加剂产量0.9万t，增加到2020年的1 391万t，实现超过千倍的增长。随着食品安全越来越被重视，饲料添加剂产业加快转向绿色、安全的高质量发展道路。2019年7月农业农村部发布公告第194号，决定自2020年1月1日起，退出除中药外的所有促生长类药物饲料添加剂品种，自2020年7月1日起，饲料生产企业停止生产含有促生长类药物饲料添加剂（中药类除外）的商品饲料。饲料禁抗、养殖限抗时代全面来临，饲料添加剂产业走向科技创新、转型升级的新阶段。2020年，全国饲料添加剂产量1 391万t，同比增长16.0%。饲料添加剂产品总产值933亿元，同比增长11.2%，营业收入858亿元，同比增长12.4%，分别占饲料工业总产值、总营业收入的9.8%、9.5%。

一、主要饲料添加剂产品生产情况

2020年，全国饲料添加剂产品总产量1 391万t，同比增长16.0%。其中，直接制备饲料添加剂产量1 296万t，同比增长14.7%，生产混合型饲料添加剂产量94万t，同比增长36.8%。

1. 氨基酸、氨基酸盐及其类似物。2020年总产量369.7万t，同比增长12.0%。其中，饲料添加剂中氨基酸369万t，同比增长12.0%；混合型饲料添加剂中氨基酸3 839t，同比增长49.7%。其中，饲料添加剂中，赖氨酸249万t（含70%赖氨酸），同比增长9.6%；蛋氨酸26万t，同比增长4.4%；苏氨酸75万t，同比增长13.7%；色氨酸3万t，同比增长17.6%。

2. 维生素及类维生素。2020年总产量160.3万t，同比增长26.0%。其中，饲料添加剂中维生素143万t，同比增长21.7%；混合型饲料添加剂中维生素17万t，同比增长80.7%。其中，单体维生素中，氯化胆碱106万t，同比增长37.7%；维生素A 7 047t，同比下降14.2%；维生素E 9万t，同比增长5.9%；维生素B_2 6 726t，同比增长7.4%；维生素B_{12} 525t，同比增长250.2%；维生素C 3万t，同比下降8.4%。

3. 矿物元素及其络（螯）合物。2020年总产量692.6万t，同比增长17.3%。其中，饲料添加剂中矿物元素681万t，同比增长17.0%；混合型饲料添加剂中矿物元素11万t，同比增长36.5%。饲料添加剂中磷酸氢钙（含磷酸二氢钙）413万t，同比增长12.9%；硫酸亚铁11万t，同比下降2.1%；硫酸铜2万t，同比增长13.4%；硫酸锌10万t，同比增长25.4%；硫酸锰15万t，同比增长11.8%。

4. 酶制剂。2020年总产量22.4万t，同比增长15.1%。其中，饲料添加剂中酶制剂14万t，同比增长10.8%；混合型饲料添加剂中酶制剂9万t，同比增长22.2%。

5. 微生物。2020年总产量21.4万t，同比增长22.7%。其中，饲料添加剂中微生物7万t，同比增长21.7%；混合型饲料添加剂中微生物15万t，同比增长23.2%。

6. 非蛋白氮。2020年总产量5.2万t，同比增长31.4%。其中，饲料添加剂中非蛋白氮2万t，同比增长33.8%；混合型饲料添加剂中非蛋白氮4万t，同比增长30.5%。

7. 抗氧化剂。2020年总产量6.5万t，同比下降3.8%。其中，饲料添加剂中抗氧化剂7 956t，同比下降57.2%；混合型饲料添加剂中抗氧化剂6万t，同比增长16.5%。

8. 防腐剂、防霉剂和酸度调节剂。2020 年总产量 64.5 万 t，同比下降 0.5%。其中，饲料添加剂中防腐剂、防霉剂和酸度调节剂 47 万 t，同比下降 10.3%；混合型饲料添加剂中防腐剂、防霉剂和酸度调节剂 18 万 t，同比增长 39.0%。

9. 着色剂。2020 年总产量 4.2 万 t，同比下降 14.1%。其中，饲料添加剂中着色剂 2 万 t，同比下降 12.3%；混合型饲料添加剂中着色剂 2 万 t，同比下降 16.5%。

10. 调味和诱食物质。2020 年总产量 5.5 万 t，同比增长 62.5%。其中，饲料添加剂中调味和诱食物质 6 195t，同比增长 75.4%；混合型饲料添加剂中调味和诱食物质 5 万 t，同比增长 61.0%。

11. 黏结剂、抗结块剂、稳定剂和乳化剂。2020 年总产量 24.6 万 t，同比增长 20.4%。其中，饲料添加剂中黏结剂、抗结块剂、稳定剂和乳化剂 23 万 t，同比增长 17.5%；混合型饲料添加剂中黏结剂、抗结块剂、稳定剂和乳化剂 1 万 t，同比增长 120.0%。

12. 多糖和寡糖。2020 年总产量 1 万 t，同比增长 35.1%。其中，饲料添加剂中多糖和寡糖 4 976t，同比增长 57.4%；混合型饲料添加剂中多糖和寡糖 5 110t，同比增长 18.8%。

13. 其他类添加剂。2020 年总产量 12.8 万 t，同比增长 35.8%。其中，饲料添加剂中其他类 6 万 t，同比增长 48.2%；混合型饲料添加剂中其他类 7 万 t，同比增长 25.8%（表 1）。

二、饲料添加剂产量较快增长

2020 年，饲料添加剂产量 1 391 万 t，同比增长 16.0%，产量实现较快增长。其中，氨基酸、氨基酸盐及其类似物、维生素及类维生素产量占饲料添加剂总产量比重的 38%，是饲料添加剂中核心价值较高的部分，2020 年分别大幅增长 12.0%、26.0%；矿物元素及其络（螯）合物占饲料添加剂总产量比重近 50%，2020 年同比增长 17.3%。随着饲料“禁抗”政策落地、饲料添加剂科研资金的不断投入，饲料添加剂品种类别和科技含量水平不断提升，新型产品推出加快，饲料添加剂工业持续发展。

表 1　2020 年各类饲料添加剂产量

项　　目	饲料添加剂产量（万 t）	同比（%）
合计	1 391	16.0
氨基酸、氨基酸盐及其类似物	369.7	12.0
维生素及类维生素	160.3	26.0
矿物元素及其络（螯）合物	692.6	17.3
酶制剂	22.4	15.1
微生物	21.4	22.7
非蛋白氮	5.2	31.4
抗氧化剂	6.5	−3.8
防腐剂、防霉剂和酸度调节剂	64.5	−0.5
着色剂	4.2	−14.1
调味和诱食物质	5.5	62.5
黏结剂、抗结块剂、稳定剂和乳化剂	24.6	20.4
多糖和寡糖	1.0	35.1
其他	12.8	35.8

从近 3 年情况看，饲料添加剂各类产品产量以增为主。2018—2020 年，饲料添加剂总产量年均增长率 12.0%。其中，非蛋白氮增速最高，年均复合增长达 28.9%；调味和诱食物质、微生物、维生素年均复合增长率分别是 23.4%、21.0%、20.2%；黏结剂、抗结块剂、稳定剂和乳化剂，着色剂，氨基酸、氨基酸盐及其类似物产量年均增长率分别 15.2%、14.1%、11.3%；仅抗氧化剂年均下降 5.5%（表 2）。

表 2　2018—2020 年饲料添加剂主要品种产量

年份	氨基酸、氨基酸盐及其类似物	维生素及类维生素	矿物元素及其络（螯）合物	酶制剂	微生物	非蛋白氮
2020（万 t）	369.7	160.3	692.6	22.4	21.4	5.2
2019（万 t）	330.1	127.2	590.5	19.4	17.4	3.9
2018（万 t）	298.7	111.0	567.3	16.7	14.6	3.1
年均复合增长率（%）	11.3	20.2	10.5	15.8	21.0	28.9

（续）

年份	抗氧化剂	防腐剂、防霉剂和酸度调节剂	着色剂	调味和诱食物质	黏结剂、抗结块剂、稳定剂和乳化剂	多糖和寡糖
2020（万 t）	6.5	64.5	4.2	5.5	24.6	1.0
2019（万 t）	6.7	64.8	4.9	3.4	20.5	0.7
2018（万 t）	7.3	54.2	3.2	3.6	18.6	0.8
年均复合增长率（%）	−5.5	9.1	14.1	23.4	15.2	10.4

三、饲料添加剂产业发展特点

一是饲料添加剂产业集中度高。2020 年，山东、云南、内蒙古等 20 省份，合计饲料添加剂总产量 1 357 万 t，占全国总产量的 97.6%。其中，直接制备饲料添加剂产量占 98.3%，混合型饲料添加剂产量占 87.2%。

二是产品区域分化明显。从各省情况看，山东、云南、内蒙古、黑龙江、湖北等省份是我国饲料添加剂综合主产区域，2020 年饲料添加剂总产量达 80 万 t 以上，产量最高的是山东、云南，分别达 291.4 万 t、278.1 万 t。从单项添加剂产品看，浙江、吉林、云南等省份优势明显，比如浙江重点是维生素，黑龙江、吉林是赖氨酸，云南磷酸氢钙等。

三是绿色生态安全是饲料添加剂发展的主旋律。饲料禁抗、养殖限抗的大背景，助推饲料添加剂科技创新加快，生物性饲料快速兴起，发酵饲料、绿色安全饲料发展势头迅猛。

四、饲料添加剂质量安全向好

为切实强化饲料质量安全监管，提高畜产品质量安全保障水平，促进畜牧业绿色发展，特别是药物饲料添加剂有序退出以来，我国进一步加强饲料和饲料添加剂质量监管工作。根据农业农村部《2020 年饲料兽药生鲜乳质量安全监测计划》，风险预警监测重点围绕混合型饲料添加剂、植物提取物、植物性饲料原料、微生物制剂、酶制剂和宠物饲料等产品，检查筛查未知物质、违规违禁药物、禁用物质等非法添加物，评估产品质量安全。2020 年，抽检饲料添加剂 133 批次，合格率 97.7%；抽检混合型饲料添加剂 322 批次，合格率 97.2%，饲料添加剂质量合格率保持在较高水平。

五、未来饲料添加剂产业关注热点

一是推动新饲料添加剂产品种类增加。自 2019 年农业农村部明确退出除中药外促生长类药物饲料添加剂品种以后，饲料和养殖行业对替代产品的需求不断增加。为适应行业需求，农业农村部先后发布公告第 227 号、第 226 号、农牧办〔2019〕17 号，改革和完善了新饲料和新饲料添加剂产品审批制度，采取了一系列举措，加快新产品审批进度，鼓励新产品申报。

二是市场需求逐渐由产品需求转向方案需求。传统的添加剂产品需求已经无法满足规模化、集约化的畜牧业养殖业，将转向“优质产品＋解决方案”。不同动物、不同生长阶段、不同环境等问题下的饲料添加剂需求，个性化产品解决方案，合理性、优质专业的技术服务、强大的研发实力将成为饲料添加剂企业核心竞争力的关键要素。

注：以上统计数据均来源于中国饲料工业统计信息系统。

饲料级氨基酸

2020 年全球赖氨酸产能继续维持高位，受上游玉米价格飙升影响，主流赖氨酸厂家提升产能，部分小厂停产。下半年生猪产能恢复，刺激了赖氨酸需求提升。蛋氨酸市场受禽类出栏稳步上涨，蛋氨酸价格有所回升。2020 年赖氨酸、蛋氨酸、苏氨酸、色氨酸市场盈利空间有所扩大。玉米豆粕型饲料配方的应用比例下调、相关能量和蛋白替代品使用量的提升、合成氨基酸的使用刺激小品种氨基酸的使用量增加。

一、赖氨酸

2020 年，我国赖氨酸总体出现一波上涨行情。主要在于环保压力、原料成本推动、出口市场不确定性等导致部分赖氨酸厂家停产或者减产，使得下半年在需求开始提升后，主流赖氨酸厂家不断提升价格。但因全球赖氨酸产能仍处于过剩产能，平均开工率在 50%左右，这也抑制了赖氨酸的上涨空间。

1. 赖氨酸出口情况分析。

（1）年度出口情况（图 1）。据海关数据显示，2020 年我国赖氨酸对欧亚非以及美洲地区部分国家出口量保持高增长，其中位列前 10 名的国家为荷兰、德国、美国、泰国、波兰、越南、加拿大、立陶宛、俄罗斯和日本，我国对前 10 国出口量占比过半。2020 年我国赖氨酸盐及酯共出口 78.2 万 t，同比增长 33.27%，其中对荷兰出口量最高，为 9.75 万 t，同比增长 21.73%，其次为德国，出口量为 5.56 万 t，同比增长78%。

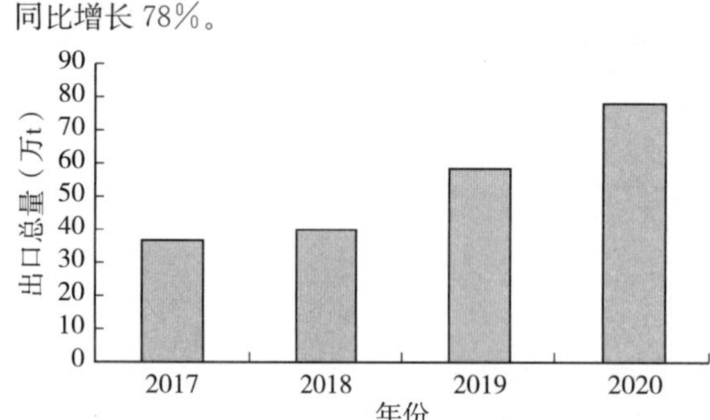

图1 2017—2020年赖氨酸年度出口总量对比

（2）分国别出口情况。2020年我国赖氨酸出口的国家主要有荷兰（97 464t）、德国（55 571t）、越南（33 595t）、丹麦（13 011 t）、立陶宛（29 376 t）、泰国（40 778 t）、日本（22 296t）、南非（13 552 t）等。以上出口国家均出现不同幅度增幅（图2）。2020年受国内饲料需求提升，国内企业生产成本偏高，导致国内部分企业亏损运营，随后四季度有所缓解，但国内企业出口赖氨酸意愿明显。2020年我国赖氨酸产品出口量继续增长。

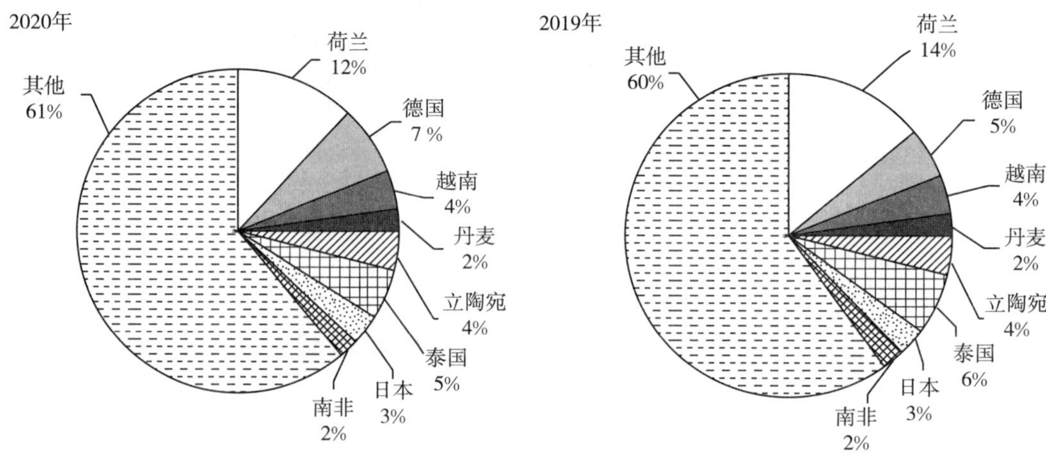

图2 2019年和2020年赖氨酸主要出口国家及所占比例对比

2. 2020年赖氨酸市场价格分析。 2020年我国非洲猪瘟未退去，新冠肺炎疫情在全球蔓延，国内粮食安全备受关注，国内和国际市场炒作玉米原料，导致赖氨酸生产成本过高，但因部分小厂家退出，从第二季度开始，赖氨酸价格开始启动上行，全年价格与2018年价格走势形成对称。年初赖氨酸价格6.75元/kg，上涨至年中的7.53元/kg和年底涨至9.4元/kg，分别上涨了11.56%和39.26%。全年均价8.04元/kg，同比上涨了18.79%。出口赖氨酸价格与国内价格走势雷同，全年均价为1.08美元/kg，同比上涨了18.34%（图3和图4）。

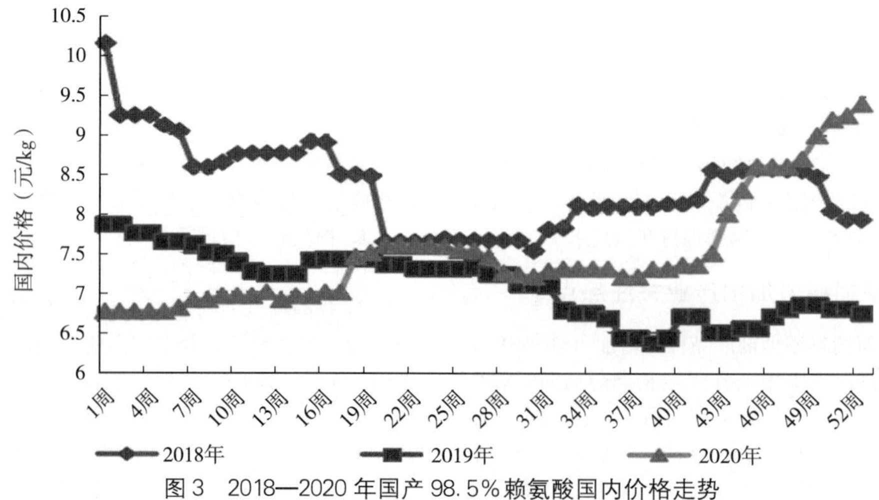

图3 2018—2020年国产98.5%赖氨酸国内价格走势

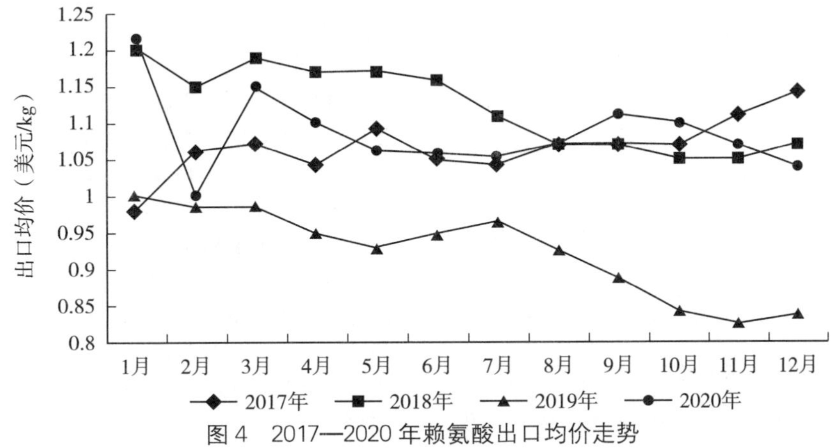

图4 2017—2020年赖氨酸出口均价走势

注：2月因没有出口数据，为虚拟年均价格。

3. 市场行情主要影响因素。

（1）产能扩增到停产，过山车式风暴再次席卷赖氨酸厂家。2020年全球赖氨酸产能过剩的压力有所缓解，受全球原料市场价格飙升，赖氨酸成本大幅上调，部分赖氨酸厂家停报、停产、减产。据不完全统计，2020年全球饲用赖氨酸产能规模502万t，国内赖氨酸产能达到355万t，部分低效产能出清，2020年国内部分落后产能停产或暂停生产，部分企业年度整体开工低至25%～32%，多数企业年度开工在80%以上。新增产能寥寥无几，赖氨酸市场新一轮的调整开始。国内赖氨酸产量主要分布在玉米的主产区，如黑龙江、吉林、山东、内蒙古等省份（图5）。

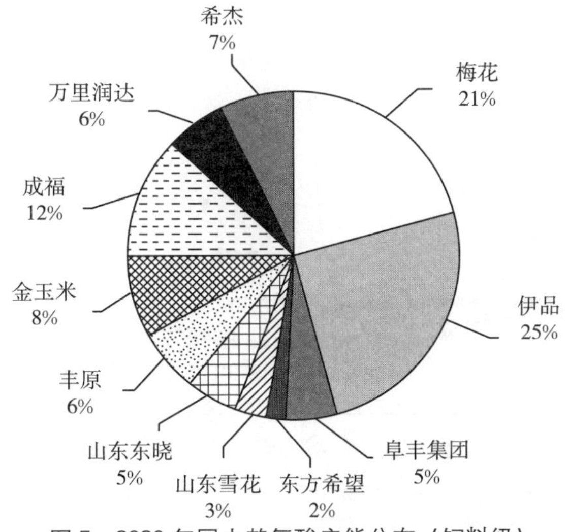

图5 2020年国内赖氨酸产能分布（饲料级）

（2）饲料需求和玉米价格下半年双双启动。2020年全年工业饲料总产量25 276.1万t，同比增长10.4%。国内生猪存栏和能繁母猪存栏不断回升并接近历史常年水平。饲料消费整体得到大幅提升。我国其他畜禽品种饲料也不断突破历史记录。

（3）赖氨酸出口市场稳步推进。在全球赖氨酸产能过剩，行业利润不断压缩甚至亏损的背景下，特别是2020年上半年玉米原料成本持续走高，而赖氨酸市场需求没有大幅提升，导致部分企业停产或者减产。拓展出口市场以改善国内激烈的竞争环境就变得尤为重要。2020年我国赖氨酸企业的菌种认证、授权进度加快，截至12月底，经欧盟授权允许在饲料中使用的赖氨酸菌种达到了12个。

（4）运输成本上升影响全球市场供应。2020年因疫情影响，多个国家限制出行或者停工停产等，导致运输不畅通，导致进出口市场压力加大，海上船运费价格大幅提升，部分赖氨酸厂家出现出口转内销的情况。主要运力紧张和出口发货时间过长，也是出口市场上赖氨酸价格上涨的重要原因。

4. 总结。2020年，玉米原料成本大幅上升，国内赖氨酸部分厂家停产、减产，主流赖氨酸国内供应和出口不同幅度提升。新冠疫情导致国内、国际市场运输受限，加大赖氨酸市场变数。2020年赖氨酸市场旧的格局已被打破，新格局即将形成。同时，赖氨酸下游厂家议价能力趋强，随着国内畜禽养殖逐步恢复常态，对赖氨酸需求市场形成支撑，加上出口市场不断加码，赖氨酸市场未来稳中趋强。

二、蛋氨酸

2020年，全球蛋氨酸市场产能供应不断提升，主要来自中国的增产和扩产。全年禽饲料需求稳步提升，出栏为历史高位，蛋氨酸市场需求继续走高。

1. 2020年国内蛋氨酸市场情况。

（1）进口量分析。据海关数据显示，2020年我国蛋氨酸进口量累计20.67万t，同比略下降1.32万t（图6）。进口占比前三名国家是新加坡、比利时、马来西亚。其中来自新加坡进口量占比最高，为 8.32 万 t，其次是比利时 5.16 万 t、马来西亚 4.47 万 t。

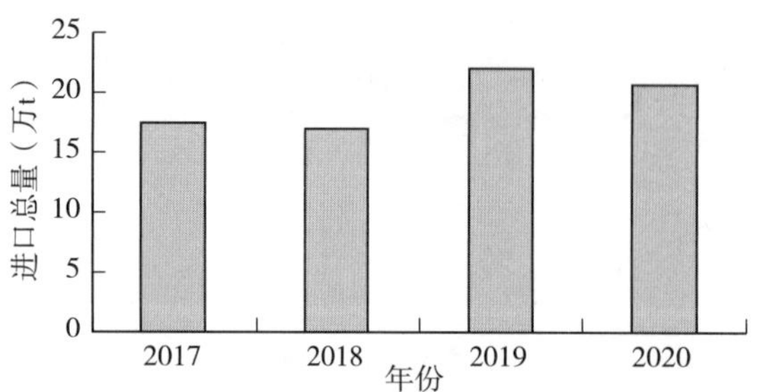

图 6　2017—2020 年蛋氨酸累计进口总量对比

2020 年，我国进口蛋氨酸国家没有多大变化。主要进口国包括新加坡、比利时、马来西亚、日本、法国和德国，分别占比 40%、22%、7%、4% 和 2%，占比总量达到了 75%（图 7）。美国从 2019 年进口降低为零后，2020 年也没有进口。赢创在美国建厂后，主要供应美国当地市场。

（3）蛋氨酸出口变化。2020 年中国蛋氨酸出口数量为 4.96 万 t，较 2019 年增加了 2.09 万 t，主要出口 122 个国家和地区。

（4）国内市场价格分析。2020 年我国蛋氨酸价格继续受到国内外产能扩张的压力，全年均价为 20.15 元/kg，同比提高了 9.38%，与 2017 年价格趋同。与五年均值 26.58 元/kg 相比下降了 24.19%（图 8）。

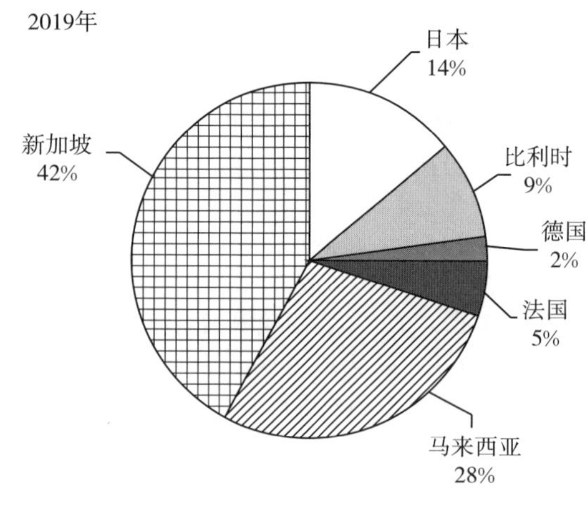

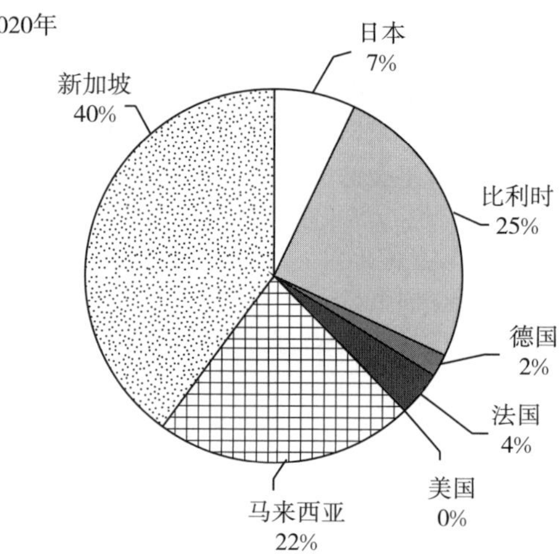

图 7　2019 年和 2020 年蛋氨酸进口国别统计对比

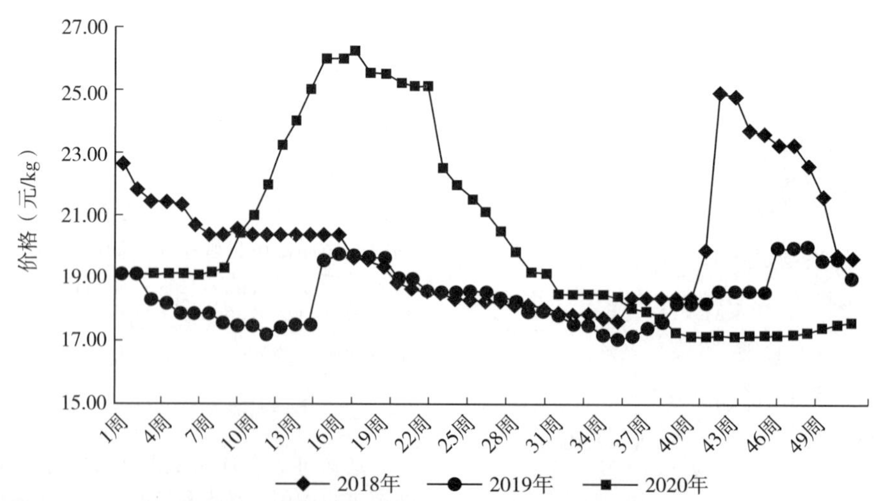

图 8　2018—2020 年各年度蛋氨酸周度价格走势

2. 市场行情影响因素。

（1）全国蛋氨酸供应量继续提升，压制价格上行。2020 年全球蛋氨酸产能继续提升，总量达到了 223.5 万 t，与 2019 年比提高了 19 万 t，一是新和成新增产能，二是安迪苏国际产能的提高。总体来看，蛋氨酸产能仍以赢创、安迪苏和诺伟司为主，占比达到了 66%，但同比 2019 年下降了 9.3 个百分点。目前全球生产企业仅 8 家，但各个厂家不断扩张，行业集中度有所分散，行业利润率持续下降，部分地区如亚洲市场竞争激烈，市场价格波动将加剧（图9）。

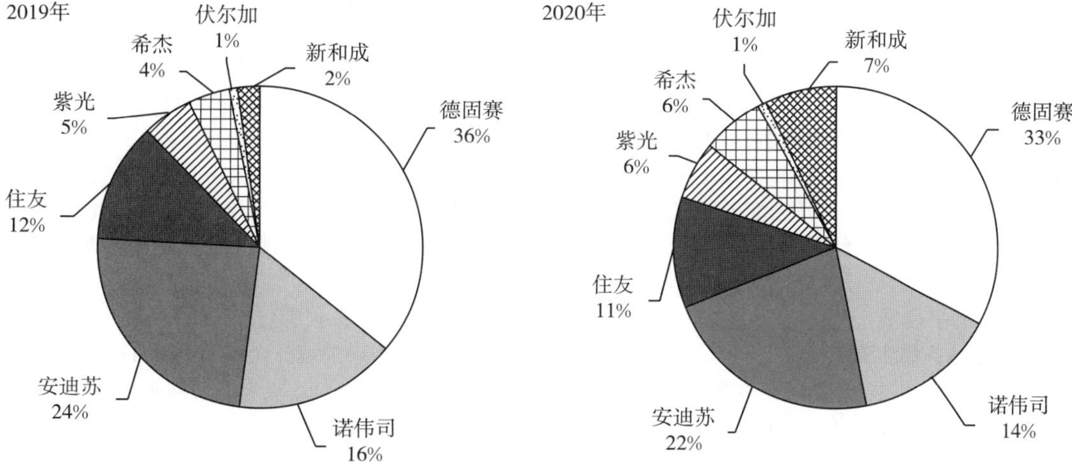

图9　2019年和2020年全球蛋氨酸产能分布比较

（2）需求不断提升，将利好蛋氨酸市场。随着全球人口数量以及生活水平的不断上升，使得长期以来全球市场对蛋氨酸的需求一直保持着快速增长态势，预计将以年均8%的速度增长，目前亚太地区蛋氨酸消费量占据全球的将近42%，中国占全球消费总量的20%。中国目前是世界上第二大家禽生产国，每年生产鸡肉1 700万t，加上中国国民饮食健康向更丰富、更天然、更滋养转变，对于健康管理的加强，白肉等更为健康的饮食方法越来越为人们所接受，这有利于拓宽蛋氨酸的渗透率。

（3）禽饲料产量提升助力蛋氨酸市场需求。2020年我国禽饲料总产量达到了12 527.7万t。其中蛋禽饲料产量3 351.9万t，同比增长7.5%；肉禽饲料产量9 175.8万t，同比增长8.4%。作为禽类的第一限制性氨基酸，蛋氨酸在国内2020年整体的消费总量是稳步提升。

（4）饲料配方变化影响蛋氨酸市场。2020年，大宗原料中的玉米和大豆价格出现不同幅度的涨跌，玉米为历史高价，豆粕价格也在高位区间波动。以玉米豆粕型为主要饲料配方模式受到不同程度的冲击，饲料企业为降低成本，采用小麦、大麦、稻谷等主粮配方，使用杂粕的比例也在提升，这种配方的变化，会直接提升合成氨基酸用量，对小品种氨基酸使用形成支撑，从而降低对赖氨酸和蛋氨酸的使用比例。

3. 总结。2020年，我国蛋氨酸市场总体表现产能和产量稳步提升。蛋氨酸市场产能在不断分散，市场竞争日趋加快。同时，家禽市场需求稳定提升，对蛋氨酸市场形成支撑，蛋氨酸市场价格维持低位水平。

三、苏氨酸

2020年全球苏氨酸产能同比下降10.4%，中国苏氨酸产能同比下降12.4%，行业低效产能基本出清。2020年全球苏氨酸产量79.6万t，同比增长12.6%；中国苏氨酸产量72.6万t，同比增长14.0%，占全球苏氨酸产量的91.2%。预计出口量在56.3万t左右，同比增长25.4%。

2020年初苏氨酸国内行业开工偏低为五六成左右，后逐渐回升至70%左右，龙头企业开工率维持在八成以上，因行业持续亏损，国内低效产能进一步出清，到第四季度因玉米成本上涨叠加企业涨价意愿较强，苏氨酸市场价格创2018年2月以来新高，2020年苏氨酸市场均价为8.32元/kg，同比上涨12.87%，较2019年行业亏损缩窄78.3%。

四、色氨酸

2020年，全球主要色氨酸厂家包括梅花、巨龙、伊品、成福、金象生化、阜丰、拜克、味之素、赢创、希杰等。全球色氨酸产能为9.05万t，同比提高3.43%。2020年中国色氨酸出口量1万t，同比下调0.1万t；色氨酸进口量0.8t，同比大幅提升。2020年受市场提振，国内色氨酸的产能增加，市场格局有集中趋势。国内色氨酸在上半年供应偏紧，价格不断上涨至70～80元/kg，随着供应增加，下半年价格继续维持60元/kg低价区附近。

饲料级维生素

2020年我国维生素市场主要来自新冠疫情突发事件的冲击，国内主体消费中的畜禽需求持续发力，维生素价格在2019年出现冲高现象，其中维生素A和泛酸钙波动幅度较大。维生素A和维生素E整体保持稳定，市场集中度提升。B族维生素因进入门槛较低，厂家比较多且相对分散，价格波动比较大。2020 年出口市场受疫情延迟，下半年出口量集中增加等，导致全年维生素市场异常波动，价格区间上移。

2020 年，我国维生素类出口总量估算 32 万 t，同比下降 2.72 万 t，其中维生素 B_1、维生素 B_{12}、维生素 C、维生素 E、泛酸钙等出口量上涨，维生素 A、维生素 B_2、维生素 B_6 等其他维生素出口量下降。总体来看，2020 年受新冠疫情影响，上半年维生素出口量受到影响，随着中国疫情防控有效控制，维生素全年出口量持平略低。

1. 维生素 A、维生素 E

(1) 维生素 A 市场及出口基本概况。2020 年，我国维生素 A 及其衍生物累计出口 4 318t，同比下降了 30t，幅度为 0.69%；出口金额 25 353 万美元，同比提高了 11.22%。维生素 A 主要出口的国家为美国（1 364.2t）和德国（963.1t），合计占出口总量的 53.9%，同比提高了 2.5 个百分点（图 1）。

2020 年全球维生素 A 市场主要受到德国巴斯夫在部分工厂停产，新冠疫情也拖累了出口市场，全球产量略有下降。我国新和成不断拓展柠檬醛和维生素 A 的生产能力。浙江医药维生素 A 新生产线开始运行。金达威维生素 A 油开始投产，巴斯夫（广东）一体化项目预计在 2022 年开工，主要生产异戊二烯醇/柠檬醛，产量 4 万 t。国内市场维生素 A 的几大厂家在国内布局加速。全球维生素 A 的主要生产厂家分别为帝斯曼、巴斯夫、安迪苏、新和成、金达威、浙江医药。

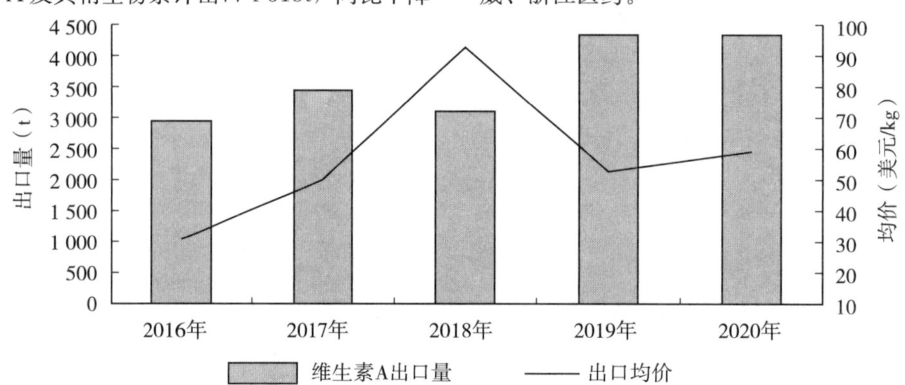

图 1 2016—2020 年我国维生素 A 出口量和均价对比

2020 年维生素 A 出口均价为 58.71 美元/kg，同比上涨 11.98%。2020 年爆发的新冠疫情导致维生素 A 出现阶段性供应短缺现象，同时出口市场也出现到货延迟现象，维生素 A 价格出口有所反弹。同时，下半年生猪市场需求提升，畜禽市场需求同步上涨刺激维生素 A 价格攀升。全年终端库存量提升，贸易商也出现阶段性囤货，也刺激了价格走高。

(2) 维生素 E 市场及出口基本概况。2020 年，我国维生素 E 市场受新冠疫情影响抑制需求，但随着饲料规模化进程加快，维生素 E 需求有所提升。2020 年能特科技停产，2020 年维生素 E 供应相对稳定，产量略有下调。维生素 E 厂家主要集中在浙江医药、新和成、巴斯夫、帝斯曼、能特科技（停产）和北沙制药。

2020 年，我国维生素 E 及其衍生物累计出口 6.97 万 t，与 2019 年的 6.92 万 t 相比基本持平略增；出口金额 5.6 亿美元，同比上调 33.3%。主要出口国家有美国、德国、荷兰、日本、巴西、越南、加拿大、西班牙、泰国、印度尼西亚和新加坡，合计占总出口量的 81.18%，同比提高了 2.98 个百分点。其中巴西和越南的进口量提高（图 2）。

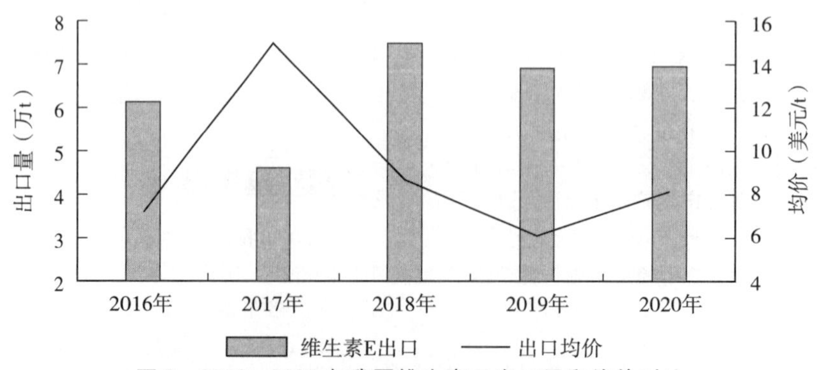

图 2 2016—2020 年我国维生素 E 出口量和均价对比

2020 年我国维生素 A 和维生素 E 的进口量仍维持低位。

2. 维生素 B_2。 2020 年，我国维生素 B_2 及其衍生物累计出口 2 848t，同比下降 13.30%，出口金额 7 586 万美元，同比下降 13.40%。主要出口国家是美国、越南、印度、巴西、斯里兰卡、荷兰、新加坡、印度尼西亚、韩国、马来西亚等，合计占总出口量的 65.49%，同比提高了 3.59 个百分点。

全球维生素 B_2 生产企业比较多和分散，但主要以帝斯曼和巴斯夫、海嘉诺、广济药业为主导，其他企业恩贝、神州生物、黄河龙生物、巨龙生物、中升药业等也有生产。2020 年新冠疫情导致我国出口量受限，国外维生素 B_2 的市场有所活跃，进口量有所提升，出口下降。维生素 B_2 的主要原料是玉米淀粉，2020 年玉米价格上涨导致玉米淀粉成本上涨，这也对维生素 B_2 形成压力。2020 年国内维生素 B_2 均价为 103 元/kg，同比下降了 17.6%。这也创下了近五年的新低（图 3）。

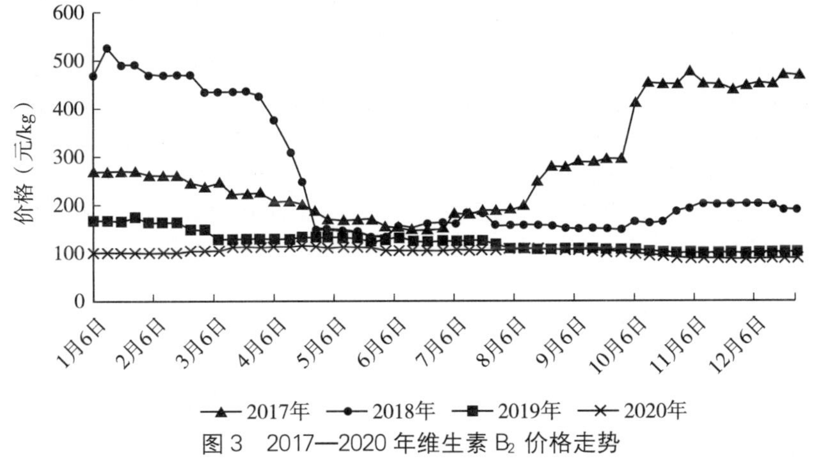

图 3　2017—2020 年维生素 B_2 价格走势

3. 维生素 D_3。 我国饲料级维生素 D_3 主要为花园生物，其在维生素 D_3 产业上已经打通，对整体产品价格的把控更加游刃有余，同时，帝斯曼与花园生物拟在浙江设立合营企业，生产维生素 D_3 关键中间体 DHC。同时，天新药业维生素 D_3 投产，圣达在上半年也有生产线技改项目完成。黑龙江格林赫思、平顶山市楚鑫源盛文虎、湖北元泰生物等均有计划建设生产维生素 D_3 项目。2020 年维生素 D_3 厂家包括花园生物、新和成、金达威、台州海盛、威仕生物、浙江医药、天新药业，国外集中在帝斯曼、印度迪氏曼。2020 年，维生素 D_3 价格基本维持低价区间，全年平均价格 100 元/kg，与 2019 年的 237 元/kg 的均价相比，下降了 57.8%（图 4）。

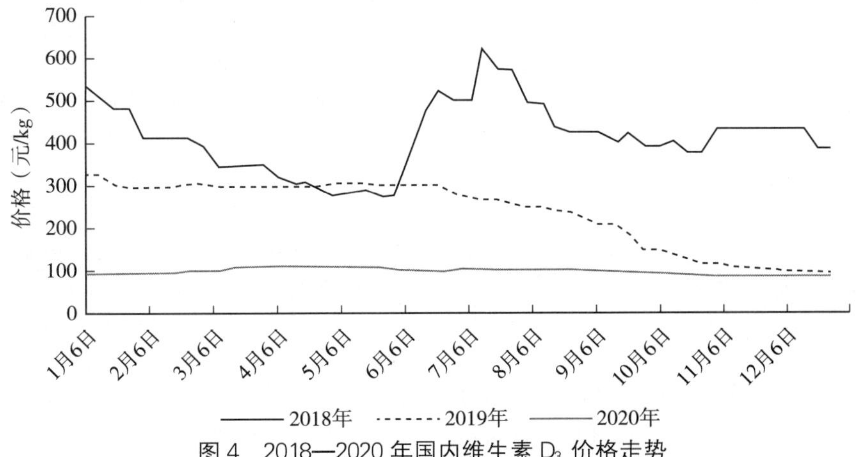

图 4　2018—2020 年国内维生素 D_3 价格走势

4. 泛酸钙。 2020 年初受疫情影响，泛酸钙价格不断冲高，年初价格达到了均价 370 元/kg，随后价震荡回调，到年底回归正常水平，泛酸钙价格再次冲高，从年初的 165 元/kg 一路上行，到年底均价为 72.5 元/kg。我国是主要泛酸钙生产国，泛酸钙厂家众多，其中主要以亿帆医药、新发药业、兄弟科技、山东华辰、帝斯曼、巴斯夫、精晶药业、安力肽生物等，另外还有泰格、海嘉诺、华恒生物、韦德生化、桑禾动物药业等厂家，国内产能分散，竞争压力偏高。我国泛酸钙主要原料来自石油化工产品，包括泛酸解酸内脂（其原料γ-丁内酯或者氢氰酸及异丁醛）和β-氨基丙酸钙（其原料是丙烯腈）还有其他产品如甲醛等辅料。原料成本占泛酸钙生产成本的60%左右。

5. 叶酸。2020年，我国叶酸价格冲高回落。从年初的225元/kg上涨至年中的260元/kg，随后震荡回调至年底的205元/kg。全年均价228元/kg，远低于2019年均价的315元/kg。2020年盈利能力下降，一方面环保制约，叶酸厂家上游中间体的投入不够，导致对叶酸成本缺乏把控能力，市场竞争较为复杂，导致部分厂家在下半年后出现亏损现象。叶酸主要厂家包括天新药业、南通常海、新鸿医药、圣达生物、安徽泰格、牛塘化工等。

6. 胆碱及其盐。2020年，我国氯化胆碱出口总量与2019年比略增。基本维持在25.9万t，全年产量仅50万t，出口量占比超过一半。2020年氯化胆碱价格与2019年比持平略涨，全年均价4 646元/t，与2019年比提高了14元/kg。

氯化胆碱主要原材料是三甲胺和环氧乙烷，其价格波动会直接影响氯化胆碱价格（图5）。2020年原油价格大幅波动，导致下游环氧乙烷和三甲胺价格波动较大，这对氯化胆碱厂家生产产生一定影响，部分工厂因原料价格波动影响市场供应，部分厂家存在亏损情况。

未来随着环保和安全督察不断深入，氯化胆碱未来产业将日趋集中，大型氯化胆碱企业的品牌效应提升，市场集中度不断增强，支撑未来价格。我国是氯化胆碱的主要生产国，厂家主要分布在河北、山东及江苏3个省份，包括恩贝丰银、奥克特、山东巨佳生物、信诺、伊士曼等。

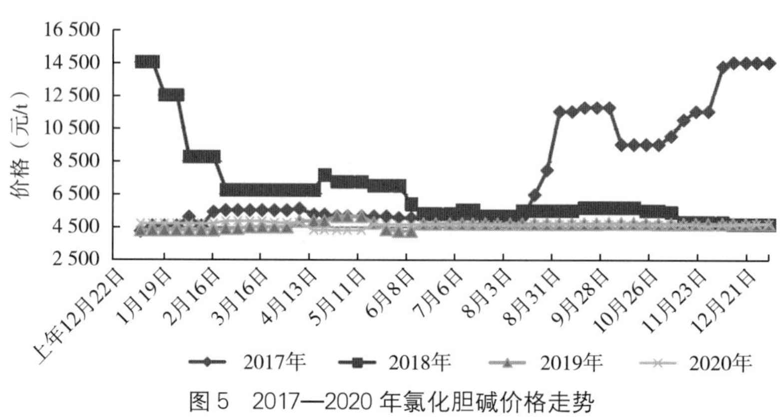

图5 2017—2020年氯化胆碱价格走势

7. 维生素B_1、维生素B_6、维生素B_{12}、维生素K_3。2020年我国维生素B_1出口总量7 621t，同比上调6.78%；出口金额19 865万美元，同比上涨0.82%；维生素B_6出口总量7 237 t，同比上调12.69%；出口金额16 869万美元，同比下降1.03%；维生素B_{12}出口总量355t，同比上调95.07%；出口金额16 699万美元，同比下降14.65%。

2020年维生素B_1、维生素B_6、维生素B_{12}和维生素K_3全年均价分别为196元/kg、142元/kg、157元/kg和67元/kg。除了维生素B_{12}，其他三种维生素均出现不同幅度的回调。

2020年维生素B_1主要厂家以天新药业、兄弟科技、华中药业为主，兄弟科技在2019年受园区整顿停产，2020年恢复产能供应，市场供应厂家较多，总体相对分散，竞争日趋激烈。维生素B_6的厂家众多，主要包括天新药业、海嘉诺、江西森泰、华中医药、新发药业、惠生药业、帝斯曼、安徽泰格等。维生素B_6市场受厂家增加，产能提升，市场竞争压力巨大，全球市场维持供过于求的格局。维生素B_{12}近几年产能也有所扩大，厂家包括玉星生物、金维制药、河北华荣和安万特、湖南鸿鹰、华星药厂等。维生素K_3全球产能过剩，市场处于供大于求格局。全球主要维生素K_3的厂家有国内的兄弟科技、陆良和平、崴尼达、重庆民丰、振华股份及山东华升等，国外包括土耳其Oxyvit和乌拉圭Dirox。

8. 维生素C。2020年，维生素C全年出口总量20.7万t，同比提高6.45%；出口总额7.5亿美元，同比上涨31.58%。出口国家主要是德国、美国、荷兰、日本等国家。

2020年浙江新和成年产3万t维生素C。其他厂家变化很小，生产维生素的重要原料是山梨醇，占比超过50%。近几年，维生素价格波动较大（图6），部分闲置产能在复产和停工之间切换。国内主要厂家为山东鲁能、江山制药、山东天力、东北制药、石药集团及新进入者浙江新和成。2020 年维生素 C 全年均价为 29.2 元/kg，同比上涨了 10.19%。

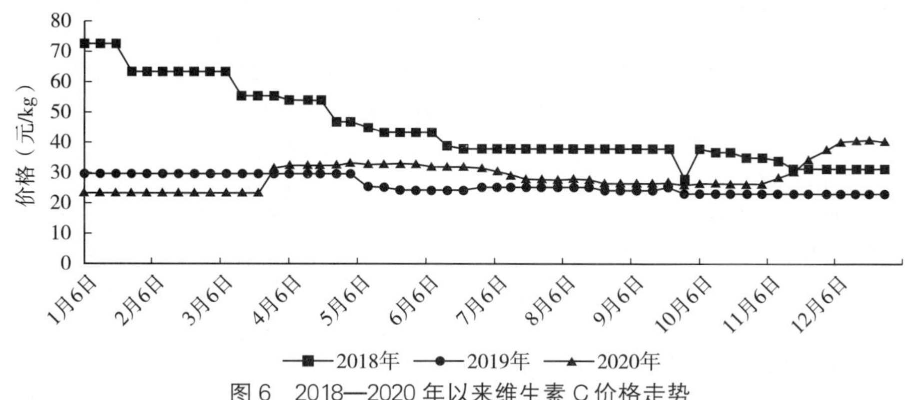

图 6　2018—2020 年以来维生素 C 价格走势

2020 年，在新冠疫情肆虐全球的背景下，维生素国内外市场均受到一定冲击，但由于维生素市场作为重要的饲料添加剂产品，在饲料、食品及医药方面应用广泛，维生素市场整体下半年市场供应恢复正常。全年在饲料中的消费提升，出口市场影响不大。目前，维生素市场主要来自汇率、上游原料的供应及生产供应和经营模式等带来的市场影响。随着上游集团化、产业化不断深化，加快布局销售渠道、加大对上下游产业链的整合、加快品牌打造将成为未来维生素产业发展核心竞争。

微量元素氨基酸螯合物在动物生产中的应用研究

随着研究日渐深入，人们对微量元素氨基酸螯合物的营养作用和代谢方式的认识也不断提高。由于畜牧业生产的发展导致饲料添加剂的出现和广泛应用，国内外关于螯合物的研究报道也与日俱增。本文将 2020 年 1 月 1 日至 2020 年 12 月 31 日正式发表的应用研究论文整理，为应用及研究者参考。

一、微量元素氨基酸螯合物在养猪生产中的应用研究

1. 对断奶仔猪生产性能的影响。为提供断奶仔猪饲粮高剂量氧化锌的替代物及减少锌排放对环境的污染，缓解断奶仔猪应激的营养措施提供新的思路。刁慧等（2020）以断奶仔猪生长性能、腹泻率、养分消化率、肠道形态和肠道屏障功能为指标，研究有机微量元素和酵母培养物替代氧化锌的可行性。试验选择 48 头 28 日龄、体重为（9.11±0.44）kg 的杜×长×大断奶仔猪，按照体重一致、公母均匀的原则和完全随机区组的设计分为 2 个处理，即：氧化锌组，基础饲粮（微量元素均为无机微量元素，不加锌）+1 600mg/kg 氧化锌（以锌计）；替代组，基础饲粮（微量元素为复合有机微量元素）+3 000mg/kg 酵母培养物。每个处理 6 个重复，每个重复 4 头猪。试验期共 14d，于试验第 11～14d，采用内源指示剂收粪法，进行消化试验。结果表明：与氧化锌组相比，替代组断奶仔猪 1～14d 的平均日采食量和平均日增重显著降低，腹泻率显著增加，但料肉比显著降低。与氧化锌组相比，替代组断奶仔猪干物质、粗灰分和锌的表观消化率显著提高，粪中锌含量显著降低。与氧化锌组相比，替代组断奶仔猪十二指肠绒隐比、空肠绒毛高度和杯状细胞数量显著增加，十二指肠隐窝深度显著降低。与氧化锌组相比，替代组空肠 Bax、IL-1β、ZNT1 和 ZNT2 的 mRNA 相对表达量显著降低，ZIP4、IGF-1 和 MUC2 的 mRNA 相对表达量显著升高。研究者认为：尽管有机微量元素和酵母培养物替代氧化锌降低了断奶仔猪平均日采食量和平均日增重，增加腹泻率，但提高了饲料转化率和养分消化率，改善肠道形态结构，维持肠道屏障功能，说明日粮补充有机微量元素和酵母培养物相比于高剂量氧化锌更有利于断奶仔猪的肠道健康。

2. 对后备母猪骨骼发育的影响。骨骼发育直接影响后备母猪的淘汰率，营养学家在探讨通过饲粮营养的调节来降低后备母猪的淘汰率。付博等（2020）报道日粮添加有机铜、锌、锰及蛋氨酸对后备猪骨发育影响的研究结果。试验选择 360 头体重为（28.8±8.8）kg 的后备母猪，旨在评价 4 种日粮处理的效果：①对照组；②对照日粮+10、20 和 50mg/kg 有机铜、锰和锌（T1 组）；③对照日粮+蛋氨酸（蛋氨酸∶赖氨酸为 1.02，T2 组）；④对照日粮+有机微量元素+蛋氨酸（T3）。整个骨密度以 Hounsfield 值（HU）表示，值越大密度越大。结果：T1 组胫骨长度较对照组提高 0.75cm，骨密度>140HU，较对照组和 T2 组提高 10%。T1 组胫骨弯曲力和断裂强度

最高，T2 和 T3 组居中。T1 组掌骨脱脂干物质、灰分、钙和磷含量均显著大于对照组。对照组的软骨病总分显著高于 T3 组。综上所述，单独添加有机复合微量元素（铜、锰和锌）134d 后可提高后备猪的骨生长、骨密度和胫骨强度。单独补充高水平蛋氨酸也能增加骨密度，并具有中等骨弯曲和断裂强度。有机微量元素与蛋氨酸的组合表现出中等骨矿化和密度，但与对照相比可降低软骨症总评分。

3. 对育肥猪的影响。

（1）对育肥猪生产性能的影响。为了研究饲粮中添加半胱胺螯合锌（Zn-CS）对肥育猪体增重的影响。何鑫等（2020）试验选取体重为（84.6±0.6）kg 的杜×长×大三元杂交母猪 40 头，随机分为 4 组，每组 10 头猪，数据以个体为重复。对照组饲喂玉米—豆粕型基础饲粮，试验组饲喂在基础饲粮中分别添加 90、180 和 300mg/kg Zn-CS 的试验饲粮。饲粮中添加合成氨基酸以满足 75～100kg 和 100～130kg 的肥育猪必需氨基酸的 NRC（2012）营养需要，饲养试验 38d。结果表明：饲粮中添加 Zn-CS 对肥育猪平均日增重无显著影响。

（2）对育肥猪血液生化指标的影响。为了研究饲粮中不同添加量的半胱胺螯合锌（Zn-CS）对育肥猪免疫性能、抗氧化能力、血清生化指标的影响。于光辉等（2020）选取 90 头体重为（64.67±1.15）kg 的健康育肥猪，随机分为 5 组，每组 3 个重复，每个重复（圈）6 头。对照组饲喂基础饲粮，试验组分为Ⅰ、Ⅱ、Ⅲ、Ⅳ组，分别饲喂在基础饲粮中添加 60、90、120、150mg/kg Zn-CS 的试验饲粮。结果表明：①与对照组相比，Ⅰ、Ⅱ组血清免疫球蛋白 A（IgA）含量显著提高。②与对照组相比，Ⅲ、Ⅳ组血清丙二醛含量显著降低，Ⅱ、Ⅲ、Ⅳ组血清总抗氧化能力显著提高。③与对照组相比，Ⅱ组血清生长激素含量显著提高，Ⅱ组血清生长抑素含量显著降低，Ⅱ、Ⅲ、Ⅳ组血清胰岛素含量显著提高。由此可见，饲粮中添加 Zn-CS 能够提高育肥猪免疫性能与抗氧化能力。研究者认为：在本试验条件下，建议 Zn-CS 在育肥猪饲粮中的适宜添加量为 120mg/kg。

何鑫等（2020）报道：饲粮中添加 Zn-CS 显著线性增加了血清中游离谷氨酸、亮氨酸、组氨酸（线性、二次）、赖氨酸、蛋氨酸、半胱氨酸和总游离氨基酸的含量。

（3）对肥育猪肉质的影响。在探讨微量元素氨基酸螯合物对肉品质的影响，周祥等（2020）研究了在低蛋白质饲粮情况下，使用复合有机微量元素（酵母硒、酵母铬和小肽螯合有机锌，含量分别为 0.05、0.06、10g/kg）对肥育猪肉质的影响，选择体重 80kg 左右商品肉猪 1 000 头，分为对照组和试验组，每组 500 头，每组 5 个重复，每个重复 100 头。对照组饲喂肥育期基础饲粮＋3kg/t 豆粕，试验组在基础饲粮基础上额外添加 3kg/t 复合有机微量元素产品，两组饲养管理、饲喂时间和方法相同，试验时间共 60d。试验结果表明：试验组肉色指标亮度、红度、黄度值较对照组分别降低 12.58%、1.25%、25.05%，差异不显著；试验组锌含量较对照组提高了 2.56%，差异不显著，试验组硒含量较对照组提高了 50%，差异显著。研究者认为：在生长肥育猪上市前 60d 饲喂复合有机微量元素对猪肉肉色、滴水损失均有改善，猪肉中锌、硒含量得到一定提高，其中硒含量提高 50%，达到了差异显著水平，达到地方富硒猪肉的标准。何鑫等（2020）在饲粮中添加半胱胺螯合锌（Zn-CS）90、180 和 300mg/kg 3 个水平，研究 Zn-CS 肉品质的影响。结果表明：①饲粮中添加 Zn-CS 显著线性增加了屠宰后 24h 背最长肌的亮度（L）值，对背最长肌的其余肉色指标、pH、大理石花纹评分、系水力和剪切力无显著影响。②随着饲粮中 Zn-CS 添加量的增加，背最长肌中粗蛋白质含量显著线性降低，蛋氨酸含量显著线性增加，而甘氨酸（线性）、丙氨酸（线性）和脯氨酸（二次）含量显著降低。③饲粮中 Zn-CS 的添加显著二次增加了背最长肌中游离赖氨酸、丙氨酸、苯丙氨酸、蛋氨酸、风味氨基酸和总游离氨基酸的含量，显著线性降低了游离甘氨酸的含量。综上所述，肥育猪饲粮中添加 Zn-CS 可以增加肌肉中的蛋氨酸含量，二次升高肌肉中游离氨基酸的含量，尤其是游离风味氨基酸的含量。90、180mg/kg Zn-CS 组中肌肉游离氨基酸含量最高。饲粮中添加 300mg/kg Zn-CS 降低了肌肉中粗蛋白质含量。研究者建议：肥育猪饲粮的 Zn-CS 添加量为 90～180mg/kg。

二、微量元素氨基酸螯合物在蛋鸡生产中的应用研究

1. 对父母代种鸡生产性能的影响。探讨复合有机微量元素（以麦饭石为载体，主要由有机铜、有机锌、有机锰等组成）对父母代种鸡产蛋性能以及种蛋蛋品质的影响，刘璇等（2020）选择 1 200 只生产性能接近的 60 周龄“农大 3 号”矮小型父母代种鸡，随机分为 2 组（对照组和试验组），每组 6 个重复，每个重复 100 只鸡。对照组饲喂基础饲粮，试验组在基础日粮中添加 0.05%复合有机微量元素。试验期 4 周。结果显示，饲料中添加复合有机微量元素能提高矮小型父母代种鸡的产蛋率、蛋壳厚度、蛋白高度和哈氏单位，降低种蛋重；对破蛋率、裂纹蛋率和蛋壳强度的影响没达到显著水准。综上，矮小型父母代种鸡饲料中添加 0.05%复合有机微量元素能显著提高

种鸡产蛋率和蛋品质。

2. 对产蛋鸡生产性能的影响。研究日粮中添加有机微量元素复合物（有机微量元素复合物为酵母多糖微量元素络合物，每千克产品含有铁 45g、锌 35g、锰 30g、硒 10g。铁、锌为酵母微量元素，硒为酵母硒）对蛋鸡生产性能以及蛋品质的影响。赵文旭等（2020）选择 300 日龄的海兰褐蛋鸡 288 只，随机分为 4 组，每组设 6 个重复，每个重复 12 只鸡，试验采用 4 种日粮，对照组采用玉米—豆粕基础日粮，试验Ⅰ组、试验Ⅱ组、试验Ⅲ组分别采用基础日粮添加 700、800、900mg/kg 的有机微量元素复合物，进行为期 4 周的饲养试验。结果显示：不同添加浓度的有机微量元素复合物对蛋鸡的生产性能有显著影响，有机微量元素复合物的添加量和添加时间对蛋品质部分指标有显著影响；添加有机微量元素复合物后 28d 时，试验Ⅱ组的平均蛋重显著高于其他组，对蛋形指数无显著影响，各试验组蛋壳厚度及蛋壳强度均显著高于对照组，其中，试验Ⅱ组效果最佳；在 28d 时，试验Ⅱ组鸡蛋的蛋白高度、哈氏单位和蛋黄重均显著高于其他各组；添加有机微量元素复合物对蛋黄比例无显著影响。研究者认为，添加有机微量元素复合物对蛋鸡生产性能和鸡蛋品质有显著的改善作用，其中，添加 800mg/kg 效果较好。

三、微量元素氨基酸螯合物在反刍动物生产中的应用研究

1. 对羊生长性能及机体有关指标的影响。侯鹏霞等（2020）选择年龄相近、体重 29kg 左右、健康的滩湖杂公羊 48 只，研究氨基酸锌对滩湖杂羊生长性能、血清激素、免疫及抗氧化指标的影响，将试验羊随机分为 4 组（每组 12 只）。对照组饲喂基础饲粮，锌含量为 52.80mg/kg（硫酸锌），试验Ⅰ组、试验Ⅱ组、试验Ⅲ组饲喂试验饲粮，用氨基酸锌替代基础饲粮中的硫酸锌，锌含量分别为 26.40、52.80、79.20mg/kg。预试期 7d，正试期 60d。结果表明：①饲粮添加氨基酸锌提高了滩湖杂羊平均日增重，以试验Ⅱ组平均日增重最高，显著高于对照组。②饲粮添加氨基酸锌提高了滩湖杂羊机体免疫力，血清免疫球蛋白（Ig）A、IgG、IgM 含量在试验第 50d、60d 时随着饲粮氨基酸锌含量增加而升高，但随着试验时间延长均呈现先降低后升高的趋势。③血清胰岛素（INS）含量在试验第 40d 时以试验Ⅱ组最低，第 50d 时试验组极显著低于对照组；血清胰岛素样生长因子-1（IGF－1）含量在试验第 40d、50d 时随着饲粮氨基酸锌含量增加呈升高趋势，第 60d 时以试验Ⅱ组含量最高，极显著高于对照组。饲粮添加氨基酸锌显著或极显著提高了试验第 50d、60d 滩湖杂羊血清超氧化物歧化酶（SOD）、谷胱甘肽过氧化物酶（GSH-Px）、过氧化氢酶（CAT）活性，极显著降低了血清丙二醛（MDA）含量，抗氧化指标均随着试验时间延长呈先降低后升高的趋势。④血液锌含量随着饲粮氨基酸锌含量增加呈先升高后降低的趋势。研究者认为：饲粮添加氨基酸锌可提高锌元素生物利用效率，促进滩湖杂羊生长，提高滩湖杂羊血清 IGF－1 含量，降低 INS 含量，提高滩湖杂羊机体免疫与抗氧化能力，以氨基酸锌（锌含量 52.80mg/kg）添加时间 50d 以上效果较佳。

2. 螯合锌在奶牛生产中的应用研究。

（1）蛋氨酸锌在犊牛生产中应用。通过测定犊牛血清和粪便中锌含量以及锌代谢相关指标来比较犊牛对氧化锌和蛋氨酸锌的利用情况，为锌在犊牛生产中的科学应用提供理论依据。郝丽媛等（2020）试验选取 36 头体重相近的新生荷斯坦母犊牛，随机分成 3 组，每组 12 头。对照组无添加，蛋氨酸锌组每日每头牛添加 457mg 蛋氨酸锌（相当于 80mg 锌），氧化锌组每日每头牛添加 104mg 氧化锌（相当于 80mg 锌）。试验期 14d。结果表明：①饲粮添加氧化锌或蛋氨酸锌均可显著提高犊牛血清中锌含量。饲粮添加氧化锌或蛋氨酸锌对犊牛血清中钙、铜、铁、镁和磷含量无显著影响。②饲粮添加氧化锌或蛋氨酸锌对犊牛血清中锌代谢相关指标均无显著影响。③饲粮添加氧化锌有提高犊牛粪便中锌含量的趋势。研究者认为，本试验条件下，饲粮中添加蛋氨酸锌或氧化锌形式的锌对犊牛铜、铁、钙、镁、磷等微量元素代谢无负面影响，对血清中锌代谢相关指标无显著影响。蛋氨酸锌组犊牛血清中锌含量高于氧化锌组，而粪便中锌含量低于氧化锌组，说明有机锌的生物利用率高于无机锌。

（2）氨基酸螯合锌防控奶牛肢蹄病的临床效果。郑志华等（2020）选取垦区的 6 个团的 12 个奶牛场中 1 192 头健康奶牛和 865 头患有肢蹄病奶牛作为试验对象，试验从 2017 年 6 月 22 日开始，至 2020 年 6 月 15 日结束，以期验证补饲氨基酸螯合锌防控奶牛肢蹄病的临床效果。经过观察和统计分析发现，补饲氨基酸螯合锌 3 年后，1 192 头健康奶牛中仅有 9 头奶牛患肢蹄病；通过饲喂氨基酸螯合锌，能够明显改善奶牛肢蹄病的发展进程，并使部分肢蹄病奶牛的病情得到治疗。

四、蛋氨基酸铜在乌苏里貉生产中的应用研究

通过在貉饲粮中添加相同剂量的碱式氯化铜、硫酸铜及蛋氨酸铜，通过对貉的生产性能、血清生化指标、器官指数及肝脏相关基因表达量等指标的检测，

探讨不同铜源对貉生长发育的作用效果，为貉生产中选择高效铜源提供理论依据。张新宇等（2020）随机选取（135±5）日龄、健康的雄性乌苏里貉 60 只，随机分为 4 组，每组 15 个重复，每个重复 1 只。在基础饲粮中分别添加硫酸铜（Ⅰ组）、碱式氯化铜（Ⅱ组）、混合铜（Ⅲ组，碱式氯化铜和蛋氨酸铜，添加比例为 1∶1，以铜元素计）和蛋氨酸铜（Ⅳ组），添加水平均为 60mg/kg。预试期 7d，正试期 60d。结果表明：

1. 对生产性能及代谢的影响。①各组间料重比和平均日采食量差异不显著。②Ⅰ组末重显著低于其余各组，Ⅳ组针毛长显著高于Ⅰ、Ⅱ组。③Ⅱ组的粗脂肪消化率显著高于Ⅰ、Ⅲ、Ⅳ组。Ⅲ组的铜消化率显著高于Ⅰ、Ⅱ和Ⅲ组，干物质消化率、粗蛋白质消化率各组间差异不显著。④粪氮、尿氮含量及氮沉积各组间差异不显著。Ⅰ、Ⅱ、Ⅳ组的粪铜含量显著高于Ⅲ组。Ⅳ组尿铜含量显著高于Ⅰ、Ⅱ、Ⅲ组。Ⅲ组的铜沉积显著高于Ⅰ、Ⅱ、Ⅳ组。

2. 对脏器及血液指标的影响。①不同铜源对脏器指数没有显著影响。②Ⅰ、Ⅱ组血清葡萄糖（GLU）含量显著低于Ⅲ、Ⅵ组，Ⅱ、Ⅲ、Ⅵ组血清铜蓝蛋白（CER）活性显著高于Ⅰ组，Ⅲ、Ⅵ组血清总超氧化物歧化酶（T-SOD）活性显著高于Ⅰ组，Ⅵ组血清铜锌超氧化物歧化酶（Cu-Zn SOD）活性显著高于Ⅰ组。Ⅱ组血清中总蛋白含量显著高于Ⅲ、Ⅳ组。Ⅲ、Ⅳ组血清尿素氮含量显著低于Ⅰ组，其余血清生化指标各组间差异不显著。③Ⅳ组肝脏 CER 基因相对表达量显著高于Ⅰ组。Ⅲ、Ⅳ组肝脏生长激素受体（GHR）基因相对表达量显著高于Ⅰ组。Ⅲ、Ⅳ组肝脏胰岛素生长因子-Ⅰ（IGF-Ⅰ）基因相对表达量显著高于Ⅰ组。Ⅲ、Ⅳ组肝脏 CuZn SOD 基因相对表达量显著高于Ⅰ、Ⅱ组。

研究者认为：①在本试验条件下，饲粮中混合添加适宜水平的碱式氯化铜和蛋氨酸铜，可提高育成期乌苏里貉生长性能、营养物质消化率、氮沉积和铜沉积，更有利于其生长发育。②饲粮中添加蛋氨酸铜和混合铜可以显著提升冬毛期乌苏里貉的体重、血清 CER 与 Cu-Zn SOD 活性及肝脏 GHR、IGF-Ⅰ、CER 与 Cu-Zn SOD 基因相对表达量；结合实际生产，建议生产中有机铜与无机铜混合使用效果更好。

黏结剂

近年来，随着我国养殖业、宠物业的迅速发展，配合饲料生产量不断增加，饲料颗粒化的比重日益上升，黏结剂主要用于加工颗粒饲料，以改善粒料品质（包括粉率、硬度、耐磨度、成团性）、增加生产效率及延长铸模寿命，减少饲料粉尘，保持颗粒颜色稳定，水产饵料需要提高其在水中不散、不沉的特性。水产料对饲料黏合剂的要求较高，近年来，国内外对水产料黏结剂的研究活跃，新的黏结剂种类不断推出；在水产养殖中使用黏土性饲料黏结剂可延长水产饲料在水中耐泡时间，且搬运时不易破损，并对预防鱼病，改善水质都有积极作用。稀土对动物有明显的促生长作用，特别是在哺乳、断奶仔猪方面的应用效果显著。

在畜禽颗粒饲料中一般用膨润土作黏结剂，制粒效果好，饲料品质稳定。许多人研究认为 α-淀粉是目前黏结剂中的佳品，是使用量最大的黏结剂。中国是全球最大的水产养殖国，随着水产养殖业的不断发展，α-淀粉的生产规模越来越大，全国现有生产企业 50 余家，主要有广西百色华侨实业有限责任公司淀粉厂、德清县康正面筋厂、广西隆安银丰淀粉有限公司、无锡泰花淀粉有限公司、浙江欣欣生化科技有限公司、广西武鸣泰源食品有限公司等。

与 α-淀粉等天然类黏结剂相比，人工合成黏结剂添加量少、成本低、效果好，已占据主流，被多数饲料生产厂家所接受，羧甲基纤维素钠（CMC）是其中的代表产品。我国 CMC 自 1956 年研制成功以来，经过几十年的发展，已形成一个有 40 多个骨干企业组成的行业，年产量 5 万 t，主要生产企业有重庆力宏精细化工有限公司，威怡化工（苏州）有限公司、上海申光食用化学品有限公司、鹰特化工（石家庄）有限公司、潍坊鲁德化工公司，安丘市雄鹰纤维素有限责任公司，徐州力源纤维素科技有限公司，佛山市富实新高分子纤维有限公司，镇江茂源化工有限公司、赫克力士化工（江门）有限公司，江苏宜兴市通达化学有限公司等。2016 年全球羧甲基纤维素钠市场容量为 62.192 8 万 t，预计 2020 市场容量 72.6 万 t。

目前来看，我国的黏结剂生产能力较强，可为饲料业的生产提供充足的产品。

（武书庚　任　冰）

抗结块剂

也称流散剂，为使饲料或饲料添加剂保持良好的流动性，避免结块而使用的添加剂。常用的防结块剂有亚铁氰化钾、硅铝酸钠、二氧化硅等。多系无水硅酸盐，其颜色不一，比重较大，微小颗粒，流散性好，可防止结块，防止配料仓结拱。

国内批准使用的抗结块剂有亚铁氰化钾、硅铝酸钠、磷酸三钙、二氧化硅、微晶纤维素、硬脂酸镁、碳酸镁、滑石粉等。应用较普遍的抗结块剂有二氧化硅及硅酸盐等天然矿物，如膨润土及其钠盐、球土、高岭土、硅藻土、某些黏土等，此外，常用的还有硬脂酸钙、硬脂酸钾、硬脂酸钠等。其中二氧化硅价低最为常用。亚铁氰化钾是在绿色食品中禁用，在一般食品中的用量（10mg/kg）有着严格的要求，与酸性物质接触时会产生氢氰酸，遇到碱性物质则会生成氰化钠。硅铝酸钠肉眼只能看到一些白色无定形的细粉或者小珠粒，无味，用量≤1%。磷酸三钙是一种白色的无气无味的物质，除作为抗结剂，还可用作稳定剂、营养强化剂，故其功能强大，用量 1.5%，作为面粉中的水分保持剂（30mg/kg）。二氧化硅用量 1.5%。各种抗结块剂在配合饲料中一般不超过 2%。

中国南方地区气候潮湿，饲料极易结块，而南方广东、四川、江西、湖南等省份都是配合饲料和养殖业比较发达的地区，所以对抗结块剂的需求量较大。国内生产饲用抗结块剂的厂家很多（表 1）。

表 1　国内主要饲用抗结块剂生产厂家

企业名称	产品	生产能力（t/a）
青州恒旭化工有限公司	二氧化硅	4 000
重庆建峰工业集团有限公司	二氧化硅	20 000
齐河绿之源动物保健品有限公司	二氧化硅	1 500
广州中琦硅业有限公司	二氧化硅	50 000
晋江富联化工有限公司	二氧化硅	25 000
江西兴鼎科技有限公司	硅铝酸钠	7 000
广州正和生物科技有限公司	二氧化硅、三氧化二铝	30 000
泗县天力生物科技有限公司	二氧化硅、三氧化二铝	2 000

抗结块剂在生产中使用量较少，且非必需添加剂，因此国内生产量完全可以满足饲料行业的需要。

（武书庚　任　冰）

乳化剂

饲用乳化剂是一种表面活性剂，其作用是乳化两种互不相混溶液体中的一种，使其能均匀地分布于另一液体中，形成均匀的乳状液。饲料脂肪在消化道中，必须先乳化成乳糜微粒，后被吸收，乳化剂可促进或加速该乳化作用；高脂肪饲料中添加乳化剂，其中的油脂就能够溶解在水中，提高脂肪及能量的消化率和利用率，促进动物生长，提高动物生产性能。近年来，因养殖动物品种改良，生长潜能不断提高，其营养需求也在提高，饲料蛋白、能量等营养浓度越来越高，为了促进动物对饲料脂质的利用，饲料中一般添加乳化剂。

饲料中使用乳化剂的目的：添加于高脂饲粮，有助于动物肠道中乳糜微粒形成，可提高饲料脂肪、能量的消化率和利用率，促进动物生长；添加于液体饲料（如幼龄动物代乳料）中，以确保其中营养成分（尤其是脂溶性成分）的均匀分布；采用后喷涂的饲料加工工艺中，可保证脂类物质在喷涂液中的均匀分布，增强雾化效果，提高喷涂质量。

乳化剂根据来源和状态分类为合成表面活性剂（种类繁多，应用广泛）、高聚物乳化剂（天然的动植物胶、聚乙烯醇、羧甲基纤维素钠盐等）、天然产物（卵磷脂、明胶、羊毛脂、胆固醇等）以及固体粉末（蒙脱土、二氧化硅、石墨、碳酸钙等）。

当今饲用乳化剂有数十种，生产企业百余家，用于饲料工业上的主要有磷脂类、脂肪酸酯、糖苷酯类和胆汁酸盐类。为获得更好的乳化性能，乳化剂产品通常将几种乳化剂按照一定的比率复合而成（如美肥、超能等），这些不同乳化剂之间互相配合，加强了乳化剂对油脂的乳化能力。国内现有乳化剂，产品除用于饲料工业外（表 1），多用于食品工业。

表 1　国内主要饲用乳化剂生产企业

企业名称	产品名称
九三集团北安大豆制品有限公司	大豆磷脂
广西渤海农业发展有限公司	大豆磷脂
河南正通食品科技有限公司	大豆磷脂
德清麦特生物有限公司	大豆磷脂
泰安市泰山区孚瑞饲料厂	大豆磷脂
中纺粮油（沈阳）有限公司	大豆磷脂
德清县天丰磷脂饲料厂	大豆磷脂
沧州海通生物饲料有限公司	大豆磷脂
潍坊康地恩生物科技有限公司	蔗糖脂肪酸酯、大豆磷脂
潍坊雷曼生物科技有限公司	复合乳化剂（乳能佳）
厦门美尔吉生物科技公司	复合乳化剂（美能）
山东龙昌动物保健品有限公司	饲料级胆汁酸

（武书庚　任　冰）

抗氧化剂

在饲料加工、运输和贮藏过程中，常因饲料自体氧化、微生物污染等，造成腐败变质。饲料中易氧化（不饱和油脂、蛋白等）和促氧化物质（矿物元素等）较多，油脂酸败后产生的短链脂肪酸、过氧化物和羟等，具有苦涩味，极大地降低饲料适口性，氧化的油脂会严重破坏畜禽肝脏脏器，造成能量代谢、脂肪代谢等障碍，降低动物采食量，导致腹泻等危害，更有甚者还会产生有毒有害物质导致畜禽中毒死亡。饲料中添加抗氧化剂可阻碍氧化作用，延缓饲料开始氧化时间，但不能改变已经酸败的结果，故应在饲料原料未氧化或刚开始氧化时添加，以发挥其作用。

目前常用的抗氧化剂主要有：乙氧基喹啉（EMQ）、丁基羟基茴香醚（BHA）、二丁基羟基甲苯（BHT）、没食子酸丙酯（PC）、特丁基对苯二酚（TBHQ）、茶多酚、维生素 E、L-抗坏血酸-6-棕榈酸酯、迷迭香提取物（宠物上使用），以及基于这些的复合抗氧化剂。因为性价比绝好，饲料中主要使用的抗氧化剂为 EMQ 和 BHT，用量限量均为 150g/t，一般添加 100mg/kg，据此计算，国内消耗 4 亿 t 饲料，饲料添加剂乙氧基喹啉的市场容量约 4 万 t（纯品），折合 30%乙氧基喹啉 13 万 t。

乙氧基喹啉产品一般有：乙氧基喹啉（原油）、乙氧基喹啉 60%粉和乙氧基喹啉 30%粉，应注意区分。淮安润龙科技有限公司每年生产超 5 万 t 乙氧基喹啉（产能 30 万 t），出口外贸为主，年出口占比 80%以上。对氨基苯乙醚和丙酮是主要原料，占成本的 90%。泰兴瑞泰化工有限公司是江苏中丹集团股份有限公司与泰国泰星化工有限公司合资创办的中外合资企业。年产万吨乙氧基喹啉原油、粉剂的生产规模。

BHT 国内生产能力为 2.33 万 t/a。国内主要饲用抗氧化剂生产企业情况（表 1）。

表 1　国内主要饲用抗氧化剂生产企业情况

企业名称	产品名称	企业名称	产品名称
江苏中丹集团股份有限公司	EMQ	无锡大江中盛生物科技有限公司	EMQ、BHT
上海福达精细材料有限公司	EMQ	安徽天浩生物技术有限责任公司	EMQ、BHT、BHA
宜兴市天石饲料有限公司	EMQ	泰兴瑞泰化工有限公司	EMQ、BHT、BHA
淮安市润龙科技有限公司	EMQ	广州立达尔生物科技股份有限公司	EMQ、BHT
江苏利田科技股份有限公司	EMQ	上海天昌饲料科技有限公司	EMQ、BHT
潍坊加易加生物科技有限公司	EMQ	泰州市丰润生物科技有限公司	EMQ、BHT
厦门牡丹饲料科技发展有限公司	EMQ	上海向阳化工厂	BHT
河南省瑞特利生物技术有限公司	EMQ	广东瑞生科技有限公司	EMQ、PC
北京昕地美饲料科技有限公司	EMQ	诺伟司饲料添加剂（上海）有限公司	EMQ、BHT、PC

（武书庚　任　冰）

防霉剂

饲料中含有丰富的蛋白质、淀粉、维生素、微量元素等霉菌生长需要的营养成分，在湿度、温度适宜的条件下，真菌、细菌都会繁殖生长，就会造成饲料腐败、霉变。霉变饲料不仅影响适口性、降低采食量和饲料报酬，甚至造成畜禽中毒死亡。故储存饲料的仓库要通风、阴凉、干燥、清洁，无霉料，堆放要规范，应与窗、壁保持一定距离，长期储存还需定期翻动、通风。我国主要饲料原料的霉菌污染率、霉菌毒素检出率较高；我国幅员辽阔，地方地区潮湿；饲料储存期较长，就这些原因均使得储存饲料容易长霉、产生霉菌毒素，使用防霉剂可以较好地预防霉菌毒素生长，保持饲料的原有的营养特性。饲料防霉剂是指能降低饲料霉菌数量，抑制霉菌毒素产生，预防贮存期间饲料营养成分损失，防止饲料发霉变质、延长贮存期的饲料添加剂，优良防霉剂的特点：具有较强的、广谱的抑菌效果；pH 低，在低水分的饲料中能释放出来；操作方便，使用安全，有效添加量不影响动物健康及饲料适口性。

农业农村部的《饲料添加剂品种目录》中将防腐剂、防霉剂和酸度调节剂归为一类，包括 33 种：甲酸、甲酸铵、甲酸钙、乙酸、双乙酸钠、乙酸钙（畜禽）、丙酸、丙酸铵、丙酸钠、丙酸钙、丁酸、丁酸钠、乳酸、苯甲酸、苯甲酸钠、山梨酸、山梨酸钠、山梨酸钾、富马酸、柠檬酸、柠檬酸钾、柠檬酸钠、柠檬酸钙、酒石酸、苹果酸、磷酸、氢氧化钠、碳酸氢钠、氯化钾、碳酸钠、二甲酸钾（猪）、氯化铵（反刍动物）、亚硫酸钠（青贮饲料）。适用于犬猫的有 17 种：焦磷酸钠、三聚磷酸钠、六偏磷酸钠、焦亚硫酸钠、焦磷酸一氢三钠、亚硝酸钠、氢氧化钙、乙二胺四乙酸二钠、乳酸钠、乳酸链球菌素、ε-聚赖氨酸盐酸盐、脱氢乙酸、琥珀酸（丁二酸）、碳酸钾、焦磷酸二氢二钠、乳酸钙、谷氨酰胺转氨酶。

常用防霉剂有小分子的有机酸、有机酸盐及其酯、复合防霉剂、具有防霉作用的植物源添加剂。《饲料添加剂品种目录》中，甲酸、甲酸铵、甲酸钙、乙酸、双乙酸钠、乙酸钙（畜禽）、丙酸、丙酸铵、丙酸钠、丙酸钙、丁酸、丁酸钠、苯甲酸、苯甲酸钠、山梨酸、山梨酸钠、山梨酸钾等常作为防霉剂使用。未来饲料防霉剂的研发将朝着优质高效、绿色环保、低成本、多功能的方向发展；复合防霉剂防霉效果作用强、腐蚀性小，是目前国际上使用防霉剂的发展趋势。饲料发霉过程常伴随营养成分的氧化，故一般防霉剂与抗氧化剂一起使用。国内防霉剂的主要生产企业（表1）。

表1　国内防霉剂主要生产企业

企业名称	产品名称
潍坊加易加生物科技有限公司	丙酸钙
河南省瑞特利生物技术有限公司	丙酸
深圳市永鲜宝实业有限公司	丙酸、丙酸铵、苯甲酸
无锡大江中盛生物科技有限公司	丙酸、富马酸、双乙酸钠
山东华瑞牧业有限公司	双乙酸钠
齐河绿之源动物保健品有限公司	双乙酸钠、丙酸、丙酸钙
鹤山市南华动物药业有限公司	丙酸
济南品佳科技发展有限公司	丙酸、丙酸钙
山东亿伟安化工科技有限公司	丙酸钙
生物源生物技术（深圳）有限公司	丙酸钠、山梨酸钾
厦门牡丹饲料科技发展有限公司	丙酸、丙酸钙
广州立达尔生物科技股份有限公司	丙酸钙
北京大北农科技集团股份有限公司	山梨酸、富马酸、柠檬酸
安徽天浩生物技术有限责任公司	双乙酸钠、丙酸钙
诺伟司饲料添加剂（上海）有限公司	甲酸、甲酸铵、丙酸、乳酸

（武书庚　任　冰）

酸度调节剂

酸度调节剂，用以维持或改变饲粮酸碱度，有单一和复合酸度调节剂，复合酸度调节剂是利用几种特定有机酸和无机酸复合而成（如磷酸＋乳酸＋富马酸、乳酸＋富马酸＋柠檬酸），能迅速降低饲料 pH，保持良好的缓冲值和生物功能，添加成本较低。不同酸度调节剂间往往有协同作用，如较高浓度的乳酸能增强醋酸对大肠杆菌的毒性作用，复配酸度调节剂，可增强酸化能力和预防疾病的效果，是饲料酸度调节剂发展的趋势。

饲料中添加酸度调节剂可以改善饲料 pH 和酸结合力，促进胃内酶原活化，促进肠道微生态平衡，预防动物肠道病原微生物疾病，促进营养物质消化，减慢食物在胃中的排空速度，增加蛋白质在胃中的停留时间，提高蛋白质消化率。此外，某些酸度调节剂的酸味是动物喜爱的味觉之一，可提高动物采食量，同时也可以掩盖饲料中某些不良味觉反应，提高饲料适口性。饲料替抗禁抗后，酸度调节剂作为无毒副作用、无残留的抑菌杀菌添加剂为人们所重视。

我国是工业产品生产加工大国，生产酸度调节剂的厂家很多，如厦门惠盈动物科技有限公司、广州先至饲料添加剂有限公司、潍坊加易加生物科技有限公司、河南省瑞特利生物技术有限公司、北京大北农科技集团股份有限公司、诺伟司饲料添加剂（上海）有限公司等，有足够的生产能力可满足国内的饲料工业生产需求。

柠檬酸是酸度调节剂中的主要品种，约占总耗量的2/3，生产方法有3种：水果提取法、化学合成法、生物发酵法，以发酵法生产柠檬酸为主。2019年我国柠檬酸产量139万t，同比增长3.73%；需求量43.5万t，同比增长12.99%。2020年1—11月中国柠檬酸出口金额5.2亿美元，同比下降5.6%（表1）。

表1　国内在产柠檬酸主要企业

序号	企　业	产能（万 t/a）	备注
1	潍坊英轩实业有限公司	46	规划产能扩至60万t
2	日照金禾博源生化有限公司	22	规划扩建14万t
3	山东柠檬生化有咩公司	21.5	拟新建13.5万t产能
4	江苏国信协联能源有限公司	20	拟吉林新建15万t产能
5	莱芜泰禾生化有限公司	15	部分产能关停
6	日照鲁信金禾生化有限公司	14	日照金禾博源
7	临沂七星柠檬科技有限公司	10	2019年投产
8	马鞍山中粮生物化学有限公司	7.5	
9	中粮生化科技股份有限公司	6	
10	大自然生物集团有限公司	5	自用生产柠檬酸盐

乳酸是目前国家政策优先扶持和重点发展的产品，我国现在的乳酸生产技术创新后劲十足，品牌在国际上的知名度也迅速提升。我国现有乳酸厂家约40家（表2），总生产能力28万t/a，占全球产能(75万t)的37.3%。近年来市场形势看好，年需求量增长5%左右。国内已有多家企业投资建设L-乳酸生产装置。

此外，磷酸、碳酸钠等酸度调节剂国内产量也十分充足，完全可满足饲料工业的生产需要。

表2 国内主要乳酸生产企业

序号	公司名称	产能（万t/a）
1	河南金丹乳酸科技股份有限公司	12.8
2	山东百盛生物科技有限公司	4
3	河南星汉生物科技有限公司	3
4	武汉三江航天固德生物科技有限公司	2
5	武藏野化学（中国）有限公司	1.5
6	盐城海嘉诺生物工程有限公司	1
7	山东富欣生物科技股份有限公司	1
8	安徽丰原集团有限公司	0.5
9	湖南省安化乳酸厂	0.5
10	孝感凯风生物工程有限公司	0.5
11	山西乐达生化有限公司	0.5
12	宜宾五粮液集团精细化工有限公司	0.5
13	山东潍坊巨能金玉米公司	0.5

（武书庚　任　冰）

药物饲料添加剂

改革开放30多年来，我国兽药产业规模由小到大，逐渐形成门类较为齐全、品种相对多样、技术向先进国家看齐，并兼具中兽药特色的具有国际竞争力的行业。兽药在畜牧业发展进程中，具有无可替代的作用。在畜牧业发展初期，千方百计防治动物疾病，减少动物死亡是第一要务，彼时兽药不管危害，只求疗效；步入21世纪，动物疫病依然复杂，兽药产品既要防病促生长，又要兼顾控制兽药残留和耐药性的重任。因此，质量可控、高效、低毒、低残留的兽药产品是未来发展的方向。兽药产品优质化，一方面体现在各大科研院所、兽药企业加大研发力度，从靠集中生产同质化产品"拼低价，以量取胜"的传统道路逐渐向"搞研发、创品牌"的良性发展方向转变；另一方面，兽药生产企业越来越重诚信，坚持依法依规搞生产，产品质量得到保障。

兽药行业迅速发展，有赖于兽药企业积极提高自身活力和竞争力，同时也离不开国家兽医行政管理部门积极贯彻落实"放管服"改革，释放政策红利；多措并举，不断加大监管力度。

2020年农业农村部加快兽药注册相关法规制修订，自2005年起实施至今的《兽药注册办法》即将成为历史。《兽药注册管理办法（修订草案征求意见稿）》已于7月发布征求意见，配套的兽药注册分类及资料要求也已完成初稿的起草工作，其中《兽医诊断制品注册分类及注册资料要求》已由农业农村部公告第342号发布，并于10月15日起施行。为加快推进宠物用兽药等注册工作，进一步合理利用现有药物资源，促进技术创新，更好地满足预防、治疗动物疾病要求，农业农村部发布《宠物用化学药品注册临床资料要求》（农业农村部公告第261号）、《人用化学药品转宠物用化学药品注册资料要求》、《废止的药物饲料添加剂品种增加治疗用途注册资料要求》（农业农村部公告第330号）。另外，为指导兽药研发工作，组织制定了《防治奶牛乳腺炎的抗微生物药靶动物安全性和有效性试验指导原则》等4个指导原则（农业农村部公告第326号）。

为切实提升我国兽药管理能力和水平，满足兽医临床用药需求，不断推进兽药标准管理工作，促进兽药行业健康发展，农业农村部组织编制2020年版《中国兽药典》，并制定了配套的说明书范本。与历版《中国兽药典》相比，新版兽药典创新力度更大，安全用药指导更强，风险品种管控更严。同时，更加突出行业需要，增加了专用型品种；突出技术研究，标准修订水平明显提升；突出安全要求，质量监管能力进一步提升；突出用药指导，标准内容更加贴近养殖实际；突出风险管控，加大风险或老旧品种退出力度。

为确保企业持续稳定地生产出符合兽药注册质量标准的产品，提升我国兽药在国际市场的竞争力，农业农村部总结经验，借鉴国际标准，立足我国国情，经过多方调研、反复论证，于2020年4月发布《兽药生产质量管理规范（2020年修订）》。随后，根据新版《规范》中有关规定发布了无菌兽药、非无菌兽药、兽用生物制品、原料药、中药制剂等5类兽药生产质量管理的特殊要求（农业农村部公告第292号），新版《规范》实施的工作安排（农业农村部公告第293号），以及配套的检查验收评定标准。

2020年农业农村部批准注册兽药品种：

1. 孟布酮粉。本品为孟布酮和淀粉配制而成的白色粉末。属于动物专用利胆药，具有刺激胃肠消化液分泌的作用，能够使动物胆汁分泌量增加2倍左右，胃液和胰液的分泌量达到正常分泌量的5倍左右，而对副交感神经系统及其支配器官（如子宫平滑肌及心肌）无兴奋作用。胆酸盐、胃蛋白酶、胰蛋白酶、胰脂肪酶和胰淀粉酶等分泌增加，促进胃肠内脂肪、蛋白质和淀粉等的消化吸收。用于猪消化不良、食欲减退和便秘腹胀等胃肠机能障碍。本品可以单独使用，也可作为辅助治疗药与其他药物联合使用。以孟布酮计，内服：一次量，每1kg体重，猪10～30mg，1d 1次，连用1～5d。休药期6日。不宜用于小于10日龄的仔猪。本品由西南大学、瑞普（天津）生物药业有限公司、成都新亨药业有限公司、天津市中升挑战生物科技有限公司联合申请注册获得批准。

2. 孟布酮注射液。本品为孟布酮与氯甲酚等溶剂制成的灭菌水溶液，为几乎无色至微黄色的澄明液体。属于动物专用利胆药，具有刺激胃肠消化液分泌的作用，能够使动物胆汁分泌量增加2倍左右，胃液和胰液的分泌量达到正常分泌量的5倍左右，而对副交感神经系统及其支配器官（如子宫平滑肌及心肌）无兴奋作用。胆酸盐、胃蛋白酶、胰蛋白酶、胰脂肪酶和胰淀粉酶等分泌增加，促进胃肠内脂肪、蛋白质和淀粉等的消化吸收。用于猪消化不良、食欲减退和便秘腹胀等胃肠机能障碍。本品可以单独使用，也可作为辅助治疗药与其他药物联合使用。以孟布酮计。肌内注射：一次量，每1kg体重，猪10mg，1d 1次。必要时，对于病情严重的猪可在24h后重复使用。休药期7d。肌内注射后，在注射部位可能出现水肿、出血或坏死等反应；使用本品后，猪偶尔会出现躁动不安、呼吸频率加快等反应。禁用于对本品过敏、心律失常、高热或胆道阻塞的猪；禁用于猫；禁用于妊娠晚期（妊娠期后1/3段）；肌内注射时，每个注射部位的给药体积不超过20mL。本品由西南大学、瑞普（天津）生物药业有限公司、成都新亨药业有限公司、天津市中升挑战生物科技有限公司联合申请注册获得批准。

3. 加米霉素注射液。本品为加米霉素与甘油缩甲醛等配制而成的无菌溶液，为无色至淡黄色澄明液体。大环内酯类抗生素。加米霉素为15元环的半合成氮杂内酯类，主要通过与细菌核糖体50S亚基结合，阻止多肽链延长，抑制细菌蛋白质的合成。体外试验数据表明加米霉素以抑菌方式对胸膜肺炎放线杆菌、多杀巴氏杆菌和副猪嗜血杆菌起作用，加米霉素内酯环的7a位为烷基化氮，在生理pH条件下能快速吸收，并在靶动物肺组织中维持长时间的作用。用于治疗对加米霉素敏感的胸膜肺炎放线杆菌、多杀巴氏杆菌和副猪嗜血杆菌引起的猪呼吸道疾病。按加米霉素计，肌内注射：一次量，猪每1kg体重6mg（相当于每25kg体重注射1mL）。仅用一次。每个注射部位的给药体积不超过5mL。休药期23d。猪肌内注射本品时，注射部位可能会出现短暂的肿胀，并偶尔伴有轻微疼痛。禁用于对大环内酯类抗生素过敏的猪；禁与其他大环内酯类或林可酰胺类抗生素同时使用；本品对怀孕的母猪未进行安全性评估，请根据兽医的风险评估使用。本品由保定冀中生物科技有限公司、上海公谊药业有限公司等11家单位联合申请注册获得批准。

4. 复合亚氯酸钠溶液。本品A剂为无色至淡黄色澄清液体；B剂为白色颗粒或粉末。消毒防腐药。本品A剂与B剂互相混合后，释放出二氧化氯而发挥杀菌作用。对细菌繁殖体、细菌芽孢、病毒及真菌都有杀灭作用。用于畜禽养殖场所空栏消毒。本品按A剂与B剂7：3比例使用，使用时将B剂固体平铺于敞口塑料容器中，直接倒入A剂即可反应。熏蒸60min以上。每立方米畜禽舍等养殖场所使用本品10g（以总质量计）。本品产生的烟气对皮肤和黏膜有刺激作用。禁用于带动物的畜禽舍消毒。本品由广州迈高化学有限公司申请注册获得批准。

5. 利福昔明乳房注入剂（泌乳期）。本品为橘红色混悬液，放置后分层，充分振摇后能均匀分散的灭菌水溶液。属于抗生素类药。利福昔明是利福霉素SV的半合成衍生物。主要通过与细菌依赖DNA的RNA聚合酶β-亚单位不可逆地结合，抑制细菌RNA的合成，达到杀菌目的。敏感菌包括厌氧菌，革兰阳性菌如葡萄球菌、链球菌、隐秘杆菌，革兰阴性菌如大肠埃希菌。用于治疗由葡萄球菌、链球菌、大肠埃希菌等敏感菌引起的泌乳期奶牛的乳腺炎。弃奶期96h。以本品计，乳管注入：泌乳期奶牛，挤奶后每个感染乳室1支。间隔12h注入1次，连用3次。仅供泌乳期奶牛乳房炎使用；使用本品后，未对牛奶之外的可食性组织中兽药残留进行安全性考察，禁止食用。本品由南京农业大学、山东鲁抗舍里乐药业有限公司高新区分公司等7家单位联合申请注册获得批准。

6. 复方甘草酸苷片。本品为甘草酸苷、甘氨酸、甲硫氨酸制成的白色至类白色片。甘草酸苷通过与磷脂酶A2（phospholipase A2）和脂氧合酶（lipoxygenase）结合，抑制其活化，进而阻碍花生四烯酸代谢途径，发挥抗炎作用。本品能改善临床犬肝炎和肝功能异常的症状，促进肝功能指标恢复正常。用于犬肝炎、肝功能异常的辅助治疗。以甘草酸苷计，内服，每1kg体重，犬2.5mg。1d 2次，连用7d。禁用于妊娠期、泌乳期和6月龄以下犬。本品由南京农业大学、吉林大学等9家单位联合申请注册获得批准。

7. 过氧化氢粉。本品由过氧化氢溶液、氯化钠和硫酸钠配制而成，为无白色结晶粉末，具有引湿性。本品在水溶液中释放出的过氧化氢呈现较强的氧化作用，在水溶液中形成氧化能力很强的自由羟基（OH—），破坏细菌及病毒蛋白质分子结构及细胞膜脂质等，使脱氧核糖核酸（DNA）断链，抑制细菌、病毒生长从而将其杀灭。用于畜禽舍环境消毒。以本品计。用水制成 60g/L 溶液，按 30L/100m^2 比例进行畜禽舍消毒。禁止与有机物、碱、生物碱、碘化物、高锰酸钾或其他强氧化剂合用。本品由南京艾力彼兽药研究所有限公司、安徽天安生物科技股份有限公司等 6 家单位联合申请注册获得批准。

8. 羟氯扎胺混悬液。本品为乳白色混悬液。属于水杨酰苯胺类抗寄生虫药。主要通过抑制寄生虫体内的氧化磷酸化过程，减少 ATP 的产生，并降低糖原含量，使琥珀酸蓄积，从而影响虫体的能量代谢过程使虫体死亡。用于治疗牛肝片吸虫病。以羟氯扎胺计，内服：一次量，每 1kg 体重，牛 10mg（相当于每 10kg 使用本品 3mL）。休药期牛 28d，弃奶期 72h。给药后动物可能会出现轻微的粪便软化、排便次数增多、短暂的食欲不振或腹泻，停药后恢复正常；过量使用本品可能引起动物相对增重率下降。对本品过敏的动物禁止使用；据文献报道，羟氯扎胺可用于幼畜、妊娠及哺乳期动物，但本品未开展相关研究；在正常剂量水平下，本品对存在于肝组织中的未成熟吸虫没有活性。本品由中国农业科学院兰州畜牧与兽药研究所、常州齐晖药业有限公司等 8 家单位联合申请注册获得批准。

9. 阿莫西林注射液。本品为阿莫西林与丙二醇二辛酸酯/二癸酸酯等配制而成的无菌油混悬液；静置后，细微颗粒下沉，摇匀后呈均匀的类白色混悬液，属于β-内酰胺类抗生素。阿莫西林通过抑制细菌细胞壁的合成而发挥杀菌作用，可使细菌迅速成为球状体而溶解、破裂。对链球菌属、不产青霉素酶葡萄球菌等革兰氏阳性菌和不产青霉素酶的大肠埃希氏菌、沙门氏菌属、嗜血杆菌、克雷伯氏菌、巴氏杆菌等革兰阴性菌具有良好的抗菌活性。牛：用于治疗和控制对阿莫西林敏感的革兰阳性菌和革兰阴性菌感染。猪和犬：用于治疗对阿莫西林敏感的感染性疾病。以阿莫西林计，牛和猪肌内注射、犬皮下注射：一次量，每 1kg 体重，牛、猪和犬 15mg，如需要可在 48h 再注射一次。每个注射位点的最大注射体积：牛 20mL，猪 5mL，犬 2.5mL。休药期牛 18d，弃奶期 72h；猪 21d。本品给药后可能出现过敏反应，偶尔出现严重过敏反应（如过敏性休克）。注射部位偶见一过敏性反应。禁用于有β-内酰胺类抗生素过敏史的动物；禁止静脉注射和鞘内注射；怀孕期和妊娠期动物慎用。本品由百美达动物保健品有限公司申请注册获得批准。

10. 酮洛芬注射液。本品为无色至淡黄色澄明液体。酮洛芬为解热镇痛非甾体抗炎药，属于芳香基丙酸衍生物，具有抗炎、镇痛和解热的作用。其主要作用机理是通过干扰花生四烯酸代谢途径中的环氧化酶，减少前列腺素和血栓烷等炎性介质的生成而发挥抗炎、镇痛和解热作用。与适宜的抗菌药合用，治疗奶牛临床型乳腺炎引起的炎症、发热与肌肉疼痛等。以酮洛芬计，肌内注射：一次量，每 1kg 体重，牛 3mg，1d 1 次，连用 3d。休药期牛 7d，弃奶期零日。肌注后对局部组织有轻微刺激作用。用于奶牛临床型乳腺炎辅助治疗时，需与适宜的抗菌药配伍使用；对酮洛芬过敏及肝、肾功能受损的动物禁用；不可与其他非甾体类消炎药同时使用；消化道溃疡或出血患畜慎用。本品由佛山市南海东方澳龙制药有限公司申请注册获得批准。

11. 美洛昔康咀嚼片。本品为土黄色圆形刻痕片，有褐色斑点。美洛昔康为解热镇痛、非甾体抗炎药。通过抑制前列腺素的合成而发挥作用。美洛昔康可发挥抗炎、抗渗出、镇痛和解热作用。其可抑制白细胞渗入炎症组织，预防骨和软骨损伤，可微弱地抑制胶原蛋白诱导的血小板聚集。用于缓解急性和慢性肌肉—骨骼疾病引发的炎症和疼痛。以美洛昔康计，内服：每 1kg 体重，犬 0.1mg，1d 1 次，首次加倍。可能发生非甾体抗炎药典型的不良反应（尤其在给药后 5～14d），主要是食欲下降、呕吐、腹泻、大便潜血和嗜睡。少数情况下会引起出血性腹泻、吐血、胃肠道溃疡和肝酶升高。通常是暂时性的，治疗结束后会消失。禁与甾体类或其他非甾体类消炎药、氨基糖苷类抗生素或抗凝血剂合用；胃肠道溃疡或出血，肝脏、心脏或肾脏功能受损，出血异常及对该类药物过敏的动物禁用；小于 6 周龄或体重小于 4kg 的犬禁用；存在肾中毒的潜在风险，脱水、失血性休克或低血压动物慎用；怀孕晚期或哺乳期的母犬禁用；若治疗 10d 后，症状没有得到改善，则中断使用该产品并咨询兽医师；治疗前若使用了其他抗炎药，应根据其药代动力学特征至少停药观察 24h 后再使用本品，以免引起或增强不良反应。本品由浙江海正动物保健品有限公司申请注册获得批准。

12. 卡贝缩宫素注射液。本品为无色澄明液体，子宫收缩药。卡贝缩宫素是垂体后叶激素缩宫素的合成类似物，通过选择性结合到子宫平滑肌纤维上的特异性受体，刺激钙离子流入和抑制 ATP-依赖钙离子流出，从而来改善其收缩性，使不规律的弱宫缩变成有规律的强宫缩。产后早期注射卡贝缩宫素还可以促进子宫复旧。此外，卡贝缩宫素可以作用于乳腺，促进腺泡和小乳腺管周围的肌上皮细胞收缩，同时使乳头括约肌松弛，促进排乳。用于预防母牛胎衣不下，缩短母猪产程和产仔间隔。以本品计，肌内注射：一次量，母牛娩出犊牛后注射 6～10mL；母猪分娩至少一头仔猪后注射 1mL。如果宫口未开或有机械原因导致分娩延迟，如产道阻塞、胎位和胎势异常、产时抽搐、子宫破裂、子宫扭转、胎儿相对过大或产道畸形时，严禁用于催产；两次注射间隔不应少于 24h。本品由宁波三生生物科技有限公司与中国农业大学联合申请注册获得批准。

13. 替米沙坦内服溶液。本品为无色至微黄色的黏稠澄清液体。替米沙坦为特异性血管紧张素 II 受体 1 型（AT_1）拮抗剂。AT_1 受体激活与血管紧张素 II 对肾脏的血管收缩、水钠潴留、醛固酮合成增加和器官重塑效应有关，AT_2 受体激活与血管舒张、尿钠排泄和抑制非正常细胞增殖有关。替米沙坦对 AT_1 具有高度选择性，对其他 AT 亚型无亲和力。替米沙坦对 AT_1 亲和力强，解离缓慢，为 AT_1 完全拮抗剂，无部分激动剂作用。替米沙坦通过与 AT_1 结合，可使猫的平均动脉血压呈剂量依赖性下降。临床试验显示，患有慢性肾病的猫内服替米沙坦 7d 内，蛋白尿减少。大鼠离体肾脏灌注试验显示，替米沙坦可使肾脏灌流液流速、尿流速和肾小球滤过率呈剂量依赖性增加。大鼠和犬的肾脏效应试验显示，替米沙坦可使尿量和钠排泄显著增加，对肾功能具有有利作用。用于治疗猫慢性肾病引起的蛋白尿。以替米沙坦计，内服：每 1kg 体重，猫 1mg（相当于本品 0.25mL），1d 1 次。本品可能出现轻微而短暂的胃肠道症状，发生率按降序排列，依次为：轻微的间歇性食管反流、呕吐、腹泻和软便，但这些症状在临床试验中很少观察到；偶见肝脏酶升高，停药后几日内可恢复正常；按推荐剂量治疗时，可能发生低血压和红细胞计数下降；过量给予本品（最高达推荐剂量的 5 倍，连续给药 6 个月）可导致血压明显下降、红细胞计数下降和血尿素氮升高。尚未确定本品在交配、妊娠或哺乳期猫中的安全性；禁用于妊娠或哺乳期的猫；禁用于已知对替米沙坦过敏的猫。本品由中国农业大学、洛阳惠中兽药有限公司、北京市兽药监察所联合申请注册获得批准。

14. 沙罗拉纳咀嚼片。本品为带斑点的棕色方形片。沙罗拉纳是异噁唑啉类抗寄生虫药，作用于神经肌肉接头，通过抑制 γ-氨基丁酸受体和谷氨酸受体功能，导致螨或昆虫神经肌肉活动失控，进而死亡。用于治疗猫慢性肾病引起的蛋白尿。用于预防和治疗犬跳蚤感染，治疗和控制犬蜱感染。以沙罗拉纳计，口服：每 1kg 体重，犬 2mg，每月 1 次。根据当地情况，在跳蚤、蜱虫流行季节持续给药。沙罗拉纳可能会引起异常的神经症状，如颤抖、本体感受意识减弱、共济失调及威胁反射减弱、消失或癫痫。仅用于 6 月龄及以上且体重不低于 1.3kg 的犬；尚未对种犬、妊娠和哺乳期犬进行安全性研究，应慎用。本品由硕腾公司申请注册获得批准。

15. 泰地罗新注射液。本品为泰地罗新与丙二醇等制成的无菌水溶液，为淡黄色澄明液体。本品为大环内酯类抗生素，具有广谱杀菌作用，对一些革兰氏阳性和革兰氏阴性细菌均具有抗菌活性，引起猪呼吸系统疾病的病原菌对本品尤其敏感，如胸膜肺炎放线杆菌、多杀性巴氏杆菌、支气管败血波氏杆菌、副猪嗜血杆菌以及溶血性曼海姆菌、睡眠嗜组织菌等。作用机理是与敏感菌的核蛋白体 50S 亚基结合，抑制肽链的合成和延长，影响细菌蛋白质的合成。用于预防和治疗对泰地罗新敏感的胸膜肺炎放线杆菌、多杀性巴氏杆菌、支气管败血波氏杆菌、副猪嗜血杆菌等细菌引起的猪呼吸道疾病。以泰地罗新计，肌内注射：一次量，每 1kg 体重，猪 4mg（相当于每 10kg 体重注射 1mL）。仅用一次。休药期猪 10d。每个注射位点的注射量超过 5mL 时，偶见注射位点的肿胀；极少数情况下，仔猪可能出现暂时的嗜睡现象，个体动物发生休克甚至死亡。本品禁止静脉注射；严格按照给药途径给药，单个注射位点的注射量不宜超过 5mL；禁用于对大环内酯类抗生素或辅料过敏的动物；本品不可与其他大环内酯类抗生素或林可酰胺类抗生素联合使用；本品对怀孕及哺乳期动物的药物安全性尚未有研究，已知试验结果未有任何证据表明本品对发育或生殖具有影响，需由执业兽医师根据临床情况进行风险评估后使用。本品由上海市动物疫病预防控制中心、上海同仁药业股份有限公司上海兽药厂等 9 家单位联合申请注册获得批准。此外，获得批准的还有英特威国际有限公司、武汉回盛生物科技股份有限公司与瑞孚信湖北药业有限公司等 9 家公司。

16. 氢溴酸常山酮预混剂。本品为氢溴酸常山酮与玉米淀粉等混合而成的白色至淡黄色粉末。属于抗球虫药，作用于球虫的无性生殖阶段，对子孢子、第一代裂殖体和第二代裂殖体均有明显的抑杀作用。本品可抑制早期病变从而有效保护鸡的肠道免受损伤，使得球虫不能进一步发育形成大小配子而无法进行有性繁殖从而抑制卵囊形成，对鸡柔嫩、毒害、堆型、布氏和巨型艾美耳球虫均有良好的效果。鸡口服几乎不吸收，由粪便排出体外。用于防治鸡球虫病。以本品计，混饲：每 1 000kg 饲料，鸡 500g，连用 15d。休药期鸡 5d。本品安全范围较窄，较高浓度（高于 2 倍推荐给药剂量）混饲可引起鸡不同程度的采食下降甚至拒食，蛋鸡产蛋期禁用；药料必须充分拌匀，否则容易导致动物中毒；对鱼类、水禽及其他水生动物毒性较大，禁止使用。本品由山西美西林药业有限公司申请注册获得批准。

17. 沙米珠利溶液。本品为微黄色澄清液体。沙咪珠利属于三嗪类抗球虫药，主要作用于球虫的裂殖生殖和配子生殖阶段，作用峰期为感染后3～4d。对鸡的柔嫩、堆型、毒害和巨型艾美耳球虫感染有良好的防治效果。本品长期用药可出现耐药性，与地克珠利和托曲珠利存在部分交叉耐药。用于防治鸡球虫病。以本品计，混饮：鸡，每1L水1mL，连用2～3d。休药期鸡7d。由于本品与地克珠利和托曲珠利存在部分交叉耐药，临床使用时与非三嗪类抗球虫药轮换使用。蛋鸡产蛋期禁用。本品由中国农业科学院上海兽医研究所、天津市中升挑战生物科技有限公司、中牧全药（南京）动物药品有限公司、山东国邦药业有限公司联合申请注册获得批准。

18. 莫奈太尔内服溶液。本品为黄色至橙色澄清液体。抗蠕虫药。莫奈太尔属于氨基乙腈衍生物（AAD）类抗蠕虫药。本品作用于线虫特异性烟碱乙酰胆碱受体亚基Hco-MPTL-1，具有快速、高效和渗透性的神经肌肉效应，通过引起体壁肌肉过度收缩导致咽前部麻痹、痉挛性收缩并最终死亡。本品对耐受其他类别药物的线虫有效。用于治疗和控制绵羊胃肠线虫感染。以莫奈太尔计，内服：一次量，每1kg体重，绵羊2.5mg（相当于本品每10kg体重1mL）。本品为单次给药。根据不同地区疫情流行情况，可以重复给药。休药期绵羊9d。可能生产供人类食用乳品的母羊禁用；本品对体重不足10kg绵羊的疗效尚不明确，对体重不足10kg或不足2周龄绵羊的安全性尚不明确。本品由美国礼蓝动物保健有限公司申请注册获得批准。

19. 复方非泼罗尼滴剂。本品为非泼罗尼、甲氧普烯与适宜溶剂配制而成的淡黄色澄清液体。非泼罗尼是一种对多种害虫具有防治效果的广谱杀虫药。与昆虫中枢神经细胞膜上的γ-氨基丁酸（GABA）受体结合，关闭神经细胞的氯离子通道，从而干扰中枢神经系统的正常功能而导致昆虫死亡。主要通过胃毒和触杀起作用，也具有一定的内吸作用。甲氧普烯是昆虫的生长调节剂（IGR），是昆虫保幼激素的同类物，对未成熟阶段昆虫的发育有抑制作用。这种药物与保幼激素的作用机制相类似，可导致昆虫发育受阻和发育阶段的跳蚤死亡。甲氧普烯对动物体上的卵的作用机制主要包括：通过直接渗透作用穿过卵壁进入新生跳蚤卵或者通过跳蚤成虫角质上皮的吸入而进入卵内。甲氧普烯对跳蚤幼虫和蛹的发育也有很强的抑制作用。用于驱杀犬体表的成年跳蚤，跳蚤卵、幼虫和蜱。外用，滴于皮肤。体重10kg以下的犬使用0.67mL，体重10～20kg的犬使用1.34mL，体重20～40kg的犬使用2.68mL，体重40kg以上的犬使用2.68mL加另一相应小管。舔食药液的犬可能会出现短时流涎，主要是由于药物载体中含酒精成分所致；仅限于犬外用，禁用于8周龄以下的犬。本品由洛阳惠中兽药有限公司、普莱柯生物工程股份有限公司、河南新正好生物工程有限公司3家单位联合申请注册获得批准。

20. 泰地罗新注射液（牛用）**。**本品为泰地罗新与丙二醇等制成的无菌溶液，为淡黄色至黄色澄明液体。大环内酯类抗生素。泰地罗新为具有十六元环的半合成大环内酯类抗生素，可与细菌核糖体的50S亚基结合，阻断肽链的延长，抑制细菌必需蛋白质的合成从而产生抑菌或杀菌作用。泰地罗新抗菌谱包括牛呼吸道疾病常见的致病菌，如溶血性曼氏杆菌、睡眠嗜组织菌和多杀性巴氏杆菌。泰地罗新对不同病原菌显示出不同的抗菌作用——抑菌或杀菌。体外研究显示，泰地罗新对溶血性曼氏杆菌和睡眠嗜组织菌具有杀菌作用，而对多杀性巴氏杆菌具有抑菌作用。用于治疗和预防对泰地罗新敏感的溶血性曼氏杆菌、多杀性巴氏杆菌和睡眠嗜组织菌等引起的牛细菌感染性呼吸道疾病。以泰地罗新计，皮下注射：一次量，每1kg体重，牛4mg（相当于每45kg体重给药1mL），仅用一次。休药期牛47d。禁用于对大环内酯类抗生素或其辅料过敏的动物；禁止与其他大环内酯类或林可酰胺类抗生素联合使用；严格按照给药途径给药，禁止静脉注射；由于缺少牛奶中泰地罗新最高残留限量的研究，因此生产供人类食用乳品的泌乳期奶牛禁用；预计在2个月内分娩的且可能生产供人类食用乳品的怀孕母牛禁用。本品由英特威国际有限公司申请注册获得批准。

21. 复方氨基酸注射液。本品为19种氨基酸的灭菌水溶液，为无色至微黄色的澄明液体。本品为氨基酸类营养补充剂，复方氨基酸注射液在能量供给充足的情况下，可进入组织细胞，参与蛋白质的合成代谢，获得正氮平衡，并生成酶类、激素、抗体、结构蛋白，促进组织愈合，恢复正常生理功能。用于奶牛营养不良、低蛋白血症及外科手术围手术期的营养支持，用于奶牛产后体弱的辅助治疗。静脉注射：一次量，每1kg体重，奶牛1～2mL，1d 1次，连用3d。不可与注射用四环素、安定注射液、磺胺嘧啶钠注射液、注射用苯巴比妥钠、注射用异戊巴比妥钠等配伍使用。严重肾功能不全，严重尿毒症患畜和对氨基酸有代谢障碍的患畜禁用；老龄、危重、过敏体质、心肺功能不良的患畜使用本品时需注意；大量应用或合用电解质输液时，应注意电解质与酸碱平衡。严重酸中毒，充血型心力衰竭的患畜慎用。本品由河北科星药业有限公司、四川恒通动保生物科技有限公司、江苏朗博特动物药品有限公司、江西省保灵动物保健品有限公司4家单位联合申请注册获得批准。

22. 金芩蓝口服液。由金银花、黄芩、连翘、板蓝根等药味制备而成。具有清热解毒、消肿利咽之功能，主治鸡传染性喉气管炎引起的发热、咳嗽、咽喉肿痛。混饮：每1L水，鸡2mL，连用5d。由河北远征药业有限公司、济南亿民动物药业有限公司、山东圣地宝药业有限公司、河北远征禾木药业有限公司、河北农业大学联合申请注册获得批准。

23. 藿蜂散。由淫羊藿、酒制蜂胶等药味制备而成。具有补益正气，增强免疫之功能。用于提高鸡对鸡新城疫疫苗、猪对猪瘟疫苗的免疫应答。配合疫苗使用，混饲：雏鸡0.2g，连用3d；仔猪1～1.5g，连用3d。由南京农业大学、山东百力和生物药业有限公司、芮城绿曼生物药业有限公司、青岛创生药业有限公司、山西农业大学5家单位联合申请注册获得批准。

24. 土苓茅根颗粒。由土茯苓、白茅根、益母草、槐花、广藿香等药味制备而成。具有清热利湿，健脾化浊之功能。用于治疗由湿热及饲料蛋白质含量过高引起肾肿的湿热证。混饮，一次量，每1L水，鸡1g，1d 2次，连用5d。由青岛动保国家工程技术研究中心有限公司、石家庄江山动物药业有限公司等11家单位联合申请注册获得批准。

25. 裸花紫珠末。为裸花紫珠经加工制成的散剂。具有抗炎、抑菌，止血，促生长之功能。用于促进猪的生长。混饲：每1kg饲料，猪3g，连用28d。由广州格雷特生物科技有限公司和华南农业大学联合申请注册获得批准。

26. 石榴皮止泻散。为石榴皮与滑石制成的粉剂，具有涩肠止泻之功能，主治仔猪白痢。灌服：每1kg体重，仔猪0.09g，连用5d。由浙江金大康动物保健品有限公司申请注册获得批准。

27. 味连须散。为味连须经加工制成的散剂。具有清热燥湿，泻火解毒之功能。主治仔猪白痢。混饲：一次量，每1kg体重，仔猪1～2g，1d 2次，连用3d。由西南大学、北京中农劲腾生物技术股份有限公司、成都乾坤动物药业股份有限公司、河南后羿实业集团有限公司、重庆和美保健药业有限公司5家单位联合申请注册获得批准。

28. 芪翁黄柏散。由黄芪、白头翁、黄白等药味制备而成。具有抗炎、止泻之功能。用于预防仔猪腹泻，提高生长性能。混饲：每1kg饲料，断奶仔猪1g，连用2个月。由北京生泰尔科技股份有限公司、爱迪森（北京）生物科技有限公司、北京喜禽药业有限公司、生泰尔（内蒙古）科技有限公司4家单位联合申请注册获得批准。

29. 常山抗球合剂。由常山、苦参、墨旱莲、仙鹤草等药味制备而成，具有驱虫之功能，主治鸡球虫病。混饮：每1L水，鸡8mL，连用6d。由北京生泰尔科技股份有限公司、爱迪森（北京）生物科技有限公司、北京喜禽药业有限公司、生泰尔（内蒙古）科技有限公司4家单位联合申请注册获得批准。

30. 参麦健胃片。由太子参、陈皮、山药、炒麦芽、山楂等药味制备而成，具有健胃消食之功能，主治犬脾胃虚弱所致的消化不良。口服：一次量，每1kg体重，犬100mg，1d 2次，连用5d。由北京生泰尔科技股份有限公司、爱迪森（北京）生物科技有限公司、北京喜禽药业有限公司、生泰尔（内蒙古）科技有限公司4家单位联合申请注册获得批准。

31. 黄芩提取物注射液。由黄芩提取物制备而成，具有清热燥湿、泻火解毒之功能，主治猪水肿病。肌内注射：一次量，每1kg体重，猪0.2mL，每日1次，连用5d。由湖北武当动物药业有限责任公司、广西大学等7家单位联合申请注册获得批准。

（徐　倩　汪　霞　段文龙　梁先明）

饲料酶制剂

酶制剂是一种具有高度催化活性的蛋白质，饲料中酶的添加可降解抗营养因子，解离金属元素，补充动物内源酶种类和功能的不足，调节肠道微生态，减少消化道及粪便中养分残留量。目前，广泛生产应用的酶制剂有木聚糖酶、甘露聚糖酶、纤维素酶、β-葡聚糖酶、淀粉酶、蛋白酶、植酸酶、葡萄糖氧化酶等。

一、饲用酶制剂产量及企业动态

1. 饲用酶制剂产量。据调查统计，2020年饲用酶制剂22.4万t，同比2019年增长了15.1%，保持较快增长。饲用酶增长的主要的原因如下：

（1）饲料总产量增加。全国工业饲料总产量同比增长10.4%。

（2）非常规原料的大量运用使复合酶使用量大幅增加。2020年下半年以来，饲料原料玉米价格持续攀升，导致饲料价格跟涨。饲料和养殖企业为了降低成本，将部分玉米原料转由小麦等杂粮替代。在饲料主要原料玉米豆粕价格不稳定的情况下，越来越多的非常规原料被用到畜禽料中，比如小麦、麸皮、棉粕、菜粕、豌豆粉、棕榈粕等。随着饲料原料配方发生改变，饲用酶制剂配方也由原来的玉米豆粕型复合酶制剂转为针对小麦等杂粮的复合酶制剂。该转变大幅提升单吨饲料对饲用酶制剂的用量。

（3）饲料禁抗酶制剂使用量增加。在众多潜在的抗生素替代产品中，酶制剂是最受欢迎的抗生素替代产品和最有效的饲料添加剂之一。饲用酶制剂因主要来自于微生物发酵，可以发挥多种功能，帮助企业实现降本增效，被公认为是一种安全、适合替代抗生素的绿色饲料添加剂。

2. 企业动态。溢多利隆重推出了替抗酶制剂产品，积极参加太阳鸟论坛、颐和论坛、中国畜牧业高质量论坛等宣传其原理及实践应用效果，得到了行业普遍认可。

新华扬九龙酶制剂基地干燥车间二期投产。

山东隆科特酶制剂有限公司与中国农业科学院北京畜牧兽医研究所联合实验室签约暨姚斌院士工作站。

从以上主要酶制剂企业可以看出，酶制剂企业专注于产品性能提升、产能扩增。

二、饲用酶制剂研发创新

1. 耐温性能进一步提升。近年来，酶制剂的耐温性能逐步提高，最具代表的当属耐高温植酸酶，耐温性能从 75℃ 提升至 85℃。溢多利即将推出“超”耐高温植酸酶，是其通过分子生物学改造，使其耐高温植酸酶的耐温性能提升至 100℃。其他酶制剂如木聚糖酶、葡萄糖氧化酶的耐温性能也取得了提升，完全可以满足高温质粒的使用条件。

2. 非常规原料专用酶制剂研发。饲料原料价格持续攀升，将农副产品和副产物以从未见过的高水平添加入单胃动物饲料成为一种趋势。非常规饲料资源中的部分有害成分，可通过使用某些添加剂使其钝化或脱毒。饲料酶制剂是近年来研究和开发十分活跃的领域，可优化非常规饲料原料日粮整体的营养价值。例如，在含有非淀粉多糖的非常规饲料原料中，使用β-葡聚糖酶、木聚糖酶、纤维素酶等。有研究表明，在加拿大双低菜粕中加入酶制剂，可以消除其中粗纤维的不良影响，使蛋白质和氨基酸的消化利用效率大幅提升，甚至完全替代豆粕使用。

3. 替抗酶制剂研发。抗生素作为饲料添加剂的目的包括两个方面，一是促生长作用，二是抑菌抗病作用。酶制剂是其中的一类可以替代抗生素的产品，而且由于酶的种类和功能广泛，同时具有抗生素的两种功能，即促生长和抗菌功能，例如外源消化酶（蛋白酶、淀粉酶、脂肪酶）、植酸酶、非淀粉多糖酶等可以提高动物的生产性能，而葡萄糖氧化酶、溶菌酶等可以杀菌抑菌。

近年来随着葡萄糖氧化酶的酶活、耐温性能提升，解决了之前使用成本高、高温饲料应用的瓶颈，加之禁抗的到来，促使其成为替抗抗菌的首选，得到了广泛应用。葡萄糖氧化酶作为饲料添加剂的试验报道较多。以下列举一些葡萄糖氧化酶的最新研究进展：饲料中添加葡萄糖氧化酶可以通过提高种公猪机体抗氧化能力和性激素水平，改善健康状态和精液质量；综合效果与成本，葡萄糖氧化酶在公猪日粮中的适宜添加量为 2kg/t，葡萄糖氧化酶（15U/g）较适宜（黄丹，2021）。在肉鸭饲粮中添加葡萄糖氧化酶不仅促生长作用显著，还具有抗菌和去除内毒素的功能，达到与抗生素相同的作用效果（刘娇，2020）。在鹌鹑日粮中添加 200mg/kg 葡萄糖氧化酶降低了蛋重，改善了蛋组成，提高了哈氏单位，改善了蛋黄颜色（朱晓萍，2020）。

三、饲用酶制剂的最新应用进展

1. 饲用酶制剂在猪生产上的应用。在玉米—豆粕型日粮中补充β-甘露聚糖酶可以通过提高生长猪的养分表观消化率来提高生长性能（薛瑞婷，2020）。通过体外酶解的方法，模拟猪的胃肠道消化环境，在小麦—玉米—豆粕型日粮中添加木聚糖酶和果胶酶提高了还原糖的生成量（马文锋，2020）。

2. 饲用酶制剂在家禽生产上的应用。添加豌豆的饲粮中复合酶制剂添加水平可显著增加肉仔鸡盲肠重量（刘雪，2020）。酶与益生菌联合应用能够有效地抑制高周龄种蛋可孵率、正品率的下降以及破蛋率、无精蛋率的上升，提高种蛋的蛋重和孵化率；能够提升低周龄种蛋的可孵率和孵化率，促进低周龄种蛋破蛋率的降低（刘恩，2020）。复合酶制剂可以显著提高 6 周龄时肉鸡的平均日采食量和平均日增重，显著提高肉鸡屠宰性能指标，有效提高十二指肠、空肠、回肠的绒毛高度等（刘干，2020）。

3. 饲用酶制剂在水产动物生产上的应用。在低磷（2.0%→1.3%）正常鱼粉（3.0%）饲料中添加 0.03%植酸酶，正常磷（2.0%）低鱼粉（3.0%→1.5%）饲料中添加 0.05%蛋白酶，低磷（2.0%→1.3%）低鱼粉（3.0%→1.5%）饲料中添加 0.03%植酸酶和 0.05%蛋白酶均能够提高草鱼的营养物质表观消化率、肠道消化酶活性和免疫力，从而改善其生长性能（郑欣，2020）。饲料中添加植酸酶能显著提高花鲈肝脏淀粉酶活力和干物质表观消化率，显著降低粗灰分表观消化率（陈晓瑛，2020）。饲料中添加 0.10%、0.20%、0.30%、0.40%植酸酶能显著促进鲤鱼生长；与不添加植酸酶的对照组相比，各试验组的尾日增重、个体增重倍数、群体增重倍数平均分别提高 12.98%、12.66%、15.90%，其中以 0.30%（6 000U/kg）植酸酶添加量效果最好（胡世然，2020）。

4. 饲用酶制剂在反刍动物生产上的应用。玉米和小麦秸秆日粮中添加酶制剂有助于改善瘤胃发酵，有效提高湖羊对纤维类物质的消化利用，以及育肥湖羊的生产性能（黄右琴，2020）。复合酶与复合酶菌制剂均能在一定程度上提高日粮体外 DMD 和 CPD 以及奶牛在不同时期的产奶量，其中，复合酶制剂对提高泌乳后期奶牛产奶量效果更好，复合酶菌制剂对提高泌乳中期奶牛产奶量效果更好（马大川，2020）。

5. 饲用酶制剂在毛皮动物生产上的应用。饲粮中添加枯草芽孢杆菌和复合酶制剂对獭兔生长性能、屠宰性能、免疫器官指数无显著影响，对粗纤维和钙表观消化率及被毛密度、臀部皮张厚度有显著影响（郑建婷，2020）。基础饲粮（未额外添加维生素和微量元素）中添加 0.1%葡萄糖氧化酶+1%复合预混合饲料更有利于育成生长期蓝狐机体对蛋白质的吸收与代谢，能够提高机体的抗氧化性能，增强机体的抵抗力（钟伟，2019）。

四、饲用酶制剂展望

随着饲料中全面禁止使用抗生素，原料价格持续高位，饲用酶制剂的应用备受关注。无污染、无残留的绿色饲料添加剂，愈来愈受到行业重视。大量试验研究表明，饲料中添加饲用酶制剂可以增强动物免疫力，提高平均日增重、屠宰性能、经济效益。饲用酶制剂作为高效、绿色的外源添加剂，在未来畜牧业发展中将会有很大的应用前景。

（芦 雪）

饲用酵母源饲料

一、饲料酵母介绍

酵母是一种伴随着人类社会发展的工业化成万吨生产的有益微生物，能够高效地将无机氮源转化为有机氮源，制造人类所需蛋白质。例如酵母菌在良好条件下每接种 100kg，1 d 即可获得 2 500kg 酵母，其生长繁殖速度约为大豆的 1 300 倍，为动物生长的 2 000 倍。所以酵母蛋白源生长速度快，世代周转迅速。

随着酵母类产品深度开发，酵母年产能以 10%以上的速度递增。酵母富含蛋白质（40%以上）、核酸（8%以上）、β-葡聚糖（20%以上）、甘露聚糖（20%以上），另外还含有丰富的B族维生素、微量元素、辅酶及矿物质，可以深度开发并应用于食品、保健食品、动物保健品、药品、化妆品、生化培养基等领域。

饲料酵母作为一种纯天然的功能性饲料添加剂，可向动物胃肠道内的微生物提供代谢营养底物，通过滋养微生物和刺激它们的代谢活性维持和改善动物胃肠道内的微生物生态环境，可显著提高动物机体的抗应激能力、提高机体免疫力、减少抗生素使用、改善生态环境、保障食品安全、提高产品品质，同时可以改善饲料的适口性和消化性能、提高饲料利用率和养殖效益。

二、市场行情分析

1. 啤酒酵母市场行情。自 2015 年至 2020 年，啤酒消费量出现连续七年持续下滑，对应的啤酒酵母产量也呈现持续下降，据国家统计局数据显示，2020 年 1—12 月全国啤酒产量为 3 411.11 万 t，啤酒酵母泥约占啤酒产量的 0.15%（干物质），据此推算，利用啤酒酵母泥生产出来的干态啤酒酵母总量为 5.11 万 t，同比略下降 9.5%（表 1）。啤酒酵母泥产量下降而饲料酵母的需求却持续火热，上游啤酒厂强势上涨酵母泥招标价格，啤酒酵母加工原料成本一路走高。因此，酵母已然成为一个资源型产品，价格会持续升高，这将会导致附加值低的酵母粉的产量越来越低，迫使企业继续向利用价值和附加值更高的破壁型酵母和酵母细胞壁产品。

由于啤酒泥产量直接制约了酵母加工企业的酵母深加工的产能，所以在未来 3 年内啤酒酵母产品价格不会有大幅度的回落，而上升的可能性会更大。

表 1　近 10 年全国啤酒酵母总产量统计

年份	全国啤酒总产量（亿 L）	全国啤酒酵母总产量（万 t）	增长率（%）（相比上年）
2020	341.1	5.11	−9.5%
2019	376.5	5.65	−1.2%
2018	381.2	5.72	−13.3%
2017	440.1	6.60	−2.36%
2016	450.6	6.76	−4.38%
2015	471.6	7.07	−4.20%
2014	492.1	7.38	−2.77%
2013	506.1	7.59	+3.27%
2012	490.2	7.35	+0.00%
2011	489.9	7.35	+9.38%
2010	448.3	6.72	+5.83%

2. 面包酵母市场行情。2020 年由于新冠疫情的爆发，糖蜜价格一路上扬，由 800 元/t 上涨至 1 300 元/t，而 5t 糖蜜才能生产出 1t 面包酵母，另外天然气也由最初的 600～800 元/t 增长至 1 300～1 500 元/t，糖蜜原料和燃气的大幅提价，加之人工成本的增加，给面包酵母的成本保守估计增加了 3 000～

3 500 元/t 的成本。随着疫情的缓解和外围市场的稳定，2021 年下旬预计会有所缓解。

三、酵母使用情况

2020 鱼粉价格高起，加之全面实施限抗禁抗，酵母在鱼粉替代和增强机体免疫方面发挥了巨大功效，整个酵母源饲料用量较 2019 年约增加 40%，其中面包酵母超 10 万 t 用量，啤酒酵母超 3 万 t，酵母粉 2 万 t，其他酵母源产品用量都有不同比例的增加（表 2）。

表 2 2020 年主要新型酵母源生物饲料产销量统计

产品名称	2020 年产销量（t）	2019 年产销量（t）	较 2019 年增长（%）
活性干酵母	10 000	6 750	48.1
酵母水解物	23 000	18 500	24.7
酿酒酵母细胞壁	16 000	10 500	52.3
酵母硒	6 000	4 350	37.9
合计	55 000	40 100	37.1

四、行业格局动态

2020 年全国饲料工业总产值 9 463.3 亿元，同比增长 17.0%，全国工业饲料产量实现较快增长，高质量发展取得新成效。

酵母工业属于生物产业中的生物制造业，生物产业是我国七大战略性新兴产业之一。中华人民共和国农业农村部公告（第 2038 号）公布，将酿酒酵母培养物、酿酒酵母提取物、酵母水解物及酿酒酵母细胞壁 4 个品种补充至《饲料原料目录》。

随着“滥用”抗生素的危害性越来越受到重视，2020 年 7 月 1 日已全面实施禁止添加促生长类抗生素，对于饲料酵母企业来讲，已经在增强动物自身免疫力、提升动物健康水平方面立下汗马功劳，饲料酵母功能性替代产品市场空间巨大。

五、头部企业逐渐形成

目前公司饲料用酵母行业逐渐形成以雅琪生物为龙头的啤酒酵母深加工示范企业以及以安琪酵母为龙头的面包酵母深加工示范企业，行业集中度愈演愈烈。不管是啤酒酵母还是面包酵母，能参与运作的企业一定是产业上、中、下游价值链整合能力极强的企业，考验的是企业的研发、工厂运营、市场营销等要素资源以及企业家的社会责任感，前期的一些实力较小的酵母企业逐渐被淘汰出局。

随着啤酒酵母上游企业各大啤酒厂的工厂布局逐渐走向区域规模大厂运行模式，他们对于合作商的考核也更加注重其处理能力、环保投入、市场占有率等，譬如，百威与 2020 年合作优质企业雅琪生物签订了长期合约，实力较小企业机会越来越少。

2020 年，随着酵母等加工技术不断突破，以及饲料营养学科发展的突飞猛进，酵母在饲料领域的运用越来越广，水产、畜禽、反刍、宠物等使用量越来越大，饲料酵母的各种深加工产品在强化营养、提高免疫、改善消化道功能、吸附饲料原料中毒素、增加诱食性及采食量等方面发挥愈来愈重要作用。饲料酵母头部企业科技投入在 2020 年提升较多，饲料酵母企业也加大了对人才的争夺。

2020 年，以饲用酵母为主要原料的酵母源蛋白原料，经雅琪生物研发成功推向市场取得了专家和市场的认可，其大背景一是鱼粉市场短缺，二是鱼粉使用过程中的痛点。动物蛋白、植物蛋白、微生物单细胞蛋白经复合，必需氨基酸充分，生物酶解得到的功能小肽，其消化吸收率、保健功能优于传统鱼粉，“非鱼粉，赛鱼粉”。

六、行业需提高对饲料酵母的认知

随着饲料酵母在 2020 年市场大放异彩，有一些小企业想搭“酵母”顺风车。白酒糟、黄酒糟几乎含有不到纯啤酒酵母、面包酵母 1% 的酵母，白酒糟、黄酒糟微生物其大多数是细菌和霉菌。玉米发酵燃料乙醇的副产物 DDGS，虽然含有一定酵母，但毒素往往较高。还有酵母培养物虽然也含有酵母，但其大部分组成成分是农副产品。使用饲料酵母的下游企业应增强辨别能力。

七、饲料酵母与替抗

与鱼粉或血浆蛋白的配方结构相比，通过配方调整，酵母源生物饲料完全可以在相同甚至更低的配方成本下，饲养出更健康、更安全的动物。抗生素的直接替代品目前很难找到，用一种产品直接去替代抗生素的效果是很难保证的。但可以通过多种产品的集合形成一套方案，替代抗生素甚至优于抗生素。酵母成分中的细胞壁多糖及酵母核酸与动物先天性免疫功能紧密相关，改变了能够增加后天免疫（如疫苗）的产品合用，经过多年的市场验证，会是一个好的解决方案，特别是饲料酵母深加工产品与植物提取物配伍的产品。

八、未来发展机遇

2020 年中国鱼粉进口 146 万 t，畜禽年用量粗略统计为 50 万 t 以上，随着复产这个数字在不断上升，所以鱼粉缺口预计 100 万 t 以上。随着豆粕和玉米等原料价格不断攀升，让蛋白质缺乏的问题在 2021 年变得更加凸显。

一座占地不多、年产 10 万 t 的酵母工厂，按含 45%的蛋白计算，相当于一年产 4.5 万 t 蛋白。大豆按亩产 200kg 计算，含蛋白质 40%，则一年为 80kg 蛋白质，所以一个 SCP 所产蛋白工厂相当于 56.25 万亩土地所产大豆。所以以酵母为代表的单细胞蛋白，未来在蛋白源的有利补充、食品安全和智慧农业发展上将扮演极具重要的角色。

酵母及酵母衍生物符合可持续发展的大方向，符合人们对无抗、无公害食品的呼吁，与人们对美好生活的期待相契合，因此，选择酵母并认定酵母行业一定大有可为。未来，随着对酵母源生物饲料的深入开发，越来越多的酵母源深加工产品和衍生物产品会应用于农牧水产饲料，以酵母为代表的菌体蛋白会成为饲料蛋白原料的主力军以及常规原材料。

（陈训银　董爱华　高　波　汤学敏）

2020 年益生素应用研究进展

2019 年我国农业农村部发布药物饲料添加剂退出计划和相关管理政策（农业农村部公告第 149 号），2020 年药用饲料添加剂全面退出养殖生产。寻求安全有效的饲用抗生素促生长剂替代品成为市场的迫切需求。益生素也称益生菌、微生态制剂或微生物添加剂，是指从自然界分离、鉴定的有益微生物，经培养、发酵、干燥、加工等特殊工艺制成的生物制剂或活菌制剂，具有调节生理机能、保护机体健康、营养调控等多种生物学功能。目前，益生素因其安全、无毒、无残留、无抗药性、无副作用等特点，被誉为减少或替代抗生素的理想绿色添加剂，在畜牧生产中得到了广泛应用。2020 年，我国关于益生素的研究应用涉及家禽、猪、反刍动物、水产养殖和特种经济动物等领域，为益生素在动物生产中的广泛应用提供了科学依据。

一、益生素研究概述

益生素（probiotics），即通常所说的益生菌、活菌制剂，是指可以直接饲喂动物并通过改善宿主肠道微生态平衡对宿主发挥有益作用，从而达到预防消化道疾病和促进生长双重作用的生物活性添加剂。益生菌进入动物肠道后，可以补充消化道内的有益微生物，或直接与有害微生物进行竞争抑制，或产生抗菌物质来抑制有害菌的繁殖，平衡肠道菌群。

农业部 2045 号公告《饲料添加剂品种目录（2013）》规定的可以直接饲喂动物的饲料级微生物添加剂菌种共 34 种，包括地衣芽孢杆菌、枯草芽孢杆菌、两歧双歧杆菌、粪肠球菌、屎肠球菌、乳酸肠球菌、嗜酸乳杆菌、干酪乳杆菌、德式乳杆菌乳酸亚种（原名：乳酸乳杆菌）、植物乳杆菌、乳酸片球菌、戊糖片球菌、产朊假丝酵母、酿酒酵母、沼泽红假单胞菌、婴儿双歧杆菌、长双歧杆菌、短双歧杆菌、青春双歧杆菌、嗜热链球菌、罗伊氏乳杆菌、动物双歧杆菌、黑曲霉、米曲霉、迟缓芽孢杆菌、短小芽孢杆菌、纤维二糖乳杆菌、发酵乳杆菌、德式乳杆菌保加利亚种（原名：保加利亚乳杆菌）、产丙酸杆菌、布氏乳杆菌、副干酪乳杆菌、凝结芽孢杆菌、测孢短芽孢杆菌（原名：侧孢芽孢杆菌）。

二、益生素的作用机制

目前认为，益生素可通过增强肠道黏膜屏障功能、阻止病原菌的黏附和定植、增强系统免疫反应、分泌物质和改变肠道环境等方式调节动物肠道稳态，保护动物健康。主要机制有优势菌群学说、生物夺氧理论和竞争排斥理论。益生素进入动物体后可通过增强有益菌菌群优势和抑制致病菌繁殖来维持肠道微生态平衡。益生素制剂中的需氧菌种，如芽孢杆菌等，以孢子或其他活菌的形式进入畜禽肠道后，可以迅速消耗肠道中的氧气，使肠道处于无氧或少氧的状态，从而抑制肠道内大肠杆菌和沙门氏菌等需氧有害病原菌的生长繁殖，促进乳酸杆菌、双歧杆菌等有益菌的生长繁殖。另外，肠道内有益菌可与有害致病菌竞争肠道黏膜上皮的吸附位点，抑制有害致病菌在肠道内的定植和繁殖的能力，促进动物生长，增强机体免疫能力，改善畜禽产品品质。

三、益生素在畜牧生产中的应用

2020 年益生素在畜牧生产中的应用研究涉及家禽、猪、反刍动物、水产养殖、特种经济动物等领域。在研究对象方面，研究较多的是家禽和猪；在益生菌种类方面，研究较多的是枯草芽孢杆菌、酵母菌、乳酸菌和丁酸梭菌；在应用形式方面，单一益生素、复合益生素、益生素与酶制剂、中草药、植物精油等配伍及益生素发酵饲料等成为研究热点；就应用效果而言，益生素主要通过维持肠道菌群平衡，提高免疫功能，促生长等方式发挥作用。以下将着重从五个领域总结 2020 年益生素在畜牧生产中的应用研究进展。

1. 益生素在家禽生产中的应用。综述 2020 年我国有关益生素在家禽生产中的应用研究，按照研究对象、益生素组成、添加剂量、试验期、应用效果等方面内容归纳成表 1。从研究对象来看，益生素在家禽上的研究主要集中于肉鸡和蛋鸡，此外，在地方鸡种、

表 1　益生素在家禽生产中的应用

研究对象	益生素组成	添加剂量	试验期	应用效果
AA 肉鸡	枯草芽孢杆菌 BYS2	1.0×10^6CFU/g	1～42 日龄	增加肠道内芽孢杆菌 *B. subtilis* 数量，且主要分布在十二指肠和空肠；改善生长性能、小肠绒毛形态、免疫功能，调节肠道菌群多样性；促进肉鸡 3 周和 5 周脾脏和空肠的先天性免疫应答；调节肉鸡感染 *E. coli* 后 1d 和 3d 先天性免疫应答，促进强抗菌 β 防御素的表达，并抑制 *E. coli* 在肉鸡组织中定植，提高肉鸡抗病力
AA 肉鸡	枯草芽孢杆菌	0.02%、0.06%、0.10%	1～42 日龄	改善肉鸡抗氧化功能和肌肉品质，添加量为 0.1%时效果较佳
AA 肉鸡	枯草芽孢杆菌	200mg/kg	1～42 日龄	提高 22～42 日龄肉鸡平均日增重，降低 1～21 日龄肉鸡平均日增重和肉鸡平均日采食量
AA 肉鸡	枯草芽孢杆菌，有效活菌数≥2.0×10^{10} CFU/g	200mg/kg	1～42 日龄	提高 22～42 日龄肉鸡的生长性能，在一定程度上改善肉鸡空肠黏膜形态
AA 肉鸡	枯草芽孢杆菌，有效活菌数≥2.0×10^{10} CFU/g	750mg/kg	1～42 日龄	提高生长性能和回肠绒毛高度/隐窝深度；增加盲肠中与碳水化合物代谢和丁酸、丁酸盐产生有关的微生物的相对丰度
AA 肉鸡	枯草芽孢杆菌，有效活菌数为 5.0×10^9 CFU/g	1～21 日龄：1.5×10^6 CFU/mL、2.0×10^6 CFU/mL、2.5×10^6 CFU/mL、5.0×10^6 CFU/g。22～42 日龄：1.0×10^6 CFU/mL、1.5×10^6 CFU/mL、2.0×10^6 CFU/mL、2.5×10^6 CFU/g	1～42 日龄	中、高剂量枯草芽孢杆菌的添加有利于改善肉鸡的生长性能，尤其是 1～21 日龄阶段；该枯草芽孢菌产品的最佳添加量是 2.5×10^6 CFU/g
AA 肉鸡	枯草芽孢杆菌-Ⅰ（具有较强的蛋白酶分泌能力，无明显抑菌作用）；复合枯草芽孢杆菌，包括枯草芽孢杆菌-Ⅰ和枯草芽孢杆菌-Ⅱ（对肠道有害菌有较强抑制作用）	300mg/kg	1～21 日龄	添加具有益菌功能的复合枯草芽孢杆菌制剂可降低肉鸡料肉比，改善肉鸡生长性能与健康状况
AA 肉鸡	凝结芽孢杆菌，有效活菌数为 1.12×10^{10} CFU/g	1.3mg/kg，制粒后活菌数为 1.02×10^7 CFU/g	28～42 日龄	减轻机体氧化损伤和炎症反应，一定程度上改善热应激肉鸡生长性能

（续）

研究对象	益生素组成	添加剂量	试验期	应用效果
AA 肉鸡	凝结芽孢杆菌	2.0×10^7 CFU/mL、2.0×10^8 CFU/mL CFU/mL、2.0×10^9 CFU/mL	3～38 日龄	增强 T 淋巴细胞转化，促进细胞因子分泌及免疫抗体产生，提高免疫器官指数；凝结芽孢杆菌为 2.0×10^8 CFU/mL 时提高机体免疫功能效果最显著且优于杆菌肽
AA 肉鸡	植物乳杆菌发酵培养物	0.16%	1～28 日龄	提高肉鸡抗氧化性能，抑制单增李斯特菌的感染，提高抗菌能力，提高抗炎能力；对单增李斯特菌感染肉鸡有较好的治疗效果，可作为替代抗生素的添加剂
AA 肉鸡	益生菌复方中药发酵液：穿心莲、白头翁、败酱草、黄连、黄柏、木香、甘草烘干，粉碎，混匀，按 10% 比例添加到发酵培养基中，121℃高压灭菌 15 min。将枯草芽孢杆菌、植物乳杆菌和产朊假丝酵母种子液按 5% 接种量接到含中药的发酵培养基中，37℃、175r/min，有氧培养 48h，厌氧培养 24h，即得复方中药发酵液	1.0mL 中药发酵液/羽，2 次/d，口腔灌服	5d	中剂量组（0.5g/mL）复方中药发酵液抗菌效果明显，能够替代抗生素；高剂量组（1.0g/mL）复方中药发酵液对肉鸡其他指标改善作用明显优于抗生素
罗斯 308	植物乳杆菌 P－8，总活菌数为 1.0×10^9 CFU/g	10g/kg	28～42 日龄	保护热应激肉鸡生长性能、肠道形态及免疫功能
817 肉鸡	凝结芽孢杆菌	300mg/kg	1～49 日龄	增强肉鸡免疫功能，提高血清蛋白含量，降低代谢废物含量，效果优于饲用抗生素
817 肉鸡	地衣芽孢杆菌、短小芽孢杆菌、双歧杆菌、酵母菌、枯草芽孢杆菌、乳酸菌	5.0×10^9 CFU/kg	1～49 日龄	不同益生菌单独饲喂在提高公母鸡的生长性能、免疫器官指数以及降低血脂、胆固醇水平中均具有不同优势，并可发挥护肝、护心脏的作用
817 肉鸡	复合微生态制剂：主要有枯草芽孢杆菌（1.0×10^7 CFU/g）、乳酸杆菌（1.0×10^7 CFU/g）、酵母菌（1.0×10^6 CFU/g）	200mg/kg	35～49 日龄	提高热应激肉鸡末重和日增重，提高十二指肠内胰蛋白酶和淀粉酶活性，增强血清抗氧化能力
科宝肉鸡	复合丁酸梭菌：丁酸梭菌、凝结芽孢杆菌、枯草芽孢杆菌和地衣芽孢杆菌	0.02%	1～42 日龄	降低 1～42 日龄肉鸡平均日采食量，增加 36～42 日龄平均日增重，降低 15～35 日龄、36～42 日龄及 1～42 日龄料肉比，且各阶段死淘率显著低于抗生素组

（续）

研究对象	益生素组成	添加剂量	试验期	应用效果
肉鸡	乳酸菌	2.0×10^{10} CFU/kg	1～21 日龄	改善肉鸡生长性能、养分消化率和免疫功能，降低黄曲霉毒素 B_1 的毒副作用和组织残留量；乳酸菌对肉鸡黄曲霉毒素 B_1 的脱毒效果较水合硅铝酸钙钠更好
肉鸡	罗伊氏乳杆菌，有效活菌数≥1.0×10^{10} CFU/g	0.5%、1.0%、2.0%	30～60 日龄	1.0%罗伊氏乳杆菌添加可以有效改善肉鸡生长性能、屠宰性能和消化酶活性
快速型岭南黄羽肉公鸡	枯草芽孢杆菌，有效活菌数为 1.6×10^{9} CFU/g	500mg/kg 枯草芽孢杆菌；500mg/kg 枯草芽孢杆菌+30mg/kg 低聚壳聚糖；500mg/kg 枯草芽孢杆菌+300mg/kg 丁酸钠	1～63 日龄	同时添加枯草芽孢杆菌和丁酸钠代替抗生素提高生长性能效果较好；同时添加枯草芽孢杆菌和低聚壳聚糖代替抗生素提高胴体性状效果较好；单独添加枯草芽孢杆菌代替抗生素改善肠道健康效果较好
白羽乌骨鸡	复合微生态制剂：枯草芽孢杆菌、地衣芽孢杆菌和丁酸梭菌水溶性制剂	饮水处理：0.125%低聚果+0.01%复合益生菌制剂；0.02%复合益生菌制剂	1～42 日龄	提高了雏鸡的平均体重，显著增加胸腺指数和法氏囊指数，促进十二指肠、盲肠乳酸杆菌和双歧杆菌的增殖
大午金凤鸡	枯草芽孢杆菌 513N	0.05%、0.10%和 0.15%	7～42 日龄	提高雏鸡生长性能和机体抗氧化能力，提高免疫力
麻黄杂雏鸡	乳酸菌发酵中草药	5%	1～42 日龄	乳酸菌发酵中草药对肉鸡生长性能的促进作用显著优于中药组和基础日粮组
海兰褐蛋鸡	丁酸梭菌，有效活菌数≥1.0×10^{8} CFU/g	2.5×10^{8} CFU/kg 和 5.0×10^{8} CFU/kg	70～77 周龄	提高蛋鸡产蛋后期的产蛋率，改善小肠组织形态
海兰褐蛋鸡	丁酸梭菌，活菌数为 2.0×10^{9} CFU/g	1.0×10^{6} CFU/g、5.0×10^{6} CFU/g、1.0×10^{7} CFU/g	36～43 周龄	提高蛋鸡的生产性能及蛋品质，促进肠道健康
海兰褐蛋鸡	凝结芽孢杆菌，有效活菌数≥1.0×10^{10} CFU/g	0.01%	343～380 日龄	提高蛋鸡生产性能，调节肠道菌群结构，提高蛋品质
海兰褐蛋鸡	解淀粉芽孢杆菌 BLCC1－0238	0.06%（2.0×10^{9} CFU/g）	28～36 周龄	改善盲肠菌群多样性和肠道营养吸收能力，提高蛋鸡的饲料利用率和产蛋性能
海兰褐蛋鸡	蜡样芽孢杆菌发酵麦麸	蜡样芽孢杆菌发酵麦麸分别替代 5%、10%和 15%的玉米	30～36 周龄	添加量为 15%时对海兰褐蛋鸡生长性能和蛋品质无负面作用

（续）

研究对象	益生素组成	添加剂量	试验期	应用效果
海兰褐蛋鸡	植物乳杆菌，有效活菌数≥3.0×10^{8} CFU/g	0.1%	22～28 周龄	增加产蛋率和蛋壳厚度，降低料蛋比和破软蛋率，降低消化道疾病发生率和死淘率
海兰褐蛋鸡	荚膜红细菌，有效活菌数为 1.0×10^{8} CFU/g	0.05%、0.1%、0.15%	54～62 周龄	提高蛋鸡产蛋后期的产蛋性能，降低产蛋后期鸡蛋中胆固醇的含量
海兰褐蛋鸡	复合益生菌制剂：枯草芽孢杆菌、地衣芽孢杆菌、嗜酸乳杆菌等，总活菌数≥2.0×10^{9}CFU/g	0.1%和 0.2%	30～35 周龄	提高蛋鸡产蛋性能，改善蛋鸡的蛋品质；随着添加剂量的增加，作用效果越明显，其中 0.2%的添加剂量最好
罗曼粉壳蛋鸡	同源益生菌从肉鸡肠道中筛选出，分为乳酸菌、粪链球菌、双歧杆菌、芽孢杆菌制剂和酵母菌等，活菌数为 2.0×10^{9} CFU/g	0.2%、0.3%、0.5%	18～70 周龄	适当浓度的益生素可提高蛋鸡生产性能，增加机体免疫力和性激素水平，其中 0.3%的添加计量效果最显著
罗曼粉壳蛋鸡	复合微生态制剂：乳酸菌（2.0×10^{8} CFU/g）、酵母菌（3.0×10^{7} CFU/g）	1.5%、3.0%	26～33 周龄	提高蛋鸡饲料利用率、抗氧化性能，改善蛋品质，添加水平为 3%时效果较佳
罗曼粉壳蛋鸡蛋鸡	枯草芽孢杆菌，有效活菌数≥1.0×10^{9} CFU/g	5.0×10^{8} CFU/g	29～39 周龄	提高蛋鸡空肠蔗糖酶活性，其与蒙脱石联用还可改善蛋鸡血液生化指标
罗曼褐壳蛋鸡	活性微生物发酵饲料，以玉米、豆粕等原料为培养基发酵，主要包含乳酸菌、酵母菌、芽孢杆菌等，有效活菌数≥5.0×10^{8}CFU/kg	10%、20%	18～70 周龄	提高平均蛋重、日产蛋数，提高产蛋率，降低死淘率与破蛋率，料蛋比降低 0.05%～0.15%
京红 1 号蛋鸡	凝结芽孢杆菌、纳豆芽孢杆菌、地衣芽孢杆菌和枯草芽孢杆菌（1∶1），三种微生态制剂活菌数均≥2.0×10^{9} CFU/g	300mg/kg	404～429 日龄	提高蛋鸡产蛋率和平均蛋重，降低料蛋比和破、软蛋率；枯草芽孢杆菌＋地衣芽孢杆菌混合制剂可加深蛋壳颜色
京红 1 号商品代蛋鸡	枯草芽孢杆菌、凝结芽孢杆菌、屎肠球菌（鸡属）	1.0×10^{10}CFU/g	1～42 日龄	3 种益生菌均能提高蛋雏鸡的生产性能，屎肠球菌在提高抗体保护力方面更具优势
京粉 2 号蛋鸡	枯草芽孢杆菌 h3－9 菌株、枯草芽孢杆菌 BS－6 菌株，有效活菌数为 2.0×10^{10}CFU/g	2×10^{6} CFU/g	380～464 日龄	缓解夏季高温对产蛋鸡生产性能和蛋品质造成的负面影响，有效延长鸡蛋的存放时间

（续）

研究对象	益生素组成	添加剂量	试验期	应用效果
广西麻鸡	枯草芽孢杆菌，有效活菌数为 2.0×10^{9} CFU/g	枯草芽孢杆菌 800mg/kg、植物精油 200mg/kg	35～48 周龄	枯草芽孢杆菌与植物精油组合显著改善种鸡生产性能，提高产蛋率和孵化率，降低死淘率
新杨黑羽蛋鸡	唾液乳杆菌 SNK-6	1.0×10^{6} CFU/只、5.0×10^{6} CFU/只、2.5×10^{7} CFU/只、1.25×10^{8} CFU/只、6.25×10^{8} CFU/只、3.125×10^{9} CFU/只	45～50 周龄	降低鸡蛋暗斑，调控肠道菌群，提高肠道代谢，降低疾病风险
新杨黑羽蛋鸡	唾液乳杆菌 SNK-6	1.0×10^{4} CFU/g、1.0×10^{5} CFU/g、1.0×10^{6} CFU/g、1.0×10^{7} CFU/g、1.0×10^{8} CFU/g	55～64 周龄	提高采食量，不影响蛋品质，增强肠道黏膜免疫功能
蛋鸡	芽孢杆菌蛋白酶制剂	1～14 日龄，500mg/kg；15～28 日龄，300mg/kg	60～64 周龄	提高蛋鸡平均日采食量
樱桃谷肉鸭	复合益生菌 1：嗜酸乳杆菌、植物乳杆菌、干酪乳杆菌、屎肠球菌，总乳酸菌量≥1.0×10^{9} CFU/g。复合益生菌 2：嗜酸乳杆菌、植物乳杆菌、屎肠球菌等，总乳酸菌含量≥1.0×10^{9} CFU/g	乳酸菌代替抗生素对樱桃谷肉鸭的饲养效果：饮水方式每天添加 200g。乳酸菌替代抗生素对鸭细菌性疾病的防治效果：饮水方式每天添加 600g	试验 1：1～23 日龄；试验 2：1～18 日龄	乳酸菌产品在增加肉鸭增重和降低料肉比方面均起到一定作用，但差异不显著；乳酸菌产品降低了肉鸭死淘率，可防治大肠杆菌病，临床上可以替代抗生素
白羽半番鸭	益生素：枯草芽孢杆菌、嗜酸乳杆菌	0.05%、0.10%、0.15%	1～70 日龄	提高免疫器官指数，降低饲料转化率；添加 0.10%或 0.15%益生素时可提高生长性能
三花鹅	棉粕和玉米粉以 8∶2 比例混合，加入 3.0%硫酸铵，加水至含水量达 50%，按接种量为 1.0×10^{9} CFU/kg 接种 M-4 菌液，搅拌后放入塑料袋中，压实封口，常温发酵 15d，即得发酵脱毒棉粕饲料	用 70%发酵棉粕代替豆粕或用 100%发酵棉粕代替豆粕	21～55 日龄	发酵脱毒棉粕饲料在早期能有效促进肉鹅生长，后期促生长作用减弱，各生理生化指标表明脱毒棉粕对肉鹅的生长无不良影响

表 2　益生素在猪生产中的应用

研究对象	益生素组成	添加剂量	试验期	应用效果
杜×长×大断奶仔猪	丁酸梭菌、粪肠球菌	丁酸梭菌 6.0×10^9 CFU/kg；粪肠球菌 1×10^{10} CFU/kg	28～56 日龄	提高断奶仔猪生长性能，增强机体免疫功能，调节结肠微生物区系平衡，提高挥发性脂肪酸含量
杜×长×大断奶仔猪	丁酸梭菌，总活菌数≥2.0×10^9 CFU/g	250mg/kg	21～35 日龄	在改善仔猪生长性能、缓解仔猪腹泻方面，效果与恩拉霉素相当；在降低腹泻方面，效果不如氧化锌
杜×长×大断奶仔猪	丁酸梭菌，总活菌数≥1.0×10^{10} CFU/g	200mg/kg、1 000mg/kg	21～56 日龄	改善仔猪生长性能、肠道功能、抗氧化功能和免疫功能，最适添加剂量为 1 000mg/kg
杜×长×大断奶仔猪	枯草芽孢杆菌，总活菌数≥5.0×10^8 CFU/g	20mg/kg	21～70 日龄	改善仔猪小肠形态结构，增加肠道内有益菌数量，提高小肠黏膜免疫功能，达到部分替代抗生素的效果；其与抗生素联用无协同或拮抗作用
杜×长×大断奶仔猪	粪肠球菌组、枯草芽孢杆菌	枯草芽孢杆菌 5.0×10^6 CFU/g；粪肠球菌 4.0×10^5 CFU/g	21～49 日龄	两种益生菌单独添加均可促进肠道发育，提高氨基酸消化率；枯草芽孢杆菌单独添加可改善仔猪空肠菌群结构，提高空肠食糜中短链脂肪酸含量；两菌混合添加对促进肠道发育、提高仔猪生产性能及氨基酸消化率有相互促进作用
杜×长×大断奶仔猪	复合微生态制剂：枯草芽孢杆菌、地衣芽孢杆菌、屎肠球菌、丁酸梭菌，总活菌数≥1.0×10^9 CFU/g	100mg/kg、200mg/kg、400mg/kg、800mg/kg	21～56 日龄	提高断奶仔猪生长性能，降低腹泻率，改善肠道微生物菌群平衡，提高免疫功能，400mg/kg 为最适添加剂量
杜×长×大断奶仔猪	复合益生菌制剂：植物乳杆菌、枯草芽孢杆菌、产朊假丝酵母和扣囊复膜孢酵母按体积 1∶1∶1∶1 的比例配制，总有效活菌数为 9.8×10^9 CFU/g	0.1%、0.2%	30～70 日龄	提高仔猪生长性能、血清免疫球蛋白含量和粪便乳酸杆菌数量，0.20%的添加剂量效果最佳
杜×长×大断奶仔猪	微生态制剂 1：乳酸菌、酵母菌、枯草芽孢杆菌、放线菌。微生态制剂 2：乳酸菌、产软假丝酵母菌、枯草芽孢杆菌和沼泽红假单胞菌。微生态制剂 3：双歧杆菌、光合细菌、酵母菌、放线菌、乳酸菌和枯草芽孢杆菌	空腹灌服 10%微生态制剂，20mL/头，2 次/d	30～48 日龄	不同微生态制剂均可改善仔猪肠道菌群结构，减少腹泻，对仔猪有促生长和提高饲料转化率的作用

（续）

研究对象	益生素组成	添加剂量	试验期	应用效果
杜×长×大杂交仔猪	以玉米、豆粕等为主要原料，采用自制乳酸杆菌、酵母菌、丁酸梭菌等优良菌株复合发酵生成生物发酵饲料	4%	40～85 日龄	改善仔猪生长性能和血液免疫水平，提高肠道微生物稳定性和饲料利用率
三元杂交断奶仔猪	复合微生态制剂：乳酸菌、双歧杆菌、地衣芽孢杆菌、枯草芽孢杆菌等菌种和木聚糖酶、淀粉酶、蛋白酶等酶类按一定比例组成，总活菌数为 4.0×10^8 CFU/g	0.1%	28～55 日龄	提高仔猪的增重和免疫功能，效果与抗生素大致相同，甚至优于抗生素
大×长断奶仔猪	乳酸片球菌制剂，乳酸片球菌含量≥1.0×10^9 CFU/g	0.01%、0.15%、0.30%	28～55 日龄	提高仔猪生长性能，降低腹泻指数，增加乳酸菌水平，降低大肠杆菌水平，0.15%的添加剂量效果最佳
大×长断奶仔猪	枯草芽孢杆菌	0.03%、0.05%	断奶后 84d	显著降低生猪料重比，减少腹泻率
大×长杂交仔猪	枯草芽孢杆菌 WEI－62	1.0×10^6 CFU/g	25～65 日龄	调节肠道内容物菌群结构，改善料重比
保育前期仔猪	乳酸菌制剂	1 000mg/kg	35～50 日龄	日采食量提高 6.6%，日增重提高 13.8%，料重比降低 6.0%，腹泻指数降低 48.5%
育肥猪	复合微生态制剂 1：枯草芽孢杆菌、地衣芽孢杆菌、乳酸片球菌、产阮假丝酵母菌。复合微生态制剂 2：乳酸菌、酵母菌、光合菌、革兰氏阳性放线菌、发酵系的丝状菌等有益微生态菌	1 000mg/kg、2 000mg/kg	51d	有效降低舍内氨气浓度，改善猪舍环境，2 000mg/kg 复合微生态制剂 2 和 500mg/kg 复合植物提取物联合使用效果最佳
藏香猪	复合微生态制剂，包括芽孢杆菌、乳酸菌、酵母菌等	0.2%	40～68 日龄	提高断奶仔猪生长性能，提高仔猪免疫能力
藏香猪	复合微生态制剂	0.1%	60～180 日龄	添加 0.1%复合微生态制剂替代抗生素，可促进育肥猪生长发育，提高饲料报酬，降低发病率和死亡率
妊娠巴马香猪	乳酸菌＋酵母菌发酵液，活菌数≥1.2×10^6 CFU/g	200mL/（d·头）	配种至产后 21d	影响血浆生化指标和繁殖激素含量，改善机体对营养物质的吸收利用，提高母猪繁殖性能

表 3　益生素在反刍动物生产中的应用

研究对象	益生素组成	添加剂量	试验期	应用效果
妊娠奶牛	乳酸菌	100、300、500mg/kg	分娩前21d至产后21d	饲粮添加300mg/kg、500mg/kg乳酸菌可降低妊娠奶牛酮病发生率
泌乳期荷斯坦奶牛	乐斯福酵母、富硒酵母	两种酵母的添加量分别为0.075%、0.1%	45d	富硒酵母显著提高奶牛产奶量，两种酵母同时添加可提高奶牛泌乳中期IgG水平
泌乳期荷斯坦奶牛	酵母菌培养物	150g/（d·头）	30d	提高饲料消化率，提高泌乳牛的产奶量
泌乳期荷斯坦奶牛	植物乳杆菌299v	5.0×10^{10} CFU/（d·头）、1.0×10^{11}CFU/（d·头）	28d	提高奶牛营养物质消化率、泌乳性能、抗氧化和免疫功能，调节肠道菌群组成，推荐剂量为1.0×10^{11} CFU/（d·头）
泌乳期荷斯坦奶牛	复合益生菌：嗜酸乳杆菌、枯草芽孢杆菌，总有效活菌数≥2.0×10^{8} CFU/mL	3.0×10^{8} CFU/（d·头）	21d	提高奶牛产奶性能，调节奶牛肠道微生态环境，增强抗病能力
泌乳期荷斯坦奶牛	复合益生菌：乳酸杆菌、酵母菌和枯草芽孢杆菌	20、40、60g/（d·头）	67d	每头牛每天添加40g复合益生菌制剂可以提高奶牛的生产性能、乳品质
荷斯坦犊牛	布拉氏酵母菌，有效活菌数为1.38×10^{10} CFU/g	1g/（d·头）、3g/（d·头）、5g/（d·头）	1～42日龄	在犊牛早期（1～21d）饲粮中提高肠道有益菌的数量，抑制肠道致病菌的定植，降低犊牛的腹泻率，提高机体的抗氧化能力和免疫力，其中3g/（d·头）的添加效果最佳
牦牛	微生态制剂，主要成分为酿酒酵母、产朊假丝酵母、伯顿毕赤酵母、反刍月形单胞菌和埃氏巨型球菌，总活菌总数≥2.0×10^{9} CFU/g	5g/（d·头）	42d	调节围产期牦牛瘤胃微生物结构，改善瘤胃发酵功能和产后代谢紊乱
新疆褐牛与哈萨克牛杂交F1	枯草芽孢杆菌粉剂，总活菌数≥1.0×10^{10} CFU/g	10g/100kg体重	13～16月龄	提高全混合饲粮中长粗饲料进食，并不同程度提高蛋白质与纤维消化率，肉牛增重速率提高23%，对提高肉牛育肥饲料转化效率具有促进作用

（续）

研究对象	益生素组成	添加剂量	试验期	应用效果
西门塔尔育肥肉牛	酵母活菌制剂	清水稀释后喷洒方式添加；1mg/kg	60d	酵母活菌制剂处理玉米秸秆对肉牛生长性能具有明显的改善作用，可提高肉牛养殖效益
西杂肉牛	复合微生态制剂，主要成分为芽孢杆菌、乳酸菌、酵母培养物等	80g/（d·头）	74d	肉牛平均日增重提高 16.65%，每头牛纯利润增加 233.6 元
肉牛	植物乳杆菌	2.5%、5.0%、7.5%	60d	提高肉牛生长性能、养分表观消化率及瘤胃发酵性能，以 5.0%添加量为宜
断奶萨福克羔羊	微生态制剂，主要由干酪乳杆菌、植物乳杆菌、酿酒酵母、地衣芽孢杆菌、米曲霉、黑曲霉、乳酸菌代谢产物、沸石粉等组成	占精料量的 1%	90d	提高羔羊的平均日增重及血液中免疫球蛋白 A、免疫球蛋白 G 的浓度
滩羊	乳酸菌和酵母菌复配后进行 45d 青贮发酵	在鲜重基础上日粮组成为：青贮玉米饲料（50%）+羊草（20%）+精料补充料（30%）	3～5.5 月龄	降低饲料中中性洗涤纤维和酸性洗涤纤维含量，显著增加干物质和粗脂肪含量；提高青贮玉米饲料中粗蛋白、粗脂肪表观消化率；增加滩羊日均采食量
小尾寒羊	产酶益生素，主要包括乳酸菌、酵母菌、芽孢杆菌等	0.2%、0.4%	2～5 月龄	提高育肥羔羊生长性能，增强机体免疫机能，降低腹泻率，添加量以 0.2%较适宜
乌骨羊	复合微生态制剂，主要由枯草芽孢杆菌、乳酸杆菌、植物乳杆菌、酶类制剂等组成，活菌数≥1.0×10^{9}CFU/g	5.0%、10.0%	60d	饲粮添加 10.0%复合微生态制剂可提高乌骨羊的生长性能和养分表观消化率

肉鸭和鹅中也有所涉及。就应用形式而言，益生素在家禽生产中存在单一益生素、复合益生素、益生素与中草药、低聚糖、植物精油等配伍及益生素发酵饲料等多种形式，主要的益生菌种类有枯草芽孢杆菌、乳酸菌、丁酸梭菌等。从应用效果来看，益生素的使用可以提高家禽的抗氧化能力和免疫功能，调节肠道菌群结构，提高养分消化率，提高生长性能。同时，益生素的添加还可以缓解家禽由于热应激和免疫应激引起的损伤。综合分析，复合益生素的添加效果优于单一益生素。益生素的最佳添加剂量的差异可能由于家禽种类、试验期和益生素的组成不同而不同。

2. 益生菌在猪生产中的应用。2020 年我国有关益生素在猪生产中的应用研究（表 2）。2020 年益生素在猪生产中的应用主要集中在断奶仔猪，此外在保育猪、育肥猪、母猪及地方猪种上也有少量研究，其中，丁酸梭菌、枯草芽孢杆菌、乳酸菌和酵母菌等是研究较多的菌种。从应用效果来看，益生素能够促进断奶仔猪胃肠道的生长发育，增强肠道屏障功能，维持肠道微生态区系平衡，提高养分利用率，降低腹泻率，促进动物生长。在育肥猪中发现，添加益生素可以改善育肥猪胴体性状和肉品质，提高经济效益。此外，在母猪研究中发现，复合益生素发酵液的使用可以影响母猪繁殖激素的水平，提高母猪繁殖性能。

3. 益生素在反刍动物生产中的应用。2020 年我国有关益生素在反刍动物生产中的应用研究（表 3）。由表可知，反刍动物中研究较多的益生素有酵母菌、乳酸菌和枯草芽孢杆菌等。总体来说，饲粮中添加益生素不仅改善了饲料的适口性和消化率，还对反刍动物生产和健康具有保护作用。一方面，益生素的添加有利于新生反刍动物瘤胃建立良好的微生物菌群，提高瘤胃发酵能力；另一方面益生素可以调节反刍动物胃肠道菌群结构，增强机体对营养物质消化吸收能力和免疫能力，提高生产性能。对于奶牛来说，妊娠期适当补充乳酸菌还可降低酮病的发生率。

4. 益生素在水产养殖中的应用。2020 年我国益生素在水产养殖中的应用（表 4）。从研究对象来看，益生素在水产养殖中的应用研究主要集中在鲫鱼、草鱼、凡钠滨对虾。从应用菌种来看，枯草芽孢杆菌和乳酸菌研究最多。从应用效果来看，在水产饲料中添加益生素可以提高动物消化酶活性，调节肠道菌群结构，增强免疫功能和抗氧化能力，促进机体生长，提高水产养殖的经济效益。此外，益生素还可以有效调控水质，降低水体中氨态氮、亚硝酸态氮等有害物质的含量，降低鱼虾的发病率。

表 4 益生素在水产养殖中的应用

研究对象	益生素组成	添加剂量	试验期	应用效果
鲫鱼	复合芽孢杆菌，包括枯草芽孢杆菌、凝结芽孢杆菌、巨大芽孢杆菌，经培养稀释，菌液活菌量为 2.0×10^8 CFU/mL	巨大芽孢杆菌和枯草芽孢杆菌菌液各 270mL，巨大芽孢杆菌和凝结芽孢杆菌菌液各 270mL	15d	复合芽孢杆菌（巨大芽孢杆菌＋枯草芽孢杆菌）脱氮除磷效果最佳，且水体 TP、NH_4^+－N 浓度符合 GB 3838—2002《地表水环境质量标准》的Ⅲ级标准；投加芽孢杆菌对养殖水体微生物群落结构进行调控，养殖水体水质得到改善
草鱼	枯草芽孢杆菌 Ch9	1.0×10^7 CFU/g	56d	增强草鱼抗氧化能力，缓解机体因嗜水气单胞菌感染造成的肝脏损伤，调节肝脏脂质代谢，促进草鱼的生长
草鱼	重组 GCRV－VP6 枯草芽孢杆菌	将芽孢以 1.0×10^{10} CFU/g 饲料量包被在饲料表面	56d	该重组芽孢作为预防草鱼出血病候选口服疫苗对肝肠无副作用；可促进肠道绒毛生长及紧密连接蛋白表达，提高肠道的消化吸收和黏膜屏障功能
草鱼	微生态制剂，由芽孢杆菌、乳酸菌及酵母菌复配且以麸皮为载体制成	0.5%、2.0%	60d	调节肠道菌群结构，随着添加量的增加，肠道微生物的代谢功能增强，与无机离子、碳水化合物、氨基酸转运与代谢等功能相关的菌群丰度升高
凡纳滨对虾	微生态制剂：干酪乳杆菌、侧孢芽孢杆菌、地衣芽孢杆菌	1.0×10^6CFU/mL、1.0×10^7CFU/mL	28d	对养殖水体水质 COD 平均降解率为 8%，氨氮平均降解率 24.4%，亚硝酸盐氮平均降解率 31.1%，总氮平均降解率 30.1%，总磷平均降解率 9.8%，养殖收益较对照组提高 19.7%

（续）

研究对象	益生素组成	添加剂量	试验期	应用效果
凡纳滨对虾	乳酸菌饲料：3 株植物乳杆菌和 3 株副干酪乳杆菌分别在 MRS 培养基中于 37℃静置培养 20h，接种量为 2%，培养后于 4 000r/min 离心 15min，重悬于无菌生理盐水中，乳酸菌浓度为 1.0×10^9 CFU/mL。将 3 株植物乳杆菌和 3 株副干酪乳杆菌各自按照 1∶1∶1 的比例混合后加入到对虾饲料	1.0×10^8 CFU/g	68d	植物乳杆菌可改善幼虾肌肉弹性和咀嚼性，副干酪乳杆菌能显著改善幼虾肌肉的脂肪酸组成
凡纳滨对虾	甘蓼复合微生态制剂：2%甘露寡糖、1%辣蓼、0.1%甘草、地衣芽孢杆菌（1.0×10^6 CFU/mL）按比例配比制备	0.5%、1%、2%	21d	提高凡纳滨对虾生长性能，提高总抗氧化能力
凡纳滨对虾	复合益生菌制剂：干酪乳杆菌、酿酒酵母菌	0.5%	14d	对凡纳滨对虾非特异性免疫功能及肠道微生物均产生了积极效应，且效果优于抗生素（土霉素）
美白对虾	EM 复合菌、硝化细菌制剂	1.5g/m^3 水体		利用微生态制剂调控水质可以有效降低水体中氨氮、亚硝酸盐和硫化氢的含量，减少鱼类病害的发生率，降低饵料系数，池塘单产提高 26.6%

5. 益生素在特种经济动物中的应用。2020 年我国有关益生素在特种经济动物上的研究主要涉及马、鹿、獭兔、鸽等（表 5）。日粮中添加单一或复合益生素，能够调节肠道菌群结构，提高免疫力，改善肉品质，提高生长性能。

表 5　益生素在特种经济动物中的应用

研究对象	益生素组成	添加剂量	试验期	应用效果
美国王鸽	复合微生态制剂 1：乳酸菌、产朊假丝酵母菌、枯草芽孢杆菌、放线菌、双歧杆菌，总有效活菌数为 5.0×10^8 CFU/g。复合微生态制剂 2：乳酸菌、产软假丝酵母菌、枯草芽孢杆菌和沼泽红假单胞菌，总有效活菌数为 2.0×10^9 CFU/g。复合微生态制剂 3：双歧杆菌、光合细菌、酵母菌、放线菌、乳酸菌和枯草芽孢杆菌，总有效活菌数为 1.0×10^9 CFU/g	0.50%	720～820 日龄	复合微生态制剂 1 和 2 显著增加种鸽生产性能、增强机体免疫能力、提高肉品质
新西兰白兔	枯草芽孢杆菌、乳酸菌	1.0×10^6 CFU/g 枯草芽孢杆菌；1.0×10^7 CFU/g 乳酸菌；0.5×10^6CFU/g 枯草芽孢杆菌＋0.5×10^7 CFU/g 乳酸菌	28～70 日龄	饲粮添加乳酸菌或枯草杆菌＋乳杆菌可以提高肠道有益菌群数量、营养物质消化率、饲料效率和生长性能；仅添加乳酸菌，家兔肠道大肠菌群和粪便评分有所下降

（续）

研究对象	益生素组成	添加剂量	试验期	应用效果
断奶公仔貂	复合酵母菌制剂：酵母菌、乳酸菌、双歧杆菌比例为 4∶2∶1，总活菌数为 9.0×10^{9} CFU/g	0.5%、1.0%、1.5%	60～120 日龄	饲粮添加 1.0%和 1.5%复合酵母菌制剂均提高生长性能，改善肠道菌群结构，降低肝肾损伤，以 1.0%添加量较为适宜
中华种竹鼠	复合微生态制剂：乳酸菌、芽孢杆菌、双歧杆菌经发酵、干燥后按照 2∶1∶1 的比例混合制备而成，其活菌总数大于 1.0×10^{10}CFU/g	0.5g/kg、1.0g/kg、2.0g/kg	妊娠期至妊娠后 40d	改善母竹鼠的繁殖性能和哺乳仔竹鼠的生长性能，以 1.0g/kg 的添加剂量效果最佳

四、小结

益生素作为饲料中抗生素的替代品，已被广泛应用于现代养殖业，对促进畜牧业的可持续发展有广阔应用前景。现有研究表明，益生素具有调节肠道菌群平衡、提高营养物质消化吸收、增强机体免疫力、提高抗氧化能力和促进动物生长发育等良好作用。尽管如此，目前仍有许多问题制约着益生素在畜禽养殖中的发展，如：新菌种的开发、菌种的使用剂量和时间、不同菌种之间的配伍以及益生素与其他添加剂的配伍等。加强对益生素作用机制及应用方式的研究；筛选安全益生素新菌种，保证制剂中活菌数量与稳定性；明确益生素的科学使用剂量与使用时间；加强益生素与酶制剂、中草药、植物精油等添加剂之间的科学配伍研究，最大限度地发挥其功效等有十分重要的意义。

（王　恬　陈亚楠）

寡糖

为实现无抗化养殖和“减量化”行动，无抗饲料是当前阶段主要任务（张立永等，2020），无抗饲料是无抗绿色养殖的必由之路。2020 年 7 月，饲料中禁用促生长型抗生素已经开始实施，因而寻找合适的替抗方法以保持动物生长性能和养殖户利润至关重要。

在研究能提高仔猪生产性能和免疫功能，能替代抗生素的混合型饲料添加剂过程中，王萍等（2020）认为甘露寡糖（MOS）和果寡糖（FOS）等低聚糖对胃肠道形态发育可产生积极影响，改善肉鸡的生长性能和群体均匀性。寡糖能有效降低动物肠道有害微生物，促进有益菌的增殖，改善肠道微生态平衡，降低腹泻，增强机体免疫力，促进肠道新陈代谢，从而提高畜禽的生长、生产性能。功能性寡糖作为抗生素替代物之一，有着诸多生物活性功能，且具有低热、稳定、安全无毒副作用等良好的理化性质，应用前景良好（李忠浩等，2020）。

肠道菌群直接影响宿主动物的健康状况，而稳定的肠道菌群可以防止病原体在肠道定植，并改善动物的免疫系统。甘露寡糖对病原菌入侵的抵抗可能与肠道黏膜形态学改变有关（齐恒孝，2020）。一方面，甘露寡糖可促进肠道有益菌的增殖；另一方面，甘露寡糖可抑制肠道病原菌的黏附，减少肠道病原菌的定殖（王敏等，2020）。甘露寡糖中的甘露糖分子可与免疫细胞如 T 细胞或其他免疫细胞表面的 MR 结合刺激机体的免疫应答，激活细胞内相关信号通路从而刺激细胞因子的产生，提高吞噬细胞的吞噬能力，增强抗原递呈细胞的递呈能力及其在非特异性免疫和特异性免疫中的协同效应。甘露寡糖作用机制还表现在影响机体的抗炎作用和抗氧化作用方面。甘露寡糖发挥抗氧化作用的途径主要集中在两个方面：一方面，可通过提高 GSH-Px 和 SOD 的活性，降低 MAD 含量，缓解组织氧化损伤；另一方面，通过提高维生素 C 及锌、铁等微量元素的浓度，提高机体抗氧化能力。

在猪生产中，添加甘露寡糖能够提高断奶仔猪的生长性能和免疫力。在家禽生产中，添加甘露寡糖能够改善家禽肠道菌群并提高生产性能和肉品质。徐运杰和胡凤姣（2020）综述了甘露寡糖对保育猪的营养与保健作用，甘露寡糖通过积极影响断奶仔猪的肠道微生物菌群和肠道形态结构，加速由于断奶饥饿应激或采食固体饲料中抗原受损伤的肠黏膜上皮的修复，有助于保持仔猪断奶后肠道的完整性和消化吸收功能。在免疫反应方面，MOS 通过促进抗原提呈增强断奶仔猪的抗病性，从而增强从先天性免疫应答向适应性免疫应答的转变。

壳寡糖（COS）是迄今发现的唯一天然阳离子碱性多糖，具有水溶性好、黏度低、生物活性高、分子量小、易被机体吸收等特性。由于含有功能性羟基和基团氨基酸，壳寡糖有着非常明显的抗菌、抗氧化、提升免疫力水平的效果，还能够实现多种动物的胆固醇降低效果，具有抗炎、维护肠道菌群稳态等多种功能，在肠道保护中具有重要作用（陈爽，2020）。熊爱军等（2020）综述了壳寡糖的生物学功能及其在畜禽生产中的应用，主要生物学功能有调节肠道微生物及抗菌、免疫调节、抗氧化、促进矿物质吸收及骨骼健康、降血脂及胆固醇作用。壳寡糖添加到动物的饲料中，能够有效地提升动物的免疫能力，并且具备一定的抗菌性。然而，因不同分子量的壳寡糖其生理活性差异较大，表现的功效并不完全一致，不同试验研究结果差异较大，很难确定适宜的添加量。因此，需进一步系统地研究壳寡糖的生物学功能机理、最适添加比例及经济效益等。此外，壳寡糖作为一种膳食补充剂，已被大量实验证实能有效抑制肿瘤细胞的增殖（季珂，2020）。

熊爱军等（2020）研究壳寡糖、L-抗坏血酸、丁酸钙等为主要成分的壳寡糖复合物对体重和产蛋率相近的35周龄海兰褐蛋鸡生产性能、蛋品质和血清生化指标的影响，添加壳寡糖复合物可以提高蛋鸡的生产性能，改善蛋壳质量，以添加20mg/kg壳寡糖复合物的饲用效果较佳。产蛋率、破损蛋率、平均蛋重、蛋料比、平均采食量均无显著性差异，试验组蛋重有提高趋势，料蛋比和破损蛋率有降低趋势，蛋形指数、蛋黄色度值降低，蛋壳厚度、蛋壳强度、蛋壳比例、哈夫单位、蛋黄比例、蛋黄高度各组之间均无显著性差异，血清中钙、磷、总蛋白、白蛋白、球蛋白、尿酸、葡萄糖、甘油三酯含量及谷丙转氨酶、谷草转氨酶活性均没有显著性差异，钙、磷、甘油三酯、丙转氨酶、谷草转氨酶活性有增加趋势，总蛋白、白蛋白、球蛋白、尿酸有降低趋势。

李忠浩等（2020）使用计算机检索CNKI数据库，通过纳入标准对相关文献进行筛选，对获得的13篇文献29项研究进行Meta分析，系统性评价了功能性寡糖对肉仔鸡免疫器官指数的影响。添加寡糖组胸腺指数［WMD＝0.243，95% CI＝（0.173，0.314），P＝0.000］、法氏囊指数［WMD＝0.097，95% CI＝（0.072，0.122），P＝0.000］、脾脏指数［WMD＝0.094，95% CI＝（0.067，0.121），P＝0.000］均极显著高于对照组。按寡糖添加剂进行的亚组分析结果表明，不同类型功能性寡糖对肉仔鸡免疫器官指数影响效果不一致，果寡糖对胸腺指数提高效果以及果胶寡糖螯合锌对法氏囊指数和脾脏指数提高效果最佳。剪补法敏感性分析结果显示，日粮中添加功能性寡糖显著提高肉仔鸡免疫器官指数的结论均较为稳健。胸腺指数和法氏囊指数相关研究不存在明显的发表偏倚，但脾脏指数相关研究存在一定的发表偏倚。结论为：日粮中添加功能性寡糖具有提高42日龄肉仔鸡免疫器官指数的作用。

史宇涛等（2020）通过梯度饲喂壳寡糖研究其对白羽肉鸡生长性能、血清生化指标及肠道形态的影响，结果表明，日粮中添加壳寡糖可通过降低料重比、改善脂类代谢、蛋白质代谢、肝功能及肠道形态结构提高白羽肉鸡的生长性能，其中基础日粮中添加20mg/kg壳寡糖作用效果最好。

张立永等（2020）研究甘露寡糖对坝上长尾鸡早期生长性能、免疫性能和肠道黏膜形态的影响，结果显示：试验3组中的1～15和16～30日龄日增重分别比对照组提高15.04%和10.58%，料重比分别降低11.57%和4.81%；十二指肠、空肠和回肠绒毛高度极显著高于试验1组和对照组（$P<0.01$）；空肠和回肠V/C值极显著高于试验1组和对照组（$P<0.01$）；血清IgA、IgG及肠道黏膜SIgA含量极显著高于对照组（$P<0.01$），IgM含量显著高于对照组（$P<0.05$）。由此可见，日粮添加1.5g/kg甘露寡糖能显著提高坝上长尾鸡早期的生长性能和免疫性能，降低料重比，对肠道黏膜具有保护作用。

张立永等（2020）同时研究了饲粮中添加甘露寡糖（MOS）对坝上长尾鸡种鸡繁殖性能和雏鸡母源抗体的影响。结果表明：试验组的产蛋率、种蛋合格率、种蛋受精率和受精蛋孵化率均极显著提高（$P<0.01$），料蛋比和死胚率极显著降低（$P<0.01$），破蛋率显著降低（$P<0.05$），死亡胚胎大肠杆菌数量显著降低（$P<0.05$），1日龄雏鸡新城疫和法氏囊抗体效价有升高的趋势（$P>0.05$）。结果提示，饲粮添加MOS能够提高坝上长尾鸡种鸡的繁殖性能和入孵种蛋孵化率以及雏鸡新城疫和法氏囊母源抗体效价，减少鸡胚的大肠杆菌感染，且以饲粮中添加量为2.0g/kg效果最佳。

齐恒孝（2020）研究了日粮添加低聚糖（甘露寡糖和果寡糖）对肉鸡生长性能、群体均匀性和胃肠道发育的影响。添加甘露寡糖和果寡糖均有增加盲肠丙酸浓度的趋势，但对乙酸、丁酸、挥发性脂肪酸总浓度及盲肠内容物pH均无显著影响。在刚孵化的肉鸡日粮中添加甘露寡糖可以增加IL-6的产量。结论为：甘露寡糖和果寡糖等低聚糖通过对胃肠道形态发育产生积极影响，可以改善肉鸡的生长性能和群体均匀性。

赵其平等（2020）先通过笼养试验筛选壳寡糖的有效剂量，再在平养试验中考察免疫期间鸡只体重、攻虫后的抗球虫指数（ACI）以及血清抗体、细胞因子水平等指标，研究壳寡糖对柔嫩艾美耳球虫感染雏鸡免疫效果的影响，结果显示，笼养试验中5.0mg

和7.5mg壳寡糖组的免疫增强效果均优于2.5mg壳寡糖组。平养试验中5.0mg和7.5mg壳寡糖组免疫期间雏鸡体重和ACI均高于无佐剂免疫组，且7.5mg壳寡糖组的ACI稍高于5.0mg组；在免疫期间壳寡糖可明显促进鸡只CD8分子的增殖，而在免疫初期对CD4分子的增殖具有抑制作用，可明显刺激鸡只TNF-α的产生，而对IgM、IgG抗体以及TGF-β1、IL-2、IL-4、IL-5、Il-10等细胞因子均无显著性影响（$P<0.05$）。

卢军霞和石文慧（2020）探讨日粮添加果寡糖、菊粉及其联合使用对断奶仔猪生长性能、营养物质消化率及肠道菌群数量的影响，发现日粮添加膳食纤维（果寡糖和菊粉）显著提高了干物质、粗蛋白质和有机物表观消化率（$P<0.05$），料重比较对照组显著降低（$P<0.05$），可以提高断奶仔猪肠道有益菌数量，进而改善生长性能。其中，果寡糖与菊粉按照1∶1添加可以有效提高断奶仔猪养分表观消化率。

李浩等（2020）作了日粮中添加果寡糖、复合益生菌制剂及两者组合对生长育肥猪生长性能、养分消化率、直肠微生物区系的影响研究。结果表明：与对照组相比，果寡糖组、复合益生菌组和合生元组的粗蛋白质、粗纤维、粗灰分、有机物和干物质的表观消化率均显著提高；果寡糖组、复合益生菌组和合生元组的直肠细菌多样性高于对照组和金霉素组；在属水平上*Streptococcus*、*Ruminococcaceae*和*Lactobacillus*是育肥猪直肠的主要优势细菌群；*Blautia*、*Ruminococcus gauvreauii* group、*Catenibacterium*和*Coprococcus* 3与粗蛋白质表观消化率、粗纤维表观消化率、粗灰分表观消化率、有机物表观消化率和干物质表观消化率均为显著负相关；*Ruminococcaceae* UCG-002、*Eubacterium coprostanoligenes* group、*Ruminococcaceae* UCG-010、*Rikenellaceae* RC9 gut group与粗蛋白质表观消化率、粗纤维表观消化率、粗灰分表观消化率、有机物表观消化率和干物质表观消化率均为显著正相关。总之，果寡糖组和合生元组能改善生长育肥猪的生长性能、提高养分表观消化率。

饲料中添加果寡糖能提高断奶仔猪的饲料转化率和日增重，降低仔猪腹泻率，能增强机体的体液免疫和细胞免疫功能；日粮中添加壳寡糖和半乳甘露寡糖均能显著提高早期血清中IgG、IgA、IgM、IL-2和Il-6免疫因子的浓度（王萍等，2020）。

倪海星和王铁岗（2020）为了研究寡糖对断奶仔猪生长性状方面的影响，采用在日粮中添加不同水平壳寡糖的随机试验方式，研究日增重、料重比、血清激素水平及小肠绒毛高度等指标，试验结果显示：试验组和对照组相比，100、200mg/kg组日增重显著提高了1.56%和1.16%（$P<0.05$）。但200和800mg/kg壳寡糖组1～28d料重比最低，分别较对照组降低了11.27%和7.00%（$P<0.05$）。各组对14和28d仔猪血清激素水平无显著影响。添加200mg/kg剂量组十二指肠绒毛高度变化明显，大幅提高了34.89%（$P<0.05$），而400mg/kg壳寡糖组空肠绒毛高度显著提高了22.05%（$P<0.05$）。

平伟强等（2020）饲粮中添加MOS+Ala-Gln后，仔猪小肠绒毛高度及其V/C显著提高，微绒毛整体表现得更为清晰、整齐、密集。可显著提高仔猪盲肠纤维杆菌门和粪球菌属相对丰度，能显著增加盲肠中粪球菌属相对丰度，对35日龄仔猪空肠绒毛高度、49日龄仔猪十二指肠绒毛高度及十二指肠V/C存在显著的互作效应。

徐龙杰（2020）研究母猪和仔猪日粮添加低聚木糖对母猪和仔猪生产性能的影响，探讨母仔猪一体化使用低聚木糖的解决方案。母猪妊娠后期添加低聚木糖未显著影响生产性能。母猪泌乳期添加500mg/kg低聚木糖不影响受胎率和发情间隔，能提高母猪日采食量（$P=0.035$）。母猪和仔猪日粮交叉使用低聚木糖没有呈现交互作用。仔猪日粮添加200mg/kg低聚木糖显著降低了断奶过渡期仔猪的腹泻率（$P=0.001$）。与不添加低聚木糖相比，母仔猪全程使用低聚木糖仔猪断奶过渡期的体重和日增重分别增加了4.9%和4.6%，料重比、死淘率和腹泻率分别降低了4.0%、54.2%和31.6%。母猪日粮添加低聚木糖显著改变了母猪粪便微生物菌群（$P<0.05$），与对照组相比，妊娠后期和泌乳期使用500mg/kg低聚木糖，使乳酸菌菌落数提高了51.6%，大肠杆菌菌落数减少了30.6%。仔猪使用200mg/kg低聚木糖，提高了粪便乳酸菌数量，降低了大肠杆菌数量（$P<0.01$）。母猪和仔猪日粮交叉使用低聚木糖，对乳酸菌和大肠杆菌均表现出了显著的交互作用（$P<0.05$）。母仔猪连续使用低聚木糖，仔猪乳酸菌总数增加了14.1%，大肠杆菌总数减少了16.6%。母猪日粮添加低聚木糖显著提高了仔猪干物质、有机物质、粗蛋白质、蛋氨酸、色氨酸、谷氨酸、酪氨酸和总非必需氨基酸的表观消化率（$P<0.05$）；仔猪日粮添加低聚木糖没有改变常规养分（干物质、有机物质、粗蛋白质、粗脂肪）和表观消化能的表观利用率（$P>0.05$）。但是，显著提高了赖氨酸、蛋氨酸、色氨酸、精氨酸、亮氨酸、异亮氨酸、苯丙氨酸、苏氨酸、缬氨酸、天冬氨酸、丝氨酸、谷氨酸、酪氨酸、TEAA和TNEAA的表观消化率（$P<0.05$）；母猪和仔猪日粮交叉使用低聚木糖各种养分和能量的表观消化率没有出现交互作用（$P>0.05$）。上述结果表明，繁殖母猪日粮500mg/kg和仔猪200mg/kg低聚木糖的添加，能够改善母猪和仔猪的生产性能、肠道微生物和仔猪养分表观消化率；母猪和仔猪连续使用低聚木糖可以获得最好的效果。

周巨旺（2020）利用代谢组学、血清生化和分子生物学技术，系统地研究了代乳品中外源添加寡糖MOS对湖羊羔羊血清和尿液代谢组及肠道免疫的分子机制。代乳品中添加MOS可以显著提高试验全期羔羊日增重（$P<0.05$），降低腹泻率（$P<0.05$）；MOS显著提高了羔羊血清中溶血磷脂酰胆碱、溶血磷脂酰乙醇胺、甘油酸、4-羟基脯氨酸、甜菜碱和N-乙酰基-L-丙氨酸等20种代谢物浓度（$P<0.05$），显著降低了吲哚乳酸、尿囊素、尿素等11种血清代谢物浓度（$P<0.05$），这些代谢物主要参与羔羊乙醛酸和二羧酸的代谢、甘氨酸，丝氨酸和苏氨酸的代谢、精氨酸和脯氨酸代谢、甘油酯代谢、甘油磷脂代谢和嘌呤代谢途径；尿液样本中黄嘌呤的含量显著提高（$P<0.05$），L-异亮氨酸和丙二酸单乙酯含量显著降低（$P<0.05$），这些代谢物主要参与缬氨酸、亮氨酸和异亮氨酸降解，缬氨酸、亮氨酸和异亮氨酸生物合成，氨酰基-tRNA的生物合成和嘌呤代谢。代乳品中添加MOS可以提高羔羊生长性能，有利于肠道健康，能够调节羔羊机体的蛋白质和能量代谢途径，对湖羊羔羊血清和尿液中代谢物浓度产生影响，且这些途径大多与免疫、抗氧化、抗应激等功能相关。代乳品中添加MOS显著提高了羔羊血清中总胆固醇、乳酸脱氢酶、碱性磷酸酶、直接胆红素和白蛋白的含量（$P<0.05$），血清中丙氨酸氨基转移酶和尿素水平显著降低（$P<0.05$），MOS未对其他血清生化指标产生显著影响（$P>0.05$）；血清中尿囊素、吲哚乳酸、N-乙酰谷氨酸、邻已二酰基肉碱和尿素与天门冬氨酸氨基转移酶、乳酸脱氢酶和α-羟丁酸脱氢酶呈显著正相关关系（$P<0.05$），尿液样本中L-异亮氨酸的含量与血清中肌酐、尿酸和尿素水平呈显著正相关关系（$P<0.05$）。综上所述，代乳品中添加MOS会对湖羊羔羊血清生化指标产生影响，血清生化指标的变化与代谢产物的相关分析也可以很好地说明MOS的有利作用。代乳品中添加MOS可以促进湖羊羔羊结肠中微生物发酵产生SCFA。代乳品中添加MOS可以降低羔羊空肠和结肠黏膜TLR1、TLR2、TLR4和TLR6基因mRNA表达量（$P<0.05$），但TLRs基因mRNA表达量与肠道SCFA及血清和尿液中差异代谢物没有显著相关关系（$P>0.05$）。综上所述，代乳品中添加MOS具有调节肠道免疫功能，维持肠道上皮稳态的作用。综上所述，代乳品中添加MOS有利于湖羊羔羊机体代谢，提高生产性能，增强肠道健康水平。

郑亚光等（2020）以奶牛外周血单个核细胞（PBMC）为模型，研究不同剂量壳寡糖（COS）对细胞活力、抗氧化功能和炎症因子含量的影响。结果表明：体外添加COS对PBMC抗氧化功能的促进效果呈剂量效应，可增强抗氧化酶如硫氧还蛋白还原酶（Trx R）、过氧化氢酶（CAT）、超氧化物歧化酶（SOD）的活性，其中以160μg/mL的COS具有较好的效果。COS可抑制炎症因子白细胞介素-1β（IL-1β）、白细胞介素-6（IL-6）、肿瘤坏死因子-α（TNF-α）的产生，降低诱导型一氧化氮合酶（iNOS）的活性与一氧化氮（NO）的含量，并呈现剂量依赖性，以160μg/mL COS具有较强的抑制作用，而320μg/mL COS的抑制作用减弱。体外添加COS抑制了核因子-κB（NF-κB）p50和NF-κBp65的基因表达，并且呈现剂量依赖性。综上可知，COS可通过抑制NF-κB信号通路活性降低iNOS与炎症因子的基因表达以及NO的生成，进而提高PBMC的抗氧化功能。

冶文兴等（2020）利用16S rDNA技术研究甘露寡糖不同添加方式对哺乳期犊牛瘤胃细菌菌群结构影响。CR组为对照组，饮用乳及开食料中均不添加甘露寡糖；ORa组在饮用乳中添加5g甘露寡糖，开食料中不添加甘露寡糖；ORb组在开食料中添加5g甘露寡糖，饮用乳中不添加甘露寡糖；ORc组在饮用乳及开食料中各添加2.5g甘露寡糖（混合添加）。结果表明：甘露寡糖添加方式会影响哺乳期犊牛瘤胃细菌总数，但对哺乳期犊牛瘤胃细菌菌群多样性未产生显著影响。在门水平上，与对照组相比，ORb组颗粒料中添加甘露寡糖显著降低了厚壁菌门与放线菌门的丰度（$P<0.05$），极显著提高了变形菌门的丰度（$P<0.01$），优势菌门增加为3种，分别为拟杆菌门、厚壁菌门与变形菌门。在属水平上，甘露寡糖不同添加方式导致哺乳期犊牛瘤胃细菌菌群结发生了改变，其中甘露寡糖不同添加方式对小杆菌属和脱硫弧菌属在瘤胃内丰度均产生了影响，但对ORa组与ORc组犊牛瘤胃细菌影响不及ORb组；且ORb组犊牛瘤胃细菌功能性菌属普雷沃氏-7属、氨基酸球菌属、优杆菌属和琥珀酸弧菌等均发生显著变化。得出结论如下：本研究条件下，甘露寡糖添加方式对哺乳期犊牛瘤胃细菌菌群多样性未产生显著影响（$P>0.05$），但开食料中寡糖添加方式对菌群结构产生部分影响，其中发挥瘤胃蛋白降解作用和淀粉降解作用的琥珀酸弧菌科-UCG-001属、利用乳酸的新月形单胞菌属丰度极显著提高（$P<0.01$），而利用乳糖的优杆菌属丰度显著降低，降解半纤维素的小杆菌属丰度极显著降低（$P<0.01$）。

李明波等（2020）研究了壳寡糖对杂交黄颡鱼“黄优1号”（黄颡鱼♀×瓦氏黄颡鱼♂）生长性能与免疫机能的影响，壳寡糖（COS）含量为10%，通过喷涂工艺添加。结果表明：在试验条件下，饲料中添加壳寡糖能显著提升杂交黄颡鱼“黄优1号”生长速度，降低饲料系数，促进白细胞吞噬功能及淋巴细胞转化，并能提高体液免疫水平。建议有效剂量为80～120mg/kg。

褐藻寡糖（Alginate Oligosaccharides）是由褐藻胶通过一定的裂解反应生成的功能性寡糖，因此也称褐藻胶低聚糖。褐藻寡糖来源丰富，结构独特，海洋藻类中很多都有褐藻胶类物质存在。随着对褐藻寡糖研究的不断深入，其越来越多的生理性功能被开发出来。在农作物养殖、动物养殖、延缓生物氧化方面的显著功效引起了人们的广泛关注。我国领海辽阔，内含海洋生物资源丰裕，具有巨大的褐藻寡糖类物质研究的基础，因此这也是开发功能性海洋保健品的一个重要方向。利用现代生物发酵菌解和酶解技术制备的褐藻寡糖，纯度高、稳定性强、安全性高。特殊片段的褐藻寡糖可以促进乳酸类益生菌的生长，可以刺激多种陆生植物根部的生长，可吸附动物及人体内的有毒重金属如锡元素、钯元素、镉元素等，并通过代谢作用将其排出体外，能够有效减少这些有毒金属在体内的累积，维持机体健康。张翠翠（2020）研究了褐藻寡糖型海带发酵饲料制备及在鲍鱼养殖中的应用。褐藻寡糖型海带发酵饲料成形效果好，利于鲍鱼采食。在对鲍鱼生长速度、鲍鱼体成分的促进效果都优于原饲料。鲍鱼食用之后，体质健康，生长速度方面都有明显的增强。鲍鱼肉质更加精致鲜美，个头也更大，品质有了较大的提升。同时，通过发酵获得的海带饲料，可以解决优质天然鲍鱼饵料匮乏的问题，降低鲍鱼养殖成本，这对促进鲍鱼养殖产业的健康快速发展有深刻的意义。

张诗雨等（2020）在研究饲料中添加壳寡糖（COS）对克氏原螯虾消化酶活性、肠道菌群结构、血清非特异性免疫指标及抗病力的影响时发现，在饲料中添加适量的壳寡糖可以提高克氏原螯虾消化酶活性，肠道淀粉酶活性显著增高，肠道脂肪酶、胰蛋白酶活性及肝胰腺淀粉酶、脂肪酶活性均显著增高，Simpson指数、Chao1指数、ACE指数及Shannon指数均显著增高；改善肠道菌群结构，肠道中变形菌门相对丰度均有所下降，厚壁菌门、拟杆菌门和软壁菌门的相对丰度均有所上升，肠道中相对丰度较高且共有的菌属有红细菌属、乳球菌属、希瓦氏菌属和拟杆菌属；血清碱性磷酸酶活性显著增高，血清酸性磷酸酶活性显著增高，血清过氧化氢酶活性均显著降低；并提高抗白斑综合征病毒（WSSV）感染的能力，克氏原螯虾的累积死亡率随着饲料中壳寡糖添加水平的增加而下降。

陈勇江（2020）通过建立阿司匹林（ASA）诱导的大鼠肠道损伤模型，研究甘露寡糖对阿司匹林所诱导大鼠肠道损伤的影响，并探究甘露寡糖对阿司匹林诱导大鼠的肠道损伤修复作用机制。600mg/kg MOS可有效改善肠损伤大鼠肝脏指数、血清IL－2和LZM含量、sIgA和黏液量、VH、CD和VH/CD（$P<0.05$）。添加合适剂量MOS浓度能提高大鼠的免疫能力，有效抑制ASA对动物肠道的损伤。600mg/kg的甘露寡糖对阿司匹林诱导的大鼠肠道损伤有较好的修复效果。

陈爽（2020）研究了壳寡糖在缓解葡聚糖硫酸钠（dextran sulfate sodium，DSS）诱导小鼠结肠炎症状上的作用，通过结肠炎小鼠模型，从肠道屏障、炎症反应、氧化应激和中性粒细胞浸润等方面探究COS干预溃疡性结肠炎的作用和机制。结果表明，COS通过上调结肠Muc－2 mRNA水平和肠道紧密连接蛋白ZO－1和Occludin的表达，抑制Claudin－1和Claudin－2的增加，保护肠道屏障。COS能显著降低结肠组织炎症因子IL－6、TNF－α和IL－1β的含量，下调TLR4、COX－2和iNOS mRNA表达水平，抑制结肠NF－κB活化。此外，COS还能降低结肠MDA和NO含量，增加SOD活性以及Nrf2和HO－1表达，缓解机体氧化应激；通过下调结肠趋化因子MCP－1、CXCL－1和MMP－9的mRNA表达，缓解中性粒细胞的募集和浸润。对结肠炎小鼠结肠菌群进行高通量测序分析，从肠道菌群变化和SCFAs含量等方面探究了COS对DSS诱导结肠炎小鼠的保护作用。结果表明，DSS能引起肠道菌群多样性的降低和结构的紊乱，而COS能改善这种变化，在属水平上，增加*Akkermansia*等益生菌，抑制*Allobaculum*和*Parabacteroides*等有害菌，但对*Bifidobacterium*等无显著影响。且70mg/kg和140mg/kg COS对肠道菌群有不同影响，其中70mg/kg COS能增加菌群多样性，而140mg/kg COS呈相反趋势。此外，菌群功能分析显示COS在肠道中的生物合成、代谢中可能具有重要意义。随后通过GC-MS分析盲肠内容物中SCFAs含量，发现70mg/kg COS能显著增加乙酸、丙酸和丁酸含量，而140mg/kg COS仅显著增加丁酸含量。表明70mg/kg COS较140mg/kg COS在维护肠道微环境稳态方面具有更大优势。推荐剂量的壳寡糖（70mg/kg）对DSS诱导的结肠炎小鼠具有良好的保护作用，可能与抑制中性粒细胞浸润和炎症有关。

吴小瑜等（2020）通过每日灌胃低、中、高剂量壳寡糖（COS），定期观测各组NOD小鼠一般状态、体质量、摄食量、饮水量、空腹血糖（FBG）、餐后血糖（2h PG）、口服糖耐量等，评价各组小鼠自发性糖尿病发展进程，并比较各组小鼠肝糖原和肌糖原含量差异，研究不同剂量壳寡糖对自发性糖尿病NOD小鼠糖代谢异常发生、发展过程的影响。结果发现，各剂量壳寡糖可有效控制NOD小鼠每日摄食量和饮水量，在试验前半期显著抑制小鼠体质量增加，但后半期该抑制作用逐渐消失；可降低NOD小鼠FBG和2h PG，改善口服糖耐量；可延后小鼠进入糖尿病前期和糖尿病阶段的时间，且壳寡糖低、中、高剂量组使小鼠处于糖尿病前期的时间段（对照组为9w）分别延长为10w、13w和>16w；各剂量壳寡糖可显著提高肝糖原和肌糖原含量（$P<0.01$），其中高剂量壳寡糖可使其分别提升405.9%和220.6%。结论认为，壳寡糖可通过促进糖原合成改善NOD小鼠的糖尿病症状，延缓其进入糖尿病前期和糖尿病阶段，延长其处于糖尿病前期的时间，对自发性糖尿病的发生发展具有一定的阻滞作用。

饮酒导致疾病和健康问题，特别是酒精性肝损伤。酒精可以通过破坏黏膜结构、氧化应激反应和炎症反应等方面损伤肠道屏障，使有害物质进入体内，进而损伤器官组织。酒精对小肠中十二指肠的损伤较空肠和回肠严重（徐颖，2020）。COS可以增加大鼠体重、降低酒精对器官的损伤，还可以改善大鼠饮酒后十二指肠和回肠伸缩性的变化，缓解大鼠的肠道不适；同时，通过维持绒毛形态、增加绒毛长度、降低肌层厚度，使绒毛长度与隐窝深度比值增加，缓解酒精对大鼠小肠结构和功能的损伤。通过测定大鼠血浆中D-乳酸（D-LA）、内毒素（LPS）含量和二胺氧化酶（DAO）活性，以及小肠紧密连接蛋白的表达情况，探究壳寡糖的肠黏膜屏障保护效果。结果表明：COS的干预可以显著降低大鼠血浆中D-LA、LPS含量以及DAO活性，降低由酒精引起的肠黏膜通透性的增加。COS可以通过提高Occludin和ZO-1、降低Claudin-4的基因和蛋白表达水平，修复小肠上皮细胞间的紧密连接结构。通过测定小肠总抗氧化能力、超氧化物歧化酶（SOD）和谷胱甘肽过氧化物酶（GSH-Px）以及丙二醛（MDA）和蛋白质羰基含量表征小肠的氧化损伤情况。结果表明：COS摄入可以提高小肠组织的总抗氧化能力，显著提高大鼠小肠组织的SOD和GSH-Px活性，显著降低组织中MDA和蛋白质羰基含量，缓解灌胃酒精导致的小肠的氧化损伤。通过测定血浆中促炎因子含量，探究COS的抗炎水平；测定小肠中NO含量和i NOS活性，以及炎症相关因子的表达，探究壳寡糖对肠道炎症的调节作用。结果表明：COS可以下调血浆中IL-6、IL-1β和TNF-α水平，缓解全身炎症；此外，COS可以通过下调小肠IL-6、IL-1β和TNF-α mRNA表达以及降低i NOS活性下调小肠组织NO含量，缓解肠道炎症；同时，COS可以下调TLR4、TLR2和TRAF6 mRNA的表达量，下调TLR4和核内磷酸化NF-κB p65的蛋白表达，表明COS可能通过调控抑制TLR4蛋白表达、抑制NF-κB通路的激活实现缓解小肠炎症的作用。

沈欣等（2020）选用油酸钠诱导HePG2细胞建立非酒精性脂肪肝细胞模型，通过油红零染色及各试剂盒检测胞内总脂质积累、甘油三酯、总胆固醇、高低密度脂蛋白胆固醇及游离脂肪酸的含量，实时定量PCR及western blot检测细胞内脂代谢相关基因和蛋白的表达，探讨壳寡糖在体外对肝脂质积累的抑制效果及潜在作用机制，结果发现，4.0mg/mL的壳寡糖对肝脂质蓄积具有明显的抑制作用，并降低了二酰基甘油酰基转移酶2、肝X受体a、过氧化物酶体增殖物激活受体-γ、孕烯醇酮X受体和分化簇36的mRNA水平和蛋白水平的表达。研究结果表明，壳寡糖可以通过调节脂肪酸吸收和甘油三酯合成通路从而降低非酒精性脂肪肝细胞模型中的脂质积累。

季珂（2020）探究了低浓度COS及其与化疗药阿霉素（doxorubicin，DOX）的联合给药对三阴性乳腺癌（triple-negative breast cancer，TNBC）细胞模型的干预，以及是否对阿霉素的抑癌效果产生影响。实验在高转移特性的三阴性乳腺癌典型细胞株MDA-MB-231上评价了COS与阿霉素联用的抗肿瘤活性，进而采用转录组学测序技术（RNA-seq）挖掘分析其潜在分子靶点。采用液相色谱—质谱联用法对本实验采用的COS进行表征，结果表明：COS聚合度为2～4。采用CCK-8法对COS单独给药和联合阿霉素给药进行细胞水平活性评估，结果表明：低浓度COS（0～1 000μg/mL）单独作用无细胞毒性。而COS短时预孵后联用阿霉素（IC_{50}浓度），可剂量依赖性增强阿霉素原有的半数抑制效应（$P<0.001$）。优化的预孵时间为4h。比较不同聚合度的COS单体抑癌效果，壳三糖具有良好的剂量依赖性，且最低抑制浓度仅6.25μM，与阳性对照DOX组相比，细胞生存率降低了16.49%（$P<0.001$）。而壳三糖浓度为100μM时，细胞生存率达最低19.44%±1.91。由此确定联合给药最佳方案为壳三糖（4h，100μM）+阿霉素（2.5μg/mL）。通过小室迁移实验测定COS、壳三糖单独作用均可明显抑制细胞迁移。通过倒置显微镜观测到COS、壳三糖短时预孵均引发MDA-MB-231细胞由间充质向上皮样转化现象，冷场扫描电镜观测到细胞表面微绒毛变短、成簇。通过激光共聚焦和流式细胞术测定COS、壳三糖短时预孵后联用DOX可显著促进阿霉素进入细胞核（$P<0.001$），且chitotriose+DOX组平均荧光强度比COS+DOX组显著增加（$P<0.01$）。由此说明，COS和壳三糖具有促进阿霉素快速富集于MDA-MB-231细胞核

的作用，且壳三糖协同抑制效果优于COS。综上所述，壳三糖短时预孵通过上调表达EGR1而促进阿霉素抑制MDA-MB-231细胞增殖的活性。

目前关于植物来源β-葡寡糖对肠道菌群改善作用的研究较少，有关肠道菌群对β-葡聚糖和其水解产物β-葡寡糖的发酵特性差异的研究更是鲜有报道（王如月，2020）。王如月（2020）研究了燕麦多糖及其寡糖的制备与对肠道微生物的影响。从燕麦麸皮中提取纯化得到燕麦β-葡聚糖（Oats β-glucans，OGs），并通过OGs酸水解制备β-葡寡糖（Oats β-gluco-oligosaccharides，OGOs），采用凝胶渗透色谱和飞行时间质谱测定了OGs的分子质量和OGOs的聚合度分布，得到OGs分子质量为1.34×10^5Da；OGOs的聚合度范围为2～11。在胃肠道反应器动态模型中体外模拟OGs和OGOs在大肠内的发酵情况。通过监控发酵液的实时pH和NaOH溶液流加量，判断出胃肠道反应器可以在发酵过程中较好地模拟大肠内的pH调控，并且维持发酵过程稳定进行。通过每隔12h测定发酵液中的总糖、还原糖和SCFAs含量，发现在添加OGs和OGOs进行发酵后，肠道菌群对碳水化合物的代谢水平提高，SCFAs产量显著提高。

果胶寡糖（pectic oligosaccharide，POS）是果胶经过解聚作用后形成的一类稳定性好、耐热性好及甜度低的糖类化合物（主要成分是果胶二糖和果胶三糖）。果胶寡糖具有诸多生理功能，如提高机体的抗氧化能力、改善肠道健康、调节脂类代谢、提高机体免疫，在体内和体外均具有抗氧化作用。山楂果胶寡糖对超氧自由基、羟自由基和二苯基苦基苯肼（1-diphenyl-2-picrylhydrazyl，DPPH）自由基均表现出了很强的清除作用。饲粮添加苹果果胶寡糖可显著提高断奶大鼠血清和断奶仔猪肠道的抗氧化能力，并可缓解轮状病毒攻毒诱导的仔猪肠道中抗氧化能力下降。果胶寡糖由苹果果胶通过酶解而来，有效成分（果胶二糖和果胶三糖）含量>30%。王旭等（2020）通过分别饲喂正常饲粮、氧化饲粮和添加200mg/kg果胶寡糖的氧化饲粮考察了氧化饲粮中添加果胶寡糖对断奶大鼠空肠与肝脏组织形态和抗氧化能力的影响。结果表明：氧化饲粮中酸价和过氧化值较正常饲粮提高，添加果胶寡糖可降低氧化饲粮的酸价和过氧化值，且果胶寡糖对2，2′-联氮—二（3-乙基—苯并噻唑-6-磺酸）二铵盐（ABTS+）自由基具有一定的清除能力；与饲喂正常饲粮相比，饲喂氧化饲粮显著降低了断奶大鼠的体增重和采食量（$P<0.05$），显著降低了空肠和肝脏中总超氧化物歧化酶、谷胱甘肽过氧化物酶活性和总抗氧化能力（$P<0.05$），显著提高了空肠和肝脏中丙二醛含量（$P<0.05$），并造成断奶大鼠的空肠和肝脏组织发生了不同程度的病理变化；而与饲喂氧化饲粮相比，饲喂添加果胶寡糖的氧化饲粮显著改善了断奶大鼠的体增重和采食量（$P<0.05$），显著提高了空肠和肝脏中总抗氧化能力和总超氧化物歧化酶活性（$P<0.05$），显著降低了空肠和肝脏中丙二醛含量（$P<0.05$），并显著缓解了断奶大鼠空肠和肝脏组织结构的损伤。综上所述，在氧化饲粮中添加果胶寡糖可改善氧化饲粮引起的断奶大鼠生长性能下降及空肠和肝脏组织结构损伤，而这一作用可能与其提高机体抗氧化能力有关。

（陈旭东　唐茂妍）

丁酸钠对鱼类肠道健康保护作用的研究进展

水产品是人类食品蛋白质来源中的重要组成部分，其全球需求量大于牛肉、猪肉和家禽产品（Tacon等，2013）。根据联合国粮农组织（FAO）的数据，世界鱼类消费总产量超过1.46亿t（FAO，2016），2019年中国水产品总量已达6 480.36万t（于秀娟等，2020）。目前，为获取更大的经济效益，大量应用抗生素以提高水产动物的生长性能、消化率、存活率等（Hoseinifar等，2015；Hoseinifar等，2016；Nawaz等，2018），然而由于抗生素长期超量及滥用，导致鱼类等抗病力降低、耐药性及药物残留增加等食品安全问题。在中国农业农村部发布194号公告后，2020年7月1日起饲料工业全面禁止添加抗生素，维护食品安全和公共卫生安全已经进入实施阶段，因此绿色安全的饲料添加剂作为抗生素替代品已成为当前国内外学者关注的研究热点。

在单胃及反刍动物生产中，丁酸钠替代抗生素已有较多研究和应用（陈国顺等，2011；Li等，2014；Lin等，2020），丁酸钠不仅是肠道上皮细胞的能量来源，也是促进肠道发育、维持肠道形态结构完整和改善消化吸收的保健剂（肖宇，2011；陈业，2018；左丽君等，2019）。丁酸钠因其具有绿色环保、使用安全、可替代抗生素等特点已引起广泛关注。据报道，在水产养殖中，丁酸钠可用作生长促进剂（Robles等，2013；Liu等，2014；Gao等，2011；daSilva，等，2016）和免疫刺激剂（Liu等，2014；Estensoro等，2016；Hoseinifar等，2016；Safari等，2016），因此丁酸钠作为饲料添加剂在水产养殖业中具有很好的应用前景。本文拟就丁酸钠对鱼类肠道健康保护作用进行概述，以期为水产养殖业健康发展提供科学依据。

一、鱼类肠道功能与影响因素

1. 肠道的生理功能。鱼类肠道是发挥各种生理功能的重要器官，肠道健康对于鱼类的健康养殖意义重大（张美玲等，2021）。肠道作为鱼类与外界环境接触面积最大的器官，其生理功能主要有：①肠道是鱼类消化吸收营养物质的重要场所，是获取能量蛋白质的重要途径。②肠道是鱼类最大的免疫器官，对阻止感染源物质进入肠道及整体健康起到多种免疫保护功能。③肠道是鱼体内重要的分泌器官和组织，在肠道中可分泌多种消化酶及多种激素，对消化代谢和生理调控方面起到重要作用。④肠道具有屏障保护作用，抵御细菌入侵和有毒物质吸收，防止疾病发生。⑤肠道微生物在维持鱼类机体健康生长发育方面发挥营养吸收、免疫调节、抑制有害菌等作用。⑥肠道在保障鱼体各种生理功能的同时，还要满足肠道黏膜更新损伤修复等自身的代谢需要。

2. 肠道健康的影响因素。影响肠道健康的因素非常复杂，主要包括肠道结构和完整性、菌群平衡、免疫状态及其相互作用等，这些因素可影响肠道的黏膜发育及损伤修复，并可影响消化吸收、器官发育、组织生长和免疫系统的成熟等。由于鱼类肠道与饲料直接接触并发挥消化吸收作用，饲料中常含有一些对鱼体有害的物质，如油脂过氧化物、霉菌毒素、抗营养因子、重金属等。这些物质会损伤鱼类肠道，进而影响到鱼类机体整体健康。鱼类的水体环境在高密度养殖和过量残饵沉积等情况下造成污染恶化，同时致病的细菌、病毒、寄生虫等都将对鱼类肠道健康和鱼体整体健康构成潜在的威胁，导致各种鱼类的炎症等疾病发生。由于肠道容易受到多种损伤因素的影响，肠道屏障结构和功能完整性就会被破坏，同时还会产生多种细胞因子、炎症介质，发生细菌和内毒素易位等。除了引发肠道损伤外，由于肠道通透性的增加，肠道内的有毒有害因子还会进入血液系统，并传输到体内各器官和组织，导致器官和组织病变，引发全身性病理反应，从而导致鱼体生长性能、健康受到重大影响（米海峰等，2015）。

在养殖过程中，难以避免会有威胁到鱼类肠道健康的不安全因素出现，在肠道出现一定程度的损伤后，可以选择一些可以保护肠道健康的饲料添加剂如丁酸钠等来维护和修复损伤的肠道黏膜（Timbermont 等，2010；Vinolo 等，2011；Liu 等，2019），提高对免疫应激的抵抗力。丁酸钠是丁酸的钠盐，丁酸是肠道上皮细胞的能量来源，可快速更新刺激受损肠道上皮绒毛的修复。丁酸钠呈固态且不易挥发，臭味较小，在饲料加工中易于处理，因此在饲料中常使用稳定化的丁酸钠。稳定化的丁酸钠主要有包被和微囊等不同剂型，稳定化处理的丁酸钠不仅可确保未离解的丁酸钠在肠道中均匀吸收（Piva 等，1997；Piva，2007），而且可以防止在养殖水体中丁酸钠的释放和浪费（daSilva 等，2016），更有利于丁酸钠保护肠道黏膜和预防疾病发生。

二、丁酸钠对鱼类肠道健康的保护作用

肠道的消化吸收是将饲料降解为可运输和吸收的营养成分，在此过程的物理、化学变化或微生物侵袭都可能导致肠道疾病发生。后肠中有较多未消化的养分存在时，细菌、真菌甚至病毒都会繁殖，致病微生物增殖会影响肠道消化吸收甚至导致死亡。研究表明：丁酸钠具有广泛的生物学效应，不仅具有肠道保护和抗菌作用，提高鱼类生长性能，增强肠道完整性，而且还可提高鱼类对免疫应激的抵抗力。

1. 丁酸钠对鱼类肠道形态的影响。鱼类肠道组织形态的改善有助于更好地提高营养物质的消化能力和随后的鱼类生长（王经远等，2019；Dawood 等，2020）。肠道绒毛的主要作用是扩大吸收面积，因此肠道绒毛高度可以作为判断机体吸收能力的重要依据，肠道肌层厚度与营养物质的吸收速率有关，肌层厚度降低在一定程度上可以提高营养物质的跨膜转运效率（王经远等，2019）。郑瑞耕（2008）报道，在鲤鱼饲料中分别添加丁酸钠 500mg/kg、1 000mg/kg、1 500mg/kg，与对照组相比，丁酸钠组的小肠黏膜上皮完整，肠绒毛粗壮，肠绒毛的高度、宽度、肠黏膜肌层厚度均比对照组显著改善。张俊智（2015）研究报道，低鱼粉黄鳝饲料中添加丁酸钠 250、500、1 000mg/kg 能显著改善肠道黏膜结构，降低了隐窝深度，提高了绒毛高度/隐窝深度（VH/CD）比值。低鱼粉黑鲷饲料中添加 0.4%丁酸钠 9 周后，恢复了其肠道的正常健康状态（Estensoro 等，2016）；低鱼粉的黑鲈饲料中添加 0.2%丁酸钠，经 60d 实验，后段肠道炎症反应减轻并恢复正常形态（Rimoldi 等，2016）。鲈鱼饲料中添加 0.2%微囊丁酸钠，肠道细胞增殖加快，绒毛长度和绒毛密度增加，促进杯状细胞的黏液生成，从而有助于保持肠道形态结构的成熟和完整（Abdel-Mohsen 等，2018）。草鱼饲料中添加 500mg/kg 3 种不同剂型的丁酸钠，草鱼的肠绒毛高度显著增加（Zhou 等，2019）。在大菱鲆幼鱼的低鱼粉饲料中，添加 0.2%丁酸钠 12 周后，肠道病变改善，肠绒毛吸收表面积增大，减缓肠道白细胞的炎症浸润，同时提高了肠道刷状缘的酶活性（Luz 等，2019）。因此，在鱼类饲料中添加丁酸钠，作为肠道上皮细胞的直接能量来源，在肠道上皮细胞正常发育与自身黏膜损伤修复中起重要作用。丁酸钠还可刺激细胞内 mRNA 和蛋白质的合成，加速肠绒毛增殖，

增加绒毛高度，增深隐窝深度，降低绒毛宽度（张俊智，2015）。对于低鱼粉饲料，丁酸钠可修复抗营养因子等对肠道造成的损伤，提高机体对营养物质的消化吸收能力，进而提高鱼类的生产性能。

2. 丁酸钠对鱼类肠道菌群的影响。鱼类肠道菌群中细菌种类繁多，数量极大，淡水鱼肠内细菌的数量基本为 10^5～10^8 个，而海水鱼肠内细菌的数量为 10^6～10^8 个，肠道的优势细菌为革兰阴性菌，同时也存在革兰氏阳性菌（宋增福等，2007）。在幼鱼发育阶段，细菌在肠道中最初定植的过程是非常复杂的，主要决定于鱼卵表面、活的饵料和幼鱼饲养水体中的细菌。处于孵化阶段的幼鱼具有一个发育不完全的消化道，其内是无菌的，幼鱼主要依靠卵黄来供给营养物质，当其从卵中孵化出来，一旦接触到周围的水生环境和活饵料，多种细菌就开始在肠道上皮定植。肠道正常菌群在鱼类的生长发育过程中发挥非常重要的作用，既可参与营养物质的消化和吸收，同时又可增强机体的防御功能，维护机体的健康。

研究表明，鱼类的肠道微生物菌群主要受饲料中添加短链脂肪酸或盐如丁酸钠等的影响。Owen 等（2006）报道，非洲鲶饲料中添加丁酸钠改变了肠道微生物菌群多样性。低鱼粉黄鳝饲料中添加 250、500、1 000mg/kg 丁酸钠，肠道菌群结构改变，菌群多样性会显著提高（张俊智，2015）。黑鲷饲料中添加 0.4%丁酸钠增加了肠道微生物菌群的多样性，并逆转了因饲喂高量植物原料的饲料引起的肠道菌群变化（Piazzon 等，2017）。草鱼饲料中添加 1 000mg/kg 粉末丁酸钠，4 种不同水平 500、1 000、1 500、2 000mg/kg 的微囊丁酸钠，饲喂 60d，两种剂型的丁酸钠都增加了乳酸杆菌的数量，降低了致病菌嗜水气单胞菌和大肠杆菌的数量（Tian 等，2017）。Abdel-Mohsen（2018）等报道，饲料中添加 0.2%微囊丁酸钠，黑鲈的远端肠道中有益菌数量增加，弧菌和大肠菌群总数降低。在金头鲷的植物饲料中，添加含 0.2%丁酸钠及中链脂肪酸混合物，有益菌数量增加而 γ 变形杆菌等致病菌的数量减少，显著改变了肠道菌群平衡（Rimoldi 等，2018）。在草鱼饲料中，添加 2g/kg 丁酸钠的草鱼肠道中有益菌（如梭菌和类杆菌）的相对丰度显著改善（Zhou 等，2019）。

丁酸钠以非解离的丁酸形式透过革兰氏阳性菌和阴性菌的细胞膜后，分解为丁酸根离子（CH_3—CH_2—CH_2—COO^-）和 H^+，胞内 H^+ 浓度不断升高，使得对 H^+ 耐受性差的细菌如沙门氏菌、大肠杆菌和梭状芽孢杆菌等大量死亡，而对 H^+ 耐受性强的细菌如乳酸杆菌和粪链球菌存活下来，并且大量繁殖，此外丁酸解离为丁酸根离子能破坏 DNA 结构，阻碍蛋白质合成，使菌体不能进行正常的复制，从而抑制不耐酸的大肠杆菌、沙门氏菌和弯曲杆菌等肠道有害菌的生长繁殖，促进耐酸性强的乳酸菌等有益菌的大量繁殖，使肠道内有益菌和有害菌数量保持平衡，整个肠道维持在健康状态（张俊智，2015）。

3. 丁酸钠对鱼类肠道消化酶的影响。与畜禽动物相比，水产动物消化器官短，消化酶活性差，食物在肠道停留时间较短。许多水产动物如鲤科鱼类无胃，肠道承担着消化和吸收的双重功能，对饲料原料的要求较高。鱼类消化酶的活性随鱼种类、生长阶段和健康状况的不同而有差异，研究鱼类消化道中主要消化酶的活性及其影响因素，可以了解鱼类对不同成分食物的消化能力（谢一荣，2005）。

鱼饲料中添加丁酸钠，通过刺激消化酶的分泌来改善鱼类消化（Hoseinifar 等，2017）。据 Tian 等（2017）报道，添加 1 000mg/kg 粉末丁酸钠和 500、1 000、1 500mg/kg 微囊丁酸钠的草鱼饲料中，肠道胰蛋白酶、糜蛋白酶、脂肪酶和淀粉酶活性水平均显著升高。Aalamifar（2020）等发现，饲喂添加 5、10g/kg 丁酸钠的饲料，鲈鱼的总碱性蛋白酶和脂肪酶活性显著高于对照组。Luz 等（2019）研究添加 0.5、1.0、1.5、2.0g/kg 丁酸钠于巨骨舌鱼的饲料中，结果表明肠绒毛高度增加，淀粉酶、脂肪酶和非特异性碱性蛋白酶活性增强。Zhou 等（2019）发现，在金龙鱼饲料中添加 2.0、4.0g/kg 丁酸钠，可显著提高肠道蛋白酶、淀粉酶、碱性蛋白酶和 Na^+K^+-ATP 酶的活性。张俊智（2015）报道，低鱼粉黄鳝饲料中添加丁酸钠后，肌酸激酶和碱性磷酸酶活力显著上升，高鱼粉饲料添加丁酸钠后 Na^+K^+-ATP 酶活力显著上升。Na^+K^+-ATP 酶活力反映细胞的代谢水平和小肠黏膜的吸收功能，碱性磷酸酶与脂类、氨基酸、葡萄糖等营养物质的吸收有关，其活力是反映鱼营养物质吸收能力的标志，肌酸激酶大量存在于 ATP 快速再生的细胞中，与细胞内能量转运、ATP 再生存在直接关系，Na^+K^+-ATP 酶、碱性磷酸酶和肌酸激酶均与肠道上皮细胞吸收功能有关，上述研究结果表明，丁酸钠可提高鱼类肠道的吸收功能，增加消化酶的分泌，进而促进鱼类的生长发育。

4. 丁酸钠对鱼类肠道屏障功能的影响。鱼类肠道屏障的功能是保持肠上皮细胞和细胞间连接的完整性（Niklason 等，2011）。肠黏膜屏障可有效阻挡肠腔内微生物及其毒素向肠腔外组织扩散，是防止肠道内细菌移位最重要的功能和形态学结构，正常情况下由完整的肠上皮细胞、细胞间紧密连接与菌膜三者构成肠黏膜上皮结构，并能有效阻止细菌及内毒素等有害物质透过肠黏膜进入血液。相邻上皮细胞间的连接方式有多种，其中以紧密连接（tight juction，TJ）最为重要。肠上皮细胞中的闭锁蛋白 Occludin、

Claudins 蛋白、带状闭合蛋白（Zonula Occludens 1，ZO－1）相互作用形成紧密连接，在保证肠道黏膜屏障结构完整中起重要作用。此外，鱼肠道屏障功能的增强与屏障形成 TJ 蛋白 mRNA 水平的上调密切相关，如 ZO－1、claudin-b、claudin-c、occluding 等 TJ 蛋白的 mRNA 上调，而成孔 TJ 蛋白 claudin－15、claudin－12 的 mRNA 则出现下调（Kiener 等，2007；Xu 等，2014）。鱼类肠道细胞过度凋亡可能会损害肠道的细胞间完整性（Bakke-McKelle，2007），可通过抑制 c-Jun 氨基末端激酶（JNK）途径抑制细胞凋亡（Lauricella 等，2006）。Wu 等（2018）在草鱼饲粮中加入 500、1 000、1 500、2 000mg/kg 的微囊丁酸钠，经过 60d 饲喂试验，结果表明紧密连接蛋白 ZO－1、ZO－2、claudin-b、claudin-c、claudin-f、claudin－3c、claudin－7a、claudin－7b 和 claudin－11 的 mRNA 水平上调，而成孔紧密连接蛋白 claudin－12、claudin－15a 和 claudin－15b 的 mRNA 水平下调。Liu 等（2019）发现，在添加 0.2%丁酸钠的大菱鲆饲料中，TJ 蛋白（如 claudin－4、occludin 和 ZO－1）的肠道基因表达显著上调，同时促炎细胞因子如肿瘤坏死因子（TNF－α）和核因子 κB（NF－κB））下调。由此可见，饲料中添加适量丁酸钠可抑制草鱼肠道细胞凋亡，减少肠道炎症发生，因此丁酸钠具有显著改善鱼类肠道屏障的功能。

鱼类的肠道屏障完整性可被细菌性肠炎引起的感染所破坏（Song 等，2014），也可因饲料中鱼粉和鱼油被过量替代而引起的炎症过程所破坏（Estensoro 等，2016），或因长期摄入高含量豆粕的饲料导致损害肠黏膜而诱发肠炎所破坏（Baeverfjord 等，1996）。研究表明，短链脂肪酸或盐如丁酸钠可减轻肠道炎症的发生（Meijer 等，2010），丁酸钠通过抑制核因子 κB（NF－κB－P65）炎性信号通路而发挥抗炎作用，从而发挥保护肠道黏膜的作用（Segain 等，2000）。

5. 丁酸钠对鱼类抗氧化性能的影响。机体健康状况与其抗氧化能力存在着密切关系，除了肠道细胞凋亡造成黏膜屏障破坏之外，氧化应激也可破坏肠道上皮黏膜的完整性，进而影响机体健康（Hoyle 等，2007 年）。正常情况下，动物体内的抗氧化系统处于动态平衡状态，当氧化胁迫超出了机体抗氧化防御系统的保护能力时，会产生过多的氧自由基，引起脂质过氧化产物的增加。鱼类和哺乳动物细胞中的氧化应激均是由于活性氧（ROS）产生过多的结果，如超氧阴离子（.O^{2-}）、羟基自由基（OH）、羟基离子（OH—）及单氧原子等，这些活性氧对脂质和蛋白质以及 DNA 造成严重的氧化损伤，导致细胞死亡（Abdel-Daim 等，2019）。

张淞琳等（2011）报道，在美洲鳗鲡饲料中添加 1.0g/kg 丁酸钠可显著提高肝脏总抗氧化能力（TAC）和过氧化氢酶（CAT）活性分别达 25%和 15%，降低丙二醛（MDA）含量达 15%。张俊智（2015）发现，在鳗日粮中加入丁酸钠可提高超氧化物歧化酶（SOD）活性，降低 MDA 含量。草鱼日粮中添加丁酸钠，与对照组相比，肝胰腺 SOD 和谷胱甘肽过氧化物酶（GSH-Px）活性显著增加（吴凡，2016；Liu 等，2017），但 TAC 和 MDA 水平并没有受到显著影响。Mirghaed 等（2019）研究结果显示，饲料中添加丁酸钠的虹鳟，其抗氧化酶（如 SOD、CAT 和 GSH-Px）高度表达。Aalamifar（2020）研究表明，鲈饲料中添加 2.5g/kg 丁酸可显著提高肝脏 CAT 活性，饲喂 5g/kg 和 10g/kg 丁酸钠，鱼的肝脏 SOD 活性增加。

活性氧（ROS）是引起水产动物机体氧化损伤的主要因素，丁酸钠可能通过两种系统来缓解氧化应激：①增加抗氧化酶的活性，如超氧化物歧化酶、过氧化氢酶、谷胱甘肽还原酶、谷胱甘肽 S－转移酶和谷胱甘肽过氧化物酶。②促进还原型谷胱甘肽等抗氧化物的产生等。这些机制可降低活性氧的产生，降低了鱼细胞中脂质和蛋白质的氧化损伤，进而降低鱼类等水产动物的应激水平，对肠道黏膜也可起到间接的保护作用（Martínez-álvarez 等，2005）。

三、丁酸钠对鱼类生长性能影响

张淞琳等（2011）报道，美洲鳗鲡饲料中添加 1g/kg 丁酸钠，体增重提高达 37%，饲料转化率降低达 26%。孙浪（2013）等研究报道，鲫饲料中添加 2.5g/kg 丁酸钠，与对照组相比，显著改善了鲫体增重、比生长速率、蛋白质转化效率，并提高了干物质和蛋白质的消化率，其前肠绒毛高度提高达 34.22%。Robles（2013）报道海鲷饲料中添加 3g/kg 包被丁酸钠，提高了体增重、比生长速率、饲料转化率。据 Liu（2014）研究，饲料中添加 0.3g/kg 的丁酸钠提高了鲤体增重及饲料转化率。在低鱼粉黄鳝饲料中，添加丁酸钠经 8 周饲喂实验后，体增重及脾脏指数显著改善，降低了饲料转化率（张俊智，2015）。在鲶饲料中添加丁酸钠，与对照组相比，添加包囊丁酸显著改善了实验组的体增重、饲料转化率（Chow 等，2017）。吴凡（2016）及 Liu（2017）报道，在草鱼饲料中添加丁酸钠 1g/kg 或 2g/kg，显著提高了鱼的比生长速率。在草鱼饲料中连续 60d 添加粉状丁酸钠及微囊丁酸钠，可显著提高鱼的增重率，饲料利用率及比生长速率（Tian 等，2017）。Aalamifar（2020）等报道以 5g/kg 和 10g/kg 丁酸钠添加于鲈饲料中，与对照组相比，显著提高了终体重、比生长速率、饲料转化率、蛋白质转化效率等生长性能，添加

5g/kg丁酸钠组的鱼具有更高的蛋白质价值及蛋白质含量。在巨骨舌鱼饲料中添加不同剂量的丁酸钠，显著增加了平均饲料消耗量，饲料转化率、肝体指数和脏体指数（Luz等，2019）。金鲳饲料中添加2g/kg的丁酸钠，显著增加了终体重、体增重、比生长速率，降低了饲料转化率（Zhou等，2019），高豆粕饲料中连续10周添加0.15%的丁酸钠，可显著提高黄鱼的比生长速率、蛋白质转化效率及肌肉中蛋氨酸含量（Wu等，2020）。

四、小结与展望

在鱼类养殖过程中，肠道发挥着多种重要作用，如消化吸收、抵抗疾病、参与免疫、激素分泌及生理调控等。由于鱼粉等优质蛋白质原料依赖进口，资源匮乏，价格高昂，需要应用大量豆粕、棉粕、菜粕及一些非常规原料进行替代以降低成本，因植物性原料含有抗营养因子，易导致蛋白质变质、脂肪氧化或消化率降低等。若此类蛋白质原料用量过大，也会造成鱼类肠道黏膜损伤，从而限制了蛋白质资源的开发利用，同时还会影响鱼类的生长性能，引发鱼类疾病甚至死亡，因此保护鱼类的肠道健康比畜禽更为迫切（刘艳莉等，2019），在肠道出现一定程度的损伤后，可以选择促进肠道健康的饲料添加剂丁酸钠来保护和修复损伤的肠道黏膜。随着饲料生产中全面禁止添加抗生素措施的持续推进，丁酸钠因其具有绿色环保、使用安全、可替代抗生素等特点，作为免疫刺激剂和生长促进剂，促进水产动物生长，提高免疫力和抑制病原菌等，在今后水产养殖替抗的应用中将具有广阔的应用前景。

尽管丁酸钠能够为肠上皮细胞提供能量来源，促进肠道细胞增殖修复，抑制炎症反应，促进消化吸收，调节肠道菌群平衡，降低氧化应激等，但是由于鱼类的消化系统不健全，研究的技术手段尚不完善，肠道屏障完整性的评价体系尚未建立，导致部分研究成果缺乏一致性，其原因可能是因鱼的种类、规格、饲料组成、配方类型，以及丁酸钠的剂型剂量、饲养时间及实验设施等不同而造成结果差异较大。随着研究的不断深入，并参考畜禽的最新研究成果为鱼类肠道功能研究提供指导，丁酸钠对鱼类肠道健康作用机制的研究也必将迎来新的突破。

（李 祥）

饲料机械制造工业概况

2020年，受非洲猪瘟和新冠肺炎疫情的双重影响，经济运行环境复杂严峻，畜牧和饲料行业经受了前所未有的冲击和考验。饲料无抗禁抗时代到来，使饲料工业的发展面临前所未有的新情况、新变化以及新挑战，也迎来了产业调整、转型升级、创新发展的机遇。全国生猪产能持续恢复、家禽存栏高位、牛羊产品产销两旺，畜禽养殖形势持续向好，为工业饲料创造了广阔的市场空间，产量实现较快增长。由于饲料需求的快速上涨，提升了饲料企业对扩大再生产的需求，使饲料加工成套机组的需求量急剧增加；同时，饲料企业为了提高核心竞争力，满足产业转型升级要求，积极调整产品结构，加大工艺设备改造力度，提升饲料加工工艺技术和管理技术水平，适应饲料生产形势的新变化。

1. 饲料加工成套机组生产情况。近3年饲料加工成套机组生产情况（表1）。由表1中可以看出，2020年共生产饲料加工成套机组1 737套，生产总数与2019年相比大幅增长，同比增加988套，增长幅度为131.91%，但与2018年相比还是下降明显，减少了1 157套，下降幅度为39.98%。其中，生产时产10t以上的大型饲料加工成套机组973套，与2019年、2018年相比大幅增长，分别增加了676套和186套，增长幅度分别为227.61%和23.63%；生产时产10t以下的中小饲料加工成套机组764套，与2019年相比增长幅度较大，增加了312套，增长幅度为69.03%，但与2018年相比急剧降低，减少了1 343套，下降幅度为63.74%。2020年饲料加工成套机组数量急剧回升，主要与2019年加工成套机组数量降幅过大有关，也与饲料需求总量增加、饲料企业转型升级有关。

表1 饲料加工成套机组产量（套）

年度	≥10t/h	<10t/h	合计
2018	787	2 107	2 894
2019	297	452	749
2020	973	764	1 737

2. 饲料加工机械生产情况。近3年饲料加工机械单机设备生产情况（表2）。由表2中可以看出，2020年共生产单机设备37 879台，与2019年、2018年相比有所增加，分别增加了4 125台和5 171台，增长幅度分别为12.22%和15.81%。粉碎机、混合机、制粒机等三大主机共生产4 720台，与2019年、2018年相比呈现断崖式下降，分别减少了4 752台和4 454台，下降幅度分别为50.17%和48.55%。其中，粉碎机2 228台，与2019年、2018年相比都有所降低，分别减少了339台和204台，下降幅度分别为13.21%和8.39%；混合机1 320台，与2019年、2018年相比都显著降低，分别减少了945台和834台，下降幅度分别为41.72%和38.72%；制粒机1 172台，与2019年、2018年相比呈现断崖式下降，分别减少了3 468台和3 416台，下降幅度分别为74.74%和74.46%。其他单机设备33 159台，生产总数与2019年、2018年相比显著增加，分别增加了8 877台和9 625台，增长幅度分别为36.56%和40.90%。2019年出口3 155台，占生产总量的比例为8.33%，与2019年相比基本持平，仅增加了15台，增长幅度为0.48%，与2018年相比大幅下降，减少了8 760台，下降幅度为73.52%。2020年成套机组数量大幅度提高，饲料加工三大主机生产量却大幅下降，但这两者数据之间不匹配；其他单机设备产量显著增加、处于较高水平，这应当与成套机组数量大幅增加有关，也与饲料企业转型升级、进行生产线改造有关；饲料机械出口量处于较低水平，可能主要受新冠肺炎疫情的影响，冲击较大。

表 2 饲料加工机械单机产量（台）

年度	粉碎机	混合机	制粒机	其他	合计		饲料机械出口量
					三大主机	所有设备	
2018	2 432	2 154	4 588	23 534	9 174	32 708	11 915
2019	2 567	2 265	4 640	24 282	9 472	33 754	3 140
2020	2 228	1 320	1 172	33 159	4 720	37 879	3 155

3. 饲料加工机械设备发展特点。2020 年，非洲猪瘟、新冠疫情等一系列黑天鹅事件，加剧了饲料行业的变革。与其他行业相比，当今的饲料行业效率较低，数字化程度仍然较低。饲料企业充分认识到通过推动饲料加工装备的环保化与智能化发展，提升饲料加工技术水平和饲料加工装备水平，来提高产能、降低能耗以及提高生产安全性，从而提高饲料厂的运营效率、提升核心竞争力。2020 年配合饲料加工设备的发展呈现如下特点。

（1）饲料加工持续关注清洁卫生。非洲猪瘟的爆发、蔓延及饲料中禁抗政策的实施，需要饲料企业保证饲料产品清洁、安全，避免因饲料安全问题给畜禽养殖带来风险。而保障饲料的清洁安全需从源头做起，即保障饲料原料的清洁和加工的安全高效，通过饲料加工工艺的改进，提高灭菌效果，降低有害微生物的污染，确保饲料原料、加工过程和最终产品没有病原微生物或其他有害因素影响动物健康。

（2）改造调质制粒设备，提高饲料灭菌效果。饲料热加工过程是一个物料物理化学变化的复杂过程，其对饲料产品品质、安全卫生有着至关重要的作用，非洲猪瘟的爆发使饲料加工及饲料机械制造企业更加认识到饲料高效热处理技术是优质饲料产品生产、保证饲料生物安全的关键，加大对饲料调质制粒设备的改造力度，延长调质时间，以期从饲料加工上灭活非洲猪瘟病毒，还可以提高饲料转化率。

（3）节能减耗，无机头料调质器成功应用。由于新冠肺炎的爆发及非洲猪瘟的持续影响，饲料厂对原料进行高温灭菌的要求越来越高，随之产生的机头料也越来越多，人工处理机头料不利之处愈发凸显：劳动强度非常大、车间粉尘污染严重、过多的原料损耗等。为此，开发了制粒机无机头料调质器，提前设置好相关参数，制粒机一键启动后，无机头料调质器进入自动控制程序，可以保证最下层调质器出料口物料出来后温度即刻达到制粒要求，直接进入制粒室压粒，实现无机头料生产，杜绝原料与能源的浪费。

（4）探索创新饲料加工新工艺，保护热敏性替抗产品活性。面对饲料禁抗时代的来临，饲用抗生素替代品的应用日益增多，如何在饲料高效热处理提高产品品质和安全性的同时，保护热敏性抗生素替代品有效成分的活性，是饲料加工面临的一个现实问题。探索创新既能提高饲料生产效率和饲料利用率，又能有效保护热敏性成分的畜禽饲料制粒新工艺，应是今后的研发方向。

（5）饲料生产持续关注安全与环境保护。饲料企业的环保与安全生产问题引起政府与企业的高度重视，安全生产与环境保护的持续改进、常态化督察已成为行业与企业可持续发展的前提。如何防止粉尘爆炸、解决生产过程中产生的异味与臭气，是饲料企业面对的一个现实问题。加强饲料加工有限空间作业的安全生产管理与监控，采取有效的化学、物理与生物除臭后处理技术消除或减少异味与臭气的排放，是确保安全生产与环境保护的重要内容。

（6）预混料加工实现“智能、精准、环保、追溯”。在“后非瘟”时代，实现预混料工厂的无人化、智能化转型，实现配方的“精准营养”，建立预混料生产企业的品质保障体系，是预混料生产企业变革的迫切需要。新建预混料生产线采用在线预混、分区投料等先进的预混料设计理念，配备全程可追溯系统，能够实现从生产加工、仓储物流、管理控制和生产经营的信息化、自动化与智能化，将传统的以人为主导的生产方式转变为以生产系统为主导的生产方式，完美实现预混料工厂“质量追溯、精准配料、智能高效、环保清洁”的目标。

（7）高档水产饲料加工机械设备得到进一步开发。随着近几年膨化水产行业的发展与整合，饲料厂开始向大型化、集约化、智能化发展，膨化机在大型化、自动化研究方面取得了较大进展，生产性能和产品质量得到了较大提升。饲料装备企业推出了螺杆直径 176mm 的大型双螺杆膨化机，产量可达到每小时 15～20t，螺杆和膨化腔衬套的使用寿命大幅度提高；配装扭矩限制器，保护齿轮箱、主轴、螺杆，避免机械损伤；配装螺杆自动推出装置（螺杆全部推出仅需 10～15min），更换螺杆配置、检修螺杆快捷方便；自动控制系统“傻瓜式”开机，水汽添加量自动跟随产能，操作参数可保存调用。

（8）微小颗粒挤压膨化加工技术实现突破。微小颗粒挤压膨化加工技术能够实现 0.4mm 和 0.5mm 模孔微小膨化颗粒的连续高效生产，膨化颗粒均匀性好、产能高、能耗低，为解决传统鱼苗红虫饲喂出苗率低、成活率低的卡脖子问题提供了核心技术和有效解决途径。

（9）小粒径、大产量、高品质的虾料制粒设备系统成功推出。小粒径虾料（≤1.0mm）是一种国内常用的水产饲料，但是基于品质和饲喂特性差异，产能较低，不能满足市场需求。根据虾料的生产原料及生产特性，通过在制粒稳定性、颗粒均匀性、熟化及能耗控制等方面进行不断的艰苦攻坚，将 ϕ1.0 虾料生产模式从时产 3～4t 提升到 5～6t，突破了全流程水分对颗粒品质的影响，解决了线速度、环模开孔方式及开孔率对小粒径颗粒品质的影响。

（10）散装料改变了饲料厂的工艺流程和饲料物流运输模式。散装料时代的到来是养殖场规模化的必然产物，是防控重大疫病侵入的理性抉择，不仅改变了养殖场的供料方式，同时也根本性地改变饲料厂的工艺流程和饲料物流运输模式。饲料厂不得不增加大量的饲料成品仓以保证不同类型客户的定制产品能够及时供应，同时需开设专门的散装料装车线；散装料要求颗粒料的硬度增强以减少运输传送过程中饲料粉化率的增加，这样会影响原料的选择，配方的优化、调质器的增强及调质时间的延长、制粒机环模压缩比的提高、制粒时间增加、制造成本提升等问题都需要解决；饲料厂还要配备一定数量的散装饲料专用车，这种车成本高，只能单程运送，无法配货，导致运送成本较大幅度提高，运输半径大大缩短。

（李军国　王红英）

饲料质量安全监管

2020年，农业农村部印发《农业农村部关于印发2020年饲料兽药生鲜乳质量安全监测计划的通知》，继续在全国开展饲料质量安全监督抽查工作。在组织实施饲料、饲料添加剂生产企业监督抽查检测工作过程中，按照规范抽查、抽检分离、痕迹管理的总体思路，全面推行“互联网＋饲料监管”，建立健全被监督抽查企业库、监管专家库和随机抽取机制，规范监督抽样、检测检验、结果报送、复核仲裁、异议处理等流程，应用饲料质量安全监测信息系统，实现工作全程痕迹化管理，全年抽检各类饲料产品2 349批次，针对监测中发现的不合格产品，指导地方及时查处，通过农业农村部门户网站向社会公开监督抽查结果。

“瘦肉精”专项整治

2020年，农业农村部按照部级抽检、省级监测、重点区域飞行检查相结合的方式，重点针对肉牛肉羊养殖、运输、交易、屠宰等环节开展“瘦肉精”专项整治。派出专家和工作人员赴内蒙古、江西、山东、河南、贵州5个省（自治区）进行了拉网监测，对江西省进行了飞行检查。全年采集了3 027批次牛羊尿液样品，对所有疑似阳性尿液和牛羊组织样品，委托国家饲料质量监督检验中心（北京）进行了11种β—受体激动剂仪器上机确证检测，确证18批次肉牛尿液样品克伦特罗阳性。此外，结合各地发现的“瘦肉精”线索，及时启动案件移交和督办程序，督促地方落实“瘦肉精”监管责任，认真处理群众举报反映问题，通过飞行检查等方式，对“瘦肉精”违法问题保持高压严打态势，确保畜产品质量安全。

进口饲料和饲料添加剂管理

根据《进口饲料和饲料添加剂登记管理办法》有关规定，批准马来西亚万山宝有限公司等生产的1 258种饲料和饲料添加剂产品在我国登记或续展登记，并发给进口登记证（见附件1和附件2）。批准荷兰赛尔可公司等企业换发进口登记证（见附件3）。所登记产品的监督检验，按中华人民共和国国家标准或我部发布的质量标准执行。

附件 1

进口饲料和饲料添加剂产品登记证目录（2020）

登记证号	通用名称	商品名称	产品类别	使用范围	生产厂家	有效期限	备注
(2020) 外饲准字 001 号	饲料添加剂 可食脂肪酸钙盐 Feed Additive Calcium Salt of Edible Fatty Acid	营大哥 6030 Nutracal 6030	饲料添加剂 Feed Additive	反刍动物 Ruminant	马来西亚万山宝有限公司 Wawasan Agrolipids Sdn. Bhd., Malaysia	2020. 01—2025. 01	新办
(2020) 外饲准字 002 号	饲料添加剂 氨基酸锌络合物（氨基酸来源于水解植物蛋白） Feed Additive Zinc Amino Acid Complex (anion of any amino acid derived from hydrolysed plant protein)	企利蛋白锌 Keylated Zinc Proteinate	饲料添加剂 Feed Additive	养殖动物 All species or categories of animals	美国百尔康公司（盐湖城工厂） Balchem Corporation, USA	2020. 01—2025. 01	新办
(2020) 外饲准字 003 号	饲料添加剂 蛋白锰 Feed Additive Manganese Proteinate	保福敏蛋白锰 Buffermin Manganese Proteinate	饲料添加剂 Feed Additive	猪、家禽、马 Swine, Poultry, Horses	美国佳和生物技术公司 JH Biotech, Inc., USA	2020. 01—2025. 01	新办
(2020) 外饲准字 004 号	饲料添加剂 烟酸 Feed Additive Nicotinic Acid	维可滋—烟酸 Niacin USP-Granular	饲料添加剂 Feed Additive	畜禽、水产养殖动物 Livestock, Poultry, Aquaculture animals	（印度）西方药业有限公司 Western Drugs Limited, India	2020. 01—2025. 01	新办
(2020) 外饲准字 005 号	混合型饲料添加剂 蛋氨酸羟基类似物 Feed Additives Mixture Methionine Hydroxy Analogue	饲格@营养饲料 SigPak * Aqua	混合型饲料添加剂 Feed Additives Mixture	水产养殖动物 Aquaculture animals	（新加坡）蓝水国际（生物技术）有限公司（工厂） Blue Aqua International (Biotech) Pte Ltd, Singapore	2020. 01—2025. 01	新办
(2020) 外饲准字 006 号	混合型饲料添加剂 维生素 酿酒酵母 Feed Additives Mixture Vitamins Saccharomyces cerevisiae	胃美健 Pro RumiPro® Appetizer	混合型饲料添加剂 Feed Additives Mixture	奶牛、绵羊、山羊 Cow, Sheep, Goat	德国 Biochem 添加剂贸易和生产有限公司 Biochem Zusatzstoffe Handels-und Produktionsgesellschaft mbH, Germany	2020. 01—2025. 01	新办
(2020) 外饲准字 007 号	混合型饲料添加剂 牛至香酚 Feed Additives Mixture Oregano Carvacrol (Origanum aetheroleum)	诺必达金水 10% Ropadiar Solution 10%	混合型饲料添加剂 Feed Additives Mixture	畜禽、水产养殖动物 Livestock, Poultry, Aquaculture animals	荷兰罗帕法姆国际有限公司 Ropapharm International B. V., the Netherlands	2020. 01—2025. 01	新办
(2020) 外饲准字 008 号	混合型饲料添加剂 包被的烟酸 Feed Additives Mixture Microencapsulated Niacin	优益适 Microtinic® PP	混合型饲料添加剂 Feed Additives Mixture	反刍动物 Ruminant	意大利 Vetagro S. p. A. 股份公司 Vetagro S. p. A., Italy	2020. 01—2025. 01	新办

（续）

登记证号	通用名称	商品名称	产品类别	使用范围	生产厂家	有效期限	备注
（2020）外饲准字 009 号	混合型饲料添加剂己酸 辛酸 癸酸 月桂酸 Feed Additives Mixture Hexanoic Acid Octanoic Acid Decanoic Acid Dodecanoic Acid	抑菌宝 Aromabiotic	混合型饲料添加剂 Feed Additives Mixture	猪、家禽 Swine，Poultry	比利时维他麦公司 Nuscience Belgium，Belgium	2020.01—2025.01	新办
（2020）外饲准字 010 号	混合型饲料添加剂 抗氧化剂 Feed Additives Mixture Antioxidant	抗氧灵 NE FEEDOX® NE	混合型饲料添加剂 Feed Additives Mixture	养殖动物 All species or categories of animals	比利时英派克斯有限公司 Impextraco N. V.，Belgium	2020.01—2025.01	新办
（2020）外饲准字 011 号	混合型饲料添加剂 dl-α-生育酚乙酸酯 Feed Additives Mixture dl-α-Tocopherol Acetate	强胎 Prolitop	混合型饲料添加剂 Feed Additives Mixture	母猪 Sow	法国 Société IDENA 公司 Société IDENA，France	2020.01—2025.01	新办
（2020）外饲准字 012 号	混合型饲料添加剂 丙酸 甲酸 柠檬酸 Feed Additives Mixture Propionic Acid Formic Acid Citric Acid	荷美安 HEMOEN	混合型饲料添加剂 Feed Additives Mixture	养殖动物 All species or categories of animals	荷兰 FF 化学品公司 FF Chemicals B. V.，the Netherlands	2020.01—2025.01	新办
（2020）外饲准字 013 号	虾用维生素预混合饲料 Vitamin Premix for Shrimp	维饵康 Nutrimix	添加剂预混合饲料 Feed Additive Premix	虾 Shrimp	维克越南有限公司 Virbac Vietnam Co. Ltd.，Vietnam	2020.01—2025.01	新办
（2020）外饲准字 014 号	宠物添加剂预混合饲料犬微生物 Pet Feed Additive Premix Dog Live Microorganisms	肤宝 Dermo StarTM	宠物添加剂预混合饲料 Pet Feed Additive Premix	犬 Dogs	美国佳和生物技术公司 JH Biotech，Inc.，USA	2020.01—2025.01	新办
（2020）外饲准字 015 号	肉用仔鸡复合预混合饲料 Broiler Chicks Premix	艾特维达 Artevida	添加剂预混合饲料 Feed Additive Premix	肉仔鸡 Broiler	美国艾特维特有限责任公司 Artevet LLC，USA	2020.01—2025.01	新办
（2020）外饲准字 016 号	锦鲤配合饲料 Compound Feed for Koi	赛级锦鲤专用夏季饲料 JBL ProPond seasons Summer	配合饲料 Compound Feed	锦鲤鱼 Koi fish	德国 JBL 珍宝水族用品有限公司 JBL GmbH & Co. KG，Germany	2020.01—2025.01	新办
（2020）外饲准字 017 号	观赏鱼配合饲料 Ornamental Fish Compound Feed	中型鱼成长杨色中颗粒 JBL Novo Granocolor	配合饲料 Compound Feed	观赏鱼 Ornamental fish	德国 JBL 珍宝水族用品有限公司 JBL GmbH & Co. KG，Germany	2020.01—2025.01	新办
（2020）外饲准字 018 号	观赏鱼配合饲料 Ornamental Fish Compound Feed	龙鱼专用浮水虾肉软条 JBL Novo Dragon	配合饲料 Compound Feed	观赏鱼 Ornamental fish	德国 JBL 珍宝水族用品有限公司 JBL GmbH & Co. KG，Germany	2020.01—2025.01	新办
（2020）外饲准字 019 号	全价宠物食品成年期猫粮 Pet Compound Feed for Adult Cat	McClelland 天然无谷成猫粮 McClelland Natural Grain Free Adult Cat Feast	宠物配合饲料 Pet Compound Feed	猫 Cats	（新西兰）爱德胜宠物产品有限公司 Addiction Foods NZ Ltd.，New Zealand	2020.01—2025.01	新办

（续）

登记证号	通用名称	商品名称	产品类别	使用范围	生产厂家	有效期限	备注
(2020) 外饲准字 020 号	全价宠物食品幼年期猫粮 Pet Compound Feed for Kitten	McClelland 天然无谷幼猫粮 McClelland Natural Grain Free Kitten Feast	宠物配合饲料 Pet Compound Feed	猫 Cats	（新西兰）爱德胜宠物产品有限公司 Addiction Foods NZ Ltd.，New Zealand	2020.01—2025.01	新办
(2020) 外饲准字 021 号	全价宠物食品犬粮 Pet Compound Feed for Dogs	McClelland 天然无谷犬粮 McClelland Natural Grain Free Dog Feast	宠物配合饲料 Pet Compound Feed	犬 Dogs	（新西兰）爱德胜宠物产品有限公司 Addiction Foods NZ Ltd.，New Zealand	2020.01—2025.01	新办
(2020) 外饲准字 022 号	全价宠物食品幼年期/妊娠期/哺乳期猫粮 Pet Compound Feed for Kitten/ Cat during Pregnancy /Lactation	McClelland 天然无谷母幼奶糕猫粮 McClelland Natural Grain Free Mother & Baby Cat Feast	宠物配合饲料 Pet Compound Feed	猫 Cats	（新西兰）爱德胜宠物产品有限公司 Addiction Foods NZ Ltd.，New Zealand	2020.01—2025.01	新办
(2020) 外饲准字 023 号	全价宠物食品犬粮 Complete Pet Food-Dog Food	哨达全犬期纽西兰 NZ 系列无谷鸡肉 & 三文鱼配方犬粮 Woofstard NZ Natural Chicken & Salmon Grain Free All Life Stages Dog Food	宠物配合饲料 Pet Compound Feed	犬 Dogs	（新西兰）爱德胜宠物产品有限公司 Addiction Foods NZ Ltd.，New Zealand	2020.01—2025.01	新办
(2020) 外饲准字 024 号	宠物配合饲料幼年期猫粮 Pet Compound Feed for Kitten	崎元鱼味幼猫粮 PURETRITION KITTEN FISH FLAVOR	宠物配合饲料 Pet Compound Feed	猫 Cats	泰国 Nutrix Public 有限公司 Nutrix Public Company Limited，Thailand	2020.01—2025.01	新办
(2020) 外饲准字 025 号	宠物配合饲料成年期犬粮 Pet Compound Feed-Adult Dog Feed	乐枫低敏狗粮 Le Maple anti-allergic dog food	宠物配合饲料 Pet Compound Feed	犬 Dogs	加拿大斯派特饲料服务有限公司（工厂） Spectrum Feed Services Ltd.，Canada	2020.01—2025.01	新办
(2020) 外饲准字 026 号	宠物配合饲料成年期猫粮 Pet Compound Feed-Adult Cat Feed	乐枫成猫粮 Le Maple Cat Food for Adult Cat	宠物配合饲料 Pet Compound Feed	猫 Cats	加拿大斯派特饲料服务有限公司（工厂） Spectrum Feed Services Ltd.，Canada	2020.01—2025.01	新办
(2020) 外饲准字 027 号	宠物配合饲料幼年期猫粮 Pet Compound Feed-Kitten Feed	乐枫幼猫粮 Le Maple cat food for kitten	宠物配合饲料 Pet Compound Feed	猫 Cats	加拿大斯派特饲料服务有限公司（工厂） Spectrum Feed Services Ltd.，Canada	2020.01—2025.01	新办
(2020) 外饲准字 028 号	宠物配合饲料犬粮 Pet Compound Feed Dog Food	雅思 OSOPURE 无谷三文鱼鹰嘴豆配方犬粮 Artemis Osopure Grain Free Salmon and Garbanzo Bean Formula for Dogs	宠物配合饲料 Pet Compound Feed	犬 Dogs	（美国）飒天宠物营养有限责任公司 Southern Tier Pet Nutrition，LLC，USA	2020.01—2025.01	新办

（续）

登记证号	通用名称	商品名称	产品类别	使用范围	生产厂家	有效期限	备注
（2020）外饲准字 029 号	宠物配合饲料猫粮 Pet Compound Feed Cat Food	雅思极致清新 猫粮 Artemis Fresh Mix Feline	宠物配合饲料 Pet Compound Feed	猫 Cats	（美国）飒天宠物营养有限责任公司 Southern Tier Pet Nutrition, LLC, USA	2020.01—2025.01	新办
（2020）外饲准字 030 号	全价宠物食品成年期犬粮 Pet Complete Food for Adult Dog	爱优特犬单一肉类系列三文鱼配方 Special Dog Excellence monoprotein all breeds Salmon	宠物配合饲料 Pet Compound Feed	犬 Dogs	意大利 Monge & C. S. p. A Monge & C. S. p. A, Italy	2020.01—2025.01	新办
（2020）外饲准字 031 号	全价宠物食品成年期犬粮 Pet Complete Food for Adult Dog	爱优特犬无谷鸭肉马铃薯配方 Special Dog Excellence Grain Free all breeds Duck and potatoes	宠物配合饲料 Pet Compound Feed	犬 Dogs	意大利 Monge & C. S. p. A Monge & C. S. p. A, Italy	2020.01—2025.01	新办
（2020）外饲准字 032 号	全价宠物食品中型犬成年期犬粮 Pet Complete Food for Medium Adult Dog	爱优特犬单一肉类系列中型成犬猪肉马铃薯配方 Special Dog Excellence monoprotein medium adult pork and potatoes	宠物配合饲料 Pet Compound Feed	犬 Dogs	意大利 Monge & C. S. p. A Monge & C. S. p. A, Italy	2020.01—2025.01	新办
（2020）外饲准字 033 号	全价宠物食品幼年期犬粮 Pet Complete Food for Puppy	爱优特犬幼犬粮 Special Dog Excellence all breeds Puppy & Junior	宠物配合饲料 Pet Compound Feed	犬 Dogs	意大利 Monge & C. S. p. A Monge & C. S. p. A, Italy	2020.01—2025.01	新办
（2020）外饲准字 034 号	全价宠物食品中型犬成年期犬粮 Pet Complete Food for Medium Adult Dog	爱优特犬中型成犬粮 Special Dog Excellence Medium adult	宠物配合饲料 Pet Compound Feed	犬 Dogs	意大利 Monge & C. S. p. A Monge & C. S. p. A, Italy	2020.01—2025.01	新办
（2020）外饲准字 035 号	全价宠物食品幼年期犬粮 Pet Complete Food for Puppy	特犬含鸡肉大米配方幼犬粮 Special Dog puppy & junior with chicken & rice	宠物配合饲料 Pet Compound Feed	犬 Dogs	意大利 Monge & C. S. p. A Monge & C. S. p. A, Italy	2020.01—2025.01	新办
（2020）外饲准字 036 号	全价宠物食品犬粮 Pet Complete Food for Dog	特犬含金枪鱼大米犬粮 Special Dog tuna & rice	宠物配合饲料 Pet Compound Feed	犬 Dogs	意大利 Monge & C. S. p. A Monge & C. S. p. A, Italy	2020.01—2025.01	新办
（2020）外饲准字 037 号	全价宠物食品犬粮 Pet Complete Food for Dog	特犬含羊肉大米犬粮 Special Dog lamb & rice	宠物配合饲料 Pet Compound Feed	犬 Dogs	意大利 Monge & C. S. p. A Monge & C. S. p. A, Italy	2020.01—2025.01	新办
（2020）外饲准字 038 号	全价宠物食品成年期犬粮 Pet Complete Food for Adult Dog	特犬经典含鸡肉配方成犬粮 Special Dog classic adult with chicken	宠物配合饲料 Pet Compound Feed	犬 Dogs	意大利 Monge & C. S. p. A Monge & C. S. p. A, Italy	2020.01—2025.01	新办

（续）

登记证号	通用名称	商品名称	产品类别	使用范围	生产厂家	有效期限	备注
(2020) 外饲准字 039 号	全价宠物食品幼年期猫粮 Pet Complete Food for Kitten	爱优乐莎喵幼猫粮 LECHAT Excellence Kitten	宠物配合饲料 Pet Compound Feed	猫 Cats	意大利 Monge & C. S. p. A Monge & C. S. p. A, Italy	2020.01—2025.01	新办
(2020) 外饲准字 040 号	全价宠物食品成年期猫粮 Pet Complete Food for Adult Cat	爱优乐莎喵去毛球猫粮 LECHAT Excellence Hair-ball	宠物配合饲料 Pet Compound Feed	猫 Cats	意大利 Monge & C. S. p. A Monge & C. S. p. A, Italy	2020.01—2025.01	新办
(2020) 外饲准字 041 号	全价宠物食品成年期猫粮 Pet Complete Food for Adult Cat	爱优乐莎喵绝育猫粮 LECHAT Excellence Steri-lized	宠物配合饲料 Pet Compound Feed	猫 Cats	意大利 Monge & C. S. p. A Monge & C. S. p. A, Italy	2020.01—2025.01	新办
(2020) 外饲准字 042 号	全价宠物食品成年期猫粮 Pet Complete Food for Adult Cat	爱优乐莎喵室内猫粮 LECHAT Excellence Indoor	宠物配合饲料 Pet Compound Feed	猫 Cats	意大利 Monge & C. S. p. A Monge & C. S. p. A, Italy	2020.01—2025.01	新办
(2020) 外饲准字 043 号	全价宠物食品老年期猫粮 Pet Complete Food for Senior Cat	爱优乐莎喵鸡肉配方老年期猫粮 LECHAT Excellence Senior Chicken	宠物配合饲料 Pet Compound Feed	猫 Cats	意大利 Monge & C. S. p. A Monge & C. S. p. A, Italy	2020.01—2025.01	新办
(2020) 外饲准字 044 号	全价宠物食品幼年期猫粮 Pet Complete Food for Kitten	乐莎喵幼猫粮 LECHAT Kitten	宠物配合饲料 Pet Compound Feed	猫 Cats	意大利 Monge & C. S. p. A Monge & C. S. p. A, Italy	2020.01—2025.01	新办
(2020) 外饲准字 045 号	全价宠物食品猫粮 Pet Complete Food for Cat	乐莎喵含金枪鱼三文鱼配方猫粮 LECHAT with tuna and salmon	宠物配合饲料 Pet Compound Feed	猫 Cats	意大利 Monge & C. S. p. A Monge & C. S. p. A, Italy	2020.01—2025.01	新办
(2020) 外饲准字 046 号	全价宠物食品成年期猫粮 Pet Complete Food for Adult Cat	爱优乐莎喵三文鱼配方成猫粮 LECHAT Excellence Adult Salmon	宠物配合饲料 Pet Compound Feed	猫 Cats	意大利 Monge & C. S. p. A Monge & C. S. p. A, Italy	2020.01—2025.01	新办
(2020) 外饲准字 047 号	宠物配合饲料猫处方粮 Complete Dietetic Feed for Cat	萌极维他—猫肾脏处方粮 MONGE VETSOLUTION FELINE RENAL	宠物配合饲料 Pet Compound Feed	猫 Cats	意大利 Monge & C. S. p. A Monge & C. S. p. A, Italy	2020.01—2025.01	新办
(2020) 外饲准字 048 号	宠物配合饲料犬处方粮 Complete Dietetic Feed for Dog	萌极维他—犬皮肤病处方粮 MONGE VETSOLUTION CANINE DERMATOSIS	宠物配合饲料 Pet Compound Feed	犬 Dogs	意大利 Monge & C. S. p. A Monge & C. S. p. A, Italy	2020.01—2025.01	新办

（续）

登记证号	通用名称	商品名称	产品类别	使用范围	生产厂家	有效期限	备注
（2020）外饲准字 049 号	宠物配合饲料幼年期犬处方粮 Complete Dietetic Feed for Puppy	萌极维他—幼犬胃肠道处方粮 MONGE VETSOLUTION CANINE GASTROINTESTINAL PUPPY	宠物配合饲料 Pet Compound Feed	犬 Dogs	意大利 Monge & C. S. p. A Monge & C. S. p. A，Italy	2020.01—2025.01	新办
（2020）外饲准字 050 号	宠物配合饲料猫处方粮 Complete Dietetic Feed for Cat	萌极维他—猫鸟粪石处方粮 MONGE VETSOLUTION FELINE URINARY STRUVITE	宠物配合饲料 Pet Compound Feed	猫 Cats	意大利 Monge & C. S. p. A Monge & C. S. p. A，Italy	2020.01—2025.01	新办
（2020）外饲准字 051 号	宠物配合饲料猫处方粮 Complete Dietetic Feed for Cat	萌极维他—猫胃肠道处方粮 MONGE VETSOLUTION FELINE GASTROINTESTINAL	宠物配合饲料 Pet Compound Feed	猫 Cats	意大利 Monge & C. S. p. A Monge & C. S. p. A，Italy	2020.01—2025.01	新办
（2020）外饲准字 052 号	宠物配合饲料猫处方粮 Complete Dietetic Feed for Cat	萌极维他—猫草酸盐结石处方粮 MONGE VETSOLUTION FELINE URINARY OXALATE	宠物配合饲料 Pet Compound Feed	猫 Cats	意大利 Monge & C. S. p. A Monge & C. S. p. A，Italy	2020.01—2025.01	新办
（2020）外饲准字 053 号	宠物配合饲料猫处方粮 Complete Dietetic Feed for Cat	萌极维他—猫肝脏处方粮 MONGE VETSOLUTION FELINE HEPATIC	宠物配合饲料 Pet Compound Feed	猫 Cats	意大利 Monge & C. S. p. A Monge & C. S. p. A，Italy	2020.01—2025.01	新办
（2020）外饲准字 054 号	宠物配合饲料成年期犬粮 Pet Compound Feed for Adult Dog	酷客三文鱼白鱼配方成犬干粮 Kookut Dry Dog：Salmon & White fish for Adult	宠物配合饲料 Pet Compound Feed	犬 Dogs	比利时联合宠物食品公司 United Petfood Producers NV，Belgium	2020.01—2025.01	新办
（2020）外饲准字 055 号	全价宠物食品猫粮 Pet Complete Food for Cat	Feline Natural 鸡肉 & 羊心配方罐 Feline Natural Chicken & Lamb Feast Canned	宠物配合饲料 Pet Compound Feed	猫 Cats	新西兰 PetfoodNZ 国际有限公司 PetfoodNZ International Limited，New Zealand	2020.01—2025.01	新办
（2020）外饲准字 056 号	全价宠物食品猫粮 Pet Complete Food for Cat	Feline Natural 牛肉 & 鳕配方罐 Feline Natural Beef & Hoki Feast Canned	宠物配合饲料 Pet Compound Feed	猫 Cats	新西兰 PetfoodNZ 国际有限公司 PetfoodNZ International Limited，New Zealand	2020.01—2025.01	新办

（续）

登记证号	通用名称	商品名称	产品类别	使用范围	生产厂家	有效期限	备注
(2020) 外饲准字 057 号	宠物配合饲料成年期犬粮 Pet Compound Feed for Adult Dog	金士摩素食低敏犬粮 Kingsmoor Vegetarian Sensitive Dog	宠物配合饲料 Pet Compound Feed	犬 Dogs	（丹麦）维塔宠物食品集团公司（工厂） Vital Petfood Group A/S, Denmark	2020.01—2025.01	新办
(2020) 外饲准字 058 号	全价宠物食品幼年期犬粮 Pet Complete Food for Puppy	NPN 幼犬粮鸡肉 & 火鸡肉味 NPN PUPPY FOOD CHICKEN & TURKEY FLAVOUR	宠物配合饲料 Pet Compound Feed	犬 Dogs	加拿大尼亚加拉宠物营养品有限公司 Niagara Pet Nutrition Inc., Canada	2020.01—2025.01	新办
(2020) 外饲准字 059 号	全价宠物食品老年期猫粮 Pet Complete Food for Senior Cat	NPN 老龄体重控制猫粮鲱 &三文鱼配方 NPN SENIOR CAT WEIGHT CONTROL FOOD MENHADEN & SALMON FORMULA	宠物配合饲料 Pet Compound Feed	猫 Cats	加拿大尼亚加拉宠物营养品有限公司 Niagara Pet Nutrition Inc., Canada	2020.01—2025.01	新办
(2020) 外饲准字 060 号	全价宠物食品成年期猫粮 Pet Complete Food for Adult Cat	NPN 成猫粮鲱 & 三文鱼配方 NPN ADULT CAT FOOD MENHADEN & SALMON FORMULA	宠物配合饲料 Pet Compound Feed	猫 Cats	加拿大尼亚加拉宠物营养品有限公司 Niagara Pet Nutrition Inc., Canada	2020.01—2025.01	新办
(2020) 外饲准字 061 号	全价宠物食品成年期犬粮 Pet Complete Food for Adult Dog	NPN 成犬粮火鸡肉 & 鸭肉味 NPN ADULT DOG FOOD TURKEY & DUCK FLAVOUR	宠物配合饲料 Pet Compound Feed	犬 Dogs	加拿大尼亚加拉宠物营养品有限公司 Niagara Pet Nutrition Inc., Canada	2020.01—2025.01	新办
(2020) 外饲准字 062 号	全价宠物食品老年期犬粮 Pet Complete Food for Senior Dog	NPN 老龄犬粮猪肉 & 鹿肉配方 NPN SENIOR DOG FOOD PORK & VENISON FORMULA	宠物配合饲料 Pet Compound Feed	犬 Dogs	加拿大尼亚加拉宠物营养品有限公司 Niagara Pet Nutrition Inc., Canada	2020.01—2025.01	新办
(2020) 外饲准字 063 号	全价宠物食品老年期犬粮 Pet Complete Food for Senior Dog	NPN 老龄犬粮鲱 & 燕麦配方 NPN SENIOR DOG FOOD MENHADEN & OAT GROATS FORMULA	宠物配合饲料 Pet Compound Feed	犬 Dogs	加拿大尼亚加拉宠物营养品有限公司 Niagara Pet Nutrition Inc., Canada	2020.01—2025.01	新办

（续）

登记证号	通用名称	商品名称	产品类别	使用范围	生产厂家	有效期限	备注
(2020) 外饲准字 064 号	全价宠物食品老年期犬粮 Pet Complete Food for Senior Dog	NPN 老龄犬粮火鸡肉 & 鸭肉味 NPN SENIOR DOG FOOD TURKEY & DUCK FLAVOUR	宠物配合饲料 Pet Compound Feed	犬 Dogs	加拿大尼亚加拉宠物营养品有限公司 Niagara Pet Nutrition Inc., Canada	2020.01—2025.01	新办
(2020) 外饲准字 065 号	宠物配合饲料狗粮 Pet Compound Feed Dog Feed	乐枫全品种狗粮 Le Maple Dog Food for All Breed	宠物配合饲料 Pet Compound Feed	犬 Dogs	加拿大斯派特饲料服务有限公司（工厂） Spectrum Feed Services Ltd., Canada	2020.01—2025.01	新办
(2020) 外饲准字 066 号	全价宠物食品成年期犬粮 Pet Complete Food for Adult Dog	NPN 优先成犬粮鲱 & 三文鱼配方 NPN GIVE U PRIORITY ADULT DOG FOOD MENHADEN & SALMON FORMULA	宠物配合饲料 Pet Compound Feed	犬 Dogs	加拿大尼亚加拉宠物营养品有限公司 Niagara Pet Nutrition Inc., Canada	2020.01—2025.01	新办
(2020) 外饲准字 067 号	全价宠物食品成年期犬粮 Pet Complete Food for Adult Dog	NPN 优先成犬粮鸡肉 & 火鸡肉味 NPN GIVE U PRIORITY ADULT DOG FOOD CHICKEN & TURKEY FLAVOUR	宠物配合饲料 Pet Compound Feed	犬 Dogs	加拿大尼亚加拉宠物营养品有限公司 Niagara Pet Nutrition Inc., Canada	2020.01—2025.01	新办
(2020) 外饲准字 068 号	全价宠物食品成年期犬粮 Pet Complete Food for Adult Dog	NPN 优先成犬粮火鸡肉 & 鸭肉味 NPN GIVE U PRIORITY ADULT DOG FOOD TURKEY & DUCK FLAVOUR	宠物配合饲料 Pet Compound Feed	犬 Dogs	加拿大尼亚加拉宠物营养品有限公司 Niagara Pet Nutrition Inc., Canada	2020.01—2025.01	新办
(2020) 外饲准字 069 号	全价宠物食品老年期猫粮 Pet Complete Food for Senior Cat	NPN 优先老龄体重控制猫粮三文鱼 & 鲱鱼配方 NPN GIVE U PRIORITY SENIOR CAT WEIGHT CONTROL FOOD SALMON & MENHADEN FORMULA	宠物配合饲料 Pet Compound Feed	猫 Cats	加拿大尼亚加拉宠物营养品有限公司 Niagara Pet Nutrition Inc., Canada	2020.01—2025.01	新办

（续）

登记证号	通用名称	商品名称	产品类别	使用范围	生产厂家	有效期限	备注
（2020）外饲准字 070 号	全价宠物食品幼年期猫粮 Pet Complete Food for Kitten	NPN 幼猫粮鲱 & 三文鱼配方 NPN KITTEN FOOD MENHADEN & SALMON FORMULA	宠物配合饲料 Pet Compound Feed	猫 Cats	加拿大尼亚加拉宠物营养品有限公司 Niagara Pet Nutrition Inc.，Canada	2020.01—2025.01	新办
（2020）外饲准字 071 号	全价宠物食品成年期猫粮 Pet Complete Food for Adult Cat	NPN 优先成猫粮三文鱼 & 鲱配方 NPN GIVE U PRIORITY ADULT CAT FOOD SALMON & MENHADEN FORMULA	宠物配合饲料 Pet Compound Feed	猫 Cats	加拿大尼亚加拉宠物营养品有限公司 Niagara Pet Nutrition Inc.，Canada	2020.01—2025.01	新办
（2020）外饲准字 072 号	全价宠物食品老年期犬粮 Pet Complete Food for Senior Dog	NPN 优先老龄犬粮鲱 & 三文鱼配方 NPN GIVE U PRIORITY SENIOR DOG FOOD MENHADEN & SALMON FORMULA	宠物配合饲料 Pet Compound Feed	犬 Dogs	加拿大尼亚加拉宠物营养品有限公司 Niagara Pet Nutrition Inc.，Canada	2020.01—2025.01	新办
（2020）外饲准字 073 号	全价宠物食品老年期犬粮 Pet Complete Food for Senior Dog	NPN 优先老龄犬粮鸡肉 & 火鸡肉味 NPN GIVE U PRIORITY SENIOR DOG FOOD CHICKEN & TURKEY FLAVOUR	宠物配合饲料 Pet Compound Feed	犬 Dogs	加拿大尼亚加拉宠物营养品有限公司 Niagara Pet Nutrition Inc.，Canada	2020.01—2025.01	新办
（2020）外饲准字 074 号	全价成年期猫粮 Complete Adult Cat Food	灵萃体重控制成猫粮 添加荷叶 VIGOR & SAGE Lotus Leaf Weight Control Adult Cat Food	宠物配合饲料 Pet Compound Feed	猫 Cats	（荷兰）容克宠物食品有限公司 Jonker Petfood B. V.，the Netherlands	2020.01—2025.01	新办
（2020）外饲准字 075 号	全价幼年期猫粮 Complete Kitten Food	灵萃幼猫粮 添加枸杞子 VIGOR&SAGE Wolfberry Well-Being Kitten Food	宠物配合饲料 Pet Compound Feed	猫 Cats	（荷兰）容克宠物食品有限公司 Jonker Petfood B. V.，the Netherlands	2020.01—2025.01	新办
（2020）外饲准字 076 号	全价成年期猫粮 Complete Adult Cat Food	灵萃毛球控制成猫粮 添加燕麦干草 VIGOR&SAGE Oatgrass Hairball Control Adult Cat Food	宠物配合饲料 Pet Compound Feed	猫 Cats	（荷兰）容克宠物食品有限公司 Jonker Petfood B. V.，the Netherlands	2020.01—2025.01	新办

（续）

登记证号	通用名称	商品名称	产品类别	使用范围	生产厂家	有效期限	备注
(2020) 外饲准字 077 号	全价小型犬成年期犬粮 Complete Small Breed Adult Dog Food	灵萃小型犬成犬粮 添加人参 VIGOR&SAGE Ginseng Well-Being Small Breed Adult Dog Food	宠物配合饲料 Pet Compound Feed	犬 Dogs	（荷兰）容克宠物食品有限公司 Jonker Petfood B. V., the Netherlands	2020.01—2025.01	新办
(2020) 外饲准字 078 号	全价成年期犬粮 Complete Adult Dog Food	灵萃体重控制普通成犬粮 添加荷叶 VIGOR & SAGE Lotus Leaf Weight Control Regular Adult Dog Food	宠物配合饲料 Pet Compound Feed	犬 Dogs	（荷兰）容克宠物食品有限公司 Jonker Petfood B. V., the Netherlands	2020.01—2025.01	新办
(2020) 外饲准字 079 号	全价成年期犬粮 Complete Adult Dog Food	灵萃普通成犬粮 添加人参 VIGOR & SAGE Ginseng Well-Being Regular Adult Dog Food	宠物配合饲料 Pet Compound Feed	犬 Dogs	（荷兰）容克宠物食品有限公司 Jonker Petfood B. V., the Netherlands	2020.01—2025.01	新办
(2020) 外饲准字 080 号	全价宠物食品猫粮 Pet Complete Food for Cat	Feline Natural 冷冻干燥宠物食品鸡肉 & 羊心配方 Feline Natural Freeze Dried Chicken & Lamb Feast	宠物配合饲料 Pet Compound Feed	猫 Cats	新西兰冻干食品有限公司 Freeze Dried Foods New Zealand Limited, New Zealand	2020.01—2025.01	新办
(2020) 外饲准字 081 号	全价宠物食品犬粮 Pet Complete Food for Dog	K9 Natural 冷冻干燥宠物食品鸡肉配方 K9 Natural Freeze Dried Chicken Feast	宠物配合饲料 Pet Compound Feed	犬 Dogs	新西兰冻干食品有限公司 Freeze Dried Foods New Zealand Limited, New Zealand	2020.01—2025.01	新办
(2020) 外饲准字 082 号	宠物营养补充剂 Pet Nutritional Supplement	钙胃能 Caweline	宠物添加剂预混合饲料 Pet Feed Additive Premix	宠物 Pets	（台湾）信元制药股份有限公司（中科厂） Singen Animal Health Industry Co., Ltd.	2020.01—2025.01	新办
(2020) 外饲准字 083 号	白鱼粉 White Fishmeal	白鱼粉（三级） White Fishmeal (Grade Ⅲ)	单一饲料 Single Feed	畜禽、水产养殖动物（反刍动物除外） Livestock, Poultry, Aquaculture animals (Not including ruminant)	俄罗斯海洋渔船队上市股份有限公司（工船加工，工船名称"MINISTR ISHKOV"，工船号：CH－11L） JSC "OKEANRYBFLOT" (Produced on Broad at vessel "MINISTR ISHKOV", Register No. CH-11L), Russia	2020.01—2025.01	新办
(2020) 外饲准字 084 号	鱼粉 Fishmeal	红鱼粉（三级） Red Fishmeal (grade Ⅲ)	单一饲料 Single Feed	畜禽、水产养殖动物（反刍动物除外） Livestock, Poultry, Aquaculture animals (Not including ruminant)	墨西哥 Matancitas 渔业产品促进投资可变资本有限公司 Productos Pesqueros de Matancitas, S. A. P. I. de C. V., Mexico	2020.01—2025.01	新办

（续）

登记证号	通用名称	商品名称	产品类别	使用范围	生产厂家	有效期限	备注
（2020）外饲准字 085 号	白鱼粉 White Fishmeal	白鱼粉（三级） White Fishmeal（Ⅲ）	单一饲料 Single Feed	畜禽、水产养殖动物（反刍动物除外） Livestock，Poultry，Aquaculture animals（Not including ruminant）	新西兰 Sealord 集团有限公司（工船加工，工船名称“Tokatu”，工船号：TK829） Sealord Group Limited（Produced on Board at vessel Tokatu，official No. TK829），New Zealand	2020.01—2025.01	新办
（2020）外饲准字 086 号	猪油 Lard	饲料用猪油 Choice White Grease	单一饲料 Single Feed	鸡、猪、水产养殖动物、宠物 Chicken，Swine，Aquaculture animals，Pets	美国斯威夫特猪肉公司，艾奥瓦州马歇尔敦工厂 Swift Pock Company，Plant in Marshalltown，USA	2020.01—2025.01	新办
（2020）外饲准字 087 号	猪油 Lard	饲料用猪油 Choice White Grease	单一饲料 Single Feed	鸡、猪、水产养殖动物、宠物 Chicken，Swine，Aquaculture animals，Pets	美国斯威夫特猪肉公司，艾奥瓦州奥特姆瓦工厂 Swift Pock Company，Plant in Ottumwa，USA	2020.01—2025.01	新办
（2020）外饲准字 088 号	全价宠物食品成年期犬粮 Pet Compound Feed for Adult Dog	比利—玛格 牛肉配方超级食品 全价成年犬犬粮 Billy + Margot Beef+ Superfood Recipe Complete & Balanced Food For Adult Dogs	宠物配合饲料 Pet Compound Feed	犬 Dogs	澳大利亚宠物食品有限公司（Dubbo 工厂） Australian Pet Brands Pty Ltd（Dubbo），Australia	2020.01—2025.01	新办
（2020）外饲准字 089 号	全价宠物食品幼年期犬粮 Pet Compound Feed for Puppies	比利—玛格 三文鱼配方超级食品 全价幼犬犬粮 Billy + Margot Salmon + Superfood Recipe Complete & Balanced Food For Puppies	宠物配合饲料 Pet Compound Feed	犬 Dogs	澳大利亚宠物食品有限公司（Ingleburn 工厂） Australian Pet Brands Pty Ltd（Ingleburn），Australia	2020.01—2025.01	新办
（2020）外饲准字 090 号	全价宠物食品成年期犬粮 Pet Compound Feed for Adult Dog	比利—玛格 袋鼠肉配方超级食品 全价成年犬犬粮 Billy + Margot Kangaroo+ Superfood Recipe Complete & Balanced Food For Adult Dogs	宠物配合饲料 Pet Compound Feed	犬 Dogs	澳大利亚宠物食品有限公司（Dubbo 工厂） Australian Pet Brands Pty Ltd（Dubbo），Australia	2020.01—2025.01	新办
（2020）外饲准字 098 号	饲料添加剂 果寡糖 Feed Additive Fructo-oligosaccharides	果寡糖 Orafti® OPS	饲料添加剂 Feed Additive	养殖动物 All species or categories of animals	（比利时）贝利优—乐福特股份公司 BENEO-Orafti s. a.，Belgium	2020.03—2025.03	新办

（续）

登记证号	通用名称	商品名称	产品类别	使用范围	生产厂家	有效期限	备注
（2020）外饲准字 099 号	混合型饲料添加剂 短小芽孢杆菌 Feed Additives Mixture Bacillus pumilus	维饵健 Pro Mac	混合型饲料添加剂 Feed Additives Mixture	水产养殖动物 Aquaculture animals	维克越南有限公司 Virbac Vietnam Co.，Ltd.，Vietnam	2020.03—2025.03	新办
（2020）外饲准字 100 号	混合型饲料添加剂 屎肠球菌 枯草芽孢杆菌 丁酸梭菌 Feed Additives Mixture Enterococcus faecium Bacillus subtilis Clostridium butyricum	三菌统帅 BIO-THREE ACE	混合型饲料添加剂 Feed Additives Mixture	断奶仔猪、肉仔鸡 Weaning piglets，Broiler	日本东亚药品工业株式会社（工厂） Toa Pharmaceutical Co.，Ltd.，Japan	2020.03—2025.03	新办
（2020）外饲准字 101 号	混合型饲料添加剂 微生物 Feed Additives Mixture Live Microorganisms	班克-P普乐素 Probion	混合型饲料添加剂 Feed Additives Mixture	断奶仔猪、肉仔鸡 Weaning piglets，Broiler	韩国宇进株式会社 WooGene B & G Co.，Ltd.，Korea	2020.03—2025.03	新办
（2020）外饲准字 102 号	混合型饲料添加剂 包被的维生素 C Feed Additives Mixture Microencapsulated Vitamin C	维乳安 Microtinic® C	混合型饲料添加剂 Feed Additives Mixture	反刍动物 Ruminant	意大利 Vetagro S. p. A. 股份公司 Vetagro S. p. A.，Italy	2020.03—2025.03	新办
（2020）外饲准字 103 号	混合型饲料添加剂 酸度调节剂 Feed Additives Mixture Acidity Regulators	英乐酸 Intrasan pH Oral	混合型饲料添加剂 Feed Additives Mixture	猪、家禽 Swine，Poultry	荷兰 Interchemie Werken “De Adelaar” B. V. 公司 Interchemie Werken “De Adelaar” B. V.，the Netherlands	2020.03—2025.03	新办
（2020）外饲准字 104 号	混合型饲料添加剂 丁基羟基茴香醚 二丁基羟基甲苯 没食子酸丙酯 Feed Additives Mixture BHA BHT Propyl Gallate	利多康氧化剂 LIPTO ANTIOX PLUS	混合型饲料添加剂 Feed Additives Mixture	畜禽、水产养殖动物 Livestock，Poultry，Aquaculture animals	西班牙利多赛公司 LiPIDOS TOLEDO S. A.，Spain	2020.03—2025.03	新办
（2020）外饲准字 105 号	混合型饲料添加剂 屎肠球菌 维生素 Feed Additives Mixture Enterococcus Faecium Vitamins	来福星 Protexin Lifestart	混合型饲料添加剂 Feed Additives Mixture	犊牛、仔猪、羔羊 Cattle，Piglets，Lamb	（英国）ADM Protexin Limited ADM Protexin Limited，UK	2020.03—2025.03	新办
（2020）外饲准字 106 号	混合型饲料添加剂 香味物质 Feed Additives Mixture Flavouring Substances	艾百卫—液体 Mix-Oil++ Liquid	混合型饲料添加剂 Feed Additives Mixture	养殖动物 All species or categories of animals	意大利 A. W. P. 有限公司（工厂） A. W. P. s. r. l.，Italy	2020.03—2025.03	新办
（2020）外饲准字 107 号	混合型饲料添加剂 香味物质 Feed Additives Mixture Flavouring Substances	百球伏—液体 CoxxOil Liquid	混合型饲料添加剂 Feed Additives Mixture	养殖动物 All species or categories of animals	意大利 A. W. P. 有限公司（工厂） A. W. P. s. r. l.，Italy	2020.03—2025.03	新办

（续）

登记证号	通用名称	商品名称	产品类别	使用范围	生产厂家	有效期限	备注
(2020) 外饲准字 108 号	混合型饲料添加剂 酿酒酵母 Feed Additives Mixture Saccharomyces cerevisiae	益泽 Yeasture	混合型饲料添加剂 Feed Additives Mixture	养殖动物 All species or categories of animals	韩国 EASY BIO 公司 EASY BIO, Inc., Korea	2020.03—2025.03	新办
(2020) 外饲准字 109 号	混合型饲料添加剂 β-阿朴-8′-胡萝卜素酸乙酯 Feed Additives Mixture β-Apo-8′-Carotenoic Acid Ethyl Ester	露康定®黄 10% NXT Lucantin® Yellow 10% NXT	混合型饲料添加剂 Feed Additives Mixture	鸡 Chicken	（德国）巴斯夫欧洲公司 BASF SE, Germany	2020.03—2025.03	新办
(2020) 外饲准字 110 号	混合型饲料添加剂 酸度调节剂 Feed Additives Mixture Acidity Regulators	艾特酸 ARTESAN	混合型饲料添加剂 Feed Additives Mixture	家禽 Poultry	美国艾特维特有限责任公司 Artevet LLC, USA	2020.03—2025.03	新办
(2020) 外饲准字 111 号	混合型饲料添加剂 酸度调节剂 Feed Additives Mixture Acidity Regulators	四喜酸 STEECKER FOURCID	混合型饲料添加剂 Feed Additives Mixture	猪、家禽 Swine, Poultry	意大利农场主集团 Farmer S. p. A., Italy	2020.03—2025.03	新办
(2020) 外饲准字 112 号	混合型饲料添加剂 桉叶油 Feed Additives Mixture Eucalyptus globulus L. Oil	保肠健 Forcix SW	混合型饲料添加剂 Feed Additives Mixture	猪 Swine	法国 Société IDENA 公司 Société IDENA, France	2020.03—2025.03	新办
(2020) 外饲准字 113 号	犊牛精料补充料 Supplementary Concentrate for Calf	优牛 Unique Kalvolac Unique	精料补充料 Supplementary Concentrate	犊牛 Calf	荷兰纽维德公司 Nutrifeed, the Netherlands	2020.03—2025.03	新办
(2020) 外饲准字 114 号	鱼粉 Fishmeal	南非鱼粉（三级） South African Fishmeal (Ⅲ)	单一饲料 Single Feed	畜禽、水产养殖动物（反刍动物除外） Livestock, Poultry, Aquaculture animals (Not including ruminant)	南非 Amawandle Pelagic (Pty) Ltd 公司 Amawandle Pelagic (Pty) Ltd., South Africa	2020.03—2025.03	新办
(2020) 外饲准字 115 号	大豆酶解蛋白 Enzymed Soybean Protein	哈姆雷特蛋白 HP100 HP100	单一饲料 Single Feed	养殖动物 All species or categories of animals	丹麦哈姆雷特蛋白质有限公司 Hamlet Protein A/S, Denmark	2020.03—2025.03	新办
(2020) 外饲准字 116 号	鱼粉 Fishmeal	红鱼粉（三级） Red Fishmeal (grade Ⅲ)	单一饲料 Single Feed	畜禽、水产养殖动物（反刍动物除外） Livestock, Poultry, Aquaculture animals (Not including ruminant)	厄瓜多尔 PRODUCTORA MAR VIVO S. A. PROMARVI 公司 PRODUCTORA MAR VIVO S. A. PROMARVI, Ecuador	2020.03—2025.03	新办

（续）

登记证号	通用名称	商品名称	产品类别	使用范围	生产厂家	有效期限	备注
(2020) 外饲准字 117 号	白鱼粉 White Fishmeal	水星太阳鱼白鱼粉（三级） Mercury (Sunfish) White Fishmeal (Grade Ⅲ)	单一饲料 Single Feed	畜禽、水产养殖动物（反刍动物除外） Livestock, Poultry, Aquaculture animals (Not including ruminant)	水星有限责任公司（工船加工，工船名称"太阳鱼"，工船号：CH－66Q） Mercury Co., LTD (Produced on board at vessel "Sunfish", Register No. CH－66Q), Russia	2020.03—2025.03	新办
(2020) 外饲准字 118 号	鱼粉 Fishmeal	OCEANA 牌优质鱼粉（三级） Oceana Brands Premium Fishmeal (Ⅲ)	单一饲料 Single Feed	畜禽、水产养殖动物（反刍动物除外） Livestock, Poultry, Aquaculture animals (Not including ruminant)	南非 Lucky Star Limited 公司 St Helena Bay 工厂 Lucky Star Limited-St Helena Bay Plant, South Africa	2020.03—2025.03	新办
(2020) 外饲准字 119 号	花生粕 Peanut Meal	花生粕 Peanut meal	单一饲料 Single Feed	畜禽、水产养殖动物 Livestock, Poultry, Aquaculture animals	苏丹 Reanath general trading 公司 Reanath general trading, Sudan	2020.03—2025.03	新办
(2020) 外饲准字 120 号	淡水鱼粉 Freshwater Fishmeal	鲶鱼粉（三级） fish meal	单一饲料 Single Feed	养殖动物（反刍动物除外） All species or categories of animals (Not including ruminant)	越南 KOVIE VINA 责任有限公司 Kovie Vina Co., Ltd., Vietnam	2020.03—2025.03	新办
(2020) 外饲准字 121 号	菜籽粕 Rapeseed Meal	菜籽粕（加拿大菜籽） Canola Meal (Canadian Seed)	单一饲料 Single Feed	猪、牛、家禽 Swine, Cattle, Poultry	巴基斯坦 Sind Feed & Allied Products 公司（工厂） Sind Feed & Allied Products, Pakistan	2020.03—2025.03	新办
(2020) 外饲准字 122 号	锦鲤配合饲料 Compound Feed for Koi	赛级锦鲤专用冬季饲料 JBL ProPond seasons Winter	配合饲料 Compound Feed	锦鲤 Koi fish	德国 JBL 珍宝水族用品有限公司 JBL GmbH & Co. KG, Germany	2020.03—2025.03	新办
(2020) 外饲准字 123 号	锦鲤配合饲料 Compound Feed for Koi	赛级锦鲤专用秋季饲料 JBL ProPond seasons Autumn	配合饲料 Compound Feed	锦鲤 Koi fish	德国 JBL 珍宝水族用品有限公司 JBL GmbH & Co. KG, Germany	2020.03—2025.03	新办
(2020) 外饲准字 124 号	仔猪配合饲料 Compound Feed for Piglets	利宝维仔猪优乳 Pigger Primo	配合饲料 Compound Feed	仔猪 Piglets	荷兰利宝维公司 Liprovit B. V., the Netherlands	2020.03—2025.03	新办
(2020) 外饲准字 125 号	全价宠物食品成年期猫粮 Pet Compound Feed for Adult Cat	Carnilove 鲜鸡肉 & 兔肉配方成猫粮 Carnilove Fresh Chicken & Rabbit for Adult Cats	宠物配合饲料 Pet Compound Feed	猫 Cats	捷克万富有限公司 VAFO PRAHA, s. r. o., Czech Republic	2020.03—2025.03	新办

（续）

登记证号	通用名称	商品名称	产品类别	使用范围	生产厂家	有效期限	备注
（2020）外饲准字 126 号	全价宠物食品猫粮 Complete Pet Food-Cat Food	喵达全猫期纽西兰 NZ 系列无谷鸡肉 & 三文鱼配方猫粮 Meowstard NZ Natural Chicken & Salmon Grain Free All Life Stages Cat Food	宠物配合饲料 Pet Compound Feed	猫 Cats	（新西兰）爱德胜宠物产品有限公司 Addiction Foods NZ Ltd.，New Zealand	2020. 03—2025. 03	新办
（2020）外饲准字 127 号	全价成年期犬粮 Complete Food for Adult Dog	普尔沛含牛肝牛肉配方 PureNZPet Liver & Beef Recipe	宠物配合饲料 Pet Compound Feed	犬 Dogs	新西兰 Heinz Wattie's Limited Heinz Wattie's Limited, New Zealand	2020. 03—2025. 03	新办
（2020）外饲准字 128 号	全价幼年期犬粮 Complete Puppy Dog Food	灵萃普通幼犬粮 添加枸杞子 VIGOR&SAGE Wolfberry Well-Being Regular Puppy Food	宠物配合饲料 Pet Compound Feed	犬 Dogs	（荷兰）容克宠物食品有限公司 Jonker Petfood B. V.，the Netherlands	2020. 03—2025. 03	新办
（2020）外饲准字 129 号	全价宠物食品成年期犬粮 Pet Compound Feed for Adult Dog	Morgreen 无谷含牛肉配方犬粮 Morgreen Grain Free Dry Dog Food-Beef	宠物配合饲料 Pet Compound Feed	犬 Dogs	（新西兰）爱德胜宠物产品有限公司 Addiction Foods NZ Ltd.，New Zealand	2020. 03—2025. 03	新办
（2020）外饲准字 130 号	宠物配合饲料幼年期犬粮 Compound Pet Food-Dog Food Puppies	Dog Selection 黑标幼犬粮 Dog Selection Black Label Puppies	宠物配合饲料 Pet Compound Feed	犬 Dogs	阿根廷 Pet Foods Saladillo S. A. 公司 Pet Foods Saladillo S. A.，Argentina	2020. 03—2025. 03	新办
（2020）外饲准字 131 号	宠物配合饲料幼年期犬粮 Compound Pet Food-Dog Food Puppies	Dog Selection 幼犬粮牛肉鸡肉牛奶味 Dog Selection Breeders Puppies Beef, Chicken and Milk Flavour	宠物配合饲料 Pet Compound Feed	犬 Dogs	阿根廷 Pet Foods Saladillo S. A. 公司 Pet Foods Saladillo S. A.，Argentina	2020. 03—2025. 03	新办
（2020）外饲准字 132 号	宠物配合饲料犬粮 Pet Compound Feed for Dogs	费思美鸡肉粉 & 蓝莓配方 Firstmate Chicken Meal with Blueberries Formula	宠物配合饲料 Pet Compound Feed	犬 Dogs	（加拿大）塔普洛合资有限公司（工厂） Taplow Feeds, Canada	2020. 03—2025. 03	新办
（2020）外饲准字 133 号	全价成年期猫粮 Complete Feed for Adult Cat	欧帝亿全价美毛美肤猫成年期猫粮 Imperial Paw Adult Cat Hair & Skin	宠物配合饲料 Pet Compound Feed	猫 Cats	比利时联合宠物食品公司 United Petfood Producers NV, Belgium	2020. 03—2025. 03	新办

（续）

登记证号	通用名称	商品名称	产品类别	使用范围	生产厂家	有效期限	备注
(2020) 外饲准字 134 号	全价小型犬成年期犬粮 Complete Feed for Adult Small Dog	欧帝亿全价小型犬成年期犬粮 Imperial Paw Adult Small Dog	宠物配合饲料 Pet Compound Feed	犬 Dogs	比利时联合宠物食品公司 United Petfood Producers NV, Belgium	2020.03—2025.03	新办
(2020) 外饲准字 135 号	全价大型犬幼年期犬粮 Complete Feed for Junior Large Dog	欧帝亿全价大型犬幼年期犬粮 Imperial Paw Junior Large Dog	宠物配合饲料 Pet Compound Feed	犬 Dogs	比利时联合宠物食品公司 United Petfood Producers NV, Belgium	2020.03—2025.03	新办
(2020) 外饲准字 136 号	全价中型犬成年期犬粮 Complete Feed for Adult Medium Dog	欧帝亿全价中型犬成年期犬粮 Imperial Paw Adult Medium Dog	宠物配合饲料 Pet Compound Feed	犬 Dogs	比利时联合宠物食品公司 United Petfood Producers NV, Belgium	2020.03—2025.03	新办
(2020) 外饲准字 137 号	全价母犬怀孕期哺乳期和幼犬犬粮 Complete Feed for Lactating Dog and Puppy	欧帝亿全价犬奶糕 Imperial Paw Mum & Puppy	宠物配合饲料 Pet Compound Feed	犬 Dogs	比利时联合宠物食品公司 United Petfood Producers NV, Belgium	2020.03—2025.03	新办
(2020) 外饲准字 138 号	宠物配合饲料成年期猫粮 Pet Compound Feed for Adult Cat	金士摩海鱼配方泌尿健康猫粮 Kingsmoor Seafish Urinary Cat	宠物配合饲料 Pet Compound Feed	猫 Cats	（丹麦）维塔宠物食品集团公司（工厂） Vital Petfood Group A/S, Denmark	2020.03—2025.03	新办
(2020) 外饲准字 139 号	宠物配合饲料 成年期犬粮 Pet Compound Feed Adult Dog Feed	溢享成犬海鱼配方 ENGAGING Sea Fish Recipe Adult Dog	宠物配合饲料 Pet Compound Feed	犬 Dogs	（丹麦）维塔宠物食品集团公司（工厂） Vital Petfood Group A/S, Denmark	2020.03—2025.03	新办
(2020) 外饲准字 140 号	宠物营养补充剂犬维生素 Pet Nutrition Supplementation Dog Vitamin	俊汪臻效系列强身健体营养膏 GimDog Professional Line Immunity Paste	宠物添加剂预混合饲料 Pet Feed Additive Premix	犬 Dogs	（德国）海因里希·范·基姆鲍恩股份有限公司 H. von Gimborn GmbH, Germany	2020.03—2025.03	新办
(2020) 外饲准字 141 号	宠物营养补充剂猫 dl-α-生育酚 Pet Nutrition Supplementation Cat dl-alpha-Tocopherol	俊喵精典系列猫草营养膏 GimCat Essential Line Gras Paste	宠物添加剂预混合饲料 Pet Feed Additive Premix	猫 Cats	（德国）海因里希·范·基姆鲍恩股份有限公司 H. von Gimborn GmbH, Germany	2020.03—2025.03	新办
(2020) 外饲准字 142 号	宠物营养补充剂犬 D-生物素 Pet Nutrition Supplementation Dog D-Biotin	俊汪精典系列溢彩美毛膏 GimDog Essential Line Skin & Coat Paste	宠物添加剂预混合饲料 Pet Feed Additive Premix	犬 Dogs	（德国）海因里希·范·基姆鲍恩股份有限公司 H. von Gimborn GmbH, Germany	2020.03—2025.03	新办

（续）

登记证号	通用名称	商品名称	产品类别	使用范围	生产厂家	有效期限	备注
（2020）外饲准字 143 号	猫/小型犬补充性宠物食品微生物 Supplementary Food for Cat/Small Breed Dog Live Microorganisms	抗敏速（猫和小型犬） MitoMax SUPER for Cats and small dogs	宠物添加剂预混合饲料 Pet Feed Additive Premix	猫、犬 Cats，Dogs	美国医迈科技公司 Imagilin Technology，LLC，USA	2020.03—2025.03	新办
（2020）外饲准字 144 号	中/大型犬补充性宠物食品微生物 Supplementary Food for Medium/Large Breed Dog Live Microorganisms	抗敏速（中/大型犬） MitoMax SUPER for Medium and Large Dogs	宠物添加剂预混合饲料 Pet Feed Additive Premix	犬 Dogs	美国医迈科技公司 Imagilin Technology，LLC，USA	2020.03—2025.03	新办
（2020）外饲准字 145 号	鱼油 Fish Oil	鱼油（饲料级） Fish Oil（Feed Grade）	单一饲料 Single Feed	家禽、水产养殖动物 Poultry，Aquaculture animals	俄罗斯 JSC "Tralflot" 股份公司（工船加工，工船名称 Petr I，工船批准号：CH－857） JSC "Tralflot"（Produced on Board at vessel Petr I，Register No. CH－857），Russia	2020.03—2025.03	新办
（2020）外饲准字 146 号	鱼油 Fish Oil	鱼油（饲料级） Fish Oil（feed grade）	单一饲料 Single Feed	猪、水产养殖动物 Swine，Aquaculture animals	毛里塔尼亚 ATYFEN 公司 ATYFEN SARL，Mauritania	2020.03—2025.03	新办
（2020）外饲准字 147 号	鱼油 Fish Oil	鱼油（饲料级） Fish Oil（feed grade）	单一饲料 Single Feed	猪、水产养殖动物 Swine，Aquaculture animals	毛里塔尼亚非墨尔有限公司 Fimol Sarl Co.，Ltd.，Mauritania	2020.03—2025.03	新办
（2020）外饲准字 148 号	鱼油 Fish Oil	鱼油（饲料级） Fish Oil（feed grade）	单一饲料 Single Feed	畜禽、水产养殖动物（反刍动物除外） Livestock，Poultry，Aquaculture animals（Not including ruminant）	印度 Blueline Foods（India）Pvt. Ltd.（Unit－Ⅲ）公司 Blueline Foods（India）Pvt. Ltd.（Unit－Ⅲ），India	2020.03—2025.03	新办
（2020）外饲准字 149 号	宠物配合饲料犬粮 Pet Compound Feed for Dogs	费思美澳大利亚羊肉粉配方 FirstMate Australian Lamb Meal Formula	宠物配合饲料 Pet Compound Feed	犬 Dogs	（加拿大）塔普洛合资有限公司（工厂） Taplow Feeds，Canada	2020.03—2025.03	新办
（2020）外饲准字 169 号	宠物配合饲料成年期犬粮 Pet Compound Feed Adult Dog Feed	N&D 含藜麦系列—皮毛保健—鸭肉椰子姜黄味—成犬用 N & D QUINOA DOG SKIN & COAT DUCK，COCONUT，TURMERIC ADULT	宠物配合饲料 Pet Compound Feed	犬 Dogs	意大利 RUSSO MANGIMI S. p. A. 公司 RUSSO MANGIMI S. p. A.，Italy	2020.03—2025.03	新办

（续）

登记证号	通用名称	商品名称	产品类别	使用范围	生产厂家	有效期限	备注
（2020）外饲准字 170 号	宠物配合饲料小型犬成年期犬粮 Pet Compound Feed Mini Adult Dog Feed	N&D 海洋系列—鳕鱼南瓜甜橙味—成犬用—小型犬 N & D OCEAN DOG COD, PUMPKIN, ORANGE ADULT MINI	宠物配合饲料 Pet Compound Feed	犬 Dogs	意大利 RUSSO MANGIMI S. p. A. 公司 RUSSO MANGIMI S. p. A. , Italy	2020. 03—2025. 03	新办
（2020）外饲准字 171 号	宠物配合饲料成年期猫粮 Pet Compound Feed Adult Cats Feed	N&D 含藜麦系列—皮毛保健—鹌鹑椰子姜黄味—成猫用 N & D QUINOA CAT SKIN&COAT QUAIL, COCONUT, TURMERIC ADULT	宠物配合饲料 Pet Compound Feed	猫 Cats	意大利 RUSSO MANGIMI S. p. A. 公司 RUSSO MANGIMI S. p. A. , Italy	2020. 03—2025. 03	新办
（2020）外饲准字 172 号	宠物配合饲料中、大型犬成年期犬粮 Pet Compound Feed MEDIUM & MAXI Adult Dog Feed	N&D 海洋系列—鲱甜橙味—成犬用—中、大型犬 N & D OCEAN DOG HERRING, ORANGE ADULT MEDIUM & MAXI	宠物配合饲料 Pet Compound Feed	犬 Dogs	意大利 RUSSO MANGIMI S. p. A. 公司 RUSSO MANGIMI S. p. A. , Italy	2020. 03—2025. 03	新办
（2020）外饲准字 173 号	宠物配合饲料成年期犬粮 Pet Compound Feed Adult Dog Feed	N&D 含藜麦系列—皮毛保健—鹌鹑椰子姜黄味—成犬用 N & D QUINOA DOG SKIN&COAT QUAIL, COCONUT, TURMERIC ADULT	宠物配合饲料 Pet Compound Feed	犬 Dogs	意大利 RUSSO MANGIMI S. p. A. 公司 RUSSO MANGIMI S. p. A. , Italy	2020. 03—2025. 03	新办
（2020）外饲准字 174 号	宠物配合饲料小型犬成年期犬粮 Pet Compound Feed Mini Adult Dog Feed	N&D 海洋系列—鲱甜橙味—成犬用—小型犬 N & D OCEAN DOG HERRING, ORANGE ADULT MINI	宠物配合饲料 Pet Compound Feed	犬 Dogs	意大利 RUSSO MANGIMI S. p. A. 公司 RUSSO MANGIMI S. p. A. , Italy	2020. 03—2025. 03	新办
（2020）外饲准字 175 号	宠物配合饲料 成犬粮 Pet Compound Adult Dog Feed	TEAM BREEDER 无谷精选鸡肉配方—成犬用 TEAM BREEDER DOG GRAIN FREE TOP CHICKEN ADULT	宠物配合饲料 Pet Compound Feed	犬 Dogs	意大利 RUSSO MANGIMI S. p. A. 公司 RUSSO MANGIMI S. p. A. , Italy	2020. 03—2025. 03	新办

（续）

登记证号	通用名称	商品名称	产品类别	使用范围	生产厂家	有效期限	备注
（2020）外饲准字 176 号	宠物配合饲料成年期犬处方粮 Pet Compound Feed Adult Dog Prescription Feed	VET LIFE 天然处方粮系列—肠胃道配方—犬用 VET LIFE NATURAL DOG GASTROINTESTINAL	宠物配合饲料 Pet Compound Feed	犬 Dogs	意大利 RUSSO MANGIMI S. p. A. 公司 RUSSO MANGIMI S. p. A.，Italy	2020. 03—2025. 03	新办
（2020）外饲准字 177 号	宠物配合饲料成年期猫处方粮 Pet Compound Feed Adult Cats Prescription Feed	VET LIFE 天然处方粮系列—肾脏配方—猫用 VET LIFE NATURAL CAT RENAL	宠物配合饲料 Pet Compound Feed	猫 Cats	意大利 RUSSO MANGIMI S. p. A. 公司 RUSSO MANGIMI S. p. A.，Italy	2020. 03—2025. 03	新办
（2020）外饲准字 178 号	宠物配合饲料成年期猫处方粮 Pet Compound Feed Adult Cats Prescription Feed	VET LIFE 天然处方粮系列—水解蛋白配方—猫用 VET LIFE NATURAL CAT ULTRAHYPO	宠物配合饲料 Pet Compound Feed	猫 Cats	意大利 RUSSO MANGIMI S. p. A. 公司 RUSSO MANGIMI S. p. A.，Italy	2020. 03—2025. 03	新办
（2020）外饲准字 179 号	宠物配合饲料成年期犬处方粮 Pet Compound Feed Adult Dog Prescription Feed	VET LIFE 天然处方粮系列—磷酸铵镁结石配方—犬用 VET LIFE NATURAL DOG STRUVITE	宠物配合饲料 Pet Compound Feed	犬 Dogs	意大利 RUSSO MANGIMI S. p. A. 公司 RUSSO MANGIMI S. p. A.，Italy	2020. 03—2025. 03	新办
（2020）外饲准字 180 号	宠物配合饲料成年期猫处方粮 Pet Compound Feed Adult Cats Prescription Feed	VET LIFE 天然处方粮系列—磷酸铵镁结石配方—猫用 VET LIFE NATURAL CAT STRUVITE	宠物配合饲料 Pet Compound Feed	猫 Cats	意大利 RUSSO MANGIMI S. p. A. 公司 RUSSO MANGIMI S. p. A.，Italy	2020. 03—2025. 03	新办
（2020）外饲准字 181 号	宠物配合饲料成年期犬处方粮 Pet Compound Feed Adult Dogs Prescription Feed	VET LIFE 天然处方粮系列—体重管理配方—犬用 VET LIFE NATURAL DOG OBESITY	宠物配合饲料 Pet Compound Feed	犬 Dogs	意大利 RUSSO MANGIMI S. p. A. 公司 RUSSO MANGIMI S. p. A.，Italy	2020. 03—2025. 03	新办
（2020）外饲准字 182 号	宠物配合饲料成年期猫处方粮 Pet Compound Feed Adult Cats Prescription Feed	VET LIFE 天然处方粮系列—肠胃道配方—猫用 VET LIFE NATURAL CAT GASTROINTESTINAL	宠物配合饲料 Pet Compound Feed	猫 Cats	意大利 RUSSO MANGIMI S. p. A. 公司 RUSSO MANGIMI S. p. A.，Italy	2020. 03—2025. 03	新办
（2020）外饲准字 183 号	宠物配合饲料 猫粮 Pet Compound Feed Cat Feed	倍内菲无谷物猫粮鲑白鱼配方 Benefits Countryside Grain Free Cat food-Salmon and White Fish Formula	宠物配合饲料 Pet Compound Feed	猫 Cats	捷克万富有限公司 VAFO PRAHA，s. r. o.，Czech Republic	2020. 03—2025. 03	新办

（续）

登记证号	通用名称	商品名称	产品类别	使用范围	生产厂家	有效期限	备注
(2020) 外饲准字 184 号	全价宠物食品犬粮 Pet Complete Food for Dogs	爱碧丽丝羊肉 & 三文鱼配方犬粮 Absolute Holistic Lamb & Salmon Dog Food	宠物配合饲料 Pet Compound Feed	犬 Dogs	新西兰阿尔卑斯出口有限公司 Alpine Export NZ Limited, New Zealand	2020.03—2025.03	新办
(2020) 外饲准字 185 号	全价宠物食品犬粮 Pet Complete Food for Dogs	爱碧丽丝羊肉 & 鲭配方犬粮 Absolute Holistic Lamb & Blue Mackerel Dog Food	宠物配合饲料 Pet Compound Feed	犬 Dogs	新西兰阿尔卑斯出口有限公司 Alpine Export NZ Limited, New Zealand	2020.03—2025.03	新办
(2020) 外饲准字 186 号	全价宠物食品犬粮 Pet Complete Food for Dogs	爱碧丽丝鸡肉 & 鳕配方犬粮 Absolute Holistic Chicken & Hoki Dog Food	宠物配合饲料 Pet Compound Feed	犬 Dogs	新西兰阿尔卑斯出口有限公司 Alpine Export NZ Limited, New Zealand	2020.03—2025.03	新办
(2020) 外饲准字 187 号	全价宠物食品猫粮 Pet Complete Food for Cats	爱碧丽丝鸡肉 & 鳕配方猫粮 Absolute Holistic Chicken & Hoki Cat Food	宠物配合饲料 Pet Compound Feed	猫 Cats	新西兰阿尔卑斯出口有限公司 Alpine Export NZ Limited, New Zealand	2020.03—2025.03	新办
(2020) 外饲准字 188 号	全价宠物食品猫粮 Pet Complete Food for Cats	爱碧丽丝羊肉 & 三文鱼配方猫粮 Absolute Holistic Lamb & Salmon Cat Food	宠物配合饲料 Pet Compound Feed	猫 Cats	新西兰阿尔卑斯出口有限公司 Alpine Export NZ Limited, New Zealand	2020.03—2025.03	新办
(2020) 外饲准字 189 号	全价宠物食品猫粮 Pet Complete Food for Cats	爱碧丽丝羊肉 & 鲭配方猫粮 Absolute Holistic Lamb & Blue Mackerel Cat Food	宠物配合饲料 Pet Compound Feed	猫 Cats	新西兰阿尔卑斯出口有限公司 Alpine Export NZ Limited, New Zealand	2020.03—2025.03	新办
(2020) 外饲准字 190 号	全价宠物食品犬粮 Pet Complete Food for Dogs	爱碧丽丝牛肉 & 鹿肉配方犬粮 Absolute Holistic Beef & Venison Dog Food	宠物配合饲料 Pet Compound Feed	犬 Dogs	新西兰阿尔卑斯出口有限公司 Alpine Export NZ Limited, New Zealand	2020.03—2025.03	新办
(2020) 外饲准字 191 号	全价宠物食品猫粮 Pet Complete Food for Cats	爱碧丽丝牛肉 & 鹿肉配方猫粮 Absolute Holistic Beef & Venison Cat Food	宠物配合饲料 Pet Compound Feed	猫 Cats	新西兰阿尔卑斯出口有限公司 Alpine Export NZ Limited, New Zealand	2020.03—2025.03	新办

（续）

登记证号	通用名称	商品名称	产品类别	使用范围	生产厂家	有效期限	备注
(2020) 外饲准字 192 号	全价宠物食品成年期猫粮 Pet Compound Feed for Adult Cat	RENSKE 鲜三文鱼配方成猫粮 RENSKE CAT ADULT-FRESH SALMON	宠物配合饲料 Pet Compound Feed	猫 Cats	比利时联合宠物食品公司 United Petfood Producers NV, Belgium	2020.03—2025.03	新办
(2020) 外饲准字 193 号	全价宠物食品幼年期猫粮 Pet Compound Feed for Kitten Cat	RENSKE 含鲜火鸡肉和鸡肉配方幼猫粮 RENSKE CAT KITTEN-FRESH TURKEY WITH CHICKEN	宠物配合饲料 Pet Compound Feed	猫 Cats	比利时联合宠物食品公司 United Petfood Producers NV, Belgium	2020.03—2025.03	新办
(2020) 外饲准字 194 号	全价宠物食品成年期猫粮 Pet Compound Feed for Adult Cat	RENSKE 含鲜三文鱼和海鱼配方成猫粮 RENSKE CAT ADULT-FRESH SALMON AND OCEAN FISH	宠物配合饲料 Pet Compound Feed	猫 Cats	比利时联合宠物食品公司 United Petfood Producers NV, Belgium	2020.03—2025.03	新办
(2020) 外饲准字 195 号	全价宠物食品成年期猫粮 Pet Compound Feed for Adult Cat	RENSKE 含鲜鸭肉配方成猫粮 RENSKE CAT ADULT-FRESH DUCK	宠物配合饲料 Pet Compound Feed	猫 Cats	比利时联合宠物食品公司 United Petfood Producers NV, Belgium	2020.03—2025.03	新办
(2020) 外饲准字 196 号	全价宠物食品老年期猫粮 Pet Compound Feed for Senior Cat	RENSKE 鲜鸡肉和鸭肉配方老年猫粮 RENSKE CAT SENIOR-FRESH CHICKEN WITH DUCK	宠物配合饲料 Pet Compound Feed	猫 Cats	比利时联合宠物食品公司 United Petfood Producers NV, Belgium	2020.03—2025.03	新办
(2020) 外饲准字 197 号	全价宠物食品成年期猫粮 Pet Compound Feed for Adult Cat	RENSKE 含鲜鸡肉配方成猫粮 RENSKE CAT ADULT-FRESH CHICKEN	宠物配合饲料 Pet Compound Feed	猫 Cats	比利时联合宠物食品公司 United Petfood Producers NV, Belgium	2020.03—2025.03	新办
(2020) 外饲准字 198 号	全价宠物食品成年期犬粮 Pet Compound Feed for Adult Dog	RENSKE 含鲜海鱼配方成犬粮 RENSKE DOG ADULT-FRESH OCEAN FISH	宠物配合饲料 Pet Compound Feed	犬 Dogs	比利时联合宠物食品公司 United Petfood Producers NV, Belgium	2020.03—2025.03	新办
(2020) 外饲准字 199 号	全价宠物食品幼年期犬粮 Pet Compound Feed for Puppy Dog	RENSKE 含鲜鸡肉配方幼犬粮 RENSKE DOG PUPPY-FRESH CHICKEN	宠物配合饲料 Pet Compound Feed	犬 Dogs	比利时联合宠物食品公司 United Petfood Producers NV, Belgium	2020.03—2025.03	新办

（续）

登记证号	通用名称	商品名称	产品类别	使用范围	生产厂家	有效期限	备注
(2020) 外饲准字 200 号	全价宠物食品老年期犬粮 Pet Compound Feed for Senior Dog	RENSKE 含鲜火鸡肉配方老年犬粮 RENSKE DOG SENIOR-FRESH TURKEY	宠物配合饲料 Pet Compound Feed	犬 Dogs	比利时联合宠物食品公司 United Petfood Producers NV, Belgium	2020.03—2025.03	新办
(2020) 外饲准字 201 号	全价宠物食品成年期犬粮 Pet Compound Feed for Adult Dog	RENSKE 鲜鸭肉配方成犬粮 RENSKE DOG ADULT-FRESH DUCK	宠物配合饲料 Pet Compound Feed	犬 Dogs	比利时联合宠物食品公司 United Petfood Producers NV, Belgium	2020.03—2025.03	新办
(2020) 外饲准字 202 号	全价宠物食品成年期犬粮 Pet Compound Feed for Adult Dog	RENSKE 含鲜火鸡肉和鸭肉配方成犬粮 RENSKE DOG ADULT-FRESH TURKEY WITH DUCK	宠物配合饲料 Pet Compound Feed	犬 Dogs	比利时联合宠物食品公司 United Petfood Producers NV, Belgium	2020.03—2025.03	新办
(2020) 外饲准字 203 号	全价宠物食品成年期犬粮 Pet Compound Feed for Adult Dog	RENSKE 含鲜鸡肉配方成犬粮 RENSKE DOG ADULT-FRESH CHICKEN	宠物配合饲料 Pet Compound Feed	犬 Dogs	比利时联合宠物食品公司 United Petfood Producers NV, Belgium	2020.03—2025.03	新办
(2020) 外饲准字 204 号	全价宠物食品成年期犬粮 Pet Compound Feed for Adult Dog	RENSKE 含鲜三文鱼配方成犬粮 RENSKE DOG ADULT-FRESH SALMON	宠物配合饲料 Pet Compound Feed	犬 Dogs	比利时联合宠物食品公司 United Petfood Producers NV, Belgium	2020.03—2025.03	新办
(2020) 外饲准字 205 号	全价宠物食品成年期犬粮 Pet Compound Feed for Adult Dog	爱邦海洋白鱼配方成年期犬粮 EARTHBORN HOLISTIC Ocean Fusion	宠物配合饲料 Pet Compound Feed	犬 Dogs	（美国）米德怀斯特恩宠物食品公司（工厂） Midwestern Pet Foods, Inc., USA	2020.03—2025.03	新办
(2020) 外饲准字 206 号	宠物配合饲料小型犬成年期犬粮 Compound Pet Food-Small Dog Food Adult	VITALCAN BALANCED 小型成犬粮 VITALCAN BALANCED SMALL BREED ADULT DOG	宠物配合饲料 Pet Compound Feed	犬 Dogs	阿根廷 Agro Industrias Baires S. A. 公司 Agro Industrias Baires S. A., Argentina	2020.03—2025.03	新办
(2020) 外饲准字 207 号	宠物配合饲料小型犬幼年期犬粮 Compound Pet Food-Small Dog Food Puppies	VITALCAN BALANCED 小型幼犬粮 VITALCAN BALANCED SMALL BREED PUPPY	宠物配合饲料 Pet Compound Feed	犬 Dogs	阿根廷 Agro Industrias Baires S. A. 公司 Agro Industrias Baires S. A., Argentina	2020.03—2025.03	新办

（续）

登记证号	通用名称	商品名称	产品类别	使用范围	生产厂家	有效期限	备注
(2020) 外饲准字 208 号	宠物配合饲料 成年期猫粮 Pet Compound Feed Adult Cat Feed	溢享成猫海鱼配方 ENGAGING Sea Fish Recipe Adult Cat	宠物配合饲料 Pet Compound Feed	猫 Cats	（丹麦）维塔宠物食品集团公司（工厂） Vital Petfood Group A/S, Denmark	2020. 03—2025. 03	新办
(2020) 外饲准字 209 号	全价宠物食品犬粮 Pet Complete Food for Dog	Meadowland 含鸭肉配方犬粮 Meadowland Kuri Duck Dog	宠物配合饲料 Pet Compound Feed	犬 Dogs	（新西兰）爱德胜宠物产品有限公司 Addiction Foods NZ Ltd.，New Zealand	2020. 03—2025. 03	新办
(2020) 外饲准字 210 号	全价宠物食品犬粮 Pet Complete Food for Dog	Meadowland 含羊肉配方犬粮 Meadowland Kuri Lamb Dog	宠物配合饲料 Pet Compound Feed	犬 Dogs	（新西兰）爱德胜宠物产品有限公司 Addiction Foods NZ Ltd.，New Zealand	2020. 03—2025. 03	新办
(2020) 外饲准字 211 号	全价宠物食品猫粮 Pet Complete Food for Cat	Meadowland 含鸡肉配方猫粮 Meadowland Ngeru Chicken Cat	宠物配合饲料 Pet Compound Feed	猫 Cats	（新西兰）爱德胜宠物产品有限公司 Addiction Foods NZ Ltd.，New Zealand	2020. 03—2025. 03	新办
(2020) 外饲准字 212 号	全价宠物食品小型犬成年期犬粮 Pet Compound Feed for Small Breeds Adult Dog	益之选 无谷物全价成犬粮（小型犬） 1st Choice Dog Food-Adult-Grain Free Toy and Small Breeds	宠物配合饲料 Pet Compound Feed	犬 Dogs	加拿大 PLB 国际公司 PLB International Inc.，Canada	2020. 03—2025. 03	新办
(2020) 外饲准字 213 号	全价宠物食品成年期犬粮 Pet Compound Feed for Adult Dog	益之选 全价成犬粮 优能配方 1st Choice Dog Food-Adult-Performance	宠物配合饲料 Pet Compound Feed	犬 Dogs	加拿大 PLB 国际公司 PLB International Inc.，Canada	2020. 03—2025. 03	新办
(2020) 外饲准字 214 号	全价宠物食品犬粮 Pet Compound Feed for Dog	枫趣莱芙全价犬粮 活力配方全年龄段 含无骨鸡肉 Pronature Life Dog Food / All Life Stages / Moov Formula with deboned Chicken	宠物配合饲料 Pet Compound Feed	犬 Dogs	加拿大 PLB 国际公司 PLB International Inc.，Canada	2020. 03—2025. 03	新办
(2020) 外饲准字 215 号	全价宠物食品中型/大型犬成年期犬粮 Pet Compound Feed for Medium And Large Breeds Adult Dog	益之选 无谷全价成犬粮（中型及大型犬） 1st Choice Dog Food-Adult-Grain Free Medium and Large Breeds	宠物配合饲料 Pet Compound Feed	犬 Dogs	加拿大 PLB 国际公司 PLB International Inc.，Canada	2020. 03—2025. 03	新办

（续）

登记证号	通用名称	商品名称	产品类别	使用范围	生产厂家	有效期限	备注
（2020）外饲准字 216 号	全价宠物食品成年期犬粮 Pet Compound Feed for Adult Dog	益之选 皮毛健康全价成犬粮 1st Choice Dog Food-Adult-Derma	宠物配合饲料 Pet Compound Feed	犬 Dogs	加拿大 PLB 国际公司 PLB International Inc.，Canada	2020.03—2025.03	新办
（2020）外饲准字 217 号	全价宠物食品成年期犬粮 Pet Compound Feed for Adult Dog	益之选 口腔健康全价成犬粮 1st Choice Dog Food-Adult-Dental Health	宠物配合饲料 Pet Compound Feed	犬 Dogs	加拿大 PLB 国际公司 PLB International Inc.，Canada	2020.03—2025.03	新办
（2020）外饲准字 218 号	全价宠物食品成年期猫粮 Pet Compound Feed for Adult Cat	益之选 低敏无谷含鸭肉配方成年期猫粮 1st Choice Cat Food-Adult-Hypoallergenic-Formula With Duck-Grain Free	宠物配合饲料 Pet Compound Feed	猫 Cats	加拿大 PLB 国际公司 PLB International Inc.，Canada	2020.03—2025.03	新办
（2020）外饲准字 219 号	全价宠物食品成年期猫粮 Pet Compound Feed for Adult Cat	益之选 室内鸡肉配方成年期猫粮 1st Choice Cat Food-Adult-Indoor Vitality-Chicken Formula	宠物配合饲料 Pet Compound Feed	猫 Cats	加拿大 PLB 国际公司 PLB International Inc.，Canada	2020.03—2025.03	新办
（2020）外饲准字 220 号	全价宠物食品幼年期猫粮 Pet Compound Feed for Kitten	益之选 健康成长鸡肉配方幼年期猫粮 1st Choice Kitten Food-Healthy Start-Chicken Formula	宠物配合饲料 Pet Compound Feed	猫 Cats	加拿大 PLB 国际公司 PLB International Inc.，Canada	2020.03—2025.03	新办
（2020）外饲准字 221 号	全价宠物食品成年期猫粮 Pet Compound Feed for Adult Cat	益之选 挑嘴鸡肉配方成年期猫粮 1st Choice Cat Food-Adult-Finicky-Chicken Formula	宠物配合饲料 Pet Compound Feed	猫 Cats	加拿大 PLB 国际公司 PLB International Inc.，Canada	2020.03—2025.03	新办
（2020）外饲准字 222 号	全价宠物食品猫粮 Pet Compound Feed for Cat	枫趣莱芙全价猫粮 舒适生活 全年龄段 含无骨火鸡肉 Pronature Life Cat Food / All Life Stages / Chill Formula with deboned turkey	宠物配合饲料 Pet Compound Feed	猫 Cats	加拿大 PLB 国际公司 PLB International Inc.，Canada	2020.03—2025.03	新办

（续）

登记证号	通用名称	商品名称	产品类别	使用范围	生产厂家	有效期限	备注
(2020) 外饲准字 223 号	全价宠物食品老年期猫粮 Pet Compound Feed for Senior Cat	益之选 全价猫粮 高龄猫 鸡肉配方 1st Choice Cat Food-Senior-Mature-Less Active-Chicken Formula	宠物配合饲料 Pet Compound Feed	猫 Cats	加拿大 PLB 国际公司 PLB International Inc.，Canada	2020.03—2025.03	新办
(2020) 外饲准字 224 号	全价宠物食品猫粮 Pet Compound Feed for Cat	Terra Ultra 鸡肉配方猫粮 Terra Ultra Chicken Recipe Cat Food	宠物配合饲料 Pet Compound Feed	猫 Cats	加拿大斯派特饲料服务有限公司（工厂） Spectrum Feed Services Ltd.，Canada	2020.03—2025.03	新办
(2020) 外饲准字 225 号	全价宠物食品犬粮 Pet Compound Feed for Dog	Terra Ultra 鸡肉配方犬粮 Terra Ultra Chicken Recipe Dog Food	宠物配合饲料 Pet Compound Feed	犬 Dogs	加拿大斯派特饲料服务有限公司（工厂） Spectrum Feed Services Ltd.，Canada	2020.03—2025.03	新办
(2020) 外饲准字 226 号	全价宠物食品成年期犬粮 Complete Food for Adult Dog	咔蔻牛肉配方犬罐头 KaiKoa Canned Beef and Vegetables Feast Dog Food	宠物配合饲料 Pet Compound Feed	犬 Dogs	新西兰 PetfoodNZ 国际有限公司 PetfoodNZ International Limited, New Zealand	2020.03—2025.03	新办
(2020) 外饲准字 227 号	全价宠物食品成年期犬粮 Complete Food for Adult Dog	咔蔻鸡肉配方犬罐头 KaiKoa Canned Chicken Feast Dog Food	宠物配合饲料 Pet Compound Feed	犬 Dogs	新西兰 PetfoodNZ 国际有限公司 PetfoodNZ International Limited, New Zealand	2020.03—2025.03	新办
(2020) 外饲准字 228 号	全价宠物食品成年期犬粮 Complete Food for Adult Dog	咔蔻鸭肉配方犬罐头 KaiKoa Canned Duck Feast Dog Food	宠物配合饲料 Pet Compound Feed	犬 Dogs	新西兰 PetfoodNZ 国际有限公司 PetfoodNZ International Limited, New Zealand	2020.03—2025.03	新办
(2020) 外饲准字 229 号	全价宠物食品成年期犬粮 Complete Food for Adult Dog	咔蔻羊肉配方犬罐头 KaiKoa Canned Lamb and Vegetables Feast Dog Food	宠物配合饲料 Pet Compound Feed	犬 Dogs	新西兰 PetfoodNZ 国际有限公司 PetfoodNZ International Limited, New Zealand	2020.03—2025.03	新办
(2020) 外饲准字 230 号	全价宠物食品成年期犬粮 Complete Food for Adult Dog	咔蔻新西兰刷尾负鼠鸡肉配方犬罐头 KaiKoa Canned New Zealand Brushtail Possum and Chicken Feast Dog Food	宠物配合饲料 Pet Compound Feed	犬 Dogs	新西兰 PetfoodNZ 国际有限公司 PetfoodNZ International Limited, New Zealand	2020.03—2025.03	新办
(2020) 外饲准字 231 号	全价宠物食品成年期犬粮 Complete Food for Adult Dog	咔蔻鹿肉山羊肉配方犬罐头 KaiKoa Canned Venison and Goat Feast Dog Food	宠物配合饲料 Pet Compound Feed	犬 Dogs	新西兰 PetfoodNZ 国际有限公司 PetfoodNZ International Limited, New Zealand	2020.03—2025.03	新办

（续）

登记证号	通用名称	商品名称	产品类别	使用范围	生产厂家	有效期限	备注
(2020）外饲准字 232 号	全价宠物食品成年期猫粮 Complete Food for Adult Cat	咔蔻牛肉配方猫罐头 KaiKoa Canned Beef Feast Cat Food	宠物配合饲料 Pet Compound Feed	猫 Cats	新西兰 PetfoodNZ 国际有限公司 PetfoodNZ International Limited, New Zealand	2020. 03—2025. 03	新办
(2020）外饲准字 233 号	全价宠物食品成年期猫粮 Complete Food for Adult Cat	咔蔻新西兰刷尾负鼠鸡肉配方猫罐头 KaiKoa Canned New Zeal-and Brushtail Possum and Chicken Feast Cat Food	宠物配合饲料 Pet Compound Feed	猫 Cats	新西兰 PetfoodNZ 国际有限公司 PetfoodNZ International Limited, New Zealand	2020. 03—2025. 03	新办
(2020）外饲准字 234 号	全价宠物食品成年期猫粮 Complete Food for Adult Cat	咔蔻鸡肉三文鱼配方猫罐头 KaiKoa Canned Chicken and Salmon Feast Cat Food	宠物配合饲料 Pet Compound Feed	猫 Cats	新西兰 PetfoodNZ 国际有限公司 PetfoodNZ International Limited, New Zealand	2020. 03—2025. 03	新办
(2020）外饲准字 235 号	全价宠物食品成年期猫粮 Complete Food for Adult Cat	咔蔻鸭肉配方猫罐头 KaiKoa Canned Duck Feast Cat Food	宠物配合饲料 Pet Compound Feed	猫 Cats	新西兰 PetfoodNZ 国际有限公司 PetfoodNZ International Limited, New Zealand	2020. 03—2025. 03	新办
(2020）外饲准字 236 号	全价宠物食品成年期猫粮 Complete Food for Adult Cat	咔蔻羊肉三文鱼配方猫罐头 KaiKoa Canned Lamb and Salmon Feast Cat Food	宠物配合饲料 Pet Compound Feed	猫 Cats	新西兰 PetfoodNZ 国际有限公司 PetfoodNZ International Limited, New Zealand	2020. 03—2025. 03	新办
(2020）外饲准字 237 号	全价宠物食品成年期猫粮 Complete Food for Adult Cat	咔蔻鹿肉鸡肉配方猫罐头 KaiKoa Canned Venison and Chicken Feast Cat Food	宠物配合饲料 Pet Compound Feed	猫 Cats	新西兰 PetfoodNZ 国际有限公司 PetfoodNZ International Limited, New Zealand	2020. 03—2025. 03	新办
(2020）外饲准字 238 号	全价宠物食品成年期犬粮 Complete Food for Adult Dog	咔蔻山羊肉配方犬罐头 KaiKoa Canned Goat Feast Dog Food	宠物配合饲料 Pet Compound Feed	犬 Cats	新西兰 PetfoodNZ 国际有限公司 PetfoodNZ International Limited, New Zealand	2020. 03—2025. 03	新办
(2020）外饲准字 239 号	全价宠物食品成年期犬粮 Pet Complete Food for Adult Dog	幸福之家 视力康 Prostage Le Chien eyel	宠物配合饲料 Pet Compound Feed	犬 Dogs	（日本）易思达株式会社 YEASTER Co., LTD., Japan	2020. 03—2025. 03	新办
(2020）外饲准字 240 号	全价宠物食品成年期犬粮 Pet Complete Food for Adult Dog	幸福之家 猪肉味成犬粮 Prostage Le Chien pork a-dult	宠物配合饲料 Pet Compound Feed	犬 Dogs	（日本）易思达株式会社 YEASTER Co., LTD., Japan	2020. 03—2025. 03	新办
(2020）外饲准字 241 号	全价宠物食品成年期猫粮 Pet Complete Food for Adult Cat	爱情物语 鲣味 Aijou Monogatari bonito taste	宠物配合饲料 Pet Compound Feed	猫 Cats	（日本）易思达株式会社 YEASTER Co., LTD., Japan	2020. 03—2025. 03	新办

（续）

登记证号	通用名称	商品名称	产品类别	使用范围	生产厂家	有效期限	备注
(2020) 外饲准字 242 号	全价宠物食品成年期犬粮 Pet Complete Food for Adult Dog	爱情物语 牛肉鱼味 Aijou Monogatari beef & fish taste	宠物配合饲料 Pet Compound Feed	犬 Dogs	（日本）易思达株式会社 YEASTER Co.，LTD.，Japan	2020.03—2025.03	新办
(2020) 外饲准字 243 号	全价宠物食品成年期犬粮 Pet Complete Food for Adult Dog	幸福之家 免疫强 Prostage Le Chien myul	宠物配合饲料 Pet Compound Feed	犬 Dogs	（日本）易思达株式会社 YEASTER Co.，LTD.，Japan	2020.03—2025.03	新办
(2020) 外饲准字 244 号	全价宠物食品成年期犬粮 Pet Complete Food for Adult Dog	幸福之家 鱼味减重犬粮 Prostage Le Chien fish light	宠物配合饲料 Pet Compound Feed	犬 Dogs	（日本）易思达株式会社 YEASTER Co.，LTD.，Japan	2020.03—2025.03	新办
(2020) 外饲准字 245 号	全价宠物食品老年期犬粮 Pet Complete Food for Senior Dog	幸福之家 鱼味老龄犬粮 Prostage Le Chien fish senior	宠物配合饲料 Pet Compound Feed	犬 Dogs	（日本）易思达株式会社 YEASTER Co.，LTD.，Japan	2020.03—2025.03	新办
(2020) 外饲准字 246 号	全价宠物食品幼年期犬粮 Pet Complete Food for Puppy	幸福之家 猪肉味幼犬粮 Prostage Le Chien pork puppy	宠物配合饲料 Pet Compound Feed	犬 Dogs	（日本）易思达株式会社 YEASTER Co.，LTD.，Japan	2020.03—2025.03	新办
(2020) 外饲准字 247 号	全价宠物食品成年期犬粮 Pet Complete Food for Adult Dog	幸福之家 猪肉味减重犬粮 Prostage Le Chien pork light	宠物配合饲料 Pet Compound Feed	犬 Dogs	（日本）易思达株式会社 YEASTER Co.，LTD.，Japan	2020.03—2025.03	新办
(2020) 外饲准字 248 号	全价宠物食品老年期犬粮 Pet Complete Food for Senior Dog	幸福之家 猪肉味老龄犬粮 Prostage Le Chien pork senior	宠物配合饲料 Pet Compound Feed	犬 Dogs	（日本）易思达株式会社 YEASTER Co.，LTD.，Japan	2020.03—2025.03	新办
(2020) 外饲准字 249 号	全价宠物食品成年期猫粮 Pet Complete Food for Adult Cat	爱情物语 鱼味 Aijou Monogatari fish taste	宠物配合饲料 Pet Compound Feed	猫 Cats	（日本）易思达株式会社 YEASTER Co.，LTD.，Japan	2020.03—2025.03	新办
(2020) 外饲准字 250 号	全价宠物食品成年期犬粮 Pet Complete Food for Adult Dog	爱情物语 牛肉蔬菜（胡萝卜）味 Aijou Monogatari beef & vegetable taste	宠物配合饲料 Pet Compound Feed	犬 Dogs	（日本）易思达株式会社 YEASTER Co.，LTD.，Japan	2020.03—2025.03	新办
(2020) 外饲准字 251 号	全价宠物食品成年期犬粮 Pet Complete Food for Adult Dog	幸福之家 鱼味成犬粮 Prostage Le Chien fish adult	宠物配合饲料 Pet Compound Feed	犬 Dogs	（日本）易思达株式会社 YEASTER Co.，LTD.，Japan	2020.03—2025.03	新办
(2020) 外饲准字 252 号	全价宠物食品成年期犬粮 Pet Complete Food for Adult Dog	幸福之家 关节康 Prostage Le Chien joil	宠物配合饲料 Pet Compound Feed	犬 Dogs	（日本）易思达株式会社 YEASTER Co.，LTD.，Japan	2020.03—2025.03	新办
(2020) 外饲准字 253 号	全价宠物食品成年期犬粮 Pet Complete Food for Adult Dog	幸福之家 代谢康 Prostage Le Chien detol	宠物配合饲料 Pet Compound Feed	犬 Dogs	（日本）易思达株式会社 YEASTER Co.，LTD.，Japan	2020.03—2025.03	新办

（续）

登记证号	通用名称	商品名称	产品类别	使用范围	生产厂家	有效期限	备注
(2020) 外饲准字 254 号	全价宠物食品小型犬幼年期犬粮 Pet Compound Feed for Junior Small Breed Dog	汪汪旺！我的 小型犬幼犬粮 Wau Wau Wau! Mein Junior Small Breed	宠物配合饲料 Pet Compound Feed	犬 Dogs	比利时 Fides Petfood Fides Petfood, Belgium	2020.03—2025.03	新办
(2020) 外饲准字 255 号	全价宠物食品小型犬成年期犬粮 Pet Compound Feed for Adult Small Breed Dog	汪汪旺！我的 小型犬成犬粮 Wau Wau Wau! Mein Adult Small Breed	宠物配合饲料 Pet Compound Feed	犬 Dogs	比利时 Fides Petfood Fides Petfood, Belgium	2020.03—2025.03	新办
(2020) 外饲准字 256 号	全价宠物食品成年期犬粮 Pet Compound Feed for Adult Dog	汪汪旺！我的 运动犬粮 Wau Wau Wau! Mein Sport	宠物配合饲料 Pet Compound Feed	犬 Dogs	比利时 Fides Petfood Fides Petfood, Belgium	2020.03—2025.03	新办
(2020) 外饲准字 257 号	全价宠物食品中型/大型犬幼年期犬粮 Pet Compound Feed for Junior Medium/Large Breed Dog	汪汪旺！我的 中/大型犬幼犬粮 Wau Wau Wau! Mein Junior Medium/Large Breed	宠物配合饲料 Pet Compound Feed	犬 Dogs	比利时 Fides Petfood Fides Petfood, Belgium	2020.03—2025.03	新办
(2020) 外饲准字 258 号	全价宠物食品中型/大型犬成年期犬粮 Pet Compound Feed for Adult Medium/Large Breed Dog	汪汪旺！我的 中/大型犬成犬粮 Wau Wau Wau! Mein Adult Medium/Large Breed	宠物配合饲料 Pet Compound Feed	犬 Dogs	比利时 Fides Petfood Fides Petfood, Belgium	2020.03—2025.03	新办
(2020) 外饲准字 259 号	全价成年期猫粮 Complete Feed for Adult Cat	欧帝亿全价成年期猫粮 IMPERIAL PAW ADULT CAT	宠物配合饲料 Pet Compound Feed	猫 Cats	比利时联合宠物食品公司 United Petfood Producers NV, Belgium	2020.03—2025.03	新办
(2020) 外饲准字 260 号	全价成年期猫粮 Complete Feed for Adult Cat	欧帝亿全价挑嘴猫成年期猫粮 IMPERIAL PAW ADULT FUSSY CAT	宠物配合饲料 Pet Compound Feed	猫 Cats	比利时联合宠物食品公司 United Petfood Producers NV, Belgium	2020.03—2025.03	新办
(2020) 外饲准字 261 号	全价幼年期猫粮 Complete Feed for Kitten	欧帝亿全价幼年期猫粮 IMPERIAL PAW KITTEN	宠物配合饲料 Pet Compound Feed	猫 Cats	比利时联合宠物食品公司 United Petfood Producers NV, Belgium	2020.03—2025.03	新办
(2020) 外饲准字 262 号	全价母猫怀孕期哺乳期和幼猫猫粮 Complete Feed for Lactating Cat and Kitten	欧帝亿全价猫奶糕 IMPERIAL PAW MUM & KITTEN	宠物配合饲料 Pet Compound Feed	猫 Cats	比利时联合宠物食品公司 United Petfood Producers NV, Belgium	2020.03—2025.03	新办
(2020) 外饲准字 263 号	全价宠物食品成年期猫粮 Pet Complete Food for Adult Cat	Kit Cat 吉喵卡兹猫粮—羊肉味 KIT CAT KITTYCRUNCH-LAMB FLAVOR	宠物配合饲料 Pet Compound Feed	猫 Cats	泰国 Nutrix Public 有限公司 Nutrix Public Company Limited, Thailand	2020.03—2025.03	新办

（续）

登记证号	通用名称	商品名称	产品类别	使用范围	生产厂家	有效期限	备注
(2020) 外饲准字 264 号	全价宠物食品成年期猫粮 Pet Complete Food for Adult Cat	Kit Cat 吉喵卡兹猫粮—海鲜味 KIT CAT KITTYCRUNCH-SEAFOOD FLAVOR	宠物配合饲料 Pet Compound Feed	猫 Cats	泰国 Nutrix Public 有限公司 Nutrix Public Company Limited，Thailand	2020. 03—2025. 03	新办
(2020) 外饲准字 265 号	全价宠物食品成年期猫粮 Pet Complete Food for Adult Cat	Kit Cat 吉喵卡兹猫粮—金枪鱼味 KIT CAT KITTYCRUNCH-TUNA FLAVOR	宠物配合饲料 Pet Compound Feed	猫 Cats	泰国 Nutrix Public 有限公司 Nutrix Public Company Limited，Thailand	2020. 03—2025. 03	新办
(2020) 外饲准字 266 号	全价宠物食品成年期猫粮 Pet Complete Food for Adult Cat	Kit Cat 吉喵卡兹猫粮—三文鱼味 KIT CAT KITTYCRUNCH-SALMON FLAVOR	宠物配合饲料 Pet Compound Feed	猫 Cats	泰国 Nutrix Public 有限公司 Nutrix Public Company Limited，Thailand	2020. 03—2025. 03	新办
(2020) 外饲准字 267 号	全价宠物食品成年期猫粮 Pet Complete Food for Adult Cat	Kit Cat 吉喵卡兹猫粮—鸡肉味 KIT CAT KITTYCRUNCH-CHICKEN FLAVOR	宠物配合饲料 Pet Compound Feed	猫 Cats	泰国 Nutrix Public 有限公司 Nutrix Public Company Limited，Thailand	2020. 03—2025. 03	新办
(2020) 外饲准字 268 号	全价宠物食品幼年期/妊娠期/哺乳期猫粮 Pet Complete Food for Kitten，Pregnant and Lactating Cat	Kit Cat 吉喵幼猫和孕乳猫食品 KIT CAT DRY FOOD-KITTEN & PREGNANT CAT	宠物配合饲料 Pet Compound Feed	猫 Cats	泰国 Nutrix Public 有限公司 Nutrix Public Company Limited，Thailand	2020. 03—2025. 03	新办
(2020) 外饲准字 269 号	全价宠物食品成年期猫粮 Pet Complete Food for Adult Cat	Kit Cat 吉喵卡兹猫粮—牛肉味 KIT CAT KITTYCRUNCH-BEEF FLAVOR	宠物配合饲料 Pet Compound Feed	猫 Cats	泰国 Nutrix Public 有限公司 Nutrix Public Company Limited，Thailand	2020. 03—2025. 03	新办
(2020) 外饲准字 270 号	宠物配合饲料成年期猫粮 Pet Compound Feed Adult Cats Food	宝瑞滋猫粮 Old Prince Super Premium Cats	宠物配合饲料 Pet Compound Feed	猫 Cats	阿根廷 Agro Industrias Baires S. A. 公司 Agro Industrias Baires S. A.，Argentina	2020. 03—2025. 03	新办
(2020) 外饲准字 271 号	宠物配合饲料成年期猫粮 Pet Compound Feed Adult Cats Food	宝瑞滋室内猫粮 Old Prince Super Premium Cats Indoor	宠物配合饲料 Pet Compound Feed	猫 Cats	阿根廷 Agro Industrias Baires S. A. 公司 Agro Industrias Baires S. A.，Argentina	2020. 03—2025. 03	新办
(2020) 外饲准字 272 号	宠物配合饲料成年期犬粮 Pet Compound Feed Adults Dog Food	宝瑞滋体重控制成犬粮 Old Prince Super Premium Adults Weight Control	宠物配合饲料 Pet Compound Feed	犬 Dogs	阿根廷 Agro Industrias Baires S. A. 公司 Agro Industrias Baires S. A.，Argentina	2020. 03—2025. 03	新办

（续）

登记证号	通用名称	商品名称	产品类别	使用范围	生产厂家	有效期限	备注
（2020）外饲准字 273 号	宠物配合饲料幼年期犬粮 Pet Compound Feed Puppies Dog Food	宝瑞滋幼犬粮 Old Prince Super Premium Puppies	宠物配合饲料 Pet Compound Feed	犬 Dogs	阿根廷 Agro Industrias Baires S. A. 公司 Agro Industrias Baires S. A. , Argentina	2020. 03—2025. 03	新办
（2020）外饲准字 274 号	宠物配合饲料小型犬幼年期犬粮 Pet Compound Feed Small Breed Puppies Dog Food	宝瑞滋小型犬幼犬粮 Old Prince Super Premium Puppies Small Breed	宠物配合饲料 Pet Compound Feed	犬 Dogs	阿根廷 Agro Industrias Baires S. A. 公司 Agro Industrias Baires S. A. , Argentina	2020. 03—2025. 03	新办
（2020）外饲准字 275 号	宠物配合饲料成年期猫粮 Pet Compound Feed Adult Cats Food	宝瑞滋泌尿保护猫粮 Old Prince Super Premium Cats Urinary	宠物配合饲料 Pet Compound Feed	猫 Cats	阿根廷 Agro Industrias Baires S. A. 公司 Agro Industrias Baires S. A. , Argentina	2020. 03—2025. 03	新办
（2020）外饲准字 276 号	宠物配合饲料小型犬成年期犬粮 Pet Compound Feed Small Breed Adults Dog Food	宝瑞滋小型犬成犬粮 Old Prince Super Premium Adults Small Breed	宠物配合饲料 Pet Compound Feed	犬 Dogs	阿根廷 Agro Industrias Baires S. A. 公司 Agro Industrias Baires S. A. , Argentina	2020. 03—2025. 03	新办
（2020）外饲准字 277 号	宠物配合饲料成年期犬粮 Pet Compound Feed Adults Dog Food	宝瑞滋羊肉大米配方犬粮 Old Prince Super Premium Lamb and Rice	宠物配合饲料 Pet Compound Feed	犬 Dogs	阿根廷 Agro Industrias Baires S. A. 公司 Agro Industrias Baires S. A. , Argentina	2020. 03—2025. 03	新办
（2020）外饲准字 278 号	宠物配合饲料幼年期猫粮 Pet Compound Feed Kittens Food	宝瑞滋幼猫粮 Old Prince Super Premium Kittens	宠物配合饲料 Pet Compound Feed	猫 Cats	阿根廷 Agro Industrias Baires S. A. 公司 Agro Industrias Baires S. A. , Argentina	2020. 03—2025. 03	新办
（2020）外饲准字 279 号	宠物配合饲料成年期犬粮 Pet Compound Feed Adults Dog Food	宝瑞滋成犬粮 Old Prince Super Premium Adults	宠物配合饲料 Pet Compound Feed	犬 Dogs	阿根廷 Agro Industrias Baires S. A. 公司 Agro Industrias Baires S. A. , Argentina	2020. 03—2025. 03	新办
（2020）外饲准字 280 号	宠物配合饲料幼年期猫粮 Compound Pet Food-Cat Food Kitten	VITALCAN BALANCED 幼年期猫粮 VITALCAN BALANCED KITTEN	宠物配合饲料 Pet Compound Feed	猫 Cats	阿根廷 Agro Industrias Baires S. A. 公司 Agro Industrias Baires S. A. , Argentina	2020. 03—2025. 03	新办
（2020）外饲准字 281 号	宠物配合饲料成年期猫粮 Compound Pet Food-Cat Food Adult	VITALCAN BALANCED 成年期猫粮 VITALCAN BALANCED ADULT CAT	宠物配合饲料 Pet Compound Feed	猫 Cats	阿根廷 Agro Industrias Baires S. A. 公司 Agro Industrias Baires S. A. , Argentina	2020. 03—2025. 03	新办
（2020）外饲准字 282 号	宠物配合饲料大型犬幼年期犬粮 Compound Pet Food-Large Dog Food Puppies	VITALCAN BALANCED 大型幼犬粮 VITALCAN BALANCED LARGE BREED PUPPY	宠物配合饲料 Pet Compound Feed	犬 Dogs	阿根廷 Agro Industrias Baires S. A. 公司 Agro Industrias Baires S. A. , Argentina	2020. 03—2025. 03	新办

（续）

登记证号	通用名称	商品名称	产品类别	使用范围	生产厂家	有效期限	备注
(2020) 外饲准字 283 号	宠物配合饲料中型和大型成年期犬粮 Compound Pet Food-Medium and Large Dog Food Adult	Dog Selection 黑标中型和大型成犬粮 Dog Selection Black Label Adults Medium and Large Breeds	宠物配合饲料 Pet Compound Feed	犬 Dogs	阿根廷 Pet Foods Saladillo S. A. 公司 Pet Foods Saladillo S. A. , Argentina	2020.03—2025.03	新办
(2020) 外饲准字 284 号	宠物配合饲料老年期犬粮 Pet Compound Feed for Senior Dog	金士摩海鱼配方老年期犬粮 Kingsmoor Seafish Senior Dog	宠物配合饲料 Pet Compound Feed	犬 Dogs	（丹麦）维塔宠物食品集团公司（工厂） Vital Petfood Group A/S, Denmark	2020.03—2025.03	新办
(2020) 外饲准字 285 号	宠物配合饲料成年期犬粮 Pet Compound Feed for Adult Dog	金士摩海鱼配方活跃犬粮 Kingsmoor Seafish Active Dog	宠物配合饲料 Pet Compound Feed	犬 Dogs	（丹麦）维塔宠物食品集团公司（工厂） Vital Petfood Group A/S, Denmark	2020.03—2025.03	新办
(2020) 外饲准字 286 号	成年期全价犬粮 Pet Compound Food for Adult Dog	S9 纽顿成年期全价犬粮羊肉 & 大麦配方 S9 NutramNumber Sound Adult Dog Food Lamb & Pearled Barley Recipe	宠物配合饲料 Pet Compound Feed	犬 Dogs	（加拿大）艾尔麦乐宠物产品有限公司 Elmira Pet Products Ltd. , Canada	2020.03—2025.03	新办
(2020) 外饲准字 287 号	老年期全价犬粮 Pet Compound Food for Senior Dog	S10 纽顿老年期全价犬粮鸡肉 & 燕麦配方 S10 NutramNumber Sound Senior Dog Food Chicken & Oatmeal Recipe	宠物配合饲料 Pet Compound Feed	犬 Dogs	（加拿大）艾尔麦乐宠物产品有限公司 Elmira Pet Products Ltd. , Canada	2020.03—2025.03	新办
(2020) 外饲准字 288 号	成年期全价猫粮 Pet Compound Food for Adult Cat	I19 纽顿皮毛 & 肠胃调理全价猫粮鸡肉 & 鲑鱼配方 I19 NutramNumber Ideal Skin, Coat & Stomach Cat Food Chicken & Salmon Recipe	宠物配合饲料 Pet Compound Feed	猫 Cats	（加拿大）艾尔麦乐宠物产品有限公司 Elmira Pet Products Ltd. , Canada	2020.03—2025.03	新办
(2020) 外饲准字 289 号	全价犬粮 Pet Compound Food for Dog	T23 纽顿全价犬粮鸡肉 & 火鸡肉配方 T23 NutramNumber Total Dog Food Chicken & Turkey Recipe	宠物配合饲料 Pet Compound Feed	犬 Dogs	（加拿大）艾尔麦乐宠物产品有限公司 Elmira Pet Products Ltd. , Canada	2020.03—2025.03	新办

（续）

登记证号	通用名称	商品名称	产品类别	使用范围	生产厂家	有效期限	备注
(2020) 外饲准字 290 号	成年期全价猫粮 Pet Compound Food for Adult Cat	I12 纽顿体重控制全价猫粮鸡肉 & 大麦配方 I12 NutramNumber Ideal Weight Control Cat Food Chicken & Pearled Barley Recipe	宠物配合饲料 Pet Compound Feed	猫 Cats	(加拿大) 艾尔麦乐宠物产品有限公司 Elmira Pet Products Ltd., Canada	2020. 03—2025. 03	新办
(2020) 外饲准字 291 号	全价犬粮 Pet Compound Food for Dog	T25 纽顿全价犬粮鲑鱼 & 鳟鱼配方 T25 NutramNumber Total Dog Food Salmon & Trout Recipe	宠物配合饲料 Pet Compound Feed	犬 Dogs	(加拿大) 艾尔麦乐宠物产品有限公司 Elmira Pet Products Ltd., Canada	2020. 03—2025. 03	新办
(2020) 外饲准字 292 号	小型犬全价犬粮 Pet Compound Food for Small Breed Dog	T29 纽顿小型犬全价犬粮羊肉 & 兵豆配方 T29 NutramNumber Total Small Breed Dog Food Lamb & Lentils Recipe	宠物配合饲料 Pet Compound Feed	犬 Dogs	(加拿大) 艾尔麦乐宠物产品有限公司 Elmira Pet Products Ltd., Canada	2020. 03—2025. 03	新办
(2020) 外饲准字 293 号	成年期全价犬粮 Pet Compound Food for Adult Dog	I18 纽顿体重控制全价犬粮鸡肉 & 豌豆配方 I18 NutramNumber Ideal Weight Control Dog Food Chicken & Peas Recipe	宠物配合饲料 Pet Compound Feed	犬 Dogs	(加拿大) 艾尔麦乐宠物产品有限公司 Elmira Pet Products Ltd., Canada	2020. 03—2025. 03	新办
(2020) 外饲准字 294 号	成年期全价犬粮 Pet Compound Food for Adult Dog	I20 纽顿皮毛 & 肠胃调理全价犬粮羊肉 & 糙米配方 I20NutramNumber Ideal Skin, Coat & Stomach Dog Food Lamb & Brown Rice Recipe	宠物配合饲料 Pet Compound Feed	犬 Dogs	(加拿大) 艾尔麦乐宠物产品有限公司 Elmira Pet Products Ltd., Canada	2020. 03—2025. 03	新办
(2020) 外饲准字 295 号	全价宠物食品小型犬犬粮 Pet Compound Food for Small Breed Dog	耐吉斯玩赏犬全价犬粮火鸡肉配方 Holistic Recipe Solution Toy Breed Dry Dog Food Turkey Recipe	宠物配合饲料 Pet Compound Feed	犬 Dogs	(加拿大) 艾尔麦乐宠物产品有限公司 Elmira Pet Products Ltd., Canada	2020. 03—2025. 03	新办
(2020) 外饲准字 296 号	宠物配合饲料 猫粮 Pet Compound Feed Cat Feed	AORAKI 云顶星野生农场全期猫粮 AORAKI WILD FARM ALL LIFE STAGES CAT FOOD	宠物配合饲料 Pet Compound Feed	猫 Cats	(新西兰) 爱德胜宠物产品有限公司 Addiction Foods NZ Ltd., New Zealand	2020. 03—2025. 03	新办

（续）

登记证号	通用名称	商品名称	产品类别	使用范围	生产厂家	有效期限	备注
(2020) 外饲准字 297 号	宠物配合饲料 猫粮 Pet Compound Feed Cat Feed	AORAKI 云顶星全期猫粮牧场红肉配方 AORAKI RANCH RED MEAT ALL LIFE STAGES CAT FOOD	宠物配合饲料 Pet Compound Feed	猫 Cats	(新西兰) 爱德胜宠物产品有限公司 Addiction Foods NZ Ltd., New Zealand	2020.03—2025.03	新办
(2020) 外饲准字 298 号	宠物配合饲料 猫粮 Pet Compound Feed Cat Feed	AORAKI 云顶星全期猫粮深海鱼配方 AORAKI DEEP-SEA FISH ALL LIFE STAGES CAT FOOD	宠物配合饲料 Pet Compound Feed	猫 Cats	(新西兰) 爱德胜宠物产品有限公司 Addiction Foods NZ Ltd., New Zealand	2020.03—2025.03	新办
(2020) 外饲准字 299 号	宠物配合饲料幼年期猫粮 Pet Compound Feed for Kittens	法宾优选幼猫粮 BAB'IN SIGNATURE CHATON	宠物配合饲料 Compound Feed	猫 Cats	法国可迪克有限公司 CODICO, France	2020.03—2025.03	新办
(2020) 外饲准字 300 号	全价宠物食品犬粮 Pet Compound Feed for Dog	爱邦本源鸡肉白鱼配方无谷犬粮 EARTHBORN HOLISTIC Primitive Natural	宠物配合饲料 Pet Compound Feed	犬 Dogs	(美国) 米德怀斯特恩宠物食品公司（工厂） Midwestern Pet Foods, Inc., USA	2020.03—2025.03	新办
(2020) 外饲准字 301 号	全价宠物食品犬粮 Pet Compound Feed for Dog	爱邦海岸白鱼配方无谷犬粮 EARTHBORN HOLISTIC Coastal Catch	宠物配合饲料 Pet Compound Feed	犬 Dogs	(美国) 米德怀斯特恩宠物食品公司（工厂） Midwestern Pet Foods, Inc., USA	2020.03—2025.03	新办
(2020) 外饲准字 302 号	全价宠物食品成年期犬粮 Pet Compound Feed for Adult Dog	爱邦纤体鸡肉配方成年期无谷犬粮 EARTHBORN HOLISTIC Weight Control	宠物配合饲料 Pet Compound Feed	犬 Dogs	(美国) 米德怀斯特恩宠物食品公司（工厂） Midwestern Pet Foods, Inc., USA	2020.03—2025.03	新办
(2020) 外饲准字 303 号	全价宠物食品幼年期犬粮 Pet Compound Feed for Puppy	爱邦慧幼鸡肉白鱼配方幼年期无谷犬粮 EARTHBORN HOLISTIC Puppy Vantage	宠物配合饲料 Pet Compound Feed	犬 Dogs	(美国) 米德怀斯特恩宠物食品公司（工厂） Midwestern Pet Foods, Inc., USA	2020.03—2025.03	新办
(2020) 外饲准字 304 号	全价宠物食品犬粮 Pet Compound Feed for Dog	爱邦小誉鸡肉白鱼配方小型犬无谷犬粮 EARTHBORN HOLISTIC Small Breed	宠物配合饲料 Pet Compound Feed	犬 Dogs	(美国) 米德怀斯特恩宠物食品公司（工厂） Midwestern Pet Foods, Inc., USA	2020.03—2025.03	新办
(2020) 外饲准字 305 号	全价宠物食品猫粮 Pet Compound Feed for Cat	爱邦天选鸡肉配方无谷猫粮 EARTHBORN HOLISTIC Primitive Feline	宠物配合饲料 Pet Compound Feed	猫 Cats	(美国) 米德怀斯特恩宠物食品公司（工厂） Midwestern Pet Foods, Inc., USA	2020.03—2025.03	新办

（续）

登记证号	通用名称	商品名称	产品类别	使用范围	生产厂家	有效期限	备注
(2020) 外饲准字 306 号	全价宠物食品猫粮 Pet Compound Feed for Cat	爱邦荒海曼哈顿鱼白鱼配方无谷猫粮 EARTHBORN HOLISTIC Wild Sea Catch	宠物配合饲料 Pet Compound Feed	猫 Cats	(美国) 米德怀斯特恩宠物食品公司 (工厂) Midwestern Pet Foods, Inc., USA	2020.03—2025.03	新办
(2020) 外饲准字 307 号	全价宠物食品成年期犬粮 Pet Compound Feed for Adult Dog	米普心选鸡肉配方成年期无谷犬粮 PRO PAC ULTIMATES Heartland Choice	宠物配合饲料 Pet Compound Feed	犬 Dogs	(美国) 米德怀斯特恩宠物食品公司 (工厂) Midwestern Pet Foods, Inc., USA	2020.03—2025.03	新办
(2020) 外饲准字 308 号	全价宠物食品犬粮 Pet Compound Feed for Dog	米普海湾白鱼配方无谷犬粮 PRO PAC ULTIMATES Bayside Select	宠物配合饲料 Pet Compound Feed	犬 Dogs	(美国) 米德怀斯特恩宠物食品公司 (工厂) Midwestern Pet Foods, Inc., USA	2020.03—2025.03	新办
(2020) 外饲准字 309 号	全价宠物食品成年期犬粮 Pet Compound Feed for Adult Dog	米普鸡肉配方成年期犬粮 PRO PAC ULTIMATES Chicken & Brown Rice Formula	宠物配合饲料 Pet Compound Feed	犬 Dogs	(美国) 米德怀斯特恩宠物食品公司 (工厂) Midwestern Pet Foods, Inc., USA	2020.03—2025.03	新办
(2020) 外饲准字 310 号	全价宠物食品幼年期犬粮 Pet Compound Feed for Puppy	米普鸡肉白鱼配方幼年期犬粮 PRO PAC ULTIMATES Puppy Chicken & Brown Rice Formula	宠物配合饲料 Pet Compound Feed	犬 Dogs	(美国) 米德怀斯特恩宠物食品公司 (工厂) Midwestern Pet Foods, Inc., USA	2020.03—2025.03	新办
(2020) 外饲准字 311 号	全价宠物食品老年期犬粮 Pet Compound Feed for Senior Dog	米普鸡肉白鱼配方老年期犬粮 PRO PAC ULTIMATES Mature Chicken & Brown Rice Formula	宠物配合饲料 Pet Compound Feed	犬 Dogs	(美国) 米德怀斯特恩宠物食品公司 (工厂) Midwestern Pet Foods, Inc., USA	2020.03—2025.03	新办
(2020) 外饲准字 312 号	全价宠物食品猫粮 Pet Compound Feed for Cat	米普萨瓦纳鸡肉配方无谷猫粮 PRO PAC ULTIMATES Savanna Pride Indoor Formula	宠物配合饲料 Pet Compound Feed	猫 Cats	(美国) 米德怀斯特恩宠物食品公司 (工厂) Midwestern Pet Foods, Inc., USA	2020.03—2025.03	新办
(2020) 外饲准字 313 号	全价宠物食品猫粮 Pet Compound Feed for Cat	米普深海白鱼配方无谷猫粮 PRO PAC ULTIMATES Deep Sea Select Indoor Formula	宠物配合饲料 Pet Compound Feed	猫 Cats	(美国) 米德怀斯特恩宠物食品公司 (工厂) Midwestern Pet Foods, Inc., USA	2020.03—2025.03	新办

（续）

登记证号	通用名称	商品名称	产品类别	使用范围	生产厂家	有效期限	备注
(2020) 外饲准字 314 号	全价宠物食品犬粮 Pet Compound Feed for Dog	动迈益生鸡肉配方犬粮 SPORTMiX WHOLESOMES Chicken & Brown Rice	宠物配合饲料 Pet Compound Feed	犬 Dogs	（美国）米德怀斯特恩宠物食品公司（工厂） Midwestern Pet Foods, Inc., USA	2020.03—2025.03	新办
(2020) 外饲准字 315 号	全价宠物食品猫粮 Pet Compound Feed for Cat	动迈益生鸡肉曼哈顿鱼配方猫粮 SPORTMiX WHOLESOMES Food for Cats & Kittens Chicken Meal & Rice Formula	宠物配合饲料 Pet Compound Feed	猫 Cats	（美国）米德怀斯特恩宠物食品公司（工厂） Midwestern Pet Foods, Inc., USA	2020.03—2025.03	新办
(2020) 外饲准字 316 号	全价宠物食品犬粮 Pet Compound Feed for Dog	动迈上犬鸡肉磷虾配方无谷犬粮 SPORTMiX CANINE X Chicken Meal & Vegetables Formula	宠物配合饲料 Pet Compound Feed	犬 Dogs	（美国）米德怀斯特恩宠物食品公司（工厂） Midwestern Pet Foods, Inc., USA	2020.03—2025.03	新办
(2020) 外饲准字 317 号	全价宠物食品犬粮 Pet Compound Feed for Dog	动迈全犬期犬粮 SPORTMiX High Protein	宠物配合饲料 Pet Compound Feed	犬 Dogs	（美国）米德怀斯特恩宠物食品公司（工厂） Midwestern Pet Foods, Inc., USA	2020.03—2025.03	新办
(2020) 外饲准字 318 号	全价宠物食品猫粮 Pet Compound Feed for Cat	动迈全猫期猫粮 SPORTMiX Cat Food Original Recipe	宠物配合饲料 Pet Compound Feed	猫 Cats	（美国）米德怀斯特恩宠物食品公司（工厂） Midwestern Pet Foods, Inc., USA	2020.03—2025.03	新办
(2020) 外饲准字 319 号	全价小型犬幼年期犬粮 Complete Feed for Junior Small Dog	欧帝亿全价小型犬幼年期犬粮 IMPERIAL PAW JUNIOR SMALL DOG	宠物配合饲料 Pet Compound Feed	犬 Dogs	比利时联合宠物食品公司 United Petfood Producers NV, Belgium	2020.03—2025.03	新办
(2020) 外饲准字 320 号	全价小型犬老年期犬粮 Complete Feed for Senior Small Dog	欧帝亿全价小型犬老年期犬粮 IMPERIAL PAW SENIOR SMALL DOG	宠物配合饲料 Pet Compound Feed	犬 Dogs	比利时联合宠物食品公司 United Petfood Producers NV, Belgium	2020.03—2025.03	新办
(2020) 外饲准字 321 号	全价中型犬幼年期犬粮 Complete Feed for Junior Medium Dog	欧帝亿全价中型犬幼年期犬粮 IMPERIAL PAW JUNIOR MEDIUM DOG	宠物配合饲料 Pet Compound Feed	犬 Dogs	比利时联合宠物食品公司 United Petfood Producers NV, Belgium	2020.03—2025.03	新办

（续）

登记证号	通用名称	商品名称	产品类别	使用范围	生产厂家	有效期限	备注
（2020）外饲准字 322 号	全价大型犬成年期犬粮 Complete Feed for Adult Large Dog	欧帝亿全价大型犬成年期犬粮 IMPERIAL PAW ADULT LARGE DOG	宠物配合饲料 Pet Compound Feed	犬 Dogs	比利时联合宠物食品公司 United Petfood Producers NV，Belgium	2020.03—2025.03	新办
（2020）外饲准字 323 号	宠物营养补充剂 幼犬维生素 Complementary Pet Food Puppy Vitamins	俊汪精典系列幼犬营养膏 GimDog Essential Line Puppy Paste	宠物添加剂预混合饲料 Pet Feed Additive Premix	犬 Dogs	（德国）海因里希·范·基姆鲍恩股份有限公司 H. von Gimborn GmbH，Germany	2020.03—2025.03	新办
（2020）外饲准字 324 号	宠物营养补充剂 猫牛磺酸 Complementary Pet Food Cat Taurine	俊喵精典系列含牛磺酸养目营养膏 GimCat Essential Line Taurine Paste	宠物添加剂预混合饲料 Pet Feed Additive Premix	猫 Cats	（德国）海因里希·范·基姆鲍恩股份有限公司 H. von Gimborn GmbH，Germany	2020.03—2025.03	新办
（2020）外饲准字 325 号	宠物营养补充剂 猫维生素、矿物元素 Complementary Pet Food Cat Vitamins Minerals	俊喵臻效系列复健营养膏 GimCat Professional Line Convalescence Paste	宠物添加剂预混合饲料 Pet Feed Additive Premix	猫 Cats	（德国）海因里希·范·基姆鲍恩股份有限公司 H. von Gimborn GmbH，Germany	2020.03—2025.03	新办
（2020）外饲准字 326 号	宠物营养补充剂 猫维生素、矿物元素 Complementary Pet Food Cat Vitamins Minerals	俊喵精典系列皮肤毛发护理片 GimCat Every Day Skin & Coat Tabs	宠物添加剂预混合饲料 Pet Feed Additive Premix	猫 Cats	（德国）海因里希·范·基姆鲍恩股份有限公司 H. von Gimborn GmbH，Germany	2020.03—2025.03	新办
（2020）外饲准字 327 号	宠物营养补充剂 猫维生素、氨基酸 Complementary Pet Food Cat Vitamins Amino Acids	俊喵精典系列复合维他命片 GimCat Every Day Multi-Vitamin Tabs	宠物添加剂预混合饲料 Pet Feed Additive Premix	猫 Cats	（德国）海因里希·范·基姆鲍恩股份有限公司 H. von Gimborn GmbH，Germany	2020.03—2025.03	新办
（2020）外饲准字 328 号	宠物营养补充剂 犬维生素、矿物元素、氨基酸 Complementary Pet Food Dog Vitamins Minerals Amino Acids	俊汪臻效系列皮肤养护营养膏 GimDog Professional Line Derma Paste	宠物添加剂预混合饲料 Pet Feed Additive Premix	犬 Dogs	（德国）海因里希·范·基姆鲍恩股份有限公司 H. von Gimborn GmbH，Germany	2020.03—2025.03	新办
（2020）外饲准字 329 号	宠物营养补充剂 猫 dl-α-生育酚、D-生物素、硫酸锌 Complementary Pet Food Cat dl-Alpha-Tocopherol D-Biotin Zinc Sulfate	俊喵精典系列莹彩美毛膏 GimCat Essential Line Beauty Paste	添加剂预混合饲料 Feed Additive Premix	猫 Cats	（德国）海因里希·范·基姆鲍恩股份有限公司 H. von Gimborn GmbH，Germany	2020.03—2025.03	新办
（2020）外饲准字 330 号	宠物营养补充剂 犬维生素、矿物元素 Complementary Pet Food Dog Vitamins Minerals	俊汪臻效系列复健营养膏 GimDog Professional Line Convalescence Paste	宠物添加剂预混合饲料 Pet Feed Additive Premix	犬 Dogs	（德国）海因里希·范·基姆鲍恩股份有限公司 H. von Gimborn GmbH，Germany	2020.03—2025.03	新办

（续）

登记证号	通用名称	商品名称	产品类别	使用范围	生产厂家	有效期限	备注
(2020) 外饲准字 331 号	宠物营养补充剂 犬 L-肉碱 Complementary Pet Food Dog L-Carnitine	俊汪精典系列活力营养膏 GimDog Essential Line Vitality Paste	宠物添加剂预混合饲料 Pet Feed Additive Premix	犬 Dogs	（德国）海因里希·范·基姆鲍恩股份有限公司 H. von Gimborn GmbH, Germany	2020.03—2025.03	新办
(2020) 外饲准字 332 号	宠物营养补充剂 猫维生素 Complementary Pet Food Cat Vitamins	俊喵精典系列多元维他命营养膏 GimCat Essential Line Multi-Vitamin Paste	宠物添加剂预混合饲料 Pet Feed Additive Premix	猫 Cats	（德国）海因里希·范·基姆鲍恩股份有限公司 H. von Gimborn GmbH, Germany	2020.03—2025.03	新办
(2020) 外饲准字 333 号	宠物营养补充剂 犬维生素、氨基酸 Complementary Pet Food Dog Vitamins Amino Acids	俊汪臻效系列抗应激营养膏 GimDog Professional Line Calming Paste	宠物添加剂预混合饲料 Pet Feed Additive Premix	犬 Dogs	（德国）海因里希·范·基姆鲍恩股份有限公司 H. von Gimborn GmbH, Germany	2020.03—2025.03	新办
(2020) 外饲准字 334 号	宠物营养补充剂 犬硫酸软骨素 Complementary Pet Food Dog Chondroitin Sulfate	俊汪精典系列关节养护营养膏 GimDog Essential Line Mobility Paste	宠物添加剂预混合饲料 Pet Feed Additive Premix	犬 Dogs	（德国）海因里希·范·基姆鲍恩股份有限公司 H. von Gimborn GmbH, Germany	2020.03—2025.03	新办
(2020) 外饲准字 335 号	宠物营养补充剂 猫硫酸软骨素 Complementary Pet Food Cat Chondroitin Sulfate	俊喵臻效系列关节宝 GimCat Professional Line Mobility Tablets	宠物添加剂预混合饲料 Pet Feed Additive Premix	猫 Cats	（德国）海因里希·范·基姆鲍恩股份有限公司 H. von Gimborn GmbH, Germany	2020.03—2025.03	新办
(2020) 外饲准字 336 号	宠物营养补充剂 犬用维生素 Pet Nutritional Supplement Vitamin for Dog	发育宝-S 整肠配方（犬用） Haimix-S Gastrointestinal Formula (For Dog)	宠物添加剂预混合饲料 Pet Feed Additive Premix	犬 Dogs	（台湾）信元制药股份有限公司（中科厂） SINGEN ANIMAL HEALTH INDUSTRY CO., LTD	2020.03—2025.03	新办
(2020) 外饲准字 337 号	宠物营养补充剂 猫用维生素 Pet Nutritional Supplement Vitamin for Cat	发育宝-S 整肠配方（猫用） Haimix-S Gastrointestinal Formula (For Cat)	宠物添加剂预混合饲料 Pet Feed Additive Premix	猫 Cats	（台湾）信元制药股份有限公司（中科厂） SINGEN ANIMAL HEALTH INDUSTRY CO., LTD	2020.03—2025.03	新办
(2020) 外饲准字 338 号	仔猪配合饲料 Compound Feed for Piglets	利宝维 F28 Pigger Flex 28	配合饲料 Compound Feed	仔猪 Piglets	荷兰利宝维公司 Liprovit B. V., the Netherlands	2020.03—2025.03	新办
(2020) 外饲准字 339 号	仔猪配合饲料 Compound Feed for Piglets	利宝维 F55 Pigger Flex 55	配合饲料 Compound Feed	仔猪 Piglets	荷兰利宝维公司 Liprovit B. V., the Netherlands	2020.03—2025.03	新办
(2020) 外饲准字 340 号	鹦鹉配合饲料 Compound Feed for Parrot	HAGEN TROPICAN 高能滋养鹦鹉配方 2 毫米 HAGEN TROPICAN HIGH PERFORMANCE FORMULA PARROT FOOD 2MM GRANULES	配合饲料 Compound Feed	鹦鹉 Parrot	加拿大 HAGEN INDUSTRIES LTD. HAGEN INDUSTRIES LTD., Canada	2020.03—2025.03	新办

（续）

登记证号	通用名称	商品名称	产品类别	使用范围	生产厂家	有效期限	备注
（2020）外饲准字 341 号	鹦鹉配合饲料 Compound Feed for Parrot	HAGEN TROPICAN 高能滋养鹦鹉配方 4 毫米 HAGEN TROPICAN HIGH PERFORMANCE FORMULA PARROT FOOD 4MM GRANULES	配合饲料 Compound Feed	鹦鹉 Parrot	加拿大 HAGEN INDUSTRIES LTD. HAGEN INDUSTRIES LTD.，Canada	2020. 03—2025. 03	新办
（2020）外饲准字 342 号	鹦鹉配合饲料 Compound Feed for Parrot	HAGEN TROPICAN 日常主食鹦鹉配方 2 毫米 HAGEN TROPICAN LIFETIME FORMULA PARROT FOOD 2MM GRANULES	配合饲料 Compound Feed	鹦鹉 Parrot	加拿大 HAGEN INDUSTRIES LTD. HAGEN INDUSTRIES LTD.，Canada	2020. 03—2025. 03	新办
（2020）外饲准字 343 号	鹦鹉配合饲料 Compound Feed for Parrot	HAGEN TROPIMIX 大型鹦鹉混合配方 HAGEN TROPIMIX LARGE PARROTS	配合饲料 Compound Feed	鹦鹉 Parrot	加拿大 HAGEN INDUSTRIES LTD. HAGEN INDUSTRIES LTD.，Canada	2020. 03—2025. 03	新办
（2020）外饲准字 344 号	鹦鹉配合饲料 Compound Feed for Parrot	HAGEN TROPIMIX 小型鹦鹉混合配方 HAGEN TROPIMIX SMALL PARROTS	配合饲料 Compound Feed	鹦鹉 Parrot	加拿大 HAGEN INDUSTRIES LTD. HAGEN INDUSTRIES LTD.，Canada	2020. 03—2025. 03	新办
（2020）外饲准字 345 号	鹦鹉配合饲料 Compound Feed for Parrot	HAGEN TROPICAN 鹦鹉幼鸟生长配方 HAGEN TROPICAN HAND-FEEDING FORMULA PARROT FOOD	配合饲料 Compound Feed	鹦鹉 Parrot	加拿大 HAGEN INDUSTRIES LTD. HAGEN INDUSTRIES LTD.，Canada	2020. 03—2025. 03	新办
（2020）外饲准字 346 号	鹦鹉配合饲料 Compound Feed for Parrot	HAGEN TROPICAN 日常主食鹦鹉配方 4 毫米 HAGEN TROPICAN LIFETIME FORMULA PARROT FOOD 4MM GRANULES	配合饲料 Compound Feed	鹦鹉 Parrot	加拿大 HAGEN INDUSTRIES LTD. HAGEN INDUSTRIES LTD.，Canada	2020. 03—2025. 03	新办
（2020）外饲准字 347 号	鹦鹉配合饲料 Compound Feed for Parrot	HAGEN TROPIMIX 玄凤和牡丹鹦鹉混合配方 HAGEN TROPIMIX COCKATIELS AND LOVEBIRDS	配合饲料 Compound Feed	鹦鹉 Parrot	加拿大 HAGEN INDUSTRIES LTD. HAGEN INDUSTRIES LTD.，Canada	2020. 03—2025. 03	新办

（续）

登记证号	通用名称	商品名称	产品类别	使用范围	生产厂家	有效期限	备注
(2020) 外饲准字 348 号	犊牛配合饲料 Compound Feed for Calves	牛益乳 Novilac turbo start	配合饲料 Compound Feed	犊牛 Calves	荷兰希尔斯公司 Schils B. V., the Netherlands	2020.03—2025.03	新办
(2020) 外饲准字 349 号	牙鲆配合饲料 Flounder Compound Feed	牙鲆饲料 Feed for flounder	配合饲料 Compound Feed	牙鲆 Flounder	韩国嘉吉普瑞纳株式会社群山工厂 CARGILL AGRI PURINA, KUNSAN PLANT, Korea	2020.03—2025.03	新办
(2020) 外饲准字 350 号	仔猪配合饲料 Piglets Compound Feed	所以更妙 Pigger Milk	配合饲料 Compound Feed	仔猪 Piglets	荷兰利宝维公司 Liprovit B. V., the Netherlands	2020.03—2025.03	新办
(2020) 外饲准字 351 号	锦鲤配合饲料 Compound Feed for Koi	锦鲤专用蚕形诱食饲料 JBL ProPond Silkworms Goody	配合饲料 Compound Feed	锦鲤鱼 Koi fish	德国 JBL 珍宝水族用品有限公司 JBL GmbH & Co. KG, Germany	2020.03—2025.03	新办
(2020) 外饲准字 352 号	猪、鸡浓缩饲料 Concentrate Feed for Swine and Chickens	优质 65 Superior 65	浓缩饲料 Concentrate Feed	猪、鸡 Swine, Chicken	（美国）弗斯特—麦克尼斯公司 Furst-McNess Company, USA	2020.03—2025.03	新办
(2020) 外饲准字 353 号	鸡水解粉 Chicken Hydrolysate	鸡水解蛋白粉 Chicken protein hydrolysate	单一饲料 Single Feed	宠物 Pets	巴西食品公司 BRF S. A., Brazil	2020.03—2025.03	新办
(2020) 外饲准字 354 号	豆粕（过瘤胃保护） Soybean Meal (Rumen Bypass Protein)	倍可速 Proxysoy	单一饲料 Single Feed	反刍动物 Ruminant	达尼斯（比利时）公司 Danis NV, Belgium	2020.03—2025.03	新办
(2020) 外饲准字 355 号	鱼粉 Fishmeal	红鱼粉（三级） Red Fishmeal (grade Ⅲ)	单一饲料 Single Feed	畜禽、水产养殖动物（反刍动物除外） Livestock, Poultry, Aquaculture animals (Not including ruminant)	摩洛哥 Protein and Oil Industry 公司 Protein and Oil Industry, Morocco	2020.03—2025.03	新办
(2020) 外饲准字 356 号	鱼粉 Fishmeal	红鱼粉（三级） Fish Meal (grade Ⅲ)	单一饲料 Single Feed	畜禽、水产养殖动物（反刍动物除外） Livestock, Poultry, Aquaculture animals (Not including ruminant)	印度 Blueline Foods (India) Pvt. Ltd. (Unit－Ⅱ) 公司 Blueline Foods (India) Pvt. Ltd. (Unit－Ⅱ), India	2020.03—2025.03	新办
(2020) 外饲准字 357 号	鱼粉 Fishmeal	红鱼粉（三级） Red Fish meal (Ⅲ)	单一饲料 Single Feed	畜禽、水产养殖动物（反刍动物除外） Livestock, Poultry, Aquaculture animals (Not including ruminant)	越南玉容生产商贸责任有限公司 Ngoc Dung Trading and Manufacturing Co., Ltd., Vietnam	2020.03—2025.03	新办

（续）

登记证号	通用名称	商品名称	产品类别	使用范围	生产厂家	有效期限	备注
（2020）外饲准字 358 号	大豆浓缩蛋白 Soybean Protein Concentrate	AX3 Digest® GMO 大豆浓缩蛋白 AX3 Digest® GMO	单一饲料 Single Feed	养殖动物 All species or categories of animals	丹麦 Triple A 公司 Triple A a/s，Denmark	2020.03—2025.03	新办
（2020）外饲准字 359 号	鱼粉 Fishmeal	珠都高质量鱼粉（三级） Chau Do high quality fishmeal（Ⅲ）	单一饲料 Single Feed	畜禽、水产养殖动物（反刍动物除外） Livestock，Poultry，Aquaculture animals（Not including ruminant）	（越南）珠都股份公司（工厂） Chau Do Joint Stock Company，Vietnam	2020.03—2025.03	新办
（2020）外饲准字 360 号	鱼粉 Fishmeal	瑞海鱼粉（Ⅲ） THUY HAI Fish meal（Grade Ⅲ）	单一饲料 Single Feed	畜禽、水产养殖动物（反刍动物除外） Livestock，Poultry，Aquaculture animals（Not including ruminant）	越南瑞海水产加工有限责任公司 Thuy Hai Sea Products Processing Company Limited，Vietnam	2020.03—2025.03	新办
（2020）外饲准字 361 号	鱼油 Fish Oil	鱼油 Fish oil	单一饲料 Single Feed	畜禽、水产养殖动物（反刍动物除外） Livestock，Poultry，Aquaculture animals（Not including ruminant）	越南大成有限责任公司 Dai Thanh Seafoods，Vietnam	2020.03—2025.03	新办
（2020）外饲准字 362 号	鱼油 Fish Oil	鲶油 Pangasius Fish oil	单一饲料 Single Feed	畜禽、水产养殖动物（反刍动物除外） Livestock，Poultry，Aquaculture animals（Not including ruminant）	越南青奎责任有限公司 Thanh Khoi Company Limited，Vietnam	2020.03—2025.03	新办
（2020）外饲准字 363 号	水解鱼蛋白粉 Fish Hydrolysate Powder	水解鱼蛋白粉 Fish Hydrolysate Powder	单一饲料 Single Feed	猪、家禽、水产养殖动物 Swine，Poultry，Aquaculture animals	墨西哥 Maz Industrial S. A. de C. V.，公司 Maz Industrial S. A. de C. V.，Mexico	2020.03—2025.03	新办
（2020）外饲准字 364 号	豆粕 Soybean Meal	豆粕 Soybean Meal	单一饲料 Single Feed	养殖动物 All species or categories of animals	巴基斯坦 Karachi Grains（私人）有限公司 Karachi Grains（Private）Limited，Pakistan	2020.03—2025.03	新办
（2020）外饲准字 365 号	淡水鱼粉 Freshwater Fishmeal	红鱼粉（Ⅲ） Red fish meal（Grade Ⅲ）	单一饲料 Single Feed	畜禽、水产养殖动物（反刍动物除外） Livestock，Poultry，Aquaculture animals（Not including ruminant）	越南安乐水产加工合资股份有限公司 AN LAC CORPORATION，Vietnam	2020.03—2025.03	新办

（续）

登记证号	通用名称	商品名称	产品类别	使用范围	生产厂家	有效期限	备注
(2020）外饲准字 366 号	鱼油 Fish Oil	鱼油 Fish oil	单一饲料 Single Feed	畜禽、水产养殖动物（反刍动物除外） Livestock, Poultry, Aquaculture animals (Not including ruminant)	越南玉容生产商贸责任有限公司 Ngoc Dung Trading and Manufacturing Co., Ltd., Vietnam	2020.03—2025.03	新办
(2020）外饲准字 367 号	菜籽粕 Rapeseed Meal	菜籽粕（加拿大菜籽） Canola meal (Canadian Seeds)	单一饲料 Single Feed	猪、家禽、牛 Swine, Poultry, Cattle	巴基斯坦 Shujabad Agro Industries (Pvt) Ltd. 公司（工厂） Shujabad Agro Industries (Pvt) Ltd., Pakistan	2020.03—2025.03	新办
(2020）外饲准字 368 号	豆粕 Soybean Meal	豆粕 Soybean Meal	单一饲料 Single Feed	猪、家禽 Swine, Poultry	巴基斯坦 Shujabad Agro Industries (Pvt) Ltd. 公司（工厂） Shujabad Agro Industries (Pvt) Ltd., Pakistan	2020.03—2025.03	新办
(2020）外饲准字 369 号	酵母水解物 Yeast Hydrolyzate	思怀德 Swine Mod	单一饲料 Single Feed	猪 Swine	意大利 Prosol S. p. A. 公司 Prosol S. p. A., Italy	2020.03—2025.03	新办
(2020）外饲准字 370 号	含可溶物的玉米干酒精糟 Corn Distillers Dried Grains with Solubles (DDGS)	含可溶物的玉米干酒精糟 Corn Distillers Dried Grains with Solubles (DDGS)	单一饲料 Single Feed	养殖动物 All species or categories of animals	（美国）安德森玛拉松控股有限公司 The Andersons Marathon Holdings LLC, USA	2020.03—2025.03	新办
(2020）外饲准字 371 号	淡水鱼粉 Freshwater Fishmeal	红鱼粉（三级） Red fish meal (Grade Ⅲ)	单一饲料 Single Feed	畜禽、水产养殖动物（反刍动物除外） Livestock, Poultry, Aquaculture animals (Not including ruminant)	越南鸿德旺有限责任公司 Hong Duc Vuong Co., Ltd., Vietnam	2020.03—2025.03	新办
(2020）外饲准字 372 号	蛋粉 Egg Product-Granulated	饲料级干燥鸡蛋粉产品 Feed Grade Dried Egg Product	单一饲料 Single Feed	猪、宠物、鱼、虾 Swine, Pets, Fish, Shrimp	（美国）Van Elderen 有限公司 Van Elderen Inc., USA	2020.03—2025.03	新办
(2020）外饲准字 373 号	鱼粉 Fishmeal	红鱼粉（三级） Red Fishmeal (Grade Ⅲ)	单一饲料 Single Feed	畜禽、水产养殖动物（反刍动物除外） Livestock, Poultry, Aquaculture animals (Not including ruminant)	摩洛哥 LAAYOUNE PROTEINE S. A. R. L. LAAYOUNE PROTEINE S. A. R. L., Morocco	2020.03—2025.03	新办
(2020）外饲准字 374 号	酿酒酵母培养物 Saccharomyces cerevisiae Yeast Culture	达农威 XPC Green XPC Green	单一饲料 Single Feed	养殖动物 All species or categories of animals	美国达农威公司 Diamond V Mills, LLC., USA	2020.03—2025.03	新办

（续）

登记证号	通用名称	商品名称	产品类别	使用范围	生产厂家	有效期限	备注
（2020）外饲准字 375 号	酿酒酵母培养物 Saccharomyces cerevisiae Yeast Culture	牛萃泰 NutriTek	单一饲料 Single Feed	养殖动物 All species or categories of animals	美国达农威公司 Diamond V Mills，LLC.，USA	2020.03—2025.03	新办
（2020）外饲准字 376 号	鱼油 Fish Oil	巴拿马鱼油（饲料级） Panamanian fish oil（feed grade）	单一饲料 Single Feed	畜禽、水产养殖动物、宠物（反刍动物除外） Livestock，Poultry，Aquaculture animals，Pets（Not including ruminant）	巴拿马 Procesadora Bayano S. A. 公司 Chepo 工厂 Procesadora Bayano S. A.，Panamá-Chepo Plant，Panama	2020.03—2025.03	新办
（2020）外饲准字 377 号	鱼油 Fish Oil	鱼油（饲料级） Fish Oil（Feed Grade）	单一饲料 Single Feed	畜禽、水产养殖动物（反刍动物除外） Livestock，Poultry，Aquaculture animals（Not including ruminant）	智利 Orizon S. A. 公司 Coquimbo 工厂 Orizon S. A.，Plant Coquimbo，Chile	2020.03—2025.03	新办
（2020）外饲准字 378 号	饲料添加剂 亚硫酸氢烟酰胺甲萘醌 Feed Additive Menadione Nicotinamide Bisulfite	维生素 K3 - MNB KAVIST（MNB）- MENADIONE NICOTINAMIDE BISULFITE FEED GRADE	饲料添加剂 Feed Additive	家禽、猪、兔、马、鱼 Poultry，Swine，Rabbit，Horse，Fish	乌拉圭帝沃斯公司 Dirox S. A.，Uruguay	2020.03—2025.03	新办
（2020）外饲准字 379 号	饲料添加剂 亚硫酸氢钠甲萘醌 Feed Additive Menadione Sodium Bisulfite	维生素 K3 - MSB MSB-MENADIONE SODIUM BISULFITE FEED GRADE	饲料添加剂 Feed Additive	家禽、猪、兔、马、鱼 Poultry，Swine，Rabbit，Horse，Fish	乌拉圭帝沃斯公司 Dirox S. A.，Uruguay	2020.03—2025.03	新办
（2020）外饲准字 380 号	饲料添加剂 屎肠球菌 Feed Additive Enterococcus faecium	爱益 ARCA BAC EF	饲料添加剂 Feed Additive	猪、家禽、犊牛 Swine，Poultry，Calf	意大利阿卡公司 Prodotti Arca S. r. l.，Italy	2020.03—2025.03	新办
（2020）外饲准字 381 号	饲料添加剂 酵母硒 Feed Additive Selenium Yeast	赛福硒 3000 Selsaf 3000	饲料添加剂 Feed Additive	养殖动物 All species or categories of animals	美国红星酵母公司 Red Star Yeast Company LLC，USA	2020.03—2025.03	新办
（2020）外饲准字 382 号	混合型饲料添加剂 酿酒酵母 Feed Additives Mixture Saccharomyces cerevisiae	泰富展® PolyEnrich®	混合型饲料添加剂 Feed Additives Mixture	猪、鸡、牛 Swine，Chicken，Cattle	（台湾）丰展生物科技股份有限公司二厂 Enriching Innovation Biotech Co.，Ltd	2020.03—2025.03	新办
（2020）外饲准字 383 号	混合型饲料添加剂 微生物 Feed Additives Mixture Live Microorganisms	芯来旺 Ⅲ-H 高活益生菌 SYN LAC Ⅲ-H probiotic	混合型饲料添加剂 Feed Additives Mixture	畜禽 Livestock，Poultry	台湾生合生物科技股份有限公司（燕巢厂） Synbiotech Inc.（Yanchao）	2020.03—2025.03	新办

（续）

登记证号	通用名称	商品名称	产品类别	使用范围	生产厂家	有效期限	备注
(2020) 外饲准字 384 号	混合型饲料添加剂 木聚糖酶（产自长柄木霉）天然类固醇萨洒皂角苷（源自丝兰） Feed Additives Mixture Xylanase (Source: Trichoderma longibrachiatum) YUCCA (Yucca Schidigera Extract)	酶妙 FIBROZYME	混合型饲料添加剂 Feed Additives Mixture	反刍动物 Ruminant	美国奥特奇公司 Alltech Inc.，USA	2020. 03—2025. 03	新办
(2020) 外饲准字 385 号	混合型饲料添加剂 枯草芽孢杆菌 Feed Additives Mixture Bacillus subtilis	丹联枯草芽孢杆菌 Dan Lian Bacillus subtilis	混合型饲料添加剂 Feed Additives Mixture	养殖动物 All species or categories of animals	（台湾）味丹企业股份有限公司沙鹿第五工厂 Vedan Enterprise Corporation Shalu Fifth Factory	2020. 03—2025. 03	新办
(2020) 外饲准字 386 号	混合型饲料添加剂 酿酒酵母 Feed Additives Mixture Saccharomyces cerevisiae	碧悦 普索尔 Biosprint Complex Prosol	混合型饲料添加剂 Feed Additives Mixture	家畜 Livestock	意大利 Prosol S. P. A. 公司 Prosol S. P. A.，Italy	2020. 03—2025. 03	新办
(2020) 外饲准字 387 号	混合型饲料添加剂 矿物元素 Feed Additives Mixture Minerals	赛常乐 TM 家禽饲料营养补充剂（干粉） LumensaTM for Poultry Dry	混合型饲料添加剂 Feed Additives Mixture	家禽 Poultry	美国赛多美科技有限公司 Cytozyme Laboratories，Inc，USA	2020. 03—2025. 03	新办
(2020) 外饲准字 388 号	混合型饲料添加剂 矿物元素 Feed Additives Mixture Minerals	赛常乐 TM 猪饲料营养补充剂（干粉） LumensaTM for Swine Dry	混合型饲料添加剂 Feed Additives Mixture	猪 Swine	美国赛多美科技有限公司 Cytozyme Laboratories，Inc，USA	2020. 03—2025. 03	新办
(2020) 外饲准字 389 号	混合型饲料添加剂 酶制剂 Feed Additives Mixture Enzymes	艾克拿斯 WPP200 Econase Wheat P Plus 200	混合型饲料添加剂 Feed Additives Mixture	猪、家禽 Swine，Poultry	新加坡金朝生物技术私人有限公司 Crown Pacific Biotechnology Pte. Ltd.，Singapore	2020. 03—2025. 03	新办
(2020) 外饲准字 390 号	混合型饲料添加剂 酶制剂 Feed Additives Mixture Enzymes	艾克拿斯 WPP Econase Wheat P Plus	混合型饲料添加剂 Feed Additives Mixture	猪、家禽 Swine，Poultry	新加坡金朝生物技术私人有限公司 Crown Pacific Biotechnology Pte. Ltd.，Singapore	2020. 03—2025. 03	新办
(2020) 外饲准字 391 号	混合型饲料添加剂 枯草芽孢杆菌 Feed Additives Mixture Bacillus subtilis	以乐优 Jireyuh	混合型饲料添加剂 Feed Additives Mixture	断奶仔猪、生长育肥猪 Weaning Piglets，Growing-finishing Pig	（台湾）南亚畜牧股份有限公司 SOUTH ASIA CHEMICALS &FEEDS LTD	2020. 03—2025. 03	新办
(2020) 外饲准字 392 号	混合型饲料添加剂 枯草芽孢杆菌 Feed Additives Mixture Bacillus subtilis	以乐安 Jiretan	混合型饲料添加剂 Feed Additives Mixture	仔猪 Piglets	（台湾）南亚畜牧股份有限公司 SOUTH ASIA CHEMICALS &FEEDS LTD	2020. 03—2025. 03	新办

（续）

登记证号	通用名称	商品名称	产品类别	使用范围	生产厂家	有效期限	备注
(2020) 外饲准字 393 号	混合型饲料添加剂 酸度调节剂 矿物元素 Feed Additives Mixture Acidity Regulators Minerals	加味酸液 BetterAcid Liquid	混合型饲料添加剂 Feed Additives Mixture	家禽 Poultry	（台湾）贸立实业股份有限公司 More-standing Enterprise Co.，Ltd	2020. 03—2025. 03	新办
(2020) 外饲准字 394 号	混合型饲料添加 天然三萜烯皂角苷（源自可来雅皂角树） Feed Additives Mixture Triterpenic saponins (Quillaja Saponaria Extract)	柏澳 Biofactant	混合型饲料添加剂 Feed Additives Mixture	畜禽、水产养殖动物 Livestock，Poultry，Aquaculture animals	澳大利亚 Bioproton Pty Ltd 公司 Bioproton Pty Ltd，Australia	2020. 03—2025. 03	新办
(2020) 外饲准字 395 号	混合型饲料添加剂 维生素 Feed Additives Mixture Vitamins	利多发 Digest Fast	混合型饲料添加剂 Feed Additives Mixture	养殖动物 All species or categories of animals	西班牙利多赛公司 LiPIDOS TOLEDO S. A.，Spain	2020. 03—2025. 03	新办
(2020) 外饲准字 396 号	混合型饲料添加剂 酿酒酵母 Feed Additives Mixture Saccharomyces cerevisiae	丰长肽® TopEnrich®	混合型饲料添加剂 Feed Additives Mixture	猪、鸡、牛 Swine，Chicken，Cattle	（台湾）丰展生物科技股份有限公司二厂 Enriching Innovation Biotech Co.，Ltd	2020. 03—2025. 03	新办
(2020) 外饲准字 397 号	混合型饲料添加剂 氯化钾 碳酸氢钠 Feed Additives Mixture Potassium chloride Sodium Bicarbonate	爱乐舒 ARCALITHO	混合型饲料添加剂 Feed Additives Mixture	养殖动物 All species or categories of animals	意大利阿卡公司 Prodotti Arca S. r. l.，Italy	2020. 03—2025. 03	新办
(2020) 外饲准字 398 号	混合型饲料添加剂 硫酸钠 氯化钾 Feed Additives Mixture Sodium Sulfate Potassium Chloride	爱乐酸 ARCA DECAL	混合型饲料添加剂 Feed Additives Mixture	养殖动物 All species or categories of animals	意大利阿卡公司 Prodotti Arca S. r. l.，Italy	2020. 03—2025. 03	新办
(2020) 外饲准字 399 号	混合型饲料添加剂 吡啶甲酸铬 Feed Additives Mixture Chromium Picolinate	铬精 1. 23% PICOLEAN-CHROMIUM PICOLINATE 1. 23%	混合型饲料添加剂 Feed Additives Mixture	猪、犬、猫 Swine，Dogs，Cats	意大利阿卡公司 Prodotti Arca S. r. l.，Italy	2020. 03—2025. 03	新办
(2020) 外饲准字 400 号	混合型饲料添加剂 香味物质 Feed Additives Mixture Flavouring Substances	球易清液 CocciNil Natura Liquid	混合型饲料添加剂 Feed Additives Mixture	家禽 Poultry	（台湾）贸立实业股份有限公司 More-standing Enterprise Co.，Ltd	2020. 03—2025. 03	新办
(2020) 外饲准字 401 号	混合型饲料添加剂 香味物质 Feed Additives Mixture Flavouring Substances	球易清粉 CocciNil Natura Powder	混合型饲料添加剂 Feed Additives Mixture	家禽 Poultry	（台湾）贸立实业股份有限公司 More-standing Enterprise Co.，Ltd	2020. 03—2025. 03	新办
(2020) 外饲准字 402 号	混合型饲料添加剂 酸度调节剂 Feed Additives Mixture Acidity Regulators	沙门克星 S Salstop S	混合型饲料添加剂 Feed Additives Mixture	养殖动物 All species or categories of animals	比利时英派克斯有限公司 Impextraco N. V.，Belgium	2020. 03—2025. 03	新办

（续）

登记证号	通用名称	商品名称	产品类别	使用范围	生产厂家	有效期限	备注
(2020) 外饲准字 403 号	混合型饲料添加剂 天然类固醇萨洒皂角苷（源自丝兰） Feed Additives Mixture YUCCA (Yucca Schidigera Extract)	除臭灵宠 DE-ODORASE PET	混合型饲料添加剂 Feed Additives Mixture	宠物 Pets	美国奥特奇公司 Alltech Inc., USA	2020.03—2025.03	新办
(2020) 外饲准字 404 号	混合型饲料添加剂 酸度调节剂 氯化铜 Feed Additives Mixture Acidity Regulators Copper Chloride	优酸 PureCid®	混合型饲料添加剂 Feed Additives Mixture	猪、家禽 Swine, Poultry	韩国大浩株式会社 DAEHO CO., LTD., Korea	2020.03—2025.03	新办
(2020) 外饲准字 405 号	混合型饲料添加剂 包被的美国栗树叶提取物 Feed Additives Mixture Microencapsulated Chestnut Leaves Extract	维肠宁 Zincoret® ST	混合型饲料添加剂 Feed Additives Mixture	猪 Swine	意大利 Vetagro S. p. A 股份公司 Vetagro S. p. A., Italy	2020.03—2025.03	新办
(2020) 外饲准字 406 号	混合型饲料添加剂 氨基酸 Feed Additives Mixture Amino Acids	恢复胶囊 Rebuild-Capsules	混合型饲料添加剂 Feed Additives Mixture	鸽子 Pigeons	（挪威）法马泰克股份有限公司 Pharmatech AS, Norway	2020.03—2025.03	新办
(2020) 外饲准字 407 号	混合型饲料添加剂 氨基酸 Feed Additives Mixture Amino Acids	恢复粉 Rebuild-Powder	混合型饲料添加剂 Feed Additives Mixture	鸽子 Pigeons	（挪威）法马泰克股份有限公司 Pharmatech AS, Norway	2020.03—2025.03	新办
(2020) 外饲准字 408 号	混合型饲料添加剂 聚乙二醇甘油蓖麻酸酯 Feed Additives Mixture Glyceryl Polyethylenglycol Ricinoleate	维乐美 Volamel Extra	混合型饲料添加剂 Feed Additives Mixture	仔猪、肉鸡 Piglets, Broiler	荷兰 Nukamel Productions B. V. 公司 Nukamel Productions B. V., the Netherlands	2020.03—2025.03	新办
(2020) 外饲准字 409 号	混合型饲料添加剂 防腐剂 Feed Additives Mixture Preservatives	嘉普乐净 D Ultimate D	混合型饲料添加剂 Feed Additives Mixture	猪 Swine	普乐维美北美公司（工厂） Provimi North America, Inc., USA	2020.03—2025.03	新办
(2020) 外饲准字 410 号	混合型饲料添加剂 维生素 矿物元素 Feed Additives Mixture Vitamins Minerals	赐益强 RM NOPSTRESS RM	混合型饲料添加剂 Feed Additives Mixture	反刍动物 Ruminant	新加坡大祥资源有限公司 Diasham Resources Pte. Ltd., Singapore	2020.03—2025.03	新办
(2020) 外饲准字 411 号	混合型饲料添加剂 维生素 矿物元素 Feed Additives Mixture Vitamins Minerals	赐益强 AQ NOPSTRESS AQ	混合型饲料添加剂 Feed Additives Mixture	水产养殖动物 Aquaculture animals	新加坡大祥资源有限公司 Diasham Resources Pte. Ltd., Singapore	2020.03—2025.03	新办
(2020) 外饲准字 412 号	混合型饲料添加剂 矿物元素 Feed Additives Mixture Minerals	安格力—锌 AGRAZINC 100	混合型饲料添加剂 Feed Additives Mixture	养殖动物 All species or categories of animals	美国 Agranco 公司 Agranco Corp., USA	2020.03—2025.03	新办

（续）

登记证号	通用名称	商品名称	产品类别	使用范围	生产厂家	有效期限	备注
(2020) 外饲准字 413 号	混合型饲料添加剂 矿物元素 Feed Additives Mixture Minerals	安格力—铜 AGRACOPPER	混合型饲料添加剂 Feed Additives Mixture	养殖动物 All species or categories of animals	美国 Agranco 公司 Agranco Corp., USA	2020.03—2025.03	新办
(2020) 外饲准字 414 号	混合型饲料添加剂 L-赖氨酸盐酸盐 Feed Additives Mixture L-Lysine Monohydrochloride	维乳能 RELYS	混合型饲料添加剂 Feed Additives Mixture	反刍动物 Ruminant	意大利 Vetagro S. p. A 股份公司 Vetagro S. p. A., Italy	2020.03—2025.03	新办
(2020) 外饲准字 415 号	混合型饲料添加剂 包被的亚硒酸钠 Feed Additives Mixture Coated Granulated Sodium Selenite	维乳益 Smartsel®	混合型饲料添加剂 Feed Additives Mixture	养殖动物 All species or categories of animals	意大利 Vetagro S. p. A 股份公司 Vetagro S. p. A., Italy	2020.03—2025.03	新办
(2020) 外饲准字 416 号	混合型饲料添加剂 香味物质 Feed Additives Mixture Flavouring Substances	维意康 ATX SILVAFEED ATX	混合型饲料添加剂 Feed Additives Mixture	养殖动物 All species or categories of animals	意大利 Ledoga S. r. l. Ledoga S. r. l., Italy	2020.03—2025.03	新办
(2020) 外饲准字 417 号	混合型饲料添加剂 香味物质 Feed Additives Mixture Flavouring Substances	优可宝（液体）SILVAFEED Nutri PS Liquid	混合型饲料添加剂 Feed Additives Mixture	家禽、猪、兔 Poultry, Swine, Rabbits	意大利 Ledoga S. r. l. Ledoga S. r. l., Italy	2020.03—2025.03	新办
(2020) 外饲准字 418 号	混合型饲料添加剂 香味物质 Feed Additives Mixture Flavouring Substances	优可宝 BYPRO SILVAFEED BYPRO	混合型饲料添加剂 Feed Additives Mixture	反刍动物 Ruminant	意大利 Ledoga S. r. l. Ledoga S. r. l., Italy	2020.03—2025.03	新办
(2020) 外饲准字 419 号	混合型饲料添加剂 香味物质 Feed Additives Mixture Flavouring Substances	优可宝 TSP SILVAFEED TSP	混合型饲料添加剂 Feed Additives Mixture	水产养殖动物 Aquaculture animals	意大利 Ledoga S. r. l. Ledoga S. r. l., Italy	2020.03—2025.03	新办
(2020) 外饲准字 420 号	混合型饲料添加剂 大蒜素 香芹酚 Feed Additives Mixture Garlicin Carvacrol	艾可特肠康（液剂） ALQUERNAT ZYCOX L	混合型饲料添加剂 Feed Additives Mixture	猪、家禽 Swine, Poultry	西班牙 Biovet, SA, 有限公司 Biovet, SA, Spain	2020.03—2025.03	新办
(2020) 外饲准字 421 号	混合型饲料添加剂 香味物质 矿物元素 Feed Additives Mixture Flavouring Substances Minerals	奥福特 Aeroforte	混合型饲料添加剂 Feed Additives Mixture	家禽、猪、牛 Poultry, Swine, Cattle	荷兰肯特斯私人有限公司 Kanters Special Products B. V., the Netherlands	2020.03—2025.03	新办
(2020) 外饲准字 422 号	混合型饲料添加剂 矿物元素 氨基酸 Feed Additives Mixture Minerals Amino Acids	肠菲特 Intesti-Fit	混合型饲料添加剂 Feed Additives Mixture	猪 Swine	荷兰肯特斯私人有限公司 Kanters Special Products B. V., the Netherlands	2020.03—2025.03	新办

（续）

登记证号	通用名称	商品名称	产品类别	使用范围	生产厂家	有效期限	备注
（2020）外饲准字 423 号	混合型饲料添加剂 卵磷脂 聚乙二醇甘油蓖麻酸酯 Feed Additives Mixture Lecithin Glyceryl Polyethylenglycol Ricinoleate	利补舒 Liposorb	混合型饲料添加剂 Feed Additives Mixture	家禽、猪、牛、鱼、虾 Poultry, Swine, Cattle, Fish, Shrimp	印度 Ceva 有限公司 Ceva Polchem Private Limited, India	2020. 03—2025. 03	新办
（2020）外饲准字 424 号	观赏鱼配合饲料 Ornamental Fish Compound Feed	杂食贴片饲料 JBL Novo Tab	配合饲料 Compound Feed	观赏鱼 Ornamental Fish	德国 JBL 珍宝水族用品有限公司 JBL GmbH & Co. KG, Germany	2020. 03—2025. 03	新办
（2020）外饲准字 425 号	养殖动物用复合预混合饲料 Premix	禽特能 REIDRO-METH	添加剂预混合饲料 Feed Additive Premix	养殖动物 All species or categories of animals	意大利 METHODO CHEMICALS s. r. l. 公司 METHODO CHEMICALS s. r. l. , Italy	2020. 03—2025. 03	新办
（2020）外饲准字 426 号	鳗用维生素预混合饲料 Vitamin Premix for Eel	鳗多维（谊晟生技） Vitamin Premix for Eel Feeds	添加剂预混合饲料 Feed Additive Premix	鳗 Eel	（台湾）谊晟生物科技股份有限公司（工厂） MULTI-ADVANCE BIOTECHNOLOGY CO. , LTD.	2020. 03—2025. 03	新办
（2020）外饲准字 427 号	马用复合预混合饲料 Premix for Horse Use	康维力 Convital	添加剂预混合饲料 Feed Additive Premix	马 Horses	（爱尔兰）良种马拯救业有限公司 Thoroughbred Remedies Manufacturing Ltd. , Ireland	2020. 03—2025. 03	新办
（2020）外饲准字 428 号	奶牛复合预混合饲料 Premix for Dairy Cows	产得乐 RINDAVITAL ENERGIE-TRUNK	添加剂预混合饲料 Feed Additive Premix	奶牛 Cow	德国威廉绍曼爱尔斯雷本有限责任公司 H. W. Schaumann Eilsleben GmbH, Germany	2020. 03—2025. 03	新办
（2020）外饲准字 429 号	马复合预混合饲料 Premix for Horse	普罗多萨 Pro-Dosa BOOST	添加剂预混合饲料 Feed Additive Premix	马 Horses	新西兰 Pro-Dosa 国际有限公司 Pro-Dosa International Ltd, New Zealand	2020. 03—2025. 03	新办
（2020）外饲准字 430 号	鸡、火鸡用复合预混合饲料 Premix for Chicken and Turkey	小鸡啫喱 Chick Gel	添加剂预混合饲料 Feed Additive Premix	鸡、火鸡 Chicken, Turkey	英国 Vitamac Ltd. Vitamac Ltd. , UK	2020. 03—2025. 03	新办
（2020）外饲准字 431 号	妊娠母猪用维生素预混合饲料 Vitamin Premix for Pregnant Sow	产仔多 FOLICOMIX	添加剂预混合饲料 Feed Additive Premix	妊娠母猪 Pregnant sow	法国 Société IDENA 公司 Société IDENA, France	2020. 03—2025. 03	新办
（2020）外饲准字 432 号	猪鸡复合预混合饲料 Swine and Poultry Premix Feed	维乐多-500 PERMASOL-500	添加剂预混合饲料 Feed Additive Premix	猪、鸡 Swine, Chicken	韩国中央生物科技有限公司 CHOONG ANG BIOTECH CO. , LTD. , Korea	2020. 03—2025. 03	新办
（2020）外饲准字 433 号	饲料添加剂 卡拉胶 Feed Additive Carrageenan	IOTA SEMI REFINED 卡拉胶 IOTA SEMI REFINED CARRAGEENAN	饲料添加剂 Feed Additive	宠物 Pets	印度尼西亚 GALIC ARTABAHARI 有限公司 PT. GALIC ARTABAHARI, Indonesia	2020. 03—2025. 03	新办

（续）

登记证号	通用名称	商品名称	产品类别	使用范围	生产厂家	有效期限	备注
(2020) 外饲准字 434 号	饲料添加剂 卡拉胶 Feed Additive Carrageenan	卡拉胶 Carrageenan	饲料添加剂 Feed Additive	宠物 Pets	印度尼西亚 PT. Amarta 卡拉胶公司 PT. Amarta Carrageenan, Indonesia	2020.03—2025.03	新办
(2020) 外饲准字 435 号	饲料添加剂 丙酸钙 Feed Additive Calcium Propionate	应排霉颗粒 PROPIMPEX Ca Granular	饲料添加剂 Feed Additive	养殖动物 All species or categories of animals	比利时英派克斯有限公司 Impextraco N. V., Belgium	2020.03—2025.03	新办
(2020) 外饲准字 436 号	混合型饲料添加剂 香味物质 Feed Additives Mixture Flavouring Substances	蒙特多 Mentoldor	混合型饲料添加剂 Feed Additives Mixture	鸡、火鸡 Chicken, Turkey	以色列科比·叶佳纳博士研发有限公司 Dor. ky D&D LTD, Israel	2020.03—2025.03	新办
(2020) 外饲准字 437 号	混合型饲料添加剂 枯草芽孢杆菌 Feed Additives Mixture Bacillus subtilis	益菌素 Bio Nutritio-Poultry	混合型饲料添加剂 Feed Additives Mixture	家禽 Poultry	（台湾）阳田生物科技有限公司后湖厂 Yanten Biotech Co., Ltd. Houhu	2020.03—2025.03	新办
(2020) 外饲准字 438 号	白鱼粉 White Fishmeal	白鱼粉（三级） White Fishmeal (Grade Ⅲ)	单一饲料 Single Feed	畜禽、水产养殖动物（反刍动物除外） Livestock, Poultry, Aquaculture animals (Not including ruminant)	俄罗斯 Nakhodka Active Marine Fishery Base 开放式股份公司（工船加工，工船名"Seawind-1"，工船号 CH-21P） Public Joint Stock Company Nakhodka Active Marine Fishery Base (Produced on board at vessel "Seawind-1", official No. CH-21P), Russia	2020.03—2025.03	新办
(2020) 外饲准字 439 号	混合型饲料添加剂 月桂酸单双甘油酯甘油 Feed Additives Mixture Mono-and diglycerides, glycerin	维得力 α-GUARD	混合型饲料添加剂 Feed Additives Mixture	猪、家禽 Swine, Poultry	马来西亚绿能集团有限公司 Green & Natural Industries Sdn. Bhd, Malaysia	2020.03—2025.03	新办
(2020) 外饲准字 440 号	鱼虾/禽/猪配合饲料 Fish Shrimp/ Poultry/Pig Compound Feed	TJMRU 复合营养配合饲料 TJMRU Multiple Nutrition Compound Feed	配合饲料 Compound feed	鱼、虾、家禽、猪 Fish, Shrimp, Poultry, Swine	希威格（韩国）有限公司 CVAG KOREA CO., LTD., Korea	2020.03—2025.03	新办
(2020) 外饲准字 441 号	鱼虾/禽/猪配合饲料 Fish Shrimp/ Poultry/Pig Compound Feed	TJMHP 复合营养配合饲料 TJMHP Multiple Nutrition Compound Feed	配合饲料 Compound feed	鱼、虾、家禽、猪 Fish, Shrimp, Poultry, Swine	希威格（韩国）有限公司 CVAG KOREA CO., LTD., Korea	2020.03—2025.03	新办
(2020) 外饲准字 442 号	混合型饲料添加剂 蛋白酶（产自：黑曲霉） Feed Additives Mixture Protease (Source: Aspergillus niger)	多喜福 Lira-zyme	混合型饲料添加剂 Feed Additives Mixture	猪、家禽 Swine, Poultry	（台湾）生百兴业有限公司宜兴厂 Life Rainbow Biotech Co., Ltd. Yixing Factory	2020.03—2025.03	新办

（续）

登记证号	通用名称	商品名称	产品类别	使用范围	生产厂家	有效期限	备注
（2020）外饲准字 443 号	磷虾粉 Krill Meal	Qrill 宠物级南极磷虾粉 Qrill Pet	单一饲料 Single Feed	宠物 Pets	挪威 Aker 生物海产南极公司（工船加工，工船名称“Antarctic Sea”，工船号：N-75-VV） Aker BioMarine Antarctic AS（Produced on Board at vessel Antarctic Sea，official No N-75-VV），Norway	2020.03—2025.03	新办
（2020）外饲准字 444 号	混合型饲料添加剂 香味物质 Feed Additives Mixture Flavouring Substances	百球伏—粉体 CoxxOil Powder	混合型饲料添加剂 Feed Additives Mixture	养殖动物 All species or categories of animals	意大利 A. W. P. 有限公司（工厂） A. W. P. s. r. l.，Italy	2020.03—2025.03	新办
（2020）外饲准字 445 号	混合型饲料添加剂剂 维生素 矿物元素 Feed Additives Mixture Vitamins Minerals	赐益强 SP NOPSTRESS SP	混合型饲料添加剂 Feed Additives Mixture	猪、家禽 Swine，Poultry	新加坡大祥资源有限公司 Diasham Resources Pte. Ltd.，Singapore	2020.03—2025.03	新办
（2020）外饲准字 446 号	混合型饲料添加剂 香味物质 Feed Additives Mixture Flavouring Substances	艾森肠泰 MINER G	混合型饲料添加剂 Feed Additives Mixture	养殖动物 All species or categories of animals	阿根廷麦卫特公司（工厂） MINERVET S. A，Argentina	2020.03—2025.03	新办
（2020）外饲准字 447 号	混合型饲料添加剂 香味物质 Feed Additives Mixture Flavouring Substances	艾森霉宝 MINERMOLD	混合型饲料添加剂 Feed Additives Mixture	养殖动物 All species or categories of animals	阿根廷麦卫特公司（工厂） MINERVET S. A，Argentina	2020.03—2025.03	新办
（2020）外饲准字 448 号	酿酒酵母培养物 Saccharomyces Cerevisiae Yeast Culture	超级 XPC Diamond V Original XPC Ultra	单一饲料 Single Feed	养殖动物 All species or categories of animals	美国达农威公司 Diamond V Mills，LLC.，USA	2020.03—2025.03	新办
（2020）外饲准字 449 号	混合型饲料添加剂 抗氧化剂 Feed Additives Mixture Antioxidant	抗氧灵液剂 FEEDOX® Rendering	混合型饲料添加剂 Feed Additives Mixture	养殖动物 All species or categories of animals	比利时英派克斯有限公司 Impextraco N. V.，Belgium	2020.03—2025.03	新办
（2020）外饲准字 450 号	混合型饲料添加剂 乳酸钙 硫酸镁 Feed Additives Mixture Calcium lactate Magnesium sulfate	唯乐补 VITADRENCH powder	混合型饲料添加剂 Feed Additives Mixture	奶牛 Cow	法国 VITALAC 公司 VITALAC，France	2020.03—2025.03	新办
（2020）外饲准字 451 号	混合型饲料添加剂 香味物质 Feed Additives Mixture Flavouring Substances	咳特灵 METHOAIR	混合型饲料添加剂 Feed Additives Mixture	养殖动物 All species or categories of animals	意大利 METHODO CHEMICALS s. r. l. 公司 METHODO CHEMICALS s. r. l.，Italy	2020.03—2025.03	新办
（2020）外饲准字 452 号	宠物添加剂预混合饲料维生素 Pet Feed Additive Premix Vitamins	皮毛精华液 BOOSTER Pels og Pote	宠物添加剂预混合饲料 Pet Feed Additive Premix	猫、犬 Cats，Dogs	（挪威）法马泰克股份有限公司 Pharmatech AS，Norway	2020.03—2025.03	新办

（续）

登记证号	通用名称	商品名称	产品类别	使用范围	生产厂家	有效期限	备注
（2020）外饲准字 453 号	宠物添加剂预混合饲料维生素 Pet Feed Additive Premix Vitamins	能量精华液 BOOSTER Energi	宠物添加剂预混合饲料 Pet Feed Additive Premix	猫、犬 Cats, Dogs	（挪威）法马泰克股份有限公司 Pharmatech AS, Norway	2020.03—2025.03	新办
（2020）外饲准字 454 号	宠物添加剂预混合饲料维生素 Pet Feed Additive Premix Vitamins	营养精华液 BOOSTER Avl	宠物添加剂预混合饲料 Pet Feed Additive Premix	猫、犬 Cats, Dogs	（挪威）法马泰克股份有限公司 Pharmatech AS, Norway	2020.03—2025.03	新办
（2020）外饲准字 455 号	宠物营养补充剂 幼猫维生素、氨基酸 Complementary Pet Food Kitten Vitamins Amino Acids	俊喵精典系列幼猫尚品营养膏 GimCat Essential Line Kitten Paste	宠物添加剂预混合饲料 Pet Feed Additive Premix	猫 Cats	（德国）海因里希·范·基姆鲍恩股份有限公司 H. von Gimborn GmbH, Germany	2020.03—2025.03	新办
（2020）外饲准字 456 号	宠物营养补充剂 幼年期猫维生素、氨基酸 Complementary Pet Food Kitten Vitamins Amino Acids	俊喵臻效系列幼猫尚品营养膏 GimCat Professional Line Kitten Paste	宠物添加剂预混合饲料 Pet Feed Additive Premix	猫 Cats	（德国）海因里希·范·基姆鲍恩股份有限公司 H. von Gimborn GmbH, Germany	2020.03—2025.03	新办
（2020）外饲准字 457 号	宠物营养补充剂 猫维生素、氨基酸 Complementary Pet Food Cat Vitamins Amino Acids	俊喵臻效系列尚品含活性牛磺酸营养膏 GimCat Professional Line Taurine Paste Extra	宠物添加剂预混合饲料 Pet Feed Additive Premix	猫 Cats	（德国）海因里希·范·基姆鲍恩股份有限公司 H. von Gimborn GmbH, Germany	2020.03—2025.03	新办
（2020）外饲准字 458 号	宠物营养补充剂 猫 L-色氨酸 Complementary Pet Food Cat L-tryptophan	俊喵臻效系列泌尿道营养膏 GimCat Professional Line Urinary Paste	宠物添加剂预混合饲料 Pet Feed Additive Premix	猫 Cats	（德国）海因里希·范·基姆鲍恩股份有限公司 H. von Gimborn GmbH, Germany	2020.03—2025.03	新办
（2020）外饲准字 459 号	宠物营养补充剂 老年期猫维生素、氨基酸 Complementary Pet Food Senior Cat Vitamins Amino Acids	俊喵臻效系列老年猫营养膏 GimCat Professional Line Senior Paste	宠物添加剂预混合饲料 Pet Feed Additive Premix	猫 Cats	（德国）海因里希·范·基姆鲍恩股份有限公司 H. von Gimborn GmbH, Germany	2020.03—2025.03	新办
（2020）外饲准字 460 号	宠物营养补充剂 猫用维生素、氨基酸 Complementary Pet Food Cat Vitamins Amino Acids	俊喵臻效系列抗应激营养膏 GimCat Professional Line Calming Paste	宠物添加剂预混合饲料 Pet Feed Additive Premix	猫 Cats	（德国）海因里希·范·基姆鲍恩股份有限公司 H. von Gimborn GmbH, Germany	2020.03—2025.03	新办
（2020）外饲准字 461 号	宠物营养补充剂 幼年期犬维生素、矿物元素 Complementary Pet Food Puppy Vitamins Minerals	俊汪臻效系列幼犬营养膏 GimDog Professional Line Puppy Paste	宠物添加剂预混合饲料 Pet Feed Additive Premix	犬 Dogs	（德国）海因里希·范·基姆鲍恩股份有限公司 H. von Gimborn GmbH, Germany	2020.03—2025.03	新办
（2020）外饲准字 462 号	宠物营养补充剂 老年期犬维生素、矿物元素 Complementary Pet Food Senior Dog Vitamins Minerals	俊汪臻效系列老年犬营养膏 GimDog Professional Line Senior Paste	宠物添加剂预混合饲料 Pet Feed Additive Premix	犬 Dogs	（德国）海因里希·范·基姆鲍恩股份有限公司 H. von Gimborn GmbH, Germany	2020.03—2025.03	新办

（续）

登记证号	通用名称	商品名称	产品类别	使用范围	生产厂家	有效期限	备注
(2020) 外饲准字 463 号	宠物营养补充剂 猫 D-生物素、硫酸锌 Pet Complementary Pet Food Cat D-Biotin Zinc Sulfate	俊喵精典系列多元生物素营养膏 GimCat Essential Line Cheese Biotin Paste	宠物添加剂预混合饲料 Pet Feed Additive Premix	猫 Cats	（德国）海因里希·范·基姆鲍恩股份有限公司 H. von Gimborn GmbH, Germany	2020.03—2025.03	新办
(2020) 外饲准字 464 号	宠物营养补充剂 犬维生素 Complementary Pet Food Dog Vitamins	俊汪精典系列多元维他命营养膏 GimDog Essential Line Multivitamin Paste	宠物添加剂预混合饲料 Pet Feed Additive Premix	犬 Dogs	（德国）海因里希·范·基姆鲍恩股份有限公司 H. von Gimborn GmbH, Germany	2020.03—2025.03	新办
(2020) 外饲准字 465 号	宠物营养补充剂 猫维生素、氨基酸 Complementary Pet Food Cat Vitamins Amino Acids	俊喵臻效系列多元维他命营养膏 GimCat Professional Line Multi-Vitamin Paste	宠物添加剂预混合饲料 Pet Feed Additive Premix	猫 Cats	（德国）海因里希·范·基姆鲍恩股份有限公司 H. von Gimborn GmbH, Germany	2020.03—2025.03	新办
(2020) 外饲准字 466 号	混合型饲料添加剂 防霉剂 香味物质 Feed Additives Mixture Preservative Flavouring Substances	纽埃特优立彪 UNIKE® Plus DRY	混合型饲料添加剂 Feed Additives Mixture	养殖动物 All species or categories of animals	比利时纽埃特国际营养公司（Beveren-Waas 工厂） NUTRI-AD International N. V. Belgium (Factory in Beveren-Waas)	2020.03—2025.03	新办
(2020) 外饲准字 467 号	混合型饲料添加剂 香味物质 Feed Additives Mixture Flavouring Substances	爱嗜特，代码：X60－7035 XTRACT @ CAPS XL, Code: X60－7035	混合型饲料添加剂 Feed Additives Mixture	家禽、猪、反刍动物 Poultry, Swine, Ruminant	瑞士潘可士玛公司 Pancosma S. A., Switzerland	2020.03—2025.03	新办
(2020) 外饲准字 468 号	宠物配合饲料大/中型犬粮 Pet Compound Feed for large and medium-sized dogs	高雀大中型犬高能运动配方狗粮 Go-Charr high-energy formula dog food for large and medium-sized dogs	宠物配合饲料 Pet Compound Feed	犬 Dogs	加拿大斯派特饲料服务有限公司（工厂） Spectrum Feed Services Ltd., Canada	2020.03—2025.03	新办
(2020) 外饲准字 469 号	猪油 Choice White Grease	饲料用猪油 Choice White Grease	单一饲料 Single Feed	家禽、猪、水产养殖动物、宠物 Poultry, Swine, Aquaculture animals, Pets	美国斯威夫特猪肉公司，伊利诺伊州彼尔斯敦工厂 Swift Pork Company, Plant in Beardstown, USA	2020.03—2025.03	新办
(2020) 外饲准字 470 号	鸡油 Poultry Fat	鸡油 Poultry Fat	单一饲料 Single Feed	家禽、猪、水产养殖动物、宠物 Poultry, Swine, Aquaculture animals, Pets	美国皮尔格林公司德克萨斯州芒特普莱森特工厂 Pilgrim's Pride Corporation, Plant Mt. Pleasant, USA	2020.03—2025.03	新办

（续）

登记证号	通用名称	商品名称	产品类别	使用范围	生产厂家	有效期限	备注
（2020）外饲准字 471 号	猪油 Choice White Grease	饲料用猪油 Choice White Grease	单一饲料 Single Feed	家禽、猪、水产养殖动物、宠物 Poultry，Swine，Aquaculture animals，Pets	美国斯威夫特猪肉公司，明尼苏达州沃辛顿工厂 Swift Pork Company，Plant in Worthington，USA	2020. 03—2025. 03	新办
（2020）外饲准字 472 号	宠物配合饲料成年期猫粮 Pet Compound Feed Adult Cat Feed	N&D 含南瓜系列—鹌鹑石榴味—成猫用 N&D PUMPKIN CAT QUAIL，POMEGRANATE ADULT	宠物配合饲料 Pet Compound Feed	猫 Cats	意大利 RUSSO MANGIMI S. p. A. 公司 RUSSO MANGIMI S. p. A.，Italy	2020. 03—2025. 03	新办
（2020）外饲准字 473 号	宠物配合饲料中、大型犬成年期犬粮 Pet Compound Feed MEDIUM & MAXI Adult Dog Feed	N&D 优选系列—鸡肉石榴味—成犬用—中、大型犬 N & D PRIME DOG CHICKEN，POMEGRANATE ADULT MEDIUM & MAXI	宠物配合饲料 Pet Compound Feed	犬 Dogs	意大利 RUSSO MANGIMI S. p. A. 公司 RUSSO MANGIMI S. p. A.，Italy	2020. 03—2025. 03	新办
（2020）外饲准字 474 号	宠物配合饲料中、大型犬幼年期犬粮 Pet Compound Feed MEDIUM & MAXI Puppy Feed	N&D 优选系列—鸡肉石榴味—幼犬用—中、大型犬 N & D PRIME DOG CHICKEN，POMEGRANATE PUPPY MEDIUM & MAXI	宠物配合饲料 Pet Compound Feed	犬 Dogs	意大利 RUSSO MANGIMI S. p. A. 公司 RUSSO MANGIMI S. p. A.，Italy	2020. 03—2025. 03	新办
（2020）外饲准字 475 号	宠物配合饲料小型犬幼年期犬粮 Pet Compound Feed Mini Puppy Feed	N&D 优选系列—鸡肉石榴味—幼犬用—小型犬 N & D PRIME DOG CHICKEN，POMEGRANATE PUPPY MINI	宠物配合饲料 Pet Compound Feed	犬 Dogs	意大利 RUSSO MANGIMI S. p. A. 公司 RUSSO MANGIMI S. p. A.，Italy	2020. 03—2025. 03	新办
（2020）外饲准字 476 号	宠物配合饲料中、大型犬成年期犬粮 Pet Compound Feed MEDIUM & MAXI Adult Dog Feed	N&D 含南瓜系列—野猪苹果味—成犬用—中、大型犬 N & D PUMPKIN DOG BOAR，APPLE ADULT MEDIUM&MAXI	宠物配合饲料 Pet Compound Feed	犬 Dogs	意大利 RUSSO MANGIMI S. p. A. 公司 RUSSO MANGIMI S. p. A.，Italy	2020. 03—2025. 03	新办
（2020）外饲准字 477 号	宠物配合饲料成年期猫粮 Pet Compound Feed Adult Cat Feed	N&D 海洋系列—鲱鱼甜橙味—成猫用 N & D OCEAN CAT HERRING，ORANGE ADULT	宠物配合饲料 Pet Compound Feed	猫 Cats	意大利 RUSSO MANGIMI S. p. A. 公司 RUSSO MANGIMI S. p. A.，Italy	2020. 03—2025. 03	新办

（续）

登记证号	通用名称	商品名称	产品类别	使用范围	生产厂家	有效期限	备注
(2020) 外饲准字 478 号	宠物配合饲料小型犬成年期犬粮 Pet Compound Feed Mini Adult Dog Feed	N&D 含南瓜系列—野猪苹果味—成犬用—小型犬 N & D PUMPKIN DOG BOAR, APPLE ADULT MINI	宠物配合饲料 Pet Compound Feed	犬 Dogs	意大利 RUSSO MANGIMI S. p. A. 公司 RUSSO MANGIMI S. p. A., Italy	2020.03—2025.03	新办
(2020) 外饲准字 479 号	宠物配合饲料中、大型犬成年期犬粮 Pet Compound Feed MEDIUM & MAXI Adult Dog Feed	N&D 含南瓜系列—鸡肉石榴味—成犬用—中、大型犬 N & D PUMPKIN DOG CHICKEN, POMEGRANATE ADULT MEDIUM & MAXI	宠物配合饲料 Pet Compound Feed	犬 Dogs	意大利 RUSSO MANGIMI S. p. A. 公司 RUSSO MANGIMI S. p. A., Italy	2020.03—2025.03	新办
(2020) 外饲准字 480 号	宠物配合饲料成年期犬粮 Pet Compound Feed Adult Dog Feed	N&D 含藜麦系列—皮毛保健—鲱鱼椰子姜黄味—成犬用 N & D QUINOA DOG SKIN&COAT HERRING, COCONUT, TURMERIC ADULT	宠物配合饲料 Pet Compound Feed	犬 Dogs	意大利 RUSSO MANGIMI S. p. A. 公司 RUSSO MANGIMI S. p. A., Italy	2020.03—2025.03	新办
(2020) 外饲准字 481 号	宠物配合饲料成年期猫粮 Pet Compound Feed Adult Cat Feed	N&D 含藜麦系列—皮毛保健—鲱鱼椰子姜黄味—成猫用 N & D QUINOA CAT SKIN&COAT HERRING, COCONUT, TURMERIC ADULT	宠物配合饲料 Pet Compound Feed	猫 Cats	意大利 RUSSO MANGIMI S. p. A. 公司 RUSSO MANGIMI S. p. A., Italy	2020.03—2025.03	新办
(2020) 外饲准字 482 号	宠物配合饲料成年期猫粮 Pet Compound Feed Adult Cat Feed	N&D 含南瓜系列—鸭肉哈密瓜味—成猫用 N & D PUMPKIN CAT DUCK, CANTALOUPE MELON ADULT	宠物配合饲料 Pet Compound Feed	猫 Cats	意大利 RUSSO MANGIMI S. p. A. 公司 RUSSO MANGIMI S. p. A., Italy	2020.03—2025.03	新办
(2020) 外饲准字 483 号	宠物配合饲料小型犬成年期犬粮 Pet Compound Feed Mini Adult Dog Feed	N&D 含南瓜系列—鸡肉石榴味—成犬用—小型犬 N & D PUMPKIN DOG CHICKEN, POMEGRANATE ADULT MINI	宠物配合饲料 Pet Compound Feed	犬 Dogs	意大利 RUSSO MANGIMI S. p. A. 公司 RUSSO MANGIMI S. p. A., Italy	2020.03—2025.03	新办

（续）

登记证号	通用名称	商品名称	产品类别	使用范围	生产厂家	有效期限	备注
（2020）外饲准字 484 号	宠物配合饲料成年期猫粮 Pet Compound Feed Adult Cat Feed	N&D 优选系列—鸡肉石榴味—绝育成猫用 N & D PRIME CAT NEUTERED CHICKEN，POMEGRANATE ADULT	宠物配合饲料 Pet Compound Feed	猫 Cats	意大利 RUSSO MANGIMI S. p. A. 公司 RUSSO MANGIMI S. p. A.，Italy	2020. 03—2025. 03	新办
（2020）外饲准字 485 号	宠物配合饲料中、大型犬成年期犬粮 Pet Compound Feed MEDIUM & MAXI Adult Dog Feed	N&D 优选系列—野猪苹果味—成犬用—中、大型犬 N & D PRIME DOG BOAR，APPLE ADULT MEDIUM&MAXI	宠物配合饲料 Pet Compound Feed	犬 Dogs	意大利 RUSSO MANGIMI S. p. A. 公司 RUSSO MANGIMI S. p. A.，Italy	2020. 03—2025. 03	新办
（2020）外饲准字 486 号	宠物配合饲料幼年期、妊娠期和哺乳期猫粮 Pet Compound Feed Kittens，Gestating or Lactating Cats Feed	N&D 优选系列—鸡肉石榴味—幼猫用 N & D PRIME CAT CHICKEN，POMEGRANATE KITTEN	宠物配合饲料 Pet Compound Feed	猫 Cats	意大利 RUSSO MANGIMI S. p. A. 公司 RUSSO MANGIMI S. p. A.，Italy	2020. 03—2025. 03	新办
（2020）外饲准字 487 号	宠物配合饲料成年期猫粮 Pet Compound Feed Adult Cat Feed	N&D 含藜麦系列—泌尿道保健—鸭肉蔓越莓味—成猫用 N & D QUINOA CAT URINARY DUCK，CRANBERRY ADULT	宠物配合饲料 Pet Compound Feed	猫 Cats	意大利 RUSSO MANGIMI S. p. A. 公司 RUSSO MANGIMI S. p. A.，Italy	2020. 03—2025. 03	新办
（2020）外饲准字 488 号	宠物配合饲料小型犬成年期犬粮 Pet Compound Feed Mini Adult Dog Feed	N&D 优选系列—鸡肉石榴味—成犬用—小型犬 N & D PRIME DOG CHICKEN，POMEGRANATE ADULT MINI	宠物配合饲料 Pet Compound Feed	犬 Dogs	意大利 RUSSO MANGIMI S. p. A. 公司 RUSSO MANGIMI S. p. A.，Italy	2020. 03—2025. 03	新办
（2020）外饲准字 489 号	宠物配合饲料成年期猫粮 Pet Compound Feed Adult Cat Feed	N&D 优选系列—野猪苹果味—成猫用 N & D PRIME CAT BOAR，APPLE ADULT	宠物配合饲料 Pet Compound Feed	猫 Cats	意大利 RUSSO MANGIMI S. p. A. 公司 RUSSO MANGIMI S. p. A.，Italy	2020. 03—2025. 03	新办
（2020）外饲准字 490 号	宠物配合饲料中、大型犬成年期犬粮 Pet Compound Feed MEDIUM&MAXI Adult Dog Feed	N&D 海洋系列—鳕鱼南瓜甜橙味—成犬用—中、大型犬 N & D OCEAN DOG COD，PUMPKIN，ORANGE ADULT MEDIUM & MAXI	宠物配合饲料 Pet Compound Feed	犬 Dogs	意大利 RUSSO MANGIMI S. p. A. 公司 RUSSO MANGIMI S. p. A.，Italy	2020. 03—2025. 03	新办

（续）

登记证号	通用名称	商品名称	产品类别	使用范围	生产厂家	有效期限	备注
（2020）外饲准字 491 号	宠物配合饲料小型犬成年期犬粮 Pet Compound Feed Mini Adult Dog Feed	N&D 优选系列—野猪苹果味—成犬用—小型犬 N & D PRIME DOG BOAR, APPLE ADULT MINI	宠物配合饲料 Pet Compound Feed	犬 Dogs	意大利 RUSSO MANGIMI S. p. A. 公司 RUSSO MANGIMI S. p. A.，Italy	2020.03—2025.03	新办
（2020）外饲准字 492 号	宠物配合饲料成年期猫粮 Pet Compound Feed Adult Cat Feed	N&D 海洋系列—鲱鱼南瓜甜橙味—成猫用 N & D OCEAN CAT HERRING, PUMPKIN, ORANGE ADULT	宠物配合饲料 Pet Compound Feed	猫 Cats	意大利 RUSSO MANGIMI S. p. A. 公司 RUSSO MANGIMI S. p. A.，Italy	2020.03—2025.03	新办
（2020）外饲准字 493 号	犊牛精料补充料 Supplementary concentrate for Calf	普瑞福高能一号 Sprayfo Delta	精料补充料 Supplementary Concentrate	犊牛 Calves	荷兰司劳特公司 Sloten B. V.，the Netherlands	2020.03—2025.03	新办
（2020）外饲准字 494 号	混合型饲料添加剂 布氏乳杆菌 植物乳杆菌 Feed Additives Mixture Lactobacillus buchneri Lactobacillus plantarum	先锋先牧® 1168 青贮接种剂 Pioneer® 1168 Silage Inoculant	混合型饲料添加剂 Feed Additives Mixture	青贮饲料 Silage	美国科汉森有限公司威斯康辛州工厂 Chr. Hansen Inc.，Plant WI, USA	2020.03—2025.03	新办
（2020）外饲准字 495 号	混合型饲料添加剂 香味物质 Feed Additives Mixture Flavouring Substances	艾百卫—粉体 Mix-Oil++ Powder	混合型饲料添加剂 Feed Additives Mixture	养殖动物 All species or categories of animals	意大利 A. W. P. 有限公司（工厂） A. W. P. s. r. l.，Italy	2020.03—2025.03	新办
（2020）外饲准字 496 号	全价宠物食品成年期犬粮 Pet Complete Food for Adult Dog	NPN 优先成犬粮猪肉 & 鹿肉配方 NPN GIVE U PRIORITY ADULT DOG FOOD PORK & VENISON FORMULA	宠物配合饲料 Pet Compound Feed	犬 Dogs	加拿大尼亚加拉宠物营养品有限公司 Niagara Pet Nutrition Inc.，Canada	2020.03—2025.03	新办
（2020）外饲准字 497 号	全价宠物食品老年期犬粮 Pet Complete Food for Senior Dog	NPN 优先老龄犬粮火鸡肉 & 鸭肉味 NPN GIVE U PRIORITY SENIOR DOG FOOD TURKEY & DUCK FLAVOUR	宠物配合饲料 Pet Compound Feed	犬 Dogs	加拿大尼亚加拉宠物营养品有限公司 Niagara Pet Nutrition Inc.，Canada	2020.03—2025.03	新办
（2020）外饲准字 498 号	全价宠物食品幼年期犬粮 Pet Complete Food for Puppy	NPN 优先幼犬粮鸡肉 & 火鸡肉味 NPN GIVE U PRIORITY PUPPY FOOD CHICKEN & TURKEY FLAVOUR	宠物配合饲料 Pet Compound Feed	犬 Dogs	加拿大尼亚加拉宠物营养品有限公司 Niagara Pet Nutrition Inc.，Canada	2020.03—2025.03	新办

（续）

登记证号	通用名称	商品名称	产品类别	使用范围	生产厂家	有效期限	备注
(2020) 外饲准字 499 号	全价宠物食品幼年期犬粮 Pet Complete Food for Puppy	NPN 优先幼犬粮猪肉 & 鹿肉配方 NPN GIVE U PRIORITY PUPPY FOOD PORK & VENISON FORMULA	宠物配合饲料 Pet Compound Feed	犬 Dogs	加拿大尼亚加拉宠物营养品有限公司 Niagara Pet Nutrition Inc.，Canada	2020.03—2025.03	新办
(2020) 外饲准字 500 号	全价宠物食品成年期犬粮 Pet Complete Food for Adult Dog	NPN 成犬粮鸡肉 & 火鸡肉味 NPN ADULT DOG FOOD CHICKEN & TURKEY FLAVOUR	宠物配合饲料 Pet Compound Feed	犬 Dogs	加拿大尼亚加拉宠物营养品有限公司 Niagara Pet Nutrition Inc.，Canada	2020.03—2025.03	新办
(2020) 外饲准字 501 号	全价宠物食品老年期犬粮 Pet Complete Food for Senior Dog	NPN 优先老龄犬粮猪肉 & 鹿肉配方 NPN GIVE U PRIORITY SENIOR DOG FOOD PORK & VENISON FORMULA	宠物配合饲料 Pet Compound Feed	犬 Dogs	加拿大尼亚加拉宠物营养品有限公司 Niagara Pet Nutrition Inc.，Canada	2020.03—2025.03	新办
(2020) 外饲准字 502 号	全价宠物食品幼年期猫粮 Pet Complete Food for Kitten	NPN 优先幼猫粮三文鱼 & 鲱配方 NPN GIVE U PRIORITY KITTEN FOOD SALMON & MENHADEN FORMU-LA	宠物配合饲料 Pet Compound Feed	猫 Cats	加拿大尼亚加拉宠物营养品有限公司 Niagara Pet Nutrition Inc.，Canada	2020.03—2025.03	新办
(2020) 外饲准字 503 号	全价宠物食品幼年期犬粮 Pet Complete Food for Puppy	NPN 优先幼犬粮火鸡肉 & 鸭肉味 NPN GIVE U PRIORITY PUPPY FOOD TURKEY & DUCK FLAVOUR	宠物配合饲料 Pet Compound Feed	犬 Dogs	加拿大尼亚加拉宠物营养品有限公司 Niagara Pet Nutrition Inc.，Canada	2020.03—2025.03	新办
(2020) 外饲准字 504 号	全价宠物食品幼年期犬粮 Pet Complete Food for Puppy	NPN 优先幼犬粮鲱 & 三文鱼配方 NPN GIVE U PRIORITY PUPPY FOOD MENHA-DEN & SALMON FOR-MULA	宠物配合饲料 Pet Compound Feed	犬 Dogs	加拿大尼亚加拉宠物营养品有限公司 Niagara Pet Nutrition Inc.，Canada	2020.03—2025.03	新办

（续）

登记证号	通用名称	商品名称	产品类别	使用范围	生产厂家	有效期限	备注
(2020) 外饲准字 505 号	全价宠物食品成年期犬粮 Pet Complete Food for Adult Dog	NPN 成犬粮猪肉 & 鹿肉配方 NPN ADULT DOG FOOD PORK & VENISON FORMULA	宠物配合饲料 Pet Compound Feed	犬 Dogs	加拿大尼亚加拉宠物营养品有限公司 Niagara Pet Nutrition Inc.，Canada	2020.03—2025.03	新办
(2020) 外饲准字 506 号	全价宠物食品老年期犬粮 Pet Complete Food for Senior Dog	NPN 老龄犬粮鸡肉 & 火鸡肉味 NPN SENIOR DOG FOOD CHICKEN & TURKEY FLAVOUR	宠物配合饲料 Pet Compound Feed	犬 Dogs	加拿大尼亚加拉宠物营养品有限公司 Niagara Pet Nutrition Inc.，Canada	2020.03—2025.03	新办
(2020) 外饲准字 507 号	全价宠物食品幼年期犬粮 Pet Complete Food for Puppy	NPN 幼犬粮火鸡肉 & 鸭肉味 NPN PUPPY FOOD TURKEY & DUCK FLAVOUR	宠物配合饲料 Pet Compound Feed	犬 Dogs	加拿大尼亚加拉宠物营养品有限公司 Niagara Pet Nutrition Inc.，Canada	2020.03—2025.03	新办
(2020) 外饲准字 508 号	全价宠物食品幼年期犬粮 Pet Complete Food for Puppy	NPN 幼犬粮鲱 & 燕麦配方 NPN PUPPY FOOD MENHADEN & OAT GROATS FORMULA	宠物配合饲料 Pet Compound Feed	犬 Dogs	加拿大尼亚加拉宠物营养品有限公司 Niagara Pet Nutrition Inc.，Canada	2020.03—2025.03	新办
(2020) 外饲准字 509 号	全价宠物食品幼年期犬粮 Pet Complete Food for Puppy	NPN 幼犬粮猪肉 & 鹿肉配方 NPN PUPPY FOOD PORK & VENISON FORMULA	宠物配合饲料 Pet Compound Feed	犬 Dogs	加拿大尼亚加拉宠物营养品有限公司 Niagara Pet Nutrition Inc.，Canada	2020.03—2025.03	新办
(2020) 外饲准字 510 号	全价宠物食品成年期犬粮 Pet Complete Food for Adult Dog	NPN 成犬粮鲱 & 燕麦配方 NPN ADULT DOG FOOD MENHADEN & OAT GROATS FORMULA	宠物配合饲料 Pet Compound Feed	犬 Dogs	加拿大尼亚加拉宠物营养品有限公司 Niagara Pet Nutrition Inc.，Canada	2020.03—2025.03	新办
(2020) 外饲准字 511 号	鱼粉 Fishmeal	印度蒸汽干燥鱼粉（三级） Indian Steam Dried Fishmeal (Ⅲ)	单一饲料 Single Feed	畜禽、水产养殖动物、宠物（反刍动物除外） Livestock, Poultry, Aquaculture animals, Pets (Not including ruminant)	印度 United Marine Products 公司（Goa 工厂） United Marine Products (Plant Goa), India	2020.03—2025.03	新办

（续）

登记证号	通用名称	商品名称	产品类别	使用范围	生产厂家	有效期限	备注
（2020）外饲准字 512 号	鱼油 Fish Oil	鱼油 Fish Oil	单一饲料 Single Feed	畜禽、水产养殖动物（反刍动物除外） Livestock, Poultry, Aquaculture animals（Not including ruminant）	宏东国际（毛塔）渔业发展有限公司 HONGDONG INTERNATIONAL（MAURITANIA）FISHERY DEVELOPMENT CO.，LTD.，Mauritania	2020.03—2025.03	新办
（2020）外饲准字 513 号	饲料添加剂 氨基酸铁络合物（氨基酸来源于水解植物蛋白） Feed Additive Iron Amino Acid Complex（anion of any amino acid derived from hydrolysed plant protein）	企利蛋白铁 Keylated Iron Proteinate	饲料添加剂 Feed Additive	养殖动物 All species or categories of animals	美国百尔康公司（盐湖城工厂） Balchem Corporation，USA	2020.03—2025.03	新办
（2020）外饲准字 533 号	混合型饲料添加剂 植酸酶（产自李氏木霉） Feed Additives Mixture Phytase（source：Trichoderma reesei）	爱特康® PHY 5000 L Axtra® PHY 5000 L	混合型饲料添加剂 Feed Additives Mixture	猪、家禽 Swine，Poultry	芬兰杰能科国际有限公司（Jamsankoski 工厂） Genencor International Oy（Jamsankoski Plant），Finland	2020.05—2025.05	新办
（2020）外饲准字 534 号	混合型饲料添加剂 植酸酶（产自李氏木霉） Feed Additives Mixture Phytase（source：Trichoderma reesei）	爱特康® PHY 20000 TPT2 Axtra® PHY 20000 TPT2	混合型饲料添加剂 Feed Additives Mixture	猪、家禽 Swine，Poultry	芬兰杰能科国际有限公司（Hanko 工厂） Genencor International Oy（Hanko Plant），Finland	2020.05—2025.05	新办
（2020）外饲准字 535 号	牛精料补充料 Supplementary Concentrate for Cattle	欧产康 C+浓缩型 OptiPartum C+ concentrate	精料补充料 Supplementary Concentrate	牛 Cattle	英联尼奥（捷克）有限公司 Bodit Tachov s. r. o.，Czech Republic	2020.05—2025.05	新办
（2020）外饲准字 536 号	虾浓缩饲料 Concentrated Feed for Shrimp	饲料先生 Pro50 MrFeed® Pro50	浓缩饲料 Concentrate Feed	虾 Shrimp	印度 MENON RENEWABLE RESOURCES PVT. LTD 公司（工厂） MENON RENEWABLE RESOURCES（INDIA）PVT. LTD.，India	2020.05—2025.05	新办
（2020）外饲准字 537 号	鱼油 Fish Oil	鱼油（饲料级） Fish Oil（feed grade）	单一饲料 Single Feed	猪、家禽、水产养殖动物 Swine，Poultry，Aquaculture animals	摩洛哥 KB 渔业股份公司 KB FISH S. A.，Morocco	2020.05—2025.05	新办
（2020）外饲准字 538 号	白鱼粉 White Fishmeal	白鱼粉（三级） White Fishmeal（Grade Ⅲ）	单一饲料 Single Feed	家禽、水产养殖动物 Poultry，Aquaculture animals	俄罗斯 JSC《AKROS 3》公司（工船加工，工船名称“Mekhanik Kovtun”，工船号：CH－85M） JSC《AKROS 3》（Produced on Board at vessel Mekhanik Kovtun，official No. CH－85M），Russia	2020.05—2025.05	新办

（续）

登记证号	通用名称	商品名称	产品类别	使用范围	生产厂家	有效期限	备注
(2020) 外饲准字 539 号	牛肉骨粉 Bovine Meat and Bone Meal	牛肉骨粉 Bovine Meat and Bone Meal	单一饲料 Single Feed	猪、家禽、鱼 Swine, Poultry, Fish	澳大利亚 JBS Australia Pty 公司 ROCKHAMPTON 工厂 JBS Australia Pty Ltd., plant in ROCKHAMPTON, Australia	2020.05—2025.05	新办
(2020) 外饲准字 540 号	菜籽粕 Rapeseed Meal	菜籽粕（加拿大菜籽） Canola Meal (Canadian Seed)	单一饲料 Single Feed	猪、牛、家禽 Swine, Cattle, Poultry	巴基斯坦 Karachi Grains（私人）有限公司 Karachi Grains (Private) Limited, Pakistan	2020.05—2025.05	新办
(2020) 外饲准字 541 号	含可溶物的玉米干酒精糟 Distillers Dried Grains with Solubles	百奥 DDGS BIO-DDGS	单一饲料 Single Feed	猪、牛、家禽 Swine, Cattle, Poultry	美国国际生物营养有限公司 Bio-Nutrition International, Inc., USA	2020.05—2025.05	新办
(2020) 外饲准字 542 号	白鱼粉 White Fishmeal	白鱼粉（一级） White fishmeal (Ⅰ)	单一饲料 Single Feed	畜禽、水产养殖动物（反刍动物除外） Livestock, Poultry, Aquaculture animals (Not including ruminant)	美国 Starbound LLC-C/P Starbound USCG ＃ 944658（渔船） Starbound LLC-C/P Starbound USCG ＃ 944658 (Fishing Vessel), USA	2020.05—2025.05	新办
(2020) 外饲准字 543 号	鱼粉 Fishmeal	红鱼粉（三级） Fishmeal (grade Ⅲ)	单一饲料 Single Feed	畜禽、水产养殖动物（反刍动物除外） Livestock, Poultry, Aquaculture animals (Not including ruminant)	巴基斯坦 INTERMARKET ENTERPRISES (PVT) LTD 公司 INTERMARKET ENTERPRISES (PVT) LTD., Pakistan	2020.05—2025.05	新办
(2020) 外饲准字 544 号	鸡肉粉 Poultry Meal	鸡肉粉 POULTRY MEAL	单一饲料 Single Feed	畜禽、水产养殖动物（反刍动物除外） Livestock, Poultry, Aquaculture animals (Not including ruminant)	意大利 BIOPRO srl BIOPRO srl, Italy	2020.05—2025.05	新办
(2020) 外饲准字 545 号	花生粕 Peanut Meal	花生粕 Peanut Meal	单一饲料 Single Feed	畜禽、水产养殖动物 Livestock, Poultry, Aquaculture animals	苏丹 Almoshrega Food Industries Complex Ltd. Almoshrega Food Industries Complex Ltd., Sudan	2020.05—2025.05	新办
(2020) 外饲准字 546 号	鱼油 Fish Oil	鱼油（饲料级） Fish Oil (feed grade)	单一饲料 Single Feed	猪、家禽、水产养殖动物 Swine, Poultry, Aquaculture animals	墨西哥 Industrias Barda S. A. De C. V. 公司 Industrias Barda S. A. De C. V., Mexico	2020.05—2025.05	新办

（续）

登记证号	通用名称	商品名称	产品类别	使用范围	生产厂家	有效期限	备注
(2020）外饲准字 547 号	酵母水解物 Yeast Hydrolysate	肽益饲 TechnoYeast®	单一饲料 Single Feed	犊牛 Calves	德国 Biochem 添加剂贸易和生产有限公司 Biochem Zusatzstoffe Handels-und Produktionsgesellschaft mbH, Germany	2020.05—2025.05	新办
(2020）外饲准字 548 号	鱼溶浆 Fish Soluble	鱼溶浆 Fish Soluble	单一饲料 Single Feed	猪、家禽、水产养殖动物 Swine，Poultry，Aquaculture animals	墨西哥 Maz Industrial S. A. de C. V. 公司 Maz Industrial S. A. de C. V.，Mexico	2020.05—2025.05	新办
(2020）外饲准字 549 号	花生粕 Peanut Meal	花生粕 Peanut meal	单一饲料 Single Feed	养殖动物 All species or categories of animals	苏丹 KOURBAJ MULTIACTIVES 有限公司 KOURBAJ MULTIACTIVES CO.，LTD.，Sudan	2020.05—2025.05	新办
(2020）外饲准字 550 号	花生粕 Peanut Meal	花生粕 Peanut meal	单一饲料 Single Feed	养殖动物 All species or categories of animals	苏丹 Aloum for Investment and Trading 公司 Aloum for Investment and Trading Company Ltd，Sudan	2020.05—2025.05	新办
(2020）外饲准字 551 号	鸡肉粉 Poultry By-product Meal	鸡肉粉 Poultry By-Product Meal	单一饲料 Single Feed	鸡、猪、鱼、宠物 Chicken，Swine，Fish，Pets	美国福祉农庄公司 Foster Farms，USA	2020.05—2025.05	新办
(2020）外饲准字 552 号	鱼溶浆 Fish Soluble	鱼溶浆 Fish Soluble	单一饲料 Single Feed	畜禽、水产养殖动物（反刍动物除外） Livestock，Poultry，Aquaculture animals（Not including ruminant）	毛里塔尼亚 MAURITANIA FISH MEAL SARL 公司 MAURITANIA FISH MEAL SARL，Mauritania	2020.05—2025.05	新办
(2020）外饲准字 553 号	酵母水解物 Yeast Hydrolysate	赛菲素 Leiber® CeFi Pro	单一饲料 Single Feed	养殖动物 All species or categories of animals	德国莱博有限公司 Leiber GmbH，Germany	2020.05—2025.05	新办
(2020）外饲准字 554 号	酿酒酵母细胞壁 Saccharomyces Cerevisiae Yeast Cell Wall	莱贝素 Leiber® Beta-S	单一饲料 Single Feed	养殖动物 All species or categories of animals	德国莱博有限公司 Leiber GmbH，Germany	2020.05—2025.05	新办
(2020）外饲准字 555 号	酿酒酵母细胞壁 Saccharomyces Cerevisiae Yeast Cell Wall	莱贝素 Plus Leiber® Beta-S Plus	单一饲料 Single Feed	养殖动物 All species or categories of animals	德国莱博有限公司 Leiber GmbH，Germany	2020.05—2025.05	新办
(2020）外饲准字 556 号	含可溶物的玉米干酒精糟（DDGS） Corn Distillers Dried Grains With Solubles（DDGS）	金黄宝蛋白 Heartland Golden Pro	单一饲料 Single Feed	养殖动物 All species or categories of animals	美国 Moline Enterprises LLC. Moline Enterprises LLC.，USA	2020.05—2025.05	新办

（续）

登记证号	通用名称	商品名称	产品类别	使用范围	生产厂家	有效期限	备注
(2020) 外饲准字 557 号	鱼粉 Fishmeal	巴拿马蒸汽干燥鱼粉（三级） Panamanian steam dried fishmeal（Ⅲ）	单一饲料 Single Feed	畜禽、水产养殖动物（反刍动物除外） Livestock，Poultry，Aquaculture animals（Not including ruminant）	巴拿马 Procesadora Bayano S. A. 公司 Chepo 工厂 Procesadora Bayano S. A.，Panamá-Chepo Plant	2020. 05—2025. 05	新办
(2020) 外饲准字 558 号	锦鲤配合饲料 Koi Compound Feed	Hikari 咲锦鲤饲料育成用—鱼饲料 SAKI-HIKARI BALANCE	配合饲料 Compound Feed	锦鲤 Koi	日本共鳞食品工业株式会社 福崎工厂 Kyorin Food Industries Ltd. Fukusaki Factory，Japan	2020. 05—2025. 05	新办
(2020) 外饲准字 559 号	锦鲤配合饲料 Koi Compound Feed	Hikari 咲锦鲤饲料色扬用—鱼饲料 SAKI-HIKARI COLOR ENHANCING	配合饲料 Compound Feed	锦鲤 Koi	日本共鳞食品工业株式会社 福崎工厂 Kyorin Food Industries Ltd. Fukusaki Factory，Japan	2020. 05—2025. 05	新办
(2020) 外饲准字 560 号	锦鲤配合饲料 Koi Compound Feed	Hikari 咲锦鲤饲料低水温用—鱼饲料 SAKI-HIKARI MULTI SEASON	配合饲料 Compound Feed	锦鲤 Koi	日本共鳞食品工业株式会社 福崎工厂 Kyorin Food Industries Ltd. Fukusaki Factory，Japan	2020. 05—2025. 05	新办
(2020) 外饲准字 561 号	锦鲤配合饲料 Koi Compound Feed	Hikari 咲锦鲤饲料 R 低水温用—鱼饲料 SAKI-HIKARI R MULTI SEASON	配合饲料 Compound Feed	锦鲤 Koi	日本共鳞食品工业株式会社 福崎工厂 Kyorin Food Industries Ltd. Fukusaki Factory，Japan	2020. 05—2025. 05	新办
(2020) 外饲准字 562 号	锦鲤配合饲料 Koi Compound Feed	Hikari 咲锦鲤饲料增体用—鱼饲料 SAKI-HIKARI GROWTH	配合饲料 Compound Feed	锦鲤 Koi	日本共鳞食品工业株式会社 福崎工厂 Kyorin Food Industries Ltd. Fukusaki Factory，Japan	2020. 05—2025. 05	新办
(2020) 外饲准字 563 号	金鱼配合饲料 Goldfish Compound Feed	Hikari 樱花金鱼饲料绝艳色扬用—鱼饲料 SAKI-HIKARI FANCY GOLDFISH EXTREME COLOR ENHANCING	配合饲料 Compound Feed	金鱼 Goldfish	日本共鳞食品工业株式会社 福崎工厂 Kyorin Food Industries Ltd. Fukusaki Factory，Japan	2020. 05—2025. 05	新办
(2020) 外饲准字 564 号	锦鲤配合饲料 Koi Compound Feed	Hikari 咲锦鲤饲料白虎—鱼饲料 SAKI-HIKARI PURE WHITE	配合饲料 Compound Feed	锦鲤 Koi	日本共鳞食品工业株式会社 福崎工厂 Kyorin Food Industries Ltd. Fukusaki Factory，Japan	2020. 05—2025. 05	新办

（续）

登记证号	通用名称	商品名称	产品类别	使用范围	生产厂家	有效期限	备注
(2020) 外饲准字 565 号	锦鲤配合饲料 Koi Compound Feed	Hikari 咲锦鲤饲料 R 育成用—鱼饲料 SAKI-HIKARI R BALANCE	配合饲料 Compound Feed	锦鲤 Koi	日本共鳞食品工业株式会社 福崎工厂 Kyorin Food Industries Ltd. Fukusaki Factory, Japan	2020.05—2025.05	新办
(2020) 外饲准字 566 号	锦鲤配合饲料 Koi Compound Feed	Hikari 咲锦鲤饲料朱雀—鱼饲料 SAKI-HIKARI DEEP RED	配合饲料 Compound Feed	锦鲤 Koi	日本共鳞食品工业株式会社 福崎工厂 Kyorin Food Industries Ltd. Fukusaki Factory, Japan	2020.05—2025.05	新办
(2020) 外饲准字 567 号	金鱼配合饲料 Goldfish Compound Feed	Hikari 樱花金鱼饲料育成用—鱼饲料 SAKI-HIKARI FANCY GOLDFISH BALANCE	配合饲料 Compound Feed	金鱼 Goldfish	日本共鳞食品工业株式会社 福崎工厂 Kyorin Food Industries Ltd. Fukusaki Factory, Japan	2020.05—2025.05	新办
(2020) 外饲准字 568 号	观赏鱼配合饲料 Ornamental Fish Compound Feed	海水鱼饲料海藻配方—鱼饲料 SEAWEED EXTREME	配合饲料 Compound Feed	观赏鱼 Ornamental Fish	日本共鳞食品工业株式会社 福崎工厂 Kyorin Food Industries Ltd. Fukusaki Factory, Japan	2020.05—2025.05	新办
(2020) 外饲准字 569 号	爬行动物配合饲料 Reptiles Compound Feed	守宫啫喱饲料—爬行类饲料 LEOPAGEL	配合饲料 Compound Feed	爬行动物 Reptiles	日本共鳞食品工业株式会社 福崎工厂 Kyorin Food Industries Ltd. Fukusaki Factory, Japan	2020.05—2025.05	新办
(2020) 外饲准字 570 号	锦鲤配合饲料 Koi Compound Feed	锦鲤饲料胚芽配方—鱼饲料 WHEAT-GERM FORMULA	配合饲料 Compound Feed	锦鲤 Koi	日本共鳞食品工业株式会社 加西工厂 Kyorin Food Industries Ltd. Kasai Factory, Japan	2020.05—2025.05	新办
(2020) 外饲准字 571 号	观赏鱼配合饲料 Ornamental Fish Compound Feed	肉食性鱼饲料—鱼饲料 FOOD STICKS	配合饲料 Compound Feed	观赏鱼 Ornamental Fish	日本共鳞食品工业株式会社 加西工厂 Kyorin Food Industries Ltd. Kasai Factory, Japan	2020.05—2025.05	新办
(2020) 外饲准字 572 号	蛙配合饲料 Frogs Compound Feed	角蛙饲料—两栖类饲料 PAC ATTACK	配合饲料 Compound Feed	角蛙 Aspide	日本共鳞食品工业株式会社 加西工厂 Kyorin Food Industries Ltd. Kasai Factory, Japan	2020.05—2025.05	新办
(2020) 外饲准字 573 号	锦鲤配合饲料 Koi Compound Feed	锦鲤饲料鱼友—鱼饲料 FRIEND	配合饲料 Compound Feed	锦鲤 Koi	日本共鳞食品工业株式会社 加西工厂 Kyorin Food Industries Ltd. Kasai Factory, Japan	2020.05—2025.05	新办
(2020) 外饲准字 574 号	锦鲤配合饲料 Koi Compound Feed	锦鲤饲料主食配方—鱼饲料 STAPLE	配合饲料 Compound Feed	锦鲤 Koi	日本共鳞食品工业株式会社 加西工厂 Kyorin Food Industries Ltd. Kasai Factory, Japan	2020.05—2025.05	新办

（续）

登记证号	通用名称	商品名称	产品类别	使用范围	生产厂家	有效期限	备注
(2020) 外饲准字 575 号	锦鲤配合饲料 Koi Compound Feed	锦鲤饲料螺旋藻配方—鱼饲料 SPIRULINA	配合饲料 Compound Feed	锦鲤 Koi	日本共鳞食品工业株式会社 加西工厂 Kyorin Food Industries Ltd. Kasai Factory, Japan	2020.05—2025.05	新办
(2020) 外饲准字 576 号	观赏鱼配合饲料 Ornamental Fish Compound Feed	大型海水鱼饲料 A—鱼饲料 MARINE-A	配合饲料 Compound Feed	观赏鱼 Ornamental Fish	日本共鳞食品工业株式会社 加西工厂 Kyorin Food Industries Ltd. Kasai Factory, Japan	2020.05—2025.05	新办
(2020) 外饲准字 577 号	观赏鱼配合饲料 Ornamental Fish Compound Feed	热带鱼七彩鱼饲料—鱼饲料 VIBRA BITES	配合饲料 Compound Feed	观赏鱼 Ornamental Fish	日本共鳞食品工业株式会社 九州工厂 Kyorin Food Industries Ltd. Kyushu Factory, Japan	2020.05—2025.05	新办
(2020) 外饲准字 578 号	观赏鱼配合饲料 Ornamental Fish Compound Feed	小型海水鱼饲料 S—鱼饲料 MARINE-S	配合饲料 Compound Feed	观赏鱼 Ornamental Fish	日本共鳞食品工业株式会社 九州工厂 Kyorin Food Industries Ltd. Kyushu Factory, Japan	2020.05—2025.05	新办
(2020) 外饲准字 579 号	观赏鱼配合饲料 Ornamental Fish Compound Feed	海水鱼饲料美佳红—鱼饲料 MEGABITE RED	配合饲料 Compound Feed	观赏鱼 Ornamental Fish	日本共鳞食品工业株式会社 九州工厂 Kyorin Food Industries Ltd. Kyushu Factory, Japan	2020.05—2025.05	新办
(2020) 外饲准字 580 号	观赏鱼配合饲料 Ornamental Fish Compound Feed	草食性慈鲷增艳沈下饲料—鱼饲料 SINKING CICHLID EXCEL	配合饲料 Compound Feed	观赏鱼 Ornamental Fish	日本共鳞食品工业株式会社 九州工厂 Kyorin Food Industries Ltd. Kyushu Factory, Japan	2020.05—2025.05	新办
(2020) 外饲准字 581 号	观赏鱼配合饲料 Ornamental Fish Compound Feed	草食性慈鲷增艳饲料—鱼饲料 CICHLID EXCEL	配合饲料 Compound Feed	观赏鱼 Ornamental Fish	日本共鳞食品工业株式会社 九州工厂 Kyorin Food Industries Ltd. Kyushu Factory, Japan	2020.05—2025.05	新办
(2020) 外饲准字 582 号	观赏鱼配合饲料 Ornamental Fish Compound Feed	海水鱼饲料美佳蓝—鱼饲料 MEGABITE GREEN	配合饲料 Compound Feed	观赏鱼 Ornamental Fish	日本共鳞食品工业株式会社 九州工厂 Kyorin Food Industries Ltd. Kyushu Factory, Japan	2020.05—2025.05	新办
(2020) 外饲准字 583 号	锦鲤配合饲料 Koi Compound Feed	SQ 超育白地—鱼饲料 SQ SERIES CHO-IKU-SHIROJI	配合饲料 Compound Feed	锦鲤 Koi	日本共鳞食品工业株式会社 九州工厂 Kyorin Food Industries Ltd. Kyushu Factory, Japan	2020.05—2025.05	新办
(2020) 外饲准字 584 号	锦鲤配合饲料 Koi Compound Feed	Hikari 咲锦鲤饲料增体用—鱼饲料 SAKI-HIKARI GROWTH	配合饲料 Compound Feed	锦鲤 Koi	日本共鳞食品工业株式会社 九州工厂 Kyorin Food Industries Ltd. Kyushu Factory, Japan	2020.05—2025.05	新办

（续）

登记证号	通用名称	商品名称	产品类别	使用范围	生产厂家	有效期限	备注
(2020) 外饲准字 585 号	锦鲤配合饲料 Koi Compound Feed	Hikari 咲锦鲤饲料育成用—鱼饲料 SAKI-HIKARI BALANCE	配合饲料 Compound Feed	锦鲤 Koi	日本共鳞食品工业株式会社 九州工厂 Kyorin Food Industries Ltd. Kyushu Factory, Japan	2020.05—2025.05	新办
(2020) 外饲准字 586 号	锦鲤配合饲料 Koi Compound Feed	Hikari 咲锦鲤饲料色扬用—鱼饲料 SAKI-HIKARI COLOR ENHANCING	配合饲料 Compound Feed	锦鲤 Koi	日本共鳞食品工业株式会社 九州工厂 Kyorin Food Industries Ltd. Kyushu Factory, Japan	2020.05—2025.05	新办
(2020) 外饲准字 587 号	观赏鱼配合饲料 Ornamental Fish Compound Feed	Hikari 樱花肉食性海水鱼饲料—鱼饲料 SAKI-HIKARI MARINE CARNIVORE	配合饲料 Compound Feed	观赏鱼 Ornamental Fish	日本共鳞食品工业株式会社 九州工厂 Kyorin Food Industries Ltd. Kyushu Factory, Japan	2020.05—2025.05	新办
(2020) 外饲准字 588 号	观赏鱼配合饲料 Ornamental Fish Compound Feed	Hikari 樱花植物食性海水鱼饲料—鱼饲料 SAKI-HIKARI MARINE HERBIVORE	配合饲料 Compound Feed	观赏鱼 Ornamental Fish	日本共鳞食品工业株式会社 九州工厂 Kyorin Food Industries Ltd. Kyushu Factory, Japan	2020.05—2025.05	新办
(2020) 外饲准字 589 号	观赏鱼用配合饲料 Ornamental Fish Compound Feed	巴斯利尔博士生物鱼饲料小球藻 DR. BASSLEER BIOFISH FOOD CHLORELLA	配合饲料 Compound Feed	观赏鱼 Ornamental Fish	（比利时）巴斯利尔生物鱼食有限公司 BASSLEER BIOFISH bvba, Belgium	2020.05—2025.05	新办
(2020) 外饲准字 590 号	观赏鱼用配合饲料 Ornamental Fish Compound Feed	巴斯利尔博士生物鱼饲料免疫增强 DR. BASSLEER BIOFISH FOOD FORTE	配合饲料 Compound Feed	观赏鱼 Ornamental Fish	（比利时）巴斯利尔生物鱼食有限公司 BASSLEER BIOFISH bvba, Belgium	2020.05—2025.05	新办
(2020) 外饲准字 591 号	观赏鱼用配合饲料 Ornamental Fish Compound Feed	巴斯利尔博士生物鱼饲料大蒜素 DR. BASSLEER BIOFISH FOOD GARLIC	配合饲料 Compound Feed	观赏鱼 Ornamental Fish	（比利时）巴斯利尔生物鱼食有限公司 BASSLEER BIOFISH bvba, Belgium	2020.05—2025.05	新办
(2020) 外饲准字 592 号	观赏鱼用配合饲料 Ornamental Fish Compound Feed	巴斯利尔博士生物鱼饲料绿意 DR. BASSLEER BIOFISH FOOD GREEN	配合饲料 Compound Feed	观赏鱼 Ornamental Fish	（比利时）巴斯利尔生物鱼食有限公司 BASSLEER BIOFISH bvba, Belgium	2020.05—2025.05	新办

（续）

登记证号	通用名称	商品名称	产品类别	使用范围	生产厂家	有效期限	备注
(2020) 外饲准字 593 号	观赏鱼用配合饲料 Ornamental Fish Compound Feed	巴斯利尔博士生物鱼饲料魔力生长 DR. BASSLEER BIOFISH FOOD GSE/MORINGA	配合饲料 Compound Feed	观赏鱼 Ornamental Fish	（比利时）巴斯利尔生物鱼食有限公司 BASSLEER BIOFISH bvba，Belgium	2020.05—2025.05	新办
(2020) 外饲准字 594 号	观赏鱼用配合饲料 Ornamental Fish Compound Feed	巴斯利尔博士生物鱼饲料南瓜 DR. BASSLEER BIOFISH FOOD PUMPKIN	配合饲料 Compound Feed	观赏鱼 Ornamental Fish	（比利时）巴斯利尔生物鱼食有限公司 BASSLEER BIOFISH bvba，Belgium	2020.05—2025.05	新办
(2020) 外饲准字 595 号	观赏鱼用配合饲料 Ornamental Fish Compound Feed	巴斯利尔博士生物鱼饲料浆果 DR. BASSLEER BIOFISH FOOD ACAI	配合饲料 Compound Feed	观赏鱼 Ornamental Fish	（比利时）巴斯利尔生物鱼食有限公司 BASSLEER BIOFISH bvba，Belgium	2020.05—2025.05	新办
(2020) 外饲准字 596 号	锦鲤配合饲料 Compound Feed for Koi	锦鲤专用虾形诱食饲料 JBL ProPond Shrimp Goody	配合饲料 Compound Feed	锦鲤 Koi	德国 JBL 珍宝水族用品有限公司 JBL GmbH & Co. KG，Germany	2020.05—2025.05	新办
(2020) 外饲准字 597 号	宠物配合饲料老年期犬粮 Pet Compound Feed Senior Dog Food	雅思极致清新 老年期犬粮 Artemis Fresh Mix Senior Dog	宠物配合饲料 Pet Compound Feed	犬 Dogs	（美国）飒天宠物营养有限责任公司 Southern Tier Pet Nutrition，LLC，USA	2020.05—2025.05	新办
(2020) 外饲准字 598 号	宠物配合饲料猫粮 Pet Compound Feed Cat Food	雅思 OSOPURE 无谷三文鱼鹰嘴豆配方猫粮 Artemis Osopure Grain Free Salmon and Garbanzo Bean Formula for Cats	宠物配合饲料 Pet Compound Feed	猫 Cats	（美国）飒天宠物营养有限责任公司 Southern Tier Pet Nutrition，LLC，USA	2020.05—2025.05	新办
(2020) 外饲准字 599 号	宠物配合饲料犬粮 Pet Compound Feed for Dog	野宴牛肉 & 山羊肉配方犬粮 Livin' Wild Cattle & Goat Goulash Dog	宠物配合饲料 Pet Compound Feed	犬 Dogs	（新西兰）爱德胜宠物产品有限公司 Addiction Foods NZ Ltd.，New Zealand	2020.05—2025.05	新办
(2020) 外饲准字 600 号	宠物配合饲料猫粮 Pet Compound Feed for Cat	野宴含鲑配方猫粮 Livin' Wild Ocean's Salmon Bounty Cat	宠物配合饲料 Pet Compound Feed	猫 Cats	（新西兰）爱德胜宠物产品有限公司 Addiction Foods NZ Ltd.，New Zealand	2020.05—2025.05	新办
(2020) 外饲准字 601 号	宠物配合饲料犬粮 Pet Compound Feed for Dog	野宴含火鸡肉配方犬粮 Livin' Wild Turkey Fricas-see Dog	宠物配合饲料 Pet Compound Feed	犬 Dogs	（新西兰）爱德胜宠物产品有限公司 Addiction Foods NZ Ltd.，New Zealand	2020.05—2025.05	新办

（续）

登记证号	通用名称	商品名称	产品类别	使用范围	生产厂家	有效期限	备注
(2020) 外饲准字 602 号	宠物配合饲料猫粮 Pet Compound Feed for Cat	野宴含火鸡肉配方猫粮 Livin' Wild Turkey Cacciatore Cat	宠物配合饲料 Pet Compound Feed	猫 Cats	(新西兰) 爱德胜宠物产品有限公司 Addiction Foods NZ Ltd., New Zealand	2020.05—2025.05	新办
(2020) 外饲准字 603 号	宠物配合饲料猫粮 Pet Compound Feed for Cat	野宴含山羊肉配方猫粮 Livin' Wild Goat Shepard's Pot Cat	宠物配合饲料 Pet Compound Feed	猫 Cats	(新西兰) 爱德胜宠物产品有限公司 Addiction Foods NZ Ltd., New Zealand	2020.05—2025.05	新办
(2020) 外饲准字 604 号	宠物配合饲料犬粮 Pet Compound Feed for Dog	欧斯恩全生命阶段鹿肉配方犬粮 Oceanique All Life Stage Forest Venison for Dog	宠物配合饲料 Pet Compound Feed	犬 Dogs	(新西兰) 爱德胜宠物产品有限公司 Addiction Foods NZ Ltd., New Zealand	2020.05—2025.05	新办
(2020) 外饲准字 605 号	全价宠物食品犬粮 Pet Compound Feed for Dog	(Vitakraft) RealLife 犬粮 鱼肉羊肉配方 (Vitakraft) RealLife Real Lamb & Fish Dog (Dry dog food)	宠物配合饲料 Pet Compound Feed	犬 Dogs	(新西兰) 爱德胜宠物产品有限公司 Addiction Foods NZ Ltd., New Zealand	2020.05—2025.05	新办
(2020) 外饲准字 606 号	全价宠物食品猫粮 Pet Compound Feed for Cat	(Vitakraft) RealLife 猫粮 鸡肉牛肉配方 (Vitakraft) RealLife Real Beef & Chicken Cat (Dry cat food)	宠物配合饲料 Pet Compound Feed	猫 Cats	(新西兰) 爱德胜宠物产品有限公司 Addiction Foods NZ Ltd., New Zealand	2020.05—2025.05	新办
(2020) 外饲准字 607 号	全价宠物食品成年期犬粮 Pet Compound Food for Adult Dog	GimDog 成年犬粮含散养鸡肉配方 GimDog Adult Dog Food Free-Run Chicken	宠物配合饲料 Pet Compound Feed	犬 Dogs	(新西兰) 爱德胜宠物产品有限公司 Addiction Foods NZ Ltd., New Zealand	2020.05—2025.05	新办
(2020) 外饲准字 608 号	全价宠物食品成年期犬粮 Pet Compound Food for Adult Dog	GimDog 成年犬粮含散养牛肉配方 GimDog Adult Dog Food Free-Range Beef	宠物配合饲料 Pet Compound Feed	犬 Dogs	(新西兰) 爱德胜宠物产品有限公司 Addiction Foods NZ Ltd., New Zealand	2020.05—2025.05	新办
(2020) 外饲准字 609 号	全价宠物食品幼年期犬粮 Pet Compound Food for Puppy	GimDog 幼年犬粮草饲羊肉配方 GimDog Junior Dog Food Grass-Fed Lamb	宠物配合饲料 Pet Compound Feed	犬 Dogs	(新西兰) 爱德胜宠物产品有限公司 Addiction Foods NZ Ltd., New Zealand	2020.05—2025.05	新办

（续）

登记证号	通用名称	商品名称	产品类别	使用范围	生产厂家	有效期限	备注
(2020) 外饲准字 610 号	全价宠物食品老年期犬粮 Pet Compound Food for Senior Dog	GimDog 七年以上老龄犬粮含深海鳕配方 GimDog Senior 7 + Dog Food Deep-Sea Hoki	宠物配合饲料 Pet Compound Feed	犬 Dogs	（新西兰）爱德胜宠物产品有限公司 Addiction Foods NZ Ltd.，New Zealand	2020.05—2025.05	新办
(2020) 外饲准字 611 号	全价宠物食品犬粮 Pet Compound Food for Dog	GimDog 全龄犬粮散养鸡肉配方 GimDog All Life Stages Dog Food Free-Run Chicken	宠物配合饲料 Pet Compound Feed	犬 Dogs	（新西兰）爱德胜宠物产品有限公司 Addiction Foods NZ Ltd.，New Zealand	2020.05—2025.05	新办
(2020) 外饲准字 612 号	全价宠物食品成年期犬粮 Pet Compound Food for Adult Dog	GimDog 成年犬粮含草饲羊肉配方 GimDog Adult Dog Food Grass-Fed Lamb	宠物配合饲料 Pet Compound Feed	犬 Dogs	（新西兰）爱德胜宠物产品有限公司 Addiction Foods NZ Ltd.，New Zealand	2020.05—2025.05	新办
(2020) 外饲准字 613 号	全价宠物食品成年期犬粮 Pet Compound Food for Adult Dog	GimDog 成年犬粮放养鹿肉配方 GimDog Adult Dog Food Free-Range Venison	宠物配合饲料 Pet Compound Feed	犬 Dogs	（新西兰）爱德胜宠物产品有限公司 Addiction Foods NZ Ltd.，New Zealand	2020.05—2025.05	新办
(2020) 外饲准字 614 号	全价宠物食品成年期猫粮 Pet Compound Food for Adult Cat	GimCat 成年猫粮散养鸡肉配方 GimCat Adult Cat Food Free-Run Chicken	宠物配合饲料 Pet Compound Feed	猫 Cats	（新西兰）爱德胜宠物产品有限公司 Addiction Foods NZ Ltd.，New Zealand	2020.05—2025.05	新办
(2020) 外饲准字 615 号	全价宠物食品成年期猫粮 Pet Compound Food for Adult Cat	GimCat 成年猫粮含帝王鲑配方 GimCat Adult Cat Food King Salmon	宠物配合饲料 Pet Compound Feed	猫 Cats	（新西兰）爱德胜宠物产品有限公司 Addiction Foods NZ Ltd.，New Zealand	2020.05—2025.05	新办
(2020) 外饲准字 616 号	全价宠物食品成年期猫粮 Pet Compound Food for Adult Cat	GimCat 成年猫粮散养鸡肉及帝王鲑配方 GimCat Adult Cat Food King Salmon & Free-Run Chicken	宠物配合饲料 Pet Compound Feed	猫 Cats	（新西兰）爱德胜宠物产品有限公司 Addiction Foods NZ Ltd.，New Zealand	2020.05—2025.05	新办
(2020) 外饲准字 617 号	全价宠物食品幼年期猫粮 Pet Compound Food for Kitten	GimCat 幼猫猫粮散养鸡肉配方 GimCat Junior Cat Food Free-Run Chicken	宠物配合饲料 Pet Compound Feed	猫 Cats	（新西兰）爱德胜宠物产品有限公司 Addiction Foods NZ Ltd.，New Zealand	2020.05—2025.05	新办

（续）

登记证号	通用名称	商品名称	产品类别	使用范围	生产厂家	有效期限	备注
(2020) 外饲准字 618 号	全价宠物食品幼年期犬粮 Pet Compound Feed for Puppy	多利狗饱宝幼犬鸡肉配方犬粮 Deli Hond Puppy Chicken	宠物配合饲料 Pet Compound Feed	犬 Dogs	比利时 Fides Petfood Fides Petfood, Belgium	2020.05—2025.05	新办
(2020) 外饲准字 619 号	全价宠物食品老年期犬粮 Pet Compound Feed for Senior Dog	多利狗饱宝年长犬鸡肉配方犬粮 Deli Hond Senior Chicken	宠物配合饲料 Pet Compound Feed	犬 Dogs	比利时 Fides Petfood Fides Petfood, Belgium	2020.05—2025.05	新办
(2020) 外饲准字 620 号	全价宠物食品成年期犬粮 Pet Complete Food for Adult Dog	多利狗饱宝成年犬体重控制鸡肉配方犬粮 Deli Hond Adult Light Chicken	宠物配合饲料 Pet Compound Feed	犬 Dogs	比利时 Fides Petfood Fides Petfood, Belgium	2020.05—2025.05	新办
(2020) 外饲准字 621 号	全价宠物食品幼年期犬粮 Pet Compound Feed for Puppy	多利狗饱宝幼犬含三文鱼配方犬粮 Deli Hond Puppy Salmon	宠物配合饲料 Pet Compound Feed	犬 Dogs	比利时 Fides Petfood Fides Petfood, Belgium	2020.05—2025.05	新办
(2020) 外饲准字 622 号	全价宠物食品成年期犬粮 Pet Compound Feed for Adult Dog	多利狗饱宝成年犬含三文鱼配方犬粮 Deli Hond Adult Salmon	宠物配合饲料 Pet Compound Feed	犬 Dogs	比利时 Fides Petfood Fides Petfood, Belgium	2020.05—2025.05	新办
(2020) 外饲准字 623 号	全价宠物食品成年期犬粮 Pet Compound Feed for Adult Dog	多利狗饱宝成年犬鸡肉配方犬粮 Deli Hond Adult Chicken	宠物配合饲料 Pet Compound Feed	犬 Dogs	比利时 Fides Petfood Fides Petfood, Belgium	2020.05—2025.05	新办
(2020) 外饲准字 624 号	全价宠物食品幼年期犬粮 Pet Complete Food for Puppy	闪光炮幼犬粮 Power Flash Puppy	宠物配合饲料 Pet Compound Feed	犬 Dogs	比利时 Fides Petfood Fides Petfood, Belgium	2020.05—2025.05	新办
(2020) 外饲准字 625 号	全价宠物食品成年期犬粮 Pet Complete Food for Adult Dog	闪光炮活力犬粮 Power Flash Energy	宠物配合饲料 Pet Compound Feed	犬 Dogs	比利时 Fides Petfood Fides Petfood, Belgium	2020.05—2025.05	新办
(2020) 外饲准字 626 号	全价宠物食品成年期犬粮 Pet Complete Food for Adult Dog	闪光炮修护犬粮 Power Flash Maintenance	宠物配合饲料 Pet Compound Feed	犬 Dogs	比利时 Fides Petfood Fides Petfood, Belgium	2020.05—2025.05	新办
(2020) 外饲准字 627 号	全价宠物食品幼年期猫粮 Pet Compound Feed for Kitten	雀露幼猫粮营养配方 Cheron kitten nutritional formula	宠物配合饲料 Pet Compound Feed	猫 Cats	比利时 Fides Petfood Fides Petfood, Belgium	2020.05—2025.05	新办
(2020) 外饲准字 628 号	全价宠物食品成年期猫粮 Pet Compound Feed for Adult Cat	雀露成猫粮健康配方 Cheron adult cat healthy formula	宠物配合饲料 Pet Compound Feed	猫 Cats	比利时 Fides Petfood Fides Petfood, Belgium	2020.05—2025.05	新办

（续）

登记证号	通用名称	商品名称	产品类别	使用范围	生产厂家	有效期限	备注
(2020) 外饲准字 629 号	全价宠物食品成年期猫粮 Pet Compound Feed for Adult Cat	雀露成猫粮低敏配方 Cheron adult cat hypoallergenic formula	宠物配合饲料 Pet Compound Feed	猫 Cats	比利时 Fides Petfood Fides Petfood，Belgium	2020.05—2025.05	新办
(2020) 外饲准字 630 号	全价宠物食品小型犬成年期犬粮 Pet Compound Feed for Adult Small Breed Dog	雀露小型成犬粮鸡肉配方 Cheron adult small breed dog chicken formula	宠物配合饲料 Pet Compound Feed	犬 Dogs	比利时 Fides Petfood Fides Petfood，Belgium	2020.05—2025.05	新办
(2020) 外饲准字 631 号	全价宠物食品大/中型犬幼年期犬粮 Pet Compound Feed for Large & Medium Baby Dog	维克维优大、中型幼犬粮鸡肉配方 VIRBAC HPM LARGE & MEDIUM BABY DOG With Chicken	宠物配合饲料 Pet Compound Feed	犬 Dogs	比利时联合宠物食品公司 United Petfood Producers NV，Belgium	2020.05—2025.05	新办
(2020) 外饲准字 632 号	全价宠物食品大/中型犬老年期犬粮 Pet Compound Feed for Large & Medium Senior Dog	维克维优大、中型老年犬粮鸡肉配方 VIRBAC HPM LARGE & MEDIUM SENIOR DOG With Chicken	宠物配合饲料 Pet Compound Feed	犬 Dogs	比利时联合宠物食品公司 United Petfood Producers NV，Belgium	2020.05—2025.05	新办
(2020) 外饲准字 633 号	全价宠物食品小型犬老年期犬粮 Pet Compound Feed for Small Senior Dog	维克维优小型、迷你绝育老年犬粮鸡肉配方 VIRBAC HPM SMALL & TOY SENIOR DOG NEUTERED With Chicken	宠物配合饲料 Pet Compound Feed	犬 Dogs	比利时联合宠物食品公司 United Petfood Producers NV，Belgium	2020.05—2025.05	新办
(2020) 外饲准字 634 号	全价宠物食品大/中型犬老年期犬粮 Pet Compound Feed for Large & Medium Senior Dog	维克维优大、中型绝育老年犬粮鸡肉配方 VIRBAC HPM LARGE & MEDIUM SENIOR DOG NEUTERED With Chicken	宠物配合饲料 Pet Compound Feed	犬 Dogs	比利时联合宠物食品公司 United Petfood Producers NV，Belgium	2020.05—2025.05	新办
(2020) 外饲准字 635 号	全价宠物食品小型犬老年期犬粮 Pet Compound Feed for Small Senior Dog	维克维优小型、迷你老年犬粮鸡肉配方 VIRBAC HPM SMALL & TOY SENIOR DOG With Chicken	宠物配合饲料 Pet Compound Feed	犬 Dogs	比利时联合宠物食品公司 United Petfood Producers NV，Belgium	2020.05—2025.05	新办

（续）

登记证号	通用名称	商品名称	产品类别	使用范围	生产厂家	有效期限	备注
(2020) 外饲准字 636 号	全价宠物食品小型犬成年期犬粮 Pet Compound Feed for Small Adult Dog	维克维优小型、迷你绝育成年犬粮鸡肉配方 VIRBAC HPM SMALL & TOY ADULT DOG NEUTERED with Chicken	宠物配合饲料 Pet Compound Feed	犬 Dogs	比利时联合宠物食品公司 United Petfood Producers NV, Belgium	2020.05—2025.05	新办
(2020) 外饲准字 637 号	全价宠物食品大/中型犬成年期犬粮 Pet Compound Feed for Large & Medium Adult Dog	维克维优大、中型成年犬粮鸡肉配方 VIRBAC HPM LARGE & MEDIUM ADULT DOG with Chicken	宠物配合饲料 Pet Compound Feed	犬 Dogs	比利时联合宠物食品公司 United Petfood Producers NV, Belgium	2020.05—2025.05	新办
(2020) 外饲准字 638 号	全价宠物食品大型犬幼年期犬粮 Pet Compound Feed for Larger Junior Dog	维克维优大型幼犬专用犬粮鸡肉配方 VIRBAC HPM SPECIAL LARGE JUNIOR DOG with Chicken	宠物配合饲料 Pet Compound Feed	犬 Dogs	比利时联合宠物食品公司 United Petfood Producers NV, Belgium	2020.05—2025.05	新办
(2020) 外饲准字 639 号	全价宠物食品中型犬幼年期犬粮 Pet Compound Feed for Medium Junior Dog	维克维优中型幼犬专用犬粮鸡肉配方 VIRBAC HPM SPECIAL MEDIUM JUNIOR DOG with Chicken	宠物配合饲料 Pet Compound Feed	犬 Dogs	比利时联合宠物食品公司 United Petfood Producers NV, Belgium	2020.05—2025.05	新办
(2020) 外饲准字 640 号	全价宠物食品大/中型犬成年期犬粮 Pet Compound Feed for Large & Medium Adult Dog	维克维优大、中型绝育成年犬粮鸡肉配方 VIRBAC HPM LARGE & MEDIUM ADULT DOG NEUTERED with Chicken	宠物配合饲料 Pet Compound Feed	犬 Dogs	比利时联合宠物食品公司 United Petfood Producers NV, Belgium	2020.05—2025.05	新办
(2020) 外饲准字 641 号	全价宠物食品小型犬成年期犬粮 Pet Compound Feed for Small Adult Dog	维克维优小型、迷你成年犬粮鸡肉配方 VIRBAC HPM SMALL & TOY ADULT DOG with Chicken	宠物配合饲料 Pet Compound Feed	犬 Dogs	比利时联合宠物食品公司 United Petfood Producers NV, Belgium	2020.05—2025.05	新办
(2020) 外饲准字 642 号	全价宠物食品小型犬幼年期犬粮 Pet Compound Feed for Small Baby Dog	维克维优小型、迷你幼犬粮鸡肉配方 VIRBAC HPM SMALL & TOY BABY DOG with Chicken	宠物配合饲料 Pet Compound Feed	犬 Dogs	比利时联合宠物食品公司 United Petfood Producers NV, Belgium	2020.05—2025.05	新办

（续）

登记证号	通用名称	商品名称	产品类别	使用范围	生产厂家	有效期限	备注
(2020) 外饲准字 643 号	宠物配合饲料 幼年期猫粮 Pet Compound Feed Kitten Feed	SP 系列幼猫粮 Super Premium kitten	宠物配合饲料 Pet Compound Feed	猫 Cats	法国 NUTRISCIENCE SAS 公司 NUTRISCIENCE SAS，France	2020.05—2025.05	新办
(2020) 外饲准字 644 号	宠物配合饲料 成年期猫粮 Pet Compound Feed Adult Cat Feed	SP 系列室内去毛球猫粮 Super premium Indoor Anti hairballs	宠物配合饲料 Pet Compound Feed	猫 Cats	法国 NUTRISCIENCE SAS 公司 NUTRISCIENCE SAS，France	2020.05—2025.05	新办
(2020) 外饲准字 645 号	宠物配合饲料 成年期猫粮 Pet Compound Feed Adult Cat Feed	SP 系列三文鱼味猫粮 Super Premium cat adult salmon	宠物配合饲料 Pet Compound Feed	猫 Cats	法国 NUTRISCIENCE SAS 公司 NUTRISCIENCE SAS，France	2020.05—2025.05	新办
(2020) 外饲准字 646 号	宠物配合饲料 成年期猫粮 Pet Compound Feed Adult Cat Feed	SP 系列绝育猫粮 Super Premium cat sterilized	宠物配合饲料 Pet Compound Feed	猫 Cats	法国 NUTRISCIENCE SAS 公司 NUTRISCIENCE SAS，France	2020.05—2025.05	新办
(2020) 外饲准字 647 号	宠物配合饲料 成年期猫粮 Pet Compound Feed Adult Cat Feed	SP 系列成年鸡肉味猫粮 Super Premium cat adult chicken	宠物配合饲料 Pet Compound Feed	猫 Cats	法国 NUTRISCIENCE SAS 公司 NUTRISCIENCE SAS，France	2020.05—2025.05	新办
(2020) 外饲准字 648 号	宠物配合饲料 成年期犬粮 Pet Compound Feed Adult Dog Feed	PM 系列运动犬粮 PREMIUM MASTER ACTIVE	宠物配合饲料 Pet Compound Feed	犬 Dogs	法国 NUTRISCIENCE SAS 公司 NUTRISCIENCE SAS，France	2020.05—2025.05	新办
(2020) 外饲准字 649 号	宠物配合饲料 幼年期犬粮 Pet Compound Feed Puppy Feed	PM 系列幼犬粮 PREMIUM MASTER JUNIOR	宠物配合饲料 Pet Compound Feed	犬 Dogs	法国 NUTRISCIENCE SAS 公司 NUTRISCIENCE SAS，France	2020.05—2025.05	新办
(2020) 外饲准字 650 号	宠物配合饲料 幼年期犬粮 Pet Compound Feed Puppy Feed	PM 系列婴儿犬粮 PREMIUM MASTER PUPPY	宠物配合饲料 Pet Compound Feed	犬 Dogs	法国 NUTRISCIENCE SAS 公司 NUTRISCIENCE SAS，France	2020.05—2025.05	新办
(2020) 外饲准字 651 号	宠物配合饲料 老年期犬粮 Pet Compound Feed Old Age Dog Feed	PM 系列高龄犬粮 PREMIUM MASTER SENIOR	宠物配合饲料 Pet Compound Feed	犬 Dogs	法国 NUTRISCIENCE SAS 公司 NUTRISCIENCE SAS，France	2020.05—2025.05	新办
(2020) 外饲准字 652 号	宠物配合饲料 幼年期犬粮 Pet Compound Feed Puppy Feed	INNE 有机系列幼犬粮 INNE BIO PETFOOD Dog-Puppy	宠物配合饲料 Pet Compound Feed	犬 Dogs	法国 NUTRISCIENCE SAS 公司 NUTRISCIENCE SAS，France	2020.05—2025.05	新办
(2020) 外饲准字 653 号	宠物配合饲料 幼年期猫粮 Pet Compound Feed Kitten Feed	INNE 有机系列幼猫粮 INNE BIO PETFOOD KITTEN	宠物配合饲料 Pet Compound Feed	猫 Cats	法国 NUTRISCIENCE SAS 公司 NUTRISCIENCE SAS，France	2020.05—2025.05	新办

（续）

登记证号	通用名称	商品名称	产品类别	使用范围	生产厂家	有效期限	备注
（2020）外饲准字 654 号	宠物配合饲料 成年期犬粮 Pet Compound Feed Adult Dog Feed	INNE 有机系列绝育犬粮 INNE BIO PETFOOD Dog-STERILIZED	宠物配合饲料 Pet Compound Feed	犬 Dogs	法国 NUTRISCIENCE SAS 公司 NUTRISCIENCE SAS，France	2020.05—2025.05	新办
（2020）外饲准字 655 号	宠物配合饲料 成年期猫粮 Pet Compound Feed Adult Cat Feed	INNE 有机系列绝育猫粮 INNE BIO PETFOOD CAT STERILIZED	宠物配合饲料 Pet Compound Feed	猫 Cats	法国 NUTRISCIENCE SAS 公司 NUTRISCIENCE SAS，France	2020.05—2025.05	新办
（2020）外饲准字 656 号	宠物配合饲料 老年期犬粮 Pet Compound Feed Old Age Dog Feed	INNE 有机系列高龄犬粮 INNE BIO PETFOOD Dog-SENIOR	宠物配合饲料 Pet Compound Feed	犬 Dogs	法国 NUTRISCIENCE SAS 公司 NUTRISCIENCE SAS，France	2020.05—2025.05	新办
（2020）外饲准字 657 号	宠物配合饲料 成年期犬粮 Pet Compound Feed Adult Dog Feed	INNE 有机系列成年犬粮 INNE BIO PETFOOD Dog-ADULT	宠物配合饲料 Pet Compound Feed	犬 Dogs	法国 NUTRISCIENCE SAS 公司 NUTRISCIENCE SAS，France	2020.05—2025.05	新办
（2020）外饲准字 658 号	宠物配合饲料 成年期猫粮 Pet Compound Feed Adult Cat Feed	INNE 有机系列成年猫粮 INNE BIO PETFOOD CAT ADULT	宠物配合饲料 Pet Compound Feed	猫 Cats	法国 NUTRISCIENCE SAS 公司 NUTRISCIENCE SAS，France	2020.05—2025.05	新办
（2020）外饲准字 659 号	宠物配合饲料 成年期猫粮 Pet Compound Feed Adult Cat Feed	INNE 系列鱼肉配方成年猫粮 INNE PET FOOD ADULT CAT FISH	宠物配合饲料 Pet Compound Feed	猫 Cats	法国 NUTRISCIENCE SAS 公司 NUTRISCIENCE SAS，France	2020.05—2025.05	新办
（2020）外饲准字 660 号	宠物配合饲料 成年期猫粮 Pet Compound Feed Adult Cat Feed	INNE 系列绝育猫粮 INNE PET FOOD STERILIZED CAT	宠物配合饲料 Pet Compound Feed	猫 Cats	法国 NUTRISCIENCE SAS 公司 NUTRISCIENCE SAS，France	2020.05—2025.05	新办
（2020）外饲准字 661 号	宠物配合饲料 成年期猫粮 Pet Compound Feed Adult Cat Feed	INNE 系列鸡肉味成年猫粮 INNE PET FOOD ADULT CAT CHICKEN	宠物配合饲料 Pet Compound Feed	猫 Cats	法国 NUTRISCIENCE SAS 公司 NUTRISCIENCE SAS，France	2020.05—2025.05	新办
（2020）外饲准字 662 号	宠物配合饲料 成年期犬粮 Pet Compound Feed Adult Dog Feed	INNE 系列大西洋犬粮 INNE PET FOOD ATLANTIC DOG	宠物配合饲料 Pet Compound Feed	犬 Dogs	法国 NUTRISCIENCE SAS 公司 NUTRISCIENCE SAS，France	2020.05—2025.05	新办
（2020）外饲准字 663 号	宠物配合饲料幼年期犬粮 Pet Compound Feed for Puppies	法宾优选无谷鸡肉配方幼年期犬粮 BAB'IN SELECTIVE JUNIOR GRAIN FREE POULET	宠物配合饲料 Pet Compound Feed	犬 Dogs	法国可迪克有限公司 CODICO，France	2020.05—2025.05	新办

（续）

登记证号	通用名称	商品名称	产品类别	使用范围	生产厂家	有效期限	备注
(2020) 外饲准字 664 号	宠物配合饲料成年期猫粮 Pet Compound Feed for Adult Cats	法宾优选无谷鸡肉配方成年期猫粮 BAB'IN SELECTIVE CHAT ADULTE GRAIN FREE POULET	宠物配合饲料 Pet Compound Feed	猫 Cats	法国可迪克有限公司 CODICO, France	2020.05—2025.05	新办
(2020) 外饲准字 665 号	宠物配合饲料成年期犬粮 Pet Compound Feed for Adult Dogs	法宾优选无谷鸡肉配方成年期犬粮 BAB'IN SELECTIVE ADULTE GRAIN FREE POULET	宠物配合饲料 Pet Compound Feed	犬 Dogs	法国可迪克有限公司 CODICO, France	2020.05—2025.05	新办
(2020) 外饲准字 666 号	宠物配合饲料犬粮 Compound Pet Feed for Dog	奥可丽 无谷鸡肉配方犬粮 CaColly Grain Free Chicken Dog Food	宠物配合饲料 Pet Compound Feed	犬 Dogs	加拿大斯派特饲料服务有限公司（工厂） Spectrum Feed Services Ltd., Canada	2020.05—2025.05	新办
(2020) 外饲准字 667 号	宠物配合饲料猫粮 Compound Pet Feed for Cat	奥可丽 无谷鱼肉配方猫粮 CaColly Grain Free Fish Cat Food	宠物配合饲料 Pet Compound Feed	猫 Cats	加拿大斯派特饲料服务有限公司（工厂） Spectrum Feed Services Ltd., Canada	2020.05—2025.05	新办
(2020) 外饲准字 668 号	宠物配合饲料犬粮 Compound Pet Feed for Dog	奥可丽 鸡肉 & 大米配方犬粮 CaColly Chicken & Rice Dog Food	宠物配合饲料 Pet Compound Feed	犬 Dogs	加拿大斯派特饲料服务有限公司（工厂） Spectrum Feed Services Ltd., Canada	2020.05—2025.05	新办
(2020) 外饲准字 669 号	宠物配合饲料猫粮 Compound Pet Feed for Cat	奥可丽 鸡肉 & 猪肉配方猫粮 CaColly Chicken & Pork Cat Food	宠物配合饲料 Pet Compound Feed	猫 Cats	加拿大斯派特饲料服务有限公司（工厂） Spectrum Feed Services Ltd., Canada	2020.05—2025.05	新办
(2020) 外饲准字 670 号	宠物配合饲料犬粮 Compound Pet Feed for Dog	奥可丽 无谷鱼肉配方犬粮 CaColly Grain Free Fish Dog Food	宠物配合饲料 Pet Compound Feed	犬 Dogs	加拿大斯派特饲料服务有限公司（工厂） Spectrum Feed Services Ltd., Canada	2020.05—2025.05	新办
(2020) 外饲准字 671 号	宠物配合饲料猫粮 Compound Pet Feed for Cat	奥可丽 无谷鸡肉配方猫粮 CaColly Grain Free Chicken Cat Food	宠物配合饲料 Pet Compound Feed	猫 Cats	加拿大斯派特饲料服务有限公司（工厂） Spectrum Feed Services Ltd., Canada	2020.05—2025.05	新办
(2020) 外饲准字 672 号	全价宠物食品犬粮 Pet Compound Feed for Dog	爱德胜全生命阶段鹿肉配方犬粮 Addiction All Life Stage Viva La Venison Dog	宠物配合饲料 Pet Compound Feed	犬 Dogs	（新西兰）爱德胜宠物产品有限公司 Addiction Foods NZ Ltd., New Zealand	2020.05—2025.05	新办

（续）

登记证号	通用名称	商品名称	产品类别	使用范围	生产厂家	有效期限	备注
（2020）外饲准字 673 号	全价宠物食品大型猫成年期猫粮 Pet Compound Feed for Large Breed A-dult Cat	Carnilove 鸭肉 & 火鸡肉配方大型成猫粮 Carnilove Duck & Turkey for Large Breed Cats	宠物配合饲料 Pet Compound Feed	猫 Cats	捷克万富有限公司 VAFO PRAHA, s. r. o. , Czech Republic	2020. 05—2025. 05	新办
（2020）外饲准字 674 号	全价宠物食品幼年期猫粮 Pet Compound Feed for Kittens	Carnilove 三文鱼 & 火鸡肉配方幼猫粮 Carnilove Salmon & Turkey for Kittens	宠物配合饲料 Pet Compound Feed	猫 Cats	捷克万富有限公司 VAFO PRAHA, s. r. o. , Czech Republic	2020. 05—2025. 05	新办
（2020）外饲准字 675 号	全价宠物食品成年期猫粮 Pet Compound Feed for Adult Cat	Carnilove 鹿肉配方成猫粮 Carnilove Reindeer for Adult Cats	宠物配合饲料 Pet Compound Feed	猫 Cats	捷克万富有限公司 VAFO PRAHA, s. r. o. , Czech Republic	2020. 05—2025. 05	新办
（2020）外饲准字 676 号	全价宠物食品成年期猫粮 Pet Compound Feed for Adult Cat	Carnilove 三文鱼配方成猫粮 Carnilove Salmon for Adult Cats	宠物配合饲料 Pet Compound Feed	猫 Cats	捷克万富有限公司 VAFO PRAHA, s. r. o. , Czech Republic	2020. 05—2025. 05	新办
（2020）外饲准字 677 号	全价宠物食品成年期猫粮 Pet Compound Food for Adult Cat	Carnilove 鸭肉 & 野鸡肉配方成猫粮 Carnilove Duck & Pheasant for Adult Cats	宠物配合饲料 Pet Compound Feed	猫 Cats	捷克万富有限公司 VAFO PRAHA, s. r. o. , Czech Republic	2020. 05—2025. 05	新办
（2020）外饲准字 678 号	全价成年期猫粮 Pet Compound Feed for Adult Cat	博豊 美毛鲑配方成年期猫粮 Profine Derma Adult Salmon	宠物配合饲料 Pet Compound Feed	猫 Cats	捷克万富有限公司 VAFO PRAHA, s. r. o. , Czech Republic	2020. 05—2025. 05	新办
（2020）外饲准字 679 号	全价成年期猫粮 Pet Compound Feed for Adult Cat	博豊 原味鸡肉配方成年期猫粮 Profine Original Adult Chicken	宠物配合饲料 Pet Compound Feed	猫 Cats	捷克万富有限公司 VAFO PRAHA, s. r. o. , Czech Republic	2020. 05—2025. 05	新办
（2020）外饲准字 680 号	全价成年期犬粮 Pet Compound Feed for Adult Dog	博豊 鲑 & 马铃薯配方成年期犬粮 Profine Adult Salmon & Po-tatoes	宠物配合饲料 Pet Compound Feed	犬 Dogs	捷克万富有限公司 VAFO PRAHA, s. r. o. , Czech Republic	2020. 05—2025. 05	新办
（2020）外饲准字 681 号	全价小型犬、中型犬成年期犬粮 Pet Compound Feed for Adult Dog of Small and Medium Breeds	博豊 鸡肉 & 马铃薯配方成年期犬粮 Profine Adult Chicken & Potatoes	宠物配合饲料 Pet Compound Feed	犬 Dogs	捷克万富有限公司 VAFO PRAHA, s. r. o. , Czech Republic	2020. 05—2025. 05	新办

（续）

登记证号	通用名称	商品名称	产品类别	使用范围	生产厂家	有效期限	备注
（2020）外饲准字 682 号	全价大型犬成年期犬粮 Pet Compound Feed for Adult Dog of Large Breeds	博豊 鲑 & 马铃薯配方大型犬成年期犬粮 Profine Adult Large Salmon & Potatoes	宠物配合饲料 Pet Compound Feed	犬 Dogs	捷克万富有限公司 VAFO PRAHA，s. r. o.，Czech Republic	2020.05—2025.05	新办
（2020）外饲准字 683 号	全价宠物食品小型犬成年期犬粮 Pet Compound Feed for Adult Mini Dogs	萨姆田园鸡肉土豆配方小型犬成年期犬粮 SAM'S FIELD Chicken & Potato for Adult Mini Dogs	宠物配合饲料 Pet Compound Feed	犬 Dogs	捷克万富有限公司 VAFO PRAHA，s. r. o.，Czech Republic	2020.05—2025.05	新办
（2020）外饲准字 684 号	全价宠物食品成年期犬粮 Pet Compound Feed for Adult Dog	萨姆田园牛肉配方成年期无谷犬粮 SAM'S FIELD Adult Grain Free Beef for Adult Dogs	宠物配合饲料 Pet Compound Feed	犬 Dogs	捷克万富有限公司 VAFO PRAHA，s. r. o.，Czech Republic	2020.05—2025.05	新办
（2020）外饲准字 685 号	全价宠物食品成年期犬粮 Pet Compound Feed for Adult Dog	萨姆田园鸡肉配方成年期无谷犬粮 SAM'S FIELD Grain Free Chicken for Adult Dogs	宠物配合饲料 Pet Compound Feed	犬 Dogs	捷克万富有限公司 VAFO PRAHA，s. r. o.，Czech Republic	2020.05—2025.05	新办
（2020）外饲准字 686 号	全价宠物食品成年期犬粮 Pet Compound Feed for Adult Dog	萨姆田园三文鱼鲱配方成年期无谷犬粮 SAM'S FIELD Grain Free Salmon & Herring for Adult Dogs	宠物配合饲料 Pet Compound Feed	犬 Dogs	捷克万富有限公司 VAFO PRAHA，s. r. o.，Czech Republic	2020.05—2025.05	新办
（2020）外饲准字 687 号	全价宠物食品成年期犬粮 Pet Compound Feed for Adult Dog	萨姆田园鹿肉配方成年期无谷犬粮 SAM'S FIELD Adult Grain Free Venison for Adult Dogs	宠物配合饲料 Pet Compound Feed	犬 Dogs	捷克万富有限公司 VAFO PRAHA，s. r. o.，Czech Republic	2020.05—2025.05	新办
（2020）外饲准字 688 号	全价宠物食品犬粮 Pet Compound Feed for Dog	萨姆田园羊肉大米配方控体 & 老年期犬粮 SAM'S FIELD Lamb & Rice for Light and Senior Dogs	宠物配合饲料 Pet Compound Feed	犬 Dogs	捷克万富有限公司 VAFO PRAHA，s. r. o.，Czech Republic	2020.05—2025.05	新办
（2020）外饲准字 689 号	全价宠物食品幼年期犬粮 Pet Compound Feed for Puppies	萨姆田园鸡肉土豆配方幼年期犬粮 SAM'S FIELD Chicken & Potato for Puppies	宠物配合饲料 Pet Compound Feed	犬 Dogs	捷克万富有限公司 VAFO PRAHA，s. r. o.，Czech Republic	2020.05—2025.05	新办

（续）

登记证号	通用名称	商品名称	产品类别	使用范围	生产厂家	有效期限	备注
(2020) 外饲准字 690 号	全价宠物食品成年期犬粮 Pet Compound Feed for Adult Dog	萨姆田园三文鱼土豆配方成年期犬粮 SAM'S FIELD Salmon & Potato for Adult Dogs	宠物配合饲料 Pet Compound Feed	犬 Dogs	捷克万富有限公司 VAFO PRAHA, s. r. o., Czech Republic	2020.05—2025.05	新办
(2020) 外饲准字 691 号	全价宠物食品中型犬成年期犬粮 Pet Compound Feed for Adult Medium Dogs	萨姆田园鸡肉土豆配方中型犬成年期犬粮 SAM'S FIELD Chicken & Potato for Adult Medium Dogs	宠物配合饲料 Pet Compound Feed	犬 Dogs	捷克万富有限公司 VAFO PRAHA, s. r. o., Czech Republic	2020.05—2025.05	新办
(2020) 外饲准字 692 号	全价宠物食品成年期犬粮 Pet Compound Feed for Adult Dog	萨姆田园 4300 鸡肉土豆配方成年期犬粮 SAM'S FIELD 4300 Power Chicken & Potato for Adult Dogs	宠物配合饲料 Pet Compound Feed	犬 Dogs	捷克万富有限公司 VAFO PRAHA, s. r. o., Czech Republic	2020.05—2025.05	新办
(2020) 外饲准字 693 号	全价宠物食品成年期猫粮 Pet Compound Feed for Adult Cat	萨姆田园鸡肉配方成年期猫粮 SAM'S FIELD Chicken for Adult Cats	宠物配合饲料 Pet Compound Feed	猫 Cats	捷克万富有限公司 VAFO PRAHA, s. r. o., Czech Republic	2020.05—2025.05	新办
(2020) 外饲准字 694 号	全价宠物食品成年期猫粮 Pet Compound Feed for Adult Cat	萨姆田园美味鸭肉配方挑嘴猫成年期猫粮 SAM'S FIELD Delicious Wild Duck for Fussy Cats	宠物配合饲料 Pet Compound Feed	猫 Cats	捷克万富有限公司 VAFO PRAHA, s. r. o., Czech Republic	2020.05—2025.05	新办
(2020) 外饲准字 695 号	全价宠物食品幼年期猫粮 Pet Compound Feed for Kittens	萨姆田园鸡肉配方幼年期猫粮 SAM'S FIELD Chicken for Kittens	宠物配合饲料 Pet Compound Feed	猫 Cats	捷克万富有限公司 VAFO PRAHA, s. r. o., Czech Republic	2020.05—2025.05	新办
(2020) 外饲准字 696 号	全价宠物食品成年期猫粮 Pet Compound Feed for Adult Cat	萨姆田园鸡肉配方去势猫成年期猫粮 SAM'S FIELD Chicken for Sterilized Cats	宠物配合饲料 Pet Compound Feed	猫 Cats	捷克万富有限公司 VAFO PRAHA, s. r. o., Czech Republic	2020.05—2025.05	新办
(2020) 外饲准字 697 号	全价宠物食品成年期猫粮 Pet Compound Feed for Adult Cat	萨姆田园含白鱼三文鱼配方成年期猫粮 SAM'S FIELD Fish for Adult Cats	宠物配合饲料 Pet Compound Feed	猫 Cats	捷克万富有限公司 VAFO PRAHA, s. r. o., Czech Republic	2020.05—2025.05	新办

（续）

登记证号	通用名称	商品名称	产品类别	使用范围	生产厂家	有效期限	备注
（2020）外饲准字 698 号	全价宠物食品老年期猫粮 Pet Compound Feed for Senior Cats	萨姆田园火鸡肉配方老年期猫粮 SAM'S FIELD Turkey for Senior Cats	宠物配合饲料 Pet Compound Feed	猫 Cats	捷克万富有限公司 VAFO PRAHA, s. r. o.，Czech Republic	2020.05—2025.05	新办
（2020）外饲准字 699 号	全价宠物食品幼年期犬粮 Pet Compound Feed for Puppy	Halo 全价幼犬干粮鸡肉 & 鸡肝味 Halo Puppy Dry Holistic Chicken & Chicken Liver Recipe	宠物配合饲料 Pet Compound Feed	犬 Dogs	美国 C. J. 食品股份有限公司 C. J. Foods, Inc.，USA	2020.05—2025.05	新办
（2020）外饲准字 700 号	全价宠物食品小型犬成年期犬粮 Pet Compound Feed for Small Breed Adult Dog	Halo 全价小型犬成犬干粮鸡肉 & 鸡肝味 Halo Small Breed Adult Dog Dry Holistic Chicken & Chicken Liver Recipe	宠物配合饲料 Pet Compound Feed	犬 Dogs	美国 C. J. 食品股份有限公司 C. J. Foods, Inc.，USA	2020.05—2025.05	新办
（2020）外饲准字 701 号	全价宠物食品成年期犬粮 Pet Compound Feed for Adult Dog	Halo 全价成犬干粮鸡肉 & 鸡肝味 Halo Adult Dog Dry Holistic Chicken & Chicken Liver Recipe	宠物配合饲料 Pet Compound Feed	犬 Dogs	美国 C. J. 食品股份有限公司 C. J. Foods, Inc.，USA	2020.05—2025.05	新办
（2020）外饲准字 702 号	全价宠物食品成年期犬粮 Pet Compound Feed for Adult Dog	Halo 全价成犬干粮野生三文鱼 & 白鱼味 Halo Adult Dog Dry Holistic Wild Salmon & Whitefish Recipe	宠物配合饲料 Pet Compound Feed	犬 Dogs	美国 C. J. 食品股份有限公司 C. J. Foods, Inc.，USA	2020.05—2025.05	新办
（2020）外饲准字 703 号	全价宠物食品成年期猫粮 Pet Compound Feed for Adult Cat	Halo 全价成猫干粮野生三文鱼 & 白鱼味 Halo Adult Cat Dry Holistic Wild Salmon & Whitefish Recipe	宠物配合饲料 Pet Compound Feed	猫 Cats	美国 C. J. 食品股份有限公司 C. J. Foods, Inc.，USA	2020.05—2025.05	新办
（2020）外饲准字 704 号	全价宠物食品成年期猫粮 Pet Compound Feed for Adult Cat	Halo 全价成猫干粮鸡肉 & 鸡肝味 Halo Adult Cat Dry Holistic Chicken & Chicken Liver Recipe	宠物配合饲料 Pet Compound Feed	猫 Cats	美国 C. J. 食品股份有限公司 C. J. Foods, Inc.，USA	2020.05—2025.05	新办

（续）

登记证号	通用名称	商品名称	产品类别	使用范围	生产厂家	有效期限	备注
（2020）外饲准字 705 号	全价宠物食品幼年期猫粮 Pet Compound Feed for Kitten	Halo 无谷全价幼猫干粮鸡肉 & 鸡肝味 Halo Kitten Dry Holistic Grain Free Chicken & Chicken Liver Recipe	宠物配合饲料 Pet Compound Feed	猫 Cats	美国 C. J. 食品股份有限公司 C. J. Foods, Inc., USA	2020.05—2025.05	新办
（2020）外饲准字 706 号	全价宠物食品幼年期猫粮 Pet Compound Feed for Kitten	Halo 无谷全价幼猫干粮野生三文鱼 & 白鱼味 Halo Kitten Dry Holistic Grain Free Wild Salmon & Whitefish Recipe	宠物配合饲料 Pet Compound Feed	猫 Cats	美国 C. J. 食品股份有限公司 C. J. Foods, Inc., USA	2020.05—2025.05	新办
（2020）外饲准字 707 号	全价宠物食品老年期犬粮 Pet Compound Feed for Senior Dog	Halo 无谷全价老年犬干粮含火鸡肉、火鸡肝 & 鸭肉配方 Halo Senior Dog Dry Holistic Grain Free Turkey, Turkey Liver & Duck Recipe	宠物配合饲料 Pet Compound Feed	犬 Dogs	美国 C. J. 食品股份有限公司 C. J. Foods, Inc., USA	2020.05—2025.05	新办
（2020）外饲准字 708 号	全价宠物食品小型犬成年期犬粮 Pet Compound Feed for Small Breed Adult Dog	Halo 无谷全价小型成犬干粮健康体态野生三文鱼 & 白鱼味 Halo Small Breed Adult Dog Dry Holistic Healthy Weight Grain Free Wild Salmon & Whitefish Recipe	宠物配合饲料 Pet Compound Feed	犬 Dogs	美国 C. J. 食品股份有限公司 C. J. Foods, Inc., USA	2020.05—2025.05	新办
（2020）外饲准字 709 号	全价宠物食品成年期猫粮 Pet Compound Feed for Adult Cat	Halo 无谷全价室内猫干粮健美体态鸡肉 & 鸡肝味 Halo Indoor Cat Dry Holistic Healthy Weight Grain Free Chicken & Chicken Liver Recipe	宠物配合饲料 Pet Compound Feed	猫 Cats	美国 C. J. 食品股份有限公司 C. J. Foods, Inc., USA	2020.05—2025.05	新办
（2020）外饲准字 710 号	全价宠物食品成年期猫粮 Pet Compound Feed for Adult Cat	Halo 无谷全价室内猫干粮健美体态野生三文鱼 & 白鱼味 Halo Indoor Cat Dry Holistic Healthy Weight Grain Free Wild Salmon & Whitefish Recipe	宠物配合饲料 Pet Compound Feed	猫 Cats	美国 C. J. 食品股份有限公司 C. J. Foods, Inc., USA	2020.05—2025.05	新办

（续）

登记证号	通用名称	商品名称	产品类别	使用范围	生产厂家	有效期限	备注
(2020) 外饲准字 711 号	全价宠物食品成年期猫粮 Pet Compound Feed for Adult Cat	Halo 全价猫干粮敏感肠胃海鲜味 Halo Sensitive Stomach Cat Dry Holistic Seafood Medley	宠物配合饲料 Pet Compound Feed	猫 Cats	美国 C. J. 食品股份有限公司 C. J. Foods, Inc., USA	2020.05—2025.05	新办
(2020) 外饲准字 712 号	全价宠物食品成年期犬粮 Pet Compound Feed for Adult Dog	Halo 全价成犬干粮无谷海陆盛宴 Halo Adult Dog Dry Holistic Grain Free Surf & Turf	宠物配合饲料 Pet Compound Feed	犬 Dogs	美国 C. J. 食品股份有限公司 C. J. Foods, Inc., USA	2020.05—2025.05	新办
(2020) 外饲准字 713 号	全价宠物食品成年期犬粮 Pet Compound Feed for Adult Dog	Halo 无谷全价成犬干粮健美体态含火鸡肉、火鸡肝&鸭肉配方 Halo Adult Dog Dry Holistic Healthy Weight Grain Free Turkey, Turkey Liver & Duck Recipe	宠物配合饲料 Pet Compound Feed	犬 Dogs	美国 C. J. 食品股份有限公司 C. J. Foods, Inc., USA	2020.05—2025.05	新办
(2020) 外饲准字 714 号	宠物配合饲料猫粮 Pet Compound Feed for Cats	新食代海鲜 鸡肉/金枪鱼味猫干粮（添加干鸡小胸肉块） OCEAN BISTRO SEAFOOD CRISPY CHICKEN & TUNA FLAVOR (SASAMI TOPPING)	宠物配合饲料 Pet Compound Feed	猫 Cats	泰国 Nutrix Public 有限公司 Nutrix Public Company Limited, Thailand	2020.05—2025.05	新办
(2020) 外饲准字 715 号	宠物配合饲料猫粮 Pet Compound Feed for Cats	新食代海鲜 鸡肉/金枪鱼味猫干粮（添加干小虾） OCEAN BISTRO SEAFOOD CRISPY CHICKEN & TUNA FLAVOR (SHRIMP TOPPING)	宠物配合饲料 Pet Compound Feed	猫 Cats	泰国 Nutrix Public 有限公司 Nutrix Public Company Limited, Thailand	2020.05—2025.05	新办
(2020) 外饲准字 716 号	宠物配合饲料猫粮 Pet Compound Feed for Cats	新食代海鲜 鸡肉/金枪鱼味猫干粮（添加干鲣片） OCEAN BISTRO SEAFOOD CRISPY CHICKEN & TUNA FLAVOR (BONITO FLAKE TOPPING)	宠物配合饲料 Pet Compound Feed	猫 Cats	泰国 Nutrix Public 有限公司 Nutrix Public Company Limited, Thailand	2020.05—2025.05	新办

（续）

登记证号	通用名称	商品名称	产品类别	使用范围	生产厂家	有效期限	备注
（2020）外饲准字 717 号	全价成年期猫粮 Pet Complete Food for Adult Cat	T51 纽顿无谷鸡肉配方猫罐 T51 NutramNumber Total Grain-Free Chicken Recipe Cat Canned Food	宠物配合饲料 Pet Compound Feed	猫 Cats	新西兰 PetfoodNZ 国际有限公司 PetfoodNZ International Limited，New Zealand	2020. 05—2025. 05	新办
（2020）外饲准字 718 号	全价成年期猫粮 Pet Complete Food for Adult Cat	T53 纽顿无谷鸭肉配方猫罐 T53 NutramNumber Total Grain-Free Duck Recipe Cat Canned Food	宠物配合饲料 Pet Compound Feed	猫 Cats	新西兰 PetfoodNZ 国际有限公司 PetfoodNZ International Limited，New Zealand	2020. 05—2025. 05	新办
（2020）外饲准字 719 号	全价成年期猫粮 Pet Complete Food for Adult Cat	T55 纽顿无谷牛肉配方猫罐 T55 NutramNumber Total Grain-Free Beef Recipe Cat Canned Food	宠物配合饲料 Pet Compound Feed	猫 Cats	新西兰 PetfoodNZ 国际有限公司 PetfoodNZ International Limited，New Zealand	2020. 05—2025. 05	新办
（2020）外饲准字 720 号	全价成年期猫粮 Pet Complete Food for Adult Cat	T57 纽顿无谷羊肉配方猫罐 T57 NutramNumber Total Grain-Free Lamb Recipe Cat Canned Food	宠物配合饲料 Pet Compound Feed	猫 Cats	新西兰 PetfoodNZ 国际有限公司 PetfoodNZ International Limited，New Zealand	2020. 05—2025. 05	新办
（2020）外饲准字 721 号	全价宠物食品犬粮 Complete Food for Dogs	Kiwi Kitchens 鸡肉配方风干犬粮 Kiwi Kitchens-Chicken Dinner-Air Dried Pet Dog Food	宠物配合饲料 Pet Compound Feed	犬 Dogs	新西兰阿尔卑斯出口有限公司 Alpine Export NZ Limited，New Zealand	2020. 05—2025. 05	新办
（2020）外饲准字 722 号	全价宠物食品犬粮 Complete Food for Dogs	Kiwi Kitchens 羊肉配方风干犬粮 Kiwi Kitchens-Lamb Dinner-Air Dried Pet Dog Food	宠物配合饲料 Pet Compound Feed	犬 Dogs	新西兰阿尔卑斯出口有限公司 Alpine Export NZ Limited，New Zealand	2020. 05—2025. 05	新办
（2020）外饲准字 723 号	全价宠物食品犬粮 Complete Food for Dogs	Kiwi Kitchens 牛肉配方风干犬粮 Kiwi Kitchens-Beef Dinner-Air Dried Pet Dog Food	宠物配合饲料 Pet Compound Feed	犬 Dogs	新西兰阿尔卑斯出口有限公司 Alpine Export NZ Limited，New Zealand	2020. 05—2025. 05	新办
（2020）外饲准字 724 号	全价宠物食品犬粮 Pet Compound Feed for Dogs	iti 牛肉鳗鱼配方风干犬粮 iti Biti Beef & Eel Recipe-Air Dried Dog Food	宠物配合饲料 Pet Compound Feed	犬 Dogs	新西兰阿尔卑斯出口有限公司 Alpine Export NZ Limited，New Zealand	2020. 05—2025. 05	新办

（续）

登记证号	通用名称	商品名称	产品类别	使用范围	生产厂家	有效期限	备注
（2020）外饲准字 725 号	全价宠物食品犬粮 Pet Compound Feed for Dogs	iti 羊肉卡瓦鱼配方风干犬粮 iti Biti Lamb & Kahawai Recipe-Air Dried Dog Food	宠物配合饲料 Pet Compound Feed	犬 Dogs	新西兰阿尔卑斯出口有限公司 Alpine Export NZ Limited，New Zealand	2020.05—2025.05	新办
（2020）外饲准字 726 号	全价宠物食品猫粮 Pet Compound Feed for Cats	iti 鸡肉三文鱼配方风干猫粮 iti Kiti Chicken & Salmon Recipe-Air Dried Cat Food	宠物配合饲料 Pet Compound Feed	猫 Cats	新西兰阿尔卑斯出口有限公司 Alpine Export NZ Limited，New Zealand	2020.05—2025.05	新办
（2020）外饲准字 727 号	全价宠物食品犬粮 Pet Compound Feed for Dogs	iti 羊肉鹿肉配方风干犬粮 iti Biti Lamb & Venison Recipe-Air Dried Dog Food	宠物配合饲料 Pet Compound Feed	犬 Dogs	新西兰阿尔卑斯出口有限公司 Alpine Export NZ Limited，New Zealand	2020.05—2025.05	新办
（2020）外饲准字 728 号	全价宠物食品犬粮 Pet Compound Feed for Dogs	iti 鸡肉配方风干犬粮 iti Biti Chicken Recipe-Air Dried Dog Food	宠物配合饲料 Pet Compound Feed	犬 Dogs	新西兰阿尔卑斯出口有限公司 Alpine Export NZ Limited，New Zealand	2020.05—2025.05	新办
（2020）外饲准字 729 号	全价宠物食品犬粮 Pet Compound Feed for Dogs	iti 牛肉配方风干犬粮 iti Biti Beef Recipe-Air Dried Dog Food	宠物配合饲料 Pet Compound Feed	犬 Dogs	新西兰阿尔卑斯出口有限公司 Alpine Export NZ Limited，New Zealand	2020.05—2025.05	新办
（2020）外饲准字 730 号	成年期猫全价处方粮 Complete Adult Veterinary Cat Feed	成年期猫皮肤和被毛全价处方粮 Skin & Coat	宠物配合饲料 Pet Compound Feed	猫 Cats	玛氏奥地利有限公司 MARS AUSTRIA OG，Austria	2020.05—2025.05	新办
（2020）外饲准字 731 号	波斯猫成年期全价猫粮 Complete Persian Adult Cat Feed	波斯猫成年期全价猫粮 Persian	宠物配合饲料 Pet Compound Feed	猫 Cats	玛氏奥地利有限公司 MARS AUSTRIA OG，Austria	2020.05—2025.05	新办
（2020）外饲准字 732 号	英国短毛猫成年期全价猫粮 Complete British Shorthair Adult Cat Feed	英国短毛猫成年期全价猫粮 British Shorthair	宠物配合饲料 Pet Compound Feed	猫 Cats	玛氏奥地利有限公司 MARS AUSTRIA OG，Austria	2020.05—2025.05	新办
（2020）外饲准字 733 号	老年期全价猫粮 Complete Mature Cat Feed	老年期（12 岁以上）全价猫粮 Ageing 12＋	宠物配合饲料 Pet Compound Feed	猫 Cats	玛氏奥地利有限公司 MARS AUSTRIA OG，Austria	2020.05—2025.05	新办
（2020）外饲准字 753 号	饲料添加剂 氧化镁 Feed Additive Magnesium Oxide	健舒美氧化镁 Marine MgO	饲料添加剂 Feed Additive	养殖动物 All species or categories of animals	爱尔兰马里戈特有限公司（工厂） Marigot Ltd.，Ireland	2020.06—2025.06	新办

（续）

登记证号	通用名称	商品名称	产品类别	使用范围	生产厂家	有效期限	备注
(2020) 外饲准字 754 号	混合型饲料添加剂 维生素 碳酸氢钠 碳酸钠 Feed Additives Mixture Vitamins Sodium Bicarbonate Sodium Carbonate	艾优壮 Effy Strong	混合型饲料添加剂 Feed Additives Mixture	家禽 Poultry	法国 SYNERGIE PROD SYNERGIE PROD, France	2020.06—2025.06	新办
(2020) 外饲准字 755 号	混合型饲料添加剂 胍基乙酸 Feed Additives Mixture Guanidinoacetic Acid	颗粒状胍基乙酸 Creamino	混合型饲料添加剂 Feed Additives Mixture	肉仔鸡、生长育肥猪 Broiler, Growing-finishing pigs	德国阿兹肯化工股份有限公司 AlzChem Trostberg GmbH, Germany	2020.06—2025.06	新办
(2020) 外饲准字 756 号	鸽子用微量元素预混合饲料 Trace Mineral Premix for Pigeons	比尔佳矿物液 Belga Biovit	添加剂预混合饲料 Feed Additive Premix	鸽子 Pigeons	荷兰比尔佳迪威德公司 Belgica De Weerd B. V., the Netherlands	2020.06—2025.06	新办
(2020) 外饲准字 757 号	豆粕 Soybean Meal	Lowpro 豆粕 Lowpro Soybean Meal	单一饲料 Single Feed	养殖动物 All species or categories of animals	阿根廷 CARGILL SOCIEDAD ANONIMA COMERCIAL E INDUSTRIAL（SENASA 登记号：9454/A/E） CARGILL SOCIEDAD ANONIMA COMERCIAL E INDUSTRIAL（SENASA No.：9454/A/E), Argentina	2020.06—2025.06	新办
(2020) 外饲准字 758 号	豆粕 Soybean Meal	Hipro 豆粕 Hipro Soybean Meal	单一饲料 Single Feed	养殖动物 All species or categories of animals	阿根廷 CARGILL SOCIEDAD ANONIMA COMERCIAL E INDUSTRIAL（SENASA 登记号：9495/A/E） CARGILL SOCIEDAD ANONIMA COMERCIAL E INDUSTRIAL（SENASA No.：9495/A/E), Argentina	2020.06—2025.06	新办
(2020) 外饲准字 759 号	豆粕 Soybean Meal	Lowpro 豆粕 Lowpro Soybean Meal	单一饲料 Single Feed	养殖动物 All species or categories of animals	阿根廷 CARGILL SOCIEDAD ANONIMA COMERCIAL E INDUSTRIAL（SENASA 登记号：9495/A/E） CARGILL SOCIEDAD ANONIMA COMERCIAL E INDUSTRIAL（SENASA No.：9495/A/E), Argentina	2020.06—2025.06	新办
(2020) 外饲准字 760 号	豆粕 Soybean Meal	Hipro 豆粕 Hipro Soybean Meal	单一饲料 Single Feed	养殖动物 All species or categories of animals	阿根廷 CARGILL SOCIEDAD ANONIMA COMERCIAL E INDUSTRIAL（SENASA 登记号：9454/A/E） CARGILL SOCIEDAD ANONIMA COMERCIAL E INDUSTRIAL（SENASA No.：9454/A/E), Argentina	2020.06—2025.06	新办

（续）

登记证号	通用名称	商品名称	产品类别	使用范围	生产厂家	有效期限	备注
（2020）外饲准字 761 号	鱼粉 Fishmeal	海鱼粉 60% 蛋白质 Sea Fish Meal-Protein 60%	单一饲料 Single Feed	畜禽、水产养殖动物（反刍动物除外） Livestock, Poultry, Aquaculture animals（Not including ruminant）	（越南）东海私人企业（工厂） DONG HAI PRIVATE ENTERPRISE, Vietnam	2020.06—2025.06	新办
（2020）外饲准字 762 号	全价成年期猫粮 Pet Compound Adult Cat Food	灵萃成猫粮 添加人参 VIGOR&SAGE Ginseng Well-Being Adult Cat Food	宠物配合饲料 Pet Compound Feed	猫 Cats	（荷兰）容克宠物食品有限公司 Jonker Petfood B. V., the Netherlands	2020.06—2025.06	新办
（2020）外饲准字 763 号	宠物配合饲料犬粮 Pet Compound Feed for Dog	滋益巅峰新西兰鸡肉配方犬粮罐头 Ziwi Peak Canned New Zealand Chicken Recipe Dog Food	宠物配合饲料 Pet Compound Feed	犬 Dogs	（新西兰）PetfoodNZ 国际有限公司 PetfoodNZ International Limited, New Zealand	2020.06—2025.06	新办
（2020）外饲准字 764 号	中型犬幼年期全价犬粮 Complete Medium Puppy Dog Feed	中型犬幼年期全价犬粮 Medium Puppy	宠物配合饲料 Pet Compound Feed	犬 Dogs	玛氏奥地利有限公司 MARS AUSTRIA OG, Austria	2020.06—2025.06	新办
（2020）外饲准字 779 号	饲料添加剂 氨基酸锌络合物（氨基酸为 L-赖氨酸和谷氨酸） Feed Additive Zinc Amino Acid Complex (amino acid mixed by L-lysine and glutamic acid)	宜多矿—锌 170 Zinpro-Zn 170	饲料添加剂 Feed Additive	肉仔鸡、蛋鸡、断奶仔猪 Broiler, Laying hens, Weaning piglets	美国金宝动物营养（国际）有限公司 Zinpro Animal Nutrition（International）Inc., USA	2020.08—2025.08	新办评审产品
（2020）外饲准字 780 号	饲料添加剂 亚硫酸氢烟酰胺甲萘醌 Feed Additive Menadione Nicotinamide Bisulphite	维可兹-MNB Microvitam K3 MNB (Menadione nicotinamide bisulphite)	饲料添加剂 Feed Additive	养殖动物 All species or categories of animals	（俄罗斯）诺沃赫罗姆有限责任公司 Novochrom Ltd., Russia	2020.08—2025.08	新办
（2020）外饲准字 781 号	饲料添加剂 酿酒酵母 Feed Additive Saccharomyces cerevisiae	布拉迪® Levucell® SB 20	饲料添加剂 Feed Additive	养殖动物 All species or categories of animals	（美国）拉曼特种益生菌公司 Lallemand Specialties Inc., USA	2020.08—2025.08	新办
（2020）外饲准字 782 号	混合型饲料添加剂 蛋白酶（源自米曲菌） Feed Additives Mixture Protease (Source: Aspergillus oryzae)	六畜旺 Toxi-free	混合型饲料添加剂 Feed Additives Mixture	畜禽 Livestock, Poultry	（台湾）生百兴业有限公司宜兴厂 Life Rainbow Biotech Co., Ltd. Yixing Factory	2020.08—2025.08	新办

（续）

登记证号	通用名称	商品名称	产品类别	使用范围	生产厂家	有效期限	备注
（2020）外饲准字 783 号	混合型饲料添加剂 天然三萜烯皂角苷（源自可来雅皂角树）天然类固醇萨洒皂角苷（源自丝兰） Feed Additives Mixture Triterpenic Saponins （Quillaja Saponaria Extract）YUCCA（Yucca Schidigera Extract）	唛植肥 Magni-Phi	混合型饲料添加剂 Feed Additives Mixture	畜禽、水产养殖动物 Livestock，Poultry，Aquaculture animals	沙漠王墨西哥公司 Desert King de Mexico，S. de R. L. de C. V.，Mexico	2020.08—2025.08	新办
（2020）外饲准字 784 号	混合型饲料添加剂 香味物质 硫酸钠 Feed Additives Mixture Flavouring Substances Sodium Sulfate	维尔丹 VERTAN	混合型饲料添加剂 Feed Additives Mixture	奶牛、羊 Cow，Sheep	法国 Société IDENA 公司 Société IDENA，France	2020.08—2025.08	新办
（2020）外饲准字 785 号	混合型饲料添加剂 微生物 Feed Additives Mixture Live Microorganisms	柏来先 SUNPRO P	混合型饲料添加剂 Feed Additives Mixture	养殖动物 All species or categories of animals	韩国善柏生物株式会社 SUN BIO CO.，LTD.，Korea	2020.08—2025.08	新办
（2020）外饲准字 786 号	混合型饲料添加剂 地衣芽孢杆菌 Feed Additives Mixture Bacillus licheniformis	倍康宝 PE ProBe-Bac PE	混合型饲料添加剂 Feed Additives Mixture	家禽 Poultry	韩国 EASY BIO 公司 EASY BIO Inc.，Korea	2020.08—2025.08	新办
（2020）外饲准字 787 号	混合型饲料添加剂 枯草芽孢杆菌 Feed Additives Mixture Bacillus subtilis	倍康宝 SE ProBe-Bac SE	混合型饲料添加剂 Feed Additives Mixture	猪 Swine	韩国 EASY BIO 公司 EASY BIO Inc.，Korea	2020.08—2025.08	新办
（2020）外饲准字 788 号	混合型饲料添加剂 蛋白酶（产自米曲霉） Feed Additives Mixture Protease（Source：Aspergillus oryzae）	六福宝 5A Lira-zyme 5A	混合型饲料添加剂 Feed Additives Mixture	畜禽 Livestock，Poultry	（台湾）生百兴业有限公司宜兴厂 Life Rainbow Biotech Co.，Ltd. Yixing Factory	2020.08—2025.08	新办
（2020）外饲准字 789 号	混合型饲料添加剂 包被 DHA Feed Additives Mixture Coated Microalgae DHA	乳优 DHA Vitalg DHA	混合型饲料添加剂 Feed Additives Mixture	养殖动物 All species or categories of animals	意大利阿卡公司 Prodotti Arca S. r. l.，Italy	2020.08—2025.08	新办
（2020）外饲准字 790 号	混合型饲料添加剂 甘油脂肪酸酯 Feed Additives Mixture Glycerine Fatty Acid Ester	肠无忧 ProPhorce™ Valerins	混合型饲料添加剂 Feed Additives Mixture	养殖动物 All species or categories of animals	（荷兰）柏斯托（瓦斯皮克）公司 Perstorp Waspik B. V.，the Netherlands	2020.08—2025.08	新办
（2020）外饲准字 791 号	混合型饲料添加剂 淀粉酶（产自米曲霉） Feed Additives Mixture Amylase（Source：Aspergillus oryzae）	奥优酶™ AMAIZE™	混合型饲料添加剂 Feed Additives Mixture	反刍动物 Ruminate	美国奥特奇公司 Alltech Inc.，USA	2020.08—2025.08	新办

（续）

登记证号	通用名称	商品名称	产品类别	使用范围	生产厂家	有效期限	备注
(2020) 外饲准字 792 号	混合型饲料添加剂 苯甲酸 香芹酚 Feed Additives Mixture Benzoic Acid Carvacrol	卢米嘉 TCB 250 LUMIGARD TCB 250	混合型饲料添加剂 Feed Additives Mixture	家禽 Poultry	法国 MIXSCIENCE 公司 MIXSCIENCE，France	2020. 08—2025. 08	新办
(2020) 外饲准字 793 号	混合型饲料添加剂 聚乙二醇甘油蓖麻酸酯 Feed Additives Mixture Glyceryl Polyethylenglycol Ricinoleate	艾加能 Excential Energy Plus	混合型饲料添加剂 Feed Additives Mixture	养殖动物 All species or categories of animals	比利时 Orffa Additives B. V. 公司 Orffa Additives B. V.，Belgium	2020. 08—2025. 08	新办
(2020) 外饲准字 794 号	混合型饲料添加剂 丙二醇 Feed Additives Mixture Propylene Glycol	丙二醇 66S PROPYLENE 66S	混合型饲料添加剂 Feed Additives Mixture	反刍动物 Ruminate	法国 DIFAGRI 公司 DIFAGRI，France	2020. 08—2025. 08	新办
(2020) 外饲准字 795 号	混合型饲料添加剂 香味物质 Feed Additives Mixture Flavouring Substances	"金晶精" 500 DOSTO® Concentrate 500	混合型饲料添加剂 Feed Additives Mixture	养殖动物 All species or categories of animals	德国德斯特农场有限责任公司 DOSTOFARM GmbH，Germany	2020. 08—2025. 08	新办
(2020) 外饲准字 796 号	混合型饲料添加剂 硫酸铵 氯化镁 硫酸钙 Feed Additives Mixture Ammonium Sulfate Magnesium Chloride Calcium Sulfate	奥奶美® Animate® NGM	混合型饲料添加剂 Feed Additives Mixture	反刍动物 Ruminate	美国王子农产品公司 Prince Agri Products Inc.，USA	2020. 08—2025. 08	新办
(2020) 外饲准字 797 号	混合型饲料添加剂 微生物 Feed Additives Mixture Live Microorganisms	百猛灵 饲料级 Primalac F/G-Livestock Feed Additive	混合型饲料添加剂 Feed Additives Mixture	养殖动物 All species or categories of animals	明星实验室/美国饲料研究公司 Star-Labs/Forage Research，Inc.，USA	2020. 08—2025. 08	新办
(2020) 外饲准字 798 号	混合型饲料添加剂 丁酸梭菌 Feed Additives Mixture Clostridium butyricum	米雅利桑 G miyarisan G	混合型饲料添加剂 Feed Additives Mixture	断奶仔猪、肉仔鸡 Weaning piglets，Broiler	日本米雅利桑制药株式会社 CBM 工厂 Miyarisan Pharmaceutical Co.，Ltd.，CBM Plant，Japan	2020. 08—2025. 08	新办
(2020) 外饲准字 799 号	混合型饲料添加剂 地衣芽孢杆菌 枯草芽孢杆菌 Feed Additives Mixture Bacillus licheniformis Bacillus subtilis	宝沃明 Bovacillus™	混合型饲料添加剂 Feed Additives Mixture	犊牛 Calves	科·汉森捷克共和国有限公司 Chr. Hansen Czech Repubilc，s. r. o.，Czech Repubilc	2020. 08—2025. 08	新办
(2020) 外饲准字 800 号	混合型饲料添加剂 香味物质 酸度调节剂 Feed Additives Mixture Flavouring Substances Acidity Regulators	维肠康 A AviPlus® Aqua	混合型饲料添加剂 Feed Additives Mixture	水产养殖动物 Aquaculture animals	意大利 Vetagro S. p. A. 股份公司 Vetagro S. p. A.，Italy	2020. 08—2025. 08	新办

（续）

登记证号	通用名称	商品名称	产品类别	使用范围	生产厂家	有效期限	备注
(2020) 外饲准字 801 号	混合型饲料添加剂 香味物质 酸度调节剂 Feed Additives Mixture Flavouring Substances Acidity Regulators	维肠康 R AviPlus® R	混合型饲料添加剂 Feed Additives Mixture	反刍动物 Ruminant	意大利 Vetagro S. p. A. 股份公司 Vetagro S. p. A., Italy	2020.08—2025.08	新办
(2020) 外饲准字 802 号	混合型饲料添加剂 香味物质 Feed Additives Mixture Flavouring Substances	维肠能 D AVIPREMIUM® D	混合型饲料添加剂 Feed Additives Mixture	养殖动物 All species or categories of animals	意大利 Vetagro S. p. A. 股份公司 Vetagro S. p. A., Italy	2020.08—2025.08	新办
(2020) 外饲准字 803 号	混合型饲料添加剂 维生素 氨基酸 矿物元素 Feed Additives Mixture Vitamins Amino Acids Minerals	法维安 MULTIPROV Liquid	混合型饲料添加剂 Feed Additives Mixture	猪、鸡、牛 Swine, Chicken, Cattle	法国 GERMAFERM 公司 GERMAFERM, France	2020.08—2025.08	新办
(2020) 外饲准字 804 号	复合预混合饲料 Premix	富润达泡腾粉 FC-REHYDRATANT	添加剂预混合饲料 Feed Additive Premix	犊牛、断奶仔猪、小山羊 Calves, Weaning piglets, Young goats	意大利弗兰肯股份有限公司 FRIULCHEM S. p. A, Italy	2020.08—2025.08	新办
(2020) 外饲准字 805 号	反刍动物用复合预混合饲料 Premix for Ruminant	乳肝 Milkan	添加剂预混合饲料 Feed Additive Premix	反刍动物 Ruminant	日本 BIO SCIENCE CO., LTD. 第二工厂 BIO SCIENCE CO., LTD., Second Plant, Japan	2020.08—2025.08	新办
(2020) 外饲准字 806 号	畜禽维生素预混合饲料 Vitamin Premix for Livestock and Poultry	法乐欣 MULTIPROV AD3EC	添加剂预混合饲料 Feed Additive Premix	猪、家禽、反刍动物 Swine, Poultry, Ruminant	法国 GERMAFERM 公司 GERMAFERM, France	2020.08—2025.08	新办
(2020) 外饲准字 807 号	家禽/猪/反刍动物/马/兔维生素预混合饲料 Vitamin Premix for Poultry, Pigs, Ruminant, Horses and Rabbits	美泰利 S METALIXIR S	添加剂预混合饲料 Feed Additive Premix	猪、家禽、反刍动物、马、兔 Swine, Poultry, Ruminant, Horses, Rabbits	法国 MIXSCIENCE 公司 MIXSCIENCE, France	2020.08—2025.08	新办
(2020) 外饲准字 808 号	牛马微量元素预混合饲料 Trace Mineral Premix for Cattle and Horse	特龙标准舔砖 Tromp Standard	添加剂预混合饲料 Feed Additive Premix	马、牛 Horses, Cattle	荷兰特龙有限公司 Tromp B. V., the Netherlands	2020.08—2025.08	新办
(2020) 外饲准字 809 号	鸽子用复合预混合饲料 Pigeon Premix	比尔佳电解液 Belgasol	添加剂预混合饲料 Feed Additive Premix	鸽子 Pigeon	荷兰比尔佳迪威德公司 Belgica De Weerd B. V., the Netherlands	2020.08—2025.08	新办

（续）

登记证号	通用名称	商品名称	产品类别	使用范围	生产厂家	有效期限	备注
（2020）外饲准字 810 号	宠物营养补充剂 Pet Nutritional Supplements	乐宠泌胰 lovemypet pancreas	宠物添加剂预混合饲料 Pet Feed Additive Premix	犬、猫 Dogs，Cats	（台湾）璿智国际宠物科技有限公司大富厂 WISDOM International Pet Science Co.，Ltd. Dafu Factory	2020.08—2025.08	新办
（2020）外饲准字 811 号	宠物营养补充剂猫 枯草芽孢杆菌 Pet Feed Additive Premix Bacillus subtilis	全乐健—泌尿锭 犬用 ZENLASE-Uz DOG	宠物添加剂预混合饲料 Pet Feed Additive Premix	犬 Dogs	日本翌桧化工研究所股份有限公司总部工厂 Headquarters Plant of Asunaro Institute Chemical Co.，Ltd.，Japan	2020.08—2025.08	新办
（2020）外饲准字 812 号	宠物营养补充剂 枯草芽孢杆菌 Pet Feed Additive Premix Bacillus subtilis	全乐健—消化锭 新型 ZENLASE-Pz neo	宠物添加剂预混合饲料 Pet Feed Additive Premix	犬、猫 Dogs，Cats	日本翌桧化工研究所股份有限公司总部工厂 Headquarters Plant of Asunaro Institute Chemical Co.，Ltd.，Japan	2020.08—2025.08	新办
（2020）外饲准字 813 号	宠物营养补充剂猫 枯草芽孢杆菌 Pet Feed Additive Premix Bacillus subtilis	全乐健—泌尿锭 猫用 ZENLASE-Uz CAT	宠物添加剂预混合饲料 Pet Feed Additive Premix	猫 Cats	日本翌桧化工研究所股份有限公司总部工厂 Headquarters Plant of Asunaro Institute Chemical Co.，Ltd.，Japan	2020.08—2025.08	新办
（2020）外饲准字 814 号	宠物营养补充剂小型犬/猫氨基酸 Supplementary Food Amino Acid for Small Breed Dogs and Cats	胺肾 300mg AminAvast 300mg	宠物添加剂预混合饲料 Pet Feed Additive Premix	犬、猫 Dogs，Cats	美国亚博特制药公司 Albert Max，Inc.，USA	2020.08—2025.08	新办
（2020）外饲准字 815 号	宠物营养补充剂中/大型犬氨基酸 Supplementary Food Amino Acid for Medium and Large Dogs	胺肾 1 000mg AminAvast 1 000mg	宠物添加剂预混合饲料 Pet Feed Additive Premix	犬 Dogs	美国亚博特制药公司 Albert Max，Inc.，USA	2020.08—2025.08	新办
（2020）外饲准字 816 号	兔配合饲料 Compound Feed for Rabbit	梦想天然转换兔粮 Nature Shuttle（for dwarf rabbits）	配合饲料 Compound Feed	兔 Rabbits	德国 Bunny Tierernährung GmbH Bunny Tierernährung GmbH，Germany	2020.08—2025.08	新办
（2020）外饲准字 817 号	兔配合饲料 Compound Feed for Rabbit	梦想幼兔粮 RabbitDream YOUNG	配合饲料 Compound Feed	兔 Rabbits	德国 Bunny Tierernährung GmbH Bunny Tierernährung GmbH，Germany	2020.08—2025.08	新办
（2020）外饲准字 818 号	兔配合饲料 Compound Feed for Rabbit	梦想兔粮草本加强 RabbitDream HERBS	配合饲料 Compound Feed	兔 Rabbits	德国 Bunny Tierernährung GmbH Bunny Tierernährung GmbH，Germany	2020.08—2025.08	新办
（2020）外饲准字 819 号	兔配合饲料 Compound Feed for Rabbit	梦想兔粮口腔版 RabbitDream ORAL	配合饲料 Compound Feed	兔 Rabbits	德国 Bunny Tierernährung GmbH Bunny Tierernährung GmbH，Germany	2020.08—2025.08	新办

（续）

登记证号	通用名称	商品名称	产品类别	使用范围	生产厂家	有效期限	备注
(2020) 外饲准字 820 号	龙猫配合饲料 Compound Feed for Chinchilla	梦想龙猫粮基础版 ChinchillaDream BASIC	配合饲料 Compound Feed	龙猫 Chinchilla	德国 Bunny Tierernährung GmbH Bunny Tierernährung GmbH, Germany	2020.08—2025.08	新办
(2020) 外饲准字 821 号	豚鼠配合饲料 Compound Feed for Guinea Pig	梦想天然转换豚鼠粮 Nature Shuttle (for guinea pigs)	配合饲料 Compound Feed	豚鼠 Guinea Pig	德国 Bunny Tierernährung GmbH Bunny Tierernährung GmbH, Germany	2020.08—2025.08	新办
(2020) 外饲准字 822 号	仓鼠配合饲料 Compound Feed for Hamster	梦想仓鼠粮专家版 HamsterDream EXPERT	配合饲料 Compound Feed	仓鼠 Hamster	德国 Bunny Tierernährung GmbH Bunny Tierernährung GmbH, Germany	2020.08—2025.08	新办
(2020) 外饲准字 823 号	仓鼠配合饲料 Compound Feed for Hamster	梦想侏儒仓鼠粮专家版 DwarfHamsterDream EXPERT	配合饲料 Compound Feed	仓鼠 Hamster	德国 Bunny Tierernährung GmbH Bunny Tierernährung GmbH, Germany	2020.08—2025.08	新办
(2020) 外饲准字 824 号	豚鼠配合饲料 Compound Feed for Guinea Pig	梦想成体豚鼠粮 GuineaPigDream BASIC	配合饲料 Compound Feed	豚鼠 Guinea Pig	德国 Bunny Tierernährung GmbH Bunny Tierernährung GmbH, Germany	2020.08—2025.08	新办
(2020) 外饲准字 825 号	豚鼠配合饲料 Compound Feed for Guinea Pig	梦想幼体豚鼠粮 GuineaPigDream YOUNG	配合饲料 Compound Feed	豚鼠 Guinea Pig	德国 Bunny Tierernährung GmbH Bunny Tierernährung GmbH, Germany	2020.08—2025.08	新办
(2020) 外饲准字 826 号	观赏鱼配合饲料 Compound Feed for Ornamental Fish	综合绿藻薄片 Formula 2 Flake	配合饲料 Compound Feed	观赏鱼 Ornamental Fish	（泰国）海洋饲料公司 Marine Nutrition Co., Ltd., Thailand	2020.08—2025.08	新办
(2020) 外饲准字 827 号	观赏鱼配合饲料 Compound Feed for Ornamental Fish	荤食颗粒 Formula 1 Marine Pellet	配合饲料 Compound Feed	观赏鱼 Ornamental Fish	（泰国）海洋饲料公司 Marine Nutrition Co., Ltd., Thailand	2020.08—2025.08	新办
(2020) 外饲准字 828 号	观赏鱼配合饲料 Compound Feed for Ornamental Fish	珊瑚缸挑嘴鱼薄片 Prime Reef Flake	配合饲料 Compound Feed	观赏鱼 Ornamental Fish	（泰国）海洋饲料公司 Marine Nutrition Co., Ltd., Thailand	2020.08—2025.08	新办
(2020) 外饲准字 829 号	观赏鱼配合饲料 Compound Feed for Ornamental Fish	素食颗粒 Formula 2 Marine Pellet	配合饲料 Compound Feed	观赏鱼 Ornamental Fish	（泰国）海洋饲料公司 Marine Nutrition Co., Ltd., Thailand	2020.08—2025.08	新办
(2020) 外饲准字 830 号	观赏鱼配合饲料 Compound Feed for Ornamental Fish	螺旋藻薄片 Spirulina Flake	配合饲料 Compound Feed	观赏鱼 Ornamental Fish	（泰国）海洋饲料公司 Marine Nutrition Co., Ltd., Thailand	2020.08—2025.08	新办
(2020) 外饲准字 831 号	观赏鱼配合饲料 Compound Feed for Ornamental Fish	综合海鲜薄片 Formula 1 Flake	配合饲料 Compound Feed	观赏鱼 Ornamental Fish	（泰国）海洋饲料公司 Marine Nutrition Co., Ltd., Thailand	2020.08—2025.08	新办
(2020) 外饲准字 832 号	观赏鱼配合饲料 Compound Feed for Ornamental Fish	丰年虾薄片 Brine Shrimp Plus Flake	配合饲料 Compound Feed	观赏鱼 Ornamental Fish	（泰国）海洋饲料公司 Marine Nutrition Co., Ltd., Thailand	2020.08—2025.08	新办

（续）

登记证号	通用名称	商品名称	产品类别	使用范围	生产厂家	有效期限	备注
(2020）外饲准字 833 号	鱼配合饲料 Compound Feed for Fish	星元（鱼饲料） Xing Yuan	配合饲料 Compound Feed	鱼 Fish	日本林兼产业株式会社饲料事业部长府工厂 Hayashikane Sangyo Co., Ltd., Feed Business Division, Chofu Plant, Japan	2020.08—2025.08	新办
(2020）外饲准字 834 号	羔羊配合饲料 Compound Feed for Lamb	羊益乳 Novilam W Plus	配合饲料 Compound Feed	羔羊 Lamb	荷兰希尔斯公司 Schils B. V., the Netherlands	2020.08—2025.08	新办
(2020）外饲准字 835 号	全价宠物食品小型犬幼年期犬粮 Pet Compound Feed for Puppy Mini Breeds Dog	活性益生菌小型幼犬粮 Probiotic LIVE Puppy Mini Breeds	宠物配合饲料 Pet Compound Feed	犬 Dogs	比利时联合宠物食品公司 United Petfood Producers NV, Belgium	2020.08—2025.08	新办
(2020）外饲准字 836 号	全价犬粮 Complete Feed Dog Food	欧恩焙无谷物鸡肉配方全犬粮 Oven-Baked Tradition all breeds, all life stages grain free made with fresh deboned chicken dog food	宠物配合饲料 Pet Compound Feed	犬 Dogs	（加拿大）百奥比斯克有限公司 Bio Biscuit Inc., Canada	2020.08—2025.08	新办
(2020）外饲准字 837 号	全价小型犬犬粮 Complete Feed Small Breed Dog Food	欧恩焙小型犬无谷物鸡肉配方全犬粮 Oven-Baked Tradition small breed, all life stages grain free made with fresh deboned chicken dog food	宠物配合饲料 Pet Compound Feed	犬 Dogs	（加拿大）百奥比斯克有限公司 Bio Biscuit Inc., Canada	2020.08—2025.08	新办
(2020）外饲准字 838 号	全价成年期猫粮 Complete Feed Adult Cat Food	欧恩焙全生活方式鱼肉配方成猫粮 Oven-Baked Tradition all life style made with fresh fish cat food	宠物配合饲料 Pet Compound Feed	猫 Cats	（加拿大）百奥比斯克有限公司 Bio Biscuit Inc., Canada	2020.08—2025.08	新办
(2020）外饲准字 839 号	大型犬幼年期全价犬粮 Complete Maxi Puppy Dog Feed	大型犬幼年期全价犬粮 Maxi Puppy	宠物配合饲料 Pet Compound Feed	犬 Dogs	玛氏奥地利有限公司 MARS AUSTRIA OG, Austria	2020.08—2025.08	新办
(2020）外饲准字 840 号	中型犬成年期全价犬粮 Complete Medium Adult Dog Feed	中型犬成年期全价犬粮 Medium Adult	宠物配合饲料 Pet Compound Feed	犬 Dogs	玛氏奥地利有限公司 MARS AUSTRIA OG, Austria	2020.08—2025.08	新办
(2020）外饲准字 841 号	小型犬老年期全价犬粮 Complete Mini Mature Dog Feed	小型犬老年期（12 岁以上）全价犬粮 Mini Ageing 12+	宠物配合饲料 Pet Compound Feed	犬 Dogs	玛氏奥地利有限公司 MARS AUSTRIA OG, Austria	2020.08—2025.08	新办

（续）

登记证号	通用名称	商品名称	产品类别	使用范围	生产厂家	有效期限	备注
（2020）外饲准字 842 号	大型犬成年期全价犬粮 Complete Maxi Adult Dog Feed	大型犬成年期全价犬粮 Maxi Adult	宠物配合饲料 Pet Compound Feed	犬 Dogs	玛氏奥地利有限公司 MARS AUSTRIA OG，Austria	2020.08—2025.08	新办
（2020）外饲准字 843 号	宠物配合饲料幼年期狗粮 Pet Compound Feed-Puppy Feed	乐枫幼犬粮 Le Maple dog food for puppy	宠物配合饲料 Pet Compound Feed	犬 Dogs	加拿大斯派特饲料服务有限公司（工厂） Spectrum Feed Services Ltd.，Canada	2020.08—2025.08	新办
（2020）外饲准字 844 号	宠物配合饲料狗粮 Pet Compound Feed-Dog Feed	乐枫高能狗粮 Le Maple high-energy formula dog food	宠物配合饲料 Pet Compound Feed	犬 Dogs	加拿大斯派特饲料服务有限公司（工厂） Spectrum Feed Services Ltd.，Canada	2020.08—2025.08	新办
（2020）外饲准字 845 号	全价宠物食品成年期犬粮 Pet Compound Feed for Adult Dog	V-PLANET 犬粮 V-PLANET DOG FOOD	宠物配合饲料 Pet Compound Feed	犬 Dogs	（加拿大）艾尔麦乐宠物产品有限公司 Elmira Pet Products Ltd.，Canada	2020.08—2025.08	新办
（2020）外饲准字 846 号	宠物配合饲料 幼年期猫粮 Pet Compound Feed for Kitten	Hieture 喜趣乐宠北欧 4 种鱼配方无谷幼猫粮 Hieture Nordic 4 Fish Grain Free Kitten Food	宠物配合饲料 Pet Compound Feed	猫 Cats	（丹麦）维塔宠物食品集团公司（工厂） Vital Petfood Group A/S，Denmark	2020.08—2025.08	新办
（2020）外饲准字 847 号	宠物配合饲料 成年期猫粮 Pet Compound Feed for Adult Cat	Hieture 喜趣乐宠北欧 4 种鱼配方无谷成猫粮 Hieture Nordic 4 Fish Grain Free Adult Cat Food	宠物配合饲料 Pet Compound Feed	猫 Cats	（丹麦）维塔宠物食品集团公司（工厂） Vital Petfood Group A/S，Denmark	2020.08—2025.08	新办
（2020）外饲准字 848 号	宠物配合饲料 成年期猫粮 Pet Compound Feed for Adult Cat	普瑞提北欧成猫粮 Petpretty Nordic Cat Food Adult	宠物配合饲料 Pet Compound Feed	猫 Cats	（丹麦）维塔宠物食品集团公司（工厂） Vital Petfood Group A/S，Denmark	2020.08—2025.08	新办
（2020）外饲准字 849 号	宠物配合饲料 幼年期猫粮 Pet Compound Feed for Kitten	普瑞提北欧幼猫粮 Petpretty Nordic Cat Food Kitten	宠物配合饲料 Pet Compound Feed	猫 Cats	（丹麦）维塔宠物食品集团公司（工厂） Vital Petfood Group A/S，Denmark	2020.08—2025.08	新办
（2020）外饲准字 850 号	全价宠物食品幼年期犬粮 Pet Compound Feed for Puppy	S2 纽顿幼年期全价犬粮鸡肉 & 全蛋配方 S2 NutramNumber Sound Puppy Food Chicken & Whole Eggs Recipe	宠物配合饲料 Pet Compound Feed	犬 Dogs	比利时联合宠物食品公司 United Petfood Producers NV，Belgium	2020.08—2025.08	新办
（2020）外饲准字 851 号	全价宠物食品猫粮 Pet Compound Feed for Cat	T24 纽顿全价猫粮鲑鱼 & 鳟鱼配方 T24 NutramNumber Total Cat Food Salmon & Trout Recipe	宠物配合饲料 Pet Compound Feed	猫 Cats	比利时联合宠物食品公司 United Petfood Producers NV，Belgium	2020.08—2025.08	新办

（续）

登记证号	通用名称	商品名称	产品类别	使用范围	生产厂家	有效期限	备注
（2020）外饲准字 852 号	全价宠物食品小型犬粮 Pet Compound Feed for Small Breed Dog	T27 纽顿小型 & 玩赏犬全价犬粮鸡肉 & 火鸡肉配方 T27 NutramNumber Total Small & Toy Breed Dog Food Chicken & Turkey Recipe	宠物配合饲料 Pet Compound Feed	犬 Dogs	比利时联合宠物食品公司 United Petfood Producers NV，Belgium	2020. 08—2025. 08	新办
（2020）外饲准字 853 号	全价宠物食品猫粮 Pet Compound Feed for Cat	哈根纽翠斯无谷猫粮—深海鱼配方 Hagen Nutrience Grain Free Cat-Ocean Fish Formula	宠物配合饲料 Pet Compound Feed	猫 Cats	加拿大斯派特饲料服务有限公司（工厂） Spectrum Feed Services Ltd. ，Canada	2020. 08—2025. 08	新办
（2020）外饲准字 854 号	全价宠物食品猫粮 Pet Compound Feed for Cat	哈根纽翠斯无谷室内猫粮—鸡肉火鸡肉鸭肉配方 Hagen Nutrience Grain Free Indoor Cat-Chicken，Turkey and Duck Formula	宠物配合饲料 Pet Compound Feed	猫 Cats	加拿大斯派特饲料服务有限公司（工厂） Spectrum Feed Services Ltd. ，Canada	2020. 08—2025. 08	新办
（2020）外饲准字 855 号	宠物配合饲料孕娠期 & 哺乳期犬粮 Pet Compound Feed for Pregnant & Nursing Dogs	狗狗宝贝—妊娠期 & 哺乳期狗粮 Doggy's Pregnant & Nursing dogs	宠物配合饲料 Pet Compound Feed	犬 Dogs	（黎巴嫩）哈瓦鸡肉生产有限公司 Hawa Chicken-Chicken Production & Distribution Co. S. A. L，Lebanon	2020. 08—2025. 08	新办
（2020）外饲准字 856 号	宠物配合饲料幼年期猫粮 Pet Compound Food for Kitties	猫咪宝贝—幼年猫粮 Catty's Kitties	宠物配合饲料 Pet Compound Feed	猫 Cats	（黎巴嫩）哈瓦鸡肉生产有限公司 Hawa Chicken-Chicken Production & Distribution Co. S. A. L，Lebanon	2020. 08—2025. 08	新办
（2020）外饲准字 857 号	宠物配合饲料幼年期、妊娠期和哺乳期猫粮 Pet Compound Feed Kittens，Gestating or Lactating Cats Feed	溢享幼猫海鱼配方 ENGAGING Sea Fish Recipe Kitten	宠物配合饲料 Pet Compound Feed	猫 Cats	（丹麦）维塔宠物食品集团公司（工厂） Vital Petfood Group A/S，Denmark	2020. 08—2025. 08	新办
（2020）外饲准字 858 号	宠物配合饲料 幼年期犬粮 Pet Compound Feed for Puppy	溢享幼犬海鱼配方 ENGAGING Sea Fish Recipe Puppy	宠物配合饲料 Pet Compound Feed	犬 Dogs	（丹麦）维塔宠物食品集团公司（工厂） Vital Petfood Group A/S，Denmark	2020. 08—2025. 08	新办
（2020）外饲准字 859 号	全价宠物食品猫粮 Pet Compound Food for Cats	iti 羊肉鹿肉配方猫罐头 iti Lamb & Venison Canned Cat food	宠物配合饲料 Pet Compound Feed	猫 Cats	新西兰 PetfoodNZ 国际有限公司 PetfoodNZ International Limited，New Zealand	2020. 08—2025. 08	新办

（续）

登记证号	通用名称	商品名称	产品类别	使用范围	生产厂家	有效期限	备注
(2020) 外饲准字 860 号	全价宠物食品猫粮 Pet Compound Food for Cats	iti 牛肉配方猫罐头 iti Beef Canned Cat food	宠物配合饲料 Pet Compound Feed	猫 Cats	新西兰 PetfoodNZ 国际有限公司 PetfoodNZ International Limited, New Zealand	2020.08—2025.08	新办
(2020) 外饲准字 861 号	全价宠物食品猫粮 Pet Compound Food for Cats	iti 鸡肉三文鱼配方猫罐头 iti Chicken & Salmon Canned Cat food	宠物配合饲料 Pet Compound Feed	猫 Cats	新西兰 PetfoodNZ 国际有限公司 PetfoodNZ International Limited, New Zealand	2020.08—2025.08	新办
(2020) 外饲准字 862 号	全价宠物食品猫粮 Pet Compound Food for Cats	iti 鸡肉配方猫罐头 iti Chicken Canned Cat food	宠物配合饲料 Pet Compound Feed	猫 Cats	新西兰 PetfoodNZ 国际有限公司 PetfoodNZ International Limited, New Zealand	2020.08—2025.08	新办
(2020) 外饲准字 863 号	宠物配合饲料成年期猫粮 Pet Compound Feed for Adult Cat	低脂无谷成猫粮 Naturelle	宠物配合饲料 Pet Compound Feed	猫 Cats	德国 Josera Erbacher Service 工厂 Josera Erbacher Service GmbH & Co. KG, Germany	2020.08—2025.08	新办
(2020) 外饲准字 864 号	宠物配合饲料小型犬幼年期犬粮 Pet Compound Feed for Growing Dog of Small Breed	小型犬幼犬粮 MiniJunior	宠物配合饲料 Pet Compound Feed	犬 Dogs	德国 Josera Erbacher Service 工厂 Josera Erbacher Service GmbH & Co. KG, Germany	2020.08—2025.08	新办
(2020) 外饲准字 865 号	宠物配合饲料成年期猫粮 Pet Compound Feed for Adult Cat	均衡室内猫粮 FairCat Safe	宠物配合饲料 Pet Compound Feed	猫 Cats	德国 Josera Erbacher Service 工厂 Josera Erbacher Service GmbH & Co. KG, Germany	2020.08—2025.08	新办
(2020) 外饲准字 866 号	宠物配合饲料犬粮 Pet Compound Feed for Dog	田园小颗粒无谷犬粮 FarmDog Mini grainfree	宠物配合饲料 Pet Compound Feed	犬 Dogs	德国 Josera Erbacher Service 工厂 Josera Erbacher Service GmbH & Co. KG, Germany	2020.08—2025.08	新办
(2020) 外饲准字 867 号	宠物配合饲料成年期犬粮 Pet Compound Feed for Adult Dog	土豆鲑鱼配方无谷成犬粮 Salmon & Potato	宠物配合饲料 Pet Compound Feed	犬 Dogs	德国 Josera Erbacher Service 工厂 Josera Erbacher Service GmbH & Co. KG, Germany	2020.08—2025.08	新办
(2020) 外饲准字 868 号	宠物配合饲料幼年期犬粮 Pet Compound Feed for Growing Dog	无谷幼犬粮 YoungStar	宠物配合饲料 Pet Compound Feed	犬 Dogs	德国 Josera Erbacher Service 工厂 Josera Erbacher Service GmbH & Co. KG, Germany	2020.08—2025.08	新办
(2020) 外饲准字 869 号	宠物配合饲料小型犬成年期犬粮 Pet Compound Feed for Adult Dog of Small Breed	小型犬成犬粮 Miniwell	宠物配合饲料 Pet Compound Feed	犬 Dogs	德国 Josera Erbacher Service 工厂 Josera Erbacher Service GmbH & Co. KG, Germany	2020.08—2025.08	新办

（续）

登记证号	通用名称	商品名称	产品类别	使用范围	生产厂家	有效期限	备注
(2020) 外饲准字 870 号	宠物配合饲料成年期猫粮 Pet Compound Feed for Adult Cat	无谷猫粮 NatureCat	宠物配合饲料 Pet Compound Feed	猫 Cats	德国 Josera Erbacher Service 工厂 Josera Erbacher Service GmbH & Co. KG, Germany	2020.08—2025.08	新办
(2020) 外饲准字 871 号	宠物配合饲料成年期犬粮 Pet Compound Feed for Adult Dog	欢乐美味成犬粮 Festival	宠物配合饲料 Pet Compound Feed	犬 Dogs	德国 Josera Erbacher Service 工厂 Josera Erbacher Service GmbH & Co. KG	2020.08—2025.08	新办
(2020) 外饲准字 872 号	宠物配合饲料成年期犬粮 Pet Compound Feed for Adult Dog	低敏犬粮 InsectDog sensitive	宠物配合饲料 Pet Compound Feed	犬 Dogs	德国 Josera Erbacher Service 工厂 Josera Erbacher Service GmbH & Co. KG, Germany	2020.08—2025.08	新办
(2020) 外饲准字 873 号	宠物配合饲料犬粮 Pet Compound Feed for Dog	巴瓦罗活力 28/16 犬粮 Bavaro Force 28/16	宠物配合饲料 Pet Compound Feed	犬 Dogs	德国 Josera Erbacher Service 工厂 Josera Erbacher Service GmbH & Co. KG, Germany	2020.08—2025.08	新办
(2020) 外饲准字 874 号	宠物配合饲料成年期犬粮 Pet Compound Feed for Adult Dog	素食本源犬粮 VeggieDog Origin	宠物配合饲料 Pet Compound Feed	犬 Dogs	德国 Josera Erbacher Service 工厂 Josera Erbacher Service GmbH & Co. KG, Germany	2020.08—2025.08	新办
(2020) 外饲准字 875 号	宠物配合饲料成年期犬粮 Pet Compound Feed for Adult Dog	素食无谷犬粮 VeggieDog grainfree	宠物配合饲料 Pet Compound Feed	犬 Dogs	德国 Josera Erbacher Service 工厂 Josera Erbacher Service GmbH & Co. KG, Germany	2020.08—2025.08	新办
(2020) 外饲准字 876 号	宠物配合饲料成年期犬粮 Pet Compound Feed for Adult Dog	巴瓦罗低脂 23/9 犬粮 Bavaro Task 23/9	宠物配合饲料 Pet Compound Feed	犬 Dogs	德国 Josera Erbacher Service 工厂 Josera Erbacher Service GmbH & Co. KG, Germany	2020.08—2025.08	新办
(2020) 外饲准字 877 号	宠物配合饲料成年期犬粮 Pet Compound Feed for Adult Dog	田园乡土犬粮 FarmDog Country	宠物配合饲料 Pet Compound Feed	犬 Dogs	德国 Josera Erbacher Service 工厂 Josera Erbacher Service GmbH & Co. KG, Germany	2020.08—2025.08	新办
(2020) 外饲准字 878 号	宠物配合饲料成年期猫粮 Pet Compound Feed for Adult Cat	均衡活力猫粮 FairCat Vital	宠物配合饲料 Pet Compound Feed	猫 Cats	德国 Josera Erbacher Service 工厂 Josera Erbacher Service GmbH & Co. KG, Germany	2020.08—2025.08	新办
(2020) 外饲准字 879 号	宠物配合饲料成年期犬粮 Pet Compound Feed for Adult Dog	田园活力无谷犬粮 FarmDog Active grainfree	宠物配合饲料 Pet Compound Feed	犬 Dogs	德国 Josera Erbacher Service 工厂 Josera Erbacher Service GmbH & Co. KG, Germany	2020.08—2025.08	新办
(2020) 外饲准字 880 号	宠物配合饲料成年期猫粮 Pet Compound Feed for Adult Cat	低敏成猫粮 Marinesse	宠物配合饲料 Pet Compound Feed	猫 Cats	德国 Josera Erbacher Service 工厂 Josera Erbacher Service GmbH & Co. KG, Germany	2020.08—2025.08	新办

（续）

登记证号	通用名称	商品名称	产品类别	使用范围	生产厂家	有效期限	备注
（2020）外饲准字 881 号	宠物配合饲料成年期犬粮 Pet Compound Feed for Adult Dog	易消化低敏成犬粮 SensiAdult	宠物配合饲料 Pet Compound Feed	犬 Dogs	德国 Josera Erbacher Service 工厂 Josera Erbacher Service GmbH & Co. KG，Germany	2020.08—2025.08	新办
（2020）外饲准字 882 号	宠物配合饲料幼年期犬粮 Pet Compound Feed for Growing Dog	易消化低敏幼犬粮 SensiJunior	宠物配合饲料 Pet Compound Feed	犬 Dogs	德国 Josera Erbacher Service 工厂 Josera Erbacher Service GmbH & Co. KG，Germany	2020.08—2025.08	新办
（2020）外饲准字 883 号	宠物配合饲料成年期犬粮 Pet Compound Feed for Adult Dog	无谷低敏犬粮 InsectDog hypoallergen	宠物配合饲料 Pet Compound Feed	犬 Dogs	德国 Josera Erbacher Service 工厂 Josera Erbacher Service GmbH & Co. KG，Germany	2020.08—2025.08	新办
（2020）外饲准字 884 号	宠物配合饲料成年期犬粮 Pet Compound Feed for Adult Dog	美味鸡肉配方成犬粮 Poultry Menu	宠物配合饲料 Pet Compound Feed	犬 Dogs	德国 Josera Erbacher Service 工厂 Josera Erbacher Service GmbH & Co. KG，Germany	2020.08—2025.08	新办
（2020）外饲准字 885 号	宠物配合饲料成年期猫粮 Pet Compound Feed for Adult Cat	室内成猫粮 DailyCat	宠物配合饲料 Pet Compound Feed	猫 Cats	德国 Josera Erbacher Service 工厂 Josera Erbacher Service GmbH & Co. KG，Germany	2020.08—2025.08	新办
（2020）外饲准字 886 号	宠物配合饲料成年期犬粮 Pet Compound Feed for Adult Dog	低脂成犬粮 Light & Vital	宠物配合饲料 Pet Compound Feed	犬 Dogs	德国 Josera Erbacher Service 工厂 Josera Erbacher Service GmbH & Co. KG，Germany	2020.08—2025.08	新办
（2020）外饲准字 887 号	宠物配合饲料中型犬、大型犬幼年期犬粮 Pet Compound Feed for Growing Dog of Medium-large Breeds	幼犬粮 Kids	宠物配合饲料 Pet Compound Feed	犬 Dogs	德国 Josera Erbacher Service 工厂 Josera Erbacher Service GmbH & Co. KG，Germany	2020.08—2025.08	新办
（2020）外饲准字 888 号	宠物配合饲料小型犬老年期犬粮 Pet Compound Feed for Senior Dog of Small Breed	小型犬老犬粮 MiniVita	宠物配合饲料 Pet Compound Feed	犬 Dogs	德国 Josera Erbacher Service 工厂 Josera Erbacher Service GmbH & Co. KG，Germany	2020.08—2025.08	新办
（2020）外饲准字 889 号	宠物配合饲料成年期犬粮 Pet Compound Feed for Adult Dog	土豆鸭肉配方无谷成犬粮 Duck & Potato	宠物配合饲料 Pet Compound Feed	犬 Dogs	德国 Josera Erbacher Service 工厂 Josera Erbacher Service GmbH & Co. KG，Germany	2020.08—2025.08	新办
（2020）外饲准字 890 号	宠物配合饲料成年期猫粮 Pet Compound Feed for Adult Cat	皮瑞斯活力系列成年期猫粮 ProSeries Holistic Adult Cat Food	宠物配合饲料 Pet Compound Feed	猫 Cats	（加拿大）科里营养品有限公司 Corey Nutrition Company Inc.，Canada	2020.08—2025.08	新办

（续）

登记证号	通用名称	商品名称	产品类别	使用范围	生产厂家	有效期限	备注
(2020) 外饲准字 891 号	宠物配合饲料幼年期猫粮 Pet Compound Feed for Kitten	皮瑞斯活力系列幼年期猫粮 ProSeries Holistic Kitten Cat Food	宠物配合饲料 Pet Compound Feed	猫 Cats	(加拿大) 科里营养品有限公司 Corey Nutrition Company Inc., Canada	2020.08—2025.08	新办
(2020) 外饲准字 892 号	宠物配合饲料犬粮 Pet Compound Feed for Dog	皮瑞斯维护犬粮 ProSeries Maintenance Dog Food	宠物配合饲料 Pet Compound Feed	犬 Dogs	(加拿大) 科里营养品有限公司 Corey Nutrition Company Inc., Canada	2020.08—2025.08	新办
(2020) 外饲准字 893 号	宠物配合饲料成年期犬粮 Pet Compound Feed for Adult Dog	皮瑞斯控制体重犬粮 ProSeries Weight Management Dog Food	宠物配合饲料 Pet Compound Feed	犬 Dogs	(加拿大) 科里营养品有限公司 Corey Nutrition Company Inc., Canada	2020.08—2025.08	新办
(2020) 外饲准字 894 号	宠物配合饲料犬粮 Pet Compound Feed for Dog	因纽伊特 32/32 职业犬粮 Inukshuk 32/32 Professional Dog Food	宠物配合饲料 Pet Compound Feed	犬 Dogs	(加拿大) 科里营养品有限公司 Corey Nutrition Company Inc., Canada	2020.08—2025.08	新办
(2020) 外饲准字 895 号	宠物配合饲料犬粮 Pet Compound Feed for Dog	因纽伊特 30/25 职业犬粮 Inukshuk 30/25 Professional Dog Food	宠物配合饲料 Pet Compound Feed	犬 Dogs	(加拿大) 科里营养品有限公司 Corey Nutrition Company Inc., Canada	2020.08—2025.08	新办
(2020) 外饲准字 896 号	宠物配合饲料犬粮 Pet Compound Feed for Dog	因纽伊特 26/16 职业犬粮 Inukshuk 26/16 Professional Dog Food	宠物配合饲料 Pet Compound Feed	犬 Dogs	(加拿大) 科里营养品有限公司 Corey Nutrition Company Inc., Canada	2020.08—2025.08	新办
(2020) 外饲准字 897 号	宠物配合饲料小型犬犬粮 Pet Compound Feed for Small Breed Dog	北爪无谷小颗粒犬粮 North Paw Grain Free Small Bites Dog Food	宠物配合饲料 Pet Compound Feed	犬 Dogs	(加拿大) 科里营养品有限公司 Corey Nutrition Company Inc., Canada	2020.08—2025.08	新办
(2020) 外饲准字 898 号	宠物配合饲料小型犬犬粮 Pet Compound Feed for Small Breed Dog	皮瑞斯小颗粒犬粮 ProSeries Small Bites Dog Food	宠物配合饲料 Pet Compound Feed	犬 Dogs	(加拿大) 科里营养品有限公司 Corey Nutrition Company Inc., Canada	2020.08—2025.08	新办
(2020) 外饲准字 899 号	宠物配合饲料幼年期犬粮 Pet Compound Feed for Puppy	皮瑞斯幼年期犬粮 ProSeries Puppy Dog Food	宠物配合饲料 Pet Compound Feed	犬 Dogs	(加拿大) 科里营养品有限公司 Corey Nutrition Company Inc., Canada	2020.08—2025.08	新办
(2020) 外饲准字 900 号	宠物配合饲料犬粮 Pet Compound Feed for Dog	皮瑞斯高能犬粮 ProSeries Performance Dog Food	宠物配合饲料 Pet Compound Feed	犬 Dogs	(加拿大) 科里营养品有限公司 Corey Nutrition Company Inc., Canada	2020.08—2025.08	新办

（续）

登记证号	通用名称	商品名称	产品类别	使用范围	生产厂家	有效期限	备注
(2020) 外饲准字 901 号	宠物配合饲料成年期猫粮 Pet Compound Feed for Adult Cat	皮瑞斯活力系列控制体重猫粮 ProSeries Holistic Weight Management Cat Food	宠物配合饲料 Pet Compound Feed	猫 Cats	（加拿大）科里营养品有限公司 Corey Nutrition Company Inc.，Canada	2020.08—2025.08	新办
(2020) 外饲准字 902 号	宠物配合饲料猫粮 Pet Compound Feed for Cat	北爪无谷全期猫粮 North Paw Grain Free All Life Stages Cat Food	宠物配合饲料 Pet Compound Feed	猫 Cats	（加拿大）科里营养品有限公司 Corey Nutrition Company Inc.，Canada	2020.08—2025.08	新办
(2020) 外饲准字 903 号	宠物配合饲料老年期猫粮 Pet Compound Feed for Mature Cat	北爪无谷老年期/健康体重猫粮 North Paw Grain Free Mature/Weight Health Cat Food	宠物配合饲料 Pet Compound Feed	猫 Cats	（加拿大）科里营养品有限公司 Corey Nutrition Company Inc.，Canada	2020.08—2025.08	新办
(2020) 外饲准字 904 号	宠物配合饲料成年期猫粮 Pet Compound Feed for Adult Cat	北爪无谷大西洋鱼和龙虾配方成年期猫粮 North Paw Grain Free Atlantic Seafood with Lobster Adult Cat Food	宠物配合饲料 Pet Compound Feed	猫 Cats	（加拿大）科里营养品有限公司 Corey Nutrition Company Inc.，Canada	2020.08—2025.08	新办
(2020) 外饲准字 905 号	宠物配合饲料成年期犬粮 Pet Compound Feed for Adult Dog	北爪无谷大西洋鱼和龙虾配方成年期犬粮 North Paw Grain Free Atlantic Seafood with Lobster Adult Dog Food	宠物配合饲料 Pet Compound Feed	犬 Dogs	（加拿大）科里营养品有限公司 Corey Nutrition Company Inc.，Canada	2020.08—2025.08	新办
(2020) 外饲准字 906 号	宠物配合饲料犬粮 Pet Compound Feed for Dog	皮瑞斯活力系列羊肉糙米配方犬粮 ProSeries Holistic Lamb and Rice Dog Food	宠物配合饲料 Pet Compound Feed	犬 Dogs	（加拿大）科里营养品有限公司 Corey Nutrition Company Inc.，Canada	2020.08—2025.08	新办
(2020) 外饲准字 907 号	宠物配合饲料成年期犬粮 Pet Compound Feed for Adult Dog	北爪无谷成年期犬粮 North Paw Grain Free Adult Dog Food	宠物配合饲料 Pet Compound Feed	犬 Dogs	（加拿大）科里营养品有限公司 Corey Nutrition Company Inc.，Canada	2020.08—2025.08	新办
(2020) 外饲准字 908 号	宠物配合饲料幼年期犬粮 Pet Compound Feed for Puppy	北爪无谷幼年期犬粮 North Paw Grain Free Puppy Food	宠物配合饲料 Pet Compound Feed	犬 Dogs	（加拿大）科里营养品有限公司 Corey Nutrition Company Inc.，Canada	2020.08—2025.08	新办

（续）

登记证号	通用名称	商品名称	产品类别	使用范围	生产厂家	有效期限	备注
(2020) 外饲准字 909 号	宠物配合饲料犬粮 Pet Compound Feed for Dog	皮瑞斯活力系列鱼肉糙米配方犬粮 ProSeries Holistic Fish and Rice Dog Food	宠物配合饲料 Pet Compound Feed	犬 Dogs	（加拿大）科里营养品有限公司 Corey Nutrition Company Inc.，Canada	2020.08—2025.08	新办
(2020) 外饲准字 910 号	宠物配合饲料成年期犬粮 Pet Compound Feed for Adult Dog	北爪无谷甘薯羊肉配方成年期犬粮 North Paw Grain Free Lamb and Sweet Potato Dog Food	宠物配合饲料 Pet Compound Feed	犬 Dogs	（加拿大）科里营养品有限公司 Corey Nutrition Company Inc.，Canada	2020.08—2025.08	新办
(2020) 外饲准字 911 号	全价宠物食品犬粮 Pet Compound Food for Dogs	K9 Natural 鳕 & 牛肉配方罐 K9 Natural Hoki & Beef Feast Canned	宠物配合饲料 Pet Compound Feed	犬 Dogs	新西兰 PetfoodNZ 国际有限公司 PetfoodNZ International Limited, New Zealand	2020.08—2025.08	新办
(2020) 外饲准字 912 号	全价宠物食品猫粮 Pet Compound Food for Cats	Feline Natural 牛肉配方罐 Feline Natural Beef Feast Canned	宠物配合饲料 Pet Compound Feed	猫 Cats	新西兰 PetfoodNZ 国际有限公司 PetfoodNZ International Limited, New Zealand	2020.08—2025.08	新办
(2020) 外饲准字 913 号	全价宠物食品猫粮 Pet Compound Food for Cats	Feline Natural 鸡肉配方罐 Feline Natural Chicken Feast Canned	宠物配合饲料 Pet Compound Feed	猫 Cats	新西兰 PetfoodNZ 国际有限公司 PetfoodNZ International Limited, New Zealand	2020.08—2025.08	新办
(2020) 外饲准字 914 号	全价宠物食品猫粮 Pet Compound Food for Cats	Feline Natural 羊肉配方罐 Feline Natural Lamb Feast Canned	宠物配合饲料 Pet Compound Feed	猫 Cats	新西兰 PetfoodNZ 国际有限公司 PetfoodNZ International Limited, New Zealand	2020.08—2025.08	新办
(2020) 外饲准字 915 号	全价宠物食品犬粮 Pet Compound Food for Dogs	K9 Natural 羊肉 & 帝王鲑配方罐 K9 Natural Lamb & King Salmon Feast Canned	宠物配合饲料 Pet Compound Feed	犬 Dogs	新西兰 PetfoodNZ 国际有限公司 PetfoodNZ International Limited, New Zealand	2020.08—2025.08	新办
(2020) 外饲准字 916 号	全价宠物食品成年期猫粮 Pet Complete Food for Adult Cats	Omega Plus 新西兰帝王鲑鸡肉配方猫罐头 Omega Plus New Zealand King Salmon with Chicken Wet Cat Food	宠物配合饲料 Pet Compound Feed	猫 Cats	新西兰 PetfoodNZ 国际有限公司 PetfoodNZ International Limited, New Zealand	2020.08—2025.08	新办
(2020) 外饲准字 917 号	全价宠物食品成年期猫粮 Pet Complete Food for Adult Cats	Omega Plus 新西兰帝王鲑配方猫罐头 Omega Plus New Zealand King Salmon Wet Cat Food	宠物配合饲料 Pet Compound Feed	猫 Cats	新西兰 PetfoodNZ 国际有限公司 PetfoodNZ International Limited, New Zealand	2020.08—2025.08	新办

（续）

登记证号	通用名称	商品名称	产品类别	使用范围	生产厂家	有效期限	备注
（2020）外饲准字 918 号	全价宠物食品幼年期犬粮 Pet Compound Feed for Puppy	耐吉斯繁育系列幼年期犬粮鸡肉配方 Holistic Recipe Solution Breeder Puppy Food Chicken Recipe	宠物配合饲料 Pet Compound Feed	犬 Dogs	（加拿大）艾尔麦乐宠物产品有限公司 Elmira Pet Products Ltd.，Canada	2020.08—2025.08	新办
（2020）外饲准字 919 号	全价宠物食品幼年期猫粮 Pet Compound Feed for Kitten	耐吉斯繁育系列幼年期猫粮鸡肉配方 Holistic Recipe Solution Breeder Kitten Food Chicken Recipe	宠物配合饲料 Pet Compound Feed	猫 Cats	（加拿大）艾尔麦乐宠物产品有限公司 Elmira Pet Products Ltd.，Canada	2020.08—2025.08	新办
（2020）外饲准字 920 号	全价宠物食品成年期猫粮 Pet Compound Feed for Adult Cat	蓝宝食含三文鱼白鱼配方全价成猫粮 Farmers Market Real Salmon & Whitefish Complete & Balanced Food For Adult Cats	宠物配合饲料 Pet Compound Feed	猫 Cats	澳大利亚宠物食品有限公司（Dubbo 工厂） Australian Pet Brands Pty Ltd.（Dubbo），Australia	2020.08—2025.08	新办
（2020）外饲准字 921 号	全价宠物食品犬粮 Pet Compound Feed for Dog	健康犬粮 Healthy food for dog	宠物配合饲料 Pet Compound Feed	犬 Dogs	加拿大斯派特饲料服务有限公司（工厂） Spectrum Feed Services Ltd.，Canada	2020.08—2025.08	新办
（2020）外饲准字 922 号	全价宠物食品犬粮 Pet Compound Feed for Dog	鸡肉配方无谷犬粮 Chicken grain free food for dog	宠物配合饲料 Pet Compound Feed	犬 Dogs	加拿大斯派特饲料服务有限公司（工厂） Spectrum Feed Services Ltd.，Canada	2020.08—2025.08	新办
（2020）外饲准字 923 号	全价宠物食品犬粮 Pet Compound Feed for Dog	羊肉配方均衡营养犬粮 Lamb balanced nutrition food for dog	宠物配合饲料 Pet Compound Feed	犬 Dogs	加拿大斯派特饲料服务有限公司（工厂） Spectrum Feed Services Ltd.，Canada	2020.08—2025.08	新办
（2020）外饲准字 924 号	全价宠物食品幼年期犬粮 Pet Compound Feed for Puppy	鸡肉配方均衡营养幼犬粮 Chicken balanced nutrition food for puppy	宠物配合饲料 Pet Compound Feed	犬 Dogs	加拿大斯派特饲料服务有限公司（工厂） Spectrum Feed Services Ltd.，Canada	2020.08—2025.08	新办
（2020）外饲准字 925 号	全价宠物食品犬粮 Pet Compound Food for Dogs	iti 牛肉配方犬罐头 iti Beef Canned Dog Food	宠物配合饲料 Pet Compound Feed	犬 Dogs	新西兰 PetfoodNZ 国际有限公司 PetfoodNZ International Limited，New Zealand	2020.08—2025.08	新办
（2020）外饲准字 926 号	全价宠物食品犬粮 Pet Compound Food for Dogs	iti 鸡肉配方犬罐头 iti Chicken Canned Dog Food	宠物配合饲料 Pet Compound Feed	犬 Dogs	新西兰 PetfoodNZ 国际有限公司 PetfoodNZ International Limited，New Zealand	2020.08—2025.08	新办

（续）

登记证号	通用名称	商品名称	产品类别	使用范围	生产厂家	有效期限	备注
（2020）外饲准字 927 号	全价宠物食品犬粮 Pet Compound Food for Dogs	iti 鸡肉三文鱼配方犬罐头 iti Chicken & Salmon Canned Dog Food	宠物配合饲料 Pet Compound Feed	犬 Dogs	新西兰 PetfoodNZ 国际有限公司 PetfoodNZ International Limited，New Zealand	2020. 08—2025. 08	新办
（2020）外饲准字 928 号	全价宠物食品犬粮 Pet Compound Food for Dogs	iti 羊肉鹿肉配方犬罐头 iti Lamb & Venison Canned Dog Food	宠物配合饲料 Pet Compound Feed	犬 Dogs	新西兰 PetfoodNZ 国际有限公司 PetfoodNZ International Limited，New Zealand	2020. 08—2025. 08	新办
（2020）外饲准字 929 号	全价宠物食品老年期犬粮 Pet Compound Feed for Senior Dog	比利—玛格 含野生海鱼配方超级食品全价老年犬粮 Billy + Margot Wild Oceanfish and Superfood Recipe Complete & Balanced Food for Senior Dogs	宠物配合饲料 Pet Compound Feed	犬 Dogs	澳大利亚宠物食品有限公司（Ingleburn 工厂） Australian Pet Brands Pty Ltd.（Ingleburn），Australia	2020. 08—2025. 08	新办
（2020）外饲准字 930 号	全价宠物食品猫粮 Pet Compound Feed for Cat	Feline Natural 鸡肉 & 鹿肝配方罐 Feline Natural Chicken & Venison Liver Feast Canned	宠物配合饲料 Pet Compound Feed	猫 Cats	新西兰 PetfoodNZ 国际有限公司 PetfoodNZ International Limited，New Zealand	2020. 08—2025. 08	新办
（2020）外饲准字 931 号	全价宠物食品犬粮 Pet Compound Feed for Dog	K9 Natural 牛肉配方罐 K9 Natural Beef Feast Canned	宠物配合饲料 Pet Compound Feed	犬 Dogs	新西兰 PetfoodNZ 国际有限公司 PetfoodNZ International Limited，New Zealand	2020. 08—2025. 08	新办
（2020）外饲准字 932 号	全价宠物食品犬粮 Pet Compound Feed for Dog	K9 Natural 鸡肉配方罐 K9 Natural Chicken Feast Canned	宠物配合饲料 Pet Compound Feed	犬 Dogs	新西兰 PetfoodNZ 国际有限公司 PetfoodNZ International Limited，New Zealand	2020. 08—2025. 08	新办
（2020）外饲准字 933 号	全价宠物食品犬粮 Pet Compound Feed for Dog	K9 Natural 羊肉配方罐 K9 Natural Lamb Feast Canned	宠物配合饲料 Pet Compound Feed	犬 Dogs	新西兰 PetfoodNZ 国际有限公司 PetfoodNZ International Limited，New Zealand	2020. 08—2025. 08	新办
（2020）外饲准字 934 号	全价宠物食品猫粮 Pet Compound Feed for Cat	Feline Natural 羊心 & 帝王鲑配方罐 Feline Natural Lamb & King Salmon Feast Canned	宠物配合饲料 Pet Compound Feed	猫 Cats	新西兰 PetfoodNZ 国际有限公司 PetfoodNZ International Limited，New Zealand	2020. 08—2025. 08	新办
（2020）外饲准字 935 号	啤酒酵母粉 Brewer's Yeast Powder	巴西顺 Brazil Shun	单一饲料 Single Feed	养殖动物 All species or categories of animals	台湾贸晖实业股份有限公司 MORE WSEE ENTERPRISE CO.，LTD	2020. 08—2025. 08	新办

（续）

登记证号	通用名称	商品名称	产品类别	使用范围	生产厂家	有效期限	备注
(2020) 外饲准字 936 号	白鱼粉 White Fishmeal	水星伊莱恩白鱼粉（三级） Mercury（Eglaine）White Fishmeal (Grade Ⅲ)	单一饲料 Single Feed	畜禽、水产养殖动物（反刍动物除外） Livestock，Poultry，Aquaculture animals（Not including ruminant）	（俄罗斯）水星有限责任公司（工船加工，工船名称“伊莱恩”，工船号：CH－154） Mercury Co.，LTD (Produced on Board at vessel “Eglaine”，Register No. CH－154)，Russia	2020.08—2025.08	新办
(2020) 外饲准字 937 号	鱼油 Fish Oil	鱼油 Fish Oil	单一饲料 Single Feed	畜禽、水产养殖动物（反刍动物除外） Livestock，Poultry，Aquaculture animals（Not including ruminant）	几内亚新希望渔业有限公司 Nouvel Espoir de Pêche，Guinea	2020.08—2025.08	新办
(2020) 外饲准字 938 号	鱼粉 Fishmeal	鱼粉 Fish Meal	单一饲料 Single Feed	畜禽、水产养殖动物（反刍动物除外） Livestock，Poultry，Aquaculture animals（Not including ruminant）	几内亚新希望渔业有限公司 Nouvel Espoir de Pêche，Guinea	2020.08—2025.08	新办
(2020) 外饲准字 939 号	豆粕 Soybean Meal	CHABAS MIDPRO 豆粕 SOY BEAN MEAL MIDPRO CHABAS	单一饲料 Single Feed	养殖动物 All species or categories of animals	阿根廷 ACEITERA CHABAS S.A. I.C (SENASA 登记号：9546/A/E) ACEITERA CHABAS S.A.I.C.（SENASA NO. 9546/A/E)，Argentina	2020.08—2025.08	新办
(2020) 外饲准字 940 号	豆粕 Soybean Meal	COFCO HIPRO 豆粕 SOYBEAN MEAL HIPRO COFCO	单一饲料 Single Feed	养殖动物 All species or categories of animals	阿根廷 COFCO INTERNATONAL ARGENTINA S.A.（SENASA 登记号：9511/A/E) COFCO INTERNATONAL ARGENTINA S.A.（SENASA No. 9511/A/E)，Argentina	2020.08—2025.08	新办
(2020) 外饲准字 941 号	豆粕 Soybean Meal	COFCO LOW PRO 豆粕 SOYBEAN MEAL LOW PRO COFCO	单一饲料 Single Feed	养殖动物 All species or categories of animals	阿根廷 COFCO INTERNATONAL ARGENTINA S.A.（SENASA 登记号：9511/A/E) COFCO INTERNATONAL ARGENTINA S.A.（SENASA No. 9511/A/E)	2020.08—2025.08	新办
(2020) 外饲准字 942 号	花生粕 Peanut Meal	花生粕 Peanut meal	单一饲料 Single Feed	畜禽、水产养殖动物 Livestock，Poultry，Aquaculture animals	苏丹 GLOBUS 有限公司 GLOBUS CO. LTD.，Sudan	2020.08—2025.08	新办

（续）

登记证号	通用名称	商品名称	产品类别	使用范围	生产厂家	有效期限	备注
(2020) 外饲准字 943 号	鱼粉 Fishmeal	红鱼粉（三级） Red Fish meal（Ⅲ）	单一饲料 Single Feed	畜禽、水产养殖动物（反刍动物除外） Livestock，Poultry，Aquaculture animals（Not including ruminant）	越南大成有限责任公司 Dai Thanh Seafoods，Vietnam	2020.08—2025.08	新办
(2020) 外饲准字 944 号	淡水鱼粉 Freshwater Fishmeal	鱼粉（三级） Fish Meal（Grade Ⅲ）	单一饲料 Single Feed	畜禽、水产养殖动物（反刍动物除外） Livestock，Poultry，Aquaculture animals（Not including ruminant）	毛里塔尼亚 RIM 鱼粉有限公司 RIM FISH MEAL，Mauritania	2020.08—2025.08	新办
(2020) 外饲准字 945 号	豆粕 Soybean Meal	LDC 豆粕 SOYBEANMEAL LDC	单一饲料 Single Feed	养殖动物 All species or categories of animals	阿根廷 LDC ARGENTINA S.A.（SENASA 登记号：9615/A/E） LDC ARGENTINA S.A.（SENASA No. 9615/A/E），Argentina	2020.08—2025.08	新办
(2020) 外饲准字 946 号	豆粕 Soybean Meal	LOWPRO 豆粕 SOYBEANMEAL LOW-PRO	单一饲料 Single Feed	养殖动物 All species or categories of animals	阿根廷 LDC ARGENTINA S.A.（SENASA 登记号：9695/A/E） LDC ARGENTINA S.A.（SENASA No. 9695/A/E），Argentina	2020.08—2025.08	新办
(2020) 外饲准字 947 号	豆粕 Soybean Meal	LOWPRO 豆粕 SOYBEANMEAL LOW-PRO	单一饲料 Single Feed	养殖动物 All species or categories of animals	阿根廷 LDC ARGENTINA S.A.（SENASA 登记号：9615/A/E） LDC ARGENTINA S.A.（SENASA No. 9615/A/E），Argentina	2020.08—2025.08	新办
(2020) 外饲准字 948 号	豆粕 Soybean Meal	LDC 豆粕 SOYBEANMEAL LDC	单一饲料 Single Feed	养殖动物 All species or categories of animals	阿根廷 LDC ARGENTINA S.A.（SENASA 登记号：9695/A/E） LDC ARGENTINA S.A.（SENASA No. 9695/A/E），Argentina	2020.08—2025.08	新办
(2020) 外饲准字 949 号	豆粕 Soybean Meal	Bunge Midpro 豆粕 Soybean Meal Midpro Bunge	单一饲料 Single Feed	养殖动物 All species or categories of animals	阿根廷 BUNGE ARGENTINA S.A.（SENASA 登记号：9493/A/E） BUNGE ARGENTINA S.A.（SENASA No. 9493/A/E），Argentina	2020.08—2025.08	新办
(2020) 外饲准字 950 号	豆粕 Soybean Meal	Bunge Hipro 豆粕 Soybean Meal Hipro Bunge	单一饲料 Single Feed	养殖动物 All species or categories of animals	阿根廷 BUNGE ARGENTINA S.A.（SENASA 登记号：9487/A/E） BUNGE ARGENTINA S.A.（SENASA No. 9487/A/E），Argentina	2020.08—2025.08	新办

（续）

登记证号	通用名称	商品名称	产品类别	使用范围	生产厂家	有效期限	备注
（2020）外饲准字 951 号	豆粕 Soybean Meal	Bunge Midpro 豆粕 Soybean Meal Midpro Bunge	单一饲料 Single Feed	养殖动物 All species or categories of animals	阿根廷 BUNGE ARGENTINA S. A.（SENASA 登记号：9487/A/E） BUNGE ARGENTINA S. A.（SENASA No. 9487/A/E），Argentina	2020. 08—2025. 08	新办
（2020）外饲准字 952 号	豆粕 Soybean Meal	Bunge Hipro 豆粕 Soybean Meal Hipro Bunge	单一饲料 Single Feed	养殖动物 All species or categories of animals	阿根廷 BUNGE ARGENTINA S. A.（SENASA 登记号：9493/A/E） BUNGE ARGENTINA S. A.（SENASA No. 9493/A/E），Argentina	2020. 08—2025. 08	新办
（2020）外饲准字 953 号	菜籽粕 Rapeseed Meal	菜籽粕 Rapeseed Meal	单一饲料 Single Feed	猪、家禽、牛 Swine，Poultry，Cattle	巴基斯坦 Sind Feed & Allied Products 公司 Sind Feed & Allied Products，Pakistan	2020. 08—2025. 08	新办
（2020）外饲准字 954 号	菜籽粕 Rapeseed Meal	菜籽粕 Rapeseed Meal	单一饲料 Single Feed	猪、家禽、牛 Swine，Poultry，Cattle	巴基斯坦 Karachi Grains（私人）有限公司 Karachi Grains（Private）Limited，Pakistan	2020. 08—2025. 08	新办
（2020）外饲准字 955 号	菜籽粕 Rapeseed Meal	菜籽粕 Rapeseed Meal	单一饲料 Single Feed	猪、家禽、牛 Swine，Poultry，Cattle	巴基斯坦 Shujabad Agro Industries（Pvt）Ltd. 公司 Shujabad Agro Industries（Pvt）Ltd.，Pakistan	2020. 08—2025. 08	新办
（2020）外饲准字 956 号	花生粕 Peanut Meal	花生粕 Peanut Meal	单一饲料 Single Feed	畜禽、水产养殖动物 Livestock，Poultry，Aquaculture animals	苏丹 Green Valley factory Green Valley factory，Sudan	2020. 08—2025. 08	新办
（2020）外饲准字 957 号	鱼油 Fish Oil	鱼油 Fish oil	单一饲料 Single Feed	畜禽、水产养殖动物（反刍动物除外） Livestock，Poultry，Aquaculture animals（Not including ruminant）	越南雄鱼水产饲料股份公司 HUNG CA AQUAFEED CORPORATION，Vietnam	2020. 08—2025. 08	新办
（2020）外饲准字 958 号	混合型饲料添加剂 β-1，3-D-葡聚糖（源自酿酒酵母） Feed Additives Mixture β-1，3-D-glucan（Source：Saccharomyces cerevisiae）	奕美吉 UP YeaMune-UP	混合型饲料添加剂 Feed Additives Mixture	水产养殖动物 Aquaculture animals	韩国 EASY BIO 公司 EASY BIO Inc.，Korea	2020. 08—2025. 08	新办
（2020）外饲准字 959 号	混合型饲料添加剂 香味物质 Feed Additives Mixture Flavouring Substances	"金晶精" 液体 DOSTO® Liquid	混合型饲料添加剂 Feed Additives Mixture	养殖动物 All species or categories of animals	德国德斯特农场有限责任公司 DOSTOFARM GmbH，Germany	2020. 08—2025. 08	新办

（续）

登记证号	通用名称	商品名称	产品类别	使用范围	生产厂家	有效期限	备注
(2020) 外饲准字 984 号	饲料添加剂 乙酰化二淀粉磷酸酯 Feed Additive Acetylated Distarch Phosphate	乙酰化二淀粉磷酸酯 (PREGEL-MI T0098) PREGEL-MI T0098	饲料添加剂 Feed Additive	犬、猫 Dogs，Cats	普罗星淀粉（泰国）有限公司 Starpro Starch（Thailand）Co.，Ltd.，Thailand	2020.10—2025.10	新办
(2020) 外饲准字 985 号	饲料添加剂 牛至香酚 Feed Additive Oregano Carvacrol	维可滋—牛至油（液体） OREGANO LIQUID 100 AND NUTRITION	饲料添加剂 Feed Additive	养殖动物 All species or categories of animals	荷兰 FF Chemicals B. V. 公司 FF Chemicals B. V.，the Netherlands	2020.10—2025.10	新办
(2020) 外饲准字 986 号	饲料添加剂 香味物质 Feed Additive Flavouring Substance	维肠能 L AVIPREMIUM® L	饲料添加剂 Feed Additive	养殖动物 All species or categories of animals	意大利 Vetagro S. p. A. 股份公司 Vetagro S. p. A.，Italy	2020.10—2025.10	新办
(2020) 外饲准字 987 号	混合型饲料添加剂 嗜酸乳杆菌 枯草芽孢杆菌 Feed Additives Mixture Lactobacillus acidophilus Bacillus subtilis	三利宝 LIVE THREE	混合型饲料添加剂 Feed Additives Mixture	家禽、猪、牛 Poultry，Swine，Cattle	日本新水株式会社（熊本工厂） Sinsui Inc.（Kumamoto Factory），Japan	2020.10—2025.10	新办
(2020) 外饲准字 988 号	混合型饲料添加剂 发酵乳杆菌 Feed Additives Mixture Lactobacillus fermentum	恩泰奇 Dr. BOB. Plus	混合型饲料添加剂 Feed Additives Mixture	养殖动物 All species or categories of animals	（韩国）（株）HEALINGBIO HealingBio Co.，Ltd.，Korea	2020.10—2025.10	新办
(2020) 外饲准字 989 号	混合型饲料添加剂 干酪乳杆菌 Feed Additives Mixture Lactobacillus casei	好加七 Plus－7 Gold	混合型饲料添加剂 Feed Additives Mixture	养殖动物 All species or categories of animals	（韩国）（株）HEALINGBIO HealingBio Co.，Ltd.，Korea	2020.10—2025.10	新办
(2020) 外饲准字 990 号	混合型饲料添加剂 植酸酶（产自毕赤酵母） Feed Additives Mixture Phytase (Source：Komagataella pastoris)	好特美 P plus 30000 CT OptiPhos Plus 30000 CT	混合型饲料添加剂 Feed Additives Mixture	猪、家禽、鱼 Swine，Poultry，Fish	保加利亚标伟特股份有限公司 BIOVET Joint Stock Company，Bulgaria	2020.10—2025.10	新办
(2020) 外饲准字 991 号	混合型饲料添加剂 植酸酶（产自毕赤酵母） Feed Additives Mixture Phytase (Source：Komagataella pastoris)	好特美 P plus 10000 CT OptiPhos Plus 10000 CT	混合型饲料添加剂 Feed Additives Mixture	猪、家禽、鱼 Swine，Poultry，Fish	保加利亚标伟特股份有限公司 BIOVET Joint Stock Company，Bulgaria	2020.10—2025.10	新办
(2020) 外饲准字 992 号	混合型饲料添加剂 矿物元素 Feed Additives Mixture Minerals	百欣 Herbanoplex AL	混合型饲料添加剂 Feed Additives Mixture	家禽 Poultry	匈牙利八达博士公司 Dr. Bata Zrt.，Hungary	2020.10—2025.10	新办
(2020) 外饲准字 993 号	混合型饲料添加剂 丙酸 丙酸铵 Feed Additives Mixture Propionic Acid Ammonium Propionate	奥香保（粉末） MOLD-ZAP® POWDER	混合型饲料添加剂 Feed Additives Mixture	养殖动物 All species or categories of animals	奥特奇越南有限公司 Alltech Vietnam Co.，Ltd.，Vietnam	2020.10—2025.10	新办

（续）

登记证号	通用名称	商品名称	产品类别	使用范围	生产厂家	有效期限	备注
（2020）外饲准字 994 号	混合型饲料添加剂 布氏乳杆菌 Feed Additives Mixture Lactobacillus buchneri	拉曼优贮® Fresh HC Lalsil® Fresh HC	混合型饲料添加剂 Feed Additives Mixture	青贮饲料 Silage	拉曼动物营养英国有限责任公司 Lallemand Animal Nutrition UK Ltd.，UK	2020. 10—2025. 10	新办
（2020）外饲准字 995 号	混合型饲料添加剂 乳酸片球菌 植物乳杆菌 Feed Additives Mixture Pediococcus acidilactici Lactobacillus plantarum	拉曼优贮® CL HC Lalsil® CL HC	混合型饲料添加剂 Feed Additives Mixture	青贮饲料 Silage	拉曼动物营养英国有限责任公司 Lallemand Animal Nutrition UK Ltd.，UK	2020. 10—2025. 10	新办
（2020）外饲准字 996 号	混合型饲料添加剂 抗氧化剂 Feed Additives Mixture Antioxidant	氧派安 XL Feedox NE XL	混合型饲料添加剂 Feed Additives Mixture	养殖动物 All species or categories of animals	比利时英派克斯有限公司 Impextraco N. V.，Belgium	2020. 10—2025. 10	新办
（2020）外饲准字 997 号	混合型饲料添加剂 百里香酚 硫酸锌 硫酸锰 Feed Additives Mixture Thymol Zinc Sulfate Manganese Sulfate	诺唐 NOVATAN	混合型饲料添加剂 Feed Additives Mixture	牛、山羊 Cattle，Goats	法国 TECHNA NUTRITION SAS 公司（工厂） TECHNA France NUTRITION SAS，France	2020. 10—2025. 10	新办
（2020）外饲准字 998 号	混合型饲料添加剂 牛至香酚 Feed Additives Mixture Oregano Carvacrol	维可滋—牛至油（粉状） OREGANO DRY 60 AND NUTRITION	混合型饲料添加剂 Feed Additives Mixture	养殖动物 All species or categories of animals	荷兰 FF Chemicals B. V. 公司 FF Chemicals B. V.，the Netherlands	2020. 10—2025. 10	新办
（2020）外饲准字 999 号	混合型饲料添加剂 β-1，3-D-葡聚糖（源自酿酒酵母） Feed Additives Mixture β-1，3-D-Glucan（Source：Saccharomyces cerevisiae）	钻石强力素 BGL NOPCO-BGL	混合型饲料添加剂 Feed Additives Mixture	水产养殖动物、犬、猫 Aquaculture animals，Dogs，Cats	新加坡大祥资源有限公司 Diasham Resources Pte. Ltd.，Singapore	2020. 10—2025. 10	新办
（2020）外饲准字 1000 号	混合型饲料添加剂 酸度调节剂 Feed Additives Mixture Acidity Regulators	活力酸-S（固体） VITACIDEX DRY	混合型饲料添加剂 Feed Additives Mixture	猪 Swine	法国维达莱公司 VITALAC，France	2020. 10—2025. 10	新办
（2020）外饲准字 1001 号	混合型饲料添加剂 微生物 Feed Additives Mixture Live Microorganisms	益佳 LF-88 ECOcharger Probiotic LF-88 Refill Pack A	混合型饲料添加剂 Feed Additives Mixture	猪、家禽 Swine，Poultry	美国 Abecs Global 公司 Abecs Global，LLC，USA	2020. 10—2025. 10	新办
（2020）外饲准字 1002 号	混合型饲料添加剂 蛋白锌 丁酸钠 Feed Additives Mixture Zinc Proteinate Sodium Butyrate	奥乐金 VILIGEN	混合型饲料添加剂 Feed Additives Mixture	猪、家禽 Swine，Poultry	美国奥特奇公司 Alltech Inc.，USA	2020. 10—2025. 10	新办

（续）

登记证号	通用名称	商品名称	产品类别	使用范围	生产厂家	有效期限	备注
(2020) 外饲准字 1003 号	混合型饲料添加剂 轻质碳酸钙 Feed Additives Mixture Light Calcium Carbonate	奥奶净 OmniGen-AF	混合型饲料添加剂 Feed Additives Mixture	畜禽、水产养殖动物 Livestock，Poultry，Aquaculture animals	美国王子农产品公司 Prince Agri Products Inc.，USA	2020.10—2025.10	新办
(2020) 外饲准字 1004 号	混合型饲料添加剂 枯草芽孢杆菌 Feed Additives Mixture Bacillus subtilis	POWERZYME L 益生菌 POWERZYME L	混合型饲料添加剂 Feed Additives Mixture	猪、牛、鸡、鸭、鱼 Swine，Cattle，Chicken，Duck，Fish	韩国 B&B KOREA 公司 B&B KOREA CO.，LTD.，Korea	2020.10—2025.10	新办
(2020) 外饲准字 1005 号	混合型饲料添加剂 酿酒酵母 牛磺酸 Feed Additives Mixture Saccharomyces cerevisiae Taurine	清毒康 ToxiZero Plus	混合型饲料添加剂 Feed Additives Mixture	猪、牛、家禽 Swine，Cattle，Poultry	韩国大浩株式会社 DAEHO CO.，LTD.，Korea	2020.10—2025.10	新办
(2020) 外饲准字 1006 号	混合型饲料添加剂 丙三醇 Feed Additives Mixture Glycerol	力宝优 Lipo Neo	混合型饲料添加剂 Feed Additives Mixture	猪 Swine	马来西亚 Ecolex Sdn. Bhd. 公司 Ecolex Sdn. Bhd.，Malaysia	2020.10—2025.10	新办
(2020) 外饲准字 1007 号	混合型饲料添加剂 酸度调节剂 矿物元素 Feed Additives Mixture Acidity Regulators Minerals	法雅恩 FIAMVION	混合型饲料添加剂 Feed Additives Mixture	鸡、猪 Chicken，Swine	（新加坡）纽萃维私人有限公司 Nutriwell Trading Pte. Ltd.，Singapore	2020.10—2025.10	新办
(2020) 外饲准字 1008 号	小型犬补充性宠物食品 Complementary Pet Food for Small Breed Dogs	康节舒® EFA 小型犬片剂 Synoquin® EFA Small Breed Tablets	宠物添加剂预混合饲料 Pet Feed Additive Premix	犬 Dogs	（英国）VetPlus 有限公司 VetPlus Ltd.，UK	2020.10—2025.10	新办
(2020) 外饲准字 1009 号	大型犬补充性宠物食品 Complementary Pet Food for Large Breed Dogs	康节舒® EFA 大型犬片剂 Synoquin® EFA Large Breed Tablets	宠物添加剂预混合饲料 Pet Feed Additive Premix	犬 Dogs	（英国）VetPlus 有限公司 VetPlus Ltd.，UK	2020.10—2025.10	新办
(2020) 外饲准字 1010 号	宠物营养补充剂 Complementary Feeding Stuff	伊派克 Ipakitine	宠物添加剂预混合饲料 Pet Feed Additive Premix	犬、猫 Dogs，Cats	法国威隆制药股份有限公司 Tarare 工厂 VETOQUINOL S. A.，France	2020.10—2025.10	新办
(2020) 外饲准字 1011 号	宠物配合饲料成年期犬粮 Pet Compound Feed for Adult Dog	新视野含鸡肉 & 火鸡肉配方成犬粮 New Horizons Turkey & Chicken Adult Dog Food	宠物配合饲料 Pet Compound Feed	犬 Dogs	（新西兰）爱德胜宠物产品有限公司 Addiction Foods NZ Ltd.，New Zealand	2020.10—2025.10	新办
(2020) 外饲准字 1012 号	宠物配合饲料 幼年期犬粮 Pet Compound Feed for Puppy	金之船幼犬牛肉和羊肉味 GOLDEN BOAT PUPPY BEEF AND LAMB FLAVOR	宠物配合饲料 Pet Compound Feed	犬 Dogs	泰国 Nutrix Public 有限公司 Nutrix Public Company Limited，Thailand	2020.10—2025.10	新办

（续）

登记证号	通用名称	商品名称	产品类别	使用范围	生产厂家	有效期限	备注
(2020) 外饲准字 1013 号	宠物配合饲料 成年期犬粮 Pet Compound Feed for Adult Dog	金之船成犬牛肉和羊肉味 GOLDEN BOAT ADULT DOG BEEF AND LAMB FLAVOR	宠物配合饲料 Pet Compound Feed	犬 Dogs	泰国 Nutrix Public 有限公司 Nutrix Public Company Limited, Thailand	2020.10—2025.10	新办
(2020) 外饲准字 1014 号	宠物配合饲料 幼年期猫粮 Pet Compound Feed for Kitten	金之船幼猫鸡肉和三文鱼味 GOLDEN BOAT KITTEN CHICKEN AND SALMON FLAVOR	宠物配合饲料 Pet Compound Feed	猫 Cats	泰国 Nutrix Public 有限公司 Nutrix Public Company Limited, Thailand	2020.10—2025.10	新办
(2020) 外饲准字 1015 号	宠物配合饲料 成年期猫粮 Pet Compound Feed for Adult Cat	金之船成猫鸡肉和三文鱼味 GOLDEN BOAT ADULT CAT CHICKEN AND SALMON FLAVOR	宠物配合饲料 Pet Compound Feed	猫 Cats	泰国 Nutrix Public 有限公司 Nutrix Public Company Limited, Thailand	2020.10—2025.10	新办
(2020) 外饲准字 1016 号	全价宠物食品幼年期猫粮 Pet Compound Feed for Baby Cat	维克维优幼猫粮 VIRBAC HPM BABY CAT	宠物配合饲料 Pet Compound Feed	猫 Cats	西班牙 BYNSA MASCOTAS 公司 BYNSA MASCOTAS S. L., Spain	2020.10—2025.10	新办
(2020) 外饲准字 1017 号	全价宠物食品成年期猫粮 Pet Compound Feed for Adult Cat	维克维优绝育及非绝育成年猫粮含三文鱼 VIRBAC HPM ADULT CAT NEUTERED AND ENTIRE WITH SALMON	宠物配合饲料 Pet Compound Feed	猫 Cats	西班牙 BYNSA MASCOTAS 公司 BYNSA MASCOTAS S. L., Spain	2020.10—2025.10	新办
(2020) 外饲准字 1018 号	全价宠物食品幼年期猫粮 Pet Compound Feed for Junior Cat	维克维优绝育幼猫粮 VIRBAC HPM JUNIOR CAT NEUTERED	宠物配合饲料 Pet Compound Feed	猫 Cats	西班牙 BYNSA MASCOTAS 公司 BYNSA MASCOTAS S. L., Spain	2020.10—2025.10	新办
(2020) 外饲准字 1019 号	全价宠物食品成年期猫粮 Pet Compound Feed for Adult Cat	维克维优绝育成年猫粮 VIRBAC HPM ADULT CAT NEUTERED	宠物配合饲料 Pet Compound Feed	猫 Cats	西班牙 BYNSA MASCOTAS 公司 BYNSA MASCOTAS S. L., Spain	2020.10—2025.10	新办
(2020) 外饲准字 1020 号	全价宠物食品老年期猫粮 Pet Compound Feed for Senior Cat	维克维优绝育老年猫粮 VIRBAC HPM SENIOR CAT NEUTERED	宠物配合饲料 Pet Compound Feed	猫 Cats	西班牙 BYNSA MASCOTAS 公司 BYNSA MASCOTAS S. L., Spain	2020.10—2025.10	新办
(2020) 外饲准字 1021 号	宠物配合饲料犬粮 Pet Compound Feed for Dogs	APLUS 牌无谷狗粮—三文鱼配方 A + Grain-free dog food-salmon & vegetable formula	宠物配合饲料 Pet Compound Feed	犬 Dogs	（新西兰）爱德胜宠物产品有限公司 Addiction Foods NZ Ltd., New Zealand	2020.10—2025.10	新办

（续）

登记证号	通用名称	商品名称	产品类别	使用范围	生产厂家	有效期限	备注
(2020) 外饲准字 1022 号	宠物配合饲料成年期犬粮 Pet Compound Feed for Adult Dog	Natural Greatness 恩萃兔肉配方全品种成犬粮 Natural Greatness Rabbit Recipe Adult-All Breed	宠物配合饲料 Pet Compound Feed	犬 Dogs	西班牙 Visan 宠物食品科技工业有限公司 VISAN INDUSTRIAS ZOOTECNICAS S. L.，Spain	2020. 10—2025. 10	新办
(2020) 外饲准字 1023 号	宠物配合饲料成年期犬粮 Pet Compound Feed for Adult Dog	Natural Greatness 恩萃火鸡肉配方全品种成犬粮 Natural Greatness Turkey Recipe Adult-All Breed	宠物配合饲料 Pet Compound Feed	犬 Dogs	西班牙 Visan 宠物食品科技工业有限公司 VISAN INDUSTRIAS ZOOTECNICAS S. L.，Spain	2020. 10—2025. 10	新办
(2020) 外饲准字 1024 号	宠物配合饲料中型犬、大型犬成年期犬粮 Pet Compound Feed for Adult Dog of Medium & Large Breeds	Natural Greatness 恩萃三文鱼配方中大型成犬粮 Natural Greatness Salmon Recipe Adult-Medium & Large	宠物配合饲料 Pet Compound Feed	犬 Dogs	西班牙 Visan 宠物食品科技工业有限公司 VISAN INDUSTRIAS ZOOTECNICAS S. L.，Spain	2020. 10—2025. 10	新办
(2020) 外饲准字 1025 号	宠物配合饲料犬粮 Pet Compound Feed for Dog	Natural Greatness 恩萃野性食谱全犬粮 Natural Greatness Wild Recipe All age-All breed	宠物配合饲料 Pet Compound Feed	犬 Dogs	西班牙 Visan 宠物食品科技工业有限公司 VISAN INDUSTRIAS ZOOTECNICAS S. L.，Spain	2020. 10—2025. 10	新办
(2020) 外饲准字 1026 号	宠物配合饲料小型犬成年期犬粮 Pet Compound Feed for Adult Dog of Small Breeds	Natural Greatness 恩萃三文鱼配方小型成犬粮 Natural Greatness Salmon Recipe Adult-Mini	宠物配合饲料 Pet Compound Feed	犬 Dogs	西班牙 Visan 宠物食品科技工业有限公司 VISAN INDUSTRIAS ZOOTECNICAS S. L.，Spain	2020. 10—2025. 10	新办
(2020) 外饲准字 1027 号	宠物配合饲料幼年期犬粮 Pet Compound Feed for Puppy	Natural Greatness 恩萃鸡肉配方全品种离乳幼犬粮 Natural Greatness Chicken Recipe Starter-Puppy-All Breed	宠物配合饲料 Pet Compound Feed	犬 Dogs	西班牙 Visan 宠物食品科技工业有限公司 VISAN INDUSTRIAS ZOOTECNICAS S. L.，Spain	2020. 10—2025. 10	新办
(2020) 外饲准字 1028 号	宠物配合饲料猫粮 Pet Compound Feed for Cat	Natural Greatness 恩萃野性本能全猫粮 Natural Greatness Wild Instinct Cat，Kitten & Baby Cat-All Breed	宠物配合饲料 Pet Compound Feed	猫 Cats	西班牙 Visan 宠物食品科技工业有限公司 VISAN INDUSTRIAS ZOOTECNICAS S. L.，Spain	2020. 10—2025. 10	新办

（续）

登记证号	通用名称	商品名称	产品类别	使用范围	生产厂家	有效期限	备注
(2020) 外饲准字 1029 号	宠物配合饲料中型猫、大型猫猫粮 Pet Compound Feed for Cat of Medium & Large Breeds	Natural Greatness 恩萃野性本能中大型全期猫粮 Natural Greatness Wild Instinct Cat & Kitten-Medium & Large	宠物配合饲料 Pet Compound Feed	猫 Cats	西班牙 Visan 宠物食品科技工业有限公司 VISAN INDUSTRIAS ZOOTECNICAS S. L.，Spain	2020. 10—2025. 10	新办
(2020) 外饲准字 1030 号	宠物配合饲料猫粮 Pet Compound Feed for Cat	Natural Greatness 恩萃山顶食谱全猫粮 Natural Greatness Top Mountain Cat & Kitten-All breed	宠物配合饲料 Pet Compound Feed	猫 Cats	西班牙 Visan 宠物食品科技工业有限公司 VISAN INDUSTRIAS ZOOTECNICAS S. L.，Spain	2020. 10—2025. 10	新办
(2020) 外饲准字 1031 号	宠物配合饲料成年期猫粮 Pet Compound Feed for Adult Cat	Natural Greatness 恩萃室内低敏全品种成猫粮 Natural Greatness Sensitive Indoor Adult Cat-All Breed	宠物配合饲料 Pet Compound Feed	猫 Cats	西班牙 Visan 宠物食品科技工业有限公司 VISAN INDUSTRIAS ZOOTECNICAS S. L.，Spain	2020. 10—2025. 10	新办
(2020) 外饲准字 1032 号	全价宠物食品幼年期猫粮 Pet Compound Feed for Kitten	蓝宝食含吞拿鱼配方幼猫粮 FARMERS MARKET KITTEN WITH TUNA	宠物配合饲料 Pet Compound Feed	猫 Cats	泰国 Nutrix Public 有限公司 Nutrix Public Company Limited，Thailand	2020. 10—2025. 10	新办
(2020) 外饲准字 1033 号	全价宠物食品成年期猫粮 Pet Compound Feed for Adult Cat	蓝宝食鸡肉吞拿鱼配方成猫粮 FARMERS MARKET ADULT CAT WITH CHICKEN & TUNA	宠物配合饲料 Pet Compound Feed	猫 Cats	泰国 Nutrix Public 有限公司 Nutrix Public Company Limited，Thailand	2020. 10—2025. 10	新办
(2020) 外饲准字 1034 号	全价宠物食品成年期犬粮 Pet Compound Feed for Adult Dog	保罗叔叔田园生机全价犬粮—成年期—室内/长毛犬 Uncle Paul Original Dog Food-Adult （Indoor/Long Hair）	宠物配合饲料 Pet Compound Feed	犬 Dogs	（台湾）保生实业股份有限公司 Pomp Shine Enterprise Corp.	2020. 10—2025. 10	新办
(2020) 外饲准字 1035 号	全价宠物食品成年期犬粮 Pet Compound Feed for Adult Dog	保罗叔叔田园生机全价犬粮—成年期—室内/抗老化 Uncle Paul Original Dog Food-Adult （Indoor/Anti Aging）	宠物配合饲料 Pet Compound Feed	犬 Dogs	（台湾）保生实业股份有限公司 Pomp Shine Enterprise Corp.	2020. 10—2025. 10	新办

（续）

登记证号	通用名称	商品名称	产品类别	使用范围	生产厂家	有效期限	备注
(2020) 外饲准字 1036 号	全价宠物食品成年期犬粮 Pet Compound Feed for Adult Dog	保罗叔叔田园生机全价犬粮—成年期—室内/短鼻犬 Uncle Paul Original Dog Food-Adult （Indoor/Snub Nose）	宠物配合饲料 Pet Compound Feed	犬 Dogs	（台湾）保生实业股份有限公司 Pomp Shine Enterprise Corp.	2020. 10—2025. 10	新办
(2020) 外饲准字 1037 号	全价宠物食品猫粮 Pet Compound Feed for Cat	保罗叔叔田园生机全价猫粮—无谷全龄猫（羊肉配方） Uncle Paul Original Cat Food-Grain Free All Life Stage（Ranch Lamb）	宠物配合饲料 Pet Compound Feed	猫 Cats	（台湾）保生实业股份有限公司 Pomp Shine Enterprise Corp.	2020. 10—2025. 10	新办
(2020) 外饲准字 1038 号	全价宠物食品猫粮 Pet Compound Feed for Cat	保罗叔叔田园生机全价猫粮—无谷全龄猫（海洋鱼配方） Uncle Paul Original Cat Food-Grain Free All Life Stage（Marine Fish）	宠物配合饲料 Pet Compound Feed	猫 Cats	（台湾）保生实业股份有限公司 Pomp Shine Enterprise Corp.	2020. 10—2025. 10	新办
(2020) 外饲准字 1039 号	全价宠物食品成年期犬粮 Pet Compound Feed for Adult Dog	保罗叔叔田园生机全价犬粮—成年期—小颗粒/顾关节 Uncle Paul Original Dog Food-Adult （Small Bits/Joint Health）	宠物配合饲料 Pet Compound Feed	犬 Dogs	（台湾）保生实业股份有限公司 Pomp Shine Enterprise Corp.	2020. 10—2025. 10	新办
(2020) 外饲准字 1040 号	全价宠物食品成年期/老年期猫粮 Pet Compound Feed for Adult Cat/Senior Cat	LCB 蓝带厨坊全价粮—成老猫/室内猫（海陆） LCB Prime Blue Premium Cat Food-Adult/Senior/Indoors（SeaLand）	宠物配合饲料 Pet Compound Feed	猫 Cats	（台湾）保生实业股份有限公司 Pomp Shine Enterprise Corp.	2020. 10—2025. 10	新办
(2020) 外饲准字 1041 号	全价宠物食品幼年期/成年期猫粮 Pet Compound Feed for Kitten/Adult Cat	LCB 蓝带厨坊全价粮—幼成猫/室内猫（海鲜） LCB Prime Blue Premium Cat Food-Kitten/Adult/Indoors（Seafood）	宠物配合饲料 Pet Compound Feed	猫 Cats	（台湾）保生实业股份有限公司 Pomp Shine Enterprise Corp.	2020. 10—2025. 10	新办

（续）

登记证号	通用名称	商品名称	产品类别	使用范围	生产厂家	有效期限	备注
(2020) 外饲准字 1042 号	全价宠物食品猫粮 Pet Compound Feed for Cat	斑尼菲蓝带无谷天然全价粮—全龄猫（太平洋鱼配方） BENEFIT Prime Blue Natural Holistic Cat Food-Grain Free-All Life Stages (Pacific Fishes)	宠物配合饲料 Pet Compound Feed	猫 Cats	（台湾）保生实业股份有限公司 Pomp Shine Enterprise Corp.	2020. 10—2025. 10	新办
(2020) 外饲准字 1043 号	全价宠物食品猫粮 Pet Compound Feed for Cat	斑尼菲蓝带无谷天然全价粮—全龄猫（鸡肉配方） BENEFIT Prime Blue Natural Holistic Cat Food-Grain Free-All Life Stages (Chicken)	宠物配合饲料 Pet Compound Feed	猫 Cats	（台湾）保生实业股份有限公司 Pomp Shine Enterprise Corp.	2020. 10—2025. 10	新办
(2020) 外饲准字 1044 号	全价宠物食品老年期犬粮 Pet Compound Feed for Senior Dog	Serengeti 无谷含鳕鱼配方老龄犬粮 Serengeti Grain Free Hoki Recipe Dry Senior Dog Food	宠物配合饲料 Pet Compound Feed	犬 Dogs	（新西兰）爱德胜宠物产品有限公司 Addiction Foods NZ Ltd.，New Zealand	2020. 10—2025. 10	新办
(2020) 外饲准字 1045 号	全价宠物食品幼年期猫粮 Pet Compound Feed for Kitten	Serengeti 无谷鸡肉鱼肉配方幼猫粮 Serengeti Grain Free Chicken & Fish Recipe Dry Kitten Cat Food	宠物配合饲料 Pet Compound Feed	猫 Cats	（新西兰）爱德胜宠物产品有限公司 Addiction Foods NZ Ltd.，New Zealand	2020. 10—2025. 10	新办
(2020) 外饲准字 1046 号	全价宠物食品犬粮 Pet Compound Feed for Dog	Serengeti 无谷鸡肉羊肉配方全龄犬粮 Serengeti Grain Free Lamb & Chicken Recipe Dry All Life Stages Dog Food	宠物配合饲料 Pet Compound Feed	犬 Dogs	（新西兰）爱德胜宠物产品有限公司 Addiction Foods NZ Ltd.，New Zealand	2020. 10—2025. 10	新办
(2020) 外饲准字 1047 号	全价宠物食品猫粮 Pet Compound Feed for Cat	Serengeti 无谷鸡肉火鸡肉配方全龄猫粮 Serengeti Grain Free Chicken & Turkey Recipe Dry All Life Stages Cat Food	宠物配合饲料 Pet Compound Feed	猫 Cats	（新西兰）爱德胜宠物产品有限公司 Addiction Foods NZ Ltd.，New Zealand	2020. 10—2025. 10	新办

（续）

登记证号	通用名称	商品名称	产品类别	使用范围	生产厂家	有效期限	备注
（2020）外饲准字 1048 号	全价宠物食品猫粮 Pet Compound Feed for Cat	Serengeti 无谷鸡肉鸭肉配方全龄猫粮 Serengeti Grain Free Duck & Chicken Recipe Dry All Life Stages Cat Food	宠物配合饲料 Pet Compound Feed	猫 Cats	（新西兰）爱德胜宠物产品有限公司 Addiction Foods NZ Ltd.，New Zealand	2020. 10—2025. 10	新办
（2020）外饲准字 1049 号	全价宠物食品猫粮 Pet Compound Feed for Cat	Serengeti 无谷含三文鱼鳕鱼配方全龄猫粮 Serengeti Grain Free Salmon & Hoki Recipe Dry All Life Stages Cat Food	宠物配合饲料 Pet Compound Feed	猫 Cats	（新西兰）爱德胜宠物产品有限公司 Addiction Foods NZ Ltd.，New Zealand	2020. 10—2025. 10	新办
（2020）外饲准字 1050 号	全价宠物食品猫粮 Pet Compound Feed for Cat	Serengeti 无谷牛肉羊肉配方全龄猫粮 Serengeti Grain Free Beef & Lamb Recipe Dry All Life Stages Cat Food	宠物配合饲料 Pet Compound Feed	猫 Cats	（新西兰）爱德胜宠物产品有限公司 Addiction Foods NZ Ltd.，New Zealand	2020. 10—2025. 10	新办
（2020）外饲准字 1051 号	全价宠物食品犬粮 Complete Pet Food-Dog Food	嗗达全犬期纽西兰 NZ 系列无谷羊肉 & 白鱼配方犬粮 Woofstard NZ Natural Lamb & White Fish Grain Free All Life Stages Dog Food	宠物配合饲料 Pet Compound Feed	犬 Dogs	（新西兰）爱德胜宠物产品有限公司 Addiction Foods NZ Ltd.，New Zealand	2020. 10—2025. 10	新办
（2020）外饲准字 1052 号	全价宠物食品猫粮 Complete Pet Food-Cat Food	喵达全猫期纽西兰 NZ 系列无谷牛肉 & 白鱼配方猫粮 Meowstard NZ Natural Beef & White Fish Grain Free All Life Stages Cat Food	宠物配合饲料 Pet Compound Feed	猫 Cats	（新西兰）爱德胜宠物产品有限公司 Addiction Foods NZ Ltd.，New Zealand	2020. 10—2025. 10	新办
（2020）外饲准字 1053 号	宠物配合饲料幼年期犬粮 Pet Compound Feed for Puppies	优思犬低敏幼犬粮 Junior Sensitive	宠物配合饲料 Pet Compound Feed	犬 Dogs	德国 Josera Erbacher Service 工厂 Josera Erbacher Service GmbH & Co. KG，Germany	2020. 10—2025. 10	新办
（2020）外饲准字 1054 号	宠物配合饲料成年期犬粮 Pet Compound Feed for Adult Dogs	优思犬低敏成犬粮 Adult Sensitive	宠物配合饲料 Pet Compound Feed	犬 Dogs	德国 Josera Erbacher Service 工厂 Josera Erbacher Service GmbH & Co. KG，Germany	2020. 10—2025. 10	新办

（续）

登记证号	通用名称	商品名称	产品类别	使用范围	生产厂家	有效期限	备注
(2020) 外饲准字 1055 号	宠物配合饲料成年期犬粮 Pet Compound Feed for Adult Dogs	优思犬活力营养成犬粮 Active	宠物配合饲料 Pet Compound Feed	犬 Dogs	德国 Josera Erbacher Service 工厂 Josera Erbacher Service GmbH & Co. KG, Germany	2020.10—2025.10	新办
(2020) 外饲准字 1056 号	宠物配合饲料成年期猫粮 Pet Compound Feed for Adult Cats	优思猫鸡肉配方成年猫粮 JosiCat Crunchy Poultry	宠物配合饲料 Pet Compound Feed	猫 Cats	德国 Josera Erbacher Service 工厂 Josera Erbacher Service GmbH & Co. KG, Germany	2020.10—2025.10	新办
(2020) 外饲准字 1057 号	宠物配合饲料小型犬成年期犬粮 Pet Compound Feed for Adult Dogs of Small Breed	优思犬小型成犬粮 Mini	宠物配合饲料 Pet Compound Feed	犬 Dogs	德国 Josera Erbacher Service 工厂 Josera Erbacher Service GmbH & Co. KG, Germany	2020.10—2025.10	新办
(2020) 外饲准字 1058 号	宠物配合饲料犬粮 Pet Compound Feed for Dogs	赫緻低温烘焙健康粮 无谷美国鸡肉配方 HERZ GRAIN-FREE USA CHICKEN	宠物配合饲料 Pet Compound Feed	犬 Dogs	（台湾）珍食堡实业股份有限公司 JASPER PET CARE PRODUCTS INC.	2020.10—2025.10	新办
(2020) 外饲准字 1059 号	宠物配合饲料犬粮 Pet Compound Feed for Dogs	赫緻低温烘焙健康粮 无谷新西兰草饲牛肉配方 HERZ GRAIN-FREE NEWZEALAND GRASS-FED BEEF	宠物配合饲料 Pet Compound Feed	犬 Dogs	（台湾）珍食堡实业股份有限公司 JASPER PET CARE PRODUCTS INC.	2020.10—2025.10	新办
(2020) 外饲准字 1060 号	宠物配合饲料犬粮 Pet Compound Feed for Dogs	赫緻低温烘焙健康粮 无谷美国火鸡肉配方 HERZ GRAIN-FREE A-MERICAN TURKEY	宠物配合饲料 Pet Compound Feed	犬 Dogs	（台湾）珍食堡实业股份有限公司 JASPER PET CARE PRODUCTS INC.	2020.10—2025.10	新办
(2020) 外饲准字 1061 号	宠物配合饲料犬粮 Pet Compound Feed for Dogs	赫緻低温烘焙健康粮 无谷澳洲羊肉配方 HERZ GRAIN-FREE AUS-TRALIAN LAMB	宠物配合饲料 Pet Compound Feed	犬 Dogs	（台湾）珍食堡实业股份有限公司 JASPER PET CARE PRODUCTS INC.	2020.10—2025.10	新办
(2020) 外饲准字 1062 号	宠物配合饲料犬粮 Pet Compound Feed for Dogs	赫緻低温烘焙健康粮 无谷新西兰鹿肉配方 HERZ GRAIN-FREE NEW-ZEALAND VENSION	宠物配合饲料 Pet Compound Feed	犬 Dogs	（台湾）珍食堡实业股份有限公司 JASPER PET CARE PRODUCTS INC.	2020.10—2025.10	新办

（续）

登记证号	通用名称	商品名称	产品类别	使用范围	生产厂家	有效期限	备注
（2020）外饲准字 1063 号	全价宠物食品成年期猫粮 Pet Compound Food for Adult Cat	富力鲜至尊喜悦海鱼配方全价营养均衡成猫粮 Frisian Supreme Delight sea fish formula complete and balanced nutrition adult cat food	宠物配合饲料 Pet Compound Feed	猫 Cats	（丹麦）维塔宠物食品集团公司（工厂） Vital Petfood Group A/S, Denmark	2020.10—2025.10	新办
（2020）外饲准字 1064 号	全价宠物食品幼年期猫粮 Pet Compound Food for Kitten	富力鲜至尊喜悦海鱼配方全价营养均衡幼猫粮 Frisian Supreme Delight sea fish formula complete and balanced nutrition kitten food	宠物配合饲料 Pet Compound Feed	猫 Cats	（丹麦）维塔宠物食品集团公司（工厂） Vital Petfood Group A/S, Denmark	2020.10—2025.10	新办
（2020）外饲准字 1065 号	全价宠物食品犬粮 Pet Compound Feed for Dog	Go！Solutions 美毛系列无谷鸡肉配方犬粮 Go！Solutions Skin＋Coat Care Grain-free Chicken Recipe for Dogs	宠物配合饲料 Pet Compound Feed	犬 Dogs	（加拿大）艾尔麦乐宠物产品有限公司 Elmira Pet Products Ltd.，Canada	2020.10—2025.10	新办
（2020）外饲准字 1066 号	全价宠物食品幼年期犬粮 Pet Compound Feed for Puppy	Go！Solutions 多肉系列无谷含鸡肉火鸡肉＋鸭肉配方幼犬粮 Go！Solutions Carnivore Grain-free Chicken Turkey ＋Duck Puppy Recipe for Dogs	宠物配合饲料 Pet Compound Feed	犬 Dogs	（加拿大）艾尔麦乐宠物产品有限公司 Elmira Pet Products Ltd.，Canada	2020.10—2025.10	新办
（2020）外饲准字 1067 号	全价宠物食品犬粮 Pet Compound Feed for Dog	Go！Solutions 美毛系列鸡肉配方犬粮 Go！Solutions Skin＋Coat Care Chicken Recipe for Dogs	宠物配合饲料 Pet Compound Feed	犬 Dogs	（加拿大）艾尔麦乐宠物产品有限公司 Elmira Pet Products Ltd.，Canada	2020.10—2025.10	新办
（2020）外饲准字 1068 号	全价宠物食品犬粮 Pet Compound Feed for Dog	Go！Solutions 美毛系列三文鱼配方犬粮 Go！Solutions Skin＋Coat Care Salmon Recipe for Dogs	宠物配合饲料 Pet Compound Feed	犬 Dogs	（加拿大）艾尔麦乐宠物产品有限公司 Elmira Pet Products Ltd.，Canada	2020.10—2025.10	新办

（续）

登记证号	通用名称	商品名称	产品类别	使用范围	生产厂家	有效期限	备注
(2020) 外饲准字 1069 号	全价宠物食品犬粮 Pet Compound Feed for Dog	Go! Solutions 多肉系列无谷含三文鱼+鳕配方犬粮 Go! Solutions Carnivore Grain-free Salmon + Cod Recipe for Dogs	宠物配合饲料 Pet Compound Feed	犬 Dogs	(加拿大) 艾尔麦乐宠物产品有限公司 Elmira Pet Products Ltd., Canada	2020.10—2025.10	新办
(2020) 外饲准字 1070 号	全价宠物食品犬粮 Pet Compound Feed for Dog	Go! Solutions 美毛系列羊肉配方犬粮 Go! Solutions Skin + Coat Care Lamb Recipe for Dogs	宠物配合饲料 Pet Compound Feed	犬 Dogs	(加拿大) 艾尔麦乐宠物产品有限公司 Elmira Pet Products Ltd., Canada	2020.10—2025.10	新办
(2020) 外饲准字 1071 号	全价宠物食品成年期犬粮 Pet Compound Feed for Adult Dog	Go! Solutions 多肉系列无谷含鸡肉火鸡肉+鸭肉配方成犬粮 Go! Solutions Carnivore Grain-free Chicken Turkey + Duck Adult Recipe for Dogs	宠物配合饲料 Pet Compound Feed	犬 Dogs	(加拿大) 艾尔麦乐宠物产品有限公司 Elmira Pet Products Ltd., Canada	2020.10—2025.10	新办
(2020) 外饲准字 1072 号	全价宠物食品老年期犬粮 Pet Compound Feed for Senior Dog	Go! Solutions 多肉系列无谷含鸡肉火鸡肉+鸭肉配方老犬粮 Go! Solutions Carnivore Grain-free Chicken Turkey + Duck Senior Recipe for Dogs	宠物配合饲料 Pet Compound Feed	犬 Dogs	(加拿大) 艾尔麦乐宠物产品有限公司 Elmira Pet Products Ltd., Canada	2020.10—2025.10	新办
(2020) 外饲准字 1073 号	全价宠物食品猫粮 Pet Compound Feed for Cat	Go! Solutions 多肉系列无谷含鸡肉火鸡肉+鸭肉配方猫粮 Go! Solutions Carnivore Grain-free Chicken Turkey + Duck Recipe for Cats	宠物配合饲料 Pet Compound Feed	猫 Cats	(加拿大) 艾尔麦乐宠物产品有限公司 Elmira Pet Products Ltd., Canada	2020.10—2025.10	新办
(2020) 外饲准字 1074 号	全价宠物食品猫粮 Pet Compound Feed for Cat	Go! Solutions 多肉系列无谷含三文鱼+鳕配方猫粮 Go! Solutions Carnivore Grain-free Salmon + Cod Recipe for Cats	宠物配合饲料 Pet Compound Feed	猫 Cats	(加拿大) 艾尔麦乐宠物产品有限公司 Elmira Pet Products Ltd., Canada	2020.10—2025.10	新办

（续）

登记证号	通用名称	商品名称	产品类别	使用范围	生产厂家	有效期限	备注
（2020）外饲准字 1075 号	全价宠物食品猫粮 Pet Compound Feed for Cat	Go！Solutions 美毛系列鸡肉配方猫粮 Go！ Solutions Skin ＋ Coat Care Chicken Recipe for Cats	宠物配合饲料 Pet Compound Feed	猫 Cats	（加拿大）艾尔麦乐宠物产品有限公司 Elmira Pet Products Ltd.，Canada	2020. 10—2025. 10	新办
（2020）外饲准字 1076 号	全价宠物食品猫粮 Pet Compound Feed for Cat	Go！Solutions 美毛系列无谷含三文鱼配方室内猫猫粮 Go！ Solutions Skin ＋ Coat Care Grain-free Salmon Recipe for Indoor Cats	宠物配合饲料 Pet Compound Feed	猫 Cats	（加拿大）艾尔麦乐宠物产品有限公司 Elmira Pet Products Ltd.，Canada	2020. 10—2025. 10	新办
（2020）外饲准字 1077 号	全价宠物食品猫粮 Pet Compound Feed for Cat	Go！Solutions 多肉系列无谷含三文鱼＋淡水鳟配方猫粮 Go！ Solutions Carnivore Grain-free Salmon ＋ Freshwater Trout Recipe for Cats	宠物配合饲料 Pet Compound Feed	猫 Cats	（加拿大）艾尔麦乐宠物产品有限公司 Elmira Pet Products Ltd.，Canada	2020. 10—2025. 10	新办
（2020）外饲准字 1078 号	宠物配合饲料 成年期猫粮 Pet Compound Feed for Adult Cats	博黛精粹鲭味成猫粮 PRODIET PROFESSIONAL ADULT CAT MACKEREL FLAVOUR	宠物配合饲料 Pet Compound Feed	猫 Cats	泰国 Nutrix Public 有限公司 Nutrix Public Company Limited，Thailand	2020. 10—2025. 10	新办
（2020）外饲准字 1079 号	宠物配合饲料 幼年期猫粮 Pet Compound Feed for Kitten	博黛精粹海鱼牛奶味幼猫粮 PRODIET PROFESSIONAL KITTEN CAT OCEAN FISH & MILK FLAVOUR	宠物配合饲料 Pet Compound Feed	猫 Cats	泰国 Nutrix Public 有限公司 Nutrix Public Company Limited，Thailand	2020. 10—2025. 10	新办
（2020）外饲准字 1080 号	虾配合饲料 Shrimp Compound Feed	赛诺 S-PAK 0/2；2/5；5/8；8/12 Sano S-PAK 0/2；2/5；5/8；8/12	配合饲料 Compound Feed	虾 Shrimp	英伟（泰国）饲料有限公司 INVE（Thailand）Ltd.，Thailand	2020. 10—2025. 10	新办
（2020）外饲准字 1108 号	混合型饲料添加剂 香味物质 Feed Additives Mixture Flavouring Substances	欧舒坦 RESPOWER LIQ	混合型饲料添加剂 Feed Additives Mixture	养殖动物 All species or categories of animals	（意大利）Eurofeed Technologies spa Eurofeed Technologies spa，Italy	2020. 12—2025. 12	新办
（2020）外饲准字 1109 号	混合型饲料添加剂 甜菜碱 果寡糖 Feed Additives Mixture Betaine Fructooligosaccharide	肠益素 IgOne-S	混合型饲料添加剂 Feed Additives Mixture	仔猪 Piglet	韩国西梯茜公司（第二工厂） CTCBIO INC.，（Factory 2），Korea	2020. 12—2025. 12	新办

（续）

登记证号	通用名称	商品名称	产品类别	使用范围	生产厂家	有效期限	备注
(2020) 外饲准字 1110 号	混合型饲料添加剂 香味物质 Feed Additives Mixture Flavouring Substances	乐肠康 Corion Coriocox L	混合型饲料添加剂 Feed Additives Mixture	家禽 Poultry	西班牙蒂乐斯动物健康有限公司 DILUS LABS, S. L., Spain	2020. 12—2025. 12	新办
(2020) 外饲准字 1111 号	混合型饲料添加剂 香味物质 Feed Additives Mixture Flavouring Substances	乐克球 Corion Coriocox FM	混合型饲料添加剂 Feed Additives Mixture	家禽、猪、反刍动物 Poultry, Swine, Ruminant	西班牙蒂乐斯动物健康有限公司 DILUS LABS, S. L., Spain	2020. 12—2025. 12	新办
(2020) 外饲准字 1112 号	混合型饲料添加剂 丁酸钠 Feed Additives Mixture Sodium Butyrate	乐抗王 Corion Coriocor	混合型饲料添加剂 Feed Additives Mixture	养殖动物 All species or categories of animals	西班牙蒂乐斯动物健康有限公司 DILUS LABS, S. L., Spain	2020. 12—2025. 12	新办
(2020) 外饲准字 1113 号	混合型饲料添加剂 丙二醇 丙三醇 Feed Additives Mixture Propylene Glycol Glycerin	安速达 Liquid Complementary Feed for Poultry	混合型饲料添加剂 Feed Additives Mixture	鸡 Chicken	(马耳他) Nutri Biotech Services Ltd (工厂) Nutri Biotech Services Ltd, Malta	2020. 12—2025. 12	新办
(2020) 外饲准字 1114 号	混合型饲料添加剂 微生物 Feed Additives Mixture Microorganisms	细胞宝（液剂） Fluid Active Cleaner	混合型饲料添加剂 Feed Additives Mixture	畜禽、水产养殖动物 Livestock, Poultry, Aquaculture animals	(台湾) 崧育生物科技股份有限公司二厂 SUN YEAST BIOTECH CO., LTD.	2020. 12—2025. 12	新办
(2020) 外饲准字 1115 号	混合型饲料添加剂 蛋白酶（产自枯草芽孢杆菌） Feed Additives Mixture Protease (Source: Bacillus subtilis)	爱特康® PRO 301 TPT CN Axtra® PRO 301 TPT CN	混合型饲料添加剂 Feed Additives Mixture	猪、家禽 Swine, Poultry	新加坡金朝生物技术私人有限公司 Crown Pacific Biotechnology Pte. Ltd., Singapore	2020. 12—2025. 12	新办
(2020) 外饲准字 1116 号	混合型饲料添加剂 矿物元素 维生素 Feed Additives Mixture Minerals Vitamins	起点新生钙 SquareOne FreshCal	混合型饲料添加剂 Feed Additives Mixture	奶牛 Cows	美国 MB 营养科技有限公司 MB Nutritional Sciences LLC, USA	2020. 12—2025. 12	新办
(2020) 外饲准字 1117 号	混合型饲料添加剂 酸度调节剂 Feed Additives Mixture Acidity Regulators	饮乐多 ProPhorceTM Acida	混合型饲料添加剂 Feed Additives Mixture	猪、家禽 Swine, Poultry	(荷兰) 柏斯托（瓦斯皮克）公司 Perstorp Waspik B. V., the Netherlands	2020. 12—2025. 12	新办
(2020) 外饲准字 1118 号	混合型饲料添加剂 矿物元素 Feed Additives Mixture Minerals	速补钙 BOLIFLASH CALCIUM	混合型饲料添加剂 Feed Additives Mixture	奶牛 Cows	法国 HY-NUTRITION 公司 HY-NUTRITION, France	2020. 12—2025. 12	新办
(2020) 外饲准字 1119 号	混合型饲料添加剂 乙酸 Feed Additives Mixture Acetic Acid	妙艾 Maxi-Mil I	混合型饲料添加剂 Feed Additives Mixture	养殖动物（猫除外） All species or categories of animals (Not including cat)	(英国) 新赛公司 Synthite Ltd, UK	2020. 12—2025. 12	新办

（续）

登记证号	通用名称	商品名称	产品类别	使用范围	生产厂家	有效期限	备注
（2020）外饲准字 1120 号	混合型饲料添加剂 甲酸 磷酸 天然类固醇萨洒皂角苷（源自丝兰） Feed Additives Mixture Formic Acid Phosphoric Acid YUCCA（Yucca Schidigera Extract）	得可美 DIGESTIVO	混合型饲料添加剂 Feed Additives Mixture	养殖动物 All species or categories of animals	（西班牙）DEX IBÉRICA，S. A.，Spain DEX IBÉRICA，S. A.，Spain	2020. 12—2025. 12	新办
（2020）外饲准字 1121 号	混合型饲料添加剂 酶制剂 Feed Additives Mixture Enzyme	钻石强力酶 XAP Nopcozyme XAP	混合型饲料添加剂 Feed Additives Mixture	养殖动物 All species or categories of animals	新加坡大祥资源有限公司 Diasham Resources Pte. Ltd.，Singapore	2020. 12—2025. 12	新办
（2020）外饲准字 1122 号	混合型饲料添加剂 酶制剂 Feed Additives Mixture Enzyme	钻石强力酶 PRO Nopcozyme PRO	混合型饲料添加剂 Feed Additives Mixture	养殖动物 All species or categories of animals	新加坡大祥资源有限公司 Diasham Resources Pte. Ltd.，Singapore	2020. 12—2025. 12	新办
（2020）外饲准字 1123 号	混合型饲料添加剂 酶制剂 Feed Additives Mixture Enzyme	钻石强力酶 GO Nopcozyme GO	混合型饲料添加剂 Feed Additives Mixture	养殖动物 All species or categories of animals	新加坡大祥资源有限公司 Diasham Resources Pte. Ltd.，Singapore	2020. 12—2025. 12	新办
（2020）外饲准字 1124 号	混合型饲料添加剂 酶制剂 Feed Additives Mixture Enzyme	钻石强力酶 XB Nopcozyme XB	混合型饲料添加剂 Feed Additives Mixture	养殖动物 All species or categories of animals	新加坡大祥资源有限公司 Diasham Resources Pte. Ltd.，Singapore	2020. 12—2025. 12	新办
（2020）外饲准字 1125 号	混合型饲料添加剂 矿物元素 Feed Additives Mixture Minerals	“敢基”钙高乐 Calcare+	混合型饲料添加剂 Feed Additives Mixture	牛 Cattle	（台湾）敢基生技股份有限公司 SPIREGENE BIOTECH CO.，LTD.	2020. 12—2025. 12	新办
（2020）外饲准字 1126 号	混合型饲料添加剂 矿物元素 牛至香酚 Feed Additives Mixture Minerals Oregano Carvacrol	奥健宝 ALLTECH NATUSTAT	混合型饲料添加剂 Feed Additives Mixture	家禽 Poultry	美国奥特奇公司 Alltech Inc.，USA	2020. 12—2025. 12	新办
（2020）外饲准字 1127 号	养殖动物用复合预混合饲料 Premix for Breeding Animals	爱肝保 Corion Hepatocor	添加剂预混合饲料 Feed Additive Premix	养殖动物 All species or categories of animals	西班牙蒂乐斯动物健康有限公司 DILUS LABS，S. L.，Spain	2020. 12—2025. 12	新办
（2020）外饲准字 1128 号	家禽微量元素预混合饲料 Poultry Trace Mineral Premix	爱母健 Corion Calphocor	添加剂预混合饲料 Feed Additive Premix	家禽 Poultry	西班牙蒂乐斯动物健康有限公司 DILUS LABS，S. L.，Spain	2020. 12—2025. 12	新办
（2020）外饲准字 1129 号	宠物营养补充剂猫维生素和矿物质微量元素 Pet Nutrition Supplement Cats Vitamins and Minerals	SuperCoat 美沃猫用肤毛健 SuperCoat for Cats	宠物添加剂预混合饲料 Pet Feed Additive Premix	猫 Cats	爱尔兰 Inform 营养有限公司 Inform Nutrition Ireland Ltd.，Ireland	2020. 12—2025. 12	新办

（续）

登记证号	通用名称	商品名称	产品类别	使用范围	生产厂家	有效期限	备注
(2020) 外饲准字 1130 号	宠物营养补充剂犬维生素和矿物质微量元素 Pet Nutrition Supplement Dogs Vitamins and Minerals	SuperCoat 美沃犬用肤毛健 SuperCoat for Dogs	宠物添加剂预混合饲料 Pet Feed Additive Premix	犬 Dogs	爱尔兰 Inform 营养有限公司 Inform Nutrition Ireland Ltd., Ireland	2020. 12—2025. 12	新办
(2020) 外饲准字 1131 号	宠物营养补充剂犬/猫维生素和矿物质微量元素 Pet Nutrition Supplement Dogs/Cats Vitamins and Minerals	Diagel 美沃犬猫肠胃健 Diagel for Cats & Dogs	宠物添加剂预混合饲料 Pet Feed Additive Premix	犬、猫 Dogs, Cats	爱尔兰 Inform 营养有限公司 Inform Nutrition Ireland Ltd., Ireland	2020. 12—2025. 12	新办
(2020) 外饲准字 1132 号	宠物添加剂预混合饲料 Pet Feed Additive Premix	吉来宝 Egg-oil 蛋油卵磷脂 Ji Lai Bao Yolk Lecithin Oil	宠物添加剂预混合饲料 Pet Feed Additive Premix	犬、猫 Dogs, Cats	（台湾）吉特利生技有限公司 Jiteli Biotechnology Co., Ltd.	2020. 12—2025. 12	新办
(2020) 外饲准字 1133 号	鱼粉 Fishmeal	红鱼粉（三级） Red Fishmeal (Ⅲ)	单一饲料 Single Feed	畜禽、水产养殖动物（反刍动物除外） Livestock, Poultry, Aquaculture animals (Not including ruminant)	俄罗斯 PCF "Yuzhno-Kyrilsky Ryibocombinat" 有限公司 PCF "Yuzhno-Kyrilsky Ryibocombinat" Co., Ltd., Russia	2020. 12—2025. 12	新办
(2020) 外饲准字 1134 号	白鱼粉 White Fishmeal	白鱼粉（三级） White Fishmeal (Ⅲ)	单一饲料 Single Feed	畜禽、水产养殖动物（反刍动物除外） Livestock, Poultry, Aquaculture animals (Not including ruminant)	俄罗斯 PCF "Yuzhno-Kyrilsky Ryibocombinat" 有限公司 PCF "Yuzhno-Kyrilsky Ryibocombinat" Co., Ltd., Russia	2020. 12—2025. 12	新办
(2020) 外饲准字 1135 号	鱼油 Fish Oil	鱼油 Fish Food oil	单一饲料 Single Feed	畜禽、水产养殖动物（反刍动物除外） Livestock, Poultry, Aquaculture animals (Not including ruminant)	俄罗斯 PCF "Yuzhno-Kyrilsky Ryibocombinat" 有限公司 PCF "Yuzhno-Kyrilsky Ryibocombinat" Co., Ltd., Russia	2020. 12—2025. 12	新办
(2020) 外饲准字 1136 号	白鱼粉 White Fishmeal	白鱼粉（三级） White Fishmeal (Grade Ⅲ)	单一饲料 Single Feed	畜禽、水产养殖动物（反刍动物除外） Livestock, Poultry, Aquaculture animals (Not including ruminant)	俄罗斯普列奥布拉热尼耶拖网船队基地公共股份公司（工船加工，工船名"色丹岛"，工船号 CH－94P） Public Joint Stock Company "Preobrazhenskaya Base of Trawling Fleet" (Produced on board at Vessel "Ostrov Shikotan", official No. CH－94P), Russia	2020. 12—2025. 12	新办

（续）

登记证号	通用名称	商品名称	产品类别	使用范围	生产厂家	有效期限	备注
（2020）外饲准字 1137 号	淡水鱼粉 Freshwater Fishmeal	红鱼粉（Ⅲ） Fish Meal（Grade Ⅲ）	单一饲料 Single Feed	畜禽、水产养殖动物（反刍动物除外） Livestock，Poultry，Aquaculture animals（Not including ruminant）	（越南）沙沥明胜有限责任公司 Minh Thang Sa Dec Co.，Ltd.，Vietnam	2020.12—2025.12	新办
（2020）外饲准字 1138 号	高温高压水解羽毛粉 High Temperature and Pressure Hydrolyzed Feather Meal	高温高压水解羽毛粉 Feather Meal	单一饲料 Single Feed	畜禽、水产养殖动物、宠物（反刍动物除外） Livestock，Poultry，Aquaculture animals，Pets（Not including ruminant）	美国达凌配料股份有限公司（肯塔基州工厂） DARLING INGREDIENTS INC.，USA	2020.12—2025.12	新办
（2020）外饲准字 1139 号	鸡肉粉 Poultry By-product Meal	鸡肉粉 POULTRY BY-PRODUCT MEAL	单一饲料 Single Feed	畜禽、水产养殖动物、宠物（反刍动物除外） Livestock，Poultry，Aquaculture animals，Pets（Not including ruminant）	美国达凌配料股份有限公司（印第安纳州工厂） DARLING INGREDIENTS INC.，USA	2020.12—2025.12	新办
（2020）外饲准字 1140 号	鸡肉粉 Poultry By-product Meal	宠物级鸡肉粉 Poultry By-Product Meal	单一饲料 Single Feed	畜禽、水产养殖动物、宠物（反刍动物除外） Livestock，Poultry，Aquaculture animals，Pets（Not including ruminant）	美国达凌配料股份有限公司（肯塔基州工厂） DARLING INGREDIENTS INC.，USA	2020.12—2025.12	新办
（2020）外饲准字 1141 号	鸡肉粉 Chicken By-product Meal	宠物级鸡肉粉 Chicken By-Product Meal	单一饲料 Single Feed	畜禽、水产养殖动物、宠物（反刍动物除外） Livestock，Poultry，Aquaculture animals，Pets（Not including ruminant）	美国达凌配料股份有限公司（俄亥俄州工厂） DARLING INGREDIENTS INC.，USA	2020.12—2025.12	新办
（2020）外饲准字 1142 号	鸡肉粉 Chicken By Product Meal	宠物级鸡肉粉 Chicken By Product Meal	单一饲料 Single Feed	畜禽、水产养殖动物、宠物（反刍动物除外） Livestock，Poultry，Aquaculture animals，Pets（Not including ruminant）	美国达凌配料股份有限公司（田纳西州工厂） DARLING INGREDIENTS INC.，USA	2020.12—2025.12	新办

（续）

登记证号	通用名称	商品名称	产品类别	使用范围	生产厂家	有效期限	备注
(2020) 外饲准字 1143 号	鸡肉粉 Poultry By-product Meal	宠物级鸡肉粉 Poultry By-Product Meal	单一饲料 Single Feed	畜禽、水产养殖动物、宠物（反刍动物除外） Livestock, Poultry, Aquaculture animals, Pets (Not including ruminant)	美国达凌配料股份有限公司（阿肯色州工厂） DARLING INGREDIENTS INC., USA	2020.12—2025.12	新办
(2020) 外饲准字 1144 号	鸡肉粉 Poultry By-product Meal	宠物级鸡肉粉 Poultry By-Product Meal	单一饲料 Single Feed	畜禽、水产养殖动物、宠物（反刍动物除外） Livestock, Poultry, Aquaculture animals, Pets (Not including ruminant)	美国达凌配料股份有限公司（得克萨斯州工厂） DARLING INGREDIENTS INC., USA	2020.12—2025.12	新办
(2020) 外饲准字 1145 号	兔配合饲料 Rabbit Compound Feed	益格室内兔粮 Burgess Excel Indoor Rabbit Nuggets	配合饲料 Compound Feed	兔 Rabbit	（英国）Burgess Pet Care Burgess Pet Care, UK	2020.12—2025.12	新办
(2020) 外饲准字 1146 号	兔配合饲料 Rabbit Compound Feed	益格天然混合兔粮 Burgess Excel Nature's Blend Rabbit Nuggets	配合饲料 Compound Feed	兔 Rabbit	（英国）Burgess Pet Care Burgess Pet Care, UK	2020.12—2025.12	新办
(2020) 外饲准字 1147 号	兔配合饲料 Rabbit Compound Feed	益格老龄兔粮添加蔓越莓和人参 Burgess Excel Mature Rabbit Nuggets With Cranberry & Ginseng	配合饲料 Compound Feed	兔 Rabbit	（英国）Burgess Pet Care Burgess Pet Care, UK	2020.12—2025.12	新办
(2020) 外饲准字 1148 号	鱼配合饲料 Fish Compound Feed	奥润之 NURSE 5/8; 8/12; P10; P16; P22 O. range NURSE 5/8; 8/12; P10; P16; P22	配合饲料 Compound Feed	鱼 Fish	英伟（泰国）饲料有限公司 INVE (Thailand) Ltd., Thailand	2020.12—2025.12	新办
(2020) 外饲准字 1149 号	观赏鱼配合饲料 Compound Feed for Ornamental Fish	德彩金鱼成长饲料 Tetra Goldfish Gold Growth	配合饲料 Compound Feed	观赏鱼 Ornamental Fish	德国德彩股份有限责任公司 Tetra GmbH, Germany	2020.12—2025.12	新办
(2020) 外饲准字 1150 号	观赏鱼配合饲料 Compound Feed for Ornamental Fish	德彩海水鱼颗粒饲料 Tetra Marine XL Granules	配合饲料 Compound Feed	观赏鱼 Ornamental Fish	德国德彩股份有限责任公司 Tetra GmbH, Germany	2020.12—2025.12	新办
(2020) 外饲准字 1151 号	观赏鱼配合饲料 Compound Feed for Ornamental Fish	德彩热带鱼七彩颗粒饲料 Tetra Bits Complete	配合饲料 Compound Feed	观赏鱼 Ornamental Fish	德国德彩股份有限责任公司 Tetra GmbH, Germany	2020.12—2025.12	新办

（续）

登记证号	通用名称	商品名称	产品类别	使用范围	生产厂家	有效期限	备注
(2020) 外饲准字 1152 号	观赏鱼配合饲料 Compound Feed for Ornamental Fish	德彩血鹦鹉饲料 Tetra Red Parrot	配合饲料 Compound Feed	观赏鱼 Ornamental Fish	德国德彩股份有限责任公司 Tetra GmbH，Germany	2020.12—2025.12	新办
(2020) 外饲准字 1153 号	观赏鱼配合饲料 Compound Feed for Ornamental Fish	德彩热带鱼颗粒饲料 Tetra Min Mini Granules	配合饲料 Compound Feed	观赏鱼 Ornamental Fish	德国德彩股份有限责任公司 Tetra GmbH，Germany	2020.12—2025.12	新办
(2020) 外饲准字 1154 号	龟配合饲料 Compound Feed for Turtle	德彩龟饲料 Tetra ReptoMin	配合饲料 Compound Feed	龟 Turtle	德国德彩股份有限责任公司 Tetra GmbH，Germany	2020.12—2025.12	新办
(2020) 外饲准字 1155 号	观赏鱼配合饲料 Compound Feed for Ornamental Fish	德彩池塘锦鲤饲料 Tetra Pond Sticks	配合饲料 Compound Feed	观赏鱼 Ornamental Fish	德国德彩股份有限责任公司 Tetra GmbH，Germany	2020.12—2025.12	新办
(2020) 外饲准字 1156 号	观赏鱼配合饲料 Compound Feed for Ornamental Fish	德彩慈鲷饲料 Tetra Cichlid Granules	配合饲料 Compound Feed	观赏鱼 Ornamental Fish	德国德彩股份有限责任公司 Tetra GmbH，Germany	2020.12—2025.12	新办
(2020) 外饲准字 1157 号	全价宠物食品猫粮 Pet Compound Feed for Cat	Kiwi Kitchens 鹿肉配方猫罐 Kiwi Kitchens Canned Venison Cat Food	宠物配合饲料 Pet Compound Feed	猫 Cats	新西兰 PetfoodNZ 国际有限公司 PetfoodNZ International Limited，New Zealand	2020.12—2025.12	新办
(2020) 外饲准字 1158 号	全价宠物食品猫粮 Pet Compound Feed for Cat	Kiwi Kitchens 牛肉配方猫罐 Kiwi Kitchens Canned Beef Cat Food	宠物配合饲料 Pet Compound Feed	猫 Cats	新西兰 PetfoodNZ 国际有限公司 PetfoodNZ International Limited，New Zealand	2020.12—2025.12	新办
(2020) 外饲准字 1159 号	全价宠物食品猫粮 Pet Compound Feed for Cat	Kiwi Kitchens 羊肉配方猫罐 Kiwi Kitchens Canned Lamb Cat Food	宠物配合饲料 Pet Compound Feed	猫 Cats	新西兰 PetfoodNZ 国际有限公司 PetfoodNZ International Limited，New Zealand	2020.12—2025.12	新办
(2020) 外饲准字 1160 号	全价宠物食品猫粮 Pet Compound Feed for Cat	Kiwi Kitchens 鸡肉配方猫罐 Kiwi Kitchens Canned Chicken Cat Food	宠物配合饲料 Pet Compound Feed	猫 Cats	新西兰 PetfoodNZ 国际有限公司 PetfoodNZ International Limited，New Zealand	2020.12—2025.12	新办
(2020) 外饲准字 1161 号	全价宠物食品犬粮 Pet Compound Feed for Dog	Kiwi Kitchens 鹿肉配方犬罐 Kiwi Kitchens Canned Venison Dog Food	宠物配合饲料 Pet Compound Feed	犬 Dogs	新西兰 PetfoodNZ 国际有限公司 PetfoodNZ International Limited，New Zealand	2020.12—2025.12	新办

（续）

登记证号	通用名称	商品名称	产品类别	使用范围	生产厂家	有效期限	备注
(2020) 外饲准字 1162 号	全价宠物食品犬粮 Pet Compound Feed for Dog	Kiwi Kitchens 牛肉配方犬罐 Kiwi Kitchens Canned Beef Dog Food	宠物配合饲料 Pet Compound Feed	犬 Dogs	新西兰 PetfoodNZ 国际有限公司 PetfoodNZ International Limited, New Zealand	2020.12—2025.12	新办
(2020) 外饲准字 1163 号	全价宠物食品犬粮 Pet Compound Feed for Dog	Kiwi Kitchens 羊肉配方犬罐 Kiwi Kitchens Canned Lamb Dog Food	宠物配合饲料 Pet Compound Feed	犬 Dogs	新西兰 PetfoodNZ 国际有限公司 PetfoodNZ International Limited, New Zealand	2020.12—2025.12	新办
(2020) 外饲准字 1164 号	全价宠物食品犬粮 Pet Compound Feed for Dog	Kiwi Kitchens 鸡肉配方犬罐 Kiwi Kitchens Canned Chicken Dog Food	宠物配合饲料 Pet Compound Feed	犬 Dogs	新西兰 PetfoodNZ 国际有限公司 PetfoodNZ International Limited, New Zealand	2020.12—2025.12	新办
(2020) 外饲准字 1165 号	全价宠物食品犬粮 Pet Compound Food for Dog	Meadowland 含鸡肉配方犬粮 Meadowland Kuri Chicken Dog	宠物配合饲料 Pet Compound Feed	犬 Dogs	（新西兰）爱德胜宠物产品有限公司 Addiction Foods NZ Ltd., New Zealand	2020.12—2025.12	新办
(2020) 外饲准字 1166 号	全价宠物食品犬粮 Pet Compound Food for Dog	Meadowland 含三文鱼配方犬粮 Meadowland Kuri Salmon Dog	宠物配合饲料 Pet Compound Feed	犬 Dogs	（新西兰）爱德胜宠物产品有限公司 Addiction Foods NZ Ltd., New Zealand	2020.12—2025.12	新办
(2020) 外饲准字 1167 号	全价宠物食品猫粮 Pet Compound Food for Cat	Meadowland 含三文鱼配方猫粮 Meadowland Ngeru Salmon Cat	宠物配合饲料 Pet Compound Feed	猫 Cats	（新西兰）爱德胜宠物产品有限公司 Addiction Foods NZ Ltd., New Zealand	2020.12—2025.12	新办
(2020) 外饲准字 1168 号	全价宠物食品幼年期犬粮 Pet Compound Feed for Puppy	自然馈赠牛肉配方幼犬粮 Nature's Gift Puppy Beef	宠物配合饲料 Pet Compound Feed	犬 Dogs	澳大利亚宠物食品有限公司（Dubbo 工厂） Australian Pet Brands Pty Ltd. (Dubbo), Australia	2020.12—2025.12	新办
(2020) 外饲准字 1169 号	全价宠物食品成年期犬粮 Pet Compound Feed for Adult Dog	自然馈赠牛肉海洋鱼配方成犬粮 Nature's Gift Adult Beef & Ocean Fish	宠物配合饲料 Pet Compound Feed	犬 Dogs	澳大利亚宠物食品有限公司（Dubbo 工厂） Australian Pet Brands Pty Ltd. (Dubbo), Australia	2020.12—2025.12	新办

（续）

登记证号	通用名称	商品名称	产品类别	使用范围	生产厂家	有效期限	备注
（2020）外饲准字 1170 号	全价宠物食品成年期犬粮 Pet Compound Feed for Adult Dog	自然馈赠牛肉配方成犬粮 Nature's Gift Adult Beef	宠物配合饲料 Pet Compound Feed	犬 Dogs	澳大利亚宠物食品有限公司（Dubbo 工厂） Australian Pet Brands Pty Ltd.（Dubbo），Australia	2020.12—2025.12	新办
（2020）外饲准字 1171 号	宠物配合饲料 犬粮 Pet Compound Feed for Dogs	哈乐枫叶全阶段羊肉糙米配方犬粮 Harlow Blend All Life Stages Dog Formula Lamb & Rice	宠物配合饲料 Pet Compound Feed	犬 Dogs	加拿大 PLB 国际公司 PLB International Inc.，Canada	2020.12—2025.12	新办
（2020）外饲准字 1172 号	宠物配合饲料 犬粮 Pet Compound Feed for Dogs	哈乐枫叶全阶段鸡肉糙米配方蔬菜味犬粮 Harlow Blend All Life Stages Dog Formula Chicken, Rice & Vegetable	宠物配合饲料 Pet Compound Feed	犬 Dogs	加拿大 PLB 国际公司 PLB International Inc.，Canada	2020.12—2025.12	新办
（2020）外饲准字 1173 号	宠物配合饲料 猫粮 Pet Compound Feed for Cats	哈乐枫叶全阶段鸡肉配方三文鱼味猫粮 Harlow Blend All Life Stages Cat Formula Chicken & Salmon	宠物配合饲料 Pet Compound Feed	猫 Cats	加拿大 PLB 国际公司 PLB International Inc.，Canada	2020.12—2025.12	新办
（2020）外饲准字 1174 号	猫成年期全价处方粮 Complete Veterinary Diet for Adult Cat	成猫超低敏全价处方粮 Veterinary Diet Anallergenic Feline	宠物配合饲料 Pet Compound Feed	猫 Cats	法国皇家宠物食品有限公司康布雷工厂 Royal Canin S. A. S.，Les Rues des Vignes Plant，France	2020.12—2025.12	新办
（2020）外饲准字 1175 号	犬成年期全价处方粮 Complete Veterinary Diet for Adult Dog	成犬超低敏全价处方粮 VETERINARY Diet Anallergenic Canine	宠物配合饲料 Pet Compound Feed	犬 Dogs	法国皇家宠物食品有限公司康布雷工厂 Royal Canin S. A. S.，Les Rues des Vignes Plant，France	2020.12—2025.12	新办
（2020）外饲准字 1176 号	全价猫成年期处方粮 Complete Dietetic Feed for Adult Cat	猫皮肤病处方罐头 DERMATOSIS FELINE	宠物配合饲料 Pet Compound Feed	猫 Cats	意大利 Monge & C. S. p. A Monge & C. S. p. A，Italy	2020.12—2025.12	新办
（2020）外饲准字 1177 号	全价猫成年期处方粮 Complete Dietetic Feed for Adult Cat	猫肠道处方罐头 GASTROINTESTINAL FELINE	宠物配合饲料 Pet Compound Feed	猫 Cats	意大利 Monge & C. S. p. A Monge & C. S. p. A，Italy	2020.12—2025.12	新办
（2020）外饲准字 1178 号	全价猫成年期处方粮 Complete Dietetic Feed for Adult Cat	猫泌尿道鸟粪石结石处方罐头 URINARY STRUVITE FELINE	宠物配合饲料 Pet Compound Feed	猫 Cats	意大利 Monge & C. S. p. A Monge & C. S. p. A，Italy	2020.12—2025.12	新办

（续）

登记证号	通用名称	商品名称	产品类别	使用范围	生产厂家	有效期限	备注
(2020) 外饲准字 1179 号	全价猫成年期处方粮 Complete Dietetic Feed for Adult Cat	猫肾脏和草酸盐结石处方罐头 RENAL AND OXALATE FELINE	宠物配合饲料 Pet Compound Feed	猫 Cats	意大利 Monge & C. S. p. A Monge & C. S. p. A, Italy	2020.12—2025.12	新办
(2020) 外饲准字 1180 号	全价猫成年期处方粮 Complete Dietetic Feed for Adult Cat	猫恢复期处方罐头 RECOVERY FELINE	宠物配合饲料 Pet Compound Feed	猫 Cats	意大利 Monge & C. S. p. A Monge & C. S. p. A, Italy	2020.12—2025.12	新办
(2020) 外饲准字 1181 号	全价犬成年期处方粮 Complete Dietetic Feed for Adult Dog	犬皮肤病处方罐头 DERMATOSIS CANINE	宠物配合饲料 Pet Compound Feed	犬 Dogs	意大利 Monge & C. S. p. A Monge & C. S. p. A, Italy	2020.12—2025.12	新办
(2020) 外饲准字 1182 号	全价犬成年期处方粮 Complete Dietetic Feed for Adult Dog	犬肠道处方罐头 GASTROINTESTINAL CANINE	宠物配合饲料 Pet Compound Feed	犬 Dogs	意大利 Monge & C. S. p. A Monge & C. S. p. A, Italy	2020.12—2025.12	新办
(2020) 外饲准字 1183 号	全价犬成年期处方粮 Complete Dietetic Feed for Adult Dog	犬恢复期处方罐头 RECOVERY CANINE	宠物配合饲料 Pet Compound Feed	犬 Dogs	意大利 Monge & C. S. p. A Monge & C. S. p. A, Italy	2020.12—2025.12	新办
(2020) 外饲准字 1184 号	全价犬成年期处方粮 Complete Dietetic Feed for Adult Dog	犬肾脏和草酸盐结石处方罐头 RENAL AND OXALATE CANINE	宠物配合饲料 Pet Compound Feed	犬 Dogs	意大利 Monge & C. S. p. A Monge & C. S. p. A, Italy	2020.12—2025.12	新办
(2020) 外饲准字 1185 号	全价宠物食品猫粮 Pet Compound Food for Cats	枫趣莱芙/全年龄阶段/本能高动物蛋白猫粮 PRONATURE LIFE / CAT FOOD / ALL LIFE STAGES / INSTINCT FORMULA with high animal protein content	宠物配合饲料 Pet Compound Feed	猫 Cats	加拿大 PLB 国际公司 PLB International Inc., Canada	2020.12—2025.12	新办
(2020) 外饲准字 1186 号	宠物配合饲料猫粮 Pet Compound Feed for Cat	滋益巅峰新西兰鸡肉配方猫粮罐头 Ziwi Peak Canned New Zealand Chicken Recipe Cat Food	宠物配合饲料 Pet Compound Feed	猫 Cats	新西兰 PetfoodNZ 国际有限公司 PetfoodNZ International Limited, New Zealand	2020.12—2025.12	新办
(2020) 外饲准字 1187 号	全价宠物食品小型犬成年期犬粮 Pet Compound Food for Adult Small Breed Dog	雀露鸡肉配方均衡小型成犬粮 Cheron Adult small breed dog balanced chicken formula	宠物配合饲料 Pet Compound Feed	犬 Dogs	比利时 Fides Petfood Fides Petfood, Belgium	2020.12—2025.12	新办

（续）

登记证号	通用名称	商品名称	产品类别	使用范围	生产厂家	有效期限	备注
(2020) 外饲准字 1188 号	全价宠物食品成年期猫粮 Pet Compound Food for Adult Cat	GimCat 成年猫粮含散养鸭肉配方 GimCat Adult Cat Food Free-Run Duck	宠物配合饲料 Pet Compound Feed	猫 Cats	（新西兰）爱德胜宠物产品有限公司 Addiction Foods NZ Ltd.，New Zealand	2020.12—2025.12	新办
(2020) 外饲准字 1189 号	宠物配合饲料成年期猫粮 Pet Compound Feed for Adult Cat	新视野含奇努克三文鱼配方成猫粮 New Horizons Chinook Salmon Adult Cat Food	宠物配合饲料 Pet Compound Feed	猫 Cats	（新西兰）爱德胜宠物产品有限公司 Addiction Foods NZ Ltd.，New Zealand	2020.12—2025.12	新办
(2020) 外饲准字 1190 号	宠物配合饲料成年期犬粮 Pet Compound Feed for Adult Dog	蓓福迩山涧盛宴 BELLFOR Mountain-Stream Feast	宠物配合饲料 Pet Compound Feed	犬 Dogs	（荷兰）容克宠物食品有限公司 Jonker Petfood B. V.，the Netherlands	2020.12—2025.12	新办
(2020) 外饲准字 1191 号	宠物配合饲料成年期犬粮 Pet Compound Feed for Adult Dog	蓓福迩荒野盛宴 BELLFOR Free-Range Feast	宠物配合饲料 Pet Compound Feed	犬 Dogs	（荷兰）容克宠物食品有限公司 Jonker Petfood B. V.，the Netherlands	2020.12—2025.12	新办
(2020) 外饲准字 1192 号	宠物配合饲料成年期犬粮 Pet Compound Feed for Adult Dog	蓓福迩农场盛宴 BELLFOR Manor Feast	宠物配合饲料 Pet Compound Feed	犬 Dogs	（荷兰）容克宠物食品有限公司 Jonker Petfood B. V.，the Netherlands	2020.12—2025.12	新办
(2020) 外饲准字 1193 号	全价宠物食品成年期犬粮 Complete Food for Adult Dog	普尔沛绿茵盛宴 PureNZPet Meadow Feast	宠物配合饲料 Pet Compound Feed	犬 Dogs	新西兰 Heinz Wattie's Limited Heinz Wattie's Limited，New Zealand	2020.12—2025.12	新办
(2020) 外饲准字 1194 号	全价宠物食品成年期猫粮 Complete Food for Adult Cat	普尔沛田园盛宴 PureNZPet Fields Feast	宠物配合饲料 Pet Compound Feed	猫 Cats	新西兰 Heinz Wattie's Limited Heinz Wattie's Limited，New Zealand	2020.12—2025.12	新办
(2020) 外饲准字 1195 号	全价宠物食品成年期犬粮 Complete Food for Adult Dog	普尔沛森林盛宴 PureNZPet Forest Feast	宠物配合饲料 Pet Compound Feed	犬 Dogs	新西兰 Heinz Wattie's Limited Heinz Wattie's Limited，New Zealand	2020.12—2025.12	新办
(2020) 外饲准字 1196 号	全价宠物食品成年期猫粮 Pet Compound Feed for Adult Cat	喵觅成猫粮鸡肉味 FUSSY CAT-ADULT CAT WITH CHICKEN FLAVOR	宠物配合饲料 Pet Compound Feed	猫 Cats	泰国 Nutrix Public 有限公司 Nutrix Public Company Limited，Thailand	2020.12—2025.12	新办
(2020) 外饲准字 1197 号	全价宠物食品幼年期猫粮 Pet Compound Feed for Kitten	喵觅幼猫粮鸡肉味 FUSSY CAT-KITTEN WITH CHICKEN FLAVOR	宠物配合饲料 Pet Compound Feed	猫 Cats	泰国 Nutrix Public 有限公司 Nutrix Public Company Limited，Thailand	2020.12—2025.12	新办

（续）

登记证号	通用名称	商品名称	产品类别	使用范围	生产厂家	有效期限	备注
（2020）外饲准字 1198 号	全价宠物食品成年期猫粮 Pet Compound Feed for Adult Cat	喵觅成猫粮海鱼味 FUSSY CAT-ADULT CAT WITH OCEAN FISH FLAVOR	宠物配合饲料 Pet Compound Feed	猫 Cats	泰国 Nutrix Public 有限公司 Nutrix Public Company Limited，Thailand	2020.12—2025.12	新办
（2020）外饲准字 1199 号	全价宠物食品幼年期猫粮 Pet Compound Feed for Kitten	喵觅幼猫粮海鱼味 FUSSY CAT-KITTEN WITH OCEAN FISH FLAVOR	宠物配合饲料 Pet Compound Feed	猫 Cats	泰国 Nutrix Public 有限公司 Nutrix Public Company Limited，Thailand	2020.12—2025.12	新办
（2020）外饲准字 1200 号	全价宠物食品成年期猫粮 Pet Compound Feed for Adult Cat	TRILOGY 澳大利亚鲑配方成猫粮添加新西兰冻干羊肉 TRILOGY Australian Salmon with Free Dried New Zealand Lamb for Adult Cat	宠物配合饲料 Pet Compound Feed	猫 Cats	澳大利亚宠物食品有限公司（Dubbo 工厂） Australian Pet Brands Pty Ltd（Dubbo），Australia	2020.12—2025.12	新办
（2020）外饲准字 1201 号	全价宠物食品幼年期猫粮 Pet Compound Feed for Kitten	TRILOGY 含吞拿鱼澳洲尖吻鲈配方幼猫粮添加新西兰冻干羊肉 TRILOGY Australian Barramundi Tuna with Free Dried New Zealand Lamb for Kitten	宠物配合饲料 Pet Compound Feed	猫 Cats	澳大利亚宠物食品有限公司（Dubbo 工厂） Australian Pet Brands Pty Ltd（Dubbo），Australia	2020.12—2025.12	新办
（2020）外饲准字 1202 号	全价宠物食品成年期猫粮 Pet Compound Feed for Adult Cat	TRILOGY 含吞拿鱼澳洲尖吻鲈配方成猫粮添加新西兰冻干羊肉 TRILOGY Australian Barramundi Tuna with Free Dried New Zealand Lamb for Adult Cat	宠物配合饲料 Pet Compound Feed	猫 Cats	澳大利亚宠物食品有限公司（Dubbo 工厂） Australian Pet Brands Pty Ltd（Dubbo），Australia	2020.12—2025.12	新办
（2020）外饲准字 1203 号	全价宠物食品幼年期/妊娠期/哺乳期犬粮 Pet Compound Feed for Puppy /Pregnancy/Lactation Dogs	特芙原野系列无谷含去骨鸡肉甘薯配方幼犬粮 Triumph Free Spirit Puppy Grain Free Deboned Chicken，Sweet Potato，& Berry Recipe Super Premium Food For Puppies	宠物配合饲料 Pet Compound Feed	犬 Dogs	美国阳光磨坊公司 Sunshine Mills Inc，USA	2020.12—2025.12	新办

（续）

登记证号	通用名称	商品名称	产品类别	使用范围	生产厂家	有效期限	备注
(2020）外饲准字 1204 号	全价宠物食品成年期犬粮 Pet Compound Feed for Adult Dog	特芙原野系列无谷含去骨鸭肉鹿肉成犬粮 Triumph Free Spirit Grain Free Deboned Duck, Vegetable & Venison Recipe Super Premium Food For Dogs	宠物配合饲料 Pet Compound Feed	犬 Dogs	美国阳光磨坊公司 Sunshine Mills Inc.，USA	2020. 12—2025. 12	新办
(2020）外饲准字 1205 号	全价宠物食品老年期犬粮 Pet Compound Feed for Senior Dog	特芙原野系列无谷含去骨鸡肉甘薯配方老年犬粮 Triumph Free Spirit Senior Grain Free Deboned Chicken, Sweet Potato & Berry Recipe Super Premium Food For Dogs	宠物配合饲料 Pet Compound Feed	犬 Dogs	美国阳光磨坊公司 Sunshine Mills Inc.，USA	2020. 12—2025. 12	新办
(2020）外饲准字 1206 号	全价宠物食品犬粮 Pet Compound Feed for Dog	特芙原野系列无谷含去骨鸡肉胡萝卜蔓越莓全期犬粮 Triumph Free Spirit Grain Free Deboned Chicken, Carrot & Cranberry Recipe Super Premium Food For Dogs	宠物配合饲料 Pet Compound Feed	犬 Dogs	美国阳光磨坊公司 Sunshine Mills Inc.，USA	2020. 12—2025. 12	新办
(2020）外饲准字 1207 号	全价宠物食品犬粮 Pet Compound Feed for Dog	特芙荒野系列含去骨羊肉糙米全期犬粮 Triumph Wild Spirit Deboned Lamb & Brown Rice Recipe Food For Dogs	宠物配合饲料 Pet Compound Feed	犬 Dogs	美国阳光磨坊公司 Sunshine Mills Inc，USA	2020. 12—2025. 12	新办
(2020）外饲准字 1208 号	全价宠物食品犬粮 Pet Compound Feed for Dog	特芙荒野系列含去骨牛肉大麦糙米全期犬粮 Triumph Wild Spirit Deboned Beef, Barley, & Brown Rice Recipe Food For Dogs	宠物配合饲料 Pet Compound Feed	犬 Dogs	美国阳光磨坊公司 Sunshine Mills Inc.，USA	2020. 12—2025. 12	新办
(2020）外饲准字 1209 号	全价宠物食品猫粮 Pet Compound Feed for Cat	特芙原野系列无谷含去骨鸡肉配方全期猫粮 Triumph Free Spirit Grain Free Deboned Chicken & Vegetables Recipe Super Premium Food For Cats	宠物配合饲料 Pet Compound Feed	猫 Cats	美国阳光磨坊公司 Sunshine Mills Inc，USA	2020. 12—2025. 12	新办

（续）

登记证号	通用名称	商品名称	产品类别	使用范围	生产厂家	有效期限	备注
(2020) 外饲准字 1210 号	全价宠物食品猫粮 Pet Compound Feed for Cat	特芙原野系列无谷含去骨三文鱼鹰嘴豆配方全期猫粮 Triumph Free Spirit Grain Free Deboned Salmon & Chickpea Recipe Super Premium Food For Cats	宠物配合饲料 Pet Compound Feed	猫 Cats	美国阳光磨坊公司 Sunshine Mills Inc., USA	2020. 12—2025. 12	新办
(2020) 外饲准字 1211 号	全价宠物食品猫粮 Pet Compound Feed for Cat	特芙荒野系列含去骨鸡肉糙米全期猫粮 Triumph Wild Spirit Deboned Chicken & Brown Rice Recipe Food For Cats	宠物配合饲料 Pet Compound Feed	猫 Cats	美国阳光磨坊公司 Sunshine Mills Inc., USA	2020. 12—2025. 12	新办
(2020) 外饲准字 1212 号	全价宠物食品猫粮 Pet Compound Feed for Cat	特芙荒野系列含去骨三文鱼甘薯配方全期猫粮 Triumph Wild Spirit Deboned Salmon & Sweet Potato Recipe Food For Cats	宠物配合饲料 Pet Compound Feed	猫 Cats	美国阳光磨坊公司 Sunshine Mills Inc., USA	2020. 12—2025. 12	新办
(2020) 外饲准字 1213 号	混合型饲料添加剂 香味物质 氧化锌 硫酸钠 Feed Additives Mixture Flavouring Substances Zinc Oxide Sodium Sulfate	维卡罗 VALKALOR	混合型饲料添加剂 Feed Additives Mixture	奶牛、羊 Cows, Sheep	法国 Société IDENA 公司 Société IDENA, France	2020. 12—2025. 12	新办
(2020) 外饲准字 1214 号	宠物营养补充剂猫维生素、矿物质微量元素和氨基酸 Pet Nutrition Supplement Cats Vitamins, Minerals and Amino Acids	MultiBoost 美沃猫用多元营养 MultiBoost for Cats	宠物添加剂预混合饲料 Pet Feed Additive Premix	猫 Cats	爱尔兰 Inform 营养有限公司 Inform Nutrition Ireland Ltd., Ireland	2020. 12—2025. 12	新办
(2020) 外饲准字 1215 号	混合型饲料添加剂 碳酸氢钠 碘化钾 硫酸镁 Feed Additives Mixture Sodium Bicarbonate Potassium Iodide Magnesium Sulfate	黄金液-X GOLD-X	混合型饲料添加剂 Feed Additives Mixture	猪、家禽 Swine, Poultry	（韩国）EFC 有限公司 EFC CO., LTD., Korea	2020. 12—2025. 12	新办
(2020) 外饲准字 1216 号	混合型饲料添加剂 丁酸钠 乳酸钙 Feed Additives Mixture Sodium Butyrate Calcium Lactate	格鲁宝 GLOBAMAX 1000 NA	混合型饲料添加剂 Feed Additives Mixture	鸡 Chicken	全球国际营养有限公司 Global Nutrtion International, France	2020. 12—2025. 12	新办
(2020) 外饲准字 1217 号	混合型饲料添加剂 甘露寡糖 Feed Additives Mixture Manno-oligosaccharides	敌毒素 E DETOXA PLUS ELITE	混合型饲料添加剂 Feed Additives Mixture	畜禽 Livestock, Poultry	匈牙利八达博士公司 Dr. Bata Ltd., Hungary	2020. 12—2025. 12	新办

（续）

登记证号	通用名称	商品名称	产品类别	使用范围	生产厂家	有效期限	备注
(2020) 外饲准字 1218 号	混合型饲料添加剂 香味物质 Feed Additives Mixture Flavouring Substances	百奥明®百健宝® MGE 150 Digestarom® P. E. P. MGE 150	混合型饲料添加剂 Feed Additives Mixture	养殖动物 All species or categories of animals	奥地利百奥明工业公司 BIOMIN GmbH, Austria	2020. 12—2025. 12	新办
(2020) 外饲准字 1219 号	混合型饲料添加剂 香味物质 Feed Additives Mixture Flavouring Substances	百奥明®百健宝® MGE 500 Digestarom® P. E. P. MGE 500	混合型饲料添加剂 Feed Additives Mixture	养殖动物 All species or categories of animals	奥地利百奥明工业公司 BIOMIN GmbH, Austria	2020. 12—2025. 12	新办
(2020) 外饲准字 1220 号	全价宠物食品成年期猫粮 Pet Compound Feed for Adult Cat	佰芙田园无谷鸡肉配方添加鸭肉火鸡肉成猫粮 PET FROH Farm Grain Free Adult Cat Chicken with Duck and Turkey	宠物配合饲料 Pet Compound Feed	猫 Cats	比利时联合宠物食品公司 United Petfood Producers NV, Belgium	2020. 12—2025. 12	新办
(2020) 外饲准字 1221 号	全价宠物食品成年期猫粮 Pet Compound Feed for Adult Cat	佰芙田园无谷鸡肉配方添加三文鱼鳕鲱成猫粮 PET FROH Farm Grain Free Adult Cat Chicken with Salmon, Cod & Herring	宠物配合饲料 Pet Compound Feed	猫 Cats	比利时联合宠物食品公司 United Petfood Producers NV, Belgium	2020. 12—2025. 12	新办
(2020) 外饲准字 1222 号	全价宠物食品幼年期猫粮 Pet Compound Feed for Kitten	佰芙田园无谷鸡肉配方添加三文鱼鳕幼猫粮 PET FROH Farm Grain Free Chicken with Salmon & Cod Fish	宠物配合饲料 Pet Compound Feed	猫 Cats	比利时联合宠物食品公司 United Petfood Producers NV, Belgium	2020. 12—2025. 12	新办
(2020) 外饲准字 1223 号	鱼/虾/禽/猪配合饲料 Compound Feed for Fish/Shrimp/Poultry/ Swine	HIPRO 复合营养配合饲料 HIPRO Multiple Nutrition Compound Feed	配合饲料 Compound Feed	猪、家禽、鱼、虾 Swine, Poultry, Fish, Shrimp	美国加州农业集团 Central Valley Ag Grinding Inc, USA	2020. 12—2025. 12	新办
(2020) 外饲准字 1224 号	鱼/虾/禽/猪/牛配合饲料 Compound Feed for Fish/Shrimp/Poultry/ Swine/Cattle	TJMRU 复合营养配合饲料 TJMRU Multiple Nutrition Compound Feed	配合饲料 Compound Feed	猪、牛、家禽、鱼、虾 Swine, Cattle, Poultry, Fish, Shrimp	美国加州农业集团 Central Valley Ag Grinding Inc, USA	2020. 12—2025. 12	新办
(2020) 外饲准字 1225 号	宠物营养补充剂犬维生素和矿物质微量元素 Pet Nutrition Supplement Dogs Vitamins and Minerals	MultiBoost 美沃犬用多元营养 MultiBoost for Dogs	宠物添加剂预混合饲料 Pet Feed Additive Premix	犬 Dogs	爱尔兰 Inform 营养有限公司 Inform Nutrition Ireland Ltd., Ireland	2020. 12—2025. 12	新办

附件 2

进口饲料和饲料添加剂产品续展登记证目录（2020）

登记证号	通用名称	商品名称	产品类别	使用范围	生产厂家	有效期限	备注
(2020) 外饲准字 091 号	牛及绵羊肉骨粉 Bovine and Ovine Meat and Bone Meal	牛及绵羊肉骨粉 Bovine and Ovine Meat and Bone Meal	单一饲料 Single Feed	猪、家禽、水产养殖动物、宠物 Swine, Poultry, Aquaculture animals, Pets	澳大利亚 Midfield Co-Products Pty Ltd. Midfield Co-Products Pty Ltd., Australia	2020.01—2025.01	续展
(2020) 外饲准字 092 号	混合型饲料添加剂 氧化锌 Feed Additives Mixture Zinc Oxide	保锌旺 Shield Zinc 80%	混合型饲料添加剂 Feed Additives Mixture	鸡、猪 Chicken, Swine	韩国西梯茜公司 CTCBIO INC., Korea	2020.01—2025.01	续展
(2020) 外饲准字 093 号	混合饲料添加剂 酸度调节剂 Feed Additives Mixture Acidity Regulators	克沙净—液体 Fysal Liquid	混合型饲料添加剂 Feed Additives Mixture	养殖动物 All species or categories of animals	荷兰赛尔可公司 Selko B. V., the Netherlands	2020.01—2025.01	续展
(2020) 外饲准字 094 号	饲料添加剂 α-淀粉酶（产自米曲霉） Feed Additive α-Amylase (Source: *Aspergillus oryzae*)	艾美福 AMAFERM®	饲料添加剂 Feed Additive	养殖动物 All species or categories of animals	美国 BioZyme 公司 BioZyme Incorporated, USA	2020.01—2025.01	续展
(2020) 外饲准字 095 号	混合型饲料添加剂 甲酸 甲酸铵 Feed Additives Mixture Formic Acid Ammonium Formate	荷必福 Selko® Herbiphorm	混合型饲料添加剂 Feed Additives Mixture	养殖动物 All species or categories of animals	荷兰赛尔可公司 Selko B. V., the Netherlands	2020.01—2025.01	续展
(2020) 外饲准字 096 号	混合饲料添加剂 酸度调节剂 Feed Additives Mixture Acidity Regulators	克沙净- SP Fysal-SP	混合型饲料添加剂 Feed Additives Mixture	养殖动物 All species or categories of animals	荷兰赛尔可公司 Selko B. V., the Netherlands	2020.01—2025.01	续展
(2020) 外饲准字 097 号	混合型饲料添加剂 木聚糖酶（产自枯草芽孢杆菌） Feed Additives Mixture Xyla-Xylanase (source: *Bacillus subtilis*)	钮莱思酶—木聚糖酶（产自枯草芽孢杆菌） BELFEED B 1100 MP	混合型饲料添加剂 Feed Additives Mixture	猪，家禽 Swine, Poultry	比利时 Puratos 公司 Puratos NV, Belgium	2020.01—2025.01	续展
(2020) 外饲准字 150 号	饲料添加剂 植酸酶（产自黑曲霉） Feed Additive Phytase (Source: Aspergillus niger)	特威宝 SSF ALLZYME® SSF	饲料添加剂 Feed Additive	养殖动物 All species or categories of animals	美国奥特奇公司 Alltech Inc., USA	2020.03—2025.03	续展
(2020) 外饲准字 151 号	仔猪配合饲料 Piglet Compound Feed	妙可味 优格 Milkiwean Yoghurt	配合饲料 Compound Feed	仔猪 Piglets	荷兰司劳特公司 Sloten B. V., the Netherlands	2020.03—2025.03	续展

（续）

登记证号	通用名称	商品名称	产品类别	使用范围	生产厂家	有效期限	备注
（2020）外饲准字 152 号	家禽/猪/兔/牛/羊维生素预混合饲料 Vitamin Premix for Poultry/ Pig/ Rabbits/ Cattle / Sheep	强力维 LiquiVit® Strong	添加剂预混合饲料 Feed Additive Premix	家禽、猪、兔、牛、羊 Poultry, Pig, Rabbits, Cattle, Sheep	德国 Biochem 添加剂贸易和生产有限公司 Biochem Zusatzstoffe Handels-und Produktionsgesellschaft mbH, Germany	2020.03—2025.03	续展
（2020）外饲准字 153 号	酿酒酵母提取物 Saccharomyces cerevisiae Extract	虾用纽肽富 Nucleoforce Shrimps	单一饲料 Single Feed	水产养殖动物 Aquaculture animals	西班牙 Bioiberica S. A. U. 公司 Bioiberica S. A. U. , Spain	2020.03—2025.03	续展
（2020）外饲准字 154 号	白鱼粉 White Fishmeal	白鱼粉（三级） White Fishmeal（Ⅲ）	单一饲料 Single Feed	畜禽、水产养殖动物（反刍动物除外） Livestock, Poultry, Aquaculture animals（Not including ruminant）	纳米比亚 Exigrade 饲料有限公司 Exigrade Feeds (Pty) Ltd. , Namibia	2020.03—2025.03	续展
（2020）外饲准字 155 号	饲料添加剂 酵母硒 Feed Additive Selenium Yeast	阿富硒 2000 SelenoSource AFTM 2000	饲料添加剂 Feed Additive	养殖动物 All species or categories of animals	美国达农威公司 Diamond V Mills, LLC, USA	2020.03—2025.03	续展
（2020）外饲准字 156 号	畜禽复合预混合饲料 Premix for Livestock and Poultry	奥茵美 Stress Pack® SL	添加剂预混合饲料 Feed Additive Premix	畜禽 Livestock, Poultry	德国 Biochem 添加剂贸易和生产有限公司 Biochem Zusatzstoffe Handels-und Produktionsgesellschaft mbH, Germany	2020.03—2025.03	续展
（2020）外饲准字 157 号	混合型饲料添加剂 植物乳杆菌 乳酸片球菌 Feed Additives Mixture Lactobacillus plantarum Pediococcus acidilactici	拉曼优贮® CL HC Lalsil® CL HC	混合型饲料添加剂 Feed Additives Mixture	青贮饲料 Silage	（美国）拉曼特种益生菌公司 Lallemand Specialties, Inc. , USA	2020.03—2025.03	续展
（2020）外饲准字 158 号	混合饲料添加剂 植物乳杆菌 布氏乳杆菌 Feed Additives Mixture Lactobacillus plantarum Lactobacillus buchneri	拉曼优贮® Combo HC Lalsil® Combo HC	混合型饲料添加剂 Feed Additives Mixture	青贮饲料 Silage	（美国）拉曼特种益生菌公司 Lallemand Specialties, Inc. , USA	2020.03—2025.03	续展
（2020）外饲准字 159 号	混合型饲料添加剂 微生物 酶制剂 Feed Additives Mixture Live Microorganisms Enzymes	拉曼优贮® Dry HC Lalsil® Dry HC	混合型饲料添加剂 Feed Additives Mixture	青贮饲料 Silage	（美国）拉曼特种益生菌公司 Lallemand Specialties, Inc. , USA	2020.03—2025.03	续展
（2020）外饲准字 160 号	牛肉骨粉 Bovine Meat and Bone Meal	牛肉骨粉 Bovine Meat and Bone Meal	单一饲料 Single Feed	畜禽、水产养殖动物（反刍动物除外） Livestock, Poultry, Aquaculture animals（Not including ruminant）	阿根廷 Swift Argentina S. A. 公司 Rosario 工厂 Swift Argentina S. A. , plant in Rosario, Argentina	2020.03—2025.03	续展

（续）

登记证号	通用名称	商品名称	产品类别	使用范围	生产厂家	有效期限	备注
(2020) 外饲准字 161 号	饲料添加剂 枯草芽孢杆菌 Feed Additive Bacillus subtilis	枯草芽孢杆菌 PB6 粉剂 PB6 Dry	饲料添加剂 Feed Additive	养殖动物 All species or categories of animals	金颖生物科技股份有限公司 GeneFerm Biotechnology Co., Ltd.	2020.03—2025.03	续展
(2020) 外饲准字 162 号	犊牛配合饲料 Calf Compound Feed	元亨 1 号 Eurolac Blue 22/20	配合饲料 Compound Feed	犊牛 Calf	荷兰希尔斯公司 Schils B. V., the Netherlands	2020.03—2025.03	续展
(2020) 外饲准字 163 号	混合型饲料添加剂 微生物 Feed Additives Mixture Live Microorganisms	利生素（浓缩物） Lacto-Sacc® Concentrate	混合型饲料添加剂 Feed Additives Mixture	养殖动物 All species or categories of animals	美国奥特奇公司 Alltech Inc., USA	2020.03—2025.03	续展
(2020) 外饲准字 164 号	混合型饲料添加剂 酶制剂 Feed Additives Mixture Enzymes	速美肥 SB CAPSOZYME SB	混合型饲料添加剂 Feed Additives Mixture	猪、家禽 Swine, Poultry	西班牙埃特亚公司 Industrial Tecnica Pecuaria, S. A., Spain	2020.03—2025.03	续展
(2020) 外饲准字 165 号	混合型饲料添加剂 防霉剂 Feed Additives Mixture Preservatives	克霉 N CH Fungicap N CH	混合型饲料添加剂 Feed Additives Mixture	养殖动物 All species or categories of animals	西班牙埃特亚公司 Industrial Tecnica Pecuaria, S. A., Spain	2020.03—2025.03	续展
(2020) 外饲准字 166 号	混合型饲料添加剂 木聚糖酶（产自长柄木霉）β-葡聚糖酶（产自长柄木霉） Feed Additives Mixture Xylanase (Source: Trichoderma Longibrachiatum) β-Glucanase (Source: Trichoderma Longibrachiatum)	速美肥 T/2 CAPSOZYME T/2	混合型饲料添加剂 Feed Additives Mixture	猪、家禽 Swine, Poultry	西班牙埃特亚公司 Industrial Tecnica Pecuaria, S. A., Spain	2020.03—2025.03	续展
(2020) 外饲准字 167 号	鱼粉 Fishmeal	金枪鱼粉（50） Tuna Fishmeal (Protein 50)	单一饲料 Single Feed	畜禽、水产养殖动物（反刍动物除外） Livestock, Poultry, Aquaculture animals (Not including ruminant)	泰国 T. C. 联合农业技术有限公司 T. C. Union Agrotech Co., Ltd., Thailand	2020.03—2025.03	续展
(2020) 外饲准字 168 号	鱼粉 Fishmeal	秘鲁蒸汽干燥鱼粉（三级） Steam Dried Peruvian Fishmeal (Ⅲ)	单一饲料 Single Feed	畜禽、水产养殖动物（反刍动物除外） Livestock, Poultry, Aquaculture animals (Not including ruminant)	秘鲁 Pesquera Pelayo S. A. C. 公司 Supe 工厂 Pesquera Pelayo S. A. C., Supe Plant, Peru	2020.03—2025.03	续展
(2020) 外饲准字 514 号	混合型饲料添加剂 枯草芽孢杆菌 Feed Additives Mixture Bacillus subtilis	班克 Sporezyme	混合型饲料添加剂 Feed Additives Mixture	猪 Swine	韩国宇进株式会社 WooGene B & G Co., Ltd., Korea	2020.03—2025.03	续展
(2020) 外饲准字 515 号	犊牛精料补充料 Supplementary Concentrate for Calf	普瑞福二号 Sprayfo Red	精料补充料 Supplementary Concentrate	犊牛 Calves	荷兰司劳特公司 Sloten B. V., the Netherlands	2020.03—2025.03	续展

（续）

登记证号	通用名称	商品名称	产品类别	使用范围	生产厂家	有效期限	备注
(2020) 外饲准字 516 号	犊牛精料补充料 Supplementary Concentrate for Calf	普瑞福三号 Sprayfo Yellow	精料补充料 Supplementary Concentrate	犊牛 Calves	荷兰司劳特公司 Sloten B. V., the Netherlands	2020.03—2025.03	续展
(2020) 外饲准字 517 号	虾配合饲料 Shrimp Compound Feed	兰西-PL LANSY-Shrimp PL	配合饲料 Compound Feed	虾 Shrimp	英伟（泰国）饲料有限公司 INVE (Thailand) Ltd., Thailand	2020.03—2025.03	续展
(2020) 外饲准字 518 号	虾配合饲料 Shrimp Compound Feed	兰西-ZM LANSY-Shrimp ZM	配合饲料 Compound Feed	虾 Shrimp	英伟（泰国）饲料有限公司 INVE (Thailand) Ltd., Thailand	2020.03—2025.03	续展
(2020) 外饲准字 519 号	酿酒酵母细胞壁 Saccharomyces cerevisiae Cell wall	迈得佳 Macorgard®	单一饲料 Single Feed	养殖动物 All species or categories of animals	巴西库塔糖业公司（Quatá 工厂） Acucareira Quata, S.A. (Quatá Plant), Brazil	2020.03—2025.03	续展
(2020) 外饲准字 520 号	鸡肉粉 Poultry By-product Meal	宠物级鸡肉粉 Poultry By-product Meal	单一饲料 Single Feed	畜禽、水产养殖动物、宠物（反刍动物除外） Livestock, Poultry, Aquaculture animals, Pets (Not including ruminant)	美国达凌配料股份有限公司（佐治亚州工厂） DARLING INGREDIENTS INC., USA	2020.03—2025.03	续展
(2020) 外饲准字 521 号	鸡肉粉 Poultry By-product Meal	宠物级鸡肉粉 Poultry By-product Meal	单一饲料 Single Feed	畜禽、水产养殖动物、宠物（反刍动物除外） Livestock, Poultry, Aquaculture animals, Pets (Not including ruminant)	美国达凌配料股份有限公司（密西西比州工厂） DARLING INGREDIENTS INC., USA	2020.03—2025.03	续展
(2020) 外饲准字 522 号	饲料添加剂 甜菜碱 Feed Additive Betaine	Vista 甜菜碱 96 Vistabet 96	饲料添加剂 Feed Additive	养殖动物 All species or categories of animals	美国 Amalgamated Sugar 有限责任公司 The Amalgamated Sugar Company LLC, USA	2020.03—2025.03	续展
(2020) 外饲准字 523 号	混合型饲料添加剂 百里香油 Feed Additives Mixture Thymus Oil	百香 Bio Santrix	混合型饲料添加剂 Feed Additives Mixture	猪 Swine	匈牙利八达博士公司 Dr. Bata Zrt., Hungary	2020.03—2025.03	续展
(2020) 外饲准字 524 号	酿酒酵母提取物 Saccharomyces cerevisiae Extract	鱼用纽肽富 Nucleoforce Fish	单一饲料 Single Feed	水产养殖动物 Aquaculture animals	西班牙 Bioiberica 公司 Bioiberica S. A. U., Spain	2020.03—2025.03	续展
(2020) 外饲准字 525 号	混合型饲料添加剂 维生素 氨基酸 Feed additives Mixture Vitamins Amino Acids	艾佳力 Hepavit	混合型饲料添加剂 Feed Additives Mixture	养殖动物 All species or categories of animals	威隆（意大利）大药厂 Vétoquinol Italia S. r. l., Italy	2020.03—2025.03	续展
(2020) 外饲准字 526 号	双低菜粕 Double Low Rapeseed Meal	Bunge 双低菜粕——颗粒（4 级） Bunge Canola Meal (#4) —Pellet	单一饲料 Single Feed	养殖动物 All species or categories of animals	邦基加拿大 Bunge Canada, Canada	2020.03—2025.03	续展

（续）

登记证号	通用名称	商品名称	产品类别	使用范围	生产厂家	有效期限	备注
(2020) 外饲准字 527 号	饲料添加剂 植物乳杆菌 Feed Additive Lactobacillus plantarum	易可食 Ecosyl	饲料添加剂 Feed Additive	青贮饲料 Silage	英国弗莱克国际有限公司 Volac International Ltd.，UK	2020.03—2025.03	续展
(2020) 外饲准字 528 号	鱼粉 Fishmeal	红鱼粉（三级） Red Fishmeal（Grade Ⅲ）	单一饲料 Single Feed	畜禽、水产养殖动物（反刍动物除外） Livestock，Poultry，Aquaculture animals（Not including ruminant）	智利 Orizon S. A. 公司 Coronel 工厂（注册号：08309） Orizon S. A.，Coronel Plant（Register No. 08309），Chile	2020.03—2025.03	续展
(2020) 外饲准字 529 号	饲料添加剂 碱式氯化锌 Feed Additive Basic Zinc Chloride	泰棒 锌—碱式氯化锌 Selko IntelliBond Z-Basic Zinc Chloride	饲料添加剂 Feed Additive	养殖动物 All species or categories of animals	美国微营养有限责任公司 Micronutrients USA LLC，USA	2020.03—2025.03	续展
(2020) 外饲准字 530 号	混合型饲料添加剂 硫酸亚铁 甘氨酸 Feed Additives Mixture Ferrous Sulfate Glycine	乳铁素 Top＃98	混合型饲料添加剂 Feed Additives Mixture	仔猪 Piglets	（台湾）中国派斯德股份有限公司 China Bestar Laboratories Ltd.	2020.03—2025.03	续展
(2020) 外饲准字 531 号	饲料添加剂 蛋氨酸羟基类似物 Feed Additive Methionine Hydroxy Analogue	艾丽美 Alimet®	饲料添加剂 Feed Additive	猪、鸡、牛、水产养殖动物、犬、猫 Swine，Chicken，Cattle，Aquaculture animals，Dogs，Cats	诺伟司国际公司（美国得克萨斯州艾文市工厂） Novus International，Inc.（Plant Alvin），USA	2020.03—2025.03	续展
(2020) 外饲准字 532 号	鱼粉 Fishmeal	秘鲁蒸汽干燥鱼粉（三级） Peruvian Steam Dried Fishmeal（Ⅲ）	单一饲料 Single Feed	畜禽、水产养殖动物（反刍动物除外） Livestock，Poultry，Aquaculture animals（Not including ruminant）	秘鲁 Tecnologica De Alimentos S. A. 公司 Chimbote 工厂 Tecnologica De Alimentos S. A.，Plant in Chimbote，Peru	2020.03—2025.03	续展
(2020) 外饲准字 734 号	犊牛配合饲料 Calf Compound Feed	福克美＋ Fokkamel Plus	配合饲料 Compound Feed	犊牛 Calves	荷兰 Nukamel Productions B. V. 公司 Nukamel Productions B. V.，the Netherlands	2020.05—2025.05	续展
(2020) 外饲准字 735 号	仔猪配合饲料 Piglet Compound Feed	普特美 Porcomel	配合饲料 Compound Feed	仔猪 Piglets	荷兰 Nukamel Productions B. V. 公司 Nukamel Productions B. V.，the Netherlands	2020.05—2025.05	续展
(2020) 外饲准字 736 号	海水鱼配合饲料 Marine Fish Compound Feed	奥润之 GROW-S/L O. range GROW-S/L	配合饲料 Compound Feed	鱼 Fish	英伟（泰国）饲料有限公司 INVE（Thailand）Ltd.，Thailand	2020.05—2025.05	续展
(2020) 外饲准字 737 号	虾浓缩饲料 Shrimp Concentrate Feed	草虾成虾浓缩饲料 Grow Out Tiger Shrimp	浓缩饲料 Concentrate Feed	虾 Shrimp	英伟（泰国）饲料有限公司 INVE（Thailand）Ltd.，Thailand	2020.05—2025.05	续展

（续）

登记证号	通用名称	商品名称	产品类别	使用范围	生产厂家	有效期限	备注
(2020) 外饲准字 738 号	白鱼粉 White Fishmeal	白鱼粉（一级） White Fishmeal (I)	单一饲料 Single Feed	畜禽、水产养殖动物、宠物（反刍动物除外） Livestock, Poultry, Aquaculture animals, Pets (Not including ruminant)	俄罗斯 P. A. Sakhalinrybaksoyuz 有限公司（工船加工，工船名“Iolanta”，工船号 CH－83A） LLC “P. A. Sakhalinrybaksoyuz” (Produced on board at vessel “Iolanta”, official No. CH－83A), Russia	2020. 05—2025. 05	续展
(2020) 外饲准字 739 号	白鱼粉 White Fishmeal	白鱼粉（一级） White Fishmeal (I)	单一饲料 Single Feed	畜禽、水产养殖动物、宠物（反刍动物除外） Livestock, Poultry, Aquaculture animals, Pets (Not including ruminant)	俄罗斯 Poronay 有限公司（工船加工，工船名“Vasiliy Kalenov”，工船号 CH－V17） Poronay LLC (Produced on board at vessel “Vasiliy Kalenov”, official No. CH－V17), Russia	2020. 05—2025. 05	续展
(2020) 外饲准字 740 号	鸡、猪用复合预混合饲料 Premix for Swine and Chicken	氨基维他 AMINOVITA	添加剂预混合饲料 Feed Additive Premix	鸡、猪 Chicken, Swine	中国派斯德股份有限公司 China Bestar Laboratories Ltd.	2020. 05—2025. 05	续展
(2020) 外饲准字 741 号	饲料添加剂 包被尿素 Feed Additive Encapsulated Urea	纽舒 NitroShure	饲料添加剂 Feed Additive	反刍动物 Ruminant	美国百尔康公司 Balchem Corporation, USA	2020. 05—2025. 05	续展
(2020) 外饲准字 742 号	饲料添加剂 包被烟酸 Feed Additive Encapsulated Niacin	耐信 NiaShure	饲料添加剂 Feed Additive	反刍动物 Ruminant	美国百尔康公司 Balchem Corporation, USA	2020. 05—2025. 05	续展
(2020) 外饲准字 743 号	含可溶物的玉米干酒糟 Corn Distillers Dried Grains with Soubles (DDGS)	POET 马里昂 DDGS POET Marion DDGS	单一饲料 Single Feed	养殖动物 All species or categories of animals	美国 POET 生物提炼公司—马里昂 POET Biorefining-Marion, USA	2020. 05—2025. 05	续展
(2020) 外饲准字 744 号	鱼粉 Fishmeal	丹麦红鱼粉（三级至一级） Danish Red Fishmeal (Ⅲ to Ⅰ)	单一饲料 Single Feed	畜禽、水产养殖动物（反刍动物除外） Livestock, Poultry, Aquaculture animals (Not including ruminant)	丹麦三九鱼蛋白有限公司 Thyborøn 工厂 TripleNine Fish Protein A/S, Thyborøn Plant, Denmark	2020. 05—2025. 05	续展
(2020) 外饲准字 745 号	鱼粉 Fishmeal	999LT 鱼粉（三级至一级） 999 LT Fishmeal (Ⅲ to Ⅰ)	单一饲料 Single Feed	畜禽、水产养殖动物（反刍动物除外） Livestock, Poultry, Aquaculture animals (Not including ruminant)	丹麦三九鱼蛋白有限公司 Thyborøn 工厂 TripleNine Fish Protein A/S, Thyborøn Plant, Denmark	2020. 05—2025. 05	续展
(2020) 外饲准字 746 号	饲料添加剂 可食脂肪酸钙盐 Feed Additive Calcium Salt of Edible Fatty Acid	营大哥 Nutracor	饲料添加剂 Feed Additive	奶牛、羊 Cow, Sheep	马来西亚万山宝有限公司 Wawasan Agrolipids Sdn. Bhd., Malaysia	2020. 05—2025. 05	续展

（续）

登记证号	通用名称	商品名称	产品类别	使用范围	生产厂家	有效期限	备注
（2020）外饲准字747号	鱼油 Fish Oil	鱼油（饲料级） Fish Oil（Feed Grade）	单一饲料 Single Feed	猪、家禽、水产养殖动物 Swine，Poultry，Aquaculture animals	印度BAWA鱼粉鱼油公司 BAWA Fishmeal & Oil Co.，India	2020.05—2025.05	续展
（2020）外饲准字748号	马铃薯蛋白粉 Potato Protein	利安诺S Lianol Solapro	单一饲料 Single Feed	猪、家禽 Swine，Poultry	荷兰阿德乐国际动物营养有限公司 Ardol B. V.，the Netherlands	2020.05—2025.05	续展
（2020）外饲准字749号	混合型饲料添加剂 硫酸亚铁 甘氨酸 Feed Additives Mixture Ferrous Sulfate Glycine	爱铁旺-100 IRON G-100	混合型饲料添加剂 Feed Additives Mixture	猪、鸡 Swine，Chicken	中国派斯德股份有限公司 China Bestar Laboratories Ltd.	2020.05—2025.05	续展
（2020）外饲准字750号	磷虾粉 Krill Meal	QrillTM牌，南极磷虾粉 QrillTM Antarctic Krill Meal	单一饲料 Single Feed	鱼、虾 Fish，Shrimp	挪威Aker生物海产南极公司（工船加工，工船名“Saga Sea”，工船号N-301-VV） Aker BioMarine Antarctic AS（Produced on Board vessel Saga Sea，official No. N-301-VV），Norway	2020.05—2025.05	续展
（2020）外饲准字751号	含可溶物的玉米干酒糟 DDGS（Corn）	玉米干全酒精糟 DDGS（Corn）	单一饲料 Single Feed	猪、禽、牛 Swine，Poultry，Cattle	美国路易达孚诺福克有限公司（工厂位于GRAND JUNCTION，IOWA） Louis Dreyfus Company Norfolk LLC（Plant in Grand Junction，Iowa），USA	2020.05—2025.05	续展
（2020）外饲准字752号	牛肉骨粉 Bovine Meat and Bone Meal	牛肉骨粉 Bovine Meat and Bone Meal	单一饲料 Single Feed	猪、家禽、鱼 Swine，Poultry，Fish	巴西Industria de Racoes Patense Ltda有限公司（Itauna工厂） Industria de Racoes Patense Ltda（Plant in Itauna），Brazil	2020.05—2025.05	续展
（2020）外饲准字765号	双低菜籽粕 Double Low Rapeseed Meal	双低菜籽粕 Double Low Rapeseed Meal	单一饲料 Single Feed	猪、家禽、牛、水产养殖动物 Swine，Poultry，Cattle，Aquaculture animals	嘉吉公司澳大利亚有限公司 Cargill Australia Limited，Australia	2020.06—2025.06	续展
（2020）外饲准字766号	混合型饲料添加剂 调味剂 Feed Additives Mixture Flavouring Agent	果香宝 Guo Xiangbao	混合型饲料添加剂 Feed Additives Mixture	养殖动物 All species or categories of animals	台湾信逢股份有限公司 New Well Power Co. Ltd.	2020.06—2025.06	续展
（2020）外饲准字767号	混合型饲料添加剂 植酸酶（产自毕赤酵母） Feed Additives Mixture Phytase（Source：Pichia pastoris）	好特美P 10000 PF Hostazym P 10000 PF	混合型饲料添加剂 Feed Additives Mixture	家禽、猪 Poultry，Swine	保加利亚标伟特股份有限公司 Biovet Joint Stock Company，Bulgaria	2020.06—2025.06	续展

（续）

登记证号	通用名称	商品名称	产品类别	使用范围	生产厂家	有效期限	备注
(2020) 外饲准字 768 号	混合型饲料添加剂 植酸酶（产自毕赤酵母） Feed Additives Mixture Phytase (Source: Pichia pastoris)	好特美 P 5000 PF Hostazym P 5000 PF	混合型饲料添加剂 Feed Additives Mixture	家禽、猪 Poultry, Swine	保加利亚标伟特股份有限公司 Biovet Joint Stock Company, Bulgaria	2020.06—2025.06	续展
(2020) 外饲准字 769 号	鱼粉 Fishmeal	红鱼粉（三级） Red Fishmeal (grade Ⅲ)	单一饲料 Single Feed	畜禽、水产养殖动物（反刍动物除外） Livestock, Poultry, Aquaculture animals (Not including ruminant)	泰国黄镇源鱼粉厂有限公司 Nivat Fishmeal Industry Company Limited, Thailand	2020.06—2025.06	续展
(2020) 外饲准字 770 号	混合饲料添加剂 酸度调节剂 香味物质 Feed Additives Mixture Acidity Regulators Flavouring Substances	欧乐宝+TM GALLINAT+TM	混合型饲料添加剂 Feed Additives Mixture	家禽 Poultry	加拿大 Jefagro 科技有限公司 Jefagro Technologies Inc., Canada	2020.06—2025.06	续展
(2020) 外饲准字 771 号	混合饲料添加剂 酸度调节剂 香味物质 Feed Additives Mixture Acidity Regulators Flavouring Substances	猪利康+TM PORCINAT+TM	混合型饲料添加剂 Feed Additives Mixture	猪 Swine	加拿大 Jefagro 科技有限公司 Jefagro Technologies Inc., Canada	2020.06—2025.06	续展
(2020) 外饲准字 772 号	复合预混合饲料 Premix	益康宝 Frondita MicroNutrients Booster	添加剂预混合饲料 Feed Additive Premix	犊牛、仔猪、家禽 Calf, Piglets, Poultry	美国福蓝迪他生物集团有限公司 Frondita Biogroup, Inc., USA	2020.06—2025.06	续展
(2020) 外饲准字 773 号	鱼粉 Fishmeal	红鱼粉（三级至特级） Red Fishmeal (Ⅲ to Superfine)	单一饲料 Single Feed	畜禽、水产养殖动物（反刍动物除外） Livestock, Poultry, Aquaculture animals (Not including ruminant)	智利苟尔贝斯卡股份有限公司，Iquique 东厂（注册号：1101） Corpesca S. A., Iquique East Plant (Register No. 1101), Chile	2020.06—2025.06	续展
(2020) 外饲准字 774 号	鱼粉 Fishmeal	红鱼粉（三级至特级） Red Fishmeal (Ⅲ to Superfine)	单一饲料 Single Feed	畜禽、水产养殖动物（反刍动物除外） Livestock, Poultry, Aquaculture animals (Not including ruminant)	智利苟尔贝斯卡股份有限公司，Arica 南厂（注册号：1095） Corpesca S. A., Arica South Plant (Register No. 1095), Chile	2020.06—2025.06	续展
(2020) 外饲准字 775 号	鱼粉 Fishmeal	红鱼粉（三级至特级） Red Fishmeal (grade Ⅲ to superfine)	单一饲料 Single Feed	畜禽、水产养殖动物（反刍动物除外） Livestock, Poultry, Aquaculture animals (Not including ruminant)	智利苟尔贝斯卡股份有限公司，Iquique 南厂（注册号：1102） Corpesca S. A., Iquique South Plant (Register No. 1102), Chile	2020.06—2025.06	续展

（续）

登记证号	通用名称	商品名称	产品类别	使用范围	生产厂家	有效期限	备注
（2020）外饲准字 776 号	鱼粉 Fishmeal	红鱼粉（三级至特级） Red Fishmeal（grade Ⅲ to superfine）	单一饲料 Single Feed	畜禽、水产养殖动物（反刍动物除外） Livestock，Poultry，Aquaculture animals（Not including ruminant）	智利苟尔贝斯卡股份有限公司，Arica 北厂（注册号：1096） Corpesca S. A.，Arica North Plant（Register No. 1096），Chile	2020.06—2025.06	续展
（2020）外饲准字 777 号	鱼粉 Fishmeal	红鱼粉（三级至特级） Red Fishmeal（grade Ⅲ to superfine）	单一饲料 Single Feed	畜禽、水产养殖动物（反刍动物除外） Livestock，Poultry，Aquaculture animals（Not including ruminant）	智利苟尔贝斯卡股份有限公司，Mejillones 工厂（注册号：2092） Corpesca S. A.，Mejillones Plant（Register No. 2092），Chile	2020.06—2025.06	续展
（2020）外饲准字 778 号	混合型饲料添加剂 木聚糖酶（产自长柄木霉） Feed Additives Mixture Xylanase（Source：Trichoderma longibrachiatum）	毒排清 Elitox®	混合型饲料添加剂 Feed Additives Mixture	畜禽 Livestock，Poultry	比利时英派克斯有限公司 Impextraco NV，Belgium	2020.06—2025.06	续展
（2020）外饲准字 960 号	全价宠物食品小型犬犬粮 Pet Compound Feed for Small Breed Dogs	NOW FRESH 无谷小型犬全犬粮 NOW FRESH GRAIN FREE SMALL BREED ALL AGES DOG FOOD RECIPE	宠物配合饲料 Pet Compound Feed	犬 Dogs	（加拿大）艾尔麦乐宠物产品有限公司 Elmira Pet Products Ltd.，Canada	2020.08—2025.08	续展
（2020）外饲准字 961 号	全价宠物食品幼年期猫粮 Pet Compound Feed for Kitten	NOW FRESH 无谷幼猫粮 NOW FRESH GRAIN FREE KITTEN CAT FOOD RECIPE	宠物配合饲料 Pet Compound Feed	猫 Cats	（加拿大）艾尔麦乐宠物产品有限公司 Elmira Pet Products Ltd.，Canada	2020.08—2025.08	续展
（2020）外饲准字 962 号	全价宠物食品幼年期犬粮 Pet Compound Feed for Puppy	NOW FRESH 无谷幼犬粮 NOW FRESH GRAIN FREE PUPPY DOG FOOD RECIPE	宠物配合饲料 Pet Compound Feed	犬 Dogs	（加拿大）艾尔麦乐宠物产品有限公司 Elmira Pet Products Ltd.，Canada	2020.08—2025.08	续展
（2020）外饲准字 963 号	全价宠物食品成年期犬粮 Pet Compound Feed for Adult Dog	NOW FRESH 无谷成犬粮 NOW FRESH GRAIN FREE ADULT DOG FOOD RECIPE	宠物配合饲料 Pet Compound Feed	犬 Dogs	（加拿大）艾尔麦乐宠物产品有限公司 Elmira Pet Products Ltd.，Canada	2020.08—2025.08	续展

（续）

登记证号	通用名称	商品名称	产品类别	使用范围	生产厂家	有效期限	备注
(2020) 外饲准字 964 号	全价宠物食品成年期猫粮 Pet Compound Feed for Adult Cat	NOW FRESH 无谷成猫粮 NOW FRESH GRAIN FREE ADULT CAT FOOD RECIPE	宠物配合饲料 Pet Compound Feed	猫 Cats	(加拿大) 艾尔麦乐宠物产品有限公司 Elmira Pet Products Ltd., Canada	2020.08—2025.08	续展
(2020) 外饲准字 965 号	全价宠物食品老年期犬粮 Pet Compound Feed for Senior Dog	NOW FRESH 无谷老犬粮 NOW FRESH GRAIN FREE SENIOR DOG FOOD RECIPE	宠物配合饲料 Pet Compound Feed	犬 Dogs	(加拿大) 艾尔麦乐宠物产品有限公司 Elmira Pet Products Ltd., Canada	2020.08—2025.08	续展
(2020) 外饲准字 966 号	全价宠物食品成年期犬粮 Pet Compound Food for Adult Dog	佰芙无谷含三文鱼配方全犬种成犬粮 Pet Froh Adult All Breed Salmon Grain Free	宠物配合饲料 Pet Compound Feed	犬 Dogs	比利时联合宠物食品公司 United Petfood Producers NV, Belgium	2020.08—2025.08	续展
(2020) 外饲准字 967 号	全价宠物食品大型犬幼年期犬粮 Pet Compound Food for Large Breed Puppy	佰芙大型犬鸡肉配方幼犬粮 Pet Froh Puppy Large Breed Chicken	宠物配合饲料 Pet Compound Feed	犬 Dogs	比利时联合宠物食品公司 United Petfood Producers NV, Belgium	2020.08—2025.08	续展
(2020) 外饲准字 968 号	全价宠物食品大型犬成年期犬粮 Pet Compound Food for Large Breed Adult Dog	佰芙大型犬鸡肉配方成犬粮 Pet Froh Adult Large Breed Chicken	宠物配合饲料 Pet Compound Feed	犬 Dogs	比利时联合宠物食品公司 United Petfood Producers NV, Belgium	2020.08—2025.08	续展
(2020) 外饲准字 969 号	全价宠物食品小型犬成年期犬粮 Pet Compound food for Small Breed Adult Dog	佰芙小型犬鸡肉配方成犬粮 Pet Froh Adult Small Breed Chicken	宠物配合饲料 Pet Compound Feed	犬 Dogs	比利时联合宠物食品公司 United Petfood Producers NV, Belgium	2020.08—2025.08	续展
(2020) 外饲准字 970 号	全价宠物食品小型犬幼年期犬粮 Pet Compound food for Small Breed Puppy	佰芙小型犬鸡肉配方幼犬粮 Pet Froh Puppy Small Breed Chicken	宠物配合饲料 Pet Compound Feed	犬 Dogs	比利时联合宠物食品公司 United Petfood Producers NV, Belgium	2020.08—2025.08	续展
(2020) 外饲准字 971 号	观赏鱼配合饲料 Ornamental Fish Compound Feed	海丰世纪红观赏鱼饲料（小粒、中粒） Hai Feng Shi Ji Hong Ornamental Fish Food（small pellet, medium pellet）	配合饲料 Compound Feed	观赏鱼 Compound Feed	台湾海丰饲料股份有限公司 Hai Feng Feeds Co., Ltd.	2020.08—2025.08	续展
(2020) 外饲准字 972 号	全价宠物食品老年期猫粮 Pet Compound Feed for Senior Cat	NOW FRESH 无谷老猫粮 NOW FRESH GRAIN FREE SENIOR CAT FOOD RECIPE	宠物配合饲料 Pet Compound Feed	猫 Cats	(加拿大) 艾尔麦乐宠物产品有限公司 Elmira Pet Products Ltd., Canada	2020.08—2025.08	续展

（续）

登记证号	通用名称	商品名称	产品类别	使用范围	生产厂家	有效期限	备注
（2020）外饲准字 973 号	混合型饲料添加剂 糖精钠 Feed Additives Mixture Sodium Saccharin	诸味美 SACCHAZEN	混合型饲料添加剂 Feed Additives Mixture	猪 Swine	韩国 Eunjin 国际生物技术株式会社 Eunjin International Biotechnology Co.，Ltd.，Korea	2020.08—2025.08	续展
（2020）外饲准字 974 号	猪禽维生素预混合饲料 Vitamin Premix for Swine and Poultry	Glife 维康 Glife Multi-Vitamin Supplement Powder for Swine and Poultry	添加剂预混合饲料 Feed Additive Premix	家禽、猪 Poultry，Swine	加拿大 Glife 生物技术有限公司 Canada Glife Biotech Ltd.，Canada	2020.08—2025.08	续展
（2020）外饲准字 975 号	鱼粉 Fishmeal	毕尔福红鱼粉（二级）Bilfish Red Fishmeal（Ⅱ）	单一饲料 Single Feed	畜禽、水产养殖动物（反刍动物除外）Livestock，Poultry，Aquaculture animals（Not including ruminant）	巴基斯坦英特玛克国际公司 Intermarket International，Pakistan	2020.08—2025.08	续展
（2020）外饲准字 976 号	鱼粉 Fishmeal	毛里塔尼亚红鱼粉 Mauritanian Red Fishmeal	单一饲料 Single Feed	畜禽、水产养殖动物（反刍动物除外）Livestock，Poultry，Aquaculture animals（Not including ruminant）	毛里塔尼亚祥和顺海洋渔业开发有限公司 Xiangheshun-mauritanie SA，Mauritania	2020.08—2025.08	续展
（2020）外饲准字 977 号	牛肉骨粉 Bovine Meat and Bone Meal	艾菲科 501 牛肉骨粉 501 Protein Meal	单一饲料 Single Feed	猪 Swine	新西兰艾菲科有限公司 AFFCO New Zealand Limited，New Zealand	2020.08—2025.08	续展
（2020）外饲准字 978 号	猪油渣 Greaves	饲料用热炸猪油渣 Greaves Feed Grade	单一饲料 Single Feed	家禽 Poultry	香港权丰猪油有限公司 Hong Kong Kun Fung Lard Limited	2020.08—2025.08	续展
（2020）外饲准字 979 号	混合型饲料添加剂 抗氧化剂 Feed Additives Mixture Antioxidants	宠鲜®-OX 液剂 PET-OX® Liquid	混合型饲料添加剂 Feed Additives Mixture	宠物 Pets	新加坡建明工业（亚洲）私人有限公司 Kemin Industries（Asia）Pte Ltd.，Singapore	2020.08—2025.08	续展
（2020）外饲准字 980 号	混合型饲料添加剂 抗氧化剂 Feed Additives Mixture Antioxidants	宠鲜®液剂 TERMOX® Liquid	混合型饲料添加剂 Feed Additives Mixture	养殖动物 All species or categories of animals	新加坡建明工业（亚洲）私人有限公司 Kemin Industries（Asia）Pte Ltd.，Singapore	2020.08—2025.08	续展
（2020）外饲准字 981 号	混合型饲料添加剂 抗氧化剂 Feed Additives Mixture Antioxidants	宠鲜®粉剂 TERMOX® Dry	混合型饲料添加剂 Feed Additives Mixture	宠物 Pets	新加坡建明工业（亚洲）私人有限公司 Kemin Industries（Asia）Pte Ltd.，Singapore	2020.08—2025.08	续展

（续）

登记证号	通用名称	商品名称	产品类别	使用范围	生产厂家	有效期限	备注
(2020) 外饲准字 982 号	混合型饲料添加剂 酸度调节剂 Feed Additives Mixture Acidity Regulators	幼畜宝®饮水 Acidal® ML	混合型饲料添加剂 Feed Additives Mixture	养殖动物 All species or categories of animals	比利时英派克斯有限公司 Impextraco N V, Belgium	2020.08—2025.08	续展
(2020) 外饲准字 983 号	混合型饲料添加剂 甲酸 乳酸 磷酸 富马酸 Feed Additives Mixture Formic Acid Lactic Acid Ortho-phosphoric Acid Fumaric Acid	幼畜宝®干粉 Acidal® Dry	混合型饲料添加剂 Feed Additives Mixture	养殖动物 All species or categories of animals	比利时英派克斯有限公司 Impextraco N V, Belgium	2020.08—2025.08	续展
(2020) 外饲准字 1081 号	混合型饲料添加剂 地衣芽孢杆菌 Feed Additives Mixture Bacillus licheniformis	保卫菌 500 B-Act 500	混合型饲料添加剂 Feed Additives Mixture	家禽 Poultry	保加利亚标伟特股份有限公司 BIOVET Joint Stock Company, Bulgaria	2020.10—2025.10	续展
(2020) 外饲准字 1082 号	混合型饲料添加剂 氧化锌 Feed Additives Mixture Zinc Oxide	杰富锌宝 JEFO ZINCO-PLUS S	混合型饲料添加剂 Feed Additives Mixture	猪 Swine	加拿大 Jefagro 科技有限公司 Jefagro Technologies Inc., Canada	2020.10—2025.10	续展
(2020) 外饲准字 1083 号	猪油 Lard	饲料用热炸猪油 Lard Feed Grade	单一饲料 Single Feed	家禽 Poultry	香港权丰猪油有限公司 Hong Kong Kun Fung Lard Limited	2020.10—2025.10	续展
(2020) 外饲准字 1084 号	鳗鱼微量元素预混合饲料 Eel Mineral Premix	健鳗矿 Mineral Premix for Eel Feeds	添加剂预混合饲料 Feed Additive Premix	鳗鱼 Eel	（台湾）领创生物科技股份有限公司桃园厂 PREMIXSTAR BIOTECHNOLOGY CO., LTD., Tao-Yuan Factory	2020.10—2025.10	续展
(2020) 外饲准字 1085 号	鱼浓缩饲料 Fish Concentrate Feed	鱼佳宝 Upro	浓缩饲料 Concentrate Feed	鱼 Fish	鸿福生态生技股份有限公司 Gene Agri-Aqua Ecosystem Biotech Co., Ltd.	2020.10—2025.10	续展
(2020) 外饲准字 1086 号	混合型饲料添加剂 矿物元素 Feed Additives Mixture Minerals	鱼用矿物精 Mineral Premix for Fish Feeds	混合型饲料添加剂 Feed Additives Mixture	鱼 Fish	（台湾）领创生物科技股份有限公司桃园厂 PREMIXSTAR BIOTECHNOLOGY CO., LTD., Tao-Yuan Factory	2020.10—2025.10	续展
(2020) 外饲准字 1087 号	混合型饲料添加剂 烟酰胺 碳酸钴 丙二醇 Feed Additives Mixture Niacinamide Cobalt Carbonate Propylene Glycol	强能宝 Glucose Booster	混合型饲料添加剂 Feed Additives Mixture	奶牛 Cow	美国斯图尔企业有限责任公司 Stuhr Enterprises, LLC., USA	2020.10—2025.10	续展

（续）

登记证号	通用名称	商品名称	产品类别	使用范围	生产厂家	有效期限	备注
(2020) 外饲准字 1088 号	混合型饲料添加剂 酶制剂 Feed Additives Mixture Enzymes	钻石强力酶 BX+BG NOPCOZYME II BX+BG	混合型饲料添加剂 Feed Additives Mixture	猪、家禽 Swine, Poultry	新加坡大祥资源有限公司 Diasham Resources Pte. Ltd., Singapore	2020.10—2025.10	续展
(2020) 外饲准字 1089 号	混合型饲料添加剂 酶制剂 Feed Additives Mixture Enzymes	钻石强力酵素 NOPCOZYME II	混合型饲料添加剂 Feed Additives Mixture	鸡、猪、牛、鱼、虾 Chicken, Swine, Cattle, Fish, Shrimp	新加坡大祥资源有限公司 Diasham Resources Pte. Ltd., Singapore	2020.10—2025.10	续展
(2020) 外饲准字 1090 号	混合型饲料添加剂 枯草芽孢杆菌 嗜酸乳杆菌 Feed Additives Mixture Bacillus subtilis Lactobacillus acidophilus	生菌剂 1 号 BIO90	混合型饲料添加剂 Feed Additives Mixture	养殖动物 All species or categories of animals	韩国浦项发酵饲料公司 POBAL (Pohang Fermentation Feed LP.), Korea	2020.10—2025.10	续展
(2020) 外饲准字 1091 号	牛肉骨粉 Bovine Meat and Bone Meal	牛肉骨粉 Bovine Meat and Bone Meal	单一饲料 Single Feed	猪、家禽、鱼 Swine, Poultry, Fish	JBS 澳大利亚公司（Townsville 工厂） JBS Australia Pty Ltd (Plant in Townsville), Australia	2020.10—2025.10	续展
(2020) 外饲准字 1092 号	鱼粉 Fishmeal	秘鲁蒸汽干燥鱼粉（三级至一级） PERUVIAN STEAM DRIED FISHMEAL (Ⅲ to Ⅰ)	单一饲料 Single Feed	畜禽、水产养殖动物（反刍动物除外） Livestock, Poultry, Aquaculture animals (Not including ruminant)	秘鲁 Pesquera Diamante S. A. 公司 Mollendo 工厂 Pesquera Diamante S. A., Mollendo Plant, Peru	2020.10—2025.10	续展
(2020) 外饲准字 1093 号	鱼粉 Fishmeal	秘鲁蒸汽干燥鱼粉（三级至一级） PERUVIAN STEAM DRIED FISHMEAL (Ⅲ to Ⅰ)	单一饲料 Single Feed	畜禽、水产养殖动物（反刍动物除外） Livestock, Poultry, Aquaculture animals (Not including ruminant)	秘鲁 Pesquera Diamante S. A. 公司 Callao 工厂 Pesquera Diamante S. A., Callao Plant, Peru	2020.10—2025.10	续展
(2020) 外饲准字 1094 号	鱼粉 Fishmeal	秘鲁蒸汽干燥鱼粉（三级） PERUVIAN STEAM DRIED FISHMEAL (Ⅲ)	单一饲料 Single Feed	畜禽、水产养殖动物（反刍动物除外） Livestock, Poultry, Aquaculture animals (Not including ruminant)	秘鲁 Pesquera Diamante S. A. 公司 Pesquera Diamante S. A., Peru	2020.10—2025.10	续展
(2020) 外饲准字 1095 号	鱼粉 Fishmeal	秘鲁蒸汽干燥鱼粉（三级至一级） PERUVIAN STEAM DRIED FISHMEAL (Ⅲ to Ⅰ)	单一饲料 Single Feed	畜禽、水产养殖动物（反刍动物除外） Livestock, Poultry, Aquaculture animals (Not including ruminant)	秘鲁 Pesquera Diamante S. A. 公司 Supe 工厂 Pesquera Diamante S. A., Supe Plant, Peru	2020.10—2025.10	续展

（续）

登记证号	通用名称	商品名称	产品类别	使用范围	生产厂家	有效期限	备注
(2020) 外饲准字 1096 号	鱼粉 Fishmeal	秘鲁红鱼粉（三级至一级） Peruvian Red Fishmeal（Ⅲ to Ⅰ）	单一饲料 Single Feed	畜禽、水产养殖动物（反刍动物除外） Livestock, Poultry, Aquaculture animals（Not including ruminant）	秘鲁 Austral Group S. A. A. 公司 Coishco 工厂 Austral Group S. A. A., Plant Coishco, Peru	2020. 10—2025. 10	续展
(2020) 外饲准字 1097 号	鱼粉 Fishmeal	秘鲁红鱼粉（三级） Peruvian Red Fishmeal（Ⅲ）	单一饲料 Single Feed	畜禽、水产养殖动物（反刍动物除外） Livestock, Poultry, Aquaculture animals（Not including ruminant）	秘鲁 Austral Group S. A. A. 公司 ILO 工厂 Austral Group S. A. A., Plant ILO, Peru	2020. 10—2025. 10	续展
(2020) 外饲准字 1098 号	鱼粉 Fishmeal	秘鲁红鱼粉（三级至一级） Peruvian Red Fishmeal（Ⅲ to Ⅰ）	单一饲料 Single Feed	畜禽、水产养殖动物（反刍动物除外） Livestock, Poultry, Aquaculture animals（Not including ruminant）	秘鲁 Austral Group S. A. A. 公司 Chancay 工厂 Austral Group S. A. A., Plant Chancay, Peru	2020. 10—2025. 10	续展
(2020) 外饲准字 1099 号	鱼粉 Fishmeal	秘鲁红鱼粉（三级至一级） Peruvian Red Fishmeal（Ⅲ to Ⅰ）	单一饲料 Single Feed	畜禽、水产养殖动物（反刍动物除外） Livestock, Poultry, Aquaculture animals（Not including ruminant）	秘鲁 Austral Group S. A. A. 公司 Pisco 工厂 Austral Group S. A. A., Plant Pisco, Peru	2020. 10—2025. 10	续展
(2020) 外饲准字 1100 号	鱼粉 Fishmeal	红鱼粉（三级至二级） Red Fishmeal（Grade Ⅲ to Grade Ⅱ）	单一饲料 Single Feed	畜禽、水产养殖动物（反刍动物除外） Livestock, Poultry, Aquaculture animals（Not including ruminant）	厄瓜多尔皇家贸易公司（简称 N. I. R. S. A.） Negocios Industriales Real "N. I. R. S. A." S. A., Ecuador	2020. 10—2025. 10	续展
(2020) 外饲准字 1101 号	鱼粉 Fishmeal	秘鲁红鱼粉（三级） Peruvian Red Fishmeal（Ⅲ）	单一饲料 Single Feed	畜禽、水产养殖动物（反刍动物除外） Livestock, Poultry, Aquaculture animals（Not including ruminant）	秘鲁 GER EXPORT S. A. 公司，Chimbote 工厂 GER EXPORT S. A., Chimbote Plant, Peru	2020. 10—2025. 10	续展
(2020) 外饲准字 1102 号	鱼粉 Fishmeal	红鱼粉（二级） Red Fishmeal（Ⅱ）	单一饲料 Single Feed	畜禽、水产养殖动物（反刍动物除外） Livestock, Poultry, Aquaculture animals（Not including ruminant）	美国 Daybrook 渔业有限公司 Daybrook Fisheries Inc., USA	2020. 10—2025. 10	续展

（续）

登记证号	通用名称	商品名称	产品类别	使用范围	生产厂家	有效期限	备注
(2020) 外饲准字 1103 号	鱼粉 Fishmeal	秘鲁蒸汽干燥鱼粉（三级） PERUVIAN STEAM DRIED FISHMEAL（Ⅲ）	单一饲料 Single Feed	畜禽、水产养殖动物（反刍动物除外） Livestock, Poultry, Aquaculture animals（Not including ruminant）	秘鲁 Tecnologica De Alimentos S. A. 公司 Matarani 工厂 Tecnologica De Alimentos S. A., Plant Matarani, Peru	2020. 10—2025. 10	续展
(2020) 外饲准字 1104 号	鱼粉 Fishmeal	秘鲁蒸汽干燥鱼粉（三级至一级） PERUVIAN STEAM DRIED FISHMEAL（Ⅲ to Ⅰ）	单一饲料 Single Feed	畜禽、水产养殖动物（反刍动物除外） Livestock, Poultry, Aquaculture animals（Not including ruminant）	秘鲁 CFG Investment S. A. C. 公司 Chimbote 工厂 CFG Investment S. A. C., Plant Chimbote, Peru	2020. 10—2025. 10	续展
(2020) 外饲准字 1105 号	鱼粉 Fishmeal	秘鲁蒸汽干燥鱼粉（三级至一级） PERUVIAN STEAM DRIED FISHMEAL（Ⅲ to Ⅰ）	单一饲料 Single Feed	畜禽、水产养殖动物（反刍动物除外） Livestock, Poultry, Aquaculture animals（Not including ruminant）	秘鲁 CFG Investment S. A. C. 公司 Razuri 工厂 CFG Investment S. A. C., Plant Razuri, Peru	2020. 10—2025. 10	续展
(2020) 外饲准字 1106 号	鱼粉 Fishmeal	秘鲁蒸汽干燥鱼粉（三级至一级） PERUVIAN STEAM DRIED FISHMEAL（Ⅲ to Ⅰ）	单一饲料 Single Feed	畜禽、水产养殖动物（反刍动物除外） Livestock, Poultry, Aquaculture animals（Not including ruminant）	秘鲁 Corporacion Pesquera Inca S. A. C. 公司 Razuri 工厂 Corporacion Pesquera Inca S. A. C., Razuri Plant, Peru	2020. 10—2025. 10	续展
(2020) 外饲准字 1107 号	鱼粉 Fishmeal	秘鲁蒸汽干燥鱼粉（三级至一级） PERUVIAN STEAM DRIED FISHMEAL（Ⅲ to Ⅰ）	单一饲料 Single Feed	畜禽、水产养殖动物（反刍动物除外） Livestock, Poultry, Aquaculture animals（Not including ruminant）	秘鲁 Corporacion Pesquera Inca S. A. C. 公司 Bayovar 工厂 Corporacion Pesquera Inca S. A. C., Bayovar Plant, Peru	2020. 10—2025. 10	续展
(2020) 外饲准字 1226 号	混合型饲料添加剂 矿物元素 Feed Additives Mixture Minerals	未来之锌 MiaTrace Zn	混合型饲料添加剂 Feed Additives Mixture	猪、家禽 Swine, Poultry	德国麦尔威股份有限公司 MIAVIT GmbH, Germany	2020. 12—2025. 12	续展
(2020) 外饲准字 1227 号	混合型饲料添加剂 氯化胆碱 Feed Additives Mixture Choline Chloride	诺维宝 NOVICHOL	混合型饲料添加剂 Feed Additives Mixture	牛 Cattle	比利时 INNOV AD NV 公司 INNOV AD NV, Belgium	2020. 12—2025. 12	续展
(2020) 外饲准字 1228 号	混合型饲料添加剂 DL-蛋氨酸 Feed Additives Mixture DL-Methionine	诺维美 NOVIMET	混合型饲料添加剂 Feed Additives Mixture	牛、羊 Cattle, Sheep	比利时 INNOV AD NV 公司 INNOV AD NV, Belgium	2020. 12—2025. 12	续展

（续）

登记证号	通用名称	商品名称	产品类别	使用范围	生产厂家	有效期限	备注
(2020) 外饲准字 1229 号	鱼粉 Fishmeal	蒸汽干燥鱼粉（三级至一级）Steam Dried Fishmeal（Ⅲ to Ⅰ）	单一饲料 Single Feed	畜禽、水产养殖动物（反刍动物除外）Livestock, Poultry, Aquaculture animals（Not including ruminant）	秘鲁 Pesquera Cantabria S. A. 公司 Coishco 工厂 Pesquera Cantabria S. A., Plant Coishco, Peru	2020. 12—2025. 12	续展
(2020) 外饲准字 1230 号	鱼粉 Fishmeal	红鱼粉（三级）Steam Dried Fishmeal（Ⅲ）	单一饲料 Single Feed	畜禽、水产养殖动物（反刍动物除外）Livestock, Poultry, Aquaculture animals（Not including ruminant）	秘鲁 Pesquera Jada S. A. 公司（Chimbote 工厂）Pesquera Jada S. A., Chimbote Plant, Peru	2020. 12—2025. 12	续展
(2020) 外饲准字 1231 号	鱼油 Fish Oil	鱼油（饲料级）Fish Oil（Feed Grade）	单一饲料 Single Feed	畜禽、水产养殖动物（反刍动物除外）Livestock, Poultry, Aquaculture animals（Not including ruminant）	巴基斯坦国际销售公司 Kanpa International Sales, Pakistan	2020. 12—2025. 12	续展
(2020) 外饲准字 1232 号	混合型饲料添加剂 植物乳杆菌 戊糖片球菌 屎肠球菌 Feed Additives Mixture Lactobacillus plantarum Pediococcus pentosaceus Enterococcus faecium	贮康宝全效 200T Frondita All Forage 200T	混合型饲料添加剂 Feed Additives Mixture	青贮饲料 Silage	美国福蓝迪他生物集团有限公司 Frondita Biogroup, Inc., USA	2020. 12—2025. 12	续展
(2020) 外饲准字 1233 号	鱼粉 Fishmeal	秘鲁蒸汽干燥鱼粉（三级至一级）Peruvian Steam Dried Fishmeal（Ⅲ to Ⅰ）	单一饲料 Single Feed	畜禽、水产养殖动物（反刍动物除外）Livestock, Poultry, Aquaculture animals（Not including ruminant）	秘鲁 CFG Investment S. A. C. 公司 La Planchada 工厂 CFG Investment S. A. C., Plant La Planchada, Peru	2020. 12—2025. 12	续展
(2020) 外饲准字 1234 号	混合型饲料添加剂 矿物元素 氯化钾 Feed Additives Mixture Minerals Potassium Chloride	安补纳 Prenatal	混合型饲料添加剂 Feed Additives Mixture	母猪 Sow	中国派斯德股份有限公司 China Bestar Laboratories Ltd.	2020. 12—2025. 12	续展
(2020) 外饲准字 1235 号	鱼粉 Fishmeal	秘鲁蒸汽干燥鱼粉（三级）Peruvian Steam Dried Fishmeal（Ⅲ）	单一饲料 Single Feed	畜禽、水产养殖动物（反刍动物除外）Livestock, Poultry, Aquaculture animals（Not including ruminant）	秘鲁 Tecnologica De Alimentos S. A. 公司 Vegueta 工厂 Tecnologica De Alimentos S. A., Plant Vegueta, Peru	2020. 12—2025. 12	续展

（续）

登记证号	通用名称	商品名称	产品类别	使用范围	生产厂家	有效期限	备注
(2020) 外饲准字 1236 号	鱼粉 Fishmeal	秘鲁蒸汽干燥鱼粉（三级至一级） Peruvian Steam Dried Fishmeal（Ⅲ to Ⅰ）	单一饲料 Single Feed	畜禽、水产养殖动物（反刍动物除外） Livestock, Poultry, Aquaculture animals（Not including ruminant）	秘鲁 Pesquera Exalmar S. A. A. 公司 Tambo de Mora 工厂 Pesquera Exalmar S. A. A. 公司 Plant Tambo de Mora, Peru	2020. 12—2025. 12	续展
(2020) 外饲准字 1237 号	酿酒酵母培养物 Yeast Culture	核酵肽素 Green Culture	单一饲料 Single Feed	养殖动物 All species or categories of animals	韩国大浩株式会社 Daeho Co.，Ltd.，Korea	2020. 12—2025. 12	续展
(2020) 外饲准字 1238 号	混合型饲料添加剂 香味物质 Feed Additives Mixture Flavouring Substances	普乐 E 50 Proviox 50	混合型饲料添加剂 Feed Additives Mixture	养殖动物 All species or categories of animals	荷兰普乐维美公司 Provimi B. V.，the Netherlands	2020. 12—2025. 12	续展
(2020) 外饲准字 1239 号	饲料添加剂 氨基酸铜络合物（氨基酸来源于水解植物蛋白） Feed Additive Copper Amino Acid Complex（anion of any amino acid derived from hydrolysed plant protein）	螯普美 铜 15% Optimin Copper 15%	饲料添加剂 Feed Additive	养殖动物 All species or categories of animals	美国 GPP INC DBA GREAT PLAINS PROCESSING 公司 GPP INC DBA GREAT PLAINS PROCESSING, USA	2020. 12—2025. 12	续展
(2020) 外饲准字 1240 号	饲料添加剂 氨基酸锰络合物（氨基酸来源于水解植物蛋白） Feed Additive Manganese Amino Acid Complex（anion of any amino acid derived from hydrolysed plant protein）	螯普美 锰 15% Optimin Manganese 15%	饲料添加剂 Feed Additive	养殖动物 All species or categories of animals	美国 GPP INC DBA GREAT PLAINS PROCESSING 公司 GPP INC DBA GREAT PLAINS PROCESSING, USA	2020. 12—2025. 12	续展
(2020) 外饲准字 1241 号	饲料添加剂 氨基酸铁络合物（氨基酸来源于水解植物蛋白） Feed Additive Iron Amino Acid Complex（anion of any amino acid derived from hydrolysed plant protein）	螯普美 铁 15% Optimin Iron 15%	饲料添加剂 Feed Additive	养殖动物 All species or categories of animals	美国 GPP INC DBA GREAT PLAINS PROCESSING 公司 GPP INC DBA GREAT PLAINS PROCESSING, USA	2020. 12—2025. 12	续展
(2020) 外饲准字 1242 号	饲料添加剂 氨基酸锌络合物（氨基酸来源于水解植物蛋白） Feed Additive Zinc Amino Acid Complex（anion of any amino acid derived from hydrolysed plant protein）	螯普美 锌 15% Optimin Zinc 15%	饲料添加剂 Feed Additive	养殖动物 All species or categories of animals	美国 GPP INC DBA GREAT PLAINS PROCESSING 公司 GPP INC DBA GREAT PLAINS PROCESSING, USA	2020. 12—2025. 12	续展

（续）

登记证号	通用名称	商品名称	产品类别	使用范围	生产厂家	有效期限	备注
（2020）外饲准字 1243 号	饲料添加剂 DL-蛋氨酸 Feed Additive DL-Methionine	饲料级 DL-蛋氨酸 DL-Methionine Feed Grade	饲料添加剂 Feed Additive	养殖动物 All species or categories of animals	（比利时）赢创德固赛安特卫普公司 Evonik Antwerpen N. V.，Belgium	2020. 12—2025. 12	续展
（2020）外饲准字 1244 号	鱼油 Fish Oil	鱼油（饲料级） Fish Oil (Feed Grade)	单一饲料 Single Feed	猪、水产养殖动物 Swine，Aquaculture animals	智利 ORIZON S A 公司（CORONEL 工厂） ORIZON S A（CORONEL PLANT），Chile	2020. 12—2025. 12	续展
（2020）外饲准字 1245 号	白鱼粉 White Fishmeal	白鱼粉（三级至特级） White Fishmeal（Grade Ⅲ to Super Fine）	单一饲料 Single Feed	畜禽、水产养殖动物（反刍动物除外） Livestock，Poultry，Aquaculture animals（Not including ruminant）	美国冰川渔业有限公司（工船加工，工船名：Alaska Ocean，工船号 1499） Glacier Fish Company，LLC.（Produced on Board at Vessel：Alaska Ocean，Official No. 1499），USA	2020. 12—2025. 12	续展
（2020）外饲准字 1246 号	鱼粉 Fishmeal	红鱼粉（三级至二级） Red Fishmeal（Ⅲ to Ⅱ）	单一饲料 Single Feed	畜禽、水产养殖动物（反刍动物除外） Livestock，Poultry，Aquaculture animals（Not including ruminant）	厄瓜多尔 Fortidex S. A. 公司 Data de Posorja 工厂 Fortidex S. A.，Data de Posorja Plant，Ecuador	2020. 12—2025. 12	续展
（2020）外饲准字 1247 号	鱼粉 Fishmeal	秘鲁蒸汽干燥鱼粉（三级） PERUVIAN STEAM DRIED FISHMEAL（Ⅲ）	单一饲料 Single Feed	畜禽、水产养殖动物（反刍动物除外） Livestock，Poultry，Aquaculture animals（Not including ruminant）	秘鲁 Pesquera Hayduk S. A. 公司 Tambo De Mora 工厂 Pesquera Hayduk S. A.，Plant Tambo De Mora，Peru	2020. 12—2025. 12	续展
（2020）外饲准字 1248 号	混合型饲料添加剂 酸度调节剂 Feed Additives Mixture Acidity Regulators	巧妙酸（液体） SCHAUMACID DRINK C	混合型饲料添加剂 Feed Additives Mixture	鸡、猪 Chicken，Swine	德国里格拉纳有限责任公司 Ligrana GmbH，Germany	2020. 12—2025. 12	续展
（2020）外饲准字 1249 号	白鱼粉 White Fishmeal	白鱼粉（三级至一级） White Fishmeal（Grade Ⅲ to Ⅰ）	单一饲料 Single Feed	畜禽、水产养殖动物（反刍动物除外） Livestock，Poultry，Aquaculture animals（Not including ruminant）	美国 Phoenix Processor Limited Partnership（PPLP 短称）（工船加工，工船名 Excellence，工船号 4111） Phoenix Processor Limited Partnership（PPLP），（Produced on Board at Vessel “Excellence”，Official No. 4111），USA	2020. 12—2025. 12	续展

（续）

登记证号	通用名称	商品名称	产品类别	使用范围	生产厂家	有效期限	备注
(2020) 外饲准字 1250 号	鱼粉 Fishmeal	红鱼粉（三级至一级） Red Fishmeal（Ⅲ to Ⅰ）	单一饲料 Single Feed	畜禽、水产养殖动物（反刍动物除外） Livestock，Poultry，Aquaculture animals（Not including ruminant）	智利 Camanchaca S. A. 公司 No. 1075 Camanchaca S. A. -No. 1075，Chile	2020. 12—2025. 12	续展
(2020) 外饲准字 1251 号	鱼粉 Fishmeal	红鱼粉（三级至一级） RED FISHMEAL（Ⅲ to Ⅰ）	单一饲料 Single Feed	畜禽、水产养殖动物（反刍动物除外） Livestock，Poultry，Aquaculture animals（Not including ruminant）	智利 Camanchaca Pesca Sur S. A. 渔业公司 Coronel 工厂（No. 8351） Camanchaca Pesca Sur S. A.，Coronel Plant（No. 8351），Chile	2020. 12—2025. 12	续展
(2020) 外饲准字 1252 号	饲料添加剂 丙酸 Feed Additive Propionic Acid	丙酸 F Propionic Acid F	饲料添加剂 Feed Additive	养殖动物 All species or categories of animals	（德国）巴斯夫欧洲公司 BASF SE，Germany	2020. 12—2025. 12	续展
(2020) 外饲准字 1253 号	混合型饲料添加剂 酶制剂 Feed Additives Mixture Enzymes	英威 XG10 液体复合酶 AveMix XG10 L	混合型饲料添加剂 Feed Additives Mixture	单胃动物 Monogastric animals	比利时艾威有限公司 Aveve NV，Belgium	2020. 12—2025. 12	续展
(2020) 外饲准字 1254 号	混合型饲料添加剂 酶制剂 Feed Additives Mixture Enzymes	英威 02CS 液体复合酶 AveMix 02CS L	混合型饲料添加剂 Feed Additives Mixture	单胃动物 Monogastric animals	比利时艾威有限公司 Aveve NV，Belgium	2020. 12—2025. 12	续展
(2020) 外饲准字 1255 号	混合型饲料添加剂 酶制剂 Feed Additives Mixture Enzymes	英威 XG10 复合酶 AveMix XG10	混合型饲料添加剂 Feed Additives Mixture	单胃动物 Monogastric animals	比利时艾威有限公司 Aveve NV，Belgium	2020. 12—2025. 12	续展
(2020) 外饲准字 1256 号	混合型饲料添加剂 酶制剂 Feed Additives Mixture Enzymes	英威 02CS 复合酶 AveMix 02CS	混合型饲料添加剂 Feed Additives Mixture	单胃动物 Monogastric animals	比利时艾威有限公司 Aveve NV，Belgium	2020. 12—2025. 12	续展
(2020) 外饲准字 1257 号	鱼粉 Fishmeal	红鱼粉（三级） Red Fishmeal（Ⅲ）	单一饲料 Single Feed	畜禽、水产养殖动物（反刍动物除外） Livestock，Poultry，Aquaculture animals（Not including ruminant）	巴基斯坦 Shamsi Industries 公司 Shamsi Industries，Pakistan	2020. 12—2025. 12	续展
(2020) 外饲准字 1258 号	饲料添加剂 丁基羟基茴香醚 Feed Additive Butylated Hydroxyanisole	丁基羟基茴香醚 Butylated Hydroxyanisole	饲料添加剂 Feed Additive	养殖动物 All species or categories of animals	印度 Camlin Fine Sciences 有限公司 Camlin Fine Sciences Ltd.，India	2020. 12—2025. 12	续展

附件 3

换发进口饲料和饲料添加剂产品登记证目录（2020）

登记证号	商品名称	通用名称	变更内容	原名称	变更名称
（2018）外饲准字 083 号	赛可新 S Selko®-pH S	混合型饲料添加剂 酸度调节剂 Feed Additives Mixture Acidity Regulators	中外文商品名称	赛可新 S Selko®-pH S	福可兴 Forticoat
（2017）外饲准字 290 号	双低菜籽粕 Double-low Canola meal	双低菜籽粕 Double-low Canola meal	生产厂家名称	加拿大 Louis Dreyfus Company Yorkton Processing GP 公司 Louis Dreyfus Company Yorkton Processing GP，Canada	加拿大 Louis Dreyfus Company Canada ULC Louis Dreyfus Company Canada ULC，Canada
			申请企业名称	加拿大 Louis Dreyfus Company Yorkton Processing GP 公司 Louis Dreyfus Company Yorkton Processing GP，Canada	加拿大 Louis Dreyfus Company Canada ULC Louis Dreyfus Company Canada ULC，Canada
（2017）外饲准字 276 号	和美酵素 TM-XT HemicellTM-XT	混合型饲料添加剂 β-甘露聚糖酶（产自迟缓芽孢杆菌） Feed Additives Mixture β-Mannanase（by *Bacillus lentus*）	生产厂家名称	美国礼来公司克林顿工厂 Eli Lilly and Company，Plant in Clinton，USA	美国礼蓝动物保健有限公司克林顿工厂 Elanco Animal Health Incorporated，USA
			申请企业名称	美国礼来公司 Eli Lilly and Company，USA	美国礼蓝动物保健有限公司 Elanco Clinton Laboratories，USA
（2018）外饲准字 407 号	依润 400 MORI-MAXAQ	混合型饲料添加剂 枯草芽孢杆菌 Feed Additives Mixture *Bacillus subtilis*	生产厂家名称	韩国 Biotopia 株式会社 Korea Biotopia Co.，Ltd.，Korea	韩国 Huons Natural 株式会社 Huons Natural Co.，Ltd.，Korea
			申请企业名称	韩国 Biotopia 株式会社 Korea Biotopia Co.，Ltd.，Korea	韩国 Huons Natural 株式会社 Huons Natural Co.，Ltd.，Korea
（2018）外饲准字 408 号	依润 300 PLA	混合型饲料添加剂 枯草芽孢杆菌 乳酸片球菌 Feed Additives Mixture *Bacillus subtilis Pediococcus acidilactici*	生产厂家名称	韩国 Biotopia 株式会社 Korea Biotopia Co.，Ltd.，Korea	韩国 Huons Natural 株式会社 Huons Natural Co.，Ltd.，Korea
			申请企业名称	韩国 Biotopia 株式会社 Korea Biotopia Co.，Ltd.，Korea	韩国 Huons Natural 株式会社 Huons Natural Co.，Ltd.，Korea
（2018）外饲准字 409 号	依润 200 MORI-MAX	混合型饲料添加剂 枯草芽孢杆菌 植物乳杆菌 Feed Additives Mixture *Bacillus subtilis Lactobacillus plantarum*	生产厂家名称	韩国 Biotopia 株式会社 Korea Biotopia Co.，Ltd.，Korea	韩国 Huons Natural 株式会社 Huons Natural Co.，Ltd.，Korea
			申请企业名称	韩国 Biotopia 株式会社 Korea Biotopia Co.，Ltd.，Korea	韩国 Huons Natural 株式会社 Huons Natural Co.，Ltd.，Korea

（续）

登记证号	商品名称	通用名称	变更内容	原名称	变更名称
（2018）外饲准字 410 号	依润 100 TAM－100	混合型饲料添加剂 枯草芽孢杆菌 酿酒酵母 Feed Additives Mixture *Bacillus subtilis Saccharomyces cerevisiae*	生产厂家名称	韩国 Biotopia 株式会社 Korea Biotopia Co.，Ltd.，Korea	韩国 Huons Natural 株式会社 Huons Natural Co.，Ltd.，Korea
			申请企业名称	韩国 Biotopia 株式会社 Korea Biotopia Co.，Ltd.，Korea	韩国 Huons Natural 株式会社 Huons Natural Co.，Ltd.，Korea
（2019）外饲准字 219 号	红鱼粉（Ⅲ） Red Fishmeal（Ⅲ）	鱼粉 Fishmeal	生产厂家名称	印度 M/S MUKKA SEA FOOD INDUSTRIES PVT LTD 公司（工厂） M/S MUKKA SEA FOOD INDUSTRIES PVT LTD.，India	印度 MUKKA SEA FOOD INDUSTRIES LIMITED 公司（工厂） MUKKA SEA FOOD INDUSTRIES LIMITED，India
（2019）外饲准字 078 号	鱼油（饲料级） Fish Oil（Feed Grade）	鱼油 Fish Oil	申请企业名称	印度 M/S MUKKA SEA FOOD INDUSTRIES PVT LTD 公司 M/S MUKKA SEA FOOD INDUSTRIES PVT LTD.，India	印度 MUKKA SEA FOOD INDUSTRIES LIMITED 公司 MUKKA SEA FOOD INDUSTRIES LIMITED，India
			生产地址名称	Calle Sin nombre，Lote 2 Manzana B D，Parque Industrial Pesquero Rodolfo Sánchez Taboada，C. P. 85486，Guaymas，Sonora，Mexico	Calle Sin nombre，Lote 2 Manzana B D，Parque Industrial Pesquero Rodolfo Sánchez Taboada，C. P. 85489，Guaymas，Sonora，Mexico
（2019）外饲准字 043 号	红鱼粉（三级） Red Fishmeal（Ⅲ）	鱼粉 Fishmeal	生产地址名称	Calle Sin nombre，Lote 2 Manzana B D，Parque Industrial Pesquero Rodolfo Sánchez Taboada，C. P. 85486，Guaymas，Sonora，Mexico	Calle Sin nombre，Lote 2 Manzana B D，Parque Industrial Pesquero Rodolfo Sánchez Taboada，C. P. 85489，Guaymas，Sonora，Mexico
（2017）外饲准字 414 号	普乐特康 Protexin Concentrate	屎肠球菌 *Enterococcus faecium*	生产厂家名称	英国普碧欧堤丝国际有限公司 Probiotics International Ltd.，UK	ADM 英国普乐特新有限公司 ADM Protexin Limited，UK
			申请企业名称	英国普碧欧堤丝国际有限公司 Probiotics International Ltd.，UK	ADM 英国普乐特新有限公司 ADM Protexin Limited，UK
（2020）外饲准字 528 号	红鱼粉（三级） Red Fishmeal（Grade Ⅲ）	鱼粉 Fishmeal	生产厂家名称	智利 Orizon S. A. 公司，Coronel 工厂（注册号：08309） Orizon S. A.，Coronel Plant（Register No. 08309），Chile	智利 Orizon S. A. 公司，Coronel 工厂（注册号：8309） Orizon S. A.，Coronel Plant（Register No. 8309），Chile
（2020）外饲准字 097 号	钮莱思酶—木聚糖酶（产自枯草芽孢杆菌） BELFEED B 1100 MP	混合型饲料添加剂 木聚糖酶（产自枯草芽孢杆菌） Feed Additives Mixture Xyla-Xylanase（source：*Bacillus subtilis*）	通用名称	混合型饲料添加剂 木聚糖酶（产自枯草芽孢杆菌） Feed Additives Mixture Xyla-Xylanase（source：*Bacillus subtilis*）	混合型饲料添加剂 木聚糖酶（产自枯草芽孢杆菌） Feed Additives Mixture Xylanase（source：*Bacillus subtilis*）

（续）

登记证号	商品名称	通用名称	变更内容	原名称	变更名称
（2019）外饲准字 314 号	RealLife 犬粮 含牛肉羊肉配方超级食品 RealLife Real Beef, Lamb and Superfoods Dog	全价宠物食品犬粮 Pet Compound Feed for Dog	中外文商品名称	RealLife 犬粮 含牛肉羊肉配方超级食品 RealLife Real Beef, Lamb and Superfoods Dog	（Vitakraft）RealLife 犬粮 含牛肉羊肉 （Vitakraft）RealLife Real Beef & Lamb Dog（Dry Dog food）
（2019）外饲准字 453 号	RealLife 猫粮 含羊肉鸡肉配方超级食品 RealLife Real Lamb, Chicken and Superfoods Cat	全价宠物食品猫粮 Pet Compound Feed for Cat	中外文商品名称	RealLife 猫粮 含羊肉鸡肉配方超级食品 RealLife Real Lamb, Chicken and Superfoods Cat	（Vitakraft）RealLife 猫粮 鸡肉羊肉配方 （Vitakraft）RealLife Real Lamb & Chicken Cat（Dry Cat food）
（2020）外饲准字 404 号	优酸 PureCid®	混合型饲料添加剂 酸度调节剂 氯化铜 Feed Additives Mixture Acidity Regulators Copper Chloride	通用名称	混合型饲料添加剂 酸度调节剂 氯化铜 Feed Additives Mixture Acidity Regulators Copper Chloride	混合型饲料添加剂 酸度调节剂 矿物元素 Feed Additives Mixture Acidity Regulators Minerals
			中文商品名称	优酸	纯酸
（2017）外饲准字 261 号	Superior 成犬狗粮 Superior Adult Complete	犬配合饲料 Dog Compound Feed	中外文商品名称	Superior 成犬狗粮 Superior Adult Complete	Superior 全价宠物食品成年期犬粮三文鱼配方 Superior Salmon Complete Dinner for Adult Dogs
			通用名称	犬配合饲料 Dog Compound Feed	全价宠物食品成年期犬粮 Pet Compound Feed for Adult Dog
（2017）外饲准字 253 号	Superoir 幼犬狗粮 Superior Puppy Food	犬配合饲料 Dog Compound Feed	中外文商品名称	Superoir 幼犬狗粮 Superior Puppy Food	Superior 全价宠物食品幼年期犬粮三文鱼配方 Superior Salmon Complete Dinner for Puppies
			通用名称	犬配合饲料 Dog Compound Feed	全价宠物食品幼年期犬粮 Pet Compound Feed for Puppy Dog
（2017）外饲准字 252 号	Superior 体重控制狗粮 Superior Weight Control	犬配合饲料 Dog Compound Feed	中外文商品名称	Superior 体重控制狗粮 Superior Weight Control	Superior 全价宠物食品老年期犬粮三文鱼配方 Superior Salmon Complete Dinner for Senior Dogs
			通用名称	犬配合饲料 Dog Compound Feed	全价宠物食品老年期犬粮 Pet Compound Feed for Senior Dog
（2020）外饲准字 528 号	红鱼粉（三级） Red Fishmeal（Grade Ⅲ）	鱼粉 Fishmeal	申请企业名称	智利 Orizon S. A. 公司 Orizon S. A.，Chile	智利 ORIZON S A ORIZON S A，Chile
			生产厂家名称	智利 Orizon S. A. 公司 Coronel 工厂（注册号：8309） Orizon S. A.，Coronel Plant（Register No.：8309），Chile	智利 ORIZON S A 公司（CORONEL 工厂） ORIZON S A（CORONEL PLANT），Chile
（2016）外饲准字 332 号	红鱼粉（三级） Red Fishmeal（Ⅲ）	鱼粉 Fishmeal	申请企业名称	厄瓜多尔 Herco Cia. Ltda. 公司 Herco Cia. Ltda.，Ecuador	厄瓜多尔 PESQUERA HERCO S. A. 公司 PESQUERA HERCO S. A.，Ecuador
			生产厂家名称	厄瓜多尔 Herco Cia. Ltda. 公司 Herco Cia. Ltda.，Ecuador	厄瓜多尔 PESQUERA HERCO S. A. 公司 PESQUERA HERCO S. A.，Ecuador

（续）

登记证号	商品名称	通用名称	变更内容	原名称	变更名称
（2020）外饲准字 627 号	雀露幼猫粮营养配方 Cheron kitten nutritional formula	全价宠物食品幼年期猫粮 Pet Compound Feed for Kitten	中文商品名称	雀露幼猫粮营养配方	雀露营养幼猫粮
（2020）外饲准字 628 号	雀露成猫粮健康配方 Cheron adult cat healthy formula	全价宠物食品成年期猫粮 Pet Compound Feed for Adult Cat	中文商品名称	雀露成猫粮健康配方	雀露健康成猫粮
（2020）外饲准字 629 号	雀露成猫粮低敏配方 Cheron adult cat hypoallergenic formula	全价宠物食品成年期猫粮 Pet Compound Feed for Adult Cat	中文商品名称	雀露成猫粮低敏配方	雀露低敏成猫粮
（2018）外饲准字 491 号	烟酸 Niacin	饲料添加剂 烟酸 Feed Additive Niacin	申请企业名称	瑞士龙沙有限公司 Lonza Ltd.，Switzerland	瑞士龙沙化学品解决方案有限公司 Lonza Solutions Ltd.，Switzerland
			生产厂家名称	瑞士龙沙有限公司 Lonza Ltd.，Switzerland	瑞士龙沙化学品解决方案有限公司 Lonza Solutions Ltd.，Switzerland
			生产地址名称	Munchensteinerstrasse 38，CH－4002 Basel，Switzerland	Lonzastrasse，CH－3930 Visp，Switzerland
（2017）外饲准字 363 号	纽埃特立霉克 MOLD-NIL Liquid	混合型饲料添加剂 防霉剂 Feed Additives Mixture Preservatives	申请企业名称	比利时纽蔼迪国际营养公司	比利时纽埃特国际营养公司
			生产厂家名称	比利时纽蔼迪国际营养公司 Beveren-Waas 工厂	比利时纽埃特国际营养公司（Beveren-Waas 工厂）
（2017）外饲准字 364 号	纽埃特酶安健 Nutri-Ferm	混合型饲料添加剂 酶制剂 Feed Additives Mixture Enzyme	申请企业名称	比利时纽蔼迪国际营养公司	比利时纽埃特国际营养公司
			生产厂家名称	比利时纽蔼迪国际营养公司 Beveren-Waas 工厂	比利时纽埃特国际营养公司（Beveren-Waas 工厂）
（2017）外饲准字 431 号	纽埃特包被烟酸 NUTRI-PP 50C	混合型饲料添加剂 包被烟酸 Feed Additives Mixture Coated Nicotinic Acid	申请企业名称	比利时纽蔼迪国际营养公司	比利时纽埃特国际营养公司
			生产厂家名称	比利时纽蔼迪国际营养公司（Beveren-Waas 工厂）	比利时纽埃特国际营养公司（Beveren-Waas 工厂）
（2017）外饲准字 432 号	纽埃特包被氯化胆碱 NUTRI-CHOL 25C	混合型饲料添加剂 包被氯化胆碱 Feed Additives Mixture Coated Choline Chloride	申请企业名称	比利时纽蔼迪国际营养公司	比利时纽埃特国际营养公司
			生产厂家名称	比利时纽蔼迪国际营养公司（Beveren-Waas 工厂）	比利时纽埃特国际营养公司（Beveren-Waas 工厂）
（2018）外饲准字 246 号	纽埃特沙诺克 GM SANACORE GM	混合型饲料添加剂 香味物质 Feed Additives Mixture Flavouring Substances	申请企业名称	比利时纽蔼迪国际营养公司	比利时纽埃特国际营养公司
			生产厂家名称	比利时纽蔼迪国际营养公司（Beveren-Waas 工厂）	比利时纽埃特国际营养公司（Beveren-Waas 工厂）

（续）

登记证号	商品名称	通用名称	变更内容	原名称	变更名称
(2016) 外饲准字 037 号	饲虾维 Vitamin Premix For Shrimp Feeds	混合性饲料添加剂 维生素 Feed Additives Mixture Vitamins	申请企业名称	（台湾）全兴国际水产股份有限公司 NUTRI-POTENTIAL BIOTECHNOLOGY Co. Ltd.	（台湾）领创生物科技股份有限公司 PREMIXSTAR BIOTECHNOLOGY CO.，LTD.
			生产厂家名称	（台湾）全兴国际水产股份有限公司桃园厂 NUTRI-POTENTIAL BIOTECHNOLOGY Co. Ltd.，Tao-Yuan Factory	（台湾）领创生物科技股份有限公司桃园厂 PREMIXSTAR BIOTECHNOLOGY CO.，LTD.，Tao-Yuan Factory
			生产地址名称	No. 106，Lane 800，Chung Sang S. Road，Yang-Mei Town，Tao-Yuan County	No. 106，Ln. 800，Zhongshan S. Rd.，Yangmei Dist.，Taoyuan City 326
(2017) 外饲准字 344 号	鳗多维 Vitamin Premix for Eel Feeds	维生素添加剂预混合饲料 Vitamin Additive Premix	申请企业名称	（台湾）全兴国际水产股份有限公司 NUTRI-POTENTIAL BIOTECHNOLOGY Co. Ltd.	（台湾）领创生物科技股份有限公司 PREMIXSTAR BIOTECHNOLOGY CO.，LTD.
			生产厂家名称	（台湾）全兴国际水产股份有限公司桃园厂 NUTRI-POTENTIAL BIOTECHNOLOGY Co. Ltd.，Tao-Yuan Factory	（台湾）领创生物科技股份有限公司桃园厂 PREMIXSTAR BIOTECHNOLOGY CO.，LTD.，Tao-Yuan Factory
			生产地址名称	No. 106，Lane 800，Chung Sang S. Road，Yang-Mei Town，Tao-Yuan County	No. 106，Ln. 800，Zhongshan S. Rd.，Yangmei Dist.，Taoyuan City 326
(2019) 外饲准字 053 号	鱼用维生素 Vitamin Premix for Fish Feeds	鱼用维生素预混合饲料 Vitamin Premix for Fish	申请企业名称	（台湾）全兴国际水产股份有限公司 NUTRI-POTENTIAL BIOTECHNOLOGY Co. Ltd.	（台湾）领创生物科技股份有限公司 PREMIXSTAR BIOTECHNOLOGY CO.，LTD.
			生产厂家名称	（台湾）全兴国际水产股份有限公司桃园厂 NUTRI-POTENTIAL BIOTECHNOLOGY Co. Ltd.，Tao-Yuan Factory	（台湾）领创生物科技股份有限公司桃园厂 PREMIXSTAR BIOTECHNOLOGY CO.，LTD.，Tao-Yuan Factory
			生产地址名称	No. 106，Lane 800，Chung Sang S. Road，Yang-Mei Town，Tao-Yuan County	No. 106，Ln. 800，Zhongshan S. Rd.，Yangmei Dist.，Taoyuan City 326
(2019) 外饲准字 052 号	虾用矿物精 Mineral Premix for Shrimp Feeds	虾用微量元素预混合饲料 Trace Mineral Premix for Shrimps	申请企业名称	（台湾）全兴国际水产股份有限公司 NUTRI-POTENTIAL BIOTECHNOLOGY Co. Ltd.	（台湾）领创生物科技股份有限公司 PREMIXSTAR BIOTECHNOLOGY CO.，LTD.
			生产厂家名称	（台湾）全兴国际水产股份有限公司桃园厂 NUTRI-POTENTIAL BIOTECHNOLOGY Co. Ltd.，Tao-Yuan Factory	（台湾）领创生物科技股份有限公司桃园厂 PREMIXSTAR BIOTECHNOLOGY CO.，LTD.，Tao-Yuan Factory
			生产地址名称	No. 106，Lane 800，Chung Sang S. Road，Yang-Mei Town，Tao-Yuan County	No. 106，Ln. 800，Zhongshan S. Rd.，Yangmei Dist.，Taoyuan City 326

（续）

登记证号	商品名称	通用名称	变更内容	原名称	变更名称
（2019）外饲准字 122 号	饲料级 DL-蛋氨酸 DL-Methionine Feed Grade	饲料添加剂 DL-蛋氨酸 Feed Additive DL-Methionine	申请企业名称	赢创营养与消费化学品有限责任公司 Evonik Nutrition & Care GmbH，Germany	（德国）赢创运营有限公司 Evonik Operations GmbH，Germany
			生产厂家名称	德国赢创德固赛有限公司韦塞林格工厂 Evonik Degussa GmbH，Wesseling Plant，Germany	（德国）赢创运营有限公司韦塞林格工厂 Evonik Operations GmbH，Wesseling Plant，Germany
（2017）外饲准字 247 号	鱼油 FISH OIL	鱼油 Fish Oil	申请企业名称	智利 Compania Pesquera Camanchaca S. A. 公司-Iquique 工厂 Compania Pesquera Camanchaca S. A，Iquique Plant，Chile	智利 Camanchaca S. A. 公司-Iquique 工厂 Camanchaca S. A，Iquique Plant，Chile
			生产厂家名称	智利 Compania Pesquera Camanchaca S. A. 公司-Iquique 工厂 Compania Pesquera Camanchaca S. A，Iquique Plant，Chile	智利 Camanchaca S. A. 公司-Iquique 工厂 Camanchaca S. A，Iquique Plant，Chile
（2016）外饲准字 069 号	五指酸 ACIDIFIER CN	混合型饲料添加剂 酸度调节剂 Feed Additives Mixture Acidity Regulators	申请企业名称	意大利 Bioscreen Technologies SRL 公司 Bioscreen Technologies SRL，Italy	百尔康（意大利）大药厂 Balchem Italia S. r. l.，Italy
			生产厂家名称	意大利 Bioscreen Technologies SRL 公司 Bioscreen Technologies SRL，Italy	百尔康（意大利）大药厂 Balchem Italia S. r. l.，Italy
（2018）外饲准字 382 号	贝易升 Bioyeast Poultry	混合型饲料添加剂 氯化胆碱 Feed Additives Mixture Choline Chloride	申请企业名称	意大利贝科瑞化工大药厂 Bioscreen Technologies Srl，Italy	百尔康（意大利）大药厂 Balchem Italia S. r. l.，Italy
			生产厂家名称	意大利贝科瑞化工大药厂 Bioscreen Technologies Srl，Italy	百尔康（意大利）大药厂 Balchem Italia S. r. l.，Italy
（2018）外饲准字 375 号	福尔邦 FIBRASE	混合型饲料添加剂 氯化胆碱 Feed Additives Mixture Choline Chloride	申请企业名称	意大利贝科瑞化工大药厂 Bioscreen Technologies Srl，Italy	百尔康（意大利）大药厂 Balchem Italia S. r. l.，Italy
			生产厂家名称	意大利贝科瑞化工大药厂 Bioscreen Technologies Srl，Italy	百尔康（意大利）大药厂 Balchem Italia S. r. l.，Italy
（2018）外饲准字 376 号	普美特 PRO-MET	混合型饲料添加剂 DL-蛋氨酸 Feed Additives Mixture DL-Methionine	申请企业名称	意大利贝科瑞化工大药厂 Bioscreen Technologies Srl，Italy	百尔康（意大利）大药厂 Balchem Italia S. r. l.，Italy
			生产厂家名称	意大利贝科瑞化工大药厂 Bioscreen Technologies Srl，Italy	百尔康（意大利）大药厂 Balchem Italia S. r. l.，Italy
（2018）外饲准字 381 号	乳美特 RUMASTER	混合型饲料添加剂 L-赖氨酸盐酸盐 Feed Additives Mixture L-Lysine Monohydrochloride	申请企业名称	意大利贝科瑞化工大药厂 Bioscreen Technologies Srl，Italy	百尔康（意大利）大药厂 Balchem Italia S. r. l.，Italy
			生产厂家名称	意大利贝科瑞化工大药厂 Bioscreen Technologies Srl，Italy	百尔康（意大利）大药厂 Balchem Italia S. r. l.，Italy

（续）

登记证号	商品名称	通用名称	变更内容	原名称	变更名称
（2018）外饲准字463号	斯多利佳 STA-CHOL premium	混合型饲料添加剂 氯化胆碱 Feed Additives Mixture Choline Chloride	申请企业名称	意大利贝科瑞化工大药厂 Bioscreen Technologies Srl, Italy	百尔康（意大利）大药厂 Balchem Italia S. r. l. , Italy
			生产厂家名称	意大利贝科瑞化工大药厂 Bioscreen Technologies Srl, Italy	百尔康（意大利）大药厂 Balchem Italia S. r. l. , Italy
（2016）外饲准字226号	斯多利 STA-CHOL	氯化胆碱预混剂 Choline Chloride Premix	申请企业名称	意大利贝科瑞化工大药厂 Bioscreen Technologies Srl, Italy	百尔康（意大利）大药厂 Balchem Italia S. r. l. , Italy
			生产厂家名称	意大利贝科瑞化工大药厂 Bioscreen Technologies Srl, Italy	百尔康（意大利）大药厂 Balchem Italia S. r. l. , Italy
（2018）外饲准字380号	丹宁诺 TANNINO 50	混合型饲料添加剂 美国栗树叶提取物 Feed Additives Mixture Chestnut Leaves Extract	申请企业名称	意大利贝科瑞化工大药厂 Bioscreen Technologies Srl, Italy	百尔康（意大利）大药厂 Balchem Italia S. r. l. , Italy
			生产厂家名称	意大利贝科瑞化工大药厂 Bioscreen Technologies Srl, Italy	百尔康（意大利）大药厂 Balchem Italia S. r. l. , Italy
（2019）外饲准字192号	艾多乳 Aldosperse O－20 KFG	混合型饲料添加剂 聚氧乙烯20山梨醇酐单油酸酯 单硬脂酸甘油酯 Feed Additives Mixture Polyoxyethylene (20) Sorbitan Mono-oleate Glyceryl Monosterate	申请企业名称	美国龙沙有限公司 Lonza Inc. , USA	美国龙沙有限责任公司 Lonza LLC, USA
			生产厂家名称	美国龙沙有限公司 Lonza Inc. , USA	美国龙沙有限责任公司 Lonza LLC, USA
（2020）外饲准字423号	利补舒 Liposorb	混合型饲料添加剂 卵磷脂 聚乙二醇甘油蓖麻酸酯 Feed Additives Mixture Lecithin Glyceryl Polyethylenglycol Ricinoleate	中外文商品名称	利补舒 Liposorb	辉谱肥 Phisorb
（2019）外饲准字498号	特甜宝 Sugarex PF/95F	混合型饲料添加剂 甜味物质 Feed Additives Mixture Sweetening Substances	申请企业名称	西班牙英明公司 INTERQUIM S. A. , Spain	西班牙 HTBA 公司 HealthTech Bio Actives S. L. U. , Spain
			生产厂家名称	西班牙英明公司（工厂） INTERQUIM S. A. , Spain	西班牙 HTBA 公司（工厂） HealthTech Bio Actives S. L. U. , Spain
（2020）外饲准字382号	泰富展® PolyEnrich®	混合型饲料添加剂 酿酒酵母 Feed Additives Mixture Saccharomyces cerevisiae	申请企业名称	（台湾）丰展生物科技股份有限公司二厂	（台湾）丰展生物科技股份有限公司
（2020）外饲准字396号	丰长肽® TopEnrich®	混合型饲料添加剂 酿酒酵母 Feed Additives Mixture Saccharomyces cerevisiae	申请企业名称	（台湾）丰展生物科技股份有限公司二厂	（台湾）丰展生物科技股份有限公司

饲料评价

落实“放管服”要求，科学开展饲料原料和饲料添加剂评审、咨询及相关工作。一是认真落实好新建立的饲料原料和饲料添加剂审批咨询服务机制。组织5次专家咨询会议，对73个次产品的咨询申请进行了评议，给企业新产品申报提出合理化意见和建议。二是落实好饲料评价各项制度。对15个次产品进行初审，对9个次经过咨询的产品进行终审。评审通过新饲料添加剂植物炭黑并颁发新产品证书；通过进口饲料添加剂氨基酸锌络合物（氨基酸为L-赖氨酸和谷氨酸）并纳入《饲料添加剂品种目录》；增补鸡蛋、灵芝、姬松茸3种饲料原料进入《饲料原料目录》；增补紫胶、蛋氨酸羟基类似物异丙酯、L-抗坏血酸钠3个饲料添加剂品种进入《饲料添加剂品种目录》；扩大胆汁酸、蛋氨酸羟基类似物、羟丙基甲基纤维素等3个饲料添加剂品种的适用范围。三是加强对获证新饲料添加剂产品的监测期现场检查。四是加强饲料评价体系建设。为进一步规范新饲料和新饲料添加剂审定工作，农业农村部委托全国饲料评审委员会对有关评价机构进行评估，确定了25家有能力承担饲料和饲料添加剂有效性和耐受性评价试验机构和9家毒理学评价试验机构，并组织开展了饲料评价技术培训。

饲料质量监督与监测

为加强饲料质量安全监管，保障动物产品质量安全，根据《农业农村部关于印发2020年饲料兽药生鲜乳质量安全监测计划的通知》（农牧发〔2020〕8号，以下简称《通知》）要求，农业农村部畜牧兽医局统一部署并组织开展了2020年度全国饲料质量安全监督抽查工作，监督抽查结果如下。

一、监督抽查总体概况

按照"双随机一公开"监管要求，畜牧兽医局采取"互联网＋饲料监管"方式，开展了2020年全国饲料质量安全监督抽查工作。从被监督抽查企业库中随机选取1 491家饲料生产企业进行监督抽查，从监管专家库中随机选取76名饲料质量安全监管专家，与20名相关单位推荐人员组成36个抽样检查小组开展了抽样工作。实际对全国29个省、自治区和直辖市（新疆、西藏、台湾、香港、澳门未安排抽检）的1 113家饲料和饲料添加剂生产企业现场抽样2 349批次，并完成其中257家企业《饲料质量安全管理规范》执行情况的现场检查。产品监测指标包括卫生、禁限用药物、牛羊源性成分和质量等4个方面32项指标，产品检验检测工作由畜牧兽医局通过公开招标方式选择的10家承检机构完成，国家饲料质量监督检验中心（北京）（以下简称"中心"）和有关省级饲料质检机构对86批次样品进行了复核检验和仲裁检验。此次监督抽查的样品采集、派样检测、检测报告、复核检验和仲裁检验等全部工作流程均录入全国饲料质量安全监测信息系统，实现监督抽查工作全程可追溯。在监督抽查的2 349批次样品中，经检测判定不合格产品45批次，总体合格率为98.1%。

二、监督抽查基本情况

（一）工作原则和流程

1. 工作原则。按照《通知》要求，遵循三个工作原则实施监测工作。一是监督抽查"双随机"，即进一步完善和应用好被监督抽查企业库和监管专家库，通过两库"双随机"有效保障监测工作公平性和抽检数据代表性；二是全程痕迹化管理，应用移动采样终端和全国饲料质量安全监测信息系统，完整记录现场抽检和产品检验数据信息，实现监督抽查工作全程痕迹化管理以及数据实时跟踪和可追溯；三是充分发挥"互联网＋饲料监管"工作方式的实时、高效、智能优势，保障监督抽查数据和工作动态互联互通，实现农业农村部、省级饲料管理部门、被监督抽查企业以及监督抽查技术支撑单位"四方互动"，保障和提升监测工作实效。

2. 工作流程。明确各环节工作要点和工作程序，扎实有序开展两库"双随机"、企业现场抽查、产品检测、结果报送和数据上报、异议处理、结果分析和结果通报。工作流程见图1。

（二）抽查工作的实施

第一阶段：方案制订和事前筹备。按照《通知》要求制订工作方案，"双随机"确定被监督抽查企业和监管专家；对监管专家和承检机构开展抽查规范、检测技术、判定规则培训；抽检物资准备。

第二阶段：企业现场抽查。36个抽查小组在全国29个省、自治区和直辖市（新疆、西藏、台湾、香港、澳门未安排抽检）的1 113家饲料和饲料添加剂生产企业现场抽样2 349批次，同时对其中257家企业进行《饲料质量安全管理规范》落实情况现场检查。

第三阶段：产品检测。"中心"和10家承检机构开展样品初检工作，"中心"对提出申请的产品开展复核检测和仲裁检验工作。

第四阶段：结果分析研判和通报。畜牧兽医局完成抽检结果分析，形成工作总结报告，并将监测结果面向社会公开通报。

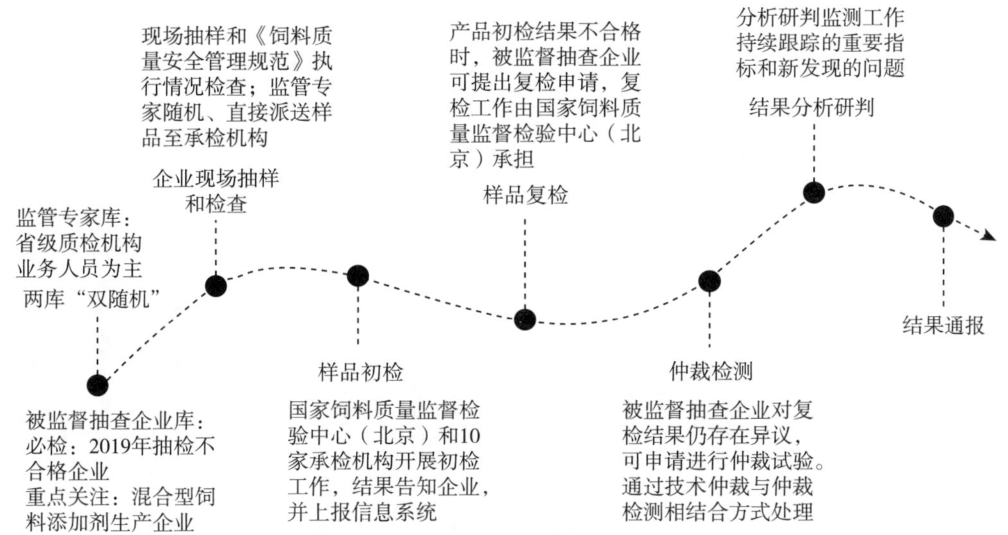

图 1　监测工作流程

（三）抽样情况

本次抽检产品类别涵盖配合饲料、浓缩饲料、精料补充料、添加剂预混合饲料、宠物饲料、饲料原料（动物源性、植物源性、微生物来源和矿物质）以及饲料添加剂（饲料添加剂和混合型饲料添加剂）。饲喂对象涵盖猪、禽、反刍动物、水产、宠物和特种动物。

1. 样品数量和企业数量。29 个省、自治区和直辖市共抽检样品 2 349 批次，8 个省份抽检 100 批次以上样品，抽检数量排名前五为山东、河北、广东、河南、江苏；青海和海南抽检样品在 10 批次以内（图 2）。

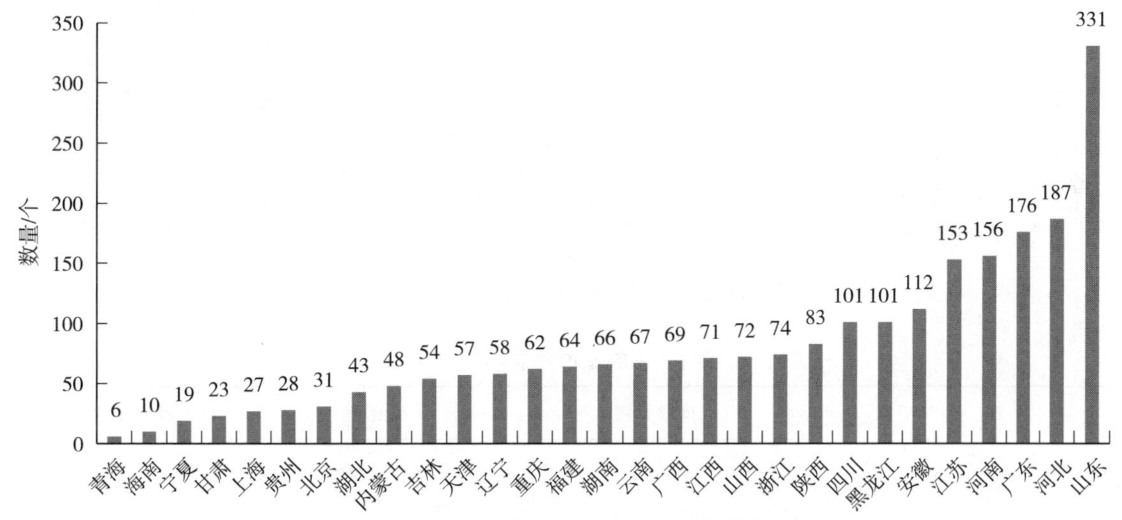

图 2　29 个省（自治区、直辖市）抽样数量

共抽检 1 113 家饲料、饲料添加剂生产企业，抽检企业数量前五名为山东、河北、广东、河南、江苏。青海、海南抽检企业数量少于 10 家（图 3）。

平均每家企业抽样数为 2 批次，抽样数最少为 1 批次，最多为 6 个批次（为不同类型添加剂）。

被抽检企业覆盖 29 个省的 126 个地市（区、自治州），江苏、山东、重庆、安徽、浙江覆盖地市较多；云南、贵州、甘肃、海南、青海等省覆盖地市数量较少（图 4）。

2. 抽检样品按产品类型的分布情况。本次监督抽查，抽检样品数量较多的为配合饲料（1 016 批次，占比 43.3%）、浓缩饲料（312 批次，占比 13.3%）和饲料添加剂（共 455 批次，占比 19.4%，其中饲料添加剂 133 个，混合型饲料添加剂 322 个）。与 2019 年相比，配合饲料抽检数量相对减少，添加剂产品，特别是混合型饲料添加剂抽检数量明显增加，这与 2020 年将混合型饲料添加剂作为监督抽查重点有关。不同产品抽检数量和占比详见表 1 和图 5。

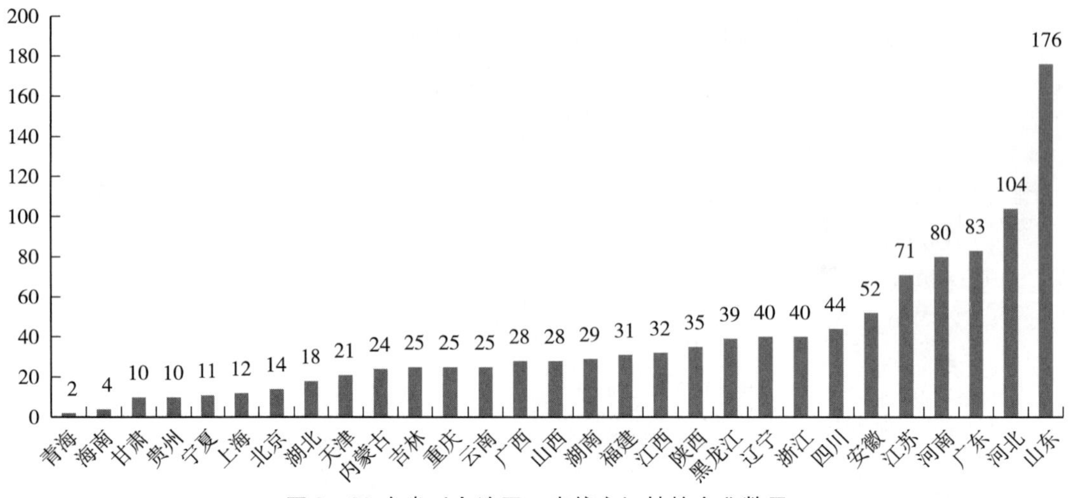

图3 29个省（自治区、直辖市）抽检企业数量

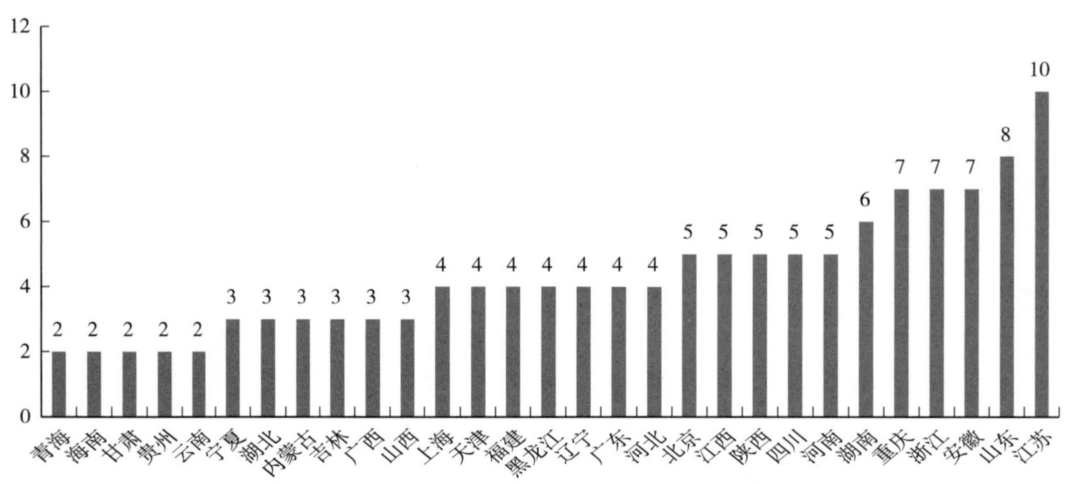

图4 各省（自治区、直辖市）抽检覆盖地级市（区）数量

表1 不同类型产品抽检数量

年份	配合饲料	浓缩饲料	精料补充料	宠物饲料	饲料原料				预混合饲料			饲料添加剂		合计
					植物源性	动物源性	微生物发酵类	矿物质	维生素预混合饲料	微量元素预混合饲料	复合预混合饲料	单一	混合	
2020	1 016	312	62	53	43	52	19	5	82	45	205	133	322	2 349
2019	1 618	436	80	57	46	52	17	0	42	32	208	95	122	2 805

3. 抽检样品按饲喂对象的分布情况。2020年监督抽查样品饲喂对象为猪（母猪、仔猪、育肥、全阶段）、禽（蛋禽、肉禽、全阶段）、反刍动物、水产动物（鱼、虾、蟹、蛙、乌龟等）、宠物（猫、犬）和特种动物（兔、狐狸、貉子、鼠等），其他产品为通用型饲料添加剂和饲料原料，以及少数通用型添加剂预混合饲料。不同饲喂对象抽样情况（表2）。

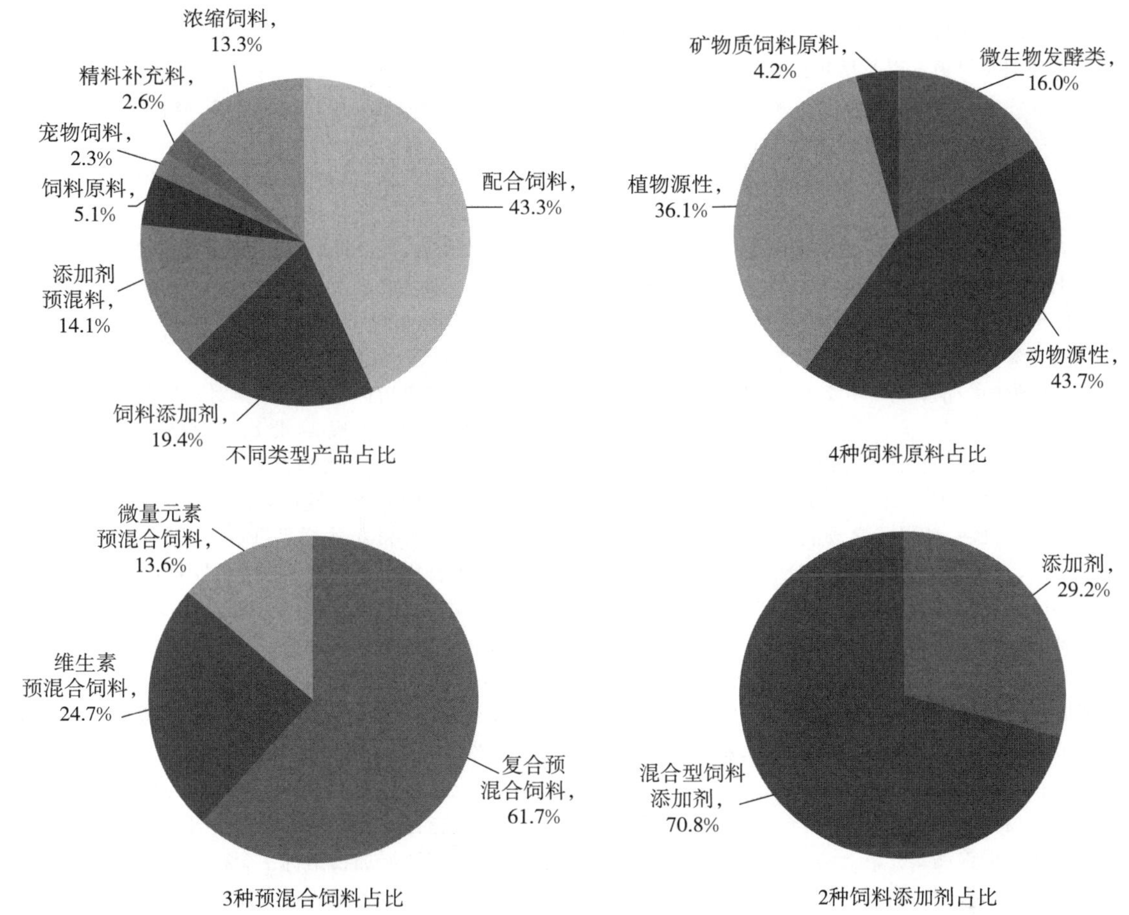

图5　不同产品类型抽检比例

表2　不同饲喂对象样品分布情况

适用动物	猪	禽	反刍动物	水产动物	宠物	特种动物	通用
数量	787	496	137	186	53	28	662

4. 饲料添加剂（含混合型饲料添加剂）**抽检情况。**共抽检饲料添加剂样品455批次（其中混合型饲料添加剂322批次），产品类别主要包括氨基酸类、氨基酸盐及其类似物、维生素及类维生素、矿物元素及其络（螯）合物、酶制剂、微生物以及其他类饲料添加剂（诱食剂、防腐剂、防霉剂、酸度调节剂、非蛋白氮、多糖和寡糖等）。

5. 饲料原料抽检情况。本次监督抽查共抽检饲料原料样品119批次，动物源性饲料原料样品52批次，包括鱼粉、肉粉、羽毛粉、肉骨粉及其他动物源性原料；植物源性饲料原料样品43批次，包括饼粕、蛋白粉及其他植物源性原料；另外，还包括19批次微生物发酵产品及副产品类饲料原料样品，5批次矿物质饲料原料样品（均为腐殖酸钠）。饲料原料抽样数量（表3）。

表3　饲料原料抽样数量（批次）

动物源性饲料原料						植物源性饲料原料				微生物发酵产品及副产品	矿物质饲料原料
鱼粉	肉粉	羽毛粉	骨粉/肉骨粉	血液制品	蛋粉	饼粕	蛋白粉	喷浆玉米皮	海带渣		
8	18	15	3	7	1	30	7	5	1	19	5

（四）检测指标、检测方法及判定依据

1. 检测指标的设置。本次监督抽查，根据不同产品类型和饲喂对象，以及历年预警监测工作发现的风险点，设置了32项必检指标，涵盖质量指标、卫生指标和药物饲料添加剂和非法添加物指标以及饲料添加剂（含混合型饲料添加剂）主含量。

（1）配合饲料、浓缩饲料和精料补充料。水分、粗蛋白、铜、锌、铅、砷、镉、喹乙醇、喹烯酮、金霉素、土霉素、氟苯尼考等指标必检。禽饲料增加氯霉素指标检测；水产饲料增加氯霉素、呋喃西林、呋喃妥因、呋喃它酮、呋喃唑酮指标检测；宠物饲料检测水分、粗蛋白、铜、锌、铅、砷、镉，其他指标不检测。

（2）添加剂预混合饲料。维生素预混合饲料检测维生素A、维生素D_3、维生素E、维生素B_1、维生素B_2、维生素B_6；微量元素预混合饲料检测铜、锌、铁、锰、铅、砷、镉；复合预混合饲料检测铜、锌、维生素A、维生素E、维生素B_2、维生素B_6、赖氨酸、蛋氨酸、铅、砷。

（3）单一饲料（不含动物油脂）。水分、粗蛋白、三聚氰胺必检。动物源性饲料原料增加牛源性成分、羊源性成分指标检测，植物源性和生物发酵产品及副产品类饲料原料增加黄曲霉毒素B_1、玉米赤霉烯酮、T-2毒素、脱氧雪腐镰刀菌烯醇、赭曲霉毒素A、伏马毒素等指标检测。

（4）饲料添加剂（含混合型饲料添加剂）。检测主含量指标及铅、砷。

2. 检测方法的选择。饲料产品及饲料原料的检测按《通知》附件1至附件5规定的检测方法进行，饲料添加剂（含混合型饲料添加剂）主含量指标的检测采用企业标准中规定或推荐的检测方法进行。

3. 判定依据。按照《通知》附件1至附件5规定的判定依据和判定原则进行判定。

三、监测结果与分析

（一）检测工作量

本次监督抽查共检测质量指标、卫生指标、药物饲料添加剂和非法添加物等指标32项，共计22 369项次。

（二）检测结果

1. 总体情况。在本次监督抽查的2 349批次样品中，经检测判定不合格产品45批次，总体合格率为98.1%。其中，配合饲料1 016批次，合格率98.6%；浓缩饲料312批次，合格率97.1%；精料补充料62批次，合格率96.8%；宠物饲料53批次，合格率100%；添加剂预混合饲料332批次，合格率97.9%；饲料添加剂133批次，合格率97.7%；混合型饲料添加剂322批次，合格率97.2%；动物源性饲料原料52批次，合格率98.1%；植物性饲料原料43批次，合格率100%；微生物发酵类单一饲料19批次，合格率100%；矿物质饲料原料5批次，合格率100%。

检出不合格指标共8项，不合格项次共53项次。不合格指标涉及质量指标、卫生指标以及药物饲料添加剂和非法添加物指标，检出频次较高的为铜、锌、铅、砷。不合格产品涉及15个省、自治区、直辖市43家生产企业的45批次产品。

2. 结果分析。

（1）主要指标检测结果。对2 215批次样品进行卫生指标检测，发现14批次不合格产品，不合格率0.6%；对1 504批次样品进行药物饲料添加剂和非法添加物指标检测，发现3批次不合格产品，不合格率0.2%；对52批次样品进行牛羊源成分指标检测，未发现不合格产品；对2 071批次样品进行质量指标检测，发现28批次不合格产品，不合格率1.4%。8批次产品2项指标不合格，其中5批次产品2项质量指标不合格，3批次产品2项卫生指标不合格。

（2）不同指标的检测情况。本次监督抽查设置的32项必检指标（包含水分，不判定）中有8项检出不合格。质量指标中铜、锌、铁、锰检出不合格样品，卫生指标中铅、总砷检出不合格样品，药物饲料添加剂和非法添加物指标中金霉素、三聚氰胺检出不合格样品。14批次产品中铜含量不合格，其中13批次产品铜添加量超过《饲料添加剂安全使用规范》（农业部公告第2625号）规定的最高限量，1批次产品铜含量低于产品标签保证值；17批次产品锌含量不合格，其中12批次产品锌添加量超过《饲料添加剂安全使用规范》（农业部公告第2625号）规定的最高限量，5批次产品锌含量低于产品标签保证值。不合格指标汇总（表4）。

（3）不同类型产品检测情况。抽检配合饲料产品1 016批次，不合格产品14批次，不合格指标为铜（5批次）、锌（8批次）、金霉素（1批次）、铅（1批次）。其中，1批次产品2项指标不合格。

抽检312批次浓缩饲料产品，不合格产品9批次，不合格指标为铜（6批次）、锌（4批次）。其中，1批次产品2项指标不合格。

抽检62批次精料补充料，不合格产品2批次，不合格指标为铜（1批次）、金霉素（1批次）。

抽检宠物饲料53批次，检测指标全部合格。

抽检添加剂预混合饲料332批次，不合格产品7批次，不合格指标为铜（2批次）、锌（5批次）、铁（1批次）、锰（1批次）、总砷（1批次）。其中，3批次产品2项指标不合格。

表 4　不合格指标汇总

指标种类	指标	检出项次	指标种类	指标	检出项次
质量指标	铜	14	卫生指标	铅	10
	锌	17		总砷	7
	铁	1	药物饲料添加剂和非法添加物	三聚氰胺	1
	锰	1		金霉素	2
指标合计	8 项				
项次合计	53 项次				
产品合计	45 批次				

抽检动物源性饲料原料 52 批次，1 批次（肉粉）检出三聚氰胺；植物源性饲料原料 43 批次，检测指标全部合格。微生物发酵产品及副产品类饲料原料 19 批次和矿物质类饲料原料 5 批次，检测指标全部合格。

抽检饲料添加剂（含混合型饲料添加剂）455 批次，不合格产品 12 批次。不合格指标为铅（9 批次）、砷（6 批次）。其中，3 批次产品 2 项指标不合格。

（4）不同省份产品检测情况。本次监督抽查的 29 个省、自治区、直辖市中，甘肃省、黑龙江省、湖南省等 15 个省、自治区、直辖市均检出不合格产品，北京市、天津市、上海市等 14 个省、自治区、直辖市产品合格率为 100%。各省抽检产品合格率详（表 5）。

表 5　29 个省、自治区、直辖市中监督抽查合格率（%）

省份	甘肃	黑龙江	湖南	山西	吉林	江苏	广东	河北	山东	内蒙古
合格率	87.0	92.1	95.5	95.8	96.3	97.4	97.7	97.9	97.9	97.9
省份	重庆	云南	广西	河南	安徽	北京	天津	上海	辽宁	浙江
合格率	98.4	98.5	98.6	98.7	99.1	100	100	100	100	100
省份	湖北	江西	四川	贵州	陕西	宁夏	青海	福建	海南	
合格率	100	100	100	100	100	100	100	100	100	

（三）企业现场检查结果

监管专家对照生产企业许可条件和《饲料质量安全管理规范》（以下简称“管理规范”）要求，围绕安全生产、许可条件、原料使用、生产过程控制、产品质量控制、管理规范执行、标签标识等 7 个方面 33 项内容，对 257 家饲料和饲料添加剂生产企业进行了现场检查。

结果发现，现场生产条件与许可条件要求不完全一致，原料使用不规范，安全生产措施执行不到位，生产过程控制不规范，产品质量检验制度落实不到位，标签标识不规范等问题普遍存在。现场检查专家对存在问题的企业分别提出了整改意见建议。

四、监督抽查发现的主要问题

（一）饲料铜、锌超标问题依然突出

本次监督抽查发现的 45 批次不合格产品中，13 批次产品铜含量超标，12 批次产品锌含量超标，占不合格产品比例分别为 28.9%和 26.7%，表明饲料中高铜高锌问题依然较为突出。铜、锌超标产品主要集中在适用于仔猪或母猪的配合饲料和浓缩饲料，个别禽配合饲料、水产配合饲料和反刍动物精料补充料检出铜或锌超标。

（二）企业标准和产品标签不规范情况较为普遍

主要表现在：一是产品标准和标签标示内容不规范，例如适用阶段与相关规定不一致，标准与标签上名称、标示指标不一致，使用计量单位错误等；二是产品标准规定的检测方法适用性差或不具有可操作性，尤其在混合型饲料添加剂产品中比较突出，标准、标签不规范损害消费者利益，同时增加监督抽查结果的判定难度。

五、有关要求

针对 2020 年度饲料质量安全监督抽查工作中发现的问题，畜牧兽医局要求各级畜牧兽医管理部门要

高度重视饲料质量安全问题，切实落实属地管理责任，加快建立“互联网+监管”工作机制，强化落实监管措施，督促企业依法依规生产。

一是按照《饲料和饲料添加剂管理条例》规定，严肃处理监督抽查中发现的不合格产品及其生产企业，督促指导有关企业进行对照整改，并要求将有关查处和整改落实情况请于2021年3月31日前报送至畜牧兽医局。

二是根据全国饲料质量安全监督抽检和地方抽检结果，对涉嫌制售假冒伪劣产品、产品连续出现不合格情况的生产企业实施重点监控，建立“黑名单”制度；对抽检中发现问题的生产企业采取约谈、限期整改、行政处罚等措施，督促生产企业落实质量安全主体责任。各省级畜牧兽医管理部门可登录全国饲料质量安全监测信息系统，查看本省（自治区、直辖市）有关企业被监督抽查情况及结果。

三是要求各省级畜牧兽医管理部门加大辖区内饲料、饲料添加剂生产企业监管力度，以生产企业许可条件和管理规范执行情况为重点开展现场检查，对管理混乱、存在严重质量安全风险隐患的企业，要督促整改或依法处罚。

附件：2020年全国饲料质量安全监督抽查不合格产品列表

附件

2020年全国饲料质量安全监督抽查不合格产品列表

省份	生产企业	产品名称	不合格项目
河北	河北农裕饲料有限公司	猪颗粒配合饲料（乳康健928）	铜、锌
	河北岿方饲料有限公司	仔猪配合饲料　新552H	铜
	石家庄市丰强动物药业有限公司	混合型饲料添加剂　柠檬酸钙＋丙酸钙（强力脱霉清）	铅
	石家庄金普生物饲料有限公司	中猪配合饲料2014	锌
山西	夏县起瑞农牧发展有限公司	8152生长猪浓缩饲料	铜
	芮城县方宏动物药业有限公司	混合型饲料添加剂　淫羊藿提取物	总砷
	山西金粮饲料股份有限公司	992（猪场专用）小猪配合饲料	铜
内蒙古	内蒙古康西饲料有限公司	羔羊颗粒精料补充料　康西510	金霉素
吉林	吉林科麦生物饲料有限公司	混合型饲料添加剂　枯草芽孢杆菌KM310	铅、总砷
	吉林省德惠市边岗乡加吉种植养殖生产专业合作社	猪用浓缩饲料（114浓缩）	锌
黑龙江	哈尔滨正泰牧业有限责任公司	哺乳母猪浓缩饲料（B－618）	铜
	黑龙江美龙牧业股份有限公司	小猪浓缩饲料842A	铜
	哈尔滨新禾牧业有限公司	仔猪浓缩饲料H6118	铜
	哈尔滨傲凯慧农饲料有限公司	仔猪浓缩饲料3322	铜
	大庆市牧源动物药业有限公司	0.2%畜禽用微量元素预混合饲料　止啄止咬肽	锌、铁
	大庆市博深生物科技有限公司	0.2%畜禽用微量元素预混合饲料　钙磷十八补	锌、锰
	哈尔滨绿达生动物药业有限公司	混合型饲料添加剂　地衣芽孢杆菌＋枯草芽孢杆菌　丰长	铅
	哈尔滨昊泽牧业有限公司	仔猪配合饲料920	锌
江苏	连云港市雨顺饲料有限公司	混养鱼颗粒配合饲料（鲤鲫料）	铅
	南京帅丰饲料有限公司	6260优鲈三号膨化配合饲料	锌
	南京金土地生物技术有限公司	0.1%水产微量元素预混合饲料Ⅰ型（乳宝宝）	锌
		0.5%水产微量元素预混合饲料Ⅰ型（金倍健）	锌
安徽	安徽亿晟康科技有限公司	枯草芽孢杆菌Ⅰ（金亿肽）	铅
山东	青岛中仁动物药品有限公司	饲料添加剂　枯草芽孢杆菌—浓缩芽孢杆菌	铅
	山东龙海生物科技有限公司	地衣芽孢杆菌　诺微健-20 LBS-20	总砷
	济南康大饲料有限公司	乳猪浓缩饲料　乳健30	锌
	济南新星动物药业有限公司	混合型饲料添加剂　枯草芽孢杆菌	铅
	滨州峻杰蛋白饲料有限公司	猪肉粉	三聚氰胺
	山东省健牧生物药业有限公司	混合型饲料添加剂　枯草芽孢杆菌　健康源	铅、总砷
	聊城市福宏饲料有限公司	福乳王	锌
河南	周口广安农牧科技有限公司	肉用仔鸡中期配合饲料	金霉素
	新乡天祥药业有限公司	混合型饲料添加剂　蛋白酶（Ⅱ型）	铅

（续）

省份	生产企业	产品名称	不合格项目
湖南	湖南农泰饲料有限公司湘潭分公司	生长育肥猪配合饲料　新农泰-554	锌
	湖南绿亨世源动物药业有限公司	奶多多	铜、锌
	湖南强神科技发展有限公司	仔猪配合饲料　112 精品仔猪全价料	铜
广东	广州市欣海利生生物科技有限公司	饲料添加剂　枯草芽孢杆菌　利生元	总砷
	广州骊加生物科技有限公司	40%种公猪浓缩饲料	锌
	佛山市华洋动物营养品有限公司	4%怀孕母猪用复合预混合饲料　4325 多仔灵	总砷
	佛山市顺德区博大生物科技有限公司	混合型饲料添加剂　复合微生物制剂　亿生康Ⅲ	铅、总砷
广西	南宁市加山饲料有限公司	小鸭配合饲料 268	锌
重庆	重庆大农科技集团有限公司	哺乳母猪配合饲料　Ⅱ型	锌
云南	云南佳仕达实业有限公司	仔猪浓缩饲料　佳仕达　金 99	铜、锌
甘肃	武威一统饲料有限公司	仔猪快大专用配合饲料　速肥王	铜
	张掖市德华饲料有限公司	犊牛精料补充料　8861 旺犊宝	铜
		5%育肥羊复合预混合饲料 8325	铜

（樊　霞　李　阳）

粮改饲工作

2020年，国家继续在河北、山西、内蒙古、辽宁、吉林、黑龙江、安徽、山东、河南、广西、贵州、云南、陕西、宁夏、甘肃、青海、新疆等17个省份和黑龙江省农垦总局以及新疆生产建设兵团实施粮改饲项目，完成面积1 834万亩。

一是草食家畜生产性能提升明显。各地通过大力推广种植全株青贮玉米等优质饲草料，优质饲草供给能力明显提升，改善了动物营养水平，荷斯坦奶牛年均单产从5.5t提高到7.8t，提升42%，生产每吨牛奶的平均精饲料用量从535kg减少到470kg，降幅超过12%；架子牛育肥单位增重平均精料用量从2.61kg下降到2.5kg，降幅4.2%；架子羊育肥单位增重平均精料用量从2.38kg下降到2.28kg，降幅4.2%。

二是草食畜牧业发展质效稳步增强。在政策激励和市场带动双重作用下，以家庭养殖场、养殖合作社为畜牧业发展主体的规模化、集约化养殖发展迅速。2020年，参与粮改饲政策实施的龙头企业、养殖专业合作社和规模养殖大户分别达到3 087家、5 827家和10.7万户。通过推广“全株青贮＋精料补充料”全价日粮精准饲喂技术，粮改饲项目区肉牛存栏同比增长5.1%，能繁母牛存栏同比增长3.0%，生鲜乳中乳蛋白、乳脂肪等质量指标均有所提升，肉牛、肉羊出栏周期均有所缩短。一些地区牛羊由季节性发情变为常年发情，母牛可实现1年1犊，母羊可实现2年3胎，繁殖效率大幅提升，极大地推动了草食畜牧业节本增效。

三是现代饲草产业初具规模。各地以粮改饲为抓手，培育壮大新型经营主体，推进“产加销用”协调发展，饲草社会化服务组织快速成长，“耕、种、收、贮”全程机械化作业水平大幅提升，裹包青贮、草捆、草块、草颗粒和草粉等多样化草产品逐步兴起，现代饲草产业发展势头强劲，优质草产品和草食畜产品供给明显增加。据统计，2020年项目实施省份近3万台（套）自走式联合收割机械开展专业收储，饲草专业化服务组织达953家，收贮苜蓿、燕麦等优质饲草料269万t。

四是产业扶贫精准有效。各地将落实粮改饲政策作为产业扶贫、精准扶贫的重要抓手，通过政策扶持引导、技术引领示范，推广饲草订单、土地流转托管、务工就业、母畜托管、合作养畜等模式，促进农牧民脱贫致富。广西、贵州、云南、甘肃、青海、新疆等省区采取“公司＋基地＋贫困户”“产业园＋精准扶贫”“土地流转＋订单种植＋贫困户”“党建引领＋贫困户联建联养”等模式，引导养殖企业、养殖大户、专业收贮企业与建档立卡贫困户建立青贮玉米种收贮一体化利益共享机制，实现了发展现代草食畜牧业与脱贫攻坚的有机衔接。实践证明，2020年，在已摘帽323个贫困县通过实施粮改饲对巩固脱贫攻坚成果起到积极助推作用；在尚未摘帽33个贫困县，通过实施粮改饲发展牛羊种养循环畜牧业，带动贫困户参与到草料种植、畜禽养殖、产品加工和市场营销等全产业链的各个环节，为决胜脱贫攻坚、如期实现全面小康奠定了坚实基础。

科技与推广

2020年，由中国农业科学院北京畜牧兽医研究所秦玉昌研究员主持完成的“畜禽饲料质量安全控制关键技术创建与应用”获得国家科技进步奖二等奖，项目参加单位包括中国农业科学院饲料研究所、中国农业大学、河南工业大学、中国农业科学院农业质量标准与检测技术研究所。项目从非法添加和生物污染两大饲料安全问题入手，在饲料非法添加物阈值与限量、有害微生物检测与控制、加工过程营养保真与清洁生产、质量安全预警与追溯等关键技术方面开展了长期、系统的研究，集成构建了“原料检测、加工控制和产品溯源”的全产业链饲料质量安全控制技术体系。一是创新饲料质量安全检测控制技术。解析了饲料原料及环境中三聚氰胺本底值，揭示了其在牛羊等动物体内的代谢残留规律，建立了基于“环境迁移—畜产品蓄积—人群暴露”为核心的饲料中三聚氰胺风险评估方法，在国际上首次制定出饲料三聚氰胺限量标准，被我国政府、联合国食品法典委员会和世界卫生组织采纳，解决了饲料中三聚氰胺环境本底和非法添加并存的监管难题，为及时控制三聚氰胺在畜产品生产中的违法添加发挥了关键性作用，并为有环境本底的非法添加物风险评估奠定了方法学基础；研究莱克多巴胺等违禁添加物在牛羊尿液、毛发、组织器官中的残留规律，创建了以毛发为靶标的检测新技术，实现了反刍动物“瘦肉精”快速无损检测；利用纳米金和石墨烯新型材料，创制了“瘦肉精”分子印迹表面等离子共振特异性检测芯片，实现了反刍动物瘦肉精快速无损检测，解决了牛羊采样难、应激大的难题；建立了饲料中20多种主要有害微生物的检测方法，制定了沙门氏菌、李斯特氏菌、葡萄球菌、志贺氏菌等检测方法标准，其中3项填补了国内空白，保障了《饲料卫生标准》的实施，为我国饲料有害微生物预警监测工作提供了有力支撑。二是创新饲料质量安全加工保障技术。从饲料原料抗营养物质消减、生产过程交叉污染防控、热敏性营养素保真等方面入手，系统研究饲料原料中主要抗营养物质的含量分布规律，创新饲料原料抗营养物质挤压膨化预处理加工消减技术，突破了非常规蛋白原料使用量受限的瓶颈；研究揭示了霉菌、大肠杆菌等有害微生物在饲料加工过程中的消减规律，提出了有效杀灭有害微生物的工艺技术，制定了饲料生产交叉污染防控规范国家标准，引领了我国清洁饲料生产工艺的发展；系统研究了维生素、酶制剂等热敏性物质在不同热加工条件下的损失率，发明了将粉料高温调质熟化、杀菌处理、再添加热敏性物质低温制粒的畜禽饲料生产新工艺，实现了有害物质消减与营养成分保真的高效协同，破解了高温灭菌与营养保真难兼顾的技术难题；建立了以靶动物生产性能为主要评价指标的畜禽饲料最佳加工工艺参数，实现饲料产品营养保真和精准加工。三是创建饲料质量安全体系管理技术。针对饲料生产全过程信息化程度低、追溯难，质量安全预警监测基础数据分散、分析方法落后的问题，创新了饲料加工过程质量安全可追溯管理技术，研发了基于条形码的饲料质量安全管理系统，实现了“原料—加工—产品”生产全过程的信息化和可追溯；创建了涵盖饲料危害因子、加工特性、加工工艺参数的饲料质量安全数据库，为饲料产品配方精准设计、加工工艺优化、饲料品质控制提供了重要基础数据；建立了全国唯一的饲料质量安全预警监测平台，实现了饲料质量安全动态分析与预警监测，为开展饲料质量安全风险预警和日常监管提供了强有力的技术支撑。

由中国农业科学院北京畜牧兽医研究所王加启研究员主持完成的“奶及奶制品安全控制与质量提升关键技术”获得国家科技进步奖二等奖，项目参加单位包括唐山市畜牧水产品质量监测中心、新疆农业科学院农业质量标准与检测技术研究所、山东省农业科学院农业质量标准与检测技术研究所、内蒙古伊利实业集团股份有限公司、内蒙古蒙牛乳业（集团）股份有限公司、光明乳业股份有限公司。项目针对我国奶业存在风险评估基础数据缺失、安全控制技术薄弱、质量提升技术落后等重大技术难题，历经15年系统研究与示范应用，成功构建了“奶产品质量安全风险评估与营养品质评价数据库平台”，准确掌握主要风险因子的种类及变化特征，成为监管部门锁定风险和主动防控的主要科学依据；制定了生产过程安全控制技术规范，推广应用后显著提升全国生乳安全水平；制定国际上首个复原乳鉴定标准，创新优质乳评价技术与绿色低碳加工工艺，集成构建质量提升技术，成为引领国产奶业从安全向优质转型升级的重要技术体系。

由中国农业科学院饲料研究所李秀波研究员主持完成的“奶牛高发病防治系列新兽药创制与应用”获得国家科技进步奖二等奖，项目参加单位包括北京市畜牧总站、中牧实业股份有限公司、河北远征药业有限公司、齐鲁动物保健品有限公司、华秦源（北京）动物药业有限公司。长期以来，由于病原不清、药物滥用，药物制备工艺落后，高效药物品种匮乏等原因，导致奶牛疾病高发，产业损失巨大，严重制约了我国奶业健康发展。团队在国家和省部级重大项目支持下，历经20年攻坚克难，取得一系列创新成果。创建了国际最大的奶牛病原菌库，摸清了奶牛乳房炎、子宫内膜炎等高发病病原种属及分布规律，发现了药物作用新靶标，为新药研发奠定了理论基础；创新了国际领先的药物制备“共性和差异化”关键技术，实现了“两高一低”：硫酸头孢喹肟乳房注入剂（干乳期）等达到“零弃奶”，药物安全性高；创新了盐酸沃尼妙林均相 One-Pot Reaction 合成工艺，其对支原体的抗菌活性是泰妙菌素的30倍，药物活性高；发明了低温催化等关键技术，药物成本大幅降低。多项产品通过欧盟 EDQM 认证，国际竞争力优势显著；创制了安全高效系列新兽药，实现了奶牛养殖产业链“全覆盖”。创制了安全高效系列新兽药31种，获国家新兽药证书25项，品种齐全，填补了多项空白，实现了“犊牛—育成牛—青年牛—成乳牛”奶牛养殖产业链“全覆盖”。项目组制定兽药国家标准25项，发表论文128篇，授权专利16件，成果已在黑龙江、内蒙古等省（市）大规模推广应用，产品远销德国、日本、巴西等国家。

2020年，国家重点研发计划“蓝色粮仓科技创新”重点专项之一“水产养殖动物新型蛋白源开发与高效饲料研制”项目启动。项目由中国科学院水生生物研究所牵头，参加单位包括广东海洋大学、四川农业大学、中国农业科学院饲料研究所。项目主要目的是在国内市场开发更多的优质饲料蛋白源，解决我国饲料产业受制于人的“卡脖子”因素，比如进口大豆。研究内容主要针对水产养殖动物新型蛋白源与高效饲料开发的共性关键技术瓶颈，筛选养殖动物新型高效非粮蛋白源，建立有毒有害物质酶解、发酵和吸附等系统消减技术；研发促进营养物质利用和养殖动物健康的功能性添加剂；研究不同条件下营养需求、配方和投喂策略及营养精准调控技术；研究养殖动物品质和质量安全的饲料营养调控技术；开发新型蛋白源在高效配合饲料中的利用技术，建立高效节能加工工艺与技术，研制水产动物全价高效配合饲料。目标包括研发出3种新型蛋白源，能有效替代鱼粉或豆粕30%以上，开发5种功能性饲料添加剂，建立有毒有害物质消减技术3套以上，建立高效节能饲料加工工艺5套以上，研制5种新型高效配合饲料；以及授权营养品质安全、高效饲料等发明专利10项，制订蛋白源和加工等地方及以上技术标准或规范3～5项；并建立养殖动物新型蛋白源开发与高效饲料研制技术体系，为健康养殖模式区域示范提供新型蛋白源开发和高效饲料研制技术支撑。

为了全面开展饲料原料营养价值评定，建立饲料原料营养价值大数据库，推广饲料精准配方技术体系，农业农村部畜牧兽医局立项启动了“饲料原料营养价值评定及参数建立项目”，通过政府购买服务方式组织实施，通过公开招标分别于2019年12月和2020年6月确定了由中国农业大学、四川农业大学、广东省农业科学院动物科学研究所等单位承担开展母猪、仔猪、生长育肥猪、白羽肉鸡、黄羽肉鸡常用能量和蛋白质饲料原料营养价值评定和参数建立（表1和表2）。

表1　饲料原料营养价值评定及参数建立项目承担单位（一）

序号	简要技术要求	中标承担单位
1	母猪常用能量饲料原料营养价值评定与参数建立	中国农业大学
2	母猪常用蛋白饲料原料营养价值评定与参数建立	四川农业大学
3	仔猪常用能量饲料原料营养价值评定与参数建立	广东省农业科学院动物科学研究所
4	仔猪常用蛋白饲料原料营养价值评定与参数建立	四川农业大学
5	生长育肥猪常用能量饲料原料营养价值评定与参数建立	中国科学院亚热带农业生态研究所
6	生长育肥猪常用蛋白饲料原料营养价值评定与参数建立	中国农业大学

（续）

序号	简要技术要求	中标承担单位
7	白羽肉鸡常用能量饲料原料营养价值评定与参数建立	中国农业大学
8	白羽肉鸡常用蛋白饲料原料营养价值评定与参数建立	中国农业科学院北京畜牧兽医研究所
9	中速型黄羽肉鸡常用饲料原料营养价值评定与参数建立	江苏省家禽科学研究所科技创新中心
10	慢速型黄羽肉鸡常用饲料原料营养价值评定与参数建立	广东省农业科学院动物科学研究所

表 2　饲料原料营养价值评定及参数建立项目承担单位（二）

序号	服务名称	简要说明	中标承担单位
1	母猪常用能量饲料原料	针对大麦进行妊娠期和泌乳期实验	中国农业大学
2	母猪常用蛋白饲料原料	针对膨化大豆进行妊娠期和泌乳期进行实验	四川农业大学
3	仔猪常用能量饲料原料	针对膨化玉米、小麦面粉等 2 种常用原料进行实验	广东省农业科学院动物科学研究所
4	仔猪常用蛋白饲料原料	针对膨化大豆、发酵豆粕等 2 种常用原料进行实验	四川农业大学
5	生长育肥猪常用能量饲料原料	针对高粱、木薯等 2 种常用原料进行实验	中国科学院亚热带农业生态研究所
6	生长育肥猪常用蛋白饲料原料	针对玉米蛋白粉、玉米 DDGS 等 2 种常用原料进行实验	中国农业大学

（吴子林）

饲料行业质量认证

一、认证行业工作概述

2020年，认证行业围绕“市场化、国际化、专业化、集约化、规范化”的发展目标，着力提高供给质量，着力提升服务大局的能力和水平，进一步构建了更加科学完善的认证认可检验检测体系。

（一）认证行业规模

截至2020年底，我国经中国国家认证认可监督管理委员会（CNCA）批准的认证机构达到758家，比2019年增长26.7%；累计颁发有效认证证书270.1万张，比2019年增长12.4%，连续多年发证数量世界第一；获证组织78.8万家，比2019年增长8.4%。

（二）2020年主要工作回顾

1. 应对疫情勇于担当作为。强化技术支撑，及时公布防护用品检查认证机构名录，紧急下放防护用品检测机构资质认定权限，优化认证检测机构许可审批；保障防疫物资质量安全及防疫物资供给；支持企业复工复产，出台疫情期间优化质量认证和检验检测服务的工作举措，采取网上申报、远程审核、自我声明等方式便利企业；支持出口产品转内销。

2. 深化改革激发市场活力。主要有深化认证机构资质审批改革，深化强制性产品认证制度改革，深化建议检验检测机构资质认定改革，推进国家质检中心改革，推动检验检测机构市场化集约化改革。

3. 严格监管维护社会公信。强化监管整治，在认证领域，国家市场监督管理总局组织检查了200家认证机构、123家CCC指定机构，对15家机构撤销或暂停资质，对27家机构做出经济处罚；各地方市场监管部门检查认证机构和获证组织2.7万家次，查处违法违规案兼2 149起。

在检验检测领域，检查检验检测机构1.67万家次，对近1/3的机构做出行政处罚和行政处理，撤销、注销227家机构资质，移送公安司法机关14起违法案件。

构建线上线下一体化监管机制，与各大店商平台联网核查CCC证书6 500万次，涉及商家超过90万家，因无证或证书失效等原因下架商品14余万件，与各地海关在进口报关环节对入境CCC产品实施联网核查372万批次。

加强失信惩戒，对30家认证机构试点开展信用评价工作，将8家认证机构纳入失信名单。

4. 服务发展彰显本质属性。主要工作有加强安全保障，对涉及安全、健康、环保的17类103种产品依法实施强制性产品认证，颁发首批App安全认证证书，建立实施商用密码产品认证制度；促进质量提升，推行高端品质认证，开展质量管理体系升级行动，开展小微企业质量管理体系认证提升行动等；支撑新兴产业，建立统一的绿色产品认证与标识体系，在国际上首创快递包装绿色产品认证制度等。

二、饲料行业质量安全管理工作概述

（一）行业概况

2020年，受生猪生产持续恢复、家禽存栏高位、牛羊产品产销两旺等因素拉动，全国工业饲料产量实现较快增长，高质量发展取得新成效。

1. 饲料工业总产值及营业收入双增长。全国饲料工业总产值9 463.3亿元，同比增长17.0%；总营业收入9 072.8亿元，同比增长16.6%。其中，饲料产品产值8 445.9亿元、营业收入8 135.1亿元，同比分别增长17.3%、16.9%；饲料添加剂产品总产值932.9亿元、营业收入857.7亿元，同比分别增长11.2%、12.4%；饲料机械产品产值84.5亿元、营业收入80.0亿元，同比分别增长76.8%、32.2%。

2. 工业饲料总产量及饲料添加剂产品双增长。全国工业饲料总产量25 276.1万t，同比增长

10.4%。从品种上看，增长量大的有猪饲料产量8 922.5万t，同比增长16.4%，达到2018年历史最高产量的86%；蛋禽饲料产量3 351.9万t，同比增长7.5%；肉禽饲料产量9 175.8万t，同比增长8.4%；反刍动物饲料产量1 318.8万t，同比增长18.9%；蛋禽饲料、肉禽饲料、反刍动物饲料产量均创历史新高。从销售方式看，散装饲料总量5 897.6万t，同比增长33.6%。

全国饲料添加剂产量1 390.8万t，同比增长16.0%，增长量最大的是混合型饲料添加剂，产量达到94.4万t，同比增长36.8%。

3. 集约化经营更加突出。全国10万t以上规模饲料生产厂749家，比2019年增加128家；饲料产量13 352万t，同比增长19.8%，占全国饲料总产量的52.8%，较2019年增长6.2个百分点。全国有9家生产厂年产量超过50万t，比2019年增加2家，单厂最大产量122.6万t。年产百万吨以上规模饲料企业集团33家，占全国饲料总产量的54.6%，其中有3家企业集团年产量超过1 000万t。

4. 传统饲料生产区域继续保持领先地位，大部分省份产量均增长。全国饲料产量超千万吨省份10个，比2019年增加1个，分别为山东、广东、辽宁、广西、江苏、河北、河南、四川、湖北、湖南。其中，山东省产量达4 335.8万t，同比增长14.7%；广东省产量3 010.2万t，同比增长3.0%；山东和广东两省饲料产品总产值继续保持在千亿元以上，分别为1 369亿元和1 106亿元。全国有26个省份和新疆生产建设兵团产量同比增长，其中山西、内蒙古、辽宁、吉林、黑龙江、河南、云南、陕西、甘肃、青海、宁夏、新疆等12个省份和新疆兵团增幅超过20%。

5. 饲料巨头投资养猪。以新希望、双胞胎、正邦、中粮、大北农、唐人神、海大、金新农、安佑等为代表的饲料企业，在全国各地引种布局养猪事业，规模效益已显现。

（二）行业质量安全管理

饲料作为动物食品，质量安全工作是一个需要持续强化的过程。2020年全行业继续应对非洲猪瘟疫情给行业带来的深远影响，同时面对新冠疫情和商品饲料“无抗”的新要求，饲料行业在质量安全管理方面开展了如下工作：

1. 在全国范围开展饲料质量安全监督抽查工作。按照“双随机、一公开”监管要求，2020年农业农村部畜牧兽医局从被监督抽查企业库中随机选取1 491家饲料生产企业进行监督抽查，共抽检各类商品饲料样品2 349批次，总体合格率98.1%。其中，配合饲料1 016批次，合格率98.6%；浓缩饲料312批次，合格率97.1%；精料补充料62批次，合格率96.8%；宠物饲料53批次，合格率100%；添加剂预混合饲料332批次，合格率97.9%；饲料添加剂133批次，合格率97.7%；混合型饲料添加剂322批次，合格率97.2%；动物源性饲料原料52批次，合格率98.1%；植物源性饲料原料43批次，合格率100%；微生物发酵类单一饲料19批次，合格率100%；矿物质饲料原料5批次，合格率100%。从通报看，不合格原因集中在铜、锌超标，个别产品有重金属砷超标及违规添加了药物。

2. 加强饲料生产全过程的质量管理，防控非洲猪瘟病毒及新冠疫情。采取的主要措施有：

（1）原料质量安全。制定严格原料筛选、采购及品控制度。选用烘干或烘焙玉米和高温豆粕，建立稳定的采购供应渠道，建立非洲猪瘟病毒检测平台，对采购的原料及生产成品进行严格监控。

原料运输时选用专业原料运输车辆，运输装车前车辆彻底消毒；尽量避开疫情运输路线。

原料储存时仓库保持干燥、通风，并做好防鼠措施，避免生物带病毒进入原料。

（2）生产安全。将猪配合饲料的制粒温度提高到85～95℃，并适当延长制粒和增加后熟化工艺及延长后熟化时间，在达到杀灭非洲猪瘟病毒的同时进一步提高糊化度。在装袋封包过程中，尽量采取全机械自动化，减少人员接触，确保装袋封包过程中不感染。

（3）管理安全。饲料厂的员工进厂作业前严格执行消毒流程，员工不能带猪肉及猪肉制品进入厂区，厂区内食堂不制作任何含有猪肉或猪肉制品的主食及菜肴。

对进出入厂区的运输车辆，进行全面、彻底、有效的消毒处理。

员工佩戴口罩，进入厂区体温检测，非必要严禁外来人员进入厂区。

3. 科技创新让无抗元年平稳转变。自2020年7月1日起，饲料生产企业停止生产含有促生长类药物饲料添加剂（中药类除外）的商品饲料。为迎接无抗饲料时代，各大饲料集团已提前开始科技创新、新产品研发，目前研发并应有的酶制剂、酸化剂、微生态制剂、抗菌肽、寡糖、中草药提取物、植物精油等都能够达到从某一方面替代抗生素的效果和作用，助推了饲料行业高质量发展。

4. 继续推进《饲料质量安全管理规范》的全面实施。农业农村部出台的《饲料质量安全管理规范》等多项规定，对饲料原料采购与管理、生产过程控制、产品质量控制、产品贮存与运输、产品投诉与召回等多个方面进行了严格的规范，以保障饲料产品质量安全。

2020年各省、市畜牧管理部门牵头组织了对本地区饲料生产企业《饲料质量安全管理规范》示范企业的验收工作，相关数据较分散，难以完全统计。

三、行业质量认证工作开展情况

（一）行业开展认证情况简述

饲料及饲料添加剂行业开展的国内认证主要有GB/T 19001质量管理体系认证、GB/T 22000食品安全管理体系认证、GB/T 24001环境管理体系认证、GB/T 45001职业健康安全管理体系认证，国际认证有欧洲饲料添加剂和添加剂预混合饲料质量体系（FAMI-QS）认证、动物饲料生产中的良好生产规范（GMP+）认证、全球食品安全标准（BRC）认证。

国内认证机构给饲料企业颁发的GB/T 22000食品安全管理体系证书数量显示，近三年饲料企业开展食品安全管理体系认证的企业数量基本稳定，保持在600家左右。

近三年，饲料行业开展欧洲饲料添加剂和添加剂预混合饲料质量体系（FAMI-QS）认证的企业数量逐年增加。据统计，2020年全球颁发FAMI-QS认证证书1 276张，颁发证书数量比2019年略有增加；其中中国颁发了436张，比2019年略有增加，保持了全球发证数量第一的地位。

随着国家环保政策日趋严格，饲料行业环保意识的加强，行业大型企业集团陆续开展GB/T 24001环境管理体系认证。

（二）北京华思联认证中心认证工作开展情况

2020年，北京华思联认证中心（以下简称中心），作为畜牧行业专业的第三方认证机构，开展了如下工作：

1. 聚焦饲料及饲料添加剂行业，开展国内外认证业务。中心的发展宗旨是立足养殖和饲料行业，提供专业化认证服务，成为初级农产品加工产业链的专业认证机构。截至2020年底，中心获证客户涵盖了国内开展认证的质量管理体系（GB/T 19001）、食品安全管理体系（GB/T 22000）、良好农业规范（GB/T 20014）、环境管理体系（GB/T 24001）、职业健康安全管理体系（GB/T 45001）、产品认证（无抗饲料、宠物食品）六大专业领域；涵盖了国际欧洲饲料添加剂和添加剂预混合饲料质量体系（FAMI-QS）、动物饲料生产中的良好生产规范（GMP+）、全球食品安全标准（BRC）、国际食品标准（IFS）等细分的专业认证领域。

从行业分布看，聚焦在畜牧行业的饲料生产企业、养殖企业、食品生产企业；生物发酵行业和化工行业的饲料添加剂生产企业，上述获证企业占到中心总获证企业75%以上，其中，养殖企业、饲料及饲料添加剂生产企业获证企业占比达到85%以上。

从中心客户规模看，获证客户中企业集团、大中型企业比例超过50%，这些企业既有国有企业，亦有民营企业。

从行业统计看，2020年中心颁发的食品安全管理体系认证证书数量超过获得中国合格评定国家认可委员会（CNAS）认可的认证机构颁发的此类认证证书的平均数量；颁发的良好农业规范认证证书数量是获得CNAS认可的认证机构颁发的此类认证证书的平均数量的两倍以上；颁发的FAMI-QS认证证书占中国颁发此类证书的50%以上。

以上数据，充分体现了中心聚集农牧行业的经营理念，展现出中心具有的饲料、饲料及食品添加剂、养殖等领域认证的独特优势。

2. 应对疫情，服务复工复产。面对新冠疫情，中心按照上级抗疫防控的整体部署，在密切关注各地区疫情及复工的同时，也做好了在疫情尚未全部结束的情况下，开展现场审核的整体策划，编制了应急预案和相关工作程序，确保认证工作有序进行。

本着“始终坚持客户至上，始终将员工的健康放在首位”的理念和原则，在密切关注各地区疫情发展状况及饲料行业复工复产的同时，中心于2月中旬做好了在疫情尚未解除的情况下，开展现场审核的整体策划，编制了应急预案和相关工作程序。

2—3月，中心通过网络对认证企业进行短期评价、线上服务确保认证工作有序进行，共为87家获证企业开展了网上短期评价服务。

3月中下旬，中心精心策划、评估风险、采取预案，在确保万无一失的情况下，率先开展对正大康地集团下属公司——东莞正大康地饲料有限公司多体系结合认证的现场审核。

随后，中心针对每个企业的具体情况，评估是否具备现场审核条件，在条件成熟的情况下谨慎开展现场审核试点，随时总结，查缺补漏，逐步形成疫情下现场审核机制。

在守护安全底线的基础上，全面服务饲料行业复工复产，满足客户对体系认证的需求成为中心的重点工作。从3月至6月，中心派出1 495人次，为362家未发生过疫情或疫情低风险地区的申请/获证企业进行了现场审核，现场审核企业数量超过应按期审核企业数量的80%，6月至年底，对企业的现场审核基本恢复正常。

3. 顺应行业和客户需求，拓展新的认证业务领域。

（1）获准开展“无抗饲料产品认证”。中心为贯彻落实农业农村部第194号公告要求，维护我国动物源性食品安全，助力“饲料禁抗、养殖减抗、食品无抗”的大方向，研发出无抗饲料产品认证系列技术文件，经主管部门中国国家认证认可监督管理委员会批准备案，获准开展无抗饲料产品认证工作。

中心研发的无抗饲料产品技术规范，充分考虑了饲料中可能引入抗生素的来源，从专业的角度识别了抗生素残留风险，从原料、生产过程控制、硬件设施要求等多方面加以控制，严格对无抗产品进行检测，开创了饲料企业无抗控制的理念及有效方法。2020 年 2 家企业通过了无抗饲料产品认证，标志着畜牧行业全产业链实现无抗和绿色生态养殖认证迈出了第一步。

（2）获准开展宠物食品“安心之选”认证。2020 年，中心研发的宠物食品“安心之选”认证标准规范及技术要求，通过了主管部门中国国家认证认可监督管理委员会备案批准，准许开展相关认证工作。

宠物食品“安心之选”认证，引入风险思维控制宠物食品质量及安全性，从生产工厂原料、配方、生产过程、产量质量检验、产品标签、储存及运输、人员卫生管理、车间清洁卫生的各个环节，全方位保证经认证的宠物食品安全可靠。在工厂质量保证体系满足认证要求的同时，中心还将自行对产品进行抽样，并送权威检测机构进行检测。

中心开展无抗饲料产品认证及宠物食品“安心之选”认证，都是发挥第三方认证优势，向社会传递信任，展示饲料企业和宠物食品生产企业的责任与担当，树立行业依法经营的典范，有效提升企业的管理水平，保证产品的质量及安全性。

4. 服务社会，为行业质量安全发挥专业作用。

（1）为星巴克提供生鲜乳供应商审核服务。按照中心与星巴克（中国）签到的技术服务协议，2020 年中心对星巴克的 8 家生鲜乳供应商牧场实施了现场审核。中心的项目团队从星巴克产品的特点考量，整合了良好农业规范、ISO 质量管理体系认证标准、ISO 食品安全管理体系认证标准及星巴克内控质量标准，围绕合法性、基础设施、卫生、饲喂、用药、挤奶、有害生物控制、食品防护等涉及食品危害的关键过程进行严格审核，并向牧场提出了可操作性建议。

（2）为中粮肉食及中粮饲料提供二方验厂服务和培训服务。2020 年中心接受中粮肉食委托，对其主要兽药、混合型饲料添加剂、添加剂预混合饲料、猪配合饲料供应商 40 余家进行了验厂审核。

2020 年，获证客户均面临食品安全管理体系认证标准（ISO22000）的转版，中心专门为中粮肉食、中粮饲料组织了线上培训和答疑，中粮系统 120 余人参加了培训，同时 250 余位品控及技术人员长期与中心技术专家就体系的运行进行互动。

（3）协助 FAMI-QS 开展专项培训。2020 年，中心协助 FAMI-QS 开展了线上《数字供应链贸易合规和解决方案》研讨会，线下开展了《饲料欺诈预防和防御模块》培训。

（4）介绍中国宠物饲料的质量监管政策。中心在饲料行业的专业性得到国内外相关管理机构及跨国集团的认可。2020 年，中心应邀为乌拉圭驻华大使馆商务处解读中国对宠物饲料监管的法律法规；应邀参加北京市饲料工业协会宠物食品与健康分会年会，介绍我国宠物饲料市场、国家相关政策。

（5）通过与客户的沟通平台，解读监管要求。中心建立了网站专栏、微信公众号、季刊发布机制，通过上述平台向客户传递监管部门规定和行业信息，讲解认证标准，探讨管理之道，解读国家的法律法规。

5. 国际合作认证业务稳定发展。中心开展的欧盟 FAMI-QS 认证业务继续保持在中国大陆的领先地位。

BRC 分包业务稳定发展，新增认证客户 10%以上。

中心与西班牙 ACETRA 公司合作，拓展了 Global GAP 认证服务。

中心作为荷兰 GMP＋International 授权可从事 GMP＋认证的唯一中国认证机构，在为企业提供了 GMP＋认证和增值服务同时，持续对 GMP＋、英国 FEMAS 等饲料认证标准进行了跟踪研究，拟吸收其成熟有效的管控经验，为中国饲料行业质量和安全管理提供借鉴。

四、饲料行业认证活动的发展趋势

1. 体系认证方面，质量管理体系（GB/T 19001）、食品安全管理体系（GB/T 22000）认证业务基本稳定，良好农业规范（GB/T 20014）认证、环境管理体系（GB/T 24001）认证业务将有一定增长。

2. 产品认证方面，畜牧饲料行业保产业安全均是每年的工作重点之一，2020 年饲料已开启无抗产品时代，畜牧行业开展无抗饲料产品、无抗畜禽产品认证需求较大。宠物行业发展带动了宠物食品消费量的增长和品种的多样化，但监管的滞后，也带来产品鱼龙混杂、质量良莠不齐的现状，宠物食品认证是未来新的增长点。

3. 国外认证方面，国家的“一带一路”倡议推动了饲料添加剂、添加剂预混合饲料对欧盟的出口，近 3 年国内企业获得 FAMI-QS（欧洲饲料添加剂和添加剂预混合饲料质量体系）证书的数量每年均有递增（因出口的企业必须通过 FAMI-QS 认证）。受市场所限及新冠病毒疫情影响，未来获证企业数量保持平稳。

附件：2020 年北京华思联认证中心部分获证企业名单

2020年北京华思联认证中心部分获证企业名单

序号	企业名称
1	广东海大集团股份有限公司
2	成都海大生物科技有限公司
3	广东通威饲料有限公司
4	淮安通威饲料有限公司
5	南昌通威生物科技有限公司
6	厦门通威饲料有限公司
7	通威（大丰）饲料有限公司
8	无锡通威生物科技有限公司
9	宾阳通威饲料有限公司
10	池州通威饲料有限公司
11	佛山市高明通威饲料有限公司
12	昆明通威饲料有限公司
13	盐城双胞胎饲料有限公司
14	海阳新希望六和饲料有限公司
15	怀化新希望六和饲料有限公司
16	临邑新希望六和饲料有限公司
17	潍坊新希望六和饲料科技有限公司
18	潍坊六和饲料有限公司
19	襄阳新希望六和饲料有限公司
20	萧县新希望六和步强饲料有限公司
21	新希望六和饲料股份有限公司兰陵县分公司
22	新希望六和饲料股份有限公司平邑饲料厂
23	新希望六和饲料股份有限公司乳山分公司
24	郑州新希望六和鸿源饲料有限公司
25	邹城新希望六和饲料有限公司
26	唐人神集团股份有限公司
27	沈阳正大畜牧有限公司
28	广汉正大饲料科技有限公司
29	长沙正大有限公司
30	天津正大农牧有限公司
31	正大预混料（天津）有限公司
32	正大预混料（柳州）有限公司
33	正大预混料（杭州）有限公司
34	正大预混料（沈阳）有限公司
35	正大预混料（广汉）有限公司
36	正大岳阳有限公司
37	东莞正大康地有限公司
38	武汉正大水产有限公司
39	正大饲料（随州）有限公司
40	正大饲料（衡阳）有限公司
41	厦门正大农牧有限公司
42	九江正大饲料有限公司
43	兰州正大畜禽有限公司
44	陕西正大畜禽有限公司
45	武汉正大有限公司
46	正大康地（澄海）有限公司
47	正大康地（广州番禺）有限公司
48	正大康地汕头有限公司
49	齐齐哈尔大北农饲料有限公司
50	赤峰大北农农牧科技有限公司
51	常德大北农饲料有限公司
52	通辽大北农牧业科技有限公司
53	北京三元禾丰牧业有限公司
54	唐山禾丰饲料有限公司
55	甘肃禾丰牧业有限公司
56	西安禾丰饲料科技有限公司
57	凌源禾丰牧业有限责任公司
58	淮安禾丰饲料有限公司
59	西安禾丰饲料科技有限公司
60	沈阳禾丰牧业有限公司
61	沈阳禾丰反刍动物饲料有限公司
62	台安禾丰饲料有限责任公司
63	上海禾丰饲料有限公司
64	公主岭禾丰牧业有限公司
65	辽宁禾丰牧业股份有限公司
66	长春禾丰饲料有限责任公司
67	北海恒兴特种饲料有限公司
68	福建恒兴饲料有限公司
69	广东恒兴饲料实业股份有限公司
70	浙江恒兴饲料有限公司
71	海南恒兴饲料实业有限公司
72	盐城恒兴饲料有限公司
73	湛江恒兴珊瑚饲料有限公司
74	湛江恒兴特种饲料有限公司
75	中粮生化能源（榆树）有限公司
76	中粮饲料（佛山）有限公司

（续）

序号	企业名称	序号	企业名称
77	中粮饲料（茂名）有限公司	117	嘉吉饲料（新疆）有限公司
78	中粮天科生物工程（天津）有限公司	118	嘉吉饲料（陕西）有限公司
79	中粮饲料（新沂）有限公司	119	邦基玖瑞（德州）农牧有限公司
80	中粮饲料（沛县）有限公司	120	泰高营养科技（北京）有限公司
81	中粮粮油工业（黄冈）有限公司	121	泰高营养科技（湖南）有限公司
82	中粮饲料（东台）有限公司	122	内蒙古博瑞饲料有限公司
83	中粮饲料（黄石）有限公司	123	长春博瑞农牧集团股份有限公司
84	中粮饲料（唐山）有限公司	124	石家庄博瑞正诚饲料有限公司
85	中粮饲料（成都）有限公司	125	黑龙江博瑞饲料有限公司
86	中粮饲料（茂名）有限公司衡水分公司	126	山西博瑞饲料有限公司
87	中粮饲料（张家港）有限工公司	127	山东博瑞饲料有限公司
88	中粮东大（黑龙江）饲料科技有限公司	128	辽宁九州生物科技有限公司
89	中粮饲料（巢湖）有限公司	129	北京九州大地生物技术集团股份有限公司
90	中粮饲料（日照）有限公司	130	张家口九州大地饲料有限公司
91	中粮饲料（沛县）有限公司临沂分公司	131	天津九州大地饲料有限公司
92	中粮饲料（荆州）有限公司	132	北京英惠尔生物技术有限公司
93	南平中粮华港饲料有限公司	133	北京科为博生物科技有限公司
94	漳州中粮华港饲料有限公司	134	内蒙古科为博生物科技有限公司
95	中粮（北京）饲料科技有限公司	135	北京三元种业科技股份有限公司饲料分公司
96	中粮（北京）饲料科技有限公司徐州分公司	136	北京三元种业科技股份有限公司滦平饲料分公司
97	龙岩中粮华港饲料有限公司	137	上海光明荷斯坦饲料有限公司
98	宁德中粮华港饲料有限公司	138	希杰（哈尔滨）饲料有限公司
99	中粮家佳康（吉林）有限公司	139	希杰（聊城）饲料有限公司
100	中粮家佳康（张北）有限公司	140	希杰（青岛）饲料有限公司
101	中粮家佳康（赤峰）有限公司	141	希杰（沈阳）饲料有限公司
102	中粮肉食（江苏）有限公司饲料分公司	142	希杰（天津）饲料有限公司
103	四川新一美生物科技有限公司	143	希杰（长春）饲料有限公司
104	安徽天邦饲料科技有限公司	144	希杰尤特尔（山东）生物科技有限公司
105	成都特驱农牧科技有限公司	145	英联动物营养（南通）有限公司
106	德阳特驱饲料有限公司	146	英联普美欣科技（江西）有限公司
107	广汉特驱农牧科技有限公司	147	英联饲料（安徽）有限公司
108	广元特驱饲料有限公司	148	英联饲料（辽宁）有限公司
109	贵阳特驱希望农业科技有限公司	149	英联饲料（上海）有限公司
110	乐山特驱饲料有限公司	150	北京首农畜牧发展有限公司
111	南充特驱饲料有限公司	151	湖南金霞九鼎农牧有限公司
112	芜湖特驱农牧科技有限公司	152	太仓安佑生物科技有限公司
113	宜宾特驱饲料有限公司	153	武汉安佑饲料科技有限公司
114	宜昌特驱饲料有限公司	154	太仓安佑生物科技有限公司
115	湛江特驱饲料有限公司	155	长春谷实饲料有限公司
116	重庆市荣昌区特驱饲料有限公司	156	谷实农牧集团股份有限公司

（续）

序号	企业名称	序号	企业名称
157	谷实生物科技（佳木斯）有限公司	174	武汉新华扬生物股份有限公司
158	谷实生物科技（齐齐哈尔）有限公司	175	山东蔚蓝生物科技有限公司
159	谷实生物科技（沈阳）有限公司	176	长沙兴嘉生物工程股份有限公司
160	浙江播恩生物技术有限公司	177	佛山立达尔生物科技有限公司
161	湖南正虹科技发展股份有限公司	178	云南立达尔生物科技有限公司
162	驻马店扬翔饲料有限公司	179	兄弟科技股份有限公司
163	成都枫澜科技有限公司	180	江苏兄弟维生素有限公司
164	浙江新和成药业有限公司	181	湖南鸿鹰生物科技有限公司
165	山东新和成氨基酸有限公司	182	上海纽瑞茵生物技术有限公司
166	山东新和成维生素有限公司	183	泰安汉威集团有限公司
167	伊品亚洲有限公司	184	山东龙昌动物保健品有限公司
168	内蒙古伊品生物科技有限公司	185	固安君德同创生物工程有限公司
169	宁夏伊品生物科技股份有限公司	186	诺伟司饲料添加剂（上海）有限公司
170	内蒙古溢多利生物科技有限公司	187	广东雅琪生物科技有限公司
171	广东溢多利生物科技股份有限公司	188	辽宁亚禾营养科技有限责任公司
172	广济药业（孟州）有限公司	189	辽宁菲迪饲料科技有限责任公司
173	湖北广济药业股份有限公司		

2021 中国饲料工业年鉴

地方篇

北京市饲料工业

【发展概况】

2020年，北京市饲料生产企业共计107家，北京市饲料生产企业年末职工总人数为5 139人，同比下降15.9%。

全年北京市饲料工业总产值95.7亿元，总营业收入99.5亿元，同比分别增长17.5%、23.5%，其中饲料产品总产值91.5亿元，营业收入95.4亿元，同比分别增长20.3%、26.6%，饲料添加剂总产值4.2亿元，营业收入4.1亿元，同比分别下降21.6%、22.1%。

饲料产品总产量166.4万t，同比增长7.0%，其中配合饲料94.4万t，同比增长2.9%；浓缩饲料27.4万t，同比增长26.4%；添加剂预混合饲料40.9万t，同比增长6.1%。从畜禽品种看，猪饲料60.8万t，同比增长15.5%；蛋禽饲料28.1万t，同比增长1.8%；肉禽饲料27.2万t，同比下降7.6%；水产饲料2.1万t，同比下降28.1%；反刍动物饲料41.2万t，同比增长18.6%；宠物饲料3.7万t，同比增长2.5%；其他饲料3.3万t，同比下降27.6%。饲料添加剂总产量2.0万t，同比增长4.2%。其中，饲料添加剂产量0.5万t，混合型添加剂产量1.5万t。

2020年，北京市饲料工业总出口额430.3万元，同比下降66.9%。饲料总出口量152.8t，同比下降68.9%。

【组织结构】

北京市农业农村局作为北京市的饲料行政管理部门，其中行政审批处、畜牧渔业处分别依法负责本市饲料行业的行政许可、监督管理和质量安全监管工作。北京市饲料监察所协助北京市农业农村局开展饲料产品质量安全检验工作。2020年9月北京市成立北京市农业综合执法总队，依据职能职责接替原北京市动物卫生监督所协助北京市农业农村局开展饲料行业监督执法工作。

【主要工作】

（一）严格执行行政许可审批工作

依法依规严把行政许可审批程序，严把准入关，全年共办理“从事饲料、饲料添加剂生产的企业审批”申请54个、“添加剂产品批准文号核发”申请1个（核发产品批准文号7个）以及“饲料和饲料添加剂委托生产备案”8个。进一步优化“从事饲料、饲料添加剂生产的企业审批”工作程序，在2019年的基础上，压缩办理时限26.3%，精简申报材料66%。

（二）推进落实监测检测工作

1. 落实农业农村部饲料质量安全监督抽检工作。 按照《农业农村部关于印发2020年饲料兽药生鲜乳质量安全监测计划的通知》要求，配合农业农村部专家组，对大兴、通州、平谷、顺义、昌平等区指定的14家饲料生产企业开展监督抽样工作，共抽取饲料样品31批，并对9家饲料生产企业按照《饲料质量安全管理规范》要求进行了现场检查。

2. 开展市级饲料质量安全监督检测工作。 全年共检测饲料样品675批次，实现对在产饲料生产企业200%全覆盖监测。抽检范围涉及全市9个区，包含饲料生产企业120家次，养殖场55家次。检测项目包括营养指标、微量元素、维生素、重金属、微生物、霉菌毒素、违禁添加物等46个参数，样品合格率为98.67%。

（三）强化行业监督执法，开展相关专项整治行动

全年共出动饲料监督执法人员6 289人次，出动执法车辆2 142车次，监督检查监管对象3 375个次，查办案件21起，罚没款约27万元，没收不合格饲料5.4t，其中10万元以上案件1起，万元以上案件

7起。

一是开展饲料禁抗专项整治。为贯彻落实农业农村部公告第194、第246号文件精神，保障药物饲料添加剂退出政策的全面落实，在饲料生产、经营和使用三个部位有重点地组织全市开展专项打击。检查监管对象1 832个次，抽检饲料样品900余份。二是强化宠物饲料管理。全年共排查宠物饲料经营主体973家次，查处宠物饲料相关案件9起。三是加强自配料监管。严格贯彻落实《饲料和饲料添加剂管理条例》和农业农村部公告第307号关于养殖者自配料的规定，在养殖环节开展专项检查和普法宣传，指导养殖者规范采购原料、合理配制饲料、有序存放饲料、安全使用饲料。通过"双随机"检查与专项检查相结合的方式，加大监督检查力度，重点检查对外提供自配料、违反自配料使用规范以及在自配料中违规添加药物、禁用物质等违法行为。

（四）完成重大活动保障工作

落实全国两会、北京市两会、2022年冬季奥运会测试赛等重大活动保障性检测4次，对生猪、牛羊肉、淡水鱼共4家供应企业的养殖基地进行了饲料质量安全专项监测工作。共计抽检企业饲喂的饲料样品42批次，所有样品均完成检测。检测项目包括重金属、违禁添加物、霉菌毒素、致病菌等20个参数，检测结果全部合格。

（五）落实非洲猪瘟防控工作

为切断非洲猪瘟疫情通过饲料传播的途径，实现防控工作无死角，对本市饲料生产企业生产的猪用饲料、本市生猪养殖场户使用的外埠猪用饲料开展非洲猪瘟专项抽检工作。全年抽检饲料生产企业432家次，本市生产的猪用饲料产品1 600批次，抽检生猪养殖场户88家次，外埠猪饲料274批次，非洲猪瘟核酸检测结果均为阴性。

（六）完成饲料统计监测工作

严格落实《全国饲料工业统计报表制度》相关要求，组织企业及时填报基层报表，通过培训、沟通等方式建立有效工作机制，畅通工作流程。严控上报时效性，按时限要求，及时组织企业填报数据，同时对未上报企业进行催报，确保企业上报率达100%，严把数据质量关，逐级审核，层层把关，确保高质量完成数据上报，为掌握饲料生产情况，了解行业发展动态，制定相关政策，谋划发展规划提供有力支撑。

（七）应对新冠疫情对行业的影响

根据党中央、国务院及北京市委市政府对于新冠肺炎疫情应急防控的各项要求，将特殊时期的保供稳定工作当成首要任务，保证畜牧饲料行业安全有序开展复工复产工作。对行业各类保供物资"进得来、出得去"给予政策倾斜。一是在疫情初期紧急印发《关于新型冠状病毒肺炎疫情防控期间申请跨省"菜篮子"产品和农业生产必需品〈应急物资调拨（转运）证明函〉的通知》和"《应急物资调拨（转运）证明函》申请和管理办法"。为全市包括饲料生产企业在内的多个行业发放应急物资调拨（转运）证明函和通行证，在应急状态下为畜牧饲料行业调运进京的应急物资与生产必需品提供了有效保障。二是落实中央文件要求，联合北京市饲料工业协会对本市重点畜牧饲料生产企业开展调研与调度工作，将疫情应急防控工作期间北京市畜牧饲料行业在复工复产工作中存在的重大问题进行整合研究，为本市有资质有需求的饲料生产企业共73家出具了《民生保供企业证明》，以便在疫情防控民生保供物资采购及道路运输中，请各地给予相关生产企业能够及时获得民生保供企业优先配置和道路通行权。

（北京市农业农村局）

天津市饲料工业

【发展概况】

2020年，天津市饲料生产企业共182家。其中，配合饲料、浓缩饲料和精料补充料获证企业114家，添加剂预混合饲料获证企业68家，混合型饲料添加剂获证企业31家，饲料添加剂获证企业12家，单一饲料生产企业18家。全年饲料总产量215.6万t，同比增长10.8%，总产值94.2亿元，同比增长10.4%。其中配合饲料125.2万t，同比增长3.2%，浓缩饲料57.4万t，同比增长26.4%，添加剂预混合饲料30.1万t，同比增长17.1%，宠物饲料2.8万t，同比增长36.9%。

【组织机构】

2019年1月，天津市行政机构改革后，天津市农业农村委员会为天津市饲料行政主管部门，负责天津市饲料的行政许可、行业监督管理、质量安全监管工作。

【主要工作】

（一）助力企业复工复产

受年初新冠肺炎疫情影响，饲料企业开工率一度较低。对此，在天津市防控指挥部统一协调下，印发《关于做好重要畜产品稳产保供工作的通知》，打通运输渠道，推动企业复工；采取点对点，帮助企业联系豆粕、玉米等原料货源和销售渠道；印制《畜产品稳产保供通行证》，为饲料企业提供运输保障；公布交通运输服务热线，主动为饲料企业解决运输受阻难题。

（二）强化饲料质量监管

一是制定印发《2020年天津市饲料质量安全监管工作实施方案》，部署2020年饲料质量安全、生产安全监管全年工作任务，明确工作重点和时间表，有序推动全年监管工作；二是市区两级开展饲料行业行政、执法检查1 017场次，出动执法人员2 623人次，发现问题109个，已全部完成整改；三是指导企业开展饲料生产信息填报工作，完成农业农村部畜牧总站组织开展的饲料和饲料原料生产调研工作，准确掌握饲料企业生产经营现状；四是开展饲料企业自由销售证明等服务事项审核咨询服务工作。

（三）加强饲料质量检测

一是全面开展饲料质量安全监督抽检，监测范围覆盖全市饲料生产企业及经营和使用环节，全年抽检饲料产品350批次。其中饲料质量安全指标监测200批、饲料产品中违禁品监测100批，应急产品监测50批，产品合格率100%。二是配合完成农业农村部饲料监督检查工作，抽查企业23个，抽取53批次产品，产品合格率100%。

（四）指导饲料企业安全生产工作

一是开展饲料安全生产隐患排查工作。严格按照《饲料质量安全管理规范》《饲料加工系统粉尘防爆安全规程》等工作要求对除尘设备、危化品储存进行安全检查。重点从安全生产制度、安全防护设施、警示标识、粉尘控制系统、危化品双人双锁管理等方面进行排查，共计检查企业11家。二是制定《饲料和饲料添加剂生产企业安全生产指南》，从制度建设、危险品管理、粉尘控制、用电防护、劳动保护等12个方面指导企业规范开展安全生产工作。

【存在问题】

一是由于没有饲料经营许可证制度，饲料经营企业监管工作难度仍然较大，缺乏有效的监管手段和质量控制措施，存在着安全监管风险；二是中小规模饲料生产企业实验室检测人员专业知识水平与检测能力还需进一步提高。

【下一步工作】

一是指导企业合理布局产能。随着生猪生产快速恢复，生猪补栏增养的速度将有所放缓，对此，天津市将采取信息共享、座谈调研等多种形式，指导和提醒饲料生产企业，合理布局饲料生产产能，确保企业产销顺畅。二是组织开展饲料质量安全监测。计划全年安排饲料质量监督抽检 800 个样品，包括饲料和饲料添加剂生产、经营企业质量安全监督抽检 400 批次，养殖环节料槽料（自配料）400 批次。三是继续开展饲料质量安全和生产安全检查。强化饲料生产企业原料管控、生产过程监管和产品质量管控。同时紧紧围绕管行业必须管安全，压实企业安全的主体责任，坚决杜绝安全生产事故。

（天津市农业农村委员会畜牧兽医处）

河北省饲料工业

【发展概况】

2020年，河北省饲料生产工作在农业农村部和厅领导的大力帮助和支持下，在全省各级饲料部门的共同努力下，河北省饲料工作，克服“新冠”肺炎带来的不利影响，狠抓质量安全和生产安全两个重点，认真推进企业规范化管理，全省饲料生产工作保持了相对稳定的发展态势。到2020年底全省饲料产量1 360万t，比2019年增长10.5%。饲料产值444亿元，比2019年增长19.5%。饲料生产企业累计达到1 006家，发放各类饲料许可证1 289个。分别比2019年增长1.3%和2.7%。

【2020年饲料工作总结】

（一）饲料质量监管方面

1. 圆满完成全年抽检任务。

完成全年450批次饲料抽检任务。全年饲料检测450批次，有6批次风险检测不合格，总体合格率为98.6%，为历年最高。并制定2020年度饲料专项整治行动工作方案，进一步强化饲料质量安全和生产安全。

2. 配合完成农业农村部“双随机、一公开”工作。

9月1日至20日配合部畜牧兽医局开展“双随机一公开”饲料质量安全监督抽查，抽查全省饲料企业107家，饲料抽样188份，不合格饲料样品4分，合格率为97.8%。按照《饲料质量安全管理规范》，共检查全省24家饲料企业的质量安全规范，对现场检查中发现的问题，要求十五个工作日内整改到位，并由市局负责监督落实。

3. 全心全意为企业服务。

审核办理自由销售证明69份、委托生产备案20份，开具《民生保供企业资质证明》706份，积极解答“抗疫情、解民困”来访问题205条。

4. 做好民生保障工作。

与省生态环境厅联合下发了《关于将饲料生产企业纳入民生保障类工作的通知》，截至2020年底，河北省共有155家饲料生产企业被纳入保民生企业管理，占全省饲料企业总数的15%左右。

（二）“瘦肉精”监管方面

1. 完成“瘦肉精”检测计划。

完成全年2 200批次抽检任务，检测结果全部为阴性。按照年度专项整治行动方案和“利剑”行动要求，对重点畜禽品种和生产交易环节进行专项整治。

2. 开展飞行检测。

5月28日对沧州市开展了飞行抽查检测，抽检样品116份，涉及养殖企业28家、屠宰企业7家，抽样基数24 100头（只），均未检出“瘦肉精”；7月10日又对沧州市开展了“瘦肉精”专项督导。

3. 做好协调联动机制建设。印发《河北省农业农村厅关于建立“瘦肉精”监管工作协调联动机制的意见》，为推动厅内“瘦肉精”监管协调工作起到了重要作用。

4. 做好舆情处置工作。

按照国发厅长的指示，派人到济南市做好定州市“瘦肉精”舆情处置工作。

5. 做好“瘦肉精”物资的招投标和发放工作。

严格按程序完成“瘦肉精”报告书、保证书、三联卡的招标发放工作。

（三）饲料生产企业安全生产方面

1. 健全制度。

4月30日印发了《河北省农业农村厅办公室关于印发〈河北省畜禽定点屠宰安全生产突发事件应急预案（试行）〉等九个文件的通知》，围绕畜禽屠宰、兽药、饲料行业分别制定“双控”手册、应急预案和安全检查表。

2. 签订责任书。

同13个市和雄安新区签订了安全生产目标管理责任书，并要求各地逐级签订、落到企业。

3. 推进“双控”机制建设。

除长期停产、升级改造外，全省有920家饲料生产企业完成“双控”机制建设。

4. 加大督导检查。

4月、6月分别对唐山、秦皇岛、沧州、保定等市部分饲料生产企业进行安全生产督导检查，要求企业强化安全生产意识，确保不发生安全生产事故。对涉及的易燃易爆、有限空间等环节和场所进行细致检查，共检查企业37家，发现安全隐患187项，按照“痕迹化管理”的要求。对检查中发现的安全隐患，要求在15个工作日内必须整改到位。（5）强化宣传培训，10月23日在鹿泉区召开了全省饲料统计和安全生产培训班，对全省饲料行业80余人围绕安全生产和“双控”工作进行了专题培训。

【2021年工作计划】

（一）抓好饲料安全生产工作

2021年按照“管行业必须管安全、管业务必须管安全、管生产经营必须管安全”的要求，抓好饲料行业安全生产工作。

1. 明确安全生产监管责任。

继续签订安全生产责任状。按照省与市、市与县、县与企业，层层签订安全生产责任状，明确理顺各级安全生产监管责任。

2. 安全检查要实现“痕迹化”。

按照“属地管理、分级负责”监管原则，加强安全生产检查力度，特别是在“两节”“两会”等特殊时间节点，确保不发生安全生产事故。安全生产检查要“痕迹化管理”。对检查中发现的安全隐患，按照要求在15个工作日必须整改到位。

3. 提高企业应急处置能力。

继续开展安全生产培训和应急演练，提高饲料生产企业安全生产的专业水平和应急事件的处理能力。

4. 坚持安全生产“一票否决制”。

严格实行安全生产“一票否决制”，对不符合安全生产要求的企业，必须停业整顿，整顿不达标的，按照规定吊销饲料生产许可证。

5. 抓好“双控”机制建设。

继续以农业领域安全生产三年专项整治方案为重点，以“双控”机制建设为抓手。力争按照要求全部达标。

6. 推广安全生产标准化企业建设。

“十四五”期间，在饲料生产企业推广安全生产标准化企业建设活动，力争到2025年底，全省饲料生产企业全部达到安全生产标准化三级企业标准。饲料生产企业每年要完成20%以上，市、县饲料主管部门亲自抓，省级进行抽查。

（二）提升饲料质量安全水平

2021年河北省饲料行业按照提质增效的要求，全面提升饲料质量水平，按照加强饲料质量监管、加强无抗饲料生产监管的要求开展工作。

1. 继续做好“双随机、一公开”工作。

配合农业农村部开展好2021年两次“双随机一公开”监督抽样及质量安全检查工作。

2. 提升检测的合格率。

制定河北省2021年饲料质量监督抽检计划，合计450批次，其中90批次为监督抽检，360批次为风险抽检。2021年河北省重点检测添加剂预混合饲料和混合型饲料添加剂，同时兼顾全部饲料的营养指标和卫生指标，力争全省饲料产品合格率达到97%以上。比2020年提高1个百分点。

3. 加大对不合格产品的查处力度。

对农业农村部“双随机一公开”监督抽样和省厅监督抽样中发现的不合格企业按照有关程序移交当地饲料管理部门和执法部门查处。

4. 全面推广无抗饲料，为健康中国做贡献。

重点宣传并严格执行国家对饲料无抗的有关规定，全省所有饲料生产企业必须进入无抗时代，严禁在饲料生产中添加抗生素等违禁产品。为健康中国做出应有的贡献。

5. 抓好饲料统计工作。

办好统计培训班，提升各级饲料统计人员的技术水平，省负责市，市负责县，县负责企业，按照国家要求，及时、准确上报，提升全省的统计数据的真实性和有效性。

6. 配合有关处室，做好饲料工作。

配合办公室、政策调研处、农安局、执法局、法规处、产业化办、农机局、市场信息处、科教处、发展规划处、畜牧业处、项目监督处等做好有关饲料方面的工作。

（三）强化“瘦肉精”监管工作

用“最严谨的标准、最严格的监管、最严厉的处罚、最严肃的问责”抓好“瘦肉精”监管工作。

1. 抓好联动机制的落实。

落实和宣传好“瘦肉精”监管协调联动机制，召开“瘦肉精”协调联动工作会议，分清“瘦肉精”监管工作部门间的职责，把监管职责层层落实好。上半年完成市级协调联动机制建设，年底前完成县级协调联动机制建设。

2. 加强培训，落实监管责任。

通过举办“瘦肉精”监管工作培训班，提高各级人员的监管水平，2021 年监管重点是牛羊集中养殖区域和“瘦肉精”高发区。

3. 强化监测力度。

制定下发 2021 年“瘦肉精”检测计划，2021 年共安排省级风险抽检 2 200 批次，指导饲料监察所保质保量完成 2021 年所有检测计划。对“瘦肉精”高发地区或敏感地区开展“瘦肉精”飞行抽检和“约谈机制”。

4. 加大案件打击力度，震慑犯罪分子。

要按照农业农村部、公安部等五部门文件要求，及时移交厅执法部门或各级公安部门侦办，真正做到有法可依，有法必依。

5. 做好“瘦肉精”物资采购工作。

制定切实可行的方案，保质保量，按时完成“瘦肉精”速测卡和溯源单的政府采购工作。

6. 配合农业农村部做好相关工作。

充分发挥“瘦肉精”牵头作用，配合农业农村部做好“瘦肉精”的督导、检查、抽检及其他工作。

（河北省农业农村厅）

山西省饲料工业

【发展概况】

2020年，山西省各级积极应对新冠肺炎疫情对饲料工业的冲击和影响，坚持“两手都要硬、两战都要赢”，不断完善各项工作制度，切实加强行业指导和监管工作，饲料生产和质量安全监管工作呈现良好态势。全省共有各类饲料生产企业201家，2020年全省饲料总产量436.7万t，同比增长25.7%，总产值124.5亿元，同比增长25.5%，成为全国增长幅度最快的省份之一。主要特点：

（一）饲料产量持续增加

随着山西省一系列扶持生猪生产政策的落地见效，生猪产能持续恢复，2020年底生猪存栏569.4万头，同比上升26.1%，超过正常年份水平；全年出栏797.6万头，同比增长7.8%。受生猪产能持续恢复拉动，2020年猪饲料产量167万t，同比增长63.5%。家禽存栏1.3亿羽，处于历史高位，蛋禽、肉禽饲料产量分别同期增长0.5%、19.6%。另外，因玉米价格上涨和豆粕震荡上行，饲料价格普遍上涨，主要饲料品种价格均同比上涨。

（二）行业集中度进一步提高

从区域上看，山西省饲料行业的地区分布受畜禽和养殖产区、交通运输条件等因素的影响，主要集中在运城、晋中、临汾、吕梁市，4个市饲料生产企业数量占到全省的70%。从龙头企业占比看，虽然产品同质化程度比较高，但大型企业在要采购成本控制、质量控制、品牌体系建设等方面优势明显，市场占有率越来越高，部分小型企业受到较为严重的冲击，行业集中度进一步提升。

（三）质量服务差异化发展加快

不少企业抓住“替抗”的发展契机，不断推出绿色、无抗等差异化的饲料产品，满足不同养殖企业对产品的多样化需求。一些企业充分发挥自身技术优势，向养殖端提供技术指导等增值服务，提升了产品黏性和品牌影响力。如山西大禹生物工程股份有限公司提供全程保姆式技术服务，目前有600人的技术服务团队，为全国10万多企业和用户提供整体服务方案。差异化技术指导增值服务，迅速增加了该公司的市场份额。

（四）生物安全水平进一步提高

受非洲猪瘟疫情的影响，整个饲料行业生物安全防护的意识、硬件和管理水平普遍有了一个大的飞跃。特别是生产猪饲料的企业相关的生产设施、场所、运载工具等清洗消毒制度更严格，落实的也比较好。这些为养殖端防控好非洲猪瘟疫情、加快生猪恢复生产发挥了重要作用。

（五）委托生产的合作模式不断增加

目前，山西省饲料行业突出存在结构性和区域性产能过剩问题，企业产能不够吃和吃不饱的现象同时共存。针对这一问题，我们积极引导整合饲料行业和养殖行业优势资源，开展委托加工的合作模式，加强主营业务盈利能力，缩短供应链条，2020年以来共有14家企业办理了委托加工备案，这样既充分利用了闲置产能，又降低了企业的销售成本。

【主要工作】

为切实加强全省饲料行业指导和监管工作，山西省采取了一系列有力举措。

（一）强化行业发展指导

着眼建立饲料工业统计的长效机制，聚焦让统计数据活起来、用起来，努力为企业生产和经营提供帮助，为国家行政决策提供支撑。一是定期对全省饲料生产情况、同比变化情况进行基础分析，对一些长期不上报数据的停产企业，按照法定程序进行销消、吊销生产许可，2020年以来已吊销生产许可10家，保证了企业基础数据底清数明。二是对占全省饲料企业总数30%的运城市等区域进行重点分析，在建立全省饲料企业填报微信群的同时，省厅专门建立运城市饲料企业微信群，省级工作人员同运城市统计人员一道，对重点区域生产企业进行指导服务，2020年根据企业在微信群的诉求，在运城市举办了一次600人参加的“替抗”高峰论坛，邀请李德发院士等国内顶级专家进行培训，统一饲料“禁抗”认识，推动194公告等政策落实落地。三是对饲料企业上下游进行拓展分析，在数据分析中找问题、找对策。新冠肺炎疫情发生以来，针对监测统计反映出的调运受阻原料供应紧张情况，组织开展了山西省公益性饲料用粮专场交易会，玉米总成交量13 680t。同时推动养殖环节饲料产销对接，畅通饲料生产供应链条，促进上下游、产供销、大中小企业整体配套、协同复工。针对监测统计反映出的库存积压情况，及时向省政府上报和提供相关数据，提请省政府办公厅出台《关于做好疫情防控期间“菜篮子”产品和农资保障供应的通知》，将饲料纳入农资保障供应范围，为饲料企业办理通行证，在调运受阻最困难的8d里，共办理饲料企业通行证2 250张，运输饲料及饲料原料10万t，推动各市县维护正常生产秩序。

（二）强化质量安全监管

全面落实兽药饲料质量安全管理规范，制定落实《山西省饲料质量安全抽查检测工作规范》《2020年全省饲料质量安全监督抽查计划》《山西省2020年兽药质量监督抽检计划》，2020年抽检饲料样品277批次，涉及企业148个［其中饲料生产企业87个、饲料经营企业21个，养殖场（户）40个］，现场检查20个企业。开展“双随机、一公开”饲料生产企业现场监督检查，现场检查11个饲料生产企业，提高生产企业质量控制水平。样品检测数量和现场检查企业数量均为历年来最高。

（三）规范行政审批工作

山西省农业农村厅对饲料生产许可证申请等行政审批工作进行梳理，优化办事指南，进一步简化办事程序，规范审批行为。同时制作并发放企业告知书，发放至每一家生产企业，对换证时限、要求和后果进行了告知和说明，深入企业做好指导和服务工作。2020年全省共审批发放饲料、饲料添加剂生产许可证共64个，其中饲料许可证49个，饲料添加剂许可证15个，全省饲料企业硬件设施明显改善，饲料质量安全保障能力明显提升。

（四）强化检打联动

继续开展了以“瘦肉精”为重点开展专项整治，对违法违规行为保持高压态势。专项整治期间，各级精心组织，积极推进，认真落实检打联动机制，对饲料兽药各类风险监测、例行监测、重点检测检查中发现的问题，严格按照相关法律开展查处，做到批批有查处、件件有回音。要求各级对监督抽检中发现的违法行为，在收到检验报告后要及时开展查处，不得以等上级部门文件通报等理由拖延。2020年山西省共处罚饲料企业5家，罚款3.3万元，没收违法所得2.1万元。

【存在问题和下一步工作重点】

当前，非洲猪瘟的影响仍在持续、“饲料禁抗”对部分饲料企业发展影响很大，在山西省饲料抽检查中也暴露出一些质量安全问题，安全隐患不容忽视。仍存在个别企业数据上报不及时等问题，特别是在增强统计服务意识，努力为企业生产和经营提供帮助，为国家行政决策提供支撑上还存在很大差距。下一步山西省将重点做好以下几项工作：

（一）拓展统计服务功能

聚焦让统计数据活起来、用起来，对统计数据进行拓展分析，在数据分析中找问题、找对策、强服务，为企业做好服务工作。举办落实饲料统计调查制度培训班，对各级部门和企业统计人员进行专题培训，提升调查统计水平。对各级监管人员统计工作开展情况进行考核，对工作成绩突出的给予通报表扬，鼓励先进，鞭策落后，推动各级统计工作高质量开展。

（二）强化质量安全监管

全面落实饲料质量安全管理规范和《山西省饲料质量安全抽查检测工作规范》，落实添加剂预混合饲料和混合型饲料添加剂产品备案制度，开展“双随机、一公开”饲料生产企业现场监督检查和饲料质量安全监督抽检，规范动物养殖者饲料自行配制、储运和饲喂使用行为，强化饲料生产企业原料管控、生产过程管控和产品质量管控。

（三）深入开展专项整治

深入开展“瘦肉精”专项整治，严厉打击饲料、养殖、收购贩运、交易、屠宰等环节非法添加使用“瘦肉精”违法犯罪行为。建立违法生产企业重点监控制度，开展饲料生产、经营和使用环节质量安全监督抽检和执法检查，规范“检打联动”工作机制，保持高压严打态势。

（山西省农业农村厅畜牧兽医局）

内蒙古自治区饲料工业

【饲料生产】

（一）饲料总产量

内蒙古自治区工业饲料总产量 462.04 万 t，同比增长 21.9%。其中，配合饲料产量 380.34 万 t，同比增长 21.3%；浓缩饲料产量 70.34 万 t，同比增长 21.9%；添加剂预混合饲料产量 11.31 万 t，同比增长 48.3%。分品种看，猪饲料产量 130.86 万 t，同比增长 55.6%；蛋禽饲料产量 25.01 万 t，同比增长 28.0%；肉禽饲料产量 29.42 万 t，同比下降 0.1%；反刍动物饲料产量 271.94 万 t，同比增长 13.9%；水产饲料产量 0.71 万 t，同比下降 6.5%；宠物饲料产量 0.05 万 t，同比增长 62.0%；其他饲料产量 4.03 万 t，同比下降 36.7%。

（二）饲料添加剂产量

全区饲料添加剂产量 87.60 万 t，同比增长 10.0%。其中，直接制备饲料添加剂产量 83.29 万 t，同比增长 9.9%；生产混合型饲料添加剂产量 4.30 万 t，同比增长 12.3%。

（三）饲料工业总产值

自治区饲料工业总产值 184.09 亿元，同比增长 15.0%；总营业收入 175.930 亿元，同比增长 15.3%。其中饲料产品产值 135.07 亿元，营业收入 128.49 亿元，同比分别增长 31.1%、24.3%；饲料添加剂产品总产值 49.01 亿元，营业收入 47.44 亿元，同比分别下降 14.0%、3.6%。

【饲料行政许可】

加强生产行政许可管理。认真落实国务院《饲料和饲料添加剂管理条例》和农业农村部《饲料和饲料添加剂生产许可管理办法》等行政法规和其他规范性文件规定，结合实际，在广泛征求意见的基础上，研究制定了《饲料和饲料添加剂生产许可专家现场审核工作程序》和《饲料质量安全监督抽查检测工作规则》，并建立起现场审核和质量安全监督抽查检测专家库，进一步规范了内蒙古自治区饲料和饲料添加剂生产和管理行为，完善了“双随机、一公开”监管模式。完成了饲料和饲料添加剂生产许可入驻自治区政务服务审批大厅各项工作。全年共受理饲料和饲料添加剂生产企业申报设立和续展许可 95 件。

【饲料质量安全管理规范示范企业创建】

大力推进饲料企业标准化生产。以推动落实《饲料卫生标准》《饲料标签标准》《饲料质量安全管理规范》3 个强制性标准、规范实施为牵引，以 6 家部级和 15 家自治区级示范企业为样板，全力推进饲料企业标准化生产。结合饲料质量安全监督检查、饲料生产安全大检查活动和安全月活动，对饲料生产企业全面进行现场监督检查，突出重点检查 3 个强制性标准规范实施标准化规范生产，对发现的饲料质量安全问题及时进行了纠正。

【饲料质量安全监管及“瘦肉精”专项整治】

加强饲料质量安全监督管理。全年共开展饲料生产、经营、养殖环节巡查监督 7 194 次，出动管理执法人员 12 700 次，并对属地生产企业质量安全进行全覆盖监测，共抽检饲料产品 554 批次，经营和使用环节抽检产品 1 577 批次。抽取 3 051 家养殖企业（户）开展“瘦肉精”监测 16 008 批次，三聚氰胺专项监测 200 批次。按照属地管理的原则，各旗（县、区）对 16 家饲料企业抽检不合格产品进行了查处。

加强促生长类药物饲料添加剂退出和自配饲料的管理。结合《饲料和饲料添加剂管理条例》《兽药管理条例》有关规定，以及农业农村部第 194 号、第 246 号、第 307 号公告要求，制定了《药物饲料添加剂退出相关工作方案》和自配饲料管理制度，稳妥有序地推进了促生长用途的药物饲料添加剂退出和自配饲料的管理，进一步维护了饲料生产秩序和质量安全。

【队伍素质稳步提升】

2020年自治区农牧厅饲料饲草处举办了“全区优质饲草种植示范现场观摩会”“饲草种业展览会”“内蒙古自治区饲草种业与饲草产业发展论坛”“饲料法规和行政法律知识讲座”“全国草牧业统计监测分析信息系统操作培训”等学习和培训会，累计培训400余人。

【下一步工作重点及措施】

下一步以落实年度目标任务，针对存在的问题，积极采取措施，重点加强以下几项工作。

（一）质量安全监管方面

1. 继续加强饲料质量安全监管。抓重点企业搞示范，发挥自治区饲料工业协会有效作用，全力推进《饲料质量安全管理规范》有效落实。实行产品抽样与日常监管相结合，监督管理部门与质检机构协同行动，在抽样的同时对各环节进行监督检查。对实施《规范》企业进行全覆盖专项执法检查，对于不执行规范的企业，约谈主要负责人，明确提出整改要求和时限，对于经督促仍不改正的，一律按照条例规定严肃处理。

2. 严厉打击养殖环节违禁物质添加等违法行为。按照“瘦肉精”整治方案，进一步强化上下、区域、部门联动机制，针对牛羊养殖重点地区加大突击监管抽检频率，不定期进行拉网式排查，突出重点，督促责任主体落实责任。引入第三方检测加大随机检测排查力度，检打联动做好“瘦肉精”整治工作。

（二）饲料生产标准化方面

1. 严格执行《饲料标签标准》和《饲料卫生标准》。针对企业素质低的问题，抓重点企业搞示范，全力推进《饲料质量安全管理规范》。进一步强化监督执法、服务指导和宣传培训。对于不执行规范的企业，明确提出整改要求和时限，对于经督促仍不改正的，一律按照条例规定严肃处理。

2. 对饲料从业人员进行强化培训，采取集中、分类指导等方式对基层监管队伍的培训，进一步提升饲料标准化程度，全面提高监管能力。

（三）质量安全监测和追溯管理方面

做到获证饲料生产企业监测抽检率达到100%，饲料生产、经营和使用环节普法、执法检查率达到100%。

（内蒙古自治区农牧厅饲料饲草处）

辽宁省饲料工业

【发展概况】

2020年，饲料原料价格显著上涨，饲料价格持续攀升。产品结构调整加快，猪饲料、反刍饲料、肉禽饲料增长迅猛，蛋禽饲料、水产饲料、貂、狐、貉饲料略有下降，宠物饲料保持中高速增长，规模企业经营形势总体平稳，全省工业饲料产值和产量显著增长。

（一）饲料工业总产值

2020年，全省饲料工业总产值548.3亿元，同比增长33.7%，营业收入481.8亿元，同比增长34.7%。其中，饲料产品产值528.6亿元，同比增长34.5%，营业收入463.0亿元，同比增长35.3%；饲料添加剂产品产值19.7亿元，同比增长14.5%，营业收入18.8亿元，同比增长19.9%。

（二）工业饲料总产量

2020年，全省工业饲料总产量1 603.2万t，同比增长21.6%，其中散装饲料344.7万t，同比增长15.7%。按饲料类别分：配合饲料1 297.0万t，同比增长21.1%；浓缩饲料278.4万t，同比增长24.4%；添加剂预混合饲料27.2万t，同比增长17.1%。按动物品种分：猪饲料526.3万t，同比增长71.3%；蛋禽饲料215.9万t，同比下降0.6%；肉禽饲料628.7万t，同比增长6.3%；水产饲料42.5万t，同比减少7.5%；反刍动物饲料153.5万t，同比增长22.8%；宠物饲料6 757t，同比增长15.3%；其他饲料35.7万t，同比增长12.1%，其中貂、狐、貉饲料18.4万t，同比下降5.2%。

（三）饲料添加剂产量

全省饲料添加剂产量27.7万t，同比增长15.6%。其中，直接制备饲料添加剂22.9万t，同比增长18.3%；生产混合型饲料添加剂4.8万t，同比增长4.6%。氨基酸、氨基酸盐及其类似物4.6万t，同比下降8.5%，维生素及类维生素产量为4.5万t，同比下降6.5%，矿物元素及其络（螯）合物产量为15.1万t，同比增长35.4%。酶制剂1 970.5t，同比下降14.4%，微生物制剂5 051.5t，同比增长60.0%。

（四）企业经营调整情况

截至2020年12月全省生产配合、浓缩、添加剂预混合饲料生产企业594家，其中年产10万t以上企业49家（2019年32家），产量937.2万t（2019年590.6万t），占总产量的55.5%（2019年占44.8%）；年产5万t以上企业107家（2019年77家），产量1 344.8万t（2019年897.2万t），占总产量的79.6%（2019年占68.0%）；年产万t以上企业218家（2019年217家），产量1 602.4万t（2019年1 230.9），占总产量的94.9%（2019年占93.3%）。

2020年，全省大型饲料生产企业数量迅速增加，市场份额显著增长，小规模企业市场规模逐步被压缩。形成了万吨以上规模企业数量占全省38%，市场份额占全省95%；小微企业数量占全省62%，市场份额只有5%的市场格局。

（五）饲料生产形势趋势

饲料原料价格普遍上涨，饲料企业采购压力加大。2020年度主要饲料原料玉米、玉米副产品、豆粕、麦麸、豆油等价格波动较大。其中玉米全年上涨800元，涨幅44.4%，DDGS全年上涨800元，涨幅达50%，喷浆玉米皮从1 300元/t上涨至2 200元/t，涨幅达69.2%，玉米蛋白粉波动不大，价格在4 400元/t上下。豆粕波动上涨，涨幅25.9%。麦麸同样涨幅明显，从1 500元/t上涨至2 100元/t。进口鱼粉在11 000元/t至14 000元/t震荡。豆油价格上涨明显，从2月份6 250元/t涨至8 900元/t，涨幅达42.4%。饲料成品价格年内多次上调，养殖成本显著提高。受饲料原料价格上涨因素影响，饲料生产企业产品价格多次上调，各企业上调次数和涨幅不等，平均上涨8～10次，配合料价格上涨500～600元/t，浓缩料平均上涨约800元/t，养殖成本明显增加。猪饲料产量增幅显著，生猪产能持续恢复。猪饲料526.3万t，同比增长71.3%，其中仔猪饲料221.8万t，同比增长68.0%，母猪饲料87.4万t，同比增长94.0%。结合全年仔猪、母猪饲料产量，全省生猪产能持续恢复。反刍动物饲料持续增长，产品结构调整趋于理性化。近三年，反刍动物饲料增长迅猛，产量平均增长率约18%。2020年反刍动物饲料产量153.5万t，同比增长22.8%，与2017年相比，增长了54.0%。目前，全省生产反刍动物饲料企业116家，年产万吨以上企业26家，占22.4%，万吨以上企业产量133.4万t，占86.9%。自2018年下半年非洲猪瘟疫情发生后，沈阳、铁岭等地猪饲料生产企业调整产品结构，转生产反刍动物饲料，但受技术、销售、客户群体等因素影响，仅前期对技术、市场做好准备的企业得以持续，产品结构调整趋于理性化。

【组织机构】

辽宁省农业农村厅兽药饲料处（省饲料工作办公室）行政编制5名，负责拟订并组织实施全省饲料行业发展规划和计划，组织实施饲料行业质量管理规范，承担饲料和饲料添加剂研制、生产、经营的监督管理工作。辽宁省农业发展服务中心畜产品安全与深加工部协助厅机关开展饲料生产经营和使用监管等事务性工作。

【主要工作内容】

（一）多措并举，助力企业复工复产

新冠肺炎疫情防控期间，结合重点、难点工作，正确研判兽药饲料及屠宰行业生产形势，主动发声，正面宣传，引导社会舆情，消除疫情期间恐慌。与60家饲料生产企业、45家重点生猪肉鸡屠宰企业建立直联平台，积极协助解决群众反映的石粉、豆粕等原料短缺和兽药、饲料、畜产品运输受阻等实际问题，临时取消饲料添加剂生产许可审批现场核查程序，对申请办理饲料添加剂生产许可证需要现场核查的，临时免除现场核查程序，依据企业提供的有关材料和真实性承诺书履行审批，审批合格的直接下发生产许可证，疫情结束后组织专家补充现场评审。3月末，全省饲料生产企业基本恢复正常。

（二）加强饲料质量安全监管

根据《农业农村部关于印发2020年饲料兽药生鲜乳质量安全监测计划的通知》（农办牧〔2020〕8号）要求，配合农业农村部畜牧兽医局专家对辽宁省57家饲料及饲料添加剂生产企业开展饲料质量安全监测抽样及现场监督检查工作，共抽取样品58份，开展现场检查13家，重点检查了饲料及饲料添加剂生产企业违法添加药物的行为。制定《辽宁省2020年饲料兽药畜产品质量安全监测计划》，全年共监测兽药420批次、饲料402批次、兽药残留1 000批次、生鲜乳100批次、“瘦肉精”1 460批、禽蛋药残450批次，经检验，兽药合格率98%、饲料总体合格率99%、兽药残留合格率99.3%、生鲜乳合格率100%、“瘦肉精”合格率100%。

（三）加强安全生产宣传，制定安全生产专项整治方案

一是印发《辽宁省农业农村厅办公室关于做好2020年辽宁省兽药饲料和屠宰生产企业安全生产工作的通知》，部署各地开展饲料生产企业和屠宰企业安全生产专项整治。二是积极开展“安全生产月”活动，印制饲料企业安全生产宣传挂图3 000张分发至800余家饲料生产企业。三是部署饲料及饲料添加剂涉爆粉尘企业安全专项整治三年行动，印发了《辽宁省农业农村厅办公室关于落实饲料及饲料添加剂涉爆粉尘企业安全专项整治三年行动实施方案工作的通知》（辽农办畜发〔2020〕391号），结合行业特点，制定饲料行业专项整治任务分解表、专项整治检查表。四是召开安全生产工作培训班。对各市农业农村局及省农业发展服务中心有关人员就饲料及饲料添加剂生产企业安全生产监管等内容进行培训。

（四）深化“放管服”改革，严把行政审批关

一是采用申请材料和办理结果快递送达的方式，简化服务事项程序，提高工作效率。共为辽宁省饲料及饲料添加剂生产企业出口产品出具自由销售证明39份，出口额不少于5.9亿元。办理饲料及饲料添加剂产品委托生产备案26份。二是针对饲料企业国际合作有关工作，邀请希杰（沈阳）饲料有限公司等六家外资企业代表与中国饲料工业协会有关领导参加座谈会。与企业代表交流发展思路、工作措施及面临的堵点难点问题，商讨解决方法和途径，为辽宁省饲料企业“走出去”发挥政府服务作用。三是就兽药、饲料下放行政职权承接落实工作召开培训班，规范兽药、饲料行政许可现场审核工作，确保下放权力“接得住、用得好”。

【下一步工作思路】

（一）加强辽宁省饲料加工产业链建设

加快推进饲料工业发展，综合考虑养殖业发展趋势、环境资源禀赋和现有产业基础等，进一步优化饲料工业布局，促进不同区域饲料工业协调发展。大力培育有区域竞争力的饲料企业，带动提升区域内饲料生产企业整体水平。积极培育全产业链企业，推动大型饲料生产企业向饲料原料生产、畜牧养殖、畜产品

加工等领域延伸产业链。鼓励饲料企业加大科技创新投入，研发推广新型安全高效饲料添加剂。推进饲料产品散装散运，推广饲料生产和畜禽养殖“厂场对接”。

（二）加强饲料质量安全监管

一是制定辽宁省饲料质量安全监督抽检方案，在生产、经营环节开展监督抽检、风险预警监测和风险巡查。以《规范》实施为抓手，以农业农村部第194号公告的落实为重点，围绕违法违规添加、饲料标签使用，企业标准及化验室的规范使用等情况开展工作。二是开展饲料和饲料原料霉菌毒素风险监测，选取约20家饲料生产企业，利用其化验室联合开展饲料原料、饲料产品霉菌毒素快速筛查，分析筛查结果，形成分析报告。三是加强饲料统计工作数据核查及实际应用，按照全国饲料统计有关要求实施，完成饲料统计监测的数据审核、纠错、上报。抽取20～30家饲料生产企业开展数据核查，评估数据上报的准确性，按季度形成分析报告，不断推进统计数据在实际工作中的应用。四是利用新媒体、纸媒等手段开展行业法律法规、产业政策等宣传培训、咨询指导。

（三）扎实推进粉尘涉爆企业安全专项整治三年行动

加大专项整治攻坚力度，解决重点难点问题。制定《辽宁省饲料和饲料添加剂生产企业安全生产制度范例》《辽宁省饲料和饲料添加剂生产企业安全生产法律法规汇编》。进一步夯实企业安全生产主体责任，提高全员安全生产意识，妥善化解安全生产重大风险，消除重大隐患。利用网络、微信、自媒体等载体，广泛开展宣传，巩固已取得的工作成果。注重培育和发掘专项整治中的先进典型，发挥示范引领作用，确保整治工作取得明显成效。

（辽宁省农业农村厅兽药饲料处）

吉林省饲料工业

【发展概况】

2020年，吉林省共有注册饲料生产企业357家。全省饲料工业产品总产量475.1万t，其中，配合饲料产量380.5万t，浓缩饲料产量84.2万t，添加剂预混合料产量10.5万t。

【组织机构】

吉林省饲料工作办公室隶属于吉林省畜牧业管理，与草原饲料处合署办公。在全省各市（州）、县（市区）政府畜牧业管理部门中，都设立了饲料工商行政管理部门。在质量检验上，有3个具有资质的级饲料质量检验机构，分别隶属于省畜牧业管理部省质量监督管理部门和省商检管理部门。全省有12个市级饲料质量检验机构，其中3个隶属于畜牧管理部门，9个隶属于质量监督管理部门。目前还没有设立饲料质量监督检验机构。

一、重点工作完成情况

进一步加强饲料行业监管：

一是开展“两个安全”专项检查。为保障全省饲料行业无重大质量安全和生产安全事故发生，分别于3月和8月下发了《关于深入开展饲料质量安全和生产安全专项检查的通知》（吉牧饲发〔2020〕22号）、《关于开展饲料生产企业“双随机一公开”监督检查工作的通知》（吉牧饲发〔2020〕111号），市（州）、县（市）按照省级方案部署，有序开展了“两个安全”专项检查和联合执法检查，严厉打击饲料行业涉及生产安全和质量安全的各类违纪违法行为。2020年，全省检查饲料生产经营主体2 001家次，出动监管执法人员2 541人次，发现问题192个，行政执法案件3个，货值0.8万元，罚款1.1万元。

二是开展饲料质量安全监测工作。及时安排部署饲料质量安全抽样监测工作，3月25日下发了《2020年饲料质量安全监督抽查工作方案》（吉牧饲发〔2020〕33号），对2020年饲料质量安全监测工作进行了全面部署。全年共完成了抽样检测任务900批次，共有29批次不合格产品，抽检合格率96%以上，确保了饲料产品质量安全。

三是开展饲料禁抗工作。为提高企业落实饲料禁抗应对能力，聘请吉林大学动物科学院金永成老师就《企业如何应对在饲料中禁用含有促生长类药物饲料添加剂》进行了解读。并专门安排250批次实施饲料禁抗安全监测，检测合格率100%。

四是按照农业农村部办公厅《农业农村部关于印发2020年饲料兽药生鲜乳质量安全监测计划的通知》（农牧发〔2020〕8号）文件部署，下半年，积极配合部抽样组工作，共完成了64批次饲料抽样任务，切实把这项工作落到了实处。

五是深入推进饲料许可证审批“放管服”工作。按照省委省政府关于行政审批“放管服”和“只跑一次”要求，优化明晰了饲料和饲料添加剂行政许可事项、格式要求，精简了申报材料内容，开展了网上备案工作。通过深化“放管服”改革，全年共开展行政审批事项122件，办结率100%。

二、下一步工作安排

一是加大饲料行业安全监管，开展“两个安全”专项整治，开展“双随机一公开”随机检查，开展饲料质量安全抽样监测。

二是深入推进“放管服”改革，严格行政审批，优化创新环境，强化政策支持，引导加快生物饲料、安全高效饲料添加剂新技术的研发应用，为饲料产品品质和利用效率双提升注入新动力。

三是对原有的饲料生产许可评审委员会人员做了进一步调整，调整后的审核委员会成员由省内农业大专院校及科研单位从事饲料或相关专业专家组成。进一步提高了饲料行业许可把关、指导与服务水平。

四是印发《2021 年饲料质量安全监督抽查工作方案》，明确了 2021 年监督抽查方式，规范了样品抽样行为，规定了盲样检测程序，强化了检打联动机制，部署了信息发布工作。按照方案要求，分别于 5 月和 10 月组成抽样工作组，分赴各地开展监督抽样工作，完成了全年 100 批次样品监测任务。按照检打联动机制，对不合格产品进行了处罚。

（吉林省饲料工作办公室）

黑龙江省饲料工业

【发展概况】

2020年，黑龙江省各级饲料管理部门通过培训宣贯、监督检查、精准管理等方式，着力打造优良营商环境，坚持管理与服务相结合、监督和发展相兼顾，严把生产安全、质量安全关，克服新冠肺炎疫情不利影响，扎实抓好饲料各项监管工作。受生猪生产恢复发展、奶业振兴发展等利好因素影响，全省饲料工业实现了稳中向好、稳中有进的发展态势。2020年全省饲料总产量为435.4万t，同比增长25.9%，总产值181.6亿元。

1. 全省饲料生产企业获证情况。截至2020年底，黑龙江省饲料生产企业有401家，获得有效生产许可552个。所获生产许可证中饲料添加剂生产许可证30个，混合型饲料添加剂生产许可证98个，添加剂预混合饲料生产许可证101个，单一饲料生产许可证88个，配合饲料、浓缩饲料、精料补充料生产许可证235个。

2. 全省饲料生产情况。按产品类别分类，2020年共生产配合饲料300万t、浓缩饲料127.5万t、添加剂预混合饲料8.2万t，同比分别增长26.8%、26%、1.5%。饲料添加剂总产量83.4万t，同比增长51.9%；单一饲料410.6万t，同比增长13.1%。

按产品品种分类，2020年共生产猪饲料195.4万t、肉禽饲料79.4万t、水产饲料9.2万t、反刍动物饲料110万t，分别同比增长51.1%、24.5%、62%、11.1%；蛋禽饲料28.4万t，其他动物饲料13.0万t，同比分别下降4.8%、28.2%。

【组织机构】

黑龙江省农业农村厅畜牧处负责起草畜牧业、饲料业发展政策建议和规划，监督管理饲料及其饲料添加剂质量安全。

【主要工作】

1. 为进一步加强全省饲料质量安全和生产安全监管工作，规范企业生产、经营行为，有效防范和坚决遏制质量事故和安全生产事故发生，促进饲料工业和养殖业高质量发展，印发了《关于做好2020年全省饲料管理工作的通知》（黑农厅函〔2020〕546号），对全省饲料质量安全和生产安全监管工作进行了部署。

2. 协调解决全省畜牧饲料业运输受阻问题。为确保人民群众“菜篮子”充足和农产品稳定供应，畜牧处按照农业农村部的统一高度，开通了热线电话，安排专人接听，集中受理群众反映强烈的畜牧业产销秩序受阻及生产经营等问题。自2月12日热线设立以来，共接到部里反馈及接听热线电话反映的畜牧饲料业相关问题368起，通过省、市、县三级联动，所有问题均得到及时解决，做到了事事有着落、件件有回音，群众满意、领导放心，取得了较好的效果。

3. 加强日常执法监管，保障饲料产品质量安全。一是强化对辖区生产经营企业的日常执法监管。要求各地根据实际定期或不定期组织实施饲料和饲料添加剂监督抽查。合理确定监督抽查比例，采取随机抽查、专项抽查、重点抽查等方式，检查生产企业生产条件是否符合、经营管理是否规范、产品质量是否有保障。二是组织开展饲料产品质量安全抽样监测工作。2020年共抽检样品800批次，其中有效样品747批次，合格716批次，不合格31批次，合格率95.9%。

4. 组织安全生产照单检查，提升行业安全生产水平。按照《2020年饲料生产企业安全生产照单检查工作方案》的要求，全面摸排、梳理企业安全生产风险点，建立完善安全生产风险隐患数据库。指导和督促企业全面落实安全生产主体责任，强化安全生产管理制度落实，加强对员工的培训、教育、监督与奖惩，提高全员安全生产意识，全面开展隐患排查与整改，提升饲料行业安全生产监管能力，有效防范和遏制安全生产事故发生。

5. 加强宣传教育与培训指导。指导各地开展形式多样的饲料行业安全生产宣传教育。举办饲料管理培训，不断提高饲料监管队伍管理能力和从业人员安全生产意识，提升行业安全生产水平。

6. 有序推进药物饲料添加剂退出工作。要求各级饲料管理部门加强宣贯，开展专项检查，大力推动优质、绿色、安全、健康型饲料和饲料添加剂的研究开发，督促指导饲料生产企业提前做好“无抗”“替抗”的技术储备，有序推进抗菌药类促生长药物饲料添加剂退出工作。针对2020年全面禁抗的实际情况，黑龙江省农业农村厅与省电视台“惠农直播间”节目组合作，针对农业农村部第194号公告和第307号公告的内容，做了三期电视节目，对公告中涉及有饲料禁抗有关的时间节点、政策要求以及养殖环节自配料的有关规定进行了全面解读，起到了很好的宣传效果。

7. 加强行业信息统计监测和分析。要求各级饲料管理部门充分认识饲料统计工作对行业发展的重要作用，督促企业依法履行饲料统计报表义务。指定专人负责统计信息催报工作，加强对企业填报数据的审核，增强数据报送的及时性和准确性。

8. 切实提升服务质量和工作效率，优化营商环境。缩短审批时限，制定审批流程图、一次性告知单，提高办事效率。严格按照程序依法依规审批，保证在规定的时限内完成审批工作，并力争在实际工作中提高审批效率，压缩审批时间。坚持以人民为中心、优化服务、依法办事、公开公正、诚实守信、廉洁高效和权责一致，以服好务为出发点，做好各项审批工作。提高行政效能，依法平等保护市场主体合法权益，维护市场秩序，承诺办事不求人，最多跑一次。

【存在问题】

农业执法监管能力需要提高。受人员、经费和培训等因素限制，黑龙江省基层农业执法人员在从事具体的行政执法过程中，在事先告知、立案程序、调查取证、证据处理、查封扣押冻结等行政强制措施、行政处罚自由裁量等具体执法监管环节，还普遍存在不专业、不规范执法的现象，如行政处罚不事先告知、越权执法、超期限扣押物品等。

【下一步工作思路】

1. 继续深入开展饲料质量安全专项整治和饲料安全生产检查行动，加强行政执法检查，依法严厉打击无证生产、超范围生产、违规超量添加等非法生产行为。

2. 针对重点地区和重点企业，黑龙江省将继续组织开展养殖环节“瘦肉精”监测计划、饲料产品质量安全监测计划，依法严惩非法添加和超量添加等各种违法行为。

3. 继续组织开展对基层执法监管人员和生产者的业务能力培训和畜牧相关法规培训，提高基层部门人员依法监管能力和从业者的遵法守法意识。

4. 继续推进落实《饲料质量安全管理规范》为抓手，推进企业内部质量安全控制可追溯体系建设；进一步健全完善行政许可、专家审核、执法巡查、行业诚信等监管制度；强化饲料质量安全突发事件处置能力建设，建立监管信息共享和沟通工作机制等。

（黑龙江省农业农村厅畜牧处）

上海市饲料工业

2020年，上海市各级畜牧兽医部门、监督、检测机构和行业协会克服突发新冠肺炎疫情带来的不利影响，全力以赴防疫情、稳生产、保供给，全心全意抓安全、抓质量、抓监管，坚定不移地促进上海市饲料工业行业稳定发展，为上海都市现代绿色农业建设和乡村振兴战略实施做出应有贡献。

【发展概况】

上海市饲料行业结构不断优化、生产发展稳定。截至2020年底，全市共有72家饲料和饲料添加剂获证企业，其中配合饲料、浓缩饲料、精料补充料生产企业和单一饲料生产企业41家（包括专业宠物饲料生产企业5家、单一饲料生产企业4家），饲料添加剂生产企业3家，混合型饲料添加剂生产企业19家，添加剂预混合饲料生产企业47家。

受新冠疫情、非洲猪瘟疫情、生猪稳产保供政策、城市化进程加快等因素刺激，上海市饲料产品出现不同幅度的产量变动。2020年，全市饲料工业总产量117.6万t，同比下降2.2%。其中，配合饲料91.7万t，同比增长2.4%；浓缩饲料5.1万t，同比下降13.6%；添加剂预混合饲料9.7万t，同比下降33.6%。饲料添加剂和混合型饲料添加剂产品总产量7.8万t，同比增长46.7%。2020年，全市饲料和饲料添加剂总产值92.4亿元，同比增长0.2%。

【组织架构】

上海市农业农村委员会畜牧兽医管理处负责全市饲料业行业管理，饲料及饲料添加剂行政许可的审批管理和饲料生产、经营及使用的监督管理。上海市农业农村委员会执法总队负责全市饲料和饲料添加剂等方面的生产、经营、使用环节的监督执法。上海市兽药饲料检测所负责饲料及饲料添加剂的质量检验，安全检测、技术仲裁和鉴定。

【主要工作】

（一）双管齐下，引导行业有序发展

1. 全力支持饲料行业复工复产。新冠疫情期间，开展饲料兽药供给情况调研，印发《关于有序做好饲料行业复产保障市场供应全力支持新型冠状病毒感染肺炎疫情防控工作的通知》《关于加强饲料生产企业复工复产管理的通知》等多个文件，要求各区和相关单位，提高政治站位，切实做好新型冠状病毒防控相关工作。通过线上渠道向企业传达部委和本市新冠疫情防控精神，强化责任担当，制定复工复产管理要求、安全生产条件，下发《饲料生产企业复工返岗要求告知书》等，指导相关企业、单位等在属地政府的统一指挥下，加强人员防护，落实消毒、健康信息登记等措施，抓紧抓实企业复工复产。为上海市81家饲料兽药企业核发《民生保供企业资质证明》，为企业解决原料和产品运输困难提供必要支持，切实保障肉禽蛋奶等重要"菜篮子"产品在疫情防控期间稳供给、不断档。

2. 积极实施药物饲料添加剂退出计划。为维护动物源性食品安全和公共卫生安全，上海市农业农村委员会印发《关于开展药物饲料添加剂退出专项检查工作的通知》（沪农委〔2020〕115号），对相关的兽药生产、进口、经营企业、饲料生产企业和养殖场组织实施了全覆盖检查、宣贯，督促、引导相关从业人员加强行业自律，贯彻落实农业农村部2019年第194号、2020年第246号公告。经查，上海市饲料生产企业均已按照时间节点不再生产加入药物饲料添加剂的饲料产品，均已完成修订相关饲料产品的企业标准和产品标签的工作；上海市兽药经营企业已全部停止药物饲料添加剂退出品种的销售，库存产品也已作退货处理。

（二）持之以恒，认真做好监督抽检工作

1. 实施上海市饲料监督抽检工作。下发《关于

印发2020年上海市饲料兽药生鲜乳质量安全监测计划的通知》（沪农委〔2020〕52号），部署落实了《2020年上海市饲料质量安全监督抽查计划》，全年共计抽检饲料样品231批，任务完成率为100%。其中猪配合饲料27批、猪浓缩饲料14批、猪预混料60批、禽配合饲料29批、禽预混料13批、反刍动物浓缩饲料2批、反刍动物预混合饲料6批、水产配合饲料20批、饲料原料5批、饲料添加剂5批、宠物配合饲料50批。共检测1 550个项目批次，其中药物933项目批次、重金属168项目批次、营养指标338项目批次、毒素4项目批次、微生物107项目批次。检出不合格1批（仔猪后期配合饲料中铜、锌超标），合格率为99.6%。对抽检不合格的获证企业，立案查证，依法出具行政处罚决定书，罚款1万元。涉事企业深刻认识到问题所在，积极采取应对措施，对涉案产品进行追溯，未造成质量安全事件或恶劣影响。

2. 实施瘦肉精及其替代品监测工作。一是下达《2020年上海市地产生猪出栏前"瘦肉精"及其替代品监测计划》（沪农委〔2020〕32号），完成地产生猪出栏前监测尿样3 562份，涉及486场次，监测盐酸克伦特罗、沙丁胺醇、莱克多巴胺及赛庚啶等项目共11 202批，完成率191.5%，均未检出阳性样品；地产生猪飞行监测任务完成率225.0%，对470家次规模化生猪养殖场的1 350份尿样，监测盐酸克伦特罗、沙丁胺醇、莱克多巴胺4 050批次，所有样品经现场检测均为阴性。二是落实了《2020年上海市屠宰环节质量安全风险监测方案》，对全市5家生猪屠宰企业进行"瘦肉精"飞检92家次，检测莱克多巴胺、沙丁胺醇、盐酸克伦特罗残留样品共计3 526份，结果均为阴性。对12家次牛羊屠宰企业开展飞行检测，检测莱克多巴胺、沙丁胺醇、盐酸克伦特罗残留样品共计351份，合格率100%。完成全年市级肉品品质监测任务，对6家屠宰企业抽取猪肉和牛肉样品，检测产品中水分含量，全年共完成508批样品的水分检测，含量均在48%～76%，符合≤77%的规定，合格率100%。

（三）不断升级，进一步强化监督执法力度

1. 强化饲料质量监督检查。依托行政审批、质量安全监测、案件查处三方联动机制，推行告知承诺制度，强化饲料安全责任，严肃查处违法违规企业，严格规范饲料生产。5月，组织开展农产品质量安全专项整治"利剑"行动，严厉打击各类违法违规用药和非法添加行为。6—7月，组织实施饲料生产企业饲料质量安全和药物使用专项监督检查，采用区级全覆盖检查、市级随机抽查等多种方式，重点检查饲料生产企业《饲料质量安全管理规范》执行情况。9月，配合农业农村部专家组对全市12家获证饲料生产企业开展了质量安全监管专项督查。全年，上海市累计出动执法人员19 585人次，检查养殖场912家次、饲料生产企业443家次和饲料经营企业62家次，发放各类宣传资料1 874份，查处饲料案件6起，罚没款11.4万元，维护和净化了上海市饲料市场秩序。

2. 推进宠物饲料管理新规有效实施。针对近年来宠物食品方面违法案件频发的态势，市、区两级农业农村委员会执法部门对全市9家宠物饲料生产企业开展专项全覆盖检查，重点检查《宠物饲料管理办法》《宠物饲料标签规定》的落实情况。部分企业原料查验不完整、产品标签标示不符合规定、制度和记录不完善等，执法人员依法开具责令改正通知书6份，责令企业限期整改，并形成相应的书面整改报告。

【下一步计划】

2021年，上海市将按照农业农村部的统一部署，紧抓饲料质量和生产安全，努力做好行业管理和服务工作，积极促进上海市饲料行业高质量发展，助力上海都市现代绿色农业建设和乡村振兴战略实施。一是把好审批关。继续推行许可专家审核制度；继续完善《规范》并轨许可审核工作，加强对部级市级示范企业监督和回访制度；继续落实好饲料行政审批事项委托下放、优化服务和事中事后监管等各项审批制度改革措施。二是站好监测岗。继续加强饲料预警监测工作力度，开展饲料中未知风险物质排查，优化抽检方案。继续强化企业自检能力，开展精密仪器、主成分监测和卫生指标检测等方面的专项培训。三是守好监管心。继续加强基础性监督检查，结合全覆盖日常检查和"双告知""双随机"抽查，不断深入《条例》《规范》等相关法规的宣贯和执行。继续加强专项检查，针对药物饲料添加剂退出等重点工作开展专项督查。完善饲料执法程序，依法从重处罚饲料违法行为，切实做到"检打联动"，维护行业秩序，提升上海市饲料质量安全水平。

（上海市农业农村委员会畜牧兽医管理处）

江苏省饲料工业

【发展概况】

2020年，江苏省各级农业农村部门及行业从业者积极应对国内、国际多重不利因素影响，迎难而上、负重拼搏，努力克服全球经济下滑、非洲猪瘟和新冠肺炎疫情防控形势严峻等诸多不利因素影响，进一步优结构、育动能、促转型，饲料产业发展成效显著，饲料产业发展逆势上扬，为畜牧业的稳定健康发展提供有力支撑。

（一）饲料生产量值双增

2020年江苏省饲料工业总产值600.8亿元，同比增长15.8%，其中商品饲料、饲料添加剂、饲料机械产值分别为473.7亿元、48.9亿元和78.1亿元，同比分别增长11.84%、0.98%和67.26%。单一饲料总产值532.9亿元，同比增长6.17%。

全省商品饲料总产量1 360.7万t，同比增长6.6%，其中配合饲料、浓缩饲料和添加剂预混合饲料产量分别为1 286.9万t、32.2万t和39.5万t，同比分别增长6.3%、14.7%和10.2%。随着散养户大量退出、规模养殖比重提高，产品结构上配合饲料占据绝对主体，占比达到94.6%，浓缩饲料、添加剂预混合饲料占比分别为2.4%、2.9%，配合饲料主导地位更加凸显，进一步适应规模养殖快速发展。

（二）生猪饲料大幅度恢复性增长

2020年以来全省各地积极出台扶持政策，全力推动恢复生猪生产，猪饲料产量上升迅猛，2月母猪饲料首次实现同比增长，增幅逐月扩大，助推全省生猪生产加快恢复发展。全年猪饲料产量300.3万t，同比增长17.7%，其中仔猪饲料、母猪饲料和育肥猪饲料分别为61.3万t、68.1万t、149.1万t，同比分别增长8.0%、57.4%、9.4%。

（三）蛋禽饲料小幅增长、肉禽饲料增长幅度较大

2020年以来，蛋禽养殖效益下降，但是蛋禽存栏量保持高位，蛋禽饲料仍有小幅增长。非洲猪瘟疫情导致生猪产能下降，猪肉消费缺口预期和猪肉价格持续上行，禽肉的替代性增长、产品价格上涨动力强劲，产能持续增加，肉禽饲料需求增强，增长幅度较大。全年蛋禽饲料和肉禽饲料产量分别为220.2万t和437.4万t，同比分别增长1.3%和6.9%。

（四）水产饲料保持稳定

受近年环保政策和长江流域退捕禁捕政策影响，江苏长江流域及几大淡水湖围网养殖面积大幅减少，叠加2019年底和2020年上半年淡水鱼价格低迷，淡水饲料产量保持稳定，海水饲料略有增长。全年水产饲料产量346.7万t，同比增长0.7%，其中淡水饲料、海水饲料产量分别为336.6万t、10.0万t，同比分别增长0.7%、2.4%。

（五）饲料机械需求旺盛，产销大幅度增长

2020年以来，受各地生猪恢复生产利好政策影响，各大企业集团加快生猪产业布局，加大生猪养殖基地和配套饲料工程建设力度，饲料机械需求旺盛，产销大幅增长。全年销售饲料机械36 120台套，同比增长11.5%，销售收入75.3亿元，同比增长26.2%。

【组织机构】

江苏省农业农村厅为全省饲料管理部门。厅内畜牧业处负责起草饲料业发展政策和规划，监督管理饲料及饲料添加剂质量安全；行政审批处负责饲料及饲料添加剂有关行政审批事务；农业综合行政执法监督局承担饲料行政执法监督职能。

【主要工作内容】

（一）立足提升效能，服务饲料行业发展

新冠肺炎疫情期间，全省各级饲料管理部门认真贯彻落实中央和省委、省政府疫情防控要求，一手抓疫情防控、一手抓稳产保供，通过采取每日调度、施

行便民措施、设立热线电话、加强沟通协调等方式积极为饲料生产企业解决复工复产难题，积极组织引导全省饲料行业复工复产，到2月底，各地饲料生产流通基本恢复正常。严格按照《饲料和饲料添加剂》及相关规章的要求，做好生产许可和产品批准文号的行政许可工作。认真审核企业申报材料，组织开展生产许可现场审核，全年共计核发、变更、换发生产许可证363个，其中饲料添加剂和混合型饲料添加剂生产许可证70个，饲料生产许可证293个；核发饲料添加剂产品批准文号65个，督促和指导企业做好产品备案工作，累计备案添加剂预混合饲料和混合型饲料添加剂产品分别为4 982个和1 018个。

（二）立足质量安全，加强饲料行业监管

印发《关于做好2020年全省饲料管理工作的通知》（苏农办牧〔2020〕6号），全面部署全年饲料管理工作。召开全省饲料管理工作会议，总结分析全省饲料工业发展成绩和面临形势，部署下一阶段工作进行，开展饲料行业安全生产和"双随机一公开"监管工作培训。组织开展饲料和饲料添加剂生产企业省级"双随机一公开"，对企业从安全生产、许可条件、原料使用、生产过程、产品质量、《规范》执行、标签标识等方面进行现场检查，并实施产品抽样检测，推行监检结合，增强监管效果，提高监管效率。积极配合农业农村部饲料质量安全监测工作组做好监督检查和监测抽样工作。全年部级饲料质量安全监测共计检查109家饲料生产企业，抽检饲料产品153批次，不合格6批次，抽检合格率96.1%；共计105家检查饲料生产企业，抽检饲料产品180批次，不合格13批次，抽检合格率92.8%。

（三）各立足平安护航，强化安全生产管理

一是开展安全生产专项排查整治。印发《饲料和饲料添加剂生产企业安全生产专项排查整治方案》，全面摸排、梳理饲料和饲料添加剂生产企业安全生产风险点，建立完善安全生产风险隐患数据库。指导和督促企业进一步夯实安全生产主体责任，强化安全生产管理制度落实，加强对员工的培训、教育、监督与奖惩，提高全员安全生产意识，全面开展隐患排查与整改，提升饲料行业安全生产监管能力，有效防范和遏制安全生产事故发生。二是加强安全生产培训。1月17日，组织举办全省畜牧兽医领域安全生产管理远程培训，全面系统分析饲料、兽药、屠宰等企业和畜牧兽医行业重大安全生产隐患和管理工作要点，培训视频通过农技耘App向全省32.5万手机端用户推送。9月23日，在全省饲料管理工作会上，邀请安全生产专家开展饲料行业安全生产专题培训，编印和发放安全生产文件资料汇编。三是落实主体责任。印发《关于进一步加强夏季高温季节畜牧兽医行业安全生产工作的通知》，制作《饲料和饲料添加剂生产企业安全生产责任告知书》，督促各地落实行业监管责任和企业主体责任，切实做好夏季汛期和高温高湿季节安全生产工作，全力防范和有效遏制各类安全生产事故。

（江苏省农业农村厅畜牧业处）

浙江省饲料工业

【发展概况】

2020年，面对新冠肺炎疫情、非洲猪瘟疫情、国际贸易形势变化和饲料原料价格不断创新高等挑战，浙江省饲料产业发展攻坚克难、砥砺前行，全面贯彻新发展理念，紧紧围绕高质量发展，严格实施《饲料质量安全管理规范》（以下简称《规范》），强化饲料质量安全监管，质量安全不断提升，为浙江省畜牧业高质量发展奠定了基础。

据统计，全省现有各类生产许可证360个，其中配合饲料、浓缩饲料、精料补充料生产许可证140个，单一饲料生产许可证47个，预混料生产许可证54个，饲料添加剂生产许可证119个。2020年，全省饲料和饲料添加剂总产量678.58万t，其中饲料产品（配合饲料、浓缩饲料、预混料）411.14万t，单一饲料249.32万t，饲料添加剂18.12万t，较2019年分别增长4.9%、增长35.1%、下降7.1%。2020年饲料和饲料添加剂总产值291.7亿元，同比增长7.9%。

【主要工作】

饲料管理工作按照新时代浙江“三农”工作“369”行动部署要求，全面实施《规范》，有效防范质量安全风险，努力抓好企业复工复产，切实强化饲料许可技术支撑，深入推进“最多跑一次”改革落地见效，努力推动饲料行业绿色发展。

（一）努力抓好企业复工复产，力克疫情不利影响

2020年，受新冠肺炎疫情等多种因素影响，饲料企业生产发展遭遇新的困难和问题，全省力克疫情不利影响，努力抓好饲料企业复工复产。一是建机制。2月初，第一时间建立饲料日报机制，指导各市每天上报饲料生产企业开工数量，最大限度帮助解决企业复工复产遇到的困难。2月底，全省饲料企业恢复产能达85%以上，3月份全部复工复产，为全年饲料生产下好“先手棋”。二是保畅通。2月，受疫情影响，饲料生产企业普遍存在原料供给不足、物资运输不畅等问题，积极与交通管理部门沟通协调，开通绿色运输通道，最大限度地帮助解决运输难问题。三是抓应急。2月中旬，接到地市畜牧部门求助，多家养殖场饲料严重短缺，畜禽生命恐难为继。面对紧急情况，连夜协调省内大型饲料企业，按照就近保障原则，紧急进行饲料供应，解决了养殖场的燃眉之急。

（二）努力抓好“最多跑一次”改革，大力提升服务效率

“最多跑一次”改革，是践行以人民为中心发展思想的具体行动，是展示“重要窗口”建设的重要举措。一是把好材料受理关。进一步修订行政许可服务指南，优化网上事项受理流程，压缩受理时限，原则上工作日当天受理上报事项，受理环节提速50%以上。二是把好现场验收关。严格落实现场验收技术审查流程，严格执行行政许可管理制度和工作纪律，依法依规做好相关行政许可业务的现场审验工作，现场审查比法定工作日提速60%。三是把好出证服务关。进一步优化出证服务时间，比原定工作日提速60%，持续提升许可出证服务质量和水平。

（三）努力抓好饲料《规范》落地，保障产品质量安全

浙江省始终把宣传贯彻《规范》作为饲料产品质量安全的重要抓手。一是抓好示范引领。开展省级示范企业创建，树立行业标杆，培育学习借鉴样板，以点带面辐射带动周边企业。二是抓好宣传培训。利用微博、微信、钉钉等新媒体，开展多种形式的宣传培训活动，重点宣贯《规范》及相关配套政策、监管要求和实施要求。三是抓好产品质量。近年来，各级畜牧兽医部门切实履行属地管理责任，加强饲料质量安

全监管力度，饲料产品质量得到不断提升。2020 年，按照农业农村部畜牧兽医局“双随机、一公开”的要求，采取“互联网+饲料监管”的方式，配合部检查组对全省 7 个市 49 家企业产品质量进行监督抽检，共抽取饲料样品 74 批次，经检测无不合格产品。部署开展省级饲料兽药监督抽检和例行抽检，对监督抽检产品不合格的生产企业和经营企业，督促相关市地及时查处并上报情况。四是抓好督查落实。采取企业自查、监督检查的方式，对企业的设施设备、人员素质、日常管理、质量控制等方面进行全面检查，将《规范》实施纳入许可技术审查和产品质量监督抽查范围，不符合要求的缺陷项目，限期整改。

（四）努力抓好退出工作检查，确保取得实质成效

2020 年以来，浙江省多措并举，扎实开展退出工作专项检查抽查。一是加大宣传培训。第一时间下发《浙江省农业农村厅关于切实加强促生长类药物饲料添加剂监管工作的通知》，明确工作重点和要求。各地深入饲料生产企业、养殖场宣讲有关政策，累计宣传告知主体 4 168 家，积极组织相关业务培训，强化行业自律。二是严密组织检查。按照工作要求，重点检查企业销售人员对药物饲料添加剂退出政策和销售期限的知晓度，查阅购销台账、查验兽药和饲料添加剂产品是否符合规定，检查畜禽养殖场是否停止采购、使用含有药物饲料添加剂（中药类除外）的饲料，有无在自配料中非法添加等行为，全省检查抽查共出动 5 801 人次，累计检查抽查生产经营企业 583 家、养殖主体 3 127 家。三是严格督促落实。按照通知精神，及时督促企业在规定期限内停止生产销售含有药物饲料添加剂（中药类除外）的饲料产品，及时指导养殖主体调整用药用料方案，确保畜牧业生产平稳过渡。

（五）努力抓好饲料统计工作，提供有力技术支撑

积极发挥饲料全口径平台统计作用，为行业健康发展提供有力支撑。一是强化组织保障。专题研究推动饲料统计工作具体举措，指定专人负责、专人管理，对各市统计上报率进行通报，鼓励先进，鞭策后进，为饲料统计工作提供组织保障。二是强化数据审核。每月进行数据审核、催报，每季度组织数据分析，对填报不合理的数据，及时与企业进行沟通核实，发现问题，及时整改。三是强化业务培训。11 月 17 日，在湖州组织召开全省饲料统计工作座谈会，传达全国饲料统计工作会议精神，总结年度统计工作，部署新年度工作任务，对各市统计人员进行业务培训，不断提高饲料统计质量和水平。

【存在问题】

一是管理水平参差不齐。在日常管理和现场验收时发现，中小饲料企业管理水平相对较低，部分企业虽然按照《规范》建立了相关制度，但在实际生产中并未全面落地，管理能力相对薄弱。

二是人才引进难、留住难。不少企业反映，饲料和饲料添加剂生产企业远离大中城市，工作环境条件相对艰苦，管理人才引进难、留住难，特别是动物营养、畜牧兽医等专业的高学历人才紧缺，制约了企业高质量发展。

【2021 年工作思路】

2021 年总体思路：认真贯彻落实国家饲料监管法规及规章制度，按照全省畜牧业高质量发展总体部署，继续优化饲料行业许可服务，着力规范饲料使用行为，努力推进行业绿色可持续发展。

（一）提升服务质量，做好“最多跑一次”改革落地

按照“最多跑一次”改革部署及工作要求，完善现场审验工作机制，优化许可服务流程，加强与主体沟通，主动服务、靠前服务。同时，联合机关相关处室不定期召开饲料行政许可商讨会，研究新情况，解决新问题，持续提升服务质量和水平。

（二）强化检打联动，提升饲料质量安全监管能力

针对饲料产品大消费、大流通新格局，加强与农业执法部门沟通协作，进一步完善联动机制，提升监管效能，突出加强饲料经营使用环节质量安全监督抽检，严厉打击违法行为。

（三）加强风险管控，实施“智能化”行业监管

认真做好饲料统计工作，及时审核上报数据。结合全省养殖场“浙农码”码畜禽养殖板块推广使用，将日常监管、产品抽检等情况纳入“浙农码”系统，对投入品使用风险实施精准管控。

（四）政企同向发力，努力创造拴心留人的环境

充分利用人才优惠政策，吸引高学历人才。企业主动与大专院校对接，抓好引进人才这个关键，建立人才激励机制，创造拴心留人的工作环境，让人才在企业“落地生根”。同时，鼓励有条件的大中型企业将研发、销售等部门向大中城市迁徙，增强人才虹吸效应。

（浙江省畜牧农机发展中心饲料兽药处）

安徽省饲料工业

【发展概况】

2020年，安徽省饲料行业面临新冠肺炎疫情、非洲猪瘟疫情隐患等影响时有发生，加之严重的洪涝灾害等自然因素影响，以及饲料禁抗和原料涨价等多种挑战，全省饲料行业真抓实干、勇于担当，生产总体发展势态呈平稳增长，产业体系更趋成熟。由于生猪生产恢复形势较好，家禽持续发展，饲料总产量达895.3万t，同比增长9.5%，其中配合饲料850.27万t，同比增长9.2%；浓缩饲料19.68万t，同比增长11.5%；添加剂预混合饲料17.13万t，同比增长18.3%。饲料添加剂产品产量7.83万t，单一饲料141.47万t。总体呈现出“产品品种齐全、质量安全过关、配方效益突出、行业全面发展”的特点，全省饲料企业集中度更高，集团性企业加速发展。产量排名前十的集团性企业合计产量500万t，占全省饲料总产量的55%。除外省集团性企业纷纷来皖发展外，本地集团性企业如安徽强英鸭业集团、合肥华仁农牧集团等近年来也在蓬勃发展。

【组织机构】

安徽省农业农村厅畜牧处负责全省饲料和饲料添加剂行政管理工作；省兽药饲料监察所负责饲料质量监测工作；行政主管部门为安徽省农业农村厅。安徽省饲料与健康养殖行业协会主要调查研究行业发展动态，协助饲料主管部门做好行业管理，宣传、普及饲料工业的新知识和新技术，承接相关的政府购买服务，推介最新饲料与健康养殖科技成果的转化或先进经验，帮助企业改善经营管理，组织企业经营贸易合作与科学技术交流，编辑出版饲料行业有关书籍、资料、期刊，做好宣传报道工作。

【主要工作】

1. 疫情期间为企业做好服务。2020年初，面对饲料生产企业复工复产、饲料成品或原料运输受阻、原料短缺等情况，起草《关于在新型冠状病毒疫情下饲料生产企业现状问题摸排情况报告》，向省农业农村厅汇报饲料生产的现状和困难。为160余家已经复工的饲料生产企业，集中办理《民生保供企业资质证明》，办理农业农村部转办群众信访办件共5批次70余件，切实解决原料供应难、物资运不进、产品销不出等问题。每日汇总全省277家饲料和饲料添加剂生产企业的复工情况，收集整理企业反映面临的突出问题，并提出建议。每周起草并上报《安徽省饲料生产企业复工复产等有关情况报告》，共计5周。根据合肥市、淮北市和宿州市饲料企业反映情况，及时报告，并以省疫情防控稳产保障小组发文相关地市督办，有力地推进了复工复产。每日填报《全国饲料企业开工复产调查情况》，截至3月27日，全省饲料生产企业复工率达97.5%。

2. 强化行业监督管理。继续实行省级畜牧行政许可委员会审核制度，在厅统一管理的专家库中，随机抽取专家进行现场核查，共抽取专家9批次，共20人次。全年共受理办件108件，退回13件，审核申报生产企业95家，现场审核83家，退回12家。召开畜牧行政许可审核会议10期（含1期行政许可专题会议），核发饲料和饲料添加剂生产许可证78个，其中换证企业达到44家，占审核企业数量的53%，新增混合型饲料添加剂生产企业17家。从发证企业的生产类型上看，主体以企业续展换发生产许可证为主，其他饲料生产企业类型略有补充，对饲料生产整体格局影响不大，基本维持以往企业生产的分布。新增牧原等集团企业为配套生猪养殖，新建了饲料加工厂。利用3年的时间，共抽取专家19人次，检查企业355家次，抽取样品868批次，对全省饲料和饲料添加剂生产企业进行了全覆盖检查。省农业农村厅办公室专门下发了《关于加强饲料和饲料添加剂监管的通知》(皖农办牧函〔2020〕378 号),加强饲料生产、经营、使用环节的监督检查,确保农业农村部 194 号公告的贯彻落实落到实处。

3. 开展专项监督抽查。按照农业农村部《关于印发 2020 年饲料兽药生鲜乳质量安全监测计划的通知》(农牧发〔2020〕8 号)要求,省农业农村厅办公室下发了《关于印发 2020 年全省兽药质量监督抽检和风险监测计划等四个计划的通知》(皖农办医函〔2020〕39 号),结合"双随机一公开"的检查活动,对全省饲料、生鲜乳和畜禽产品质量安全监测开展部署。全年共检查饲料生产企业 117 家(部级检查 77 家,省级检查 40 家),抽取样品 220 批次(部级抽样 112 批次,省市抽样 108 批次)。检查生产经营主体 763 家次,出动监管执法人员 935 人次,发现问题 5 个,行政执法案件数 3 个,货值金额 0.85 万元,罚款金额 1.7 万元,责令停产停业 2 个。

4. 严厉查处违法行为。针对全国通报和安徽省饲料监督检查的情况,省农业农村厅办公室及时下发了《关于 2019 年全省饲料质量安全监督抽查产品检测结果的通报(皖农办牧函〔2020〕157 号)》,要求各地强化市场监管,查处违法行为,切实履行饲料质量安全主体责任。一是立即停止不合格饲料产品的生产,积极主动配合执法人员调查处理。二是立即启动不合格产品召回应急预案,开展召回处置工作。三是调整饲料产品的配方和所用的原料及用量,按企业产品标准生产。加强该原料和成品监测,批批自检,检测合格后方可出厂销售。同时,进行产品抽样送有资质的检测单位进行检测,结果上报所在地农业农村局备案。四是根据《饲料和饲料添加剂管理条例》第四十六条第二款规定,以及农业行政处罚自由裁量权适用规则,进行了相关处罚。

5. 开展监管和技术培训。为提升饲料和生鲜乳质量监督管理水平,12 月 8—9 日,在合肥举办全省饲料和生鲜乳质量监管培训班,来自有关市、县饲料和生鲜乳管理部门的人员等共 100 余人参加了此次培训。邀请了山东省饲料质量检验所李祥明研究员,华中农业大学牛智有教授,全国畜牧总站陆泳霖高级分析师,分别围绕饲料行政许可审批管理、饲料和生鲜乳产品质量安全规范管理和监督检查、饲料和生鲜乳监督检验抽样操作规范技术、饲料生产统计管理等内容,进行了详细的讲解和培训。在严格遵守新冠疫情防控的前提下,利用协会的平台,成功举办了"饲料无抗应用技术研讨会""动物肠道健康管理与高效生产技术研讨会""无抗动物营养新技术新产品应用暨饲料原料采购形势展望研讨会""饲料与健康养殖行业一体化高质量发展座谈会"等会议,提高了企业认识、促进了行业发展。

6. 强化饲料行业统计及监测工作。安徽省饲料统计工作委托省饲料与健康养殖行业协会承担。全年共完成 4 000 余份统计报表的催报审核工作,编写了月度及年度《安徽省饲料工业生产分析统计报告》;与各地饲料主管部门核实后,在系统上注销了 80 余家不符合要求的企业。全省饲料统计上报率达 96%,同比提高了 11%,完成了农业农村部相关要求,获得"饲料统计先进个人""饲料统计先进集体"等光荣称号。

7. 继续做好地方标准工作。全年共完成 30 多家单位 50 余份企业标准的制订、修订工作。按照标准编写质量、协调配套性、适用性等方面对企业产品标准进行全面审查服务,提出修改意见。组织饲料行业企业和事业单位以及科研院校积极申报安徽省饲料行业地方标准,全年申报并实施《鸡蛋富集 ω-3 脂肪酸生产技术规程》《配合饲料中霉菌毒素防控技术规程》《肉鹅青贮饲料调制及其饲用技术规程》《生态修复水草饲料化利用技术规程》等 4 项地方标准。

8. 指导企业积极面对无抗时代。为了解"无抗饲料产品"的真实情况,对 130 余家企业进行了问卷调查,并将调查结果汇总分析,编写《安徽省饲料行业抗生素替代情况调查总结分析报告》,反映了安徽省饲料企业应对"饲料禁抗"基本情况,并通过会议、微信群、网站、杂志和公众号等形式进行宣传,交流无抗的相关信息,帮助企业进一步提高对无抗饲料生产的认识,及时调整饲料营养技术方案。

9. 积极响应国家号召勇担扶贫攻坚。安徽省饲料与健康养殖行业协会联系走访结对帮扶的六安市霍邱县宋店乡留城寺村,发动企业捐款捐物。合计捐款金额为 61 066 元,物资 5 000 元。多次赴留城寺村开展技术培训和扶贫捐赠活动,并针对该地特色澳龙养殖进行讲课培训与现场指导,帮助村里脱贫致富。

【存在问题】

一是监管队伍需要充实,检测能力需要提高。二是科技创新不足,活力不够,产业链需要延伸,抗风险能力需要提升。三是饲料行业缺乏品牌企业和品牌饲料,企业做大做强的步伐需要加快。四是饲料质量安全仍然存在潜在风险。

【下一步工作思路】

按照农业农村部的要求和省农业农村厅的统一部署:一是组织开展饲料行业监督检查,严厉打击违禁违法物质添加,完善约谈机制。二是进一步落实《饲料质量安全管理规范》,做好企业自律工作。三是完善饲料原料营养价值数据库,鼓励研发转化成果,激励争创知名品牌。四是提高饲料信息统计工作质量,抓好档案建设,确保统计信息较高上报率。

(安徽省农业农村厅畜牧处)

福建省饲料工业

【发展概况】

2020年，福建省共有饲料和饲料添加剂生产企业351家，饲料或饲料添加剂生产许可证共561张（其中添加剂预混合饲料92张、配合饲料309张、饲料添加剂39张、混合型饲料添加剂43张、单一饲料78张）。

2020年饲料工业总产值287.99亿元，饲料总产量854.97万t，同比增长6.9%。其中，配合饲料826.29万t，同比增长7.77%；浓缩饲料15.21万t，同比下降7.58%；添加剂预混合饲料13.36万t，同比下降17.63%。分品种看，猪饲料234.06万t，同比增长3.17%；蛋禽饲料126.50万t，同比增长17.29%；肉禽饲料343.80万t，同比增长12.09%；水产饲料146.64万t，同比下降5.01%；反刍动物饲料0.03万t，同比增长184.93%；宠物饲料0.11万t，同比增长72.05%；其他饲料3.84万t。其中年产10万t以上企业20家，其产量占到全省产量的52%。

饲料添加剂产量7.50万t，产值13.37亿元，主要产品有氨基酸、维生素、酶制剂、微生物、抗氧化剂、二氧化硅等。

饲料原料（单一饲料）产量395.10万t，产值134.60亿元，其中鱼油3.90万t，鱼粉1.21万t，豆粕325.30万t，发酵豆粕2.03万t。

【组织机构】

福建省农业农村厅、各市、县（区）和平潭综合实验区农业农村局为饲料和饲料添加剂主管部门，福建省农业农村厅内设畜牧兽医处负责全省饲料行政管理日常工作，法规处（行政审批处）负责饲料行政许可相关工作，福建省农业综合执法监督局承担饲料行政执法职能；福建省农产品质量安全检验检测中心（福建省兽药饲料检验所）负责饲料质量检测工作。

【主要工作内容】

一、注重开展应急服务保供

在新冠肺炎疫情防控应急期间，福建省各级饲料管理部门担当尽责，主动作为，全力应对新冠肺炎疫情对饲料行业发展的影响。省农业农村厅充分发挥职能服务作用，第一时间收集汇总全省饲料生产企业原料供给、用工需求、产品销售、交通物流等实际困难，多措并举推进饲料生产企业迅速复工复产。疫情期间，为各地饲料生产和贸易企业协调解决交通运输问题30多起，协调调运玉米15 000t、鱼粉558t；帮助263家饲料生产企业出具《民生保供企业资质证明》，为全省16家饲料生产企业申请用工奖补500余万元，工作成效得到基层和企业的赞扬。

二、注重把严许可审批关口

在许可项目上，印发《福建省农业农村部门行政审批服务事项细化梳理工作方案》，开展行政审批服务事项细化梳理工作，构建了由1个主项饲料和饲料添加剂生产许可，2个子项饲料生产许可和饲料添加剂生产许可，13个子项和办事情形为架构的行政审批服务事项体系，实现“五级十五同”。在许可条件上，进一步明确厂房、设备、人员、制度等软硬件要求，有效淘汰低质低能企业。在许可程序上，进一步明确受理审查标准和审查环节（专家现场勘查）工作标准，减少审查人员和许可专家的自由裁量权，增强行政许可审批的透明度和规范性。2020年省农业农村厅行政服务中心办结饲料和饲料添加剂生产许可申请92件、饲料添加剂产品批准文号核发申请9件。

三、注重抓实质量安全监管

着力在检查督导上下功夫，坚持部级和省级饲料质量监督检查有机结合，双管齐下，确保质量安全，2020年饲料部质量监督检查64批次，检测结果合格率100%；省级饲料质量监督抽检289批次，合格率98.93%。着力在提高检查覆盖面上下功夫，坚持双随机检查和日常巡检结合，省内各地实施全覆盖检查，省级检查地区覆盖面达到50%，检查过程中做到检查与指导结合，促进企业有效提升管理水平。着力在整改解决问题上下功夫，强化从生产、经营、使用全链条管控，全省检查饲料生产企业1 155个次、经营企业1 216个次、养殖场（户）3 040个次，并督促企业及时抓好问题，实现隐患发现、督促整治、化解消除闭环管理。

四、注重夯实安全生产基础

认真抓好安全生产督促检查，强化责任落实，突出重点部位和关键环节全覆盖，切实做到真排查、严督促、零容忍。2020年省农业农村厅成立5个检查组对25家饲料企业进行实地检查，共排查49个问题，要求属地管理部门跟进整改复核，实现闭环管理。市县两级饲料管理机构共出动3 908人次，巡查1 334家次饲料生产企业，排查878个隐患，整改率达到100%。认真推动实施《福建省饲料生产企业安全风险分级管控和隐患排查治理规范》（以下简称《规范》），组织编制了《规范实施细则》和《规范等级评定表》，强化指导推进，举办全省安全生产培训班，各级管理人员和饲料企业负责人共200人参训，切实推动企业全面开展安全风险辨识，科学评定安全风险等级，有效管控安全风险，2020年70家饲料企业完成实施《规范》等级评定。认真抓好安全生产宣贯，强化安全生产培训，注重告知提醒，扎实开展第十九个主题安全生产月活动，发放宣传手册及材料2 780份（册）、发送2 267条手机短信，有效提高安全责任意识和管控意识。

五、注重做好饲料统计工作

强化组织领导，要求做到有人管、有人抓、有专人负责，并将饲料统计工作列入行业监管重要内容，确保饲料统计各项工作落到实处。强化精准管理，定期核查新系统信息，严格做到"三个把好"，即把报表时效性把好、把数据准确度把好、把信息完整率把好，确保系统企业信息真实有效。2020年共督促完成4 212家次饲料生产企业报表的催报、审核工作，统计报表上报率、审核率均达到100%。创新工作机制，将饲料统计工作列为省厅延伸绩效考评项目，明确将按时上报率、审核率、精准率作为绩效评定内容，形成正向激励机制，促进统计工作落实落细。2020年9月，福建省饲料统计工作经验做法在全国饲料统计工作培训班上做典型发言，工作成效得到农业农村部畜牧兽医局通报表扬。

六、注重发挥执法管理联动

建立巡察制度，针对饲料生产经营企业、养殖场等重点环节，建立定期巡查制度，围绕产品质量安全，对涉及的生产经营场所进行监督检查，并做到坚持痕迹化管理。组织明察暗访，主要检查饲料生产经营企业、养殖场质量管理制度落实情况。通过暗访，查找薄弱环节，掌握第一手资料，并将查到的情况进行通报，促进工作落实，堵塞监管漏洞。加强检打联动，坚持例行监测与专项整治相结合，建立省、市、县三级抽检机制，通过多形式多层面的抽检方式，扩大抽检范围，加大抽检力度，对涉及违法线索，立即启动执法程序，依法进行查处。2020年共查处14件不合格饲料产品案件，合计罚没款61.51万元，没收销毁不合格饲料产品3.88t。

七、注重引导企业发展创新

积极推动产业转型升级，促进企业做优做强，一些大型规模企业向养殖、屠宰、加工等环节延伸，加快技术改造和联合重组步伐，饲料行业生产经营方式转变呈现新格局。2020年，圣农、天马、海新、傲农、华港、佳牧6家集团企业饲料产量占全省总产量40%。福建天马科技集团股份有限公司、福州海马饲料有限公司进入2020年十强水产动物饲料企业，福建省圣农发展有限公司进入2020年三十强饲料企业。积极引导企业依托科技创新，鼓励加大研发力度，着力打造名优品牌。2020年，有12家次饲料企业荣获19项科技进步奖，天马科技集团旗下"健马"品牌荣登该榜亚洲特种水产饲料品牌第1位。

【存在主要问题】

一、饲料经营和养殖环节监管比较薄弱

饲料经营企业和养殖环节，因受法规权限等因素影响，加上市县两级监管能力不足的原因，难以对经营和养殖环节实施全方位有效监管。

二、个别饲料生产企业主体责任落实不够扎实

少数饲料生产企业对"全员岗位安全生产责任制"不够重视，个别企业对粉尘涉爆辨识、管理不到位、自查自改落实还不够到位，存在一定安全隐患。

【下一步工作思路】

一、着力提高监督管理效益性

在完成2020年全国饲料质量安全监督抽查计划

的基础上，严格落实“双随机一公开”制度，认真组织开展全省饲料和饲料添加剂企业生产活动监督检查和质量监督抽检，强化饲料生产经营使用全链条监管，加强饲料自配料管理，着力提高监督检查的靶向性和覆盖面，促进饲料质量提升，保障动物产品质量安全，维护公众健康。

二、着力提升安全生产实效性

强化管理部门监管责任和企业主体责任，完善双预防机制，排查整治风险隐患，对排查的安全隐患实行“零容忍”，对检查整改做到全程留痕备查，实现闭环管理。着力推进《规范》实施，督促各地摸清辖区企业基本情况，分类指导、有序推进实施。2021年12月底前，各地对辖区累计70%的饲料生产企业《规范》实施完成等级评定。

三、着力抓好饲料统计“三性”

把饲料统计信息的及时性、精准性、完整性作为目标任务重点，实施绩效考核管理，强化属地监管职责和企业主体责任，将饲料统计工作列为省农业农村厅延伸绩效考评项目，提升工作成效。实施重点监控管理，将统计系统中屡次出现迟报、误报、漏报的饲料生产企业列为行业重点监控对象，有效传导责任压力，推动企业按时准确完整上报统计信息。推进信用体系管理，实施饲料企业“黑名单”监管制度，将饲料统计工作与行政许可、评先评优挂钩，倒逼企业责任落实。

四、着力增强执法监督震慑力

强化饲料产品质量安全监测，以问题为导向，紧盯薄弱环节，提高监测的靶向性。强化检打联动，建立完善省、市、县三级抽检机制，加大抽检力度，扩大抽检范围，增加抽检频率。同时，实行检打联动，对不合格产品依法进行严厉查处。强化监督曝光效益，充分利用社会监督和网络监督作用，对存在重大隐患问题和严重违法违规行为的企业给予公开曝光或列入失信名单，形成有力震慑。

五、着力激励企业科技创新力

积极推进饲料企业转型升级，引导饲料企业不断优化产业布局和产品结构，强化硬件改造和软件建设，实现技术升级，坚决淘汰不达标企业。强化替抗绿色饲料产品开发，坚持以市场为导向，鼓励饲料生产企业抓住“饲料禁抗”契机，支持引导饲料企业研究替抗绿色饲料产品，改善配制和加工工艺手段，利用精准配方、生物发酵技术，提高粮油加工副产品及其他杂粕的饲用比例，促进资源节约、产品创新。

（福建省农业农村厅）

江西省饲料工业

【发展概况】

一、总体情况

2020年是全面建成小康社会最后一年，也是脱贫攻坚战的收官之年，饲料工业必须立足农业农村工作大局，顺应新形势，按照高质量发展的要求，妥善应对好新冠疫情等问题和挑战，加快企业的转型升级，实现行业的产能恢复。

2020年受新冠疫情和非洲猪瘟疫情的双重打击，江西省饲料2020年上半年的产量比2019年同期减少，尤其是猪饲料减少较多，但下半年以来，随着生猪复产增养逐步见效，生猪存栏增加，猪饲料产量环比稳步增长，禽饲料、反刍动物饲料比2019年同期有较大增长。2020年全省饲料年总产量807万t，同比下降4.4%，总产值265亿元，同比增长2.1%。其中，猪饲料400万t，同比下降12.4%；蛋禽饲料144万t，同比增长19.5%；肉禽饲料203万t，同比增长2.2%；水产饲料58万t，同比下降12.8%；反刍动物饲料共计1 882t，同比增长135.6%；饲料添加剂总产量41万t，同比增长112.1%。

二、新变化、新特点

1. 原料价格上涨带动饲料产品价格上涨。因玉米价格逆周期上涨，豆粕震荡上行，带动大宗饲料原料价格走高，饲料价格普遍上涨。主要配合饲料品种价格比往年同期上涨了4.8～7.4个百分点；主要浓缩饲料品种价格比往年同期上涨了3.6～10.0个百分点；主要添加剂预混合饲料品种价格比往年同期上涨了0.5～2.5个百分点。

2. 迎来了“饲料无抗”时代。主要体现在饲料禁抗、养殖减抗、产品无抗三个方面。一是饲料禁抗。停止添加促生长抗菌药物，经批准的中药除外。二是养殖减抗。采取综合措施促进药物减量。三是产品无抗。规范用药确保药物残留达标。目前，江西省饲料企业正研究用生物技术逐步减少饲料中抗生素和微量元素的使用，酶制剂、微生物和中草药提取物类饲料添加剂在江西省饲料行业中已得到广泛应用，全省已有多家企业获得生产许可证，生产混合型饲料添加剂（酶制剂和微生物）类的饲料添加剂产品，这些企业分布在南昌、九江、抚州、宜春、吉安、赣州。正邦集团、双胞胎集团等很多企业，都在研发用酶制剂、微生物类饲料添加剂和中草药提取物逐步替代抗生素的配合饲料产品。东乡九鼎饲料公司现在已有用酶制剂和微生物类饲料添加剂完全代替抗生素的饲料产品。

3. 饲料生产的集约化、规模化、专业化。2020受非洲猪瘟疫情和环保因素的影响，随着大部分中小养殖户的退出养猪行业，一些小型猪饲料企业陷入困境，产品没有销路，产量急剧下滑。但猪价在高位运行，养猪效益显著，养猪变成了大集团公司的竞技场，像双胞胎、正邦、大北农、正大、新希望、傲农等这些大饲料集团，都在江西加大了猪场的建设，通过延伸产业链，这些企业的饲料产量在2020年下半年迅速恢复还略有增长，另一些饲料企业则做精做强禽饲料、水产饲料，像漓源公司、赣达公司等。

【组织机构】

机构：江西省饲料工业办公室为全额拨款事业单位，编制12人。内设机构3个，名称分别是综合科、监督管理科、行业指导科。

职能：受饲料行政主管部门委托，负责全省饲料工业的行业管理工作。负责提出和编制全省饲料行业发展规划，并组织实施；负责组织全省饲料和饲料添加剂产品在生产环节、养殖环节、流通环节的质量安全监管；负责饲料添加剂和添加剂预混料生产许可证审核发放、产品批准文号的核准发放；负责饲料企业的培训、饲料行业职业技能鉴定、饲料标准化技术工作；牵头负责畜产品质量安全监督管理工作。

【主要工作】

一、饲料企业生产许可证、饲料添加剂产品批准文号的核发工作

全省饲料生产行政许可分两个层级实施：各设区市县负责单一饲料、浓缩饲料、配合饲料、精料补充料生产许可证核发，省级负责饲料添加剂、添加剂预混合饲料生产许可证核发，饲料添加剂批准文号的核发。截止到2020年底，全省饲料生产企业达到312家，各设区市、县共核发配合饲料、浓缩饲料生产许可证41个，单一饲料生产许可证7个。省级核发饲料和饲料添加剂生产许可证37个，饲料添加剂产品批准文号15个。

二、加强监管和专项整治工作

1. 配合农业农村部完成抽检工作。一是9月份，协助配合农业农村部专家到江西省的赣州、宜春、吉安、九江和南昌5个地市的48家饲料生产企业抽取饲料样品，共抽样133批次。经检测，其中2个产品不合格，检测合格率98.5%，同时饲料工业办公室派员任农业农村部专家组组长赴江苏、上海抽样检查，及时完成了工作任务，得到了农业农村部畜牧兽医局的表扬。二是11月份，协助配合农业农村部完成牛羊“瘦肉精”专项监测工作任务，在宜春市的袁州区、高安市、丰城市105个养殖场（户）抽取动物尿液349份，经过现场快速筛查和实验室仪器方法确证，均未检出“瘦肉精”类药物。

2. 配合农业农村部、厅畜牧兽医局做好专项检查工作。一是配合农业农村部完成了对江西三同生物科技有限公司的“飞行检查”工作。厅畜牧兽医局与厅执法监督处、省兽药饲料监察所一起对江西三同生物科技有限公司违法生产饲料添加剂案进行督导，要求武宁县农业综合行政执法大队依法从严、从快查处三同公司违法生产饲料行为，并将调查情况汇总上报给农业农村部畜牧兽医局。二是根据《江西省农业农村厅畜牧兽医局关于开展畜牧业安全生产专项检查的函》的要求，2020年1月7—9日，对5家饲料生产企业进行了检查，现场填写生产企业监督检查表，指出企业存在的问题并要求企业在规定时间整改到位，由当地管理部门予以确认。发现了高安市一些饲料经营企业经营无证生产的牛饲料的违法行为，及时把问题线索转交给高安市农业农村执法部门予以查处。根据《农业农村部关于印发2020年饲料兽药生鲜乳质量安全安全监测计划》要求，印发了《江西省农业农村厅办公室关于2020年全省饲料兽药残留生鲜乳质量安全监测计划》；印发了《关于加强江西省饲料企业饲料质量安全和安全生产的通知》《江西省农业农村厅畜牧兽医局2020年饲料质量安全和安全生产专项整治实施方案的通知》，共抽取饲料生产企业样品200个，检测合格率100%。开展了江西省对饲料企业的“双随机一公开”检查，共计抽样5个，检测合格率100%。

3. 积极做好药物饲料添加剂退出的宣传工作。利用微信群配合农业农村部向全省300多家饲料生产企业宣传药物饲料添加剂退出计划，下发《江西省农业农村厅办公室关于做好药物饲料添加剂退出相关工作的通知》，向从业者发放了《药物饲料添加剂退出告知书》，开展了江西省饲料生产经营环节严厉打击饲料生产和养殖环节违法使用兽用抗菌药物行为专项检查，至6月底饲料生产企业已停止使用相关药物饲料添加剂，并要求全省各级饲料管理部门要高度重视药物饲料添加剂监管工作，有序推进药物饲料添加剂退出工作，维护了动物源性食品安全和公共卫生安全。

三、进一步做好全省饲料工业统计工作

2020年江西省饲料工业统计报表上报率、准确率、审核率居全国前列，并连续3年获得农业农村部畜牧兽医局高度肯定，2020年省饲料办及五个设区市等六个单位、省饲料办分管领导、统计员以及部分设区市的10名统计员分别获得了农业农村部畜牧兽医局的单位和个人的表扬信。

四、完成《饲料加工企业安全生产管理规范》省级地方标准的制定

2020年江西省饲料工业办公室、江西省畜牧技术推广站和赣州饲料协会共同制定，由江西省市场监督管理局立项的省级地方标准《饲料加工企业安全生产管理规范》已通过标委会专家技术委员会的审定，待发布。本标准构建了饲料生产企业的安全生产标准化体系，指导、规范饲料生产企业建立具有实用性、操作性强的安全管理体系，有效实施可提高安全标准化管理水平，使饲料生产企业的安全管理更加规范化、科学化。

五、完成江西省“十四五”饲料工业发展规划的编制工作

为了更好地编制江西省“十四五”饲料工业发展规划，省饲料办于11月13日召集行业内相关专家召开座谈会，座谈会上专家们就“十三五”饲料

工业发展成就、问题以及“十四五”规划如何布局、谋划谈了自己的看法和建议。座谈会上将专家分成五个起草小组，根据规定的内容各小组于12月底分别完成了规划的初稿，定稿后对外公开征求意见，修改完善后形成了江西省“十四五”饲料工业发展规划。

（江西省饲料工业办公室）

山东省饲料工业

【饲料概况】

2020 年山东省饲料产业有效应对新冠肺炎疫情、非洲猪瘟等风险挑战，充分发挥产业链匹配度高的资源优势、规模优势和区位优势，紧紧抓住生猪复产的市场机遇，稳定家禽饲料生产；加快产业融合，充分利用地域性饲料资源，实现饲料产品、饲料添加剂产量较大幅度增长；深入实施饲料生产企业量化分级管理，加大“双随机一公开”监督抽检和飞行检查力度，积极培育区域优势品牌，为畜牧业高质量发展提供坚实基础。

据国家统计局统计数据显示：2020 年山东省生猪存栏 2 933.93 万头，同比增长 34.8%，其中能繁母猪存栏 310.90 万头，同比增长 55.0%；生猪出栏 3 344.79 万头，同比增长 5.3%。家禽存栏 83 642.36 万只，同比增长 6.5%；家禽出栏 252 670.83 万只，同比增长 9.5%。肉类产量 721.8 万 t，同比增长 3.3%；蛋类产量 480.92 万 t，同比增长 6.8%；奶类产量 241.42 万 t，同比增长 5.9%。

2020 年，山东饲料工业企业规模、产量、产值再创历史新高，高质量发展迈出新步伐。根据农业农村部公布数据，截至 2020 年底，山东省登记注册饲料生产企业 1 997 家，同比增加 173 家；饲料产品产量 4 336 万 t，同比增长 14.7%，高于全国平均增幅 4.3 个百分点（高出全国第二名 1 300 多万 t）；饲料工业总产值 1 561 亿元（含饲料、饲料添加剂），同比增长 27%，高于全国平均增幅 10 个百分点（高出全国第二名 390 多亿元）。饲料产量、产值占全国的比重分别为 17.2%、16.5%，由 2016 年的 1/9 提高到 1/6。

截至年底，全省 2020 年核换发饲料生产许可证 561 个，比 2019 年的 818 个、2018 年的 571 个明显减少，但比 2017 年的 257 个、2016 年的 231 个明显增加，预计 2021 年换证企业数量减少一半。

全省现有五类饲料生产许可证 2 434 个，比 2019 年增加 123 个，增长 5.3%。其中，单一饲料生产许可证自 2018 年以来连续 3 年减少 29 家，现有配合饲料、浓缩饲料生产企业 933 个，比 2018 年减少 19 家，比 2019 年增加 28 家，混合型添加剂、预混料生产企业持续大幅增加。

生猪生产持续恢复推动猪饲料大幅增长。生猪饲料产量 1 029.5 万 t，首次超过广东居全国第一位，同比增长 42.4%，高于全国平均增幅 26 个百分点。其中，母猪饲料产量同比增长 76.9%，仔猪饲料产量同比增幅 53.3%，生长肥育猪饲料产量同比增长 29.8%。生猪饲料产量 10 万 t 以上的企业/集团数 21 家，合计产量同比增长 72.1%，高于全省平均增幅近 30 个百分点。新希望六和、温氏、山东邦基、山东环山等大型饲料养殖集团在山东扩张速度明显加快。

禽类饲料优势突出，保持稳步增长。肉禽饲料产量 2 693.4 万 t，同比增长 7.4%，占全国近 1/3，优势越来越突出。蛋禽饲料产量 359.8 万 t，居全国第二位，仅次于河北，同比增长 4.1%。禽类饲料 5 万 t 以上的企业/集团数量 15 家，合计产量占全省总产量的 63.1%，同比增长 10.9%，高于全省平均增幅 6.8 个百分点。传统肉禽养殖大市临沂、潍坊两市产量同比分别增长 14.0%和 8.4%，合计产量占全省总产量的 44%。

添加剂类高端饲料产量增长明显。2020 年底，山东省登记注册饲料添加剂生产企业 561 家，同比增加 69 家，企业数量增长 14%。全省以氯化胆碱为代表的维生素类添加剂产量 120.4 万 t，占全国总产量的 75%；氨基酸类饲料添加剂产品产量 70 万 t，占全国总产量的 19%，同比增长 45.2%，高于全国平均增幅 33 个百分点；矿物元素产量 61.9 万 t，占全国 8.9%，维生素、酶制剂、矿物元素、微生物等产品产量增幅在25%～50%，也远高于全国平均增幅。

饲料产能利用率和集约化生产进一步提升。全省饲料企业生产能力进一步提高，设备时产达到1.739万t，比2019年增长3.41%。按照国家统计局双班4 000h饲料年产量计算，山东省饲料产能利用率为65.1%，处于生产设备充分利用的合理范围。全省单厂饲料产量10万t以上的企业有70家，饲料产量占全省总产量的27.1%。其中年产20万～30万t的饲料生产企业有11家，饲料总产量30万t以上单厂5家，形成了山东省饲料产业的中坚骨干群体。

【组织机构】

深化事业单位改革，按照省委办公厅、省政府办公厅《关于深化省级事业单位改革试点实施方案》（鲁办发〔2020〕15号），山东省畜牧兽医局涉及6个事业单位，撤销省饲料质量检验所、省兽药质量检验所、省畜牧兽医局机关服务中心；组建省饲料兽药质量检验中心、省畜产品质量安全中心加挂省畜禽屠宰技术中心牌子；省动物疫病预防与控制中心加挂省人畜共患病流调监测中心牌子；省蜂业良种繁育推广中心并入省农业科学院。2020年12底前完成新组建事业单位挂牌，以新单位名称对外开展工作；2021年2月底前完成事业单位章程制定工作。新组建的山东省饲料兽药质量检验中心为山东省畜牧兽医局部门管理的公益一类正处级事业单位。

【主要工作内容】

（一）继续抓好饲料兽药企业分级管理

3月完成2019年度饲料兽药企业分级管理结果汇总公布工作，印发了公告。饲料生产企业分级评定情况：截至2019年底，全省共有饲料生产企业1 839家，全部纳入评定，年度评价优秀企业（A级）530家，占全部企业总数的28.8%；良好企业（B级）930家，占比50.6%；一般企业（C级）217家，占比11.8%；因新建、停产、改造等原因未评定162家，占比8.8%。

（二）自配料管理全面步入正轨

一方面组织学习宣传农业农村部6月12日发布、8月1日起实施的第307号公告《养殖者自行配制饲料有关规定》和省畜牧兽医局2019年印发的《山东省动物养殖者自行配制饲料质量安全使用规范（试行）》，组织自配料养殖场户参加法规知识培训考试；另一方面组织各市10—11月开展自配料普查和专项整治活动，通过普查，摸清了玉米等需求量和来源，有利于提高自配料质量，改变饲料使用不规范现状。

（三）《饲料质量安全管理规范》省级示范企业超额完成任务

2020年起山东省继续深入推进《饲料质量安全管理规范》示范实施工作。经过企业申报和省畜牧兽医局审核，截至2020年12月，临沂六和正旺饲料有限公司等23家企业被评定为《饲料质量安全管理规范》省级示范企业；结合近两年饲料生产企业量化分级评定等结果，将全省21家国家级、64家省级示范企业，共85家饲料质量安全管理规范省级以上示范企业名单重新审核公告。

（四）继续开展“双随机一公开”监督抽检和飞行检查

联合省市场监管局、省生态环境厅、省应急管理厅等部门，组织开展跨部门饲料、兽药“双随机一公开”监督抽检，实施检查与抽样同步、检打联动。共下达饲料检查任务93个，省级检查10个企业；兽药检查生产企业16个、经营企业14个。

（五）深入开展饲料兽药等质量安全专项整治，严厉打击非法添加物质

已经全面部署落实，印发了养殖环节瘦肉精风险预警和监督抽检计划2 000批次，分上下半年执行。兽药方面已经下达开始了第一季度省级监督抽检工作，饲料方面组织了饲料监督抽检第三方检测机构竞争性谈判，确定了36万元、500批次饲料监督抽检计划。

保持养殖环节“瘦肉精”等非法添加物质严打状态。印发《2020年动物养殖环节“瘦肉精”风险监测和监督抽检方案》，完成对济宁、泰安、滨州、日照、德州、聊城6市牛羊毛风险监测及尿液跟踪抽检，共发现2批次肉牛尿液含“瘦肉精”阳性。

【存在的问题和下一步工作思路】

山东省饲料产业发展还面临三方面的突出问题：

一是豆粕、玉米等主要饲料原料自给率低，受到外来依赖制约。饲料方面市场短缺的是低霉菌毒素的优质玉米，饲料玉米每年缺口1 000万t左右、进口豆粕600万～800万t。

二是饲料质量安全问题多发、产品质量控制体系需要加强。

三是饲料从业劳动力和人才瓶颈凸显。

下一步，随着成功应对疫情冲击、贸易摩擦等，山东省饲料品种结构齐全、配套完善的优势日益突出，借助山东作为全国畜牧业鼓励发展的少数适养区省份，畜禽养殖和屠宰加工产业的就近聚集效应显现，肉鸡、肉鸭为代表的高效饲养更加集中，再加上龙头企业南猪北养增多，预计“十四五”期间山东畜牧业对饲料的需求量还较大，饲料产业仍有增长的潜力，远景预计工业饲料产量将达到5 000万t左右。

近年来，广东等饲料产业大省相继出台引导扶持政策，明确提出将饲料作为乡村振兴的重点产业之

一，实行倾斜扶持，打造“畜禽饲料和水产饲料千亿产业集群”，山东省饲料产业面临越来越大的竞争压力。

但结合“十三五”经验和山东实际情况分析，“十四五”期间，国家和省级层面对饲料工业仍缺乏具体资金项目扶持，只有在节约粮食、提高饲料追溯性、加强质量安全管理方面进行适度引导，法规将修改得更加宽松，行政许可减少下放，事中事后监管弱化，转向网上监管、信用监管，行业管理重点侧重非法添加物质和违禁药物。

预计未来饲料产业发展主要依赖内循环、面对国内市场，配合饲料产量数量上不会大幅增长，添加剂和饲料原料开发还有潜力，主要是进口产品替代；发展模式还是依靠企业专业化自主发展、集团化抱团发展，以及产业链延伸融合发展，违法企业和半停产企业间被市场竞争淘汰。

（山东省畜牧兽医局饲料兽药处）

河南省饲料工业

【发展概况】

2020年，面对突如其来的新冠肺炎疫情和非洲猪瘟的双重影响，河南省饲料管理工作在农业农村部的大力指导下，始终坚持两手抓，一手抓监管，一手抓发展，在监管方面，积极推行《饲料质量安全管理规范》，强化监督检查、质量监测和执法办案，不断规范饲料生产经营行为；在发展方面，积极采取一系列措施促进饲料生产企业复工复产，保障饲料供应，为生猪恢复生产和畜牧业健康发展提供强有力支撑，河南省饲料工业保持了良好的发展态势，商品饲料产量恢复性全面增长。截至2020年底，全省共有各类饲料生产企业890家，共有生产许可证1 153个，其中浓缩配合饲料433个、添加剂预混合饲料302个、饲料添加剂44个、混合型饲料添加剂247个、单一饲料127个。据饲料工业统计系统统计数据显示，全年全省商品饲料总产量达1 180万t，同比增长26.9%，产值达356.83亿元，同比增长31.48%。其中配合饲料、浓缩饲料、添加剂预混合饲料产量分别达到1 080万t、60.16万t、39.74万t，同比分别增长26.5%、32.28%和31.16%。其中猪饲料产量达683.6万t、蛋禽饲料产量177.6万t、肉禽饲料产量232.7万t、水产饲料产量29.73万t、反刍动物饲料产量46.17万t、其他饲料产量9.92万t，除了水产饲料产量同比下降3.72%外，猪饲料、蛋禽饲料、肉禽饲料、反刍动物饲料和其他饲料同比分别增长42.0%、19.4%、2.2%、39.20%、26.41%。

主要呈现如下几个特点：

（一）蛋禽饲料产量增幅呈逐渐变缓势头

年初受蛋价价高利好的影响，蛋禽存栏大幅增长，蛋禽饲料产量也随之一路高歌，大幅增长，一季度增幅高达65.14%。随着蛋禽养殖量加大和禽蛋市场供应充足的出现，禽蛋价格下滑，蛋禽饲料增幅趋缓，二季度增幅回落至55.3%，三季度增幅降至27.33%。

（二）猪饲料产量全面增长

受国家恢复生猪产能一系列扶持政策的有效落实和生猪产品价格持续高位运行的驱动，生猪养殖积极性空前高涨，又加之非洲猪疫情防控水平不断提高和非洲猪瘟疫情的逐渐弱化，生猪饲养量快速增长，猪饲料增幅较大。全年猪饲料产量达683.6万t，同比增长42.0%。其中育肥猪饲料产量358.8万t，同比增长28.7%；仔猪饲料产量139.6万t，同比增长59.2%；母猪饲料产量169.3万t，同比增长78.9%。

（三）散装饲料和委托加工成为新亮点

饲料生产企业为了降低成本，节约费用，纷纷开展委托加工和饲料散装散运，委托加工节约了运输费，饲料散装散运节约了包装费和人工搬运费。全年全省散装饲料产量达446.9万t，同比增长48.27%，占全省商品饲料总产量的1/3多。委托加工饲料产量24.74万t，同比增长39.12%。

（四）饲料添加剂发展迅速

全省饲料添加剂生产企业达247家，比2019年底的192家增加了55家，增长了28.6%。全年全省饲料添加剂产量达25.84万t，同比增长30.2%，产值15.16亿元，增长35.4%。

（五）环保、无抗、微生物发酵等新型饲料产品研发成为行业新热点

替代抗生素的饲料产品、环保减排饲料产品、微精微囊提高利用率的饲料添加剂产品、微生物发酵、膨化饲料产品等不断出现。天然植物饲料原料发展成为企业新的增长点，呈快速发展势头。

（六）生物安全防控水平显著提升

受非洲猪瘟疫情影响，整个饲料行业生物安全防护意识、硬件和管理水平普遍有了一个大的飞跃。特别是生产猪饲料的企业相关的生产设施、场所、运输工具等清洗消毒制度更加严格，为养殖端防控好非洲猪瘟疫情，加快生猪恢复生产，发挥了重要作用。

【主要工作】

（一）积极开展饲料兽药生产企业复工复产工作，确保畜牧业生产资料有效供给

面对突如其来的新冠疫情，针对疫情防控封锁造成生产企业原料进不来和产品出不去的突出问题，饲料兽药处从1月30日开始就投入工作，积极采取了一系列措施促进复工复产和饲料兽药产品的有效供给。一是积极开展饲料兽药行业调查摸底。对全省饲料兽药生产企业产品、原料运输情况和企业开工情况进行动态摸底，及时掌握饲料兽药行业面临的困难和问题，并按要求及时汇总上报情况。得到农业农村部复工复产调度组的充分肯定。二是积极起草了多个相关文件和汇报材料。先后参与起草了《河南省农业农村厅关于办理涉牧企业应急运输通行（B证）的通知》《涉牧企业应急运输通行（B证）发放和管理办法》《关于做好饲料兽药行业复工复产和安全生产工作的通知》等文件，还参与起草了河南省农业农村厅农产品保障供应急需解决的问题和建议、保供工作开展情况等汇报材料和素材21个。三是积极参与组织下发涉牧应急运输通行证（B证）。按照发放管理办法，加班加点组织申报、审核把关和邮寄，共发放涉农应急运输证（B证）4 100张，其中饲料兽药行业1 126张，畜禽养殖行业471张，生鲜乳行业203张，畜禽屠宰行业200张，种植业2 100张。同时每天负责汇总上报全省涉农通行证发放及使用数据和存在的问题，极大缓解了涉农企业运输受阻问题，得到了行业协会和广大企业的高度赞扬。截至4月8日，所发运输证累计使用33 013张次、运输15 607趟、运送货物44.8万t。四是积极协调解决群众投诉电话。认真协调解决行业反映的问题和饲料运输投诉电话，疫情严防期间，累计协调解决了农业农村部转河南省的周口、开封等地饲料运输投诉电话41件。五是积极开展饲料兽药行业复工情况日报。从2月开始在全省饲料兽药行业实行复工复产日报制度，为指导行业发展和政府决策提供了基础数据。六是积极为饲料兽药企业开具《民生保供企业资质证明》164份。七是积极联系协调行业协会在全省行业下发复工复产和疫情防控倡议书。积极倡导全省饲料兽药企业在做好疫情防控的同时，加快复工复产，为全省畜产品生产提供有效支撑。通过综合措施的落实，有效地促进了企业复工复产和行业发展。到3月底，全省饲料兽药生产企业除环保原因和自身经营停产外，已全部复工复产。为全省生猪生产产能恢复和畜牧业的发展提供了强有力的支撑。

（二）积极开展行业调研，深入了解饲料兽药行业管理

为了深入了解饲料和兽药行业监督管理、科技研发、技术更新、安全生产、从业人员层次、法律法规贯彻落实等情况，准确把握行业发展的热点、难点和亮点，有效指导饲料兽药行业转型升级。4月23日至4月30日，全省分6个调研组通过召开管理部门和饲料兽药生产经营企业座谈会、现场实地查看饲料兽药生产经营企业、查阅资料等方式，对全省饲料兽药行业进行了调研。6个调研组，共召开座谈会32个，实地查看饲料兽药生产企业203家、兽药经营门店35家，6个调研组分别撰写了调研报告。此外，还组织召开了行业协会座谈会、微生态制剂座谈会等。对饲料兽药行业管理和发展现状进行了深入调研，为指导行业发展的管理打下了坚实基础。

（三）不断强化行业监管力度，认真开展饲料兽药质量监督检查、抽检和执法

一是及时下发了《关于加强饲料原料质量监管工作的通知》，加大了对饲料原料质量监管力度。二是开展监督检查。按照“双随机一公开”的要求，4月和10月分两次对全省18个省辖市和10个省直管县饲料生产企业和兽药生产经营企业进行了现场监督检查，重点检查了《饲料质量安全管理规范》落实情况、《兽药质量管理规范》落实情况和安全生产情况等。共检查饲料生产企业129家、兽药生产经营企业104家，对检查中发现的问题进行了限期整改。三是开展饲料质量监督检测和预警检测。按照年初计划，2020年河南省共开展饲料监测1 051批，其中，监督抽检556批，合格率95.7%；预警监测495批，合格率89.5%。监督检测的556批中配合饲料176批、浓缩饲料65批、精料补充料11批、添加剂及预混料175批、动物性饲料原料36批、植物性饲料原料93批。其中，浓缩饲料、配合饲料、添加剂及预混料的合格率分别为89.2%、90.9%和99.4%，精料补充料、动物性饲料原料和植物性饲料原料合格率均为100%。不合格项目包括粗蛋白、铜、锌、黄曲霉毒素 B_1、莫能菌素和盐霉素。四是配合农业农村部完成了对河南省饲料兽药监督抽检和跟踪监测。在饲料方面，共对河南省郑州、新乡、安阳、周口、南阳5个省辖市的111家饲料生产企业进行了产品质量抽检，共抽取饲料样品155批，共检查饲料生产企业31家。在这次饲料质量监督抽检中共有4家饲料生产企业4个产品抽检不合格，将按照程序依法进行查处。在兽药方面，开展了两次跟踪抽检活动，共抽检兽药企业24家，抽取67批；配合农业农村部兽药监督检查（飞行检查）两次，共检查企业4家。五是深

入开展饲料兽药案件查处工作。1—10月，省共查处生产销售假冒伪劣饲料兽药案件175件，其中饲料76件、兽药99件，总案值47万元，罚没金额83万元，移交司法机关8件。起到了“查处一案警示一片”的作用。

（四）加强饲料兽药信息化监管，积极研究开发“互联网＋饲料兽药监管”系统

为了进一步规范饲料兽药管理，积极推行饲料兽药质量监督检查“双随机一公开”、二维码质量追溯、现场检查和日常巡查电子化和客观化、便捷高效化。根据《国务院办公厅关于加快“互联网＋监管”系统建设和对接工作的通知》（国办函〔2018〕73号）和《河南省“互联网＋监管”系统建设工作实施方案》文件精神，积极组织人员集中时间深入研究开发“互联网＋饲料兽药监管”系统。该系统包括：数据库模块，省市县三级管理部门、监测机构和执法部门人员信息数据、企业数据人员和生产情况数据、大专院校和科研机构专家信息数据等；监督检查模块，双随机检查，双随机抽取企业，双随机抽取检查 人员，能够自主选择检查重点内容，自动生成检查表格，现场检查结束及时签字上传，检查结果可随时查阅；质量监测模块，采用抽样终端设备抽检，现场打印封条和抽样单，抽样结束及时上传，可实现自动分拣样品，检测结果可网上查阅；质量追溯模块，推行二维码质量追溯。除此以外还开发有法律法规宣传培训模块、案件执法模块等。目前，已初步完成了监督检查模块、质量抽检模块等。质量抽检模块功能在2020年全省下半年饲料质量监督抽检中进行了试运行。

（五）积极开展兽用抗菌药使用减量化行动试点工作和兽药产品二维码追溯管理工作

一是开展了兽用抗菌药使用减量化行动试点工作。按照农业农村部关于开展兽用抗菌药使用减量化行动试点工作方案（2018—2021年）要求，2月，积极配合农业农村部完成了河南省第一批兽用抗菌药减量化试点达标场推荐评审工作，并转发了达标养殖场名单文件；5月份，完成了第三批参加试点的4个规模养殖场报名、初审和推荐工作。对第二批6个试点企业开展了自评及验收推荐工作。二是持续推进兽药产品二维码追溯管理工作。共在全国兽药追溯系统注册兽药生产企业237家、兽药经营企业2 356家、养殖场10家，省市县三级监督单位192家。共上传兽药生产环节入库信息11.6万条、出库信息44.4万条、退库信息1 288条；上传兽药经营环节入库信息14.3万条、出库信息29万条；上传养殖环节入库信息82条。三是配合农业农村部做好兽药产品批准文号核查上传工作。共核查上传兽药产品批准文号2 694个批次。

（六）不断完善机制，认真开展饲料工业信息统计工作

一是建立了全省饲料工业信息统计工作微信群，明确了各地信息统计工作人员，实行了信息统计催报制度，定期督促企业上报生产信息。二是建立完善信息上报审核制度，及时审核各企业上报生产数字，严防上报数字不准确和不符合逻辑的现象。三是建立完善信息分析制度，定期分析全省饲料行业生产形势，研判发展趋势，指导行业发展。2019年和2020年，连续两年被农业农村部评为先进单位。

（七）积极开展全省饲料兽药法律法规暨“互联网＋饲料兽药监管系统”培训

为了进一步提升河南省饲料兽药依法管理水平，12月20日至24日饲料兽药处在平顶山市举办了全省饲料兽药法律法规暨“互联网＋饲料兽药监管系统”培训班。18个省辖市和10个省直管县（市）分管饲料兽药的副局长、科长，饲料兽药监察所所长，负责饲料信息统计和兽药二维码上报工作的人员等参加了会议。二级巡视员朱立良、总兽医师周瑞兰、刘冰宏出席了开班仪式，饲料兽药处处长蔡文军主持会议，饲料兽药处四级调研员王鹏对饲料行业法律法规和相关政策进行了解读。农业农村部畜牧兽医局药政药械处处长谷红，全国畜牧总站、中国饲料工业协会分析师刘芊麟，河南农业大学博士生导师王志祥，河南牧业经济学院教授乔宏兴，北京农信通公司工程师刘雪姣等应邀进行了授课。培训班先后培训了饲料法律法规、兽药法律法规和兽药追溯系统管理、饲料工业信息统计系统、“互联网＋饲料兽药管理”系统、发酵中药在替抗方案中的理论研究应用等内容。朱立良二级巡视员在开班仪式和培训结束时进行了讲话。

（河南省农业农村厅饲料兽药处）

湖北省饲料工业

受突如其来的新冠肺炎疫情影响，2020 年是湖北省饲料工业极不平凡、极不容易的一年。在农业农村部饲料主管部门的大力支持下，在省委省政府的坚强领导下，在全体饲料行业人员的共同努力下，湖北省饲料工业韧劲十足、砥砺前行，为打赢“湖北保卫战”“武汉保卫战”奠定了坚实的物质基础。

【基本情况】

全省饲料产品产值 325.8 亿元，同比下降 3.4%，营业收入 331.4 亿元，同比增长 1.1%；饲料添加剂产品产值 28.0 亿元、营业收入 23.6 亿元，同比分别下降 16.1%、24.9%。

饲料总产量 1 054.0 万 t，同比下降 3.4%。其中，配合饲料总产量 1 011.4 万 t，同比下降 3.8%；浓缩饲料 26.3 万 t，同比增长 33.7%；添加剂预混合饲料 16.3 万 t，同比下降 21.5%。按照品种分，猪饲料 413.0 万 t，同比下降 4.7%；肉禽饲料 103.4 万 t，同比增长 1.6%；蛋禽饲料 307.6 万 t，同比增长 8.2%；水产饲料 227.4 万 t，同比下降 15.5%；反刍动物饲料 1.4 万 t，同比增长 0.9%；其他 1.2 万 t。

饲料添加剂产量 81.1 万 t，同比增长 4.6%。其中，直接制备饲料添加剂 76.7 万 t，同比增长 3.4%；生产混合型饲料添加剂 4.4 万 t，同比增长 32.1%。

【主要工作】

（一）抗击新冠疫情

1 月下旬，湖北省疫情防控转入“战时状态”“封城封路”“原料进不来、产品出不去”的矛盾不断凸显，畜禽养殖场饲料断供风险不断增加。“断粮”问题刻不容缓，必须尽快解决，否则后果不堪设想。1 月 29 日，经过紧急研究，《湖北省农业农村厅关于协调解决我省饲料原料运输困难的请示》发到了农业农村部，并通过积极协调粮食部门、中粮集团各方的支持，畅通运输，紧急调度，协调豆粕、玉米等原料 43.9 万 t，为全省饲料原料供给提供了充足的货源。

由于湖北省是本次疫情的“重灾区”，省饲料企业的运输车辆、司机经常遭遇“被劝返”“被强制隔离”的情况，作为省级主管部门，特殊时期就要敢于为企业保驾护航。共协调解决包括河北行唐、西藏山南等省内外遇到的各类交通运输受阻问题 449 个，积极主动为各类饲料养殖企业办理通行证 5 100 余辆、累计办理通行证 5 500 余辆，有效缓解了全省饲料运输难的状况。

受疫情影响，全省 2 月初复工生产的饲料企业不到 20 家，复工率不足 5%，供需矛盾突出。经过努力协调，一方面及时向省指挥部报告，根据省疫情防控指挥部〔2020〕36 号出台饲料企业复工意见。另一方面，及时督导各地农业农村部门落实属地责任，有序开展企业复工复产，截至 3 月 20 日，全省饲料企业复工 271 家、日供饲料近 3 万 t，产能率近 85%，为全省畜禽水产等各类养殖提供了稳定的饲料供应，为最后打赢“湖北保卫战”“武汉保卫战”提供了坚强的物质基础。

（二）规范行政许可

严格按照《饲料和饲料添加剂管理条例》《饲料和饲料添加剂管理办法》，全年共办理饲料和饲料添加剂生产许可证 91 个，核发饲料添加剂批准文号 81 个，办理自由销售证明 28 份，备案委托加工企业 26 家。

（三）严格监督管理

按照农业农村部和湖北省“双随机一公开”要求，2020 年农业农村部专家组对湖北省饲料质量“双随机”检查在武汉、荆州、潜江 3 市展开，共检查企业 30 家，抽样 43 份，产品合格率 100%。湖北省级双随机检查抽样 200 份，产品合格率在 100%，对检查中发现的问题和隐患责令现场整改。

(四) 全面提升统计质量

按照饲料工业统计系统要求，明确每个月底 26 日至下个月初的前三个工作日，为企业统计报表时间，同时要求市州饲料管理部门及时审核报表，对存在“数据异常”的报表，要仔细核实，通过压实企业报表主体责任和属地管理责任，2020 年湖北省饲料企报表率、数据准确率多次得到上级统计主管部门表扬肯定。

【存在问题】

一是受新冠肺炎疫情影响，2020 年湖北省饲料产量和产值同比均出现下降，饲料企业特别是中小饲料企业经营难度进一步加大。二是原料价格上涨幅度大，特别是玉米和豆粕，企业运行成本加大。三是监管力量薄弱，2021 年部级、省级监管、抽查的任务都较多，部分工作在部分县区难以落实。

【下一步工作思路】

受新冠肺炎疫情常态化管理、非洲猪瘟疫情局部扩散、国际贸易摩擦等多重不利因素影响，2021 年饲料行业将面临前所未有的困难。湖北省将继续以《规范》落实为抓手，不断深入推进“放管服”改革，加强安全监管和产品抽样监测，努力克服各种不利因素的影响，确保不发生较大质量安全事件，主要工作如下：

(一) 进一步推进《规范》实施

按照“通过规范抓安全，通过安全促生产”的思路，继续在全省范围内推进《规范》实施，对不达标企业实施源头管控，力争通过三年时间，将全省饲料企业按照部畜牧兽医局制定的《企业现场检查表》打分，结果公开，分类管理。

(二) 进一步严格监督管理

按照“管行业，就必须管安全”“管业务，就必须管安全”“管生产经营，就必须管安全”的要求，用好《饲料和饲料添加剂管理条例》，通过“双随机一公开”等检查方式，建立监督抽查与行政执法的联动机制，加大对不合格产品和违法案件的查处力度，确保防疫安全、生产安全和产品质量安全。

(三) 进一步做好统计工作

按照统计系统报表要求，督促全省企业按时报表、精确报表，进一步提高企业统计的上报率和上报的准确率，同时督促市州饲料管理部门及时仔细审核，共同提高全省统计报表质量。

(四) 进一步加强合作交流

按照已达成的 GMP＋国际组织关于“饲料和食品安全协同发展”高峰论坛合作协议和“谅解备忘录”的内容，力争组织全省饲料企业在 2021 进一步走出去，利用我省添加剂产品特色优势，不断扩大自由销售市场和范围。

(五) 进一步加强各类培训

一是加强对各级管理部门工作人员的业务培训，二是加强对企业检化验员的培训，不断提高全省饲料工业总体水平。

(湖北省农业农村厅畜牧兽医处)

湖南省饲料工业

【发展概况】

2020年，全省商品饲料总产量1 009.61万t，同比下降2.34%，饲料工业总产值337.9亿元，同比下降2.3%。

其中：配合饲料959.56万t，同比下降2.14%；浓缩饲料19.85万t，同比增长1.56%；预混合料30.11万t，同比下降10.62%；饲料添加剂产品总量29.27万t，同比下降2.3%。

猪饲料549.31万t，同比下降10.60%；蛋禽饲料142.51万t，同比增长25.11%；肉禽饲料182.21万t，同比增长19.80%；水产饲料132.67万t，同比下降10.51%。

【组织机构】

省饲料工业办公室现有专职工作人员7人，湖南省有饲料生产企业398家，持证461个，其中浓配料企业268个、预混料企业105个、添加剂企业106个、单一饲料企业38个。

【主要工作】

1. 全力以赴推进复工复产。2020年初，在新冠肺炎疫情防控初期，饲料生产企业生产秩序受到较大冲击。为降低影响，湖南省饲料工业办公室（以下简称省饲办）积极响应省、厅疫情防控要求，在第一时间开展调查研究，向省委疫情防控工作领导小组呈报了《关于确保畜禽产品饲料生产资料及饲料正常流通秩序的情况汇报》《关于协调解决我省玉米大宗原料保障事宜的请示》，为争取疫情防控和复工复产政策出台提供了第一手资料。在推进饲料企业复工复产方面，省饲办明确专门人员，及时调度生产情况，主动向农业农村部、农业农村厅汇报企业复工及原料保障情况。疫情初期，不少地方采取了封城封路措施，导致饲料进不来，产品出不去，行业遭遇较大困境。为帮助饲料企业畅通饲料原料及产品运输通道，省饲办从大年初一开始，明确专门人员24h开机，第一时间回应企业诉求，协调解决实际困难。在厅畜牧兽医处领导下，为全省274家饲料生产企业开具民生企业资质证明，及时有效打通了饲料原料及产品运输运输通道，切实解决了企业的燃眉之急。全省饲料及饲料添加剂企业复工复产率由最初的10%，快速实现全部复工复产。3月9日上午，时任省委书记杜家毫同志到湖南中农联成生物科技有限公司饲料厂考察，对企业疫情防控和复工复产给予了充分肯定。

2. 加快推动饲料产业高质量发展。为帮助企业积极应对非洲猪瘟疫情、饲料原料价格高企、资源环境约束趋紧等困难，省饲办一手抓优化服务，一手抓规范管理，全力推进产业转型升级。一是深入开展调查研究。在分管厅领导的带领下，先后走访调研企业30余家，在全面分析当前产业发展瓶颈的基础上，系统梳理下步发展思路和工作重点。8月，会同协会组织近20家企业到广东海大、正大康地等行业领军企业交流学习。支持协会举办“聚势赋能，饲界向上”为主题的行业年会，并组织省内企业参加赛尔论坛等多个行业交流活动。通过组织企业参加行业展示展销、产销对接等活动，整体提升了湖南饲料综合素质和影响力。二是高标准做好行业服务。主动适应机构改革后新的职能定位，积极做好饲料及饲料添加剂行政许可事务性工作，为厅行政处室做好基础支撑。截至11月底，组织对110家饲料企业生产许可申证和换证进行了资料审核与现场评审，为10家企业办理饲料添加剂产品批准文号74个，为17家企业办理委托加工备案，为21家企业提供自由销售证明73份。三是积极引导转型升级。通过抓高标准产能建设、抓高质量发展，加快湖南饲料产业转型升级步伐。湖南省一大批饲料企业或集团企业脱颖而出，在全国的排位不断前移。年内长沙正大、帝斯曼、伟业集团、永州温氏等一大批高标准、高起点的饲料工厂相继开业投产，为湖南省饲料产业信息化、智能化、数字化注入了强劲动力。四是坚持创新驱动。鼓励饲料企业以现代养殖业和优质湘猪工程建设为中心，利用资本、人才和管理优势，打造养殖业综合服务平台。伟业集团、张家界新瑞饲料，通过ODM工厂化定制、打造综合服务体系，与养殖场户构建了紧密的利益联结机制。引导有条件的企业加快无抗、绿色环保饲料研发与推广，通过科技和创新，全省在推动新产品研发、抗生物替代、精准配方等方面，涌现了美可达、兴嘉生物、普菲克等一批典型企业。

3. 持续提高饲料安全保障水平。全面加强对饲料生产经营企业日常监管。高标准落实农业农村部第194号公告、307号公告要求，严厉查处饲料企业生产含有促生长类药物饲料添加剂及其他违禁物质的商品饲料，规范养殖者自行配制饲料行为。年内，分两次组织部门按照“双随机一公开”的要求，对全省147家饲料和饲料添加剂企业、13家饲料经营门店进行了随机监督检查，对检查发现的问题当场下发整改通知70份，对问题严重的责令停产整顿。做好竞价销售政策性粮食加工成饲料产品后的质量安全监管。主动与省政府办公厅、省粮食局等部门对接，科学定位职能职责，积极配合省农业农村厅参与政策性粮食全程闭合式监管，在与相关企业座谈调研基础上，起草了《湖南省政策性粮食加工成饲料产品后质量安全监管工作方案（草案）》。严格落实行业安全生产。开展饲料企业粉尘危害专项治理，组织省市县各级主管部门，采取明察暗访等形式，对辖区内饲料企业涉粉尘危害治理情况进行监督检查，及时发现、整改安全隐患。及时向省内饲料生产企业传达有关行业安全生产文件和会议精神，督促做好日常安全生产工作。在许可受理过程中，坚持将安全生产作为重点内容，严格督促企业落实安全生产主体责任。

4. 高标准完成行业统计和《湖南饲料》发行工作。按月对全省饲料产量、产值进行统计监测，按月总结分析饲料生产形势，及时为生猪稳产保供、行业发展提供基础数据。湖南省统计监测工作得到农业农村部的高度肯定，农业农村部畜牧兽医局对省饲办和3名具体负责同志专门发了表扬信。努力克服人手少、行业不景气及受新媒体冲击等重重困难，坚持做好《湖南饲料》编辑发行。为进一步扩大杂志影响力和信息时效性，省饲办于下半年开通了《湖南饲料》杂志公众号，截至目前共发布各类行业信息、法规政策、养殖科技等信息近200条。目前杂志在全国同行业杂志中发行量和信息量均居第一梯队水平，已成为湖南养殖业、饲料行业的重要舆论阵地。

【存在问题和下一步工作思路】

一是产业地位不牢。全省饲料总产量由最高时2018年的1 267万t降到1 009万t、产值从503亿元降为361亿元，产量在全国排位从第6降至第10。二是产业素质不强。全省饲料企业产能利用率不到一半。现有的398家企业，有210家实际年产量在万吨以下，相当部分企业规模偏小、设备陈旧、工艺落后。三是资源约束趋紧。湖南省饲料原料对外依存度高，玉米、豆粕等大宗原料主要从省外采购，相对原料主产区和沿海地区，我们的原料运输成本居高。加上劳动力价格大幅上扬，行业整体盈利空间被压缩。四是监管压力增大。部分市县饲料管理部门撤并、人员减少、力量削弱，新的执法机构尚未全部组建到位，饲料监管面临机构、人员、经费等诸多困难。

【2021年饲料工作重点】

（一）切实强化企业生产安全管控

贯彻落实“管行业必须管安全，管业务必须管安全，管生产经营必须管安全”总要求。严格执行安全生产法律法规，压紧压实企业主体责任、部门监管责任，形成“一级抓一级、层层抓落实”的安全生产工作机制。紧盯时间节点、关键环节和重点企业，定期研判饲料行业安全生产形势，细化监管措施、完善管理规章。持续开展“饲料和饲料添加剂生产企业粉尘危害专项治理三年行动”，强化工作动态检查和过程监督。加大检查力度，对发现的问题制订专门方案，责令限期整改到位。对存在重大安全生产隐患、问题整改不力或整改不到位的，依法依规责令停产整顿，从源头上、系统上消除风险隐患，确保行业安全。

（二）切实强化产品质量安全监管

健全完善饲料质量安全监管制度，以饲料产品中非法添加违禁物质、卫生指标、饲料添加剂安全限量为重点，继续推行部门联合“双随机一公开”。强化“互联网＋监管”结果运用，建立行政许可、行政处罚、监督抽查等信息公开机制，全面对接企业信用信息平台，不断提升安全监管能力和水平。进一步加强饲料生产经营企业日常监管，切实履行政策性粮食加工成饲料产品后质量安全监管职责，压实定向饲料加工企业产品质量安全主体责任，督促相关企业做好饲料及饲料原料检验和查验工作。严厉查处饲料企业生产含有促生长类药物饲料添加剂及其他违禁物质的商品饲料，规范养殖户自配饲料行为。加大经营门店和养殖场户检查，督促经营者完善购销台账、养殖档案。

（三）切实推进产业转型升级

加大饲料行业招商引资，抓好新增产能和标准化产能建设，结合全省畜禽水产养殖新一轮布局规划，引导新建一批高标准、高起点饲料企业。“推进饲养大融合”，着力构建现代农业产业体系，支持饲料企业积极参与“互联网＋”行动，运用物联网、大数据、云计算等技术，促进资源节约、效率提升、服务转型。鼓励饲料企业与规模养殖场通过并购、股权置换、租赁、委托加工等方式，结成利益共同体，以散装运输、料仓储存、自动饲喂等饲料投送方式，实现“厂场对接”、“直营直销”、增产扩能。支持大中型饲料企业组建技术研发中心和实验基地，坚持饲料工业的专用化、系列化、特种化等方向，加快生物饲料、绿色环保饲料、新型安全高效饲料添加剂的研发生产和推广应用。

（四）切实加大地方饲草资源开发利用

一是提高饲料原料自给率。支持饲料企业、科研院所调整优化饲料配方结构，增加稻谷、杂交构树、稻麦混合物、转基因玉米、饲料桑、作物秸秆等地方原料和新饲草饲料资源的用量，促进玉米、豆粕减量替代。二是多渠道拓展饲料原料来源。在保证安全前提下，支持饲料企业通过竞价采购政策性粮食，大力争取国家玉米配额。三是加快高能高效饲料研发。引导饲料企业围绕养殖节本增效、减量减排，调优产业布局和产品结构，在特色畜禽、特种水产养殖等行业上细分市场，在微量元素、维生素、氨基酸等饲料添加剂上，开发具有核心竞争力的“高端、小众”特色饲料。

（五）切实强化行业指导服务

加强调查研究，科学预判饲料行业发展形势，精准谋划产业发展。按照“管方向、管安全、管标准”思路，严格许可准入条件，建立健全守信激励和失信惩戒机制，促进公平竞争、保护合法权益，为行业发展营造良好环境。充分发挥龙头企业的示范带动作用，引导企业积极参与标准化示范创建、展示展销、产销对接等活动，努力构建行业内外双循环新格局。进一步做好饲料生产形势统计监测工作，加强数据审核，逐项核实企业上报数据。加强饲料行业的社会宣传和舆论引导，坚持正面发声与负面管控相结合，及时介入、妥善处置社会舆情。

（湖南省饲料工业办公室）

广东省饲料工业

【发展概况】

2020年，受新冠肺炎疫情、非洲猪瘟、禁抗等因素影响，国内饲料行业竞争格局加速分化，市场不确定性增加。全省各级饲料管理部门认真贯彻落实农业农村部和省委省政府的决策部署，积极应对，加快调整优化产业布局和产品结构，努力保障饲料业健康持续发展，全省饲料发展总体平稳。饲料工业总产量和总产值较2019年略有增长，生猪饲料降幅收窄，家禽和水产饲料持续增长。主要生产形势与特点如下：

1. 饲料产值产量略有增长，饲料产品结构性调整。2020年全省饲料工业总产值1 166亿元，同比增长9.3%，其中：饲料产品总产值1 106亿元，同比增长9.2%；饲料添加剂总产值60亿元，同比增长10.2%。全省饲料和饲料添加剂总产量为3 033.59万t，同比增长3.15%，其中：饲料产品3 010.19万t，同比增长2.95%；饲料添加剂总产量23.40万t，同比增长36.2%。饲料产品中，配合饲料2 922.12万t，同比增长2.87%；浓缩料27.60万t，同比增长13.63%；添加剂预混合饲料59.20万t，同比增长3.32%。宠物饲料总产量1.27万t，同比下降24.8%。配合饲料中，生猪配合饲料产量770.15万t，同比下降12.5%；家禽配合饲料产量1 476.57万t，同比增长12.63%；水产配合饲料产量659.32万t，同比增长3.64%；精料补充料产量6.48万t，同比增长15.28%。

2. 饲料生产企业数量略有下降，企业产品逐渐多元化。全省共有饲料和饲料添加剂企业874家，生产许可证数1 058个，其中浓配饲料485个、单一饲料99个、添加剂预混合饲料251个、饲料添加剂75个、混合型饲料添加剂148个。随着饲料业竞争日趋激烈，行业规模化程度越来越高，小型饲料企业逐渐退出，全省饲料生产企业数量相较2019年减少，但生产许可证数增加，企业产品多元化趋势明显。

3. 产业规模位居全国前列，产业集中度较高。2020年全省饲料总产量和总产值均位居全国第二。饲料规模化水平和产业集中度保持较高水平。年产超1 000万t的集团企业有2家，年产100万t级别的集团企业有3家，年产50万t级别的集团企业有6家，年产10万t级别的生产厂101个，产量约占总产量的66%，比全国平均水平高近10个百分点。

4. 药物饲料添加剂有序退出，新型替抗产品及技术全面发展。随着促生长类药物饲料添加剂的逐步退出，大批企业替抗产品研发脚步加快，研发重点集中在植物提取物、微生物制剂、酶制剂、多糖寡糖、酸化剂、免疫增强肽等方面，新型生物饲料产品不断涌现；替抗集成技术储备进一步加强，不少企业积极开展生物发酵饲料加工、无抗饲料配制、低蛋白日粮和净能体系等技术研究和集成配套，新型绿色生物饲料产业蓬勃发展。

5. 企业产业结构不断调整，产业链不断延伸。2020年以来，随着生猪产能稳步恢复，部分企业抓住禁抗后新增替抗市场的机遇，迅速调整产业结构，聚焦前端料和高端料，加大生猪饲料生产；部分饲料集团企业加快发展多元化产业结构，积极发展生猪、家禽、水产等下游养殖业，延伸产业链。面对2020年严峻的国际贸易形势，部分企业仍然积极拓展国际市场，全省共有40多家企业的400多个产品销往亚洲、欧洲、非洲、美洲等60多个国家和地区。

【组织机构】

广东省农业农村厅内设畜牧与饲料处，负责饲料和饲料添加剂的监督管理工作。

【主要工作】

1. 快速应对突发疫情，稳定饲料生产和供应。新冠肺炎疫情防控期间，坚决贯彻省委省政府的决策部署，科学研判，快速应对，紧急下发《关于饲料兽药等生产企业复工有关事宜的通知》，组织饲料企业在做好新冠肺炎疫情防控的前提下，加快复工复产，保障畜牧生产正常开展和畜禽产品有效供给。针对各地采取的不同程度的交通管制措施，严格落实“一断三不断”要求，及时收集有关企业遇到的具体问题，第一时间组织协调交通、交警等部门畅通饲料运输渠道，共处理群众反映的畜牧业正常产销秩序受阻问题30多件。下发《关于办理民生保供企业资质证明的紧急通知》，为有需要的农产品和农业生产资料生产加工企业，提供《民生保供企业资质证明》，较好地缓解了畜禽、畜禽产品和饲料运输难问题。疫情防控期间，共为1 168个畜牧类企业出具了证明。加强跟踪监测，及时协调解决饲料生产和供应中遇到的困难和问题。

2. 加快饲料业转型升级，大力发展绿色高效饲料。引导企业调整优化产业布局和产品结构，提升规模化、集约化水平；支持企业延伸拓展产业链，发展下游养殖业，重点发展生猪生产；自2020年7月1日起，严格落实饲料“禁抗”要求，严肃查处违法行为。鼓励饲料企业和科研单位研发应用“替抗”集成技术，积极研发生物发酵饲料、微生态制剂、酶制剂、酸化剂、天然植物提取物等“替抗”产品，研发推广饲料精准配方技术体系。

3. 深化“放管服”改革，进一步优化服务。按照《关于调整实施一批省级权责清单事项的决定》，将饲料生产许可证核发（宠物配合饲料）委托地级以上市农业农村主管部门实施，加强委托事项的事中事后监管。积极指导各地承接实施工作，确保委托事项无缝衔接；落实“证照分离”改革要求，加强“数字政府”建设，提升办理效率，切实提高企业和群众的办事体验和获得感；落实饲料添加剂预混合饲料、混合型饲料添加剂产品配方备案制度，督促指导企业认真按要求进行产品配方备案；加强饲料法规宣传，指导企业及时掌握、落实饲料管理有关要求。

4. 强化饲料生产管理，规范生产行为。严格生产许可条件和饲料添加剂产品批准文号审核，规范饲料和饲料添加剂生产行为，对不符合条件的一律不予许可。2020年，全省共核发饲料和饲料添加剂生产许可证302个，其中省级187个、市级115个。市级核发批准文号62个。办理委托生产备案110批次，产品2 499个；办理自由销售证明187批次，产品455个。加强养殖环节自配料生产和使用管理；完善饲料生产信息月度统计监测，增强数据报送及时性和准确性，及时分析生产形势，引导合理安排生产。

5. 开展质量安全监管，保障饲料产品质量。召开饲料质量监管工作会议，分析饲料质量安全形势，部署全省饲料质量监管工作；制定《2020全省饲料质量安全监督抽查工作方案》，实施“双随机、一公开”饲料质量安全监督抽查，现场检查饲料生产质量安全管理规范落实情况，抽检饲料和饲料添加剂产品，重点检测卫生指标和禁限用物质指标。2020年，省级监督抽查饲料生产企业99个、饲料产品219批次，总体合格率为96.8%；各地监督抽查饲料产品632批次，总体合格率为97.6%。通报2019年饲料质量安全监督抽检不合格企业，组织各地严肃查处不合格产品及其生产企业，实施重点监控；开展饲料产品质量风险预警监测工作，监测饲料产品400批次；开展养殖环节“瘦肉精”专项整治行动，飞行风险监测样品70批次，检验结果全部合格；组织各地开展“瘦肉精”监督抽检和风险监测工作，各地抽检养殖场（户）12 506个，样品129 709个；抽检收购和贩运环节场（户）5 930个，样品37 611个；风险监测交易环节场（户）1 189个，样品123 107个，检测结果全部合格。强化药物添加剂使用监管，严厉打击非法添加药物和禁用物质的违法行为。

6. 加强饲料安全生产管理，保障人民群众生命安全。严格按照《饲料生产许可条件、混合型饲料添加剂许可条件》中涉及的安全生产条件进行现场审核，对不符合安全生产条件的一律不予许可；制定《饲料粉尘安全专项整治三年行动方案》和《饲料粉尘安全专项治理行动方案》，进一步压实饲料安全生产行业监管责任及企业主体责任，加强饲料粉尘安全管理；开展对饲料企业的全面排查和专项抽查，全面排查饲料生产企业的安全生产情况，及时排除粉尘涉爆安全隐患，整治突出问题，健全风险管控和隐患排查责任体系。

【面临挑战】

广东省饲料业在产业规模、产业集中度、产品质量、科技创新等方面走在全国前列，但也面临一些新形势新挑战：

一是行业规模化程度与产业集中度将持续提高。广东省饲料企业众多，市场竞争日趋激烈，产品同质化程度较高，大型饲料企业在采购成本控制、质量控制、品牌体系建设等方面体现出更为明显的优势。小型饲料企业分散式、区域化的经营模式将受到较为严重的冲击，导致行业集中度进一步提升。

二是企业发展将从追求规模向追求质量及差异化服务发展。随着饲料行业市场竞争加剧，饲料企业从过去单纯追求扩大生产规模，转变为通过提供差异化产品和服务以获取较大利润。企业将不断推出差异化的饲料产品，以满足不同阶段动物的营养需求及不同养殖企业对产品的多样化需求；通过提供技术指导等增值服务，提升对养殖户和小规模养殖企业的吸引力和产品黏性。

三是企业将进一步推进外延式发展。受养殖业行情和产业形势变化影响，饲料企业将进一步加快调整产品结构和产业链布局。部分以商品饲料为主要产品的企业将不断向下游养殖业务发展，部分产能转为生产自用饲料；部分集团企业将通过打通养殖链上下游环节来实现产业一体化经营的成本优势；部分企业为优化产能布局，实现产品结构多样化，扩大市场占有率，将加快收购兼并步伐，提升自身的综合实力，单体饲料企业将面临更大的市场风险。

四是企业生物安全要求将进一步提高。在非洲猪瘟疫情常态化防控背景下，对饲料企业的生物安全也提出了更高的要求，饲料生产条件差、生物安全管理能力低的小型饲料企业将面临更大的市场冲击。

【下一步工作思路】

2021 年，广东省将重点做好以下工作：一是继续引导企业积极应对国际贸易形势及市场波动，调整产品结构和产业链布局，进一步提升规模化、集约化水平，推进外延式发展。二是大力支持“禁抗”技术和产品研发，加快绿色生物饲料开发应用，研发推广新型安全高效饲料添加剂。大力推广饲料精准配方和精细加工技术，调整优化饲料配方结构，促进玉米、豆粕减量替代。三是继续加强饲料生产管理。严格生产许可和批准文号审核，规范生产行为；加强养殖环节自配料生产和使用管理；不断完善饲料生产信息月度统计监测，增强数据报送及时性和准确性，及时分析生产形势，引导合理安排生产。四是继续强化质量安全监督管理，尤其加强绿色生物饲料等新型产品的规范管理，重点查处卫生指标超标、质量指标不合格、非法使用禁限用药物和禁用物质等违法行为。将养殖者自配料纳入监督抽查范围。五是继续做好政务服务工作。继续落实“放管服”改革要求，逐步推动饲料行政许可事项的电子证照、数据共享、电子印章、电子签名等应用落地实施，不断优化服务。加强对行政许可委托事项的培训指导及实施监督，确保委托事项顺利实施。六是做好饲料安全生产行业监管工作。进一步从行业规划、产业政策、行政许可等方面加强饲料安全生产监管工作，指导督促企业加强安全生产管理。

（广东省农业农村厅）

广西壮族自治区饲料工业

【发展概况】

广西壮族自治区共有饲料和饲料添加剂生产企业312家，全区饲料工业总产量1 535.12万t，同比增长1.70%。全年抽检饲料和饲料添加剂样品1 764批次，合格率为99.49%，同比基本持平，商品饲料和生猪尿样中“瘦肉精”等违禁药物检出率为零。广西壮族自治区饲料产业发展得到自治区人民政府的高度肯定，2020年4月13日方春明副主席在农业农村厅报送工作简报上对广西壮族自治区饲料产业发展做了重要批示。

【发展特点】

（一）大型企业集中度高

广西壮族自治区通过大力发展畜牧业，推动生猪家禽出栏量连续多年居全国前列，吸引了国内双胞胎集团、正邦集团等大型饲料生产企业纷纷到广西投资建厂。全区年产量50万t以上的集团企业有8家，比2019年增加2家，产量1 065.85万t，同比增长16.57%，占全区饲料总产量的69.43%。年产量10万t以上的企业有58家，比2019年增加4家，产量1 231.87万t，同比增长12.48%，占全区饲料总产量的76.18%。全区桂林力源食品集团有限公司区内21家饲料公司年产量509.73万t，占广西饲料总产量的31.52%，广西扬翔股份有限公司年产87.16万t，占广西饲料产品总产量的5.39%。大型企业所占份额越来越大，饲料生产集中度越来越高。

（二）产品结构调整加快

广西生猪生产受非洲猪瘟影响较大，为保障肉类产品市场供应，广西积极引导发展生长周期短、替代性强的家禽产业，有效优化肉类供给结构。通过开展标准化家禽规模养殖示范、支持短平快项目等措施，确保家禽养殖业稳步增长，全年全区家禽饲料产量890.62万t，同比增长3.93%。

（三）产品质量继续保持高水平

多年来，广西各级农业农村部门不断强化监管措施，一是积极推进饲料质量安全管理规范示范创建，通过发挥示范创建带头作用，全区饲料生产企业全面实现从原料采购到产品生产、产品销售的全程质量控制。二是加大对饲料生产、屠宰企业“瘦肉精”等违禁药物的抽检力度，增加抽检覆盖面和频次。三是采取现场检查、监督抽查、飞行检查、暗查暗访、投诉举报等手段，对重点区域、重点企业、重点产品实施重点检查，突击检查核心原料库房。四是加强对不合格产品的追踪溯源，查清不合格品的来源和原因，消除产品质量安全隐患。全年抽检饲料和饲料添加剂样品1 764批次，合格率为99.49%，多年未发生重大饲料产品质量安全事件。

（四）区位集聚优势更加凸显

全区年进口粮食达800多万t，约占全国进口总量的10%，国内大型粮油加工企业纷纷看好广西沿海港口的区位优势和海运成本低廉优势，相继落户钦州、北海和防城港等地聚集发展，自治区已成为我国进口粮油加工重要加工基地。矿物元素添加剂生产集中在贵港、崇左、钦州等有色金属主产区，饲料加工集中分布在南宁、柳州、桂林、玉林、贵港、钦州这些中心城市和养殖业发达地区。这6个市的饲料产品产量占广西总产量的95%以上，其中南宁市的饲料产量约占广西总产量的50%，其饲料生产企业数量及饲料产量居广西首位。

（五）进口转基因玉米使用呈上升趋势

2020年以来由于玉米价格大幅上涨，进口转基因玉米价格有较大优势（每吨比国内玉米低500元以上），有条件的企业纷纷改造完善设备和内部管理，申请转基因加工许可证，使用进口转基因玉米，进口转基因玉米使用呈上升趋势。如何有效监管成为新课题，应该引起有关部门重点关注。

【主要工作】

（一）积极应对新冠肺炎疫情，确保畜禽养殖物质保障

一是畅通畜禽产品和生产资料运输渠道。为存在调运困难的800多家养殖、饲料企业开具《民生保供企业资质证明》，畅通畜禽产品和生产资料运输渠道。二是优化饲料生产许可行政审批服务。采取通过企业真实性承诺、远程视频评审等方式为全区12家饲料生产企业开展饲料生产许可证续展审批工作，疫情稳定后再组织补充核查。三是印发《自治区农业农村厅关于做好饲料生产企业复工复产工作的通知》，明确在做好疫情防控基础上，进一步推进饲料生产企业复工复产。

（二）开展全国饲料质量安全监督抽查

农业农村部在全国开展采取“双随机一公开”方式的对饲料和饲料添加剂实施监督抽查检测工作。重点抽查饲料和饲料添加剂生产企业，特别是2019年饲料质量安全监督抽检不合格的生产企业必检。共对全区36家饲料生产企业现场检查和对产品进行抽检，根据结果通报，全区共2家饲料生产企业产品检测不合格，目前已责令辖区农业农村局查处。

（三）开展广西饲料和饲料添加剂产品质量安全监测

全年共抽检饲料和饲料添加剂生产、经营企业、养殖场（户）860家次，抽检饲料和饲料添加剂样品1 764批次，合格率为99.49%，同比基本持平。自治区农业农村厅根据全国饲料质量安全监督抽检和自治区抽检结果，对涉嫌假冒伪劣产品、产品连续出现不合格情况的生产企业实施重点监控，建立“黑名单”制度；对抽检中发现问题的生产企业采取约谈、限期整改、行政处罚等措施，督促生产企业落实质量安全主体责任。

（四）开展“瘦肉精”专项监测监督抽查

全年共抽检生猪养殖场、屠宰等环节6 355批次，检测项目为克伦特罗、莱克多巴胺、沙丁胺醇等项目，检测结果均为阴性。全区各级农业农村部门通过进一步开展宣传教育，落实各监管环节责任，始终保持监管的高压态势，截至目前，全区没有发现生产、销售和使用含“瘦肉精”等违禁药物的违法行为。

（五）加强生产企业的准入管理和证后监管

一是进一步规范饲料和饲料添加剂生产许可评审，进一步完善现场评审专家随机选派、审核程序等，严格资格审核，全年共核发72张饲料生产许可证，重点结合《饲料质量安全管理规范》要求，加强对企业的管理制度、规程和记录表样的审核力度。凡是未提供相关材料或材料不符合要求的，不予核发饲料生产许可证。二是加大对获证生产企业日常监管力度，结合安全生产工作，各市对辖区内饲料生产企业实行全覆盖现场检查，对存在问题的及时查处溯源。三是强化检打联动，落实对不合格产品及企业的追踪溯源。加强获证企业日常监管，杜绝许可证失效企业转为地下工厂。

（六）开展药物饲料添加剂退出行动和安全生产检查

根据《农业农村部公告第194号》和《农业农村部畜牧兽医局关于做好药物饲料添加剂退出相关工作的通知》要求，自治区农业农村厅于7月6—17日开展药物饲料添加剂退出和安全生产检查，重点检查2020年7月1日起饲料企业是否全面停止生产含有促生长类药物饲料添加剂（中药类除外）的商品饲料，是否对相关产品进行登记封存或销毁，是否自觉贯彻落实安全生产法律法规和相关要求。对检查中发现的问题，已责令相关市按管理法律法规对存在问题企业进行查处。

（七）开展蛋禽养殖用药专项整治行动

根据《农业农村部办公厅关于印发〈2020年农产品质量安全专项整治“利剑”行动方案〉的通知》（农办质〔2020〕4号）要求，农业农村厅组织开展了全区蛋禽养殖用药专项整治行动，重点检查兽药采购、存储、使用情况，严格核对兽药使用记录、兽用处方等，严格核查禁用清单、休药期、注意事项等兽药安全使用规定的情况。全区共抽检200批次禽蛋产品，结合2020年饲料和饲料添加剂质量安全监测计划加测50批次禽蛋饲料中氟苯尼考非法添加。责令相关市农业农村局督促存在隐患和问题的企业落实整改，并对整改企业进行再检查。

（八）制订发布《蛋禽菌酶协同发酵浓缩饲料》等4项团体标准

广西饲料工业协会制订发布了《蛋禽用菌酶协同发酵浓缩饲料》《肉禽用菌酶协同发酵浓缩饲料》《水产用菌酶协同发酵浓缩饲料》《猪用菌酶协同发酵浓缩饲料》等4项团体标准，团体标准的正式实施有力引导发酵饲料产品逐步规范，为推进广西现代生态养殖与生物饲料高质量发展，大力推动乡村振兴战略的实施做出新的贡献。

（九）抓好饲料行业的基础性及服务工作

一是加强组织领导实现饲料统计全口径填报、审核、上报，为政策决策分析提供数据支撑。二是积极主动与税务、粮食、市场监督管理部门沟通、联系，做好协调工作，确保饲料企业能公平享受优惠政策，从政策角度减少企业成本，营造良好营商环境。三是组织饲料生产经营养殖企业参加广西饲料工业协会组

织的各种形式的研讨会、技术讲座、法规培训。四是积极为桂林力源集团、海大集团、新希望集团等大型饲料企业在省内外的扩张，寻求合作伙伴牵线搭桥，积极为区外饲料企业在自治区的发展提供帮助。

【存在问题】

一是质量安全主体责任的落实仍是薄弱环节。养殖户、饲料和饲料添加剂经营企业生产经营档案仍不规范、不健全，自我管理能力不足，发生产品质量安全问题后难以追溯，养殖环节不按规定使用药物，流通环节制售假冒伪劣饲料、无证生产饲料等问题依然无法杜绝。二是基层执法人员能力和水平仍有待提高。饲料执法监管工作难以落到实处，部分执法人员仍存在有案不会办、不敢办、不想办的现象。特别是《饲料质量安全管理规范》的实施，对基层监管人员的监管能力迫切需要提升。三是饲料产业整体大而不强。广西饲料产量大，但整体缺少创新精神，对新产品新技术研发投入不够。

【下一步工作思路】

全面落实农业农村部决策部署，突出抓好饲料监管工作。一是落实农业农村部饲料质量安全监督抽查和自治区本级监测计划；二是加大力度开展饲料法规宣传和饲料生产许可专家培训；三是加强饲料监管和执法体系建设，提高监管和执法水平；四是严格资格审核，加强生产企业的准入管理和证后监管，依法淘汰不合格企业；五是加强日常监管和执法监督，对违法违规行为保持高压严打态势；六是强化饲料和饲料添加剂生产企业安全生产专项整治；七是强化饲料信息统计工作，实现全口径上报统计数据，确保统计数据时效性、准确性、完整性和真实性。

（广西壮族自治区农业农村厅）

海南省饲料工业

【发展概况】

2020年，在上级部门具体指导下，积极采取措施应对新冠疫情和非洲猪瘟双重影响，按照省委省政府的部署要求，认真贯彻落实农业农村部复工复产和“扩种养”政策措施，加快推动全省饲料工业转型升级，不断加强服务保障，进一步增强规模经营企业，全省饲料生产保持良好态势，有力支撑现代畜牧业发展。2020年全省新增饲料企业4家，注销3家，全省饲料生产企业46家，其中，配合饲料生产企业28家，添加剂预混合饲料生产企业1家，饲料添加剂生产企业6家，单一饲料生产企业11家。据饲料统计报表显示，2020年全省饲料总产量291.59万t，总产值86.57亿元，总营业额87.87亿元，分别同比增长1.9%、4.4%和5.3%。其中配合饲料291.44万t，同比增长1.9%，添加剂预混合饲料1 464t，同比下降33.5%。分品种统计：猪饲料71.07万t，同比下降20.4%；蛋禽饲料24.30万t，同比增长8.8%；肉禽饲料1 564 436t，同比增长18.2%；水产饲料39.68万t，同比下降5.8%。

全省饲料添加剂总产量275.25t，同比下降66.3%，总产值570万元，同比下降42.4%，总营业收入596.53万元，同比下降41.2%。

全省单一饲料总产量2.54万t，同比下降0.3%，总产值17 107万元，同比增长7%，总营业收入18 355万元，同比增长6.9%。

全省全年饲料工业总产值86.63亿元，总营业收入87.93亿元，分别同比增长4.4%和5.3%（不包括单一饲料）。

【组织机构】

2019年4月海南省原农业厅畜牧业处、兽医处、饲料兽药管理处（加挂“海南省饲料工作办公室”牌子）合并为海南省农业农村厅畜牧兽医处，现定编人员10人，主要承担起草全省畜牧业、饲料（草）业、畜禽屠宰行业、兽医事业发展政策、规划并组织实施，监督管理畜牧业生产和饲料（草）业生产经营，监督管理兽医医政、兽药及兽医器械，指导畜禽粪污资源化利用、畜禽标准化生产和规模化饲养，监督管理屠宰、饲料及其添加剂、生鲜乳生产收购环节质量安全，负责本省无规定动物疫病区监督管理，组织实施省内动物疫病检疫管理工作，负责种用、乳用动物跨省调运审批，引入省外动物及动物产品产地疫情查询及审批有关工作等职能。兽医兽药饲料、生猪屠宰、动物卫生监督等执法职能于2019年6月转接省农业农村厅内设执法局。

海南省动物疫病预防控制中心（海南省兽药饲料监察所）主要承担农业农村部和省农业农村厅下达的各类产品抽样监测计划和本省兽药饲料产品质量安全监督、检验、技术仲裁及提供监管技术支撑等工作职能。

全省18个市、县农业农村局分别负责辖区内畜牧兽医行业日常管理和配合省兽药饲料畜产品检测机构做好各类产品抽样送样等工作。畜牧行业监督执法转接各市县综合执法局，原市县畜牧兽医局改为服务中心，配合农业农村局做好畜牧行业工作。

【主要工作】

（一）抓好饲料企业复工复产

针对年初我国突然出现新冠疫情，按照农业农村部和省委省政府的部署，积极协调各有关部门，及时快速有效抓好饲料企业复工复产工作，确保全省畜禽养殖饲料有效供给。一是早摸清早部署。根据海南新冠疫情响应发展要求，从年初二就开始对重点大型饲料企业进行调查了解饲料原料和人员返厂准备情况，有针对性地指导企业及时做好各项工作，确保养殖企业饲料连续供应。二是勤协调抓落实。面对新冠疫情带来饲料运输阻断、人员返工受阻等情况，及时与交通、市场、粮食等有关部门协调，加强与上级和下级之间沟通，利用网络传媒等手段，快速通知发文出台政策，采取一切有效措施快速有效化解各种困难问题，保证饲料企业正常开工生产，在往年正常生产时间一周内全省饲料企业复工率达80%以上。三是重跟踪强弱项。针对疫情连锁影响，及时统筹抓好后续原料供给短缺和人员返工难及企业防控压力大等方面工作，落实每日报告制度，适时调度全省饲料生产情况，做到上下协调，纵横沟通，及时发现问题及时解决问题，协调省粮食与物资储备局解决短缺饲料原料玉米5万多t，为饲料企业发放口罩8 000只，积极牵桥搭线，就近解决用工，帮助农村农民就业，全力以赴抓好复工复产，为企业后续饲料生产奠定了良好基础。

（二）抓好饲料监督抽查工作

根据农业农村部的要求，结合海南省实际，制定印发了《海南省农业农村厅办公室关于印发2020年全省饲料质量安全监督抽查计划的通知》（琼农字〔2020〕18号），对全省所有企业实施抽检，同时进行监督检查，不断增强饲料企业自律意识，提高企业规范管理的水平。全年监督抽查了全省18个市、县（三沙市除外）饲料生产、经营和养殖企业176家，共抽检各类饲料产品228批次，开展饲料产品质量安全和饲料风险监测专项工作，检测总合格率为96.5%，同比下降2.5个百分点。“瘦肉精”、喹乙醇违禁药物监测合格率100%。

（三）抓好饲料行业服务指导

为适应建设海南自由贸易港新形势，加快推进饲料企业建设，保障海南生猪恢复生产，下力做好行业服务指导，促进饲料工业提速增效。一是积极跟踪协调。针对新企业需要，注重与企业保持联系，跟踪项目进展情况，及时反映反馈情况，积极协调解决问题。二是加强指导服务。自新企业项目开工建设起，适时发送有关政策法规资料，提供咨询服务保障，材料准备与建设同步，加强行业指导服务。三是压短许可时间。按照建设海南自由贸易港要求，优化许可环境，靠前服务，提供便利，即交即办，在合法合规的前提下尽力压短审核时限。2020年完成6家饲料企业换证和许可。

（四）抓好管理人员培训工作

为提高全省饲料管理水平，根据上级要求，结合本省实际，有计划地组织饲料行业专家参加各种培训，不断提高行业人员管理能力。全年先后3次选派专家参加农业农村部组织培训班学习，共计12人次。同时注重实践中锻炼提高，组织专家30多人次到10多家饲料企业开展服务指导。

（五）抓好监督执法工作

按照饲料“互联网＋监管”要求，加强饲料监督执法，重点在全国两会及博鳌亚洲论坛年会期间等重要时段开展执法督查，突出检查饲料添加剂企业和违规添加禁用物质，发现违规行为严厉查处。全省出动执法人员835人次，检查饲料生产经营企业489家次，查处立案1个，没收货值5 900元，处罚金额3 000元。

（六）抓好饲料安全生产工作

根据《海南省安全生产专项整治三年行动计划》的通知要求，周密部署2020年饲料行业安全生产工作，一是抓好2020年“安全生产月”活动。按照琼农办〔2020〕153号文件要求，紧紧围绕“消除事故隐患，筑牢安全防线”为主题，扎实开展各项工作，开展培训宣传教育活动60余次；发放宣传资料10 000余份；发送微信、短信1万余条；参与活动宣传教育人员近1 000人次，不断强化饲料行业人员安全意识。二是持续开展饲料企业粉尘防爆整治和危险化学专项治理活动，积极抓好日常检查巡查，重点检查了海口、儋州、澄迈、定安、洋浦等市县饲料生产企业60多家次，不断完善企业安全管理台账，强化饲料企业安全生产措施，及时排查隐患30多项，压实属地责任和企业主体责任，进一步加强企业安全自律意识，确保全省饲料企业安全生产。

（七）抓好饲料工业统计工作

按照农业农村部饲料统计工作要求，抓实抓细全省饲料统计工作，加强饲料统计队伍建设，保证按时完成月报、季报、年报统计任务。同时适时完成农业农村部畜牧兽医局调度调查饲料原料和饲料产品价格工作，及时提供翔实准确的数据，为全国畜牧业大数据宏观调控提供有力的支撑。

【存在问题】

一是饲料产品个别卫生指标问题突出。2020年饲料抽检不合格主要体现在个别产品铜、锌超标，反映了部分企业饲料产品生产控制微量元素铜、锌不够，存在一定质量安全隐患。

二是养殖企业自配料质量安全风险大。2020年抽样监测养殖企业自配料不合格有6批次，占不合格产品近80%，反映养殖企业自配饲料质量安全风险大。

【下一步工作思路】

（一）推进饲料行业高质量发展

要按照建设海南自由贸易港要求，优化服务条件，推进海南大型饲料企业科技创新发展，不断提高饲料行业发展现代化水平，增强饲料产品质量，进一步规范行业市场秩序，提升全省饲料企业竞争力。

（二）强化《规范》执行工作

2021 年要加强宣传培训教育工作，加大日常服务指导力度，监督检查饲料企业落实好管理制度，规范企业生产行为，提高饲料企业管理能力，提升饲料质量安全水平。

（三）抓实饲料质量安全工作

按照农业农村部的部署，抓好 2021 年饲料监督监测工作，继续加强自配料监测，落实跟踪监测，特别是国家实行禁抗药后，重点监测饲料添加剂饲料企业，严厉查处违规行为，确保全省饲料质量安全。

（四）加强安全生产管理工作

按照省委省政府安全生产三年整治计划，继续抓好饲料企业粉尘防爆专项治理和危险化学综合治理工作，注重日常安全生产监督检查，压实责任，强化落实，消除安全隐患，确保全省饲料行业生产安全。

（五）抓好饲料统计工作

按照上级饲料统计要求，根据全省饲料形势发展，加强饲料统计队伍建设，认真全省饲料统计工作，确保按时完成各项统计任务。

（海南省农业农村厅畜牧兽医处）

重庆市饲料工业

【发展概况】

2020年，重庆市各级党委、政府和畜牧兽医管理部门高度重视饲料行业发展，积极应对新冠病毒、非洲猪瘟疫情和原材料暴涨等对行业的负面影响，不断完善工作机制，引导饲料生产企业调整产品结构，转变生产和经营方式，确保了全市饲料质量安全和行业健康有序发展。

全市共有获证饲料生产企业161家，其中：配合饲料、浓缩饲料生产企业89家；预混合饲料生产企业31家；饲料添加剂生产企业7家；混合型饲料添加剂生产企业21家；单一饲料生产企业13家。2020年饲料总产量338万t，同比增长10.2%，总产值117亿元。其中，配合饲料316万t，浓缩饲料21万t，添加剂预混合饲料1.2万t。

【组织机构】

重庆市饲料工业办公室于1986年正式成立，挂靠市农办。1996年转到市农业局后改为市农业局内设机构。2000年机构改革时不再是市农业局单独的内设机构，改为挂靠重庆市农业局畜牧兽医处。2005年重庆畜牧兽医体制改革，畜牧兽医处分为畜牧处和兽医处，重庆市饲料工业办公室挂靠在畜牧处。2008年成立市农委后，又挂靠在重庆市农委畜牧业发展处。2018年机构改革成立重庆市农业农村委员会，相关职能并入畜牧业处。

【主要工作】

（一）优化办事流程，做好行业服务

进一步深化“放管服”改革精神，切实转变作风和增强服务意识，建立健全许可管理制度，精简了审批材料，优化了审批流程，压缩了审批时间，提高了审批效率，规范了饲料和饲料添加剂生产许可现场审核程序，督促指导企业做好添加剂预混合饲料和混合型饲料添加剂产品备案管理工作。同时严格执行《饲料和饲料添加剂管理条例》及相关规章要求严把准入条件，对不符合许可条件要求的，按审核意见落实整改，坚决淘汰质量安全和生产安全无保障的小、散、乱落后产能。

（二）强化全程监管，确保质量安全

2020年，按照“标本兼治、重在治本”的工作思路，以防范化解重大风险、及时消除事故隐患、有效遏制生产安全事故为目标，围绕饲料质量安全工作中存在的突出问题和关键环节开展专项整治。同时以《饲料质量安全管理规范》为重点强化事中监管，“产”“管”结合，落实饲料生产企业的主体责任和地方属地管理责任。按照“双随机一公开”要求开展日常监管巡查，对企业执行《饲料质量安全管理规范》情况进行逐条比对检查，严肃查处违法违规行为。全年共出动执法人员7 563人次，检查生产企业137个，检查经营门店2 625个，检查畜禽养殖场所14 652个。

（三）加大监测力度，落实检打联动机制

饲料监测工作根据重庆市畜禽养殖和饲料生产情况，突出重点区域、重点环节和重点产品，强化对饲料经营和使用环节的监测。下发《关于下达2020年重庆市饲料质量安全监测计划的通知》（渝农办发〔2020〕51号），在全市范围对饲料产品质量安全监测500批次，重点监测卫生指标、违禁添加物和主要营养指标，合格率达99%，饲料产品合格率常年保持较高水平，连续多年未检出违禁添加物。在活畜养殖、运输、交易、屠宰环节开展“瘦肉精”专项监督抽检，共检测5 700余份次，未检出“瘦肉精”。2020年，全市共立案查处12起饲料违法违规案件，罚没12.57万元，没收不合格饲料产品0.83万kg。

（四）加强法律法规宣贯和饲料数据统计分析

全市各级饲料管理部门通过发放宣传资料，现场

咨询、答疑，播放影像资料等多种形式，大力宣传《农产品质量安全法》《饲料和饲料添加剂管理条例》等法律法规，有效提高了料生产、经营和使用企业的遵纪守法意识。同时，进一步加强对饲料生产数据的统计分析运用工作。目前，通过网络上报农业农村部的生产数据的饲料企业占总企业数的100%，其中包括农业农村部重点跟踪的企业6家。通过收集整理与行业密切相关的各种信息，为管理部门和企业提供了科学决策的依据。

【存在问题】

一是企业安全生产主体责任意识不强，重产量销售轻检测检验思想普遍存在。二是区县机构改革后，大部分监管人员更换，造成了部分地方、部分环节管理“真空”，监督、服务不到位，工作主动积极性不高，管理连续性脱节。三是养殖者使用自配料随意性大，超范围、超剂量、违规添加兽药的情况时有发生，自配料仍是监管的难点和薄弱环节。

【下一步工作思路】

一是加强对基层监管人员的培训。2021年拟定对区县行政审批、执法、检测人员进行专题培训1～2次，着重从饲料企业许可条件、监督执法重点、检测方法等方面培训，着力提高全市饲料质量安全监管水平。二是开展专项行动，全面落实国家新政。按照农业农村部规定，2020年1月1日起退出除中药外的所有促生长类药物饲料添加剂，指导区县开展专项监督检查行动，督促企业全面落实国家要求。三是继续强化对销售使用环节的监督监测工作。加大监督检查力度，提高对销售和使用饲料的抽检频率，对经销无证无号和标签不合格的饲料、经销过期饲料和抽检不合格问题饲料等违法违规行为，坚决按有关规定查处，确保上市销售和使用的饲料质量安全。四是继续抓好饲料法规的宣贯工作。继续抓好对饲料管理条例及相关配套规章的宣贯工作，让饲料生产企业、饲料经销商及养殖场（户）进一步知晓了解国家相关政策规定，自觉依法生产、守法经营、合法使用，不断提高遵纪守法意识。

（重庆市农业农村委畜牧业处）

四川省饲料工业

【发展概况】

2020年，面对原料价格大幅上涨、非洲猪瘟疫情和新冠肺炎疫情叠加的不利影响，全省饲料行业积极应对，迎难而上，保持了稳定向好的发展态势。全省工业饲料总产量1 148.02万t，同比增长10.74%，继2017年后再次超过1 100万t，创历史新高。饲料工业总产值427.4亿元，同比增长14.5%。从饲料种类来看，配合饲料1 079.5万t，同比增长11.8%；浓缩饲料39.35万t，同比下降9.42%；添加剂预混合饲料27.10万t，同比增长5.82%。从饲料品种来看，猪饲料659.49万t，同比增长7.49%，其中仔猪饲料267.83万t，同比增长4.45%，母猪饲料114.87万t，同比增长49.41%，育肥猪饲料235.51万t，同比下降0.65%；禽饲料390.62万t，同比增长17.25%，其中肉禽饲料259.26万t，同比增长14.82%，蛋禽饲料131.36万t，同比增长22.37%；水产饲料60.62万t，同比下降0.74%；反刍动物饲料13.81万t，同比增长25.89%；宠物饲料2.09万t，同比增长22.22%；其他21.39万t，同比增长32.04%。

2020年全省共监督抽检饲料样品1 590批，产品质量合格率98.7%，未检出“瘦肉精”、三聚氰胺等违禁物质，连续11年产品合格率保持在98%以上。

截至12月底，全省共有饲料和饲料添加剂生产企业496家，其中取得配合饲料、浓缩饲料、精料补充料生产许可证企业272家，添加剂预混合饲料生产许可证企业102家，饲料添加剂生产许可证企业61家，混合型饲料添加剂生产许可证企业59家，单一饲料生产许可证企业79家。

【主要工作】

一、全力促进生产保供

（一）积极强化审批服务，推动行业经济复苏

为帮助饲料企业平稳渡过疫情，全力推动饲料行业经济复苏，四川省采取积极措施，强化审批服务。一是简化行政审批程序。采取先发证后审核方式为23家企业办理生产许可证。二是畅通咨询沟通渠道。通过电话、微信、QQ等工具接受企业咨询，远程指导企业强化内部管理、优化生产工艺，达到生产许可条件。据不完全统计，为企业提供远程咨询指导共100余次。三是开辟绿色通道。为疫情期间生活物资保障企业开辟绿色通道，协调解决企业生产和销售难题，全力促进饲料行业经济复苏，得到企业高度赞扬，收到绵阳市绿清香植物油脂有限责任公司感谢信。

（二）努力推动复工复产，保障产品市场供给

为切实解决疫情期间饲料生产企业复工复产、产品运输、原料采购等方面的问题，保障饲料产品的正常生产与市场供给，避免畜禽“口粮”断供风险，及时向省疫情防控指挥部和农业农村部反映，协调省经信、交通等部门，全力支持饲料企业在做好疫情防控工作的同时复工复产，积极为饲料企业出具民生保供资质证明，协调解决原料采购和产品运输等问题，有效满足了畜禽“口粮”供给，3月初全省饲料企业复工生产恢复常年水平，为促进全年生猪生产任务的完成和养殖业的健康发展做出了积极贡献。2月3日四川卫视新闻联播、2月4日央视新闻联播先后报道了四川饲料企业复工生产，满足畜禽饲料需求情况，对支持全国饲料企业复工复产起到较好的引导作用，得到了农业农村部有关领导的高度评价。

二、深入推进“三大工程”

（一）“以秸秆换肉奶”工程

在进一步修改完善《“以秸秆换肉奶”工程项目建设方案》的基础上，积极争取将“以秸秆换肉奶”工程纳入现代农业“10＋3”产业体系的“川牛羊产业振兴工程”中建设，将工程建设内容纳入了《四川省农业农村发展“十四五”规划》的农业投入品、《四川省“十四五”牛羊禽兔蜂饲料饲草业发展推进方案》。同时积极推进国家级秸秆养畜项目竣工验收，除古蔺县正在积极推进外，其余项目建设全部通过市级检查验收。

（二）生猪优质饲料保障工程

在进一步修改完善《生猪优质饲料保障工程项目建设方案》的基础上，积极争取将“生猪优质饲料保障工程”纳入现代农业“10＋3”产业体系的“川猪产业振兴工程”中建设，同时将工程建设内容纳入了《四川省农业农村发展“十四五”规划》的农业投入品、生猪产业发展“十四五”推进方案，着力提升生猪优质饲料供给保障能力，为恢复生猪生产和生猪产业振兴提供有力支撑。

（三）检验检测能力提升工程

一是着力提升省级饲料检测能力。省级检测单位借实验室搬迁的契机，进一步优化新实验室布局，完善新实验室基础设施建设；更新实验室管理系统，优化移动抽样终端系统，检验检测管理水平再上新台阶；派员参加农业农村部和国家市场监管总局等部门组织的检测能力比对考核，不断提升检测人员能力水平，省饲料工作总站顺利通过实验室新增检测项目扩项认证。二是着力提升企业实验室检测能力。积极推动企业检验检测能力建设，将企业检测人员实验室检测理论考核和现场操作作为饲料生产企业许可现场评审的重要内容。组织专家指导企业实验室建设和检测人员实际操作达50余家次。组织开展饲料生产企业检测能力验证考核，150家企业参加，其中147家企业考核结果合格，合格率98%。争取国家饲料质检中心在四川省举办了全国饲料质量安全检测管理与产品质量控制培训班，全省有87家饲料生产企业124名检化验人员参加培训；同时邀请国家饲料质检中心检验检测专家对特驱等大型饲料集团中心实验室建设进行全面指导，进一步提升企业检测能力和水平。

三、不断强化行业监管

（一）强化质量安全监管

一是严格许可评审。严把行业准入关，从产前、从源头入手加强饲料质量安全监管。2020年，全省共开展饲料生产许可书面评审170个次，现场评审126个次，合格率分别为87.6%和87.3%。二是深入开展饲料净化行动。组织开展饲料质量安全“全覆盖”监测、饲料中药物专项监测、混合型饲料添加剂风险评估；制定印发农业农村厅《关于学习执法典型案例切实加强药物饲料添加剂监管的通知》《关于做好药物饲料添加剂退出有关工作的通知》；双随机开展饲料生产企业执行《饲料质量安全管理规范》情况监督检查，对检查中发现的问题，及时进行通报，实行分类处理，对符合法定注销情形的企业公告注销，全年共注销34家企业生产许可证。三是严格检打联动。根据举报投诉，执法抽检兔用饲料样品52批次，检出不合格产品16个，不合格项目主要为硫酸新霉素和乙酰甲喹，发现高风险药物吉他霉素和多西环素，对2家涉事企业给予严厉处罚。2020年以来，全省共出动执法人员5.2万人次，检查饲料生产企业、经营者和使用自配料的养殖者2万余个次，提出整改意见983条，查处案件80件，货值金额30万元，罚没140余万元。四是严格执行“两个名单”制度。进一步落实《四川省农业农村厅关于建立四川省饲料兽药生产企业重点监控名单和黑名单制度的通知》精神，将2020年省级抽检不合格的16家饲料兽药生产企业给予警示备案，并召开警示企业座谈会，约谈企业负责人，督促企业全面履行质量安全主体责任。五是加强统计监测。认真执行《全国饲料工业统计调查制度》，始终坚持逐级审核、严格把关，做到辖区内饲料生产企业100%网上直报，报表的及时性、真实性、完整性有效提高。为政府把握行业发展动态、预测分析生猪生产恢复状况、制定相关政策措施提供了重要的数据支撑，得到国家统计督察组的充分肯定和农业农村部畜牧兽医局的表扬。

（二）强化生产安全监管

制定了《全省饲料兽药（渔药）行业安全生产监管责任清单》，明确岗位监管职责，确保监管责任落到实处；按照《关于进一步加强饲料兽药（渔药）行业安全生产和职业健康工作的通知》规定的年度监督检查计划和《饲料兽药（渔药）行业安全生产和职业健康监督检查表》设定的检查内容，组织各地开展饲料企业安全生产和职业健康监督检查，将行业安全生产和职业健康工作融入日常监管工作中；组织开展行业安全生产和职业健康监督抽查，全年共抽查67家饲料企业；组织有关人员深入自贡、内江、德阳、绵阳等6个市开展行业安全生产暗访检查，共检查32家饲料企业。对监督抽查和暗访检查中发现的问题，督促企业整改到位，全年没有重大安全事故发生。

（四川省农业农村厅）

贵州省饲料工业

【发展概况】

2020年，贵州省饲料行业积极贯彻《饲料和饲料添加剂管理条例》《饲料和饲料添加剂生产许可管理办法》及配套法规，持续抓好饲料行政许可、日常监管、安全监测、监督执法等重点，加强饲料质量安全监管，按时完成统计报表审核工作。全省工业饲料产量持续增长，行业整体生产技术、质量水平持续提高。全省饲料生产企业80家，其中，配合、浓缩、精料补充料饲料生产企业67家，饲料添加剂7家，单一饲料5家，添加剂预混合饲料1家。2020年全省工业饲料产量261.44万t，同比增长14.8%。饲料年产10万t以上企业7家，5万t以上企业21家。按类型分，配合饲料218.95万t，同比增长15.4%；浓缩饲料42.47万t，同比增长12.1%。按品种分，猪饲料182.8万t，同比增长13.9%；蛋禽饲料24.76万t，同比增长23.3%；肉禽饲料43万t，同比增长12.8%；水产饲料0.86万t，同比下降26%；反刍动物饲料9.56万t，同比增长23.3%。

【组织机构】

贵州省农业农村厅畜牧发展处为正处级行政单位，在编2人。主要职能为全省畜牧业、饲料行业、畜禽粪污等监管与服务。全省9个市（州）农业农村行政管理部门均有饲料管理部门，但有资质饲料质检机构的市（州）仅2个，7个市（州）无资质饲料质检机构，县级基本无饲料质检机构。

【主要工作】

一、强化监督抽查

（一）加大饲料产品质量安全监测力度

2020年，安排省级专项经费300多万元用于饲料行业监管及监测，印发《2020年全省饲料质量安全监管工作方案》《2020年全省饲料质量安全监测工作方案》《2020年全省禽饲料中非法着色剂专项监测工作方案》《2020年全省饲料质量安全预警监测工作方案》等方案，安排省级监督抽检任务750批（饲料质量安全例行监督抽检150批、禽饲料中违规着色剂监测200批、饲料安全预警监测400批），实际完成773批，完成率103%。其中，饲料产品质量安全监测152批，禽饲料中非法着色剂专项监测203批，饲料质量安全预警监测418批，平均合格率为92%。

（二）开展药物饲料添加剂退出检查

根据农业农村部公告第194号、第246号和《农业农村部畜牧兽医局关于做好药物饲料添加剂退出相关工作的通知》（农牧便函〔2020〕249号）要求，为做好药物饲料添加剂退出工作，保障畜禽产品质量安全，印发《关于开展兽药质量监管和药物饲料添加剂退出政策集中宣传及专项检查工作的通知》，组织辖区市（州）开展药物饲料添加剂退出专项检查及药物饲料添加剂退出集中宣传，省级进行了抽查。

（三）配合做好全国饲料质量安全监督抽查工作

根据《农业农村部关于印发2020年饲料兽药生鲜乳质量安全监测计划的通知》（农牧发〔2020〕8号）《农业农村部畜牧兽医局关于印发饲料质量安全监督抽查检测工作规则和专家库成员名单的函》（农牧便函〔2019〕857号）要求，积极配合农业农村部畜牧兽医局派出的监督抽查工作小组在贵州省开展饲料监督抽查工作，共抽取11家饲料生产企业28个样品，经检测，抽检样品全部合格。同时，对7家饲料生产企业开展现场检查，对专家检查中发现的问题责令企业限时整改，所有企业已完成整改。

二、强化服务指导

（一）规范行政审批

指导各地严格按照《饲料和饲料添加剂管理条

例》及相关法律法规，严把行政许可审核关，并对各地提出的问题进行解答，做好服务工作，确保行政许可程序合法、饲料生产企业条件合格。2020年完成25家企业设立、续展、变更、迁址及注销等工作。

（二）规范抽样程序

制定《贵州省饲料抽样技术操作规范》《饲料微生物学检验抽样、贮存、运输和样品制备操作规范》，指导各地按照要求做好抽样工作，提升基层人员抽样水平。

（三）规范工作程序

按照《农业农村部办公厅关于办理饲料和饲料添加剂产品自由销售证明的通知》（农办牧〔2020〕36号），结合贵州省实际，印发《贵州省农业农村厅关于办理饲料和饲料添加剂产品自由销售证明的通知》，规范自由销售证明出具程序。

三、强化技术培训

为进一步提升贵州省饲料行业整体水平，加强全省饲料监管部门行政许可及监管能力，强化饲料监测水平及饲料和饲料添加剂企业主体责任和管理水平。于2020年8月6日至8日在贵阳举办全省饲料监管监测暨饲料工业统计培训班，就近期饲料有关政策文件解读、饲料生产许可申报及饲料工业统计中存在的问题、饲料抽样技术操作规范等内容开展培训，并组织企业交流发言，共计140余人参会。

四、强化检打联动

（一）切实压实监管责任

贵州省高度重视饲料质量安全问题，切实落实属地管理责任，强化监管措施，督促指导有关企业对照整改。对省里安排抽检出的不合格产品，要求检测机构在完成异议处理后，第一时间上报并反馈贵州省农业农村厅，各地在收到不合格检测结果后，及时组织立案处罚，严厉打击违法违规添加行为。

（二）严肃处置不合格产品

在2019年全国饲料质量安全监督抽查中，贵州省贵阳市、安顺市5家企业8个产品不合格。贵州省积极采取措施，严厉查处，印发《贵州省农业农村厅关于2019年饲料质量安全监督抽查不合格产品的通报》，责成相关部门严肃查处监督抽查中发现的不合格产品及其生产企业，督促指导企业对照整改，及时将查处情况上报农业农村部畜牧兽医局。

五、强化饲料工业统计填报

严把数据质量关，实行“省—市—县—企业”逐级负责制和通报制，要求各市（州）饲料管理部门及生产企业明确安排专人负责统计报表，督促指导企业每月按时上报、全口径监测，按时完成中国饲料工业信息统计系统报表月报及审核工作，企业上报率98%左右。在举办全省饲料质量监管监测暨饲料工业统计培训班中，对饲料工业统计信息系统操作进行详细讲解，并对企业填报过程中常见的问题及数据的真实性和重要性进行强调，日常工作中，强化对市州及企业填报工作的指导。

【存在问题】

一是基层饲料质量安全监测力量不足。贵州省只有资质饲料监测机构2个，其余市（州）只能监测部分饲料营养指标，县级基本无监测机构，导致饲料监测能力不足，只能送到有资质的检测机构或者是第三方检测。二是饲料标签标示内容不符合规定。在检查中，发现部分企业标签和标准不一致，标识不清楚。三是从农业农村部及贵州省饲料产品质量安全监督抽查来看，铜、铬等使用添加超量现象仍然存在。

【下步打算】

一是按照农业农村部相关精神，继续抓好《饲料和饲料添加剂管理条例》等相关法律法规的贯彻落实，并根据农业农村部要求，扎实抓好饲料质量安全监管工作。二是加强监督抽检。继续安排专项经费用于饲料监管及监测，加强事前事中事后监管，印发工作实施方案，安排专项监测任务，加强监督抽查力度，强化“检打联动”，严厉打击伪劣假冒产品、违法添加及生产经营不合格产品等行为，发现不合格产品的立即通报，严肃处理，对屡教不改的，实行黑名单制度，全力促进饲料行业持续、健康发展。三是继续指导辖区市（州）严格按照饲料生产企业设立、续展、变更等申报条件，严把行政许可审核关。四是强化相关法律法规宣传培训及新政策新文件的解读。五是按时完成饲料工业统计信息系统报表月报、年报催报及审核工作，争取贵州省上报率达到100%。六是按照权责清单及“双随机一公开”要求，将日常监管与专项整治相结合，对饲料生产经营开展现场检查。

（贵州省农业农村厅畜牧发展处）

云南省饲料工业

2020年，云南省饲料工业以加快产业转型升级，狠抓饲料产品质量安全管理为目标，严格准入，强化监管，从严执法，积极引导饲料企业做大做强，努力保障饲料和饲料添加剂产品质量安全。全省饲料工业生产克服了多重困难，呈现稳中有升的良好态势，为云南养殖业和经济社会发展提供了有力支撑。

【发展概况】

（一）饲料企业发展良好

2020年云南省共有饲料和饲料添加剂生产企业233家，其中配合饲料、浓缩饲料、精料补充料生产企业170家，单一饲料生产企业16家，添加剂预混合饲料生产企业38家，饲料添加剂生产企业30家，饲料企业数比2019年减少20家，饲料企业规模化程度进一步提高。

（二）饲料产量稳定增长

据中国饲料工业统计信息系统显示，2020年云南省饲料总产量577.8万t，产值205.2亿元，同比分别增长26.2%和30.8%。其中配合饲料480.7万t，同比增长30.6%；浓缩饲料91.9万t，同比增长8%；添加剂预混合饲料5.25万t，同比增长13.4%。主要饲料品种中，猪饲料367.7万t，同比增长41.8%；肉禽饲料133.8万t，同比增长8.2%；蛋禽饲料42万t，同比增长8.8%；水产饲料27.4万t，同比下降14.22%；反刍动物饲料6.97万t，同比增长60.1%。饲料添加剂工业实现同步增长，饲料添加剂总产量278万t，同比增长19.9%。

【主要工作】

（一）优化行政审批，严把行业准入关

一是按照国务院和省委省政府关于深化“放管服”改革和“互联网+政务服务”的要求，进一步优化饲料行政许可审报流程，实现申请事项网上申报。二是严格按照“提高门槛、减少数量、转变方式、增加效益、加强监管、保证安全”的总体要求，严把饲料生产企业准入关。省农业农村厅畜牧兽医处严格按照《饲料质量安全管理规范》和现场审核程序，通过“双随机一公开”及时抽派专家开展饲料生产许可现场审核工作。全年全省共审查饲料生产企业并发证62家。依法注销饲料和饲料添加剂生产企业23家。三是对省内国家级自由贸易试验片区下放饲料生产许可行政审批和饲料添加剂批准文号审批等省级政务服务事项，采取优化审批流程、实行告知承诺、加强事中事后监管等方式提升审批效率，营造稳定透明的营商环境。

（二）做好培训指导，加强行业监管

一是加强技术培训指导。为了做好禁抗宣传工作，解决企业在生产经营过程中遇到的实际困难和问题，2020年6月对宜良工业园区、团结乡生物工业园、马龙工业园区、大理白族自治州等8个片区的90多家饲料生产企业分片区开展禁抗宣传调研工作。2020年11月13日，省农业农村厅畜牧兽医处、省市场监督管局标准处、省饲料工业协会等单位在昆明组织召开《饲料行业企业标准编写培训暨2020年云南省饲料领域企业标准“领跑者”发布会》。二是继续做好年度饲料质量安全抽检。根据2020年全国饲料质量安全监管工作方案，制定了云南省2020年饲料质量安全监管工作方案，下达了2020年饲料质量安全监测计划并印发全省组织实施。2020年，完成饲料质量安全抽检计划930批（次），合格率94.7%，配合农业农村部异地抽检饲料生产企业25家、66批（次），合格率98.5%。

（三）饲料统计工作有序开展

一是统计全覆盖。对取得生产许可证的所有企业均要求其在统计信息网上进行注册并按时填报统计报表，并且将统计工作作为饲料企业评优评先的考核条件。二是要求按时上报。每月初，采用QQ群、微信

群发布报送提醒信息，对超过报送日期还没报送的企业，安排专人进行电话催报，从而保证了生产企业统计工作的按时上报。三是及时分析统计数据。每个季度均对所有生产企业上报的数据导出后进行分析，查看其填写是否全面完整，是否符合逻辑关系，对存在问题的数据及时联系企业了解情况，对不合理或填写错误的要求及时更正，从而保证了统计数据的真实可靠。1—12月，平均各月上报企业227家，去除半停产企业，全省饲料企业平均上报率100%，同比提高0.8%。

【2021年工作思路】

（一）进一步完善饲料行政许可审批服务

继续落实饲料和饲料添加剂生产许可专家审核制度，补充和完善饲料生产行政许可技术评审专家库，按照自贸区改革和一网通办要求，编制新版办事指南和业务手册。优化网络办件流程和事中事后监管等各项制度改革措施的具体实施。

（二）进一步加强饲料行业监督检查

结合饲料质量安全监管工作，建立监管抽检和行政执法联动的长效机制，严格落实“双随机一公开”监管机制，深入开展饲料产品监督抽检和饲料企业现场监督检查，严厉打击违法违规行为，加大对不合格产品和违法案件查处力度，确保畜产品的健康安全，加强事中事后的监管，稳步推进云南省饲料工业发展。

（云南省农业农村厅畜牧兽医处）

陕西省饲料工业

【发展概况】

2020年陕西饲料行业在新冠肺炎疫情和非洲猪瘟疫情的双重考验下，在危机中育新机，于变局中开新局，饲料工业总产量和总产值实现了双增长，均创近年最高水平。

（一）饲料总产量和不同类别产量均增长

2020年，全省工业饲料总产量338.72万t，较2019年增长26.1%。按饲料产品类别分：配合饲料275.36万t，同比增长32%；浓缩饲料51.99万t，同比增长5.2%；添加剂预混合饲料11.24万t，同比增长7.5%。其中配合饲料占工业饲料总产量的81.3%，与2019年同期相比占比增长了3.7个百分点，有力支撑了陕西省规模化养殖发展。

（二）大型饲料企业生产优势更加突显

2020年，全省饲料产品总产值120.40亿元，比2019年增长32.4%。据统计，全省前10名饲料生产企业产量达152.46万t，占全省145家加工饲料生产企业年总产量的45.0%，比2019年同期占比增加了1.4个百分点。全省前10名饲料生产企业总产值达到52.69亿元，占全省工业饲料总产值43.8%，饲料生产规模化程度进一步集聚，生产优势更加突显，大型饲料企业成为饲料生产的主力军。

（三）饲料产品结构调整紧随养殖发展步伐

围绕生猪产业恢复增长和主要畜产品供给保障，全省饲料生产企业积极适应养殖结构调整需求，抓紧产品结构转换，全年四大类主要畜产品饲料实现全部增长。其中猪饲料产量达到196.65万t，同比增长44.6%；蛋禽饲料74.03万t，同比增长7.9%；肉禽饲料37.49万t，同比增长9.9%；反刍动物饲料27.27万t，同比增长6.2%。水产饲料2.26万t，同比下降24.8%。从饲料产品结构看，猪饲料占比58.1%；蛋禽饲料占比21.9%；肉禽饲料占比11.1%；反刍动物饲料占比8.1%，与2019年同期相比猪饲料占比增加了7.4个百分点，蛋禽饲料占比减少了3.7个百分点。猪饲料生产快速增长与全省生猪养殖重点项目全面实施，生猪养殖规模不断扩大，猪饲料需求旺盛相吻合。

【2020年主要工作】

2020年，陕西饲料工业以“优供给、强安全、保生态”为目标，持续深化饲料行业供给侧结构性改革，落实“放管服”要求，强化技术支撑，饲料产品抽检有序开展，各项工作推进有力。

（一）扎实开展饲料产品抽检监测工作

一是印发了《2020年陕西省饲料质量安全监测工作实施方案》，采取招投标方式，分别完成上下半年监测任务。全年共计划抽检137家企业226批次样品。共抽检样品226批次，合格218批次，总体合格率96.5%。其中配合饲料81批次，合格81批次，合格率100%；浓缩饲料54批次，合格50批次，合格率92.6%；精料补充料12批次，合格12批次，合格率100%；单一饲料16批次，合格15批次，合格率93.8%；添加剂预混合饲料40批次，合格38批次，合格率95%；饲料添加剂7批次，合格7批次，合格率100%；混合型饲料添加剂16批次，合格批15次，合格率93.8%。二是组织实施全省饲料产品监测预警抽检，对禁抗政策执行情况进行抽检，共抽检201批次，合格率为100%，为相关执法监管部门提供依据。三是以省农业农村厅名义对全省2020年饲料产品质量安全监测结果进行了通报，并责令属地饲料管理部门依法查处，全省饲料产品质量安全水平进一步提高。

（二）多措并举推进饲料生产企业复产复工

一是面对2020年初突如其来的新冠肺炎疫情，全省各级饲料服务支撑部门，积极担当作为，协调以省农业农村厅名义为58家饲料企业出具民生保供资质证明，解决饲料企业物资运输中遇到的难题。二是省饲料总站建立饲料生产企业复工复产两个日报制度，每日填报《全省饲料生产企业复工复产日统计表》和《全省前十名饲料生产企业生产情况日统计表》，共报送22期，为生产调度提供真实依据。三是与省粮食储备局对接协调，对47家饲料企业急需93 930t玉米原料初步达成由省内粮食系统12个国家储备粮库与所需玉米饲料企业就近采购，缓解饲料企业燃眉之急。四是号召省内饲料生产企业积极履行社会责任，向新冠肺炎疫情防控一线单位捐款捐物，据不完全统计，捐款捐物合计400多万元。

（三）引导饲料企业落实行业禁抗新规

2020年7月1日起，农业农村部规定饲料中禁止添加促生长类饲料添加剂，结合全省饲料行业生产情况，规范全省饲料生产企业抗生素使用，及时印发了《陕西省饲料生产企业全面禁止饲料中添加促生长类抗生素实施方案》，在省新闻广播“秦风热线”栏目开展饲料禁抗直播专题宣传，现场连线用户，答疑解惑，全面推进饲料行业禁抗政策落地。同时，加大以微生物饲料添加剂为主的替抗饲料产品推广应用，在陇县等举办全省微生物饲料添加剂集中展示推广会，开展推广活动，为贯彻饲料禁抗新规奠定了良好基础，为助推全省饲料工业转型升级提供保障。

（四）创新开展饲料行业非洲猪瘟疫病防控

主动承担社会责任，拓展工作领域，在全国率先主动开展饲料生产企业非洲猪瘟防控示范企业创建工作。一是申报了《2020年全省饲料行业非洲猪瘟防控技术支撑项目》，印发了《陕西省饲料生产企业非洲猪瘟防控示范企业创建活动实施方案》，通过饲料生产企业申报，市（区）级饲料支撑部门初审和省站审核、公示，全省共确定了40家饲料生产企业为非洲猪瘟防控示范创建企业。印发了《陕西省饲料生产企业创建非洲猪瘟防控示范企业验收工作实施方案》，对19家申请非洲猪瘟防控示范企业创建成效进行现场实际评估验收。二是组织在永寿县举办了全省饲料生产企业非洲猪瘟防控技术现场观摩培训会，来自各设市区饲料服务支撑部门及参与全省饲料生产企业非洲猪瘟防控示范创建活动的40家饲料生产企业负责人共计50人参加培训。三是编制印刷了《饲料企业非洲猪瘟防控知识手册》3 000册，陕西省饲料生产企业非洲猪瘟防控知识挂图2 000张，做好饲料生产企业非洲猪瘟防控知识宣传。

（五）完善饲料生产企业行政许可准入工作

继续按照“放管服”要求，认真做好省市级对饲料企业准入服务指导与技术支撑。针对饲料企业生产许可新要求，重新组建了陕西省饲料生产许可证专家审核委员会，强化审核专家推荐标准，扩大专家覆盖范围，吸纳涵盖饲料生产企业许可所需各领域专家。以现场与视频在线相结合方式召开陕西省饲料和饲料添加剂生产许可证专家审核委员会成立大会，在全省共确定了36名饲料和饲料添加剂生产许可证专家审核委员会审核专家，对现场审核专家进行相关审核业务技能培训。据统计，2020年全省已完成行政许可事项60项，其中设立22项，续展25项，增项2项，变更5项，注销6项。其中省级办理9项，包括设立6项，续展2项，增项1项。

（六）做好行业预警分析与宣传交流

一是贯彻落实统计监测制度，加大信息采集，全年编发18期《饲料信息专报》。二是开展饲料企业生产月度全口径监测，加强饲料生产和饲料原料供需形势研判，及时完成饲料生产形势月报、季报，及时发布统计监测信息，10月26日举办了2020年全省饲料行业前三季度生产形势分析会，为省内各级饲料管理部门和饲料生产企业提供决策和生产发展提供有力支撑，精准科学指导服务行业发展。三是发行《陕西饲料》1—12月共24期。在陕西农业农村厅门户网站开辟饲料工业业务栏，发布行业相关信息94篇。四是迈出省门，组织12市（区）饲料服务支撑部门主要负责人、11家饲料生产企业负责人和8名工作人员开展赴四川考察饲料工业活动，学习四川省饲料企业优秀经验和做法，取长补短。

【存在问题】

目前，全省饲料行业仍然存在着中小饲料企业占比大、饲料产品同质化明显、饲料生产企业全产业链化经营力度不足、饲料科研成果少、转化率低等突出问题。

（一）中小饲料企业占比大

据统计数据2020年底，全省获证饲料生产企业209家，平均单个企业工业饲料产量1.62万t，低于全国平均水平。除产量位居全省前10名的饲料生产企业外，其余135家饲料加工企业总产量占全省饲料工业总产量的55%，中小饲料加工企业占比大，产量相对低。

（二）科研技术支撑依然不足

陕西省饲料科研领域引进技术多，自主创新少，一般性科技成果多，重大突破性成果少。科研与技术推广结合不紧密，成果转化速度慢，水平不高。省内饲料企业在研究开发精准化饲料配方技术，新型饲料添加剂产品和推广环保型饲料产品等方面面临着严峻挑战，缺乏在全国居于领先地位的饲料添加剂产品和品牌。

（三）饲料行业发展质量不高

在反刍动物饲料支撑千亿级奶山羊发展方面，还存在奶山羊反刍动物饲料产品配方营养精准度不高、奶山羊反刍动物饲料产品品种生产供给不齐全，以及奶山羊反刍动物饲料产品扶持与支撑机制不完善等问题。在其他畜禽饲料供给方面，也存在饲料产品同质化严重问题，饲料生产供给与全省畜牧业发展需求契合度不够。

【下一步工作思路】

2021年饲料工业发展指导思想是：聚焦全省饲料工业高质量发展，科学谋划“十四五”发展规划，进一步创新改革，立足服务建设千亿级奶山羊产业发展和生猪恢复生产等畜牧业重点工作任务，扩大饲料有效保障供给，支撑全省现代畜牧产业发展。

具体发展思路是：

围绕一个中心，即实现饲料工业高质量发展这一中心。

突出两个重点，即饲料产品有效供给和保障饲料产品质量安全两个重点。

推进三大工程，即全力实施优质饲料供保障工程、优质饲料精准配方工程、优质饲料普及推广工程三大工程。

开展一项活动，即在全省饲料行业组织开展“集中聚力推进重点突破，实现高质量发展新成效”活动，全面提高服务全省饲料工业能力和水平。

抓好五项工作，即科学谋划全省饲料“十四五”规划、实施饲料科研与技术推广、开展饲料产品抽检监测、抓好饲料许可现场技术审核、做好饲料统计监测分析、宣贯行业新规新政。

（陕西省饲料工业总站）

甘肃省饲料工业

【饲料生产形势】

（一）饲料企业平稳发展

2020 年底，全省有各类饲料生产企业 88 家，生产许可证 104 个。将企业按生产产品类别划分，配合饲料、浓缩饲料、精料补充料 68 家，添加剂预混合饲料生产企业 20 家，饲料添加剂企业 7 家，单一饲料生产企业 9 家，企业从业人数 4 069 人，其中博士 33 人，硕士 75 人，大专以上 2 087 人；生产能力达到 430 万 t，比 2015 年增加 130 万 t。

（二）饲料产量大幅增长

2020 年饲料总产量 177.7 万 t，比 2019 年增长 48.0%。其中：配合饲料 148.4 万 t，比 2019 年同期增长 52.2%；浓缩饲料 27.7 万 t，比 2019 年同期增长 30.4%；添加剂预混合饲料 1.6 万 t，比 2019 年同期增长 22.4%；饲料产品总产值 62.8 亿元，比 2019 年同期增长 58.5%。

从产品品种看，希望、天康、牧原等大集团在甘肃省投建猪场，生猪产能持续恢复，存栏迅速增加，2020 年底，猪饲料产量 75.1 万 t，占饲料总量的 42.3%，同比增长 52.3%；德青源 8 家大型养鸡场势头强劲，家禽存栏处于高位，且蛋价平稳上涨，拉动蛋禽饲料增长，蛋禽饲料产量 18.8 万 t，同比增长 70.2%，肉禽饲料产量 23.8 万 t，同比增长 32.0%；反刍动物养殖效益好、积极性高，反刍动物饲料产量 58.7 万 t，占饲料总量的 33.0%，同比增长 44.8%；其他饲料产量 0.8 万 t，同比增长 47.6%。

（三）产品质量平稳向好

当前饲料质量安全监测总体合格率稳定在 94% 以上，其中：生产环节产品合格率在 98%以上，反刍动物饲料中牛羊源性成分例行监测、“瘦肉精”、三聚氰胺等违禁药物专项监测和养殖环节“瘦肉精”专项监测合格率均为 100%。

（四）大宗原料价格高位运行

近期，受新冠疫情影响，玉米、棉粕、豆粕等大宗原料普遍走高，磷酸氢钙、赖氨酸等添加剂持续上涨，麸皮和进口鱼粉价格平稳。玉米 2.4～2.8 元/kg，同比上涨 27%；棉粕 3.4～3.5 元/kg，同比上涨 21%；豆粕 3.4～3.6 元/kg，同比上涨 6%；磷酸氢钙 3.2 元/kg，比 2019 年上涨 50%；赖氨酸 8.3～8.5 元/kg，同比上涨 31%；麦麸 1.6～1.7 元/kg，进口鱼粉 11.5～12 元/kg，与 2019 年基本持平。

（五）产品价格普遍上涨

受非洲猪瘟和玉米价格上涨、豆粕、棉粕震荡上行影响，饲料价格普遍上涨。育肥猪配合饲料 3 600～3 800 元/t，比 2019 年同期上涨 16%；浓缩饲料 5 400～5 900 元/t，比 2019 年同期上涨 5%；蛋鸡高峰配合饲料 2 500～2 900 元/t，比 2019 年同期上涨 5%；浓缩饲料 3 600 元/t，比 2019 年同期上涨 3%；奶牛精料补充料 2 800～3 300 元/t，比 2019 年同期上涨 17%；奶牛浓缩饲料 3 500～4 250 元/t，比 2019 年同期上涨 13%。

【饲料监管工作】

（一）制定饲料规划，促进全省饲料工业健康发展

为促进全省饲料工业持续、健康、稳定发展，建立优质、安全、高效的饲料工业体系，经过大量的调查研究，制定了《甘肃省饲料工业“十四五”发展规划》。全面总结了“十三五”时期甘肃省饲料工业发展取得的成就，指出了饲料工业发展面临的机遇和挑战，制定了饲料工业发展的指导思想、发展目标、主要任务，合理安排了“十四五”饲料行业主要建设项目和全省饲料产业布局，制定了确保规划顺利实施的保障措施。

（二）积极推动企业复工复产，保障饲料产品有效供给

新冠肺炎疫情期间，对全省86家饲料企业复工复产进行调度，推动落实饲料产品和饲料原料绿色通道政策，确保“三不一优先”，实现供给运输便捷快速。对年产2万t以上的24家饲料企业开展稳价调度，保障饲料有效供给和价格总体稳定。目前，全省86家饲料企业已全部复工复产。

（三）严格饲料行政许可，确保工作规范有序

一是完成市（州）上报的43家饲料生产企业申报材料审核工作，审核通过26家，不符合要求退回17家。其中核发饲料生产许可证21家，变更信息换发5家，注销1家。二是完成了20家添加剂预混合饲料和混合型饲料添加剂企业产品批准文号网上备案注册工作。三是配合审计署驻兰州特派员办事处，完成2019年饲料产品批准文号核发情况的审计工作。四是加强饲料和饲料添加剂企业行政许可事中事后监管，强化属地监管责任，落实“双随机一公开”制度，强化行业和企业两个主体责任。

（四）加强饲料企业监管，规范企业生产行为

一是制定印发了《甘肃省2020年饲料饲草质量安全和养殖环节“瘦肉精”专项监测工作方案》（甘牧医〔2020〕31号），安排省级饲料产品质量安全监测100批。已完成饲料抽检任务107批，合格率100%。二是配合农业农村部完成饲料质量安全监督监测工作，抽取饲料和饲料添加剂产品样品23份，检查企业28家，填写了《饲料和饲料添加剂生产企业现场检查表》和《饲料企业安全生产检查表》56份。三是在抽样过程中采取检打联动，对现场检查发现的不合格产品及时组织查处，对13规范落实不到位的企业及存在安全隐患进行督促整改，保证了饲料质量安全。四是开展饲料行业扫黑除恶线索摸排工作。结合全省质量安全监督监测工作，在饲料生产、经营和使用环节，围绕生产、加工、运输环节中是否有制假、售假、贩假等涉黑涉恶涉乱问题和行为，组织开展了线索摸排工作，填写了《全省饲料兽药企业扫黑除恶专项斗争线索摸排表》。全省未发现饲料行业涉黑涉恶问题。

（五）强化源头监管，规范饲料经营使用

一是开展饲料经营门店监督检查，要求饲料经营户建立饲料添加剂购销台账，如实记录购销产品的来源和去向信息，认真查验饲料标签，禁止对添加剂进行拆包、分装、再加工和添加其他任何物质。二是结合全省非洲猪瘟防控督导，对200余家养殖场（户）遵守《饲料添加剂安全使用规范》情况进行了检查，要求养殖场（户）完善养殖档案，如实记录商品饲料、饲料添加剂使用情况，严禁使用无生产许可证和产品批准文号的饲料添加剂。

（六）狠抓专项整治，确保企业生产安全

一是推行安全生产承诺制度。对全省87家饲料生产企业进行安全生产专项检查，签订了《饲料生产企业安全生产承诺书》。二是制定印发了《甘肃省饲料生产企业抓点示范工作实施方案》，在甘肃禾丰牧业发展有限公司，开展2020年生产企业安全生产抓点示范工作，进一步推动安全生产上水平。三是督促企业落实主体责任，明确饲料生产企业是安全生产的责任主体，企业法定代表人是安全生产第一责任人，督促企业自觉贯彻落实安全生产法律法规和相关要求，确保企业不发生重大安全生产事故。

（七）开展法规宣传和信息统计，积极服务企业

一是利用甘肃农业信息网等信息平台，积极开展饲料添加剂生产经营和养殖场（户）法律法规以及饲料质量安全知识宣传培训，发布短信息30余条。二是结合饲料添加剂生产企业和养殖场现场检查，指导养殖场（户）安全合理使用饲料和饲料添加，增强养殖户对假劣饲料添加剂的识别能力，进一步促进饲料产业和养殖业持续安全健康发展。三是认真做好饲料行业统计工作，强化数据审核分析。并结合饲料生产和养殖形势，做出可靠的分析报告，为饲料和养殖生产进行政策指导，提供决策服务。

【存在问题】

一是饲料添加剂经营环节存在质量隐患。由于饲料经营部（点）从业人员专业素质低，对假劣饲料添加剂的辨别能力差，经营环节安全隐患较大。二是饲料生产企业产能过剩。2020年甘肃饲料企业产能350万t，实际产量为180万t，有30余家拥有畜禽和反刍饲料两条生产线，每条生产线的年生产能力达2万t以上，但大部分企业实际产量不足1/3，致使设备的长期闲置。

【下一步重点工作】

一是在全省饲料生产企业实施饲料质量安全规范，开展实施检查和指导工作，帮助企业整改落实。二是继续开展饲料质量安全监督监测工作，完成全年监测任务。三是加大饲料经营门店和养殖场（户）监督检查力度，严厉查处不合格饲料企业和产品。四是进一步规范药物饲料添加剂的使用工作。督促饲料生产企业停止生产含有促生长类药物饲料添加剂（中药类除外）的商品饲料，减少药物饲料添加剂的使用量，维护动物源性食品安全和公共卫生安全。

（甘肃省畜牧兽医局）

青海省饲料工业

【发展概况】

2020年，青海省饲料获证生产企业17家（许可证20个），年单班加工能力129万t。全省年实际生产各类饲料和饲料添加剂产量14.7万t，其中配合饲料13.8万t，其他饲料0.9万t。

【组织机构】

青海省饲料工作办公室隶属于青海省农业农村厅，与厅畜牧业处合署办公，畜牧业处处长兼任饲料办主任。2020年新成立厅属事业单位——青海省饲草料技术推广站，承担全省饲草料技术推广服务工作；研究拟订饲草料地方标准；承担全省饲草品质资源的调查、保护和利用工作。

【2020年主要工作内容】

（一）安全防范，打好防疫阻击战

2020年初，为统筹做好疫情应对和安全风险防控，青海省下发《关于做好当前安全防范工作的通知》，要求各饲料生产企业提高政治站位，深刻认识疫情防控严峻形势，落实隐患排查和安全防范工作，复工生产做好“六个必须”，开工生产期间做到“八个到位”，为打好疫情防御阻击战做好充分准备。同时饲料办组织相关人员对17家饲料生产企业开展疫情防控安全生产监督和“双随机一公开”检查，了解企业原料库存及复工复产情况，督促企业严格落实主体责任，进一步增强安全意识，规范安全生产行为，提高安全管理水平，对检查中发现的安全隐患提出整改要求，确保疫情期间安全生产，打好防疫阻击战。

（二）严格饲料生产行政许可管理

依法履行饲料生产行政许可职责，严格实行饲料生产许可证制度。截至目前，完成全省4家饲料生产企业现场审核工作。注销到期企业生产许可证5家，并及时发布公告。

（三）组织开展饲料质量安全监管监测工作

截至2020年9月，共完成4个市（州）12个县（区）39家饲料生产经营企业420批次饲料产品抽样检测任务（其中，饲料质量安全检测240批次、委托检测80批次、违禁药检测100批次），完成全年计划检测任务量的166.0%。不合格9批次，合格率为97.8%，较2019年同期降低1%。9月6日至15日，赴山东省开展2020年全国饲料质量安全监督抽查工作，监督检查饲料生产企业56家。同时，配合农业农村部完成青海华农恒青农牧有限公司和青海河湟青牧饲料开发有限公司饲料抽样工作，经检验，青海省饲料产品全部合格。

（四）饲草料储备项目检查

饲料工作办公室组织相关人员赴青海省雪灾多发区，包括玉树州（6县）、果洛州（4县），检查各地饲草料储备项目建设进展情况。加快项目进展，为农牧业防灾减灾抗灾救灾工作有效开展提供了根本保障。

（五）开展全省饲料行业扫黑除恶专项斗争突出问题整治和乱象乱点依法治理工作

会同属地饲料监管执法部门对全省5个市（州）13个县（区）77家饲料加工点和经营门店开展执法检查。同时，对有质量安全隐患的饲料产品和原料累计抽样179批次，并寄送北京相关监测机构开展风险预警监测，不合格18批次，合格率89.3%。

（六）做好高寒地区饲草料储备工作

2020年高寒地区安排储备饲草料10 649t，涉及6个市（州）20个县（市）46个乡镇。为尽早完成高寒地区饲草料补库和储备任务，提前预防雪灾发生，饲草料储备工作通过倒排时间节点、日报制等方式加大对各地督促力度，截至12月24日，饲草料储备任务已全部完成。

（七）做好全省饲料生产企业产量统计

按照《全国饲料工业统计报表制度》要求，完成1—12月全省饲料生产企业产量统计工作。

【存在问题】

（一）经营和养殖环节监管薄弱

饲料行业从业人员设定了明确要求，但实际上，多数从业人员文化水平不高、专业知识缺乏，这种客观事实增加了行业监管难度，特别是对于分部在县、乡镇及村的饲料经营者和养殖者，无法实施有效监管。

（二）基层饲料监管执法力度弱

市（州）、县农业农村部门正在机构改革职能调整，原有饲料行业监管人员岗位有变更，部分地区对饲料监管重视不够，部门职责不明确，导致监管缺失。同时，人员流动较快，临时监管人员不熟悉饲料相关法律法规，专业化水平较低，执法力度弱，无法对饲料行业进行有效监管。

（三）饲料质检力量不足

目前，全省饲料产品检测仅依靠省级质检机构完成，专业人员有限，面对每年大量的待检饲料样品，任务艰巨，尤为力不从心。无法有效开展饲料质量安全风险预警工作。

【下一步工作思路】

（一）加大培训宣传，正面引导

继续做好饲料相关业务服务及法律法规的培训工作，多渠道多方式宣传，使饲料生产者、经营者及使用者能够做到知法守法，依法进行生产经营活动。通过培训宣传，正面引导，提高从业人员的专业知识、法律知识及业务技能等方面的业务素质。

（二）严格行业准入，逆向监管

进一步强化许可管理和日常监管，加强与行政管理、执法监督和检验检测等部门的相互配合、信息共享，集中监管力量，深入开展饲料中添加禁用物质、质量安全等专项检查和整治，开展饲料生产经营企业“双随机一公开”监督检查。通过购买服务的方式，加大对市场流通外来产品的检测力度，落实属地监管责任，加大质量安全风险预警监测。针对性地抓好整顿与规范，防范系统性、区域性风险。全面落实质量安全主体责任，构建守信激励、失信惩戒机制，依法及时查处各类违法违规行为，在确保饲料行业稳定发展的同时，有力打击饲料生产、经营、使用过程中出现的违法行为，从源头消除畜产品质量安全隐患，促进饲料行业健康发展。

（三）开展饲料和饲料添加剂生产企业生产许可

按照《饲料和饲料添加剂管理条例》《饲料和饲料添加剂生产许可管理办法》等配套法规，继续开展饲料和饲料添加剂生产许可工作，对符合要求的企业发放生产许可证，并及时发布公告。

（四）建立全省饲料风险预警体系

饲料质量安全问题具有隐蔽性、长期性和复杂性等特点，近年来，青海省饲料产品合格率稳中有降，但仍然存在有毒有害物质污染饲料、非法添加违禁物质、饲料添加剂使用不合理等问题，全省饲料风险预警体系急需建立。

（青海省饲料工作办公室）

宁夏回族自治区饲料工业

2020年，宁夏回族自治区饲料生产企业65家，其中配合饲料37家、饲料添加剂9家、单一饲料19家。全年全区商品饲料总产量90.02万t，同比增长24.26%（配合饲料62.8万t，同比增长27.7%；浓缩饲料24.99万t，同比增长14.58%；添加剂预混合饲料2.21万t，同比增长56.8%）；总产值28.51亿元，同比增长22.5%。饲料添加剂产量38.19万t，同比增长9.71%；总产值47.35亿元，同比增长47.42%。单一饲料产量20.73万t，同比增长1.02%；总产值4.79亿元，同比增长33.1%。饲料质量安全监测合格率达到98%。为全区畜牧水产业持续健康发展提供了坚实物质支撑，已成为推动农村一二三产业融合发展的重要力量。

【机构职责】

自治区饲料工作站（编制5名，现有4人）协助厅畜牧局做好饲料和饲料添加剂生产许可审批；负责依法开展饲料和饲料添加剂产品质量安全监督管理工作；组织全区饲料产业发展规划、政策意见、技术标准制定和实施；负责饲料资源的保护及合理开发利用工作；组织开展饲料行业普法及专业知识培训、信息宣传；负责饲料行业装备工艺、高新技术的引进和试验；负责全区饲料生产经营统计和质量安全追溯体系建设；组织饲料企业开展种养加一体化经营和饲草料加工调制试验推广；完成自治区农业农村厅交办的其他工作任务。

【主要任务】

紧紧围绕“确保饲料质量安全”这一核心，健全“饲料属地管理责任，饲料市场‘检打’联动监管”两项机制；紧盯饲料“生产、经营、养殖”三个环节；抓好“许可、规范、监测、监管、服务”五项工作，坚决杜绝饲料生产、经营、使用环节违禁添加物的使用。

【主要工作内容】

（一）强监管，压实属地管理责任

结合疫情防控，开展饲料质量安全年活动，全年全区5市22个县饲料管理部门共出动1 220人次，对全区66家饲料和饲料添加剂生产企业、324家饲料经销店和150家规模养殖场（户）开展2次饲料产品质量安全专项整治行动和3次企业安全生产大检查，现场检查发现安全隐患11个，提出整改意见9条，落实整改到位9条。

（二）严审核，严把生产许可准入关

坚持把生产许可审核作为饲料源头管理的重要措施来抓，严格专家审核流程和考核评价，对新申报和换证企业的生产厂房、设备、人员、制度等软硬件达不到“规范”要求的，坚决不予颁证，提升了饲料安全生产能力。2020年组织专家审核新（换）发生产许可证16家。

（三）强监测，完善检打联动机制

制定了《2020年全区饲料质量安全监管监测计划的通知》（宁农办通〔2020〕29号），采取联合执法和专项整治等方式，持续开展饲料产品质量安全、饲料使用环节违禁添加物等4项监测，并扩大了抽检的范围到规模养殖场（户），对检测不合格样品，依法进行处罚和跟踪限期整改。开展了全区饲料质量安全专项整治“绿剑”行动，对饲料原料、自配料、药物饲料添加剂退出、信息核查5方面进行专项整治。截至目前，部级抽检19批次；自治区抽检273批次（常规检测263批次，预警检测160批次），检测合格率98%。完成了每月部级饲料工业统计月报表统计审核及上报工作。

（四）抓无抗，助推产业高质量发展

成功举办了“2020年宁蒙甘陕青毗邻省区饲料产业发展高峰论坛”，五省共同签署了饲料禁抗倡议

书，制作了《奋进中的宁夏饲料工业》宣传片，整理编印《饲料和饲料添加剂生产企业简介汇编》，小省也能办大事的做法得到了农业农村部领导的肯定和与会专家的高度赞誉。做好药物饲料添加剂退出相关工作，向全区饲料企业、合作社、广大的养殖场（户）发放《全面禁用含促生长类药物饲料添加剂倡议书》5.4 万份，督促落实促生长类药物饲料添加剂退出工作。举办了全区饲料监管人员政策法规、企业技术人员能力提升和统计培训班各 1 期，共培训人员 230 人。

（五）抓防控，筑牢初心使命责任

统筹做好疫情防控和饲料稳产保供安排部署，转发国家部委和自治区应对新冠肺炎疫情工作指挥部有关文件，印发《关于做好饲料稳产保供工作的紧急通知》等相关文件，掌握了解 66 家饲料生产企业的复工时间、原料库存、生产困难等具体信息，建立工作台账，提出应对措施。指导各饲料生产企业科学应对疫情，确保人员安全，组织复工复产，稳产保供。积极与区内外沟通协调，为 37 家饲料企业办理民生保供资质证明，疏通放行车辆 50 多车次，解决企业急需的玉米和石粉 1.26 万 t。组织宁夏饲料工业协会 60 多家会员企业、企业家向红十字会共捐款捐物 660 多万元。

【存在问题及影响因素】

一是饲料产品同质化趋势加剧，行业竞争激烈，转型升级的压力越来越大。二是由于疫情的影响，能量饲料原料成本增加，蛋白饲料原料主要依靠国内外市场成本也大幅增加，市场采购造成一定困难。三是饲料产业存在着利用率总体不高、技术研发与创新不足、饲料企业产业链条短等问题。四是质量安全隐患仍然存在，饲料生产企业自订公布的“企业标准”“产品标签”不规范、不严谨。五是基层饲料监管力量薄弱，各市县（区）没有成立专门的饲料管理部门，监管职责设在不同的单位（动物卫生监督、疾控、兽药等部门），造成监督执法机制不健全，个别地方出现监管空白。六是养殖环节饲料安全使用标准还有“空白”，自配料市场和监管还有“死角”等。

【下一步工作思路】

2021 年，宁夏饲料工作将坚持以习近平新时代中国特色社会主义思想为指导，深入贯彻落实党的十九届五中全会和自治区党委十二届十二次全会精神，按照自治区“提质发展高效种养业”和“五优四调四化”工作要求，紧盯奶牛、肉牛和滩羊产业“百千亿”工程和结构调整优化，加大饲料产品监管力度，确保“一个重点”，即“以大力发展绿色饲料为重点”；树立“三个理念”，即树立围绕中心工作理念、树立饲料质量安全理念、树立生产安全理念；抓好“五项工作”：

一是继续做好饲料产品质量安全等 4 项监测工作和饲料生产许可证审核新（换）发证工作。

二是加快饲料产业科技创新，调整优化饲料配方和原料结构，大力推广优质绿色健康饲料产品的研究开发。

三是做好饲料质量追溯平台建设，试点推行从原料到整个生产、加工、经营过程饲料质量追溯体系二维码贴标推广工作，制定绿色饲料企业评选及实施细则。

四是计划召开西北地区绿色饲料与畜产品质量安全研讨会。

五是对全区自配料市场进行调研，制定自配料市场饲料质量安全管理制度，并开展专项整治活动。

（宁夏回族自治区饲料工作站）

新疆维吾尔自治区饲料工业

【发展概况】

2020年，新疆维吾尔自治区共有饲料和饲料添加剂生产企业121家（许可证146份），其中：饲料添加剂12家，添加剂预混合饲料生产企业14家（11家多证企业），配合饲料、浓缩饲料、精料补充料生产企业55家，单一饲料生产企业65家。

2020年全区饲料和饲料添加剂总产量200.4万t，同比增长25.4%。饲料总产量198.1万t，同比增长25.5%。饲料中，配合饲料产量188.0万t，同比增长27.0%；浓缩饲料产量8.2万t，同比下降1.0%；添加剂预混合饲料产量1.9万t，同比增长18.4%。各类饲料中配合饲料占饲料总量的94.9%，浓缩饲料占4.1%，添加剂预混合饲料占1.0%。饲料添加剂总产量2.3万t，同比增长19.9%。

2020年全区饲料工业总产值71.4亿元，同比增长42.2%。其中，饲料产值63.8亿元，同比增长43.4%；饲料添加剂产值7.6亿元，同比增长32.9%。

【主要工作】

（一）积极推进“放管服”改革，优化行业准入服务

落实《国务院关于在全国推开“证照分离”改革的通知》（国发〔2018〕35号）精神，印发《关于推进新疆维吾尔自治区饲料和饲料添加剂生产企业审批事项“证照分离”改革工作的通知》（新牧饲字〔2020〕1号），通过精简审批材料、压缩审批时间、加快审批进度、提高审批效率等，进一步优化准入服务。2020年共受理饲料行政许可业务156件，退回7件不符合条件的，共完成饲料行政许可审查业务149件，其中饲料和饲料添加剂生产许可审核事项65份（核发38家、变更14家、注销13家）。

（二）加强法规宣传培训，提高法规意识

随着农业农村部饲料“禁抗”令（第194号公告）实施，对全区各级畜牧兽医局及所属相关单位、饲料企业和养殖户等进行了饲料行业新政策宣传，积极做好引导和服务工作，鼓励饲料企业加快科技创新，推进全区“饲料停抗”工作有效开展。

（三）积极做好疫情期间稳产保供工作

加大饲料生产、供应等情况的调度力度，了解各地在生产经营中存在的问题，提供有效的供求信息服务，寻求解决方法，协调解决供需矛盾，构建稳定的产销对接关系，确保了疫情期间饲料有效供应。指导饲料企业努力克服新冠疫情的不利影响，加大饲料储备力度，确保生产、供应稳定有序。

（四）发挥行业优势，助力扶贫攻坚

为自治区畜牧兽医局伽师县“访惠聚”工作队选派饲料行业专家赴现场指导羊颗粒饲料配方技术及相关饲养管理工作。指导全区饲料企业发挥行业优势，对8个地州22个乡7 279人次进行了帮扶，帮扶资金约302余万元。

（五）加强饲料生产统计和行业指导服务

一是指定专人负责，严格审核，及时、准确完成月报、季报、年报。全年各地按时上报率达到94%、审核率达到99.6%以上。二是认真做好生产形势分析研判。对企业报表进行数据分析，在分析的基础上对将来饲料市场和进行预测，为行业管理准确把握行业趋势，切实提高饲料管理部门指导行业发展的前瞻性和科学性。

（六）强化监督监测，保障饲料质量水平

2020年自治区抽检各类饲料、饲料原料、饲料添加剂产品948批次，产品抽检合格率99.05%，瘦肉精等违禁添加物抽检合格率继续保持100%，饲料产品质量安全状况总体处于较好水平。

【存在问题】

（一）企业主体责任落实不足

1. 部分饲料经营、使用环节自我管理能力不足，

养殖环节不按规定使用药物，流通环节制售假冒伪劣饲料等问题依然存在。

2. 自配饲料的监管难度大。自配饲料的生产随意性大，安全隐患较多，但缺乏有效监管手段，监管难度大，影响畜产品质量安全。

（二）基层监管能力不足

地州畜牧兽医局和县级畜牧兽医局因受编制的局限，绝大多数没有专门的饲料行政管理部门，一般为畜牧站、动物卫生监督所或执法大队人员兼职，监管任务重，人员又偏少，且变动快，造成监管难以到位。

【下一步工作】

认真贯彻落实国家饲料行业法律法规及配套规章，围绕自治区党委和政府加快畜牧业高质量发展的一系列决策部署，积极推进“放管服”改革，优化准入服务，加强饲料质量安全监管，保障饲料产品质量安全，促进自治区畜牧业高质量发展。

1. 进一步深化“放管服”改革，优化准入服务。

2. 切实抓好饲料行业“两个安全”生产管理工作。开展相关法律法规宣贯工作，加强对饲料生产经营企业的检查指导力度，提高从业人员素质，督促企业严格落实“两个安全”主体责任。

3. 加强行业监督管理工作。按照“双随机一公开”要求，采取监督抽查和专项检查相结合的工作机制开展对饲料和饲料添加剂生产企业的监管工作。

4. 强化监督监测工作，完善“检打联动”机制。以严厉打击饲料违禁添加物为重点，加强饲料经营使用环节及内地进疆饲料产品的质量安全监督抽检力度，突出强化区内区外联防联控协作，完善“检打联动”机制，严厉打击违法行为。

5. 强化“检打联动”机制。针对饲料产品大流通、大市场的新格局、新特点，突出强化区内区外联防联控协作，强化部门沟通协作，进一步完善联动机制，提升监管效能。突出加强饲料经营使用环节及内地进疆饲料产品的质量安全监督抽检，严厉打击违法行为。

6. 做好饲料生产和市场价格动态监测和分析工作，为制定行业发展规划、引导行业发展提供强有力的数据信息支撑。

（新疆维吾尔自治区畜牧兽医局）

新疆生产建设兵团饲料工业

【发展概况】

截至2020年底，兵团共有43家饲料和饲料添加剂获证企业，其中三证1家、双证企业2家。所获生产许可证企业中单一饲料生产企业25家，配合饲料、浓缩饲料、精料补充料生产企业14家，饲料添加剂生产企业5家，混合型饲料添加剂企业1家，添加剂预混合饲料生产企业2家。

2020年，兵团饲料工业总产值58.2亿元，营业收入57.0亿元，同比分别增长48.7%、42.2%。

饲料总产量113.2万t，总产值39.1亿元，营业收入38.2亿元，同比分别增长38.6%、66.7%、57.0%。按产品类别分：配合饲料产量108.3万t，浓缩饲料产量3.4万t，添加剂预混合饲料产量1.5万t，同比分别增长39.5%、22.6%、19.5%。按产品品种分：猪饲料产量43.4万t，同比增长32.2%；蛋禽饲料产量17.5万t，同比增长23.5%；肉禽饲料产量15.8万t，同比增长13.9%；反刍动物饲料产量35.9万t，同比增长83.8%；水产饲料0.4万t，同比下降60.7%；其他饲料产量0.03万t，同比下降69.1%。

饲料添加剂总产量42.9万t，总产值18.8亿元，营业收入18.8亿元，同比分别增长4.1%、21.1%、19.2%。其中氨基酸、氨基酸盐及其类似物产量42.1万t，微生物产量0.2万t，着色剂产量0.5万t，防腐剂、防霉剂和酸度调节剂产量0.04万t。

单一饲料总产量79.3万t，同比下降7.4%；总产值22.0亿元，同比下降5.8%；营业收入23.1亿元，同比增长21.5%。其中：谷物及其加工产品产量19.7万t，油料籽实及其加工产品产量53.2万t，微生物发酵产品及副产品产量6.8万t。

【组织机构】

兵团农业农村局畜牧兽医处（渔业监督处）主管兵团的饲料行业行政监管工作，各师市、团场两级畜牧相关机构负责日常的饲料生产监督管理工作。

【主要工作】

（一）严格做好许可行政审批工作

按照《饲料和饲料添加剂管理条例》《饲料和饲料添加剂生产许可管理办法》的要求，兵团畜牧兽医处组织专家对申报或续展的饲料生产企业进行现场核实检查，及时对获证企业进行网上公示、公告，确保行政许可工作程序合法。2020年共审核发放饲料生产许可证9张，审核变更许可证信息3家，注销饲料生产许可1家。

（二）加强饲料质量安全监管工作

为加强兵团饲料质量安全监督管理，根据兵团农业农村局《关于开展兽药、饲料质量安全监督抽检工作的通知》（兵农医发〔2020〕103号）文件的要求，兵团和各师共派出60多人次在兵团十四个师市开展饲料质量安全监督抽检工作，共抽检饲料样品336批次，其中饲料产品质量安全监测136批次，饲料安全专项监测115批次，反刍动物饲料中牛羊源性成分监测85批次。检测合格率为100%。

（三）认真开展饲料行业安全生产检查工作

把饲料行业安全生产纳入日常监管工作中，兵师两级饲料管理部门认真组织开展安全生产检查。2020年，兵团对辖区内的12家饲料生产企业进行了安全生产检查，对发现的问题及时反馈生产企业，督促企业限期整改，有效防范安全事故的发生。

（四）扎实做好饲料统计填报工作

为全面实现饲料工业全口径监测，兵团农业农村局及时对饲料统计工作进行安排部署，稳步推进中国饲料工业统计信息系统的填报工作，每月做好兵团辖区内饲料厂报表的催报、审核工作，按时完成饲料月报的上报工作，实现饲料行业精准管理。

（五）积极协调确保饲料稳产保供

在新型冠状病毒肺炎疫情封闭期间（2020 年 2—3 月、7—8 月），兵团农业农村局针对饲料厂原料进不来、产品出不去、企业开工复产难等情况，积极与自治区各地州（市）、兵团各师市疫情防控等相关部门联系，协调解决存在的问题，确保饲料稳产保供。

【存在问题】

一是监管体系不健全，监管力量比较薄弱；二是饲料监管人员不足，大多数为兼职，人员流动较快，难以进行有效监管；三是部分监管人员对饲料行业的规章制度学习不够，发现问题、解决问题能力不足；四是部分企业安全生产意识薄弱，从业人员守法意识不强等。

【下一步工作思路】

（一）规范饲料和饲料添加剂行政审批

按照《饲料和饲料添加剂管理条例》《饲料和饲料添加剂生产许可管理办法》等要求，认真开展饲料生产企业许可审核换证工作，进一步完善饲料和饲料添加剂行政审批制度，规范审批程序，加强现场审核专家队伍建设和管理。

（二）全面推进饲料生产全过程质量安全管理制度

按照《饲料质量安全管理规范》要求，积极推进饲料生产全过程质量安全管理制度，提高饲料生产企业管理水平。

（三）加强对饲料生产企业的日常监管

定期对辖区内饲料生产企业进行检查，发现问题及时解决，严厉打击违法违规行为。

（四）做好饲料质量安全监管工作

加强饲料质量安全监督管理，根据中华人民共和国农业农村部公告第 194 号文件精神，加大对商品饲料中含有促生长类药物饲料添加剂（中药类除外）的监管力度，建立健全饲料产品监测抽查制度，定期对饲料生产企业的产品进行抽检。

（五）认真做好饲料信息统计工作

按照饲料信息统计要求，认真落实饲料统计报表制度，确保饲料企业月度数据及时、准确。

［新疆生产建设兵团农业农村局畜牧兽医处（渔业监督处）］

大连市饲料工业

【发展概况】

截至2020年底，大连市共有各类饲料生产企业123家，其中配合饲料生产企业37家、浓缩饲料生产企业17家、添加剂预混合饲料生产企业12家、饲料添加剂生产企业14家、单一饲料生产企业43家。各类饲料产品产量244.4万t，其中配合饲料233.4万t、浓缩饲料9.6万t、添加剂预混合饲料1.4万t、饲料添加剂3.9万t、单一饲料194.1万t。累计饲料工业产值141.05亿元。

【组织机构】

大连市农业农村局畜牧业管理与动物防疫处（饲料工作办公室）负责全市饲料和饲料添加剂行政监管工作，大连市农业综合行政执法队承担饲料和饲料添加剂行政执法工作，大连市检验检测认证技术服务中心负责饲料产品质量监测工作。9个涉农县（市、区）畜牧兽医主管部门分别承担了相应的饲料管理职责，负责日常饲料生产经营监督管理工作。大连市饲料工业协会为独立法人的社团组织，为饲料企业提供技术服务、加强行业自律起到了积极的作用。

【主要工作】

（一）积极促进复工复产

在防范新型冠状病毒感染的肺炎疫情的非常时期，积极沟通解决饲料企业玉米、豆粕等原料缺少、运输困难等问题，为全市饲料和屠宰企业开具民生保障企业证明，缓解全市养殖投入品紧缺压力，保障全市菜篮子供应。

（二）强化饲料产品质量监测

为加强全市饲料质量安全监督管理，确保饲料产品质量安全水平，制定《2020年大连市饲料监测方案》，在全市范围开展了生产、经营和使用环节饲料产品质量监测工作。由各县（市、区）监管部门进行抽检及其结果的查处，市农产品和水产品检验检测院负责产品检测，全年共监测饲料产品401批次，合格率为91.77%。全市生产企业抽检覆盖率100%。对不合格产品按照属地化管理原则下达督办单，要求各地执法部门按照要求进行查处。

（三）强化监督检查

一是组织开展春季打假活动，对全市饲料生产、经营企业进行了全面检查，重点加大对三聚氰胺、“瘦肉精”等违禁物质及饲料原料的清理检查力度，坚决取缔无产品质量标准、无产品批准文号、无产品标签的“三无”饲料生产企业，依法坚决取缔无生产许可证行为。二是以监督监测为依据，强化风险预警，落实“检打联动”工作机制，严厉打击饲料环节非法添加药物、违禁物质等违法行为，加强养殖环节自配料生产和使用管理。

（四）全面落实饲料安全生产责任

按照省、市相关要求，组织开展了大连市饲料及饲料添加剂涉爆粉尘企业安全专项整治三年行动。进一步落实企业的主体责任，组织辖区内124家饲料生产企业按照《涉爆粉尘企业专项整治检查表》，结合实际开展自查，已排查存在的隐患和问题21处，并全部完成整改做到立查立改。全市共开展涉爆粉尘安全生产培训2次，培训50人次。共检查饲料生产企业224家次，出动执法人员148人次。全市未发生饲料和饲料添加剂企业涉爆粉尘安全生产事件。

【存在问题】

一是监管能力有待于进一步提升。基层管理人员不足，且人员流动频繁，部分人员对法律、法规的学习理解不够，监督管理难以落实到位。

二是饲料生产企业整体素质不高。全市大型饲料生产企业较少，中小微型企业偏多，部分企业处于停产、半停产状态。企业工人文化水平及技术水平低，存在管理水平偏低、安全生产责任落实不够的情况。

【下一步工作思路】

（一）进一步落实企业主体责任

督促企业健全完善风险分级管控制度，建立安全风险管控清单，绘制完成安全风险四色图，严格落实风险管控措施。

（二）加强督促检查

要结合日常行业检查，加强对企业的安全生产检查工作。督促饲料生产加工企业完成粉尘涉爆整治专项行动年度任务，规范使用定向销售粮食。要积极协助应急管理、公安消防、市场监督、生态环境等部门，依照职责分工，切实做好行业安全生产监督检查工作，发现问题及时向有关单位移交。

（大连市农业农村局）

青岛市饲料工业

【发展概况】

2020年，青岛市饲料行业克服非洲猪瘟和新冠疫情造成的“双重”不利影响，化“危”为“机”，以质量促发展，以信誉赢市场，坚持高质量发展，饲料发展逆势增长。饲料生产企业供给侧改革、转型升级局面显著，生产结构、生产规模分化程度更加明显，宠物饲料生产企业发展势头强劲。2020年，全市共有获证饲料生产企业138家；持证171个（其中，配合、浓缩、精料补充料证68个；添加剂预混合饲料证35个；饲料添加剂证16个；混合型饲料添加剂证26个；单一饲料26个）；吸纳就业人员7 192人，比上年度增加就业人员421人，其中，博士65名、硕士285名。宠物饲料生产企业增加至14家。

饲料产品总产量（不包含饲料原料）达到245.3万t，同比增长18.6%，总营业收入79.2亿元，同比增长23.8%，总产值82.2亿元，同比增长30.9%；饲料添加剂类总产量2.6万t，同比增长23.2%，总产值3.5亿元，同比增长29.7%；单一饲料总产量242.6万t，同比增长1.14%，总营业收入75.1亿元，同比增长21.4%。受生猪养殖产能恢复和饲料生产结构影响，猪饲料产量大幅提升，蛋禽饲料、水产饲料产能下降幅度较大，2020年猪饲料产量94.6万t，同比提升42.5%；肉禽饲料产量106.2万t，同比提升10.0%，反刍动物饲料产量7.6万t，同比提升19.7%。蛋禽饲料产量19.3万t，同比下降5.2%，水产饲料6.8万t，同比下降11.7%。2020年全市各类饲料品种总产量达到489万t，同比增长8.95%，实现总营业收入157亿元，同比增长22.42%，产业发展实现逆势上扬。

【行业管理】

2020年，坚持一手抓产业发展、一手抓行业监管，全市饲料产业实现了产量质量“双提升”，为保障畜牧业健康发展和畜产品质量安全发挥了重要作用。主要做法：

一、紧好发展“助推器”，饲料产业发展逆势而上

优化服务职能，发挥“助推器”作用，为企业提供全方位服务，推动企业发展逆势增长。

（一）优化审批流程，营造产业发展良好环境

优化审批：省级饲料生产审批事项下放青岛市后，本着“环节最简、流程最优、时限最短”原则，青岛市删减审批申报材料5份，将办理时限由最初的“20个工作日”压缩至“3个工作日”，大幅提高了审批效率。

加强培训：邀请省局专家对青岛市有关工作人员进行现场培训，重点就企业机构与人员、厂区布局与设施、工艺流程与设备、质量检验与管理等审核技能进行教学指导，为把好“审批关”奠定了基础。2020年全市办理饲料生产等许可申报事项62个，按时办结率和企业满意率均为100%。

（二）强化指导服务，全面推进产业发展

战疫情：2020年初新冠疫情突如其来，造成养殖饲料生产供应、运输受阻等困难，部分企业因原料断供停产。青岛市及时成立保供专班，建立日调度制度和重点企业“一对一”联系制度，指导服务企业做好疫情防控工作，协调解决用工难、进货难、运输难问题。

保供应：积极协调原料生产企业及早开工。其中，青岛渤海科技公司、渤海农业发展公司为饲料原料生产企业，经积极协调，企业正月初十之前开工生产，保障了饲料原料供应，2020年两个企业豆粕销售收入达64.6亿元，同比增长15%。2020年疫情防控期间，共开具《民生保供企业资质证明》《疫情防控车辆特别通行证》200多个，为企业解了燃眉之

急，为稳产保供做出了积极贡献。

搭平台：支持指导 9 家企业发起成立了青岛市饲料行业协会，72 家重点企业加入协会。成立了市饲料无抗技术推广联盟，通过加强合作，实现资源共享、信息互通、优势互补，推动饲料行业转型升级、做大做强。

创示范：全面落实饲料质量安全管理规范，2020 年又有 4 家饲料生产企业通过省级示范企业现场检查。

二、用好改革“冲击钻”，构筑行业监管长效机制

为了从源头上解决产品质量安全问题，青岛市坚持用好改革“冲击钻”，构筑监管长效机制。

（一）完善网格化监管体系

青岛市饲料生产经营企业量大面广。为强化监管，建立完善了市、区市和镇街三级监管体系，按区域设置了 58 处基层动监站，配备了 470 余名协管员，建立 420 个监管网格，将监管人员、监管对象和监管事项全部纳入网格之中，压实监管责任，实现监管全覆盖。

（二）创建“免罚清单”机制

创新监管理念、监管制度和监管方式，健全完善以信用为基础的精准监管、鼓励创新创业的包容审慎监管、严肃惩罚的重点监管模式，率先制定发布了《青岛市农业领域轻微违法行为不予行政处罚清单》，将涉及饲料等 5 个农业执法领域的 11 种轻微违法行为列为不予处罚清单，优化了农业领域营商环境。

（三）全面落实六项监管制度

一是信用惩戒制度。出台了《青岛市农业投入品生产经营约谈及“黑名单”管理制度》，将饲料等生产经营等领域 14 种违法违规情形列入了列管范围，惩戒失信行为。2019 年，将 2 家投入品经营企业列入“黑名单”监管，并通过政府网站向社会公开。二是饲料经营使用“十不准”制度。印制了饲料经营使用“十不准”宣传海报 1.5 万余份，张贴在相关企业显著位置，增强从业者的法治意识。三是分级管理制度。组织开展了饲料生产企业分级评定，在监管频次、抽检批次上实现分级管理。参评企业 130 家，其中优秀 39 家、良好 64 家、一般 16 家，11 家因停产、半停产等原因未参加评定。四是“一企一档”管理制度。对全市 138 家饲料生产企业全部建立了电子信息档案，做到“一企一档”，对监督检查、检测结果、行政处罚、教育培训等情况对社会公示，督促企业强化自律意识。五是饲料无抗、养殖减抗规定。全面落实 194 号公告要求，印发了《致全市广大饲料兽药生产经营和养殖者的一封信》，指导企业提前行动，尽早筹划，抢占“饲料无抗，养殖减抗/替抗”先机。六是安全生产监管制度。按照“三个必须”要求，积极开展饲料生产企业安全生产调研和检查，举办“线下、线上”不同形式培训班，对饲料行业有关法律法规、安全生产监管有关规定等进行了培训，落实企业主体责任；组织开展督导检查，全年排查整改安全风险隐患 229 处，保障了行业安全生产。

三、打好执法“组合拳”，严厉打击违法行为

青岛市结合深化拓展漠视侵害群众利益问题专项整治、农资打假行动专项整治等活动，打好执法“组合拳”，有效地净化了市场环境。

（一）深入开展专项整治行动

联合市食药环侦察支队、市场监管执法支队、海洋渔业执法支队开展执法检查；先后组织全市各级农业执法机构开展了农资打假行动、养殖动物自配料专项检查、禁限用药物专项整治、漠视侵害群众利益专项整治等 4 个专项执法行动，出重拳联合整治假劣农资、不合格饲料等违法行为。2020 年，全市立案查处 110 起、行政处罚 94.50 万元，有力地打击和震慑了违法生产经营行为。

（二）探索行政执法“四零”“四转”新模式

探索“四个零”执法服务新模式，从行政执法转向行政服务，率先实践畅通民意“零缝隙”、服务企业“零距离”、执法检查“零死角”、执法惩治“零容忍”服务模式，年均处理饲料投诉举报案件 30 余件次，做到了有报必查，有查必果。探索执法效能“四个转变”，即从查办个案向解决行业潜规则转变，从查办标签案件向查办质量案件转变，从查办小散案件向查办大案要案转变，从部门单打独斗向社会共治联合惩戒转变，提升了执法效能。

（三）严格落实检打联动制度

针对全市饲料质量安全形势，坚持问题导向，科学制订检测方案，扩大检测覆盖面，确保样品的客观性和随机性，完成饲料和饲料添加剂抽检 304 批次，合格率 98.03%，同比提高 0.53 个百分点；对 6 批次不合格饲料企业依法立案查处，有力保障了饲料行业市场秩序良好，质量安全形势稳定向好（表 1）。

【平台建设】

为响应市委主要领导提出的“树立平台思维，积极搭建各类经济发展平台的要求”，积极推动成立“青岛市饲料行业协会”，并成立“青岛市无抗饲料技术创新与推广技术联盟”。经市行政审批局审核批准，青岛宝佳自动化设备有限公司、青岛宝博生物科技有限公司、青岛根源生物技术集团有限公司等 9 家饲料

生产企业发起成立了青岛市饲料行业协会，并于2020年12月8日召开了成立大会。协会由本市饲料生产企业、驻青高校、科研机构等19家理事单位、72家成员单位组成，第一届会长由青岛宝佳自动化设备有限公司董事长高明作担任。协会成立当日，与青岛市农产品质量安全中心举行了“青岛市无抗饲料技术创新与推广技术联盟”签约仪式。

表1　2018—2020年度饲料监督抽检情况对比

年度	抽检时间	总数	合格数	不合格数	合格率（%）	和上年度比较
2018年	饲料上半年	129	127	2	98.4	同比提高 7.1%
	饲料下半年	92	77	15	83.70	同比降低 7.4%
	合计	221	204	17	92.31	同比降低 3.2%
2019年	饲料上半年	200	196	4	98.0	同比降低 0.4%
	饲料下半年	203	197	6	97.04	同比提高 13.3%
	合计	403	393	10	97.52	同比提高 5.2%
2020年	饲料上半年	151	148	3	98.01	同比提高 0.1%
	饲料下半年	153	150	3	98.04	同比提高 1.0%
	合计	304	298	6	98.03	同比提高 0.51%

（青岛市农业农村厅）

宁波市饲料工业

【发展概况】

2020年，宁波市饲料和饲料添加剂生产企业31家，生产许可证33张。其中持有浓缩饲料、配合饲料生产许可证的企业14家，持有饲料添加剂和预混料生产许可证的企业9家，持有单一饲料生产许可证的企业10家。全市饲料企业职工总数1 955人，同比增加31.12%，其中博士学历16人、硕士学历60人、本科学历280人、大专学历381人、其他1 218人。博士人数同比增长60%，硕士、本科人数同比分别下降了6.25%、12.23%，饲料行业队伍中高精尖研发人员数量不断攀升。

全年饲料工业总产值和总收入（不包括单一饲料）分别是14.5亿元和14.3亿元，同比分别下降了4.9%、3.4%。全市各类饲料加工产品总产量92.78万t，同比增长6.20%。其中配合饲料产量38.3万t，同比增长11.6%；浓缩饲料产量4 452t，同比增长12.7%；添加剂预混合饲料产量1 193t，同比下降23.8%；饲料添加剂和混合型饲料添加剂总产量5 209t，同比增长10.1%；单一饲料总产量53.4万t，同比增长2.6%，其中豆粕产量46.9万t，与2019年同期产量基本持平；鱼粉及其他水生动物产品6.5万t，同比增长了11.21%。

【组织机构】

2020年，因机构改革，宁波市饲料工作相应管理职能移交至宁波市农机畜牧中心，并由宁波市农机畜牧中心负责全市的饲料和饲料添加剂生产管理工作。

【主要工作】

1. 做好疫情期间饲料企业复工复产的指导工作。为满足畜禽养殖饲料需求，确保畜禽产品有效供给，春节过后，宁波市积极开展了饲料企业恢复生产情况调查，重点对饲料企业的用工情况、饲料产品和生产原料储备情况进行摸底，指导达到防控要求的饲料生产企业及时复工。积极与省畜牧相关部门对接，协商有关原料和产品调运环节受阻等政策措施。同时与各区县市农林部门进行沟通，督促各地与街道或相关部门协商，在做好疫情防控的基础上，要及时准予企业复工生产。截至2月底，全市饲料企业开工率已达97%，4月份产能已基本恢复至原有水平。

2. 启动全市“两化”实施创建工作。为全面推进畜牧业绿色发展和高质量发展，根据省农业农村厅《浙江省推进兽用抗菌药减量化和饲料环保化试点三年行动方案（2020—2022年）》的通知要求，宁波市正式启动全市“兽药减量化和饲料环保化”（以下简称“两化”）创建工作。前期对全市5个畜牧主产区34家畜禽养殖场养殖环节开展兽用抗菌药和环保型饲料使用情况摸底调查，并在此基础上细化了全市实施“两化”试点行动方案，确立了131家试点主体场，其中饲料环保化试点场44家。通过“两化”实施行动，来实现饲料环保节约型发展。

3. 做好全市饲料质量安全现场监督检查工作。根据农业农村部制定的《2020年全国饲料质量安全监督抽查计划》要求，部、省饲料专家组对宁波市象山、宁海、江北、北仑、余姚等5个区（县、市）10多家饲料企业进行安全监督抽查。一方面检查企业《饲料质量安全管理规范》的贯彻实施和执行情况，另一方面是对企业在生产、经营和使用环节开展饲料中非法添加物预警监测。通过现场的监督检查来切实强化饲料质量安全。

4. 做好饲料企业生产许可审批工作。依法依规严把行政许可审批程序，组织做好企业申报材料和现场审核工作，把好准入关。2020年，全市新设立饲料生产企业4家，其中配合饲料企业2家，单一饲料企业1家，饲料添加剂企业1家。即为浙江强普生物科技有限公司、贯华供应链管理有限公司、宁波海中源生物科技有限公司及宁波王龙科技股份有限公司，分别生产水产、畜禽配合饲料、鱼溶浆、山梨酸钾等产品。企业续展换发饲料生产许可证6家，申请变更生产许可证1家，注销生产许可证2家，半停产企业1家。

5. 做好饲料生产统计及形势分析工作。根据部、省统一要求，严格把控时间节点，认真做好饲料生产月报、年报统计工作。同时确保统计数据的完整性和准确性，为宁波市饲料行业生产形势分析奠定基础。2020年，全市饲料生产总量同比增加了6.2个百分点，这主要跟持续加大生猪增产保供力度有关，随着新建猪场竣工投产、空栏场复养和存量场增养等因素的刺激，生猪产能逐步恢复，对饲料的需求量也在相应增加。

6. 积极组织人员参加各类业务知识培训。为规范新形势下饲料和饲料添加剂生产许可审批，提升饲料行业从业人员素质，宁波市多次组织人员参加全国饲料行政执法培训、全省推进“两化”试点行动培训、全省“两化”业务知识培训及全省饲料统计工作座谈会等各类培训活动，来提升饲料管理人员的相关法律、法规知识和能力。

【下一步工作思路】

1. 全面推进宁波市“两化”实施创建工作。根据省、市“两化”试点三年行动方案部署，2021年为宁波市“两化”创建工作的全面推进阶段。要求各地试点场全面落实责任，制定完善“两化”实施方案，按照“控、准、减”原则，重点抓好饲料质量管控，实施精准配方管理，减少氮、铜、锌元素排放等饲料环保化管理工作。2021年底前将组织开展“两化”试点成效中期评估，各地完成“两化”试点场建设任务原则上不少于总任务量的70%，即31家试点场要完成饲料环保化评估工作。

2. 着力加强环保型饲料的研究推广应用。根据农业农村部《关于开展兽用抗菌药减量化试点行动》要求和省、市“两化”试点三年行动方案部署，推进环保型饲料的研究应用迫在眉睫。宁波市将积极配合做好引导、服务和宣传工作，鼓励企业科技创新，大力开发应用发酵饲料、酶制剂、酸化剂、微生态制剂、有机微量元素等产品，通过饲料应用技术升级和模式创新，着力引导转变饲料使用方式，全面提升饲料使用科学化环保化水平。

3. 组织召开“两化”试点行动培训。为保障宁波市“两化”创建工作顺利推进，决定举办全市“两化”试点行动培训班。重点解读全市推进饲料环保化试点行动方案，讲解畜禽养殖场环节实施饲料环保化管理要点；介绍饲料科学使用相关技术研究进展和应用实践。通过培训来提高实施主体的思想站位，使其正确认识“两化”试点行动的重要性。

（宁波市农机畜牧中心）

厦门市饲料工业

【饲料生产概况】

厦门市共有饲料生产企业35家。其中湖里区1家，海沧区9家，集美区5家，同安区15家，翔安区5家。

截至12月底，全市饲料和饲料添加剂年总产量达125.76万t，同比增长12.2%，其中，配合饲料33.23万t，同比下降6.5%；浓缩饲料0.78万t，同比下降16.5%；添加剂预混料2.36万t，同比下降12.9%；饲料添加剂0.3万t，同比下降4.6%；单一饲料89.04万t，同比增长22.8%。累计营业收入25.6亿元，同比下降3.6%；饲料工业总产值25.5亿元，同比下降4.2%。

【饲料生产形势分析】

（一）总体产量有所上涨

截至12月底，全市饲料和饲料添加剂年总产量有所增加，同比增长12.2%，单一饲料增长22.8%。除单一饲料产量增加外，其他饲料产品均同比下降，由于2020年初新冠肺炎疫情，企业复工复产受到一定影响，目前有3家企业处于停产状态，其中一家正在办理注销手续。

（二）产品发展有所受限

仔猪饲料、母猪饲料、肉禽饲料有所增加，生长肥育猪饲料减少，水产饲料变动不大。2019年底，外部非洲猪瘟影响生猪数量下降，2020年鼓励生猪生产，在稳产保供政策下，下半年生猪数量开始有所增长，仔猪料、母猪料有所增加，生长肥育猪饲料受猪周期影响有所下降。

（三）饲料主要原料价格持续上行

2020年玉米原料采购价格同比增长13.3%，麦麸同比增长27.8%，国产鱼粉和进口鱼粉分别同比增长3.7%、4.8%，饲料原料价格上涨，拉动饲料价格上涨。

（厦门市农业农村局）

深圳市饲料工业

【发展概况】

1. 截至2020年底，深圳市饲料和添加剂生产企业有28家，饲料和添加剂生产总量34.86万t，比2019年减少2.54万t，同比下降6.78%；总产值20.49亿元，比2019年增加0.46亿元，同比上升2.28%。其中单一饲料18.48万t、配合料11.43万t、浓缩料0.98万t、预混料2.38万t、宠物饲料0.08万t。饲料添加剂总产量1.51t，比2019年增加0.58万t，同比上升61.40%；饲料添加剂总产值3.01亿元，比2019年增加0.92亿元，同比上升44.39%。

2. 深圳市2020年共有宠物饲料及添加剂生产企业6家，2019年全市宠物饲料总产值1.93亿元，2020年产值达到2.32亿元，同比上升20.22%。宠物饲料及宠物饲料添加剂生产企业产品含有新型的技术含量，附加值高，符合当前深圳的产业发展规划。

【主要工作】

1. 为加强深圳市饲料和饲料添加剂监管工作，规范饲料和饲料添加剂生产经营行为，提高质量安全水平，促进行业健康可持续发展，根据省农业农村厅《关于开展饲料质量安全监管工作的通知》要求，为保证完成省农业农村厅下达的监督抽样任务，深圳市制定《市市场监管局关于印发深圳市2020年饲料质量安全监督抽查工作方案的通知》，开展饲料产品质量安全监督抽查，对9家企业抽查饲料及饲料添加剂样品15份，包括原料、预混合饲料、配合饲料、浓缩饲料、宠物饲料及饲料添加剂，送深圳市农产品质量安全检验检测中心检验，检测结果合格率为100.0%；开展饲料质量风险预警监测，抽查4家饲料生产企业、1家养殖企业共6份饲料及饲料添加剂样品，由省农产品质量安全中心负责检测，检测结果全部合格。

2. 为进一步加强饲料安全生产管理，深圳市制定并下发了《深圳市饲料粉尘安全专项治理行动方案》，组织开展饲料粉尘安全专项治理行动，共检查25家饲料生产企业，发放《深圳市市场监督管理局关于落实生产经营单位安全生产主体责任告知书》25份，督促企业严格落实安全生产责任制度，建立健全安全生产管理机构，配备安全生产管理员，建立安全生产岗位责任人清单，建立完善安全隐患排查治理制度及制定隐患排查治理台账。

3. 开展宠物饲料行业调研工作。针对深圳传统畜禽饲料生产企业受场地限制影响，逐渐减少外迁的情况，结合我国宠物饲料市场的发展趋势，为探索深圳市饲料生产企业发展方向，促进宠物饲料生产企业在深发展，赴河北省邢台市实地开展宠物饲料行业调研，通过现场考察和座谈，深入了解宠物饲料产业情况及发展前景，为深圳市饲料生产行业转型升级提供参考。

4. 开展饲料中霉菌毒素污染及危害情况课题研究。霉菌毒素是霉菌产生的具有毒性的次级代谢产物，食用动物采食了被霉菌毒素污染的饲料，会影响畜禽生长、繁殖等一系列问题。针对上述情况，通过文献资料查阅、赴云南实地调查等方式，开展饲料行业霉菌毒素相关问题调研。从企业规模、生产工艺、储存环境、设备运输等方面研究发现，我国大中型饲料企业经过多年发展，饲料成品质量已日趋稳定，质量指数达到领先的标准和水平，小型企业在质量控制方面投入有限，产品质量不稳定，潜在风险较高。从研究结果分析，通过加强法规监管和产业帮扶，有助于我国饲料生产行业的发展。

【存在问题】

1. 受深圳生产用地影响，资源成本不断攀升，微小型饲料生产企业逐步被淘汰。

2. 传统配合料、浓缩料生产企业，特别是饲料粉尘较大的饲料生产企业，因设备陈旧、原有的厂区布局不合理，不符合生产安全和环保新政策要求，企业又无法改造或改造成本高，陆续出现迁移的状态。

（深圳市市场监督管理局）

2021中国饲料工业年鉴

企业篇

重点企业经验介绍

质量　责任　互惠　效率　自主

——玛氏食品（中国）有限公司

玛氏公司成立于1911年，总部位于美国弗吉尼亚州麦克莱恩（McLean），是一家拥有百余年历史的私营家族企业，也是全球知名的食品制造与分销领导者。玛氏公司设有玛氏宠物护理、玛氏箭牌糖果、玛氏食品和Mars Edge四大事业部。秉承“未来始于当下”（Tomorrow Starts Today）的愿景，115 000余名玛氏同事每天都积极践行着由“质量、责任、互惠、效率、自主”构成的“玛氏五大原则”，旨在通过提供丰富的产品和服务，为人们和其爱宠创造一个更美好的世界。玛氏旗下品牌深受全球消费者喜爱。其中，M&M's、士力架（SNICKERS）、特趣（TWIX）、MILKY WAY、德芙（DOVE）、宝路（PEDIGREE）、皇家宠物食品（ROYAL CANIN）、伟嘉（WHISKAS）、BANFIELD宠物连锁医院和VCA宠物连锁医院的品牌价值均跻身10亿美元行列。

玛氏宠物护理是玛氏全球最大的事业部，自1935年开始生产宠物食品，为全球近4亿的宠物提供健康与营养服务。玛氏宠物护理是第一家将宠物食品和宠物营养概念介绍给中国消费者的公司，1989年将宝路狗粮和伟嘉猫粮带入中国。30年来，公司不断深耕中国：1995年，玛氏宠物在北京怀柔设立全国首条宠物食品生产线；2007年，投产全国集干粮、湿粮和零食生产线为一体的综合性宠物食品工厂，满产能可达7万t；2019年，又在天津投资建设新的宠物食品工厂，投资超过1亿美元，满产后年产能可达25万t以上。天津工厂将采用最新的节能环保技术和智能工艺设备等建设新的生产线，首次打造宠物食品的规模化、柔性化、智能化和绿色化生产，满足中国消费者对高端、创新和多样化宠物食品的需求。

玛氏宠物营养实行多品牌战略，目前在中国市场销售的有宝路狗粮、伟嘉猫粮、希宝猫粮、西莎狗粮、美士宠物食品、爱慕思宠物食品、佳贝狗粮、喵趣猫粮、怡威狗粮、洁珊猫砂等10个品牌的产品，其中伟嘉和宝路均跻身10亿美元品牌行列。为了全方位满足中国消费者多样化、复合型的消费需求，玛氏不仅提供满足宠物全生命周期、均衡营养配方的基础款产品，还不断推陈出新，研发洁齿棒、猫砂等功能性产品和人宠互动的零食，都深受中国消费者喜爱。

玛氏宠物还一直积极参与行业建设，助力行业健康高质量发展。公司自2016年起担任中国饲料工业协会常务理事单位，并于2016年和2020年荣获中国饲料工业协会先进集体称号、全国宠物十强饲料企业。

一、五大原则，质量为首

玛氏始终将质量管理放在工作的第一位，“质量”原则位列玛氏五大原则之首。公司在宠物食品的设计、原材料选择、生产工艺和质量监控上，一直本着高度严谨的态度，并采用全球统一的严格的质量安全体系，确保为消费者提供高质量的产品。

二、数据赋能，模式创新

玛氏近年前一直把企业数字化定为公司战略性策略，全方位搭建企业级的数字化能力。通过几年的耕耘，已经形成了完善的数据赋能业务模式，通过数字化解决方案提高运营效率、实现商业模式创新。

三、全球智慧，创新产品

玛氏宠物在产品方面的不断革新，得益于公司背后强大的科研后盾——威豪宠物护理科学中心对宠物营养需求有精准全面的了解。同时，玛氏公司在中国也建立了“玛氏爱宠学院”，以更好地关注消费者的需求。

四、助力行业发展

在过去的10多年里，玛氏积极参与和影响中国宠物食品的立法进程，并积极参与国家饲料标委会工作，为宠物食品法规的创立贡献国际经验和专业知识。在后法规时代，将会继续与行业同仁一起贯彻执行法规，加强行业自律，推动行业有序健康发展。

五、为宠物创造美好世界

玛氏还致力于联合各方力量，推动营造人宠和谐的社会环境。将在北京已联合政府、行业协会、公益组织和媒体组织了文明养犬倡导活动。未来，将期待与更多志同道合的伙伴一起，倡导文明养宠行为，推动积极的养宠管理政策法规，为宠物创造美好城市，为人类创造宜居生活环境。

领先科研技术
提升全球宠物生活品质

——雀巢普瑞纳宠物食品有限公司

作为全球宠物食品行业先驱和宠物护理领导者之一，雀巢普瑞纳开创了近130年行业领先历史。并成为世界上第一个致力于动物营养学研究并建立研发中心的公司。从1926年普瑞纳在美国格雷萨米特设立的第一座研发中心，到全球相继建立的8座研发中心，雀巢普瑞纳始终持续坚持探索，并不断扩展研究边界，坚守“以领先科研技术，提升全球宠物生活品质”的使命。也正因如此，雀巢普瑞纳才能不断超越自我。时至今日，普瑞纳已拥有超过7 700项（含正在申请的）科学及技术专利。

2001年，普瑞纳加入雀巢集团，成立雀巢普瑞纳宠物食品公司，成为全球顶尖宠物食品制造商之一。目前，雀巢普瑞纳宠物食品业务遍布全球130多个国家，拥有51家工厂及20 000多名员工，普瑞纳以有证可循的科学营养、高品质的产品，通过与全球权威营养专家及兽医的合作，获得了兽医、驯犬师、繁育人等专业人士及宠物主的信赖。

一、雀巢进入宠物行业历程

雀巢于1985年收购“喜跃”猫粮和“三花淡奶”等奶制品的拥有者、美国食品巨头——三花公司，正式步入宠物食品业务领域；之后又于2001年收购了宠物食品的先锋——罗森普瑞纳公司，从而创立了雀巢普瑞纳宠物食品公司，成为全球顶尖宠物食品制造商之一。

二、雀巢普瑞纳历史

宠物食品是严谨的科学，而不是迎合大众潮流的营销噱头，这家拥有127年历史的公司，也一直将创始人 William H. Danforth 先生留下的“以领先科研技术，提升全球宠物生活品质”作为信条。

1894年，William H. Danforth 于美国圣路易斯创立普瑞纳，起初以生产农场动物饲料为主，旨在提供最优营养且便于饲喂的动物饲料。

1921年，Purina chow（新型动物饲料）上市。不久之后，这一革命性科研成果的成功迅速被市场证明。

1926年，普瑞纳在格雷萨米特成立全球第一家宠物护理研究中心成立。

1986年，普瑞纳超高端宠物食品旗舰品牌“冠能”面市，普瑞纳领先的突破性科研成果都率先应用到冠能品牌上。

1998年，普瑞纳率先使用水解蛋白，调节犬类食物过敏问题；首次在猫粮中添加益生元，调节猫的肠道菌群平衡。

2001年，通过一项历时14年科学研究，普瑞纳发现：从幼犬开始，在一生中合理控制饲喂量，使其保持理想的体型，可以平均延长健康寿命1.8年。

2001年，普瑞纳被已经合并喜跃、Spillers、Bakers业务的雀巢收至麾下。两大世界级宠物食品公司的合并不仅扩充了彼此的产品线，双方带着各自强大的技术支持和科研成果彼此融合互补，成就了一个领先世界的宠物护理科学研究机构。

2004年，推出关节管理（JM）犬粮，首次利用营养基因组学制作出营养配方食品，帮助患有关节炎的犬类改善灵活性。

2005年雀巢普瑞纳首次在犬粮中添加牛初乳，弥补幼犬的免疫缺陷，提升免疫力。

2006年，FortiFlora 作为处方粮中的首款益生菌产品推出，已经证明可以促进肠道健康和平衡。

2010年，雀巢普瑞纳率先用 MCTs 提高老年犬认知能力等，一举攻克“犬类认知障碍综合征”这一行业难题。

2011年起，雀巢普瑞纳每年投入在宠物福利和宠物社区项目的资金超过了10 000 000美元。

2015年，推出冠能赋聪7+犬粮。宠物主人反馈效果显著，在30d内提升反应能力和心理意识，带来了明显变化。

2019年，富含科技创新的冠能处方粮成功登陆中国市场，比如全球首款有效改善犬癫痫的处方粮，为宠物主人带来更多优质选择，为宠物的健康保驾护航。

2020年，雀巢普瑞纳最新研发的冠能 LiveClear 系列产品上市，成为全球首款有效缓解人类对猫过敏问题的猫粮。

坚持95年营养研究不懈怠，正是源自每一个雀巢普瑞纳人心中对宠物的热爱。雀巢普瑞纳一直对消费者允下三大承诺：高营养成分、完善的科研体系以及先进成果的应用。普瑞纳将宠物权益视为业务运营的第一准则和前提。

三、雀巢普瑞纳科研实力

雀巢普瑞纳拥有全球性的科学网络。至今在全球已相继建立8座研发中心，拥有涵盖兽医学、营养学、动物行为学、微生物学、营养生物化学和免疫学领域超过500位科学家，他们或独立，或与世界数个国家和地区一流大学和研究机构中的专家们在某些特定领域通力合作，致力于宠物产品研发，以获取科学发现并改善犬猫生活质量，提出了众多宠物营养学的新概念，使普瑞纳成为行业的领军者，为持续不断的新产品开发提供强大的后盾。

科研团队分布在不同的研发机构工作：研究中心、生产技术中心、宠物中心。研发中心的成果不止于营养理论创新，更包含制造、工程以及加工技术等方面的不断更新，多年的研究使雀巢普瑞纳获得了全球7 700项已经被授权和正在申请的专利。普瑞纳运用新技术和有效的专利生产工艺为犬猫制造高营养、适口性强、高质量保障、安全放心的宠物食品。在普瑞纳研发中心，产品背后是科学家创新思想的驱动。

多年以来，普瑞纳始终坚持为支持宠物和宠物主人而努力，不断深入了解他们的需求，为全球的宠物爱好者提供信息和建议，并与他们分享专业经验，以创新的宠物营养食品让主人为他们的犬猫提供最佳的护理和营养，从而帮助犬猫生活得更加健康长寿。

四、雀巢普瑞纳中国

雀巢普瑞纳与中国宠物市场的结缘，始于20年前。

20年前，怀揣“以领先科研技术，提升全球宠物生活品质”的信念来到这片热土。彼时，养宠风潮尚未兴起，作为首批进入中国宠物市场的企业，但求耕耘无问西东。

2006年，雀巢在华建立了首家宠物食品工厂。既是重仓中国的表现，也是扎根本土的开始。十余年来，公司始终坚持全球统一标准，致力为宠物提供高品质的科学营养健康食品。敬畏生命，信守承诺，不负每份所托。

2021年，在工厂升级中雀巢普瑞纳引进了国际先进且环保高效的生产设施，大幅减少二氧化碳排放，并节省能源消耗，用以履行公司对环境保护的义务。

雀巢对中国宠物市场蓬勃发展充满信心，希望不断通过推出本地化创新宠物食品，践行“以领先科研技术，提升全球宠物生活品质”的品牌使命。让更多宠物能够拥有，更为健康的高质量生活。

打造天然植物提取物生态产业链

——北京爱绿集团

一、立足植提领域

北京爱绿集团是在国家科研体制改革和研发以市场为导向的新形势下由留学美国、英国、日本的资深博士与中国农业科学院饲料界、生物界的专家联手创建，公司总部坐落于北京中关村高科技园区，是一家专业化研制、生产与销售天然植物提取物饲料添加剂与动物保健品的国家高新技术企业，旗下拥有北京爱绿生物科技有限公司、河北爱绿生物工程有限公司、四川爱绿恒瑞生物科技有限公司、沈阳爱绿生物科技有限公司等多家企业。如今，北京爱绿已毅然成长为中国饲用植物提取物领域一面鲜艳旗帜，正朝着绿色、安全、健康的发展方向阔步前进。

二、加强科技创新

打造中国畜牧业天然植物提取物产业“航母”是北京爱绿人的追求和梦想。

近几年来，公司积极加强自身软件建设，先后与中国农业科学院、中国农业大学、中国医学科学院、中国军事医学科学院、北京中医药大学、华南农业大学、河北农业大学等科研院所建立了长期稳定的横向合作平台。

2015年，建立了自有研发平台“畜牧业天然植物提取物工程技术研究中心”，拥有一支由“博士智囊团”“硕士研发团”等组成的高素质研发团队。中心下设植物原料与工艺、饲料添加剂、动物保健品、产品分析与标准及项目成果5个研究室，以及8个试验基地，拥有目标植物筛选技术、定向提取技术、分离浓缩技术、后续颗粒化技术、均匀设计优化组合技术五项关键技术。中心目前已完成或正积极开展“天然植物提取物抗菌促生长饲料添加剂的研究与应用”“预防球虫病植物提取物饲料添加剂的研究与成果开发”“畜牧业天然植物提取物生态产业平台的建设与运营”“饲用植物提取物质量标准制订”“天然植物提取物功效评定技术研究”“天然植物提取物检测技术研究”“高效肉品质改良剂的研发与应用技术”“高效蛋品质改良剂的研发与应用技术”“天然植物诱食促长剂的开发与应用”“天然植物防霉脱毒剂的开发与应用”等近20项科研课题。目前中心已获国家发明专利17项，“天然植物提取物在畜禽减抗养殖中的高效应用”荣获“农行杯”第四届河北省农村创新创业项目创意大赛决赛三等奖。

三、推进集团建设

近年来，公司在不断调整产品结构和进行产业延伸，大力着手硬件设施的建设。

在2014年竣工投产的一家标准化、规模化的天然植物提取工厂（四川都江堰）、2018年斥资2亿元投资建成的一家现代化的天然植提深加工基地（河北廊坊）和一个省级天然植物提取物工程技术研究中心的基础上，集团又在紧锣密鼓地建设全球最大的植物提取基地（四川雅安），以全面迎接我国饲料禁抗时代的到来。该基地预计2021年5月投产，产能将达到20 000t/年。

同时，集团计划将旗下研发平台“畜牧业天然植物提取物工程技术研究中心（河北）”升级为“畜牧业天然植物提取物国家工程技术研究中心”，建设六处以上天然药材种植基地，为全面实现“爱绿梦”和跨越式发展提供强有力的保障，潜心打造“植物原料→提取→深加工→渠道建设”的一条龙产业集团。

四、助力行业发展

1. 产业政策推动 作为畜牧行业植物提取物领域最具代表性的企业，北京爱绿一直坚定着一份替抗责任和植提产业情怀，一直努力呼吁和推动着我国植提产业政策的不断进步和发展。2013年，针对国家没有将大量效果显著、绿色安全的饲用植物原料列入《饲料添加剂品种目录》的情况，在北京市饲料工业协会的指导下，由北京爱绿牵头并执笔，联合北京5家植物提取物企业撰写了《关于将天然植物提取物列入〈饲料添加剂品种目录〉的建议书》，并上交至农业部（现农业农村部），2014年初，农业部将共计115种（目前为117种）粗提物列入新颁布的《饲料原料目录》中。

2. 植提标准制定 针对目前我国植物提取物标准缺失、产品质量参差不齐等业态，北京爱绿在国内率先呼吁和推动117种植物粗提物质量标准起草与制订工作，目前公司已完成75种植物粗提物标准与检测方法。随着我国植提产业的快速发展与内在需求，农业农村部也开始高度重视这一基础工作，目前由中国农业学院饲料研究所牵头、多省饲料兽药监察所参加，正全面开展制标工作，北京爱绿公司作为企业代表积极参与其中。

3. 产业平台搭建 针对天然植物提取物原料与产品成分的复杂性，为了有效解决广大用户最关心的两个核心问题（即植提产品的可检测性和稳定性），北京爱绿在国内首次提出并建立“植提生态产业平台”，潜心架构“植物原料—提取—深加工—渠道建设”植提生态产业链。通过改进生产工艺（采取“先提取、后复方”），全面实施“一个系统工程”“二个关键目标”“三个控制步骤”等产业创新举措。

五、优化品牌形象

近年来，北京爱绿在全面遵照执行ISO9001与HACCP双体系以及我国《饲料质量安全管理规范》的基础上，不断促进科技创新，加大品牌推广，提升客户满意度，获得了行业协会、媒体及广大用户的一致好评。先后获得“中国饲料添加剂明星品牌 植物提取物类全国五强”“中国畜牧行业用户优选十佳添加剂品牌”“中国十大畜牧业环保创新企业”“首都饲料行业科技创新企业”“首都饲料行业影响力品牌”“替抗优质产品推荐企业”等多项荣誉。合作伙伴遍及全国各地，产品远销到欧洲、美洲、东南亚等10多个国家和地区。

六、展望美好未来

经过16年的发展与沉淀，北京爱绿集团打起了中国饲用植物提取物替抗领头人大旗。真金不怕火炼，北京爱绿用最直观的应用效果充分证明了天然植物提取物的绝对替抗实力，在诸多大型集团化企业的原料采购目录里，爱绿产品已为植物提取物争得了一个又一个的替抗席位。

放眼未来，爱绿将继续坚守植提替抗的伟大事业，发挥领军企业优势，努力推动相关植物提取物产业政策的落实，积极推进植提质量标准的建立，潜心架构植提生态产业平台，为我国畜牧饲料行业的绿色健康发展保驾护航。

作为中国饲用天然植物提取物市场领导者，定将不辱使命，激情澎湃谱写一曲“天然植物提取物替代抗生素”的新的乐章，迎接蓬勃发展的饲用植物提取物产业高速发展的春天。

做牛羊营养专家

——大成永康营养技术（天津）有限公司

一、公司介绍

大成永康营养技术（天津）有限公司为台湾农畜牧公司大成集团完全独资的子公司，是香港上市大成食品（亚洲）有限公司（股份代号 3999）的关联企业。大成食品（亚洲）有限公司是致力追求质量优良、食品安全及高卫生标准的企业。至今已成功发展为中国市场的鸡肉、加工食品及饲料市场的翘楚企业，并于 2007 年在香港上市。大成集团自 1989 年开始，南向印度尼西亚泗水成立水产厂、北向辽宁沈阳成立饲料厂、广东蛇口设立面粉厂，不仅加快集团营运脚步，也提升集团在亚太区域的能见度。大成集团积极在亚太区域发展，至今正成为横跨五大事业群、30 多家子公司的农畜食品公司。

大成集团于 2006 年 6 月在天津设厂，专业从事反刍动物饲料产品的生产、销售和技术服务。大成永康天津厂占地 50 亩，建有专业反刍动物精料补充料和浓缩饲料生产车间与预混料生产车间各一座，年产能可以达到 10 万 t。公司主要销售的市场集中在京、津、冀、鲁等地区，月均销量 4 500t，年均营业额达 1 亿元人民币。重点知名客户包含伊利集团、蒙牛集团、恒天然牧场、华夏畜牧、山东澳亚现代集团、大地乳业、内蒙古圣牧高科、山东得益乳业等。大成永康天津公司更在 2016 年于宁夏银川经济技术开发区投资建设了一座年产 12 万 t 专业反刍饲料厂，并首创于西北地区推广无包装袋的散装饲料配送系统，不但符合最新趋势的环保理念也为客户提供更优质的服务，在 2017 年更获得“饲料质量安全管理规范部级示范企业”的荣誉称号。

二、公司理念

大成永康以安全优质、创新高效为理念，引进先进的牛、羊饲料配方与饲养技术，为牧场提供完善有效的系列饲料产品和精细化的技术服务。在提升饲养绩效的同时也为消费者提供安全及高质量的奶源，创造企业、养殖户与消费者共赢的局面。

公司严格按照国家相关要求进行生产和检验，严把质量关，2017 年 11 月获得“天津市饲料质量安全管理规范示范企业”称号。大成永康自 2009 年开始已通过 GB/T 19001—2008 质量管理体系认证及 GB/T 22000—2006 食品安全管理体系（HACCP）认证。在一切生产过程中皆严格遵守企业标准及国家安全生产规定，不添加任何非法有害添加剂，并确保生产出安全、卫生、合格的产品，做到“安全第一、品质至上、精益求精、顾客满意”。

三、农业带头

大成永康每年采购玉米 10 000t 以上，农业相关副产品，如小麦麸皮、玉米酒精糟、豆粕等每年用量 15 000t 以上，有效地带动了周边农产品的消费，促进农产品的循环利用。通过探索一些农产品加工过程中的副产品，经过检验无害化处理，利用饲料加工工艺变废为宝有效运用，更是变成了牛羊的美味营养饲料，并为农民降低了养殖成本，同时又减少了废弃物的产生，一举两得。

养殖行业是农民主要的经济来源之一，近期牛羊养殖成为热门产业，农民收入可观，农民舍得花钱买好饲料，牛羊长势更好，牛羊肉市场更安全，老百姓认可奶制品和肉制品品质，因此养殖户和饲料厂都获利较好，形成良性循环。牛羊肉、牛奶市场供应稳定，进而带动周边农民就业。

四、发展历程

支撑整个大成永康运作的是对市场清楚的定位与理解、高效的团队执行力、合理的资源分配与聚焦战略以及多年的追求产品质量与效果稳定的沉淀作为基础。更为关键的是，大成永康建立了一套以高端饲料推广为核心的系统，同时聚焦资源，聚焦战略，率先从同质化迷局中突围。大成永康最近几年的快速发展，得益于其全面的创新能力：产品研发创新、养殖模式的创新、营销手段的创新、产品定位的创新、绩效考核的分配机制创新等。但是大成永康也曾经吃过不少苦头，交过不少学费，后来经过战略革新，推倒从来，重新摸索了五六年，终于焕发了第二春。

真正强大的企业，必须要有不断学习、不断创新的意识和能力。这句话说起来简单，却是世上最难做到的事。企业的自我革新，包括组织革新、渠道革新、战略革新、战术革新、工艺革新等，大成永康能够重新再来，显示了强大的变革能力、烈士断腕的决心。在同质化竞争的迷局中，大成永康走出的是一条以产品为核心的差异化战略道路，提出了营养饲料市场的概念，销售高档营养的产品，引导同行开辟了一个营养饲料市场，在差异化发展的营养饲料占有市场的制高点。

大成永康整体实力仍然有很大的进步空间。虽然大成永康发展速度快，但从企业体量相比而言还小，目前还属于轻量级的选手，但所面临的对手无疑都是传统巨头的重量型选手。反过来说，规模小也是大成永康的优势，在行业变革时期，转型更快、更加灵活、调整更容易，没有大企业病的束缚，可以轻装上阵。

五、质量保障

大成永康采用成熟的生产工艺生产，在生产过程中，建立各种制度，对每个环节严格要求，确保每一颗饲料都是精品，为牛羊营养打下坚实基础，更以农民创收为己任，保证产品质量。每年都要接受质量管理体系的审查，各管理部门的随机检查，均符合相关要求，未出现过任何问题。大成永康的产品定期送往CMA认证的第三方检查机构进行检验，以及政府部门的产品质量抽查中检验结果也都是全优成绩。大成永康真正做到了让牛羊吃得放心，农民用得放心，公司做事用心。

生产过程品控人员要进行不间断巡察，确保生产过程不出问题。每年都会有一些养殖场工作人员到公司随机对生产过程进行检查，也都做到了符合养殖场的品质要求。只要生产产品就要把产品做到最好，不论客户大小。优秀的产品和稳定的质量才是一个公司生存的根本，才能让一个公司有更好的发展。

大成永康公司将本着“安全第一、品质至上、精益求精、顾客满意”的原则，将饲料做到做好，诚心诚意地服务客户，为社会创造更多的财富。

为养殖户提供无公害无药残的绿色饲料

——天津牧丰饲料有限公司

天津牧丰饲料有限公司始建于1998年9月，是由中国牧工商集团总公司（中牧集团）与天津市食品集团共同投资兴建的从事饲料研发、生产、销售的现代化国有企业。

牧丰公司设有九部两室，总计聘用15名部门管理者，班组长以上管理者总计24人。公司坚持“人才为核心”的理念，注重专业人才队伍的建设，不断引进新的人才，保证员工队伍的专业化、年轻化，公司现有研究生3人、本科15人、大专17人、中专10人、高中17人、初中23人，大专以上学历占公司总人数的41%，员工20～30岁9人，20～40岁22人，40～50岁36人，50岁以上18人。

牧丰公司坐落于百年古镇杨柳青镇，房产建设面积3 685.27m²，使用面积13 887.5m²，公司拥有年生产能力5万t的全自动浓缩料生产线、年产2万t的颗粒配合饲料生产线和年产1万t的预混合饲料生产线。公司通过先进的加工设备、专业的队伍、严谨的管理、齐全的检验设备、完善的质量体系，成功打造了“牧冠”“华冠”“双冠”三大品牌饲料产品，“牧冠”牌饲料2003年荣获“天津市名牌农产品”称号，2012年荣获“天津市名牌产品”称号，“牧冠”牌预混料，2015年通过绿色食品生产资料认证，产品覆盖天津、北京、河北、山东、山西、内蒙古等多个省市，在环渤海地区拥有很高的市场知名度。公司获得“天津市优秀企业”“天津市农业产业化市级重点龙头企业”“天津市科技型中小企业”“天津市科技小巨人”等荣誉称号。

牧丰公司通过人才的引进和培养，拥有一只高水平的科研、生产、营销和服务队伍，有具备多年从事饲料研发经验的硕士3名，有从事多年养殖和饲料生产具有大专学历以上的技术骨干35名。多年来，公司坚持走专业化道路，始终与中国农业大学动物科技学院国家重点营养研究室保持密切合作，走产学研相结合的产品研发之路，从现代畜禽营养理论和市场实际需求出发，设计出高性价比的畜禽饲料，并通过细化产品，优化工艺，使得公司研发的蛋鸡浓缩料、断奶仔猪料和生长育肥猪浓缩料在市场上的占有率越来越高，深得广大用户的信赖。

天津牧丰饲料有限公司作为天津市为数不多的国有饲料企业，自投产以来，公司以生产安全、高效的饲料产品为经营理念，企业在2002年通过天津市无公害饲料企业认证，2005年通过了ISO9001质量管理体系和HACCP安全管理体系双认证，并在实际生产中，始终以“品质安全”作为企业持续发展的根本，严格贯彻实施，企业的“牧冠”“华冠”“双冠”三大品牌产品在历次的国家监督检查中，产品营养指标均能达到设计要求，安全卫生指标合格率达100%。

发展历程：

1984年经天津市政府批准，天津华津牧工商联合公司成立。华津公司作为“菜篮子”工程的项目之一，主要从事蛋鸡产业的一条龙，建有年产3万t饲料厂2个，年饲养100万只蛋鸡，年产出约2万t鸡蛋，成为天津市300万市民的主要蛋源基地。为满足天津市场、稳定蛋价做出了巨大贡献，创造了良好的经济效益和社会效益，得到了市委市政府的高度认可。

伴随着我国改革开放的深入，市场经济大潮席卷全国。城郊的养殖业蓬勃发展，国有“菜篮子”工程项目经营步履维艰陷入困境。到1994年，天津市100多家饲料企业95%倒闭，华津公司饲料经营也陷入困境，面对市场经济浪潮，作为辉煌了10多年的国企，做出了“放弃养殖，搞活饲料”适应市场规律的经营决策。

1998年天津牧丰饲料有限公司成立，注册了“牧冠”牌商标。从此，一个产权清晰、管理规范的现代国有饲料企业诞生了。

“牧冠”饲料充分发挥自己已有的蛋鸡技术和生产优势，进行了精准的品牌定位，走专业化生产销售蛋鸡料的经营策略，和中国农业大学进行合作，走产学研相结合的研发道路。于1999年6月18日研发成功了第一代蛋鸡浓缩料产品——“牧冠”牌“618蛋鸡浓缩料”。

到2003年在天津地区及周边地区，“牧冠”牌蛋鸡料成为养殖户心中最值得信赖的品牌，市场占有率达到30%，成为天津地区知名的蛋鸡料品牌、环渤海地区响亮的蛋鸡料品牌。“牧冠”牌蛋鸡浓缩料被天津市政府认定为农业名牌产品，牧丰饲料荣获天津市优秀企业。

2010年公司加大投资，对厂房和设备进行了全面提升改造，全自动电脑配料的生产设备国内领先。为了确保“牧冠”饲料安全高效，建立了标准化实验室，引进先进仪器，对原料进行30多项检测，真正为广大养殖户提供无公害、无药残的绿色饲料。

2012年“牧冠”牌饲料被评为天津市名牌产品。

2015年“牧冠”饲料通过绿色标志认证，成为天津市唯一一家通过绿标认证的饲料品牌。同年，牧丰饲料公司加入天津食品集团大家庭，在全体员工的努力下，“牧冠”饲料已发展到七大系列和80多个品种，“牧冠”饲料在天津市的知名度不断提高，形成以天津为中心，辐射环渤海地区800多个养殖场、规模厂，拥有200多家经销商的营销网络。

公司始终奉行“企业—员工—客户”三方得利的经营理念，努力提高营销人员和养殖户的综合素质，做好服务营销，真正为养殖户解决养殖中存在的实际问题，为养殖户排忧解难，使公司与养殖户的关系由买卖型转变为互利互惠型。面对养殖业受多种疾病困扰、养殖收益日趋下降的严峻形势，牧丰公司下大力度、投入资金，从饲养管理、疾病防治等多方面对养殖户进行指导，同时竭力研制高性价比的饲料进行实验示范推广，使养殖户从中受益，进而实现公司与养殖户的互惠共赢，巩固了公司产品品牌在市场上的地位。

天津牧丰的宗旨“品质卓越，确保安全，完善服务，互惠互赢”，公司将以“安全高效、以人为本”和“客户为中心”作为企业发展的方向，以积极推广安全、环保饲料理念为己任，以提供高效、绿色饲料为使命，服务于养殖业，造福于人类，为保障人类食品安全做出更大的贡献。

稳步发展　开拓创新
诚信为本　互利共赢

——天津市启悦饲料有限责任公司

天津市启悦饲料有限责任公司，于2005年创建，主营配合饲料、浓缩饲料、预混饲料的生产与销售，公司秉承踏实稳健的步伐，坚持“启悦饲料，用心创造”的理念，做好人，做好产品，不断提高了启悦饲料的品牌价值和核心竞争力。

公司现有人员70余人，技术研发团队10余人，市场营销人员50余人。公司拥有技术专家、大学教授的常年指导。公司在2017年取得“天津市示范企业”的称号，2018年被评定为“天津市市级高新技术企业”及“国家级高新技术企业”。作为全市8家市级示范企业之一，属于畜产品供应保障的主要投入品生产企业，2020年被评为天津市第十二批农业产业化经营市级重点龙头企业，并且推选为北京论坛·2020京津冀辽蒙“无抗饲料推荐企业”，在全市“菜篮子”工程中发挥着重要作用。

一、加大投入，全力打造现代化企业

天津市启悦饲料有限责任公司在2014年建立了现代化新工厂，引进世界领先的瑞士布勒饲料生产设备和高标准实验室。公司在不断的发展中发现研发了更宽广的动物营养候选结构性物质，使新产品更科技化、精品化、专业化。并生产出一系列的高端产品结构体系，为动物的营养及健康提供了最优化的解决方案。

二、质量至上，做放心饲料

产品品控作为饲料生产全过程的监控，是品质稳定的保证。饲料是养殖产品达到安全标准的重要关口，饲料工业生产的原材料至关重要。各种原料从来源到原料进厂再到产成品的出厂都有严格的检验流程，拿实际数据结果说话，并常年配备低温库房，保证维生素、乳制品、动物性蛋白等重要原料的储存。从来不使用、不生产不良品，并且做到所有原料和生产产品都会留取样品。因为只有这样才能做出让养殖户放心的好产品。同时公司也可以做到产品生产全程高度自动化、机械化，整体高效整洁，生产车间无粉尘、低噪声。而且还要坚决保证工人的生产安全和身体健康。

三、注重创新，推动可持续发展

启悦自成立至今，其目标是：汇聚一流畜牧人

才，推广一流养殖技术，研发一流动物营养。近年来，启悦在不断地开发新产品、调整更新配方，并生产出不同省区、不同客户需要的差别化升级产品，提供全方位的服务。同时，集团的驻地代表也为每个养殖户准备"客户服务卡"，用来记录养殖户对饲料的需求、每天饲料用量，以便准确、及时地将饲料送到养殖场。公司还会定期组织养殖户参观生产流程、品控管理，邀请中国农业大学教授、韩国饲料营养技术专家进行技术讲座。企业的技术服务人员也会下户了解养殖户对疫病防治等需求，并帮其解决。这使公司的品牌在大家心目中树立了良好的口碑。

启悦坚持顾客至上、质量第一、服务第一的管理理念，不断创新、砥砺奋进和科学发展观念，坚持工艺技术与改革创新，为中国养殖事业、中国的饲料制造事业创造新的奇迹。在不久的将来，启悦集团一定能在产品制造和销售上再创新高！

聚焦反刍动物养殖领域 提供优质产品

——保定伟昌饲料加工有限公司

保定伟昌饲料加工有限公司成立于2009年，位于保定市清苑区北店乡牛庄村，占地面积30亩，建筑面积4 800m²。公司固定资产投资6 500万元，注册资金3 200万元，2015年度、2017年度被评为市级农业产业化重点龙头企业，2017年被评为AAA级信用企业，2018年被评为河北省饲料科技创新企业，2020年度推选为河北省创新型农业企业，2019年和2020年连续被河北省饲料工业协会评为饲料行业十强企业，是河北省专业高档反刍饲料研发、生产、销售，规模奶牛养殖场标准化系统管理和综合服务的现代化大型饲料企业。

一、品质伟昌，聚焦反刍

公司专业生产反刍动物精料补充料及反刍动物预混合饲料，秉承伟昌以客户为中心，聚焦反刍动物养殖领域，坚持整合各种资源，采用顶级技术、服务、生产和提供优质的系列产品。通过打造独特的行业资源和技术优势、为整个产业链和相关产业服务的优秀企业，能够持续输出一流的行业标准、专业技术及管理人才，引领行业持续健康发展。

二、崇尚科技，设备精良

公司本着产品至上、信誉第一的生产理念做良心产品。为了提高产品质量和扩大产能，公司于2014年投资1 000多万元，新上一条年产15万t自动化精料补充料生产线和年产3万t的预混合饲料生产线，实现了电子中控自动生产，品质质量更有保障。保定伟昌饲料加工有限公司建设高标准实验室，主要设备包括高效液相色谱、凯氏定氮仪、粗脂肪测定仪、酶标仪、高速冷冻离心机、分光光度计等。目前能够开展的检测项目包括饲料常规理化、微生物、饲料风险项目、致病菌等多个项目的检测。实现产品质量指标全部检测的综合管理措施，进一步提高了产品质量，提高了产品的市场占有率和美誉度，从市场反馈和业务数据统计分析结果看，产品质量获得了持续改善，畅销河北省大部分地区和周边其他省份奶牛养殖集聚区。

三、质量第一，信誉至上

公司多年来一直秉承"质量第一，信誉至上"的宗旨，始终坚持靠产品质量赢得客户，公司生产的"森阳"品牌系列精料补充料及预混合饲料获得养殖企业的广泛好评和认可。

公司严格执行《饲料安全生产管理规范》，建立了包括原料采购与质量标准等管理制度，加强原料供应商的评价工作和原料质量检测工作；建立了生产过程的关键点风险控制体系、产品质量追溯体系，从每一个生产环节入手，加强内部管控，实现产品的安全生产，做到从原料进厂到产品出厂的全程可追溯；根据奶牛的生理状况制定企业标准并网上发布向社会承诺。公司在内部管理重点工作主要依托ISO9001质量安全管理体系实现，公司早在2011年就通过了ISO9001体系认证，2012年通过了GB/T 22000—2006食品安全管理体系认证，按照成品产品批次追溯到配方中每个原料的批号、数量、生产日期等，也可以按原料追溯到所有本批次原料生产的产品，保证成品质量100%可追溯。几年来一直被蒙牛、伊利乳业有限公司确定为牧场的优秀供应商。

四、玉汝于成，自强不息

保定伟昌以人为本，重视人才的选拔和培养，公司技术骨干分布在多家合作牧场，为客户排忧解难，保驾护航。成立了以"玉汝于成，自强不息"为厂训的技术团队，经过系统培训、培养专业服务人才，同时也帮助客户培养技术和管理骨干。公司与河北农业大学动物科技学院建立了长期稳固的合作关系，聘请河北农业大学教授开展新型饲料产品的研发和试验，保证公司的饲料产品引领饲料行业的最前沿。公司为河北农业大学提供科研基地，安排学生实习，采取走出去、请进来的方法实现了公司产品技术含量的提升，也壮大了公司的科研实力。不断提升公司的技术实力，研发新产品，提高产品的市场竞争能力。通过这几年的合作，已经成熟开发了涵盖奶牛、肉牛、肉羊等畜种的系列精料补充料、浓缩饲料的新品种及预混合饲料共10多种，公司的技术服务团队也从零发展到现在的18人。拥有多项知识产权，其中起到核心作用的知识产权6项，发布了6项软件著作权，促进了科技成果的转化，同时又促进知识产权的积累，合理、有效地培植技术资源。

五、加大投入，科技创新

创新销售模式，走出过去固有的生产和销售模式，优质服务营销成为饲料企业新的盈利模式，我国养殖业正处于规模化养殖快速发展与大量散养户并存的特殊时期。对于倾向于稳定饲料供应商的养殖场，饲料企业为其提供饲养方式培训、疫病咨询等配套服务，采取服务营销的商业模式，有利于提升客户品牌忠诚度，推广高端产品，提高产品附加值。饲料企业专业技术和营销人员从只接触经销商到深入养殖户，与养殖户建立稳定的互惠合作关系，成为发展创新。公司把过去的只生产饲料和销售饲料改为“服务+销售”，给奶牛养殖场提供制作“青贮饲料”服务、“饲料原料”检测服务、牛场的“奶牛线性鉴定和育种”指导服务、奶牛“修蹄”服务等综合的服务项目。通过一系列的服务提高企业在养殖场的信誉度，增加企业的饲料销售。

创新产品。依托河北省奶牛创新团队和国家奶牛创新团队的保定站技术优势，把最新的技术应用于饲料生产中来，生产出过硬的饲料产品服务于广大养殖场、养殖户，使奶牛养殖场获得更高的经济效益。采用阴离子盐技术和围产期低钙日粮技术解决奶牛围产期的产后瘫问题，有效地延长了奶牛的利用年限，推进奶业振兴。

创新利益联结机制。公司是定州伊利、望都蒙牛牧场的优秀供应商。为了解决奶牛养殖场的资金短缺问题，利用公司的信誉给养殖场担保解决资金短缺问题。由乳企公司奶款担保给养殖场款期，最后由乳业公司奶款扣除，解决了养殖场的短期资金问题，使得奶牛养殖场、公司及乳企的正常生产和运行，建立了良好的利益联结机制，共同获得发展和壮大。

六、兴农报国，成就自我

作为农业产业化龙头企业，要想取得大的发展，真正起到龙头带动作用，我们认为必须加强管理，建立一套现代化的企业管理制度。因此，在工作中，保定伟昌逐步规范了企业管理制度。在管理上，进一步深化人事用工制度改革，对部分中层干部实行聘用制，竞争上岗。通过对应聘者笔试、演讲、民主评议和组织审核等考核，选拔出了一支政治素质好、技术服务强、业务水平高、工作能力过硬的管理队伍，使管理水平和工作效率得到进一步提高。搞活了企业的运行机制，从而保证了企业的健康、快速发展，为农业产业化工作的开展奠定了基础。

通过各种途径积极联系养殖专家对所服务的对象进行培训，提高了广大养殖场和专业户的养殖水平，养殖场和专业户的经济效益大幅提升；发挥了龙头企业的带动作用，促进了本地区奶牛及肉牛的养殖水平；强化了养殖场和乳企的利益联结机制，乳企、饲料生产企业、养殖场结成了利益的联合体。保定伟昌每年生产的大量饲料以优惠的价格供应给养殖场，使得养殖场获得了更好的经济效益，建立目标一致、分工协作、优势互补、利益共享的产业合作关系，使生产和加工联结成一个有机的整体。在今后的工作中，将继续以产业化工作为重点，在搞好企业发展的同时，继续为养殖场户提供各种服务，帮助养殖场制定发展规划，处理养殖场在发展中遇到的困难，并通过召开座谈会、流动观摩会等形式加强与乳企及养殖场户的沟通，取长补短，搞好合作，共同发展。每年能够带动近60余家规模奶牛养殖场和160家肉牛、肉羊养殖场户增加纯收入2 520万元。

以“兴农报国，成就自我”作为使命的伟昌人，在张永伟先生的带领下，秉承着创业时的艰苦奋斗与自强不息的拼搏精神，正在向着建设河北大规模的农牧产业化企业的目标大步迈进。

专注宠物食品智造
让天下爱宠享受健康美味食品

——华兴宠物食品有限公司

华兴宠物食品有限公司位于河北省邢台市南和区，注册资本6 000万元，公司秉承为宠物提供营养、健康、安全的食品为己任，专注于犬猫粮的研发、生产和销售。已通过ISO9001质量管理体系认证和ISO22000食品安全管理体系认证。

公司发展历史可追溯至1996年，最初从事蛋禽饲料生产，2006年成功转型到宠物食品行业。经过10多年的积累与发展，公司核心竞争力不断增强。目前厂区占地14万多m^2，建筑面积达17万余m^2，年产能27万t，公司现有员工700余人。

公司设有独立的华兴营养研究中心和1 300余只犬猫的华兴宠物饲养试验基地，2015年与中国农业科学院饲料研究所共建宠物营养研究中心；2006 年联合邢台学院美术与设计学院合作，2019 年与邢台学院联合创办华兴设计学院；2019 年与安琪酵母在研发层面达成战略合作；2020 年与邢台学院生物科学与工程学院联合创建博士实验平台，目前研究中心饲喂 1 300 余只犬猫，提供大量的实验数据，支撑公司产品的创新和实验成果的落地，并在国家核心期刊发表论文 10 余篇，获得国家专利 35 项。

公司先后荣获国家级“高新技术企业”“2016 全国十强宠物饲料企业”“PFA2019 年度中国质造大奖 TOP10”“河北省农业产业化重点龙头企业”“河北省饲料行业科技创新企业”“河北省企业技术中心”“河北省饲料行业十强企业”“PFA2020 年度中国质造大奖 TOP10”“2020 中国宠物行业年度标杆品牌”“2020 年全国十强宠物饲料企业”等荣誉称号。

公司生产设备采用国际国内一线品牌；生产过程建有完善的品控检测系统，可检测项目 126 项，常规指标均已实现在线监测。公司建有独立的冷鲜肉加工车间，冷库容量 13 000m^3，日处理冷鲜肉 300t，加工好的鲜肉 24h 内随产随用，不锈钢管道直接输送到生产车间，全程无缝隙，保证食材的干净卫生。

公司建有独立粮仓，储存能力达 11 000t。设计 1 条时产 15t、2 条时产 10t、2 条时产 5t 和 2 条时产 2.5t 的生产线。主车间采用 7 层结构，引进国际领先的瑞士生产设备，主要生产工艺为粉碎、混合、配料等。挤压车间全部引进瑞士布勒生产设备，技术水平国际领先，主要生产工艺为膨化、烘干、喷涂等。生产线上安装近红外，可以在线监测产品质量。

公司包装车间引进 ABB 公司机械手，日本通用公司和沧州朗锐公司包装机，由中亚集团总装，流水线用机械手替代人工操作，基本实现全自动化生产。

成品库可储存成品 2 万 t，产品采用袋装和箱装两种方式，实行托盘放置、挂牌管理，方便存放和发货，装车区配套安装 5 条装车线，日出货能力可达 2 000t。公司发展至今，旗下产品“奥丁”“迪尤克”“力狼”“朗仕”“冠邦”“爵加”已经成为国内市场上知名品牌，产品销售遍布全国各地。现已形成干粮、湿粮、处方粮、保健品、零食、猫砂等多品类产品布局。

奥丁是公司第一个品牌，2016 年 10 月 1 日上市，以物超所值的高性价比定位，并先后被评为河北省著名商标、中国驰名商标。奥丁旗下有奥丁经典、奥丁西餐厅、奥丁无谷、奥丁膳食、奥丁零食等系列。

迪尤克是公司 2007 年推出的第二个品牌，旗下有迪尤克经典、迪尤克递乐、迪尤克无谷、迪尤克膳食、迪尤克零食等系列。

力狼是公司 2008 年 11 月 1 日推出的主打技术与品质的第三个品牌，力狼旗下有力狼经典、力狼蘑菇、狼部落、力狼 e 族、狼道、力狼无谷、好多肉、力狼蔬菜、力狼零食、力狼优加等系列。

朗仕是 2011 年 2 月 21 日推出的第四个品牌，其技术、配方、生产工艺各方面有了质的飞跃，朗仕旗下有朗仕经典、尚朗、朗仕无谷、朗仕膳食、朗仕零食等系列。

冠邦是公司的第五个品牌，在生产工艺、管理体系方面更加精细化，产品配方更加完善，系统打造全新的营养理念。

爵加是公司第六个品牌，由公司研发团队结合国内知名动物营养学家倾心打造宠物食品，倡导宠物精细化食品新理念。经过公司研发团队的不懈努力，2017 年犬美毛功能粮、犬肠道功能粮、犬减肥处方粮、猫泌尿道处方粮正式投放市场。

为了更好地服务线上消费者，2018 年公司在杭州组建独立的电商团队，目前已形成近 200 人的运营、仓储、客服团队。郑州仓储面积达 6 800 余 m^2，办公场地近 2 000m^2。

公司不断创新，加强服务，始终把客户的需求放在首位；关注员工，使每个华兴人都能够得到发展的机会；践行勤奋务实、创新争优、坦诚互信、合作共赢的价值观。提供物超所值的产品，与合作伙伴共同成长，创造平等的发展空间，公司聚焦宠物营养，专注宠物食品制造，用严谨的态度、先进的工艺、科学的管理、一流的专业精神，确保每一粒粮食出厂安全，让天下爱宠享受健康美味食品！

大力提升服务质量
全力服务于水产养殖行业

——唐山三发普林饲料有限公司

唐山三发普林饲料有限公司成立于 2004 年 1 月，前身是成立于 1989 年的外资企业三丰饲料厂，公司总投资 7 000 万元人民币，注册资本 1 000 万元，占地 40 亩，年生产能力 16 万 t，拥有员工 70 多名，其中高级水产工程师 1 名，水产师及畜牧师、工程师 5 名，各类专业技术人员 20 多名。

公司坐落于河北省唐山市滦南县安各庄镇，地处渤海湾，濒临唐港高速公路，与天津港、秦皇岛港、曹妃甸港、京唐港咫尺之遥，地理位置优越，交通发达。便利的交通与公司健全的营销网络顺畅连接，促进了公司业务在河北、天津、山东、江苏、辽宁等广大地区纵横往来。公司产品已打入国际市场，远销东南亚，开创了河北省同行业中饲料产品出口的先河，公司产品受到了国内外用户的青睐。

公司是集研发、生产和销售为一体的配合饲料生产企业，采用国内外最先进的饲料成套生产设备，主要生产鱼虾系列水产配合饲料、膨化饲料及畜禽（鸡料）料。共有7条生产线，其中5条水产料生产线、1条膨化料生产线、1条畜禽料生产线。公司从事虾饲料生产近30年，为北方第一虾料品牌，产品销量与质量一直处于市场前列。

公司产品原料配比科学，工艺先进合理，采用超微粉碎，细度可达100目以上，制粒机调质均匀，后熟化效果好，在不加任何化学合成黏合剂的情况下，水中稳定性可达2h以上，这样既有利于鱼虾的消化和吸收，同时又降低了饵料系数，提高了养殖回报率。公司坚持“求大、求强更求长远”的发展理念，严把质量关，狠抓产品质量的监督、监控力度，把质量工作贯穿到整个产品的加工过程，从原料进厂到产品出厂各个环节严格把关，严格按照质量要求完成各环节的工作，真正做到不合格的原料不进厂，不合格的产品不出厂。

公司拥有一支高素质的研发队伍，设有国内先进水平的品控中心，配备先进的检测化验设备，技术经理在2016年第一批首席质量官培训中，通过考核并取得证书，严格执行《饲料质量安全管理规范》，建立从产品设计、原料进厂、生产加工、出厂销售到售后服务的产品全程控制及追溯体系，在做大、做强现有产品的同时，注重产品工艺研发，不断更新配方，吸收世界先进科技成果，不断提高完善自我，与多家相关科研院所及高等农业院校长期保持合作关系，共同研制开发具有先进水平的饲料产品，确保公司的产品保持领先水平，使产品具有营养全面均衡、适口性好、饲料效率高、水中稳定性好等特点，用质量和信誉赢得客户、占有市场。

质量是企业的生命，是品牌的基础，是消费者利益所在。品牌是质量的集中体现，是企业竞争力的综合反映，是社会给予的无上荣誉。公司生产经营注重产品质量，严格执行质量监督局核发的公司执行标准，在2017年11月通过ISO9000质量认证，每批产品通过技术品控部检测化验，合格后方能出厂，不合格产品不出厂。公司秉承“至诚至精、追求卓越”的经营理念，以“诚信并重、顾客为本”为经营宗旨，严格遵守国家法律法规，建立完整的检验、检测体系，设有专门的品控中心化验室，配备先进的检测化验设备，履行严格的进出厂检验和产品质量过程控制制度，确保生产销售一流的饲料产品。并与多所高等农业院校及科研单位紧密联系，通过饲料管理部门的指导，依据饲料法律、法规，吸收世界先进科技成果，不断提高完善自我，使生产出来的产品质量稳定，饲料转化率高，用质量和信誉赢得客户、占有市场。

为切实保证产品质量安全，保证广大用户利益，维护品牌产品的信誉，公司重点从以下几方面做起。

一、履行质量主体责任，坚持诚信经营

强化质量与品牌意识，切实担负起质量安全主体责任，不断加强质量诚信体系建设，将履行质量承诺、恪守质量信用作为企业经营发展的基本准则，让诚信经营成为全体员工的共同理念。

二、遵守法律法规，维护消费者权益

自觉遵守国家有关法律法规，做到证照齐全、合法生产，保证产品质量符合国家有关标准要求。坚决抵制和杜绝假冒名优产品、以次充好、虚假宣传等侵害消费者权益的行为。

三、严格质量管理，不断追求卓越

三发普林公司是首批《饲料质量安全管理规范》示范企业，全体职工牢固树立“质量第一”的经营思想，大力弘扬精益求精的“工匠精神”，注重提升企业信誉和品牌形象，积极采用先进的质量管理方法，加强质量改进和质量攻关，注重技术创新和管理创新，生产过程全部微机控制，采用超微粉碎、膨化后熟化、油脂后喷涂等国际先进工艺。2016年自动缝包机、码垛机的使用，减少了劳动用工，节省了成本。全面加强生产过程质量控制，自觉实施节能减排措施，向广大消费者奉献优质放心产品。

四、加强企业自律，共创良好环境

坚持公平竞争原则，不侵害其他企业的合法权益。遵守市场经济秩序，不参加违法违规乱评比活动，不做虚假宣传，拒绝和抵制各种损害企业、消费者利益的不轨行为。

五、珍惜品牌荣誉，强化品牌管理

主动参与配合对产品满意度的走访、调查等活动，定期反馈企业质量、管理、技术、发展信息。自觉接受监管部门的监督管理，坚决杜绝出现违法生产经营、严重产品质量问题和质量失信行为。

六、注重品牌建设，增强发展后劲

进一步夯实发展基础，加大品牌建设投入，壮大品牌实力，增强创新能力。积极参加质量提升、品牌培育、品牌宣传展示等活动，加强对标学习交流，争创更多的名优产品，切实发挥示范带动作用，帮

助更多的企业争创名优品牌，为促进转型升级和供给侧结构性改革，建设经济强省、美丽河北做出更大贡献。

公司注重品牌效益，先后荣获多次殊荣：2012年“SF”牌商标被河北省工商管理局评为“河北省著名商标”，2015年延续认定；荣获2014年科技进步三等奖；荣获2015年河北省饲料企业科技进步奖；2015年被河北省科技厅评为河北省科技型中小企业，2018年延续；2016年产品被河北省技术监督局评为“河北省优质产品”，获2017年河北知名品牌；在同行业中荣获“河北省饲料行业十大明星企业”及“河北省饲料企业三十强”称号；2020年1月被唐山市人民政府认定为唐山市农业产业化重点龙头企业；公司有发明专利7项，实用新型专利6项。

公司认真贯彻农业产业化发展战略，积极引导广大养殖户由成本高、易污染水质的鲜活饵料向低成本、高效益的合成饲料迈进，极大地推动了海水养殖及饲养模式的转变，带动广大养殖户提产增效。公司科学运作资产，千方百计谋求发展，本着对用户高度负责的责任感，制定“差异化”发展战略，在做大、做强现有产品的同时，注重产品工艺研发，不断更新配方，并逐步研制牙鲆、河豚、鲟等特种、高档海、淡水鱼饲料。

公司科学运作资产，千方百计谋求发展，在做大、做强现有产品的同时，正在研制牙鲆、河豚、鲟等特种、高档海、淡水鱼饲料。公司拥有健全的销售网络，虾料等产品受到了国内外用户的青睐，销量逐年提高。

科技创新是企业发展的保障，在技术经理的带领下，2020年成立水产饲料研发中心，并同中国农科院饲料技术创新团队合作，携手中国—挪威鱼类消化道微生态联合实验室，开发新的无抗鱼虾无忧系列功能性饲料产品，致力于改变对虾养殖现状，推动中国绿色、无抗、可持续养殖而努力。基地先行试验，选择最适合北方养殖的技术，邀请国内外专家，携手中国水产频道在营口、天津、唐山、滨州、青岛等地举办对虾养殖变革会议，又在天津、莱州、营口、连云港等地举办技术交流会，为水产养殖行业贡献自己的一份力量。加强科技创新的同时，加大市场服务，及时跟踪新产品效果，发现问题及时从配方、原料各方面进行调整，已达到帮助养殖户增收增利的效果。

2020年公司新增畜禽线一条，年产量6万t，解决了水产饲料冬季半年闲的难题。2020年公司固定资产5 898万元，产量57 000t，实现销售收入28 184万元，利税142万元。

作为一个传统的饲料企业，三发普林秉持一贯的至诚至精，追求卓越的精神，在饲料板块努力做出更适合养殖的饲料，又大力提升服务质量，全力服务于水产养殖行业。每年在全国各地组织十余场技术交流会，为广大养殖户带来每年最新养殖行情、养殖技术、苗种信息等。

三发普林公司将在广大养殖户的支持下，以饱满的热情勇立潮头，把优质的饲料奉献给广大养殖户朋友，为养殖业的繁荣和发展做出贡献。

日新月盛　气象万千

——山西大禹生物工程股份有限公司

“白日依山尽，黄河入海流。欲穷千里目，更上一层楼。”千里大河一路奔腾而来，继而掉头东去。水流如带，奔流不息，洪波渺渺，气象万千。在晋陕豫三省交界的山西芮城，大禹生物正以全新的技术体系和服务模式，在产品研发和应用技术的两端，伸展全新的触角，汇入无抗饲料时代洪流，勇立潮头，一路向前。

2020年11月，国家级专业特新“小巨人”企业、2020二十强饲料添加剂企业、山西省智能制造试点示范企业、山西省制造业企业100强、山西省企业技术中心、山西省质量奖提名奖等荣誉纷至沓来，是大禹生物近期发展的侧影。专注生物应用技术，大禹生物在成立5年来，收获了丰硕的成果。

回到2017年9月9日，国家会议中心，由大禹生物承办的全国绿色养殖发展大会盛大启幕。一个聚集畜牧行业高层领导、专家学者、忠诚用户等6 000余人参加的行业盛会，再一次让大禹生物站立在行业的面前，让饲料行业再次审视这个新起之秀。大禹生物掀起了绿色养殖的热潮，用技术实践引导绿色养殖的行业新风。大禹生物用阿米巴终端技术方案服务，坚守在28个省1 000多个县，为50 000多名基础用户提供全天候绿色养殖技术指导。两个线上平台，一群专业技术老师，800个驻守阵地的服务经理将生物应用新技术和对养殖事业的热爱倾心传递。在养殖人的心里，大禹生物的橙色军团是一个值得信赖的合作伙伴。

2018年10月，技术研发中心投入运营。FUS全自动代谢流发酵系统、液相色谱仪、气相色谱仪、质谱仪、原子荧光色谱仪、ICP-MAS、仿生消化仪等大型设备陆续开始运行。微生物实验室、过程实验室、精密实验室、理化分析室设备配置精良，以李德发院士工作站专家团队为核心，汇集中国农大、农业农村部饲料工业中心、国家饲料工程技术研究中心多位知名教授组成专业的技术团队，在益生菌、酶制剂、抗菌肽、发酵中药、生物饲料、生态养殖及特色食品等方面展开研究。大禹生物技术研发平台跨入全新时代。

在研发中心西侧，全新的发酵生产线开始奠基动工，历经15个月建设形成生物工程领域规模化智能制造产业示范基地。生产线包含两套完全独立发酵提取包装系统。配备在线监测分析温度、转速、通气流量、罐压、消泡、pH、溶解氧浓度（DO）、排气CO_2和O_2等10多个发酵参数。通过远程通信的异地数据采集，实现发酵过程远程分析，保证了产品的优良品质。

生产线建设体现更智能、更节能、更环保、更有效等特点，是国内重要的规模化功能性微生物饲料添加剂生产基地之一，是我国生物技术发展水平的重要代表。

2020年3月，新冠疫情还处于紧张阶段。发酵生产线一次试车成功，并全力投入生产运行。至此，大禹生物主营业务形成兽药制剂、混添制剂、微生态制剂和检验检测四大板块。市场结构也随之扩展到养殖企业、动保企业和饲料企业，业务范围的扩张是综合技术实力提升的具体象征。做全球最好葡萄糖氧化酶成了吹响向高端产品市场进军的号角。

时隔10日，9月9日，行业另一个大型技术研讨会——全国绿色养殖发展大会在大禹生物召开。如果说饲用微生物应用技术高峰论坛是大型畜牧饲料企业间的技术对决，那么这次的全国绿色养殖发展大会则是中小型养殖企业新技术、新方法、新思路的饕餮盛宴。总结大禹生物“菌酶药肽”技术体系应用大数据，注重实际养殖经验分享、引领绿色养殖新模式。会议专家通过具体实例，把生产效率与品质提升充分结合，验证生物应用技术代替抗生素的实际应用效果，为行业的规范、持续发展树立标准，让更多的中小养殖企业参与到无抗养殖的实际行动中来。全国各地实际养殖人员3 000人与会，对技术与收益的共同提升有着现实的指导意义。

大禹生物专注于生物应用技术，以生物饲料添加剂为主营业务，开发系列酶制剂和益生菌产品，主要产品是葡萄糖氧化酶、甘露聚糖酶、木聚糖酶、淀粉酶及微生态制剂等。院士专家团队利用基因工程对葡萄糖氧化酶生产菌株进行基因改造，赋予其耐高温特质，满足全价饲料的生产工艺要求，在行业中处于领先水平。

运用菌酶药肽技术体系，根据不同动物不同时期的生理特征和营养特点设计出对应的专用产品，开发出了系列复合产品。调节动物肠道菌群，提高饲料利用率，改善动物的脏器功能，改善微循环，加快机体新陈代谢，增强自身免疫功能，提高抗病能力及生产性能，养好动物内外两个环境，建立生物预防屏障，改善肉蛋奶品质，提高食品安全水平。

全国5万多个基础用户的实践验证，大禹生物系列产品在促生长、增免疫、替代抗生素、提高肉蛋奶品质等方面效果显著。公司建立的“阿米巴”技术方案服务体系、“same”质控体系和二维码追溯系统，让每一件大禹产品从原料到生产、运输、应用都具有唯一的二维码信息。通过技术方案和“惠牧云”线上服务模式，从生物防控、饲料科学、动物营养、营养免疫、产品设计等多方面开展应用服务。

一个技术型注重实效的责任企业永不放弃的是创新，大禹生物经历了技术创新与模式创新的涅槃，正在脚踏实地，用实际效果引领促进更多合作伙伴走向更高层次的创新，为企业的快速发展奠定道路。

运用品质加服务模式，优先运行终端技术服务体系，以优良的产品品质和贴心的方案技术服务赢得市场的认可。在复杂的应用环境中，提炼出生物应用技术的核心，为同行业提供方案输出，为更多转型企业提供方案参考，为更多扎根于无抗饲料的业界同仁创造更多的利润空间和市场机会。大禹生物有这样一群人，把多年努力奋斗得来的生物应用技术体系的设计、标准、服务体系与行业共享，共同推动无抗养殖新时代动物生产性能和养殖效益品质的共同提升。

大禹生物的创新发展走出了一条从技术创新到体系创新、从产品创新到标准创新、从应用创新到服务创新的品牌创新发展之路。实践证明，进步创新是大禹生物发展的基础和保障。在未来，创新更是大禹生物走出国门，走向更高技术平台的强大力量。

以食品安全　生物安全为中心

——牧原食品股份有限公司内蒙古区域

一、公司概况

牧原食品股份有限公司（以下简称“牧原股份”或“公司”）（股票代码：002714）是一家集约化养殖规模居全国前列的大型农业产业化国家重点龙头企业。公司始建于1992年，注册资本22.05亿元，主营业务为生猪养殖与销售，主要产品为种猪、商品猪和仔猪。

牧原股份内蒙古区域截至目前共成立11家子公司，分布在4个市9个县，其中养殖类子公司（奈曼牧原、开鲁牧原、敖汉牧原、翁牛特牧原、扎旗牧原、科左中旗牧原、扎赉特旗牧原、乌拉特牧原、科右中旗牧原）主营业务为生猪养殖与销售，主要产品为种猪、商品猪和仔猪。屠宰类子公司（奈曼牧原肉食、开鲁牧原肉食）主营业务为生猪屠宰及肉制品的生产与销售，通过介入下游生猪屠宰行业，打开了育、繁、养、宰、销一体化战略发展新局面。

自2016年牧原股份在内蒙古区域成立以来，牧原凭借自身优势，紧抓市场机遇，不断扩大生产规模，实现公司稳步发展。

截至2020年12月31日，经营数据详（表1）。

表1　牧原股份内蒙古区域经营情况

区域	子公司	总资产（亿元）	资产负债率（%）	已具备产能（万头）		总投资（亿元）	出栏量（万头）	员工人数
				育肥	母猪			
通辽	奈曼	23.31	33	63.75	2.85	11.38	54.65	1 352
	开鲁	15.72	28	89.50	3.83	12.23	59.25	1 385
	扎旗	5.76	47	27.50	1.15	4.53	9.74	579
	科左中旗	9.26	42	43.75	1.70	5.38	15.34	587
赤峰	敖汉	12.88	25	60.00	2.40	9.39	46.99	1 165
	翁牛特	18.44	22	82.75	3.55	15.32	57.99	1 300
兴安盟	扎赉特旗	3.52	50	20.00	0.80	2.80	0.00	252
	科右中旗	0.69	57	8.00	0.00	0.55	0.00	84
巴彦淖尔	乌拉特	1.96	35	5.00	0.10	1.44	0.00	288
	总计	91.54	32	400.25	16.38	63.03	243.97	6 992

牧原股份内蒙古区域饲料厂目前有7家饲料厂，分布在3个市7个县，其中奈曼牧原年产60万t饲料，开鲁牧原年产24万t饲料，科左中旗牧原年产30万t饲料，扎旗牧原年产30万t饲料，敖汉牧原年产45万t饲料，翁牛特牧原年产60万t饲料，扎赉特牧原年产30万t饲料。

二、内蒙古区域饲料厂经营情况

1. 奈曼牧原饲料厂建设年产60万t饲料项目，占地面积119.2亩，全部工程于2020年9月30号运营投产，年消耗45万t玉米、6万t豆粕，饲料厂现有员工141人，设有生产车间科、品管科、采购科、仓储科、货运车队、办公室、生物安全等科室，公司引进瑞士布勒全自动配合饲料生产线，预混料生产线，年产配合饲料18万t，年产预混料6万t，全套采用布勒饲料生产工艺。主要设备有混合机、制粒机、膨化机、粉碎机，全程自动化控制。年产18万t的颗粒保育配合饲料加工车间，从原粮采购至饲料加工实现全程可控智能化操作，可供应550万头生猪养殖规模。

开鲁牧原饲料厂建设年产24万t饲料项目，占地面积122.9亩，全部工程于2020年5月运营投产，年消耗16.8万t玉米、2.4万t豆粕，饲料厂现有员工72人，设有生产车间科、品管科、采购科、仓储科、货运车队、办公室、生物安全等科室，公司引进瑞士布勒全自动配合饲料生产线，预混料生产线，年产配合饲料8万t，年产预混料2.5万t，全套采用布勒饲料生产工艺。主要设备有混合机、制粒机、膨化机、粉碎机，全程自动化控制。年产18万t的颗粒保育配合饲料加工车间，从原粮采购至饲料加工实现全程可控智能化操作，可供应220万头生猪养殖规模。

2. 科左中旗牧原饲料厂建设年产30万t饲料项目，占地面积50.38亩，全部工程于2020年10月运营投产，年消耗22万t玉米、3万t豆粕，饲料厂现有员工40人，设有生产车间科、品管科、采购科、仓储科、货运车队、办公室、生物安全等科室，公司引进瑞士布勒全自动配合饲料生产线，预混料生产线，年产配合饲料9万t，年产预混料3万t，全套采用布勒饲料生产工艺。主要设备有混合机、制粒机、膨化机、粉碎机，全程自动化控制。年产9万t的颗粒保育配合饲料加工车间，从原粮采购至饲料加工实现全程可控智能化操作，可供应412.5万头生猪养殖规模。

3. 扎旗牧原饲料厂建设年产30万t饲料项目，占地面积63.63亩，全部工程于2020年11月运营投产，年消耗22万t玉米、3万t豆粕，饲料厂现有员工65人，设有生产车间科、品管科、采购科、仓储科、货运车队、办公室、生物安全等科室，公司新建配合饲料生产线一条。全套采用布勒（常州）机械有限公司生产工艺，现拥有一条高档饲料生产线。主要设备有混合机1台、粉碎机2台，筒仓总库容13 300t，有日产800t配合饲料生产线，全程自动化控制。现已建成年产30万t的颗粒配合饲料加工车间，是“牧原高品质猪肉”供应链中的重要一环。

4. 敖汉牧原饲料厂建设年产45万t饲料项目，占地面积89.96亩，预计2021年6月份进行投产运营，年消耗33.75万t玉米、4.5万t豆粕，饲料厂现有员工64人，设有生产车间科、品管科、采购科、仓储科、货运车队、办公室、生物安全等科室，公司引进瑞士布勒全自动配合饲料生产线，预混料生产线，年产配合饲料13.5万t，年产预混料4.5万t，全套采用布勒饲料生产工艺。主要设备有混合机、制粒机、膨化机、粉碎机，全程自动化控制。项目建成可供应412.5万头生猪养殖规模。

5. 翁牛特牧原饲料厂建设年产60万t饲料项目，占地面积82亩，全部工程于2019年5号运营投产，年消耗45万t玉米、6万t豆粕，饲料厂现有员工141人，设有生产车间科、品管科、采购科、仓储科、货运车队、办公室、生物安全等科室，饲料生产设备包括60万t饲料加工设备、空气动力系统、粮食输送设备、锅炉及其他附属生产设备，公司引进瑞士布勒全自动配合饲料生产线，预混料生产线，年产配合饲料18万t，年产预混料6万t，全套采用布勒饲料生产工艺。主要设备有混合机、制粒机、膨化机、粉碎机，全程自动化控制。年产18万t的颗粒保育配合饲料加工车间，从原粮采购至饲料加工实现全程可控智能化操作，可供应550万头生猪养殖规模。

6. 扎赉特牧原饲料厂建设年产30万t饲料项目，占地面积100亩，全部工程于2020年4月开工建设，预计2021年6月份进行投产，项目建成后年消耗22万t玉米、3万t豆粕，建设生产车间科、品管科、采购科、仓储科、货运车队、办公室、生物安全等科室，建设为30万t饲料加工设备、空气动力系统、粮食输送设备、锅炉及其他附属生产设备。项目建成后可供应225万头生猪养殖规模。

三、发展的典型经验

公司以完善的管理体系和责任制度以确保从原料采购到出厂各个环节的质量控制。公司化验室设置有天平室、高效液相室、原子吸收室、前处理室、留样观察室，配备有高效液相色谱、原子吸收分光光度计、恒温干燥箱、高温炉、样品粉碎机、标准筛等检验化验设备，可满足保育料进厂及产品出厂检验项目要求。公司对原料的评定、采购、质量控制和存储制定有完善的质量管理制度，对进厂原料进行百分之百检测及记录，拥有原料采购合同，确保原料的来源可追溯；生产现场配备现场品管人员对生产过程进行控制；饲料配方管理制度，配方实行专人管理，并制定有不合格产品管理制度、现场巡视制度、产品检验和出厂管理制度，确保公司产品检验合格方能出厂并可追溯。

四、2021年重点工作

牧原股份内蒙古区域饲料厂是以食品安全、生物安全为中心的大型饲料加工厂，拥有一批高素质的技术人才队伍、精湛的饲料生产技术、严格的质量控制程序。饲料厂在加大设备投入的同时不断加强人员专业能力的培训，致力打造一支专业能力过硬、素质更高的团队，提高饲料厂管理、加工水平。公司已建立起常态的人才交流机制，与国内、国际优秀的专家团队紧密合作，加速公司在生产技术、企业管理方面的国际化进程。

（一）切实落实岗位职责，认真履行本职工作

切实落实岗位职责，认真履行本职工作。把工作责任、岗位职责落实到每个饲料厂负责人，做到严格遵守公司各项制度，做到安全生产以及产品质量的把控，明确生产任务，生产流程实行专人管理，并制定有不合格产品管理制度、产品检验和出厂管理制度，确保公司产品检验合格方能出厂并可追溯。

（二）成本管理控制

针对当前原粮的价格趋于，对饲料的成本各项指标进行分析，让成本更加可控化，对于饲料原材料玉米，研究其替代品的其他原材料，做到原材料成本控制，饲料厂班组将成本指标分解到个人，让组员参与到成本控制中，控制成本。

（三）团队人员建设及研发工作

各个饲料厂要建设团队，公司人力资源部统一校园招聘专业对口的高质量人才，并组织专业技能方面的精准培训，实行优胜劣汰、竞聘上岗的人才管理制度。并引进国际先进的生产设备，提高产品的技术和行业的领先地位，加强国内外高等院校及相关科研机构的合作。研究动物营养与饲料科学等专业知名的专家从事营养研发等工作。

五、突出成果

牧原股份内蒙古区域2020年出栏量为243.97万头，消化本地玉米量为292万t，提供就业岗位7 000人，带动产业扶贫100人，其中奈曼牧原、开

鲁牧原、翁牛特牧原、敖汉牧原被评定为自治区级龙头企业，开鲁牧原成功申报国家级非瘟无疫小区。

六、重要事件

(1) 奈曼牧原饲料厂第一期工程年产 30 万 t 饲料，2018 年 10 月正式投产，二期工程于 2020 年 9 月投产，至此奈曼牧原饲料厂年产 60 万 t 饲料加工项目已全部投产运营。

(2) 开鲁牧原饲料厂年产 24 万 t 饲料，2019 年 4 月份开工建设，2020 年 5 月投产运营。

(3) 科左中旗牧原饲料厂年产 30 万 t 饲料，2019 年 10 月份开工建设，2020 年 10 月投产运营。

(4) 扎旗牧原饲料厂年产 30 万 t 饲料，2019 年 9 月份开工建设，2020 年 11 月投产运营。

(5) 翁牛特牧原饲料厂年产 60 万 t 饲料，2019 年 5 月投产运营。

(6) 2021 年 2 月奈曼牧原、开鲁牧原、敖汉牧原、翁牛特牧原被自治区认定为自治区级龙头企业，开鲁牧原成功申报国家级无非洲疫情小区。

七、改革措施

公司以完善的管理体系和责任制度来确保从原料采购到出厂各个环节的质量控制。公司化验室做到检验检进厂及产品出厂检验项目要求。公司建有完善的质量管理制度，以及对原料的评定、采购、质量控制和存储有关的管理制度。对进厂原料进行百分之百检测及记录，拥有完善的原料采购合同，确保原料的来源可追溯。

八、新情况新问题

新情况：针对原粮玉米价格的幅度上涨，市场需求大，做好相应的措施，做好成本分析，保障饲料原材料供应以及各个饲料厂的顺利运营。

新问题：

(1) 检验饲料养殖端替抗成效，替抗产品方案能够实现有效性，既能满足肠道健康、呼吸系统健康，又能达到免疫健康。

(2) 推动建设符合未来绿色发展的新的精确营养体系支持。2020 年生猪产能回升，行情稳步回落是大趋势，动物营养必然要符合降本增效的需求。既要有效，还要有效益。饲料替抗要回归到动物营养的定位上来。原有的饲料营养标准、企业营养数据库等必须逐步融入绿色产品，形成新的精准营养配方体系。

(3) 倡导新的业界生态，从行业专家、知名企业、规模化养殖企业共同探讨挑战与机遇，养殖端的环境管理、疾病净化、营养保健、饲喂模式等实现与饲料端的配合，推动动物营养业界融入动物疾病净化体系、生物安全体系、优质肉蛋奶食品安全溯源体系的闭环中。

打造中国反刍动物饲料第一品牌

——内蒙古蒙泰大地生物技术发展有限责任公司

一、公司简介

内蒙古蒙泰大地生物技术发展有限责任公司成立于 1996 年，是由北京九州大地生物技术集团股份有限公司与内蒙古自治区农牧业科学院共同投资兴建的现代化高科技饲料生产企业，2009 年公司迁址于和林格尔县盛乐经济园区，现建有反刍动物草食家畜精料补充料浓缩饲料生产线、发酵饲料生产线、反刍动物复合预混料生产线、畜禽复合预混料生产线。

公司拥有理念一致、勤奋敬业、专业精湛的专业化、年轻化、职业化的管理、研发、生产、营销、技术服务团队，完善的管理流程及完备的饲料检测设备及手段。通过了 ISO 9001 质量管理体系及 ISO 22000 食品安全管理体系认证，是内蒙古自治区农牧业产业化重点龙头企业、内蒙古自治区《饲料质量安全管理规范》示范企业、内蒙古自治区饲料工业协会副会长单位、中国饲料工业协会团体会员。所生产产品的使用范围涉及奶牛、肉牛、肉羊、毛绒用羊、猪、鸡、马等畜禽动物，产品包括反刍动物复合预混料、猪复合预混料、鸡复合预混料、马属动物复合预混料、反刍动物精料补充料、反刍动物浓缩饲料、反刍动物配合饲料、生物发酵饲料、马饲料九大系列 150 多个品种，畅销内蒙古、河北、山西、宁夏、甘肃、青海等省区。

追踪当前国内外最新养殖技术发展、吸纳动物营养学科最新研究成果，公司注重引进技术的同时，在实用技术开发、自主技术创新方面做了很多扎实性的工作。坚持自主研发、创新为主、引进为辅的产品发展战略，不断加快企业技术进步，提升企业的核心竞争力。公司投入大量经费成立研发中心，建有标准的检化验室并配备了先进的检化验设备，开展饲料原料及产品的物理、化学检测及生物学效价评测，形成了常规营养成分、维生素、微量元素、毒素等检测控制体系，建立了企业自有原料数据库，针对不同畜种、不同生理阶段营养需要制定了产品企业内控技术参数及企业标准，实现了公司的核心技术储备，为新产品的研发提供核心的技术支持。依托内蒙古自治区农牧业科学院先进的科研基础设施、雄厚人才队伍力量，多年来公司相继承担或参加了多项省市级重大科技专项、创新基金、成果转化、示范推广等科研及转化推广项目，为自治区畜牧养殖业的科技进步与成果推广做出来应有的贡献，同时为公司的产品研发提供技术支撑，也为公司的可持续发展奠定了坚实的基础。

公司始终秉持“根植大地、共享成长”的企业理念，认真履行“振兴民族饲料工业、服务广大客户”的基本职能，努力实现“帮客户创造效益、让员工体现价值、使公司得到发展、为社会积累财富”的价值观，大力弘扬“滋育生命、厚德载物”的企业精神，努力探索和构建具有自身特色的企业运营模式，走出了一条独特的发展道路，为蒙泰大地进一步做强做大蓄积了强大的发展后劲，为内蒙古饲料业的发展及畜牧业的繁荣继续做出我们不懈的努力。

二、发展历程

1996 年 12 月，经呼和浩特市工商局批准内蒙古蒙泰大地生物技术发展有限责任公司成立。公司成立之初，考虑到合作双方北京九州大地生物技术集团股份有限公司在企业管理、市场营销方面及内蒙古农牧业科学院在科研、技术力量方面的优势，并结合当时养殖业发展的市场需求，制定了先定位于研发、生产、销售高端反刍动物、畜禽、复合预混合饲料产品，再根据市场需求及公司发展状况适机调整产品结构的战略发展规划。依靠优质的产品、稳定的性能，产品除在内蒙古自治区成功开拓市场外还远销河北、山西、宁夏、陕西、甘肃、青海等省区，并于当年实现了盈利。

2000 年后，迎来了我国奶牛养殖业的高速发展阶段。公司决策层敏锐地预测出公司所在的区域市场奶牛精料补充料及浓缩饲料产品的需求将是今后发展主要趋势，并且蕴含着巨大的市场前景。公司于 2000 年果断地做出了战略性决策，重点研发和生产、销售反刍动物精料补充料及浓缩饲料产品。公司集中投资双方科研、技术、生产、市场开发的优势力量，以我国著名反刍动物营养专家内蒙古农牧业科学院卢德勋博士提出的“反刍动物系统整体营养调控理论和技术”为研发技术依托，针对我国奶牛养殖业发展趋势，结合当时奶牛养殖的实际状况，在最短的时间内研发出了奶牛精料补充料及浓缩饲料系列产品并成功地投放市场，开创了自治区奶牛精料补充料及浓缩饲料产品系列专业化研发、生产、销售及售后技术服务“一条龙”的产业化模式。

2009 年，公司迎来了新的发展契机。通过多年的不断努力奋斗和积累，在和林格尔县盛乐经济园区兴建了 6 万 t 级反刍动物精料补充料浓缩饲料、1 万 t 级反刍动物复合预混料、1 万 t 级畜禽复合预混料专业化生产线各一条。现代化的先进生产线，专业化的管理、生产运行模式，集市场调研开发、产品售前、售中、售后全方位多功能技术服务于一体的营销模式，加之秉承“帮客户创造效益，让员工体现价值，使公司得到发展，为社会积累财富”的价值观，内蒙古蒙泰大地生物技术发展有限责任公司迎来了快速发展的新阶段。

公司在不断发展壮大的同时始终把食品安全问题作为企业生存和发展的第一要素，把“饲料是人类的间接食品”作为产品质量安全控制宗旨，通过对欧美发达国家在饲料产品药物添加方面日趋严格的控制以及我国针对食品安全方面释放的信息分析得出“无抗养殖”将是未来养殖业发展的大势所趋。公司未雨绸缪，于 2012 开始探索研发“无抗替抗饲料产品”。历经近多年潜心研发，攻克多重技术难点开发出以中草药、植物提取物、微生态制剂、酶制剂等各类生物保健添加剂合理集成的技术核心，经过特殊工艺处理和配伍后，推出了既能提升机体免疫的功能，又能保证人畜安全，使产品之间各成分功能相助，协同增强，抵抗疫病侵害，同时能够消除饲料中霉菌毒素的困扰，在降低饲料成本和预防疾病发生的同时，大幅提高畜禽生长和生产能力无抗、保健的功能性饲料产品，多年来不断升级、迭代，效果显著。

在此基础上，公司与生物饲料开发国家工程研究中心携手共同研发新一代“无抗替抗饲料产品”，2019 年公司建成湿法发酵料生产线，并于同年将“大地肽宝”推向市场。

“大地肽宝”是菌酶协同发酵的新型生物发酵饲料产品，其采用国内最先进的发酵工艺，使用从欧洲引进在国内做适应性培育的 8 种复合菌种，把豆粕、玉米、麦麸、糖蜜等优质饲料原料混合发酵而成，有效解决母畜便秘、改善圈舍环境和空气质量、大幅度提高饲料利用率、节约粮食资源、改善畜产品品质，是畜禽养殖端减抗替抗的有效手段。作为抗生素的替代产品，不仅功能上可以媲美抗生素，同时还显著提高了动物采食量及生产性能，而且可以维护动物肠道健康，起到保健的作用，更重要的是，生物发酵饲料在动物体内无毒、无害、无残留。

变革是一个公司不断持续发展的生命力，产品的不断研发创新能力代表着一个公司实力。为顺应市场及养殖业发展的需求，蒙泰大地公司开展了马饲料系列产品的研发工作。我国自古以来就是一个马业大国，有着悠久辉煌的养马史，近几十年来以役用为主的养马业逐渐衰退，役用马数量减少殆尽，养马业面临变革，马术、赛马等现代马业的兴起引领着马业发展的新方向。目前，我国马饲料生产还尚未形成产业化，市场销售和使用的产品多为进口或引进品牌，价格高。研发过程中根据引进马匹及地方品种的不同特点及营养需要，结合我国饲料原料的特性设计了马饲料系列产品的营养指标及配方，完成了马饲料产品的研发、生产工艺、流程、参数设计等工作，2020 年公司完成了马饲料谷物压片、结构型饲料产品、预混合饲料产品生产线的技术升级改造，填补了内蒙古自治区高端马饲料系列产品研发与生产空白。

据权威专家预测，未来五年生物发酵饲料和发酵原料有望占饲料总量 40%以上，将在饲料禁抗、养殖减抗和改善畜产品风味上起到重要作用，同时在降低氮磷排放、改善畜禽舍环境、改善畜产品品质等方面的价值将被进一步挖掘。

2021 年公司计划在原有湿法发酵料生产线的基础上进行技改升级扩建，完善恒温发酵处理、低温干燥、成品打包等环节，并形成 15 000t 的年产能。届时，发酵饲料产品种类将得以丰富，可以根据客户对产品的不同需求提供湿法或低温干燥生物发酵饲料及发酵原料，更好地为客户提供安全高效多种类的产品。

今后，公司将继续秉承产品研发升级为先导、夯实基础、突出主业、做强做大的原则，继续践行“根植大地，共享成长”的企业理念，致力于打造中国反刍饲料第一品牌，为创建成为世界一流的中国农牧企业而努力奋斗。

诚信为本 责任当先 与客户双赢

——沈阳禾丰牧业有限公司

沈阳禾丰牧业有限公司成立于 1995 年，正当改革开放，国门洞开之时，中国的饲料市场一度为外资企业所垄断。禾丰打破外资垄断，突破技术壁垒，创民族饲料品牌。企业历经数次规模升级，厂址搬迁，现坐落于沈阳市沈北新区辉山大街 145 号——沈北农业高新技术园区禾丰产业园内，系禾丰牧业年产销能力最大的全资子公司，注册资本 8 210 万元，是中国最早通过 ISO9001 国际质量管理体系和 HACCP 食品安全管理体系双认证的饲料企业之一，“禾丰”商标是中国驰名商标。

沈阳禾丰是中国北方单厂产销量最大的猪用饲料生产企业。年销量折合全价饲料超 100 万 t。拥有专业化生产车间和专用产品生产线，有序、独立加工生产不同类型的饲料产品。每年为超过 300 万头生猪提供安全、专业、优质、稳定的饲料产品。2016 年 9 月，通过农业部（现农业农村部）《饲料质量管理规范示范企业》标准验收。

沈阳禾丰坚决惯行“诚信、责任、共赢、创新、高效、自律”的核心价值观。一贯秉承诚信为本、责任当先、与客户双赢的理念；产品和经营策略不断创新，内部施行科学高效管理，全员保持高度自律的态度。严格执行禾丰公司“永远不采用不合格原料”“永远不使用不正常设备”“永远不允许不规范造作”“永远不生产不达标产品”“永远不忽视不满意顾客”“永远不容忍不完善服务”六大质量方针。只生产合理的高品质产品。不断追求“出场合格率 100%”“库存成品抽样合格率 100%”“承诺服务项目的顾客满意率 100%”的质量目标。

积极推进五化变革，数次升级改造生产车间和生产设备。不断刷新更大产能，无论非洲猪瘟疫情肆虐还是受到中美贸易战影响导致的原料紧缺，沈阳禾丰始终上下一心克服万难，增产增效、全力促进我国生猪产业发展。猪粮安天下，沈阳禾丰积极响应国家粮食安全战略部署。特别是在疫情期间全体员工积极复工复产，保障用户饲料供应、牢牢守住老百姓的菜篮子，体现了一个优秀企业应有的责任和担当。2020 年 12 月，被中华全国工商业联合会评为抗击新冠肺炎疫情先进民营企业。

沈阳禾丰的产品甄选高标准的新鲜原料，依托国际领先的营养体系，采用世界一流的生产设备，率先践行无抗日粮理念。中心检测化验室具有 CNAS 检测资质。原料从进厂到投放使用，产品从生产工艺的设计、操作到出厂前到合格检验、样品留观，全部采取行业内最高标准。为确保产品生物安全，公司坚决不采用同源性动物蛋白来源，制粒工艺升级配套 85℃ 3min 高温保持器等设备，为每一粒出厂饲料负责。

沈阳禾丰高度重视产品研发。作为核心工厂，依托禾丰牧业最顶尖的研发团队和最前沿的技术理念，永远从客户的角度出发，不断开发新产品，与时代同行。在过去的几年时间里先后完善和改良了 10 余个产品系列，以适应不同地域、不同养殖理念、不同养猪产业结构用户的需求，在行业内率先践行饲料无抗化。在无抗、替抗的大背景下，非瘟疫情等不利养殖因素的环境下，凭借禾丰自成体系的 win 系列营养理念，即刻上马高营养免疫型产品。无论从实验效果还是市场反馈都非常出色。2020 年 10 月在北京市、天津市、河北省、辽宁省和内蒙古自治区饲料工业协会共同发起的北京论坛上，荣获《无抗饲料推荐企业》称号。

沈阳禾丰公司在辽宁、吉林、内蒙古东部地区超过千余个乡镇设立有不同级别的服务配送站和门店，拥有整个东北地区覆盖最广的物流体系和最完善的服务系统。特别是在原料紧缺和疫情严峻的紧要时刻，也只有这样强大的服务体系才有能力给客户提供高效、及时、贴心的专家化服务。

沈阳禾丰是传统农牧企业数字化的拓荒者。在禾丰集团信息化进程的大背景下，沈阳禾丰积极升级改造了全自动化生产线、开发数字化订货付货系统、开启园区提货智能导航服务。同时，为响应节约环保理念，全部采用电子说明书替代纸质产品使用手册。

廿五风雨织霓裳，芳华绽放慨而慷。沈阳禾丰人前赴后继奋勇拼搏，诚信经营开疆拓土。世界日新月异，社会不断发展，时光承载深情，沈阳禾丰架起了一座从古老养猪业到国际化餐桌的桥梁。在这条全程可追溯的全产业链上，沈阳禾丰用时间和汗水践行着饲料工业就是民生工业、食品工程就是良心工程的坚定理念，在这段从 2 万 t 到 200 万 t 产销能力的道路上，承载着千万农牧从业者的强国梦想。

未来，沈阳禾丰愿与时代同行，不断用创新和勤奋发展自己，助力中国畜牧业迈向新篇章。

勇做振兴发展路上的领头雁

——北票市宏发食品有限公司

北票市宏发食品有限公司成立于 2000 年，经过 20 年发展，现已成为集种鸡饲养、鸡雏孵化、饲料生产、基地养殖、肉禽加工、有机肥生产、技术服务于一体的农业产业化国家重点龙头企业、国家扶贫龙头企业、国家守合同重信用示范单位、全国“万企帮万村”精准扶贫行动先进民营企业、辽宁民营企业 100 强。拥有种鸡场 12 个，种鸡存栏 100 万套，孵化场 1 个，孵化能力 1 亿羽，饲料厂 3 处，生产能力 100 万 t，加工厂 3 处，加工能力 1.8 亿只，调理食品加工厂 1 处，年产能 2 万 t。

自公司成立以来，公司始终以“为客户创造财富，为员工创造前途，为企业创造辉煌，为社会创造繁荣”为出发点，以抓好“三农”工作为己任，以带动当地百姓脱贫致富为目标，无私奉献，勇于担当，自我加压，探寻企业发展方向，走出了一条适合当地的“公司＋基地＋农户”的产业化发展之路，取得了优异成绩。

一、因地制宜“找路子”，依托优势谋发展

北票市地处辽宁省西部，境内丘陵起伏，属典型北温带季风式大陆性气候。四季分明，日照时间长，是国家优质玉米产区。独特的地理区位优势形成了天然防疫屏障，加之又有优质的饲料资源，适合发展畜牧业。而白羽肉鸡生长迅速，料肉比低，属节粮型畜牧业，同时鸡肉蛋白质含量高、脂肪含量低，符合现代养生要求，拥有广阔的发展前景。1996 年底，公司新上肉鸡养殖项目，经过 2 年的摸索，企业终于见到了利润。

20 余年，企业围绕基地建设，走“公司＋基地＋农户”的产业模式，与养户签订肉鸡养殖合同，为养殖户提供全方位服务，构建了完整的基地产业化链条，走出了一条以“一种形式、两头连接、三环相扣、四化格局、多元互动”为内容的发展道路。“一种形式”即公司＋基地＋农户、养加销一条龙、贸工农一体化，“两头连接”即一头连接市场、一头连接养殖户，“三环相扣”即市场牵龙头、龙头带基地、基地推动农户，“四化格局”即区域化布局、专业化生产、一体化经营、社会化服务，“多元互动”即市场牵动、政策驱动、服务推动、效益拉动、上下联动。

二、企业文化“铺路子”，战略落地强发展

企业有了一定的规模，在当地站稳了脚跟，但企业要大发展必须加强企业文化建设。企业一贯倡导“在企业讲忠信，在家庭讲孝悌，在社会讲仁德”“不孝父母不敬师长不堪为友，不讲诚信不守规则不足立人”的朴素理念。经过沉淀，确定了企业愿景——建设有价值、负责任、受尊重的百年企业；企业使命——为养户创造财富，为员工创造前途，为企业创造辉煌，为社会创造繁荣；企业核心价值观——福泽民众，奉献社会；企业发展思路与方向——集团化架构，人本化管理，本土化战略，国际化品牌。

如今，企业高擎产业化大旗，不断关注“客户”和“员工”两个群体利益，以“更低的成本、更好的质量、更多的创新、更高的效率”为战略目标，向世人发出了打造有价值、负责任、受尊重的百年企业的豪迈宣言。

三、敢想敢干“引路子”，诚信合作稳发展

宏发的发展历程是一步诚信史。2005 年 11 月 4 日，农业部公布辽宁黑山发生禽流感疫情。受周边地区封锁道路和物资管制影响，短短一周时间，宏发公司鸡产品售价从每吨 7 900 元直线跌至 6 100 元，为此，公司每天眼巴巴损失 20 多万元。由于各地在防控过程中不同程度地实施区域封锁，造成物流严重受阻，每日数十吨产品运不出去，所需的百余吨原料运不进来。受疫情影响，消费者开始本能地远离鸡食品，销售遭遇空前的冷冬。一段时间内，宏发公司产

品库存量一度达到 1 500t，比正常库存整整高出 1 200 多 t。短短 3 个月间，公司直接亏损 570 多万元。2005 年 11 月 5 日，公司发出动员令。为把损失降到最低，公司全员上阵，在求得养户理解并保证其利益不受损害的前提下，将肉鸡出栏时间适度提前。随即，几十台回收车辆迎风冒雪、24h 奔跑在公司与养户之间。平时，公司坚持“讲人性、重人情”的朴素理念，在不同领域、不同行业、不同层次结交了众多朋友。这边刚一告急，四处都有援助之手伸过来。一位搞装修的老板不讲代价，率领 4 名员工火线助力；员工肖光瑞的妻子放下家中活计，主动来公司参加劳动；离职职工铁金玲听说公司急难，牺牲个人时间赶来帮忙；几十位靠着宏发这棵大树富裕起来的养鸡大户，纷纷以各种方式回报企业，电话、短信在空中交织成滚热的情感之网。小塔子乡一位金融干部动情地说：“这么多年，宏发公司把养殖、加工、市场等风险全部承担起来，不管自己有多难都不让养户赔钱。这次在周边地区虽然有禽流感捣乱，但养户每只鸡仍然能挣到 2 元多的纯利润。现在，公司有难，谁都应该帮一把。”不管周边地区的禽流感疫情咋样，宏发公司肉鸡养户的积极性丝毫未受影响，当年还新增养户 800 户，新增养殖规模 200 万只。公司就是这样靠诚信和合作一路走到今天。

四、回报社会“增路子”，感恩担当大发展

作为北票市农业龙头企业，2016 年积极响应政府号召，与党委政府同步同措、同频共振，迅速参与到“1+4”产业扶贫模式中，尽快见到效果。所谓“1+4”产业扶贫模式，即由政府牵头、金融机构参与，选择经济实力雄厚、社会责任感强、贷款信誉好的企业建设扶贫农场，通过合作社吸纳建档立卡贫困户加入发展产业项目，达到带动建档立卡户脱贫致富。在这个模式中，宏发公司是龙头，扶贫农场是关键。全市 30 个乡镇的肉鸡养殖扶贫农场建设、管理、运行全部由宏发食品有限公司负责，并承担着偿还 5 000 万元贷款、后 3 年贫困户贷款利息、返利分红的重担。这就意味着，宏发食品有限公司 3 年间将要投入资金 3.2 亿元，5 年间要为贫困户返利 5 000 万元，承担利息总额也达到 1 500 万元。大量的资金投入、不可预测的市场风险、相对短缺的技术和管理人员……对于宏发公司而言，这几乎是一场关乎企业生死存亡的战斗。“党有号召，群众有需要，再难也要干，再大的风险也要扛。不仅要干，而且必须干好”。这么说了，也是这样干的。2016 年以来，公司已在 19 个乡镇投资 4.3 亿元建设了 36 个肉鸡养殖扶贫农场，通过肉鸡产业扶贫模式，已累计为 16 000 多户 33 000 余人返利 4 000 余万元，占北票市脱贫总任务的 85%以上。“1+4”产业扶贫工作，不仅得到省、市、县三级的好评，而且受到了国务院督察组的表彰，把这一模式作为全国 26 种扶贫模式之一向全国推广。

在积极投入扶贫攻坚、加快产业扶贫步伐的同时，企业不忘积极参与社会各项活动，参加社会建设，以多种形式反哺社会。据不完全统计，建厂以来，企业通过投入当地基础设施建设、向灾区捐款帮助灾区重建、热心公益事业捐资助学、帮助弱势群体奉献爱心等形式共向社会捐款 2 000 余万元。

如今，宏发公司已在北票市、朝阳其他县市及内蒙古、阜新、锦州、葫芦岛等周边地区发展肉鸡养殖户 1 000 多户，有 2 万多农民依靠饲养肉鸡和从事肉鸡产业脱贫致富。与此同时，安置城市下岗职工再就业 3 500 余人；有 200 多台大小车辆参与相关物资和产品的运输；30 万 t 玉米得到就地转化和增值，还拉动了包装制品、建筑材料、机械制造等相关行业发展。

坚持生产高品质饲料
铸造品牌

——辽宁大成农牧实业有限公司

1990 年 7 月台湾大成集团董事长韩浩然先生带着“回馈家乡，造福人民”的心愿在沈阳成立了大陆第一家公司“辽宁大成农牧实业有限公司”，开始了在中国发展饲料及肉鸡一条龙事业。2006 年公司配合政府拆迁在于洪区沙岭工业园投资新建占地面积 100 亩的饲料厂，投资总额近 5 000 万美元，年销售额超 10 亿元，固定资产投资 9 000 万元，年产能 40 万 t，一跃成为亚洲地区最大的单一饲料加工厂，目前员工 260 人，博士、硕士等专业研究人员 10 余人。

30 年来辽宁大成在各级政府的关心和支持下，已发展成为辽宁地区饲料行业的龙头企业，主要生产肉鸡饲料、蛋鸡饲料、猪料、反刍饲料等。生产制造采用国际上最先进 PLC 电脑监控，实现了从原料进仓、加工制造直至成品包装的全程自动化控制减少人为疏忽和干扰；在品质监控方面公司采用线上品管作业方式，每批次入厂原料及生产成品都经过品管部门抽检合格后方可入库或出库，且所有样品存查一个月以上。品管采取国际尖端的 NIR 饲料分析仪，平均 3～5min 即可化验出原料及成品的常规指标，确保产品品质稳定。且通过 ISO 22000：2005 食品安全管理体系认证，公司坚持追求质量、重守信誉、顾客满意

的质量方针；坚持建立和运行完全符合 ISO 22000：2005 标准模式的质量保证体系，并持续改正，产品出厂合格率达 100%、合同兑现率 100%、顾客服务满意率 98%以上的管理目标；坚持实施全过程质量控制，只有合格原料才能投产、加工，对出厂产品质量负责，以工作质量保证过程质量、以过程质量保证产品质量，持续改进不断满足市场要求，以顾客为中心，产品生产周期内全过程服务，无偿提供相关咨询等质量承诺，从而生产出深受农民喜爱的平衡、稳定、经济、高效的猪、鸡、牛、鸭、鱼等各种畜禽与水产饲料，目前已形成八大品系 300 多个品种。

公司依托强大的集团优势，知行兼举，诚信经营，现已发展成为集科研、生产、销售为一体的科技创新型饲料企业，先后被国家、省、市各级部门评选为“全国饲料工业百强企业”“辽宁省先进技术企业”“辽宁省饲料工业企业 20 强之首”“辽宁省双优外省投资企业”“辽宁省十大高销售额外商投资企业”“辽宁省信誉评比 AAA 级单位”辽宁省十大质量可靠企业”“辽宁城乡知名品牌”“沈阳市农业产业化重点龙头企业”“高新技术企业”等十几项先进称号。

一、精益求精，恪守本心

公司拥有东北地区领先的化验中心和严格的品控体系，配备国际先进的近红外分析仪、高效液相色谱仪、原子吸收仪、霉菌毒素检测系统等高端检化验设备，对原料、成品批批检验、层层把关，已通过 ISO 22000—2005 质量管理保证体系，并采用世界领先的德国 SAP QM 管理模块，用做食品的态度去做饲料。

二、追求卓越，超越巅峰

饲料原料由集团统一采购，具有强大的大宗原料采购议价优势，建立供应商质量信息档案，优中选优，从源头控制质量，降低采购成本，让利于经销商与养殖户，实现终端利益的最大化。

三、科技创新，与时俱进

1. 公司专注于自主研发与技术创新。

2. 根据动物生产的科学规律和不同生长阶段的营养需要持续开发绿色、安全、无药残的饲料产品。

3. 针对东北地区四季分明的特点，结合二十四节气的变化，以“优补力生物技术”和“MPT 预消化技术”为重要核心竞争力的技术体系，将科技创新的视野放眼于国际。

4. 依托台湾总部的先进技术，并与荷兰 SFR 建立资源共享的技术联盟。

5. 引进国内外动物营养的最新科研技术与工艺流程。

6. 研发出充分满足动物营养、保健、高性价比的产品。

四、安全节能，优质高效

1. 车间采用瑞士布勒等先进自动化生产线。

2. 配有多套智能机械手。

3. 全套散装成品运输等自动化设备。

4. 国际标准化管理，大幅度提高生产效率，降低生产成本。

5. 生产平衡、稳定、经济、高效的畜、禽、水产、反刍等配合饲料、浓缩饲料以及预混合饲料的八大品系 300 多个品种。

五、众志成城，飞越巅峰

公司现拥有五大专业销售团队，猪料销售团队、蛋鸡料销售团队、肉鸡料销售团队、反刍料销售团队以及辽宁 SOS 预混料销售团队。

六、售前售后，专业全能

通过线上和线下相结合的沟通模式，为养殖户普及养殖技术和疾防知识。在禽流感、非洲猪瘟疫情期间通过网络直播等方式提供养殖和疾病方面的解决方案、防疫等知识，为养殖户提供权威资料和指导性建议。

七、精诚合作，金石为开

公司拥有高水准的管理团队。大成提出“100－1＝0”的管理理念，1%的产品缺陷＝100%的废品。

经营管理月会总结指标达成情况，经营管理周会及时处理工作中遇到的问题，管理团队对瞬息万变的市场做出准确及时的决策。

2020 年初在新冠疫情突发的严峻形势下，管理团队快速应对，斥资 30 多万元建造自动车辆洗消系统，保障饲料运输的生物安全，并设立专业的人员消毒通道，确保员工健康安全，积极影响政府号召，作为民生保供企业提前复工复产，保证饲料稳定供应。

八、风雨同舟三十载，继往开来谱新章

公司秉承“诚信、谦和、前瞻”的企业宗旨，坚持高品质、重信誉、顾客满意的质量方针，大成卓越的品质源于科学的配方、优质的原料、先进的加工技术和完善的质量管理体系。三十载成长，铸造品牌！三十载努力，塑造权威！

为客户提供放心可靠的产品

——谷实生物集团股份有限公司

谷实生物集团股份有限公司是一家集饲料研发、生产、销售及种猪繁育，产品推广服务于一体的大型农牧企业集团。谷实集团在大力发展饲料事业的同时不断加大生猪养殖规模，目前集团拥有饲料板块、养殖板块、贸易板块，现拥有 13 家分公司。集团主要生产经营的饲料种类有配合饲料（精料补充料）、浓缩饲料和复合预混合饲料。在 2020 年，饲料产品生产量达 22.5 万 t，研发投入 2 208.8 万元，产品年销售收入达 7.03 亿元，较 2019 年增加 62.5%。产品销售网络覆盖黑龙江、吉林、辽宁、内蒙古、河北、北京、天津、山西等多个省份区。其中奶牛功能性饲料主要销量集中在黑吉辽等地。截至 2020 年，奶牛功能性饲料将基本取代传统的奶牛浓缩饲料及奶牛精料补充料，销售网络先后覆盖东北、华北等多个省份，占据市场的领先位置。谷实集团从不追逐较高的利润产品，而是在高性价比的条件下取得同等利润，企业不断追求营销价值链效益、规模化效益、低成本效益的行为把企业市场之间的距离缩短为核心客户与客户顾问之间的联系，从而建立强大的核心营销竞争力。

公司结合体系及规范性要求，展开全过程批号式质量管理管理，保证生产及售后各环节的可追溯性管理方式，保证产品质量，为客户提供放心可靠的产品。公司保证产品的指标及食品安全性，除了具备开展常规营养类检测，另外，对于卫生安全性指标的能力，除了检测手段外，开展事前的供应商资质、信誉、能力等多方面的评估，采纳合格供应商作为原料来源。事后再次以评价的方式，严格落实把控企标质量原料验收标准执行及产品标准，遵照国家相关标准落实到位，并采取到货原料、出厂产品进行双关口把控方式，确保产品质量安全性。

公司严格执行国家相关法律法规，于 2006 年领先于业内同行通过了 ISO 9001 质量管理体系认证、ISO 22000 食品安全管理体系认证；2018 年通过了 ISO 9001 质量管理体系认证、ISO 22000 食品安全管理体系认证的再认证。2019 年获得 ISO 14001 环境管理体系认证证书、OHSAS 职业健康安全管理认证证书；更值得骄傲的是，在 2015 年成为黑龙江省首家通过农业部饲料质量安全体系规范的饲料企业。公司根据体系中对于公司质量安全管理的要求，不断提高完善质量管理水平和标准，在多年的认证评审过程中，从未发生过严重不合项目的条款，体系常年有效保持。

技术是企业的核心竞争力，2005 年谷实生物集团股份有限公司以梁代华为带头人建立了技术中心，作为企业的科技创业根基，主要从事动物营养与饲料关键技术研究。目前，公司研发人员 39 人，分别从事猪、禽、反刍三大方向的动物营养研究，企业在研发方面更关注动物胃肠道健康，致力于微生态及环保型饲料的研发。自 2011 年以来，技术中心先后开展自主研发课题 30 余项，部分项目已经进行了成果转化，部分课题具有黑龙江省科学技术情报研究所（国家一级查新咨询单位）出具的科技查新报告。从动物营养、生产工艺、环境等角度进行研发立项，并通过大量试验研究，开发出改善肉质风味，减少氮、磷及重金属污染物排放的环保型产品。技术中心在开展自主研发的同时，还积极与东北农业大学、黑龙江生物科技职业学院、八一农垦大学等开展校企科研合作，2012 年，企业技术中心与东北农业大学产学研合作项目获黑龙江科技进步一等奖，2015 年《功能性饲料研究开发与利用》获中华农业科技奖二等奖、《猪鸡肉质营养调控技术的研究与开发》获黑龙江省科技进步一等奖，2016 年《功能性饲料研究开发与利用》获国家科技进步二等奖，2019 年《高效无抗动物饲料生产关键技术的开发》获得黑龙江省科技进步二等奖。

企业通过不断研发创新，获得自主知识产权发明专利 12 项、实用新型专利 8 项、待授权专利 10 项。通过专利成果转化形成产品，并有效地利用有益菌酶制剂联合发酵技术提供产品价值。研发人员通过对饲料产品的研发创新，使饲料的营养成分在畜禽体内充分转化、利用，提高资源利用率。在微生态及环保型饲料研发方面，技术中心建立了猪、禽、反刍三条研发专线，分别由技术人员对这三大类微生态及环保型饲料产品进行研发、质量管控，由生产人员对生产工艺进行研究、改进，形成具有较强市场竞争力的饲料产品，并由销售人员对研发生产的饲料产品进行推广，提高产品的市场占有率和企业效益。

通过不懈努力，“谷实”牌饲料以稳定、优质的质量在市场上享有良好的口碑。“谷实”牌商标先后被评为“哈尔滨市著名商标”和“黑龙江省著名商标”。2006 年，谷实集团被评为“哈尔滨市十强企业”；2008 年“谷实”牌系列饲料被评为“黑龙江省新农村建设著名支农品牌”，并获得“省级企业技术中心”称号；2010 年企业被评为“哈尔滨市农业产业化龙头企业”；2011 年被评为“黑龙江省农业产业化龙头企业”“纳税先进企业”；2014 年“谷实牌饲料”被评为“哈尔滨市名牌”；荣获 2015 年度哈尔滨发展经济贡献奖；2016 年谷实生物集团蝉联第二届哈尔滨百强企业，同年被评为“全国三十强饲料企业”。经过多年来的不懈努力，谷实生物集团于2016年8月15日在“新三板”成功挂牌上市，这一丰硕成果，不仅是全体员工励精图治、顽强拼搏的结果，也是谷实生物集团发展的一个新的里程碑。2017年获得“高新技术企业”称号，2018年被评为“省饲料行业十强企业”“黑龙江省环保型饲料工程技术研究中心”“黑龙江省数字化（智能）示范车间”“黑龙江省专利优势示范企业”；2019年获得“中国饲料行业扶贫工作先进集体”“黑龙江省技术创新示范企业”“国家级绿色工厂” “农业产业化国家重点龙头企”“黑龙江省品牌上亿元企业前十强”“知识产权管理体系认证（贯标）”，2020年通过了“两化融合管理体系贯标”，并被评为“全国饲料三十强企业”“高新技术企业”“全国三十家优秀创新型饲料企业”。

谷实集团始终坚持改革创新，不断与时俱进，加大转型升级力度，推进了企业的快速发展，走在了饲料企业大军的前列，为黑龙江省经济发展做出了巨大贡献。

专业　高效　可信赖

——上海光明荷斯坦饲料有限公司

上海光明荷斯坦饲料有限公司是光明牧业有限公司的下属子公司，隶属于光明乳业股份有限公司。公司始终以做“中国奶牛行业的领导者”为使命，立足牧业，成为中国规模化牧场的领导者；做强种业，成为中国奶牛育种的领导者；发展饲料，成为中国奶牛饲料的优秀品牌。始终秉承“专业、高效、可信赖”的品牌理念，将技术、管理、服务、产品与价格融为一体，以开放、友好、专业、竞合的崭新姿态立足于中国奶业。

上海光明荷斯坦饲料有限公司坐落于上海市金山区枫泾镇工业园区建定路118号，2016年9月23日成立，注册资金1 000万元人民币。2017年底完成厂区土建及设备安装。厂区占地面积11 856m^2（17.78亩），主车间面积2 600m^2，共拥有原料筒仓5个，总仓容量约6 000t；开放式原料仓库2 000m^2，仓容4 000t；成品仓库面积1 000m^2，仓容约2 000t；成品散装仓14个，总仓容量约200t。依托母公司光明牧业有限公司60多年奶牛养殖、牛奶质量安全研发与管理经验，秉承“专业、高效、可信赖”的品牌理念，引进全套牧羊软硬件设备，依据反刍饲料的特性设计工艺流程，上海光明荷斯坦饲料有限公司打造出专业生产反刍饲料的精料补充料与预混合饲料生产线各一条。公司饲料产品为反刍动物用精料补充料、浓缩饲料、复合预混合饲料。公司在饲料生产上拥有两条饲料生产线，精料补充料、浓缩饲料一条生产线，单班年产精料补充料/浓缩饲料10万t；复合预混合饲料一条生产线，单班年产预混料2万t。

一、先进的生产工艺是产品稳定的基石

精料补充料生产线可满足犊牛颗粒料、精料补充料、浓缩饲料的生产要求。从原料进仓到粉碎配料，经过多道磁选、筛选工艺，剔除杂质，确保原料质量。散粮筒仓配备有粮温分层检测装置，实时监控仓容粮食情况，配合鼓风通风设施以确保仓内粮食安全；设置反向出仓刮板，保障日常方便快捷地进行散粮清仓、倒仓操作。原料进仓、粉碎、配料、混合，全程电脑参与，实现精准高效的生产过程控制。制粒系统采用牧羊风尚唯美自动控制系统，实时监控温度、蒸汽压力、电机电流的变化，调节蒸汽与喂料速度，确保整改制粒生产过程完全按照设定工艺参数进行。14个散装成品仓的配置，能够满足区域内规模牧场需求，降低包装费用，减少资源浪费，同时也降低了工厂及客户的人工成本。

预混合饲料生产线设备布局采用垂直设计，车间主楼高42m，依靠高度落差进行配料、混合、包装等工段的物料输送，减少层层提升，既降低了生产能耗，又减少了生产过程中的残留。车间从原料进仓到成品包装，设备多选不锈钢材质，减少设备腐蚀锈蚀。预混合饲料生产线使用WEM4000生产控制系统，从原料管控识别、设备控制、任务连锁、人机互动、实时记录分析等方面对生产过程进行管控，确保产品质量。WEM4000系统内置追溯功能更提供了从原料到成品、从成品到原料的双向追溯功能。原料入库建立批次追溯条码，建立身份信息。原料进仓由中控下达任务指令，投料工扫描条码，确认物料正确后，系统自动启动，分配器自动旋转至目标仓，这种方式能够很好地降低投料出错率，扫描的条码信息又给生产追溯带来数据源。配料混合工艺采用全程电脑控制，配料前电脑系统会对配方、库存原料、设备状况等进行自动分析，确认正常后开始配料。采用载体、大料、微配、人工添加四秤模式进行配料，充分考虑物料特性、单一品种配料量、秤的量程与精度的关系等因素，提高配料准确度。人工配料采用梅特勒托利多研发生产的18位旋转配料装置，配合扫描枪，做到位置管控与条码确认两道把控关，确保人工配料的准确性。

二、严格的规范化管理促品质保障

公司品控部有专业化验室。化验室主要分为粉碎

登记室、留样室、仪器室、理化分析室、前处理室、高温室、精密仪器室、试剂室。其中配备有高效液相色谱仪、原子吸收分光光度计、近红外分析仪、定氮仪、粗纤维测定仪、粗脂肪测定仪等专业检测设备。2020年化验室检测样品数总计4 700个，年检测项目总计25 000项，产品出厂检测合格率达到100%。现开展饲料检测项目30余项，每年新增饲料检测项目2项。品控部2020年投入金额26万元，包括：产品的送检、新设备的添置和更新、化验室试剂的采购等方面，对送检的指标公司一年2次开展化验室的能力验证，每季度进行公司间盲样比对工作，保证化验室数据的可靠性。严格执行原料、成品检测制度，原料、成品批批检测，为公司产品质量保驾护航。

公司于2017年9月1日正式建成并全面着手生产。在取得生产许可证后，为了将饲料厂走向规范化，带领员工一起努力筹备推进创建国家规范示范企业。在创建小组的通力协作下，不折不扣贯彻执行"示范企业创建小组"的各项决策，全力以赴地完成各项任务。2017年是农业部推行国家饲料质量安全管理规范示范企业验收的最后一年，公司员工想尽一切办法排除困难，短短3个月后，在2017年12月26日饲料公司顺利通过国家示范项目专家组的验收评估。公司将在今后的工作中一如既往地严格执行规范要求，进一步优化和规范各项管理制度及操作规程。

三、完善的体系建设为质量保驾护航

2018年10月，公司启动双体系建设项目，历经体系的建立、现场的审核、建议的整改，终于在2019年1月8日顺利取得质量管理体系认证证书和食品安全管理体系认证证书。双体系认证的顺利通过，充分展示了公司全体员工团结一致的精神，各部门作为一个整体，齐心协力完成体系的建立和完善。

饲料质量安全管理规范和双体系工作是公司全员的必修课，在饲料质量安全管理规范方面，公司每季度根据质量安全管理规范的要求，对原料的卫生指标进行原料安全性的评价，每年品控部会组织公司全员开展模拟召回演练和客户满意度调查，竭力为客户做到"专业、高效、可信赖"。在体系管理方面，公司通过ISO9001和ISO22000双体系认证，每年品控部组织公司各部门开展质量内部审核工作，针对每个部门的运行情况，开展管理评审工作。有道是"不积跬步，无以至千里"。"PDCA"工作作为饲料质量管理的日常工作，目的是让公司的质量管理更上一个台阶。公司将在以后工作中不断提高体系运行的有效性，不断进行积极探索，努力使公司双体系工作上升到新高度。公司始终以"为客户提供优质的饲料产品和服务"为目标，用心做好每一批饲料。

作为光明牧业有限公司的下属公司，担负起上海及周边片区牧场的供应任务，通过多次光明乳业及国内知名乳业公司奶源评审审核，以质量为立厂之本。同时加大研发投入，在光明牧业有限公司6名博士在内的62人专业研发团队的带领下，不断优化产品，研发新产品，目前精料补充料、浓缩饲料等产品深受客户好评，预混料产品远销全国各地。反刍动物饲料销量在上海地区领先，乃至华东地区市场占有量处于优势地位。预混料产线更是有优异的设备、高效的管理和稳定的产品质量，成为光明牧业旗下多家饲料厂的核心产线，为光明牧业旗下饲料厂提供核心预混料，保证公司旗下所有饲料厂的产品稳定可靠。

四、卓越的企业建设引领行业发展

上海光明荷斯坦人高举"坚持做中国奶牛业的领导者；客户至上，为客户提供全面的解决方案；为员工创造健康成长的环境。倡导社会公德，致力于奶牛业的可持续发展"的企业使命与远景目标。公司配备有专业的生产、质量、技术等专业技术人才，均为国内各大知名专业院校毕业。总公司通过人才梯队建设和全国销售网络体系的完善，公司已成为中国奶牛业中极具有影响力的企业，"光明荷斯坦"品牌的各类产品已覆盖全国，在中国市场有着极高的知名度和美誉度。

展望未来，公司始终秉承集团公司"专业、高效、可信赖"的核心理念，相关领域不断追求卓越，臻于至善。公司将以科技为依托，集聚人才，聚焦行业发展，做强做大公司在奶牛养殖业、饲料业、育种产业、牧业相关产品等业务，实现跨越式发展，努力成为中国奶牛业的领导者。

犬猫优先　知识与尊重

——皇誉宠物食品（上海）有限公司

皇誉宠物食品（上海）有限公司（以下简称皇家中国）是法国皇家宠物食品公司在中国的分公司。皇家宠物食品始于1968年，由法国南部的一位兽医创立，是一家在宠物健康营养领域领先的全球性公司。近50年来，皇家宠物食品秉承营养让宠物乐享健康品质生活的理念，通过量身定制专业配方，不断带来健康营养的宠物食品。皇家宠物食品总部位于艾玛格

（法国南部），隶属玛氏集团，在世界范围拥有 8 000 名员工。2008 年，法国皇家在中国设立工厂，2010 年正式运营。

一、理念与文化

皇家始终秉承“犬猫优先，知识与尊重”的理念。

皇家宠物食品的所有产品配方都来自法国研发中心。皇家始终坚持以犬猫为中心。皇家在法国拥有一个大型犬舍。每种配方在投产前都进行了适口性试验。皇家向来都是在满足宠物的真实需求，而不是宠物主人的需求。皇家除了尊重犬猫的实际需求，也尊重犬猫自然天性，拒绝对宠物犬猫进行拟人化管理和对待。

皇家宠物食品研发中心通过科学研究及观察，不断创新，追求更高品质。与一支由来自世界各地的营养师、繁育场主和兽医组成的专家队伍通力合作，根据宠物的品种、年龄、生活方式以及病症（从微恙到重病），精心定制了 200 多种营养配方以精确满足各种要求。就连产品的颗粒形状都考虑到了适应犬猫品种的特点。很多人知道，拉布拉多犬的特点就是比较贪吃，人称“大胃王”。拉布拉多的贪吃很容易引起体重增加甚至肥胖。皇家从这一特点出发，专门为拉布拉多设计了“空心桶”颗粒，这样可以减少拉布拉多食物摄入量。

皇家主导“营养素配方”的概念，即宠物食品给宠物提供的是营养素来满足宠物的营养需求。营养素来源于添加的原料成分。而不会去强调给宠物提供的是肉还是谷物。皇家在全球采用相同的营养素配方，确保各地工厂生产相同标准的产品。

皇家相信，只有了解犬猫的营养需求和生活习性，才能为犬猫提供更好的生活福利。

二、质量与服务

皇誉宠物食品（上海）有限公司于 2011 年通过玛氏全球的“质量和食品安全（Q&FS）”认证，依据玛氏全球公司物料质量管理系统、过程质量管理系统、GMP/GHP 标准、HACCP 标准的要求，从原料选择到成品发送的全过程实施全面质量管理。2012 年皇家中国工厂顺利通过法国劳氏 LRQA 的 ISO 9001&ISO 22000 质量和食品安全管理体系认证。

皇家把确保质量和食品安全作为公司的第一要素。皇家宠物食品的所有原材料都通过严格检查，只有 100%合格且可回溯的产品才会被采用。皇家宠物食品全球 16 个生产基地全部强制推行最高质量和食品安全标准。公司建立食品安全管理体系以风险分析为基础，从源头上，逐一分析每个原料、每家供应商可能带来的食品安全风险；在生产过程中，风险分析涵盖全部生产设备和传送系统，以保证全面地识别食品安全风险并进行有效的监控。2017 年皇家中国工厂被评为饲料质量安全管理规范示范企业。

公司依靠内部实验室网络的强大检测优势，建立了全面的检测和监控计划，从原料、中间产品到终端产品，检测项目分为十几大类，主要包括营养指标、微生物、物料新鲜度、食品/饲料添加剂、环境污染物、重金属、不良化学物质、农残药残等，终产品全批次通过沙门氏菌检测后放行。目前公司自有检测实验室已取得 ISO 17025 认证，委托试验均为 CNAS 认可的实验室。公司每年投入到原料、产品检测和生产环境卫生监控方面的费用超过近千万元，由此确保在皇家中国工厂生产的产品符合皇家全球统一的质量和食品安全标准。

在产品追溯管理方面，根据所建立的质量和食品安全管理体系要求和在线生产管理系统，可实现从原料到成品的上下游追溯，从供应商到原料、从原料到成品、从成品到客户终端均可实现快速有效的追溯。为确保追溯有效性，工厂每年至少进行两次模拟召回试验，此外皇家每年还对全球各工厂实施追溯有效性的审核。

产品合规也是皇家非常重视的要素。虽然配方是统一在法国研发中心设计，但各国的法规事务部会根据各国的法规要求，对配方进行审核，保证产品在当地的合规。皇家宠物食品营养配方产品在宠物医院、宠物商店和繁育场均有出售。

顾客是皇家最重视的资源之一，所以为客户提供满意的体验很重要。皇家设立了 400 免费服务热线，为消费者解答疑问、处理消费者遇到的各种问题。客服中心非常受消费者和客户认可。

三、荣誉与责任

皇家中国获得多项荣誉，于 2015 年度被上海市饲料兽药行业协会评选为先进企业，于 2016 年度被评为全国十强宠物饲料企业，于 2019 年度被评为上海市奉贤区财富百强企业。

目前中国很多养宠家庭还处在给宠物饲喂家制食品的误区。家制食品并不能提供宠物所需的全部营养素，全价宠物粮才能给宠物最全面的营养搭配。为了提高全国宠物主人的科学喂养意识，皇家率先通过线下社区活动、线上推文等多样化形式将这类知识传递给宠物主。同时皇家积极践行企业社会责任，积极参与并支持上海市“文明养宠”专项行动，协助宣传“责任养宠”相关知识，并与相关专业人士携手为如何更好地解决流浪猫犬的问题展开讨论，以期为流浪犬猫创造更好的生活。

做强饲料板块　提升企业能级

——江苏天成科技集团在高质量发展中不断壮大

江苏天成科技集团有限公司（以下简称天成集团）位于江苏省海安市，是一家以蛋鸡全产业链为主导、一二三产业融合发展的综合性企业集团。天成集团是省级农业产业化重点龙头企业、中国畜牧业协会禽业分会副会长单位、中国饲料工业协会常务理事单位、江苏省饲料工业协会常务副会长单位、江苏省农业科技型企业、江苏省新型饲料产业技术创新战略联盟理事长单位。天成集团坚持以饲料产业为支撑，目前共有两家大型饲料工厂，他们把握大势，锻造核心，把饲料产业的规模扩张和科技创新作为保持全产业链领先优势的首要条件，危中抢机，闯关夺隘，饲料板块实现逆势上扬。

一、坚持在科技赋能和创新中发展

2020 年 3 月，年产 60 万 t 的高档畜禽水产饲料智能化工厂在海安正式投产，年产能 60 万 t。该项目建有 14 条饲料生产线，全部采用国际标准的生产工艺，实现了设备智能化、物料散装化、数据可视化、生态圈协同化的高度融合，智能化水平全国领先。

设备智能化。在这里，全链条的智能化展示强大的科技优势。饲料生产中的关键控制点如配方执行、粉碎细度、混合均匀度、配料精度、冷却等工艺参数全部由技术人员在中控室控制。套袋、灌装、缝包、喷码、码垛、拆垛所有成品包装流程高度智能化，一次性由机器人完成，大大节省了人工成本。

物料散装化。新工厂对 80%以上的大宗原料和成品采用“散进散出”的方式，极大地提高了生产效率，减轻了员工的劳动强度。

数据可视化。基于各个模块开放的软、硬件接口获取智能工厂实时“大数据”，采取共用“数据仓库”的方式，建立智能工厂“大数据”集成平台，并进行大数据分析，为“四化”的实现提供数据和信息支撑服务。

生态圈协同化。天成集团与客户、供应商、经销商共同构建了和谐协同的生态圈，实现了养殖数据共享、技术服务资源共享、原料与物流信息共享。饲料厂实时获得农场数据，预测原料需求，供应商通过手机报价，客户通过手机下单和定制产品加工并通过移动支付。

二、通过智能化升级推动工艺革新

新的设备、新的工艺必须为养殖户提供更加安全稳定的产品，把控产品质量就显得尤为重要。天成饲料的智能化升级，使产品成本更低，品质更稳定，服务更优化，为客户带来更高的回报。作为龙头企业，天成集团一直在饲料原料采购、生产过程、成品储运的每个环节严格执行饲料质量安全管理规范及各项质量标准，为质量安全提供了强有力的支撑。天成集团紧紧抓住获得“国家蛋鸡全产业链标准化示范区”的契机，通过不断对标执行工艺标准，通过爆品引领和产品的全面升级，业绩全线攀升，业务发展攀新高，市场地位更稳固。

注重“产学研用”的有效衔接，建立省级工程研究中心、刘秀梵院士工作站，与南京农业大学、扬州大学共建“研究生工作站”，并从海内外引进专家和高级人才，保证了天成饲料的质量和安全，在全国饲料市场拥有良好的口碑和骄人的品牌业绩。集团引进的由中国农业大学武振龙教授领军的“创新团队”已成功入选江苏省“双创团队”。

水产集约化是行业发展的趋势，天成集团紧紧抓住这个窗口期，找到不同市场的空间，精准定位，特水市场已覆盖江苏、浙江、上海、安徽、湖北等省市。

近年来，天成集团凭借全产业链的优势，饲料的产量、销量和质量一直稳定，成为江苏饲料行业的领军企业。2020 年，天成集团被中国饲料工业协会评为“中国十大水产动物饲料企业”。

三、始终不忘带动“三农”初衷

一是以合同方式联结农户。按照中共中央、国务院和江苏省委乡村振兴的战略要求，在南通市农业农村局和海安市委市政府的大力支持下，天成集团牵头 34 家家庭农场、种植大户、养殖大户成立了“江苏天成蛋鸡产业化联合体”和“南通市蛋鸡产业联盟”，发挥自身的品牌优势、渠道优势和质量管理优势，实现共同增收的目的。天成集团与联合体成员和联合体外的种养大户签订原料收购协议，并以高于当地市场价的价格收购小麦、玉米、油菜籽、鸡蛋等原料。二是以合作方式联结农户。天成集团通过与种植合作社和养殖合作社签订合作协议，通过合作社收购农户的原粮和鸡蛋，并由合作社向农户二次返利。三是通过其他方式联结农户。天成集团还通过经纪人以高于市场价的方式向农户直接收购原粮。每年根据企业效益，根据养殖户的养殖量给予年度返利。

四、把为养殖户提供服务摆在突出位置

为了提高农户技术水平，增强带动效应，天成集

团始终把为农户提供农业生产经营服务摆在突出的位置。一是创新服务模式。在多年的服务实践中，天成集团根据农户的需求和实际情况，不断创新服务模式。从 2016 年起，天成集团对购买 10 000 羽以上天成苗鸡的规模化养殖场推出了周到细致的“驻场服务”，在鸡苗进场后，安排技术人员驻扎养殖场，全程指导农户搞好育雏初期的开食开水、温湿度控制、光照控制、通风换气以及疾病防控等工作。二是成立专业服务团队。天成集团成立了 136 人的专业的种养技术服务团队，对养殖户在养殖鸡、猪等方面免费提供全过程技术指导服务，对种植户进行栽培、管理、采收全过程技术服务。三是提供资金支持。天成集团与江苏银行和海安农村商业银行合作，为联合体中需要资金的成员提供担保，或者对缺少资金但信用良好的养殖农户直接给予资金支持。每年为养殖农户（家庭农场、合作社）提供的资金规模都在亿元以上，切实解决了农户周转资金难的问题。四是开展培训服务。天成集团定期举办养殖技术培训班和技术推广活动。2020 年累计举办各类培训班 8 期，受训农户 1 600 多人次。另外，还在自办的《天成报》上刊登有针对性的养殖技术文章和案例，有效地提高农户的种养技能，保证了产品质量，达到了种养增产、农户增收的效果。

天成集团将继续坚守“天人合一，成就共赢”的理念，紧跟时代步伐，推进补链、强链、扩链战略，无畏风雨，奋勇前行，为人类生活创造更加美好的明天。

专业复合维生素生产者

——江苏万瑞达生物科技股份有限公司

江苏万瑞达生物科技股份有限公司是一家具有现代管理理念和以先进科研技术为发展源动力的股份制企业，专业从事复合维生素和动物保健产品的研发、生产及营销。公司研发和生产基地位于国家沿海经济大开发的核心地带——江苏东台，凭借现代化的交通物流和完善的营销服务网络，快速准确地为客户提供通用、畜、禽、水产、反刍动物等系列共数 10 个品种的优质复合维生素产品，与客户分享饲料配方、技术咨询、生产指导和营销培训等全方位的精准服务。公司占地 32 亩，一期建厂房 22 209m^2，二期增加建筑面积 2 000m^2，建有维生素预混合饲料和复合预混合饲料 2 条生产线，设计年产能分别达 5 000t、2 万 t。2020 年添加剂预混合饲料产量 1 832.8t，产值 1.15 亿元。

公司以南京农业大学、扬州大学、浙江大学等科研力量为技术依托，聘请动物营养、畜牧兽医等行业的知名专家为技术顾问，结合公司的科研人员，为企业的科研和服务提供了坚实的基础。公司的核心管理层多具有在国际知名农牧企业工作的经历，把先进管理经验与我国国情有机结合，是一支富有团结协作和开拓创新精神的优秀团队。公司采用全球专业设备供应商布勒公司提供的生产设备，建成复合维生素标准化生产基地。严格按照 ISO 9001 质量管理体系、ISO 22000食品安全管理体系建立了管理标准，以先进的管理理念和完善的生产工艺，在原材料检测、生产过程控制、产品出厂许可、产品售后跟踪以及产品的使用等关键环节建立了可追溯性系统，确保了产品的“精准、稳定、高质”。

一、建设先进生产体系

维生素预混合饲料和复合预混合饲料两条生产线均采用全套布勒公司设计制造的专业预混料设备以及工艺控制软件 Wincos 操作系统。混合机无级调速，维生素营养损失更少，产品均匀度更高。减重式包装秤，利用仿生学，称量精度高。工厂全程控温控湿，严格遵循维生素储存要求执行。

二、采用高效检测体系

实验中心楼占地面积超过 500m^2，设有更衣室、办公室、留样室、色谱室、准备间、仪器室、高温室、天平室、检测室、标定室、实验试剂仓库、洗涤室、理化室共 13 间独立区域。其中，维生素检测最关键的色谱室配置包括安捷伦四元低压高效液相色谱仪在内的 3 台高效液相色谱仪（HPLC），可快速、准确地对单项原料及多维成品中的维生素含量作出定性、定量检测。

三、完善原料供应体系

公司各单项维生素原料采用国内外知名品牌，与生产厂家直接合作。所有维生素遵循入库必检制度，即每批原料入库前必须由品管部进行含量、粒度等理化指标检测，出具合格的检测报告单方可入库。遵循维生素原料新鲜原则，即公司所采购的都是在距离生产日期 3 个月以内生产的原料，维生素原料保质期一般均在 1～2 年，考虑到原料购入、生产多维、生产饲料、销售，到养殖场，到最后动物采食等环节，必须将单项保质期纳入全程来考量，充分保障终端应用效果。

四、健全质量保证体系

公司建厂之初即着眼于高起点、新标准，前瞻性地引进了布勒公司的生产工艺控制软件——Wincos操作系统，该系统具有图形化生产控制、批号/条码追溯、防交叉污染、原料替换等先进功能，通过对过程及关键点的控制，实现从原料到订单、从生产环节直至物流发货，全程数字化监管，领先的条形码记录管理，确保品质安全。工厂投产初始即严格按照ISO 9001质量管理体系、ISO 22000食品安全管理体系的标准制定标准化操作管理体系，很顺利地在投产半年内，即2011年2月28日，首次通过ISO 9001、ISO 22000体系评审；2015年9月以94高分通过农业部《饲料质量安全管理规范》示范企业现场验收，成为省内数家饲料质量安全管理规范示范企业之一。

五、构建多元合作体系

2011年11月，公司与南京农业大学签订维生素功能研发合作协议，正式成立“万瑞达（南农）维生素功能研发中心”。同年8月，公司与布勒（常州）有限公司达成协议，万瑞达工厂成为布勒生产工艺控制软件Wincos操作系统的培训基地。

服务无止境　创新永不停息

——布勒（常州）机械有限公司

布勒（常州）机械有限公司创建于2006年，占地300余亩，注册资本3.2亿元，是瑞士布勒集团的独资公司，专注生产畜禽饲料、水产饲料、宠物食品加工设备和成套工程、谷物输送设备、昆虫技术及加工设备，并为客户提供专业的技术咨询、服务和培训，是集团联系中国及东南亚饲料工业客户的重要窗口。瑞士布勒集团成立于1860年，是一家在全球拥有150多个销售和服务网点的全球性的粮食加工、饲料加工、巧克力、油墨以及压铸等行业先进技术的国际性企业。

公司秉承布勒集团“质量为本、服务为本”的一贯经营理念，依托集团公司雄厚的技术实力和中方经营团队在中国市场的丰富经验，成立短短10年多时间，现已成长为集产品研发与制造、工程设计与安装为一体的著名企业，是水产、预混料、猪料、反刍动物、宠物等市场的技术和工程交付的市场领导者，竭诚为客户设计完整成熟、清洁高效的饲料加工整体解决方案，产品销售到欧洲、东南亚等30多个国家和地区，饲料机械出口占据中国饲料机械出口份额名列前茅。公司产品技术、设计能力、质量处于国际领先水平，年销售额从6 200万元增长到2020年的19.4亿元，年纳税额度和盈利能力也都相应得到提高。公司现有员工900多名，其中本科以上学历的员工375名、硕士29余名、博士3名，占员工总数的40%以上。共有研发人员200多名。

布勒（常州）有限公司高层非常注重公司创新能力的建设，公司每年都投入大量资金进行创新研发和技术改造，包括从国外引进各种先进的机械加工设备；布勒集团的瑞士、德国、西班牙等各国技术专家定期来到公司，为员工提供各种技术培训，将最先进的产品技术、管理理念和经验传授给公司的研发、管理团队。由布勒先生于1979年创立的瑞士饲料技术学院每年为全世界培养许多技术专家，学院教授经常来到中国为客户和布勒员工进行各种短期培训。布勒集团悠久的历史和良好的发展前景吸引了饲料机械行业的国内外专家、精英，由他们组成的研发团队成为公司迅速发展的重要支柱，60余名拥有丰富实践经验的中高级职称获得者成为公司的技术核心；每年从各大院校引进的专业人才为公司的长久发展提供了蓬勃的动力。同时，公司还与国内外院校和科研院所开展了密切的合作和联系，邀请知名专家、学者授课，技术水平始终走在业界前沿。公司每年还参加国内外大型展会，向外界展示实力的同时，与众多国内外客户交流行业心得和流行工艺。

布勒（常州）机械有限公司是江苏省第三批创新型企业，一直以来都连续被认定为国家高新技术企业，公司通了ISO9001：2000国际质量管理体系认证。企业早在2008年还设立了省外资研发中心，2009年设立省博士后工作站，2011年成立了设计中心，2012年设立了省工程技术研究中心，2016年设立江苏省技术中心，2019年设立了省工业设计中心，2012年被认定为省工业化与信息化试点单位，2013年已获常州市名牌和江苏省名牌产品称号并被评为五星级数字企业，2014年被认定为常州市智慧企业、2014—2018年江苏省重点企业研发机构。

创新是企业引领发展的第一动力，公司立足当前，面向未来，围绕公司中、长期发展目标进行科研技术开发创新，包括新产品、新工艺、新材料等的创新、推广和应用，为公司的产业发展提供源源不断的动力资源。

此外，根据中国客户的实际应用情况与当前的市场发展状况，布勒（常州）对瑞士总部技术转让设备，如各种型号的粉碎机、混合机、制粒机、膨化机以及输送设备等进行了多次研发，进一步完善产品的结构设计，通过中外共同的创新与改进，产品技术含量不断加大，性能得到了快速提高。

除了永不停息的创新外，在管理方面布勒（常州）也有着一套独特而有效的方法：取百家之长，古为今用，洋为中用。为了提升企业整体管理水平，公司采用了SAP企业资源管理系统、CRM客户管理系统、PDM产品数据管理系统、BPM全球项目管理系统、Bentley三维工厂设计系统……这些先进的工具和系统帮助布勒（常州）进一步合理运营流程，清晰生产计划，降本增效的同时更提升产品质量。

同时，布勒（常州）总结集团内各兄弟公司的先进经验，推行了一系列行之有效的改革：①大力推行的精益生产模式。精益生产是一种源于日本的先进生产模式。推行初期，布勒（常州）特地成立了一个由生产、科研、品管、采购、仓库等部门组成的特别工作小组，并从瑞士总部请来了资深生产管理专家进行指导和推广。目前，该模式已经非常成熟地在布勒（常州）运行，在降低库存、缩短生产周期、提高产品质量等方面取得了巨大的成功。②由布勒（常州）生产部发起的“just do it——立即行动”活动，也对整个企业产生了积极有效的影响。立即行动制度目的是号召大家第一时间解决遇到的问题，绝不把问题留到明天。这样不仅可以消除由于疏忽等造成的隐患，而且能够唤醒员工的主人翁意识。③公司开展的“8D”活动，更是突破了产品质量提升的既定模式，更上新台阶。所谓8D，即解决问题的8条基本准则或称8个工作步骤。从发现问题到解决问题，8D摒弃了以往烦冗的解决流程和漫长的解决周期，能够在最短时间内行之有效地处理一切生产活动中遇到的问题和异常。从产品质量的检验、管理、改进到服务售后质量的提高，可以说是加大了公司监管的力度，更是将质量问题扼杀在萌芽状态。④在现场管理上，布勒（常州）公司上下已树立起“竞争在市场，决战在现场”的理念，并且认识到：现代企业间的竞争，已经从当初的产品、价格、服务之争，演变为管理、文化和人才的竞争，而“6S现场管理法则”可以作为一切管理的基础！

布勒（常州）始终致力于“低能耗、低成本”与“自动化”和“高效率”，竭诚为客户提供完整成熟、清洁高效的饲料加工整体解决方案。饲料生产是食品链中重要的一环，并最终影响人类的饮食和健康，只有绿色环保的产品才能迎接这场新的科技革命，才能占领新的科技制高点。也正是因此，布勒（常州）机械有限公司才能在竞争激烈、充满危机感的饲料机械行业居于领先地位，以其强大的生命力诠释着“安全”理念。

经过10余年时间的发展，布勒（常州）已迅速成长为饲料机械行业的翘楚，稳固占领中国饲料加工高端市场，同时中端与海外市场也呈现了遍地开花的良好局面，公司和正大集团、新希望六和集团、通威集团、海大集团、中粮集团、大北农集团、温氏集团、正邦集团、金钱集团、天邦股份、淮安天参、美国嘉吉集团、荷兰帝斯曼集团、法国爱佳易集团等知名集团有着良好的市场战略关系。在激烈的市场竞争中，布勒（常州）勇于接受市场的挑战，不断创新科技，坚定不移地推进“安全饲料、安全食品”的发展思想，充分融合中国实情，用顶级的产品和服务来满足全球饲料加工客户的需求，与客户共享成功。

筚路蓝缕创品牌
韶华不负铸辉煌

——安徽省正大源饲料集团有限公司

安徽省正大源饲料集团有限公司是农业农村部批准的现代化大型饲料生产企业、安徽省农业产业化重点龙头企业、安徽省高新技术企业，地处苏鲁豫皖四省黄金交界处的安徽省淮北市凤凰山工业园，集团从创业初期的单一饲料产业，逐步向上、下游延伸，成为集农、工、贸、科一体化发展的大型民营集团企业，正大源集团的成长、成功轨迹是中国民营企业发展之路的成功典范。

30年弹指，今天的正大源集团构建了以安徽为总部，山东、河南等多省为分公司的集团架构。形成以饲料科技为主，农牧、食品、科研、新型建材为辅的五大产业，拥有10大类30多个系列近300多种规格的各种畜禽、鱼用饲料产品，年产各类饲料38万t。现以董事长彭程为核心的正大源决策层，位居战略的高度，在饲料行业的竞争版图上，以一流的品牌、规模、技术，全力锻造着新型饲料企业的王国。

安徽省正大源不仅深耕中国市场，也放眼国际市场，同时控制终端，构建了3 000多个销售分部，形成了覆盖全国的营销网络体系，成为正大源雄心的第一步。

彭程董事长坚决选择了以“以人为本，技术立企”的发展战略，这是一条任重道远的路。从生存到发展，正大源一路超前创新，抢占市场制高点。集团坚持科技兴企战略，以生物工程为重点，以人才为后盾，拥有大中专以上文化和高级技术职称的员工占总数75%以上；省级技术中心，由博士、硕士以及享有国务院特殊津贴的专家组成科研队伍；并大胆实施“引知借脑”工程，与国内外多家饲料研究院和知名农业院校建立了产、学、研合作关系，形成了产品科技含量高、综合竞争力强的饲料技术配方，始终保证正大源的核心竞争力处于行业领先地位。集团还积极倡导并实践21世纪饲料配方设计理念，特别添加了独家研制的高科技专利产品“解氮剂”和高效、环保“氨基酸螯合微量元素”“合生素”等数10项专利技术。使正大源饲料看起来黄、闻起来香、尝起来甜，真正解决了畜禽想吃、爱吃、消化吸收好和健康生长的问题。集团同时拥有自己的养殖基地，对新原料、新配方，新产品首先在自己的试验场进行分组对比试验，然后产品投入市场，模拟饲喂效果实验是质量稳定的前提。科技创新为正大源品牌带来巨大的边际效益。正大源饲料先后被评为“中国驰名商标”“高新技术产品”“安徽省名牌产品”“安徽省工业精品”“省级新产品”等荣誉称号。

把每一件简单的事做好就是不简单，把每一件平凡的事做好就是不平凡——这是彭程董事长为企业树立的座右铭。“品牌化是一场马拉松，而不是短距离疾跑。”30 年狂飙突进，正大源的“秘密武器”就是品牌优势。30 年经营发展，正大源系列饲料以其质量好、价格适中、售后服务完善赢得广大客户赞誉，打破了国内饲料行业的品牌瓶颈。集团现拥有“正大源”“名族”“虹源”三大品牌，有猪、鸡、鸭、鱼、牛羊、兔及特种水产料十几大系列，预混料、浓缩料、配合料三大类别，300 多个品种，产品畅销全国各地，饲料精品层出不穷，充分满足不同地域不同种植、养殖结构的消费者需要。2003 年集团推行海尔“OEC”管理，“OEC”活动参与率达 95%。2006 年集团又成功实现 ERP 系统办公自动化管理、资源信息共享，提高企业发展快速反应的能力。信息化的建设使正大源的管理又上了一个新台阶。立高处，发强音。多年来，凭借良好的品牌形象和综合实力，正大源品牌更成为国内外市场的通行证，为企业不断持续、健康、快速发展打下了基础。

从原料到仓储，从生产设备到工艺流程，正大源锁定每一个环节。原料进口：一流的品质来自一流的原料，核心原料氨基酸、维生素、动物保健品、鱼粉等均从国外知名企业进口；大宗原料如玉米、豆粕等来自国内外大型企业优质产品，以确保正大源饲料精良的品质。仓储恒温：采用国际先进的钢结构装配式保温仓，可容原料 15 000t，采用天线遥感检温系统，保温性能好，气密性好，以确保正大源仓储原料的品质。生产设备先进和工艺流程：集团拥有牧羊集团的全套饲料生产机组，高档制粒机、双轴桨叶高效混合机、水滴超微粉碎机，采用多级超级粉碎加一级膨化，采用 CIMS 系统制造饲料，通过电脑系统合理调度配置，计算机中央控制全程，电脑动态模拟进料，自动记录数据，打印生产记录，有效提升产品质量。检测设备先进：集团 2005 年评定为省认定企业技术中心，研发手段、试验设备、领先行业的检测设备，杜绝了不合格原料进厂，不合格产品绝不出厂；美国原子吸收光谱仪、日本产导晶比色仪，对饲料原料的微量元素、蛋白质和维生素等营养成分均有标准的监测数据。

正大源集团 30 年来一心一意做好饲料，以销售为龙头运筹帷幄，运用 16 字方针，2 个参与、2 个下沉、2 个领导，建构了覆盖全国的营销网络，形成了特有的售前售中售后“正大源”全程服务模式。营销总部配备了数 10 部专用轿车，保障高效便捷的售前、售后服务。一支高水平的高级动物保健技术人员，经常在各地区开展各种养殖技术讲座和大型客户座谈会，并组织国家级演员组成的正大源艺术团科技演出，提升了正大源饲料品牌的竞争力。在垂直营销体系基础上，进一步重心下移，渠道深耕，力争做到“点多面广、大中有精”，建立了畅通有效的信息通道和网络服务，定期与客户互访交流。优质的产品质量和销售网络服务铸成正大源饲料的“持续竞争优势”，更为正大源赢得了掌声和鲜花。

“我们的一丝不苟为的是生产出最好的饲料，我们精益求精为的是您满意的微笑!”先做人、后经商，宁可不做、不骗顾客，产品讲质量、做人讲良心。这些朴实的标语，会感受到正大源的企业文化距离员工如此之近。正大源关注文化精神的培植，将企业文化视同血液渗透到每个正大源人的心里，形成了以“创新”为核心的多层面正大源文化系统。正大源公司把建立学习型组织、培养知识型员工队伍作为经营管理战略来抓，营造了“高薪聘人，情感引人，事业留人，环境造人”的良好氛围。

一切以用户为中心，正大源集团自 2000 年顺利率先通过 ISO9001 国际质量管理认证，环境、职业健康体系认证，定量包装 C 标志认证等。公司先后被评为国家高新技术企业、省认定企业技术中心、省专精特新企业、省创新型试点企业、重合同守信用企业、省级农业产业化龙头企业和示范联合体、省科技型中小企业、省两化融合示范企业、省诚信示范企业、国家知识产权优势企业、555 创新团队设立单位、中国驰名商标等。

正大源人用自己的方程式，迎来了一项项桂冠。

辉煌镌刻历史，发展缔造未来。今天的正大源，将在新一代企业家彭程董事长为首的管理层，筚路蓝缕，精心铸就一个“百年正大源”的未来。30 年光阴瞬间，30 年春华秋实，正大源见证并伴随着迎来了淮北市 60 岁的生日，正大源人也创造了中国饲料行业的骄人业绩。更为淮北的经济发展做出了贡献。2020 年是全面建成小康社会和“十三五”收官之年，也是淮北建市 60 周年。正大源集团不负众望又一次取得了骄人的业绩，栉风沐雨奋进路，不负韶华再出发，正大源将在下一个五年计划期间飞速发展，继续坚持走高科技名牌发展战略，跨行业涉足在养殖、屠宰、食品、贸易等领域多元化发展，形成饲料、养殖、加工、销售一条龙，既能从源头保障食品安全，又能充分发挥产业链系统优势，如同一列满载责任与信心而飞速前进的快车。

创新驱动战略
推广使用绿色饲料添加剂

——安徽正正饲料科技有限公司

一、企业简介及运营情况

安徽正正生物技术有限公司是一家集研发、生产、贸易为一体的国际先进、国内领先的动物营养高新技术企业，是全球知名的饲用酸化剂生产和供应商。公司创建于 1997 年，注册资本 2 000 万元，资产达 1.2 亿元，生产基地占地面积达 42 000 余 m^2。

公司始终秉承创新驱动战略，以推广使用绿色饲料添加剂为己任，注重原创理论及其实践应用研究，依托强大的研发团队、先进的仪器和评估技术，根据动物消化生理特点、饲料原料组成特点及应用酸化剂的目的，科学结合各种单酸特性，自主研发了一系列饲用酸化剂产品，为客户提供系统的复合酸化剂应用方案，建立整肠道增值体系，切实提高饲料消化吸收率、畜禽抗病力，改善动物生产性能，持续为全球广大客户创造价值，服务于畜禽的安全、绿色、高效生产。展望未来，公司仍将持续深耕于复合酸化剂领域，以先进的理念、领先的技术创新、完善的技术服务、安全稳定的产品为国内外合作伙伴创造价值，继续担当健康养殖领域的重要推动者和贡献者。

二、2020 年企业发展情况

2020 年 7 月 1 日起，我国全面进入了饲料无抗时代。面对养殖端减抗，饲料端减锌、禁抗新常态，公司以高度的行业责任感，基于 20 余年的研究积累和对酸化剂的深刻理解，历时三年持续研发和评估，开创性地推出了酸基替抗产品——“赛抗”。以公司独有后熟化技术、独特包被技术、独特缓冲技术、酯化缓释技术、基团置换技术等五大技术体系为基础，将不同单体酸核心特性系统整合，实现“赛抗”杀菌、促消化、整肠、防霉等四大核心功能，达到抗腹泻、促生长功效，确保“禁抗”后畜禽生产的安全、健康、高效和绿色。“赛抗”产品一经推出就在市场上取得了持续追捧。

2020 年，非洲猪瘟的阴霾仍未消散，新冠疫情不期而至，对我国经济社会和畜牧产业造成了深远的不利影响，但是上海正正人秉持团结拼搏精神，同舟共济、共克时艰，技术创新持续深入，营业收入持续高速增长，销售额达 2.3 亿元。

三、技术研发

安徽正正技术研发部拥有专职研发人员 8 人，包括动物营养学博士 1 名、微生物专业硕士 1 人、精细化工专业的硕士 1 名、具有多年研发和检测经验的技术人员 5 名。公司配备了高效液相色谱仪、气相色谱仪、原子吸收分光光度计等先进仪器设备，为研发提供了基础保障。此外，公司与中国科技大学、安徽农业大学等建立了紧密的产学研合作关系，助力公司科技创新工作。

经过近 20 年的努力，公司已经建立了原料酸特性数据库、饲料原料特性数据库、复合酸数据库和同类产品数据库。依据这些数据库，公司可快速准确地评估选择原料酸、科学互配单体酸、高效评估复合酸，确保公司产品始终处于领先地位。另外，公司始终秉承研究课题提炼于畜禽生产，研究结果服务于畜禽生产，为广大客户持续创造新价值的理念，将市场销售人员、技术服务人员、各类客户等反馈的最新需求及发展动态科学研判，立题进行技术攻关，持续提高产品的科技含量，确保其有效性和实用性。

四、2021 年企业目标展望

2021 年，公司将在基础理论研究、产品研发、市场推广等方面持续投入，使公司产品的竞争力进一步增强，市场占有率进一步提升，销售收入再创新高。另外，公司将进一步加强管理，构建更为高效的运营管理机制，进一步提升公司全体员工的专业水平，助力无抗养殖的持续深化，为客户提供更为优质的服务，创造更高的价值。

打造国内领先的
鸭产业价值链公司

——安徽强英鸭业集团有限公司企业

一、企业简介及运行情况

安徽强英鸭业集团有限公司是一家集种鸭繁育、种蛋孵化、鸭苗销售、规模养殖、饲料生产、屠宰加工于一体的综合性农牧企业，集团公司成立于 2007 年 11 月，注册资金 9 900 万元，集团现有员工 8 000 余人。在董事长凌志强先生的带领下，公司在安徽省黄山市、宿州市、亳州市、山东省济宁市等地 8 个项目区，注册成立 12 家全资子公司，投资建设鸭全产业链项目，积极响应省委省政府的号召，做大做强现代畜牧业产业。目前已建成 4 座大型孵化场、4 座规模化屠宰场和4座饲料厂。

2020年是集团公司发展史上不平凡的一年，面对新冠疫情的严重冲击、行业产能长期过剩的挑战，集团上下以企业文化为指引，秉持拼搏精神和坚韧毅力，响应政府号召积极复工复产，全力以赴生产自救。目前，祖代及父母代种鸭存栏量、商品代鸭苗孵化量、肉鸭屠宰量均位居全国前列。2020年，公司年营业收入达到100亿元。

安徽强英鸭业集团有限公司目前是中国畜牧业协会白羽肉鸭工作委员会副会长单位，公司荣获"农业产业化国家重点龙头企业""国家高新技术企业""中国科普惠农兴村先进单位""金融诚信企业"等称号，并建设有博士后科研工作站、国家水禽产业技术体系黄山综合试验站等科技创新研发平台。

2020年通过联合安徽农业大学动物科技学院技术研发力量，基于现代家禽育种理论、运用生物育种等技术培育出的"强英鸭"新品种（配套系），通过国家畜禽遗传资源委员会审定、鉴定。实现了安徽省国家级肉鸭新品种零的突破。"强英鸭"新品种的诞生，是集团产学研合作的又一重要成果，是安徽省畜牧业科技创新的又一次重要突破。企业发展理念、发展方向、产业布局、发展路径更加清晰，高质量发展的动力正在进一步集聚。

二、生产基地建设发展情况

截至目前，公司已在安徽省及山东省8个县（区）打造了各具特色的生产加工基地。

1. 在安徽省黄山市休宁县建成祖代种鸭养殖基地，存栏量位居全国前列。

2. 在安徽省砀山县建成父母代种鸭规模化养殖场，分别在安徽省徽州区、砀山县、蒙城县及山东省济宁市泗水县建立种鸭养殖基地和苗鸭孵化基地，父母代种鸭存栏量位居全国前列，年孵化鸭苗6亿羽以上。

3. 在安徽省萧县、泗县、蒙城、利辛分别建成了肉鸭养殖基地和屠宰加工基地。集团公司年屠宰能力达2.5亿只，规模位居全国前列。公司目前通过龙头企业＋合作社＋家庭农场的产业化联合体经营模式，2020年实现肉鸭养殖和宰杀量达1.8亿羽。

4. 在安徽省萧县、泗县、蒙城、利辛分别建成了饲料加工厂，饲料产能210万t，目前年加工饲料120万t，当地周边300万亩左右的粮食实现了就地转化，有效地解决老百姓卖粮难的问题。

三、2020年带动乡村就业和产业发展情况

作为农业产业化国家重点龙头企业，企业充分发挥龙头企业的带动作用，积极投身乡村振兴实践，致力于促进乡村产业融合发展。依托安徽强英集团鸭产业联合体，实行"公司＋农户"经营模式，带动项目地乡村产业发展。采取的全产业链闭环运作模式，既促进了鸭产业持续快速发展，又从源头端确保了食品质量安全，由此推动当地一二三产业融合发展，为实施脱贫攻坚战略和乡村振兴战略提供了重要的产业支撑，目前强英鸭产业成为当地支柱产业。同时企业注重通过技术推广、技术培训等方式，培养农民养殖技术，为乡村全面振兴奠定人才基础。2020年，公司直接带动5 000余户农户发展种鸭、肉鸭养殖，实现农民增收10亿元以上，其中通过就业扶贫、产业直接带动、帮带扶贫等扶贫模式，带动贫困户260余户，成为项目区地方政府脱贫攻坚工作的主力军之一。

2020年，集团企业共吸纳7 000余人就业。吸纳就业农民进入管理层人员年均工资6.5万元，一线农民工年均工资5万元；鸭苗经纪人年均工资8.5万元，运苗专业户年均工资9万元；种鸭饲养专业户户均年利润30余万元，肉鸭饲养农户年均利润8万～16万元。

四、集团提供农业生产经营服务情况

公司建立起"以集团公司为龙头、家庭农场为基础、农民专业合作社为纽带"的安徽强英集团鸭产业联合体，通过项目连接、服务连接、融资连接、市场连接、风险连接的五大连接方案，实施保姆式服务把农民联合在一起，构建了市场主导的经济结构、专业化的组织体系、紧密的联结机制，解决了制约产业发展和农民脱贫致富的项目、资金、技术、市场、风险等五大"瓶颈"问题，实现养殖户持续增收，脱贫致富。

1. 创新组织服务模式。强英鸭产业联合体推出"三会、四队、一中心"的联合体组织服务模式。"三会"即代表会、理事会、监事会，共同商议联合体发展大事。"四队"：一是组建一支鸭棚代建队；二是组建一支专业技术服务队，一天一个服务电话、一周至少上门服务一次，填写服务卡，一月组织一次培训，辅导养殖技术；三是各项目区均成立饲料配送队，按照公司送料计划，及时将饲料送到养殖户家中，极大地方便了农户养殖；四是各项目区组建毛鸭回收服务队，负责上门回收毛鸭，确保毛鸭及时回收。"一中心"即鸭产品收购服务中心，就近收购，方便养殖户交售。

2. 创新企业经营模式。创新"五统一"的经营模式，即由公司"统一配送鸭苗、统一技术服务、统一配送饲料、统一疫病防控、统一保护价收购"。通

过这种产业化经营模式，为养殖户提供产前、产中、产后一条龙服务，解决了农民想脱贫想致富但苦于“无项目、无技术、无资金、无市场”等难题，让养殖户不担市场风险又能赚钱，形成公司发展、农户受益，农户发展、公司强大的紧密的利益联结机制。

五、2021 年企业目标展望

面对形势复杂的 2021 年，公司仍会继续发展，2021 年规划新建一个肉鸭屠宰厂和一个饲料厂。在提高市占率和话语权的同时，更要求公司团队提高精细化管理的能力，不断提升产品品质，在市场上掌握充分的竞争力，确保公司未来实现持续健康快速发展的良好局面。

强英集团始终坚持以现代畜牧业为基础，以生物育种和现代化屠宰技术为手段，以“提高人们生活品质为己任”的发展理念，以“打造受人尊敬的百年企业，成为国内领先的鸭产业价值链公司”为愿景，大力发展现代养殖产业、饲料加工产业和肉鸭屠宰产业，积极推动农业产业结构调整，以现代企业的管理方式推动农业畜牧业的发展。为农业、农村、农民赋能，为产业融合发展助力，助推乡村振兴战略落地生根。

打造特种水产业
全球最大的集团化企业

——福建天马科技集团股份有限公司

福建天马科技集团股份有限公司（以下简称天马科技集团）深耕渔牧产业 30 余年，已发展成为融特种水产、畜牧、食品三大主营业务为一体的大型现代渔牧集团化企业，是农业产业化国家重点龙头企业、国家技术创新示范企业、国家企业技术中心。天马科技由国家“万人计划”科技创业领军人才陈庆堂董事长创建，于 2017 年在上交所主板挂牌上市（股票代码：603668）。

一、持续推进“十条鱼”战略

集团将以强大技术优势、资本优势、人才优势，持续推进“十条鱼”战略，争取做到特种水产饲料细分产品 10 个品种（鳗鲡、大黄鱼、鲟、虾、石斑鱼、龟鳖、河豚、蓝子鱼、鳜、鲍鱼海参）的产销量全国前列，同时形成对其他特种水产饲料细分品种的市场占有率的有效提升，持续做精、做大、做强特种水产饲料行业。

二、完善全球营销布局

全面推进“百团大战”的中长期战略规划，构建北起渤海湾南至北部湾覆盖中国沿海和内陆地区完善的战略销售网络，积极开拓海外市场，立足中国，面向世界。

三、坚定不移地推进科技战略

集团始终坚持“科技引领创新，创新促进发展”的科技理念，创建了国家企业技术中心、博士后科研工作站、院士专家工作站等技术平台，汇聚了院士、博士、硕士、国家万人计划科技创业领军人才、国家标准委员会委员等数百人科技精英研发专业团队。集团持续科研投入，秉承“人无我有，人有我精”的产品开发思路，“生产一代、储备一代、研发一代”，确保产品技术始终处于行业科技高地，推动企业持续快速发展。

四、坚定不移地推行品牌战略

扎实推进品牌建设，提高品牌影响力，“健马牌”商标荣获“中国驰名商标”，荣登亚洲品牌 500 强、中国 500 最具价值品牌榜；“健马牌”水产配合饲料为“中国名牌产品”“中国饲料行业信得过产品”。“健马”“天马”“鳗鲡堂”等众多品牌在消费者中形成了“高效、安全、健康、绿色、生态”的品牌联想，享有很高的知名度、美誉度和信赖度。

五、坚定不移地推行人才战略

坚定不移地推行“筑巢引凤，同心创业”的人才理念。打造人力资源“一把手”人才战略和“258”人才工程，集聚了院士、国家“万人计划”科技创业领军人才、科技部科技创新创业人才、全国饲料工业标准化技术委员会委员等专业精英，形成了技术过硬、经验丰富、爱岗敬业的研发、生产、营销、服务、管理团队，为集团再创辉煌提供了人才基石。

六、打造高质量特水全产业链项目

全产业链生态绿色重点项目是天马科技集团依据未来产业的发展做出的重要战略决策，集团在特种水产已有的核心竞争力基础上进行产业链延伸，建设生态型、健康型、科技型现代全产业链项目，构建渔牧全产业链和健康产业的生态体系，打造世界级全产业链供应链平台。

集团打造自动化、智能化、数据化的产业链体系，在三明、龙岩、福清等地布局鳗全产业链项目建设，该项目建立从“科研→种苗繁育→鳗养殖→饲料加工→动保生产→冷链物流→食品加工→休闲娱乐→

餐饮消费”为一体的绿色环保型科研创新生态式全产业链发展模式，该模式是安全、健康、环保、绿色生态式“种养一体化”特种水产养殖创新模式，采用“平台公司＋养殖基地＋农户”，可形成有竞争力的产业集群，该项目致力于打造全国最大的鳗全产业链企业和全球最大鳗产业平台。

集团致力于打造特种水产业全球最大的集团化企业，为中国特种水产行业的健康可持续发展树立典范。

天马科技集团秉承“引领现代渔牧产业，提升人类生活品质”的使命，在“天马寻求共赢，合作促进发展”经营理念的指引下，广揽天下英才同心创业。集团始终坚持“科技引领创新，创新促进发展”的理念，聚焦“特种水产、畜牧、食品”三大民生产业，以质量求生存，以科技促发展，以管理创效益，以服务树品牌，打造世界领先的现代渔牧集团化企业和人类健康食品供应商，实行“双轨制”经营模式，打造世界级全产业链供应链平台和绿色生态食品供应链平台。

创建世界领先的农牧企业

——福建傲农生物科技集团股份有限公司

福建傲农生物科技集团股份有限公司（以下简称傲农集团）成立于 2011 年 4 月，是一家以标准化、规范化、集约化和产业化为导向的高科技农牧企业，公司主营业务包括饲料、养猪、食品、贸易等产业。公司于 2017 年 9 月在上海证券交易所挂牌上市（股票简称傲农生物，股票代码：603363），目前，傲农集团市场覆及全国大部分省（市、自治区），成立了 200 多家分子公司，拥有近万名员工。

傲农集团自成立以来，始终围绕“创建世界领先的农牧企业”的宏伟愿景，秉承“以农为傲，滋养全球”的使命，践行“为客户创造价值，为员工提供发展，为社会做出贡献”的核心价值观，坚持“以饲料为核心的服务企业，以食品为导向的养猪企业”的品牌定位，以“猪”为核心布局产业链，打造了以“饲料、养猪、食品”为主业，“生物制药、原料贸易、农业互联网”为配套业务，多点支撑、协同发展的产业新格局。

其中，饲料产业已经在全国布局了 60 多家规模化、标准化、专业化的生产基地，业务涵盖猪料、水产料、禽料、反刍料等业务，饲料年产能突破 500 万 t。

一、做强主业，多元发展

饲料产业作为傲农集团重点发展的产业，围绕“以饲料为核心的服务企业”的品牌定位，以市场为导向，与时俱进，不断创新，聚焦饲料的研发、生产和销售，由过去满足客户需求的“有没有”向满足当下客户需求的“好不好”转型。

傲农已经相继研发出“前期营养三阶段（仔猪 70 日龄体重 30kg）”“母猪营养三阶段（PSY 达到 26 头以上）”“仔猪营养三阶段（更安全、更精准、更划算）”等使用效果、市场销量、市场口碑俱佳的产品模式，也为推动中国饲料工业和农牧业的发展做出了一定的贡献。

在农业农村部出台饲料行业全面“禁抗”新政后，傲农在原有的技术成果基础上，集成原料预处理技术、饲料配方技术、饲料加工技术和养殖端饲养管理技术等，推出“新宝系列母猪料产品”，全面迎接饲料无抗时代的到来。

除了深耕猪料业务外，傲农还根据行业发展变化情况，主动调整战略布局，多元化发展水产料、反刍料、禽料等业务，不断做大做强做优饲料业务，努力推动企业饲料业务的创新转型发展。

匠心品质，精益求精。傲农饲料产业构建了完善高效的原料供应链，制定了严格的品质管理流程，引进自动化、智能化的先进设备，构筑了科学严密的生物安全防控体系，组建了专业的技术研发团队和售后服务团队，推行规范化、标准化的生产流程，全面融合移动互联、大数据、云计算、人工智能、5G、物联网等新技术，保证产品生产全过程“安全、放心、可靠”，让品质看得见，让客户用得放心、安心。

傲农依托大数据、云计算、人工智能等技术，利用遍布全球的饲料原料合作渠道，为上下游合作伙伴提供饲料原料、仓储服务、大宗商品交易与风险管理等，帮助产业链合作伙伴降低原料采购成本，提高交易效率，优化资源配置，降低市场价格波动风险，从而推进饲料产业链的高效发展和转型升级。目前，傲农主要可为合作伙伴提供玉米、豆粕、鱼粉、大麦、高粱、菜粕、氨基酸、维生素等饲料原料产品。

“好产品＋好服务＝好品牌”，是傲农一直坚守的信念。傲农不仅为客户提供优质的饲料产品，更注重为客户提供最适合的养殖解决方案和最全面的技术服务。依托集团的技术研发力量和专业人才资源优势，为养殖户提供疾病预防、疾病诊断、检测诊断、用药方案等专业高效的技术支持和解决方案，保障养殖户的养殖安全。

二、创新驱动，技术引领

在激烈的市场竞争中，唯创新者进，唯创新者强，唯创新者胜。傲农坚持创新在企业发展核心作用，实施创新驱动、技术引领的发展模式，以创新技术应对行业环境变化、保持企业发展速度、提高企业在市场中核心竞争力。

傲农为能创新、想创新的人才提供创新创业的舞台，与国内外的农牧大中专院校、科研机构、专家学者建立广泛的合作关系，在科研创新、人才培养与交流等方面开展深层次、广范围的合作，并成立了“集团专家委员”“国家级博士后工作站”“福建省生猪营养与饲料重点实验室”“福建省企业技术中心”“福建省猪前期营养生物饲料企业工程技术研究中心”“研究院”等平台，加大科技投入力度，完善企业创新的分配体系和奖励体系，强化科研创新能力，加速科研成果转化，为饲料产业可持续发展提供强劲动力，让创新科技成果惠及更多合作伙伴。

傲农还不断建立健全激励创新的发展机制，搭建多样化的创新平台，高度重视产权保护，促进创新成果知识产权化，营造全员创新的氛围，构建全员创新的保障体系，让每个人都成为推动创新创业的有生力量。

归因于对创新工作的高度重视和大力投入，傲农创新成果丰硕。截至2020年底，集团及下属控股公司共拥有专利370余件（其中发明专利70件、实用新型专利250件、外观专利52件），计算机软件著作权110件，国家知识产权优势企业4家、高新技术企业7家，省级工程技术中心2个、省级农业产业化龙头企业8家，创新正成为饲料产业快速发展的“新引擎”。

傲农还获得了国家科学技术进步奖二等奖、中国科学院科技促进发展奖、全国农牧渔业丰收奖一等奖、湖南省技术发明一等奖、四川省科学技术进步奖一等奖、北京市科技进步二等奖等多项荣誉。

三、人才为本，责任担当

傲农自创业以来，高度重视创新型人才的引进和培养，高标准、严要求引才、育才、用才，推进事业发展。目前，傲农饲料产业拥有一支3 800余人的年轻化、创业化、专业化的队伍，并根据人才特长领域，因人而用，择其优、舍其劣，将其放在最适合、最能发挥才能与特长的地方，实现人尽其才、才尽其用。

不拘一格引人才。傲农坚持“五湖四海、广纳英才”的方针，与江西农业大学、吉林农业大学、河南农业大学等国内外大中专院校建立校企合作关系，共育英才，吸引优秀的青年才俊加入傲农饲料产业，让他们携手傲农，共同实现梦想和抱负，追求饲料人的诗和远方。

大力推进优秀人才培养工作，着眼未来事业发展抓好专业化人才队伍储备。与厦门大学、江西农业大学、东北农业大学等院校建立了人才联合培养机制，选送优秀员工参加“学历提升班”“高级营销管理研修班”等，企业自主举办“星火计划”“燎原计划”等，让不同岗位的人才在职业发展的不同阶段持续“充电”，最终实现人才发展与傲农事业发展相得益彰。

傲农既以发展的事业吸引人才，也要让人才有用武之地，让其聪明才智才能得到充分发挥，打造万马奔腾的人才“逐梦场”。

习近平总书记强调，企业既有经济责任、法律责任，也有社会责任、道德责任。任何企业存在于社会之中，都是社会的企业。社会是企业家施展才华的舞台。傲农饲料产业的成功都离不开良好的社会、行业发展环境，我们将能尽己所能，诚信经营、依法纳税、提供就业、提供优质的饲料产品和服务，努力处理好企业与各利益相关方的关系，在构建和谐劳动关系、关爱员工成长、回报投资者、创建环境友好、绿色可持续发展、乡村振兴等方面作出示范。

2021年，傲农饲料产业正式迎来了发展的第十个年头，傲农饲料人将与“十”俱进，与“十”偕行，驭“十”前行，跟紧行业发展的脉搏，积极创新求变，力求在饲料行业转型发展的新阶段，跑出傲农饲料产业发展的“加速度”。

诚信廉洁　勤奋创新
健康安全　和谐共享

——泉州福海粮油工业有限公司

一、企业简介

泉州福海粮油工业有限公司属爱国华侨郭鹤年与郭孔丰叔侄共同投资建设的粮油加工和贸易企业，属于世界500强企业新加坡丰益国际旗下益海嘉里全资子公司。公司坐落于福建省泉州市泉港区沙格码头，具有优越、独特的地理位置：紧邻肖厝深海港区，附近铁路、公路、港口等交通运输便利。

公司于2002年成立，总面积达约215亩，2004年9月份建成投产，主要从事大豆深加工、大米加工及相关贸易业务，现有榨油、精炼、包装、分提、大米车间。产品主要有“金龙鱼”“胡姬花”等系列食用油和“丰苑”牌豆粕、膨化大豆粉。年生产食用油约30万t、豆粕80万t、棕榈油10万t、大米10万t，年产值约65亿人民币，解决劳动就业1 000多人。

二、生产智能化管控

公司全套引进美国Roskamp瑞士Buler、瑞典α-Laval、新加坡Lipico等世界上最先进的粮油加工设备及工艺，生产线全部采用电脑监控，智能化操作，质量指标在线监测仪，每分钟监测产品质量，所有工艺参数均能实现连续、可视、自动在线调节，并且具有极限状态的报警系统，可以最大限度地减少操作人员的人为失误，第一时间处理各类异常现象，保证生产过程的稳定。

三、完善的质量管理

公司视质量、信誉为企业的生命，先后通过ISO 9001质量管理体系、ISO 22000/FSSC 22000食品安全管理体系、ISO 14000环境管理体系认证、ISO 45001职业健康和安全管理体系、ISO 5001能源管理体系。公司于2020年通过了福建省饲料安全生产双体系。公司建立了较为完善的质量管理体系，从原、辅料验收，产品生产到出厂成品，做到了质量实时监控。公司设有品管部为我司质量管理常设机构，负责公司原辅料品质检验、生产过程检验和产成品的质量控制。公司投资500万元建立有专业检测中心，配备瑞典FOSS、日本SHIMADZU、瑞士METTLER TOLEDO、美国HACH、德国BINDER等公司最为先进的检验设备。检验人员均由饲料、粮油、食品检验等相关专业的人员组成，共33人。本科以上学历占60%，注册质量工程师3人。检测中心内部实行标准化管理，定期与国内外的大型饲料厂进行对比试验，及时查找人员操作、试验方法、试验环境、试验仪器等方面存在的问题，采取相应的措施，确保检验结果的准确性。检验人员24h跟班检验，及时准确指导生产，确保不合格产品不出厂。公司自投产以来国家、省、市场监督管理局对公司产品质量的定期监督检查或统一监督抽查均无不合格情况出现。

四、企业荣誉

公司秉承“诚信廉洁、勤奋创新、健康安全、和谐共享”的核心价值观，努力打造成为海峡两岸重要的综合粮油深加工基地。公司入选福建省“十二五”培育和壮大70家百亿元企业、福建企业100强，连续被农业产业化工作领导小组授予“省级重点龙头企业”。2020年连续被评为“福建省、国家级绿色工厂”称号。

致力于差异化发展
打造优质饲料

——江西柯恩牧业集团

江西柯恩牧业集团（以下简称柯恩或集团）是一家集养殖端、服务（养殖）端、食品端为一体的全国科技型农牧企业，全国饲料企业30强，国家高新技术企业，农业农村部生猪标准化示范场，全国上规模民营企业，江西民营企业100强，江西民营制造企业100强，2017年、2018年、2019年、2020年蝉联江西省优秀企业，江西省农业产业化省级龙头企业，江西省模范劳动关系和谐企业，ISO9001质量管理体系和ISO22000食品安全管理体系双认证企业。

1. 主营业务。集团旗下“柯恩”“帅大”“帅利”“阿加西”“益加士”等品牌的鱼、猪、鸡、鸭系列饲料、预混料，基本形成了以赣州、南昌、常德、茂名、漳州等生产基地为核心，覆盖江西、福建、广东、湖南、广西、海南、云南、贵州、安徽、江苏、浙江等长江以南地区，成为华南地区最具竞争力的强势饲料品牌之一。2018年，集团组建了预混料事业部，重点打造以“5U元素”为代表的高档预混料，并迅速完成了全国市场的布局。2020年，仅西北地区的预混料月销量就突破了1 000t。

2020年12月21日，赣州综保区“一带一路”首单进境粮谷入区暨美优生物粮谷加工项目投产仪式在集团旗下——赣州美优生物科技有限公司隆重举行，标志着柯恩依托赣州综保区打造年加工粮谷500万t的“千亿粮食产业集群”而开展的粮谷保税深加工及跨境贸易业务进入实质性的突破，首单进境粮谷为15 000t乌克兰玉米，采用海铁联运的进口方式。这是柯恩自2017年设立东北精品粮基地后在饲料原料贸易上的创新发展。美优生物进境粮谷加工项目由集团投资兴建，是江西省首个进境粮谷加工项目，项目总投资为4.2亿元，用地面积48亩。赣州美优生物科技有限公司主要从事进境粮谷深加工，是一家集饲料生产、销售于一体，为江西、广东、福建等周边区域提供粮谷饲料集散供给的大型现代化饲料生产企业。目前，已建成1栋主车间和仓库、7个筒仓，采购2 500万元生产设备，完成固定资产投资约1亿元。项目达产达标后，可实现年加工配合饲料约50万t、年进出口额可达20亿元以上。

2020年5月，集团与崇义县农业农村局、崇义县龙勾乡举行“崇义县生猪养殖繁育基地项目签约仪式”，计划投资1.6亿元，征地800亩，项目建成后可年产生猪10万头，打造当地“菜篮子”的重点工程，助推当地养殖经济的发展。这也是柯恩自2015年成功全资收购农业部生猪标准化示范场——赣州宝丰畜牧科技有限公司之后，在养殖端上的新布局。早在2016年4月，朱开明董事长在接受农财宝典·新牧网记者采访时就明确表示：要在赣州养万头母猪。

2. 品牌建设。“柯恩”为江西省著名商标，“柯恩”“帅大”“帅利”“阿加西”为赣州市知名商标；“柯恩牌畜禽饲料”“帅大牌畜禽及鱼饲料”“阿加西牌大头鱼（鳙）料”均为江西省名牌产品。“柯恩100ABC乳猪奶粉”和“柯恩200ABC保育奶粉”被列入江西省2018年省级新产品试制计划。江西柯恩与江西理工大学合作，建有“产学研合作基地”“校企合作单位”“创新创业基地”；与赣南师范大学合作，建有“实习就业基地”。因地制宜，立足农业现代化，实行标准化开发，企业化管理，集约化经营，市场化运作，品牌化发展，积极发挥龙头企业优势，在生产、加工、技术研发等方面进行大胆创新。

2019年5月9日，由新华社、经济日报社、中国国际贸易促进委员会、中国品牌建设促进会、中国资产评估协会、中国品牌杂志社等单位联合主办的“2019中国品牌价值评价信息发布暨中国品牌建设高峰论坛”在上海举行。柯恩品牌被中国品牌建设促进会认定品牌强度为853，品牌价值为4.87亿元。

截至目前，集团拥有注册商标50余件、发明专利5件、实用新型专利31件、外观设计专利2件和著作权登记13件。

3. 诚信守法。集团倡导价值竞争，不打价格战，聚焦小众产品，致力于差异化发展，柯恩饲料以质量稳定著称市场。

高品质、高性价比、高体验。柯恩认为坚持价值竞争就是最好的诚信，也是让诚信落地的有效载体。价值竞争的核心，就是物有所值、物超所值。柯恩为此构建了以价值竞争为核心的企业诚信体系。

2019年12月，柯恩被中国商业信用中心、《企业管理》杂志社评为“2019年全国优秀诚信企业案例”，入编献礼建国70周年大型画册《践行社会主义核心价值观——中国企业诚信建设之路》之《2019年全国优秀诚信企业案例》，并推荐作为中国人民大学等高校的教学案例；朱开明董事长荣获“2019年弘扬优秀企业家精神——诚信精神奖”。

2018年，朱开明董事长主创的《用价值竞争的经营理念践行新时代中国特色社会主义思想》荣获第二十届江西省二等企业管理现代化创新成果；2019—2020年，朱开明董事长主创的《饲料企业打造细分领域核心竞争力的差异化战略实施》荣获第二十六届二等全国企业管理现代化创新成果和第二十一届江西省二等企业管理现代化创新成果，这也是中国饲料企业在该奖项（国家级）上的首次突破。

4. 质量安全。早在2008年，帅大牌猪饲料、柯恩牌猪饲料、帅利牌猪饲料就被原江西省质量技术监督局确定为“2007年度江西省质量技术监督系统重点保护产品”。2017年，集团旗下江西柯恩饲料有限公司入选2016年度章贡区区长质量奖候选企业名单。

集团投入大量的人力物力，加大新产品开发力度，不断开发鱼、猪、鸡、鸭等系列饲料、预混料，每年新品种开发3个以上，其中“柯恩100ABC乳猪奶粉”和“柯恩200ABC保育奶粉”被列入江西省2018年省级新产品试制计划。

2017年至今，集团顺利通过了ISO90001质量管理体系认证和ISO22000食品安全管理体系认证。江西柯恩直接越过饲料行业普遍开展HACCP认证的做法，直接导入更高版本的ISO22000食品安全管理体系认证，目前已成为饲料企业的标配。

“柯恩”饲料在历年的国家、省、市主管部门的抽检、自检中均为合格产品。集团总部的研发中心和检测中心已经在开展CMA和CNAS资质的认证工作，对内可以保证公司内部的产品质量，进一步提升柯恩品牌价值；对外可以为周边地区提供环境和食品方面检测服务，为提高食品和卫生安全方面贡献一份企业力量。未来，集团还将投入2 000万元对两个中心进行重点打造，最终目标是把检测实验室建设成重点实验室，列入国家重点实验室名录。

柯恩是江西省率先推行企业首席质量官的企业之一。截至目前，已有13人获得了原江西省质量技术监督局考核颁发的首席质量官证书，全面负责质量兴企工作，落实产品质量安全主体责任。

2017年，柯恩被认定为国家高新技术企业。

5. “三农”贡献（带农增收）**。**2020年，集团旗下江西柯恩饲料有限公司已通过合同联结方式带动669户养猪户，人均增收1 620元；通过合同联结方式带动367养鱼户，人均创收850元；通过合作联结方式，已帮助解决农民就业约400户，人均创收5 600元；通过订单基地已带动了赣州当地以及周边地区包括福建龙岩、江西吉安、广东韶关在内5 000余户农户，人均创收11 500元；通过其他合作方式，已为162户养殖户提供担保贷款共计3 620万元，人均贷款约22万元。2020年公司直接招收农民工98人，公司年发放农民工工资350万元。通过公司的带动作用，有力地促进了农民增收、农业增效、财政增收以及当地政府精准扶贫工作的展开。

2020年4月，公司以企业信誉为担保，为15名客户提供了总金额为440万元的金融扶持，有效缓解了客户在疫情下的经营压力。公司选送的《特色金融扶贫创新联农带农新模式促进产业融合发展》，入选省农业厅主办的农业产业化龙头企业宣传推荐典型案例。公司申报的《“抗疫”贡献企业、企业家》被省、市、区三级农业主管部门推荐，参加了由经济晚报社发起的“第二届江西年度十件经济大事、十大经济人物、功勋企业及‘抗疫’贡献企业、企业家”评选活动，代表了社会各界对公司“抗疫”工作的认可与肯定。

同月，柯恩参加了由章贡区农村农业局组织的“精准扶贫进村”活动，为沙河镇罗坑村贫困农户免费提供鸡料。自2017年以来，柯恩积极行动，延伸品牌服务，拓宽融资渠道，依托自身企业影响力和品牌优势，与银行等金融机构合作，为经营困难的300多名养殖户提供金融帮扶近1亿元。

专业化饲料制造商和供应商

——华农恒青科技股份有限公司

华农恒青科技股份有限公司（以下简称“华农恒青”或“公司”）系由李旭荣先生于2011年投资创办。公司目前在全国有10余家分/子公司，下属多家子公司被认定为“国家级高新技术企业”。

华农恒青定位为一家专注于高档饲料生产的专业化科技服务型公司，专注和聚焦于饲料产业——专业化饲料制造商和供应商。自开业以来，通过经营管理模式创新、机制创新和文化创新，保持着快速的发展，公司产销量年均增长率在40%以上，2016年、2017年增速在70%以上，2018年销量增长15%，全年销量130万t，收入28亿元。下属高安基地2017年、2018年连续两年单厂外销猪料超50万t，单厂产值2017年位列江西省民营制造业企业第77位，2018年位列第51位。

2018年非洲猪瘟疫情暴发以后，华农恒青快速启动产品线转型，新建占地160亩、规划产能120万t（一期产能60万t）的禽料、水产料综合型生产基地一期工程于2019年5月在九江市竣工投产，该基地毗邻长江，产能大，物流便捷，有较强的成本竞争优势。华农恒青青海基地于2018年8月正式投产，主要覆盖青海、甘肃、西藏牛羊料市场，该工厂全套采用瑞士布勒设备，现已成为高原地区设备最先进、销量最大的饲料企业。

“华农恒青江西科技服务中心”于2015年投入使用，配置了近红外、高效液相色谱、原子吸收、原子荧光、仿生消化、能量测定等高精尖设备，涵盖技术研发、质量检测、培训三大功能，可以检测常规、氨基酸、维生素、微量元素、微生态等7个大项162个指标，实现对原料、成品饲料、动物疫病、养殖环境等开展全方位的检测与评估。华农恒青始终坚持以“成就客户”为宗旨，坚持高档猪料定位不动摇，持续以“良心、真心、专心”做高稳定、高性价比好猪饲料；同时，依托华农恒青的平台优势和借鉴华农恒青高档猪料品牌总结出的成功经验，经营好海通农牧和江河源两大品牌，为客户持续提供优质高效的水产料、禽料、牛羊料产品。

华农恒青与武汉轻工大学共同建立“武汉轻工——华农恒青猪营养研究中心”；计划与青海大学联合成立牦牛营养研究中心，旨在攻克牦牛繁殖的技术和营养难题，大幅提升牦牛圈养的效益。同时还与华南农业大学、西北农林大学、甘肃农业大学、内蒙古农业大学开展了广泛的校企合作。

2021年华农恒青将完善在西南、华北、东北地区的市场布局，秉承共同成长、合作发展、争创第一的核心价值观，与行业精英人才、合作伙伴在市场拓展、项目合作等方面开展更加深入的交流和合作。

立足生物技术
站稳无抗饲料制高点

——播恩集团股份有限公司

播恩集团股份有限公司成立于2006年5月，注册资金12 033万元，是一家专业生产销售畜禽饲料添加剂预混料、浓缩料和全价料的企业，近年重点加强在生物饲料、教槽料和母猪料等细分市场的技术研发投入，取得令人瞩目的成绩，成为行业的佼佼者。

一、以企业文化为精神依托，指引企业高速发展

播恩现有员工1 000余人，拥有6家生产企业、17家分（子）公司，200多个分支机构，播恩以“传播农业智慧，提升生命品质”为使命，以“理想、行动、担当”为公司核心价值观，以“快反应、快学习、快研发、快执行、快成长”为公司特色的企业文化为引领，坚持以科技创新和价值营销为抓手，先后实施“差异化”“前三甲”“播恩3F”等战略，公司经营业绩快速发展，2019年公司配合饲料（含添加剂预混合饲料、浓缩饲料，折算为配合饲料）产量103.07万t，其中添加剂预混合饲料折合配合料79.00万t，浓缩饲料折合配合饲料8.51万t，配合

饲料 15.56 万 t，销售额 102 634.96 万元，利税 7 285.98 万元。产品畅销全国 20 多个省市，成为全国动物营养品重要供应商。

二、产品质量为王，持续为客户创造价值

播恩认真贯彻国家产品质量法和国家有关饲料质量安全管理规范，在集团最高管理层提出的“不是一流的产品就是废品”的指导方针下，公司制定了“全员参与、全程品管、持续改善、不断创新”的企业质量管理策略。公司产品质量安全稳定，获得社会广泛好评。历年来，公司先后获得“主任质量奖”“赣州市长质量奖”“江西省质量管理先进企业”等荣誉称号。播恩重视现代企业管理体系认证，先后开展并通过了“ISO9001 质量管理体系、ISO22000 食品安全管理体系、ISO14001 环境安全管理体系、OHSAS 18001 职业安全管理体系”认证，并全面导入卓越绩效管理模式，形成全面规范的质量管理体系。

播恩产品研发是以效能为中心，给动物提供必需营养物质的基础上，同时让效益和效率达到优质的营养技术体系（OEN 效能营养体系），包括原料效能评估体系、免疫抗病营养体系、营养程序化体系、生物饲料技术体系、动物营养与食品体系。原料采购上应用了近红外快速检测系统，建立了原料营养成分数据库，从源头上保障了原料营养质量；生产过程应用推行了国际先进的“可追溯的、安全的、精确的、智能的”蔡氏生产系统（简称 TSAI），装配了高端的实验检测设备，建立了首席质量官制度。

三、立足于生物技术，站稳无抗饲料制高点

播恩以生物科技创新驱动企业发展，公司拥有博士后 1 人，博士 5 人，硕士 28 人，本科以上人才 198 人。建立了“1 室 2 站 3 中心 4 基地”的研发平台，1 室是指农业农村部生物饲料重点实验室，2 站是指海智工作站（原院士工作站）和博士后科研工作站，3 中心是指国家级工程中心（筹）、江西省企业技术工程中心和广东省企业技术工程中心，4 基地是指欧洲科研基地（荷兰）、广州生物技术研发基地、赣州生物技术中试基地、广东怀集养殖试验基地四大研发基地。

播恩重视产学研合作，与荷兰瓦格宁根大学、中国农业大学、华中农业大学、中山大学、华南农业大学、广东省农业科学院、江南大学、江西农业大学等高校科研院所建立了长期技术合作关系。雄厚的技术力量为公司的技术研发奠定了扎实基础，先后获得 74 项专利成果授权、108 次新产品升级、56 个项目研究工作。此外，公司自 2010 年来蝉联江西省农业产业化龙头企业，2011 年以来连续评为高新技术企业。

历年来，公司获“中国畜牧兽医学会副理事长单位”“2016 全国三十强饲料企业”“江西民营企业 100 强”“2020 年全国无抗教槽料先锋企业奖”“中国畜牧业替抗先锋”等称号。播恩品牌先后获“十大最受欢迎乳猪料品牌”“十大匠心饲料品牌”等荣誉称号。教槽料先后获“教槽料口碑五强”“2016 生猪业最具影响力教槽料”“2018 中国畜牧饲料行业十大饲料和添加剂爆品奖”“江西名牌产品”“饲料行业榜样产品”“中国畜牧业博览会科技创新产品”“规模化猪场优选价值品牌”“全国十大经典仔猪料品牌”荣誉。乳猪前期配合饲料获“江西省名牌产品”，开心果系列产品被推荐为“优质产品”，四驱双酸发酵料获“2019 年中国畜牧科技替抗先锋产品”“年度影响力替抗产品”等诸多荣誉。

拥有自主注册商标 271 个，其中“8V”商标获评“江西省著名商标”称号。

四、企业愿景

百尺竿头更进一步，中流击水正当其时。2020 年，正值播恩成立 20 周年，播恩将以生物技术为核心，聚焦 3F（Feed、Farm、Food）战略，形成一体两翼的集团布局，快速实现双百计划（10 年内实现销售收入过百亿元，市值 1 000 亿元）的发展目标，通过生物技术、饲料产品配方技术、膳食纤维技术、蛋鸡料补钙技术、饲料产品加工技术，带领整个农牧行业由单纯依赖资源发展向资源和技术发展结合转变。高效调配和利用各种优势资源，全面提升企业的科技创新能力，把播恩建设成为全球知名的生物技术企业。回顾过去，二十年的发展激情飞扬，展望未来，播恩愈发信心百倍。伴随豪迈有力的发展步伐，新的发展蓝图已经跃然于前。

梦想与执着
成就全球宠物食品领军企业

——烟台中宠食品股份有限公司

烟台中宠食品股份有限公司成立于 1998 年，总部位于美丽的海滨城市——烟台。公司注册资本 1 亿元人民币，占地 40 万 m^2。经过二十年的发展，中宠股份在全球建立了 10 家现代化的宠物食品加工厂，13 家子公司。公司于 2014 年、2016 年分别在美国和加拿大投资设厂，是中国宠物行业第一家在发达国家

建厂，进行全球战略布局的企业。公司于 2017 年 8 月 21 日在 A 股深证中小板成功上市。

在二十年的奋斗发展中，烟台中宠食品股份有限公司共经历了五个阶段：创业期—成长期—发展期—转型期—跨越期。

一、1998—2002 年：创业期

1998 年中宠股份创始人郝忠礼先生由外贸食品行业投身宠物食品行业，租赁厂房生产高端宠物零食——鸡肉干，并顺利出口日本，是中国宠物零食的开创者。

1999 年公司首次组团赴京参加“中国国际宠物及水族用品展览会（CIPS）”，并开始在中国国内市场销售自主品牌“Wanpy”鸡肉干产品。一度创造了“Wanpy”就是鸡肉干代名词的神话。

二、2003—2008 年：成长期

2003 年随着销售规模扩大，公司在烟台莱山经济开发区投资建设新工厂（第一工厂），按照人类出口食品工厂标准建设，软、硬件达到国际一流水平。并顺利通过了美国 FDA（美国食品及药物管理局）注册。

2004 年产品研发见成效，“三明治”“寿司”两款产品获国家外观设计专利。截至目前，公司共获得 120 项国家专利。

2005 年中宠股份宠物罐头工厂（第二工厂）建成投产，公司邀请现任中国食品工业协会罐藏食品科技工作委员会专家委员——郑德敏专家加盟，确立了中宠股份宠物罐头产品在行业中的领导地位。2012 年新建产能过万吨的新罐头厂，2014 年新上铝餐盒产品线，至此中宠宠物罐头工厂可以生产宠物湿粮类包括马口铁、软包装、铝餐盒全线产品。

2007 年第三工厂建成投产，为更好地开展国内市场销售工作，成立烟台顽皮宠物用品销售有限公司，专门负责中国国内市场销售工作。

2008 年引进德国先进自动化设备，实现产品升级，并提高生产效率。与日本著名大型企业爱丽思（IRIS）合资的第四工厂开工建设，高端宠物零食制造基地落户烟台。

三、2009—2013 年：发展期

2009 年中国出入境检验检疫协会宠物食品用品检验检疫分会成立，公司被评选为副会长单位。

2010 年中国国家质量监督检验检疫总局（现国家市场监督管理总局）和中国出入境检验检疫协会首次进行全国进出口企业质量诚信评比，公司被授予“中国质量诚信企业”的荣誉称号。

2011 年公司被选为中国礼仪休闲用品工业协会副理事长单位。同年，公司参加第十五届中国国际宠物水族及用品展览会（CIPS），并在会上被中国出入境检验检疫协会宠物食品用品检验检疫分会授予“中国宠物产业优秀企业”“最受欢迎宠物品牌”的荣誉称号。

2012 年与全球宠物行业知名企业——德国卫塔卡夫（Vitakraft）公司合资的干粮工厂（第五工厂）开工建设，并于年底正式投产。

公司自创立以来一直重视研发工作，功夫不负有心人，公司被授予“国家高新技术企业”的荣誉称号。

2013 年公司当选中国出入境检验检疫协会副会长单位，这是中国宠物食品行业唯一一家获此殊荣的企业。

2014 年公司“Wanpy”品牌荣膺中国宠物零食行业首个“中国驰名商标”。

11 月公司参加第十七届中国国际宠物水族及用品展览会（CIPS），除了零食、湿粮产品，还有新上的干粮产品在展会上共同亮相。

四、2014—2017 年：转型期

2014 年公司完成股份制改造，更名为烟台中宠食品股份有限公司，上市进程又向前迈进一步。同年，洁齿骨工厂（第六工厂）建成投产。

五年发展规划开局之年，国内市场完成资源整合，品牌实现全面升级，并于第十八届中国国际宠物及水族用品展览会（CIPS）举办期间召开新闻发布会，正式亮相。

2015 年公司投资 2 800 万美元的位于美国南加州、全美最大的宠物零食工厂（第七工厂）正式建成投产，公司国际化道路再迈上一个新的台阶。

同年，中宠股份——顽皮工厂店盛大开业，成为中国首家宠物食品工厂店。

2016 年猫砂工厂（第八工厂）建成投产，经过三年的潜心研发及精心筹备，工厂率先研发出能结团的木质猫砂，保持猫咪使用环境舒适、干燥、无粉尘、无异味，产品一经推出，即受到市场一致好评。目前工厂的独创研发产品，已申请 43 项发明专利。

五、2017 年至今：跨越期

2017 年崭新的洁齿骨 & 饼干工厂建成投产，3 月份顺利通过国家检验检疫出口注册，实现了饼干、洁齿骨产品自产自销及对外出口的新格局。同年 8 月 21 日，烟台中宠食品股份有限公司在深圳证券交易所中小板成功挂牌上市，成为中国宠物行业中小板第一股。

同年8月24日，第二十届亚洲宠物展览会上，中宠股份携旗下品牌盛装出展。公司重金聘请美国著名广告公司 Moxie Sozo 为核心品牌“Wanpy”量身打造的全新包装，将“Wanpy”品牌国外包装引入国内，实现“有颜有料，同步全球”。展会现场，中宠股份首创的“第一届 Wanpy 杯中国宠物摄影大赛”完美收官，获奖作品及颁奖典礼在亚宠展上隆重举行。

2017年11月，中宠股份参股北京美联众合宠物连锁医院，正式与中国最大的宠物连锁医疗机构——瑞鹏宠物医疗集团股份有限公司联姻，结成战略合作伙伴。

2018年4月15日，Wanpy 无谷低敏干粮新品全新升级亮相，成功上市。

中宠股份加拿大工厂（第十工厂）总投资1 600万美元，于2018年5月建成投产，成为目前加拿大规模最大的宠物零食工厂，拥有有机肉类零食、天然烘干零食、高端软零食三条生产线，囊括了市场上最主要的宠物零食种类，旗下有“Great Jack's”“Buddy Jack's”“Meat+Bone”等自主品牌。

2018年4月，中宠股份控股子公司——安徽省中宠颂智科技有限公司成立；5月，中宠股份控股子公司——南京云吸猫智能科技有限公司、威海好宠电子商务有限公司成立；7月，中宠股份收购拥有新西兰真挚 Zeal 品牌的宠物食品公司——The Natural Pet Treat Company Limited 的100%股权，正式签订谅解备忘录，全球化布局进入快车道。

2018年8月22日，第二十一届亚洲宠物展在上海举办。中宠股份主办的“第二届 Wanpy 杯中国宠物摄影大赛”颁奖典礼及获奖作品展示大获好评。

2018年9月，中宠股份募投项目——宠物零食工厂（第十一工厂）建成投产。全球宠物零食4.0版本的工厂正式落户中国宠物零食的发源地——烟台·中宠股份。

同年9月，中宠股份现代化物流中心落成，其拥有20 000个标准托盘的库容，满足了中宠股份快速发展的需求。新的研发中心、新办公大楼投入使用，标志着中宠股份迎来了新的历史时期。

中宠股份致力于打造从产品研发、制造到营销渠道建设全产业链企业。公司高度重视新产品研发工作，拥有一批食品、兽医等方面的专业技术人才。并与中国知名的食品、兽医专家和重点院校进行产学研联合，培养专门的专业人才，以市场需求为创新方向，从营养、健康、科学的角度出发，不断研发新产品，产品涉及宠物零食、湿粮、干粮、饼干、洁齿骨等全线产品。主要有宠物零食系列、宠物干粮系列、宠物湿粮系列（含马口铁罐头、软包装罐头及铝餐盒罐头）、宠物饼干系列、宠物香肠系列、洁齿骨系列共11大类。目前已有45种产品获得国内外发明专利和外观设计专利，取得了120余项国家专利，其中包含14项国家发明专利。

一枝独秀不是春
百花齐放春满园

——山东天普阳光集团有限公司

当前，国家新旧动能转换、供给侧改革和乡村振兴有序推进，畜牧业结构调整和提质增效进入攻坚克难关键时期。新型养殖综合体、新型经营组织或主体、新型生态产业链、企业发展新范式悄然涌现。

以龙头企业牵头助推新兴农合社建立、社上加社、用户联盟构建、盟上加盟；经营方式三产融合、配套以家庭农场的三位一体、叠加效应模式成为新型经营组织，成为当前农牧企业渠道转型升级、构建新型经营主体或组织的新范式。

同频共振，砥砺前行。天普阳光集团作为一家致力于无抗饲料生产、生态养殖和绿色畜禽食品打造等一体化运营的畜牧业企业，近年来致力于推动新型经营主体的建设，帮助广大客户构建新型农村合作社，开展合作金融、养殖保险、种猪供应、生猪收购、养殖器械、动保药品、营养方案、数据管理八大服务项目，在此基础上引导广大社员建设新型生态农场，实现价值创造与合作共赢，将新型农合社的春风雨露播洒到广袤的农村大地。

一、克服传统农合社的弊端，充分发挥龙头企业“十”的力量，合纵连横，构建起新型农合社的发展模式

天普阳光集团顺势而为，克服传统农合社流于形式、服务方式单一、资源整合力度弱，没有分红、没有品牌溢价能力等弊端，明确战略布局，构建新型商业模式——龙头企业+新型农合社+家庭农场，致力于平台搭建，将新型农合社作为推进新型商业模式的总抓手和突破口。在合作社运营中，开展合作金融、养殖保险、种猪供应、生猪收购、养殖器械、动保药品、营养方案、数据管理八大服务项目，实现价值创造与合作共赢。

为了帮助合作社理事长更好地开展“八大平台”服务内容，天普阳光专门抽调年轻化、专业化营销人员成立专门的支持队伍，帮助理事长做好各项工作。集团专门成立了阳光联盟畜牧服务公司，服务公司作为天普阳光集团的养猪服务平台，组织技术服务专

家进驻合作社，为合作社的广大社员提供质优价廉的兽药、疫苗、设备，以及种猪、苗猪、生猪销售服务。

为了提高广大社员猪场的养殖水平和经济效益，天普阳光通过推出“阳光行动”服务，专注于猪场管理与培训、技术托管与服务、合同猪放养、抗体检测、药敏试验、猪病诊断、品种改良、设备升级。通过这种差异化的服务，最终达到养殖效益最大化。为保障合作社有序运营管理，组织天普阳光农合社参观，举办天普阳光首届家庭农场公益论坛，优质家庭农场参观，组织合作社推广会（社员日、分红大会）。

二、合作社成功的关键在于理事长“利他”的经营理念，与社员构建起真正的合作共赢关系

合作社成功的关键：理事长要拥有事业长远追求和正确的经营管理理念；理事长与社员的关系由买卖关系转变为合作共赢关系；信誉诚信为本，走出短期利益关系，注重长远发展；有利他思维和合作共赢意识；认同合作社经营理念和运营模式；具有一定的经营管理能力和技术服务能力；有一定的社会资源；有自身的门店。

在合作社有序推进中诞生了许许多多优秀的合作社理事长和社员。山东海阳初心养殖专业合作社的优秀代表，在运作中他规范运营，一步一个脚印，踏踏实实，以利他的思维围绕建立合作社的宗旨帮助社员降低养殖成本、提高养殖效益的主线；合作社社员购买饲料、兽药的价格公平、公正、透明，让社员感觉到人人地位平等。在此基础上，合作社给予社员技术服务多元化，采购了滴滴快检，运用科学的技术手段，20min 就可以快速检测出猪场猪群抗体水平，能帮助社员快速解决在养殖过程中遇到的疾病问题，这在很大程度上增强了社员的信任感。

沂南牧丰园合作社理事长通过积极争取到为社员免费入保险，让社员们感受到切切实实的实惠，确确实实地给社员降低了养殖风险，挽回了损失，这获得了用户的认可，对合作社销量稳定及拉动产生了一定作用。理事长做的每一件事都是围绕社员、利益社员、成就社员而展开的，用心服务，成就他人，同样也成就了自己。

社员节本增效，平台创富暖心。在诸城兴农养殖专业合作社分红大会上，社员深有感触地说：“兴农合作社真的是为我们养猪户做服务，提供帮助，排忧解难为我们做实事，让我更加信任。作为合作社的一员，认识的社员朋友多了，交流提高的机会多了。合作社跟家一样，有事没事都能来。祝愿合作社越办越好！”一位营南新金新合作社的优秀社员在分红大会上她激动地说：“本来养猪是一件很辛苦很枯燥的事，但是没想到加入了合作社却能让我从辛苦枯燥的工作生活中找到乐趣和希望，有家的感觉真好！”

三、齐头并进，新型农合社成长迅猛，实现了企业、合作社、社员的三赢

桃李不言，下自成蹊。通过合作社的运营，一是在客户层面。由传统饲料经销商成为做“八大服务”公司化运营平台的角色转换。截止到 2018 年底，共帮扶广大客户朋友在山东省、河北省建立合作社 80 家。二是在社员层面。由传统散户向规模化节本增效和种养结合家庭农场的角色转换。据统计，全体合作社目前共发展社员 6 000 人。三是在饲料产业层面。致力于由单一的生产加工服务向价值链组织和整合、提高农户的组织化程度转型。四是公司战略层面。做产业链优化完善的提升者，畜牧业升级转型的引领者——推进山东新型养殖综合体模式。

一枝独秀不是春，百花齐放春满园。天普阳光通过构建新型农合社服务平台，致力于做山东家庭农场养殖模式的引领者，计划五年内精心打造 500 家合作社、5 000 家优质家庭农场、50 万亩种植土地生态平衡、500 万头年生猪出栏，走出一条与广大农户共谋发展的转型升级之路，力挺乡村振兴战略和新农村建设。天普阳光践行绿色发展理念，依托合作社平台，引导广大养殖场打造新型种养结合、生态循环、环境友好的家庭农场，实现提质增效和转型升级，让越来越多的社员和用户朋友走向发家致富的快车道。

公司积极扶持临沂平邑县中润合作社＋天韵农场模式的创建者赵志肖，积极构建天韵生态农场，集种养结合、生态循环、采摘体验、旅游观光于一体，实现三产融合效应；发展中润种植合作社、养殖合作社和旅游合作社，实施新型农业经营主体培育工程，上下游联动、环环相扣有机衔接；发展葡萄酒、桃子农产品深加工项目，推广特色黑猪肉提高附加值；打造“中润”品牌，启动互联网＋农业电商之路。

行业正在发生巨变，新的挑战与机遇并存。在农牧业提质增效、绿色生产、开拓创新的大背景下，广大天普阳光人顺势而为，与新时代同频共振，为“三农”奉献价值，发扬“奋斗为本、诚信利他、求精务实、创新超越”的企业精神，在构建新型经营主体和创新企业发展模式的道路上大踏步努力奋斗着，承载新时代的责任担当，有效助力畜牧产业结构调整和乡村振兴。

打造高技术型　高服务型
高价值型的企业

——山东和美华农牧科技股份有限公司

1. 企业基本情况。山东和美华农牧科技股份有限公司成立于 2011 年 4 月，注册资本 3 000 万元，公司主要从事添加剂混合饲料、浓缩饲料、配合饲料、畜禽饲料的研发和销售。公司的所有制性质为其他股份有限公司（非上市），公司是国家高新技术企业、山东省畜牧行业五十单位、济南市龙头企业，已全面通过 ISO 9000 质量管理体系认证和 HCCAP 食品安全体系认证。主要下属企业为莱阳和美华饲料有限公司、荆州和美华生物科技有限公司、昆明和美华饲料有限公司，均为国家高新技术企业。

企业经过近 9 年的发展，逐渐形成了自己的技术团队，在人才队伍建设具有一定规模，门类比较齐全，企业人才队伍的年龄、文化、专业结构得到了一定程度的优化，后备队伍建设取得了明显成效，整体素质提高，实力增强。截止到 2020 年末，公司员工总数 99 人，其中专职从事研发活动的科技人员 38 人，占公司员工总数的 38%。他们长期从事饲料行业，不仅有丰富的专业知识，更有大量、充足的实践经验，对研发工作方面能够独当一面。企业总资产 19 141.54 万元，资产负债率 56.16%，银行信用等级为 AA+级，企业 2020 年销售收入为 14 689.12 万元，利润 1 900.63 万元，主导产品为蛋鸡、猪等畜禽预混合饲料，“和美华”牌预混合饲料、饲料添加剂总销量取得了山东省排名第三的好成绩，山东市场份额占到 15%～20%。

2. 企业的行业地位和竞争力。山东和美华农牧科技股份有限公司是中国大型的农牧企业之一，国家高新技术企业，是中国预混料协会副会长单位，中国饲料工业协会常务理事单位，山东省饲料协会副会长单位、山东省个私协常务理事单位、山东省畜牧协会副会长单位、济南市农业产业化重点龙头企业，公司先后获得“山东省文明诚信民营企业”“山东省守合同重信用企业”“山东畜牧业十强”等荣誉。

公司目前的主要产品有“和美华”品牌的多维、多矿、核心料、预混料、浓缩料、全价料等畜禽饲料产品，成功塑造的“和美华”牌饲料获得“济南市名牌产品”“山东省著名商标”“中国驰名商标”等荣誉称号。

公司始终坚持不断创新的理念，目前公司拥有授权专利 24 项，其中发明专利 20 项，近三年获得山东省科技进步奖一等奖 1 项，拥有国际先进的科技成果 3 项，山东省技术创新项目 7 项，2018 年，和美华农牧科技股份有限公司获山东省教育厅批准与山东农业大学共建省级研究生联合培养基地。

3. 企业对本行业技术创新的引领作用。和美华信守“科技占市场，服务得天下”的经营理念，通过高科技的产品和系统的服务能力形成企业持续的竞争优势和核心竞争力。公司研发基础好，创新水平高，团队协作能力强。企业把科技创新作为最大的动力，以多家科研院所为依托，汇集生物工程、动物营养等方面的专家，专业从事动物营养方面的研究与开发，专业研究添加剂及生物技术，具有雄厚的技术实力。

公司立志成为一个高技术型、高服务型、高价值型的企业。自公司成立以来就十分注重科技成果研发，在加大研发投入的同时更注重科技成果的转化，确保实现高效研发。近三年来共完成研发项目 16 余项，形成高新技术产品 14 项，公司经过几年的研发实践，逐渐形成了规范完善的新技术研发和转化体系。

同时，公司还与山东省农业科学院、山东农业大学、武汉轻工大学、湖南农业大学等高校及科研院所建立了良好的产学研合作关系，使公司的研发水平得到大大提高。

公司秉承“替政府分忧，为人民造福”的宗旨，肩负“情系三农，造福民生”的使命，顺应国家大势，以推动中国农业产业发展为己任，在推进农牧业产业化经营的大潮中，信守“科技占市场，服务得天下”的经营理念，为优秀人才提供舞台，共同打造国际化标准，带动农牧业全面与国际接轨，为实现企业、员工、用户、社会“共创、共建、共赢、共享”的核心价值观而奋斗。

整合全球资源
提供本地化服务方案

——河南普爱集团

普爱集团创建于 2000 年，总部位于上海，现有员工 1 000 多人，是一家专业从事高端饲料和养殖技术研发与生产的现代化农牧企业。产业涵盖饲料生产与销售、原料贸易、动保产品及生猪养殖四大板块。饲料生产与销售业务遍及全国，主营猪全价浓缩预混合饲料，家禽和反刍动物的预混合饲料。

普爱集团现有多个研发中心及四大生产基地，所有产品均已通过 ISO 9001 国际质量管理体系及 ISO 22000国际食品安全管理体系认证，业务范围遍及全国，曾连续 8 年被省政府评为“国家农业产业化国家重点龙头企业”和“河南省高新技术企业”，并先后荣获“饲料行业科技创新先进企业”“国家级农业产业化重点优秀龙头企业”“A级纳税信用企业”等多项荣誉。

普爱集团认为中国养猪业想要获得更好的发展，离不开整合全球资源，需要持开放的态度对待国外的资源。因为产业链中每一个生产要素，都是带动猪场生产的齿轮，只有将这些要素一一进行提炼，组成一个顺利运作的系统，再由系统反推部件运转，猪场才能顺利盈利，所以，2014年普爱集团与丹麦DLG合资合作，成立预混料子品牌“普丹美”，普丹美借助DLG，对外整合全球资源平台，对内成立“中国饲料客制化战略联盟”，集合优秀的原料供应商、养猪企业、种猪企业、设备企业等上下游企业紧密合作。由此实现借助先进资源，满足中国养猪业飞速发展带来的多元化需求。

DLG来自“养猪王国”丹麦，是世界知名的农牧企业集团之一，也是欧洲最大的农业公司之一。业务分布在世界20多个国家，业务范围涵盖动物营养、植物种植、作物收割与育种、食品加工、能源、通信、农业器械、零售等。作为欧洲农业板块销售额最高的公司，DLG预混料年产量37.5万t，占欧洲市场20%，饲料年销售390万t，2018年收益497亿元，全球员工5 900人。

普爱集团与丹麦DLG集团合资合作过程中，丹麦DLG集团的技术是对普爱集团全部开放，而且所有技术无缝对接。丹麦DLG集团在世界范围有很多研发机构，同时跟哥本哈根大学、荷兰SFR等机构都有诸多合作的项目，所有丹麦DLG集团会跟普爱集团共享这些研发机构和大学的研发成果，普爱集团也会向丹麦DLG集团反馈中国营养的试验数据，从而获得技术支持。现在，普爱拥有一支由众多博士和专家组成的营养顾问团队，以及营养顾问团队带领的超过300名的资深养殖技术服务团队。

不仅如此，普爱集团旗下普丹美预混料车间于2015年建设，年产能为6万t，占地17.3hm^2，全套布勒设备。由丹麦知名机械专家Kim Sejr历时180d打造，汇集欧洲先进科技，融合DLG和瑞士布勒前端最新技术，在硬件上已实现全自动化。

普爱集团全国首推客制化服务模式。中国的地域跨度较大，气候地形东西南北都有很大的差异，普爱为了给客户提供最大价值的产品，需要结合客户的实际情况为客户提供一套定制化的方案，包括饲料产品和养殖技术的服务，家禽产业也不例外。为了实现技术落地这一目标，普爱集团经过9年的不断探索，通过大量的培训和摸索，提高猪场服务人员的经营技术水平，并投入400～500人的服务团队进行猪场驻场服务。

连云港的北欧农庄是普丹美的第一位客户，根据其丹系猪的特点和现有硬件软件条件，普丹美与北欧农庄共同提出了全方位的客制化方案，目前，北欧农庄的psy已达到30。

这一成功案例不仅为客制化服务模式打下了坚实的客户基础，且对普爱团队也是一个很大的激励。正如普爱所提出的，客制化的预混料方案以及有针对性的现场服务的确对于单个客户有较大的帮助。

2020禁抗元年，普爱集团更是把20多年的无抗优势发挥得淋漓尽致。普爱集团自2000年成立以来，减抗无抗一直是普爱的主要研究领域。早在2000年普爱集团就开始了无抗猪料的研发，经过14年的积累，普爱集团将“无抗”母猪料做到极致，母猪料没有添加过抗生素，客户口碑与收益实现双丰收；2014年普爱集团继续发力，搞定了中大猪料的“无抗”问题；两年后的2016年，小猪料无抗也被攻克；并且2020年4月普爱集团在教槽料上实现了无抗。2020年普爱又推出了RMB无抗工程，全面解决饲料禁抗后客户面临的各种问题。

砥砺前行　再创辉煌

——新乡市大北农农牧有限责任公司

新乡市大北农农牧有限责任公司前身是辉县市新型饲料厂，始建于1984年，1998年进行了股份合作制的改造，2002年进行第二次公司改制，成立了新乡市大北农农牧有限责任公司，现有注册资金是5 160万元。历经36年的稳步发展，已经成为一个从事饲料生产、生态养殖、养殖设备制造等于一体的综合型农牧龙头企业，饲料作为企业主导产业，近年来大力实施“中国高档猪料第一品牌”“创建全球最大的养猪服务企业”战略，拥有“北农”“胜信”“百泉”“九千”四大品牌，在新乡、驻马店、焦作等地先后建成了三个饲料生产基地，年饲料生产能力超过百万吨，大北农猪料已经成为规模化养殖场的首选品牌。

企业在农业产业化道路上，形成了完整的循环经济产业链。企业目前是农业产业化国家重点龙头企业、农业农村部饲料质量安全管理规范示范企业、国家循环经济教育示范基地、河南省农牧产业化联合体企业、省生猪产业化示范集群企业、省农业产业化重点龙头企业、省饲料十强企业、省国防教育基地、省新农村建设先进单位、省农产品深加工示范企业、省五一劳动奖状、省级卫生先进单位、省民营企业现代农业100强等。企业通过了国际质量管理体系认证、食品安全管理体系认证。

当前，养猪行业受非洲猪瘟和新冠肺炎双重影响，生猪养殖较以往有了很大的成本压力和疾病风险，新乡大北农致力于为养猪户解决养猪过程中的实际问题，提高养猪效益。

一、科技创新，产品领先

新乡大北农以高品质、环保、健康、高效为产品设计核心理念，现有母猪、教槽、保育、育肥四大系列猪饲料产品，特色产品有液态饲喂无抗教槽料“金乳王”、乳猪液态发酵饲料“酸酸乳”、高档保育料“离乳宝”、解决母猪肠道健康问题的功能性母猪料、生长速度快和养殖效益高的育肥料。

新乡大北农的教保料是公司的拳头产品，从2008年开始在市场上就已经有较好的影响力，最近几年公司又在教保料上下了更多的功夫，推出了新的教保料产品和液体饲喂模式，大大提高了养殖户仔猪的成活率和生长速度。

金乳王就是一个专门用来进行液体饲喂的教槽料，通过在哺乳期给仔猪液态补饲金乳王，可以提高哺乳仔猪的成活率，促进肠道发育，缓解仔猪断奶应激。

2017年公司引入了饲料发酵工艺，2018年研制出了乳猪液态发酵饲料“酸酸乳”，不仅可以提高乳仔猪的采食量和日增重，而且通过发酵产生了有益的代谢产物，能够促进乳仔猪肠绒毛生长，改善肠道健康。2019年开始着手研发无抗饲料，2020年7月无抗饲料成功上市。

公司的高档保育料“离乳宝”具有很好的溶水性，可以在水中快速的溶化，进行液体饲喂可以大大提高保育猪的采食量和日增重，同时减少了弱仔猪的死亡率，提高了保育猪的整体成活率。

公司也研发了“小猪饱”液体饲喂料槽，与教保料产品相结合，为养殖户养好仔猪提供了巨大的帮助。

在母猪的营养上，公司在2016年推出了功能性母猪料，着重解决母猪的肠道健康问题。尤其是在妊娠母猪阶段，养殖户缺乏重视，不能给妊娠母猪提供足够的纤维营养，母猪存在便秘、泪斑、产程过长等一系列问题。公司为了解决这些问题，研发了40%的母猪浓缩料，提供了足够的纤维营养，解决母猪肠道健康问题，提高了母猪的健康度和繁殖效率，得到了养殖户的普遍认可。

在农村养殖环保方面，新乡大北农经过对欧洲、美国以及国内多个省市的学习考察，最后确定下了适合中国家庭农场最新种养结合模式——通过种植蛋白桑消耗粪水，并研发了蛋白桑收获后的青储技术，以及在饲料中的应用方法和饲喂效果验证。

二、规范生产，保障质量

在饲料规范生产方面，公司走在了河南饲料行业的前列，是最早通过ISO 9000质量管理体系认证的饲料企业之一。公司建立之初，就对产品质量和规范生产非常重视，先后通过国际质量管理体系认证、食品安全体系认证、环境管理体系认证、职业健康安全认证。

自从《饲料质量安全管理规范》实施以来，公司就开始全体学习《规范》，结合公司实际情况制定了《饲料质量安全管理制度》，并在生产中进行落实。经过前期一系列的准备工作，公司于2015年12月顺利通过了农业农村部规范验收，是河南省首家通过农业部规范验收的企业。

通过农业农村部规范验收后，新乡大北农继续以规范生产、保障产品质量和安全作为公司的重要方针，从各个环节和每一个细节严格把控产品质量，不断创新和提升标准，保障了产品的稳定性，提升了产品的质量。

三、服务农户，实现增收

在国家乡村振兴战略的指引下，新乡大北农积极响应党中央的号召，立足中原，服务“三农”，扛起报国兴农的大旗，实施企业转型与养猪服务平台建设，把原来的销售员培养成养猪服务专员，让每一个服务专员都能够亲临猪场一线，帮助猪场在关键环节和养猪生产技术方面实现改善与提升。

一是开展数据化管理服务。通过使用猪联网/蛋联网管理平台，帮助养殖户实现养殖场大数据管理，准确定位养殖场生产管理过程中的薄弱点，让用户随时随地掌握猪场的生产信息；让养猪变得更加轻松、便捷。

二是开展P2背膘服务。通过母猪背膘检测，做到母猪精准饲喂，最大化地发挥饲料效能，通过背膘检测服务可以根据母猪背膘厚度，调整母猪采食量，让母猪发挥最佳生产性能，实现母猪在产仔数量、仔猪初生均重达到有效提升，背膘服务是保证母猪高效生产的有效途径之一。

三是开展液体饲喂服务。新乡大北农专利产品“液体饲喂器”实现仔猪哺乳期、保育期粥料饲喂，避免断奶仔猪应激，提升仔猪生长速度，为仔猪前期健康和全期的生长速度打下了坚实的基础，可实现仔猪多吃、多活、多长。

四是开展生物安全服务。生物安全就是猪场的生命线，为了保护养殖户猪群健康、保证猪场正常生产发展，发挥最大生产优势，市场服务人员帮助养殖户完善生物安全防控，协助猪场建立严格、全面的生物安全管理体系，从人员进场、外来车辆进场、卖猪管理、病死猪无害化处理、物资进场、餐厨管理、灭虫害、引种隔离、饮水管理等防控非瘟入侵的九大保护措施，加强养殖户的生物安全意识，保障猪场的生物安全和可持续发展。

五是开展联采服务。降低成本就是增加利润，新乡大北农投资近千万余元建立多层面检测平台，从原料贸易、疫苗、动保、微生态到器械等一系列的联合采购，帮助家庭农场把握好质量关，降低问题的发生率，同时借此平台可让 100 头母猪场享受到 10 000 头母猪场的采购优势。

六是开展资源共享服务。新乡大北农结合自身优势在行业中整合到更多的能够为家庭农场服务的优质资源平台，包含有种猪、养殖设备、自动料线等，公司为家庭农场先投资，让家庭农场先受益，分期还款，零利率，为用户降低“养猪保本点”。

七是开展养猪金融服务。在养猪行业规范发展时期，新乡大北农为家庭农场提供了便捷的金融服务，解决家庭农场的发展资金需求。加快资金周转利用率，为用户提供秒贷放款，养多少、贷多少，随贷随还、随还随贷。

八是开展养猪创业人才服务。新乡大北农创业养猪大学——养猪专业人才的黄埔军校，针对家庭农场老板、技术专员、接班人设有不同的模式培训课程，为帮助家庭农场接班人培养和员工的技能提高奠定坚实的基础。

九是开展智能化设备改造服务。当前行业用人难，用人成本不断增加，新的自动化、智能化管理会成为行业的发展趋势，利用芯片植入科技，实现每头母猪的个性化、智能化管理，做到根据每头母猪背膘检测值确定每天饲喂量的精准投喂。

新乡大北农全体人员，历经无数个日日夜夜的努力奋斗，服务到千户家庭农场，近 30 万头母猪，帮助家庭农场实现增收近亿元。基于为行业转型所做出的贡献，不仅使新乡大北农再次成为行业标杆，更得到了广大养猪行业同仁的一致肯定。

新乡大北农作为农业产业化国家重点龙头企业，将始终不渝地扎根农村、服务“三农”，完善产业链，走好一体化道路，充分发挥饲料养殖等产业循环经济优势和龙头带动作用，为带动更多农民致富、为推动新农村建设、为我国农业崛起做出更大的贡献。

创新成就未来

——河南亿万中元生物技术有限公司在创新中发展

河南亿万中元生物技术有限公司成立于 1996 年，总部位于郑州，现有新郑、荥阳、商丘宁陵三个生产基地，总占地 260 余亩，员工 300 多名，是一家集饲料、兽药、生物发酵添加剂研发、生产，原料贸易于一体的现代化民营股份制企业。在替抗、禁抗，非瘟并行下的 2020 年迎来销量新突破。

“亿万中元”品牌产品主要有霉立解（微生物饲料添加剂枯草芽孢杆菌）、畜禽浓缩饲料、畜禽配合饲料、牛羊精料补充料、畜禽复合预混合饲料等，产品类型涵盖生物制品、饲料等方面，河南省内均有销售，同时还销往河北、安徽、山西、陕西、湖北、广西、江苏、广东、重庆等 18 个省和直辖市。

亿万中元为在 1999、2000 年度连续被郑州市技术监督局授予“用户满意产品”先进企业，在 2003 年度的饲料工业科技进步工作中成绩显著，得到河南省饲料工业协会的表彰。2008 年亿万中元公司与中国农业大学进行技术合作，2009 年独家转让计成教授领导研发的霉菌毒素降解剂专利（发明专利）并进行了科技成果转化，商品名称是“霉立解”。2013 年“亿万中元”商标被河南省工商行政管理局认定为河南省著名商标。霉立解于 2015 年先后获得“农业部中华农业科技一等奖”和“中国优秀专利奖”，2016 年荥阳公司被农业部评为部级饲料质量安全管理规范示范企业。2017 年中国产学研合作创新成果奖，2018 年中国商业联合会科学技术进步奖一等奖。

当前，亿万中元品牌在全国已为行业同仁和用户所熟知，品牌知名度不断扩大，产品质量、企业实力、品牌信誉度为大家所认可。

自非瘟侵袭以来，行业遭受亘古以来从未有之痛。亿万中元在初期也经历了恐慌和迷茫，然而痛定思痛，男儿当挺身而战。饲料是非瘟防控和复养的重要环节，作为饲料生产企业在这期间要积极发挥关键作用。任何物种在它强悍表面的背后一定有它致命的弱点，于是公司组织技术团队，以科学严谨的态度探索出一套“非瘟复养方案”。

依托国粹传统中医药理论，研制出了对非瘟防控有特效的纯中药产品——黄连解毒散。之后，又将现代生物发酵技术应用到该产品上，仔猪配合饲料为发酵底物，专利菌种发酵，药材中的有效成分经过生物学转化得以充分释放，能够更好地提高机体的特异性和非特异性免疫力。生物肽在实际应用中收到显著效果，不仅非瘟得到有效防控，而且其他病的发病率也大幅降低，猪采食量大幅提高，皮毛光亮红嫩。

生物肽的使用在市场上反馈良好，但对于习惯使用配合颗粒饲料的客户来说，存在拌料烦琐的缺点。为此公司又研制出来一款“康非中药发酵颗粒饲料”，采用高温膨化、低温制粒的工艺既消除了原料中非瘟的风险又最大限度地保存了有益菌、消化酶等热敏营养物质，还极大地减少了饲养工人拌料的烦琐。生产出的康非发酵颗粒饲料是传统中医药学、现代生物发酵技术与动物营养三大学科理论的深度融合，它跨越了古老与现代的千年时空，展现了微生物里蕴藏的大乾坤。

做世界的厨房 人类能源的供应者

——武汉正大有限公司

武汉正大有限公司位于湖北省武汉市新洲区阳逻经济开发区金发大道，是由武汉农业集团股权投资有限公司与正大投资股份有限公司合作兴办的大型现代化农牧企业。公司总投资3亿元，占地100亩，现有员工300余人，建设年产24万t的畜禽饲料车间、6万t预混料车间及相关生产配套用房，主要从事生产和购销猪饲料、鸡饲料、鸭饲料等各种饲料和饲料添加剂并进行产品售前宣传和售后服务，是一家集科研、生产、经营与技术服务为一体的综合型企业。

“做世界的厨房，人类能源的供应者”是公司的经营目标。正大利用公司的优质饲料、先进的养殖技术和观念，带动当地畜牧业的发展，把公司的发展与农民致富紧密地结合在一起。在不断扩大规模，提高经营效益的同时，广泛开展经济技术协作，服务社会，为当地经济发展，农民致富做出了应有贡献。

一、强劲势头：大型现代农牧企业呼之而出

具有厚重底蕴的武汉正大有限公司，自成立以来，保持着强劲的发展势头。

武汉正大有限公司是1993年武汉市政府引进的十大重点外资项目之一，公司于1993年动土兴建，1994年5月建成投产。为配合武汉市光谷地铁配套建设，公司于2018年从东湖高新技术开发区搬迁落户阳逻经济开发区，建设搬迁创造了新洲速度（当年动工、当年建成、当年投产、当年纳税）。新厂公司采用世界最前沿技术，完全实现畜、禽料及预混料生产线系统独立生产。整个生产过程实现全程监控可追溯，生产区域采用太阳能绿色环保能源，实现生产“六化”，即原料散装化、装卸机械化、运行自动化、过程可视化、饲料安全化、生产标准化。

立足于集团优势，质量管理上，公司先后通过了ISO 9001、ISO 20002质量管理体系认证，ISO 14001环境管理体系认证，并获得鸡肉及鸡蛋产品的无公害认证。在产品方面，被评为湖北省优质产品，并获得消费者满意奖。在信誉方面，多次获得重质量、守诚信和用户满意产品诚信企业的称号；先后获得武汉市优秀外商投资企业、履行社会责任先进单位、武汉市畜牧水产业十强企业、湖北省外商投资百强企业、武汉市农业产业化重点龙头企业等荣誉称号。全省饲料工业“先进单位”，并连续当选省、市饲料协会副会长单位，中国外商投资企业理事、武汉外商投资企业会长单位。

2020年在非洲猪瘟、新冠肺炎双重打击下，公司实现逆势增长，全年销售饲料28万t，实现产值10亿元以上，这个成绩无论在集团内还是在湖北，都是一个不小的突破，正逐渐显现出大型现代农牧企业的风范与气魄。

二、不断创新理念，立志做世界的厨房

“做世界的厨房”，是正大集团的一大愿景。构建、巩固并扩展从农田到餐桌的全程可追溯全产业链，正是实现此愿景的最主要手段。公司领导深知：食品的质量就是对人们的安全、营养和感官要求的满足程度，饲料是产业链伊始，从源头上严格把关。

正大在市场上不断焕发着青春，不断成长，工作紧紧围绕着以下几点：

第一，树立“全心全意为客户服务”的经营理念。

以客户为本的理念不能成为口头的承诺，要转变成真心的承诺和行动。就是要通过优质的服务和高质量的产品使客户满意地使用产品，得到客户的高度认可，才能让客户感受到公司的企业文化和人文魅力。

正大各部门各岗位的一切工作都是围绕这个出发点来做。以销售工作为例，重点就是要抓品牌价值营销，做技术贴身顾问，为客户创造价值。武汉正大服务人员，以3～5人为一个团队，下沉到村、下沉到户、下沉到圈，为广大养殖户做专业化的“贴身”服务。

通过组织客户培训和参观活动，组织对比试验，帮助养殖户算账，提升养殖水平。20多年来深入乡镇、农村，免费举办对比试验和培训会5 000多场，培训20万人次以上，向农民赠送各种专业技术资料50多万份，抗体监测诊断近万次。组建近200人的专业销售服务和技术服务专家团队，与华中农业大学动科动医学院合作成立“正大动保中心”，邀请华中农大多位教授提供技术咨询和服务。

第二，不断创新经营。创新是企业兴旺的不竭动力，也是企业成长壮大的重要法宝。

农牧企业只有不断创新服务，才能不断为客户创造价值。

新时期养殖行业一个显著特点就是生产效率低，

易发病且成本高。养殖要成功，必须回归到这样一个公式：效益＝(遗传＋营养＋环境）×管理。管理在养殖中至关重要，而管理中人才又是最重要的。没有好的管理，一切都会成为空谈。更何况众多养殖场连好的遗传也没有，好的营养也不够，好的环境也没有，至于千家万户的养殖更是如此。所以要为养殖户提供服务，帮助他们改变传统的养殖观念和模式，不但提供优质的种源、优质的饲料，还要帮助他们设计建造现代化的养殖场，同时也要输出管理技术，更要输出管理人才。只有这样，才能够为客户创造更多的价值，帮助他们通过养殖成功。

1. 标准化养殖模式推广。改革开放以来，我国的养殖业发生了巨大变化，逐步从以前的家庭分散饲养发展到今天的规模化、产业化养殖。过去传统养殖圈舍环境差，设施简陋，猪鸡易生病，死亡率高，生产效益难以充分发挥，养殖户又脏又累，而且环境污染大，效益低。根据以上存在问题，公司采用集团最先进的标准化养殖模式，既指导农民建标准化改良猪舍鸡舍，又配合推广良种、良料和良法。标准化养殖环境舒适，冬暖夏凉，自动采食，自动饮水，省工省料。能降低养殖成本，减少疾病和环境污染，这样赚钱就能更多。

2. 养猪事业九大保障工程。随着规模化程度快速升级，对猪场的硬件、软件提出了更高要求。而猪场普遍缺少优秀的管理人才和科学的饲养管理技术，生产过程中遇到诸多困扰，从业风险不断加剧，最终导致养殖效率低下，长周期的高投入换回的却是无利可图。

对于以上问题，早在2008年正大集团就曾提出对客户猪场进行系统化管理服务，面向社会规模场推广正大集团的农场信息化管理系统和猪场标准化生产管理服务。正大服务的不断优化和升级，在养殖标准化及信息网络化工程六大服务板块的基础上，增加肥猪回收、工程建设、融资服务三个服务板块，升级为养猪事业九大保障工程（环境保、种猪保、饲料保、生产保、健康保、品改保、信息保、肥猪保、资金保）。

“猪九保”工程涵盖了养猪每个环节且环环相扣，能让合作客户体验猪场从融资、建场、引种、生产、管理到毛猪销售的全过程星级服务。经过10年多的探索和发展，服务的规模猪场已达60家，上线猪场21家，母猪规模超过4万头。

3. 猪博士 App。“互联网＋”代表着现代农业发展的新方向、新趋势，为转变农业发展方式提供了新路径、新方法。技术不会止步不前，随着社会经济发展，“互联网＋物联网”与农业相融合是必然的时代趋势。猪博士 App 正式在新形势下孕育而生，是正大集团旗下专门为养殖者开发的养殖综合服务平台，是农业全产业链生态圈的超级 App，能够给用户提供一站式服务。作为现代信息技术改造传统养殖业的创新之举，能通过不断的完善升级，为畜牧业现代化插上腾飞之翼。用户可以使用这款软件实时关注最新的价格行情，同时可以快速录入猪场数据，并进行数据统计分析，提供线上咨询、预约兽医等功能，帮助养殖者学习很多实用的养殖知识。

养殖户缺乏技术、市场、资金和人才等，猪博士将正大对猪场管理的丰富经验信息化和系统化，助力养殖户改善养猪环境、提高养猪水平。通过全产业链融合保持市场可持续发展，进一步推动现代农业的可持续发展做到食品安全可追溯，帮助广大养殖户持续致富。

三、利国利民利企业，积极回馈社会

“爱是人类最美好的语言，爱是正大无私的奉献……”一曲《爱的奉献》随《正大综艺》节目唱遍大江南北。如同歌词所写，武汉正大也不忘回馈社会，多年来先后捐资百余万元，用于救灾扶贫、科技教育、医疗卫生、文化体育、环境保护和希望工程。如赈灾解难，2016年8月主要为湖北受灾农户捐款35万元；为培养人才，公司在华中农业大学和长江大学设置了正大班，每年赞助奖学金10万元以上；公司工会定期组织员工到当地的儿童福利院和养老院参与公益活动，关心当地的孤儿和老人，为他们送温暖。2020年新冠肺炎疫情期间，武汉正大积极复工复产，为武汉市及周边县市的“菜篮子”贡献自己的一份力量，并积极组织捐款捐物50余万元。

“正”行天下，“大”梦兴企。未来正大将积极参与社会主义新农村建设，推动养殖业向规模化、标准化、现代化的方向发展。作为武汉市农业产业化龙头企业，作为“三农”工作的直接受益者和实践者，为建设“三农”强省，未来将更加积极参与社会主义新农村建设，实行产业链的延伸，发展食品加工业，为消费者提供绿色安全新鲜的产品，不断提高人们的健康水平而不断努力，并为实现集团“做世界的厨房，人类能源的供应者”这一伟大目标而努力奋斗！

“天道酬勤　佳境渐入”话天佳

——荆州市天佳饲料有限公司

天道酬勤，佳境渐入。荆州市天佳饲料有限公司的“天佳”二字由此而来。天佳是一家专业从事水产配合饲料生产销售，水产品养殖及粮食农副产品收购

销售的湖北省农业产业化重点龙头企业。

天佳公司董事长、湖北省饲料工业协会副会长、荆州市饲料工业协会会长、荆州市政协委员李学财，信奉天道酬勤、地道酬善、人道酬诚、商道酬信、业道酬精的自然法则，因而他所创建的天佳佳境渐入，自2004年1月创建至今，饲料产销量已跻身于湖北省饲料行业前列，成为湖北水产饲料研发、生产、销售骨干企业之一，被湖北省农业厅、湖北省饲料工业协会评选为“湖北省十佳行业领军企业”。

天佳公司位于湖北省荆州市沙市开发区锣场工业园，占地面积45 000m^2，现有饲料生产线10条，水产饲料年产能可达36万t。

公司及其产品曾先后获得荆州市明星饲料企业、湖北省畅销地产商品、湖北市场行业双十佳企业、湖北省著名商标、湖北省饲料十佳品牌、湖北省最受欢迎饲料产品、湖北省重信用守合同企业、湖北省十佳行业领军企业等荣誉称号，被政府认定为湖北省农业产业化重点龙头企业，被行业推选为中国饲料工业协会理事单位、湖北省饲料工业协会副会长单位、荆州市饲料工业协会会长单位、中国十大最具成长潜力水产饲料企业等。

一、发展历程

1. 起步阶段（2004—2009年）。公司从“六缺”起步，缺人才、缺技术、缺资金、缺市场、缺设备、缺经验，占地16亩，是名副其实的作坊式企业。凭着良好的信誉和扎实的作风，硬是在这个行业打拼出一条出路，得到广大用户的认可。

2. 发展阶段（2010—2013年）。通过不断努力，公司已逐步建立一定的市场网络，原有的厂房、设备已经远远满足不了日益增长的市场需求。2011年，公司在荆州市沙市开发区筹建新厂，占地45 000m^2，并于2012年投产，从此大步前进。

3. 壮大阶段（2014年至今）。2014年，天佳水产饲料单厂销量突破10万t，迅速成为行业瞩目的焦点。与此同时，天佳领导凭借独到的战略眼光和对市场的前瞻性，悄悄布局转型升级和产品优化，引导用户向特种养殖、膨化饲料方向发展，取得了很好的效果。

二、产品质量

公司严格执行《饲料质量安全管理规范》，有健全的质量管理体系和严格的过程控制措施，产品质量稳定，从未出现质量、安全、环保等重大事故。公司还拥有先进的厂房设施和工艺生产线，注重内部质量管理和生产成本控制，奉行客户至上的原则，真心诚意为客户着想，产品五大品牌“天佳宏元”“天佳进财”“天佳荆华”“创达”“将旺”满足各类水产养殖市场需求，深受广大客户认可和好评，饲料养殖效果处同类产品前列。

三、技术创新

公司拥有与中国农业科学院饲料研究所、华中农业大学、中山大学等国内顶尖农业科研院所紧密合作的技术背景，注重科技创新，研发能力强。从2013年到2021年，陆续增加了3条膨化饲料生产线和2条虾料专用生产线，同时对公司原有的设备不断进行改造，对公司的产品结构进行转型升级，通过饲料产品结合养殖品种及模式的优化，引导客户向特种养殖、膨化饲料方向发展，帮助用户创造更大的效益。截至目前，公司在黄颡鱼和淡水小龙虾、鮰、鲈等品种的养殖模式研究及配套饲料的设计上取得了很好的效果，获得了非常好的市场口碑。

四、服务理念

天佳的服务理念是：以“服务三农”为先导，以水产养殖为依托，充分发挥自身的优势和实力，始终把推动水产养殖产业化的建设作为义务、责任、理念来规划发展，采取以点带面的方式逐步推进，引导农民向水产养殖产业化方向发展。近几年，公司大力开展服务营销，组建了专业的服务团队，从养殖水面开挖、水质管理、苗种投放、养殖模式、消毒杀菌、疾病防治、科学合理捕捞等环节全程跟踪服务。根据水产养殖的特点、规律，分月分季编发宣传指导资料，采取现场指导和集中授课等方式不定期组织培训。另外通过微信群和微信公众平台，及时告知养殖户注意事项和技术要点，通过公司坚持不懈的努力，养殖户的观念明显改变，养殖水平逐步提高，养殖效益不断增强。

五、市场布局

公司市场网络建设日臻完善。饲料经销客户从2004年的不足50户，发展到2021年的1 000多户。产品销售辐射范围由2004年的仅限于周边地区不足50km，发展到2021年的东至武汉、黄州、黄石，南至湖南长沙、常德、益阳、岳阳，西至宜昌、恩施、宜都、长阳及清江库区，北至襄阳、宜城、钟祥、荆门、京山等地区，辐射半径超过400km，市场布局广泛合理。

六、团队建设

天佳拥有一支干劲十足、协作性强，有战斗力、有凝聚力的专业团队，并一直致力于发现人才、培养人才，努力改善员工队伍结构，不断提高员工队伍素质，为推进天佳的持续发展奠定了坚实的思想基础。大力培养技术骨干和专业人才队伍，是天佳实施发展战略的一个重要支点。公司曾先后派出100多人次前往华中农业大学、湖北工业大学、中国农科院饲料研究所等单位，进修学习企业管理、饲料配方、化验检验、设备操作维护等方面的专业知识与实际操作技能。同时加大内部培训力度，分期分批开展各项专业技能培训，经常邀请相关专家及学者走进来对员工进行技术和技能培训讲座。天佳立足长远发展，广纳贤达，高薪招聘高级管理和专业技术人才60多人，基本形成了管理、研发、生产、营销于一体的人才体系。

“高品质　高服务　高效益　高价值”理念引领企业发展

——张家界市新瑞生物饲料有限公司

张家界市新瑞生物饲料有限公司是一家以特种水产饲料研发、生产、销售为基础，集成饲料原料资源开发，微生物肥、土壤、水质修复产品技术开发、养殖技术推广服务等一体化的高效农业产业化现代企业。公司拥有国内技术领先的智能化生物饲料生产线6条，年产能达10万t；同时具有动物营养、生物工程、生产管理、品质检测等方面的专业技术人才和高素质的营销团队，目前员工110人，其中硕士学历3人，本专科学历22人，中、高级技术人才10人。公司主要饲料产品有甲鱼、黄颡鱼、翘嘴红鲌、泥鳅、草鱼、鳝、牛蛙、青蛙、乌龟、叉尾鮰、青鱼、鲫、龙虾、螃蟹等20多个系列。

新瑞自成立至今，每年保持40%以上的产销量增长率，在特种水产饲料行业树立了一面鲜艳的旗帜，作为华中地区饲料工业行业明星企业及特种水产饲料行业中的佼佼者，公司始终坚持高品质、高服务、高效益、高价值的“四高”理念，实行“科技创新、质量兴企、精诚服务”的发展战略。公司经营的“佰多一”“鑫瑞特”“宜万佳”等品牌，均已成为行业内知名品牌。公司传统优势产品“佰多一甲鱼料”因品质优良，目前占有“湖南汉寿甲鱼之乡”九成以上的市场份额，并成功远销广东、河南、安徽等甲鱼密集养殖市场；新型优势产品虾蟹料、牛蛙料、青蛙料等在两湖、江西、江苏、广西、海南等地区广受好评。

一、品牌铸就企业灵魂

新瑞从成立之初，就定位于发展特种水产饲料领域，明确只有朝养殖效益高的特种水产饲料方向发展才有出路。凭借在特种水产饲料行业十几年的沉淀和发展，新瑞立足当下，放眼未来，将打造品牌作为企业战略发展的核心，将品牌战略理念灌输到企业发展的方方面面。基于对特种水产饲料细分市场的前景判断，新瑞的品牌目标是进一步扩大市场份额，突破目前在两湖地区名列前茅的市场现状，走向全国，并最终发展成为特种水产饲料行业的领军企业。

公司成立早期，首先上市的是“鑫瑞特”品牌，主要面向湖南本地小范围市场的，后对市场重新定位，只有走出湖南，占领更大的市场份额才能立足长远发展，而一个简洁、辨识度高的品牌名称必不可少，“佰多一”应运而生，“佰多一，百里挑一”成为公司响亮的广告语。2015年“佰多一”作为公司高端特种水产饲料品牌被推向全国市场。“佰多一”问市同期，公司注册了域名为www.baiduoyi.com的官方网站，开始了以“佰多一”品牌为主的网络宣传；另外注册了“佰多一”“佰多一特种水产饲料”等微信公众号，推出了“今日行情”“今日学习”等多个每日更新的精品栏目，其中“今日行情”是佰多一营销团队从全国实地收集的各水产品种的真实交易价格，大大帮助客户把握市场行情走势，使收益最大化，广受各地养殖客户的欢迎，也多次被权威媒体转载，形成了巨大的行业影响力。“今日学习”涵盖水产养殖各方面的技术知识分享，作为技术服务的线上辅助也广受好评。同时公司还拍摄了大量视频宣传片，在养殖集中区大量投放宣传广告，定期组织“佰多一养殖技术交流会”“佰多一优秀养殖户评选会”等，不断加强品牌市场曝光率及行业内知名度。

二、产业链延伸，全方位服务客户

在保持主营业务高增长的同时，新瑞也着力于重点品种的产业链延伸，从种苗、饲料、技术、资金支持、产品回收等各方位为广大客户服务。公司通过全国流通大数据分析，指导客户优化养殖品种及规格，规划出售时机及价格，避免养殖户盲目跟风养殖，有效降低资源浪费。同时全产业链还有利于自下而上地解决食品安全问题，例如面对牛蛙高密度集中养殖带来的环境污染和抗生素残留问题，公司根据华中地区特定的自然环境和气候条件，对牛蛙养殖模式进行调整及优化，采取池塘网箱套养模式进行牛蛙养殖，池塘内套养花白鲢及其他杂食性鱼类，利用生物学方法解决粪便及污染问题，节省人工及开支，综合利用水面，提高单位面积产值，一举多得，目前在湖南多地大量推广，并取得喜人的养殖效果。

三、科技是第一生产力

科技是第一生产力，新瑞技术部秉承“勇于创

新，直面挑战”的一贯宗旨，从技术创新、市场调查、产品研发、产品跟踪各方面明确分工、紧密合作，是新瑞技术中坚力量。董事长罗祖国先生，作为产品研发负责人，从事饲料行业20多年，洞察行业市场眼光敏锐独到，创办企业之初就坚决聚焦特种水产料，定位膨化料，成功抢占了市场先机，2018年依靠产品口碑成为华中特种水产料市场的明星企业；技术部经理尹慧红是动物营养与饲料科学专业硕士，在饲料行业学习、研究、工作20年，主要负责公司产品研发工作；2018年公司参与了青蛙配合饲料湖南省地方标准的制定，充分展示了新瑞公司的技术与研发实力。

在研发技术成果方面，公司拥有发明专利1项，实用新型专利15项，成功开发了全价龙虾发酵膨化配合饲料产品。这些技术成果是企业研发团队在特种水产配合饲料生产行业中实践经验的结晶，是以湖南农业大学动物科学技术学院胡毅博士等行业技术精英及学院先进的实验设备设施为支撑，吸收国内外先进经验，反复实验而成。通过优化工艺流程，实行先制粒后发酵的方法，较全发酵粉减少浪费10%以上，且营养更加全面、均衡；通过优化原材料及添加配方，降低了氮、磷排泄量，减少养殖对水质的污染，同时又降低了龙虾的发病率，提高了龙虾的成活率与产量。新瑞试制出的制备生物发酵软颗粒饲料的设备，通过设置的发酵混合腔内部转轴上的搅拌桨叶来提高原材料与水的混合均匀度；通过配合发酵混合腔内壁控温电热板进行控温厌氧发酵并精确控制含水量与pH，使得饲料中富含乳酸菌等益生菌（$\geq 1.0\times 10^7$/g）；通过设置的颗粒饲料制备腔内部的压辊与后侧导料挡板配合，对导料挡板上已完成发酵的饲料混合物进行推、压、刮，形成软颗粒饲料。颗粒饲料出料均匀，提高生产效率15%～20%。该设备结构简单且方便观察使用。

四、人才是企业第一资本，企业发展的力量之源

人才是企业的第一资本，是发展的力量之源，新瑞强化以德为先的用人标准，合理引进人才，注重员工的心态培养。公司定期开展内外部培训，提升员工的业务水平、素质技能；开展团队建设活动，组织团建旅游，开展年会，提升团队凝聚力，丰富员工业余生活及提升福利待遇；对困难员工进行帮扶，关怀员工生活，让员工能感受到企业温暖，增强归属感。

在不久的将来，通过不断地精进努力，新瑞生物一定能带动特种水产养殖行业的蓬勃发展，为造福“三农”做出巨大贡献，将公司品牌打造得更具优势，使公司成为全国饲料行业的优秀企业。

中药材资源综合开发利用
打造无抗领域新高地

——湖南美可达生物资源股份有限公司

湖南美可达生物资源股份有限公司成立于2006年，是国内中药提取物核心技术掌握者长沙世唯科技有限公司与全球知名饲料添加剂企业德国菲托百傲饲料添加剂有限公司（Phytobiotics Futterzusatzstoffe GMBH）合资企业，专业从事中兽药产品开发、生产和销售。公司本部位于湖南省长沙市浏阳经济开发区，现有员工90余人，厂区占地面积28亩。公司建有现代化的提取分离车间，可以满足生物碱、有机酸、挥发油类等多种化学活性物质的提取；建有10万级原料药、制剂净化的洁净车间各1个，可以满足中兽药原料药及散剂、预混剂制备的需要；公司通过了国家兽药GMP和欧洲FAMI-QS（饲料添加剂和预混合饲料质量体系）认证，以确保为畜牧业提供高品质的中兽药、药物饲料添加剂等产品。公司具备精准的质量控制技术，分析中心配备有紫外分光光度计、原子荧光仪、原子吸收仪、高效液相色谱仪、气相色谱仪等先进仪器设备，还拥有一支技术成熟从事新药研发及质量控制的人才队伍。

一、注重产品基础研究以及产学研合作开发

公司十分注重产品基础研究，在技术研究方面做了大量的投入。公司为保证科研创新能力，拥有一支由20多名博士和硕士组成的跨学科研究队伍，下设技术研发中心，专业从事中药提取工艺、质量标准制订中兽药及植物源饲料添加剂产品创制的研究工作。技术研究中心配备如LC-MS、GC-MS、原子吸收光谱、超高效液相色谱等先进科研用仪器设备，在公司本部和湖南农业大学都拥有独立的研究实验室和中试生产线。与湖南农大大学、湖南省中药提取工程研究中心共同申报成立国家发改委“兽用中药资源与中兽药创制国家地方联合工程研究中心”。同时，为加大公司的核心市场竞争力，美可达公司还在开展数个研究序列的在研新兽药研发与申报工作。

二、解决博落回药材资源稀缺，保障生产原料供应充足

公司的主导产品博落回提取物的生产规模居全球首位，在国内外市场起主导作用，已形成了较强的规模和品牌效应，成本优势明显。目前，公司已成为全

球最大的博落回提取物及其制剂生产供应商之一。在原料方面，经过近20年的原料收购体系的建立，美可达公司具有对原材料野生资源的控制优势且公司充分利用湖南特有的地理位置和气候条件，依靠“公司+基地+农户”的经营模式，在相关原材料优势产区建立了原材料种植基地，并与当地农户建立了长期合作关系，确保公司可源源不断地获得优质的原材料，保证公司产品的来源与质量的安全可靠。随着政府封山育林政策的实施以及野生资源的日益枯竭，公司已经意识到完全依靠野生资源不是长久之计，早在至少10年前曾建国教授就开始着手从事博落回资源野生变家种的研究工作，先后完成了博落回野生资源普查工作，建立了基于国家地理数据的最完善的博落回资源信息库，建立了基于国家地理数据的最完善的博落回种质资源圃；为确保种植原料的高效利用，公司研发团队对博落回进行了单倍体和杂交传统育种，筛选出优势的种质资源，还构建了全球首张博落回全基因组图谱，为基于生物碱合成和代谢累积水平的资源改良和高值化开发打下坚实基础。野生博落回药材的种植采取博落回规范化种植SOP技术，能进行规模化人工种植，并且可在不同地区按此推广技术进行规模化种植，博落回人工种植面积近5万亩，实现博落回果荚和叶的产量提升，农民收益增加。

三、提升自主创造核心技术和关键工艺的知识产权保护

先进的生产工艺是企业发展的基础，加强工艺管理，可以提高生产效率，增强产品品质，降低生产成本。美可达是全球最大的博落回系列产品开发与生产企业，在生产工艺方面，通过多年持续不懈的科技创新，公司已经在提取工艺多个环节实现技术突破，掌握了一系列拥有自主知识产权的核心技术和关键工艺，处于国内领先地位。基于“两个标准、三个规程”全产业链生产操作流程，公司自主研发设计博落回总碱提取的生产工艺在国际同行业比较中处于领先水平，设备装备技术水平与规模在国内处于领先水平。博落回提取物原药生产工艺已经过生产上不断改进和优化，不仅得到了最优化的提取工艺流程，而且工艺效果在原先的基础上达到节能减排50%。博落回提取生产工艺和产品质量稳定，保证博落回提取物的总生物碱不低于60%，其制剂博落回散的效果也不断得到市场用户的肯定。

四、注重原创产品注册开发

目前已原创的新兽药有：二类中兽药原料2个（博落回提取物及博普总碱），二类中兽药制剂2个（博落回散与博普总碱散）。计划在2020后5年中，湖南美可达生物资源有限公司将开发二类新中兽药2个，三类中兽药制剂3个。联合研发团队还构建了全球首个鸡肠道宏基因集，并以此为基础系统研究了博落回散对鸡肠道微生物及其相关代谢的影响，深入阐释了博落回散与饲用促生长抗生素的促生长机制差异。

五、加强综合开发利用博落回药材的有效成分，做到物尽其用

美可达除了中兽药产品本身的投入研究之外，也有成熟的产品综合利用技术。博落回中大量的异喹啉类生物碱均表现出良好的抗炎、抑菌、杀虫等活性。除了在畜牧业广泛应用外，在人类健康领域，博落回产品显示出治疗脚气等真菌感染、外用洗液等产品开发前景；博落回提取物有一定的抗肝纤维化作用，其机制可能与其保护肝细胞膜、抑制肝星状细胞活性、减轻肝脏炎症及抗脂质过氧化作用等有关；利用季胺碱与黄芩苷葡萄糖醛酸基离子键结合，开展了博落回血根碱—黄芩苷、白屈菜红碱—黄芩苷离子对化合物的体外抗菌活性和急性毒性研究，研究表明2种离子对化合物的体外抗菌活性增强，毒性减小，为新型抗菌药物的筛选奠定了基础，进行了血根碱相关结构修饰物N-甲基-2,3,7,8-四羟基苯并菲啶季铵盐的成药性研究。在植物健康领域，博落回提取物通过美国EPA作为杀菌剂成功登记，主要用于蔬菜及水果采摘前期的防虫防菌保护，美可达也在农业农村部获得了田间实验批件，在绿色植物源杀菌剂农药开发方向上颇具应用前景。研究团队还对博落回不同生物碱组分及不同应用领域进行综合利用，开发了不同组分的新兽药和不同应用领域的产品，对博落回植物不同部位也进行综合利用开发。如研究了博落回种子油价值，结果表明博落回种子主要含有8种有机脂肪酸，鉴于博落回植株生物量大，对根、茎、叶，尤其是叶的综合利用已显示其价值，将茎秆粉碎作为有机肥的基质发酵后作用防控线虫病的药用肥料，开发出博落回叶子提取物出口用作Sangrovit的增效成分等。对博落回不同化学组分、不同部位和在人类健康、动物健康和植物健康等不同应用领域进行综合利用的研究思路，为中药材资源综合利用开发提供了很好示范。

六、企业取得的成绩

1. 2008年，首次成功申报高新技术企业资质，并每3年进行1次复审重新认定。

2. 2011年，成功注册开发博落回提取物（原料药）和博落回散国家二类新中兽药。

3. 2011 年，取得兽药 GMP 生产资质，并于 2020 年重新焕发新版兽药 GMP 生产资质，兽药生产要求进入了更高的阶段。

4. 2014 年，以“国家二类新兽药博落回提取物与博落回散创制及应用”获得湖南省科技进步一等奖。

5. 2018 年，被长沙市发改委认定为市级企业技术中心。

6. 2020 年，成功注册开发博普总碱（原料药）和博普总碱散国家二类新中兽药。

7. 2020 年，以一篇题为“博落回：种植效益高 产品能替抗”的文章登载在《农民日报》上。

8. 2020 年，以博落回植物资源相关系列产品，走出一条“精专特新”的道路，被湖南省工业和信息化厅认定为湖南省小巨人企业。

9. 2020 年，利用 DUS 测试指南，选育出“美博一号”新品种，该品种具有稳定性、特异性和一致性的特征，为博落回品种选育奠定基础。

七、逐渐提升在行业中的地位

公司从博落回原植物药材中提取血根碱、白屈菜红碱、别隐品碱、原阿片碱单体，生产出来的单体生物碱纯度达到 98%以上，符合国际化学品委员会关于化学药品标准品的规定，成为可以提供天然血根碱、白屈菜红碱、别隐品碱、原阿片碱标准品的企业。

与国内外同类先进技术的比较，博落回植物相关生物学的基础研究、博落回中功能活性成分（血根碱、白屈菜红碱等）提取分离、产品创制以及应用推广，血根碱等生物碱产量国际领先，以博落回功能成分为主要成分的产品有望在全球抗生素替代品市场占有率居于前列。

打造中国领先　世界一流的现代化农牧企业

——广东海大集团股份有限公司

广东海大集团股份有限公司（以下简称海大集团）诞生于 1998 年，总部位于广东广州。

稳健发展 20 余年来，海大集团始终聚焦“三农”、扎根农牧，已成为涵盖饲料、种苗、生物制药、养殖、食品流通、金融等养殖产业链的农牧高科技企业集团。

截至目前，海大集团在海内外拥有 350 家分子公司，3 万名员工，并于 2009 年在 A 股上市，资本市场市值已突破 1 000 亿元。2020 年，海大集团实现营业收入超过 600 亿元，同比增长近三成。

作为农牧行业龙头企业，海大集团凭借优异的经营业绩和发展实力，连续多年蝉联“中国企业 500 强”“亚洲上市公司 50 强”“中国十大领军饲料企业”“中国十强水产饲料企业”“全国农业产业化龙头企业 100 强”“广东制造业百强企业”“广东省大型骨干企业”“广东省饲料行业领军企业”等荣誉称号，是“农业产业化国家重点龙头企业”。

一、科技创新，锻造核心竞争力

科技创新，是海大集团发展核心竞争力和第一生产力。创立伊始，薛华董事长为首的创始团队均具有专业技术背景，奠定了海大集团科技化农牧企业的基因。海大集团组建了专门的科研机构——海大研究院，形成了三级研发体系、七大研究方向。

截至 2020 年，海大集团科研投入达 35 亿元，拥有近千名硕博研发团队，自主研发项目超过 10 000 项，科研专利超过 300 项，建有三大研发中心、七个专业研究所、十余个研发中试基地。

海大集团每年承担省市级科研项目 40 多项，自主研发超过 200 项，已拥有国内外行业领先的顶尖专利技术 255 项（发明专利 175 项），获得了多项省级以上科技奖，主持制定了多项国家标准和行业标准，在国内外发表论文近 300 篇，有 25 篇被 SCI 期刊收录。

凭着雄厚的科技实力，海大集团先后荣膺“国家饲料加工技术研发分中心”“全国饲料工业标准化工作先进集体”“国家科创引领企业”“国家 CNAS 实验室认证检测中心”“国家企业技术中心”“博士后科研工作站畜牧水产研究中心分站”“农业农村部微生态资源养殖利用重点实验室”等资质，成为国内科技实力最强、创新成果最多、科研投入最高的农牧业高科技企业集团之一。

二、产业成链，聚合成长强动力

目前，海大集团饲料、种苗、生物制药、养殖等产品门类齐全，基本覆盖养殖全过程需要。未来，海大集团将紧紧围绕养殖全产业链进行布局，以产业链聚合未来成长强劲动力。

在养殖全产业链中，饲料一直是海大集团的拳头产业。海大集团是国内极少能同时生产销售鱼、虾、猪、肉禽、蛋禽饲料的企业，且各类别产品都具有强大竞争力，在重点市场上均具有较高市场占有率。海大集团上市以来饲料销量的复合增长率达 21.25%，2020 年饲料总销量 1 470 万 t。

结合公司技术优势，通过对当地终端消费习惯、饲料养殖效果、养殖模式和养殖需求的精准分析，海大集团不断设计出符合当地市场所需的高新产品。近年来，公司在饲料、预混料板块开发出新产品 200 多项，其中广东省高新技术产品 150 项，广东省名牌产品 19 项。

此外，在动保领域，海大集团于 2020 年推出水产动保新品牌——水纪元，动保产品销量再攀高峰。在养殖领域，新建 6 个大型现代化母猪场，生猪出栏、生产母猪存栏规模稳步提升，禽养殖发展稳步推进。在种苗领域，利润与规模实现逆势增长，科研成果备受业界认可，荣获中国水产学会范蠡科学技术一等奖。粮食贸易与金融业务发展稳健，为集团实现逆市飘红保驾护航。

作为中国匠心质造杰出企业、饲料质量安全管理规范示范企业，海大集团在原材料品质、质量检验、生产安全上采取了全方位的质量管控机制，并通过 ISO 质量管理体系、食品安全管理体系、粤港澳大湾区"菜篮子"生产基地等认证，在稳定的产品质量上最大化地保障养殖户的养殖安全和持续增收。

三、技术服务，创造行业新价值

为客户创造价值，是海大集团的价值观。2006 年，海大集团在行业内率先提出技术服务，并把集团中长期规划定位为服务型企业。

历经 10 余年发展，海大集团以产品叠加服务创造更多价值，为行业带来了革命性的发展变化，已成为助力农业农村现代化、农民全面发展的重要举措，也是集团开拓市场和提高养殖户黏度的重要抓手。

目前，8 000 多名海大服务工程师活跃在栏舍塘头，深入养殖最前线，为超过 100 万养殖户提供养殖结构设计、养殖技术辅导、饲料投喂、环境控制、病害防治、市场行情及销售、金融等全流程一体化解决方案。

作为实现技术服务的重要载体，海大集团已在广东、广西以及全国其他省份陆续建立了过百个技术服务站，将检测、诊断、咨询、服务、销售等功能融为一体，让越来越多的农民在家门口就能享受系统的养殖技术服务，进一步提升养殖户的养殖水平、市场经营能力和盈利能力。

四、国际化发展，实现产业链"出海"

2011 年，海大集团进军越南，揭开了国际化战略的序幕。随着"一带一路"建设不断推进，集团"走出去"的脚步更加频密，将海大模式、海大产品、海大服务推向更多广阔的国际市场，并实现全产业链"出海"。

目前，海大集团业务遍及南亚、东南亚、非洲、美洲等地区，先后在越南、新加坡、美国、印度、印度尼西亚、厄瓜多尔、埃及等 30 多个国家和地区设立了分公司，累计在海外投资超 10 亿美元，实现年产值 12 亿美元，业务涉及饲料、种苗、养殖、农产品加工以及饲料原材料国际贸易业务。

在越南，海大集团已建立虾苗、商品猪养殖基地以及畜禽饲料、虾料、鱼料生产线；在印度尼西亚，投资建设饲料、苗种生产和销售基地；在新加坡和马来西亚，开展鱼粉、鸡肉粉等优质饲料原材料等国际贸易业务；厄瓜多尔和埃及，是集团国际化步伐的最新成果，相关工厂正在加紧建设当中……

海大集团持续推动所在国农业转型升级，受到了所在国政府及媒体的普遍赞誉，在越南获得了"出色企业奖""水产金质奖""缴税贡献奖"等荣誉。在国内，海大集团凭借为"一带一路"农牧业所做出的贡献，海大集团被荣获"'一带一路'先进饲料企业""中国走进东盟十大成功企业"等称号。

五、社会责任，践行初心使命

秉持"科技兴农，改变中国农村现状"的初心，海大集团始终践行农牧龙头企业的使命与担当，积极投身于乡村振兴、脱贫攻坚、光彩事业、公益慈善等领域，成功带领百万农民脱贫奔小康。

在脱贫攻坚领域，海大集团经过多年探索，形成了造血式产业扶贫新路径——"五元赋能"产业扶贫模式，以产业链、产业园、基地、互联网、金融等五大元素赋能贫困户。截至目前，海大集团已在广西、贵州、湖南、湖北、云南、河南、陕西等省份的多个国家级贫困县布局现代农业项目达 50 余个，累计已投入资金超过 100 亿元，近三年带动 20 万农户脱贫。

在乡村振兴领域，海大集团聚焦乡村人才振兴、产业振兴，启动培育百万高素质农民的"十百千万工程"——建设十大新型农业产业园，打造百个乡村振兴产业强镇，建立千个乡村振兴技术服务站，培养万名乡村振兴服务工程师队伍，孵化万名乡村振兴产业带头人，最终实现培育百万名高素质农民的目标。目前已举办十余场线下、线上培训会。

在公益慈善领域，海大集团公益慈善捐款累计达 3 亿元，用于支持乡村教育、医疗、交通、民生等事业的发展。在 2019 年"战疫"期间，海大集团捐款捐物近 1 700 万元，为打赢疫情防控阻击战积极贡献力量。在 2020 年中国农民丰收节期间，海大集团启动"千猪送千村"公益行动，为广州市辖的 1 144 条村捐赠合计 1 144 头猪，让近 5 万名广州农民欢欢喜喜迎国庆。

海大集团的善心善行获得了社会各界的广泛认

可，荣获“全国‘万企帮万村’精准扶贫行动优秀民营企业”“全国抗击新冠肺炎疫情先进民营企业”等奖项，海大精准扶贫模式更入选《中国扶贫的企业样本》专著。

聚焦现代农业　加快构建现代养殖体系　引领行业发展

——深圳市京基智农时代股份有限公司

2020年，深圳市京基智农时代股份有限公司（以下简称京基智农）积极响应国家“禁抗”、生猪产业高质量发展政策，聚焦现代农业，高起点、高标准、高效率构建现代养殖体系，引领行业发展。

围绕健康养殖模式，聚焦安全环保高效型饲料品牌的研发，2020年京基智农旗下广东京基智农科技有限公司通过广东省重点农业龙头企业监测；“安全环保高效型饲料工程技术研究中心”通过2020年度省级工程技术研究中心动态评估；获得国家首批农业转基因生物加工许可证。

采用全产业链发展理念，以供港、供深食品标准为基础，在广东区域及周边省份建设多个集饲料生产、育种、养殖、屠宰加工及物流于一体的生猪产业链项目，总签约规模约1 300万头。项目均采用国际领先的立体楼宇养殖模式，土地利用率对比传统模式提高5倍；采用自繁自养聚落化养殖模式，在猪场内即可实现原种猪、种猪、育肥猪的自循环，基本无须引种，极大降低非洲猪瘟等猪只疾病对猪场的影响；项目均采用国内外领先的技术装备及环保工艺，所产生的粪污经处理后生产为有机肥，用于农作物种植，形成种养结合的循环生态体系。

未来京基智农将发展成为以畜禽产品为主、农副多产品为特色的粤港澳大湾区超大型现代化“菜篮子”供应企业，引领生猪产业高质量发展。

打造中国最强　世界一流的水产饲料企业

——广东粤海饲料集团股份有限公司

广东粤海饲料集团股份有限公司是一家集研发、生产、销售于一体的以水产动物饲料、添加剂预混料、动物保健产品为主营业务的国家火炬计划重点高新技术企业，国家创新型试点企业，广东省重点农业龙头企业，我国大型的集团化、优质水产饲料企业。

集团下属20余家子公司，分布于广东、广西、福建、浙江、江苏、湖北、湖南等地区，现年生产能力达100万t。2020年，集团总资产达30余亿元，年销售额50余亿元。管理制度完善，岗位职责明晰，产权明晰，经营良好，连续多年银行信用等级优良。

一、以技术研发为原动力，专注于特种水产饲料开发

公司的核心竞争优势来源于20多年来专注于水产饲料，尤其是特种水产饲料领域的技术储备。作为国家创新型试点企业及高新技术企业，公司十分重视新产品和新技术的研发与应用，自主创新已成为公司抢占水产饲料市场的核心竞争力。

公司现拥有专职研发人员300余名，涵盖水产动物营养、水产养殖与病害、食品工程、微生物学、机械设计等专业。公司研发团队年龄结构合理，技术力量雄厚。

依托公司建有的广东省科技专家工作站、广东省省级企业技术中心、福建省省级企业技术中心、广东省水产动物饲料工程技术研究开发中心、广东省水产饲料（江门粤海）工程技术研究中心、广东省水产饲料（中山粤海）工程技术研究中心等研发技术平台，在公司专家委员会的指导引领下，公司研发人员不懈努力，通过自主研发、技术引进、科技成果转化和产学研合作等途径，形成了一系列水产饲料高新技术产品。公司根据市场需求，开展了新蛋白源的研究，缓解了因饲料短缺而导致的饲料行业发展受制问题，解决了因价格偏高而导致的饲料成本升高问题，提升饲料品质，改变公司对于饲料原料的被动状态；针对当前的养殖环境，解决饲料氮、磷对养殖水体的污染问题，顺应低碳模式，推出节能减排型、环保型对虾饲料和海水鱼饲料，获广东省高新技术产品称号；针对不同养殖区域对虾养殖现状，攻克技术难关，研究开发出低盐度南美白对虾饲料，获国家重点新产品称号；针对目前养殖疾病泛滥现状，推广抗病性对虾配合饲料和海水鱼配合饲料等。经过20余年的研发与实践生产积累，公司在对虾饲料、海水鱼饲料等产品领域核心技术国内领先，同时也在大力拓展普通水产配合饲料产品和市场，开发出蛙饲料、鳗饲料、蓝子鱼、黄鳍鲷、石斑鱼、尖吻鲈、斑点叉尾鮰料、加州鲈料、鳊料等，拥有相关产品技术专利178项（其中发明专利28项），主导制定国家标准和地方标准各1项，获得广东省名牌奖励2项，获得省级科技奖励8项。

公司产品系列已覆盖我国大部分特种水产养殖品种的养殖全过程，产品市场已涵盖国内主要特种水产养殖区域，公司产品结构日趋完善。此外，针对饲料

制作工艺的流程，开展了工艺设计技术参数的优化与工艺技术的研究与改进，减少饲料粉尘，提高饲料利用率，提高饲料耐水性，解决废气、废水污染问题，研究饲料生产 HACCP（危害分析与关键控制点）项目的建设与探索，优化了其饲料制作工艺与技术参数，确保饲料品质的稳定性，提升产品竞争力。

二、以内控管理为基础，实现企业标准化、智能化、信息化

作为具备技术底蕴的企业，公司一直以来将提高产品质量作为增强公司的核心竞争力之一。公司先后通过 ISO9001 质量管理体系、ISO22000 食品安全管理体系认证，建立并完善了内部质量管理体系。从原材料的采购、检测、入库和领用，到生产加工过程中各关键控制点的全程跟踪，直至产品的包装、入库、验证和出库，每个环节公司都制订了严格的控制程序，并能始终如一地贯彻执行，从而为产品质量的稳定性提供了有力的保障，在业内树立起良好的声誉，已获得包括经销商和养殖户在内的广大客户认可和好评。2016 年子公司中山市泰山饲料有限公司、2018 年广东粤海饲料集团股份有限公司分别成为国家级《饲料质量安全管理规范》示范企业；2017 年子公司广东粤佳饲料有限公司、湛江市海荣饲料有限公司、广西粤海饲料有限公司成为省级《饲料质量安全管理规范》示范企业。

为了更好地推动研发成果的应用和产业化发展，公司不断强化信息化建设。首先，升级 ERP 系统、采用“互联网＋”营销，夯实公司管理基础，进一步连接经销商和终端养殖户。通过升级 ERP 系统实现业务财务一体化管理，通过营业厅开票与结算、中控、地磅等业务端口与 ERP 应用一体化实现企业内部大数据管理。另外，通过建设与 ERP 系统对接的养殖户 App“粤海村”、经销商 App“粤海通”、业务员 App“粤海 e”，实现全渠道营销、交易、服务的互联网化管理，建立反应快速、决策准确的营销服务管理体系。目前，该信息化管理平台的第一步已经完成。其次，实施企业“互联网＋”，实现企业内部精细化管理。公司通过建设财务共享中心，达成内外部财务业务处理高效化，实现财务工作向管理会计及财务决策分析转移。同时，通过建设与 ERP 系统对接的电子采购平台系统，进行电子采购门户管理，满足不同物资的采购要求，实现采购立项、采购寻源、采购执行、采购监督、供应商管理、统计报表等采购业务程序化、规范化，实现“互联网＋”电子采购。公司通过构建大数据平台，对企业财务管理、生产管理、采购管理等进行大数据分析，对企业经营数据再利用，发现问题，有效降低经营成本，有效提升产品质量，有效预测原料行情等。

三、以创新营销模式为突破，提升技术服务价值

公司组建了具有营养学专业背景的营销团队，营销人员的专业素养，能够为下游客户提供专业的市场服务。在完善的营销团队建设基础上，公司以片区划分并配置技术支持专员，实现了对客户多层次的技术支持。同时，公司实行顾问式营销模式，通过与养殖客户的专业性互动，以技术指导为切入口，对客户进行高频次的走访，在专业交流之中推广产品，并为客户提供养殖信息的交流和服务。公司举办基层养殖技术培训会，解决养殖户的需要，给基层一线养殖户带来实实在在的养殖技术，并通过养殖技术总结养殖模式，对客户提供一系列技术、药物的配套服务。

公司一直推行“驻港服务”和“塘头服务”，由营销人员、服务专员和工程技术人员组成“铁三角”服务营销团队，不仅仅是销售产品，更要以服务作为第一要务，服务终端养殖户，及时了解标杆示范养殖动态，每月定时称重，检测相关指标、了解水质的变化以及其他需求，收集整理数据。同时根据养殖情况和市场价值行情，为客户提供信息服务，推广盈利养殖模式，帮助客户实现养殖利益最大化。

受益于具有专业背景的营销团队和以客户为导向的营销模式，公司能够第一时间精准地感知客户需求，解决客户的诉求，并为养殖户产品销售提供销售渠道，保障养殖户效益，使得客户了解产品的优越性，认同粤海饲料的品牌和服务，大大增强了客户的忠诚度。公司产品销售覆盖了北至环渤海地区、南至海南岛及北部湾的中国广阔沿海养殖区域。

公司以横向规模化为目标，贯彻“贴近市场、辐射周边”的生产基地布局策略，一方面扩大现有生产基地的生产产能，巩固公司产品在广东、广西、福建、浙江、海南等地区优势，在湖南、湖北、江苏等新区域发力；另一方面积极利用募集资金投资项目及自有资金填补安徽、海南等国内地区的生产基地空白，寻求横向规模化发展的合作机会；同时借助国家“一带一路”倡议，积极建设东南亚等国外市场营销网络，适时在越南、印度和东南亚等国外特种水产养殖的发达地区建立生产基地，逐步完善公司在全国的生产基地布局并向海外拓展，为公司走出去的战略目标奠定坚实的基础。公司将继续深入开展“价值服务”，通过稳定、高效的客户服务提高终端养殖户的养殖成功率，进而促进公司自身健康发展。

自然为本　健康为先　安全环保

——深圳市金新农科技股份有限公司

金新农成立于1999年，2011年2月18日在深交所挂牌上市。金新农自成立伊始，专注教保料研发，坚持“顾客第一，产品至上”的质量理念。早期从乳猪教槽料、预混料业务起步，猪饲料产品不断延伸至生猪各个生长阶段。金新农秉持“伙伴天下、共同成长”的核心价值观，以“科技兴农、行业典范”为使命，以“全情投入、持续卓越”为价值取向，在饲料业务领域精耕细作、成长壮大。目前金新农已发展成为主营业务涵盖全系猪用饲料研产销、种猪繁育、动保兽药、互联网通信技术等业务的中国现代化科技型公司、国家级高新技术企业。金新农饲料业务采取“母公司统一管理、分子公司分散生产经营”的生产模式以及以“直销＋经销”的销售模式。2019年公司总销售收入31.67亿元，其中饲料销售59.72万t，销售额22.33亿元。2020年生猪出栏量超过80万头，饲料销售70万t。3月3日市值53.9亿元。

公司发展经历了三个阶段：

第一阶段：1999年11月—2014年，金新农核心业务是经营乳猪教槽料等全系猪用饲料，致力于教槽料产品实力提升步入饲料行业第一梯队，并加强资本积累，进行资产整合重组，布局全国，成功上市。

第二阶段：2014—2019年上半年，金新农控股华扬动保，收购武汉天种和福建一春、新建黑龙江铁力，金新农养猪事业正式起航。金新农开始向规模化养猪企业综合服务平台转型，围绕养殖生态链打造基于互联网连接技术的多项服务平台，旨在为规模化企业和家庭农场提供全程的养殖解决方案，提供更低的融资成本，为客户打造品牌终端。金新农开启产业链整合与转型步伐，企业实力与盈利能力进一步加强。

第三阶段：2019年下半年—2024年，金新农开启养猪为核心的战略思想。后非洲猪瘟时期，随着规模化进程的加快，饲料从感性消费提升到理性消费，由提供产品到提供系统解决方案，养殖倒逼饲料企业不断转型。未来猪场建立和租赁轻资产以饲料厂为核心200km范围内投资，一方面带动饲料厂的产能释放，另一方面保障消费大区的猪肉供应。

面向未来，金新农将一如既往秉承“自然为本、健康为先、安全环保”的营养理念，按照“互联网＋综合服务平台”的思路，凭借自身强大的产业链整合能力、生物医药技术研发应用能力，为专业化、集团化养猪企业提供全程营养及系统解决方案，进一步缩短中国养猪企业与国际一流养猪企业的差距，帮助客户更轻松地赚钱，致力于成为中国养猪企业首选的合作伙伴和中国健康安全猪肉最佳供应商，让中国人享受高品质的健康安全的猪肉，为“健康中国”战略做出积极贡献。

内外协同　逆水行舟

——南宁漓源粮油饲料有限公司

一、企业基本情况

南宁漓源粮油饲料有限公司创建于2003年，由荣获农业产业化国家重点龙头企业、全国饲料企业前十强的桂林力源粮油食品集团有限公司投资近亿元兴建。公司位于国家级南宁经济技术开发区金凯路25号，占地面积88亩。一期工程于2003年7月建成投产，二期工程于2009年3月建成投产，三期工程于2015年5月年建成投产。设计加工猪、鸡、鸭系列配合饲料及浓缩料80万t，生产的产品有猪、鸡、鸭系列配合饲料及猪、鸡浓缩饲料，目前猪饲料占销售市场33%左右，鸡料占27%，鸭饲料占40%。

公司具备完善的企业制度和以人为本的企业文化理念，并拥有雄厚的人力资源、先进的生产设备。有数10名企业管理优秀人才和高级技术专业人才，70%左右大、中专以上学历的高素质员工，共同为企业的发展一起努力；饲料生产线均为美国CPM公司的成套设备以及江苏牧羊集团的饲料加工设备。公司采用现代化企业管理、完善的质量保障体系，并不断根据市场需求，提升老产品，开发新产品，现有“漓源”“金漓源”“金凯福”“山水”牌猪、鸡鸭系列等100多个品种。产品品质优良，具有生长快、肉质好、抗病能力强、性价比高等特点，产品畅销区内外，深受广大养殖朋友的欢迎和好评。

公司秉承“合作、创造、共赢”的核心价值理念，把做“养殖企业的饲料加工车间”贯彻到底，深受养殖企业的欢迎，养殖企业的生产成本大幅降低，与公司合作更加紧密。公司通过大量的养殖数据对比，均达行业前列，诠释作为企业带给客户优质产品的决心。

二、2020年企业经营状况

2020年饲料行业受到非洲猪瘟及全球新冠疫情的影响，竞争越来越激烈。面对竞争对手疾风骤雨般的市场进攻和因疫情影响带来的压力，公司临危不惧，毅然决定，以“加强内外协同，保持产品力，坚决下到一线，做有效动作”的工作方针为突破口，打响20年的攻坚保卫战，全年仍取得较好的成绩，2020年全年销售量60万t，实现销售收入18亿元，纳税总额4 470万元。

三、质量先行，保障产品品质

“产品质量”作为企业持续发展的动力、赖以成长的源泉，无论什么时候都是企业工作中的重中之重。有了2019年质量基础的铺垫，2020年继续主抓人员的质量思想认识，以及管理干部下到一线，进行有效动作；通过不定期持续地组织员工共同学习相关的饲料质量常识、质量标准。内部通过开展员工岗位技能竞赛，岗位操作流程优化，从而提高岗位员工的质量意识、安全意识及岗位操作规范化等。同时，以往都是由品管员下市场处理投诉，现改由岗位员工自己下市场处理，市场上有投诉，如缝包线未缝好，由当班缝包工跟生产经理、业务员一起下市场处理，让岗位员工切身体会，由于自己工作上的不足，造成的一系列问题，给养殖户、公司带来的影响，从而使员工在工作上更加认真仔细，确保每一个环节质量更有保障。

四、充实队伍，提升服务能力

2020年通过校园宣讲会及参加高校招聘会，扩大人员规模，从而优化人才组成。公司为提升干部管理技能及员工的基础业务水平能力，管理干部赴天津学习丰田5S的管理知识，集团研究院不定期地组织小讲堂，培训关于非洲猪瘟的相关专业知识及其他的养殖知识；同时入职的技术员每个月都安排一定的时间来培训相关业务知识，通过各个时期各个阶段鸡、猪、鸭常见的疾病等进行系统的培训，坚持每期输送3～4人参加集团培训班，聘请专业老师给大家培训。另外，根据市场需求成立一个禽料技术团队和猪料技术团队，安排业务能力强、专业性高的技术员驻场，专门一对一服务于养殖户。

五、布局区域，稳步发展

2020年，是力源集团稳步发展的一年，同时也是以南宁为中心的桂南漓源饲料板块布局完善发展的一年，南宁、隆安、田阳、武鸣、横县五大地区共同完成桂南片区的饲料板块区域全覆盖，实现片区大战略，对桂南区域的饲料板块生产经验服务统筹划分，充分发挥地域优势，为养殖户提供更便捷、更快速的服务。2020年，集团重点布局种猪、肉猪、畜禽饲养领域，建立大型养猪、畜禽示范厂；同时与丹麦合作，建立中国（广西）—丹麦生猪产业园，项目计划总投资80亿元，计划在2022年前，实现年出栏500万头的目标。

六、组织工作下沉，保持产品力，坚决进攻

客户的需求随市场变化而变化，为适应市场，公司主动进行工作下沉，进行老总负责制，进入终端市场，直面养殖户。一是建立更强的感知顾客需求的触角；二是理解满足顾客对产品力要求，找出最影响产品竞争力的工作和要点，保持产品的价值持续体现；三是加强对终端需求的重视，掌握制定最符合公司发展的策略，以客户利益为导向。保持产品力，保证产品在终端市场的稳步推广，在满足不同类型客户需求上所表现出来的综合竞争力。公司每月专门定量定性讨论评价产品力的联席会议，把掌握敌我双方的产品力表现上升到组织层面；投诉处理老总负责制，就算是假投诉也是机会；生产经理、内务负责人和配方师加入公司业务员每日工作汇报群，关注公司的市场表现。

公司适应市场推出App下单服务，为客户提供更便利的产品下单结算业务；优化开票流程，司机自主扫码即可开票打单；整合资源，帮助猪料客户做好猪转禽的转型；设立专职驻厂技术人员，实现技术服务深入终端养殖。以上种种，凸显公司不断适应社会发展、以顾客需求导向、不断进取的表现。

七、并肩作战

2020年在非洲猪瘟及新冠疫情的双重影响下，中国各畜牧企业都受到前所未有的打击，部分养殖户损失惨重。公司通过技术和资金帮扶，支持养殖户转型，实现绿色发展。在非瘟及禽流感横行的情况下，公司高层领导高度重视，多次开会讨论，下市场研讨，及时改变自己的战略，和养殖户、经销商一起做好防非御禽措施，通过不断用心去解决，达到共赢的目的。

在经历了2019年的挫折低谷后，2020年全体员工知耻后勇打起精神进攻，进攻，再进攻，取得了应得的收获。然而，环顾四周，2021年定将是一个更具挑战的一年，过去的经验反复告诉逆水行舟不进则退，在新的一年里，不但要继续保持过去的斗志，进攻、进攻再进攻，还必须在进攻的同时，实现新的不断的突破。

在团队建设上，始终把“合作、创造、共赢”的力源理念内化于心，以此提高的站位，拓宽经营思路，找到工作具有的超越物质的意义，使整个团队的思想素质上一个新的台阶，实现新突破。

在业务上，更要努力将力源理念外化于形，转化

为一个又一个具体的经营和管理行为，为力源的利益相关者创造更大价值。各个线条板块都要不断提高对自己所在线条板块的业务本质和行业现状的认知，在此基础上找到有效应对措施，实现业绩上的不断突破。

发展健康养殖循环产业链 打造百亿企业

——广西参皇养殖集团有限公司

广西参皇养殖集团有限公司成立于2000年，总部位于广西玉林，是一家集良种繁育、饲料生产、肉鸡与肉猪养殖、农牧设备生产及粮食贸易为一体的现代化农牧集团企业。员工1 500多人，20多家子公司，业务遍布华南地区，通过发展标准化生态养殖助力精准扶贫，构建了较为完善的农牧产业链和循环经济链。

参皇是“农业产业化国家重点龙头企业”“高新技术企业”“广西瞪羚企业”“广西企业100强”“广西民营企业50强”“中国畜牧行业优秀企业”，“参皇”商标被认定为“广西著名商标”，经权威部门测定“参皇”品牌价值3.77亿元。集团年饲料产能100万t；年存栏种鸡250万套，年产鸡苗2.5亿羽，年出栏肉鸡8 900万羽。

参皇集团积极推动信息化发展，实行“互联网+现代农业”模式。公司签约金蝶国际软件，投入3 000多万元建设了覆盖整个产业链ERP信息化系统，实现了物流、资金流、数据流的同步一致，实时反馈并有效监控所有分支机构的运营状况。建立了集团企业数据中心，实现了对所有分支机构生产经营数据的集中管理。在饲料各生产环节搭建物联网，实现数据自动采集、设备智能控制、现场视频监控、生产过程监控等。在原料采购、生产加工、质量控制、产品销售、服务客户等方面与互联网实现深度融合，有效促进资源节约、需求聚集、效率提升、渠道拓展、服务转型。通过信息化建设，将工业企业标准化的大生产模式移植到农业企业，实现饲料生产过程的标准化、规范化管理。集团被评为“广西信息化与工业化融合示范企业”“广西信息化和工业化深度融合标杆企业”。

参皇集团研发实力雄厚，技术水平、科研成果处于行业领先水平。集团技术研究中心拥有博士、硕士20多名。参与实施广西重大科技创新项目，以“微生物+”为核心，研究形成广西生态养殖模式，在广西开展不同模式的畜禽生态养殖关键技术创新示范与推广。通过生态养殖技术推广，提高饲料的转化率，提高畜禽机体抗病能力，减少发病率和病亡率，降低粪污的排放，实现粪污的资源化利用，大幅度降低饲养成本，增加养殖收益，解决广西养殖产业产品和环境安全问题，转变养殖发展模式。目前畜禽饲料科研成果获得行业领先水平的核心产品10多项，授权发明专利12项，授权实用型专利23项，制定企业标准54项，推动创新驱动发展。中心先后被认定为“广西优质肉鸡养殖工程技术中心”和“广西壮族自治区企业技术中心”。

参皇集团不断提升饲料加工装备水平。以专业化、大型化、自动化、智能化、高效低耗、绿色环保、安全卫生为导向，推动饲料加工装备升级。将饲料加工工艺学与动物营养学有机结合，构建加工工艺及质量安全指标体系，按照欧美行业标准，引进全套先进生产工艺流程和控制程序，生产设备选用全球领先的饲料设备厂商整套机组。原料从液压翻板自动卸料，刮板自动输送提升到矗立云天的20多个大型圆筒仓，再到中央智能控制系统配料出成品，成品自动打包，智能型机器人码包转运，成品输送带装车，整个流程实现机械化、标准化作业。集团获得安全生产标准化企业。

参皇集团不断强化饲料品质。连续通过ISO9001系列国际质量体系认证。在原料上精挑细选，指标远高于国标、使用环保型饲料添加剂（植酸酶、复合酶制剂、微生态制剂、益生菌等），提高饲料转化率和畜禽生产性能。玉米、大麦等原料使用前要进行清杂、除粉尘、除破损粒处理。以近红外光谱等技术为基础，完善饲料原料营养物质快速定量检测方法，集团质量检测中心开设了7个大项80多个小项的项目检测，对原料、成品、养殖场检测均实现了全方位的精准检测。比如玉米在产地、品种、口感、水分、毒素等方面，检测指标就高达16项之多，每年单玉米样品的检测就超过5 000多份。参皇集团集成氨基酸平衡配方、酶制剂、微生物制剂、植物提取物等技术，发展改善动物整体健康水平的新型饲料产品。还参与实施国家兽用抗菌药使用减量化行动试点，促进药物饲料添加剂减量使用。

推动全产业链发展。参皇集团不断拓展现代农业产业体系，向畜禽屠宰、食品加工等领域延伸发展，启动玉州区农产品加工冷链仓储物流设施建设项目，项目规划建设年屠宰1亿羽肉鸡生产线1条；肉鸡休闲食品加工厂1座，熟食鸡肉调理食品车间1座；建设冷冻、冷藏库容积3万m^3以上，配套冷藏配送车间，物流仓库、农产品交易中心，打造成为集冷冻、冷藏、加工、包装、物流配送为一体的产业集群中心。项目辐射带动周边肉鸡养殖户，建立“良种繁育＋标准化养殖＋精深加工＋餐饮连锁＋肉鸡制品加工＋销售网络”的全产业链经营模式，通过“公司＋基地＋农户”的合作模式，夯实产业发展的基石，促进产业提质增效，为扶贫开发和农民增收提供了服务平台。在促进养殖产业链整合、推动种养加一体、一二三产业融合发展等方面积极发挥引领作用。

参皇集团饲料产业通过“超大规模＋专线生产＋集中采购”组合优势，使管理、制造、生产三项费用成本以及采购成本控制处于行业领先水平，并把降低的费用全部让利给客户，让用户赚钱。参皇旗下的名优品牌饲料“唐伯伯”“富满家”“百仕达”成为两广市场，猪、鸡、鸭饲料一线品牌。参皇饲料在市场上一路高歌猛进，一方面得益于匠心质造，真正做到了安全、可靠、专业、高效。生产上精益求精，从原料产区、原料入库到成品出库，60 余项检验全程品控；关键生产流程数据到岗、数据到人，确保配方零误差执行；设备实行专线生产，无交叉污染；超大型集中生产管理，效率高、成本低。使用参皇饲料饲养的肉鸡具有料肉比低、成活率高、毛色好、肉质风味好等特点，大量客户养殖实证结果表明，同等情况下用参皇饲料能帮助客户大幅度降低成本、销售卖价上多赚钱。另一方面得益于不改初心，与客户共担风险，共同成长，提供“技术支持、销售支持、金融支持”的组合服务，让客户轻松养殖发财。为解决贫困户养殖资金短缺问题，集团大力推行“产业＋金融”精准帮扶，累计提供 1 亿元资金，带动 1 000 多户贫困户养殖脱贫致富。

平两岸阔，风正一帆悬。面向未来，参皇集团将继续发挥产业和龙头优势，坚持“标准化、规模化、品牌化、资本化”发展战略，通过发展健康养殖循环产业链，打造百亿企业，成为负责任和受人尊重的企业集团。

深耕海南促发展
勇担责任筑未来

——海南澄迈新希望不忘初心
助力海南共发展

海南澄迈新希望农牧有限公司是新希望六和股份公司在海南投资兴建的饲料生产企业。于 1998 年落户海南，后在 2008 年老城开发区投资建设第二家工厂，占地面积 70 余亩，位于海南澄迈县老城经济开发区南一环路。多年以来，公司获得了如下主要荣誉：2008 年 9 月被评为“海南省畜牧业协会副会长单位”，2011 年被评为“海南省农业龙头企业”，2013 年被评为“海南省饲料兽药行业会长单位”称号，2014 年被评为“海南省质量协会会员单位”，2019 年通过全球水产养殖联盟最佳水产养殖实践 PAB 认证，2020 年通过 ISO9001 国际质量管理体系认证，连续多年获得年海南省“质量信得过企业”称号，获得新希望集团“优秀管理团队”及“最佳公司”称号；公司生产的畜禽和鱼饲料直接服务于民。服务于养殖朋友，帮助增加收益，推动海南养殖业科学发展。

变革创新谋发展，真抓实干赢机会，破危为机获增长，同心协力铸辉煌。海南澄迈新希望农牧有限公司在新冠疫情与非洲猪瘟双疫情形势下，秉持“客户至上、挑战自我、奋斗者为本”的核心价值观，持续打强公司产品力、采购力、营销力、团队力，通过优化设备工艺、升级产品品质、创新采购模式、融资金融支持、探索网络直播营销、精准营销价值营销、团队激活项目制管理等方式，2020 年饲料年销量突破 25 万 t，同比增长 34.53%，利润同比增长 63.22%，为养殖户保驾护航，助力养殖产业持续健康发展。

一、疫情防控保供应，稳定民生保养殖

2020 年初，一场疫情来势汹汹，公司超前响应，立即成立新型冠状病毒感染疫情防控领导小组，一手抓防控一手抓复工生产，每日召开小组晨会，复盘生产产量、饲料供给量、保证各区域养殖户的养殖需求，部署重点工作。公司实施封闭式管理，外来人员需进行扫描二维码、实名登记、体温检测正常、佩戴口罩后经过人员消毒通道全方位消毒后方可进入厂区提货；公司食堂实行分时段、分餐制度，避免内部员工聚集；厂区每日早晚全覆盖消毒，员工每日早晚监测体温；公司内勤人员实行不定时工作值，提高提货装车效率，减少客户等待时间；复工初期，饲料供给实行按需分配，确保每位客户每日均有料供应；及时与本地政府沟通，开具疫情期间跨区域运输许可证明，保证饲料运输不受阻。多种方式稳生产、保供应，保障员工的人身安全。

二、技术革新，助力产品全面升级

2018 年建成水产浮型膨化鱼料生产车间，全套采用最先进的进口生产设备、全电脑自动控制系统，配套最新防潮通风设施，运用先进的生产技术工艺、独特的营养配方。生产的生物环保饲料产品即鱼渔欢生物环保饲料系列产品、青印迹生物环保饲料系列产品，该系列产品是新希望集团率先采用现代生物技术——微生物工程所生产的。用现代生物技术能够改善饲料的适口性，提高饲料中营养物质的消化和利用率，减少粪氮排放，调节动物肠道健康和增强机体免

疫力，饲喂动物最终生产出安全优质的肉食品，最终达到生态养殖，实现环境和产品的生态安全。

危机亦转机，面对疫情和消费低迷等影响，公司持续建设核心能力，为养殖户创造价值服务。在打强产品力方面，遵循“一切以市场为导向，将压力转到内部来消化”的原则。更换环保设备，对初清筛设备进行技改，根据不同品种生产特点，利用峰值及峰谷时间段差异错峰生产，单位质量完全费用同比降低21.77%；升级技术服务团队，分猪、禽、鱼3条专业化线路，配置3个专业配方师+1个助理配方师，全面保障产品品质。

三、敏捷运营，价值原料高效转化

在打强采购力方面，坚持“正向敏捷创价值、应趋势快行动展未来”行为准则，创新采购形式，实现原料的价值采购，并将采购价值转换为产品价值，最终强化饲料产品在市场上的竞争力，为饲料销量的跨越式增长提供坚实基础。

四、营销创新，数智媒体共创金融

在打强营销力方面，公司推出一系列融资产品“好养贷”“普惠担保”“建行快贷”“农行快贷”等，极大程度上缓解养殖户资金困境，为客户提供资金支持，全年融资金额达3.3亿元；同时创新思维模式、探索网络直播营销方式，配置全套国内先进的网络直播设备，成功开展线上“海南本地红鸭种鸭高效养殖交流”直播、“魅力海南、最美文昌鸡”养殖技术交流会和直播招商会，合计观看人次达8 751人，不仅给公司销量带来增长，提升公司形象及影响力，更是将号称“四大名菜”之首的“海南文昌鸡”带出海南、走向全国。同时让养殖户看到了希望，坚定了养殖户的信心，推动了养殖业的可持续发展。

五、打破边界，项目战队横纵赋能

在打强团队力方面，公司打破部门边界、全公司上下一盘棋，实行项目制管理，提升组织能力和组织效率，以公司梦想目标为牵引高效协同，成立14个项目组及“730战狼突击队”，协调相关资源，拟定标准、严格管控、落实做法、全面赋能；通过协同机制、激励机制及复盘机制，以高效协同为基本原则，通过时督导、日报告、月复盘等方式，变“要我干”为“我要干、我想干、我能干”，最终让标准成为习惯让习惯符合标准，上下同欲齐心协力，全力以赴实现公司梦想目标。

不平凡的2020年，公司在业绩增长、模式创新、融资支持等方面强势突破，提升产品品质的同时，饲料销量稳步增长，为养殖产业的快速发展贡献力量。

立足海南本土　塑造区域品牌

——海南歌颂饲料有限公司

海南歌颂饲料有限公司成立于2008年5月，位于海南省文昌市东路镇东侧琼文公路41km处，占地面积25 582.94m^2。生产设备选用国内先进水平的成套饲料生产线，自动化水平高。现有畜禽饲料生产线二条，生产能力25t/h，浮性水产饲料生产线二条，生产能力15t/h。能够生产鸡、鸭、猪、蛙及罗非鱼饲料。公司现有员工90人，其中技术人员21人。2020年产量15万t，其中罗非鱼饲料9.6万t。

“歌颂”商标为海南省著名商标。公司猪料、文昌鸡料、罗非鱼料2015年被海南省农业厅评为“海南省饲料品牌产品”；公司2019年在海南省工商联评定的“2019海南民营企业100强”中排名第60位；2019年被海南省农业农村厅授予“海南省农业产业化重点龙头企业”称号；2020年被海南省企业联合会授予“海南省优秀企业”称号。

一、立足海南本土，专注区域特色产品

公司在引进一批高水平的管理和技术人才的同时，依托设备技术优势，逐步建立和完善了一套先进的管理机制和架构，建立起企业管理信息系统和原料、成品、质量检验系统等，各部门生产情况等信息随时可以在管理系统中查询发布，极大地提高了工作效率和生产保障能力。

公司地处海南省文昌市，文昌以“文昌鸡”远近闻名，公司是土生土长的本土企业，对文昌鸡的品种、饲养模式比较熟悉，从文昌鸡饲料着手，专注文昌鸡饲料的研发，经过十几年的耕耘累积，“歌颂”牌文昌鸡料成为海南当地具有较大影响力的品牌。同时文昌又是“罗非鱼”之乡，罗非鱼的饲养量大。公司于2011年开始涉足罗非鱼饲料市场，从无到有，不断开拓市场，最近三年罗非鱼饲料年销售量均保持在10万t左右。

二、加大研发力度，保持产品竞争力

近年公司将罗非鱼料作为拳头产品，根据海南本地罗非鱼的养殖特点，不断加大罗非鱼饲料的研发力度，配方设计精益求精，生产工艺严格控制质量参数，积极主动和养殖户联合进行对比试验，不断优化产品配方，始终保持产品质量的稳定性，养殖户对公司产品的性价比逐步认可，品牌观念基本形成。公司的罗非鱼饲料质量稳定，性价比高，给广大养殖户带

来了良好的经济效益。公司最近3年来，获得国家专利18项，2020年11月被认定为“高新技术企业”。

三、强化质量管理，加大环保投入

公司一直把质量放在第一位，每个生产班都有跟班品控在线对质量进行控制，每批产品均检验后才能出门，公司严格按照《饲料质量安全管理规范》的要求，对各个环节的质量进行控制，实行“质量为先，管理为本，信誉为重，服务为诚”的质量方针，根据ISO9001质量管理体系和《饲料质量安全管理规范》建立了比较完善的质量安全管理体系。于2014年1月通过了ISO9001质量管理体系认证及ISO22000食品安全管理体系认证。公司深知企业的社会责任，为了减少污染排放，公司投入230万元资金于2017年将原来的煤锅炉淘汰掉，改成最环保的天然气锅炉，并于2018年1月正式投入使用，虽然公司的蒸汽成本有所上升，但污染排放降到了最低；同时建造了车间蒸汽回水回收系统，减少能源浪费。

四、积极参与防疫，和养殖户共渡难关

2020年春节由于疫情影响，大部分饲料厂推迟复工，养殖户节前备料不足，为了解决养殖户的困难，公司在做好疫情防控的基础上，于1月31日开工生产。当时在运费不断上涨的情况下，为帮助养殖户，公司主动对饲料进行降价，缓解养殖户的资金压力。全年受疫情影响，文昌鸡终端消费不足，文昌鸡养殖行业亏损严重，公司对优质的经销商加大扶持力度，提供资金支持，和养殖户、经销商一起共渡难关，公司2020年饲料销售量不降反升，保持小幅增长。

今后公司将继续利用“歌颂”的品牌优势，立足本地，深度服务本地养殖户，不断提高养殖户的养殖水平，带动养殖户共同发展。

为畜牧生产提供清洁健康养殖方案

——重庆优宝生物技术股份有限公司

重庆优宝生物技术股份有限公司成立于2007年，由留德博士孟怀旺先生及一批在跨国集团从事动物保健品研发、技术服务和质量管理专家创建。重庆优宝是饲料养殖行业中一家专注于清洁健康养殖产品的研发和生产企业，致力动物的清洁健康养殖，倡导最佳动物生产源于预防保健和生物安全，通过非药物途径的清洁健康养殖方案和产品，来解决养殖生产和饲料工业中所面临的突出问题。

公司现有标准化生产厂房2 260m^2，场地规范，建立了天然植物提取、生物发酵、添加剂和预混料的四个生产车间，以及生物发酵和生化两个实验室，建立了科学的生产质量管理体系，也通过ISO质量管理体系认证。产品生产过程严格按照ISO22000食品安全管理体系和ISO9001质量管理体系的要求进行控制，并配置气相色谱仪、高效液相色谱仪、原子吸收分光光度计、红外风光光度计等精密检测器和微生物无菌实验室，保障产品质量合格出厂。

优宝是重庆市高新技术企业，获得6项发明应用专利，并与四川农业大学动物营养所共建博士工作站和动物抗病营养教育部工程研究中心产业化示范基地。公司参与的四川农业大学陈代文教授主持的“猪抗病营养技术体系创建与应用”荣获2018年国家科学技术进步奖二等奖。

最佳动物生产源于预防保健和生物安全。重庆优宝专注于动物的应激与免疫力、肠道健康、生理调节、改善养殖环境几个方向，研发和生产的产品包括营养性生理调节剂“优乐舒”，微生态制剂“优菌素/优长素”，植物提取物产品“母猪乐”，复合短链脂肪酸制剂“优酸净”和养殖场水线专用清洁剂“优垢净”，在众多大型养殖集团得到广泛应用。重庆优宝的所有产品，均保障有明确效果评价指标，可重复的生产效果，能直观显示差异化，有显著的经济价值。

重庆优宝自成立开始，一直践行动物清洁健康养殖，与四川农业大学、浙江大学、中国农大、西南大学等国内知名农业院校紧密合作，应用抗病营养技术，制定具有自身优势的非药物途径健康养殖策略，结合养殖应用实际，为畜牧生产提供清洁健康养殖肠道保健方案、应激防控方案、饮水卫生方案（避免饮水二次污染）、空气卫生方案，养殖场蚊蝇控制方案等。所有方案安全、有效，操作简单、方便。这些方案已经在正大集团、正邦集团、新希望集团、德康集团、广东新广农牧，广东河东家禽、河南大用、北京华都、山东大成、山东中惠、山东金锣、四川铁骑力士等中国大型养殖企业得到成功验证和推广。产品也出口到越南、菲律宾、马来西亚等东南亚国家和地区。清洁健康养殖方案是养殖场生产力得到保障的最佳途径，也将推动畜牧行业健康养殖和可持续发展。

“忧于思、精于行”（Responsible Thinking，Professional Action），借助中国医药原料和精细化工产品在全球领先的生产优势，以及中国养殖业、饲料工业蓬勃发展的大好时机，重庆优宝将着力创立一个国际化的民族动保品牌。

为耕者谋利　为食者造福

——绵阳新希望六和农牧科技有限公司

一、基本信息

绵阳新希望六和农牧科技有限公司隶属于新希望六和股份有限公司（股票代码 000876），于 2016 年正式成立，在绵阳市安州区工业园区征地 50 亩用于生物环保饲料成果产业化建设，建成标准化生产车间 6 500m^2、成品库房 3 000m^2、原料库房 2 000m^2、科研大楼 2 200m^2 及相应配套设施 500m^2，引入国内外先进的布勒等饲料生产线设备 30 余台套，标准化筒仓 21 个，年产能达 20 万 t。第一期总投资 1 亿元，公司生产设备均采用全进口布勒设备，运用当今世界先进高活性益生菌发酵技术、微生物发酵饲料安全高效应用技术，构建基于微生物发酵技术的生物环保饲料关键技术应用体系及产业化建设。

公司主要生产经营“国雄”“希望”牌饲料，产品品种主要为各类猪料，销售市场覆盖川渝、甘肃、陕西。本着“为耕者谋利、为食者造福”的经营使命，不但为客户提供安全、高效的饲料产品，而且把为客户提供完整的配套养殖方案作为重要使命。2016 年，新希望六和开始实施福达计划，构建完善的市场技术体系，为客户提供围绕提高养殖水平的一揽子解决方案。市场技术体系由市场技术服务体系、动保体系、培训体系、技术管理信息系统以及其他支持系统等几大系统构成。公司打造了一支金牌技术服务团队，实现市场技术体系与养殖户之间的对接，为用户提供厂房建设指导、育种、配种、生产管理、饲料加工、财务分析、屠宰物流等专业化服务。市场技术体系可以帮助客户提高动物生产性能，提高养殖水平，提升产品质量，最终达到为客户创造价值的目的。公司将以“打造世界农牧食品行业领导者”为愿景，以“为耕者谋利、为食者造福”为使命，以“客户至上、创新挑战、奋斗者为本”为核心价值观，着重发挥农业产业化重点龙头企业的辐射带动效应，打造安全健康的食品产业链，为帮助农民增收致富，为满足消费者对安全肉食品的需求，为促进社会文明进步，不断做出更大贡献。

二、公司组织情况

公司由一支强有力的领导班子带领公司员工组成一个团结的战斗团体。上设有总经理，下设采购部、生产部、财务部、营销服务部、行政服务部、财务部、技术部等七个部门，负责公司的总体规划及运营。现有员工 64 人，其中博士 1 人，本科 2 人，大专 12 人，专业技术人员 6 人。公司重管理、讲效率，向规模经济要效益，为严格公司纪律、明确职责、提高工作效率，引进了当前先进的管理体制，完善了各项规章制度，把职责明确到公司的每一位员工身上，出现问题能够迅速解决，把事故消灭于萌芽；企业要发展，人才是关键，公司为谋求长远发展，建立并完善了人才资源库，努力做到让所有员工人尽其才，才尽其用，让其在本岗位上发挥特长，尽忠职守。

三、检验设备

公司主要检验设备有粗纤维测定仪（测试范围 0～100%）、分析天平（max 220g，min 0.01g，e 1mg，d 0.1mg）、酶标仪（波长 200～1 000nm）、电子天平（称量范围 500g/10mg/0.01g）、定氮仪（测定范围 0.1～240.0mg 氮）、回旋振荡器（震荡幅度 20mm，振荡频率 0～300r/min）、微孔板孵育器（电压 AC220V，功率 120W）、可见分光光度计（波长 325～1 000nm）、pH 计（pH：－2～16）、箱式电阻炉（功率 4kW，额定温度1 100℃）、电热恒温鼓风干燥箱（使用温度 RT＋10～250℃，灵敏度±1℃，功率 12kW）、脂肪测定仪（测定范围≥0.1%，控温精度±0.3℃）、消化炉（测定范围≥0.1～240mg，o 氮）、电子容重器（最大称量 3 000g，最小称量 40g）、磁力加热搅拌器（加热功率 150W）、实验室超纯水设备（制水速度≥10L/h，进水压 0.2～0.4MPa）、近红外分析仪（波数准确度优于 0.05cm^{-1}，波数精度优于 0.1cm^{-1}）。

四、生产工艺技术方案

依据国家、行业、相关法律法规要求，本着安全、高效、节能的原则并参考国内外先进技术，基于自动化、智能化、机械化、少人化的原则确定工艺方案。

依托新希望六和饲料研究院的技术成果，通过高活性益生菌发酵技术、微生物发酵饲料安全高效应用技术，构建基于微生物发酵技术的生物环保饲料关键技术应用体系及产业化建设。结合 ASF 防控的必要性，大胆创新，在工艺设备中采用新希望独创的杀灭 ASF 病毒工艺，采用双层保质器加双层调质器将物料经过充分的高温消毒，能有效灭活饲料原料中的 ASF 病毒。

生产线采用 wincos 系统，各环节均设置流量称重，wincos 系统与公司的主系统 EBS 系统连接，实现远程操控，由系统分配生产。玉米倒仓，添加色选机，可筛选剔除霉变原料，保证产品的安全性。粉碎系统：粉碎喂料自动调节，根据产能自动调节喂料速度。混合系统：设置 20 个微量仓，用于小料的添加，自动配送，精度高，保证产品质量的稳定性；混合时间 90～120s，传统工艺混合需要 180s 左右，提高了生产效率；每一批料严格把控，防止交叉污染。制粒系统：采用双层保质器加双层调质器将物料经过充分的高温消毒，85°保持 360s，有效灭活饲料原料中的 ASF 病毒后才能进入仓。粉碎、混合系统、制粒均具有同种物料自动倒仓功能。散装时无人接触料，确保料的安全性。wincos 系统能自动识别各工段故障点，自动报警；该系统可同时控制多条生产线的运行，并且每天生产任务全自动生产报表。

五、生产设备

主要设备有方形除尘器（工作压力－1 960～2 940Pa；过滤面积 22.6m^2，过滤风速 2～4m/min，处理风量 2 713～5 426m^3/h）、风机（转速 2 900r/min，风量 6 457m^3/h，风压 1 606Pa）、圆筒清理筛（产能 35～80t/h）、滚筒式磁选机（产能 35～50t/h）、粉料初清筛（产能 25～30t/h，除杂效率≥99%，筛筒规格 ϕ900×ϕ800×1 100）、宽式粉碎机［产量 15～25t/h（ϕ3mm 筛板，二级国家玉米，水分≤13%）］、破筛检测装置（定时定量取样，自动监测）、立式粉碎机（产能 20～30t/h）、永磁筒（除铁效率≥99%，磁场强度≥0.3T。产量：粉料 35t/h，粒料 50t/h）、膨化机（膨化玉米 2.5～3t/h；膨胀料 4～6t/h）、翻板式冷却器（冷却容积 7m^3，产能 5～10t/h，需风量 18 400m^3/h）、沙克龙［ϕ1 400，处理风量 15 163m^3/h（环境温度 80℃时），阻力 1 960Pa］、双轴混合机（容积 500L，混合均匀度 cv≤5%，0.25t/批，每批 4min）、双轴桨叶混合机（容积 6 000L，混合均匀度 cv≤7%，3t/批，每批 4min）、保质器（容积 1 300L，产能 20t/h，变频控制，产能可控）、调制器（容积 420L，产能 20t/h，变频控制，产能可控）、制粒机主机（产能 10～18t/h）。

六、生物环保饲料简介

生物环保饲料主要是以基因、蛋白、发酵工程等现代生物技术为手段，利用微生物工程发酵开发的高效安全、环境友好新型饲料资源。与传统饲料相比，生物环保饲料具有原料、营养、风味、工艺四个维度的优势。在原料方面，传统饲料会添加酶制剂、酸化剂和防霉剂，生物饲料采用发酵产酸、发酵产酶技术；营养方面，传统饲料主要是粗蛋白，生物饲料是小分子蛋白，更易消化、更好吸收；传统饲料通过添加香味剂改善风味，生物饲料发酵形成乳酸等有机酸；传统饲料主要采用机械粉碎、膨化、高温熟化等机械加工方式，生物饲料利用了生物发酵技术。

概括起来，生物环保饲料主要有四个特点，一是采用了乳酸菌、酵母菌等有益菌，二是富含小分子蛋白，小肽占比显著提升，三是拥有丰富的有机酸和复合酶，四是含有低 NSP、低抗原蛋白等抗营养成分。

七、总平面布置

地块现状：地形方正，地势整体高差较小，为与周边环境协调并易于规划建筑，土方整体需作铲平外运处理，地块内无拆迁任务，地块为熟地。

基础设施条件：地块内给排水、供电、通信等建设配套可依托市政设施。

地块总体呈东北—西南走向布局，包括值班室、服务部、原料车间、主车间、成品车间、锅炉房、浴厕、综合楼、发电机房、水泵房、水池等。在地块西南侧设置主出入口，依次布置成品车间、原料车间、主车间、成品车间。东北角布置综合楼、生产车间及发电机房、水泵房、水池等。生产区外围布置环形道路，并在厂区周边设置一定绿化。

八、环境保护

根据国家环境保护的有关规定，对于新建、扩建和改建项目的工业企业，必须把“三废”的控制与主体工程同时设计、同时施工、同时投产。项目建设符合国家产业政策，符合当地总体规划，选址合理。项目贯彻了“清洁生产、总量控制、达标排放”的原则，拟采取的污染防治措施经济可行，技术可靠，项目总图布置合理，在落实各项环境保护治理和措施的前提下，项目产生的污染物能达标排放，项目实施不会改变区域大气环境、地表水、声环境和生态环境现状。符合国家有关标准、法规和规范。

以生物技术还原生态世界

——四川润格生物科技有限公司

四川润格生物科技有限公司成立于 2017 年 1 月，注册资金 2 000 万元，位于四川绵竹高新技术产业园区，是一家从事饲料微生物、肥料微生物、食品微生物、医药微生物和环境应用微生物研发和生产的生物科技企业。公司占地 200 余亩，建有液态发酵生产线和固态发酵酶解生产线以及微生物固态发酵菌剂生产线，具备年产 20 万 t 的生产能力。润格生物采用固液相结合的先进发酵工艺流程，领航国内饲料原料预消化，为客户提供绿色安全、环保优质的产品和可持续的生物技术解决方案，以生物技术还原生态世界。

生物科学与人类的生存和发展有着密切的联系，它在一定程度上改变了人们的整体生活质量，目前生物技术已广泛运用在农业、医药、食品、环保、能源等领域，其发展潜力亦与日俱增，并为医疗、能源、环保与粮食等问题提供了解决之道。公司自创立以来，一直致力于高端生物技术产品的研发与应用，解决饲料资源短缺、实现农业减肥减药，促进行业绿色发展。公司与华中农业大学农业微生物学国家重点实验室、微生物农药国家工程研究中心建立了紧密的合作关系，成立了以梁运祥教授为首席科学家的润格生物工程研究院，与华中农业大学、四川农业大学、甘肃农业大学合作建立了院士工作站、博士工作站及产学研基地。研究院现有首席科学家、博士生导师15人，博士8人，高级科研人员30余人。公司为国家高新技术企业、四川省重点中小企业、ISO 9001质量体系认证企业、德阳市院士专家工作站、德阳市企业技术中心、德阳市优秀民营企业。

公司拥有700余m^2科研中心，包括微生物研发部、微生物检测部、分子生物学实验室和动物营养研究所。公司研发设备装备精良，研究试验设备设施国内领先，目前已形成价值300余万元的研发、测试设备，为公司的技术创新提供先进的设备条件。其中微生物研发中心分为饲料、肥料、食品、医药、环境五大板块，由专家牵头成立饲料微生物实验室、肥料微生物实验室、食品微生物实验室、医药微生物实验室、环境应用微生物实验室，积极开展微生物技术的应用研究和实验，以解决饲料原料紧缺、消除饲料原料中各种抗营养因子、提高饲料利用率、替代抗生素、改善食品风味、减少环境污染等为目的，掌握多重发酵核心料、酶制剂等生物发酵尖端技术，现拥有20余件专利知识产权。目前企业独立研发项目20余项，与高校合作研发项目2项；承担省级重点研发项目1项，市级重点研发项目2项。

21世纪的饲料将是一个严格要求产品质量，并且成本低、利润高，强调安全、清洁和环保意识的饲料。生物饲料由于其本身的特性，将降低营养物质的排泄量、提高其消化利用效率、节约财力和人力等方面起到重要作用。高科技技术的及时应用，将是今后饲料企业争夺市场的主要手段。生物饲料能有效地提高畜禽对饲料原料营养物质的消化吸收与利用，不断扩大了饲料原料应用的范围，缓解了饲料原料紧张的问题，而且更有助于降低饲料成本，增强饲料加工企业的核心竞争力。生物饲料已成为饲料企业提高竞争力的需要，发展生物饲料产业是饲料领域的一场革命。生物发酵饲料属于新兴产业，技术壁垒高，国内从事本行业的企业屈指可数，润格生物抓住机遇，通过几年的努力，已攻克多项技术，其中酵母培养物、润格肽肽、木聚糖酶、AK58、凝结芽孢杆菌、枯草芽孢杆菌、地衣芽孢杆菌技术水平更是国际领先，已成功开发出生物酶制剂、酶解肽蛋白、微生态菌制剂、酵母培养物、乳酸菌培养物、食品微生物、生物水溶肥和4S产品等8大类别20余个品种的产品，广泛用于食品、医疗、饲料、生物肥料、生物农药、污水治理和土壤修复等领域。润格肽肽、“腹润”AK58、酵母培养物等主要产品是公司利用独特的酶菌同体发酵和酶水解工艺而开发出的一种可降低抗原作用的高端产品，含有的多种代谢产物成分可作为动物胃肠道内微生物的营养底物。通过滋养寄生在胃肠道内的细菌来刺激其新陈代谢，进而达到调整和稳定胃肠道内微生态环境之目的。其主要功能作用是改善或维持动物胃肠道消化吸收功能的正常；可用来抵御或减轻养殖生产过程中各种应激因素给动物生长和繁殖带来的负面影响，改善动物的健康状况，帮助动物最大限度地发挥其生产性能。目前各类产品已销往天津、河北、湖北、广东、四川、重庆、云南、甘肃、新疆等国内20余个省（自治区、直辖市），在市场上有很高的知名度。

未来，公司将在生物技术的基础上形成多元化发展，涉及环境、医疗、食品、农业微生物等多个领域，以科技创新为引领，以提出整体无抗解决方案为发展方向，以工匠精神打造生物前沿产品，为健康环保的绿色产业而不懈努力。

用食品思维做养殖
用健康思维做食品

——自贡德康农牧科技有限公司

自贡德康农牧科技有限公司成立于2019年10月31日，位于四川省自贡市沿滩区沿滩工业园区兴元路1号科技孵化园，占地面积约70亩，总投资约2亿元，隶属于四川德康农牧食品集团股份有限公司（以下简称德康集团）旗下的一家全资子公司，德康集团坚持“用食品思维做养殖，用健康思维做食品”，深耕于现代农牧业和高端食品产业。目前，德康集团拥有2家农业产业化国家重点龙头企业，旗下三大业务板块生猪养殖、优质鸡养殖与食品加工，90余家企业遍布于全国13个省（自治区、直辖市），已成为西南本土养殖规模最大的农牧企业。

德康集团通过2年的系统研发，已经成功实现了系统的落地转化。2019年，德康“AI养猪”项目取得了关键性成果——德康EP智慧养殖最佳实践方案落地，基于“计算机视觉图像识别的数据智能采集方法”获得国家专利，并已在重庆合川、四川自贡、江苏泗洪等地投入实际运用。该技术不仅在防控疫病等方面展现出突出优势，其对产业效能的提升效果也非常显著。经测算，种猪人均饲养效率可提升 1.5 倍，PSY 提升 3 头。

自贡德康农牧科技有限公司是自贡市招商引资企业。该项目建设为自贡市 100 万头生猪配套产业，能尽快推动早日完成自贡市 100 万头生猪项目，带动周边百姓脱贫致富，项目建成后能提供 80 个以上工作岗位；项目可以带动地方运输业、餐饮业和商业零售业等的发展，间接带动地方 5 000 人以上的劳动力就业。

公司有配合饲料生产线 2 条，生产线采用全新计算机自动化控制配料系统、整套丰尚设备，双轴桨叶高效混合机 2 台（1 台批混合量 3 000 kg、1 台批混合量 1 000kg），制粒机 2 台，年生产能力 24 万 t，并具有与生产能力相匹配的仓储设施、检化验、安全保障等设施。

自贡德康农牧科技有限公司依托德康集团技术质管及生物安全体系实施平台，结合公司机构设置、生产工艺流程、产品的实际情况，投资建立了检化验室并配备先进的检化验设备（如酶标仪等），检化验室不仅能开展常规成分的分析，还可开展氨基酸、霉菌毒素、三聚氰胺等指标的分析，为品质控制提供最强有力的保障。公司按照饲料法规相关要求建立了原料采购、生产过程控制、产品质量控制等方面的质量管理制度，按 ISO9001 质量管理体系要求建立了本企业的质量控制体系。从原料进厂到产品出厂整个产品实现过程中，通过质量控制体系的有效运行和质量管理制度的有效实施，能确保影响产品质量的人、机、料、法、环、测六大因素处于受控状态，生产出符合产品标准要求的安全卫生、优质高效的饲料产品。尤其是在质量管理中实施“质量一票否决权”制度，做到不合格原料不投入使用、不合格过程产品不转序、不合格成品不出厂，确保产品质量持续稳定提高。坚持“用食品思维做养殖，用健康思维做食品”理念，自贡德康农牧科技有限公司以“安全、稳定”健全企业质量管理及生物安全防控体系，严格遵守国家法律法规，严格实施清洁生产，为广大人民吃上放心的猪肉而奋斗。进而推动畜牧业经济的持续健康发展。

打造从田园到餐桌的生态产品供应链

——贵阳富源饲料有限公司

贵阳富源饲料有限公司位于贵阳市修文工业园区，年生产能力 30 万 t，是贵州省投资规模大、设备先进、技术一流、品质上乘的专业猪饲料生产企业。公司获得了饲料质量安全管理“国家级示范企业”、贵州省“农业产业化经营重点龙头企业”、贵州省“扶贫龙头企业”、贵州省“践行科学发展观优秀企业”、贵州省饲料工业协会“优秀会员单位”、贵阳市“农业产业化经营重点龙头企业”、贵阳市“扶贫龙头企业”、贵阳市“重合同守信用单位”等称号，并通过了 ISO 9001—2000 国际质量管理体系认证。

2020 年新春伊始，新型冠状病毒感染的肺炎疫情疯狂来袭。贵阳富源饲料在本身已遭受非洲猪瘟疫情严重侵袭，损失和防控支出较大的情况下，积极响应党和国家以及省、市、县各级党委和政府的号召，履行企业社会责任，心系疫情，快速行动，支援抗击新冠肺炎疫情工作。疫情期间，在道路封闭的情况下，为确保省内各个养殖场的饲料产品供应，公司采取有力措施，及时组织货源，积极协调调运，保证养殖户所需。公司投资的食品公司确保贵阳市场 100 多家超市猪肉供应和价格基本平稳，为疫情期间，保障贵阳市广大市民“菜篮子”“肉盘子”供应，做出企业应有的贡献。同时，在公司的号召下，富源各兄弟公司、各生产基地纷纷响应，为当地新冠防疫工作献爱心。截至目前，累计捐款 120 余万元，捐赠各类防疫物资价值 20 万余元。富源公司用自己的实际行动，支持政府新冠肺炎疫情防控工作。

2000 年 4 月 18 日，贵阳富源饲料有限公司在美丽的花溪河畔正式成立，2020 年 4 月 18 日，是富源公司正式建立 20 周年纪念日，更是富之源集团源起 20 周年纪念日。20 年来，富之源创始人凭着诚信的精神把最初的只有几台机器、几把洋铲、租赁的木质框架瓦房的“小家”创造成为贵州本土一家以原料贸易、饲料生产、生猪养殖、肉食品加工等产业为主导，兼营种植、投资、环保建材的大型现代化农牧企业。集团围绕生猪产业链，目前已建立贵阳、安顺、铜仁三大饲料基地与修文、长顺、贞丰、息烽、开阳五大养殖基地与海南种植基地。形成了前连饲料生产基地，后通养殖、肉食品加工基地，以家庭农场为纽带，与村集体、贫困户建立利益链接机制的一条龙生猪养殖全产业链新模式。目前，集团年饲料产能 65 万 t，存栏母猪 4 万头，生猪年产能 100 万头，产值达 30 余亿元。集团肉食生鲜产品进入贵阳农投惠民、星力、华联等 100 余家超市，受到广大老百姓的喜爱。

2020 年公司组织策划了贯穿全年的“不忘初心、牢记使命、厚植事业根基兴未来”主题活动，并先后两次举办了相关主题活动，同时也发布了“技术工程、人才工程、防非工程”三大战略。富源从诞生、成长，到厚积薄发的奋进阶段，再到今天富源的创新持续发展增长阶段，所取得的成功并非一蹴而就，而是富之源老一辈人通过努力创造而来的，希望所有富之源青年员工“菁英”珍惜这份成果，并勇于承担、敢于担当，为客户、消费者创造更多的价值，通过创新实现持续增长的目的，同时，弘扬并传承富之源的“长征”精神。为“不忘初心，牢记使命，厚植事业根基兴未来”持续蓬勃发展增添动力。

2020年贵州富之源集团为确保农户持续增收脱贫致富，助力贵州生猪市场的稳价及保供，促进生猪产业健康发展，扩大生猪养殖产业。在修文、贞丰、开阳等地启动新增26万头生猪养殖建设项目，目前，贞丰10万头生猪育肥基地、开阳6万头生猪育肥基地和修文新增10万头生猪“spv”项目已全面投产。富之源集团三大生猪养殖项目的建成投产，将为贵阳市的生猪保供稳价、生猪市场供给，保障贵阳市广大市民“菜篮子”“肉盘子”供应做出了企业应有的贡献！

2020年富源公司联合集团其他三家饲料公司，充分利用集团在种猪、营养、技术、管理、销售等方面的优势，目前带动400余家中小养殖场进行养殖。尤其是在非洲猪瘟呈常态化趋势的情况下，为了帮助养殖户防好非洲猪瘟，富源公司采取从饲料原料基地进行管控，采用烘干玉米，原料车辆严格消毒，供应商签订防非承诺把好源头关。饲料生产基地以阻断、杀灭为防控手段，全面、立体地开展防控工作。花重金对产品工艺、设备进行升级改造，实现超高温、超时长调质（85℃，200s），杀灭非瘟病毒，提升产品消化率。花费巨资建立了检测实验室，实验室检测可以在猪只未出现典型临床症状之前发现疫病。通过有效的检测数据，做到非瘟的实时监控。为避免机械性携带传染源，还开展对带动的各养殖场的环境和人员的排查检测工作。为现场精准剔除带毒猪，提供及时有效的依据，能够使疫情得到有效控制，将疫情消除在萌芽状态中。富之源还为带动的养殖场，规范实施消毒及污染源消除，复产前风险管理，优化种猪繁育模式，保障种源供给。改造猪舍、优化生产管理，定制个性防非方案，精准营养技术管理等，帮助带动的养殖场全方位构建完善的猪场生物安全防护体系，使广大被带动的养殖户有了更好的养殖信心，努力为市民的菜篮子工程建设做出自己应有的贡献。

2020年11月富之源集团积极对接中国农业大学、中国工程院李德发院士及其团队，并与李德发院士团队合作成立“技术研发中心”，借助院士团队的力量来助力贵州富之源的研发和技术的发展。同年12月，富之源集团与贵州大学签订校企战略合作协议，合作成立“贵州大学教学科研实践基地”，中国农业大学、贵州大学与富之源集团紧密携手，合作前行，将会探索产学研结合的新路子，探讨人才培养的新方法。

富源公司依托集团的优势，努力打造生猪产业链企业，打造新的产业扶贫模式，打造从田园到餐桌的生态产品供应链，打造中国山地生态农牧领军企业，为城市保供，为脱贫攻坚做出企业的贡献。

质量第一　服务第一

——贵阳新希望农业科技有限公司

一、企业简介及发展战略

（一）企业简介

贵阳新希望农业科技有限公司（以下简称公司）是新希望六和股份有限公司借西部大开发东风，为满足贵州广大养殖户的需求，先后分批投资1亿元在贵州兴建的饲料生产及农业开发的综合型现代化企业；公司位于贵阳市观山湖区金华镇三铺村三铺街组251号，总共占地40余亩，紧邻321国道和贵黄高速公路，距贵阳市城区17km，距清镇市10km，交通十分便利。公司于2002年建成投产，现有职工200余人，环境优雅，设备一流，具有年产40万t优质畜、禽、反刍动物饲料生产能力，是贵州省目前产销量最大的饲料生产、销售企业，同时也是贵州饲料行业唯一获得中国饲料行业“信得过产品”称号的企业。公司拥有一支高素质、高技术、高执行力的管理团队，长期坚持“质量第一、服务第一”。对经销商、合作者和用户以诚相待，讲求信誉；在产品与管理上博采众家之长，努力为客户提供优质的产品和服务，为“兴黔富民”做贡献。始终坚持以ISO9001质量管理体系为主导来开展公司各项管理工作，并率先通过了ISO9001国际质量管理体系认证。

（二）发展战略

面对养殖市场的变革和改变，饲料行业的快速转型和变革尤为关键。公司秉承依靠政策、发展事业、服务人民、回馈社会、报效祖国的企业宗旨，不懈追求“农业创造价值，农民分享价值、价值留在农村、城乡和谐发展”的社会目标；以农牧产业龙头企业优势带动农村经济发展，带领广大农民增收致富，积极与相关各级部门、经销商及养殖户建立长期、可持续发展的真诚合作关系为纽带，在面对养殖市场环境快速变革、发展的趋势下，切实根据贵州养殖市场变化情况，结合贵州养殖实际需求，制定了以“聚焦养殖终端，强化内部管控和终端服务”的发展战略主题，以“强内控、塑品牌，建基地、创模式、促发展”等养殖帮扶方案，帮助养殖户解决了困难，提高终端养殖效益为目标，同时也为公司市场发展奠定坚实的基础。

二、企业发展模式

随着市场环境的变化发展，过去的发展模式已不再适应当今市场环境变化发展趋势，为了使公司发展顺应环境需求，同时也为了快速地实现转型，2020年度，公司持续以“聚焦养殖终端，深化产业合作”为发展战略主题，通过强化内部管控和终端服务，切实结合贵州畜牧发展及需求情况，以“强内控、塑品牌，建基地、创模式、促发展”的系列举措，帮助养殖户解决了困难，同时也为公司市场发展奠定坚实的基础。

强内控、塑品牌：从2015年开始，公司积极响应国家法律法规文件要求，通过《饲料质量安全管理规范》的实施运行来进一步强化公司内部管理，从采购源头到销售终端，建立有效的管理追踪机制，确保产品质量安全、稳定，塑造良好的市场口碑。

2018—2020年，公司紧跟行业发展变化步伐，积极参与国家关于低蛋白日粮技术的推广使用，结合以贵州畜牧发展“生态、环保”的导向，大力推广生物发酵产品，以实现养殖过程的低氮、低磷、低重金属、低排放的生态畜牧养殖，同时，提升产品动物消化吸收率，降低养殖成本，提升养殖费用。2019年以来，受ASF疫情的影响，生猪养殖面临成本、环境、生物安全等风险考验，养殖客户对生猪养殖的期盼和担忧极大程度上影响养殖的持续发展；面对这一困境和考验，公司积极从源头（饲料原料、运输、生产过程）开始对ASF安全进行管控，及时为养殖端做好安全源头保障；同时，为了进一步保障养殖过程安全防控，公司在疫情特殊时期，采取线上培训、视频直播现场指导等方式为养殖客户进行ASF安全防控知识培训和现场安全防控指导，积极帮助养殖客户进行过程安全防控及复养工作的有效开展（累计培训62场，参培人次5.6万。通过视频现场直播的方式，全年累计开展养殖场安全防控指导216起；帮扶受灾客户积极开展复养工作87起）。此举在一定程度上解决养殖客户在安全防控上的技术难题，深受养殖客户的好评。

建基地、创模式、促发展：采取“公司＋基地，协会＋农户”的模式，在贵州建立养殖示范基地，2020年度累计在贵州全省开展基地建设12个；以农牧行业重点龙头企业联结合作社306个；以订单关系带动基地合作900余户，带动产业户增收超过60余万元。为了从根本上帮助养殖做好效益支撑，公司严格按照动物各阶段生长营养需求，设定生产阶段配方产品，形成阶段产品组合饲喂模式（猪场精准营养饲喂模式，蛋鸡精准营养“4＋2＋1＋N”饲喂模式等），以达成低成本、高效率的目标，从而进一步提升养殖户的养殖效益。针对贵州养殖环境、养殖群体技术水平差异情况，公司一直致力于“授人以鱼不如授人以渔”的观念，分区域、分时段地在全省开展“新型职业农民培训”及养殖帮扶“三改”工作，全年共计在贵州相关市、县开展新型职业农民培训110场，培训人次达5 600人次，增加农村职业转型的机会及转型成功的概率，为农村经济及农民收入增加奠定了坚实的基础；全年累计斥资110余万元帮助600余户养殖户做好养殖环境的“三改”工作。

三、企业成效

（一）近年来所获荣誉

公司从2001—2020年连续20年荣获市级“守合同、重信誉”企业，还荣获“贵州民营50强”企业、最具100强潜力企业、重点龙头企业、贵州省高新技术企业、贵州省饲料行业十强企业、贵州绿色生态标杆企业等称号；通过了ISO9001国际质量管理体系认证；公司于2016年1月贵州首家通过农业部《质量安全规范管理》示范企业验收，标志着贵州省饲料企业质量安全管理水平又上新台阶。

（二）2020年度企业发展成效

2018—2020年度，公司持续以“聚焦养殖终端，深化产业合作”为发展战略主题，通过强化内部管控和终端服务，切实结合贵州畜牧发展及需求情况，以“强内控、塑品牌，建基地、创模式、促发展”的系列举措，帮助养殖户解决了困难，同时也为公司市场发展奠定坚实的基础。公司2020年度销量累计达到22余万t，年均产值达7亿多元，累计销售收入为7.1亿多元，纳税600余万元；销售、服务网络覆盖到了贵州省的100多个区、县、市及上千个乡镇，为贵州省排名前列的优秀企业；为了进一步强化产业发展步伐，在加快企业升级转型发展的同时，协同当地做好深度扶贫帮扶工作，从2019年开始至今，公司率先在毕节市协同当地政府开展以“养殖、屠宰、冷藏、加工”为一体的产业链发展模式，2020年屠宰销售肉鸡产品10余万只。

四、未来发展举措

一是产业精耕细作，创造差异优势；二是做好市场信息研究，提高市场预测能力，换位思维做上下游共赢之举；三是营销创新，做好产品战略定位，做强区域优势，引领区域市场；四是延伸产业，做产业化经营，既延伸发展了产业链，又提高了产品附加值，同时还能带动相关产业的发展，增强企业竞争力；五是抱团取暖，跨界合作，联合发展。

质量第一 为客户提供最好品质的饲料

——贵阳正大有限公司

一、基本情况

贵阳正大有限公司是泰国正大集团下属正大（中国）投资有限公司设立的外商独资企业。于2012年7月在贵阳市息烽县养龙生态工业园投资8 000余万元新建一座年产12万t的饲料加工厂，该项目占地63亩，是一个以世界先进生产工艺为核心的现代化饲料加工厂。公司从瑞士引进当前国际上先进的布勒成套饲料生产加工设备。采用国内外优良的饲料加工机械组合，用计算机集中控制整个生产过程，自动化程度高，生产过程监控严密；产品品质稳定可靠。于2018年5月投资300余万元新上一条生产线，生产能力达18万t，2019年投资1 800万元开工新建20个方仓用于原料储存，进一步扩大产能。

二、生产经营情况

公司2020年，主要生产和销售“正大牌”，猪、鸡两大系列配合饲料及浓缩饲料。全年共生产销售饲料15.7万t，同比增长15.4%。其中猪配合饲料9.3万t，猪浓缩饲料1.4万t，鸡配合饲料5.0万t。预计2021年销售饲料18万t。

公司始终坚持正大集团“利国、利民、利企业”的“三利”原则，始终把国家的利益、人民的利益放在首位。2020年开年就遇上了新冠肺炎疫情的大暴发，集团始终走在抗击疫情的第一线，为国家为人民捐款捐物。贵阳正大在各级政府的支持下，成了第一批复工复测的保供企业之一，为贵州人民的生活保障默默做出自己的贡献。

在生产上，坚持集团的“正直诚信、快速优质”的核心价值观。始终把质量放在第一位，始终为客户提供最好品质的饲料。产品配方来自拥有近百年经营的泰国总部饲料配方中心，符合国际、国内营养标准。集团营养专家定期到市场调研，及时根据当地实际情况对配方进行优化，使配方不仅符合国内国际最新营养标准，也符合地方实际情况。集团建立了完善的原料采购和验收制度。对饲料原料从源头进行把控。每种原料采购都要经过4道工序，对供应商进行实地考察、原料送检、到货检验、供应商评价。对于饲料主要原料玉米，集团建立了自己的种植基地，收购基地。集团建立了完善的质量管理制度。公司对饲料原料的品质严格把关，每一批饲料从原料到成品，都要经过7道严格的监控，保证了原料和饲料的品质，从而保证了养殖户的利益。2017年8月公司成功取得ISO9001：2015质量管理体系认证证书，2019年9月取得ISO14001：2015环境管理体系认证证书。

“接受变革、不断创新”是集团始终领先同行业的法宝。贵阳正大从2014年开产以来，无论是从产品配方还是销售策略都始终坚持不断创新的原则。产品从最初的单浓缩料发展到配合料，套餐料从猪三宝到猪九宝，大大满足了不同客户群体的养殖需求。销售模式也从最初的传统销售模式发展到现在的多元销售模式。

三、技术服务更先进

公司配备一支由畜牧兽医专业人员组成的销售和技术服务队伍，集团配方博士多次亲自莅临养殖现场对技术、养殖进行培训。为客户提供优质的售前、售中、售后服务，并大力推广科学的养殖技术和经验。为适应行业新形势，公司制定了规模化发展的经营策略，持续优化产品结构，精减品种数量，大大提高了生产经营效率，突出规模效益。同时在传统销售的基础上大力推广会议促销，稳定并提升销量。

四、人才理念

企业的发展应该坚持以人为本的正确理念，因此，七年来，公司始终认为人才是最宝贵的企业资源，积极贯彻正大集团倡导的“人才第一”的观点，坚持实行“三高”的人才策略（即高素质、高待遇、高绩效），为各类人才的成长发展搭建充分施展才华的舞台。

2015年9月起，每年公司与贵阳市人力资源和社会保障局合作，成立了高校毕业生见习基地，帮助高校毕业生提高职业技能，积累工作经验，增强就业能力。

五、未来发展趋势

正大集团投资建设饲料加工厂的最终目标，是要发展人类食品行业，做人类能源的供应者、做世界的厨房。贵阳正大在贵州地区的发展始终坚持正大集团“利国、利民、利企业”的“三利”原则，面对竞争激烈的市场环境，公司将一如既往地发扬“爱是正大无私的奉献”的精神，不断提高产品质量和服务质量，通过为养殖户提供优质饲料和服务，提高广大养殖户的养殖水平，给广大农民朋友们带来更多的实惠。不断有力地推动贵州地区养殖业的进步和发展。以养殖业的发展来带动当地的诸如种植业、运输业、加工业、餐饮业、服务行业、商业等其他行业的发展。从而为促进贵州农业产业化和地区经济的发展做出最大的贡献。

脱贫济困
践行正大集团核心价值观

——大理正大有限公司

大理正大有限公司（以下简称大理正大）成立于2013年8月，注册资本3 700万元，系泰国正大集团旗下正大（中国）投资有限公司独家投资的大型现代化农牧企业，坐落于小河淌水的故乡——弥渡。主要从事预混合饲料、畜禽饲料、水产饲料和反刍饲料的生产加工、经营和销售，明星产品："正大"牌猪浓缩料、全价料、猪九宝。花园式工厂环境、现代化智能化生产设备、先进的管理理念、优质的饲料产品，使大理正大自2015年4月投产以来，便成为西南地区首家智能化饲料生产项目，云南省饲料行业的标杆企业。

公司秉承"营养平衡、品控严格、科学技术、服务周到"的经营宗旨，以优质的产品和周到的服务，深受云南广大农户的青睐，取得了良好的经济效益和社会效益。2020年公司产值约3.9亿元，产量11万t，慈善捐赠66.5万元。截至目前已吸纳就业人员120人，其中管理人员30人，生产、销售和服务人员90人。2021年将实现18万t饲料满产满销，直接带动当地就业人员40余人。

近年来，公司积极响应党和政府加快云南畜牧业发展，深化调整农村产业结构的号召，在全州做了大量积极有益的工作，荣获多项荣誉：2016年顺利通过国家部级《饲料质量安全管理规范》示范企业现场验收、云南省高新技术企业认定；2017年、2018年先后获评大理州级、云南省级"农业产业化重点龙头企业"、脱贫攻坚"明星企业"，弥渡县"最佳爱心企业"，2017年通过ISO9001：2015质量管理体系认证；2020年通过ISO14001：2015环境管理体系认证。

大理正大扎根弥渡，一直遵循集团"利国、利民、利企业"的"三利"原则，充分发挥弥渡县得天独厚的产业资源优势，积极承担社会责任，致力于当地农牧业的发展。2014年6月，正大集团和弥渡县人民政府签订了《关于共同推进社会主义新农村建设战略合作投资协议》，共同建设50万头生猪全产业链项目。2017年3月，正大集团与弥渡县政府签订《弥渡县50万头生猪全产业链扶贫项目补充协议》，根据协议内容，新建3个5 000头（或6个2 400头）种猪场，投资总额2.4亿元；新建150栋1 100头标准化生猪配套育肥场，投资总额2.25亿元。共计投资4.65亿元。

2017年10月31日，弥渡县50万头正大生猪产业扶贫项目（以下简称弥渡项目）开工仪式在苴力镇隆重举行；2019年10月9日，弥渡项目分红大会在弥渡县先锋村委会白左干举行。截至目前，全县已完成正大1 100头标准化育肥场主体工程建设139栋，并全部投入使用，出栏肥猪累计20万头，累计发放正大集团支付的分红资金约5 800万元。

弥渡项目是县委、县政府和正大集团响应云南省委、省政府大力发展社会主义新农村建设的号召合作开展的产业扶贫项目，项目建设的目的是依托正大集团企业经营性质、优势以及云南农村的特点，采用"基层党组织"牵头，"龙头企业＋银行＋合作社＋贫困户"的"1＋4"模式，不断拓展"以钱养人"到"以钱养事"的变革方式。实施生猪产业扶贫项目建设是全县在精准扶贫、精准脱贫，增加财政收入的重要举措。随着项目建设的推进，将带动全县4 110户贫困户15 000多人脱贫致富。

环保是养殖业能否可持续性发展的核心问题，弥渡政府和正大团队高度重视项目环保问题，经过反复论证，结合弥渡县"一头猪，一棵菜"的发展战略，决定走一条"截污建池，粪水还田"的可持续发展路线。政府统一协调养殖场周边山地，由正大养殖公司协同正大农业共同打造果蔬基地，消纳养殖粪水，生产出安全健康美味的正大果蔬供给卜蜂莲花和正大优鲜，充分发挥全产业链优势，全面实现可持续发展。

弥渡项目的天然优势及正大优质全产业链吸引了南方电网的加入，双方积极合作，将光伏能源产业与养殖业相结合，充分利用猪舍的屋顶资源，在每一栋猪舍的屋顶铺设光伏发电板，目前已铺设完成48栋。"光伏＋养殖"的扶贫合作模式，让40个贫困村720余户贫困户受益，合作社村民能免费用电的同时，每年还能让合作社实现增收。

随着弥渡项目的推进，为进一步延伸完善产业链，助推弥渡县"一头猪、一棵菜"战略发展，共同打造全产业链标杆，将规划建设一座年屠宰50万头生猪的标准化屠宰厂，流水线屠宰采用国内先进屠宰技术，自动化程度高，屠宰过程监控严密，确保猪肉食品安全。其中固定资产投资5 200万元，流动资金1 000万元。目前屠宰厂选址已完成，各项工作正有条不紊推进中。

人才是企业实现可持续发展的关键，正大云南区高度重视、培养、使用人才，创新人才培养模式，建立了"政校企＋合作伙伴"，"3＋1"四方联动人才合作培养新模式。举办大学生创新创业营销大赛，强化雇主品牌，多方招募人才，促进人员成长，选派冠军、亚军、季军团队赴泰国学习交流。学成回国后从事集团食品、优鲜、餐饮、基地采购等新事业项目。

打造核心竞争力 昆明通威在路上

——昆明通威饲料有限公司

一、公司简介

昆明通威饲料有限公司（以下简称昆明通威）是全国政协常委、民建中央常委、通威集团董事局主席刘汉元先生于2012年9月在昆明市宜良县北古城工业园区独资建设的现代化大型饲料生产企业。占地面积40余亩，工程总投资5 000万元，现拥有先进的生产设备和工艺技术，其核心设备由美国、瑞士、英国的UMT公司进口，拥有目前国内先进的淡水、畜、禽，特种饲料生产线共5条，具有年生产各类饲料30万t的能力。

公司现生产鱼配合饲料、猪配合饲料、猪浓缩饲料、鸡配合饲料和鸭配合饲料五大系列50余个品种，产品充分满足了云南省广大养殖户的养殖需求。公司经过几年的发展，水产饲料已经成为云南省的第一品牌，市场占有率连续稳居同行业第一的位置，其畜禽饲料的质量和销量也名列前茅。通威饲料被国家评定为“中国驰名商标”及“中国名牌产品”。

公司拥有先进的生产设备、完善的工艺流程及严格的生产管理制度和质量管理制度，多年来秉承通威股份一流的品牌优势、科学的管理优势、领先的技术优势、丰富的人才优势，不断锐意进取，不断实现科学发展的和谐理念。公司建立了完善的质量控制体系，将于2021年通过了ISO9001—2016质量管理体系认证和HACCP食品安全管理体系认证。

昆明通威将始终如一坚持“诚、信、正、一”的经营理念，始终实践科学发展的基本思路，始终坚持服务“三农”政策的工作方针。以农民致富为己任，为云南大地的广大养殖户朋友提供性价比最优的产品。为解决群众民生问题，实现中国农业现代化贡献自己的力量。

二、创新转型

在刘汉元主席的带领下，昆明通威一直坚持以科技打造核心竞争力，利用创新驱动传统农业走向现代化。近年来，昆明通威主动深入了解云南当地市场，走出了一条具有差异化特色的农业现代化之路。

昆明通威以不断提升科学养殖技术，积极创新产品技术为基础，聚焦产品力、营销力、管理力，主动适应系统竞争和行业变革，成为云南省优秀饲料工业企业。另外，在“互联网+”时代，通威集团以用户连接、智能养殖、电子商务、食品安全溯源五大重点计划，构建行业大数据平台，形成产业链闭环，彻底解决水产品安全问题。通过集团的技术支撑，昆明通威进一步巩固、提升和强化在营销、服务、管理等各领域的核心竞争力，以形成更广泛的以互联网为基础设施和实现工具的昆明通威发展新形态。昆明通威灵活运用总部相关技术支持，发展特色，运用特色，深入并扎根云南市场，激发水产养殖活力。

刘汉元主席表示，未来五年，移动宽带、大数据、物联网等创新技术的发展将重构传统产业，引发第四次工业革命，即让传统制造业向智能化转型。移动互联网与传统产业的融合将不断发展与迭代，传统企业转型脚步会越来越快。在此背景下，昆明通威将积极推动互联网与传统产业的融合，推动云南省水产养殖由量到质的转型，为云南省水产产业发展、水产养殖模式转型以及安全食品的发展做出更大的贡献。

三、模式创新

世界经济日新月异，竞争的新时代扑面而来，伴随着面对企业和竞争格局的巨变，中国水产和饲料行业也将迎来历史性机遇和挑战，渐次步入一个大波澜壮阔、大浪淘沙的新阶段，颠覆、重塑竞争格局已经成为常态。身处波云诡谲的时代，昆明通威积极响应通威集团总部号召，始终对行业发展趋势下的企业竞争模式保持着清醒的认知和定力，高举变革和创新之大旗，破局攻坚，以“渔光一体”获取水面为核心，精心布局和谋划，构建产业链新模式，建立全新的技术体系服务机制，全体昆明通威人以“用心工作，用智慧工作，用只争朝夕的精神工作”，以高效的工作状态和饱满的工作精神艰难奋进，为整个通威股份的大发展、大突破，为整个云南省农业发展注入了属于昆明通威的澎湃动力。

创新之路，没有平坦的大道，只有不畏劳苦沿着陡峭山路而行的攀登者，才有希望达到光辉的顶点。这几年来，昆明通威一直聚焦“三农”，以科技引领发展，创造核心产品和营销新模式，构建全新技术服务机制，打破了传统农牧行业的桎梏，加速技术迭代，带动全行业解决产能过剩等问题。

时代呼唤变革，发展倒逼创新。智能互联网与传统产业的融合将不断发展与迭代，传统企业转型脚步会越来越快。在整个通威股份“新农业”与“新能源”并行发展的同时，昆明通威也积极在推动农业与光伏产业的创新协同发展做出卓越贡献，引领云南省水产养殖实现从量变到质变的革命性转变，并将光伏发电与现代渔业有机结合，全速打通绿色养殖全产业链发展模式——“渔光一体”，实现水下产出绿色安全水产品，水上输出清洁能源。

四、标准化项目建设开展

昆明通威深入贯彻落实通威集团刘汉元主席“以文化为引领，执行力为前提，标准化落地”的指导思想，通过打造现场标杆并进行复制，使公司现场和员工行为得到改变，昆明通威于2020年11月3日正式启动标准化项目建设。

在面对越来越激烈的行业竞争背景下，昆明通威以标准化建设为契机，优化内部管理，提升内部运营效率，节能降耗，降本增效，产品质量更好更稳定，提升公司的核心竞争优势。2021年初公司完成了标准化建设工作第一阶段目标，9年的老公司，旧貌换新颜，被宜良工业园区评为“最美企业”。未来公司标准化工作还会进入第二阶段，实现生产智能化、业务数字化、过程标准化。

为进一步强化标准化工作，引导员工充分发挥主观能动性，不断增强责任意识，实现“降本增效”的目的；同时为了规范管理，通过信息共享使各项工作有序地开展，引导员工在工作中主动发现问题并解决问题，保持工作环境整洁、设备安全运行，增强全员责任意识，实现信息共享，为公司建言献策，昆明通威特别制定标准化提案改善制度、标准化督导管理制度和标准化信息共享制度这三项制度为标准化的顺利实施保驾护航。昆明通威在短时间内完成公司环境的大改变离不开每一个昆明通威人的辛勤付出。标准化项目工作贵在坚持，内化于心，外化于形，昆明通威会重塑饲料行业标杆形象，为云南省饲料行业的发展奉献企业力量。

五、结语

行业发展风起云涌，昆明通威将继续肩负社会责任，抢占先机、聚势聚焦，加快完善集团总部指导下的“通威智造”步伐，坚持以科技打造核心竞争力和行业同仁更加紧密携手，加快移动互联网与传统产业的融合，不断推动云南省经济的可持续发展，不断创造更加美好的未来。

做一流的动物营养专家

——天宝动物营养科技股份有限公司

天宝动物营养科技股份有限公司（以下简称公司）成立于2010年3月，坐落在云南省楚雄州禄丰工业园区勤丰片区。从正式投产至今，经过十余年发展，现已建成年产45万t DCP、年产25万t MCP、年产20万t活性氧化钙及年产50万t硫酸装置，成为亚洲单体最大饲料磷酸钙盐生产企业。

2020年，在年初新冠疫情及全年原材料价格上涨的不利影响下，公司坚持“质量为本、客户至上”的方针及“为股东和员工谋利造福、为合作伙伴制造优质产品”的企业价值观，实现了生产经营持续稳定的良好局面，通过规划产业升级、加大技术创新等举措促进公司转型升级，力争将公司打造成国际“一流的动物营养专家”。

一、经营发展理念

公司始终坚持稳健经营和发展壮大并举的战略方针，销售收入随着产能的扩张一年上一个新台阶，成为钙盐产业链中重要而稳定的供应者之一，产品质量和合作信用受到业界好评。

公司始终坚持投资方浙商的经营理念和管理思路，向管理要效益，以管理提高产品质量和提升经济效益，同时打造良好的企业文化，夯实公司软实力，以软实力促进生产经营的快速发展。

公司始终坚持“质量为本、客户至上”的质量方针，严格按照产品的质量标准体系组织生产，并根据公司内控体系，严抓各级质量责任制，保证产品内在质量，保证客户满意度，维持企业良好品牌形象和信誉，在激烈的市场竞争中赢得客户的支持和信任。

二、产业升级发展规划

近年来，公司为提升企业核心竞争力，战略上逐步将企业发展由磷化工转为动物营养，以动物营养为产品主线进行延伸，未来将从无机化学拓展到有机化学，从低端制造向高端制造转型，从磷化工转向有机化工，从低附加值产品向高附加值产品延伸，立志成为“一流的动物营养专家”，并着力发展绿色循环经济。

一是建设磷石膏综合利用项目。公司为发展绿色循环经济，提高固体废弃物的综合利用率，积极开展产学研项目合作，与昆明理工大学等院校共同合作开发和建设磷石膏新型建筑材料，并规划在两年内建设年消耗30万t磷石膏的资源综合利用项目，最终实现变废为宝的目标。

二是建设有机化学动物营养添加剂生产项目。公司制定了专注于动物营养添加剂产业的长远发展规划，现已成立项目技术开发团队，依托公司当地的原料、区位和交通优势，计划投资40余亿元用于有机化学动物营养添加剂及产业配套项目，项目预计占地2 000亩，建成投产后可实现工业年产值50亿元，利税15余亿元。

三、科技创新

为强化科技创新工作，公司2020年共计研发投入 1 000 多万元，主要用于现有装置技术升级改造及规划项目的研究开发，相关工作卓见成效。

（一）公司技术中心获省级企业技术中心认定

2020 年 11 月，经专家评审，云南省工业和信息化厅、云南省发展和改革委、云南省财政厅、云南省科技厅、云南省税务局和昆明海关联合审查，公司技术中心被认定为第二十三批云南省企业技术中心，为公司的研发工作搭建了更好平台。同时，借助于当地政府对企业技术研发的扶持，公司计划逐年加大研发费用投入，打造一支技术过硬的研发团队，同时通过研发储备更多的新产品，为市场提供更多更优质的动物营养类添加剂。

（二）研发项目顺利推进

一是围绕现有产品和装置的升级改造及固体废物综合利用等方面。主要完成新建装置开车试生产的现场技术指导、各项中试装置设计建设的技术指导及试车和改造等工作，并对生产系统的操作人员和管理人员进行操作技能的系统培训，为公司各装置的正常运行提供技术支持。

二是围绕规划、储备产品开展研发工作。主要是围绕有机化学动物营养添加剂方向开展深入研发，组建高效的研发团队，开发成熟可靠的有机化学动物营养添加剂产品。通过长时间的研发准备，目前已经申请了相关专利保护，同时也储备了稳定的产品工艺路线，按照公司规划稳健推进新产品研发和项目落地事宜。

（三）专利申请

2020 年，公司共申报并获批 6 件发明专利，其中，有 2 件为现有产品升级改造专利保护，其余 4 件为规划储备产品的专利保护。

（四）校企合作

为了弥补公司企业技术中心研发能力的不足，也为了顺应高校研发成果市场化的需求，公司于 2020 年 12 月，与云南民族大学化学与环境学院签订了战略合作协议，未来，双方将在分析检测人员培训、样品分析检测、联合实验室、联合产品研发、学生实习基地建设等领域推进深度合作。

（五）获得奖项

1. 申报 2020 年云南省科学技术奖。以发明专利《一种双酸解制备磷酸氢钙的方法》申报 2020 年云南省科学技术奖发明类，获得 2020 年云南省科学技术奖发明三等奖。

2. 申报第二十二届国家专利奖。以发明专利《一种双酸解制备磷酸氢钙的方法》申报第二十二届国家专利奖，已获得云南省知识产权局推荐。

四、社会责任

作为一家有爱心、有责任、有担当的企业，公司在专注自身发展的同时，始终不忘履行社会责任，一直把关心社会、扶贫助困作为企业义不容辞的责任。根据公司 2017 年制订的《构建和谐厂群社群关系实施方案》，每年组织各种助学、助困、助残等社会公益、慈善活动，树立了良好的社会形象，2020 年，公司累计捐赠物资和货币合计 300 多万元。

2020 年 2 月，在防控新冠肺炎疫情的关键时期，在做好自身疫情防控工作的同时，向楚雄州和禄丰县有关部门捐款 200 万元定向用于新冠肺炎防控。其中，向楚雄州红十字会捐款 100 万元，向禄丰县工商业联合会捐款 100 万元，为当地政府抗击新冠肺炎疫情做出应有贡献。

2020 年 5 月，公司响应“万企帮万村”的号召，向云南省楚雄州禄丰县勤丰镇的贫困村捐赠脱贫攻坚产业发展农用复合肥 10t，为企业所在地的脱贫攻坚贡献一份力量。

公司成立至今，积极履行各项社会责任，在当地开展各项扶贫工作，为当地解决大量劳动力就业问题，每年开展各项捐赠，履行担当，共建和谐社会。

以诚信经营为本
规范生产有序发展

——西安骏宝生物有限责任公司

西安骏宝生物有限责任公司，2004 年注册成立于西安国家级经济技术开发区，生产地址位于西北家具工业园区，是专业从事微生态饲料添加剂及功能性产品研发、生产和销售的高科技企业，致力于将世界先进的动物微生态理论和市场实践相结合，解决饲料和饲养存在的问题。多次荣获“诚信农企”和“精神文明建设先进企业”等称号。

公司技术力量雄厚，长期和西北农林科技大学、西安交大医学院、西北大学等院建立技术协作，为公司产品研发和质量提供保证。“骏王”牌微生态产品具有高纯度、高含量、高活性、高稳定性优势，是无抗绿色养殖的核心技术。公司宗旨：“为人类健康，服务于养殖业和饲料工业!”

公司现有“八大系列，28 种产品”，产品遍及陕西、山西、甘肃、江苏、广西、云南、天津、四川、河南、湖南、湖北等多个省份，主营产品有促生源 G6、益生脱霉净、益宁舒宝、益维菌康、黄金维泰、舍安宝等微生态饲料添加剂，产品质量过硬，深得用户好评。

公司自成立以来，始终秉承“质量第一，诚实守信，规范生产，有序发展”的原则，在企业经营的各个环节均得到了很大的发展。

一、一手抓生产，一手抓防疫

2020 年企业虽然受新冠肺炎疫情的冲击，但全体员工在公司的坚强领导下，克服困难，积极复工复产，一手抓生产，一手抓防疫，始终秉着生命至上的原则，除了做好员工防疫外，还积极协助工业园区的防疫管理工作，给相关的客户捐赠消毒水、口罩等防疫物资。全体员工未出现一例感染者，为企业经营提供了坚实的人员保障，公司生产状况好于预期。

二、以企标为准绳，管理规范

企业标准就是企业在生产经营活动中的规范性文件，从原料的采购、用料规范、添加数量和顺序、成品检验、保质期、储存要求等均做了严格的规定，每一道工序供下一道工序检验，每一道工序都有责任人。在生产期间都有品管部门跟踪监督，做到事不过夜，步步跟踪，按批次全部检验。如此规范的管理，使得产品质量稳定，自公司成立以来，未出现被任何一级饲料执法部门通报或处罚，赢得了市场的广泛认可。

三、制度健全，严格执行饲料和饲料添加剂管理条例

生产安全、消防安全、劳动保护以及相应的预案均公示上墙，定期组织全员学习，在生产的各个环节均体现安全高效、和谐有序的生产理念。采购记录、生产记录、留样记录、检化验记录以及销售记录一应俱全，无论是生产还是销售的每一个环节，均做到了记录健全规范，实现源头和终端的可追溯。从原料的采购到生产的各个环节始终严格执行《饲料和饲料添加剂管理条例》，依法标准备案，规范标签使用，从无虚假或夸大宣传，在标签上标注的每一项功能都有出处或是经过了饲喂试验，多年来，无论是省市级的监督抽查还是市场上的随机检测，均无不合格现象发生。

四、公平竞争，自觉维护市场秩序

公司始终以产品质量和良好的售后服务立足于市场，从不参与恶性竞争，各区域市场经理和终端用户均建立了很好的友谊关系，通过终端口口相传，逐步扩大产品的知名度，企业销售量稳定并逐年递增。采用技术讲座、售前售后服务、饲喂试验等方式方法，不断扩大市场占有率，每年新增用户不低于 5%，在部分省市已经做到 25%～30%的市场占有率。

在 2019 年非洲猪瘟疫情的影响下，销售工作一度受滞，公司不是靠虚假宣传和不正当竞争来渡过难关，而是主动转型主战场，如西南市场、华东市场原来主要客户以养猪为主，公司及时调整供应，开发禽类蛋鸡蛋鸭市场，技术部先后开发了益宁舒宝、益维菌康、新型脱霉净、牛羊 1 号等新产品。市场开发部奔赴市场为养殖一线服务，仅华南地区就新增禽类客户 180 多家。提高了禽类养殖户的经济效益，也为无抗养殖提供了解决方案。

新品上市以来深受用户好评，尽管有非瘟的影响，但公司销售工作还是有增无减。这都得益于公司的质量第一、诚实守信、规范生产、有序发展的企业原则。也得益于全社会良好的市场秩序。更得益于全体员工的共同努力和公司领导的正确决策。

五、防控非洲猪瘟，帮助养殖户排忧解难

非洲猪瘟的发生对养殖行业和饲料行业来说，面临巨大挑战，在挑战面前，公司态度积极，立刻行动防控非洲猪瘟。公司以提高猪体抗病能力作为预防传染病和其他疾病最根本的措施，在非瘟防控的道路上西安骏宝生物有限责任公司主张“内调外控”，从本源出发，提高动物机体特异性和非特异性免疫以及养殖场的生物安全。为养殖户宣传非瘟防控知识，印发非瘟防控手册，对资金困难的养猪户免费提供公司产品提高免疫。在扶风县，一个猪场猪群发病，养猪户以为是非瘟，心急如焚，公司售后服务人员连夜赶到猪场，帮助养殖户检测，后确诊是一般性疾病，经治疗康复。公司急养殖户所急，想用户所想，尽力为养殖户服务，为养殖业服务。

六、为“饲料禁抗”提供解决方案

2020“饲料禁抗”的钟声已经敲响，如何才能科学替代饲料中的促生长抗生素，并把“饲料禁抗”后对于行业的影响降到最低？这是一个摆在全行业面前迫切需要解决的问题。而针对“饲料替抗”，西安骏宝生物有限责任公司作为“致力于生态养殖与食品安全”的微生态企业，在成立之初就提出要让食品安全。向消费者提供无污染、无残留、高品质的畜禽产品是我们义不容辞的责任。微生物制剂全面应用于养殖业是社会发展的必然结果，“骏王”微生态产品作为生产绿色食品的核心技术将有广阔的市场前景。

七、全员参与管理，不断提高全体职工的获得感

公司各项制度的建立和各种决策的实施，都是先民主再集中，在制度执行的过程中，各个部门相互监督，相互学习，相互提高，公司借助板报，通知栏以及公司的微信群等各种方式，及时公开生产、销售和安全等各种信息，真正做到了全员参与管理，和谐有序经营的氛围。自公司成立到现在，从未出现过一次拖欠工资的现象，按工资制度每年给职工均有不同程

度的加薪和提高福利，职工享受国家规定的节假日并在每个节日发放福利，全体职工均有带薪假期，使全体员工的合法权益均得到有效的保障，极大地提高了员工的获得感和企业的向心力。

公司一直秉承只有一个梦想，那就是让饲料安全，让食品安全，让人类安全。公司始终坚信：这是一项从源头净化人类食物链的事业；是一项通过生物技术进步，解除药物与健康多年矛盾的事业；是一项尊重人类消费权益的事业；是一项关注人类生命健康的事业；是一项给广大养殖户和饲料生产企业带来效益的事业。

严把产品质量关
做高品质饲料产品

——安康阳晨生物饲料科技有限公司

安康阳晨生物饲料科技有限公司属阳晨集团旗下子公司，于2008年11月4日注册成立，位于安康市高新区科技路1号，属国家级高新技术企业，公司年生产饲料产品可达20万t。公司占地74亩，拥有职工58人，其中专业技术人员12人。

公司与安康学院、西北农林科技大学等高校建立了长期战略合作关系。是一家专门致力于高档猪用饲料研发、生产、销售与服务为一体的高科技专业化公司。公司生产的“朝天河”牌饲料销往周边三省18个地市，在安康市场占有率达65%以上，不但实现了安康饲料工业零的突破，并一跃成为全省重要的畜牧饲料生产基地。

为全力打造和提升“朝天河”饲料品牌，保证产品质量，诚信经营，公司按《饲料质量安全管理规范》要求规范生产，从原料采购与管理、生产过程控制、产品质量控制、产品储存与运输、产品投诉与召回以及员工培训、厂区环境卫生控制和各项记录等各个环节，按相关岗位职责、管理制度、操作规程、相关标准以及各岗位生产记录等五大项内容制定了具有阳晨特色的《饲料标准化手册》，饲料生产各相关部门严格按《手册》要求执行，并通过省级专家组的验收，获得了《饲料质量安全管理规范》省级示范企业称号。

公司在原料选择和产品质量控制方面，制定了饲料原料质量验收标准及原料的采购与验收程序。实施原料供应商评价制度，制定了供应商的选择、评价和重新评价程序。对供应商的资质、产品质量保障等进行评估，实施选择和评价，确定合格供应商，建立合格供应商名录。分品种、按批次要求供应商随货提供有效的产品质量检验报告，对验收合格入库的原料分类有序的贮存，明确标识，并定期对样品进行观察，记录并保存留样观察记录。建立了原料进货台账，详细记录每一种原料的相关信息，同时对原料的存储、使用都制定了相关制度，监控原料质量。

在整个生产过程中根据各关键控制点制定了各种操作程序并严格执行，完善各种相关记录，各岗位之间互相配合，互相监督，要求现场品控员对生产过程中的原料验收及使用、中间产品和成品在生产过程中的质量状况、工艺规程执行情况进行全过程巡查。并记录和保存检查记录，做到发现问题及时解决，保证出厂产品质量。

公司在产品质量控制及检验方面建立了饲料检测实验室、猪疫病检测实验室、富硒研发实验室等三个实验室，拥有先进的BIO-RADModel680型酶标仪、ASF-9700原子荧光仪、PCR荧光定量仪、低温冷冻离心机、752N紫外分光光度计、全自动定氮仪等一大批先进、齐全的饲料检测和疫病检测设备，检验化验员都持证上岗，公司专家团制定了有阳晨产品特色、科学的企业标准，品控部门部检验项目不仅有蛋白质、钙、磷等常规项目检测而且还建立了毒重金属、维生素、黄曲霉素等项目的检测，2019年又新增了非洲猪瘟病毒检测项目，进厂原料和出厂成品都需检测非洲猪瘟病毒，核酸阴性方可入库和出厂，每周定期对饲料厂各生产环节进行环境采样，检测非洲猪瘟，做好非洲猪瘟防控工作，确保产品安全，每一种原料的选择都经质检部门的检测和技术人员的审定，合格方可使用。每一批产品在生产过程中都严格按照《饲料质量安全管理规范》要求控制并留有完整的生产记录，层层把关，严格按配方和生产工艺要求操作，产成品都经过严格的检测，合格后方可出厂，并且对每个批次的产品都严格按行业产品留样观察制度进行留样，观察产品质量情况。

公司建立了完善的质量管理制度，公司专家团制定了科学的、完善的、合理的、具有阳晨特色的产品企业标准，取消抗生素的使用，用微生态制剂或微生物发酵螯合代谢产物来替代抗生素，同时充分利用当地富硒资源使阳晨饲料具有地方特色，也使阳晨饲料的品质有了质的飞越。每一批产品生产过程中都严格《规范》要求进行，及时、规范地记录各生产环节记录、生产质量巡检记录等，层层把关，确保产品质量上乘、品质稳定。为打造一流“朝天河”饲料品牌奠定了坚实的基础。

在产品售后服务方面，公司建立了产品追溯制度，对每一批出厂的产品，从原料采购到产品销售的所有环节都可进行有效追溯。同时公司拥有一支专业的售后服务团队，及时、准确、专业地指导客户在使用公司产品中的一些技术性问题，及时、认真地对待和处理客户的投诉，周期性地跟踪产品质量情况，确保产品品质，使用户能够放心使用公司的产品，提高公司产品的信誉度和知名度，同时为了更好地服务客户，公司还建立了猪病检测实验室，检测不同猪病病毒的抗体、抗原，及早诊断，及时防疫和治疗。降低了农户的经济损失，提高经济效益。

公司饲料产品凭借良好的信誉和质量赢得了市场的好评和认可。公司产品已通过 ISO9001 质量管理体系认证，顾客满意度达 95%，产品质量无任何不良记录，从未出现过产品质量事故，先后被评为全省饲料行业创建文明行业活动“文明示范企业”、全省饲料行业诚信建设年活动“诚信企业”和“全省 30 强饲料生产企业”，获得陕西省质量技术监督局产品质量评级 A 级，被陕西省工信厅评为“陕西省质量标杆企业”，“朝天河”饲料产品被评为“陕西省名牌产品”。

以农为本　诚信经营
科学管理　关注社区

——嘉吉饲料（陕西）有限公司

嘉吉动物营养业务 1997 年进入中国，目前嘉吉动物营养中国区总部位于上海，在全国拥有 20 多个生产基地和 1 个技术应用中心。嘉吉饲料（陕西）有限公司隶属于嘉吉动物营养事业部，嘉吉陕西公司成立于 2010 年 4 月 16 日，位于陕西杨凌农业高新技术产业示范区，占地 45.33 亩。年生产加工饲料能力 20 万 t，原料及成品贮存能力 5 000t，截至 2017 年 8 月总投资 1.27 亿元人民币。工厂产品主要以猪料、牛料、羊料销售为主。产品类型为：配合饲料、浓缩饲料、精料补充料。

公司依托集团优势，通过提供行业领先的产品技术及专业农场解决方案，致力帮助战略客户持续提高盈利能力，携手共赢。公司从成立至今，一直秉承集团公司的指导原则，以农为本、诚信经营、科学管理、服务社区。

2020 年是充满挑战的一年，公司在总经理及各部门主管的带头下，认真贯彻习近平总书记来陕考察重要讲话精神，以培育和践行社会主义核心价值观为主线，以思想道德建设为重点，提升组织凝聚力，在面对新冠肺炎疫情时，积极复工复产，踊跃向省内外防控一线单位捐款捐物；在防控非洲猪瘟方面，积极应对，投入大量人力物力，切实采取有效手段防控疫情，满足广大客户同时也在杨凌当地饲料企业起到示范带头作用；按照省、市饲料办关于 2020 年度陕西省饲料行业“诚信企业”建设年活动的总体部署，紧紧围绕“诚信立企、质量兴企”这一战略目标，突出建立和完善公司诚信体系这一主线，不断丰富诚信建设实践载体。

2020 年，公司转“瘟”为机，不断追求卓越，实现产量 12.314 6 万 t，产值 4.094 3 亿元。回顾这一年，重点工作有如下几个方面：

一、积极防范新冠，勇于承担企业社会责任

新冠疫情肆虐之时，公司响应政府号召，积极复工复产，公司总经理带领一线工人在没有宿舍的情况下驻场生产 45d，保障饲料供应。在此期间涌现出无数感人事迹，没有员工宿舍，打地铺、睡垫子，到最后的简易铁架床、总经理变成了理发师、销售经理变成了接包缝包员、食堂阿姨一个人负责驻场人员的一日三餐、保安从 6 个人三班倒变成了两个人两班倒，每个人都展现了崇高的奉献精神。在保生产的同时严抓复工复产各项要求，严抓疫情防控工作和安全生产工作。在自身物资紧缺的情况下为示范区疫情防控办捐赠 N95 口罩 800 个、一次性医用口罩 1 500 个、一次性检查手套 500 双、3M 防护眼镜 17 个；为北京 305 解放军总医院捐赠防疫服 300 套、一次性鞋套 200 双，这些都是当时最紧缺的物资。

二、突出宣传教育，着力营造诚信建设氛围

在领导小组的全面领导下，公司各部门召开内部动员会，进行广泛宣传动员，营造了浓厚的舆论氛围，为了进一步扩大诚信建设工作的影响力。领导小组积极筹办以“诚信与责任”为主题宣传活动，要求各有关部门认真贯彻质量管理方针、严格执行体系文件和各项规定，严格遵守国家、行业的各项法律、法规和技术性标准。组织全员通过学习、观看教育视频，发放图书资料等多种方式，在全体员工中加强诚信教育，普及诚信知识，增强诚信观念，营造了“诚信光荣、失信可耻”的道德趋向及舆论氛围。

三、积极推进无抗，全面执行农业农村部要求

自农业农村部发布 194 号公告以后，公司积极响应公告内容，发挥公司集团优势，积极准备无抗替代方案。采用集团公司在欧洲的无抗替代的成功经验，确保在公告要求时间内全面推进饲料中促成长类药物饲料添加剂的禁止使用。公司最终在 2020 年 5 月底全面禁停了反刍产品中的药物饲料添加剂；2020 年 6

月中旬全面禁停了猪料产品中药物饲料添加剂。从时间及实际工作上严格遵守公告要求及省站宣贯，同时在不同畜种的无抗替代方案上也获得了广大客户的支持，且使用效果获得了客户的认可。

四、防范非洲猪瘟，积极响应省站示范建设

面对严峻的非瘟挑战及客户的迫切需求，公司紧随市场变化，提高产品全方位的市场竞争优势，增加商务信心，持续评估现有的非瘟防控措施，不断升级工厂防控措施以适应严峻的非瘟形势，满足商务、客户需求。同时，公司积极响应陕西省饲料工作总站"关于建设全省十佳非瘟防控示范企业"的文件精神，按照省站指导，公司全方位升级工厂非瘟防控措施，设立一级洗消中心一座、建成一座全封闭室消毒棚、完成厂区系统化生物安全防控隔离方案，配套餐厅分区、工装洗消中心、物资消毒转运中心、三组更衣消毒室等，先后投资近200余万元，为杨凌示范区饲料行业乃至陕西省饲料行业做出示范带头作用，确保饲料安全，让广大客户放心使用饲料。

五、造福社区，致力关注环境、教育、健康

公司关爱委员会从建厂以来一直从环境、教育、健康三方面开展志愿活动，2020年度开展安全进牧场活动5次，近200名牧场职工参加了安全培训。培训内容包括登高作业、有限空间作业、开挖作业、移动设备、电器安全、挂牌上锁、农场生物安全、消防安全等方面。同时为牧场捐赠防护眼镜、安全帽、反光背心、漏电保护开关、强光手电筒、灭火器等安全用品，并在全场范围进行隐患排查，形成安全隐患审计清单供牧场整改。活动提高了牧场管理层及员工安全意识，降低牧场安全风险，得到了牧场全员的一致好评。做好自身安全的同时努力影响身边的人，重视安全，使每人每天都能平安地回到亲爱的人身边。每年的植树节、地球日、粮食日都会开展形式多样的环保志愿活动，通过社区植树、保护母亲河、自行车环保骑行、光盘行动等方式传播环保理念。

竭诚为客户猪场提供全方位服务

——甘肃禾丰牧业有限公司

甘肃禾丰牧业有限公司成立于2012年2月，是禾丰集团独资8 000万元建设的现代化专业饲料企业，是禾丰集团在甘肃地区的旗舰型企业。

甘肃禾丰牧业有限公司位于甘肃省武威市凉州区武南工业园区，占地56亩，公司目前有年生产能力35万t的专业化生产线两条，分别为20万t的猪、禽料专业生产线，15万t的反刍动物饲料专业生产线，车间内配备了国内领先的纯进口的机器人自动码包设备，甘肃禾丰基础建设及生产产能为武威最大，甘肃省名列前茅。公司是集饲料的研发、生产、销售和服务为一体的现代化饲料企业，现有专业技术人员100余名，其中硕士学历5名，本科学历40名。有一流的营销团队，产品销售到甘肃的各个市区、宁夏、陕西、青海、新疆等地，获得了客户的一致好评。

甘肃禾丰牧业有限公司按照国家要求建设有标准的饲料化验中心，配备电子分析天平、紫外分光光度计、定氮仪、脂肪检测设备、纤维测定设备、pH酸度计等设备，能够满足常规指标的检测以及一些再分析项目的检测。于2015年又增加酶标仪，公司可以检测多种毒素，例如黄曲霉b1毒素、呕吐毒素、玉米赤霉烯酮毒素等，为保证原料产品的卫生指标合格提供了检测设备。同年公司为了提高对化验指标的检测效率，又斥资40万元沟通了丹麦福斯的近红外检测仪，此设备在模型建立好的前提下，检测结果可以1min出结果，大大提升了效率，为了产品质量起着重要的作用，还开通了为客户服务活动，用预混料的客户可以将使用的原料送到公司检测，确认是否合格，为广大客户提供了便利和服务。

甘肃禾丰牧业有限公司依托禾丰牧业（集团）的技术和研发团队来实现公司的产品研发和市场服务工作。公司将在总部的指导下建成标准化的集产品研发和检化验为一体的中心化验室和现代化的试验基地，配备一流的实验设备，届时，对产品研发和产品的质量保证起到重要作用。

甘肃禾丰牧业有限公司已经和荷兰最大的配合饲料生产企业De Heus公司建立了合作关系，引进了De Heus公司的技术，De Heus公司有专门技术人员为甘肃禾丰牧业有限公司进行技术咨询和指导，开展养殖技术在中国西北生态环境下的试验和研制。

除此之外，甘肃禾丰牧业有限公司与甘肃农业大学动物科技学院、动物医学院长期合作。并出资赞助两个学院，以使其在饲料与养殖相关技术方面进行研究，并培养相关方面技术人才。公司也是两个学院的学生实习基地。

甘肃禾丰牧业有限公司已与甘肃地区多家大型养殖场签订了合作协议，并初步使用了公司产品和技术，目前已经完成了试验数据的收集整理工作。我公司产品已获得更广泛的社会支持，技术研究和推广项

目也能更顺利地实施。

公司于2014年通过ISO9001：2008质量管理体系认证；于2015年通过农业部《饲料质量安全管理规范》验收工作，成为全国第三批、西北首批通过农业部《规范》的示范企业。在2016年8月4日，成立甘肃省“院士专家工作站”。

甘肃禾丰拥有强大的技术服务团队，三个事业部各自的技术服务团队都非常优秀，其中甘肃禾丰猪料技术服务团队有11名技术人员，有硕士2名，行情经验以5～10年为主，为客户猪场提供B超妊娠检测、母猪膘情P2检测、精液服务、抗体检测、猪场免疫程序制定等。依托集团专家服务团队和甘农等高校教授专家等，竭诚为客户猪场提供全方位的帮助。

争做质量标杆
为客户提供放心饲料

——青海黄河畜兴农牧开发有限公司

一、企业前身

贵德县素有“高原小江南”“梨都之乡”和省会西宁市“后花园”之美誉，是一个以农为主、农牧结合的地区。全县气候宜人，风光旖旎，农副产品众多，畜牧养殖品种以牛羊为主，基本采用天然放牧形式。为保护牧区天然草地资源，大力推行饲料为主要食物来源的畜牧业生产模式，1984年5月，县委县政府划拨经营用地3 059m^2，在贵德县河西镇西街104号（原县罐头厂），筹建贵德县饲料厂，建厂时全厂有员工10人，注册资金15万元，总资产120万元，主要生产销售猪、牛、羊等饲料，销售市场主要在贵德县三河地区。

二、创业历程

1998年，企业因效益连年下滑，已资不抵债，经贵德县国有资产管理局清产核资，总资产为－30 980元，县企业改制领导小组以零资产出售给18名参改职工，同年12月由18名职工自筹资金入股，注册资本51.4万元，成立了贵德县饲料股份合作公司。当时生产设备老化简陋，专业技术人员匮乏，年生产混合饲料仅2 000t，产品缺乏市场竞争力。1998年4月，公司从设备入手，进行首次技术改造，引进了全价饲料生产线，产品从单一的混合饲料转变为牛、羊、猪、鸡、鸭、鱼等系列粉状、颗粒饲料，年生产能力达到10 000t。2001年5月，对饲料生产线关键部位进行升级改造，产能达到了20 000t，并聘请了动物营养与饲料加工专业技术人才和销售精英加入公司团队，组建技术部、销售部，同时引进饲料检化验设备，设立了化验室，首次对产品质量进行科学管控。2004年，针对市场需求，开发了新产品“预混合饲料添加剂”，并于同年获得了农业部颁发的新产品生产许可证，填补了青海省无“预混合饲料添加剂”正规生产厂家的空白。2006年，聘请郑州粮机股份有限公司技术专家，结合公司生产规模及能耗，对全价饲料生产机组存在的纰漏进行改造，首次引进了国内先进的电脑中央控制系统，产能提高到50 000t，并组建品管部，监督饲料产品的出厂合格率。同年6月，公司名称正式更名为青海黄河畜兴农牧开发有限公司，成功注册企业商标，注册资本527万元，总资产首次突破千万元，公司由此扭亏为盈。

2008年、2012年，青海省青南牧区遭受特大雪灾，公司争取到青南牧区牲畜越冬饲料储备项目，因救灾饲料生产量大、时间紧，公司经营场地小、生产应急能力弱的问题随之凸显，公司立足长远，在贵德县文化旅游生态创业园区购置27亩建设用地，计划实施总投资3 000万元的饲料生产线建设项目，2012年3月份，公司积极争取国家项目，自筹资金及财政补助资金实施了饲料生产线建设一期项目，即年产10万t全自动配合饲料生产线及配套设施和年产1万t添加剂预混合饲料生产线各一条，年生产能力达到了11万t，其生产工艺、产品性能、各项营养指标均达到国内同行业先进水平，成为全省首屈一指的饲料生产厂家，于2013年7月正式投产运营。2016年，公司实施饲料生产线建设二期项目，即年产10万t畜禽饲料生产线，2017年3月，该项目竣工正式投产。2019年7月，自筹资金50万元，财政补助资金100万元，实施了总投资150万元的添加剂预混合改扩建项目，于2020年1月正式投产。

经历了33年的长期发展，公司从濒临倒闭的小微企业逐步成长为青海省饲料行业规模型龙头企业，办公设施、管理模式、专业技术人才、销售团队、生产线及配套设施、化验室、产品质量等均名列全省饲料行业前茅。

现公司占地面积达132亩，其中良种繁育及养殖基地100亩，生产基地32亩，是青海省唯一一家同时拥有3条生产线（年产10万t反刍动物生产线、年产10万t畜禽饲料生产线、年产2万t添加剂预混合饲料生产线）的生产厂家，年产能达22万t。企业注册资本3 100万元，现工业总产值为5 100万元，总资产为6 200万元，具备了一套完整的现代化管理体制，建立和健全了质量保证体系，是青海省唯一一家通过国家级《饲料质量安全管理规范》的示范企业，被青海省工业和信息化厅评为“青海省质量标杆”企业和“专精特新”中小企业。

三、回馈社会

为回馈社会，公司积极响应省、州、县各级相关部门号召，积极参加“扶贫开发村企共建”“贫困村联点帮扶”“百企联百村”等公益性活动，采用“公司+农户+基地”及“订单农业”等形式，常年大量优先收购当地农副产品，同时企业每年聘用季节性农民工80余人次，保证人均月工资达到3 000元以上。公司每年派专业技术人员举办“科学养殖”和“畜牧疾病防治”等技术讲座，聘请专家对养殖户进行免费技术指导和培训，参训人数达11 000人次，免费发放养殖手册4 000多本，VCD光盘1 900多张，提供养殖规划2 000套、饲料配方设计100余例，并提供了市场定位分析、市场动态系列配套服务等。

近年来，为青海省玉树州、果洛州、黄南州、海南州等地区生产“抗灾保畜”饲料65 000t，为周边市场生产提供了80 000t高效优质饲料，带动青海省果洛州、玉树州、黄南州、海南州、海北州、海西州、西宁等地区的农牧户20 000多户，为青海省畜牧业的发展做出了突出贡献。

从2015年开始，公司每年都开展“回馈社会、扶贫惠农”活动，截至2019年底，已累计向周边养殖户无偿赠送饲料493.14t，总价值140余万元；2016年实施了“金秋助学”活动，资助贵德县5名贫困大学生，共计2.5万元；2017年向果洛州玛多县无偿捐助价值8.7万元的牛羊饲料；2019年分别向玉树州杂多县、称多县、曲麻莱县等无偿捐助价值41.45万元的救灾饲料，并向贵德县河阴镇北山片区抗洪前线指挥部捐助2万元；2020年向贵德县红十字会捐助10万元，用于新冠肺炎疫情防控物资采购；另外，公司每年都慰问残疾人、老党员、建档立卡贫困户，为他们送去了价值5万余元的物资及现金。

2015年至今，公司累计捐款捐物达209.65万元，以用实际行动践行了回馈社会和守望相助的无私精神。

四、企业荣誉

历年来，公司先后获得了青海省农牧业产业化结构调整省级“龙头企业”、青海省科技型企业、青海省著名商标、青海省青南牧区牲畜越冬饲料贮备定点生产厂家、青海省“促进就业先进单位”、青海省饲料工业协会优秀会员单位、中国饲料工业协会理事单位、青海省守合同重信用企业、青海省保护消费者合法权益先进单位、青海省诚信服务先进单位、青海省文明诚信私营企业、青海省诚信兴商双优企业、青海省名优商品金奖等荣誉称号。

用“良心、真心、专心”做高稳定高性价比的产品

——青海华农恒青农牧有限公司

青海华农恒青农牧有限公司是由（江西）华农恒青科技股份有限公司（拟A股上市）与青海江河源投资集团有限公司旗下的青海牧源农牧科技有限公司共同出资合作的现代化饲料企业。青海华农恒青农牧有限公司于2018年7月成立，由华农恒青科技股份有限公司导入华农恒青“一三四六”经营管理模式负责经营管理。

华农恒青科技股份有限公司自2011年成立以来，坚持以“成就客户”为宗旨，提出了“成就客户就是成就我们自己”，坚持“一三四六”的独特经营模式，坚持并践行差异化竞争，坚持用“良心、真心、专心”做高稳定、高性价比的产品。华农恒青专注和聚焦于饲料产业——专业化饲料制造商和供应商，以“华农恒青品牌”猪料为主导，快速推进“海通品牌”禽料、水产料以及“江河源品牌”牛羊料，三大品牌全面发力并驾齐驱，通过做好采购、生产、配方技术、品质管理、三级技术服务、营销模式六个方面的专业化，实现产品稳定性、饲料营养均衡、饲料性价比、技术服务四个方面的差异化，通过优质安全、高性价比的饲料产品和有价值的服务，帮助养殖户提高生产成绩，实现养殖效益最大化，突破同行对饲料行业同质化竞争的认识和陷阱。目前，华农恒青已启动A股上市运作，获证监局辅导备案，入选江西省企业上市“映山红行动”重点推动项目，预计近年登陆国内主板市场，成为一家农牧产业化集团公司。

华农恒青与中国农业大学教授、中国科学院院士李德发先生共建院士工作站，在饲料精准营养和提高饲料利用率方面联合进行科学技术研究；与武汉轻工大学共同设立“武汉轻工——华农恒青猪营养研究中心”；同时还与华南农业大学、西北农林大学、甘肃农业大学、青海大学、内蒙古农业大学、陕西杨凌职业技术学院开展了广泛的校企合作。

青海华农恒青农牧有限公司设备先进，技术领先，目前公司生产厂房和综合设施用房14 000m^2，独立的专用的猪饲料生产线3条，独立的专用的牛羊料生产线2条，猪饲料产能达到24t/年，牛羊料产能达到24t/年。

青海华农恒青农牧有限公司成立至今，销量保持快速增长速度，2018年销量同比2017年增长了52%，2019年销量同比增长85%，实现销售收入

9 685 万元；2019 年实现跨越式突破，比历史最高年份增长 85%，其中 2019 年 11 月单月销量 4 000t、12 月单月销量 5 000t；2020 年销量同比增长 70%，实现销售收入 1.8 亿元，单月销量 8 000t；华农恒青牌猪料和江河源牌牛羊料在广大牧民心目中已成为西北地区第一饲料品牌。

青海华农恒青农牧有限公司自进驻青海以来，积极响应青海省政府号召，为推进三江源保护及草原生态保护做出贡献，同时成为每年抗灾保畜饲料供应指定单位，以实际行动积极主动承担起社会责任。通过投入大量的人力、物力和财力进行反刍料科研技术攻关与产品研发，本着绿色安全环保的宗旨推出牛羊圈养舍饲的高效产品饲喂模式；每月组织 10～20 批次的养殖户来公司参观培训，2019 年共培训农牧民达 1 500 人，引导养殖户采用高效产品的饲喂模式，降低养殖户的生产劳动强度，推行进行科学的饲养及管理方式，从而极大地提高养殖效益，为养殖户增收做出巨大贡献；华农恒青一定会坚持坚定地扎根青海不动摇，以让广大农牧民“轻松养殖、快乐赚钱”为企业的使命，为推动青海畜牧业的发展与进步做出自己应尽的贡献。

求实　创新　谦虚　协作

——青海乐都恒源饲料有限公司

青海乐都恒源饲料有限公司创建于 1997 年，是一家以生产、销售和服务为一体的大型饲料企业，公司注册资金 6 000 万元，总资产达 8 600 余万元，占地面积 50 余亩，地址位于海东市乐都农业示范园区，公司现有两条饲料生产线，可满足反刍动物精补料和畜禽配合饲料的生产，年单班生产能力 8 万 t。现有员工 40 余人，其中具有大中专学历的技术人员占 60%以上。公司先后获得“青海省产业化扶贫龙头企业”“农牧业产业化省级重点龙头企业”“青海省科技型企业”“中国饲料工业协会理事单位”等荣誉称号。

一、企业社会责任

公司秉承良好的企业传统，承担企业社会责任，积极发挥企业在社会助学、精准扶贫、生态保护、防灾抗灾等方面的有效作用。通过政府招投标活动，公司承担了青海省西宁市、海东市、黄南州等地区精准扶贫中饲料供应任务，获得用户的一致好评。同时公司克服疫情、原料涨价等诸多不利因素影响，一如既往地承担了青海青南牧区以及西藏部分高寒地区的救灾越冬饲料的生产，体现了企业勇于承担社会责任的担当，不仅在经济、产值方面做出贡献，更在履行社会责任方面做出表率。

青藏高原地区由于受农牧民文化素质及家畜传统养殖方式的影响和制约，家畜养殖水平相对落后。多年来，该公司通过聘请省内外畜牧兽医专家，采用集中授课、免费发放养殖资料等方式，引导青海及西藏地区的广大农牧民科学饲喂，有效提高科学养殖水平，促进了农村剩余劳动力从事畜牧养殖业，增加了农牧民的收益。

二、标准化生产管理和质量保证控制

公司以“绿色环保、高效畜牧”理念为指导，引进欧洲瑞士一流的生产设备和最先进的生产工艺，生产绿色、高效饲料，为青藏高原高效畜牧业健康、稳定、持续发展提供了有力的保障，并受到各级领导的高度评价和认可，同时也在激烈的市场竞争中具有一定的优势。该公司不断完善标准化生产管理流程，通过制定和实施各项管理制度和工作标准，科学、合理、有效地开展生产经营活动。

公司始终以质量为中心，求生存，谋发展。为确保对各个生产过程做到有效的控制、彻底消除生产中的产品质量隐患，公司通过了 ISO9001：2015 质量管理体系，提升了公司的质量管理水平，同时公司严格按照《质量安全管理规范》要求对原料、生产工艺、产品销售和售后服务等各个流程进行控制，逐步建立了产品质量管理制度，完善了产品的质量检测体系和产品的追溯体系。良好的产品质量保证了家畜高生产性能的发挥，提高了农牧民的养殖收益，恒源饲料依托优质产品和强大的技术支撑，真正成为农牧民致富的好帮手。

三、求实、创新、谦虚、协作，提升企业竞争力

20 年来，公司以更高更远的历史使命，努力成为国内一流的饲料生产企业，认真履行“振兴民族饲料工业，服务广大农牧民”的基本理念，努力实现“帮客户创造效益，让员工体现价值，为社会积累财富”的价值观，按照公司发展的战略规划，探索和建构具有自身特色的经营管理模式，走出一条独特的发展道路，为公司进一步做强做大蓄积了强大的后劲。

公司不断追踪当前国内外最新养殖技术，吸纳动物营养最新研究成果，公司组织研发生产“牦牛”“藏羊”等高原地方特色饲料产品，与青海大学、甘肃农业大学等科研单位紧密合作，公司先后参与实施青海省农业农村厅和青海大学为技术依托的“牦牛、藏羊高效养殖技术推广项目”“农业农村厅草地生态

畜牧建设项目”“青海省智慧生态畜牧技术集成与应用示范（牦牛现代养殖与生态协调）项目”“青海省青南牧区抗灾保蓄越冬饲料采购项目”“西藏日喀则市黄牛改良产业饲草料项目”以及青海省林业厅“青海湖—祁连山景观区保护地体系项目”等一系列养殖技术研发项目。

四、销售网络和规模化经营

公司产品主要有“配合饲料、浓缩饲料、精补饲料”三大系列40多个品种，产品有安全、高效、绿色、经济效益高等特点。产品全面覆盖青海、西藏各个地区，并辐射至甘肃、四川等省份。逐步形成了产品的生产、销售、服务为一体的经营管理体系。为提高产品的核心竞争力，公司开始逐步实施品牌发展战略，强化品牌建设，建立和完善了科学的管理模式。

公司坚持以“利国、利民、利企业”的宗旨，提出了“网络先行、服务制胜”的经营理念，推出服务营销、顾问式营销方式。充分利用公司的人才、技术、资金优势，投入大量的人力、物力、财力，为农牧民讲解养殖技术，发放配套的养殖技术和防疫宣传手册，传授科学饲养技术，把重点养殖户作为传授实用饲养技术和疫病防治技术服务体系的网点，公司以“以点带面”的形式推广规模化、标准化的养殖示范点。

提升核心的竞争力 力推可持续健康发展

——宁夏伊康元生物科技有限公司

宁夏伊康元生物科技有限公司是内蒙古优然牧业有限责任公司的全资子公司，位于宁夏回族自治区吴忠市金积工业园，成立于2016年7月，总投资1.2亿元，公司采用瑞士布勒成套饲料加工设备，设计有反刍动物饲料和蒸汽压片玉米饲料两条生产线，设计产能（年产）反刍动物饲料12万t，蒸汽压片玉米饲料3万t，现有职工120余人，占地面积45 334m^2，公司聚焦于反刍动物饲料领域，是一家集反刍动物精饲料生产加工和销售、反刍动物牧场用品和原料销售为一体的综合型动物营养公司。

2020年是极不寻常的一年，受突如其来的新冠疫情和日趋剧烈的国际贸易战影响，各行各业都面临着前所未有的经营挑战和压力，饲料行业作为肉蛋奶等食品加工行业的上游行业，在应对疫情和贸易战影响的同时，还要满足食品安全的高标准要求。宁夏伊康元生物科技有限公司作为一家饲料生产加工和销售企业，也面临着极为严峻的形势，外部环境在快速变化，行业竞争日趋激烈，行业对食品安全的要求和标准越来越高，公司内部经营压力也日趋凸显。为应对环境变化，打造公司的竞争力，保证公司可持续健康发展，公司通过推动和实施“1234经营方针”取得了优异的成绩。

1. 打造一支队伍：持续奋斗、解放思想。公司将团队打造、员工士气打造作为企业发展的基础，制定了完善的招聘体系和人才培养体系，目前在职员工120余人，大专及以上学历员工占比69%，员工平均年龄30周岁，其中30周岁以下员工占比57%。2020年公司入职应届大学毕业生10人，并已储备2021年应届生6人，团队持续的年轻化和高学历化，使得团队拥有更加开放的心态，敢于尝试和接受新事物，敢于主动应变，为公司持续探索先进的管理模式奠定人才基础。

2. 夯实两个基础：双安全、双风险。公司始终将生产安全、质量安全置于经营管理的首位，并遵循“预防为主，防治结合”的风险管理理念开展业务。在生产安全方面，公司投入安全设备设施300余万元，2020年组织消防安全、危险作业、急救知识等各方面安全培训58场次，培训人次达3 870人次。在质量安全方面，公司坚持以食品的标准生产饲料，并成为全国首家通过SQF食品质量安全体系认证的饲料企业，按照SQF体系要素建立管控标准和《饲料质量安全管理规范》推进实施质量管理，致力于成为中国西北地区领先的反刍动物养殖系统化解决方案提供者。公司建有一个现代化的检验中心，配备有近红外、生物安全柜等先进检测设备，可开展饲料检测项目30余项，其中近红外设备依托于优然牧业集团拥有中国规模最大的近红外检测数据库，可实现饲料原料和奶牛饲料产品的快速检测，不仅满足产品快速出厂需求，更有效实现产品的可追溯性，降低产品的质量风险。

3. 强化三个意识：以客户为中心、以业务为导向、以价值创造为根本。本着以客户为中心的原则，公司每季度通过奶牛用品“聚牧城”电商平台开展客户满意度调研，了解客户真实诉求，并根据客户需求提供针对性服务。为客户提供奶厅、营养、繁育、兽医等奶牛饲养全方面服务，同时公司拥有强大的粗饲料检测数据库（dairyland），可以为客户青贮、苜蓿等提供NDF、ADF、淀粉、干物质等指标检测，为客户的TMR配方设定提供理论依据。

4. 建设四个能力：产品研发能力、精益运营能力、技术服务能力、自我进化能力。公司在运营上重点建设产品研发能力、精益运营能力、技术服务能力、自我进化能力，在产品研发方面，针对不同的市场需求，研发了元兴、犊特、康顺宝、戴瑞特等不同系列的奶牛饲料产品，喜乐特格系列的肉牛羊饲料产品，达瑞科系列的奶山羊饲料产品，同时针对市场的特殊需求，研发并上市了过瘤胃豆粕“博乳”、生物发酵饲料“酵强兴”等新产品。在精益运营方面，公司引入了世界级高端精益管理工具 TPM，先后成立了 AM（自主维护）、PM（计划维护）、FI（焦点改善）、QM（质量维护）、EM（早期管理）、ET（教育训练）、TIO（间接部门办公效率）、SH（安全管理）、ENV（环境管理）等九大支柱，通过持续维持与改善，公司于 2020 年 10 月通过了日本 JIPM 协会的健康审核认证，成为中国首批通过该认证的饲料企业之一。在技术服务能力方面，公司现有 30 人的服务团队，依托于优然集团旗下近 70 家的运营牧场，定期安排人员在牧场驻场实践学习，每季度对学习结果进行考评，持续提升人员服务能力。在自我进化能力方面，公司一方面为员工提供了云端学习平台，针对不同岗位角色、不同工作性质制定了专项课程，并定期进行课程在线直播，同时在微信公众号上开通了在线电子书课堂，针对员工的需求，可自行选择管理类或者专业类书籍进行学习；另一方面，公司每年度组织培训需求调研，根据调研结果制订培训计划，为人员的能力提升提供培训资源，同时提供出国研修资源。

2021 年，着眼全国、全区行业形势，公司发展依然面临严峻的挑战，将继续坚定执行“1234”经营方针，既要按着公司的战略发展目标前进，同时为全国、全区的畜牧业发展做出应有的贡献。

推动产业进步　共创美好生活

——宁夏伊品生物科技股份有限公司

一、企业概况

宁夏伊品生物科技股份有限公司是由宁夏伊品投资集团有限公司控股的民营股份制企业。公司拥有内蒙古伊品生物科技有限公司、黑龙江伊品生物科技有限公司、宁夏伊品贸易有限公司等七家全资子公司。

公司主要产品分三大类，其中饲料添加剂有赖氨酸、苏氨酸、色氨酸、缬氨酸等，食品添加剂有味精、鸡精、复合调味料等，肥料类有有机肥、复混肥、土壤调理剂等。公司产品市场覆盖全国多个省、市、自治区，出口 80 多个国家和地区，主要产品赖氨酸的市场份额全球第一，其他多种氨基酸和味精的市场份额均位列全球前三位。

公司经过 21 年的努力，已由一个单一产品的小型工厂发展成为具有行业竞争优势、集产学研为一体的现代化生物制造企业，综合实力位居中国生物发酵行业三甲之列。目前，宁、内蒙古、黑三公司年加工玉米总量达到 320 万 t，现拥有员工近 6 000 人，其中宁夏基地年加工玉米总量达 120 万 t，拥有员工近 2 500 人。

公司在创业和发展的历程中，得到了中央、地方各级党委和政府的亲切关怀，各级领导也给予了积极的支持，有力地促进了企业健康、快速的发展，为地方经济发展做出了一定的贡献。

二、企业荣誉

公司是国家级高新技术企业、农业产业化国家级重点龙头企业、农业农村部农产品深加工业示范企业、全国少数民族用品定点生产企业、全国发酵行业循环经济示范企业、中国轻工业发酵行业十强企业、中国轻工行业百强企业、中国轻工业食品行业 50 强企业、中国轻工业科技百强企业、中国农业发展银行“黄金客户”。公司分别在 2016 年及 2019 年入围“中国民营企业制造业 500 强”名单，拥有国家认定的企业技术中心，获得了中国生物发酵产业协会的“科技创新奖”，被国家知识产权局授予“国家知识产权优势企业”，获得中国轻工业联合会的“科技进步一等奖”。公司还被中国饲料工业协会授予“全国二十强饲料添加剂企业”及“2019 一带一路国际合作先进饲料企业”，被工业和信息化部授予“信息化与工业化融合促进节能减排试点示范企业”。

公司还是宁夏回族自治区人民政府确定的“50户重点骨干企业”“宁夏轻工业十强企业”“宁夏十大公益企业”“百强纳税企业”“自治区工业龙头企业”。“伊品”商标被自治区人民政府授予“宁夏著名商标”，“伊品牌”味精被自治区名牌战略推进委员会认定为“宁夏名牌产品”。

三、管理体系

公司通过了 ISO9000 国际质量体系认证，HACCP 食品安全认证，ISO14001 环境管理体系认证，OHSAS18001 职业健康、安全管理体系认证，HALAL 国际伊斯兰清真认证，KOSHER 国际犹太认证，FAMI-QS 欧洲饲料质量认证等。结合公司的体系管理状况，将体系整合成为 QH-EHS 一体化管理体系，实现了产品从原材料采购到销售的质量、安全、健康全过程的可追溯。

四、创新改善

公司与国内多所著名的科研院所、高等院校建立了产学研合作关系，搭建了广泛的科学研究和技术交流平台；与中国科学院微生物研究所合作成立了氨基酸联合实验室；建立了宁夏氨基酸产学研合作示范基地、宁夏氨基酸发酵技术及装备工程实验室。企业技术中心是中国科学院生物产业科技创新联盟成员之一。

公司将进一步加大科技研发投入，配套建立和完善“海外—北京—宁夏”研发系统，拓展新兴领域，将企业孵化模式作为公司未来经济的新增长极，逐步构建开放的研发平台，提升企业在国内外市场的竞争能力。

公司本着“做实、做细、持续”的工作理念，贯彻精益思想，遵循“大胆想象、小心求证”的原则，鼓励和组织员工开展基于岗位的创新改善活动，减少浪费，提升价值，持续提高工作质量和效率。

五、生产环境

目前，公司已形成以玉米深加工为主线、资源循环利用的清洁生产模式，生产过程的工艺装备、自动化控制、环境保护等方面达到了国内先进水平。生产过程中产生的大量高浓度废水制成复混肥，通过烟气脱硫、生物除尘、异味处理等装置的完善，极大地改善了环境质量。采用先进的节水技术和装备，使水的循环利用率达到70%以上，节能减排工作成效显著。

公司按照质量管理体系的要求及过程控制标准开展产供销和服务工作，及时预防和纠正过程质量异常，保证了终端产品的质量标准要求。

公司全面引入精益思想和方法，并导入涵盖质量与食品安全、职业健康与安全、环境保护等内容的一体化管理体系当中，为夯实管理基础创造了条件。

六、品牌营销

公司对动物营养、食品、植物营养三大产品系列板块，以事业部的组织形式分专业规划市场运作，在对品质优先、技术领先、服务提升等方面系统考虑的同时，通过积极的市场推广，提升了客户及消费者的满意度，提升了品牌的知名度、美誉度及忠诚度，向全国和世界展示了“伊品”的企业和产品魅力，实现了品牌增值。

在新的竞争形势下，公司将以市场为导向，以创造和满足国内外客户需求为目标，持续提升客户服务质量和专业管理水平，进一步打造与客户实现共赢的平台和机制。

七、企业文化与战略

公司以“推动产业进步，共创美好生活”为使命，促进以技术进步、资源节约、环境友好为特征的竞争环境，引领和推动行业的健康、绿色发展，与相关方携手提升价值，实现物质和精神两方面的幸福。

公司确立“全球领先的营养健康解决方案服务商”为企业愿景，以前沿生物技术为导向，以国际化经营为平台，通过业务组合管理及轻重资产结合等方式，打造高科技、高效率、高质量的价值链，建立国际优秀品牌，从产品的生产者转变为“产品＋服务”的提供者。

公司遵循“致力于绿色发展，持续创新，成就员工幸福生活，为社会进步做出贡献”的经营理念，为员工提供学习和成长的平台，让员工在实现物质富裕的同时，也得到充分的信任、尊重、关爱、包容和成长；最大限度地为社会创造价值和财富，与合作伙伴共享发展成果，赢得社会的尊敬。

依靠科技精准发展
提供产业新动能

——大连顺祥牧业有限公司

大连顺祥牧业有限公司是国家级农业产业化重点龙头企业。

公司成立于2002年，是集种鸡饲养、鸡雏孵化、肉鸡养殖、联合养殖、饲料加工、物流配送、屠宰加工、鸡肉调理品和熟食品深加工为一体的全产业链一条龙肉鸡食品企业。

公司总资产5.6亿元，其中固定资产3.6亿元，年产值15亿元。现有职工1 200人，公司拥有10万套的种鸡场3个、年产2 000万羽的孵化场2个、年产20万t的饲料厂1个、年出栏60万只商品肉鸡小区6处、联合养殖户1 800户，年屠宰加工能力2 000万只的屠宰厂2个。年出栏和屠宰商品肉鸡4 000万只。一直被评为“AAA级信用企业”和“守合同重信用单位”。

公司经过20多年的累积发展，逐步完善了肉鸡产业链各环节配套功能。从种鸡饲养、孵化、养殖、饲料加工、屠宰加工和食品深加工全产业链形成闭环。

一、科技引领肉鸡产业健康发展

科技是带动产业发展和创新的原动力，公司在生态养殖、食品安全、疾病预防、环境控制等方面，与大连理工大学、大连大学、沈阳农业大学等众多科研机构合作，在肉鸡养殖中实现了人造生态环境下的绿色循环养殖模式，形成了顺祥牧业肉鸡生态养殖的新特点：

使用环境控制智能化技术，把传统肉鸡养殖全部智能化和自动化，达到了精准饲养，提高了动物福利和养殖效果。

采用先进的“三防”生物安全控制体系进行疾病预防：常规的生物免疫技术、噬菌体控制疾病技术和环境生物免疫技术。这些高新生物技术的应用，减少了大量药品的使用，提高肉鸡饲养成活率，降低了饲养成本。

采用益生菌环境控制技术，消除养殖环境污染，不排放污水和臭气。配套益生菌发酵把鸡粪快速转化为生物有机肥，解决了环境污染问题。

二、为健康养殖提供饲料保障

应用最新益生菌固体饲料发酵技术体系，提高饲料的转化率，替代抗生素的使用，从源头把握肉鸡食品的质量安全。

对于肉鸡养殖产业来说，饲料的质量和转化效率对肉鸡养殖的成本控制和经济效益至关重要。顺祥牧业注重肉鸡饲料的研发和生产。顺祥牧业 2008 年在大连瓦房店市投资 7 000 万元建设了年产 20 万 t 的标准化肉鸡配合饲料厂，占地面积 5.5 万 m^2，建筑面积 3.3 万 m^2，员工 60 人，技术人员 15 人。引进国内领先的江苏牡羊自动生产线和附属加工设备，配套专业检测化验室。专业生产肉种鸡饲料、商品肉鸡饲料，原料储存 9 000t，成品料储存 3 000t。目前公司配套肉鸡产业链需要年生产商品肉鸡饲料 19 万 t，年产值 8 亿元。

公司与大连理工大学著名营养科学家徐永平教授团队合作，从饲料的研发上不断创新发展，针对不同的肉鸡品种，配套研发了肉鸡粉料、颗粒饲料和颗粉饲料，使饲料生产工艺不断提高。在肉鸡饲料的营养上，使用分段式精准营养技术，保证各阶段肉鸡营养均衡稳定，精确划分各个饲料阶段，通过饲料转化数据精准调控各个饲养阶段的饲料配方，使饲养全程平均料肉比在 1.55∶1，达到较好的经济指标要求。

近年来，国家对饲料抗生素的使用和环保提出了新的要求，公司不断配套研发肉鸡饲料的生产工艺，利用高效益生菌固体饲料喷涂发酵模式，提高了饲料的消化率，替代了抗生素的添加，保证了源头食品安全，创新发展了商品肉鸡的营养和加工工艺技术体系，降低了肉鸡养殖的饲料成本。

青岛市立足科技
打造最具用户价值的
生物产品解决方案提供商

——青岛尚德生物技术有限公司

青岛尚德生物技术有限公司成立于 2014 年，位于青岛市高新技术产业开发区华东路 777 号，占地 53 332m^2，隶属于青岛根源生物集团，是一家集新产品研发、生产、销售为一体的以微生物制剂为主的饲料添加剂生产企业。公司项目总投资 1 亿元，项目注册资本 3 000 万元。

目前，该公司现有人员 116 人，高级工程师 2 名，博士 19 名、硕士 80 名。依托根源集团研发中心，和“山东省企业技术中心”“山东省益生菌工程研究中心”等多项资质平台。坚持自主研发的同时，积极与国内外高端院校、科研机构、战略合作客户开展合资或联合研发、技术合作、技术外包等多元化合作模式，已承担国家级课题 20 余项，省、市级课题 50 余项，拥有科研成果 7 项，申请国家专利 140 余项，并获得国家发改委产业化示范项目、科技部创新基金、国家级星火计划等国家部委项目支持，高新技术企业等省部级资质荣誉。

养殖污染、抗生素残留和饲料转化率低是制约我国畜牧业健康发展的主要瓶颈。青岛尚德生物利用微生态、酶制剂及发酵原料等生物产品，在畜禽、反刍、水产及特种动物等养殖中，经过长期研发，形成了一系列成熟的产品应用方案，不但可有效提高动物生产性能，减少疫病发生，还可明显改善养殖环境，减少废弃物排放。产品可应用于养殖前、养殖中、养殖后等各个环节，益倍佳、益倍健、益倍康等系列产品得到广大用户的好评，逐步成为养殖行业的名牌产品，成为大型饲料生产企业的合格供应商。

公司拥有先进的实验室和自动化生产设备。采用领先的菌种技术、先进的液体深层发酵技术和工业自动化技术进行规模化生产，年产微生态 20 000t。实行严格规范质量控制体系和严密的生产管理监控措施，确保产品质量的合格性与稳定性。拥有发酵设备 29 台、大型喷雾干燥设备 2 台、混合机 3 台、定量包装称 3 台，自动液体灌装线 1 条和若干其他相关配套设备。这些设备全部采用自动化监控系统，有效地提高了生产效率。实验室拥有多种国内外先进的实验检测仪器，例如超净工作台、紫外-可见分光光度计、高精度电子天平、高压蒸汽灭菌锅、高精度恒温培养箱等仪器设备，能够快速准确地完成各项出厂质量指标检测。

公司始终将用户价值放在第一位，作为企业思考、做事的基本信条，立足“科技、专精”，致力于成为最具用户价值的生物产品解决方案提供商。自成立以来，以复合增长率 39% 的速度迅速发展壮大。截至 2020 年，年销售额超过 1 亿元。2020 年 8 月，公司顺利通过 ISO 9001、ISO 22000、ISO 45001、ISO 14001 四个管理体系认证。

青岛尚德高度重视技术研发，每年投入销售额的

10%作为科研经费，不断进行原创性研究和全球技术资源的整合。研发部门由基础研发、生产研发和应用研发组成。基础研发由集团技术中心基础研发实验室和国内外科研合作机构共同组成，主要致力于新原料的开发、评估和鉴定工作；生产研发以集团技术中心工艺研发实验室为主体，在发酵工艺、后处理和产品剂型等方面不断创新、改善；应用研发工作由集团应用研发实验室与合作伙伴、科研单位共同推进。青岛尚德生物整个技术体系由基础研发、生产研发、应用研发、现场生产技术、品质管理、产品管理和技术服务等七个方面组成，各技术体系相互配合、支持，不但在开发新菌株、新酶、新工艺方面不断创新、改善，而且产品品质稳定，持续为用户提供优质的产品和有效解决方案。

凭借完善的研发体系、严格的质量控制、优异的产品表现，已经与温氏、希望、海大、双胞胎、正大、力源、中慧、通威、九鼎、禾丰、铁骑力士等中国农牧集团前50强中的大部分企业达成战略合作关系，产品销售遍布国内，并远销东南亚、南亚、中东、非洲、美洲。

青岛尚德一直将人力资源作为管理的重中之重，将“创值人才”视为企业的第一财富，以灵活、适应性强的组织为基础，以实现员工价值最大化发挥为目标，构建了根源特色的五大支柱人力资源开发体系：水样活力组织、引进优化团队、学习发展平台、激励创新机制和关爱共赢氛围。公司一直相信，“培训是员工最好的福利”，在学习发展平台方面，一直在不遗余力地构建以打造学习型组织为目标的立体教育体系，以更好地促进员工的学习和成长。为保证员工持续的竞争力、适应性，以及不断的发展动力，特开发了“根源特色”的四条职业通路，每个员工都可以根据自己的发展诉求以及自身特点，选择发展通道，实现职业成功。同时根源鼓励自主创新，通过多元化激励机制，组织流程变革和管理创新，激发团队活力和奋斗创值热情，从而打造员工最热爱的工作场所。

“根系大地，饮水思源”——青岛尚德生物秉承“仁爱、创值、共赢、和谐”的核心价值观，坚持“以产品品质为基础，价值最优；以用户需求为导向，系统服务；以未来市场为目标，领先一步”的经营理念，以科技进步和精益管理作为产品领先的保障，着力构建系统服务支持体系，将优质产品与系统解决方案作为帮助用户实现价值最大化的纽带，积极寻求与成长型、代表未来的优秀企业携手成长、共赢发展。

公司积极承担社会责任：发起主办各类行业交流会议，倡导共赢合作和行业自律；成立“爱心基金”，帮扶困难职工，参与社会公益；在多所高等院校设立奖学金，并与中慧集团、中国农业大学合作创办商学院。

在2020年的新冠疫情中，青岛尚德积极配合政府工作，严格执行政府规定的各项防疫措施。青岛尚德生物作为一家饲料添加剂生产企业，属于民生保障行业。春节后在新冠疫情趋于缓和的时候，为了保障农业生产饲料正常生产流通，满足畜禽养殖饲料需求，增加畜禽产品有效供给，全力保障农产品稳定生产，在确保安全防疫的前提下，青岛尚德响应政府号召提前复工。复工后公司面对人员不足、缺少原材料、物流不通畅等不利条件迎难而上，协调各部门迅速恢复产能，有效保障了下游企业的生产需求。

专注用户价值，聚焦生物产业，青岛尚德以“为人类、地球的健康作援助”为使命，立志打造对行业、社会负责任的价值型企业典范，致力于通过生物科技为“改善环境污染，保障食品安全，提高资源、能源利用效率，减少耗费”奉献一份力量！

勇于创新　不断超越

——青岛中晨康地农牧发展有限公司

中晨康地始于2004年，下设投资管理、饲料生产与销售、进出口贸易三大业务板块。主营业务为饲料生产与销售。2004年，成立北京中晨康地技术中心；2005年，成立潍坊中晨康地饲料科技有限公司。“中晨康地”商标于2009年荣获山东省著名商标，2009—2010年分别通过ISO 9001质量管理体系、HACCP食品安全管理体系及AAAA级饲料生产企业三重认证。

2011年，注册成立青岛中晨康地农牧发展有限公司，位于青岛莱西市姜山工业园区，占地40亩，总投资6 000万元，总建筑面积6 700m^2，现有职工50余人，年产值1.2亿元。公司主要生产猪用全阶段配合饲料、浓缩饲料、复合预混合饲料。生产设备全套引进瑞士布勒公司的全自动化生产线，设计年产配合饲料及浓缩饲料12万t。

青岛中晨康地配备火灾自动报警及消防联动控制系统，为安全生产标准化达标单位；全套引进瑞士布勒全自动生产线，制粒机热甲系统等高配置的设备与生产流程二次粉碎、二次制粒等特殊工艺保障产品品质；重视生物安全，打造标准化生物安全防控系统，配合饲料生产真正做到85℃ 4min有效杀灭病原菌；坚持贯彻实施安全管理、质量控制、生产管理、设备运行保障四大体系，完全做到产品质量可追溯。

勇于创新，不断超越：提升工厂制造能力及技术研发能力

中晨康地本着“勇于创新，不断超越”的理念，不断提升工厂制造能力，提质增效、保障产品稳定性，已通过省级“饲料质量安全管理规范”示范企业验收和青岛市工业赋能示范“自动化生产线”项目认定。

在提升工厂制造能力的同时，中晨康地不断升级创新，引入世界先进的动物营养技术，提升技术研发水平，先后推出了宝系列、能恩系列、阿什倍尔系列等产品，其中功能性母猪料 AP10 产品入选“2020 年度饲料行业新产品新技术”。母猪饲养是养猪生产中的关键环节，当前我国母猪的生产水平与先进国家仍存在较大差距。除遗传背景的影响外，母猪的营养与管理理念的不匹配、水平的欠缺导致母猪营养亏空，处于亚健康状态，生产成绩低下。中晨康地通过践行世界先进的母猪营养与管理理念，设计出具备明确功能性的母猪料产品。通过产品的推广并配套现场应用方案，帮助猪场客户弥补营养与管理方面的不足，提高母猪的健康度，从而提升猪场整体生产水平，提高经济效益。

中晨康地在发明创造方面已获多个专利，目前已申请通过 1 个发明专利（201710858565.7，营养红薯渣饲料及其生产工艺）和 9 个实用新型专利（202022795891.8，一种带有粉尘浓度检测的除尘装置；202022812647.8，一种全自动刮板输送机紧链设备；202022813153.1，一种用于待粉碎料仓清理的装置；202022814741.7，一种用于旋转分配器的自动投料装置；202022814742.1，一种用于粒料初清筛阶段的废料收集处理装置；202022812670.7，一种粒料粉碎合格性检测装置；202022802280.1，一种多挡位转速自动调节制粒机；202022802279.9，一种节能型板式冷却器；202022795885.2，一种带有感应装置的自动双轴混合机）。

顾客效益最大化：传递先进理念，服务广大猪场和代理商客户群体

公司与国内一流的动物营养专家以及经验丰富的高级畜牧师合作，组建专业化的管理研发团队和技术服务团队，传递世界先进的营养与管理理念，提供产品的使用方案及效果追踪，帮助客户进行原料选择和质量把控。中晨康地自 2019 年 8 月份以来先后举行了两届“母猪营养与健康管理论坛”与两届“‘阿什倍尔事业共同体’高峰论坛”，获得了猪场用户及代理商伙伴的认可与好评。通过“论坛”的举办，将先进的母猪营养与健康管理理念传递到广大猪场用户，改变传统落后的饲养习惯，并贯彻到实际生产中，提升母猪的生产水平，从而获得经济效益的提高；帮助阿什倍尔事业合作伙伴梳理工作方向、打造差异化竞争优势、提升核心竞争力，在激烈的市场竞争中获得长期、稳定的发展。

员工价值最大化：优化企业平台，提升福利待遇，助力员工成长

为全面提升员工素质，企业内部培训、邀请行业专家培训、同行企业参观交流、外派参观学习等措施多管齐下，助力员工成长。中晨康地的人才观是：员工是企业的财富，中晨康地负有对员工进一步教育、培训和发展的责任，为员工提供施展才华的舞台。公司建立大学生创业实习基地，先后与多所高校密切合作，实现双方在科研立项、产品生产研发、人才培养、技术创新等方面更广泛的合作。中晨康地会努力升级为集产、学、研为一体的资源共享、优势互补的综合平台，吸引优秀学生来公司工作，建立企业高等人才梯队，实现校企合作的共赢。

员工是企业的财富。中晨康地将不断优化企业管理平台、提升员工福利待遇，为员工身心健康、才能的发展以及改善生活环境创造条件。法定节假日是一项非常重要的福利待遇，然而对于饲料企业严格执行确有难度。中晨康地将不断进行尝试与努力，目前已做到国家法定节假日全员休假。读万卷书，行万里路，中晨康地每年组织员工进行旅游及拓展活动。通过旅游、拓展让大家在繁忙的工作之余能够放松身心、开阔眼界，畅享自然景观、领略民俗风情，并进一步加深了彼此间的友谊、增强团队凝聚力，以更饱满的热情、更积极的态度面对工作、面对生活。

感恩社会，回馈社会：尊老爱老，捐资助学，奉献爱心

中晨康地在干事创业、自身发展壮大的同时不忘回馈社会，尊老爱老、捐资助学、奉献爱心，促进社会和谐，共享发展成果。中晨康地自落户姜山工业园区以来得到了当地人民的关爱与支持，特别是与李家屯村人民和谐共处，做到村企一家。中晨康地坚持通过每年双节的慰问活动来让“家”里老人体会到社会大家庭的温暖，倡导关爱老人的道德品行，营造尊老爱老的良好氛围。中晨康地与山东农大牵手，深入开展校企合作，设立大学生创新创业扶持基金，资助在校大学生和大学生团队开展创新创业实践活动，期待为建设创新型国家、促进教育事业发展，为社会培养更多更好的优秀人才出一把力。中晨康地董事长汪庆刚先生向母校——青州市黄楼街道办事处杨姑桥小学捐赠笔记本电脑，为孩子们以后更好地接受教育提供设备基础。教育振兴，全民有责，中晨康地公司在做

大、做强自己事业同时，情系教育，捐资助学，用实际行动真心回报社会。

中晨康地紧紧把握国家战略动向，洞悉行业变化及未来走向，主动变革。做百年企业，树百年品牌！中晨康地人怀揣着梦想，勇于创新，不断超越，向更高的目标前行着！

聚焦现代农牧
服务健康生活

——惠盈动保集团有限公司

惠盈动保集团成立于 1999 年，地处美丽的花园城市——厦门，下辖厦门惠盈动物科技有限公司、厦门惠盈动物药业有限公司、厦门钧鼎鑫机械设备有限公司、厦门海强生科技有限公司、漳州盈翔生物科技有限公司、厦门惠盈动物营养与健康研究中心。公司集研发、生产、销售于一体，产品包括动物营养性、功能性添加剂及保健品、GMP 兽药产品、消毒剂、益生菌、畜禽尸体处理机等，主要服务于畜、禽、水产集约化养殖场和饲料企业。

一路走来，惠盈动保获得了包括国家高新技术企业、福建省科技小巨人领军企业、厦门市科技小巨人企业、2005—2013 年各年度守合同重信用企业等多项荣誉；同时，积极入驻行业协会，倡导行业交流互动，加入福建省畜牧兽医学会副理事长单位、福建省饲料工业协会常务理事单位、厦门市畜牧业协会副会长单位等。

此外，惠盈动保不断将产品做细、做精、做全，打造全方位的生产技术合作平台，不断提升生产实力、产品质量、研发水平，坚持科技创新、绿色养殖服务健康生活，在 2020 年这个行业动荡的一年，仍然实现营业收入同比增长，既往如前持续稳定的发展壮大。

一、注重企业文化，推动持续快速发展

企业文化是一种精神文化，是在长期的经营活动中形成的共同持有的理想、信念、价值观、行为准则和道德准则的总和。惠盈动保经过 20 多年的沉淀，已形成一套优秀、卓有成效的企业文化体系，以“成就你我，互惠共盈”为使命，为员工提供创造自身价值、实现自身追求的平台。为客户提供绿色、高效的动物保健产品，为合作伙伴创造稳定、持续、合理的利润回报和富有成就感的事业，共创人生价值。以“创建国际领先的动保企业”为愿景，搭建厂商一体，分工合作的全方位的生产技术合作平台。在企业文化的感召下，公司凝聚了一批拥有激情、拥有勇气并全身心投入的人才。决策层和高管队伍稳定、领导有力，各职能部门的负责人均是公司自己培养起来的干部，公司员工充满活力与朝气，形成公司强大的凝聚力、执行力和战斗力。

二、以品质为本，打造全方位的生产平台

公司视产品品质为企业发展的基石，牢固树立品质意识。惠盈动保拥有高标准化的生产车间，建立了严格的质量保证体系和可追溯管理体系。检测中心面积 600m^2，配备先进、完善的现代化检测设备，对原料采购、入库储藏、生产加工、成品入库、销售物流等全过程实施质量监控。通过了兽药 GMP 认证，ISO9001、ISO22000 质量体系认证，在国家标准的基础上建立了多个企业标准，确保产品优良的品质，为客户负责，为社会负责。

为了能全面地服务客户，公司经过多年发展，建立了包括饲料添加剂、添加剂预混料、混合型饲料添加剂、单一饲料、粉剂/预混剂、粉剂/散剂、非氯消毒剂（液体）、口服溶液剂、消毒剂原料药（聚维酮碘）等九条生产线。丰富的产品线，极大地提高了用户的选择空间，并提高了产品的适应范围。

三、以创新为动力，打造全方位的技术平台

公司一直以来坚信创新是发展的企业动力，通过自主研发、技术引进及产学研合作等途径形成了一流的全方位的技术平台。惠盈动保成立的厦门惠盈动物营养与健康研究中心由拥有动物营养、畜牧兽医、水产养殖、制药工程、生物工程、食品工程、化学工程、机械工程等专业背景的技术人员组成，技术人员占公司总人数的 35%。在惠盈动保的技术团队中，有教授 5 位，高级实验师 1 位，博士 4 位，硕士 5 位，执业药师 6 位，本科以上学历占研发人员总数的 95%。依托台湾为技术引进窗口，先后与中国医药大学（台湾）、法国 Securivit 动保公司等开展技术合作交流，同时与中国科学院相关院所、厦门大学、集美大学、福建农林大学、厦门海洋职业技术学院、三明农业学校等院校和科研单位开展联合开发，建立了广泛的交流合作机制，确保技术持续领先，并成为福建省动物药物工程实验室中试基地，成立了研究生工作站，承担多项省、市科技项目，拥有 20 余项专利，积极探索企业自主创新发展途径。

在产品开发上，惠盈动保以安全、标准、高效、价值为原则，使用符合《饲料原料目录》《饲料添加品种目录》的原料；兽药产品都有有效的批准文号。将产品的生产标准化、检验标准化，严格按照标准进行生产和检验，确保优良、稳定的产品品质。从药

理、药效、药动等各方面进行综合考虑，筛选科学合理的生产工艺，从而实现产品效果的最大化。生产出能够为客户和用户创造价值的产品，通过产品的销售，实现价值链的传递，体现产品价值，以提高产品的核心竞争力和与客户共赢为终极目标。

秉持绿色、安全、高效的产品理念和"养重于防，防重于治"的养殖理念，惠盈动保专门针对规模养殖场推出惠盈"金三角"稳健型管理模式，创新性地把产品划分为"养""防""治"系列，以满足不同时期、不同阶段的养殖需要。同时，打造了一系列强力单品：畜禽——惠金碘-S喷雾型、惠乐新、盈力高、维康、霉毒克、霉普清、强生乳、速补-120、迪特斯、惠元健，水产——保肝宁、合力生、整肠生、水产解毒包，受到市场的一致好评和广大用户的信赖，为绿色养殖，健康生活贡献自己的一份力量。

四、打造多元化服务、深度合作的销售网络

本着"成就你我，互惠共盈"的企业使命，惠盈动保正在积极探索和构建由经销商、集约化养殖场和饲料企业构成的立体销售网络，"惠盈动保"作为产品品牌，"海强生"作为销售品牌，在全国建立统一产品品牌、统一销售品牌的开放式产业系统。海强生模式是2014年底惠盈动保在已有的经营模式基础上，提出在全国各地与当地有实力的优质经销商或有志创业的人员共同成立海强生健康养殖服务部的计划，创造了一种多元化服务、深度合作的模式。计划在各地以结盟的形式在全国各地开200家以上海强生连锁服务部，专营或主营惠盈动保产品，直接服务于畜、禽、水产的终端用户（养殖场、养殖户），及时对市场变化做出快速反应，更专业地服务于养殖现场，这几年来，已有70多家海强生连锁服务部陆续成立。

目前，惠盈动保产品已销售到大部分省份，成为诸多大型养殖集团的战略合作伙伴，进入台湾市场并出口到东南亚等地区，受到越来越多客户的认可。

创造价值　追求卓越

——厦门金达威维生素有限公司

厦门金达威维生素有限公司成立于2014年12月，系厦门金达威集团股份有限公司全资子公司，注册资金12 800万元。专业从事维生素类食品添加剂、饲料添加剂的研发、生产和销售，主导产品包括维生素A和维生素D_3，产品远销全球数10个国家和地区。公司始终坚持"质量和信誉是我们的生命、服务和创新是我们的根本、安全和健康是我们的承诺"的质量方针，秉持"不断改善人类生活品质，做行业一流企业"的发展愿景，紧紧围绕"创造价值，追求卓越"的经营理念，以提供能让客户满意的高品质产品和服务为奋斗目标。

技术领先是企业发展的保证。公司自成立以来在继承集团公司原有生产技术基础上不断探索、优化升级，走自主创新与产学研相结合的道路，公司积极与多家重点院校、科研机构建立了广泛的技术合作，从而为持续不断的技术创新、新产品开发奠定了坚实的基础。公司拥有有效中国发明专利20余件，现有产品的关键生产技术均拥有自主知识产权，是国家高新技术企业、福建省和厦门市科技小巨人领军企业，并拥有市级企业技术中心——厦门金达威维生素有限公司企业技术中心。

公司拥有一支高素质的员工队伍以及完善的管理制度，对生产过程中的人员管理、生产组织、品质控制、物料管理、工艺技术管理、设备管理及现场管理等进行有效控制。推行标准化生产管理模式，通过并严格按照ISO9001质量管理体系、ISO14001环境管理体系、FSSC22000食品安全管理体系、FAMI-QS体系进行生产、质量管理，围绕公司的质量方针目标，从原料采购、生产流程、成品检验、销售等全过程，建立了一套完整的管理体系，确保产品的优质、高效、安全和健康。

风起潮涌，自当扬帆破浪；任重道远，更需策马扬鞭。厦门金达将继续以客户为导向，以人才为根本，以技术为支撑，以资本为纽带，进一步提升"自主创新"的核心竞争优势。打造民族工业品牌，树立行业典范，将企业做强、做大。

为客户提供安全　高质高效的产品和服务

——正大康地集团

正大康地集团创办于1979年，是由泰国正大集团和美国康地集团共同投资兴建的大型综合性畜牧企业，也是中国改革开放后在广东省深圳经济特区注册成立的第一家外商独资饲料企业，编号为"深外资证字〔1981〕0001号"。

正大康地集团肩负"产品安全、健康人生"的经营使命，实施"产品安全、品质第一、服务到位、客户满意"的经营方针，致力于为客户提供安全、高质、高效的产品和服务。先后荣获《全国饲料工业行业先进集体》《全国饲料工业行业百强企业》《外商投资企业最佳信用客户》《全国十大最受欢迎母猪料品

牌》等荣誉称号，铸就了中国畜牧饲料业优秀的品牌形象。

传承股东双方雄厚的发展实力及技术背景，正大康地集团利用先进的饲料配方技术、畜禽养殖技术以及科学的管理模式，紧紧围绕基因、营养、防疫、设备、管理等关键要素，致力于帮助客户提高综合养殖效益，并且满足人民大众日益增长的对安全营养动物性食品的需求。

这些年来，中国养殖业的跨越式发展，也奠定了正大康地集团蹄疾而步稳的坚实基础。截至目前，正大康地集团业务涉及全价料、预混料、动物保健和养殖等事业板块，先后在深圳、汕头、广州、珠海、东莞、阳江、清远、梅州、开封等地成立了 8 家饲料公司、1 家动物保健公司和 2 家动物养殖公司，始终保持平稳发展的良好势头。

正大康地集团始终不忘初心，与客户同呼吸、共命运、心连心，把客户的期待变成实际的行动，把客户的希望变成生活的现实，共同推动行业进步与发展。随着中国饲料业进入新常态，正大康地集团将继续加快实施变革策略，以高度的社会责任感和打造百年品牌的巨大决心，成为安全生产、科学运营、创新发展的优秀企业典范。

企业简介

北京市

北京凡特施特科技有限公司

北京凡特施特科技有限公司成立于2003年，位于北京市海淀区永丰科技园区，生产基地建于重庆市永川区青峰开发区，占地60亩。公司以资深的化工专家、动物营养专家组成技术研发团队，专注于缓释微量元素的研发、生产及销售。锌语——缓释微孔氧化锌、健乐保——缓释复合微量元素系列以及苯甲酸等产品，在减量增效、替康减排、减少环境污染等方面效果显著而受到广大用户的青睐。

秉承凡特施特公司名之内涵“凡而不凡，施之有效”，在以后的工作和公司的发展中，公司将围绕着对人类、动物、土地、环境的关爱，本着能使行业、社会更健康地发展，能使生活更美好的方向开发产品、创造价值，努力将公司发展成具有社会责任、社会价值和盈利相统一的公司。

北京百林康源生物技术有限责任公司

北京百林康源生物技术有限责任公司，是一家依托于具有40余年研发经验的北京市营养源研究所创立的高新生物技术企业，旗下拥有宠儿香、益通生等品牌，在微生态制剂、酶制剂、功能营养物质的研究与创新方面具有特色和经验，拥有BRINSBIO实验室和位于中关村园区大兴生物医药基地的生产基地，可进行线上/线下销售和技术服务。

公司专注宠物功能营养研究与应用，根据宠物医院临床营养需求，先后开发出了一系列宠物用调节肠道微生态、强化营养、提高免疫、溶石排石、皮肤营养、补铁生血、解毒保肝、保护胰腺、调节血糖、保护关节、繁育保胎等功能产品，以及非抗生素杀菌制剂及酶制剂等40余种产品，产品覆盖全国12 000多家宠物医院，得到广大医生和宠物主人的信任。公司连续通过ISO9001质量管理体系认证，为中国饲料工业协会宠物饲料专业委员会会员和美国宠物用品协会（APPA）会员，并取得FDA注册。宠儿香于2019年荣获“中国驰名品牌”。我们秉承“安全、有效、可控、合规”的经营思想和“爱心+专业，营养+美味”的品牌理念，研发制造优质的宠物功能营养产品，为人宠健康生活做出贡献。2019年，北京小动物医师大会上，宠儿香启动“宠物疾病与肠道菌群关联的基因组研究”项目，与中国农业大学食品科学与营养工程学院、中宠股份、北京观赏动物医院、北京奥维森基因科技有限公司共同参与。

北京博农利生物科技有限公司

北京博农利生物科技有限公司是注册于北京市海淀区中关村翠湖科技园的高新技术企业，致力于动物营养学领域技术和产品的研发、生产和服务。

公司源起北京农业大学实验饲料厂，创立于1986年，首要目的是服务于学校的教学和科研。同时，为中国刚刚兴起的饲料及养殖企业提供动物营养、饲养管理等技术服务。2006年，整合农大的专家团队和行业精英，北京博农利生物科技有限公司正式注册成立。以复合维生素、复合微量元素、核心预混料、功能性添加剂等产品为载体，为饲料和养殖企业提供全方位的动物营养解决方案。

2016年，着眼未来，励精图治，公司完成了企业组织的变革。2020年，北京博农利全资子公司安阳博农利生物科技有限公司在河南安阳建设完成。

30余年的科研沉积、技术积累和人才的培养与传承，公司在畜禽早期营养、繁殖动物的营养改进、动物免疫营养等领域的科研和产品开发取得了丰硕的成果，技术研发和服务居行业领先水平。

博农利，汇聚更多能量！公司将在技术研发、人才战略、产品创新、客户服务等领域，汇聚国内外、校内外和行业内外的多方能量，整合多方资源，秉承前辈“博学笃行”之精神，牢记自己“为农谋利”之使命，致力于成为中国农牧企业在动物营养领域的最佳合作伙伴。

北京盛拓达生物技术有限公司

北京盛拓达生物技术有限公司成立于 2015 年，是一家集科研开发、生产经营、技术服务、国内国际销售于一体，并以生物技术研发及酶制剂生产、应用推广为主要发展方向的高科技企业。由中关村创业之星李学军先生联合酶制剂行业多位资深人士集体创立。旗下拥有北京盛拓达生物科技有限公司、山东盛拓达生物技术有限公司 2 家全资子公司。

公司于 2016 年通过 ISO9001 质量管理体系、ISO22000 食品安全管理体系以及出口 FAMI-QS 体系认证，并获得国家高新技术企业资质。成立五年间，公司获授权发明专利多项，其中酸性耐高温木聚糖酶产品荣获“北京市新技术新产品证书”。

公司产品包括复合酶、植酸酶、蛋白酶、木聚糖酶、甘露聚糖酶、半乳糖苷酶、葡聚糖酶、葡萄糖氧化酶、脂肪酶等。目前拥有 50t 发酵罐 7 个，年生产各类饲用酶制剂达 2 万 t 以上。盛拓达具备完善的营销体系，成立短短几年间，实现了产值连年增长的良好态势，销售网络遍及国内 25 个省、市、自治区，远销欧美及东南亚各国，深受客户好评。

在深厚科研积淀的基础上，深入感知客户需求，盛拓达始终追求产品品质的卓越。通过高度定制服务，致力于为客户提供完备的酶制剂解决方案及产品应用方案。

北京一品双龙生物科技有限公司

北京一品双龙生物科技有限公司始建于 2016 年北京市朝阳区亚运村商业中心，最初以新疆矿源腐殖酸钠为主要产品，供应华北、华中地区肉鸡饲料厂和水产养殖市场。2019 年后为适应市场变化而重组业务，形成以饲料原料、饲料添加剂和核心预混料为销售主线，逐渐做成以饲料添加剂应用创新为特色的专业化动物营养公司。

公司成立至今，以动物营养方案提出并无缝衔接于养殖现场为核心竞争力，不断追求动物营养与养殖效益提升的全方位可落地产品供应方案，形成了以西北区、东北区和华北区为主的销售与服务，并以独特的家禽营养方案提出与配套产品供应的优势格局。

公司秉承着做全球最佳动物营养价值分享与传递者，以产品配套商标“维美舒”为主，其致力于做到：“哪里有动物生产，哪里就有维美舒技术方案的落地；哪里有动物生产，哪里就有维美舒动物营养的意识；哪里有动物生产，哪里就有维美舒价值体系的渗透”的公司理念。全面为中国畜牧业提供高效、健康、安全、稳定的产品与服务。

天 津 市

大成万达（天津）有限公司

大成万达（天津）有限公司为大成集团旗下子公司，成立于 1992 年 10 月，前身万达食品总公司系 1988 年天津市所推动“菜篮子”重点工程之一。历经改组、合资、股权转移，于 1999 年 2 月成为大成集团旗下的独资企业。公司占地面积 135 亩，年生产能力达到 35 万 t。

公司在饲料方面采用以 MPT（预消化）平台为主的“第二代优补力生物技术”，根据畜禽不同生长阶段的生理特点和免疫系统发育特征，着重考虑肠道微生物区系平衡以及肠道和机体免疫系统的营养需求，实现了免疫营养互作的理想平衡，给予畜禽强大的免疫保护，提高存活率。

公司已通过 CNAS 认证，拥有完善的检测设备和仪器，包括液相色谱、气相、原子吸收、原子荧光、PCR、能量仪等高端设备及 ELISA、NIR、分光光度计等常规设备。可以提供饲料蛋白等常规指标、氨基酸、维生素、微量元素、重金属、脂肪酸、药残、霉菌毒素、细菌培养等检测服务。

公司于 2008 年取得 ISO 体系认证，在此基础上贯彻 ISO22000:2018、CNAB-SI52:2004《基础 HACCP 的食品安全管理体系规范》，在质量上创造了良好的业绩和功效。

近几年公司根据国内大环境及养殖业的变化，结合集团在各地研发生产猪配合饲料的经验，致力于发展适合华北地区的猪用配合饲料。开发了系列产品及饲喂模式，进一步降低了生产成本和养殖风险，让养殖场（户）赚取更大利润。

联英饲料（天津）有限公司

联英饲料（天津）有限公司成立于 2008 年，是英国联合农业集团在华投资的全资子公司，是一家集研发、生产、销售为一体的大型专业化反刍动物饲料制造企业，占地 30 亩，总投资 3 500 万元，年产能 7.5 万 t。在大力投资产品研发的同时，也非常重视食品安全和饲料安全，公司全套引进世界先进水平的生产设备和检验检测设备，整个生产全程电脑控制。确保产品质量得到有效控制。从原料供应商选择、原料采购及贮存、配方执行、生产到产品全程实行严格品控程序，并建立产品追溯制度，通过并持续保持ISO食品安全（ISO22000）和质量管理（ISO9001）双体系认证。通过先进的技术及产品获得国家级“高新技术企业”称号，在反刍动物领域方面，公司成为“国际后备牛培育协作创新平台”理事单位。

联英饲料拥有敬业专业的管理团队，更竭诚一致为客户提供最安全、专业、高质量的产品及服务。依托完善的客户服务体系和强大技术服务力量，致力于持续为客户提供专业、高效的产品和服务，为养殖户带去了满意的产品和服务。

公司秉承“科技领先、产品领先、品质领先、服务领先、回报领先”的方针，对加快畜牧产业化建设步伐，促进当地畜牧业发展，具有积极的带动作用，对饲料原料业、种植业、原料加工业、养殖业、养殖产品深加工业、营销业等相关产业模式起到了良好的推动作用。

天津瑞孚饲料有限公司

天津瑞孚饲料有限公司创立于2003年9月，经过17年的努力与拼搏，现已成为京津冀地区猪饲料研发、生产与销售的领先企业。2017年7月天津瑞孚农牧科技集团成立，现有员工600余人，子公司分别设于天津、南通、潍坊、沈阳、许昌及济宁。

近年来，公司连续获得国家级高新技术企业、天津市农业产业化重点龙头企业、天津市科技领军（培育）企业、天津市企业技术中心、天津市饲料质量安全管理规范示范单位、质量管理体系和食品安全管理体系双认证等荣誉。并且拥有自主知识产权20余项，完成市级科技成果1项，承担市级科技项目3项。

“为客户创造价值，让客户感知价值”是公司的服务理念。公司以产品服务专员与售后服务老师搭档的双服务体系为保障，一改传统的快餐式销售模式，建立了独有的销售服务体系，真正实现了让用户使用“完整产品”的初衷，实现了瑞孚通过饲料为用户创造价值，用户因价值而选择瑞孚的良性发展模式。

公司以“做美好和信任的创造者与传播者”为企业核心价值观，怀着“以领先的营养科技推动畜牧行业发展，创造健康美好生活”的使命感，团结、诚实、开放、共赢，以行业进步和社会发展为己任，做受信赖的农牧企业，共创百年瑞孚。

天津雀巢普瑞纳宠物食品有限公司

一、历史悠久，科技为先

天津雀巢普瑞纳宠物食品有限公司作为一家国际著名的宠物食品公司，始终秉承、坚守“以领先科研技术，提升全球宠物生活品质”的理念和使命，与全球多个著名研发机构和大学建立合作关系，在宠物营养和宠物护理与加工技术领域取得丰硕的研究成果，拥有超过2 500项（含正在申请的）技术专利，对整个宠物食品行业的发展起到了推动作用。

二、品质优先，质量至上

为消费者提供值得信任的高品质的宠物食品，始终是雀巢普瑞纳的最高准则。2009年公司一次性通过了世界知名认证公司SGS的HACCP体系认证和食品安全管理体系ISO22000的认证，2010年取得了PAS220的认证。建立专业化的销售团队和体系化的售后服务，为消费者提供专业和细致周到的咨询和服务。

三、助力中国宠物食品行业发展

从进入中国伊始，雀巢普瑞纳把推动中国宠物食品行业的健康发展作为自身的责任和义务。积极参加中国饲料工业协会组织的各项活动，每年赞助和支持相关学术机构、行业协会举办的学术会议和赛事活动。邀请国外的著名专家开展宠物营养、繁育、护理和行为等方面的讲座，借助现代化的传播媒介，指导和教育广大宠物爱好者依法养宠、文明养宠、科学养宠，以提高大众的养宠意识和水平。

天津尔康动物食品有限公司

天津尔康动物食品有限公司成立于1998年，是农业产业化国家重点龙头企业，地处天津宝坻经济开发区，总投资5 000万元人民币，占地40 000m^2，引进四条先进的牧羊集团600型全套生产线，设计年产能达到10万t。有实用型创新专利28项，被评为天津市年度优质农产品金农奖，天津市年度重合同守信用企业，注册商标“津尔康”被评为天津市著名商标，产品销往天津本地、河北、内蒙古等区域，年饲料产销量5万t。主打产品乳猪保育料乳康宝1号对于营养物质的消化吸收利用及预防腹泻有着独到的效果。

公司现有员工30人，大专以上学历技术人员15名，引进6S管理观念，推行全员质量管理，保证产品质量的优良性和稳定性。采用高精度电子配料秤、高均匀度无残留混合机等先进设备，生产全过程电脑监控，建有常规检化验实验室，各项检测设备齐全。

公司年回收合作农户的粮食深加工达10万t，始终坚持以饲料安全为基础，智能化贯穿全程的指导方针，实现饲料产品的可追溯。按照“公司+家庭农场”的合同猪放养发展思路确定了经营道路，带动农民增收，实现生产标准化、产品无害化、管理现代化、服务系列化、产加销一体化独具特色的产业融合发展推动乡村振兴。

河北省

北京永和荣达饲料有限公司邯郸分公司

一、企业概况

北京永和荣达饲料有限公司邯郸分公司是北京永和荣达饲料有限公司的直属分公司，公司成立于2014年11月28日，位于河北省邯郸市广平县经济开发区北区。公司占地面积约90亩，其中建筑面积20 320多m^2，拥有反刍动物专用复合预混合饲料生产线2条，年生产能力可达到15万t。

主营业奶牛、肉牛羊复合预混合饲料，年销量达3万～3.5万t，年均销售额达1.2亿～1.5亿元，年销售额递增率在30%以上，销售市场已经覆盖了河北、山东、黑龙江、内蒙古、宁夏、山西、广州、浙江等多个省、自治区，目前已发展成为中国反刍动物复合预混合饲料的领导品牌，其中奶牛预混料市场占有率遥遥领先。

二、生产设备

邯郸分公司目前拥有布勒、牧羊两条反刍动物复合预混合饲料生产线，有混合机2 000kg、1 000kg、500kg各1台，并配置30kg在线稀释微量混合机一台，实现全程自动配料（无人工称量），各投料口设置电子扫码系统，保证原料投料零差错；使用机器人码垛系统。这一系列自动化设备使产品质量得到有效保障，通过第三方检测混合均匀度变异系数均小于4%；生产效率得到大大提高，并且降低了生产成本。

三、研发情况

1. 公司自主研发队伍不断壮大。由之前的3～5人发展到目前的博士5名、硕士20名，具有独立完成产品研发、生产与服务能力。

2. 研发产品持续更新。公司现已针对我国不同地区的土壤、水分和气候研制开发出“永和荣达”系列预混料产品，涵盖了奶牛、肉牛羊等草食动物，有5%、1%、0.5%、0.2%等添加比例。奶牛预混料产品中的拳头产品“牧场专用系列预混料”是在国内万头牧场多年实践经验基础上总结、研发而成的。该系列产品是公司规模化牧场管理专家与反刍动物营养专家，根据我国不同省份的气候、水质、土壤等条件以及总结我国不同地区规模化奶牛场当前现状的基础上开发的牧场专用饲料产品，凝聚了国内外多位专家的智慧和结晶。该系列产品针对性强、科技含量高、质量稳定，能够有效地提高反刍动物生产性能与繁殖性能。

3. 整合国外技术资源。公司与美国Barton, Kiefer & Associates（简称BKA）公司成立战略联盟（美国BKA公司是全美排名前三的技术服务公司，BKA团队现有营养师17名，业务服务全美超过300家牧场，管理泌乳牛群超过40万头，团队成员人均拥有5年以上牛场管理经验和11年以上牛群营养配方调配经验），在针对我国不同地区新产品开发、牛场技术服务强强联合，以降本提效为根本宗旨，为牧场提供更全面、更专业的服务。

4. 整合国内技术资源。2020年8月，永和荣达践行“永创第一，和衷共赢，以农牧助燃中国梦”的伟大使命，向国内的中国科学院、中国农业科学院、中国农业大学、河北农业大学、山东农业大学等的科研机构人员陆续投入500多万元，设立开放性课题研究。共同针对我国不同地区粗饲料与牧场动物饮用水中常量、微量元素进行研究，建立永和荣达粗饲料与牧场动物饮用水常量、微量元素数据库，为未来针对我国不同区域牧场开发出更适合牧场饲料产品奠定坚实基础。

四、所获荣誉

永和荣达，以永创第一为行为标杆和准则，用“第一”文化高标准的规范企业行为，凭借过硬的研发技术和质量品质赢得了行业界的认可。先后荣获国家“2020十强反刍动物饲料企业”、国家“高新技术企业”、中国发明协会“二等奖”、中国“农牧渔业丰收奖”“2019年河北省饲料行业十强企业”“2018年度河北省饲料行业科技创新企业”“河北省饲料工业协会副会长单位”“邯郸市饲料工业协会第四届副会长单位”“邯郸市2019年度饲料质量标杆企业”“邯郸市2018年度饲料质量标杆企业”“邯郸市工业协会饲料质量安全管理规范奖”“市级饲料质量安全管理规范示范企业”。

五、优秀合作伙伴

目前主要服务于东营澳亚现代牧场有限公司、内蒙古赛科星繁育生物技术（集团）股份有限公司、内蒙古圣牧高科牧业有限公司、中元牧业有限公司、甘肃前进牧业科技有限责任公司、福建长富乳业集团股份有限公司、东营佳发肉牛有限公司、甘肃农垦天牧乳业有限公司等。

永和荣达感恩于合作伙伴和市场的广泛认可，展望未来，公司将继续以为合作伙伴创造价值为重点，专注于反刍动物营养研究和产品创新，立志成为中国乃至世界最好的科技创新型饲料品牌，以农牧创新助燃中国梦的复兴。

专注反刍动物，再铸辉煌成就！

河北康达畜禽养殖有限公司

河北康达畜禽养殖有限公司2003年3月注册成立，公司坚持“富民、厚德、务实、超越”的企业精神，致力于现代农业产业发展，现已实现了集种鸡饲养、肉鸡孵化、饲料加工、肉鸡屠宰”为一体的现代循环农业经营模式，其中饲料加工拥有国内较为先进的自动化生产线4条，配套有智能、自动化的加工设备，饲料主要生产加工种类有畜禽配合饲料、浓缩饲料、精料补充料、复合预混合饲料，2020年全年加工饲料20多万t，年转化玉米12万t、饼粕类原料7万t，总产值6亿元，现业务覆盖范围主要为京津冀地区，是带动当地农民增收致富的支柱企业，先后被认定为国家级农业产业化重点龙头企业、全国农产品加工示范企业。

公司先后与中国农业科学院北京畜牧兽医研究所、中国农业科学院饲料研究所、河北农业大学、天津农学院等科研院所建立合作关系，同时组建了涵盖饲料原料、饲料产品、免疫抗体检测、药残检验及产品化验的综合实验室和饲料创新平台，主要在饲料生物技术研究与应用、饲料添加剂开发与应用、饲料资源开发与评价、畜禽饲料营养研究、饲料生物安全、饲料营养展开科技研究课题及试验设施建设、高级人才基地建设等方面开展工作并借助科研院所丰富的人员、技术资源，切实保证产品质量，助力产业升级，2019年被认定为高新技术企业。公司农业科技园区是环首都现代农业科技示范带主要建设基地之一、省级科技园核心区、部级星创天地。

2020年新型冠状病毒肺炎疫情防控期间，公司在积极主动开展疫情防控工作的同时，通过积极组织人力、物资、捐款等方式支援疫情防控阻击战，为全社会抗击新型冠状病毒肺炎做出应尽之责，是全国疫情防控期间重点民生保障企业。

河北鲲鹏饲料集团有限公司

河北鲲鹏饲料集团有限公司始建于1994年，现有沧州鲲鹏、邯郸鲲鹏和山西运城鲲鹏等饲料生产基地，年生产能力可达100万t，是全国饲料行业五十强企业、中国饲料工业协会常务理事单位、河北省农业产业化龙头企业、河北省十大明星企业、省科技型企业，2020年通过国家级高新技术企业的认定。

鲲鹏总部常设一个同中国农业大学保持长期友好合作关系的产品研发中心，秉承“科技是第一生产力”的宗旨，以农业农村部饲料工业中心为科技后盾，与国内外多名权威专家建立了友好技术协作关系，形成了一套高效、精深、完善的科技体系。产品全部采用高科技配方，以生产“优质、安全、绿色、高效”饲料为目标，不断研发适销对路的产品。

鲲鹏集团科技研发中心全部配备高达医疗标准的精准化验设备。由先进精密的品控系统、高端学历人员组成的饲料品控团队严格把控原料及成品质量，使鲲鹏饲料集团早期通过了《饲料质量安全管理规范》，为提升企业竞争力奠定了坚实基础，为打造国家级农业产业化重点龙头企业创造了有利条件。

鲲鹏饲料生产基地引进国内一流现代化生产线、新型制粒机、电控自动化机械设备，该生产线由粉碎系统、搅拌系统、混合系统、冷却系统、打包系统五部分组成，全部由微机控制，职能程度达世界先进水平，确保了产品的内在质量。

鲲鹏饲料集团一直以来注重企业内部管理，学习先进企业管理模式，提高企业运作效率，明确企业发展方向，使公司自成立以来，一直领跑河北省饲料行业，至今已发展成为集饲料生产、生猪养殖、屠宰、冷鲜肉加工销售的现代化产业链模式的大型农牧企业。

石家庄飞龙饲料有限公司

石家庄飞龙饲料有限公司成立于2002年，注册资本2 000万元，是集饲料及饲料添加剂研发、生产与销售、生猪养殖合作社、蛋鸡养殖合作社为一体的，致力于打造以生产节粮型畜牧业为主的专业化企业。

公司自成立以来，通过多措并举引流人才，为公司培养高效管理团队，为发展积累优质管理梯队，同时加快了公司在畜牧领域的发展，通过不断进行管理提升、研发创新等工作，使企业始终保持在行业前端，取得了多项成绩。先后荣获“石家庄市企业技术中心”“河北省名牌产品”“河北省饲料产业技术创新战略联盟理事长单位”“河北省饲料化验员职业技能鉴定基地”“石家庄市农业信息应用示范点”“河北省饲料工业协会副会长单位”“河北省科技型中小企业”，2017年畜禽用预混合饲料连续被评为“河北省中小企业名牌产品”，荣获实用新型专利6项，2018年荣获河北省农业科技小巨人、国家级星创天地、高新技术企业等多项荣誉称号，2019年荣获“石家庄创新型企业”和“河北省专精特新企业”荣誉称号。

2020年荣获“河北省微生态饲料技术创新中心”，获颁石家庄市新华区政府“质量奖”荣誉、“石家庄市农业产业化重点龙头企业”称号。

邯郸市奥普特饲料有限公司

邯郸市奥普特饲料有限公司是河北一家大学生自主创业而兴办的饲料企业。目前，公司以生产猪浓缩料为主，尤以教槽、保育和母猪料见长，专业专注于猪料的研发、生产和销售。

公司于2008年在北京大兴区创立，于2012年整体搬迁到邯郸市临漳县新城工业园区，公司的资产规模从创立之初的60万元发展到目前2 000万元。

公司始终以客户为中心，坚持以品质做保证，严把原料关，不用劣质原料。公司领导和技术人员经常深入到一线了解养殖户的真正需求，调查养猪户的养殖条件、养殖水平、品种等，切实把握养殖户的痛点，同时也给自己的产品作出定位。什么样的养殖户是主流？就是30～100头母猪是我们的主流！公司的产品就围绕这些养殖户做，而且以产品的性价比设计产品，靠产品的价值而不是靠产品的价位。产品一定要接地气，一定要给客户提供方便而不是方便公司，公司在市场上找答案，再在市场上验证产品。公司一步步完善产品，就是2020年无抗饲料公司也是这个思路，提前着手，最后的结果是公司不仅在市场上得到认可，同时也收获了很多荣誉，最近又收获了“河北省十大饲料品牌”、五省市饲料协会颁发的“无抗饲料推荐企业”和国家级“无抗先锋饲料品牌创新奖”。产品好才是真的好，用好原料造好饲料！下到一线解决养殖户的问题，深入研究、试验，打造出很多颠覆性的产品，公司的原则就是打造好产品而不是过于追求完美的服务。

公司在管理上遵循“公平公正，合理高效”的原则，使公司高效健康地运营。公司在2020年销量同比增长达43%，2021年预计将再增长40%以上。公司在发展的同时积极参与社会扶贫工作并成为拥军联盟单位。公司目前以河北为基点，辐射山西、山东、河南、安徽等省；以华北为目标，致力打造成河北省乃至华北地区猪饲料的名牌企业。

山西省

晋中大北农农牧科技有限公司

晋中大北农农牧科技有限公司是大北农集团全资子公司，坐落于风景秀丽、气候宜人的祁县省级经济开发区，总占地面积40亩，年生产能力18万t，拥有180多名员工，形成了集配合料、浓缩料、高档乳猪料的生产、科研、示范、培训于一体的农业现代化科技园，并于2015年12月份通过农业部《饲料质量安全管理规范》示范企业验收，成为山西省首家通过《饲料质量安全管理规范》的饲料企业。

晋中大北农农牧科技有限公司自成立以来，一直推行“以人为本”的企业文化精神，注重人力资源的培养，把人力资源作为最宝贵的财富。企业下设生产、市场、技术、品管、行政、财务等六大职能部门。打造了一支容动物营养、畜牧兽医、生产管理、经济管理、财务管理等50余人的复合型专业人才队伍。晋中大北农生产的猪饲料产品行销山西省内，得到了广大养殖户的认可，大北农品牌在山西市场取得了良好的声誉，销量随之逐年大幅增长。

晋中大北农是山西省饲料工业协会副会长单位，山西省农业产业化重点龙头企业，坚持“晋中大北农，专做好猪料”的经营思路，服务于山西省内广大养殖户，努力在山西省建立以产品为载体、服务为内容、培训为手段、服务人才为主体的知识型服务网络。

晋中大北农立志发展成为山西省一流的饲料科技企业，成为山西省高档猪料领军企业，为山西经济和农业大发展、产业精准扶贫等方面做出新的更大贡献。

山西锦绣大象农牧股份有限公司

山西锦绣大象农牧股份有限公司前身为文水县锦绣农牧发展有限公司，起步于1989年，下辖禽产业、猪产业、饲料产业，分别经营肉鸡和生猪养殖、饲料生产三大业务，是一家集种畜禽繁育、肉鸡及生猪养殖、饲料生产及加工、肉鸡屠宰、鸡肉和商品猪销售、生物制药、农牧设备生产为一体的国家级农业产业化重点龙头企业。2020年，公司共有145个分子公司，203个生产厂（场），肉种鸡养殖100万套，肉鸡出栏1.27亿只，鸡肉产品销量达29万t。种猪存栏15万头，商品猪出栏118万头，饲料生产153万t，实现销售收入193亿元，获得2018年山西民营企业100强排名第10位、2019年排名15位；2019年中国肉鸡市场五十强排名第12位；2019年中国农业产业化龙头企业500强排名第57位，2019年猪产业国内排名13位；2020年全国农业产业化龙头企业100强第40位，山西省百强民营企业第10位，农牧业第1位。

多年来，公司始终围绕“养好一只鸡、喂好一头猪、做好一吨料”的发展战略，推行“公司＋基地＋农户”的合作经营模式，执行“三固定、五统一、两奖励”的养殖模式（鸡、猪苗价格固定，饲料价格固定，回收价格固定；公司统一提供种鸡苗和猪苗、统一提供饲料、统一提供药品、统一制定防疫程序、统一回收；建棚给奖励、交保证金给奖励）。

内蒙古自治区

内蒙古正大有限公司

公司成立于1994年4月，是国家级、自治区级农业产业化重点龙头企业、自治区扶贫龙头企业。公司拥有现代化饲料加工生产基地2个，年生产能力40万t，主要产品包括奶牛饲料、羊饲料、猪饲料等9大系列70多个品种。公司成立以来累计向内蒙古地区提供各类畜禽饲料 400 万 t，连续三年在自治区范围饲料工业企业生产能力及主营产品销量、市场占有率均排名第一位。2019 年企业资产总额达 3 亿元，总销售收入 6.7 亿元；2020 年企业资产总额达 3.8 亿元，总销售收入 9.3 亿元。

公司秉承"利国、利民、利企业"的核心经营原则，着力打造具有世界水平、行业先进、智能优化、具备自主知识产权的集成式现代化饲料生产线。全程采用智能化、数字化、自动化加工工艺，拥有最先进的产品检测仪器，全面保障饲料生产的高效率、高质量。顺利通过 ISO9001、ISO22000 和 ISO14001 等管理体系认证，2020 年 8 月荣获自治区"名优特"农畜产品和品牌建设"标杆企业"称号。

2020 年公司积极响应自治区、呼市两级政府及主管部门关于做好新冠疫情及非洲猪瘟联防联控工作，发挥行业龙头示范带动作用，及时恢复生产，全力以赴为全区民生保证农产品安全有效供给。2020 年饲料供应近 30 万 t，捐赠抗疫物资价值 66 万元，被自治区政府认定为自治区民生保供重点企业。

2021 年起内蒙古正大将一如既往坚持用科学引导养殖，在持续推动技术、工艺不断创新的基础上，树立产业化发展思维，逐步打造 100 万头生猪（三定代养）全产业链、30 万只肉羊全产业链、30 万头奶公犊全产业链项目，为养殖户提供保姆式的售前、售中、售后服务，实现公司从单一饲料销售升级成为畜禽养殖全产业链系统解决方案提供者，系统打造全产业链运营模式。同时肩负起农牧行业龙头企业的社会责任，在企业发展的同时，为国家及自治区、呼和浩特市经济发展及社会稳定做出应尽的义务和贡献，使自治区饲料工业和养殖行业发展跨上新的台阶。

内蒙古四季春饲料有限公司

内蒙古四季春饲料有限公司是隶属于北京大北农科技集团股份有限公司全资子公司，公司位于呼和浩特市金山经济技术开发区中心地带；是内蒙古自治区规模最大、设备最先进的年产 24 万 t 标准化饲料生产基地。总投资 1.3 亿元，固定资产约 8 000 万元，注册资金 1 000 万元。占地面积 90 余亩，现有员工 140 人，其中大专以上学历占总人数的 65%以上。

2017 年以 94.81 分通过农业部饲料质量规范专家组评审，以内蒙古自治区最高分被农业部评为全国《饲料质量安全规范管理示范企业》。2019 年被评为内蒙古自治区农牧业产业化重点龙头企业。

公司在 2021 年重点以科研成果产业化、运行机制企业化、发展方向市场化为基本方针，公司依托近些年研发成果（发明专利 5 件，实用新型专利 24 件）在产品实现重大突破。

2021 年公司针对目前犊牛和羔羊应激期死亡率和腹泻率高的现状，单位联合饲用微生物工程国家重点实验室开展反刍动物新型发酵生物饲料的开发及其配套生产工艺的研究，并在市场成果转化，目标降低死亡率和腹泻率 50%。粗饲料为基础的颗粒饲料逐步成为国外反刍动物饲料研究的热点。公司在 2021 年积极探索育肥饲料上的创新，通过有效地开发和利用当地尚未充分利用的农副产品和工业副产品等饲料资源；利用大量耐高温活菌制剂和酶制剂大大增加采食量，有效地防止羊群挑食，从而发挥瘤胃的健康和日增重。公司也在不断地推动农牧业产业链延深进程，在肉羊、肉牛养殖方面与大型养殖场进行深入合作，共同探索、创新、研究、安全、绿色、环保的养殖模式。

呼伦贝尔东北阜丰生物科技有限公司

呼伦贝尔东北阜丰生物科技有限公司坐落于呼伦贝尔岭东工业开发区，成立于 2010 年 5 月，是阜丰集团投资建设的大型氨基酸及其衍生制品生产和研发基地，是香港上市企业。

目前，企业完成投资 110 亿元，年精深加工玉米 220 万 t，饲料生产能力达 65 万 t/年，是"国家农业产业化重点龙头企业""国家高新技术企业""国家绿色工厂""国家知识产权优势企业""自治区扶贫龙头企业"。拥有"国家企业技术中心""国家博士后科研工作站""国家认可实验室""自治区企业工程技术研究中心""自治区重点实验室"等研发平台。2020 年又被工信部认定为"国家工业产品绿色设计示范企业""国家技术创新示范企业"，全年实现工业总产值 65.17 亿元，上缴各类税金 2.28 亿元。

企业始终把循环经济，绿色发展作为一项生命工程来抓，积极推进资源节约、资源综合利用和企业清洁生产，确定了以"减量化、再利用、资源化"为原则，以"低消耗、低排放、高效率"为基本特征的企业发展模式，形成了一条"农业—生物制造—氨基酸—饲料、肥料—农业"的典型循环经济发展模式。在此基础上，2020 年企业又对饲料加工环节进行了配方调整、设备升级、工艺优化等，产品的收率和质量有了明显提高，经济效益显著，同时申请饲料方面发明专利 5 项，为公司进一步参与国际市场竞争奠定了良好的基础。

包头北辰饲料科技股份有限公司

包头北辰饲料科技股份有限公司成立于 2000 年 4 月。公司下设包头市北辰生物技术有限公司、包头市欣禾农业开发有限责任公司 2 个全资子公司。公司总资产 17 898 万元，占地面积 178 亩，员工 310 人。

公司现有饲料生产线 5 条，年加工能力 30 万 t；蒸汽压片玉米生产线 1 条，年加工能力 5 万 t；玉米联产加工生产线 1 条，年生产能力 3 万 t；小米杂粮生产线 1 条，年生产能力 1 万 t。

公司饲料产品有鸡、猪、牛、羊、鱼等 9 大系列，50 多个品种。其中绿色饲料产品 18 个，有机饲料产品 10 个，产品辐射内蒙古大部地区和陕西、山西、宁夏、甘肃、河北等周边省区。蛋鸡、牛、羊饲料出口蒙古国。2020 年，公司生产销售饲料 21 万 t，销售额 5.5 亿元。

公司在土右旗建成绿色玉米种植基地 20 万亩，有机玉米种植基地 4 万亩，带动一大批农户调整农业种植结构，增加经济收入。

公司与中国农业大学、内蒙古农业大学、内蒙古农牧科学院、美国肯塔基大学结成产学研合作关系。公司建有自治区级饲料技术研发中心，现有发明专利 2 项，正在申报发明专利 2 项，实用型专利 1 项。

公司为农业产业化国家重点龙头企业、国家高新技术企业、中国饲料工业协会理事单位、全国首批可溯源绿色食品试单企业、农业农村部饲料质量安全管理规范示范企业。2018 年荣获包头市政府质量奖。

2019 年，公司启动上市计划，2020 年完成股改，2021 年进入上市辅导期，计划在 2023 年实现深交所中小企业版（A 股）上市。

内蒙古柯宏生物科技有限公司

内蒙古柯宏生物科技有限公司是内蒙古粮食科学研究设计院有限责任公司的全资子公司，公司位于内蒙古呼和浩特市经济技术开发区如意工业新区环岛北街北侧，成立于 2014 年，注册资金 600 万元，建有微生物实验室、理化实验室、液态发酵车间、固态发酵车间、恒温库和冷藏库等。

公司具有完善的学术团队，与生物饲料开发国家工程研究中心建立了长期战略合作关系，与北京科技大学、内蒙古大学、内蒙古农业大学、内蒙古农牧业科学院等院校实施了紧密型校企合作。产品包括兼性厌氧发酵饲料、专性厌氧发酵饲料、酿酒酵母培养物、液态发酵饲料等类型，主要销往内蒙古、山西、河北、山西、宁夏、甘肃等省、自治区，并且供应伊利和圣牧等集团牧场。

公司发展过程中得到了政府、专家和同行的支持和认可，先后获得了“国家高新技术企业”“自治区企业研发中心”“呼和浩特市企业研发中心”“生物饲料安全预警监测站”等荣誉称号。经过近十年的技术攻关和生产及动物试验，研制出的系列产品具有精准营养、稳定高效、菌酶协同、免疫保健、生态环保等特点。2021 年的工作重点是将现有成熟产品推向市场，达到终端养殖动物增产增效、养殖畜舍除臭生态环保无污染的目的，真正实现用科技产品改善人类生活的终极目标！

辽 宁 省

沈阳波音饲料有限公司

沈阳波音饲料有限公司作为畜牧行业中，动物营养领域的技术创新中心、重点工程实验室、国家高新技术企业，拥有控温、控湿的专业预混合饲料生产车间和布勒公司制造的目前世界先进的预混料生产设备；拥有维生素、微量元素和氨基酸分析实验室；建立了环境可控的蛋鸡、肉鸡、猪营养试验基地；联合多家世界一流同行和大专院校、科研院所，运用 30 年深植一线的研究经验，结合用户的育种、饲料原料、畜舍设备、疫病防控、饲养管理水平及畜产品要求，为肉鸡、蛋鸡、生猪、肉牛产业提供预混合饲料和全面系统的动物营养解决方案。逐步建设完善动物育种数据库、饲料原料数据库、动物饲养环境数据库。公司拥有科学完善的管理体系，通过了 ISO9001 质量管理体系认证和 ISO22000 食品安全管理体系认证。公司运用无缝营养技术概念研发的“百赢”牌预混合饲料产品被评为中国驰名商标。2020 年，公司承担国家、市科研计划 2 项；被中国饲料工业协会评为“2020 优秀创新型饲料企业”；在丹东成立“百赢蛋鸡俱乐部”，帮助养殖户降低养殖成本，科学合理养殖，提高养殖效益。公司努力成为最有价值的预混合饲料供应商，为用户持续成长，行业健康发展助力。

辽宁众友饲料有限公司

众友饲料集团创立于 1997 年，旗下拥有三家全资子公司，分别位于沈阳胡台经济开发区、葫芦岛北港工业园区、新民公主屯开发区。总资产 5 亿元，以加工、生产、经营水产、猪、禽、反刍动物、狐貉饲料为主。历经多年发展，现已成为东北地区大型饲料企业之一。

集团拥有 12 座现代化生产车间，25 条国际领先的现代化生产线，每年可加工生产各种配合饲料、精料补充料、浓缩饲料和预混合饲料 100 万 t 以上，生产线均采用目前国际先进的工艺设备，使用计算机自动控制系统，确保生产高效和产品高质量。

集团现有员工 300 余人，拥有本科、硕士、博士学历及高级畜牧师、高级工程师等专业技术研发人员 150 余人。众友集团坚持以“科技为先导”的理念，根据地区环境、原料、季节变化、农户饲养水平、动物在应激状态下的营养需要，以及市场变化等因素、采用国际先进的技术，精心设计、研制、开发了水产、畜、禽系列高新技术产品。集团拥有先进的检测设备，制定了严格的质量检验程序和管理制度，建立了完整的质量保证体系。产品畅销辽吉黑三省及河北、山东、内蒙古等主要省份的百余个地区，企业影响力逐年扩大，连年获得各种殊荣。

沈阳富士大通科技有限公司

沈阳富士大通科技有限公司，于 2011 年 07 月成立于辽宁沈阳，注册资本 2 000 万元，是一家集科研、生产与销售为一体的高科技创新型农牧企业。富士总投资 1 亿元人民币，设计年产能 60 万 t。公司主导产品产销量已连续 9 年保持高速增长，产品远销东北、华北、西北 10 余个省份，已逐步形成以沈阳为中心，辐射全国的业务格局。

2020 年，全面实现智能制造、扩产增量，尤其是反刍饲料方面形成了自己的特色优势，在中国饲料行业具有强大的品牌影响力和市场竞争力，且仍在逐步完成饲料、兽药、动保、贸易等板块的产业链布局。

富士十分注重知识产权保护及技术创新，技术中心先后完成新产品及新技术研发 14 项，完成了 18 项科技成果的成功转化，研究成果均实现成功应用。截至目前，拥有发明专利 3 项，有效实用新型技术专利 11 项，且通过不断研发，核心技术积累及提升，企业获得的知识产权数量也在逐年上升。

富士公司担任辽宁省饲料工业协会副会长单位，荣获辽宁省农业产业化重点龙头企业、辽宁省高新技术企业、辽宁省首批瞪羚企业。2013 年至今，数次通过 ISO22000 食品安全管理体系及 ISO9001 质量管理体系双认证。富士品牌自成立以来斩获无数殊荣。

沈阳富士大通科技有限公司将坚持“富四方之士，追求共赢”的发展理念，全力打造中国饲料行业的优秀品牌!

辽宁波尔莱特农牧实业有限公司

波尔莱特创立于 1993 年，总部坐落于辽宁沈阳沈北新区，注册资本 5 000 万元，是专业研制生物小肽的高新技术企业。公司以儒、道、释国学为企业文化来影响员工和用户建立善念、善言、善行，提倡我爱人人的“仁爱之道”。用“做善良人、做好产品”的企业信念和激情、智慧、坚持的企业精神经营企业，坚持走高品质的质量路线，于 2012 年荣膺中国驰名商标。经多年的质量坚持，已形成了专业、精细、高科技的企业形象。

波尔莱特的经营方针：用科技为用户创造价值。企业高度重视技术创新，拥有专业的技术研发机构和获政府资金支持的肽制剂研发中心，专业致力于预消化技术、微生物、酶制剂、生物小肽的研究与应用。利用现代生物工程技术，成功研制了高技术含量的微生态、生物小肽等生物工程肽制剂产品，同时，在研究氨基酸、抗菌肽、微生物制剂方面已具备领先技术。被行业内誉为“小肽先驱”，“波尔莱特”在行业内享有盛名。集团旗下各公司全部通过质量管理体系 ISO9001 和食品安全管理体系 ISO22000 双认证。

公司发展战略三大板块，生物饲料、生态养殖、生物制药。目前在辽宁、吉林、黑龙江、北京、河北、山东、山西、陕西、甘肃等多个省份均设有公司，产品覆盖东北、华北、西北 10 余个省市。道家讲无为而无不为，21 世纪是绿色环保的世纪，饲料行业关系着人类的健康，创造一个文明、幸福、和谐发展的环境是波尔莱特人和各界同仁共同的愿望。波尔莱特是企业的，更是社会的。

沈阳禾丰水产饲料有限公司

沈阳禾丰水产饲料有限公司是禾丰集团旗下专业从事水产饲料生产的企业，于 2007 年注册成立，坐落于沈阳近海经济开发区工业区，占地 30 亩，地理位置优越，交通便利快捷，四通八达。

沈阳禾丰水产公司拥有精良的生产工艺及节能环保设备，全程电脑操控，高效率，低损耗，实现了公司与养殖户、经销商利益的双丰收。禾丰水产公司拥有行业一流的水产配方技术团队、销售团队和管理团队。专业生产鲤鱼配合饲料、草鱼配合饲料、河蟹配合饲料和对虾配合饲料。业务范围遍布东北三省，并逐步向外拓展业务范围，销售量不断攀升，目前已经成为东北地区最大的专业水产饲料生产企业。

沈阳禾丰水产公司发展壮大的同时更着重技术的创新和人才培养，公司自建实验鱼塘并与沈阳农业大学畜牧兽医学院合作建立教学研究基地，不断提升公司技术实力的同时也为莘莘学子提供更多的实践机会。禾丰水产公司坚信精诚合作是成就辉煌未来的基石，诚实守信是铸就基业长青的根本，开拓创新是实现发展的不竭动力。相信在全体员工的共同努力下，禾丰水产公司事业将有长足发展，成为全国水产饲料生产企业中的排头兵企业。

吉 林 省

长春博瑞科技股份有限公司

长春博瑞科技股份有限公司（简称博瑞科技）是一家专注反刍动物科技的国家高新技术企业，目前形成了以科技研发、生物技术、饲料加工、技术服务、牧业发展为一体的事业布局。

博瑞科技目前拥有 27 家公司，组建了以动物营养研究院为枢纽、饲料工程技术研究中心为平台、10 个动物营养检测中心为驱动的科研阵营，通过 50 余个精准营养服务站将服务遍及 20 多个省和自治区。博瑞科技现已成为中国奶业协会副会长单位、中国饲料经济专业委员会常务理事单位、中国饲料工业协会理事单位、国家博士后科研工作站、吉林省饲料工业协会会长单位、国家“饲料质量安全管理规范示范企业”、省级企业技术中心。企业还获得“农业产业化国家重点龙头企业”、“国家高新技术企业”、国家级专精特新“小巨人”企业、“国家神农中华农业科技奖一等奖”、“中国饲料行业十大科技进步奖”、“全国饲料优秀创新企业”等荣誉，中国农业 500 强企业。

面向未来，博瑞将继续凝铸“诚信、专业、创新、卓越”的企业价值观，秉承“成为世界一流农牧企业”的愿景，遵循“专注反刍动物科技”的企业定位，通过“使命、担当、奋斗者”的精神，践行“帮助员工实现梦想，帮助行业伙伴不断成长，促进社会和谐富强”的使命。

使命、担当、奋斗者!

黑龙江省

黑龙江林甸牧原农牧有限公司

牧原食品股份有限公司是一家集约化养猪规模位居全国前列的农业产业化国家重点龙头企业，是我国自育自繁自养大规模一体化的较大生猪养殖企业，也是我国较大的生猪育种企业。于 2014 年 1 月上市，注册资本 37.48 亿元，至 1 月 20 日，牧原股份全资及控股子公司 256 家，分布 25 省级行政区 102 市 213 县/区；其中养殖 226 家分 24 省 100 市 211 县；屠宰 18 家分布 9 省 16 市 18 县。

黑龙江林甸牧原农牧有限公司为牧原股份的全资子公司，2017 年 4 月注册成立，注册资本 3 亿元，具备独立法人资格。法定代表人为齐志，公司注册地址位于大庆市林甸县西南街。经营范围为生猪养殖与销售、生猪良种繁育、粮食购销、饲料加工，牲畜屠宰及肉类加工，林甸牧原计划总投资 51.2 亿元，建设年出栏量 300 万的生猪养殖场、年产量 30 万 t 的饲料厂及日处理 20t 的病死猪无害化处理中心，公司现有员工 900 余人。公司下属机构：综合办（办公室、品控科、销售科、人资科、采购科、餐饮科）、发展建设部、饲料部、养猪生产部、环保后勤部、融资财务部。

林甸牧原饲料厂位于大庆市林甸县，是黑龙江林甸牧原农牧有限公司“生猪养殖一体化项目”配套项目，2020 年 3 月 15 日开始建设，项目总投资 7 117 万元，占地 109 亩，建设年产 30 万 t 全价料车间及配套筒仓、区域行政办公中心、附属等项目，10 月 31 日投产；主要设备有混合机 1 台、粉碎机 3 台，筒仓总库容 9 600t，有日产 990t 配合饲料生产线，全程自动化控制。现已建成年产 30 万 t 的颗粒配合饲料加工车间，是“牧原高品质猪肉”供应链中的重要一环。

将会通过与农民签订合同或国储库拍卖形式收购农户玉米，采购的玉米占原料总需求量的 85%，公司自主研发配方加工饲料，加工饲料自用，从投产到现在生产饲料 8.57 万 t，现饲料板块工人 53 人，整个饲料厂设备及控制系统由世界一流设备厂家布勒（Buhler）公司提供。车间自动化、智能化程度高，粉碎、配料及制粒整个过程一键启动，拉动式生产，减少人为干预，保障饲料的品质，全程可追溯。饲料运输散装化，实现节能、绿色、环保、高效及资源利用最大化。

林甸牧原饲料厂作为牧原集团黑龙江区域中心饲料厂，定位——打造区域饲养的中央厨房，率先启动建设，项目达产后，实现年产值 9 亿元，年转化玉米 24 万 t，用工需求 100 余人，有力推动粮食贸易、物流运输、人才就业，助推林甸地区经济发展，造福一方。

上海市

上海美农生物科技股份有限公司

上海美农生物科技股份有限公司是以功能性饲料添加剂和原料为核心的动物营养解决方案提供商，是一家国际先进、国内领先的动物营养技术公司。美农成立于 1997 年，总公司位于上海嘉定工业园区，是目前中国最先进的饲料添加剂生产基地之一。曾获得“上海市创新型企业”“上海市文明单位”“上海市著名商标”“上海名牌产品”“上海市‘专精特新’中小企业”“上海市 2018—2019 年度‘守合同重信用’企业”等荣誉称号。目前拥有上海、苏州和成都三大产业基地，专业从事猪、家禽、反刍动物和水产四大种类饲料添加剂及原料的研究、开发、生产和销售。依靠科学技术和创造性劳动，提高畜牧生产综效、促进资源有效利用、保障动物食品安全、实现环境友好。美农以“技术驱动价值”为核心经营理念，秉承“分种分品，全程营养”的产品战略，从动物生理、营养学理论、养殖现状和饲料企业需求出发，以基础研究支持产品开发，产品开发支持解决方案，解决方案支持客户服务，最终目标是通过产品、服务和系统方案为客户创造价值。针对猪、家禽、反刍动物和水产四大类动物的不同生长阶段，分别对采食、消化和吸收的各个环节，提供调味剂、酸化剂、肠道健康类产品、家禽用产品和反刍类产品等，为遍及亚洲、南美洲、北美洲、欧洲、非洲、大洋洲等地的30多个国家及地区的客户提供优质的产品和一流的服务。

上海福贝宠物用品股份有限公司

上海福贝宠物用品股份有限公司成立于2005年4月28日，注册资本36 180万元，是经上海市科学技术委员会、上海市财政局、国家税务总局上海市税务局联合认定的高新技术企业，是上海市松江区企业技术中心、松江区专利工作试点企业，荣获“2019 PFA年度中国质造TOP10”、上海市“专精特新”企业、“2020亚洲宠物行业最佳营销奖”、“2020年度抗疫突出贡献奖”等多项荣誉。公司始终聚焦宠物饲料这一细分领域，坚持“成就宠物美好生活”的企业使命，秉承“质量就是生命，生命只有一次”的生产经营理念，遵循“营养均衡，科学配比和促进宠物健康”三大宠物食品配方设计理念，致力于为宠物提供健康、安全、高端的宠物食品和系统的科学喂养方案。2020年实现营业收入逾5亿元，贡献税收逾3 000万元。公司先后通过了ISO9001：2000质量体系认证、ISO9001：2008质量体系认证、出入境检验检疫总局CIQ认证及ISO22000：2005质量体系认证。公司及其子公司拥有专利共38项，其中发明专利8项、实用新型专利22项、外观设计专利8项，研发的“一种宠物被毛、羽毛、鱼鳞亮艳粉剂及其制备方法”发明专利荣获上海市发明创新二等奖。旗下“比乐”品牌具有较强的市场影响力和品牌美誉度，荣获“宠物新国货2019—2020年度黑马品牌”等荣誉，是天猫出口优品宠物主粮类目的唯一品牌。

上海邦成生物工程有限公司

上海邦成生物工程有限公司成立于1996年，是一家集新型绿色饲料添加剂研发、生产、销售于一体的高新技术企业，目前拥有21项发明专利，1个企业商标，3个产品商标，并通过ISO9001质量体系认证和ISO22000食品安全管理体系认证。公司始终本着“以客户为中心”的核心价值观，致力于经济、安全、高效的动物营养与保健产品的开发。主要产品防霉剂、抗氧化剂、抗菌肽、γ氨基丁酸等市场占有率高，销量居行业前三，年销售额1.85亿元，同时远销20多个国家和地区，已成为国内最大的饲料防霉剂生产商与最专业的小肽抗菌肽生产商。先后获得“国家科技部创新基金项目”“上海市高新技术成果转化项目”“上海市火炬项目”等国家级与市级数十项荣誉，被行业誉为国内“小肽先驱”。

公司以科技求发展，视质量为生命。邦成金山产业基地位于上海市金山工业区，占地约4万m^2，设有7条生产线，可实现饲料添加剂产品年产近5万t。研发中心按照上海市市级技术中心标准设计，下设精细化工、微生物及发酵两个专业研究所，拥有高精尖人才16人，同时，与南京农业大学、上海海洋大学、扬州大学、上海医药工业研究院等多家科研院所建立了长期的合作关系。公司不断加强内部管理，降本增效，定期完善制度、规范、流程等工作标准，对特殊问题设立专题小组，设立市场反馈责任机制，全线提升信息化水平，以优质的服务、良好的信誉不断满足和超越客户的需求。

上海信元宠物食品有限公司

上海信元宠物食品有限公司是信元动药旗下公司，创立于2014年，其工厂以GMP制药的严谨精神规划和设计，厂区占地10 000m^2，拥有400m^2的研发和品管中心，生产涉及宠物主粮、处方干粮/处方流体膳食、营养保健品、零食等产品。

上海信元宠食自创立起，一直秉承着“专业、创新、关怀、回馈”的理念，“以制药的严谨精神生产宠物产品”，从研发、品质管控、检查体系到生产体系，严格把关每一个环节，以确保生产出高效、安全的产品，力争为宠物的健康保驾护航。另外上海信元宠食也积极开展各类行业知识普及教育活动，且积极践行各类公益活动，以推动行业的发展为自身使命，以回馈社会为自身义务，以期为宠物行业的发展添砖加瓦。

不断的开发与创新是信元宠物的基本要求，至今，上海信元宠食共获得34项专利并于2019年荣获高新技术企业认证，其间也囊获了多项品类及创新产品奖项，获得了众多行业及专家学者的认可与赞扬。

自2014年起，上海信元宠食年平均销售增长率达50%，2019年销售额破亿元。未来信元也将会不断努力，继续奋进，以带来更健康、更专业、更优质的产品，以为行业的发展尽己所能。

上海欧耐施生物技术有限公司

上海欧耐施生物技术有限公司（以下简称欧耐施）成立于2008年9月，是一家专业从事饲料酶制剂和酶解原料生产和研发的高新技术企业。现有在职员工50多名，其中研究生以上学历6名，博士学历

2名，专科学历以上员工占员工总数30%。2016年被上海市农委评为上海市质量示范企业，2018年11月通过上海市科委高新技术企业复审；截至2020年6月30日，有授权国家发明专利4项，实用新型专利13项，软件著作登记3项。

欧耐施主营业务为饲料酶制剂和酶解饲料原料，分别在上海松江区和山东青岛即墨区建立了工厂，上海松江工厂为饲料酶制剂生产基地，占地15亩，建筑面积5 000余m^2；青岛工厂为酶解原料生产基地，主要生产大豆酶解蛋白、小麦水解蛋白和鱼溶浆，占地100亩，建筑面积2万多m^2。

欧耐施建立了酶制剂应用研发体系，即实验室体外消化评价体系（上海）、肉鸡和犊牛试验动物评价以及第三方独立性试验评价。公司开发了饲料酶应用专家系统（V1.0），为客户定制酶制剂产品方案提供平台。公司业已通过ISO 9001和ISO 22000质量体系认证。

欧耐施秉承“诚信、专业、创新、合作”的企业经营理念，靠产品品质占领市场。公司已经与大连成三集团、海大集团、民和股份、益生股份、仙坛股份、农好股份、山东环山股份、上海光明荷斯坦牧业、上海新农股份等国内外企业建立了合作。

上海衡威生物技术长丰有限公司

上海衡威生物技术有限公司是一家集产、供、销、研发、贸易于一体的现代化农牧企业，是一家能为规模化养殖场提供专业化产品和管理技术的服务型企业。衡威公司厚积薄发，匠心守望，高标准建设现代化的生产基地，亭台楼阁，鲜花绿树互相映衬，徽派办公楼与现代化的生产厂房交相辉映，是按照国际标准打造的花园式加工厂，是饲料加工企业的典范。公司现已通过ISO9001国际质量管理体系和HACCP食品安全管理双体系认证，成为国家级高新技术企业、农业产业化龙头企业。

衡威公司生产车间完全按照6S标准分区管理，精细化运营，公司拥有世界一流的瑞士布勒全套饲料加工设备，采用自动化电脑模拟系统及控制电盘配料双系统中央控制室控制，工艺先进，自动化程高。

为确保产品的精确营养，长期质量稳定，自公司成立以来，坚持选用最优质最稳定的原料，与美国杜邦、美国APC、法国乐斯福、西班牙乐达、荷兰帕斯托、帝斯曼、益海、迪高沙、美国金宝等世界一流的原料供应商成为战略合作伙伴。所有原料都经过严格的品质检验，针对原料保存的温度湿度等环境要求，每一种原料都按照标准指定存放。原料库设计科学，管理先进，能够合理应对大量的原料库存，避免交叉污染，确保原料的品质稳定。

衡威公司成立动物营养科技研究院和饲料营养工程技术研究中心。拥有高素质的研发团队，技术力量雄厚，先后获得10余项国家发明专利，公司检测中心下设液相实验室理化分析室、光谱实验室、原子吸收室等检测专业机构，对每道工序实施全方位监管，按中医“望、闻、问、切”四步法检测原料，把质量控制落实到每个岗位，规范操作精确到每个动作，成熟的品控系统和全员的品控意识，确保每一包产品完全合格。

公司引进国际先进的动物营养技术及养殖理念，配以严格的原料选用、先进的生产工艺、成熟的品控系统，科学的管理模式。

研发生产猪用高档教槽料、保育浓缩饲料、复合预混合饲料、强化大猪料、全价颗粒料及功能性添加剂等优质产品，其中公司研发的“乳仔猪三优、母猪三宝”产品畅销全国各地，深受广大用户信赖。

衡威始终追求客户的满意和技术创新，衡威提出做养殖场自己的饲料加工厂战略，做养殖场自己的饲料加工厂不是一句口号，而是一个目标，要求产品营养全面均衡，且消化吸收率最大化，饲料附加值最低化，节约能源，从而达到产品性价比最高化。

衡威关爱生命，注重生命的营养与安全，因为我们哺育生命，牵系着一个个家庭的健康与幸福。我们高标准建设消毒设施，阻断外界的污染，设立人流消毒通道，每位进场人员严格消毒，进入生产厂区，还要二次洗澡更衣。设立物流通道所有车辆严格执行，进场前清洗，再进行严格的喷雾消毒、熏蒸20min后方可进场，确保生物安全。

公司建立一个充满凝聚力和竞争力的平台，吸纳企业最需要的人才，公司为他们提供一个舒心安逸的生活环境，并为之提供激励、培训和发展的机会。我们建立一个养殖无忧的保障平台，我们坚持从走产学研相结合的路子，为现代化规模养殖场提供一站式保健诊疗价值解决方案，帮助农场主建立专业、安全、高效超值无忧的养殖系统。专业化生产高档次、高质量、高效益的饲料产品，持续提高所服务客户的核心竞争力和利润增长率，从根本上构建农牧企业稳定发展的保障平台。

上海衡威坚持“以人为本，和谐共赢”的核心理念，以“树百年衡威，做行业典范”为目标，以“打造质量根基，为用户创造价值”为使命，本着“合作、相容、发展”的核心价值观，做有利于用户、有利于员工、有利于企业、有利于社会的伟大事业。发展中的上海衡威与合作伙伴砥砺前行，共同成长，以正确领先的态度、远大宽广的胸怀和睿智长远的眼光为中国畜牧业的发展贡献自己的力量。

江 苏 省

江苏桂柳牧业集团有限公司

江苏桂柳牧业集团有限公司隶属于广西桂柳牧业集团，公司成立于2013年，坐落于“汉文化发源地”的沛县，是一家以饲料生产、销售、家禽孵化、养殖等综合性的龙头企业，厂区占地面积40亩，总建筑面积3万m^2，注册资金1亿元，饲料生产能力24万t，年产值近6亿元。公司投入近千万元，引进全自动饲料生产设备，降低人工错误率，提高产品质量。随着企业的不断发展，市场占有率不断提高，影响力也不断扩大，公司生产的肉种鸭配合饲料畅销苏鲁豫皖四省，不断地向其他省份延伸，在长期的合作中保持稳定的产品质量，在养殖户中获得良好的口碑。作为本地区饲料行业的支柱产业，桂柳专门成立了企业研发中心，对饲料科学配伍，产品营养平衡，饲喂种鸭能增强抗氧化功能，提高蛋品质、改善机体免疫功能和繁殖性能。同时能够减少氮的排泄；可提高肉鸭锰、锌、铜的表观利用率，降低锰、锌、铜的排泄量和有效提高氮、磷的利用率，降低粪便中氮、磷的排泄量，减轻对环境的污染。

公司一直致力于打造高品质的名牌产品，“桂家”牌饲料于2015年荣获“徐州市名牌产品”称号，2017年公司荣获“江苏省高新技术企业”荣誉称号，2018年荣获“徐州市质量奖”等多个荣誉称号，公司于2020年成为“中国饲料工业协会”会员单位。饲料是养殖行业的基石，极大地促进了本地区的经济发展和社会进步，增大了就业和发展机会；增加了国家税收，消化了大量农村闲置劳动力，产生了巨大的社会效益，促进饲料产业的结构调整和产品更新换代。作为江苏省农业产业化龙头企业，国家火炬计划重点高新技术企业，公司始终秉承“诚信、让利、发展”的合作理念，坚持“公司＋农户”的养殖模式，带动了周围养殖户发家致富。2020年受到疫情影响，为保证广大客户的利益，公司克服各种困难，不断调整经营模式以适应市场变化，承担起企业应有的社会责任，合作理念采取各种措施稳岗就业，保障饲料的全方位供应，保持地方水禽养殖市场平稳有序发展，稳定现有联营养户，不断拓展新的合作伙伴。

公司长期以来把“企业发展，农民致富”作为追求的目标，带动农民致富，有力地推动了农业产业结构的调整，收到了良好的社会效益，公司将不断加强管理，苦练内功，为地方发展做出应有贡献！一直以来，公司以办成一家颇具实力的规模企业，炼出几十名低起步、高素质的企业家，改变几千名优秀员工的命运，带动上万“四资”齐备的农户养殖致富，为社会做出应有贡献为目标；秉承竭诚服务，助友致富的服务理念，改变了数千名员工命运，带动越来越多农户朋友脱贫致富，实现了小康。

百奥明饲料添加剂（中国）有限公司

百奥明于1983年在奥地利成立，从研发、生产世界第一代的霉菌毒素吸附剂开始，百奥明公司一直活跃于国际饲料业，专注于以天然、高效益的方式促进动物健康，通过研发和生产饲料添加剂、预混料、提供技术服务来提升动物健康和生长性能。在30多年的霉菌毒素风险管理经验的基础上，借鉴创新性的天然生长促进理念，通过最新的科技和广泛的研发项目来推动可持续性的解决方案和环境友好型动物生产模式，满足猪禽、奶牛和水产日粮的需求。

无锡工厂项目占地面积约11 300m^2，总建筑面积8 800m^2。其中生产区域2 500m^2，仓储区域2 000m^2，检测实验区域300m^2，办公区域1 000m^2。最大年生产能力，酸化剂防霉剂32 000t，霉菌毒素脱毒剂32 000t。工厂设有液体酸反应线1条，液体酸混合线2条，液体酸成品包装线4条。固体酸混合线3条，固体酸成品包装线3条，其中一条为全自动包装与码拖包装线。所有原料、半成品、成品的出入库与生产使用均采用条形码系统管理。公司执行ISO9001、HACCP及FAMI-QS质量管理体系，确保物料的可追溯性及产品的安全。

百奥明公司的宗旨是通过营养呵护动物健康！

中粮家佳康（江苏）有限公司饲料分公司

中粮家佳康（江苏）有限公司饲料分公司位于江苏省东台市安丰镇，占地55亩，2018年9月正式投产，为中粮家佳康江苏养殖基地配套饲料加工厂，年产能36万t猪配合饲料，公司拥有1条乳猪料和3条中、大猪料专业化生产线，配套13 600t散粮仓、2 560t成品饲料散装仓。2020年猪配合饲料产量17.5万t，同比增长98.86％。

公司严格遵守国家饲料安全相关规章制度，依托强大中粮技术研究团队，配方设计积极采用低蛋白，严格控制锌、铜等微量元素及磷的使用量。严控交叉污染：促生长药物饲料添加剂停用后，公司将交叉污染管控重点转向锌铜。针对锌铜在产品中含量的高低，安排专线生产保育料，规范生产排序，制定清洗判定表和清洗方案，防止生产线上交叉污染，定期抽样验证产品铜锌。强化追溯体系建设：公司将可追溯体系建设作为工厂质量安全体系建设的重要组成部分，每年开展可追溯演练约10余次，并能在1h左右完成从成品到原料供应商相关成品发货、生产过程控制、原料使用、原料验收、供应商相关信息的追溯并整理成报告，为快速应对危机提供了基本保障。严格生物安全防控。工厂按照“三个分区”（脏区，饲料厂外围环境；灰区，饲料厂内办公区域，又称为缓冲区；净区，饲料生产区）和“四个对待”（人员、物品、车辆和环境）的分类原则科学采取防控措施，落实不同的管控要求，先后投资约300余万元进行生物防控方面的设施建设和改造升级，改进生产工艺，配置PCR实验室，建设车辆、人员洗消房。

江苏家惠生物科技有限公司

江苏家惠生物科技有限公司坐落于江苏省海安市高新区，厂区占地面积100余亩。生产区总面积超过35 000m^2，设计总产能为年单班20万t，配备反刍动物精补料、畜禽配合料、反刍动物预混料、通用预混料共4条生产线，所有生产线均实现全程自动配料操作。家惠品控中心配备液相色谱仪、原子吸收分光光度计、酶标仪、全自动蛋白分析仪以及常规成分的检测设备。目前在职员工88人，其中70%的管理和技术人员具有饲料相关专业的技术背景。家惠严格执行农业农村部的《饲料质量安全管理规范》，连续多年通过ISO9001和ISO22000的管理体系认证。2020年配合饲料（含预混料）总产量超过13万t，销售额超过5亿元。

家惠下辖反刍部和畜禽部两个直属项目部以及6家直属奶牛场和1家肉牛场，牧场存栏总数超过2万头。反刍项目部深耕奶业20余年，拥有一支在奶牛生产管理领域从业数10年的强大专家团队，专业致力于反刍营养产品的研发、生产、推广和服务。家惠坚持以“全程营养”的技术理念为指导，完善的技术支撑体系完整涵盖了研发、测试、加工以及应用、推广、服务等各环节。近10年的奶牛单产持续提高，2019年以来的成乳牛年均单产连续超过12t，处于国内领先水平。

产品就是交付给客户的全部。家惠立足于产业生态圈的定位，还积极创建企业联盟平台，寻求全球范围的技术高点，将创新与应用相结合，以技术驱动价值，与行业共成长。

秉承“专业养殖、卓越品质、客户至上、诚信为本”的经营理念，江苏家惠生物科技有限公司立志为全国养殖行业提供高科技的优质产品和全方位的技术服务，为不断改善合作客户的生产水平和经营效益提供有效的支持。

溧阳比利美英伟生物科技有限公司

溧阳比利美英伟生物科技有限公司（以下简称比利美英伟）成立于2016年，原为欧洲比利时INVE集团的在华企业，现隶属唐人神集团（股票代码002567）旗下全资子公司，是以研发、生产、销售幼龄动物代乳粉、开口料、教槽料、保育料、预混料、浓缩料为主要产品的高科技农业企业。

比利美英伟专注于动物饲料中“关键营养、关键组分、关键日粮”的研发与创新，秉承“健康饲料造就健康食品”的理念，以“为动物饲养提供先进的解决方案”为服务宗旨，以优质的产品质量赢得世界各地赞誉。近年来，陆续推出诱食奶Plus、乳猪律动源B、液体生物饲料乳猪酸奶——口口乳、清洁日粮、笑多宝生物环保料、雏鸡开口料、蛋鸡预混料等系列特色产品，致力于“做动物关键营养的领跑者”。

为了更好地服务于养殖业与提升比利美英伟的发展，唐人神集团于2020年投资1.5亿元对江苏溧阳生产基地进行扩建，配备年产12万t产能的预混料生产线、年产18万t产能的教保料生产线、全膨胀原料处理线、固体及液体生物饲料生产线，属国内首家综合性饲料生产基地。在“新基地、新工艺、新技术、新产品、新模式、新启航”的支撑下，比利美英伟以技术创新作为驱动力，持续为动物饲养提供先进的解决方案，做中国幼龄动物精准营养＋精细防控＋精益管理专业服务商。

英才携手，伟业共铸！

安 徽 省

安徽天助饲料有限公司

安徽天助饲料有限公司是一家股份制饲料生产企业。公司位于安徽省天长市铜城镇，占地面积50亩，建筑面积约1.35万m^2，总投资6 000万元，于2011年9月正式投产，拥有3条全自动化生产线，年生产能力24万t。公司于2020年6月荣获“安徽省农业产业化龙头企业”荣誉称号。

公司拥有一支在动物营养学、动物科学、饲料加工生产等各类专业均有所建树的人才队伍。现有高级工程师4名，专业生产技术人员12名，销售人员22名。天助公司以专业的设备、专业的工艺、专业的产品配方、专业的质量控制体系、货真价实的原料保证了产品的优良品质，以优异的生产工艺和严格的企业管理，在努力打造一个与生猪、水产、种畜禽养殖相配套，与禽产品饲养、回收、屠宰、加工、销售为一体的现代化农牧企业。一直以来，公司把“用良心做产品、用诚心待客户、用真心搞服务”作为公司的最高追求。

公司注册了“德天助”商标。主要产品有各种畜禽配合饲料、普通水产配合饲料、特种水产配合饲料等。

公司组织健全，架构合理。在党支部的统一领导下，工会、共青团、妇联等组织紧紧围着企业经济发展这个工作中心，在公司的各个岗位上发挥着凝心聚力、群策群力的作用。

安徽华恒生物科技股份有限公司

安徽华恒生物科技股份有限公司成立于2005年，是一家以合成生物技术为核心，主要从事氨基酸及其衍生物产品的研发、生产、销售为一体的国家火炬重点高新技术企业。安徽华恒生物成功承担了科技部“合成生物学”国家重点研发计划、发改委生物专项等国家重点科技攻关项目和高新技术产业化项目。

公司主营产品包括丙氨酸系列产品、L-缬氨酸、D-泛酸钙等。产品主要应用于饲料添加剂、日化、食品、医药及保健品等领域。公司秉承绿色环保理念，依托技术突破和成本优势，长期服务包括巴斯夫在内的众多世界500强和行业龙头企业。

在质量管理工作中，公司秉承“以客户为中心”的理念，建立了一支规范化、标准化的管理团队。公司先后通过了ISO9001、ISO14001、OHSAS18001、HACCP、ISO22000管理体系认证，获得了“KOSHER”认证、“HALAL”认证、“REACH”认证和“FDA”认证，并获得了“国家重点新产品”“工信部制造业单项冠军产品”等证书。

公司致力于通过“两个替代”的发展路径，即“以可再生生物资源替代不可再生石化资源”和“以绿色清洁的生物制造工艺替代高能耗高污染的石化工艺”，实现“以科技创新为驱动力，以先进的制造能力为根本”的现代生物制造企业目标。

安徽金牧饲料有限公司

安徽金牧饲料有限公司是位于安徽省阜阳市颍东经济开发区的一家高新技术企业，专注于饲料的研发、生产和销售。公司先后被评为安徽省认定企业技术中心、安徽省专精特新中小企业、安徽省守合同重信用企业、安徽省饲料与健康养殖行业协会常务理事单位、安徽农业大学研究生专业实践基地、阜阳师范大学就业创业实践基地、安徽省农业产业化龙头企业、南京农业大学产学研合作单位、阜阳市企业研发中心。2018年金牧肉用仔鸡配合饲料被评为安徽工业精品。公司拥有授权专利17项，现累计申报专利、商标等知识产权100余项。

为适应养殖业供给侧结构性改革的新要求，推动公司的加快升级，努力争当皖北地区饲料工业龙头企业，提高企业核心竞争力。公司十分重视企业技术改造和科技创新的投入，现公司引进国内先进的膨化水产饲料加工技术和安徽省内首家全舒化饲料加工技术，新增了年产高档全舒化猪饲料18万t和高档水产膨化饲料6万t的产能，年产值可达15亿元。

疫情面前没有旁观者，所有人的命运都前所未有地紧密联系在一起，公司党支部长期引领企业立足科技创新回馈社会，2020年为支持颍东区的疫情防控工作，公司向颍东区国库支付中心捐赠2万元；同年为支持颍东区的扶贫工作，公司依然抽调12万元专项资金定向捐赠颍东区贫困乡镇。

根据阜阳市颍东区委、区政府脱贫攻坚工作安排部署，颍东全区选派贫困村驻村扶贫干部147人（其中省直单位选派驻村干部26人，市直单位选派驻村扶贫干部41人，区直单位选派驻村扶贫干部80人）；区直单位选派非贫困村驻村扶贫干部44人；镇村扶贫干部代表36人（每乡镇街道3人）；合计227人一行，参观安徽金牧饲料有限公司养殖产业基地，了解安徽金牧饲料有限公司在脱贫攻坚和乡村振兴领域的实践经验，阜阳市颍东区老庙镇党委童书记，为参观者进行经验交流。

2021年公司规划建设肉类加工及冷鲜熟食一体化工业投资项目，力争在2021年当年把公司建设成集饲料公司、养殖公司、肉类加工公司于一体的集团化企业，为国家实现两个百年目标贡献力量！

宣城市福贝宠物食品有限公司

概况

宣城市福贝宠物食品有限公司位于安徽省宣城经济技术开发区科技路1号，注册资本1 000万元，占地面积50亩，总投资5 000万元，目前已建成厂房12 000m²，现拥有员工100余人。公司致力于为高端宠物食品提供生产和技术服务，是一家高起点宠物食品制造企业。公司拥有有效授权专利11项，其中发明专利3项，实用新型专利8项。目前已申请的专利有7项，其中发明专利6项，实用新型专利1项。公司现拥有2条高端宠物食品生产线，产品品质得到广大客户认可。公司2017年被评为“安徽省专精特新企业”“安徽省饲料工业诚信企业”，2018年被认定为“宣城市企业技术中心”“安徽省高新技术培育企业”“安徽省节水型企业”，2019年被评为“安徽省十佳饲料科技创新企业”“安徽省专精特新企业择优奖补企业”。2015—2020年产量均列安徽省前三。

超前谋划，积极准备，率先复工复产

2020年1月28日，农历大年初四，面对突如其来的疫情，公司决策层就召集公司高层做出了谋划，积极准备，要率先复工复产。公司上下同心，共同努力，做好全面工作，于2月4日（正月十一）正式复工复产，为全年生产任务的完成打下了坚实基础。

扩建第二条生产线，提升产能

3月2日，面对不断新增的生产订单，公司决策

层果断决定：通过采用自动控制技术，对配料粉碎系统、膨化烘干系统、喷涂冷却系统、成品包装系统等主机设备部分和电机控制中心 MCC、系统控制方式 PLC 进行改造提升，10 月 8 日新线正式投入生产，产能得到大幅提升。

获批安徽省高端宠物食品数字化车间

12 月 21 日，安徽省经济和信息化厅对我司申报的安徽省高端宠物食品数字化车间正式发文予以确定公布。对我司制造业数字化网络化智能化转型，推进制造业高质量发展工作做出肯定和表扬。

获开发区 2020 年度发展贡献奖

2020 年末，被授予宣城经济开发区“发展贡献奖”，对公司一年来对经济开发区经济发展和疫情防控工作所发挥出的模范带头作用做出表扬鼓励。

福 建 省

福建丰泽农牧饲料有限公司

福建丰泽农牧饲料有限公司 1998 年在福州成立，公司始终以“科技兴农、创造价值”为经营理念，以“品质、服务、高效、创新”为质量管理方针，现已形成饲料科研生产服务、生态循环养殖示范、科普惠农三位一体的产业发展模式。同时拥有全套瑞士布勒教保料和预混料生产线、国家生猪核心育种场、国家猪伪狂犬病净化场、动物营养和遗传育种工作站的产业格局。

主要产品畜禽水产核心料、预混料、浓缩料、配合料等销往全国各地，营销网络遍布福建、江西、浙江、安徽、山东、东北、广西、贵州、云南等省份，现有饲料合作企业近百家，养殖场户近万家，以产品品质、科技服务等综合实力赢得众多合作伙伴的好评。

公司已通过 ISO 9001 质量管理体系认证，荣获“福建省无公害饲料生产企业”“重承诺、守信用企业”等荣誉称号，4%系列猪用复合预混料被认定为无公害农产品生产资料，获得“玉米颗粒振动分离筛装置”等六项实用新型专利。与中国农业大学、福建农林大学共同完成的《猪优质高效养殖关键技术研究与应用》科技成果先后荣获神农福建农业科技奖一等奖、福建省科学技术进步奖三等奖、中国产学研合作创新成果奖二等奖。

福建金新农饲料有限公司

福建金新农饲料有限公司成立于 2009 年，注册资本 3 000 万元，为金新农股份控股的一家专业生产猪系列饲料产品的企业。公司坐落于福建省南平市延平区，拥有专业的猪料自动化生产设备及配套设施，原设计产能年产 12 万 t。2020 年公司新增一条生产线，投入使用后公司的年产能将达到 24 万 t；2020 年实现产值 2.6 亿元。

公司专注猪饲料的生产，作为中国教槽料领先者；依托金新农股份的技术优势，公司推出无抗活性教保料“宝宝乐圆”及发酵酸性母猪料“乐酸”系列产品，获得了市场的好评。为满足现代饲料厂的管理要求，公司引进了“金新农 SAP 饲料行业解决方案”；通过数字化系统实现了公司的标准化管理；同时公司严把产品质量关，配备有进口的近红外分析仪（NIR）、液相色谱仪和原子吸收分光光度计等检测设备；品控人员对原料的采购入库到成品的检验和出库进行全程质量监控，全力保障产品的质量。

公司积极倡导以“伙伴天下，共同成长”为核心价值观，致力于成为中国优质猪饲料最佳供应商：2011—2020 年度南平市农业产业化市级龙头企业、多年被评为守合同重信用企业、常年为当地的工业纳税大户、为福建省饲料工业协会团体会员、南平市猪业协会副会长单位等。

福建省邵武市华龙饲料有限公司

福建省邵武市华龙饲料有限公司成立于 1988 年 12 月，是福建省华龙集团饲料有限公司的骨干企业。公司坐落于邵武市养马洲食品工业园，占地 35 亩，建筑面积 12 447.61m^2，固定资产总投资 4 000 多万元，目前公司资产总额达到 8 000 多万元。公司目前拥有环保型配合饲料生产线一条（420 型制粒机 3 台），可年产环境友好型畜禽、水产系列配合饲料 18 万 t。

公司按照农业农村部要求，在 2020 年 7 月 1 日前，所有饲料不用抗生素，实现了产品平稳过渡，市场反馈良好。蛋禽料质量稳定、料蛋比低、产蛋率高，肉禽饲料转化率高、肉禽出栏体重大等，同时针对特定市场，有针对性地设计适应市场需求的饲料，帮助客户取得较好的经济效益。由于公司不断优化饲料配方，使用性价比高的替代原料，降低成本，提高产品竞争力。

公司历经 30 多年的不断探索与改革发展，取得了令人瞩目的成就：先后荣获南平市“诚信用工企业”、南平市“龙头企业”、邵武市“平安企业”等荣誉，并连续 26 年评为南平市“守合同重信用”单位、连续 6 年评为省级“守合同重信用”单位，2015 年荣获福建省农业厅授予的“饲料质量安全管理规范示范企业”，2016 年又荣获国家级“守合同重信用”企业称号。

福州海马饲料有限公司

成立于1985年的福州海马饲料有限公司是一家高起点、高科技、高品质、高信誉的现代化水产饲料专业生产企业，公司通过30多年的积累沉淀，产品已涵盖虾、蟹、蛙、贝类、甲鱼、淡水鳗、海水鱼等多类别饲料，2020年产销优质水产配合饲料近10万t，产值超10亿元，每年综合成长20%以上。

公司还在不断创新，积极开拓，在水产疾病预防免疫功能饲料方面取得重大进展，在产品功能和质量方面广受市场好评；同时公司积极与厦门大学、福建农林大学、集美大学等高校合作，其中“优质大黄鱼健康养殖与产业技术体系构建与示范”获得科技进步奖二等奖，“香鱼‘浙闽1号’新品种选育与安全高效繁养技术创建”项目获得科技进步奖二等奖；与福建农林大学合作的“基于绿色养殖需求的新型农用海洋生物制品研发与应用示范”也取得良好进展。

公司在发展历程中，荣誉不断，企业被授予2020十强水产动物饲料企业、农业农村部首批饲料质量安全管理规范示范企业、福建省海洋产业龙头企业、福州市农业产业化重点龙头企业、福建高新技术企业、福建先进技术型企业等荣誉称号。我们将砥砺前行、永不止步，将养殖要致富、海马来相助的助农富农理念，持续发扬光大。

漳州大北农农牧科技有限公司

漳州大北农农牧科技有限公司成立于2008年9月，坐落于福建省漳州市金峰开发区，占地面积115亩，总投资3.4亿元，主营畜禽饲料，是国家高新技术企业、省饲用微生物工程开发企业工程技术中心、省企业技术中心、省农业产业化重点龙头企业。

目前公司已拥有授权专利27项，主持中央引导地方发展专项、省级区域重大专项等在内的科研项目5项。与福建农林大学动物科学学院合作研发的成果“乳仔猪肠道健康的营养和免疫调控技术研究与应用”获得福建省技术发明一等奖并达到国际先进水平，“新型微生态制剂研究及其在猪日粮中的应用”达到国内先进水平，“一种豆粕的微生物发酵方法及其在饲料中的应用”获得漳州市专利奖二等奖。

公司紧跟政策导向、紧随政府步伐，以促进动物生长、增强动物健康、改善畜产品品质、避免环境污染、确保餐桌安全为前提，重点着眼于生态环保型饲料的研究工作。坚持以“抗病营养”为中心，应用生物发酵、气血双补和清洁日粮三大技术，现已研发有应用微生态制剂和复合中草药的教乳料系列、关注母猪繁殖健康的乳多多系列以及生物发酵技术与精准营养相结合的酸免系列生物发酵饲料产品等。助推非瘟防控及健康养殖的发展。

江 西 省

南昌傲农生物科技有限公司

南昌傲农生物科技有限公司是一家集配合料、浓缩料、添加剂预混料生产、研发为一体的现代农业科技型企业。公司成立于2011年5月，注册资金13 160万元，占地80余亩，位于南昌经开区白水湖，公司于2020年12月被江西省科技厅认定省高新技术企业，是“江西省农业产业化省级龙头企业”，2015年12月被南昌市科技局认定为“南昌市仔猪前期营养饲料工程技术中心”和被南昌市工信委认定为“南昌市市级企业技术中心”，及2015年3月获得江西省“创新科技示范企业”，同年12月获得江西省“专精特新”中小企业认定及2016年获得市科技局认定的“南昌市猪前期营养技术创新团队”等荣誉。

截至2019年公司全年月平均在职人员数为113人，科技人员30人，占企业职工总数26.55%。人员学历结构：硕士1人、本科16人、大专43人、大专以下53人，成立了一支包括动物营养、畜牧兽医、饲料加工、农业经济管理等多种专业人才在内的专业技术队伍。公司自成立以来，坚持将产品核心定位于猪饲料领域的前期营养阶段，依靠先进的科学技术和不断创新，致力于打造以“猪”为核心的产业价值链，为养猪户提供高科技、高性价比的产品，以及完整的服务，成为养猪户的紧密合作伙伴，深受广大客户值得信赖、高度认可的品牌。

南昌傲农生物科技有限公司是江西省内又一家农业高新技术企业、国家级农业产业化龙头企业，将致力于猪用生物微生态制剂、预混料添加剂及乳猪奶粉新技术研发。与市场密切结合，着力突破健康养殖的领先技术，并开发出高性能的微生态制剂、预混料添加剂及乳猪奶粉产品，带动整个行业持续创新发展。

江西新希望农牧科技有限公司

江西新希望农牧科技有限公司位于江西省赣江新区云山工业园区，毗邻316国道，占地60余亩，总投资2亿元。公司经营范围包括饲料生产及销售，并配套饲料配方研发、动保养殖技术服务、兽药销售等；2020年全年加工饲料12万t，产值3.6亿元。

公司年加工能力30万t，建有畜禽、水产生产专线7条，覆盖特种水产膨化料、普通水产膨化料、教保仔母猪、蛋鸡、蛋鸭、肉鸡、肉鸭、鹌鹑料等多个料种。公司将相关规范与ISO9001质量管理体系相融合，通过ISO9001质量管理体系认证。

非瘟背景下，厂区及成品库房划分猪料专区，猪料车与原料、其他畜种车辆完全分离。车辆进厂需经高压水枪冲洗、烘干房高温烘干后方可装料。生产车间配备超级保质器，饲料在85℃经过3min加热后方能流入后续工段。猪料编织袋进厂统一经烟熏宝熏蒸消毒。每日有职工在厂区喷洒卫可消毒液，保障厂区生物安全。

公司在强化自身产品质量的同时，不忘肩上背负的社会责任。新冠疫情期间，积极组织复工复产，保障养殖不断料，使人民的“菜篮子”不受影响。洪灾来临，公司不分昼夜，抢险救灾，2020年7月22—25日为恒湖、永修、铁河、湖口等受灾区域捐款捐物达10万余元，只为与千百万农民朋友共渡难关。我们秉承“与客户共享成功、与员工共求发展、与社会共同进步”的经营理念，争做世界农牧食品行业领导者。

江西翼邦生物技术有限公司

一、企业概况

江西翼邦生物技术有限公司成立于2015年，专注于宠物食品适口性的研发和整体解决方案的提供，具备强大的宠物食品风味剂及相应原料的研发能力，拥有多条全自动控制的液体和粉体产品生产线，具有稳定的生产和质量控制能力。

二、职工团队状况

目前公司在职人数105人，其中管理人员人数25人，技工人数15人，大专以上学历人数30人。

三、年度工作综述

1. 2020年收入较2019年增长85%，成本较2019年增长15%，销售业绩由2019年的12%上升到45%，纳税总额增长258%，公司保持平稳快速的发展。

2. 2020年江西翼邦通过招揽国际行业专家加强研发团队能力；建设高水平的市场开发团队；积极参与国内国际上重要行业活动，在宠物食品风味剂行业中具有较高的市场占有率和知名度，销售额复合年均增长率在30%并在持续增长。

3. 在2020年通过三级安全标准认证，取得了三级安全标准化证书。

4. 安全管理工作永远没有终点。为“创造一个好的安全生产环境，切实保障人民群众生命和国家财产安全”而不懈努力。

5. 2020年翼邦与知名企业管理培训公司——健峰企管集团，签订了近12万元的脱产培训合同。一大批公司中、高层管理人员有机会提高了职业技能和管理水平，为自我职业发展及企业壮大赢得了先机。

6. 为了提高操作安全系数，公司引进国际先进系统，建设自能控制操作系统。新增一条生产线，预算每天产量可以增加20%。为了提高产品质量保证能力，改善生产环境，对生产车间进行了无尘洁净改造，净化等级10万级。

四、荣誉和成绩

1. 2020年通过县级/市级农业部门审批，通过市级龙头企业认定，推动鹰潭市农业产业化转型升级。(鹰潭市农业农村粮食局公告2020年第1号)

2. 荣获鹰潭高新区管委会《扶贫爱心企业》。

河 南 省

河南雄峰科技股份有限公司

河南雄峰科技股份有限公司是中国第一家专业从事猪用预混料生产和养猪技术服务的企业。创业伊始，创始人许锐及其团队发现国内大量中小规模和家庭农场由于缺乏系统、科学的猪场经营管理理念、方法、工具，造成生产效率低、养殖效果差，从此，公司以“健康猪业、大利天下”为使命，创建“猪场管家”为核心的技术服务模式，努力提高中国养猪企业和从业者的经营管理能力，至今，先后为成千上万家养猪企业提供管家式技术服务，以“专注、专业”的精神持续为客户创造价值。

公司创建和不断完善以提升猪场效率的“五星猪场管家”认证体系，涵盖猪场五大板块、100项操作要求。帮助客户做好五大板块的工作：“以生产指标为导向、以流程管理抓关键、以现场执行看效果、关注从入口到餐桌、关注人的激情成长”，同时将生产绩效提高方案嵌入认证体系，依照认证体系纠正薄弱环节，推动更多的猪场获得更高收益。

通过“五星猪场管家”认证体系，雄峰猪场管家驻场团队每月跟踪改善，保证生产成绩逐年稳定或提升。关键流程为猪场预防疫情提前防范，服务的猪场PSY最高达28头。

在行业升级和变革的风口，雄峰人不忘初心，“企业以服务为本，员工靠服务立业”，做时代英雄，攀事业高峰！

洛阳希望生物科技有限公司

洛阳希望生物科技有限公司总部位于河南洛阳，生产基地占地60余亩，具有饲料添加剂一类和二类生产资质，公司产品聚焦微生态制剂、新型生物添加剂两个方向，开发应用于畜牧养殖、农业种植、水产养殖、环境保护等方面的系列产品，已上市产品包括活性酵母、富铁酵母、酵君莱、单体饲用微生态制剂等系列，与河南农业大学、河南工业大学、河北农业大学、河南师范大学等已建立科研合作开发机制。自成立以来，公司已完成单体微生态制剂、凝结芽孢杆菌、富铁酵母的生产工艺开发，顺利通过饲料添加剂生产许可认证，并已成功投产。公司客户遍布全国，并已初步开发东南亚市场。2020 年公司响应农业农村部对减抗、替抗产品的号召和要求，积极开发适应市场新形势的产品，主打绿色、安全、无抗特色，开发了酵君莱（凝结芽孢杆菌型）、富铁酵母两个系列产品，产品一经投入市场，反馈良好。公司注重质量检测能力不断增强，实验室在 2017 年即开始运行，占地 1 000m^2，按照标准微生物实验室建设，已通过洛阳市企业科研中心认证，具备微生物常规和定制类型产品开发和验证能力，配备相差显微镜、酶标仪、实验性液体发酵系统、纯水制备系统、高效液相色谱等设备，研发人员均为大专以上学历，硕士研究生学历 5 人，博士研究生学历 6 人。公司建有专用菌种保藏室，保藏菌株超过 300 株，并仍在增加中。公司先后申请了如下专利：一种用于生产饲料添加剂的益生菌发酵罐、一种微生物饲料添加剂混合发酵罐、基于微生物饲料发酵用物料粉碎搅拌装置、微生物饲料生产用物料挤压成型装置、微生物发酵用发酵罐、防物料堆积的活性酵母发酵罐、基于微生物发酵的饲料添加剂的散热储罐、分离式均匀混料装置等。

中原邦农集团

中原邦农 2006 年成立，发展到今天已经成为拥有郑州正大、河南卜蜂、商丘邦农、河南邦农四家全资子公司的规模化饲料集团，产品序列涵盖教保料、预混料、浓缩料、全价料，精心研发 15 年，专注高端猪饲料。15 年来中原邦农以成为中国饲料一流品牌为愿景，始终坚守品质，从配方设计、原材料筛选到生产管理、生产工艺、现场品控、成品检验化验把关等环节都已经形成一套核心技术和完整的品质把控制度，百分百为广大养殖户提供坚实的后盾和有力保障，让他们用得省心、放心，实现让养殖更轻松、健康、安全。一是掌握核心配方工艺，保证饲料营养均衡。专聘 1 博 4 硕，只为打造高端饲料品质，严控质量标准。集团技术全部依托中国农业科学院佟教授专家研发团队，确保核心产品技术，绝对尖端，主导市场需求。二是严控生产，从过程监控生产质量。公司从原料原粮存储、原料粉碎、配料混合、制粒冷却各个环节实现信息化监控，把好生产每一关。三是精准质检，从结果保障产品质量。公司始终将质检置于核心地位，不断提高质检水平，截至 2020 年已累计投入 400 余万元，建成 460m^2，配备全套高精准检测仪器的品控中心。四是内练功力，外化品牌，致力于成为中国饲料一流品牌。逐步建设国家级研发中心，培育提升公司核心研发能力，成立企业大学，助力人才全面发展，积极打造一流品牌。

湖 北 省

武汉新华扬生物股份有限公司

新华扬是一家以生物酶制剂、微生态制剂等饲料添加剂为主营产品的农牧生物技术企业。为全球农牧企业提供饲料添加剂产品及高端定制化产品服务解决方案。是我国唯一一家通过欧盟认证的生物酶制剂生产企业。目前具有自主知识产权的酶制剂产品已销往 20 余个国家与地区。2020 年实现营业收入 4.3 亿元，较 2019 年同期增长 23%，净利润突破 1 亿元，是我国饲料添加剂行业的隐形冠军。近五年，向政府及社会纳税超 1 亿元。

新华扬以科技创新为战略发展方针，深耕农牧产业 20 年，专攻畜牧生物技术，投资 4 000 万元建设新华扬生物技术研究院并建立了国家级的“博士后科研工作站”及“姚斌院士联合研发实验室”。同时，与复旦大学、江南大学、华东理工大学、华中农大、中国科学院天津工业生物技术研究所、中国农业科学院北京畜牧兽医研究所等多家国内知名院所合作，成立联合研发中心。

经过孜孜不倦的探索钻研，公司先后参与 3 项国家“863”计划、3 项国家火炬计划项目、12 项湖北省及武汉市重大科技专项，荣获 3 项国家科技进步二等奖，教育部科技发明二等奖，中国科技产业化促进会科技创新一等奖，湖北省、武汉市科技奖项 16 项，取得国家发明专利 52 项，授权专利共 82 项，制定国家及行业标准 19 项。获得“全国酶制剂行业十强企业”“全国五十强饲料企业”“全国饲料添加剂二十强企业”“全国饲料添加剂科技创新优秀企业”“湖北省支柱产业细分领域隐形冠军示范企业”“湖北省十佳行业领军企业”“武汉市制造业企业 100 强”等荣誉称号。

安琪酵母股份有限公司

安琪创立于 1986 年，总部位于湖北宜昌，前身为原国家计委批准建立的宜昌食用酵母基地，2000 年在上海证交所上市。经过多年稳健发展，业务规模不断扩大，酵母及深加工产品已被广泛应用于烘焙与发酵面食、食品调味、酿造、人类营养健康、动物、植物、微生物营养等领域。公司在国内外建有 11 个工厂，酵母类产品总产能超过 27 万 t，在国内市场占比超过 55%，在全球占比 15%，居亚洲第一、全球第三。

“福邦”是中国驰名商标，安琪酵母旗下动物营养领域统领品牌，专业从事酵母及酵母衍生物的深度开发和拓展应用。作为国内酵母源生物饲料的开创者和领跑者，历经近20年的研发和应用实践，采用国际先进技术和生产设备，向全球客户推出系列高科技生物产品，服务于畜禽、水产、反刍动物、特种养殖、宠物喂养等多个领域。

2020年，公司努力克服疫情影响，实现了逆势增长，全面完成了年度目标任务和“十三五”规划目标，“十四五”公司将围绕“做国际化、专业化生物技术大公司，打造百年安琪”战略目标，立足酵母同心多元化，聚焦酵母、健康食品、营养保健品、生物技术、新型健康包材五个产业布局，努力在生物大健康、生物农业等产业上实现突破，确保2021年收入过百亿元，2025年收入过150亿元，利润保持高水平，税收贡献10亿元以上。

湖 南 省

湖南华佑生物科技有限公司

湖南华佑生物科技有限公司坐落于浏阳市荷花工业小区，占地50亩，总投资8 000万元，是一家集猪、禽、反刍饲料的研发、生产与销售，猪禽养殖，反刍产业链于一体的农牧企业。公司拥有年产15万t猪禽全价料生产线、年产10万t反刍动物饲料生产线及年产5万t预混料生产线，拥有总容量上万吨的7个立筒仓及总容量480t散装料仓，投入580万元购置进口近红外等60多项检测设备，打造了面积达500m^{2}的品控中心，全方位建设产品质量保障体系。

公司先后被评为“国家高新技术企业”“湖南省农业产业化龙头企业”“湖南省重合同守信用单位”“湖南省安全标准化生产企业”等荣誉，通过GB/ISO9001质量管理体系认证。公司于2020年4月成立湖南华佑生物科技研究院，聘请中国工程院院士、湖南农业大学畜牧学科带头人、博士生导师印遇龙院士为华佑学术委员会主任，与公司开展产品研发、成果转化、技术服务等领域的合作，围绕高新技术产业发展的宗旨，倾力将华佑打造成“人才创新与科技创新”为核心竞争力的企业。

公司始终坚持“企业发展，带动致富”为己任，5年时间已带动3 260户农户致富，累计出栏生猪312万头，帮助农户创收6.5亿元，5年时间采取自繁自养＋基地联盟＋代养等方式，存栏母猪达1.2万头，出栏商品猪累计65万头。公司建成一条反刍动物饲料专线，成立了熟悉牛羊养殖技术的营销技术专业服务团队，实现了从牛源、草料、饲养管理、成牛出售为一体的服务体系，先后为国家扶贫县市引进牛源3.5万头，挂牌56家示范牛场，举行了46场养牛技术培训会，先后组织养羊技术培训会25场，为湖南黑山羊保种及品种改良项目发展打下坚实的基础。

湖南德邦生物科技有限公司

德邦生物集团成立于2004年，是全球领先的有机微量元素生产企业之一，是中国有机微量元素龙头企业。公司专注有机微量，推动在饲料和种植行业从摄入无机微量到有机微量的更新换代，既满足了动植物的营养需要，也顺应了绿色环保和减量增效的发展趋势。

湖南德邦生物科技有限公司是德邦生物集团旗下位于湖南生产基地，成立于2017年10月，注册资本4 000万元，主要经营范围：饲料添加剂和预混合饲料的生产及销售。公司取得了ISO9001、ISO22000、FAMI-QS等认证，产品畅销全国，并出口欧洲、北美、南美、东南亚等。

德邦生物集团成立十几年来专注于有机微量元素技术领域的生产、检测、应用，致力于研发安全高效、绿色环保型微量元素添加剂预混合饲料。公司科技力量雄厚，注重研发创新，团队高效团结，文化独特。公司拥有来自动物营养和精细化工合成等具有丰富实践经验的著名专家、教授为核心的科技研发队伍，并且与中国科学院、上海交通大学、中国农业大学、东北农业大学等多家知名科技院校建立了长期科研合作关系并成立了联合实验室。公司建有国内一流的全自动有机微量元素生产基地以及全自动预混基地。

长沙成农饲料有限公司

长沙成农饲料有限公司成立于2009年，位于浏阳市高新技术产业开发区，距浏阳、长沙市区各30km，距黄花国际机场仅8km，具有交通便利的区位优势。公司是一家专业从事猪用配合料、浓缩料、复合预混料的研发、生产与销售的公司，销售范围辐射湖南、江西，是深圳市金新农科技股份有限公司进军华中市场的战略分公司。

长沙成农饲料有限公司占地3万余m^2，年单班设计产量15万t，由年产10万t的配合料生产线与年产5万t的预混料生产线组成，采用江苏溧阳正昌集团全套饲料加工生产设备，采用了独特的舒化工艺。公司拥有先进的近红外、高效液相、原子吸收、酶标仪等检测设备，先后通过了ISO9001质量安全、ISO22000食品安全管理、三级安全标准化体系认证，2015年获得农业部《饲料质量安全管理规范》示范企业的荣誉称号，2017年荣登中央7台《聚焦三农》栏目。

公司自过部级示范企业以来，始终坚持《饲料质量安全管理规范》体系，在非洲猪瘟与新冠肺炎疫情时期，融入生物安全防控体系，严格把关，层层落实，赢得了行业主管部门及客户的一致好评，销量逆势增长，屡创新高。公司始终秉承伙伴天下、共同成长的经营理念，全情投入、持续卓越的企业精神，共赢、创新、担当、低调的核心价值观，以金立足、以新创业、以农为本，致力于成为中国养猪企业的首选合作伙伴，打造中国健康安全猪肉的标杆。

长沙绿叶生物科技有限公司

长沙绿叶生物科技有限公司创立于 2002 年 1 月，是一家专注于动物保健领域的高科技龙头企业，其产品为动物保健功能性添加剂预混合饲料。绿叶创新性地提出保健养猪概念和技术原理，开发出 135 保健养猪技术，研制出牲命 1 号、护仔康 1 号、大荘素等产品，荣获国家科学技术进步奖、中国产学研合作创新成果奖一等奖和两项省级科技奖励，其企业自主知识产权成果于 2017 年由中国农学会组织鉴定为整体研究达国际领先水平。

为深入开展动物保健领域研究，打造企业核心竞争力，绿叶投资建设企业技术中心、博士后科研工作站，与湖南农业大学动物医学院合作建设有畜禽保健湖南省工程研究中心，与中国科学院亚热带农业生态研究所合作建设有国家生猪产业技术创新战略联盟，持续地开展母猪营养保健、仔猪营养保健、肥猪营养保健、猪群免疫保健、猪舍环境保健等技术研究和产品开发，真诚地帮助广大猪场客户实现“轻松养猪、快乐赚钱”。

长沙正利生物科技有限公司

长沙正利生物科技有限公司是一家以生产销售饲料级腐殖酸钠为主，依托于湖南农业大学、宁夏大学和中国科学院等研究院所的一家高新技术企业。公司从事腐殖酸钠生产销售已有 10 余年，并先后获得 2 份腐殖酸钠种类发明专利，开创了包被白腐殖酸钠在饲料中的添加先河。

正利公司坚持贯彻执行公司的“精品工程”战略，以创新研发为先导，开发有意义、有利于客户、有价值、有益于社会的产品。公司已于 2019 年通过 ISO9001 质量管理体系认证。

长沙正利集团现已建立长沙正利生物科技有限公司、长沙正利人饲料贸易有限公司、乌海市蒙豫工贸有限公司。2018 年 8 月公司在内蒙古乌海又投资 2 000 万元，新成立了乌海市晶宇生物科技有限公司。这是一家利用废蒸汽为动力的腐殖酸钠生产厂，生产投产后，产品质量、生产产能、产品价格都将会有更大的优势。且生产过程中，利用废蒸汽为能源进行，积极响应国家环保政策，有效循环利用能源。这是该公司一个具有极大市场竞争力的项目。

广 东 省

广州市科虎生物技术有限公司

广州市科虎生物技术有限公司是应用现代生物技术，立足于畜禽、水产行业，致力于植物源功能性饲料添加剂的研发、生产、销售和服务的国家高新技术企业、广东省重点农业龙头企业、广州市农业龙头企业。

公司自 2002 年成立以来，始终秉承“以科技创新引导行业健康发展”的企业理念，致力于行业先进技术的研究和新产品的开发，已建成一个科研中心和两大生产基地，形成了完备的研发、生产和产品评价体系。

公司坚持自主创新和产学研合作，组建了跨专业的研发团队，开创性地研发并申报了两项植物源饲料添加剂新产品：姜黄素、（2-羧乙基）二甲基溴化锍，并获农业农村部批准取得饲料添加剂新产品证书，同时起草制定两项农业行业标准，独创植物源饲料添加剂 SEAS 开发评价体系。公司先后荣获国家科技进步奖二等奖、广东省农业技术推广奖、广州市科学技术奖、广东省名牌和粤字号农业品牌等荣誉。

公司坚持聚焦植物源替抗产品，深挖产品性能，做质量第一、品质稳定的产品，坚持精益生产，走专精特新发展之路。

公司与国内诸多大型优秀饲料集团企业建立了良好战略合作关系，产品远销东南亚和南美，部分市场占有率达 80%，领航植物源饲料添加剂，已发展为业内优秀的植物源饲料添加剂前沿技术开发应用商。

广州天科生物科技有限公司

广州天科生物科技有限公司成立于 2005 年，生产基地位于广州市花都区，主要从事无公害、绿色环保型饲料添加剂和添加剂预混合饲料等的研发与生产，是国家高新技术企业。

天科公司先后参与制定微量元素螯合物 3 项国家标准和 1 项行业标准，承担国家、省、市、区各级科研项目 10 多项，荣获国家科学技术进步奖二等奖、广东省科技进步二等奖、广州市科技进步三等奖等多个奖项。被授予省工程技术研究中心、省级技术中心、博士后科研工作站、广东省重点农业龙头企业等荣誉称号和资质认证，并通过了 ISO 9001、ISO 22000和 FAMI-QS 体系认证。截至 2020 年，共申请发明专利28项，授权发明专利16项。

自成立以来，天科率先在国内推动有机微量元素产品的国产化，在行业引领和推动有机微量元素的普及和应用及微量元素综合应用解决方案的技术升级。经过10多年的发展，天科日渐成熟稳健，凭借雄厚的企业实力，已成功树立了中国有机微量元素领域的一面旗帜，成为行业翘楚。产品被评为广东省名牌产品、广东省高新技术产品，销往全国各地及出口东南亚和欧洲等地。

着眼未来，天科将在矿物元素领域开展多种新型微量元素产品的研发和应用，推动行业的健康和可持续发展，继续为美丽中国、环保中国事业贡献自己的力量。

广州立达尔生物科技股份有限公司

广州立达尔生物科技股份有限公司创立于2001年6月，总部位于首批国家级高新区之一的广州高新技术产业开发区，是一家以饲料添加剂、食品添加剂的研发、生产和销售为主营业务的高新技术企业。

科技创新是立达尔获得跨越式发展的主要源动力。公司建设有广东省工程中心、广东省技术中心、广州市重点实验室等科研平台。公司在饲用色素领域已形成叶黄素、β-胡萝卜素、辣椒红、斑蝥黄、虾青素等完整的产品体系，获得行业市场的主导地位，成为各大饲料企业信赖的合作伙伴。

绿色、安全、健康是公司获得声誉与认可的根本保障。为保证产品安全，公司在多个地区建立了大型的万寿菊、辣椒种植基地，不仅有效保证了公司生产原料的品质和安全，也为发展当地经济、解决农民就业、帮助农民脱贫致富做出了重要贡献。

本着持续的创新精神和严格的价值标准，坚持绿色、安全、健康的可持续性发展战略，立达尔已在全国建立起完善的种植、研发、生产与销售网络，同时产品远销东南亚、大洋洲、欧洲、美洲等100多个国家和地区，添加剂年销售额突破10亿元。

展望未来，公司将一如既往地坚持“以安全为基石，以创新为灵魂，以真诚为根本”的宗旨，为行业的发展，为社会的和谐做出我们应有的贡献！

深圳市澳华集团股份有限公司

澳华集团是一家专注于高端饲料研发、生产与销售的国际型高科技集团企业。澳华集团不仅提供符合动物生长规律的营养套餐，同时，我们还提供养殖环境净化和养殖模式咨询等一体化解决方案。

澳华集团联合中国科学院建立了“高效环保水产养殖”联合实验室，为其高端水产养殖领域唯一合作伙伴；并与中国农业大学联合成立“澳华院士工作站”，把更高端、前沿的研发成果产业化、规模化，实现“高端高效”价值承诺。

正心诚意、以客户为中心、以奋斗者为本是公司的核心价值观，通过差异化的高价值产品、高效的养殖模式，以及专业高素质服务团队提供的价值服务，帮助广大养殖户实现增产增收，助力水产养殖行业实现健康成长。不创新，非澳华，澳华集团用持续创新推动产业进步，并依靠农业基础，做好研发、生产、销售以及养殖配套服务，向着农业科技化、信息化、食品安全化全面迈进！实现澳华、客户、消费者的多方共赢，最终实现碧水蓝天、渔牧兴旺、食品健康、风味天然的光荣梦想。

广西壮族自治区

广西大富华农牧饲料有限公司

广西大富华农牧饲料有限公司位于南宁隆安华侨管理区，占地面积90亩，是农业产业化国家重点龙头企业富凤集团下属专业化的饲料生产子公司，公司创建于2007年1月，由富凤集团投资6 500万元兴建，是构成富凤集团种禽生产、饲料加工、禽苗孵化和肉鸡养殖、种猪生产等五大经营主体之一，形成了富凤集团完整的产业链布局。

大富华公司以建立现代企业为目标建立完备的生产管理体系，完善各项规章制度。公司现有职工286人，其中具有中高级职称6人，大学本科学历32人，大中专学历78人。以建立高效、精简、完善的组织结构为目的，通过科学的管理、监督、协调等有效手段，建立高效的管理服务体系，高效地配合与协同，健全的管理制度和考核机制保障企业顺畅高效运行，提高企业经济效益。

公司引进当今饲料行业最先进的全自动化生产设备，主要生产设备采用国内著名的江苏牧羊饲料机械，装备性能优良的粉碎机、快速高效双轴混合机、电子配料秤、大功率制粒机、膨化机、液体添加系统，机械手自动叠包，生产车间采用集散型智能化自动控制系统（DCS），包括微机配料秤、PLC可编程控制器、产量电耗计量等，由主电控屏与两个机旁电控箱组成，除对制粒机、粉碎机采用集中控制与现场控制相结合的方式外，其他全部采用集中控制，能够对生产过程中的一些关键参数实现自动控制，对重要参数实行集中监视，同时在DCS操作站显示流程图、趋势图、数据一览、报警一览等画面，方便工人操作和生产过程的全程监控。

同时配套建设有4个钢板立筒仓，玉米储存量4 000t，副料库容为1 000m^2，可贮存副料1 000t，成品库容 1 600m^2，可贮存成品料 2 000t，液体原料储房 200m^2，可贮存液体原料 240t，以及材物料库、备件库 400m^2，公司拥有独立的草本精华加工车间 580m^2 和预混料生产车间，生产工艺采用国内先进的电脑配料系统，经过生产工艺的改造，新增两条智能化的机械操作系统，实现畜、禽、水产等所有饲料品种生产能力，智能化和自动化程度高，软硬件设施和生产工艺水平达到国内领先地位，目前公司拥有饲料生产线 6 条，年饲料生产能力达到 33 万 t。

广西大富华农牧饲料有限公司结合当前生态养殖的迫切要求，契合现代农业的发展趋势，针对不同饲养品种各阶段的生理特点与营养需求，创新性地开展以添加益生菌＋草本精华为特征，成功研制出生态健康养殖饲料配方，为集团全面推行生态健康养殖提供可靠的饲料保障，在广西养殖行业中率先实行生态养殖，取得显著生态、社会效益，成为养殖行业生态养殖和产业富民的标杆。

建立严格的质量管理体系，通过严格的原料及成品品质监控和质量管理过程中的质量策划、质量检验、质量改进三要素执行系统，严格把好公司原料进口关卡和合格成品的出厂关，建立具体明确而标准化的质量执行方法、执行守则，公司注册的“富凤牌”“带香牌”等畜禽产品品牌畅销全国各地。

公司积极响应党委、政府的号召，采用“公司＋基地＋农户”的农业产业化经营模式带动了隆安县的丁当镇、那桐镇、城厢镇、乔建镇、古潭镇、南圩镇、都结乡、雁江镇、屏山乡、敏阳等 10 个乡镇 110 多个村屯 800 多户农户进行土鸡农业产业化肉鸡养殖，使农民不离乡、不离土、不离开亲人，在家门口创业致富，保持了农村稳定、农民发展，为全县扶贫攻艰、助农增收工程谱写了新篇章。

公司技术力量雄厚，管理科学，生产工艺先进，检测手段完善，售后服务快捷，将一如既往地坚持以科技创新不断推动企业发展，不断提升产品质量和品牌价值，不断开发高品质的畜禽饲料产品，满足现代畜禽养殖发展的需要。公司先后荣获“民族贸易企业”和“广西农业产业化重点龙头企业”等称号。

广西商大科技股份有限公司

广西商大科技股份有限公司是一家从事猪复合预混合饲料、配合饲料、浓缩饲料及种猪功能性营养产品研发、生产、销售和服务的企业。公司成立于 2005 年，位于广西南宁。目前拥有开发动物膳食纤维的广西商泰生物工程有限公司、从事生猪养殖与投资的广西商大农牧投资有限公司两家全资子公司。

公司重视科技创新。①建有专业研发团队。公司建有后备母猪、哺乳母猪、妊娠母猪、乳仔猪、公猪和种猪功能性产品六大营养研发团队，专职技术研发人员超过 40 人，硕士以上学历 11 人。②建有技术研发创新平台。拥有广西种猪营养工程技术研究中心（省部级）、广西企业技术中心、四川农业大学博士工作站等科研创新平台。③研发经费投入保障。公司连续 10 年研发经费投入占公司利润的 40%以上，占公司销售收入 4%以上。④科技创新成果突出。公司开发了 36 个种猪专用新产品，取得自主知识产权科技成果 13 项，申请发明专利 23 项，获授权专利 8 项，不同成果先后荣获国家科技进步二等奖、自治区科技进步二等奖、四川省科技进步一等奖等七个奖项。

公司先后被认定为高新技术企业、自治区农业产业化重点龙头企业、全国饲料质量安全管理规范示范企业，通过 ISO22000 食品安全管理体系认证等。

广西新天地农牧集团有限公司

广西新天地农牧集团有限公司创建于 2004 年，2010 年成立为集团公司。新天地集团一直专注致力于饲料加工产业、畜禽养殖产业、畜禽种苗繁育产业、畜禽产品深加工的农牧业产业化发展，目前为止已有 20 多家集团直属分公司；其中饲料产业年生产销售 70 多万 t，肉猪养殖、种猪育种产业年出栏生猪和猪苗 20 多万头，种鸡繁殖产业年出栏鸡苗 5 000 多万羽，“公司＋农户”肉鸡养殖产业年出栏肉鸡 4 000 多万羽，2020 年集团年产值超过 30 亿元。集团成立以来，先后荣获市农业产业化重点龙头企业、广西水产畜牧行业重点龙头企业、广西饲料工业协会广西十强饲料企业等称号。

广西南宁骏威饲料有限公司

广西南宁骏威饲料有限公司成立于 1993 年，是致力于动物微量元素研究和应用的专业化生产厂家，是国内同行业中最早的动物微量元素生产企业之一，合作伙伴遍布世界 40 多个国家和地区。公司生产设备精良、工艺先进、质量控制严格、管理体系完善，通过 ISO9001 质量管理体系认证、IQnet 认证、FAMI-QS 认证和 HACCP 体系认证。公司荣获中国饲料工业协会授予“饲料行业信得过产品”称号企业。“骏威”商标被评为广西壮族自治区著名商标。公司拥有广西南宁益维饲料科技有限公司、兴安品正科技有限公司两家全资子公司。

广西南宁骏威饲料有限公司具有雄厚的研发力量，与国内外动物营养相关大学和科研机构建立紧密合作关系，拥有美国得克萨斯理工大学化学博士、动物营养学博士、中国饲料工业标准化技术委员会委员等行业专家团队。目前公司配备了 ICP-MS、高效液相色谱仪、高效液相色谱—质谱联用仪、原子吸收分光光度计等精密仪器，用于微量元素等产品的研发和检测。截至2019年，公司已在动物微量元素添加剂领域成功申报了5项发明专利。公司占地面积2万多m^2，厂房面积1.5万多m^2，现有员工150人，工艺先进，设施精良。拥有4条化工生产线，4条干燥生产线，1条超微粉碎生产线，7条混合工艺生产线和1条反渗透生产用纯净水生产线，每年可生产各种单项微量元素添加剂5万t以上及添加剂预混合饲料5 000t以上。公司的产品种类丰富，涵盖目前市场上使用广泛的单项有机微量元素、无机微量元素所有产品、复合微量元素预混料。我们服务于国内外500多家客户，涵盖化工、种植、养殖等多个行业公司，与国内大型饲料企业如漓源、金钱饲料、正邦、沈阳农牧、帝凯维等集团公司建立了稳定的合作关系，同时还远销到美国、比利时、丹麦、智利、英国、日本、韩国、越南、巴基斯坦等40多个国家和地区。产品质量和服务得到了国内外用户的广泛认可。

公司秉承“智慧而生，精准而立”的理念，立足动物微量元素研发和生产领域，坚持为用户提供健康、安全和高性价比的微量元素产品、技术和服务，致力成为技术领先、质量上乘、服务一流的微量元素产品提供商，助力用户实现养殖价值最大化。

南宁市泽威尔饲料有限责任公司

南宁市泽威尔饲料有限责任公司始建于1995年，位于中国（广西）自由贸易试验区（南宁市片区），是以生产经营绿色环保、健康安全饲料添加剂为主的企业，综合实力在饲料添加剂行业领域居广西第一、全国前三名，技术实力位居全国之首。

泽威尔公司是“国家高新技术企业”、省级创新型企业。共申请20项发明专利，其中9项获得授权并处于有效期内。2020年公司荣获“纳税信用4连A企业”和“南宁市长质量奖提名奖”第一名。

泽威尔公司是国内首家提出和生产寡糖微量元素络合物的企业，并且是富马酸亚铁、柠檬酸钙国家标准的第一提出及制定单位，是蛋氨酸锰、蛋氨酸锌国家标准修订单位之一，填补了国内寡糖微量元素络合物在动物应用中的空白，开创了有机微量元素应用研究的新篇章，引领了新一代饲料添加剂的发展方向。公司是广西区内唯一获得农业农村部颁发的螯合物生产许可证的单位，是中国饲料工业协会和广西饲料工业协会理事单位。

泽威尔公司生产的饲料添加剂，是通过富马酸、柠檬酸、各种氨基酸、蔗糖等与金属元素形成的螯合物，既明显抑制禽畜体内的有害菌生长，促进消化酶产生，增强禽畜自身免疫力，强化基础饲料营养价值，保障动物健康，改善禽畜产品品质，又大幅节省饲料成本，是国内外大型饲料生产企业的首选。

海 南 省

海南恒兴饲料实业有限公司

海南恒兴饲料实业有限公司位于海南省海口国家高新技术产业开发区狮子岭工业园内，成立于1997年，注册资本1 800万元，占地76亩。主要从事禽畜、水产饲料加工销售、饲料产品研发等生产经营活动。公司目前配备有4条畜禽料生产线、2条虾料生产线、2条水产膨化料生产线和1条原料膨化生产线，年生产能力36万t。主要产品有水产类的虾料、膨化鱼料（海水鱼料、淡水鱼料）、蛙料以及家禽类的鸡料、鸭料、鹅料及猪饲料等。

公司生产的“恒兴”牌饲料及其他产品已覆盖海南全岛，产销量连续多年来位居海南饲料前列。公司一贯坚持“质量第一，顾客至上”的宗旨，被海南省政府评为“海南省质量管理先进单位”“海南省商业信用单位”“信用等级3A企业”“纳税信用等级A级”“信得过产品”。通过了“饲料质量安全管理规范示范企业（国家级）”“安全生产标准化三级企业”“标准化良好行为”。评为“2019年度安全生产工作先进单位”“2020海南民营企业100强第42位”“2020海口民营企业100强第33位”“2020海南省制造业企业35强”称号等殊荣。

海南响亮饲料有限公司

海南响亮饲料有限公司是桂林力源集团投资兴建的一家大型饲料加工销售企业。公司位于洋浦经济开发区嘉洋路，经营范围包含：饲料加工及销售；粮食、油脂、油料作物、饲料原料进出口经营，生猪养殖、销售；种猪及畜牧良种繁殖活动；粮食收购、存储、加工等。

当前公司设立饲料生产线4条，年产配合饲料24万t，主要生产猪、鸡、鸭三大系列品种的饲料，饲料生产线配置国内一流的全套牧羊生产设备以及一套自动小料系统设备，同时投入机械手代替人工码包，生产过程中采用生态设计，推广节能新工艺、新技术。

公司现有员工105人，其中大专及以上学历35人，随着公司业务发展的需要，队伍仍在不断壮大。目前公司已与海南大学、海口经济学院等省内高等院校建立了校企合作，每年都不断吸引着各类人才加入，为响亮公司的稳步发展奠定了坚实的基础。

“响亮饲料、用心做料”，公司本着“用心做料”的原则，致力为繁荣海南饲料行业、为保障海南菜篮子工程贡献自己应有的力量。

海南百洋饲料有限公司

海南饲料有限公司位于海南省文昌市文城镇文清大道276号，成立于2013年3月22日，占地面积20亩，注册资金2 000万元，主要经营水产饲料生产及销售。海南百洋饲料有限公司主要是依托百洋集团罗非鱼产业链，与集团在海南的加工厂协同联动模式发展。

公司现有员工近100人，管理人员、技术人员全部具有大中专以上文化程度和丰富的管理经验。公司配备有高级配方师，免费为用户提供优良的售后服务和技术咨询。

公司始终坚持可持续发展经营原则，坚持以“科技创新”推动企业发展，秉承“关爱员工，创造价值，服务社会”的企业理念，充分利用百洋股份的技术、人才和管理优势，用现代企业制度经营管理，建立和实施ISO9001质量管理体系、HACCP食品安全体系，全面提升和保障饲料质量和食品安全，为广大经销商、养殖户朋友提供一流的品牌、一流的技术、一流的管理、一流的产品和一流的服务，创造一流的效益。

百洋集团自2000年创建，2010年完成股份制改制，2012年实现深交所上市，现已发展成为一家“以水产食品为核心，以水产饲料为重要配套，以水产养殖为示范带动，以水产食品精深加工和水产生物制品为延伸”的农业产业化国家重点龙头企业。公司于2012年9月5日在深圳证券交易所上市，股票简称“百洋股份”，股票代码002696。

集团公司饲料业务历经多年发展，目前在广西、广东、海南拥有四家饲料生产基地，形成了以罗非鱼、草鱼等普通淡水鱼料，生鱼、鲈、黄颡鱼等特色淡水鱼料和虾料等水产饲料为主，畜禽饲料为辅的产品体系，产品技术历经多年积累和创新优化，技术实力始终保持行业前列；水产饲料在广西市场份额连续多年领先，在广东、海南也深受市场认可，畜禽饲料在广西市场也取得了突破；饲料事业部拥有行业经验丰富、忠实可靠、锐意进取的核心经营管理团队、技术研发团队、市场营销团队和内务生产团队，共同推进公司饲料业务经营持续稳健发展，为集团经营发展发挥了良好支撑作用。

集团公司始终坚持可持续发展经营原则，坚持以“科技创新”推动企业发展，秉承“关爱员工，创造价值，服务社会”的企业理念，充分利用百洋股份的技术、人才和管理优势，用现代企业制度经营管理，建立和实施ISO9001质量管理体系、HACCP食品安全体系，全面提升和保障饲料质量和食品安全，为广大经销商、养殖户朋友提供一流的品牌、一流的技术、一流的管理、一流的产品和一流的服务，创造一流的效益。自成立以来，百洋股份始终坚持发展水产产业化建设和水产科技研究，目前企业已建成省级技术中心，先后承担了国家星火计划“优势淡水产品加工技术研发及基地建设工程”、国家公益性行业（农业）科研专项《罗非鱼大规格鱼种规模化培育与生态养殖技术研究》、国家科技支撑计划项目《亚热带主要水产养殖品种安全越冬与抗寒应急技术研究》、国家现代农业产业技术体系建设罗非鱼专项等项目，并被评为“全国农业产业化重点龙头企业”“中国水产十佳企业”“全国农产品加工出口示范基地”“全国健康养殖示范基地”，荣获了中国水利工程协会授予的“中国罗非鱼行业突出贡献奖”称号。

2020年5月，青岛国信完成对百洋的并购控股，是青岛市委、市政府深耕海洋产业、推动海洋经济和国有经济高质量发展的重大举措，是百洋股份在新形势下加快战略转型发展的一个全新起点，百洋进入“二次创业”时期。未来，百洋集团将聚焦饲料、水产食品加工和远洋渔业核心主业，在百洋内部各业务板块紧密联动的基础上，通过与国信粮食、国信蓝谷、国信金控等优质业务产产结合、产融结合深耕全产业链，提升核心竞争力，快速扩张发展。

青岛国信集团是青岛市国资委下属企业，是以综合金融、城市功能开发、城市运营服务、现代海洋、城市信息科技为产业支撑的“3+2”产业架构，拥有10家核心一级子公司和58家重要参股企业，资产总额800多亿元。青岛国信集团自2012年开始布局海洋产业，初步形成以智慧养殖工船、现代海洋牧场、路基养殖基地等项目为载体，辐射带动海洋渔业、海洋科技、休闲旅游、贸易物流等链条的海洋产业发展平台。青岛国信集团目前设立了100亿元海洋产业基金和45亿元海洋新动能产业基金，邀请管华诗、麦康森、吴立新等院士及专家召开海洋产业投资论证会，与海洋国家实验室、中国海洋大学、中国水产科学研究院等10余家涉海科研机构建立战略合作关系，在黄海和南海区域均有海洋战略布局，未来将会持续加大在海南的海洋战略投资。

2020年11月6日，全球首艘10万t级智慧渔业大型养殖工船中间试验船——“国信101”号中试船交付国信集团，下一步，国信集团将以“国信101”号中试船的交付运营为起点，2022年完成首艘“国信1号”养殖工船建造并投入使用，后续逐步投资建设50艘养殖工船，形成总吨位突破500万t、年产名贵海水鱼类20余万t，产值突破110亿元的深远海养殖产业链条，全力打造世界级深远海养殖的示范工程，为海洋经济一二三产业联动发展夯实支撑，为满足人民群众对高品质蛋白质的需求、提升我国海洋水产品供给水平、推动海洋经济高质量发展做出积极贡献，奏响新时代海上的“中国田园牧歌”。

琼海温氏禽畜有限公司

琼海温氏禽畜有限公司是国家重点农业龙头企业温氏食品集团股份有限公司（简称温氏股份，股票代码：300498）下辖分公司，位于琼海省琼海市新海路与201省道交汇处，于2011年7月正式挂牌成立，主要以发展养鸡业、养猪业为主，占地面积166 650m²，总投资额达4 155.66多万元，现已建成了中原种鸡场、孵化厂、集中育雏场第一期，塔洋种猪一期，总部办公配套及饲料厂等。饲料厂配有一套行业先进工艺的二条饲料生产线，年可加工生产各种畜禽饲料40万t，全年累计可供应肉鸡1 500万只，肉猪30万头。目前公司员工385人，其中本科22人，大专28人。满负荷生产后公司年产值可达7.5亿元，合作农户收益近1亿元。

公司始终坚持以精诚合作，齐创美满生活为企业文化的核心理念，与员工、各方合作伙伴一道精诚合作，为中国新农村建设、农业产业化、精准扶贫、美丽乡村、构建和谐社会做出应有的贡献。自落户琼海以来，给广大的农民朋友带来了致富的福音，为了适应市场需要，改变单家独户饲养肉猪（鸡）参与市场竞争的被动局面，合作双方遵循“精诚合作，风险共担，利益共享”的合作原则，通过“公司+农户（家庭农场）”合作模式建立一支强大的商品生产队伍参与市场竞争，以达到共同致富的目的。采用“五统一分”（统一种苗、统一饲料、统一防疫、统一管理、统一销售，分户饲养）的模式带动家庭农场致富增收，农户出地并建设符合要求的饲养栏舍，公司承担市场风险及重大疫病风险，合作养殖户主要承担饲养管理风险，企业和家庭农场双方资源互补，取长补短，利益共享，使得经济效益最大化。

公司一直依托温氏股份强大的技术及资金支持，坚决落实集团“降本增效、安全第一”的建厂方针，不断完善各种制度建设、设备设施，生产成绩不断创佳绩，生产效率、生产成本及产品品质方面一直处于集团领先地位。

重 庆 市

重庆正大饲料有限公司

重庆正大饲料有限公司作为重庆市饲料龙头企业，位于重庆市涪陵区李渡工业园区，占地55亩，注册资本463.3万美元，年产畜禽饲料18万t，公司采用世界上先进的全自动配料系统，进口高精度微量秤，高效低耗破碎机，全自动制粒机，混凝土方仓，自动套袋包装机、码垛机械手等21项新设备和新技术，是行业内自动化程度很高的现代化新型饲料工厂。

公司始终坚持打造“安全、优质、高效”的饲料产品，将产品质量作为企业的生命。通过不断整合利用行业新技术，在整个生产加工环节，实行封闭式生产，避免人为接触，从而保证生产安全和品质。在不断的技术创新中公司获得了13项国家专利，并荣获“重庆市高端饲料加工数字化车间”称号。

同时，公司配备一支畜牧兽医专业人员组成的销售技术服务队伍，设有专门的技术服务检测中心，为客户提供优质的售前、售中、售后服务，并大力推广科学的养殖技术和经验。

公司始终秉承着“利国利民利企业”的经营宗旨，快速优质地为客户提供安全、健康的高品质饲料。我们用化繁为简、接受变革、不断创新的理念为当代中国畜牧业的健康发展贡献正大的力量。

重庆新希望饲料有限公司

重庆新希望饲料有限公司是新希望六和股份有限公司在渝追加投资兴建的大型现代化饲料生产企业，于2015年11月18日正式建成投产，公司位于重庆国际生物城，占地50余亩，总投资2亿元，固定资产1.2亿元，拥有国际先进的全电脑自动控制生产线，设计年产量50万t。主导产品有“希望”“国雄”“恒博”“嘉好”“畅消”“青印迹”“蛋多多”品牌的猪、鸡、鸭、鹌鹑等各阶段饲料。产品配套性和适用性极强，能满足多层次用户需求，而“青印迹”系列产品是公司推出的新型生物环保饲料。

公司主要生产猪、禽、鱼、鸭、鸡系列配合饲料及浓缩饲料等优质产品，销售范围覆盖渝、川、黔、等周边省市、县，目前紧跟时代步伐加入电商销售，现已成为西南地区生产和销售各种饲料的大型企业之一，市场份额逐年大幅提高。

公司始终坚持“为耕者谋利、为食者造福”的经营方针，以质量安全为根本，按照严格的质量管理体系，确保了公司产品质量的长期稳定。经过多年不懈的追求和努力，其生产的猪、鸡、鸭等系列产品赢得了良好的市场声誉，备受广大客户推崇和认可。2016年获得农业部《饲料质量安全管理规范示范企业》称号，2018年获得重庆市安全生产标准化二级企业，2019年通过ISO9001质量管理体系认证，2020年获得“重庆市和谐劳动关系”AAA级企业称号，荣获“第三届重庆农产品加工业百强示范企业”，2021年2月通过“两化融合管理体系评定”并取得证书。

一直以来，公司按照现代化企业管理制度的要求，强化过程控制，以“暖心工程”福泽员工，同时，不断推行精益化管理，实施 EBS 信息工程，全面提升工作质量和效率。公司始终坚持“客户至上，挑战自我，奋斗者为本”的经营理念，以技术为先导，不断开拓创新，与时俱进，为实现“农牧食品行业领导者”的宏伟目标而努力奋斗。

重庆海大饲料有限公司

重庆海大饲料有限公司是广东海大集团股份有限公司投资新建的大型饲料生产经营型企业。公司坐落在重庆市荣昌区工业园区尚书路，占地面积 45 亩，总投资人民币 1.2 亿元，于 2017 年 8 月底投产，年饲料生产能力 24 万 t，是西南地区高端配合饲料技术研发中心、高档膨化饲料的主要生产基地和饲料研发高层次人才的集聚地。

公司在生产设备上采用具有国际先进水平的大型膨化饲料生产线，在加工工艺上采用原料超微粉碎、油脂均匀喷涂，成品全熟化调制等行业内领先的生产工艺，自动化程度高，主要生产“海龙牌”“海贝牌”系列鱼用饲料和“海大牌”系列禽料。集团在国内 18 个省市以及越南、印度、马来西亚、新加坡等国家和地区共设有 350 余家分（子）公司，凭借优异的业绩和综合实力，饲料总量位居中国前三，水产饲料全球领先，畜禽饲料中国前三，并荣膺“农业产业化国家重点龙头企业”“中国企业 500 强”“亚洲上市公司 50 强”“中国走进东盟成功企业”等荣誉称号，成为“广东省政府千亿目标培养对象”。

重庆海大饲料有限公司拥有一支敬业、充满活力、富有创新精神的优秀员工队伍，其中 60%拥有高、中级职称或大学、专科以上学历，尤其汇聚了水产、畜禽养殖方面的专家，引导了川渝地区养殖新模式，产品口碑在川渝地区处于领先地位，促进养殖发展。公司践行集团“科技兴农，改变中国农村现状”的使命，向广大养殖户提供养殖全程的产品及技术服务，秉承“海纳百川，有容乃大”的精神，以服务为宗旨，帮助农民致富，为用户创造价值。

四 川 省

四川瑞玖鸿农业科技有限公司

四川瑞玖鸿农业科技有限公司是由一群志存高远又脚踏实地、具世界级眼光及全产业链思考、热爱“三农”，毕生愿为“三农”奉献的思想者、管理专家、实践专家、动物养殖及营养专家组成的行业精英团队，在 2016 年农牧行业年度人物李兵先生带领下，于 2018 年创办，占地 50 余亩，投资达 6 000 万元，位于四川绵阳三台县芦溪工业区。

公司在国家调整供给侧结构性改革时顺势推出符合时代要求的先进设备、工艺和流程，具备领先的机械化、智能化、自动化水平，公司充分研发和应用行业先进技术、设备、原料、配方、流程和工艺。公司具备年产 20 万 t 高质量饲料的能力。

瑞玖鸿致力于打造幼龄动物和繁殖动物营养第一品牌，将自身定位为产业链价值提升综合服务商、成功养殖方案提供商。公司以饲料产品服务为主，同时提供种苗、养殖场设计、养殖设备、兽药、疫苗、养殖顾问、金融等多种服务，提升养殖效益。产品如人品，产品质量是我们人品的外化。公司郑重承诺“瑞玖鸿”制造是质量和信誉的代名词。

经过三年的不懈努力，公司已建成养猪事业部、养禽事业部、养兔事业部，正由一个专业化的饲料工厂向规模化、集约化产业链集群昂首阔步、奋勇前进！

四川省汉源化工总厂

四川省汉源化工总厂系国家西部大开发重点扶持产业政策企业、ISO9001：2015 国际质量认证企业、四川省诚信守法示范企业。始建于 1992 年，1994 年 6 月建成投产。2008 年按国家做大、做强、做精产业的指导思想，抓住瀑布沟水电站建设历史机遇，企业搬迁复建至汉源县万里工业园区洪福小区，建成年产 10 万 t“汉光”牌饲料级磷酸氢钙（四川省著名商标、四川省名牌）生产线、年产 10 万 t 硫酸生产线、磷酸一二钙、磷酸二氢钙等磷化工产品和建筑用石膏建材系列产品生产线各一条；总资产 2.5 亿元，解决务工人员 420 人，为汉源的经济建设做出积极贡献。

为了深入推进“三去一降一补”指导方针，进一步加大副产磷石膏的综合利用量，公司加强技改、科研投入，提高生产规模，提升产品质量（磷酸氢钙抗氧化性），开发高附加值精细磷化工产品。同时与省环境科学院一道，完成产生的一般固体废物——磷石膏的无害化处理，该产品替代天然石膏用于水泥缓凝剂，水泥抗折抗压增强。2017 年建成投产年产 10 万 t 磷石膏粉生产线一条；2019 年利用本厂生产建筑石膏粉建年产 1 000 万匹建筑石膏砌块砖生产线一条。2021 年将加强对磷石膏新产品（增白性 α 性石膏）的开发，逐步引进锐钛性钛白粉开发和磷钾矿的使用。企业固废绿色循环产业链建成，为进一步做大做强打下坚实基础。在各级政府的关心、支持和帮助下，企业已建立现代企业管理制度，逐步建成用户满意的技术先进型、能源节约型、环境友好型、可持续发展的全国磷化工重要基地。

苍溪温氏畜牧有限公司

苍溪温氏畜牧有限公司隶属于温氏食品集团股份有限公司（股票代码：300498），是苍溪县重点龙头企业，集团科研示范基地。公司成立于2016年1月，配套建设有公司总部，1个饲料厂、4个种猪场、2个服务中心等设施，目前有员工300人。公司本部及饲料厂位于苍溪县陵江镇古梁工业区，占地面积约40亩，总投资2亿元。饲料厂占地25亩，生产区（含原料接受场地）占地约1.2万m^2，其中原料仓面积5 000m^2，另外配套共10 600t立筒仓，主要储存大宗原料，如玉米、豆粕、小麦等。成品料采用仓储无包装环节，散装仓容积1 760m^3，生产主车间五层使用面积约5 400m^2。

饲料厂主要生产畜禽配合饲料，配合生产线2条，设计年生产能力30万t。采用江苏常州市宏寰机械有限公司畜禽饲料成套设备，总装机容量约3 200kW。其中含配料控制系统1套、微量配套系统1套、预混合系统1套、双轴桨叶混合机1台、锤片式粉碎机4台、膨化机1台、进口制粒机2台、自动锅炉2台以及检化验设备等。饲料厂设有办公室、技术部、生产部、质量部、销售部、采购部等部门，公司各项制度健全，严格执行和遵守《饲料质量安全管理规范》条例，建立有原料供应商评价和再评价制度、采购验收制度、配方管理制度等。

贵 州 省

贵州日泉农牧有限公司

公司隶属广东天农食品集团控股子公司，是东西部扶贫协作中独山县政府积极引入的“100万头生猪产业暨种养循环观光旅游项目”，规划项目建筑面积64.7万m^2，年出栏生猪100万头，建设生猪养殖区、加工区、种植观光园区、饲料加工厂等及相关配套设施等。目前项目投资约8.3亿元。建成并投产年生产能力18万t全新自动饲料生产线3条。同时配有先进的自装自卸专业散装饲料运输车28辆，目前属西南片区规模产能最大的饲料生产基地。

公司为贵州省省级双龙头企业、省十佳扶贫企业、千企带万户示范企业、明星企业、观摩企业。2020年10月被农业农村部评为“全国非洲猪瘟无疫小区”，生产的生猪产品被列入国家扶贫产品目录库。

公司始终以“生态循环、健康养殖、低碳经济”为理念，按照“公司+基地+合作社+农户”扶贫模式，发展种猪繁育、父母代猪、商品猪养殖、饲料生产销售、肉制品深加于一体的全产业链公司。公司融合一二三产业打造“高技术、高标准、高起点，全产业、全循环、全生态”高效循环现代化国家农业示范基地。高薪聘请打造博士团队，主抓疫病防疫、生产管理、养猪服务、饲料配方，并定期对养殖合作农户及专业合作社做饲养管理培训。承担起多项国家级星火计划研究项目，获得众多知识产权及专利产品及多个奖项。

贵州现代生物科技有限责任公司

为切实贯彻省委指示批示精神，以振兴乡村经济，促进农户增收、助推全省脱贫攻坚为目的，根据贵州现代物流集团的战略定位，贵州畜牧饲料加工牛郎关项目着眼于服务全省畜牧业发展，以贵州现代生物科技有限公司为运营主体，选址在花溪区富源南路西侧贵州省现代物流集团产业园区内，总规划用地面积为98 671.92m^2（约150亩）。其中一期规划用地面积18 671.92m^2（约28亩），总投资6 880.41万元，反刍饲料设计年产能30万t。

牛郎关项目自2020年6月起，在半年的时间内从立项、可研、设计到基本完工，实现了超常规推进。

该项目采用了江苏正昌集团的反刍动物饲料先进生产工艺，工艺设备国内领先，技术成熟可靠，产品品质优良，该套主设备比国内同类设备节约成本300万元，从采购加工到安装调试采取超常规速度，前后用时近4个多月，比行业正常安装速度（7个月）节省近3个月时间，开创了行业先河。

一路走来，牛郎关项目建设得到了省委省政府相关领导的关心支持，尤其是省委常委、组织部部长刘捷同志的“三步走”战略指导思想统筹推进，为项目建设统一了思想，指明了方向；也得到了贵阳市政府的大力支持，解决了项目推进过程中的各种困难；更离不开项目专班各位领导、同事的辛勤付出，不畏辛劳，分赴省内外多地对饲料原料的生产、销售及物流运输等各环节进行实地调研考察，为全省牛羊产业发展做好配套服务。

项目以“服务省内畜牧产业发展、辐射省外畜牧饲料市场、争做全国行业标杆”为目标，着力打造以牛羊反刍精饲料为主的现代畜牧饲料加工企业。为早日摘掉贵州省饲料成本全国最高的标签，服务全省经济社会发展大局奠定了坚实的基础，对打造具有贵州特色的饲料工业体系，补齐全省养殖业发展短板，促进全省畜牧养殖业规模化发展，链接上游种植业和下游畜牧养殖业，推动全产业链降成本，扩大城乡就业，实现农民增收，助推全省脱贫不返贫和乡村振兴发展具有重要意义。

云 南 省

云南磷化集团有限公司

云南磷化集团是云南云天化股份有限公司的控股子公司。公司始建于1965年，在岗职工3 000人，资产总计105亿元。作为中国露天磷矿采选基地，秉承“绿水青山就是金山银山”的发展理念，坚持“环境效益、社会效益、资源效益和企业效益”四效并举的经营方针，深入推进“绿色矿山、绿色工厂、绿色产品”建设，在磷资源综合利用、科技创新、环境保护等领域具有示范和品牌效应。拥有国家磷资源开发利用工程技术中心，3座矿山均是“国家级绿色矿山”，4家工厂获“绿色工厂”称号，是国家“双百行动”试点单位。

公司集地质勘查、矿山设计、技术研发、磷矿采选、磷化工等为一体的高新技术企业，依托雄厚的磷矿资源实力，建设有昆阳磷矿、晋宁磷矿和尖山磷矿3座大型露天矿山，原矿生产能力1 150万t/年，选矿生产能力1 368万t/年，建设有80万t/年硫酸、30万t/年磷酸、50万t/年饲料级磷酸钙盐装置。

50多年来，公司打造了从磷矿石生产加工再到饲料级磷酸钙盐生产加工为一体的全产业链。截至2020年末，公司生产的“云天化”牌饲料级磷酸氢钙Ⅲ型（MDCP）、磷酸二氢钙（MCP）年产销达52万t，成为饲料钙盐领跑企业。未来，公司将引领饲料钙盐市场朝着绿色高效、高质量方向发展。

昆明爱科特生物科技有限公司

昆明爱科特生物科技有限公司成立于2002年，是一家由自然人出资组建的有限责任公司，占地50亩，注册资本1 320万元，固定资产8 000多万元。

公司专业从事饲用酶制剂、饲用微生态制剂以及功能益生元等产品的生产、研发和销售，严格按照ISO9001和ISO22000的标准要求组织生产，为饲料生产和农牧养殖业提供整体解决方案。公司生产产品有饲用单酶制剂13个、饲用微生物12个，以及40余复合型组合产品。公司以云南师范大学微生物工程研究所、云南省酶资源应用工程研究中心、国家和地方联合工程研究中心等平台为依托，以生物高科技技术为基础进行生物制剂研究和开发，每年按照6%比例进行研发投入，分别承担多个国家发改委、云南省、昆明市发改委及科技局项目，具有较强创新能力和技术服务能力。

公司合作伙伴包括美国NOVUS、安徽天邦、禾丰集团、江西正邦、温氏大华农、中粮集团等行业领先的大集团公司，多年来为行业大集团公司、饲料厂商以及部分终端经销商，提供了品质优异、质量稳定、价格合理的产品和相关技术服务。

昆明漓源饲料有限公司

昆明漓源饲料有限公司为桂林力源粮油食品集团旗下的上百家分公司之一，公司主营饲料生产、饲料销售。桂林力源集团身处山水甲天下的桂林市，是一家全员持股的大型民营企业，自1953年创建以来，始终秉承“合作、创造、共赢”的经营理念，致力于成为一家快乐的可持续生存和发展的企业。

集团产业涵盖粮油食品、饲料加工、畜禽养殖、种禽育种、生物科技等方向，公司拥有10 000余名员工，其中硕博学历100多人；现有下属分公司100余家，遍布于河南、江西、湖南、湖北、广西、广东、四川、云南、海南、贵州、辽宁等地。昆明漓源饲料有限公司成立于2014年3月，主营饲料加工和销售，公司拥有150多名员工，3条全自动生产线，从零开始，经过6年的艰苦努力，2020年销售饲料22万余t。

公司员工紧密团结，默默耕耘，使集团由弱到强，稳健前行，中国迎来经济的新常态，中国的农业也面临着全面转型升级带来的机遇和挑战。公司将以开放和务实的心态去拥抱改变，实现和维持行业内一流的规模和影响力，让全体员工因为成长而感到幸福。

宣威德康饲料有限公司

宣威德康饲料有限公司于2013年8月入住虹桥工业园区投资建设年产24万t饲料生产项目，现有职工43人，项目总投资2 000万元，占地面积50亩，其中生产车间占地5 600m^2，内建配合饲料生产线2条、封包线2条，包括原料初加工装置、原料破碎装置、混合装置、破碎筛选及包装装置，原料库1 800m^2、成品库9 576m^2。生产车间满足生产工艺、生产设备安装、运行及工艺管网布置要求。项目依托德康集团技术质管体系，采用国际最先进的全套瑞士布勒饲料生产设备和生产工艺，优质原料和优质配方，按照ISO9001质量管理体系要求建立严格的质量控制体系，为品质控制提供最强有力的保障。

宣威德康饲料有限公司和宣威德康生猪养殖有限公司隶属于四川德康农牧食品集团有限公司，宣威德康饲料为宣威德康生猪养殖的专供饲料厂，目前，宣威德康生猪养殖已建落水镇三道村10万头仔猪繁育场、龙场镇联峰村清水沟2 500头祖代种猪场，来宾大水塘2 500头祖代种猪场，发展养殖户100多家，每年专供德康养殖饲料10万t左右。

公司努力探索“公司＋农户”的产业化经营之

路，坚持“高科技、高品质、高服务”的战略，本着“价值共创、价值共享”的经营原则，将宣威德康饲料有限公司建设成为具有鲜明地域特色的现代化企业，真正为养殖户的致富、社会的进步贡献企业应有的力量。

陕 西 省

西安菲兰谱生物营养有限责任公司

西安菲兰谱生物营养有限责任公司，坐落在中国现代民间绘画之乡。公司立足于生物化工与动物营养交叉学术领域，专业研发新型功能性饲料添加剂。满足各类用户对功能性饲料添加剂的需求。

菲兰谱公司经过多年不懈的努力与大量的配套试验，在育肥猪快速增重和高效食欲调控技术范畴内所做出的各种技术努力，赢得了国内外客户的信任和同行友商的认可。

公司一直在努力于健康、环保、符合公众消费利益及动物福利的生物营养因子的研发；致力于提供大多数客户共同接受的无食品残留、无毒副作用、高效快速促进动物生长、显著调控动物采食量、提升肉品质量与风味的营养因子。

公司始终秉承“诚信进取，厚德载物”的公司经营理念，专业服务于全球各地各类客户，为用户提供并协助开发促生长类高端产品；公司承诺竭尽全力成为优秀的核心技术产品供应商；诚信对待所有客户、员工及技术合作伙伴；所有的商业行为值得广大用户信赖。

陕西鑫诚大唐畜牧有限公司

陕西鑫诚大唐畜牧有限公司是一家致力于天然植物提取、绿色饲料添加剂的研发、生产、销售、服务和中药材种植为一体的高新技术企业。公司成立于2001年，生产基地位于渭南市澄城县，公司传承古方智慧，以生产研发天然植物产品为重心，引领饲料畜牧行业走绿色饲料添加剂发展之路。

陕西鑫诚大唐畜牧有限公司重视产品的研发与创新，与中国农业大学、南京农业大学、河南农业大学、华南农业大学、西北农业大学、甘肃农业大学、中国畜牧兽医学会、中关村天然植物产业技术创新战略联盟、陕西微生物研究所等科研院校开展全方位科研技术合作，聘请中药炮制专家、中药药理专家、动物营养专家担任公司的技术顾问，并联合国内顶尖的动物遗传医学专家、药物研发专家、微生态研究专家成立了鑫诚大唐中药替抗研究中心，致力于动物营养与健康养殖的研究和新型替抗产品的研发。

陕西鑫诚大唐畜牧有限公司申报了10项国家级发明专利，承担多项省级技术研发创新项目，掌握了天然植物组方优化技术、天然植物炮制技术、饲料加工关键技术等核心科技。

品质造就一流产品，服务赢得市场认可，科技助推企业发展，诚信打造百年基业，公司将持续站在天然植物替抗科技的前沿，以“让动物更健康，让养殖更绿色，让行业更进步”为己任，树立业内形象，打造百年品牌。

陕西天宠生物科技有限公司

陕西天宠生物科技有限公司是一家专注高端宠物药品、营养品、保健护理品等产品研发、生产、销售为一体的综合型高新技术企业，公司位于陕西省西咸新区秦汉新城天工一路6号长信科技产业园A区18号，注册成立于2016年1月，注册资金2 000万元，总建筑面积2 250m²，其中办公面积500m²，生产面积1 750m²。分别建设有混合型饲料添加剂厂、GMP兽药生产厂。设有饲料添加剂生产线、片剂生产线、颗粒剂生产线、消毒剂生产线、体外杀虫剂生产线等。

公司前身为上海天宠生物科技有限公司，长期与英国、美国，以及国内各大院校合作转化众多高新成果，并不断扩充专业队伍，经过近10年的行业积累，已建成一支既掌握专业技能又有奉献精神的出色研发团队，其中制药及动物营养相关专业的博士1名，研究生2名，本科生、专科生占到公司整体团队的80%以上。

天宠生物旗下king cube系列，美施美康系列，MEWMEW（猫）系列，魔方优品系列产品热销全国60余省市自治区，已实现一线城市全覆盖，二三线城市初步覆盖的销售网络搭建，现有代理商170余家，覆盖专业宠物店8 000多家，专业宠物医院2 000多家。公司生产的牛肉粒内驱虫系列、滴眼液系列、创口愈合系列产品已为行业公认优质爆品，得到各大医院宠物店及宠物饲主等业内外人士一致好评。目前公司销售团队40有余人，重点客户做到一对一覆盖，打造了一支销售铁军。

天宠人秉承“科学、高效、专注、负责”的企业经营理念，“用创业者的热情，以专注科学的态度，在自己擅长的领域给伙伴带来最大的帮助”为企业精神，以“带给帮助客户解决问题的产品”为企业使命，与客户共同成长。

西安金圣尔生物科技有限公司

西安金圣尔生物科技有限公司，坐落于西安经济技术开发区泾河工业园，是集动物保健品研制、生产、销售于一体的专业化高科技股份制企业。公司占地18 000m^2，固定资产600万元。有兽药生产线4条，饲料生产线2条（混合型饲料添加剂、添加剂预混合饲料各1条）；兽药生产线和饲料生产线独立车间，添加剂预混合饲料生产线占地面积510m^2，年产能为1万t。添加剂预混合饲料生产线设备先进，主要生产产品有0.1%畜禽通用预混合饲料和0.1%～0.3%畜禽通用复合预混合饲料，共计产品14个。

公司总人数28人，其中技术专业技术人员17人。公司机构健全设立，成立专家顾问团、技术部、生产部、质保部、采购部、销售部、财务部等独立职能部门，公司从理论原料选择、入库检验、原料保存、配方设计、生产工艺、成品化验、成品保存、成品出库、客户使用效果跟踪服务等每个环节环环紧密联系。公司注重员工培训，从入厂前培训，到上岗培训，并定期对员工进行针对性的品质管理培训，从而确保产品质量达到技术设计要求。

公司化验室具备饲料常规检查所需化验设备，有能力做到每批原料和成品的检测，并严格将自己无法判定的原料直接送饲料质量检测检验中心检测，确保生产所用的原料质量全部合格，确保产品安全。从原材料进厂到生产过程控制以及产品出厂检验等环节都有相应的程序和记录，确保原料和产品质量的可追溯性。

公司在未来的发展过程中，将严格按照饲料各项管理制度执行，并严把原料、产品质量关，以确保产品安全、优质。并以“高品质的产品质量和优质的服务”为宗旨，不断地完善和改进。

甘 肃 省

甘肃元生农牧科技有限公司

甘肃元生农牧科技有限公司是一家集绿色种植、饲草加工、生态养殖、食品加工、肥料生产、沼气生产和尾菜处理为一体的综合型农牧企业。多年来，公司始终以科技创新为先导，与西北农林科技大学等国内知名科研院所建立了长期稳定的合作关系，创新已成为公司发展的新引擎，公司现已申报各项国家专利46项。先后被评为国家高新技术企业、甘肃省农业产业化重点龙头企业、甘肃省非公有制经济组织先进基层党组织、甘肃省劳动和谐关系企业、甘肃省先进私营企业、甘肃省企业质量信用等级评价AA级企业、甘肃省农业发展银行AA级信用企业和金昌市光彩事业重点会员单位、甘肃省企业技术中心、全国脱贫攻坚先进集体，并顺利通过了ISO9001国际质量体系认证，产品已荣获“甘肃省名牌产品”荣誉称号、“元生”商标被认定为“甘肃省著名商标”，建成了行业一流的检测中心。目前已形成了“有机种植—饲草加工—生态养殖—食品加工—肥料生产—沼气生产—尾菜处理”为一体的工农业复合循环经济全产业链，实现了企业小循环、产业中循环、社会大循环“三环”紧密相连的循环经济产业格局，已成为甘肃省资源节约型、环境友好型循环农业示范企业。

公司新建的5万只奶绵羊生态牧场建设项目总占地5 220亩，总投资26 960万元。公司是国内首家批量引进东佛里生奶绵羊的企业，目前也是国内规模最大的奶绵羊养殖基地，公司联合西北农林科技大学开展“乳肉”兼用奶绵羊新品种培育工作，将对羊产业的发展起到革命性的推动，既抵御了市场风险，也增加了产品附加值，绵羊奶在欧美国家被称为贵族奶，以其消化好、吸收快、营养丰富等特点，被国际营养学界称为“奶中之王”，是世界上公认的最接近母乳的乳品，在意大利有“绵羊尾下有黄金”之说，而黄金指的就是绵羊奶。欧美、澳大利亚、新西兰等国，都把羊奶定位为特色优质奶品，绵羊奶更是羊奶中的顶级特色奶，因此绵羊奶产业属于奶品中的“新宠”，在中国属于“独一份”产业，随着科学认知的拓展，绵羊奶以其特殊的营养保健功能，在全球范围呈热增态势，具有很好的市场前景。

为加快推进奶绵羊产业健康、持续、有序发展，公司新建了甘肃元生中新奶绵羊产业研究院，将开展对奶绵羊的高效繁殖、日粮配制、饲养管理、环境控制和绵羊奶精深加工等全产业链健康生产技术研发，并制定出中国奶绵羊高效养殖标准技术综合体系及绵羊生乳产品质量卫生标准体系。同时设立了奶绵羊综合实验站，开展奶绵羊养殖生产过程中生产性能指标测定、疾病预防和检测工作。公司以“绿色、循环、智能”为宗旨，着力构建良种繁育推广、优质奶源供应、羊乳精深加工、科技创新研发、饲草饲料供应、产品质量安全六大体系，做好“独一份”产业，让奶绵羊产业成为产业发展的新引擎，使“绵羊奶乳都”成为金昌城市新名片。

实施乡村振兴战略，产业发展是关键。奶绵羊产业是传统肉羊产业的转型升级，也是我公司发展的主导产业，万只奶绵羊生态牧场建成后奶绵羊存栏达到5万只，年出栏奶绵羊种羊3.5万只，出栏肉羊6.5万只，年生产羊奶23 000t，年可实现销售收入5.52亿元。形成全球最大的奶绵羊供种基地和绵羊奶生产基地，力争打造世界一流奶绵羊生态牧场。公司将积极探索建立与农户的利益共享机制和经营联合体，实现农业增效、农民增收、产业链增值、地方增税的目标，为区域内农业供给侧改革及乡村振兴战略的实施起到积极的示范带动作用。

甘肃海大饲料有限公司

甘肃海大饲料有限公司坐落于甘肃省兰州新区秦川工业园区，总投资1亿元，占地面积50余亩，年产能力达18万t畜禽饲料，专业化猪料生产线和专业化禽料线是目前行业最先进自动化生产设备，可满足规模养殖场对产品的高标准严要求需要，是海大集团布局西北重要战略的桥头堡。

海大集团（股票代码：002311）是一家主要从事畜禽饲料和水产饲料，优质水产动物种苗，动物保健品和生物制品的市场和销售，并为养殖户提供养殖技术服务等一系列解决方案，并逐步向健康食品领域拓展的高科技集团公司，注册资本超5亿元。经过20年的高速发展，海大集团在国内外拥有200多家分子公司、1个研究院、10余个中试基地，员工超20 000人。

2020年，海大集团饲料销量1 470万t，位居全国前三，实现营业收入600亿元，增长30%。海大集团连续多年入选“中国企业500强”“中国民营企业500强”“中国制造业500强”等。

海大研究院是广东海大集团的科研开发机构，已被认定为“国家企业技术中心”“广东省农业科技创新中心”，并组建“广东省工程技术研究开发中心”“广州市重点工程技术研究开发中心”，2007年5月份经国家人事部门批准组建了企业博士后科研工作站畜牧水产研究分站，在站博士后7名，出站留用4名；2017年6月经广东省科技厅批准成立院士工作站。现已成为饲料行业研发实力最强，出新成果最多的区业研发机构之一。

甘肃海大饲料有限公司将依托海大集团优质平台，引进先进的管理理念和雄厚的技术研发体系，为甘肃饲料企业、养殖企业提供优质产品及配套服务。甘肃公司现有员工120人，其大中专以上人员占职工总数74%，硕士以上8%，其中管理人员占18%，技术研发人员占8%，生产及品控人员占23%，销售人员占53%。甘肃海大将以西北市场资源、原料资源，充分利用海大集团全球一流的采购优势、国内领先技术研发优势、品牌优势及管理优势，组建专业团队、服务西北养殖行业，实现科技兴农、改变中国农村现状的伟大使命。

宁夏回族自治区

宁夏昊胜傲农饲料科技有限公司

宁夏昊胜傲农饲料科技有限公司成立于2015年12月，是一家集反刍饲料研发、生产、销售、科技服务为一体的农牧企业。公司隶属于福建傲农生物科技集团股份有限公司，是吴忠市“利通区牛羊肉（奶）专用饲草料配送中心”招商引资项目。公司总资产2 200万元，其中固定资产1 000万元，现有一条SZLH420反刍饲料生产线，年产能10万t。主营产品为肉牛、肉羊、奶牛专用精料补充料及浓缩饲料。产品辐射宁夏、内蒙古、甘肃、陕北等省区的专业养殖场、合作社及规模牧场。

作为一家股份制民营企业，公司在股东大会及董事会的领导下，下设7个部门，分别负责公司整体运营、采购、生产、品控、产品研发、销售、财务管理及办公室综合事务，各部门之间相互配合，形成一套符合本公司运营的管理体制，有竞争力的薪酬体系，有效激发了员工的工作积极性，彰显公司价值理念。

公司严格秉承集团“为客户创造价值、为员工提供发展、为社会做出贡献”的经营理念，积极投身到脱贫攻坚的事业中，2018年、2019年连续两年承担“泾源县安格斯母牛专用精料补充料”招标项目，为当地农户提供优质的饲料产品和完善的技术服务，解决了当地农民的实际困难。为宁夏及周边地区畜牧业的发展做出积极贡献。

宁夏隆昌饲料有限公司

宁夏隆昌饲料有限公司地处宁夏石嘴山市城关镇，是平罗县政府1990年引进的一家东西部合作企业，占地面积52亩，注册资金437万元。公司拥有畜禽、反刍2条全自动化饲料生产线，年生产能力达到15万t。公司新投资3 000多万元，全套引进布勒（常州）机械有限公司年产10万t饲料生产线，配套引进山东迎春钢板仓制造有限公司3×1 000t钢板仓的玉米清理、存储、输送等一整套设备，建设了银北地区最大的一条畜禽饲料生产线，产品达到国内先进水平。

产品覆盖猪、鸡、牛、羊、鱼等一系列40多个品种，销售网络遍布宁夏全区及内蒙古、陕西等周边省市。

公司是自治区农业产业化重点龙头企业和饲料质量安全管理规范示范企业，先后荣获县“诚信守法企业”和“饲料先进生产企业”等称号。产品通过了ISO9001：2000国际质量管理体系认证和ISO2200：2005国际食品安全管理体系认证，成为养殖户信得过的健康高效的产品，周到的售后服务受到广大养殖户的高度评价，树立了良好的品牌。

公司本着“质量第一，顾客至上”的发展宗旨，大力实施“生产规模化、管理精细化、结构最优化、营销品牌化、养殖效益最大化”的战略，按照“公司＋养殖户”的农业产业化发展模式，加大对饲料原料的质量管理，生产过程的严格控制，通过规模化布局，标准化生产，品牌化营销，跟踪式售后服务，有效地为养殖户增效创收。

宁夏泰昆荣华饲料有限责任公司

宁夏泰昆荣华饲料有限责任公司前身是宁夏荣华牧业控股有限公司，公司成立于2006年，2021年1月，新疆泰昆集团有限责任公司与宁夏荣华牧业控股有限公司重组成宁夏泰昆荣华饲料有限责任公司，是一家集饲料、饲料添加剂的生产、销售、生物饲料研发、技术服务、技术开发、牛羊养殖等为一体的企业。公司拥有“泰昆”与“禽牧王”两个品牌。自投产以来，始终以做精做强反刍饲料产业与示范带动农户养殖脱贫为宗旨，通过产业脱贫、就业脱贫、光彩行动等帮扶方式，实现群众脱贫与企业发展的双赢目标。2016年成为宁夏首家“农业部质量安全管理规范示范”企业，先后荣获宁夏自主创新示范企业、专精特新示范企业、民贸民品企业、自治区农业产业化重点龙头企业，连续三年为宁夏中小企业50强金牛奖。

泰昆荣华公司通过系统化、专业化、规范化、标准化的体系构建高标准、高要求生产体系，为宁夏畜牧业健康可持续发展做出应有的贡献。

大 连 市

大连禾源牧业有限公司

大连禾源牧业有限公司成立于2015年1月26日，是由辽宁禾丰牧业股份有限公司（沪市主板上市公司，股票代码603 609）和瓦房店市泓源牧业有限公司共同注资成立，注册资本1亿元。公司主营业务为集种鸡饲养、鸡雏孵化、饲料加工、肉鸡养殖、肉鸡屠宰、熟食加工为一体的白羽肉鸡全产业链企业。其全资子公司大连中佳食品有限公司是一个专门从事肉鸡屠宰与熟食加工的企业，主要产品有鸡肉分割产品和熟食调理类产品，产品除在国内销售，还出口到蒙古国、中东等国家和地区。大连禾源和其子公司大连中佳凭借完整的现代肉鸡全产业链经营模式，实现了肉鸡产品的食品安全和可追溯性，有效确保了整个产业各个环节的生产供应、风险规避、安全控制，进一步提高了企业的经营效率与经济效益。大连禾源目前是大连地区产业链最完整、单体肉鸡养殖量最大、鸡肉产品品质优良而且稳定的白羽肉鸡生产企业。公司于2018年5月被评定为农业产业化国家级重点龙头企业。

公司现有饲料加工车间3个，年总设计产能70万t肉鸡饲料。其中大连禾源安台饲料厂坐落于辽宁省大连市瓦房店市复州城镇安台村，厂区占地面积133 200m^2，其中生产车间占地面积为15 000m^2，生产员工90人，车间采用4条全套江苏丰尚颗粒料生产线，该4条颗粒料生产线总投资3 500万元，年产颗粒饲料达到40万t。另外建有成品库一座、玉米仓5个和豆粕仓2个，保证了成品和原料的仓储能力。公司的饲料生产线具有制粒效果好、生产效率高、性能稳定、能耗低等特点，确保能生产出优质合格的饲料产品。公司现有饲料研发博士1名、硕士1名、本科生5名，共同致力于研究更符合动物营养和确保食品安全的高效白羽肉鸡饲料，力争“禾源”牌肉鸡饲料在营养方面、安全方面和养殖效益方面都能达到行业领先水平。

公司通过ISO22000：2005质量管理体系认证和HACCP食品安全管理体系认证，公司拥有中国海关自主报检权、对外贸易经济出口权。公司于2017年9月加入辽宁省肉鸡产业绿色制造联盟，将更加致力于为中国消费者提供更安全、更优质的鸡肉食品。

大连禾源牧业有限公司经过短短几年的建设和发展，基本形成了较为完整的产业链结构，公司整体运营非常良好，带动了行业的发展，带动了农户的创收，取得了非常好的经济效益和社会效益。禾源牧业有信心有能力承担农业产业化龙头企业的重任，继续通过科学管理、研发创新，推动产业升级、产业完善，进一步提升企业核心竞争力，促进产业集群的发展。

大连龙城食品集团饲料加工有限公司

大连龙城食品集团饲料加工有限公司位于“北方明珠”大连瓦房店市太阳街道办事处龙城街10号，龙城饲料厂始建于1999年，占地20 000m^2，建筑面积3 000多m^2，总资产3 000万元。有员工80人，其中专业技术人员占全体职工总数的20%，年生产优质饲料40万t，年销售收入2亿元。“欣城”牌肉鸡饲料被评为辽宁省和大连市名牌产品，深受广大养殖户的欢迎和信赖。

公司商品肉鸡养殖采取合作社和自养小区两种模式，近年来大力发展自养小区，作为养殖中的关键环节，公司一直高度重视饲料生产，严格按照科学方法生产，保证优质饲料的供应。公司先后荣获国家级农业产业化重点龙头企业、中国肉鸡加工十强企业、农业农村部农产品加工出口示范企业、国家级民贸企业、中国第二届畜牧行业百强优秀企业、辽宁省农业产业化重点龙头企业、辽宁省民营百强企业、大连市AAA级信誉企业、大连市综合实力百强民营企业、大连市工商联安排下岗职工再就业先进单位等光荣称号。矢志不渝的创新发展，使集团成为瓦房店市乃至大连地区肉鸡产业的排头兵和领军企业。已经连续10年任职大连瓦房店市肉鸡产业协会会长单位。

公司所产饲料通过了ISO9001：2015质量管理体系认证和ISO22000：2018食品安全管理体系认证，被评为辽宁省饲料行业“十佳”单位，先后多年荣获瓦房店市先进集体荣誉称号。

大连龙城食品集团饲料加工有限公司将以新的经营理念，继续向企业的规模化、集约化、产品深加工、无公害养殖和高科技方面发展。以严格的管理、最佳的质量、民营的机制、诚挚的信誉，不断取得经济效益和社会效益的双赢。真正在农业产业化建设中起到带动和示范作用，为瓦房店市的农村经济发展和转型做出应有的贡献。

公司秉承人本是心，勤奋务实，创新高效的企业精神，以成人达己为核心价值观，向社会奉献全优的服务，续写企业发展的全新篇章。

大连天德牧业有限公司

大连天德牧业有限公司成立于2008年4月，注册资本453万元。公司位于瓦房店市杨家满族乡岚崮河村。公司占地面积300多亩，有标准化种鸡饲养场2个、现代化饲料加工厂1个、现代化孵化厂2个、5 700多m^2综合办公楼1座。并入股两个肉鸡屠宰企业：瓦房店中达食品有限公司占股5%，大连德鸿食品有限公司占股40%。2020年在丹东合资建立新辽丰屠宰场，同时成立德丰牧业有限公司。天德牧业是一个集种鸡饲养、肉鸡孵化、饲料加工、肉鸡放养和自养、参与屠宰为一体的全产业链一条龙企业。

公司目前年放养量1 800万只，笼养占有100%，计划2年内养殖量达到3 000万只。公司现有资产3亿元，员工200多人，其中专业技术人员60多人，被评为国家级3A信誉企业。

公司通过“公司+农户”的产业化发展模式，通过统一的肉鸡放养、统一的饲料生产加工、统一的技术服务，有力地推动了当地养鸡业的大发展，形成了“公司带动农户致富，农户壮大公司”的产业和发展格局。为了保护好养户的利益，公司高薪聘请了一批经验丰富的专家和技术人员，兢兢业业地为客户服务。

公司所属饲料加工厂始建于2006年，占地面积15亩，现拥有现代化全程电脑控制饲料加工生产线3条，全自动码垛机械手，年产饲料24万t。生产的“禾琦天德”牌肉鸡全价饲料，系采用国内外最新科研成果，由本公司技术人员和国内著名营养专家共同研究，选用优质原料，利用先进的设备和配制工艺生产的高科技产品。公司一直把质量安全视为企业的生命线，主营的肉鸡饲料符合国家的产业政策、环保政策和质量管理标准，从原材料采购、生产加工到销售到户，都严格按照国家质量管理体系认证和食品安全管理体系认证的要求组织生产和进行管理。经相关部门鉴定和广大养鸡户使用，“禾琦天德”牌饲料中富含肉鸡生长发育所需要的能量、蛋白质、氨基酸、矿物质、维生素、微量元素等，肉鸡生长发育快，体质健壮，抗病力强，饲养成本低，养鸡回报高，深受消费者欢迎，是畅销辽南的第一品牌和广大养鸡户的首选产品。

未来的天德公司将在完善自身管理、规范经营行为、壮大企业规模上下功夫，树立现代农牧行业的崭新形象。

青 岛 市

青岛宝博生物科技有限公司

青岛宝博生物科技有限公司是一家集高档畜禽配合饲料、浓缩饲料、添加剂预混合饲料、生物发酵饲料生产与销售于一体的公司。公司成立于2010年6月，坐落在城阳区上马街道前程社区，注册资金7 740万元，占地60余亩，现有员工100余人，技术人员占30%以上。

公司配备江苏牧羊集团生产的最先进的两条460配合饲料生产线，年产能力12万t；2条先进的预混料生产线，年产能力3.6万t；1条生物发酵饲料生产线，年产能力3万t。各生产线都拥有青岛宝佳自主研发生产的全自动包装流水线和智能码垛机器人，保证高效、精准、稳定的生产；还配备16个仓的全自动微量秤配料系统，可精确配制维生素预混合饲料；同时还拥有国际领先的饲料检测设备（原子吸收、液相色谱仪和近红外仪）。

公司拥有经验丰富的运营团队，确保产品的高品质、稳定性；技术团队以中国农大、山东农大动物营养专业博士为核心，精心设计、研发出几十种高性价比产品，满足广大用户的需求。

公司配套产业链——青岛宝祺生态农业科技有限公司，占地600余亩，可饲养种鸡90万套，是青岛易邦生物科技有限公司的试验基地。

公司拥有填补国内空白的自主发明专利，连续多年被评为山东省饲料协会模范企业，是“2018年山东成长型饲料企业二十强”“山东无抗饲料产品示范企业”“山东省饲料行业AAA企业”，青岛市饲料协会副会长单位，荣获养殖协会“诚信单位”等称号。

公司秉承诚信立业、品质取胜的经营理念，将为用户提供精确的动物营养套餐，为您创造更大的经济效益。

青岛根源生物技术集团有限公司

青岛根源生物技术集团有限公司成立于2006年，是一家围绕饲料安全、动物食品安全和生态环境安全，以微生物为核心，聚焦微生态制剂、酶制剂和生物饲料三大生物类产品和系统解决方案的综合性集团公司，是国内最早开始研究微生态制剂和生物饲料的国家高新技术企业，拥有国内最大的饲用微生态制剂生产基地和国内先进的可控制生物饲料发酵生产线，2020年实现销售收入8亿元。

公司获得“国家认定企业技术中心”“山东省益生菌工程研究中心”“山东省益生菌工程技术研究中心”等创新平台认定，先后承担、参与国家级课题11项，承担省市级课题37项，获得授权发明专利35项，参与制定国家标准2项。

公司在行业内率先通过食品安全管理体系、质量管理体系、环境管理体系、职业健康安全管理体系和知识产权管理体系认证，获评全国酶制剂行业前20强企业、山东省饲料添加剂企业十强企业、山东省农业产业化重点龙头企业、中国畜牧行业最具成长潜力十大品牌、中国十大绿色调水品牌；公司是中国畜牧兽医学会动物微生态学分会副理事长单位，中国发酵工业协会会员企业。

凭借完善的研发体系、严格的质量控制、优异的产品表现，根源集团已经与中国农牧集团前50强中的大部分企业达成战略合作关系，产品销售遍布国内21个省市，并远销东南亚、南亚、中东、非洲、美洲，饲用微生态产品连续三年市场份额20%以上。

根源集团经营业绩增长率、研发实力、技术装备水平、产品质量、市场占有率等指标行业领先。

青岛神丰牧业有限公司

青岛神丰牧业有限公司隶属于禾丰集团，是禾丰集团在山东投建的第一家专业生产猪浓缩、配合料的大型农牧企业。自2005年成立以来一直坚持“专注，专长，专业”的企业经营定位，“产品如人品，质量如生命”的质量意识，以精益求精、精雕细作、力争完美的工匠精神，“定位精准、功效显著、质量稳定、效价比高”的产品定位，致力于打造“高品质，高价值，高回报”的高档产品。

2017年12月15日，神丰以92.35分顺利通过农业部《饲料质量安全管理规范》验收，一跃成为全国饲料示范企业，整体生产管理向精益迈进坚实一步。在此之后，神丰推行精益求精、精雕细琢的工匠精神来生产制造，产品质量从而得到进一步加强。2018年开始生产体系在规范化的基础上，全面推进标准化管理，强化硬件设备，完善生产工艺，精准岗位操作，严把物料品质，健全生产制度，严格巡查问责，建立改善文化，全面目视管理，定期会议分析，历经一年的全员努力，神丰实现了标准化的生产管理，与饲料行业中顶尖对手可以一比高低。2019年，进一步夯实标准化管理基础，挺近精益生产和精密制造的制造业的顶尖管理模式。

企业文化建设方面，神丰一直高标准严要求践行集团公司禾丰的企业文化建设，近15年来连续9年获得集团表彰，其中两次获得企业文化建设奖。青岛神丰核心价值观是诚信、责任、共赢。

厦门市

福星（厦门）生物饲料有限公司

福星（厦门）生物饲料有限公司公司成立于1992年，是一家专注渔用配合饲料研发、生产与销售的台资企业。公司注册资本500万美元，占地面积30亩，公司主要开发了鱼类配合饲料、虾料配合饲料、鳗配合饲料等产品。产品除了在国内销售，还远销澳大利亚、印度、斯里兰卡、日本、马来西亚、越南等国家。

1. 历史悠久，底蕴丰厚

公司专注水产饲料领域50余年，具有深厚的动物营养研究积累及纯熟的饲料生产制造经验，公司于1992年在厦门投资建厂，为大陆地区最早生产渔用膨化配合饲料的企业之一。

2. 实力雄厚，设备先进

公司注册资金500万美金，厂区占地面积30亩，环境优美，设施齐全，引进3条国内领先的自动化饲料生产线，年生产能力达3万t。

3. 技艺精湛，著名品牌

公司拥有国内领先的饲料生产工艺，福星牌全熟化虾类配合饲料为业界首创，膨化浮水渔用配合饲料荣获厦门市科技进步二等奖，系国内饲料行业知名企业。

4. 科技创新，技术领先

公司汇集行业精英，着力打造高素质的技术研发团队；与国家海洋三所、厦门大学、集美大学等科研院所建立紧密的合作关系，承担了多项市级科技项目；汲取国内外先进技术，锻造行业精品，公司自创建以来，开发了多种创新型产品，近年来，在微生物饲料领域也取得了丰硕的成果。

5. 产品精细，市场畅销

公司时刻关注养殖需求及行业动态，依据现场环境及养殖品种特性推出差异化产品，突出产品之独特性能，深受广大用户好评，产品畅销全国各地。

6. 安全规范，远销海外

公司秉承绿色环保生产理念，投入巨资购置高端检化验设备建设实验室，确保产品性能及安全卫生指标符合国家标准，公司通过 ISO9001 质量管理体系及 ISO22000 食品安全管理体系认证，产品远销澳大利亚、马来西亚、斯里兰卡等海外国家。

7. 品牌经营，价值共享

公司导入现代化经营管理机制，推行品牌运营模式，注重品牌形象，恪守商业信誉，与客户分享价值，福星愿与广大客户共同发展壮大。

厦门正大农牧有限公司

厦门正大农牧有限公司成立于 1989 年 11 月，由泰国正大集团与厦门市夏商集团、福建省饲料工业公司合资的大型农牧企业，公司总投资额达 1.2 亿元，迄今建厂已 30 多年。

公司建设有现代化大型配合饲料厂、预混合饲料厂；年生产畜禽、水产等各种配合饲料 24 万 t，预混合饲料 3 万 t；主要生产和销售的产品有畜禽及水产全价配合饲料、浓缩饲料、预混合饲料、添加剂等五大系列 100 多个品种。公司采用正大集团最新产品技术配方，对原料采购、饲料品质和生产过程进行全面的控制和管理。

公司先后连续多年获得“全国外商投资双优企业”“外商投资先进技术企业”“外商投资企业二十佳”“福建省主要工业前十强”“福建省名牌产品”“福建省用户满意企业”“全国产品质量监督抽查合格企业”“文明企业”“平安企业”“资信 3A 级企业”“纳税大户”等多项荣誉，并已通过 ISO9001、ISO20000：2015 国际质量管理体系认证。

公司采用国际先进的现代企业管理理念，把质量和服务作为生存之本，一直奉行“为农服务、助民致富”的方针，不断开拓创新；视质量为生命，建立了良好的技术咨询和售后服务系统，深得广大用户的好评和信赖。公司始终秉承正大集团利国、利民、利企业的“三利”经营原则，凭借着一流的人才、一流的设备、一流的技术、一流的产品、一流的服务，必将永远走在饲料行业的前端，繁荣农牧，造福社会。

深 圳 市

深圳市红瑞生物科技股份有限公司

深圳市红瑞生物科技股份有限公司（以下简称公司）成立于 2013 年 3 月 14 日，位于深圳市龙岗区宝龙工业区，总占地 1 万多 m^2，主要从事宠物药品、营养保健品、功能性食品、粮食及宠物洗护用品等产品的研发及销售。旗下已在运营的品牌有 RedDog 红狗、小绿罐、Pureskin、N2、健口乐等，其中 RedDog 红狗在中国最早培育宠物营养膏剂品类，同行业线下渠道销售一直排名第一，具有极高的市场知名度。为实现公司全球化战略，公司在美国成立了全资子公司，与公司北京、上海、广州、成都办事处一起同步拓展市场，并聚集了一批志同道合且行业经验丰富的专业技术人才，为市场提升打下了坚实的基础。

公司以新技术、新产品作为长远发展的重心。为促进公司技术及产品的创新、发展，公司成立了红狗临床营养研究院，与香港动物产品研发中心、台湾宠物协会、华中农业大学等进行了合作，为公司技术及产品创新提供技术支持和临床试验支持。并于 2017 年与全球知名的兽医学院——美国戴维斯学院展开了最新的战略合作，以更好地提升公司研发力量。公司也是首家关注并支持万物健康发展的宠物企业。

目前，公司在宠物药品、营养和功能性食品、粮食及宠物洗护用品等方面已获得多项成果。开发了多种产品，申请了 18 项专利，已获得 6 项发明专利授权，并通过了国家高新技术企业评定。为满足公司战略发展需要，2020 年按照 GMP 要求建立全新的固体、液态、半固态等不同剂型的无尘洁净车间，采用先进的自动化生产设备实现生产，其中固态产品生产线设计生产能力为 4t/h；膏剂产品生产线设计生产能力为 10 500 支/h；液态产品生产线设计能力为 200L/h。引进欧盟 FAMI-QS 质量体系，并通过质量管理体系认证，同时取得美国 FDA 注册，对产品生产质量严格要求，层层控制，确保产品从原料到成品全工序都符合欧盟 FAMI-QS 质量要求，为爱宠们提供有保障的高品质营养食品。

公司未来仍将立足于宠物行业发展，结合多渠道技术、临床试验支持，加强与美国顶级院校戴维斯及萨斯州立大学的技术合作，为中国和世界范围的宠物提供更优质、更健康的宠物药品，营养和功能性食品，粮食及宠物洗护用品等，为国家和社会创造更大的经济效益和社会效益。

统计资料

中国饲料工业统计资料

2020年全国饲料工业总产值和营业收入情况

单位：万元

地区	饲料工业总产值	饲料工业总营业收入	饲料产品		饲料添加剂产品		饲料机械产品	
			总产值	营业收入	总产值	营业收入	总产值	营业收入
全国总计	94 633 135	90 727 670	84 459 376	81 350 679	9 329 245	8 577 383	844 514	799 608
北　京	956 712	994 627	914 896	953 837	41 815	40 791		
天　津	978 167	964 717	942 284	927 902	35 883	36 815		
河　北	4 829 247	4 495 607	4 435 274	4 193 331	388 990	297 539	4 983	4 738
山　西	1 253 086	1 257 469	1 245 254	1 253 027	7 833	4 442		
内蒙古	1 840 876	1 759 303	1 350 746	1 284 927	490 130	474 376		
辽　宁	5 482 511	4 818 051	5 285 763	4 630 034	196 748	188 018		
吉　林	1 789 791	1 758 076	1 453 447	1 461 001	336 344	297 075		
黑龙江	1 816 295	1 851 949	1 338 394	1 381 005	477 901	470 945		
上　海	923 848	900 409	693 528	716 406	230 321	184 003		
江　苏	6 007 973	5 847 680	4 737 312	4 651 267	489 183	443 711	781 478	752 703
浙　江	2 917 219	2 751 180	1 635 797	1 563 130	1 281 422	1 188 050		
安　徽	3 056 279	2 525 350	2 923 482	2 402 305	132 797	123 045		
福　建	2 879 902	2 869 000	2 746 159	2 732 776	133 743	136 224		
江　西	2 921 097	2 887 938	2 647 763	2 602 619	273 333	285 319		
山　东	15 603 551	15 103 572	13 688 191	13 354 956	1 862 191	1 710 359	53 169	38 257
河　南	3 719 899	3 115 731	3 568 263	2 972 955	151 636	142 776		
湖　北	3 537 327	3 550 055	3 257 727	3 314 240	279 600	235 815		
湖　南	3 378 854	3 315 972	3 246 987	3 193 644	131 328	121 790	539	539
广　东	11 658 874	11 523 202	11 056 425	10 954 621	602 448	568 581		
广　西	5 140 811	4 693 972	5 030 098	4 586 283	110 714	107 689		
海　南	866 283	879 260	865 713	878 663	570	597		
重　庆	1 208 754	1 145 225	1 172 815	1 111 075	35 939	34 150		
四　川	4 273 529	4 329 632	4 076 957	4 141 899	192 228	184 361	4 345	3 372
贵　州	1 001 410	985 117	890 976	874 587	110 435	110 530		
云　南	2 633 142	2 667 612	2 052 233	2 074 943	580 909	592 669		
陕　西	1 216 953	1 186 902	1 204 788	1 177 121	12 165	9 781		
甘　肃	633 305	622 711	627 570	617 485	5 736	5 225		
青　海	53 529	47 177	53 389	47 075	140	102		
宁　夏	758 598	614 956	285 119	287 931	473 478	327 025		
新　疆	713 510	695 373	637 897	627 420	75 613	67 953		
新疆兵团	581 803	569 844	394 131	382 216	187 672	187 628		

2020年全国饲料加工企业生产综合情况（总表）

单位：t

地　区	总产量	配合饲料	浓缩饲料	添加剂预混合饲料
全国总计	252 760 675	230 704 734	15 147 521	5 944 971
北　京	1 664 263	944 499	273 539	409 297
天　津	2 155 896	1 252 412	573 924	301 426
河　北	13 601 716	11 794 030	1 055 021	337 899
山　西	4 366 766	4 062 545	250 832	53 389
内蒙古	4 620 376	3 803 365	703 401	113 108
辽　宁	16 032 250	12 969 932	2 783 937	271 625
吉　林	4 750 733	3 804 589	841 608	104 534
黑龙江	4 354 265	2 996 995	1 275 276	81 977
上　海	1 176 428	917 105	50 923	96 745
江　苏	13 607 224	12 868 857	322 399	395 465
浙　江	4 111 374	3 878 275	97 584	84 940
安　徽	8 952 973	8 502 718	196 845	171 315
福　建	8 549 727	8 262 889	152 116	133 633
江　西	8 070 417	7 626 927	103 583	337 867
山　东	43 358 069	40 368 023	1 914 643	907 149
河　南	11 799 594	10 798 516	601 554	397 380
湖　北	10 539 905	10 114 085	262 552	162 979
湖　南	10 096 150	9 595 626	198 550	301 187
广　东	30 101 910	29 221 197	276 015	592 040
广　西	15 351 178	15 090 435	93 813	166 883
海　南	2 915 870	2 914 406		1 464
重　庆	3 385 854	3 159 419	212 909	11 672
四　川	11 480 205	10 795 053	393 517	270 735
贵　州	2 614 403	2 189 512	424 668	223
云　南	5 778 749	4 807 257	918 958	52 534
陕　西	3 387 157	2 753 644	519 956	112 359
甘　肃	1 777 257	1 484 124	276 972	15 900
青　海	147 200	138 288	6 380	2 532
宁　夏	900 190	628 207	249 899	22 083
新　疆	1 980 664	1 879 284	82 032	19 347
新疆兵团	1 131 915	1 082 518	34 112	15 284

2020 年全国饲料加工企业生产综合情况（分品种）

单位：t

地　区	总产量	猪饲料	蛋禽饲料	肉禽饲料	水产饲料	反刍动物饲料	宠物饲料	其他饲料
全国总计	252 760 675	89 225 060	33 518 651	91 757 944	21 235 817	13 188 103	963 450	2 871 651
北　京	1 664 263	608 138	280 921	271 536	21 072	412 420	36 928	33 248
天　津	2 155 896	780 683	266 750	234 840	294 520	517 498	28 134	33 470
河　北	13 601 716	3 283 255	3 711 609	4 319 092	357 139	1 265 739	414 765	250 117
山　西	4 366 766	1 670 778	984 414	1 588 593		122 103		878
内蒙古	4 620 376	1 308 614	250 147	294 249	7 143	2 719 412	502	40 309
辽　宁	16 032 250	5 263 068	2 158 919	6 287 300	424 610	1 534 713	6 757	356 884
吉　林	4 750 733	1 655 852	958 182	1 611 058	7 791	458 717	2	59 132
黑龙江	4 354 265	1 954 101	284 085	794 142	92 078	1 099 802	16	130 042
上　海	1 176 428	228 600	429 848	211 948	27 846	157 194	111 654	9 337
江　苏	13 607 224	3 002 634	2 201 887	4 373 731	3 466 514	472 156	20 502	69 800
浙　江	4 111 374	1 251 129	520 022	1 140 394	897 002	111 367	50 576	140 885
安　徽	8 952 973	2 343 440	1 399 814	4 662 111	326 419	132 216	82 095	6 878
福　建	8 549 727	2 340 558	1 265 046	3 437 967	1 466 399	300	1 089	38 367
江　西	8 070 417	4 002 788	1 438 635	2 034 955	575 177	1 882	2 040	14 940
山　东	43 358 069	10 294 549	3 597 719	26 933 737	421 071	795 734	168 255	1 147 004
河　南	11 799 594	6 835 867	1 775 909	2 327 428	297 298	461 732	2 144	99 217
湖　北	10 539 905	4 129 795	3 076 028	1 033 646	2 273 672	14 368	288	12 107
湖　南	10 096 150	5 493 161	1 425 198	1 822 175	1 326 784	2 500	786	25 545
广　东	30 101 910	8 187 951	2 309 894	12 626 531	6 801 311	64 992	12 657	98 573
广　西	15 351 178	5 877 421	986 288	7 919 948	531 720	15 479	47	20 276
海　南	2 915 870	710 723	243 014	1 564 436	396 808			889
重　庆	3 385 854	2 042 642	388 475	713 906	186 195	13 681	1 854	39 102
四　川	11 480 205	6 594 945	1 313 621	2 592 556	606 251	138 053	20 901	213 878
贵　州	2 614 403	1 828 043	247 634	430 092	8 606	95 600		4 427
云　南	5 778 749	3 676 717	419 295	1 337 513	274 095	69 748		1 382
陕　西	3 387 157	1 966 451	740 271	374 850	22 649	272 704	1 198	9 035
甘　肃	1 777 257	751 473	188 386	238 330	3 678	587 362	261	7 767
青　海	147 200	25 780	20	135		121 265		
宁　夏	900 190	144 876	47 903	53 322	30 594	623 031		463
新　疆	1 980 664	536 595	433 229	369 244	87 043	547 092		7 461
新疆兵团	1 131 915	434 434	175 489	158 179	4 331	359 242		240

2020年全国配合饲料加工企业生产情况

地区	猪饲料		蛋禽饲料		肉禽饲料		水产饲料		精料补充料		其他饲料	
	产量(t)	比重(%)	产量(t)	比重(%)	产量(t)	比重(%)	产量(t)	比重(%)	产量(t)	比重(%)	产量(t)	比重(%)
全国总计	77 177 280	33.5	30 285 809	13.1	90 038 899	39.0	20 844 167	9.0	10 040 420	4.4	2 318 158	1.0
北京	248 878	26.4	120 910	12.8	261 026	27.6	14 230	1.5	275 272	29.1	24 185	2.6
天津	247 821	19.8	142 234	11.4	224 250	17.9	281 401	22.5	323 270	25.8	33 436	2.7
河北	2 601 876	22.1	3 484 663	29.5	4 251 974	36.1	354 285	3.0	869 558	7.4	231 674	2.0
山西	1 538 644	37.9	863 235	21.2	1 577 940	38.8			81 848	2.0	878	0.0
内蒙古	1 128 017	29.7	218 880	5.8	272 511	7.2	7 128	0.2	2 148 528	56.5	28 300	0.7
辽宁	3 834 540	29.6	1 558 136	12.0	5 882 569	45.4	398 698	3.1	1 030 272	7.9	265 717	2.0
吉林	1 182 299	31.1	876 945	23.0	1 425 010	37.5	6 707	0.2	265 189	7.0	48 439	1.3
黑龙江	1 122 315	37.4	165 018	5.5	721 254	24.1	79 199	2.6	780 860	26.1	128 351	4.3
上海	136 932	14.9	398 383	43.4	206 818	22.6	25 837	2.8	140 786	15.4	8 349	0.9
江苏	2 607 948	20.3	2 007 275	15.6	4 296 935	33.4	3 454 697	26.8	433 225	3.4	68 778	0.5
浙江	1 100 269	28.4	506 473	13.1	1 129 350	29.1	895 175	23.1	106 122	2.7	140 885	3.6
安徽	2 067 057	24.3	1 374 909	16.2	4 618 841	54.3	322 996	3.8	112 645	1.3	6 270	0.1
福建	2 158 000	26.1	1 241 814	15.0	3 374 013	40.8	1 450 459	17.6	300	0.0	38 303	0.5
江西	3 592 418	47.1	1 424 253	18.7	2 022 960	26.5	572 232	7.5	139	0.0	14 923	0.2
山东	8 892 751	22.0	3 028 090	7.5	26 637 762	66.0	412 380	1.0	651 362	1.6	745 678	1.8
河南	6 126 949	56.7	1 574 490	14.6	2 286 681	21.2	294 650	2.7	416 593	3.9	99 153	0.9
湖北	3 832 456	37.9	2 967 414	29.3	1 026 803	10.2	2 261 997	22.4	13 318	0.1	12 097	0.1
湖南	5 066 819	52.8	1 374 817	14.3	1 808 805	18.9	1 319 586	13.8	191	0.0	25 407	0.3
广东	7 701 510	26.4	2 222 517	7.6	12 543 151	42.9	6 593 243	22.6	64 820	0.2	95 956	0.3
广西	5 720 744	37.9	969 575	6.4	7 838 232	51.9	526 135	3.5	15 473	0.1	20 276	0.1
海南	710 167	24.4	243 014	8.3	1 564 436	53.7	395 900	13.6			889	0.0
重庆	1 839 443	58.2	369 633	11.7	712 946	22.6	186 135	5.9	12 162	0.4	39 100	1.2
四川	6 116 963	56.7	1 231 867	11.4	2 559 881	23.7	569 093	5.3	104 918	1.0	212 330	2.0
贵州	1 419 628	64.8	246 663	11.3	421 246	19.2	8 606	0.4	88 942	4.1	4 427	0.2
云南	2 787 582	58.0	380 567	7.9	1 303 974	27.1	273 489	5.7	60 264	1.3	1 382	0.0
陕西	1 722 176	62.5	502 737	18.3	309 190	11.2	21 954	0.8	188 858	6.9	8 730	0.3
甘肃	649 366	43.8	172 803	11.6	215 870	14.5	3 678	0.2	434 669	29.3	7 737	0.5
青海	25 474	18.4	20	0.0	135	0.1			112 659	81.5		
宁夏	83 959	13.4	43 229	6.9	34 023	5.4	24 294	3.9	442 239	70.4	463	0.1
新疆	503 118	26.8	407 490	21.7	354 913	18.9	85 653	4.6	522 305	27.8	5 806	0.3
新疆兵团	411 159	38.0	167 755	15.5	155 400	14.4	4 331	0.4	343 634	31.7	240	0.0

2020年全国浓缩饲料加工企业生产情况

地区	猪饲料		蛋禽饲料		肉禽饲料		水产饲料		反刍动物饲料		其他饲料	
	产量（t）	比重（%）	产量（t）	比重（%）	产量（t）	比重（%）	产量（t）	比重（%）	产量（t）	比重（%）	产量（t）	比重（%）
全国总计	9 500 819	62.7	1 417 923	9.4	1 244 443	8.2	52 544	0.3	2 434 389	16.1	497 402	3.3
北京	234 496	85.7	4 242	1.6	61	0.0			34 419	12.6	320	0.1
天津	428 663	74.7	12 010	2.1	728	0.1	1 327	0.2	131 196	22.9		
河北	595 773	56.5	106 011	10.0	58 396	5.5			292 741	27.7	2 100	0.2
山西	110 597	44.1	106 308	42.4	1 595	0.6			32 332	12.9		
内蒙古	105 097	14.9	28 838	4.1	21 464	3.1			547 981	77.9	21	0.0
辽宁	1 354 056	48.6	538 946	19.4	367 815	13.2	4 613	0.2	431 259	15.5	87 247	3.1
吉林	445 448	52.9	60 211	7.2	175 863	20.9	74	0.0	149 321	17.7	10 691	1.3
黑龙江	814 496	63.9	91 041	7.1	70 304	5.5	12 879	1.0	286 044	22.4	513	0.0
上海	46 516	91.3	450	0.9					3 957	7.8		
江苏	254 573	79.0	21 016	6.5	33 182	10.3	39	0.0	13 537	4.2	52	0.0
浙江	92 443	94.7	4 216	4.3	925	0.9						
安徽	155 724	79.1	1 366	0.7	30 559	15.5	18	0.0	9 178	4.7		
福建	93 213	61.3	8 985	5.9	48 052	31.6	1 865	1.2				
江西	103 048	99.5	324	0.3	182	0.2	12	0.0			17	0.0
山东	1 181 511	61.7	75 133	3.9	218 340	11.4	2 819	0.1	41 306	2.2	395 534	20.7
河南	493 513	82.0	44 964	7.5	30 408	5.1	125	0.0	32 544	5.4		
湖北	245 403	93.5	10 797	4.1	2 907	1.1	2 657	1.0	788	0.3		
湖南	186 439	93.9	9 100	4.6	2 940	1.5	72	0.0				
广东	248 110	89.9	1 741	0.6	7 548	2.7	18 617	6.7				
广西	77 684	82.8	2 210	2.4	13 865	14.8	55	0.1				
海南												
重庆	193 343	90.8	17 759	8.3	928	0.4			879	0.4		
四川	349 876	88.9	26 984	6.9	1 454	0.4	1	0.0	15 203	3.9		
贵州	408 388	96.2	776	0.2	8 847	2.1			6 658	1.6		
云南	870 462	94.7	8 040	0.9	31 017	3.4			9 440	1.0		
陕西	211 431	40.7	193 992	37.3	62 723	12.1			51 811	10.0		
甘肃	100 000	36.1	13 542	4.9	21 934	7.9			141 496	51.1		
青海	161	2.5							6 218	97.5		
宁夏	56 211	22.5	3 672	1.5	19 035	7.6	6 300	2.5	164 681	65.9		
新疆	26 285	32.0	21 806	26.6	11 690	14.3	1 072	1.3	20 272	24.7	907	1.1
新疆兵团	17 859	52.4	3 443	10.1	1 682	4.9			11 129	32.6		

2020年全国添加剂预混合饲料加工企业生产情况

地区	猪饲料		蛋禽饲料		肉禽饲料		水产饲料		反刍动物饲料		其他饲料	
	产量（t）	比重（%）	产量（t）	比重（%）	产量（t）	比重（%）	产量（t）	比重（%）	产量（t）	比重（%）	产量（t）	比重（%）
全国总计	2 546 961	42.8	1 814 918	30.5	474 602	8.0	339 106	5.7	713 294	12.0	56 090	0.9
北　京	124 764	30.5	155 768	38.1	10 450	2.6	6 843	1.7	102 729	25.1	8 743	2.1
天　津	104 199	34.6	112 507	37.3	9 862	3.3	11 792	3.9	63 032	20.9	34	0.0
河　北	85 606	25.3	120 935	35.8	8 722	2.6	2 854	0.8	103 440	30.6	16 342	4.8
山　西	21 536	40.3	14 871	27.9	9 058	17.0			7 923	14.8		
内蒙古	75 499	66.7	2 429	2.1	273	0.2	15	0.0	22 903	20.2	11 988	10.6
辽　宁	74 472	27.4	61 836	22.8	36 916	13.6	21 299	7.8	73 181	26.9	3 919	1.4
吉　林	28 105	26.9	21 026	20.1	10 185	9.7	1 010	1.0	44 206	42.3	2	0.0
黑龙江	17 290	21.1	28 026	34.2	2 584	3.2			32 898	40.1	1 178	1.4
上　海	45 151	46.7	31 015	32.1	5 131	5.3	2 009	2.1	12 452	12.9	988	1.0
江　苏	140 112	35.4	173 596	43.9	43 614	11.0	11 778	3.0	25 394	6.4	970	0.2
浙　江	58 416	68.8	9 334	11.0	10 119	11.9	1 827	2.2	5 245	6.2		
安　徽	120 659	70.4	23 538	13.7	12 711	7.4	3 405	2.0	10 394	6.1	608	0.4
福　建	89 345	66.9	14 247	10.7	15 902	11.9	14 075	10.5			65	0.0
江　西	307 321	91.0	14 058	4.2	11 813	3.5	2 932	0.9	1 743	0.5		
山　东	220 287	24.3	494 495	54.5	77 635	8.6	5 873	0.6	103 066	11.4	5 792	0.6
河　南	215 405	54.2	156 454	39.4	10 339	2.6	2 523	0.6	12 596	3.2	63	0.0
湖　北	51 936	31.9	97 817	60.0	3 936	2.4	9 019	5.5	262	0.2	11	0.0
湖　南	239 903	79.7	41 282	13.7	10 430	3.5	7 126	2.4	2 308	0.8	138	0.0
广　东	238 330	40.3	85 636	14.5	75 832	12.8	189 452	32.0	172	0.0	2 617	0.4
广　西	78 994	47.3	14 503	8.7	67 851	40.7	5 529	3.3	5	0.0		
海　南	556	38.0					908	62.0				
重　庆	9 856	84.4	1 082	9.3	32	0.3	60	0.5	640	5.5	2	0.0
四　川	128 105	47.3	54 771	20.2	31 221	11.5	37 158	13.7	17 933	6.6	1 547	0.6
贵　州	28	12.4	195	87.6								
云　南	18 673	35.5	30 688	58.4	2 523	4.8	606	1.2	45	0.1		
陕　西	32 844	29.2	43 542	38.8	2 938	2.6	695	0.6	32 036	28.5	304	0.3
甘　肃	2 107	13.3	2 041	12.8	525	3.3			11 197	70.4	30	0.2
青　海	145	5.7							2 388	94.3		
宁　夏	4 706	21.3	1 002	4.5	264	1.2			16 111	73.0		
新　疆	7 192	37.2	3 933	20.3	2 640	13.6	318	1.6	4 515	23.3	748	3.9
新疆兵团	5 416	35.4	4 292	28.1	1 097	7.2			4 479	29.3		

2020年全国饲料添加剂产量情况（一）

单位：t

地　区	饲料添加剂产品总产量	饲料添加剂	混合型饲料添加剂
全国总计	13 907 888	12 964 075	943 813
北　京	19 893	4 984	14 909
天　津	46 926	41 776	5 150
河　北	338 490	283 825	54 666
山　西	10 014	6 039	3 976
内蒙古	875 962	832 920	43 042
辽　宁	277 017	229 031	47 986
吉　林	496 653	488 846	7 807
黑龙江	833 946	829 402	4 544
上　海	77 855	16 952	60 903
江　苏	446 355	329 414	116 941
浙　江	181 180	168 413	12 767
安　徽	78 374	70 022	8 352
福　建	74 995	64 165	10 829
江　西	414 917	364 425	50 492
山　东	2 914 448	2 718 907	195 541
河　南	258 424	232 463	25 961
湖　北	811 088	767 423	43 665
湖　南	292 700	278 678	14 022
广　东	233 955	96 785	137 171
广　西	364 386	351 339	13 047
海　南	275	103	172
重　庆	27 918	10 509	17 409
四　川	661 747	616 672	45 076
贵　州	499 207	499 207	
云　南	2 781 034	2 779 526	1 508
陕　西	52 063	46 784	5 279
甘　肃	3 318	1 520	1 798
青　海	309		309
宁　夏	381 900	381 899	1
新　疆	23 379	23 258	121
新疆兵团	429 161	428 788	373

2020 年全国饲料添加剂产量情况（二）

单位：t

地区	氨基酸、氨基酸盐及其类似物		维生素及类维生素		矿物元素及其络（螯）合物		酶制剂	
	饲料添加剂	混合型饲料添加剂	饲料添加剂	混合型饲料添加剂	饲料添加剂	混合型饲料添加剂	饲料添加剂	混合型饲料添加剂
全国总计	3 693 536	3 839	1 433 844	169 628	6 813 753	112 321	135 007	88 583
北　京		24	1 836			276		1 194
天　津		15	21	55	1 164	1 598	8 064	22
河　北	7 403	198	80 219	9 013	165 947	5 106	6 216	11 471
山　西		36	2	67	5 846	4	20	30
内蒙古	759 418	3	1 198	1	18 018	191	537	11 876
辽　宁	45 964	15	9 185	35 576	145 490	5 758	430	1 540
吉　林	399 028		12 860	5	8 803			
黑龙江	820 620	59	3 036	221	200	357	3 194	485
上　海	6		15 567	2 437		4 531	140	4 452
江　苏	81 591	350	13 927	21 405	122 780	1 714	25 960	8 206
浙　江	17 488	40	118 059	411	10 597	214	438	357
安　徽	37 025	43	16 486	1 334	9 790	197	4	215
福　建		249	2 761	101	5	367	1 204	104
江　西	10 999	366	16 532	145	320 525	20 335	145	110
山　东	701 589	673	1 115 141	88 497	615 247	3 831	42 068	12 791
河　南	4 628	779	3 673	2 516	135 017	343	3 401	2 054
湖　北	18 485	58	1 252	152	702 872	2 065	2 217	23 212
湖　南	159	83	50	184	247 101	5 787	5 164	2 876
广　东	1 280	764	6 077	7 029	42 982	24 519	28 283	5 849
广　西					304 488	8 831	900	
海　南		9		6				3
重　庆			1 475	121	9 027	581		46
四　川	102	58	4 880	73	600 825	23 889	4 021	847
贵　州					499 162			
云　南			1 159		2 775 322	12	821	727
陕　西		16		280	46 669	1 558		74
甘　肃			32				1 124	42
青　海						138		
宁　夏	356 235		8 418	1	15 384		646	
新　疆	10 267				10 493	120		
新疆兵团	421 248						9	

2020年全国饲料添加剂产量情况（三）

单位：t

地区	微生物		非蛋白氮		抗氧化剂		防腐剂、防霉剂和酸度调节剂	
	饲料添加剂	混合型饲料添加剂	饲料添加剂	混合型饲料添加剂	饲料添加剂	混合型饲料添加剂	饲料添加剂	混合型饲料添加剂
全国总计	67 025	146 886	15 205	36 423	7 956	56 927	465 910	178 963
北　　京	3 148	809				448		2 295
天　　津	99	344	2 863			177	5 450	724
河　　北	11 748	8 605	10	15 168	20	114	273	628
山　　西	65	3 664						23
内 蒙 古	2 568	14 266		15 798			50 543	98
辽　　宁	1 117	3 935					362	80
吉　　林	687	6 730		551			67 468	1
黑 龙 江	1 810	1 294		595				559
上　　海		1 695		2 399	1 239	8 309		31 127
江　　苏	1 640	3 911	4 410		5 599	34 459	32 479	22 794
浙　　江	1 548	2 403	240			1 600	7 149	4 737
安　　徽	65	1 574			86	49	4 666	3 099
福　　建	98	1 990				1 425	8 137	5 134
江　　西	477	3 693			136	353	13 810	24 644
山　　东	25 591	51 943		136	8	3 323	160 382	14 915
河　　南	2 179	10 463		20		4	82 803	752
湖　　北	7 124	7 100			340	480	28 388	1 609
湖　　南	699	3 749	7 682		382	144	2 560	364
广　　东	425	10 871			46	4 800	1 106	40 275
广　　西	1 413	258				3	333	3 906
海　　南	9	142						
重　　庆		1 300				1 183		11 566
四　　川	816	2 296			22	33		9 015
贵　　州					45			
云　　南	497	769						
陕　　西	77	3 079			34	24		92
甘　　肃	167			1 756				
青　　海								155
宁　　夏								
新　　疆	869	1						
新疆兵团	2 089	1						373

2020年全国饲料添加剂产量情况（四）

单位：t

地　区	着色剂		调味和诱食物质		黏结剂、抗结块剂、稳定剂和乳化剂		多糖和寡糖		其他	
	饲料添加剂	混合型饲料添加剂	饲料添加剂	混合型饲料添加剂	饲料添加剂	混合型饲料添加剂	饲料添加剂	混合型饲料添加剂	饲料添加剂	混合型饲料添加剂
全国总计	24 524	17 521	6 195	48 844	233 486	12 995	4 976	5 110	62 657	65 772
北　　京				1 428						8 434
天　　津				1 574	24 114			27		614
河　　北	3 772		647	623	6 881		8	49	680	3 690
山　　西				12	106			16		123
内 蒙 古				191	610	98			29	521
辽　　宁			637	1 046	25 846	8				29
吉　　林								1		519
黑 龙 江	542			28						947
上　　海				5 811				142		
江　　苏			14	2 658	40 213	85	505	1 725	297	19 636
浙　　江	1 054			1 202	11 813	80	27	29		1 695
安　　徽	88			16	1 727	2	2	4	84	1 819
福　　建	3		31	1 302	51 913	77		67	14	14
江　　西		111	1 137	51	498	220		93	167	372
山　　东	766	6 908	160	2 468	5 615	1 824	678	1 119	51 662	7 113
河　　南			523	450	84	14	153	354	1	8 210
湖　　北	11	278	6	2 704	5 607		985	343	137	5 663
湖　　南			13	127	5 502	58	1	38	9 366	611
广　　东	7 129	10 224	2 927	16 881	6 380	10 512	149	151	1	5 295
广　　西			1	14	42 449		1 755	29	1	6
海　　南					94			12		
重　　庆			6	2 479		17		17		100
四　　川	1 145		1	7 780	4 036		714	863	110	222
贵　　州										
云　　南	1 727									
陕　　西			2					32	2	124
甘　　肃			90						107	
青　　海										16
宁　　夏	1 216									
新　　疆	1 629									
新疆兵团	5 442									

2020年全国饲料添加剂单项产品生产情况（一）

单位：t

地　区	赖氨酸及其类似物	蛋氨酸	苏氨酸	色氨酸
全国总计	2 491 725	264 512	745 816	29 784
北　京				
天　津				
河　北	10	655	453	
山　西				
内蒙古	347 709		411 709	
辽　宁	2 100			
吉　林	399 028			
黑龙江	506 308		260 652	5 055
上　海				
江　苏		78 210		
浙　江	3	210	1 851	11 862
安　徽	31 756			
福　建				
江　西				
山　东	590 772	108 499		8
河　南	279			3 526
湖　北				
湖　南		9		
广　东	3			
广　西				
海　南				
重　庆				
四　川				
贵　州				
云　南				
陕　西				
甘　肃				
青　海				
宁　夏	263 660	76 929		1
新　疆				9 332
新疆兵团	350 097		71 151	

2020 年全国饲料添加剂单项产品生产情况（二）

单位：t

地　区	氯化胆碱	维生素 A	维生素 E	维生素 B_{12}	维生素 B_2	维生素 C
全国总计	1 059 946	7 047	91 547	525	6 726	28 858
北　京						
天　津						
河　北	56 805			186	13	2 385
山　西						
内蒙古					908	
辽　宁	4 357					323
吉　林			11 638			
黑龙江						
上　海						
江　苏	7 363		243			2 143
浙　江	1 050	7 047	53 307			7 204
安　徽						3 673
福　建			147			
江　西						
山　东	990 352		26 212	1	2 929	4 611
河　南					2 775	440
湖　北					101	
湖　南	20					
广　东						
广　西						
海　南						
重　庆						
四　川						
贵　州						
云　南						
陕　西						
甘　肃						
青　海						
宁　夏				338		8 080
新　疆						
新疆兵团						

2020 年全国饲料添加剂单项产品生产情况（三）

单位：t

地　区	硫酸铜	硫酸亚铁	硫酸锌	硫酸锰	磷酸氢钙
全国总计	23 849	113 288	95 930	153 121	4 133 452
北　京					
天　津					
河　北				42	32 630
山　西					
内蒙古				3 484	9 900
辽　宁	543			957	
吉　林					8 803
黑龙江					
上　海					
江　苏	827				92
浙　江					
安　徽					
福　建				5	
江　西			42 087		
山　东					59 852
河　南					
湖　北					404 550
湖　南	4 754			34 082	
广　东	17 175			415	
广　西	170	29 864	40 078	98 348	130 123
海　南					
重　庆					
四　川	381	83 424	5 601	15 662	304 019
贵　州				127	446 536
云　南					2 736 948
陕　西					
甘　肃					
青　海					
宁　夏			8 165		
新　疆					
新疆兵团					

2020 年全国饲料企业年末职工人数情况

单位：人

地区	职工总数	其中职工学历构成					其中技术工种人员构成		
		博士	硕士	大学本科	大学专科	其他	小计	检验员、化验员	维修工
全国总计	764 522	4 389	14 689	110 782	177 590	457 072	75 433	39 154	36 279
北京	5 139	89	310	1 287	1 074	2 379	416	243	173
天津	13 941	76	426	3 342	5 092	5 005	921	520	401
河北	43 195	300	735	5 181	10 180	26 799	4 810	2 703	2 107
山西	10 039	47	111	1 126	1 921	6 834	1 124	606	518
内蒙古	30 920	128	373	4 386	8 677	17 356	3 143	1 606	1 537
辽宁	31 873	208	490	4 592	8 854	17 729	3 608	1 966	1 642
吉林	22 762	99	196	3 076	5 118	14 273	2 947	1 414	1 533
黑龙江	26 269	123	420	4 232	6 275	15 219	3 556	1 745	1 811
上海	4 779	47	318	1 035	828	2 551	474	260	214
江苏	54 260	332	1 417	10 404	14 031	28 076	5 525	2 674	2 851
浙江	26 030	146	813	5 120	5 265	14 686	2 634	1 574	1 060
安徽	23 075	141	391	2 771	4 227	15 545	2 233	1 155	1 078
福建	19 696	115	308	2 846	3 643	12 784	2 023	1 108	915
江西	20 930	151	378	2 941	4 761	12 699	2 032	1 070	962
山东	121 587	578	2 409	14 722	28 681	75 197	11 161	6 114	5 047
河南	37 950	399	798	5 392	10 283	21 078	4 182	2 287	1 895
湖北	47 056	190	865	6 823	9 210	29 968	3 124	1 489	1 635
湖南	33 773	254	761	5 253	8 330	19 175	2 424	1 275	1 149
广东	57 458	389	1 513	8 675	10 976	35 905	4 980	2 535	2 445
广西	26 057	73	272	3 448	5 233	17 031	2 663	1 243	1 420
海南	2 828	6	35	452	449	1 886	232	120	112
重庆	8 310	78	158	1 299	1 922	4 853	910	414	496
四川	34 082	149	485	3 588	6 217	23 643	3 298	1 631	1 667
贵州	5 198	51	69	835	1 413	2 830	519	260	259
云南	16 990	62	157	2 204	3 441	11 126	2 056	880	1 176
陕西	10 708	79	230	1 736	3 580	5 083	1 040	579	461
甘肃	4 069	33	75	869	1 110	1 982	421	219	202
青海	354	3	10	55	101	185	61	33	28
宁夏	7 214	25	66	927	2 163	4 033	948	401	547
新疆	11 855	10	75	1 512	3 569	6 689	1 326	640	686
新疆兵团	6 125	8	25	653	966	4 473	642	390	252

2021

中国饲料工业年鉴

大事记

农业农村部畜牧兽医局饲料饲草处

2020年1月13日　农业农村部发布公告第257号。决定将胆汁酸的适用范围扩大至断奶仔猪和淡水鱼。在断奶仔猪配合饲料中的推荐添加量为80～100mg/kg，最高限量为100mg/kg（以干物质含量为88%的配合饲料为基础）；在淡水鱼配合饲料中的推荐添加量为20～60mg/kg，最高限量为60mg/kg（以干物质含量为88%的配合饲料为基础）。

2020年2月4日　农业农村部办公厅印发紧急通知，要求各地不得以防疫为由，违规拦截仔畜雏禽及种畜禽运输车辆、饲料运输车辆和畜产品运输车辆，不得关闭屠宰场，不得封村断路，维护畜牧业正常产销秩序，保障肉蛋奶市场供应。

2020年2月11日　农业农村部印发《2020年全国饲料质量安全监督抽查计划》，对饲料质量安全监督抽查检测工作进行了规范。

2020年3月18日　农业农村部发布公告第279号。公布了25家承担饲料和饲料添加剂有效性和耐受性评价试验机构名单。

2020年4月16日　农业农村部畜牧兽医局发布《养殖者自行配制饲料有关规定》公开征求意见的通知，现向社会公开征求意见。

2020年5月9日　农业农村部畜牧兽医局通报2019年全国饲料质量安全监督抽查结果。2019年抽检各类商品饲料样品2 805批次，总体合格率96.2%。

2020年6月12日　农业农村部发布公告第307号，明确了养殖者自行配制饲料的相关规定。主要对养殖者生产自配料时的原料、添加剂和兽药等使用提出明确要求。自2020年8月1日起施行。

2020年6月30日　农业农村部发布公告第311号。根据《进口饲料和饲料添加剂登记管理办法》有关规定，批准爱尔兰马里戈特有限公司（工厂）等22家公司生产的26种饲料和饲料添加剂产品在我国登记或续展登记，并发给进口登记证。

2020年7月3日　农业农村部发布公告第312号。公布《饲料中风险物质的筛查与确认导则日　液相色谱—高分辨质谱法（LC-HRMS）》标准。

2020年7月22日　农业农村部办公厅发布《关于办理饲料和饲料添加剂产品自由销售证明的通知》，贯彻落实国务院“放管服”改革要求，进一步优化公共服务，促进饲料和饲料添加剂产品出口贸易。

2020年8月26日　农业农村部发布公告第325号。决定增补氨基酸锌络合物（氨基酸为L-赖氨酸和谷氨酸）饲料添加剂品种进入《饲料添加剂品种目录》，准许相关产品进口以及在中华人民共和国境内生产、经营和使用。

2020年8月28日　农业农村部畜牧兽医局在京召开全国饲料质量安全监督抽查工作部署会，启动2020年度全国饲料质量安全监督抽查工作，组织各省级饲料管理部门和质检机构有关人员进行座谈交流，并对参与此次监督抽查的监管专家和承接监督抽查样品检测任务的承检机构业务人员进行了业务培训。农业农村部畜牧兽医局副局长魏宏阳在会议上做了动员讲话，并对做好饲料质量安全监督管理工作提出详细要求。

2020年9月2日　农业农村部畜牧兽医局发布《关于公布2020年全国兽用抗菌药使用减量化行动试点养殖场名单的通知》。公布112家养殖场为2020年全国兽用抗菌药使用减量化行动试点养殖场名单。

2020年9月7日　农业农村部发布公告第330号，公布了《人用化学药品转宠物用化学药品注册资料要求》《废止的药物饲料添加剂品种增加治疗用途注册资料要求》。

2020年9月24日　2020畜牧业综合信息平台饲料子系统培训班在山西太原召开。来自各省级饲料主管部门负责人、统计人员及部分集团企业代表等近90人参加培训。农业农村部畜牧兽医局魏宏阳副局长对2020年全国饲料统计工作助力饲料企业复产复工、生猪生产恢复等重大任务所取得的成绩给予充分肯定，对今后的工作提出了三点要求：一是在保障数据准确性上下更大功夫。要加大审核力度，严把数据质量关，始终坚持实事求是原则，确保数据准确、可靠。二是在提高数据上报及时性上下更大功夫。当前畜产品稳产保供任务重、影响广，需要更及时地掌握各方面情况。三是在挖掘数据潜力上下更大功夫。要统筹兼顾饲料、畜牧、粮油等各方面的信息需求，进一步做细饲料统计工作，使数据更有价值，更加充分地发挥作用。

2020年11月5日　农业农村部办公厅发布《关于成立全国动物营养指导委员会的通知》。决定成立全国动物营养指导委员会。经各方面提名推荐，委员会首批入选委员38人，李德发院士任主席，麦康森院士、印遇龙院士、姚斌院士任副主席，谯仕彦教授任秘书长，秘书处设在中国农业大学。委员会拟按养殖动物品种设立分会，由熟悉相关领域的委员负责筹建。

2020年11月16日　农业农村部发布公告第356号。决定对《饲料原料目录》和《饲料添加剂品种目录（2013）》进行增补，并对部分饲料添加剂扩大适用范围。包括增补鸡蛋、灵芝、姬松茸3种饲料原料进入《饲料原料目录》；增补紫胶、蛋氨酸羟基类似物异丙酯、L-抗坏血酸钠3个饲料添加剂品种进入《饲料添加剂品种目录（2013）》；扩大2个饲料添加剂品种的适用范围，将蛋氨酸羟基类似物适用范围扩大至鸭。将羟丙基甲基纤维素适用范围扩大至养殖动物。

2020年11月30日　“2020全国饲料生产形势分析会”在广东珠海召开。会议全面分析了2020年我国饲料生产形势，总结饲料行业发展新特点、新变化和面临的机遇、挑战，研判未来发展趋势，并对下一步工作进行部署。农业农村部畜牧兽医局饲料饲草处黄庆生处长充分肯定了各级饲料管理部门切实按照工作部署要求，较好完成了饲料信息统计监测工作，为研判畜牧饲料业生产形势、指导生产提供了有力支撑。指出明年工作重点，一是保原料供给。要有保障饲料用粮安全就是保障粮食安全的理念。二是保产业安全。保产业安全是全行业的事，要有强烈的社会责任感，共同保护产业的质量安全。

中国饲料工业协会

2020年1月30日　中国饲料工业协会发布《关于向湖北省紧急支援玉米豆粕等饲料原料的倡议书》。倡议广大单位会员，按照市场价格支援湖北省18 000t玉米和12 000t豆粕，并组织运力配送湖北，迅速帮助湖北省畜禽养殖企业渡过难关，用实际行动抗击新型冠状病毒疫情，支持湖北省畜牧业生产，解决当前饲料原料短缺的燃眉之急。

2020年2月25日　全国畜牧总站、中国饲料工业协会发布《关于印发2020年工作要点的通知》，为全力做好2020年畜牧业、饲料工业和畜禽牧草种业支撑服务工作，明确了相关工作要点。

2020年4月28日　全国饲料工业标准化技术委员会发布关于《鱼粉》推荐性国家标准公开征求意见的通知，公开征求意见。

2020年6月6—8日　为落实中央对统筹疫情防控和经济社会发展的部署，聚焦桑蚕经济发展，助力脱贫攻坚，中国饲料工业协会与有关单位成功举办首届桑蚕经济论坛。

2020年6月19日　中国饲料工业协会向全行业发出“坚决落实禁用政策，努力推广替抗技术”倡议。要严格遵守饲料法规，坚决执行194号公告规定，自觉规范生产行为，主动接受社会监督，筑牢动物源性食品安全第一道防线。

2020年11月7日　在《农民日报》发表题为《如何科学认识饲料中铜、锌等微量元素的影响》的文章，科普饲料中铜、锌的科学使用。

2020年12月2日　中国饲料工业协会发布《中国饲料工业协会先进集体和先进工作者评选结果公示公告》。评选出中国饲料工业协会先进集体（150个，其中企业类120个，地方协会等30个）和先进工作者（60名）。包括2020十大领军饲料企业、2020三十强饲料企业、2020二十强饲料添加剂企业、2020十强宠物饲料企业、2020十强反刍动物饲料企业、2020十强水产饲料企业、2020三十家优秀创新型饲料企业、中国饲料工业协会先进集体（地方协会等）、中国饲料工业协会先进工作者。

2020年12月3—4日　全国饲料评审委员会办公室在广州举办了2020年饲料法规与评审技术培训班。全国畜牧总站副站长杨劲松、广东省农业农村厅二级巡视员林琳、农业农村部畜牧兽医局饲料饲草处处长黄庆生等领导专家出席了开班式并讲话。

内蒙古自治区

2020年8月7日　内蒙古自治区农牧厅饲料饲草处与中国农业科学院草原研究所在呼和浩特市共同举办了“全区优质饲草种植示范现场观摩会”。全区相关盟市农牧局和饲草种植重点旗县农牧局近100名业务管理人员参加了会议。

2020年10月12日　按照“第八届内蒙古绿色农畜产品博览会暨优良品种推广会工作”安排，按照育繁推一体化展示思路在呼和浩特市成功举办了饲草种业展览。展区面积588m²，设置5个展示分区，共展出草种质资源近2 700种，饲草品种199个，18家饲草种子生产企业饲草种子产品145个。

2020年10月13日　在呼和浩特市举办“内蒙古自治区饲草种业与饲草产业发展论坛”，邀请7家企业和科研院所的高管、专家学者在论坛会上发言，驻区相关高校、科研院所，相关协会、企业，盟市农牧局及参展相关企业，自治区农牧厅有关处室及厅属二级单位等140多人参加了会议。

2020年11月18日　在呼和浩特市举行内蒙古自治区饲料工业协会第五届会员代表大会。选举产生第五届饲料工业协会会长、协会秘书长以及8家常务副会长单位、15家副会长单位、20家常务理事单位、113家理事单位。

2020年11月20日　在呼和浩特市举办《饲料和饲料添加剂管理条例》行政法律知识讲座和全国草牧业统计监测分析信息系统操作培训。自治区、盟市、旗县饲料饲草管理部门负责人和统计员共150多人参加。

辽 宁 省

2020年2—4月　开展新冠肺炎疫情下的饲料行

业复工复产工作，建立了饲料生产形势日统计、周分析、月交流制度，形成了饲料生产企业复工复产指导意见，协助企业解决原料供应、运输、防疫物资等工作。

2020 年 5—7 月　开展了饲料行业发展关键因素及解决措施调研，走访沈阳、铁岭等地 8 家饲料生产企业，调研饲料生产情况、产品质量控制情况、饲料原料价格走势，形成《辽宁省饲料工业发展现状问题与对策调研报告》。

2020 年 7—12 月　根据《辽宁省安委会办公室关于落实涉爆粉尘企业安全专项整治三年行动实施方案工作的通知》(辽安委办〔2020〕42 号）要求，制定了《辽宁省农业农村厅办公室关于落实饲料及饲料添加剂涉爆粉尘企业安全专项整治三年行动实施方案工作的通知》(辽农办畜发〔2020〕391 号)，落实重点工作任务，部署制定安全生产法律法规汇编及企业安全生产相关制度范本。

2020 年 11 月 10 日　在辽宁丹东举办辽宁省畜禽养殖减抗实用技术暨饲料生产企业禁抗技术培训班，落实农业农村部第 194 号公告精神，推动辽宁省饲料行业持续、健康、稳定发展，推介饲料行业新技术，实现饲料禁抗、养殖减抗、产品无抗。各市农业农村局、农业发展服务中心主管人员以及饲料生产企业技术负责人、丹东地区养殖企业负责人共计 130 余人参加培训。

上 海 市

2020 年 1 月　与上海实市所有饲料生产企业签订质量安全承诺书，要求企业作为质量安全的第一责任人，自觉遵守国家的相关法规要求。

2020 年 2 月　全力支持新型冠状病毒感染肺炎疫情防控工作，通过督促指导饲料企业在疫情期间的安全防控、做好产品的有序生产和流通以及加大对企业融资和信贷支持力度等各项工作措施的实施，切实保障本市饲料产品在疫情防控期间的稳定供给。

2020 年 2 月　为提高饲料和养殖产品质量安全水平，印发了《2020 年上海市地产生猪出栏前“瘦肉精”及其替代品监测计划》（沪农委〔2020〕32 号)，布置了“瘦肉精”等违禁药物出栏前监测 7 650 批任务。

2020 年 3 月　围绕上海市饲料安全监管重点，制订了《2020 年上海市饲料质量安全监督抽查计划》(沪农委〔2020〕52 号)，全年计划监测总数 230 批。

2020 年 3 月　根据《农业农村部畜牧兽医局关于编纂〈中国饲料工业年鉴〉(2020) 有关事项的函》的相关规定，完成了上海市 3 家优秀企业、5 家重点企业的推荐和《中国饲料工业年鉴》(2020) 地方篇和大事记的编写工作。

2020 年 4 月　为维护动物源性食品安全和公共卫生安全，贯彻落实农业农村部第 194 号、第 246 号公告，印发了《关于开展药物饲料添加剂退出专项检查工作的通知》(沪农委〔2020〕115 号)，通过宣传引导、专项检查和监督检查等方式，督促、引导相关从业人员加强行业自律，确保药物饲料添加剂退出工作在上海市的顺利实施。

2020 年 5 月　根据《上海市人民政府关于下放浦东新区一批行政审批的决定》(沪府规〔2020〕6 号）精神要求，将涉及浦东新区的饲料生产许可事项委托下放浦东新区实施审批，并进一步细化具体内容、实施范围和监管责任。

2020 年 5 月　上海市组织开展农产品质量安全专项整治“利剑”行动，严厉打击各类违法违规用药和非法添加行为，着力消除农产品质量安全隐患，确保人民群众“舌尖上的安全”。

2020 年 6—7 月　组织实施饲料生产企业饲料质量安全和药物使用专项监督检查。

2020 年 9 月　农业农村部专家组对上海市 12 家获证饲料生产企业开展了质量安全监管专项督查，并通过饲料企业监督检查和产品抽样检测联动，不断规范饲料生产经营和使用。

2020 年 10 月　开展宠物饲料生产企业专项全覆盖检查，重点检查《宠物饲料管理办法》《宠物饲料标签规定》的落实情况。

江 苏 省

2020 年 1 月 17 日　江苏省农业农村厅组织举办全省畜牧兽医领域安全生产管理远程培训，全面系统分析饲料、兽药、屠宰等企业和畜牧兽医行业重大安全生产隐患和管理工作要点，培训视频通过农技耘 App 向全省 32.5 万个手机端用户推送。

2020 年 1 月 25 日—2 月 25 日　受新冠肺炎疫情影响，各地由于物流运输不畅、人员返岗困难、饲料原料供应紧张等原因，陆续出现养殖场饲料库存告急、饲料原料供应短缺等紧急情况。全省各级饲料管理部门认真贯彻落实中央和省委、省政府疫情防控要求，一手抓疫情防控、一手抓稳产保供，积极组织引导全省饲料企业复工复产，2 月底，各地饲料生产流通基本恢复正常。

2020 年 3 月 19 日　江苏省农业农村厅印发《关于做好 2020 年全省饲料管理工作的通知》(苏农办牧〔2020〕6 号)，从优化管理服务、加强监督管理、深化专项整治、促进转型升级等方面全面部署全年饲料管理工作。

2020 年 7 月 6 日　江苏省农业农村厅印发《关于进一步加强夏季高温季节畜牧兽医行业安全生产工作的通知》（苏农牧〔2020〕20 号），制作《饲料和饲料添加剂生产企业安全生产责任告知书》，督促各地切实做好夏季汛期和高温高湿季节安全生产工作，全力防范和有效遏制各类安全生产事故。

2020 年 8 月 3—15 日　江苏省农业农村厅组织 5 个检查组赴全省各地开展饲料和饲料添加剂生产企业省级“双随机一公开”监管工作，对随机抽取的 50 家企业开展现场监督检查和产品抽样工作。

2020 年 9 月 2—18 日　农业农村部派出 3 个饲料质量安全监测工作组赴江苏开展饲料质量安全监测工作，对随机抽取的 109 个饲料和饲料添加剂生产企业进行现场监督检查和产品抽样。

2020 年 9 月 22—23 日　江苏省饲料工业协会在连云港召开会员大会，进行届内改选，选举王恬为会长、姜加华为秘书长，调整、增补了相关常务理事，依法取消了与省农业农村厅的挂靠关系。

2020 年 9 月 23 日　江苏省农业农村厅召开全省饲料管理工作会议，全省各市、县（区）农业农村局分管负责人、饲料管理人员和部分企业代表 350 多人参加会议。会议总结分析全省饲料工业发展成绩和面临形势，对下一阶段工作进行部署，开展饲料行业安全生产和“双随机一公开”监管工作培训。

2020 年 12 月 14—25 日　江苏省农业农村厅组织 4 个检查组赴全省各地开展饲料和饲料添加剂生产企业省级“双随机一公开”监管工作，对随机抽取的 52 家企业开展现场监督检查和产品抽样工作。

福建省

2020 年 1 月 27 日　福建省农业农村厅党组成员、总畜牧兽医师梁全顺到福建天马科技集团股份有限公司检查饲料质量和安全生产工作。

2020 年 8 月 26 日　福建省副省长崔永辉率队莅临傲农集团嘉烨兴基地考察项目推进情况。

2020 年 12 月 10 日　福建省饲料生产企业安全风险分级管控和隐患排查治理规范实施细则培训会在福州举办。各市、县（区）饲料管理人员和饲料生产企业负责人共 200 人参加培训。

江西省

2020 年 2 月 7 日　江西省副省长胡强到南昌市南昌县江西赣达牧业有限公司调研饲料企业开工复产和疫情防控情况。省政府副秘书长宋雷鸣、省农业农村厅党委书记江枝英、南昌市副市长樊三宝等陪同调研。

2020 年 11 月 19 日　江西省农业农村厅党委委员吴国昌赴嘉吉饲料（宜春）有限公司参加开业典礼并致辞，随后对公司进行了调研，省农业农村厅畜牧兽医局局长刘亮、省饲料工业办公室主任万文根陪同。

山东省

2020 年 2 月 7 日　省委书记刘家义在济南实地调研疫情防控和畜牧企业复工复产情况。

2020 年 3 月 17 日　山东省畜牧兽医局关于加强饲料行业电子监管工作的通知（鲁牧饲药函字〔2020〕16 号）。

2020 年 7 月　山东省畜牧兽医局办公地址由济南市槐荫区槐村街 68 号迁址到济南市历城区唐冶西路 4566 号。

2020 年 11 月 3 日　山东省畜牧兽医局关于修订印发《山东省饲料兽药生产企业质量安全信用分级管理办法》的通知（鲁牧饲药发〔2020〕12 号）。

2020 年 11 月 4 日　山东省畜牧兽医局关于落实国办意见发展“两低一高”饲料的意见（鲁牧饲药发〔2020〕13 号）。

湖北省

2020 年 1 月 27—29 日　在全省抗击新冠疫情的关键时期，省农业农村厅党组成员、副厅长张桂华同志亲自带队，深入武汉市黄陂区、蔡甸区、汉南区的部分饲料场、屠宰场、养殖场（户），检查督导“肉禽蛋奶”稳产保供情况，为全省抗击新冠疫情提供重要的物质基础。

2020 年 9 月 8—12 日　2020 年农业农村部专家组对湖北省饲料质量“双随机一公开”检查在武汉、荆州、潜江 3 市展开，共检查企业 30 家，抽样 43 份，产品合格率 100%。

2020 年 12 月 8 日　湖北省饲料工业协会第六届第二次会员代表大会在武汉召开，省农业农村厅畜牧兽医处处长何年华莅临本次会议并做重要讲话，湖北省饲料工业协会会长詹志春做了 2019—2020 年工作报告。

2020 年 12 月 17—25 日　湖北省省级饲料“双随机一公开”检查工作在武汉、荆州、黄冈、天门等地展开，共现场检查企业 12 家，发现问题 25 个，全部责令现场改正。

湖 南 省

2020 年 2 月　向省委疫情防控工作领导小组呈报了《关于确保畜禽产品饲料生产资料及饲料正常流通秩序的情况汇报》《关于协调解决我省玉米大宗原料保障事宜的请示》，为全省 274 家饲料生产企业开具民生企业资质证明，及时有效打通了饲料原料及产品运输通道。

2020 年 3 月 9 日　省委书记杜家毫在中农联成生物科技有限公司饲料厂考察，对企业疫情防控和复工复产给予了充分肯定。全省饲料企业自发组织疫情防控捐款捐物活动。截至 3 月 9 日共捐款 216.1 万元，另捐献口罩和消毒剂若干。

2020 年 6 月 17—18 日　时任省委副书记、省长许达哲（现为湖南省委书记）到怀化正大有限公司，了解饲料产销和畜禽产业链建设情况，勉励企业“守正创新、做强做大”。

2020 年 8 月 16—20 日　组织部分饲料企业代表到广东海大集团、正大康地、泛亚太生物、溢多利等企业考察调研

2020 年 10 月 18—20 日　农业农村部畜牧兽医局饲料饲草处黄庆生处长、全国畜牧总站饲料评审处副处长杜伟一行到湖南，就饲料高质量发展工作开展考察调研。

2020 年 10 月 27 日　湖南省畜牧水产事务中心党委书记、主任徐旭阳一行到湖南百宜饲料、兴嘉生物、湖南大北农科技有限公司考察调研。

2020 年 10 月 28—29 日　省饲料工业办公室组织全体党员干部到十八洞村开展“不忘初心跟党走，牢记使命谱新篇”主题党日活动，并与张家界久瑞生物科技有限公司开展“支部共建”。

2020 年 12 月 7 日　拥有国内先进的现代化饲料加工生产线的工厂长沙正大有限公司新厂开业。

2020 年　省级分两次组织部门联合“双随机一公开”，对全省 147 家饲料和饲料添加剂企业、13 家饲料经营门店进行了随机监督检查。

2020 年　九鼎科技、正虹集团进入全国饲料 30 强，兴嘉生物挺进全国饲料添加剂行业 20 强；唐人神位列 2020 年湖南省百强民营企业第 9 位。

广 东 省

2020 年 1—3 月　快速应对突发新冠肺炎疫情，稳定饲料生产和供应。省农业农村厅组织全省饲料企业加快复工复产，为 1 168 个畜牧饲料类企业出具《民生保供企业资质证明》，畅通畜牧饲料运输渠道，保障畜牧生产正常开展和畜禽产品有效供给；省饲料行业协会发出《致全省饲料行业同仁倡议书》，号召全省饲料行业加强自律，众志成城、迎难而上，积极开展复产保供；省农业农村厅组织省饲料行业协会发动部分优质饲料企业通过“广东农产品保供稳价安心数字平台”组建全省放心农资生产经营联盟，通过生产经营企业和农户“点对点”生产、配送等模式，为广大农户提供放心优质适用的饲料产品，保障广东省饲料有效供应，促进农业增效、农民增收，共同打赢疫情防控阻击战。

2020 年 3 月　根据《广东省人民政府关于取消和调整实施一批省级权责清单事项的决定》（粤府〔2020〕1 号）和《广东省人民政府关于调整实施一批省级权责清单事项的决定》（广东省人民政府令第 270 号），将饲料生产许可证核发（宠物配合饲料）委托地级以上市农业农村主管部门实施。

2020 年 4 月　印发《关于开展饲料质量安全监管工作的通知》，按照“双随机一公开”原则，组织开展饲料质量安全监管工作。

2020 年 6 月　印发《2020 年饲料产品质量风险预警监测工作方案》，开展饲料产品质量风险预警监测。

2020 年 6 月 30 日　由广东省饲料行业协会、省无抗饲料产业联盟主办的《禁抗时代简报》正式创刊。

2020 年 8 月 28 日　举办饲料工业统计暨饲料安全生产培训班，加强饲料生产信息管理，提高饲料统计工作质量，督促企业依法依规安全生产。

2020 年 9 月 17 日　召开全省饲料质量安全监管工作座谈会，分析研判饲料质量安全形势，布置质量安全监管工作。

2020 年 11 月　广东省饲料行业协会宠物营养与产业分会（简称宠物分会）筹备工作会议顺利召开。

2020 年 12 月 6 日　《2020 年广东省饲料行业年会暨 30 周年庆典活动》采用线上线下结合的方式顺利举行，进行了《木棉花奖》《玉麒麟奖》《金鼎奖》《金天平奖》等 4 项行业评选颁奖活动。广东省饲料行业协会宠物营养与产业分会正式成立并授牌。

广西壮族自治区

2020 年 2 月　积极应对新冠肺炎疫情，为存在调运困难的 800 多家养殖、饲料企业开具《民生保供企业资质证明》，确保畜禽养殖物质保障；采取通过企业真实性承诺、远程视频评审等方式为自治区 12 家饲料生产企业开展饲料生产许可证续展审批工作，疫情稳定后再组织补充核查；印发《关于做好饲料生

产企业复工复产工作的通知》，进一步推进饲料生产企业复工复产。

2020 年 2 月　上报 2020 年度饲料工业统计年度报表，发布 2019 年全区饲料生产形势分析信息。

2020 年 2 月　下达 2020 年广西饲料和饲料添加剂质量安全监测计划，在全区组织开展饲料和饲料添加剂质量安全监测工作。

2020 年 4 月　方春明副主席在自治区农业农村厅报送工作简报上对自治区饲料产业发展做了重要批示。

2020 年 6 月　开展蛋禽养殖用药专项整治行动。重点检查兽药采购、存储、使用情况，严格核对兽药使用记录、兽用处方等，严格核查禁用清单、休药期、注意事项等兽药安全使用规定的情况。

2020 年 7 月　开展药物饲料添加剂退出行动和安全生产检查，重点检查是否执行农业农村部第 194 号公告，是否自觉贯彻落实安全生产法律法规和相关要求。

2020 年 9 月　农业农村部派出抽查组到广西开展全国饲料质量安全监督抽查，共对自治区 36 家饲料生产企业现场检查和对产品进行抽检。

2020 年 11 月　"2020 南宁·第四届东东论坛暨 2020 年广西动物营养与饲料学术年会"在南宁召开，来自全国知名专家、学者、兄弟省市饲料行业协会代表、企业管理者与科技人员约 600 人参加了会议。

2020 年 12 月　发布《蛋禽菌酶协同发酵浓缩饲料》等 4 项团体标准。广西饲料工业协会制订发布了《蛋禽用菌酶协同发酵浓缩饲料》《肉禽用菌酶协同发酵浓缩饲料》《水产用菌酶协同发酵浓缩饲料》《猪用菌酶协同发酵浓缩饲料》等 4 项团体标准，团体标准的正式实施有力引导发酵饲料产品逐步规范，为推进广西现代生态养殖与生物饲料高质量发展，大力推动乡村振兴战略的实施做出新的贡献。

海南省

2020 年 2 月 16 日　海南省澄迈县委书记、县新冠肺炎疫情防控工作领导小组组长吉兆民到海南通威生物科技有限公司调研检查新冠疫情防控和复工复产工作。

2020 年 2 月 16 日　海南省文昌市委书记钟鸣明到海南歌颂饲料有限公司调研检查新冠疫情防控和复工复产工作。

2020 年 2 月 19 日　海南省委副书记李军由澄迈县委书记吉兆民陪同到海南翔泰渔业股份（海南远生渔业）有限公司调研检查企业新冠疫情防控和复工复产工作。

2020 年 2 月 26 日　海南省政府副省长王路由文昌市市长王晓桥陪同到文昌市歌颂畜禽发展有限公司进行调研检查新冠疫情防控和复工复产工作。

2020 年 3 月 5 日　海南省农业农村厅副厅长莫正群到海南澄迈新希望农牧有限公司调研检查指导新冠疫情防控及复工复产工作。

2020 年　根据《海南省安全生产委员会关于印发〈海南省安全生产专项整治三年行动计划〉的通知》（琼安委〔2020〕2 号）要求，结合实际，扎实组织开展饲料安全生产监督检查工作。

2020 年　根据《海南省安全生产委员会办公室海南省应急管理厅关于印发〈海南省 2020 年"安全生产月"和"安全生产（园区）行"活动方案〉的通知》（琼安委办〔2020〕56 号）、《海南省农业农村厅办公室关于印发海南省农业行业 2020 年"安全生产月"和"安全生产渔业行"活动方案的通知》（琼农办〔2020〕153 号）要求，饲料行业结合实际扎实组织开展"安全生产月"工作。

2020 年　根据海南省安全生产应急管理工作要求，结合行业实际，适时组织开展各种应急演练活动，不断提高饲料行业应对突发事件能力。

四川省

2020 年 2 月　四川卫视新闻联播和央视新闻联播先后报道了四川饲料企业复工生产，满足畜禽饲料需求情况，对支持全国饲料企业复工复产起到较好的引导作用。

2020 年 3 月　面对新冠肺炎疫情的严峻考验，四川省饲料行业积极应对，迎难而上，3 月初全省饲料企业复工生产恢复常年水平，有效满足了畜禽"口粮"供给，为促进全年生猪恢复生产和养殖业的健康发展做出了积极贡献。

2020 年 4 月　四川省农业农村厅印发了《关于做好药物饲料添加剂退出有关工作的通知》，从饲料、兽药、养殖等领域着手，统筹推进药物饲料添加剂生产、经营、使用全环节退出工作落地落实。

2020 年 11 月　由四川省饲料工业协会主办、铁骑力士集团承办的 2020 年四川省饲料行业年会在成都成功举办。畜牧饲料行业知名学者、省内外同仁、协会全体会员 500 余人共聚一堂，交流和分享产业发展成果。开幕式上，四川省饲料工业协会 17 家会员企业集体宣读了《无抗饲料日　绿色畜牧日　四川省饲料工业协会无抗宣言》。

2020 年 11 月　四川省农业农村厅在成都召开 2020 年饲料兽药警示企业座谈会。2020 年因省级抽检不合格被予以警示备案的 16 家饲料兽药生产企业主要负责人、企业所在市饲料兽药管理部门分管负责人和管理机构负责人参加会议。省农业农村厅总畜牧师赵勇出席并讲话。

云 南 省

2020年1月9日　云南省饲料工业协会第七届三次理事会暨企业交流会在昆明召开。协会会长、常务副会长、副会长、理事、副监事长、监事及协会专家咨询工作委员会部分同志等80多人出席了会议。

2020年6月中旬为了做好禁抗宣传工作，同时更好地服务于协会会员，解决会员企业在生产经营过程中遇到的实际困难和问题，云南省饲料工业协会于起对宜良工业园区、团结乡生物工业园、马龙工业园区、大理州等8个片区的90多家会员企业分片区开展禁抗宣传调研工作。

2020年8月20—21日　云南省饲料工业协会联合北京生泰尔科技股份有限公司举办第九届饲料企业天然植物无抗技术高峰论坛。论坛特邀请饲料行业资深专家做主旨报告，并现场与饲料企业代表进行互动交流。

2020年11月13日　云南省饲料工业协会在昆明组织召开《饲料行业企业标准编写培训暨2020年云南省饲料领域企业标准“领跑者”发布会》。省市场监督管局标准处、省农业农村厅畜牧兽医处、省饲料工业协会等单位领导及省标准化研究院相关专家出席发布会并做重要讲话。

甘 肃 省

2020年2月3日　对全省86家饲料企业新冠肺炎疫情期间复工复产进行调度，推动落实饲料产品和饲料原料绿色通道政策，对年产2万t以上的24家饲料企业开展稳定价格调度。

2020年2月10日　上报2019年度饲料工业统计年度报表，发布2019年全省饲料生产形势分析信息。

2020年4月8日　制定印发《甘肃省2020年饲料饲草质量安全监测和养殖环节“瘦肉精”专项监测工作方案》，在全省范围开展饲料质量安全和养殖环节“瘦肉精”监督监测工作。

2020年6月1日　在兰州市4家饲料生产企业抽取饲料产品样品44份，进行非洲猪瘟病毒检测，结果全部为阴性。

2020年9月9—14日　农业农村部饲料质量监管检查组，赴张掖、武威2市检查饲料生产企业28家，抽取饲料样品23批。

2020年10月26—30日　开展全省饲料生产企业质量安全和安全生产监督检查，检查企业25家。

2020年11月13日　组织专家对《甘肃省饲料工业“十四五”发展规划》（讨论稿）进行论证。专家组经过认真的讨论，提出了修改意见，建议尽快出台。

宁夏回族自治区

2020年9月25—27日　由农业农村部畜牧兽医局主持，宁夏回族自治区农业农村厅、中国饲料工业协会主办，宁夏回族自治区饲料工作站、宁夏饲料工业协会承办的“2020年宁蒙甘陕青毗邻省区饲料产业发展高峰论坛”在银川国际交流中心隆重召开。

来自农业农村部领导，科研院校专家，宁夏、内蒙古、甘肃、陕西、青海5个省（自治区）饲料行业主管部门，饲料工业协会及饲料企业代表200余人参加了会议。论坛形式新颖、业内专家聚集、企业广泛参与、讲座访谈切题、解析问题透彻，为5个省（自治区）毗邻地区加强合作交流起好了头、迈开了步。

宁、内蒙古、陕、甘、青5个省（自治区）饲料管理部门向所属省辖区内的饲料生产企业及相关单位，发出联合倡议，共同签署了饲料禁抗的联合倡议，共同推进国家禁抗政策的落实落地，齐心协力打一场发展“无抗”的新战役，开创“饲料无抗”的新时代。让“无抗”、绿色、环保、健康的饲料产品为畜牧水产养殖业健康发展提供强有力的保障。与会领导和专家及企业家都给予了高度赞誉和一致好评，大家对宁夏小省办大事的做法给予了充分肯定。论坛新闻报道，以微信、抖音等自媒体形式被转发达上万次，取得了良好的宣传效果。

2020年6月30日至7月1日　全区饲料企业专业技术人员能力提升培训班在银川举办。邀请了西北农林科技大学动科学院院长姚军虎、浙江大学农业技术推广中心研究员叶均安、宁夏大学教授张桂杰和新希望六和集团研究员郭吉原，围绕“饲料和饲料添加剂中禁止添加药物添加剂（中药类除外）和抗生素”背景下行业发展形势、现代畜牧业发展趋势、精准营养与高效健康养殖、生产工艺及品质管理等目前热点、难点问题为企业技术人员进行了专项辅导，加快提升饲料行业技术水平和研发能力，助推政策落地，推进饲料产业优化升级和高质量发展。全区68家饲料生产企业的专业技术人员、品管干部和部分市、县（区）农业农村局相关管理人员100余人参加了培训。

11月2—7日　全区饲料质量安全监管暨政策法规培训班在广州举办。培训采取理论教学、现场观摩、座谈交流等方式，邀请四川农业大学副校长陈代文、中国农业科学院饲料研究所研究员李俊、国家饲料质量监督检验中心副主任樊霞等知名专家围绕禁抗（禁止添加抗生素类药物添加剂）背景下饲料产业如何转型升级、饲料饲草产业如何支撑畜牧业发展、全面禁抗背景下饲料产业的发展趋势等方面进行了讲授；观摩了广东海大集团和广东正大康地有限公司；使参训人员开阔了视野、增长了见识，进一步明晰了禁抗背景下饲料产业的发展思路，增强了法规意识，对自治区饲料产业高质量发展起到了积极的助推作用。来自全区各市、县（区）农业农村局分管领导及饲料管理部门负责人 60 多人参加了培训。

12 月 18 日　召开了全区饲料生产形势分析暨饲料统计业务培训会。会议分析了 2020 年宁夏饲料生产形势，总结了饲料行业发展新特点、新变化和面临的机遇挑战，研判未来发展趋势，通报了全区饲料统计工作开展情况，对中国饲料工业统计信息系统实操进行了培训，并安排部署了下一阶段相关工作。全区 66 家饲料和饲料添加剂生产企业的专（兼）职统计人员 70 余人参加培训。

新疆维吾尔自治区

2020 年 1 月 6 日　落实《国务院关于在全国推开“证照分离”改革的通知》（国发〔2018〕35 号）精神，印发《关于推进我区饲料和饲料添加剂生产企业审批事项“证照分离”改革工作的通知》（新牧饲字〔2020〕1 号），通过精简审批材料、压缩审批时间、加快审批进度、提高审批效率等，进一步优化准入服务。

2020 年 4 月 10 日　印发《2020 年自治区饲料质量安全监测实施方案》的通知，在全区组织开展饲料和饲料添加剂质量安全监测工作。

2020 年 5 月 29 日　根据《自治区农业农村厅市场监管领域全面推行部门联合“双随机一公开”监管的实施方案》，印发《关于开展 2020 年全区饲料生产企业监督检查工作的通知》，在全区饲料生产、经营和养殖企业开展饲料质量安全监督检查工作。

2020 年 10 月 29 日　通过网络培训，对全区各级畜牧兽医局及所属相关单位、饲料企业和养殖户等进行了饲料行业新政策宣传，引导饲料企业加快科技创新，稳步推进全区“饲料停抗”工作有效开展。